KB188274

Opera 366

매일 *1*편의 오페라 마스터

Opera 366

오페라 366 | 백남옥 지음 |

매일 daily
1 편의
오페라 마스터

한울
아카데미

1999년에 『오페라 이야기』라는 책을 펴낸 일이 있습니다. 여러 여건상 베스트 오페라 중 33편만을 엄선해 소개했습니다. 하지만 시간이 지날수록 부족했다는 생각을 떨쳐버릴 수 없었습니다. 서점에 가보면 오페라를 소개한 책이 많이 있습니다. 그러나 인기 오페라를 위주로 구성된 책이 대부분입니다. '바로크 오페라부터 현대의 새로운 사조를 반영한 오페라까지 모두 망라해 소개할 수는 없을까?'라는 생각을 해보았습니다. 오페라 애호가들은 물론이고 오페라를 공부하는 학생들이 참고할 수 있는 풍부한 자료가 있어야 한다는 생각에서였습니다. 그래서 『오페라 이야기』를 토대로 하여 두 가지 과제에 도전하기로 했습니다. 하나는 적어도 수백 편에 이르는 오페라를 소개하는 것으로, 처음 목표는 500편의 오페라를 소개하는 것이었습니다. 다른 하나는 오페라 500년 역사를 살펴보고 아울러 오페라 작곡가들의 빛나는 면모를 정리해보는 것입니다. 그중 두 번째 과제인 오페라 500년의 역사와 오페라 작곡가 500인의 면모를 해설한 책은 2007년 '오페라 로만티카'라는 제목으로 내놓았습니다. 그렇지만 고전과 현대를 망라하는 오페라 500편의 해설집은 아직까지 내지 못하고 있었습니다.

2011년으로 경희대학교 음악대학에서의 교직 생활도 어느덧 정년을 맞았습니다. 정년퇴임을 하기 전에 숙제는 마쳐야겠다는 생각을 했습니다. 밤낮으로 매달린 결과 오페라 500편의 해설을 마무리할 수 있었습니다. 그러나 그 원고를 책으로 내자니 부피가 상당했습니다. 망설이던 중 도서출판 한울 김종수 사장님의 자문과 지원을 받아 366편의 오페라를 선정해 책을 내기로 결정했습니다. 366편으로 정한 것은 1년 365일 동안 매일 한 편씩 오페라를 읽으면 유익하겠다고 생각했기 때문입니다. 그런데 윤년이 오면 1년이 366일이 되므로 이를 도외시할 수가 없는 데다 오페라의 귀재 로시니가 2월 29일에 태어났으므로 그분을 기념하는 의미도 있고 하여 366편의 오페라로 마무리했습니다.

모쪼록 이 책이 오페라를 사랑하는 독자분들은 물론이고 오페라를 공부하는 학생들에게 귀한 자료가 되기를 바랍니다. 이 책의 발간을 위해 힘써주신 경희대학교와 도서출판 한울 여러분께 진심으로 감사드립니다.

2011년 5월

백남옥

차례_오페라 366: 매일 1편의 오페라 마스터

매일 *daily* **1** 편의 오페라 마스터

중국에 간 닉슨

타이틀	**Nixon in China**	

	전 3막. 앨리스 굿맨(Alice Goodman)이 대본을 썼다.
초연	1987년 10월 22일 휴스턴 그랜드 오페라(Grand Opera)
주요 배역	리처드 닉슨(미국 대통령), 팻 닉슨(영부인), 저우언라이 (중국 수상), 마오쩌둥(중국 공산당 서기), 장칭(마오쩌둥의 부인), 헨리 키신저(미 국무장관), 낸시 창(마오쩌둥의 제2 비서)

사전 지식   존 애덤스의 첫 번째 성공작이다. 애덤스는 미니멀리즘(Minimalism) 제2 세대를 대표하는 미국의 작곡가다. 미니멀리즘의 대표적 작곡가 스티브 라이시(Steve Reich)가 형식, 하모니, 리듬의 관점에서 미니멀리즘을 개척했다고 하면, 존 애덤스는 분위기의 변화를 추구하는 데 중점을 두었다. 즉 슬로모션과 흡사한 표현, 하모니의 변화를 중단하는 표현 등을 구사했다. 이 오페라에서 애덤스는 완전히 다른 두 문명과 생활양식의 만남에 초점을 맞췄다. 닉슨 대통령이 베이징 공항에 도착했을 때 연주되는 음악은 미니멀리즘의 전형을 보여준다. "News, news, news…… has a, has a, has a……. kind of mystery, kind of mystery, kind of mystery……"는 미니멀리즘 음악의 좋은 예다. 중국의 오랜 문화를 파괴한 마오쩌둥의 부인 장칭의 이미지는 마치 유럽의 오페라 디바(diva)같이 묘사되었다. 중국의 혁명적 무용(발레)은 엉뚱하게도 할리우드 음악을 배경으로 한다. 이 오페라는

애덤스, 존(Adams, John, 1947~)
존 애덤스는 2003년에 내놓은 〈9·11사태(September 11, 2001 attacks)〉라는 작품으로 퓰리처상을 받은 작곡가다. 그는 미니멀리즘에 깊은 뿌리를 두고 있다. 대표작은 〈고속 기계를 타고 짧은 주행(Short ride in a fast machine)〉(1986), 〈영혼의 이전(On the transmigration of souls)〉(2002), 그리고 현악인 〈파문 만들기(Shaker loops)〉는 4악장의 미니멀리즘 작품이다. 그의 대표적 오페라인 〈중국에 간 닉슨〉(1987)은 닉슨 대통령의 역사적인 중국 방문(1972)을 기념하는 오페라이며, 〈원자력 박사(Doctor atomic)〉(2005) 는 미국의 원폭 개발 프로젝트인 맨해튼 프로젝트에서 중요한 역할을 했던 로버트 오펜하이머(Robert oppenheimer)에 관한 내용이다.

미국 현대음악 사조를 이해하는 데 바탕이 되는 중요한 작품으로, 이국적인 공연이 화려하게 펼쳐진다.

에피소드　　　　　이 오페라가 미국의 수많은 오페라 극장에서 공연되었을 때 어떤 저명한 음악평론가는 이렇게 말했다. "모차르트, 베르디, 바그너, 푸치니 ……. 이들의 오페라는 그토록 짧은 기간에 그토록 많은 세계의 오페라 무대에 올려졌다. 애덤스의 〈중국에 간 닉슨〉도 이와 마찬가지다. 실로 단시간에 애덤스의 〈중국에 간 닉슨〉은 미국뿐 아니라 유럽의 여러 극장에서 정신을 못 차릴 정도로 많이 공연되었다."

줄거리　　　　　[제1막] 중국은 닉슨 대통령과 영부인을 영접하는 모든 절차를 의식에 따라 엄중히 진행한다. 베이징 공항 도착부터 미중 정상의 예비회담, 공식만찬에 이르기까지 환대가 대단하다. 서로의 문화와 생활양식이 다르기 때문에 간혹 웃음을 자아내거나 수행원들을 놀라게 하는 상황이 연출되기도 하지만, 아직까지는 모든 절차가 공식 의전에 의해 차질 없이 진행되고 있다.

[제2막] 영부인은 별도의 문화 일정을 수행한다. 베이징의 유서 깊은 고궁부터 현대 공산주의 기념물을 방문한다. 저녁에 귀빈들은 전통적인 베이징 오페라에 초대된다. 마오쩌둥의 부인 장칭은 이곳에서 혁명적 발레를 자랑스럽게 선보인다. 붉은 여성부대가 펼치는 절도 있고 화려한 무용이다.

[제3막] 미국 방문자들이 베이징에서 보내는 마지막 밤이다. 닉슨과 마오쩌둥은 젊은 시절 꿈꿨던 것에 자신들이 접근했는지 궁금해진다. 마오쩌둥은 위대한 아시아 혁명의 이상을 완수하고 싶었다. 그러나 미국 측의 비밀 목표는 중국 땅에 햄버거 상점을 설치하려는 것이다. 늙은 저우언라이 수상만이 모든 욕망을 포기했다. 그러므로 두려워할 것도, 희망하는 것도 없다.

클링호퍼의 죽음

타이틀	**The Death of Klinghoffer**

	프롤로그와 전 2막. 앨리스 굿맨이 대본을 썼다.
초연	1991년 3월 19일 브뤼셀 로열 모네 극장(Théâtre Royal de la Monnaie)
주요 배역	선장, 1등 항해사, 스위스 할머니, 몰키, 마무드, 오스트리아 부인, 레온 클링호퍼, 메릴린 클링호퍼(클링호퍼의 아내), 람보, 영국 댄서, 오마르, 합창들(대양의 합창, 밤의 합창, 하갈과 천사의 합창, 사막 합창, 낮의 합창), 팔레스타인인들과 유대인들

사전 지식　　　　애덤스의 두 번째 오페라 〈클링호퍼의 죽음〉은 실제 있었던 사건을 소재로 했다. 애덤스는 이 오페라를 요한 제바스티안 바흐(Johann Sebastian Bach)의 '수난곡'에 비교했다. 이 오페라에서 초점을 맞춘 것은 테러리스트들에 의한 납치가 아니라 죽은 자와 영혼에게 보내는 메시지로, 합창을 통해 그 메시지를 세상에 보내고자 한 것이다.

줄거리　　　　　　[프롤로그] 죽은 자들의 메시지가 들린다. 이들은 추방된 팔레스타인인과 유대인이다.

[제1막] 아프리카 북부 알렉산드리아에서 멀지 않은 대양에서 팔레스타인 테러리스트들이 대형 유람선을 납치하고 승객을 인질로 삼는다. 승객들은 대부분 나이 많은 관광객이다. 인질들은 미국인, 영국인, 유대인으로 나뉘어 격리된다. 어디선가 납치가 범죄라는 상식적인 이야기가 들리지만 테러리스트들은 귀도 기울이지 않는다. 테러리스트가 된다는 것은 마음의 평화를 찾지 못한다는 것과 같다. 테러리스트 중 가장 나이 어린 마무드(Mamoud)의 경우가 그러하다. 어린 나이에 마음의 평화를 느끼지 못하고 두려운 생각으로 가득 차 있다. 마무드 혼자 선장을 책임지게 된다. 밤의 합창이 들린다.

[제2막] 구약성경의 하갈(Hagar)과 천사에 관한 얘기가 나온다. 수태하지 못하는 사라(Sarah)의 권고로

아브라함(Abraham)은 이집트 출신의 몸종 하갈과 동침해 하갈이 수태한다. 하갈은 사라의 질시와 핍박을 견디지 못해 몰래 아브라함의 장막을 떠난다. 사막에서 여호와의 천사가 하갈에게 나타나 사라의 거친 핍박을 견뎌내라고 명령한다. 하갈과 천사의 합창이 들린다.

테러리스트들은 인질들을 갑판으로 끌고 나온다. 그러나 이들을 어떻게 처리할지 결정하지 못한다. 뜨거운 햇빛만이 무자비하게 갑판 위로 쏟아져 내린다. 유대인 클링호퍼(Klinghoffer)가 휠체어에 사슬로 묶인 채 끌려간다. 갑판에 있는 사람들이나 갑판 아래 있는 테러리스트들이나 두렵기는 마찬가지다. 누가 첫 번째 희생자가 될 것인가? 누가 첫 번째 범죄자가 될 것인가?

하갈과 이스마엘(Ismael)이 사막에서 시험을 받는 것처럼 모두 시험을 당하는 기분이다. 사막의 합창이 들린다. 총을 맞은 클링호퍼가 갑판 아래로 떨어진다. 선장은 승객들의 안전을 위해 스스로 희생자가 되기를 자청했지만, 실제로 죽음을 당한 사람은 클링호퍼였다. 하지만 사람들은 모두 선장이 희생된 것으로 믿고 있다.

어느새 날이 밝는다. 낮의 합창이 들린다. 유람선(Achille Lauro)이 알렉산드리아 항구로 들어온다. 팔레스타인 테러리스트들은 밤사이에 배를 떠났다. 클링호퍼의 아내 메릴린(Marilyn Klinghoffer)만이 남편의 죽음을 알게 된다.

볼포네

타이틀	**Volpone**(The Fox)	
		전 3막. 벤 존슨(Ben Johnson)의 동명 소설을 바탕으로 작곡자 자신이 대본을 마련했다. 이탈리아어 볼포네 (Volpone)는 여우 중에서도 큰 여우를 말한다.
	초연	1953년 뉴욕 체리 레인 극장(Cherry Lane theatre)
	주요 배역	볼포네(욕심 많은 귀족, 큰 여우, Bbar), 모스카(볼포네의 하인, 파리, Bar), 볼토레(변호사, 독수리, T), 코르바치오(구두쇠 영감, 까마귀, Bar), 보나리오(구두쇠 영감의 아들, T), 코르비노(상인, 까마귀, T), 첼리아(코르비노의 아내, S)

에피소드   1918년 초연된 푸치니의 3부작 중 하나인 〈잔니 스키키(Gianni Schicchi)〉에서 구두쇠 노인이 죽음을 가장하는 장면은 벤 존슨의 『볼포네』에서 따온 것이다. 볼포네가 제목인 오페라로는 2004년 3월에 나온 존 무스토(John Musto)의 작품이 있다. 초연에는 토니상 수상자 리사 홉킨스(Lisa Hopkins)가 주역으로 출연했다. 볼포네는 그동안 수없이 많은 연극으로 공연되었다. 1928년도에 쥘 로맹(Jules Romains)과 슈테판 츠바이크(Stefan Zweig)가 개작한 공연에서는 모스카가 볼포네의 돈을 모두 챙기는 것으로 끝을 맺었다.

줄거리   명색이 베네치아의 귀족인 볼포네(Volpone)는 재산이 많다 보니 이제는 상속에 신경을 쓴다. 볼포네에게는 자녀가 없다. 볼포네의 재산을 상속받고자 하는 인물로는 변호사인

앤타일, 조지(Antheil, George, 1900~1959)
조지 앤타일은 미국 뉴저지의 독일 이민가정에서 태어난 미국의 전위 작곡가 겸 피아니스트, 작가, 발명가다. 그는 자신을 '음악의 악동(惡童)'이라고 표현하면서 기존 음악에 대해 거부 반응을 보였다. 그는 귀에 거슬리는 금속성 음을 사용해 관심을 끌었다. 유럽에서 활동하다가 1930년대에 미국으로 돌아와 정착한 그는 주로 할리우드에서 영화음악을 작곡하며 지냈다. 여러 분야에 재능이 많았던 그는 특히 여성내분비학을 깊이 연구했으며, 신비소설과 신문 칼럼을 연재했다. 또한 빈 출신의 여배우 헤디 라마(Hedy Lamarr)와 함께 어뢰 유도 시스템을 발명해 특허를 받은 발명가이기도 하다.

볼토레(Voltore), 욕심 많은 늙은 구두쇠 코르바치오(Corbaccio), 상인 코르비노(Corvino) 등이 있다. 볼포네에게는 마치 피가로와 같은 하인이 있다. 모스카(Mosca)다. 모스카는 약삭빠르고 재치가 있으며 주인 말이라면 무조건 따른다. 그래서 볼포네에게는 하인이라기보다는 친구나 마찬가지다. 하지만 모스카의 속셈은 따로 있다. 볼포네의 재산을 상속받으려고 계산하고 있다. 볼포네는 자기 주변에 있는 사람들의 속마음을 떠보기로 하고는 오랫동안 병마와 싸우다가 이제 죽음을 얼마 남기지 않았다고 사람들을 속인다. 이 소식을 들은 볼토레, 코르바치오, 코르비노가 각각 그럴듯한 선물을 사 들고 볼포네를 방문한다. 볼포네에게 잘 보여 유언장에 이름을 올리려는 것이다.

구두쇠 영감 코르바치오에게는 보나리오(Bonario)라는 아들이 하나 있다. 사리가 분명하고 싹싹하며 교양도 있어, 여우 같은 볼포네도 그를 좋아한다. 볼포네의 하인 모스카는 잘못하다가는 젊은 보나리오에게 유산이 상속될 것 같아 걱정이다. 그래서 보나리오의 아버지 코르바치오에게 "영감님의 이름이 유언장에 들어갈 수 있도록 최대한 노력을 기울이겠습니다. 하지만 조건이 하나 있습니다. 영감님이 받은 재산을 영감님의 아들 보나리오에게 상속하지 않겠다는 것이올시다"라고 말한다. 욕심 많은 코르바치오가 그 같은 제안을 마다할 이유가 없다.

모스카는 볼포네에게 지나가는 소리로 상인인 코르비노의 아내 첼리아(Celia)가 상당히 예쁘다고 한다. 볼포네는 은근히 구미가 당겨 첼리아를 한번 보고 싶어 한다. 첼리아의 모습을 본 볼포네는 그만 첼리아의 아름다움에 정신을 차리지 못한다. 그는 자기가 가진 금과 은을 모두 주는 한이 있더라도 첼리아를 자기 소유로 만들고 싶어 한다. 모스카는 볼포네에게 더 잘 보이려고 새로운 작전을 짠다. 그는 코르비노를 만나 "에, 그러니까, 볼포네 주인님이 아무래도 코르비노 님을 상속인으로 생각하고 계신 것 같기는 한데……"라고 운을 떼면서 "주인님이 예쁜 여인과 환담하며 지내기를 좋아하시니 어디 그런 여인이 있으면 한번 소개를 시켜주시지요"라고 말한다. 코르비노가 머뭇거리자 모스코는 "아, 그럴 것 없이 부인을 볼포네 주인님과 데이트 한번 시켜주시면 만사형통일 것이옵니다"라고 말한다. 코르비노는 재산 상속이 최우선 과제이므로 아내를 잠시 볼포네의 데이트 상대로 내주는 것도 어려운 일은 아니라고 생각한다. 잠시 후 코르비노와 첼리아가 볼포네를 찾아간다. 첼리아는 왜 볼포네 영감을 만나러 가는지 전혀 알지 못한다.

한편 코르바치오의 아들 보나리오는 아버지가 볼포네의 유산을 상속 받아도 자신에게 재상속이 안 된다는 소문을 듣고 볼포네를 직접 만나 왜 그런지 따지려고 볼포네의 집으로 향한다. 모스카는 아름다운 첼리아가 도착할 시간이 되었으므로 미리 온 보나리오를 잠시 옆방에서 기다리라고 한다. 아름다운 첼리아와 단둘이 있게 된 볼포네는 떨려서 말 한마디 제대로 걸지 못한다. 볼포네는 첼리아의 환심을 사기 위해 무엇이든 원하는 것이 있으면 사주겠다느니, 귀족의 신분으로 사는 것도 그럴듯하니 자기 가족이 되어달라느니 하면서 애걸한다. 하지만 첼리아가 대꾸도 하지 않자 늑대의 본성을 드러내면서 첼리아를 강제로 욕보이려고 한다. 이 모습을 본 보나리오가 숨어 있던 방에서 뛰어나와 첼리아를 구한다. 첼리아의 남편 코르비노는 자기의 음흉한 계획이 탄로 나면 상속이고 뭐고 모두 날아갈 것 같아 보나리오와 첼리아가 짜고서 볼포네를 속이려 했다고 고소한다. 변호사 볼토레는 한발 더 나아가 지방판사에게 보나리오와 첼리아가 간통을 저질렀다고 고발해 두 사람은 감옥에 갇힌다.

볼포네는 더 심한 음모를 꾸민다. 그는 모스카를 상속자로 한다는 임시 유언장을 만들어 자신이 죽었다고 전하라고 한다. 그러면 지금까지 자신에게 기대고 있던 사람들이 닭 쫓던 개 꼴이 될 것이니 생각만 해도 기분이 좋다. 볼포네가 죽었다는 소식을 들은 코르바치오, 볼토레, 코르비노 3인방은 볼포네의 집으로 급히 달려간다. 그런데 이들을 맞이한 사람은 자신들을 경멸하듯 내려다보는 모스카뿐이다. 모스카는 이들에게 "못된 짓은 도맡아 하면서 무슨 낯짝으로 이곳에 찾아왔습니까?"라고 소리치며 자기야말로 볼포네가 상속인으로 지정한 사람이라고 말한다. 세 사람은 망연자실한다. 그중 가장 큰 충격을 받은 사람은 변호사 볼토레다. 그는 볼포네와 모스카에게 속은 기분이 들어 화를 참지 못한다. 그는 당장 지방판사에게 달려가 볼포네와 하인 모스카가 모든 음모를 꾸몄다고 밝히고는, 보나리오와 첼리아는 아무 잘못이 없다고 증언해 방면시킨다.

죽은 것으로 되어 있는 볼포네는 여전히 장난을 즐기고 있다. 이번에는 경찰로 변장하고 볼토레를 만나 볼포네가 아직 살아 있으며 당연히 상속인은 볼토레가 될 것이라고 속삭인다. 그 소리를 들은 볼토레는 한순간 기분이 좋아져 정신을 차리지 못하고 쓰러진다. 잠시 후 깨어난 볼토레는 다시 지방판사에게 달려가 볼포네와 모스카를 고소한 것은 잠시 정신이 나간 상태에서 한 것이므로 취하한다고 말하면서, 그들에게는 아무 잘못이 없다고 주장한다.

한편 서서히 야욕을 드러내는 모스카는 지방판사에게 방금 볼포네의 장례식에서 돌아왔다고 말하며 유언장에 있는 대로 자기가 정당한 상속자라고 주장한다. 볼포네는 마침내 모스카의 함정에 빠진 것이다. 사태의 심각성을 깨달은 볼포네는 경찰복을 벗어던지고 나타나 지금까지의 모든 상황을 밝히고, 이 모두가 노망에서 비롯된 것이니 관대히 처리해달라고 부탁한다. 특히 하인 모스카에게 상속한다는 유언장은 진짜가 아니라고 주장한다. 현명한 재판장은 모스카를 노예선으로 보내 죽을 때까지 지내게 하고, 볼토레의 변호사 자격을 정지한다. 코르바치오를 수도원으로 보내 노역하게 하고, 코르비노는 당나귀 귀를 달고 노를 저으면서 베네치아 주변을 돌게 한다. 볼포네 역시 감옥으로 보내고, 그의 재산을 모두 국가에 귀속시킨다. 장난이 심하면 그만큼 벌도 심한 법이다.

프라 디아볼로

타이틀	**Fra Diavolo**

	전 3막의 오페라 코미크. 대본은 외젠 스크리브 (Eugène Scribe)가 썼다. 이 오페라는 '테라치네의 여관(L'hôtellerie de Terracine)'으로도 불린다.
초연	1830년 1월 28일 파리 오페라 코미크(Opéra Comique) 극장
주요 배역	프라 디아볼로(산적 두목), 로랑조(로렌초: 마을의 청년, 군인), 체를린(체를리네: 여관 주인의 딸), 록버그 경과 레이디 록버그(다른 대본에는 콕부르(Cokbourg)로 되어 있다), 여관 주인, 베포와 자코모(산적들)
음악 하이라이트	체를리네의 쿠플레(couplet), 프라 디아볼로의 바르카롤(barcarolle)
베스트 아리아	「군기 아래 행진함을 보다(Je vois marcher sous ma bannière)」(T), 「주님, 걱정하지 않습니다(Ne craignes rien, Milord)」(S), 「아그네, 아름다운 꽃(Agnes, belle fleur)」(T)

사전 지식　　　프랑스의 오페라 작곡가 오베르는 다른 어느 작곡가보다 행복한 생활을 한 사람이다. 그러므로 이 작품에는 그의 행복한 기질이 잘 표현되어 있다. 음악이 명랑하고 쾌활하기도 하지만 그보다도 우아함과 매력이 넘쳐흐른다. 밝은 메들리의 서곡과 신나는 행진곡풍 음악은 사람들의 기분을 들뜨게 한다. 심지어 말다툼하는 장면까지 우아하고 매력적이다. 특히 체를리네를 위한 로만차(romanza: 세레나데)와 프라 디아볼로를 위한 바르카롤(barcarolle: 뱃노래 스타일의 음악)은 대단히 매력적이다. 또한

오베르, 다니엘(Auber, Daniel, 1782~1871)
다니엘 오베르는 프랑스 그랜드 오페라의 창시자다. 그의 오페라 작품은 고전주의에 기본을 두지만 명랑하고 듣기에 부담이 가지 않는 오페라 코미크에 더 가깝다. 노르망디의 캉(Caen)에서 태어난 그는 인쇄기 판매상인 아버지를 따라 파리에서 지내며 오페라 작곡에 전념했다. 서른여덟 살에 내놓은 코믹 오페라 〈양치기 성주(La bergère châtelaine)〉는 전에 없는 인기를 끌었다. 그는 본격적으로 음악 공부를 하지 않았기 때문에 아마추어 작곡가라고 할 수 있으나 모든 작곡 기법을 습득한 뛰어난 인물로, 약 50편의 오페라를 작곡했다. 그중에서 오늘날까지 공연되는 작품으로는 〈프라 디아볼로〉, 〈포르티치의 벙어리 처녀〉 등이 있다.

피날레는 웅장하다. 내용은 좀 싱겁다고 느낄 수도 있지만 음악은 놀라울 만큼 훌륭하다.

줄거리　　　　　무대는 이탈리아 나폴리 부근 테라치나(Terracina) 마을이다. 여관집 딸 체를리네
(Zerline)는 가난한 군인 로렌초(Lorenzo)를 사랑한다. 여관집 주인은 체를리네를 돈 많은 농부에게
결혼시키고자 한다. 돈을 마련해야 하는 로렌초는 산적 두목 프라 디아볼로의 목에 거금의 현상금이
붙은 것을 알고 그를 잡을 생각이다. 바로 그때 화려한 옷차림을 한 영국인 록버그 경(Lord Rocburg)과
레이디 록버그(Lady Rocburg)가 여행하다가 프라 디아볼로 일당을 만나, 가지고 있던 보석을 몽땅
털리고 겨우 마을 여관으로 들어선다. 두 사람은 몹시 흥분해서 다음에 산적을 만나면 죽음도 불사하고
처치해버리겠다고 말하며 요란을 떤다. 이 말을 들은 로렌초는 산적 두목을 잡아 현상금도 받고,
빼앗긴 보석을 찾아 사례금을 받을 요량으로 밖으로 나서려고 한다. 이때 어떤 신사가 여관문을
밀치고 들어선다. 그는 자신을 산 마르코(San Marco) 후작이라고 소개하며 여관에 있는 사람들과
정중하게 인사를 나눈다. 실은 이름으로만 알려진 악명 높은 산적 두목 프라 디아볼로(Fra Diavolo)가
변장한 것이다. 하지만 아무도 그의 정체를 눈치채지 못한다. 프라 디아볼로는 레이디 록버그를
보자 아름답고 지성적인 모습에 매혹을 느껴 사랑을 받아달라고 정중히 청한다. 그의 신사답고
예의 바른 행동에 레이디 록버그의 마음이 흔들리기 시작한다. 레이디 록버그는 도적 떼를 만났을
때 남편이 보여준 비겁한 행동에 아주 실망하고 있던 터다. 그런 차에 예의 바르고 돈도 많아 보이며,
잘생긴 프라 디아볼로가 사랑을 호소하자 마음이 움직인 것이다.
한편 용감하게 산적들을 찾아 나선 로렌초는 우여곡절 끝에 20명이나 되는 산적을 교묘히 물리치고
레이디 록버그의 보석을 되찾아온다. 록버그 경은 그의 용맹스러운 행동에 감사하는 뜻으로 1,000두카
의 상금을 건네준다. 로렌초는 거액의 돈을 받자 이만하면 체를리네와 결혼할 수 있다고 생각한다.
로렌초는 사례금을 체를리네에게 주며 잘 간직하라고 한다. 이 모습을 지켜본 프라 디아볼로의
부하 베포(Beppo)와 자코모(Giacomo)는 체를리네를 처치하고 숨겨놓은 사례금을 훔칠 생각이다.
그때 로렌초가 체를리네를 몰래 만나러 왔다가 프라 디아볼로와 마주친다. 프라 디아볼로는 체를리네
와 데이트를 하러 왔다고 둘러댄다. 로렌초는 체를리네의 정절에 대해 실망해 아래층으로 내려가
영국인 록버그 경과 여자의 정절에 대해 일대 토론을 벌인다. 그 틈을 타 도둑들은 도망친다.
다른 대본에는 여관집 주인이 체를리네와 로렌초의 결혼을 못마땅하게 여겨 반대하자 생각다 못한
로렌초가 친구 두어 명과 함께 밤중에 체를리네를 납치해 멀리 도망갈 계획을 꾸민다. 체를리네의
침실 옆방에 숨어든 로렌초가 밤이 이슥해지기를 기다리지만 순찰을 돌던 여관 주인에게 들켜 이

음모는 수포로 돌아간다. 사람들 앞으로 끌려온 로렌초는 체를리네의 부탁으로 2층에 잠시 있었던 것이라고 둘러대지만 그 말을 믿는 사람은 아무도 없다. 특히 산 마르코 후작은 자기 부하들이 당한 것을 알고는 로렌초를 아주 몹쓸 파렴치한으로 몰아간다. 사람들은 산 마르코 후작의 말에 동조한다.

로렌초는 목청을 높여 자기를 비난하는 산 마르코의 소리를 듣고 도저히 참을 수 없어 결투를 신청한다. 바로 그때 베포와 자코모가 여관으로 찾아와 조심성 없이 두목을 찾는 바람에 산 마르코가 프라 디아볼로라는 사실이 탄로 난다. 프라 디아볼로는 세상이 알아주는 유명한 검객이다. 지금까지 그와 결투해 살아남은 사람은 한 명도 없다. 사람들은 로렌초가 결투에서 질 것이 당연하므로 로렌초를 애처롭게 생각한다. 그러나 명예를 위해 죽을 결심을 한 로렌초는 죽음의 결투에 앞서 체를리네의 결백을 주장한다. 사람들이 로렌초의 주장을 받아들여 체를리네에게는 아무 혐의가 없다고 공표한다. 이 소리를 들은 로렌초는 안심하며 결투장으로 향한다. 멀리서 체를리네가 로렌초의 이름을 부르는 소리가 들리는 가운데 막이 내린다. 아마도 로렌초는 죽었을 것이다.

하지만 다른 대본에는 베포와 자코모의 실수로 정체가 드러난 프라 디아볼로를 체를리네가 기지를 발휘해 로렌초가 용감하게 붙잡는다. 로렌초는 당국에서 두둑한 현상금을 받아 체를리네와 결혼해 행복하게 산다.

아마 해피엔드가 첫 번째 버전이고, 비극적 최후를 맞는 것은 두 번째 버전인 듯하다.

포르티치의 벙어리 처녀

타이틀	**La Muette de Portici**(The Mute Girl of Portici)

전 5막의 그랜드 오페라. 대본은 외젠 스크리브와 제르맹 들라비뉴(Germain Delavigne)가 공동으로 썼다. 이 오페라는 '마사니엘로(Masaniello)'로도 불린다. 포르티치는 이탈리아 남부 나폴리 공국에 속했던 도시 이름이다.

초연	1828년 2월 29일 파리 오페라 극장
주요 배역	알폰스(알폰소 다르코스: 나폴리 주재 스페인 총독의 아들), 엘비르(엘비라: 스페인 공주로 알폰소의 약혼녀), 마사니엘로(나폴리의 어부), 페넬라(마사니엘로의 여동생), 로랑조(로렌초: 알폰소의 측근), 셀바(총독 경호대 장교)

사전 지식 〈포르티치의 벙어리 처녀〉는 프랑스 그랜드 오페라의 효시다. 스펙터클한 무대는 베수비오(Vesuvio) 화산 폭발 장면에서 장관을 이룬다. 마사니엘로와 동료들이 부르는 혁명적인 합창은 1830년에 일어난 벨기에 혁명이 위기에 처했을 때 혁명 동지들이 부르던 노래로 기억되고 있다.

줄거리 나폴리 주재 스페인 총독의 아들 알폰소 다르코(Alfonso d'Arco; Alphonse)는 벙어리 처녀 페넬라(Fenella)를 유혹해 즐기다가, 스페인의 엘비라(Elvira; Elvire) 공주와 결혼하기 위해 헌신짝처럼 버린다. 알폰소를 진정으로 사랑하는 페넬라는 알폰소와 엘비라가 결혼식을 올리려 할 때 성당으로 뛰어들어 알폰소가 자신을 유혹했던 남자라고 겨우 알리고 엘비라에게 도움을 청하지만, 결혼식은 진행되고 페넬라의 하소연은 허공에 흩어진다.

나폴리의 어부 마사니엘로(Masaniello)와 그의 동료들은 스페인 총독의 학정에 대항하기로 결심한다. 마사니엘로는 벙어리 처녀 페넬라의 오빠다. 페넬라는 오빠에게 자기를 농락한 사람이 다른 여자와 결혼했다고 하면서 도움을 청하지만, 차마 그 남자가 누구라고 밝히지는 못한다. 마사니엘로는 누구인지 밝혀지면 복수할 것을 약속한다.

알폰소는 페넬라를 납치해 자신과 페넬라는 아무 사이가 아니라고 엘비라 앞에서 거짓 자백을 시킬 계획을 꾸민다. 이런 음모를 알아차린 마사니엘로와 동료들은 더는 참을 수가 없어 스페인 총독에 항거해 봉기를 일으킨다. 봉기는 성공한다. 이들에게 쫓기던 알폰소와 엘비라는 페넬라의 집으로 가서 피난처를 구한다. 페넬라는 처음에는 주저하지만 알폰소와의 옛사랑을 생각해 이들을 숨겨준다. 마사니엘로의 동료들은 그에게 나폴리의 총독이 되라고 주장하면서, 그 전에 두 명의 스페인 관리를 처형할 것을 강요한다. 두 명의 스페인 사람들과 전부터 알고 지낸 마사니엘로는 사형을 거부하고, 이들이 안전하게 떠나도록 돕는다. 그러자 피에트로(Pietro)를 비롯한 봉기 주동자들이 마사니엘로가 혁명에 반기를 들었다고 하면서 그를 제거하기로 한다.

마사니엘로가 총독 궁에서 피에트로가 탄 독을 마신 뒤 정신을 잃고 쓰러진다. 한편 알폰소는 군대를 정비해 봉기군을 섬멸하려고 한다. 마침 베수비오 화산이 폭발할 기미를 보인다. 봉기군이 섬멸당할 징조다. 정신을 차린 마사니엘로가 동료들을 규합해 겨우 퇴각한다. 마사니엘로는 퇴각하던 중 봉기군이 엘비라를 체포하자 그녀를 구해준다. 잠시 후 엘비라가 등장해 마사니엘로가 자신을 구해주었다고 밝히자 페넬라는 모든 것이 허사가 되었다고 생각한다. 그녀는 베수비오 화산으로 뛰어들어 스스로 목숨을 끊는다.

006
Audran, Edmond

마스코트

타이틀	**La Mascotte**(The Mascot)	

	전 3막. 앙리 샤를 키보(Henri Charles Chivot)와 알프레드 뒤뤼(Alfred Duru)가 대본을 썼다.
초연	1880년 12월 28일 파리 부프 파리지앵(Bouffes Parisiens) 극장
주요 배역	베티나(시골 처녀, S), 피포(목동, T), 로코(농부, Bar), 로랑 공자(로렌초 공, T), 피아메타(로렌초 공의 딸, S), 프레드리크(프레데리크: 피사의 공자, T)

사전 지식　　　프랑스 리옹에서 태어난 오드랑은 우리에게는 거의 알려지지 않은 작곡가이지만, 프랑스는 물론이고 영국과 미국에서 한때 놀랄 만큼 인기를 끈 작곡가다. 그는 10여 편의 가벼운 오페라를 작곡해 사랑을 받았다. 1879년 파리에서 초연된 〈올리베트의 결혼〉은 이듬해에 런던으로 건너가 올리베트(Olivette)라는 제목으로 스트랜드 극장(Strand Theater)에서 1년 이상 연속 공연되었다. 오드랑은 오펜바흐의 후계자 중 가장 훌륭한 작곡가로 알려져 있다. 오드랑의 오페라는 오펜바흐에 비해 유머가 좀 부족한 편이지만, 음악은 더욱 세련되고 우아하다. 그래서 오페레타라기보다는 오페라 부프(opéra bouffe)의 수준을 넘어 오페라 코미크(opera comique)의 경지에 올랐다고 할 수 있다. 〈마스코트〉는 파리에서 초연된 이래 5년 동안 1,000회 이상의 공연 실적을 거두었으며, 뉴욕에서는 1881년 공개되어 대히트를 기록했다. 오드랑은 자코모 마이어베어(Giacomo Meyerbeer)의 장례식을

오드랑, 에드몽(Audran, Edmond, 1842~1901)
아실(Achille) 에드몽 오드랑은 프랑스의 오페레타를 작곡해 국제적으로 인기를 끌었던 작곡가다. 그의 대표작은 〈올리베트의 결혼(Les noces d'Olivette)〉(1879), 〈마스코트〉(1880), 〈나르본의 질레트(Gillette de Narbonne)〉(1882), 〈매미 여인과 개미 여인(La cigalke et la fourmi)〉(1886), 〈인형(La poupee)〉(1896) 등이다. 파리에서 성공을 거둔 그의 작품은 런던 웨스트엔드에서도 대단히 환영 받았다. 런던 공연에서는 감독을 맡기도 했다. 오늘날 그의 작품은 대부분 잊혔지만, 〈마스코트〉는 음반으로도 나왔으며 유럽의 극장에서 가끔 공연되고 있다.

위한 장송곡을 작곡해 찬사를 받기도 했다.

마스코트라는 단어는 프로방스 지방의 은어 마스코(Masco)에서 비롯된 것으로
원래는 마녀(witch)라는 뜻이다. 영어의 마스코트(Mascot)는 오드랑의 〈마스코트〉가 영국으로 건너가
영어화된 것이다. 그러므로 영어 단어 마스코트의 원조는 오드랑의 〈마스코트〉다. 영국은 프랑스에서
수입한 마스코트라는 단어를 동물, 사람, 물건 등 무엇이든 행운을 가져오는 것을 가리키는 용어로
사용했다.

줄거리   시기는 15세기, 장소는 이탈리아의 피옴비노(Piombino)다.

[제1막] 마을에서 포도주 축제가 열리고 있다. 마을 사람 모두가 즐거워하지만 로코(Rocco)만 시무룩하
다. 로코는 하는 일마다 뜻대로 되지 않아 속이 상한다. 그는 다른 마을에 살고 있는 형에게 목동
피포(Pippo)를 보내 도와달라고 부탁한다. 피포가 돌아와 그의 형님이 보냈다고 하면서 계란 한
바구니와 편지 한 장을 전한다. 편지에는 얼마 뒤 베티나(Bettina)라는 아가씨를 보낼 텐데 그녀와
지내면 행운이 찾아올 것이라고 적혀 있다. 베티나는 칠면조를 기르는 아가씨이지만 마스코트라고
했다. 얼마 후 예쁘게 생긴 베티나가 도착한다. 사실 심부름을 갔던 목동 피포는 베티나를 보고
마음을 빼앗긴 상태다. 피포는 로코에게 베티나가 얼마나 재주가 많고 착하며 일을 잘하는지 입에
침이 마르도록 설명하지만, 로코는 돈이나 잔뜩 보내줄 것으로 기대했는데 거위나 칠면조를 기르는
아가씨를 보내줬으니 마음에 들 리가 만무하다. 로코는 베티나를 차갑게 대하며 돌아가라고 말한다.
베티나가 돌아가려고 준비하고 있을 때 마을에 한 무리의 사냥꾼이 들이닥친다. 영주 로렌초 공자
(Prince Lorenzo; Laurent)와 그의 딸 피아메타(Fiametta), 프레데리크 공자(Frederic: Prince of Pisa) 등이다.
로렌초 공자도 제대로 되는 일이 없는 사람이다. 욕심 많은 로렌초 공자는 베티나가 귀족 가문
출신인 것을 알고는 그러면 재산이 있을 것이라고 생각해 궁전으로 데려가 함께 지내려고 한다.
로코가 안 된다고 반대하자 로렌초 공자는 로코를 의전장관(Lord Chamberlain)에 임명하겠다고 제안한
다. 이제부터 행운이 찾아온다고 생각한 로코는 흔쾌히 베티나를 데려가라고 한다. 베티나는 크게
상심한다. 피포는 사랑하는 사람을 잃게 되어 쓸쓸하기 그지없다. 로렌초 공자는 사람들에게서
베티나가 행운을 가져다주는 아가씨이며, 베티나가 처녀로 있는 동안 그녀와 함께 있는 사람이
행운을 얻는다는 얘기를 듣는다. 로렌초 공자는 베티나와 피포가 자꾸 만나 결혼을 하면 곤란해지므로,
온갖 수단을 동원해 두 사람이 만나지 못하게 한다.

[제2막] 피옴비노 궁전이다. 궁전에서는 로렌초 공자의 딸 피아메타와 피사의 공자 프레데리크의 결혼을 축하하는 연회가 열린다. 배우들과 무용수들이 나와 연극도 하고 춤도 추자 연회 분위기는 무르익는다. 배우 중에 피포도 끼어 있다. 피포는 베티나를 만나기 위해 살타렐로(Saltarello)라는 연극배우로 변장해 궁전으로 들어온 것이다. 연극배우 중 살타렐로(피포)가 제일 인기를 끈다. 피포는 가까스로 베티나를 만나 멀리 도망가기로 약속한다. 그때 의전장관 자리가 어떻게 됐는지 궁금해진 로코가 궁전으로 들어왔다가 배우 중에 끼어 있는 피포를 발견한다. 로코는 무슨 충성심이 그렇게도 많은지 로렌초 공자에게 피포라는 놈이 베티나를 꾀어 함께 도망가기 위해 들어와 있다고 고자질을 한다. 로렌초 공자는 당장 피포를 체포한다.

그런데 문제는 더 복잡해진다. 이날의 신부 피아메타가 연극배우 살타렐로를 보고 마음을 빼앗긴 것이다. 피아메타는 연극배우 살타렐로가 실은 피포이고 베티나를 만나러 온 것을 알게 된다. 피아메타는 피포를 붙잡기 위해 아버지 로렌초 공자가 베티나와 결혼할 생각이라고 거짓말을 하지만, 현명한 피포는 그 말을 믿지 않는다. 우여곡절 끝에 베티나를 만난 피포는 베티나와 함께 창문을 통해 강으로 뛰어들어 도망친다.

[제3막] 사방에서는 총 쏘는 소리가 들린다. 로렌초 공자와 프레데리크 공자 사이에 전투가 벌어진다. 로렌초 공자의 궁을 탈출한 피포는 프레데리크 공자 군에 대위로 들어가 전투를 치르고 있다. 베티나는 남장을 하고 피포의 부관으로 역시 전투에 참가한다. 용감한 피포 덕에 프레데리크 공자 측이 승리를 거듭한다. 그가 피포에게 포상하려 하자 피포와 베티나가 신분을 밝히면서 서로 사랑하니 결혼시켜달라고 간청한다. 프레데리크 공자는 기꺼이 허락한다.

얼마 후 프레데리크 공자가 로렌초 공자를 격퇴하고 완전한 승리를 거둔다. 농부 로코는 또다시 불운에 빠져 스스로 먹고사는 문제를 해결해야 한다. 로코는 음유시인이 되어 이 지방 저 지방을 유랑한다. 마을 여관에서는 피포와 베티나의 결혼 잔치가 한창이다. 로코가 음유시인 차림으로 결혼식에 참석해 먹을 것과 마실 것을 얻는다. 피아메타는 프레데리크와 결혼하기로 약속한다. 사람들은 마스코트가 행운을 가져왔다고 하면서 즐거워한다.

집시 소녀

타이틀	**The Bohemian Girl**(La Zingara)	
		전 3막의 그랜드 오페라. 스페인의 문호 세르반테스의 낭만 소설 『집시 소녀(La gitanilla)』에서 아이디어를 얻어 런던 드루어리 레인(Drury Lane)의 극장장 알프레드 번(Alfred Bunn)이 대본을 썼다. 이 오페라는 '보헤미아의 소녀'로도 불린다.
	초연	1843년 11월 27일 런던 드루어리 레인 극장. 수정본은 1853년 초연
주요 배역	아를린(아를리네: 프레스부르크 총독의 딸), 타데우스(폴란드의 귀족), 아른하임 백작, 데빌스후프, 플로레슈타인	
베스트 아리아	「나의 집시 신부와 함께 오라(Come with the Gypsy bride)」(S), 「오, 말할 수 없는 이 기쁨(Oh, what full delight)」(S), 「대리석 홀에 살고 있는 꿈을 꾸었네(I dreamt that I dwelt in marble halls)」(S), 「지난날은 모두 한 편의 꿈(Tis gone, the past was all a dream)」(Contralto), 「친구도 없고, 집도 없고... 고향을 떠날 수밖에 없는 슬픔(Without friends, and without a home... 'Tis sad to leave our Fatherland)」(T), 「병사의 생활(A soldier's life)」(B)	

사전 지식　　　세르반테스의 소설은 프랑스에서 생 조르주가 작곡한 '집시(The Gypsy)'라는 제목의 발레로 공연되어 인기를 끌었다. 발프의 〈집시 소녀〉는 영국 발라드 오페라의 초기 전통을 충실히 따른 작품이다. 「대리석 홀에 살고 있는 꿈을 꾸었네」 등의 아리아는 영국의 전통적 민요풍이라 정겹게 느껴진다. 도니체티가 작곡한 오페라 중에도 〈집시 소녀(La zingara)〉가 있다.

발프, 마이클 윌리엄(Balfe, Michael William, 1808~1870)
마이클 윌리엄 발프는 아일랜드의 더블린에서 태어난 작곡가로 대표작은 〈집시 소녀〉다. 더블린에서 바이올리니스트 겸 댄스교사로 활약했던 아버지에게서 음악적 재능을 교육 받은 발프는 정규 음악 과정을 이수하지는 못했다. 그는 일곱 살 때 첫 작품으로 무곡(폴라카)을 작곡했다. 바이올리니스트로 음악 경력을 시작한 그는 얼마 후 오페라 성악가로 활동했으며, 그때부터 40여 년 동안 오페라를 작곡해 38편의 오페라와 250편에 이르는 노래 등을 남겼다. 뛰어난 지휘자이기도 했던 그는 런던의 여왕폐하 극장에서 7년 동안 이탈리아 오페라를 지휘했다.

줄거리　　　　　**[제1막]** 오스트리아 프레스부르크(Presburg) 총독 아른하임(Arnheim) 백작의 성 안에서 최근 오스트리아 군대가 폴란드와의 전쟁에서 승리한 것을 축하하는 모임이 한창이다. 오랜만에 백작이 축하모임에 참석한 손님들과 사냥을 나간다. 그때 전투에서 패한 폴란드의 청년 귀족 타데우스(Thaddeus)가 오스트리아 병사들의 추적을 피해 이 마을로 숨어든다. 타데우스가 겨우 찾은 은신처는 집시들이 살고 있는 야영지다. 집시들은 타데우스를 쫓아내려 하지만 사정을 듣고 딱하게 생각한 집시 두목 데빌스후프(Devilshoof)가 무리에 합류하는 것을 허락한다.

집시들은 백작의 성 밖에 있는 공터에 머물기 위해 텐트를 친다. 사냥 갔던 사람들이 돌아온다. 이들은 얼마 전 백작이 애지중지하는 딸 아를리네(Arline)가 숲 속에서 커다란 사슴의 공격을 받아 거의 죽을 뻔했을 때 한 청년이 달려 나와 사슴을 물리치고 아를리네를 구한 뒤 어디론가 사라졌다고 얘기한다. 그는 바로 타데우스다. 백작은 집시 무리에서 타데우스의 얼굴을 알아보고는 고마운 마음에 그를 연회에 초청한다.

백작이 오스트리아 황제를 위해 건배를 제의하지만 타데우스는 적국 황제에게 축배를 들 수 없어 거절한다. 연회에 참석한 사람들이 타데우스를 폴란드의 첩자로 여겨 체포하려는 순간, 집시 무리가 성안으로 들어와 타데우스를 구해서 떠난다. 데빌스후프는 백작의 어린 딸 아를리네를 납치해 좁은 골짜기로 도망친다. 백작의 병사들이 어린 아를리네를 구출하려고 하지만, 데빌스후프가 아를리네를 방패로 삼는 바람에 감히 총이나 화살을 쏠 수가 없어 결국 놓치고 만다. 백작은 이루 말할 수 없는 슬픔에 잠긴다.

[제2막] 12년이 흐른다. 집시들과 함께 자라 이제 어엿한 아가씨가 된 아를리네는 타데우스와 사랑하는 사이이다. 아를리네는 자신의 신분은 모르지만 집시가 아니라는 것은 알고 있다. 그녀가 기억하는 어린 시절의 전부는 대리석 홀이 있는 집에서 살았다는 것뿐이다. 아를리네가 누구인지 알고 있는 타데우스는 그녀를 잃고 싶지 않아 가족이나 신분에 대해 말하지 못한다. 어느 날 아를리네가 팔에 있는 상처가 어떻게 생긴 것인지 모르겠다면서 타데우스에게 그 이유를 묻는다. 그는 어쩔 수 없이 커다란 사슴으로부터 아를리네를 구한 일을 얘기해준다. 타데우스가 생명의 은인인 것을 안 아를리네는 그를 더 깊이 사랑한다.

얼마 후 집시 여왕이라는 여자가 도착한다. 집시 여왕은 집시들 간의 단합을 위해 데빌스후프와 연합했지만, 데빌스후프의 무리가 전적으로 복종하지 않자 못마땅해하며 불만을 품고 있다. 집시 여왕이 데빌스후프와 연합한 가장 큰 이유는 타데우스를 사랑하기 때문이다. 그런데 타데우스와 아를리네가 사랑하는 사이임을 안 집시 여왕은 상냥하고 품위 있는 아를리네를 끔찍이 미워해 가만두지 않겠다고 다짐한다.

인근 마을에서 즐거운 축제가 벌어진다. 오랜만에 축제에 나온 아를리네는 멋지게 차려입은 건방진 귀족의 눈길을 받는다. 아른하임 백작의 조카 플로레슈타인(Florestein)이다. 그는 아를리네가 오래전에 집시에게 납치된 사촌인 줄은 꿈에도 모른 채 그녀에게 접근하지만, 아를리네는 플로레슈타인의 치근거림을 단호히 거절한다. 이 모습을 본 집시 여왕은 둘이 친해지면 아를리네와 타데우스가 자연히 멀어질 것으로 생각해 플로레슈타인의 보석 메달을 훔쳐 아를리네에게 선물로 준다. 이렇게 되면 그 목걸이를 매개로 인연이 닿아 서로 친해질 것이라고 생각한 것이다. 그러나 상황은 이상한 방향으로 흘러간다. 플로레슈타인이 보석 목걸이를 보고 아를리네를 도둑으로 몰아 체포한 것이다. 아를리네는 재판을 받기 위해 아른하임 백작 앞으로 끌려간다.

[제3막] 아른하임 백작은 자기 앞에 끌려온 집시 처녀가 오래전부터 알고 있던 사람 같아 내심 무척 궁금해진다. 그러다가 아를리네의 팔에 있는 흉터를 보자 궁금증이 더해 어떻게 생긴 흉터냐고 묻는다. 아를리네는 타데우스에게 들은 대로 어린 시절 커다란 사슴에게 공격당했을 때 생긴 흉터라고 설명한다. 아른하임 백작의 눈에서 기쁨의 눈물이 흐른다. 드디어 아버지와 딸이 만난 것이다. 아를리네는 즉시 백작의 후계자로 인정되어 모든 직위를 회복한다. 아름답고 고귀한 아를리네를 보고 많은 귀족들이 구혼한다. 하지만 아를리네는 타데우스를 생각해 모든 구혼을 거절한다. 백작의 성에서 아를리네의 귀환을 축하하는 대연회가 열린다. 타데우스가 아를리네를 만나기 위해 위험을 무릅쓰고 연회장으로 들어가 간신히 아를리네를 만난다. 타데우스를 본 아를리네는 언제나 당신만을 사랑한다고 말한다.

타데우스는 아른하임 백작에게 결혼을 승낙해달라고 간청하면서 폴란드 귀족 출신임을 증명하는 서류를 내보인다. 사람들은 적국 폴란드 사람이므로 결혼은 절대 안 된다고 강력히 주장한다. 특히 플로레슈타인은 타데우스를 당장 체포해야 한다고 격한 목소리로 말한다. 아를리네가 백작 앞에 나서 타데우스만 사랑한다고 눈물로 호소하자 이 모습에 감동한 백작은 사랑하는 딸의 행복을 위해 결혼을 승낙한다.

한쪽 구석에서 이 광경을 지켜보던 집시 여왕은 질투심에 사로잡혀 부하에게 아를리네를 향해 총을 쏘라고 지시한다. 총이 발사되려는 순간 데빌스후프가 번개같이 나타나 총부리를 낚아채자, 빗나간 총알이 집시 여왕의 가슴에 박힌다. 데빌스후프는 제멋대로 부족을 통치하는 집시 여왕에게 그간 감정이 많았다.

모든 것이 해결되자 아를리네와 타데우스는 행복에 겨워 서로를 품에 안는다.

버네사

타이틀	**Vanessa**

전 4막. 대본은 작곡가 잔카를로 메노티(Gian-Carlo Menotti)가 썼다. 아이작 디네센(Isak Dinesen; Karen Blixen)의 소설 『일곱 개의 고딕 이야기(Seven gothic tales)』를 기본으로 했다. 버네사는 추억을 머금고 사는 아름다운 여인의 이름이다.

초연	1958년 1월 15일 뉴욕의 메트로폴리탄 오페라(Met-ropolitan Opera)
주요 배역	버네사(애인을 못 잊어 애인의 아들과 결혼한 여인), 에리카(버네사의 사촌), 애너톨(버네사의 전 애인의 아들), 남작 부인(버네사의 어머니), 의사, 니컬러스
베스트 아리아	「겨울이 그렇게 빨리 와야 하나요?(Must the winter come so soon?)」(S), 「애너톨, 아무 말도 하지 말아요(Do not utter a word, Anatol)」(S)

사전 지식 성악가였던 새뮤얼 바버는 이 오페라의 음악을 성악가 위주로 작곡했다. 원래는 4막이었으나 나중에 1막과 2막을 합쳐 전 3막으로 만들었다. 고전적 현대 음악의 면모를 볼 수 있는 작품이다.

줄거리 아름다운 버네사(Vanessa)는 사랑하는 애너톨(Anatol)과 헤어진 뒤 시골집으로 돌아와 어언 20년을 보냈다. 그녀는 20여 년 동안 현관문을 걸어 잠근 채 사람들과 접촉을 끊고 지냈다. 심지어 집 안에 있는 거울이란 거울은 모두 천으로 가려놓고 살았다. 자기 얼굴을 보고 싶지 않아서다. 그래도 버네사의 미모는 20년 전과 비교해 변한 것이 없다. 여전히 매력적이고

바버, 새뮤얼(Barber, Samuel, 1910~1981)
새뮤얼 오스번 바버 2세(Samuel Osborne Barber II)는 미국 펜실베이니아 주 웨스트체스터 출신으로 오케스트라, 오페라, 합창곡, 피아노곡 등 여러 장르의 음악을 작곡한 재능 있는 인물이다. 그의 작품 중에서 가장 잘 알려진 「현을 위한 아다지오(Adagio for strings)」는 현대 고전음악의 걸작으로 간주되고 있다. 그는 오페라 〈버네사〉와 「피아노와 오케스트라를 위한 협주곡」으로 풀리처상을 두 번 수상했다.

아름답다. 버네사의 어머니 노남작 부인은 버네사에게 말 한마디 건네지 않으면서 한집에서 지낸다. 남작 부인의 유일한 말동무는 조카딸 에리카(Erika)뿐이다.

오페라의 막이 열리면 버네사와 하녀들이 애너톨을 맞이할 준비를 하고 있다. 그가 버네사를 만나러 온다는 전보가 왔기 때문이다. 애너톨은 그 옛날 버네사와 함께 사랑을 키웠던 사람이다. 그 사람이 자기를 잊지 못해 찾아온다는 소식에 버네사는 한없이 착잡하다. 오로지 애너톨만 그리워하며 지낸 세월이 아닌가? 그녀의 마음에는 어느덧 옛사랑의 정염이 솟구친다. 멀리서 애너톨의 모습이 보이자, 버네사는 모두 자리를 비켜달라고 부탁한다. 얼마나 기다리던 사람인가? 드디어 애너톨이 버네사 앞으로 다가선다. 하염없이 흘러내리는 눈물 때문에 오매불망하던 애너톨의 모습을 선명히 볼 수 없는 그녀는 당신을 영원히 사랑한다고 외치면서 그의 가슴에 얼굴을 파묻는다. 그러나 놀랍게도 그는 애너톨이 아니다. 단지 많이 닮았을 뿐이다. 그렇다면 전보에 애너톨이라고 쓴 것은 도대체 어떻게 된 것인가? 젊은이는 애너톨의 아들로 아버지와 같은 이름을 쓴다고 설명했다. 그는 부모를 평생 쫓아다닌 버네사를 단 한 번이라도 만나보고 싶어 먼 길을 마다않고 찾아왔다고 하면서, 아버지는 얼마 전 세상을 떠났다고 말한다. 젊은 애너톨은 버네사의 집에서 며칠 머물기로 한다. 그는 버네사의 사촌 에리카와 가까워진다. 어느 날 에리카와 단둘이 있게 된 애너톨은 결혼을 빙자해 달콤한 말로 유혹한 뒤 잠자리를 같이한다. 다음 날 애너톨이 버네사에게 청혼을 했다는 얘기를 들은 에리카는 애너톨을 만나 어찌된 영문인지 따진다. 애너톨은 이곳에 더 머무르기 위해 결혼하겠다고 한 것일 뿐 자기가 진짜 좋아하는 사람은 에리카라고 말하지만, 에리카는 아버지의 애인이던 버네사에게 청혼한 그의 경솔함에 충격을 받는다. 에리카는 애너톨에게 몸을 허락한 것을 버네사가 알면 큰일이라고 생각해 걱정한다. 그녀의 걱정을 들은 애너톨은 정식으로 결혼하자고 하지만 에리카는 애너톨을 믿을 수 없어 청혼을 거절한다. 에리카는 버네사를 생각한다. 20년이나 기다리고 기다리던 애너톨 아닌가? 비록 기다리던 사람은 세상을 떠나고 대신 그의 아들이 찾아왔지만 버네사는 옛 추억을 생각해 젊은 애너톨과 결혼까지도 고려하고 있지 않은가?

두어 달이 지난다. 버네사와 애너톨의 약혼 파티가 열린다. 애너톨의 아이를 임신한 에리카는 괴로움을 견디다 못해 남작 부인에게 사실을 털어놓는다. 남작 부인은 한숨을 쉬며 아무 말도 하지 못한다. 집을 뛰쳐나가 정처 없이 거닐던 에리카는 발을 헛디뎌 유산을 한다. 애너톨과 에리카의 관계를 모르는 버네사는 그와 결혼한 뒤 멀리 떠난다. 이제 집에 남은 사람은 에리카와 노부인뿐이다. 노부인은 예전에 그랬듯이 에리카와 말을 하지 않고 지낸다. 에리카는 집 안에 있는 거울이란 거울은 모두 천으로 가리라고 지시한다. 버네사가 살던 저택은 예전과 마찬가지로 현관문이 굳게 닫힌다.

푸른 수염의 성

타이틀	**The Bluebeard's Castle**(A Kékaszakállú Herceg Vára)

	1막. 샤를 페로(Charles Perrault)가 쓴 동화 같은 소설 『푸른 수염 백작의 성』을 기본으로 벨러 벌라즈(Béla Baláz)가 대본을 썼다.
초연	1918년 5월 24일 부다페스트 로열 오페라하우스
주요 배역	푸른 수염 공작(어떤 대본에는 백작), 유디트(푸른 수염 공작과 새로 결혼한 아내), 세 명의 전처(무언의 역할)
음악 하이라이트	오프닝 모티프, 제5문에서의 빛의 모티프, 푸른 수염 관할의 모티프

사전 지식 푸른 수염(블루베어드)이라고 하면 가죽벨트에 큰 칼을 찬 피터 팬이나 보물섬 스타일의 해적 얘기로 생각할 수도 있지만 이 오페라는 그런 내용과는 전혀 관련이 없다. 동화 같은 이야기이기는 하지만 어둡고 답답한 사이코드라마다. 명색이 오페라인데 인상적이고 감명을 주는 아리아 정도는 있을 것이라는 생각도 접어두는 것이 좋을 것이다. 그보다는 노래라는 것이 아예 없다고 생각하는 편이 낫다. 거칠고 신경질적이며 쥐어짜는 듯한, 다시 말해 거북한 음정이 있을 뿐이다. 1막이라 휴식 시간도 없다. 따라서 그나마 박수 칠 시간도 없다. 하지만 현대 오페라의 실험적 도전이라는 데 의미를 둘 수 있는 작품이다. 잔인하고 소름 끼치는 스토리를 좋아하는 현대인들에게 권한다.

버르토크, 벨러(Bartók, Béla 1881~1945)
현대 헝가리가 낳은 가장 위대한 작곡가 벨러 버르토크는 지금은 루마니아 영토가 된 헝가리의 나지센트미클로슈(Nágyszentmiklós)에서 태어나 1945년 9월 뉴욕에서 세상을 떠났다. 작곡가이자 피아니스트, 음악이론가인 그는 현대음악의 선구자 중 하나로 알려진 인물로, 헝가리 주변 지역의 민속음악을 체계적으로 수집해 민족주의 음악의 발전에 크게 기여했다. 그 때문인지 그의 음악에는 마자르 민족의 향취가 담겨 있다. 버르토크는 나치 치하였던 1940년 헝가리 괴뢰정부의 정책에 실망해 미국으로 떠나 5년간 미국에서 활동했다. 그의 작품 중 가장 뛰어난 것은 「오케스트라를 위한 협주곡(Concerto for orchestra)」이며, 오페라로는 〈푸른 수염의 성〉이 있다.

초연 이후 약 30년 동안 12번만 공연되었을 정도로 인기가 없었으나 제2차 세계대전 이후 느닷없이 인기를 끌게 되었다. 아마 출연자가 단 두 사람뿐이고 공연 시간도 길지 않기 때문인 듯하다. 출연자는 '푸른 수염'이라는 이름의 성주와 그의 아내 유디트가 전부다. 물론 모습만 보이고 말 한마디 하지 않는 세 명의 아내가 무대에 등장하기는 한다. 전체적으로 으스스한 오페라 <푸른 수염의 성>은 버르토크의 유일한 오페라로, 남성과 여성, 이성과 감정 간의 충돌을 그린 작품이다. 이 오페라는 각 방에 있는 그 모든 피가 어떤 이유로 생긴 것인지, 죽은 것으로 소문난 전처들이 왜 살아 있는지, 왜 한방에 모여 있는지에 대해 전혀 설명해주지 않는다. 의문을 품을 필요도 없다. 해석에 따르면 세 명의 아내는 푸른 수염의 생에 중 아침, 낮, 저녁을 뜻하며, 유디트는 밤을 의미한다고 한다.

줄거리 고색창연하고 어두컴컴한 푸른 수염(Bluebeard) 공작의 성이 무대다. 막이 오르면 고요한 어둠 속에서 누군가 이 동화 같은 얘기가 시작된다고 속삭인다.

[프롤로그] 고대의 멜로디 같은 음악이 배경으로 흐른다. 푸른 수염 공작이 새로 결혼한 유디트(Judith)를 데리고 성으로 들어온다. 유디트의 아버지가 살던 곳과 비슷한 우울한 성이다. 유디트의 아버지, 어머니, 오빠와 여동생은 모두 세상을 떠났다. 그렇기 때문에 유디트는 새 남편과 절대 헤어지지 않겠다고 선언한다. 거대한 성문이 이 성의 새로운 안주인을 맞이한다. 유디트는 푸른 수염에게 자신이 이 성에 빛과 따뜻함을 가져왔다고 얘기한다. 푸른 수염은 그런 일은 절대 일어나지 않을 것이라고 말한다. 유디트는 일곱 개의 커다란 문을 바라본다. 모두 잠겨 있다. 유디트가 열어달라고 요구하지만 푸른 수염이 아무 말을 하지 않자, 유디트가 첫 번째 문을 망치로 두드려 열려고 한다. 그러자 성이 한숨을 쉬는 소리가 들린다. 푸른 수염이 마지못해 열쇠를 준다.

첫 번째 문을 열자 온갖 흉측하고 무시무시한 고문 기구가 널려 있고, 벽은 피로 얼룩져 있다. 주홍빛 같은 해가 떠올라 피로 물든 벽을 더욱 붉게 물들인다. 유디트는 나머지 문도 전부 열겠다고 말한다. 왜냐하면 남편을 사랑하기 때문이다. 두 번째 문을 열자 금빛 같은 갑옷이 보인다. 하지만 칼과 창 같은 무기에는 방금 사용한 듯 검붉은 피가 묻어 있다. 세 번째 문을 열자 금은보석과 값진 재물이 산처럼 쌓여 있다. 이것들도 예외 없이 모두 피로 얼룩져 있다. 네 번째 문을 열자 정원이 모습을 나타낸다. 백합, 카네이션, 장미가 만발해 있지만, 으스스한 푸른 불빛을 받고 있어 두려움을 자아낸다. 흰 장미 꽃잎에도 붉은 핏방울이 묻어 있다. 정원의 땅바닥은 피가 흠뻑 스민 듯 질퍽하다. 하지만 유디트는 용기를 내어 이처럼 아름다운 정원은 처음 본다고 감탄한다. 새로운 문을 열 때마다 무대 중앙을 비추는 조명은 다른 색깔을 쏟아낸다. 다섯 번째 문에서 놀라운 불빛이 흘러나온다. 푸른 수염의 광대한 왕국이 눈앞에 펼쳐진다. 푸른 수염은 유디트에게 이 성에 빛을 가져와 줘서 대해 고맙다고 하면서, 이제 그의 집은 즐거운 음악과 밝은 빛이 넘쳐흐르는 곳이 될 것이라고 말한다. 푸른 수염은 유디트에게 사랑한다고 얘기한다. 유디트가 두 개의 문이 더 남아 있다고 말하자 푸른 수염은 그 두 개의 문을 열면 어둠이 온 성을 다시 뒤덮을 것이므로 절대로 안 된다고 손을 내젓는다. 그럴수록 유디트는 열쇠를 달라고 요구한다.

유디트가 여섯 번째 문을 열려고 하자 푸른 수염은 제발 열지 말라고 간청한다. 유디트는 호기심에 문을 연다. 커다란 호수가 보인다. 푸른 수염은 호수의 물이 모두 자신의 눈물이라고 얘기해준다. 푸른 수염은 이제 그만 돌아가자고 하면서 이 성에 밝은 빛을 가져온 것으로 충분하므로 더는 질문을 하지 말아달라고 부탁한다. 그러나 유디트는 전에 사랑했던 여인들은 어떤 사람이었는지 얘기해달라고 조르면서 일곱 번째 문을 꼭 열어보고 싶다고 한다. 여섯 번째 문까지 열어본 그녀는 푸른 수염에 대한 소문이 사실이라고 확신했기 때문이다. 피에 젖은 고문 도구, 창과 칼 등 무시무시한 무기, 정원, 호수……. 유디트는 푸른 수염이 전처들을 살해했다는 소문이 사실이라고 확신한다.

유디트는 진실을 알아야겠다면서 드디어 일곱 번째 문을 연다. 그러자 다섯 번째 문과 여섯 번째 문이 저절로 쾅 닫힌다. 은빛 달빛이 쏟아진다. 이어서 푸른 수염의 전처 세 명이 나타난다. 모두 번쩍이는 보석으로 치장하고 왕관을 쓰고 있다. 이들은 푸른 수염 앞에 서서 자기들은 죽지 않고 영원히 사는 존재이며 푸른 수염의 모든 보물과 왕국은 자신들의 것이라고 선언한다. 푸른 수염은 첫 번째 아내를 동이 틀 때, 두 번째 아내를 태양이 작열하는 한낮에, 세 번째 아내를 저녁나절에 만났으며, 유디트는 한밤중에 만났다. 그는 유디트에게 다이아몬드 왕관을 씌워주고 온갖 보석으로 장식된 가운을 입혀준다. 유디트는 푸른 수염이 가장 사랑하는 아름다운 아내다. 그녀는 보석 때문에 무게가 나가는 가운을 입고 다른 세 명의 전처와 함께 일곱 번째 문을 지나 안으로 들어간다. 문이 닫힌다.

무대에 홀로 남은 푸른 수염은 「이제부터는 밤이 영원하리라(All fades to total darkness)」라는 노래를 부른다.

피델리오

타이틀 **Fidelio**

	전 2막. 독일어 대본은 장니콜라 부이(Jean-Nicolas Bouilly)의 소설 『부부의 사랑(L'amour conjugal; Der triumph der ehelichen tiebe)』을 바탕으로 요제프 폰 존라이트너(Joseph von Sonnleithner)가 썼다. 피델리오는 여주인공 레오노레의 극중 가명이다.
초연	1805년 11월 20일 빈 강변극장(Theater an der Wien), 1806년 3월 29일 같은 극장에서 수정본 초연. 1814년 5월 23일 빈의 케른트너토르 극장(Kärntnertortheater)에서 개정본 초연
주요 배역	레오노레(피델리오로 가장한 플로레스탄의 아내), 플로레스탄(레오노레의 남편으로 정치범), 돈 피차로(교도소장), 로코(교도소 간수), 마르첼리네(로코의 딸), 야퀴노(로코의 조수), 돈 페르난도(스페인 귀족이자 장관)
음악 하이라이트	트럼펫 시그널, 기적적 구조를 표현한 멜로디, 자유에 대한 송가, 죄수들의 합창에 따르는 모티프, 경이로운 4중창, 레오노레의 아리아에 대한 호른 모티프, 플로레스탄의 아리아, 플로레스탄의 아리아에 대한 오보에 멜로디
베스트 아리아	「아, 얼마나 좋은 기회인가!(Ha! Welch' ein Augenblick!)」(T), 「황금에 눈이 멀지 않은 사람도 있지요(Hat man nicht auch Gold daneben)」(S), 「오 얼마나 즐거운가(O welche Lust)」(Chor), 「얼마나 좋은지(Mir ist so wunderbar)」(S), 「더러운 인간! 어디를 급히 가는가? (Abscheulicher! Wo eilst du hin?)」(S), 「신이시여, 이곳은 어찌하여 이다지도 어두운가요(Gott! welch' dunkel hier!)」(T)

사전 지식   사랑의 힘으로 억압에서 자유를 얻는다는 해피엔드의 오페라다. 베토벤은 관현

베토벤, 루트비히 판(Beethoven, Ludwig van, 1770~1827)
루트비히 판 베토벤은 독일 본(Bonn)에서 태어나 빈에서 활동하다가 그곳에서 세상을 떠난 위대한 작곡가이자 피아니스트, 지휘자다. 베토벤은 서양음악사에서 고전주의 시대에서 낭만주의 시대로 옮겨가는 시기에 가장 중요한 역할을 한 작곡가로 기억되는 한편, 시대를 초월해 가장 뛰어나고 가장 영향력 있는 음악가로 인정을 받고 있다. 그러나 20세 초반부터 청각에 이상이 생겨 결국 청각장애자로 불운한 삶을 살았다. 그는 수많은 작품을 남겼지만, 오페라는 〈피델리오〉 단 한 편만 남겼다.

악의 거장이다. 그의 교향곡은 전율을 느끼게 할 정도로 위대하다. 당연히 이 오페라에도 오케스트라 연주와 합창곡이 효과적으로 조화되어 있다. 피델리오는 징슈필(singspiel; sing play) 형태다. 1805년의 초연은 그런대로 성공이었으나 그리 대단하지는 않았다. 당시 빈은 프랑스군이 점거하고 있어 오페라에 대한 관심이 적었기 때문이다. 그러나 1814년의 개정본 공연은 위대한 승리였고 그로부터 악성 베토벤의 위대함은 누구도 부인할 수 없게 되었다. 이 오페라의 일부분은 모차르트의 영향을 받은 것으로 보이는데, 일부에서는 모차르트보다는 피에르 가보(Pierre Gaveaux)나 페르디난도 파에르(Ferdinando Paer)의 영향을 받았다고 해석하기도 한다. 그러나 베토벤은 그보다는 프랑스혁명을 다룬 루이지 케루비니(Luigi Cherubini)와 엔티엔 니콜라 메윌(Etienne Nicolas Méhul)의 작품에서 많은 영향을 받았다고 한다.

에피소드　　　　〈피델리오〉는 베토벤이 남긴 유일한 오페라다. 베토벤은 오페라에 별 관심이 없었는데 잘만 하면 돈을 벌 수 있다는 친구들의 권유로 마지못해 쓴 것이다. 완벽을 기하는 베토벤은 이 오페라를 수없이 고쳤다. 주인공 플로레스탄(Floretan)의 첫 아리아는 마음에 들지 않아 무려 16번이나 다르게 작곡했다. 그동안 16곡을 적은 오선지는 346쪽에 달했다. 베토벤은 그중에서 단 한 곡만 사용했다. 서곡은 전혀 다르게 4편을 썼다. 베토벤이 작곡한 4편의 서곡 중 처음 3편은 〈피델리오〉 공연 때는 한 번도 연주되지 않았다. 그냥 '레오노레 서곡 1번, 2번, 3번'으로 불리고 오페라 공연에서는 사용되지 않았지만, 모두 훌륭한 작품이라는 영예를 얻었다. 그중에서 오늘날 가장 많이 연주되는 서곡은 3번이다. 네 번째 서곡은 그냥 〈피델리오〉에 붙인 서곡이라고 부른다. 초연은 그런대로 성공이었다. 그러나 베토벤은 만족할 수 없었다. 그는 초연 이후에도 악보 고치기를 계속했다. 친구들이 더는 고치지 말라고 간청했으나 베토벤의 고집을 꺾을 수 없었다. 〈피델리오〉는 처음 완성했을 때는 3막이었으나 극장 측에서 길다고 하자 2막으로 줄였다.

원래 이 오페라의 제목은 '레오노레'였다. 그러나 '레오노레'라는 제목의 오페라가 이미 여러 편 나와 있었기 때문에 혼동을 주기 싫어하는 베토벤이 제목을 고치기로 했다. 그래서 '피델리오'가 되었다. 오페라 〈피델리오〉의 무대는 스페인 세비야다. 자유분방한 집시 여인 카르멘, 유쾌한 반항아 피가로(〈세비야의 이발사〉), '운명의 힘'에 의해 복수극에 휘말려야 했던 〈운명의 힘〉의 알바로와 그의 연인 레오노라가 생각나는 곳이다. 그렇지만 〈피델리오〉의 무대 세비야에서는 매력적인 노래와 춤, 유쾌한 코미디, 운명적인 결투 장면 등은 찾아볼 수 없다. 베토벤의 〈피델리오〉와 베르디의 〈운명의 힘〉 사이에 공통점이 있다면 여주인공 이름이 레오노레(Leonore)와 레오노라(Leonora)로

비슷하다는 것과 둘 다 남장을 하고 나온다는 점이다. 1955년 9월 빈 슈타츠오퍼(국립오페라극장) 재개관 당시에 〈피델리오〉가 공연되었다.

줄거리　　　　　　　시대는 1700년대, 장소는 스페인의 세비야 인근 어느 교도소다. 왕당파인 피차로는 혁명 주도자 플로레스탄과 개인적인 감정이 있어, 그를 납치해 교도소 지하의 깊숙한 골방에 집어넣고는 플로레스탄이 죽었다고 소문을 퍼뜨린다. 하지만 플로레스탄의 아내 레오노레(Leonore)는 이 소문을 믿지 않는다. 급기야 남편을 구해야 한다는 일념으로 남장을 하고 이름도 피델리오로 바꿔, 교도소 간수보조로 취직한다. 아무도 피델리오라는 새로 온 간수보조가 여자인 줄 모른다.

[**제1막**] 피델리오는 간수 로코(Rocco)를 통해 지하 깊숙이 별도의 감방이 있다는 사실을 알아낸다. 한편 악질 교도소장 피차로에게 긴급 편지가 도착한다. 총리대신이 교도소로 시찰을 나온다는 내용이다. 피차로는 총리대신이 오기 전에 정적 플로레스탄을 처형하기로 마음먹는다. 「아, 얼마나 좋은 기회인가」는 기회주의자 피차로가 부르는 아리아다. 그는 간수 로코에게 속히 플로레스탄을 처형하라고 지시한다. 하지만 로코는 그의 지시를 거부한다. 자기 이력서에 '잔인한 살인자'라고 기록되는 것을 걱정하는 듯하다. 한편 남편의 처형 소식을 들은 피델리오는 몹시 당황한다. 피델리오는 분명히 이 감방에 사랑하는 남편이 갇혀 있다고 믿고 로코를 설득해 죄수들을 밖으로 나가 산책하게 한다. 죄수들이 가슴을 울리는 거룩한 남성 합창곡 「오 얼마나 즐거운가」를 함께 부른다. 그러나 죄수들 중에 남편은 없다.

[**제2막**] 쇠사슬에 묶인 주인공 플로레스탄이 처음으로 무대에 등장해 「신이시여, 이곳은 어찌하여 이다지도 어두운가요」를 부른다. 베토벤의 심정을 표현한 노래다. 플로레스탄은 피델리오의 곁을 지나치지만 두 사람은 알아보지 못한다. 그러나 느낌이라는 것이 있지 않는가? '여보! 나요, 나!' 이렇게 하여 두 사람은 극적으로 만난다. 이 순간 악독한 피차로가 등장한다. 피차로는 아직 사형이 집행되지 않은 것을 알고 직접 사형을 집행할 작정이다. 그가 칼을 들어 플로레스탄을 찌르려는 순간 "죽이려면 그의 아내부터 먼저 죽이시오!"(「Tot' erst sein Weib!」)라고 외치면서 레오노레가 남편의 앞을 가로막는다. 이 절박한 상황에 총리대신이 극적으로 등장한다.

사건의 전말이 밝혀진다. 사필귀정이라 했던가! 피차로는 감옥으로 향하고, 레오노레와 플로레스탄은 행복한 이중창을 부른다. 이야기는 좀 더 나아가 총리대신과 플로레스탄이 옛 친구였다는 사실도 밝혀진다. 죄수들이 부르는 환희의 합창이 울려 퍼지는 가운데 막이 내린다.

텐다의 베아트리체

타이틀	**Beatrice di Tenda**(Beatrice of Tenda)

전 2막의 서정적 비극. 대본은 펠리체 로마니(Felice Romani)가 카를로 테달디포레스(Carlo Tedaldi-Fores)의 소설 『행복한 로마인(Happy roman)』을 기본으로 했지만 내용은 행복하지 않다.

초연	1833년 3월 16일 베네치아 페니체 극장(Teatro la Fenice)
주요 배역	필리포 마리아 비스콘티(밀라노의 공작이며 공국의 통치자), 베아트리체(비스콘티의 아내), 아녜세 델 마이노(비스콘티가 사랑하는 여인), 오롬벨로(아녜세를 사랑하는 벤티밀리아의 귀족), 파치노(밀라노의 공작), 리카르도 델 마이노(아녜세의 오빠)
베스트 아리아	「아, 그대가 한때 나를 사랑했다면(Deh! se mi amasti un giorno)」(S)

사전 지식　　벨리니의 작품 중 마지막 바로 전 작품인 〈텐다의 베아트리체〉는 아름다운 멜로디가 전편을 수놓고 있다. 특히 베아트리체가 세상을 떠난 남편의 조각상 앞에서 부르는 「아, 그대가 한때 나를 사랑했다면」은 놀랍도록 아름다운 아리아다.

줄거리　　　　무대는 1418년의 비나스코(Binasco) 성이다.

[제1막] 필리포 마리아 비스콘티(Filippo Maria Visconti) 공작은 밀라노 공국 파치노(Facino) 총독의 미망인 베아트리체(Beatrice)와 결혼해 밀라노 공국을 통치하고 있다. 베아트리체는 텐다 지방 출신이

벨리니, 빈센초(Bellini, Vincenzo, 1801~1835)
빈센초 살바토레 카르멜로 프란체스코 벨리니(Vincenzo Salvatore Carmelo Francesco Bellini)는 시칠리아의 카타니아에서 태어나 서른네 살이라는 젊은 나이로 파리 근교의 퓌토(Puteaux)에서 세상을 떠난 이탈리아의 위대한 오페라 작곡가다. 그의 대표작은 〈카풀레티가와 몬테키가〉, 〈몽유병자〉, 〈노르마〉, 〈텐다의 베아트리체〉, 〈청교도〉 등이다. 벨리니는 이탈리아 벨칸토 오페라의 중심인물로 '카타니아(Catania)의 백조'라고 불렸다. 아름답고 유연한 멜로디 때문이다.

어서 텐다의 베아트리체라고 불린다. 그녀는 무어(Moor) 혈통의 여인이다. 그녀는 남편이 세상을 떠난 뒤 밀라노 공국의 통치권을 차지할 수 있었으나 더 훌륭한 사람이 밀라노 공국을 통치해야 한다고 생각했다. 만일 자신이 총독이 된다면 반대 세력 때문에 밀라노 공국은 분란의 소용돌이로 빠져들 것이 분명하다고 생각했기 때문이다. 베아트리체는 명망 있는 지도자 비스콘티 공작이 총독이 된다면 밀라노 공국은 어려움을 겪지 않을 것이라고 생각했지만, 그렇다고 무조건 총독 자리를 비스콘티 공작에게 넘길 수는 없었다. 법적으로 큰 문제를 일으킬 수 있기 때문이다. 그런데 결혼을 하면 비스콘티 공작에게 총독 직위를 이양할 수 있고, 반대 세력의 분란을 사전에 방지할 수 있었기 때문에 그와 결혼한 것이다. 비스콘티 공작도 썩 내키지는 않았지만 그렇게 하는 것이 밀라노 공국을 안정시키는 길이라고 믿었기 때문에 아녜세(Agnese)와의 사랑을 포기하고 베아트리체와 결혼한 것이다.

아녜세와 오래전부터 알고 지내던 벤티밀리아의 영주(Lord of Ventimiglia) 오롬벨로(Orombello)는 아녜세를 사모하지만, 아녜세가 여전히 비스콘티 공작을 마음에 두고 있어 관계를 진전시키지 못하고 있다. 그는 정략결혼을 한 베아트리체를 축출하고, 아녜세를 비스콘티 총독의 부인으로 앉힐 계획을 세운다. 그래야 자신의 위치도 굳건해질 수 있다. 오롬벨로는 목적을 이루기 위해서는 희생이 따라야 하며 인정을 두어서는 안 된다고 생각한다.

어느 날 오롬벨로가 베아트리체의 침실로 찾아온다. 중요한 얘기가 있어 찾아왔다는 오롬벨로는 별로 중요하지도 않은 얘기를 늘어놓으면서 남들이 보면 사랑하는 사이로 오해할 만한 행동을 한다. 마침 비스콘티 공작이 베아트리체를 찾아왔다가 둘의 모습에 격분한다.

[제2막] 비스콘티는 오롬벨로를 체포해 베아트리체와 무슨 얘기를 하고 있었으며 어떤 관계인지 자백하라고 고문한다. 오롬벨로는 베아트리체와 비스콘티를 떼어놓기 위해 베아트리체와 오래전부터 남몰래 만나왔다고 거짓 자백을 한다. 곧이어 베아트리체가 잡혀와 고문을 당한다. 베아트리체는 교묘히 짜놓은 유도심문에 걸려 부정한 짓을 했다고 인정하고 만다. 비스콘티는 아내를 사형에 처할지를 놓고 번민하지만 일단 부정이 드러난 이상 달리 방법이 없다. 비스콘티는 베아트리체에게 사형을 선고한다. 베아트리체가 사형장으로 걸어갈 때 아녜세가 뛰어나와 오롬벨로가 꾸민 음모에 자신도 연관되어 있다면서 베아트리체에게 용서를 구한다. 하지만 베아트리체는 이미 마음을 정했다. 그녀는 아녜세와 비스콘티를 용서한다고 말한 뒤 형장의 이슬이 된다.

카풀레티가와 몬테키가

타이틀	**I Capuleti e i Montecchi**(The Capulets and the Montagues)	
	전 2막 6장의 서정적 비극. 셰익스피어의 「로미오와 줄리엣」을 기본으로 펠리체 로마니가 대본을 썼다.	
	초연	1830년 3월 11일 베네치아 페니체 극장
	주요 배역	카펠리오(줄리에타의 아버지이며 카풀레티가의 가장), 줄리에타(카펠리오의 딸), 로메오(몬테키가의 가장), 테발도(줄리에타와 결혼할 청년), 로렌초(카풀레티가의 의사)
	베스트 아리아	「오 얼마나 많이(O quante volte)」(S), 「로메오가 그대의 아들을 죽였다면(Se Romeo t'uccise un figlio)」(Ms)

사전 지식　　　벨리니의 오페라는 메조소프라노 파트에도 상대적으로 많은 비중을 둔다. 〈노르마〉에서 메조소프라노 역인 아달지사(Adalgisa)에게 많은 비중을 둔 것을 보면 잘 알 수 있다. 로미오와 줄리엣의 이야기를 다룬 이 오페라에도 메조소프라노 아리아 「로메오가 그대의 아들을 죽였다면」이 나온다.

줄거리　　　[제1막 1장] 베로나(베로나는 사랑의 여신 비너스의 다른 이름이다)에는 해묵은 원한을 품은 두 가문이 있다. 카풀레티가와 몬테키가다. 카풀레티가의 지도자인 줄리에타의 아버지 카펠리오(Capellio)가 사람들을 불러놓고 자기 아들을 살해한 원수 집안의 로메오(Romeo)에게 복수해야 한다고 주장한다. 앞장서서 몬테키가의 로메오에게 죽음을 선사하겠다고 나선 사람은 테발도(Tebaldo)다. 카펠리오는 딸 줄리에타(Giulietta)를 테발도와 결혼시켜 자신의 정치 세력을 넓히려는 속셈이다. 카풀레티가의 주치의 로렌초(Lorenzo)만 로메오에게 복수하는 것을 반대한다. 줄리에타와 로메오가 뜨거운 사랑을 나누고 있다는 것을 잘 알기 때문이다.

[제1막 2장] 줄리에타는 테발도와 결혼하라는 아버지의 지시를 로렌초에게 전해 듣고 깊은 시름에 빠진다. 줄리에타는 어디 있는지도 모르는 로메오를 생각하며 자신의 운명을 한탄한다. 로렌초가 줄리에타를 달래기 위해 로메오가 몰래 돌아왔다고 조심스럽게 얘기해준다. 그때 마치 기다렸다는

듯이 로메오가 비밀 통로를 통해 줄리에타의 방으로 들어온다. 로메오는 줄리에타가 테발도와 결혼해야 한다는 것을 알고는 멀리 도망가자고 하지만, 줄리에타는 아버지를 버리고 떠날 수 없다면서 갈등한다.

[제1막 3장] 줄리에타와 테발도의 결혼식에 참석할 손님들이 속속 도착한다. 로렌초는 변장을 하고 손님들 틈에 숨어 있는 로메오를 알아채고는 슬며시 다가가 카펠리오의 손에 죽을 수도 있으니 어서 베로나를 떠나라고 당부한다. 그러나 로메오는 결혼식이 진행되는 것을 보고만 있을 수 없다면서 동료들과 함께 소동을 피워 결혼식을 지체시킨다. 결혼식장에 나타난 줄리에타는 결혼식이 연기된 것과 군중 사이에 로메오가 있는 것을 알고는 기뻐한다. 로메오는 줄리에타에게 함께 도망가자고 간청한다. 두 사람이 막 도망가려는데 카펠리오와 테발도가 나타난다. 로메오의 동료들이 로메오만 호위해 가까스로 피신시킨다.

[제2막 1장] 줄리에타는 로렌초의 소식을 애타게 기다리고 있다. 잠시 후 나타난 로렌초는 로메오는 무사히 피신했지만, 결혼식이 내일 다시 열리기로 했다고 전한다. 로렌초는 줄리에타에게 신비한 약을 마시면 깊은 잠에 빠져 사람들이 죽은 것으로 알게 된다면서, 그 내용을 로메오에게도 전할 테니 잠에서 깨어났을 때 곁을 지키고 있을 로메오와 멀리 떠나라고 말한다. 줄리에타는 잠시 주저하다가 로메오를 생각해 신비한 약을 마신다. 카펠리오가 결혼식 준비를 서두르라고 하인들에게 지시하고 있을 때 죽어가는 듯한 줄리에타가 나타나 카펠리오에게 용서해달라고 말하며 쓰러진다.

[제2막 2장] 로메오는 줄리에타에 대한 소식을 듣지 못하자 로렌초를 찾아 나선다. 카펠리오 저택 주위를 서성이던 로메오는 마침 테발도와 마주친다. 두 사람이 칼을 빼내 결투를 한다. 잠시 후 비탄에 잠긴 소리와 함께 장례 행렬이 지나가는 바람에 결투가 중단된다. 줄리에타의 장례 행렬이다. 놀란 두 사람은 칼을 던져버리고 줄리에타의 죽음이 자신들 탓이라며 흐느낀다.

[제2막 3장] 줄리에타의 시신이 놓여 있는 묘소다. 아무것도 모르는 로메오가 줄리에타에게 마지막 작별을 고하려고 나타난다. 동료들을 물리치고 혼자가 된 로메오는 줄리에타에게 마지막 입맞춤을 한 뒤 준비해 간 독약을 마시고 죽음을 기다린다. 그때 깊은 잠에서 깨어난 줄리에타는 옆에 있는 로메오를 보고 로렌초의 계획대로 일이 진행된 것으로 생각해 일단 안심한다. 그러나 로메오는 이미 죽음의 문턱에 서 있다. 줄리에타의 희망은 한순간에 사라진다. 두 연인은 운명이 자신들의 사랑을 훼방 놓고 있음을 깨닫는다. 로메오가 마지막으로 사랑한다고 말하자, 줄리에타도 독약을 마시고 로메오의 몸 위로 쓰러진다.

해적

타이틀	**Il Pirata**(The Pirate)	
	전 2막의 멜로드라마. 찰스 로버트 매튜린(Charles Robert Maturin)의 「버트럼(Bertram)」 또는 월터 스 콧의 「해적(The pirate)」을 기본으로 펠리체 로마니 가 대본을 썼다.	
	초연	1827년 10월 27일 밀라노 스칼라(La Scala) 극장
	주요 배역	에르네스토(칼도라의 공작이자 해적을 소탕한 장군), 이 모제네(에르네스토 장군의 아내), 아델레(이모제네의 시 녀), 괄티에로(해적 두목으로 몬탈토 백작), 이툴보(괄티 에로의 부관), 고프레도(은자로 괄티에로의 옛 스승)
베스트 아리아	「천진한 미소로서(Col sorriso d'innocenza)」(S), 「그대여, 두고 보자(Tu vedrai)」(T)	

사진지식　　벨리니가 밀라노의 스칼라 극장을 위해 작곡한 첫 번째 오페라로, 로맨틱 오페라를 향한 발길을 재촉한 작품이다. 찰스 매튜린의 희곡 「버트럼」을 각색한 내용이지만, 월터 스콧의 희곡 「해적」을 기본으로 삼은 듯도 하다. 벨리니는 이 오페라에서 19세기 초 벨칸토 아리아에서 벗어난 신고전주의 형태의 아리아를 선보였다. 또한 레치타티보(recitativo)는 건조한 스타일에서 역동성이 있는 스타일로 발전했다. 벨리니로서는 새로운 시도였다. 그는 이 오페라를 통해 사랑하는 사람들의 열정이 지나치면 말할 수 없는 혼돈을 피할 수 없음을 보여준다. 이러한 주제는 훗날 베르디의 오페라에서 과감히 표현되었다.

줄거리　　[제1막] 13세기 말 시칠리아다. 무법자로 이름난 해적 두목 괄티에로(Gualtiero)도 이제 운이 다한 모양이다. 카를로스 왕을 대신해 해적 소탕에 나선 칼도라(Caldora)의 공작 에르네스토(Ernesto)의 함선이 괄티에로의 해적선을 격파한 것이다. 괄티에로와 부하들은 해안으로 밀려와 가까스로 목숨을 건진다. 나이 많은 은둔자가 해안에 쓰러져 있는 생존자를 살피러 달려온다. 지금은 해변의 움막집에서 세상을 등지고 살고 있는 괄티에로의 어린 시절 스승 고프레도(Goffredo)다. 괄티에로가 고프레도를 알아보고 반가움에 그의 발아래 엎드린다. 괄티에로는 고프레도에게 이모제네(Imogene)가 어떻게 지내는지 물어본다. 이모제네는 괄티에로와 사랑을 맹세했던 아름다운 여인이다. 고프레도가 대답을 회피하자, 주위 사람들이 에르네스토와 결혼해 공작 부인이 되었다고 말해준다. 이때 난파선 생존자들이 해안으로 밀려왔다는 소식을 들은 이모제네가 그들을 돌봐주기 위해 나타난다. 고프레도는 공작과 결혼해 아이까지 낳고 살고 있는 이모제네에게 정체를 밝히지 말라고 신신당부한다.

이모제네가 해안으로 내려와 생존자들을 위로한다. 해적선 두목이 자신이 사랑했던 괄티에로라는 소리를 들은 그녀는 난파선이 해적선인 것을 눈치채고는 혹시 그를 만날 수 있을까 하는 마음에 해변으로 내려온 것이다. 괄티에로의 친구이자 부관 이툴보(Itulbo)가 마을 사람들에게 선장은 아마 해전 중에 죽은 것 같다고 말한다. 이 말을 엿들은 이모제네의 마음은 찢어질 듯하다. 그녀는 시녀 아델레(Adele)에게 부상당한 괄티에로가 해안으로 밀려왔으나 끝내 숨을 거두었고, 그때 남편이 나타나 어찌 죽은 사람을 위해 슬퍼하느냐면서 자신을 끌고 갔던 지난밤 꿈 얘기를 들려준다. 은둔자 고프레도의 움막에 누워 있던 괄티에로가 마을 사람들이 떠드는 소리에 정신을 차리고 밖을 내다본다. 그 순간 이모제네가 지나가는 모습이 보인다. 이모제네의 이름을 외치며 가까이 가려고 하지만 기진맥진해 쓰러진다. 이모제네는 아델레와 함께 칼도라 성으로 돌아간다.

그날 저녁 생존자들은 성 밖에서 공작 부인이 마련해준 음식과 포도주를 마시면서 한창 들떠 있다. 이툴보는 신분이 탄로 날까 봐 해적들에게 조심하라고 당부하지만 그들은 맘껏 마시면서 떠들어댄다. 어느 틈에 괄티에로가 무리에 섞여 있지만 해적들은 포도주에 취해 그를 알아보지 못한다.

드디어 괄티에로가 그녀 앞에 나타나 모습을 보이며 왜 자신을 배신했냐고 나무란다. 이모제네는 사형을 앞둔 늙은 아버지를 구하기 위해 어쩔 수 없이 에르네스토와 결혼했다고 설명하면서, 그때 당신이 죽었다는 소식만 듣지 않았어도 결혼하지 않았을 것이라고 말하며 눈물을 흘린다. 두 사람의 격앙된 대화는 아델레가 이모제네의 어린 아들을 데리고 오는 바람에 중단된다. 괄티에로는 원수의 아들이라고 하면서 그 아이를 데려가려고 하지만, 너무 놀란 이모제네가 쓰러지려고 하자 잘못을 깨닫고 아이를 보내준 뒤 어둠 속으로 사라진다. 이모제네가 안도의 한숨을 내쉬고 있을 때 하인이 달려와 남편 에르네스토 공작이 해전에서 크게 승리하고 방금 돌아왔다고 전한다.

에르네스토의 병사들이 힘차게 노래를 부르며 행진해온다. 이윽고 에르네스토가 등장한다. 이모제네를 본 그는 어찌하여 영광의 순간에 슬픔의 그림자를 드리우고 있는지 묻는다. 그는 성 밖에서 먹고 마시며 떠들고 있는 난파 선원들이 아무래도 수상쩍다고 생각해 모두 가두라고 명령한다. 이툴보가 해적을 대신해 리구리아(Liguria) 지방에서 온 평범한 선원들이라고 말하면서 공작에게 선처를 구한다. 해적 속에 괄티에로가 있을지도 모른다고 생각한 이모제네는 남편에게 이들은 그저 난파선 생존자일 뿐이며, 오늘 같은 영광스러운 날에 무고한 사람을 가두면 공작의 명예가 훼손될 것이니 선처해달라고 부탁한다. 공작은 해적들에게 아침까지 모두 조용히 물러나라고 지시한다. 한편 괄티에로는 이모제네에게 슬며시 다가가 한 번 더 만나달라고 요구한다. 멀리서 이모제네가 어떤 선원과 얘기하는 모습을 본 에르네스토는 그 선원을 어디선가 본 듯해 누군지 궁금해한다.

[제2막] 이모제네는 당장이라도 사랑하는 괄티에로에게 달려가고 싶은 심정이다. 괄티에로가 해적이 된 것도, 전투에서 패배해 목숨만 유지하고 있는 것도 모두 자기 탓이라고 생각한다. 하지만 유일한 희망인 아들을 버리고 떠나는 것은 차마 생각할 수 없어 그저 가슴만 찢어질 듯 아플 뿐이다. 이때 아델레가 들어와 괄티에로가 만나주지 않으면 떠나지 않겠다고 하니 아무래도 한 번은 만나 말썽 없이 떠나도록 설득하는 편이 낫겠다고 말한다. 이모제네는 옛날 결혼을 약속했던 괄티에로는 이미 죽었으며 더는 생각하지 않겠다고 다짐한다.

병사가 들어와 해적 두목 괄티에로가 아직 살아 있으며 성안에 있는 것이 분명하다고 보고한다. 분노한 에르네스토가 밖으로 뛰어나간다. 성루에 동이 터온다. 이툴보가 속히 피신하자고 설득하지만, 괄티에로는 에르네스토에게 도전하겠다는 의지를 밝힌다. 이툴보는 부하들의 목숨을 담보로 에르네스토와 맞설 수 없다고 하면서 떠난다. 잠시 후 마지막으로 괄티에로를 만나러 성루로 올라온 이모제네가 공작의 분노에서 어서 피하라고 간청한다. 그녀는 자신은 이미 공작과 결혼했고 사랑하는 아들이 있어 도망가지 못하니 용서해달라고 하면서 작별을 고한다. 성루 인근에 숨어 있던 에르네스토가 두 사람이 포옹하는 모습을 보고 격분해 뛰어나온다. 두 사람은 칼을 빼 들고 싸우기 시작한다. 이모제네는 자기를 대신 죽여달라고 애원하지만 두 사람은 듣지 않는다. 결투 끝에 에르네스토가 쓰러진다. 그날 오후 죽어가는 공작의 장례식이 준비된다. 공작을 따르는 기사들이 괄티에로에게 복수할 것을 다짐한다. 괄티에로가 장례식 행렬을 막아선다. 그는 칼을 내던지면서 자기에게 복수하라고 말한다. 기사 대표가 나와 괄티에로는 만인 앞에서 재판을 받아야 마땅하다고 주장한다. 기사들과 함께 재판장으로 향하던 괄티에로는 아델레를 보자 이모제네에게 작별인사를 전해달라고 하면서 아울러 자신의 죽음을 위해 기도해달라고 부탁한다. 이모제네는 너무 큰 충격을 받아 이미 정신이 나간 상태다. 그녀는 아들을 죽어가는 공작에게 데려간다. 때마침 재판정에서 나팔 소리가 들린다. 괄티에로에게 사형을 선고하는 소리다. 이모제네는 사형장의 번쩍이는 도끼를 떠올린다. 괄티에로가 이미 처형당했다고 생각한 이모제네는 자신도 죽을 준비를 한다.

청교도

타이틀	I Puritani(The Puritans)	
	전 3막의 멜로드라마 세리오(Melodramma serio). 자크프랑수아 앙슬로(Jacques-François Ancelot)와 조제프 자비에르 보니파스(Joseph Xavier Boniface)가 공동으로 집필한 「둥근 머리와 기사들(Têtes rondes et cavaliers)」이라는 희곡을 기본으로 카를로 페폴리(Carlo Pepoli) 백작이 썼다.	
	초연	1835년 1월 24일 파리 이탈리앵 극장(Théâtre-Italien)
주요 배역	괄티에로 월턴 경(플리머스 성의 총독), 조르조 월턴 경(조지 월턴: 괄티에로 경의 동생으로 청교도), 리카르도 포스 경(리처드 포스: 청교도 대령으로 엘비라와 결혼을 약속한 사이), 브루노 로버트슨 경(청교도 장교), 엘비라(월턴 경의 딸), 아르투로 탤벗(아서 탤벗: 엘비라를 사랑하는 기사), 앙리쉬타 왕비(헨리에타 마리아: 찰스 1세의 미망인)	
음악 하이라이트	리처드와 조지의 전투의 듀엣, 엘비라의 혼례의 아리아	
베스트 아리아	「당신의 상냥한 목소리가(Qui la voce sua soave)」(S), 「그대, 오 사랑하는 이여(A te, o cara)」(T), 「나는 귀여운 처녀(Son vergin vezzosa)」(S), 「아, 영원히 그대를 생각하며(Ah! per sempre io ti perdei)」(B)	

사전 지식　　　청교도는 16세기에 영국에서 등장한 신교도의 한 종파다. 엄격하고 검소하며 청결한 신앙생활을 목표로 하기 때문에 청교도라고 불렸다. 17세기 영국에서는 왕당파와 의회파가 대접전을 벌여 내전이 일어났다. 올리버 크롬웰이 이끄는 의회파는 왕당파들이 가발을 쓴 것과 구별하기 위해 머리를 짧게 깎았는데, 이들의 머리 모습이 마치 둥근 탁자처럼 보여 라운드헤즈(Roundheads)라고 불렸다. 왕당파는 국왕과 국교회(國敎會: 영국 성공회)에 충성을 맹세한 세력이다. 국교회는 로마 가톨릭에 반기를 든 종파였지만 왕당파는 로마 가톨릭의 후원을 받고 있었다. 왕비 헨리에타 마리아(Henrietta Maria of France)가 프랑스에서 온 가톨릭교도였기 때문이다. 당시 영국의 왕은 스튜어트 왕조의 찰스 1세였다.

　　　벨리니의 마지막 오페라인 〈청교도〉는 벨칸토 테크닉을 필요로 하는 아름다운 아리아가 전편을 수놓는다. 엘비라 역은 콜로라투라 소프라노(coloratura soprano)가 마음껏 기량을 뽐낼 수 있는 기회를 준다. 에디타 그루베로바(Edita Gruberova)는 역대 최고의 엘비라 역으로 손꼽힌다. 또한 테너에도 중점을 두어 아서(아르투로)의 역할이 부각되었다. 아서의 카바티나(cavatina)에 이은 「그대, 오 사랑하는 이여」는 벨칸토의 정수다. 배역의 이름은 이탈리아 공연에서는 이탈리아식 이름으로, 영국에서 공연될 때에는 영국식 이름으로 바뀐다.

줄거리　　　[제1막] 청교도의 거점인 런던 남부 플리머스(Plymouth)가 왕당파의 공격으로 위기에 처해 있다. 그러나 플리머스 성 안에서는 결혼식 준비로 왁자지껄하다. 성주 괄티에로 월턴(Gualtiero Walton) 경의 아름다운 딸 엘비라(Elvira)가 결혼하는 날이다. 신랑 될 사람은 리처드 포스(Richard Forth) 경이다. 리처드는 엘비라가 다른 사람을 사랑하고 있다는 것을 알고는 한탄한다. 엘비라가 사랑하는 사람은 왕당파의 아서 탤벗(Arthur Talbot) 경이다. 아서의 아버지와 엘비라의 아버지 월턴 경은 오래전부터 서로 존경하는 친구 사이다. 딸을 극진히 사랑하는 엘비라의 아버지는 사랑하지도 않는 사람과 결혼하는 것을 강요할 생각이 없다. 그는 결혼은 사랑하는 사람과 해야 한다고 생각하고 있다. 엘비라는 삼촌 조지(Giorgio) 경을 만나 사랑하지도 않는 리처드와 결혼하느니 차라리 죽겠다고 말한다. 삼촌은 엘비라에게 아서와 결혼할 수 있도록 아버지를 설득하겠다고 약속한다. 이어 메신저가 들어와 성주에게 아서가 찾아왔다고 전한다. 엘비라의 아버지는 아서가 비록 적군인 왕당파라고 하지만 그런 사실은 마음에 두지 않고 아서를 환영한다. 엘비라의 아버지는 딸 엘비라와 아서의 결혼을 허락한다. 엘비라는 기쁨에 넘쳐 감사한다. 사람들이 엘비라와 아서의 결혼식을 축하하기 위해 모여든다.

아서는 처형당한 찰스 왕의 왕비 헨리에타 마리아(Henrietta Maria; Enrichetta)가 의회파에 잡혀 감옥에 있으며 런던으로 압송되어 처형당할 운명이라는 사실을 알게 된다. 헨리에타 왕비를 몰래 만난 아서는 꼭 구출하겠다고 약속하며 위로한다. 아서는 이 일이 얼마나 어려운 일이며 자기 목숨까지 걸어야 한다는 것을 잘 알고 있다. 면사포를 자랑하기 위해 아서를 찾아다니던 엘비라는 감옥에서 아서와 헨리에타 왕비가 함께 있는 모습을 목격한다. 엘비라는 아서가 헨리에타 왕비를 사모하고 있는 것으로 오해해 면사포를 헨리에타 왕비의 머리에 거칠게 씌워주며 돌아선다.

아서는 면사포로 헨리에타 왕비를 신부로 위장해 성에서 탈출시킬 계획을 꾸민다. 두 사람이 막 감옥을 빠져나가려는데 리처드가 나타나 두 사람의 길을 막는다. 리처드는 자기와 결혼하기로 되어 있던 엘비라를 빼앗아 간 아서를 죽이기로 결심하고 칼을 빼 든다. 이 모습을 본 헨리에타 왕비가

두 사람을 가로막으며 신분을 밝히자, 리처드가 두 사람이 탈출하도록 비켜선다. 리처드는 헨리에타 왕비가 아서와 함께 도망가면 엘비라가 자신에게 돌아올 것으로 생각한다. 사람들이 몰려들자 리처드는 엘비라와 결혼하려던 아서가 헨리에타 왕비와 도망갔다고 말한다. 이 말을 들은 엘비라는 아서에게 배신당했다고 생각해 그만 정신을 잃고 만다.

[제2막] 사람들은 엘비라가 미친 것을 보고 안쓰러워하며 동정한다. 그때 리처드가 나타나 아서가 의회군에 붙잡혔으며 곧 처형될 것이라는 소식을 전한다. 엘비라는 정신이 나간 중에도 아서와 함께했던 순간을 회상하여 그때의 달콤함을 노래한다. 마침 자신을 찾아온 리처드를 아서로 착각한 엘비라는 어서 결혼식을 올리자고 간청한다. 애처로운 엘비라의 모습을 본 리처드는 동정하는 마음이 생겨 마음이 아프다. 엘비라의 삼촌 조지 경은 아서를 구해주는 것이 엘비라를 행복하게 하는 것이라고 설득한다. 리처드의 마음은 더욱 흔들린다. 그는 왕당파든 의회파든 모두 같은 영국인이라고 말하면서 아서를 구출하기로 결심한다. 단 아서가 친구로 돌아오면 그를 살려줄 것이고, 아직도 적의 입장이라면 죽일 수밖에 없다는 조건을 내건다.

[제3막] 엘비라의 정원이다. 엘비라를 잊지 못하는 아서가 엘비라를 찾아온다. 아서는 예전에 함께 부르던 노래를 나직이 부르고 있는 엘비라를 보면서 사랑과 국왕에 대한 충성 사이에서 갈등한다. 아서는 한 여인을 불행하게 하는 사람이 어떻게 나라를 행복하게 이끌 수 있느냐고 반문하며 엘비라에 대한 사랑의 마음을 굳힌다. 엘비라를 만난 아서가 오로지 엘비라만 사랑한다고 말하지만 엘비라는 알아듣지 못한다. 엘비라가 미쳐 있는 것을 본 아서의 가슴은 찢어질 것 같다. 아서가 성안으로 잠입한 것을 알아차린 괄티에로 성주가 군인들에게 아서를 체포해 처형하라고 명한다. 아서의 운명은 풍전등화와 같다.

절체절명의 순간에 의회파의 대표가 런던에서 도착한다. 의회파군이 왕당파군과의 전투에서 승리했고, 국가의 평화를 위해 왕당파를 모두 사면한다는 얘기를 전한다. 물론 여기에는 아서도 포함된다. 이 놀라운 소식에 엘비라의 기억이 돌아온다. 아서와 엘비라는 행복한 결혼식을 올린다.

몽유병자

타이틀	La Sonnambula(The somnambulist; The Sleepwalker)

전 2막. 프랑스 극작가 외젠 스크리브와 장피에르 오메르 (Jean-Pierre Aumer)가 발레-판토마임으로 쓴 『새로운 신사의 도착(L'arrivée d'un nouveua seignueur; La sonnambule)』을 펠리체 로마니가 오페라 대본으로 만들었다.

초연	1831년 3월 6일 밀라노 카르카노 극장(Teatro Carcano)
주요 배역	아미나(고아), 테레사(아미나의 양어머니: 마을 방앗간 주인), 엘비노 (젊은 농부: 아미나를 사랑한다), 로돌포 백작(아미나의 아버지로 밝혀진다), 리사(여관집 여주인으로 엘비노를 사랑한다), 알레시오 (마을 사람으로 리사를 사랑한다)
음악 하이라이트	아미나의 아리아
베스트 아리아	「사랑하는 친구들(Care compagne)」(S), 「아, 믿을 수 없어라, 꽃이 저렇게 빨리 시들다니 (Ah! non credea mirarti)」(S), 「오, 알 수 없는 인간의 생각이요(Ah! non giunge uman pensiero)」(S)

사전 지식　　외젠 스크리브와 장피에르 오메르가 공동으로 쓴 희곡을 페르디낭 에롤 (Ferdinand Hérold)이 발레 무언극으로 작곡하기도 했지만, 이 희곡을 하나의 완벽한 예술 작품으로 아름답게 만들어놓은 사람은 벨리니다. 여기에 대본가 펠리체 로마니(Felice Romani)가 그의 천부적인 재능으로 원작을 벨리니의 음악에 맞추어 창조한 공로도 컸다. 다만 펠리체 로마니는 극중에 나오는 미지의 신사 로돌포가 마을의 젊은 아가씨 아미나의 아버지로 밝혀지기를 원했지만 벨리니가 승낙하지 않아 그대로 두었다. 벨리니는 오페라의 다른 장면에 충분히 암시되어 있는 것을 시간을 낭비하면서까지 자세히 설명할 필요는 없다고 생각했다. 그만큼 벨리니는 음악뿐만 아니라 대본에서도 치밀한 감각을 보여주었다. 무대는 19세기 초반, 스위스의 어느 마을이다. 티롤 지방이라고 해두자! 왜냐하면 서곡에 티롤 지방의 목가적 음악이 나오기 때문이다. 벨리니의 아름다운 멜로디를 흠뻑 음미할 수 있는 작품이다.

19세기 오페라 가운데 가장 뛰어난 작품 중 하나로 파스토랄(pastoral: 목가적)
장르의 모델이 되고 있다. 주인공 아미나는 콜로라투라 소프라노의 재능을 한껏 보여줄 수 있는
역할이다. 초연에서 아미나 역은 주디타 파스타(Giuditta Pasta)가 맡았다. 이어 제니 린드(Jenny Lind),
마리아 칼라스(Maria Callas), 조안 서덜랜드(Joan Sutherland) 등이 이 오페라의 명성을 드높이는 데
기여했다.

줄거리 [제1막] 마을 사람들이 아름다운 아미나(Amina)와 엘비노(Elvino)의 약혼을 축하
하기 위해 모여든다. 고아 아미나는 물방앗간 테레사(Teresa)의 집에서 자랐다. 공증인이 참석한
가운데 두 사람의 약혼 서약식이 진행된다. 결혼식은 다음 날 성당에서 치를 예정이다. 이 무렵
어떤 낯선 사람이 나타나 성으로 가는 길을 묻는다. 그는 로돌포(Rodolfo)라고 자신을 소개한다.
마을에서 여관을 운영하는 리사(Lisa)가 오늘은 늦어 갈 수 없으니 하룻밤 자고 내일 떠나라고 말한다.
리사는 엘비노를 사랑했지만 아미나의 행복을 위해 엘비노를 포기한 마음씨 고운 아가씨다.
로돌포는 이 마을에 대해 잘 알고 있는 듯하다. 그는 아미나를 보는 순간 그 옛날 사랑했던 한
여인과 많이 닮았다고 생각하며 놀란다. 로돌포는 어렸을 때 이 부근 백작의 성에서 자랐다고 말하며
지금 그 백작은 어떻게 지내느냐고 묻는다. 마을 사람들이 백작은 벌써 몇 년 전에 세상을 떠났지만
아직까지 상속인을 찾지 못하고 있다고 설명해준다. 로돌포는 그 상속인이 언젠가 이곳으로 돌아올
것이라는 의미심장한 말을 한다.
테레사는 날이 어두워지자 한밤중에 마을을 유령처럼 돌아다니는 환영이 있으니 그 유령을 만나지
않으려면 어서 집으로 돌아가 쉬라고 한다. 로돌포는 유령이란 있을 수 없다고 말하지만 마을 사람들은
하얀 옷을 입은 유령이 한밤중에 돌아다니기 때문에 양 떼도 놀라 운다고 대꾸한다. 로돌포가 리사의
여관에서 하룻밤을 묵기로 한다. 리사는 마을 시장에게서 로돌포가 실은 백작의 상속인이라는 얘기를
듣고 놀란다.
리사와 로돌포가 방에서 얘기를 나누고 있는데 창문 밖에서 무슨 소리가 들린다. 리사는 로돌포와
함께 있는 것이 알려지면 좋지 않을 것 같아 옆방으로 서둘러 숨는다. 그 바람에 손수건을 챙기지
못한다. 창문으로 하얀 옷을 입은 젊은 여자가 들어온다. 놀란 로돌포가 정신을 차리고 보니 아미나다.
아미나는 유령이 아니라 다만 병이라고도 할 수 없는 몽유병자일 뿐이다. 리사도 이 모습을 본다.
로돌포는 아미나가 밤중에 자기 방에 들어온 것 때문에 소란을 일으키고 싶지 않아 슬며시 밖으로
나간다. 그런데 마을 사람들이 로돌포의 방에 있는 아미나의 모습을 본다. 그때까지도 아미나는

잠에 빠져 아무 생각이 없다. 약혼자 엘비노가 로돌포의 방에서 나오는 아미나를 보고 놀라 결혼을 다시 생각하겠다는 뜻을 밝힌다. 잠에서 깨어난 아미나는 창피하고 당혹스러워 절망에 빠진다. 사람들은 아미나를 조롱한다.

[제2막] 이튿날이다. 마을 사람 몇 명이 백작이 된 로돌포에게 와서 당신이 한밤중에 아미나와 함께 여관방에서 있었던 것 때문에 아미나의 약혼자 엘비노가 괴로워한다며 도와달라고 부탁한다. 로돌포 백작은 마을 사람들에게 아미나와는 아무 일이 없었다고 해명한다. 그러나 엘비노는 괴로워하며 끝내 아미나의 손가락에서 결혼반지를 빼앗고는 파혼을 선언한 뒤, 리사와 결혼하겠다고 공언하고 성당으로 향한다. 로돌포가 나타나 몽유병이라는 것은 일시적인 자연 현상에 불과하며 아미나는 아무 잘못이 없다고 해명한다. 그리고 리사가 떨어뜨리고 간 손수건을 보여주며 실은 리사도 자기 방에 들어왔다고 얘기해준다. 이제 아미나의 결백은 입증된 듯하다. 그 순간 아미나가 잠에 취해 저 건너 지붕 위를 걸어가는 모습이 보인다. 잠에서 깨어난 아미나는 진심으로 엘비노를 사랑하며 자신의 결백을 믿어달라고 마을 사람들에게 간청한다. 로돌포 백작은 아미나가 자기 딸이 분명하다고 밝힌다. 이렇게 하여 엘비노는 오해를 풀고, 마을 사람들의 축하를 받으며 결혼식을 올리기 위해 성당 제단으로 향한다.

노르마

타이틀	**Norma**

전 2막의 서정적 비극으로 경우에 따라 4막으로 공연되기도 한다. 대본은 알렉상드르 수메(Alexandre Soumet)의 산문 비극을 기본으로 펠리체 로마니가 썼다. 무대는 기원전 50년경 로마제국 관할하의 고대 갈리아(골: 지금의 프랑스 동부 지방)다.

초연	1831년 12월 26일 밀라노 스칼라 극장
주요 배역	오로베소(드루이드의 수장), 노르마(오로베소의 딸: 드루이드 여제사장), 클로틸데(노르마의 시녀), 아달지사(사원의 젊은 무녀), 폴리오네(골 지방의 로마군 사령관), 플라비오(로마군 백부장)
음악 하이라이트	카타르시스(catharsis) 멜로디, 노르마의 기도 장면 음악, 노르마와 아달지사의 듀엣, 노르마의 아리오소(arioso), 오로베소의 카발레타(cabaletta), 전투의 합창
베스트 아리아	「정결한 여신(Casta Diva)」(S), 「언덕으로 가라, 드루이드들이여(Ite sul colle, o Druidi)」(B), 「꿈속에 빠져들어(Dormono entrambi)」(S)

사전 지식　　노르마는 오페라 장르에서 대단히 독특한 위치를 차지한다. 서정적 아름다움이 있는 드라마틱한 작품이기 때문이다. 제1막에서 노라마가 달을 바라보며 부르는 「정결한 여신」이 이 같은 양면성을 잘 표현해준다. 오로베소가 드루이드교도들에게 전쟁의 시작을 알리는 달이 언제 뜨는지 살펴보라고 하는 아리아 「언덕으로 가라, 드루이드들이여」도 대단히 극적이다. 이에 반해 노르마가 아달지사와 함께 부르는 듀엣은 서정적이다.

줄거리　　드루이드(Druid)교의 수장 오로베소(Oroveso)는 로마에 항거해 반란을 일으키자고 백성을 설득한다. 그러나 드루이드교의 여제사장 노르마(Norma)는 로마군과의 전투를 신의 계시가 내리지 않았다는 이유로 연기시킨다. 노르마는 여사제로서 정절을 지켜야 한다는 약속을 깨고 로마군 사령관 폴리오네(Pollione)와 비밀리에 결혼해 두 아이까지 두고 있다. 그런데 폴리오네는 노르마에게 더는 관심이 없고, 젊고 예쁜 아달지사(Adalgisa)에게 마음을 빼앗겼다. 아달지사는 노르마를 위해 봉사하는 여사제다.

폴리오네는 이런 상황을 동료 플라비오(Flavio)에게 말하며, 로마에서 귀환하라는 통지를 받았지만 아달지사와 멀리 도피할 것이니 뒷일을 맡아 잘 처리해달라고 당부한다. 노르마는 아달지사가 폴리오네와 깊은 관계인 것을 모른다. 드루이드교도들은 로마군 사령관이 떠난다고 하니 이 기회에 봉기해 로마군을 골(Gaul: 갈리아) 땅에서 완전히 쫓아내자고 주장한다.

어느 날 노르마는 사람들에게서 펠리오네가 어떤 젊고 예쁜 아가씨를 사랑해 모든 것을 버리고 도망가려 한다는 소문을 듣는다. 이 소문이 근거가 있는 소문이라는 것을 알게 된 노르마는 스스로 목숨을 끊으려고 하지만 천진난만하게 잠들어 있는 두 아들을 보는 순간 자살하려는 생각을 접는다. 노르마는 아달지사를 불러 만일 자기가 죽으면 두 아들을 보살펴달라고 당부한다. 노르마는 폴리오네의 애인이 아달지사인 것을 여전히 눈치채지 못하고 있다. 이제 노르마에게는 폴리오네가 한낱 원수일 뿐이다.

노르마는 백성을 불러 로마군을 공격하라는 신탁이 내렸다고 말한다. 신탁을 내린 직후 폴리오네의 애인이 아달지사인 것을 알게 된 노르마는 더없는 절망감과 배신감에 휩싸인다. 로마군과의 전투에서 승리한 드루이드교도들은 사령관 폴리오네를 생포한다. 폴리오네를 본 노르마는 아이들을 생각해 아달지사를 포기하면 목숨은 살려줄 테니 아이들과 함께 멀리 도망가서 살자고 제안한다. 폴리오네는 로마군 사령관으로서 명예를 지키기 위해 그 제안을 거절한다.

죽음을 결심한 노르마는 정결 서약을 어긴 여사제가 자신이라고 밝힌다. 그녀는 폴리오네에게 두 아들을 맡기며 잘 길러달라고 부탁한다. 자신을 희생하려는 노르마의 모습을 본 폴리오네는 깊은 감명을 받는다. 그는 노르마와 함께 죽음을 택하겠다고 말한 뒤, 노르마의 손을 잡고 불길 속으로 걸어 들어간다.

룰루

| 타이틀 | **Lulu** |

	프롤로그와 전 3막. 프랑크 베데킨트(Frank Wedekind)의 희곡 「땅의 정령(Erdgeist)」과 「판도라의 상자(Die Büchse der Pandora)」를 바탕으로 작곡자가 직접 대본을 썼다.
초연	1937년 6월 2일 취리히 오페라 극장(Oper Zürich)에서 2막까지만 초연되었다. 3막까지 추가한 초연은 1979년 2월 24일 파리 오페라(Opéra de Paris) 극장에서 공연.
주요 배역	룰루, 게슈비츠 백작 부인(룰루의 동성연애 상대), 극장 의상 담당자, 학교 소년, 약학 교수, 은행가, 교수, 화가, 의사 골, 닥터 쇤(잡지사 편집장), 알바(닥터 쇤의 아들이자 작곡가), 시골흐(나이 많은 사람), 동물 조련사, 로드리고(운동선수), 흑인(아프리카 어떤 나라의 왕자), 하인, 잭 더 리퍼(악한)

사전 지식   룰루는 매력적이고 예쁜 여인이지만, 행실은 얼굴만큼 예쁘지 않다. 놀라운 건 룰루와 관계했던 남자들이 어떤 식으로든 죽는다는 것이다. 결국 룰루도 잭이라는 못된 남자에게 죽음을 당한다. 이 오페라 공연에는 아이들을 데리고 가서는 안 된다. 내용이 건전하지 않고, 아이들 입장에서도 이게 무슨 오페라냐고 불평할지 모르기 때문이다. 내용이야 어떻든 음악에 12음기법을 도입했다는 데 의의가 있다. 그러므로 12음기법이 어떤 것인지 알고 싶은 사람은 공부 삼아 보는 것도 좋을 것이다. 오페라이기 때문에 마음에 와 닿는 아리아가 있으리라고 기대하면 오산이다. 〈룰루〉에는 아리아라는 것이 없다. 음악은 일종의 수학적 공식에 의해 작곡되었기 때문에 외계의 음악 같은 느낌을 받기가 십상이다. 룰루라는 이름은 대체로 아담하고 귀여운 아가씨를 일컫는다.

베르크, 알반(Berg, Alban, 1885~1935)
알반 마리아 요하네스 베르크(Alban Maria Johannes Berg)는 빈에서 태어나 그곳에서 세상을 떠난 오스트리아의 작곡가로서 아르놀트 쇤베르크(Arnold Scheonberg), 안톤 폰 베베른(Anton von Webern)과 함께 제2차 빈학파에 속하는 인물이다. 그는 말러 스타일의 낭만주의 음악에 쇤베르크의 12음기법을 채택한 작품을 썼다.

프랑스의 미미(Mimi)와 같은 의미다. 룰루는 그가 만났던 사람들을 통해 자신의 모습을 보여준다. 출연자 중 게슈비츠 백작 부인은 드라마틱 메조소프라노가, 주인공 룰루는 하이 소프라노가 맡는다. 닥터 쇤(Dr. Schön)과 잭 더 리퍼(Jack the Ripper)는 영웅적 바리톤이 맡는다.

에피소드　　　　알반 베르크는 서곡과 3막으로 구성된 룰루를 작곡하려 했으나 2막밖에 완성하지 못했다. 3막은 그로부터 약 40년이 흐른 1978년 프리드리히 체르하(Friedrich Cerha)가 완성했다. 그러므로 베르크의 〈룰루〉는 2막까지만 공연하는 것이 일반이며, 꼭 필요한 경우에만 3막을 추가한다.

줄거리　　　　[프롤로그] 1871년 독일의 어느 지방이다. 서커스 동물 조련사가 커다란 뱀을 관객들에게 보여준다. 뱀의 이름은 룰루(Lulu)다. 조련사는 악마의 저주로 잉태된 뱀이 사람들을 어떻게 유혹했는지 곧 알게 될 것이라고 말한다.

[제1막] 배우이며 무용수인 룰루가 화가의 화실에서 초상화를 그리도록 포즈를 취하고 있다. 룰루는 나이 많은 의사 골(Goll)과 결혼했지만 잡지사 편집장의 애인이기도 하다. 원래 바람기 많은 룰루는 자신의 초상화를 그리는 화가를 유혹한다. 그 순간 남편이 문을 박차고 들어온다. 남편은 아내 룰루가 반나체로 화가와 단둘이 있는 것을 목격하고는 순간 피가 거꾸로 솟아 심장마비로 사망한다. 화가는 룰루가 도덕심이나 정조라는 것이 거의 없는 여자라는 것을 알지만 결국 룰루와 결혼해서 산다. 룰루는 여전히 잡지사 편집장과 은밀한 관계를 유지하고 있다.

어느 날 잡지사 편집장이 좋은 집안 아가씨와 약혼했다는 기사가 신문에 난다. 기사를 본 룰루는 왠지 착잡한 심정이다. 룰루와 예전부터 관계가 있는 시골흐(Schigolch)라는 사람이 찾아온다. 그는 부자인 화가와 잘살고 있는 것을 알고 왔다면서 돈을 요구한다. 룰루가 의사와 살고 있을 때도 가끔 찾아와 손을 벌린 적이 있는 시골흐에게 룰루가 자기도 재미없이 살고 있다고 성질을 내며 밖으로 쫓아낸다.

잠시 후 잡지사 편집장이 룰루를 찾아온다. 그는 룰루의 남편이 언젠가 자신과의 관계를 알아차릴 수도 있고, 자신도 약혼을 했는데 염문이 생기면 곤란하기 때문에 미리 주의를 주러 온 것이다. 룰루는 그의 말에 아랑곳하지 않고 진심으로 사랑한 사람은 당신뿐이었다고 하면서 오히려 그에게 집착한다. 이때 화가가 들어온다. 편집장은 화가에게 룰루와의 오랜 관계를 털어놓으며, 앞으로는 룰루가 정숙한 부인으로 살기를 바란다고 말한다. 그러나 사실을 알고 절망한 화가는 골방에 들어가 자살한다. 충격을 받은 룰루는 편집장에게 당신의 결혼도 곧 파탄날 것이라고 저주한다.

룰루가 연극에 출연하고 있다. 그녀는 객석에 약혼녀화 함께 앉아 있는 편집장을 보고 질투를 느낀다. 무대에 오른 룰루가 정신을 잃은 듯 쓰러진다. 사람들이 웅성거린다. 편집장은 룰루가 기절한 줄 알고 걱정이 되어 분장실로 찾아온다. 룰루는 편집장에게 자신을 위해 약혼을 파기하라고 하면서 그렇지 않으면 과거를 폭로하겠다고 위협하는 한편으로 애원한다.

[제2막] 편집장과 결혼해 살고 있는 룰루는 게슈비츠(Geschwitz) 백작 부인과 동성애를 즐긴다. 룰루가 레즈비언임을 눈치챈 편집장은 자신이 룰루의 상상의 애인에 불과하다고 생각해 허탈함을 느끼며 질투심에 불탄다. 화가 난 편집장은 총을 빼 들고 룰루를 위협한다. 룰루는 좋은 말로 권총을 빼앗아 총알을 빼고 돌려주려고 했는데 일이 틀어져 총알이 발사된다. 등에 총을 맞고 죽어가는 편집장이 이 광경을 목격한 아들 알바(Alwa)에게 다음은 네 차례가 될 것이라고 경고한다. 알바는 연극을 하면서 룰루를 좋아하게 되었지만, 룰루가 자신의 말을 듣지 않자 좋지 않은 감정을 품고 있었다. 알바는 실수로 죽인 것이니 도망치게 해달라고 애원하는 룰루를 경찰에 넘긴다. 룰루는 재판을 받고 감옥에 수감된다. 또 다른 번안에서는 배우 알바가 갑옷을 입은 기사로 분장하고 나온다. 1년 후 알바를 비롯한 게슈비츠 백작 부인, 운동선수, 학생, 초라한 차림의 중년 등이 룰루를 탈출시킬 계획을 꾸민다. 룰루는 불행하게도 콜레라에 걸려 교도소 병원에 입원해 있다. 룰루로 변장한 백작 부인이 병원으로 들어가 룰루를 시체로 위장해 밖으로 내보내고는 룰루 행세를 하며 감옥에서 생활한다. 배우 알바와 룰루는 중년 신사가 가져온 위조 여권을 가지고 파리로 도망간다.

[제3막] 룰루가 오랜만에 어떤 파티에 참석한다. 룰루를 알아본 한 귀족이 말을 듣지 않으면 경찰에 넘기겠다고 협박한다. 그는 룰루를 카이로 사창굴에 팔아넘겨 돈을 챙길 속셈이다. 룰루를 사랑하고 보호하는 척하던 알바는 도박으로 거액의 빚을 졌다고 하면서 룰루에게 돈을 요구한다. 그뿐만 아니라 룰루를 쫓아다니던 모든 사람이 이런저런 일로 돈을 달라고 강요하자 룰루는 지쳐간다. 경찰은 룰루를 체포하기 위해 포위망을 좁혀오고 있다. 위기에 처한 룰루는 알바와 주식을 하다가 가산을 탕진한 중년 신사와 함께 런던으로 도피한다. 그곳에서 어쩔 수 없이 창녀가 된 룰루는 번 돈을 알바와 중년 신사에게 빼앗기며 생활한다.

이번 손님은 아프리카 어느 나라의 황태자라는 흑인이다. 그런데 그는 선금을 달라는 룰루의 요구를 거절하고 강제로 끌고 가려다가, 알바가 말리자 그를 때려죽인 뒤 달아난다. 돈이 필요한 룰루는 다음 손님을 데려온다. 잭 더 리퍼(Jack the Ripper)다. 그는 룰루와 몸값을 흥정하다가 뜻대로 되지 않자 화를 내며 룰루를 칼로 찔러 죽인다. 룰루가 사창굴에서 칼에 찔려 죽었다는 소식을 들은 백작 부인은 자살한다. 룰루를 진정으로 사랑했던 사람은 동성 연인인 백작 부인 한 사람뿐이었다.

보체크

타이틀	**Wozzeck**	

	전 3막. 작곡자가 직접 대본을 썼다.
초연	1925년 12월 14일 베를린 운터 덴 린덴 국립 오페라 극장(Staatsoper Unter den Linden)
주요 배역	보체크(병사), 군악대장, 안드레스(보체크의 친구, 병사), 대위, 의사, 마리(보체크의 내연의 아내), 마르그레트(마리의 이웃), 마리의 아들, 마담
음악 하이라이트	군악대장의 테마, 의사의 테마, 호른의 멜로디, 마리의 자장가

사전 지식 오페라 〈보체크〉는 내용 면에서 도덕적·사회적으로 많은 물의를 일으켰다. 그러나 음악은 대부분 전통적 형태를 따르고 있으며, 전체적으로 보아 교향곡과 같다. 제2 악장은 소나타 형식으로 시작되어 환상곡과 푸가(fuga)로 연결된다. 이어 슬로 악장이 스케르초(scherzo)로 변하듯이 빠르게 진행되며 나중에는 트리오와 론도로 마무리된다. 제1막과 제3막은 약간 느슨하게 구성되어 있지만 그래도 어떤 형식에 구속되어 있음을 알 수 있다. 전반적으로 음악은 무조의 형태를 띠고 있다. 보체크는 제14장에서 죽는다. 마치 그리스도가 십자가의 길 제14처인 골고다에서 세상을 떠난 것과 같다.

에피소드 알반 베르크의 다른 작품 〈룰루〉에서도 알 수 있듯이 그의 음악은 우주인의 음악처럼 기괴하다. 전혀 새로운 스타일의 작품이기 때문에 초연을 위해 137번에 걸친 리허설을 해야 했다.

줄거리 가난에 찌든 생활을 하던 보체크는 먹고살기 위해 병사가 된다. 그는 좀 우둔한 편이다. 막이 오르면 보체크가 대위를 면도해주고 있다. 대위는 보체크가 정식으로 결혼하지 않으면서 사생아 아들을 두었다고 비난한다. 그는 가난한 사람들은 정절이나 도덕에 신경 쓸 여유가 없다고 대꾸한다.

보체크는 들판에서 친구 안드레스(Andres)와 함께 나뭇가지를 자르고 있다. 그는 주위의 소음에 두려움을 느낀다. 한편 어떤 군의관이 보체크를 대상으로 괴이한 실험을 제안한다. 군의관은 보체크가 미친 증상을 보이면 진급시켜주겠다고 약속한다.

보체크의 옛 애인이며 사생아의 어머니인 마리(Marie)는 군악대장과 정을 통하고 있다. 마을의 어떤 바보가 이 사실을 보체크에게 알려주면서 그런 여자는 죽어 마땅하다고 얘기한다. 보체크는 어느 날 바로 그 군악대장과 마주친다. 군악대장은 보체크가 따지자 "그래, 내가 자네 애인과 놀아났다. 그래서 어떻게 할 건데"라면서 보체크를 흠씬 두들겨 쫓아버린다.

보체크는 마리에게 군악대장과의 관계를 정리하라고 간청한다. 숲 속의 오솔길을 거닐면서 보체크는 정절이니 사랑이니 하는 주제로 이야기를 한다. 마리가 웬 잔소리냐는 식으로 대꾸하자, 한순간 이성을 잃은 보체크는 마리의 목을 칼로 찔러 죽인다. 주막에 들른 그는 모든 것을 잊기 위해 술만 연거푸 마신다. 그의 손은 피로 얼룩져 있다. 마리의 이웃인 마르그레트가 보체크의 모습을 보고 수상하게 생각한다.

보체크는 문뜩 마리를 죽인 칼을 찾아와야 한다는 데 생각이 미쳐, 밤이 늦었는데도 그 길로 숲 속의 오솔길을 찾아간다. 갑자기 발에 무언가 걸린다. 마리의 시체다. 그 순간 정신이 홱 돌아버린 보체크는 숲 속의 호수로 걸어 들어가 빠져 죽는다.

다음 날 동네 아이가 보체크와 마리의 아들에게 "너의 엄마 죽었다"라고 말한다. 아이들은 시체를 보러 달려간다. 보체크의 아들도 아이들을 따라간다.

베아트리스와 베네딕트

타이틀	**Béatrice et Bénédict**(Beatrice and Benedict)	

전 2막. 셰익스피어 원작의 「야단법석(Much ado about nothing)」을 기본으로 작곡자가 대본을 썼다. 베를리오즈는 6편의 오페라 중 〈벤베누토 첼리니(Benvenuto Cellini)〉를 제외한 모든 대본을 직접 썼다.

	초연	1862년 8월 9일 바덴바덴 국립극장(Theater der Stadt)
주요 배역		베아트리스(베아트리체: 메시나의 총독 레오나토의 조카), 레오나토(메시나의 총독), 헤로(메시나 총독의 딸), 클라우디오(장교), 베네딕트(장교), 우르술(우르술레: 베아트리체의 친구), 돈 페드로(장군)
음악 하이라이트		베아트리체의 대아리아, 헤로와 우르술레의 야상곡 듀엣, 베아트리체와 베네딕트의 마무리 듀엣
베스트 아리아		「그를 보겠네! 그의 우아한 모습을... 내가 너에게 줄 거야(Je vais le voir! Son noble front rayone... Je te la donnerais...)」(S), 「아, 나는 사랑할 거야(Ah! Je vais l'aimer)」(T), 「여기 베네딕트를 보시오! 결혼한 사람이오!(Ici l'on voit Bénédict, l'homme Marié!)」(T)

사전 지식   이 오페라의 대본은 셰익스피어의 소설을 기본으로 했지만, 그리 많은 내용을 가져오지는 않았다. 그 대신에 성당의 음악감독 소마로네(Somarone)가 펼치는 코믹한 요소를 삽입했다. 물론 이 중에서 돈 후안(Don Juan)의 간통 장면, 헤로의 죽음 등은 나중에 삭제했다. 서곡의

베를리오즈, 엑토르(Berlioz, Héctor, 1803~1869)
엑토르 베를리오즈는 프랑스의 낭만파 작곡가로 「환상 교향곡(Symphonie fantastique)」과 「진혼곡(Grande messe des morts)」으로 잘 알려진 인물이다. 현대 오케스트라에 뛰어난 기여를 한 베를리오즈는 자신의 작품에 대규모 오케스트라를 동원해 오케스트라의 진면목을 보여주었는데, 지휘자로서 1,000명 이상의 대규모 협연을 지휘하기도 했다. 그는 50여 편의 가곡을 작곡하기도 했다. 그는 낭만주의의 발전에 중요한 역할을 했으며, 리하르트 바그너, 니콜라이 림스키코르사코프, 프란츠 리스트, 리하르트 슈트라우스, 구스타프 말러와 같은 작곡가에게 많은 영향을 주었다.

주제 멜로디는 오페라에 다시 나오며, 간혹 콘서트에서 연주되어 사랑 받는 곡이다.

에피소드　　　이 오페라는 〈트로이 사람들〉처럼 무겁고 비극적인 오페라를 내놓은 베를리오즈가 자신도 유머가 풍부한 인물이라는 것을 보이기 위해 작곡했다는 얘기도 있다. 그는 이 오페라에 거리의 춤, 탬버린, 기타 등을 도입해 화제에 오르기도 했다.

줄거리　　　[제1막] 무대는 시칠리아의 메시나(Messina)다. 레오나토(Leonato) 총독 관저에 시민들이 모여 돈 페드로(Don Pedro)의 군대가 무어군을 격퇴한 것을 기뻐하고 있다. 개선장군 돈 페드로가 돌아오면 함께 출전했던 클라우디오(Claudio)도 돌아와 사랑하는 헤로(Héro)와 재회의 기쁨을 만끽할 것이다. 그러나 헤로의 사촌 여동생 베아트리체(Beatrice)는 별로 기쁜 기색이 아니다. 베네딕트(Benedict)가 돌아오면 또다시 티격태격 사랑 같지도 않은 싸움을 해야 하기 때문이다. 얼마 전에는 사소한 말다툼 끝에 칼싸움까지 한 적이 있다. 그러면서도 베아트리체는 그가 무사히 돌아오기를 바란다. 시민들이 유명한 시칠리안 춤을 춘다. 이때 나오는 곡이 베를리오즈가 이 오페라를 작곡하기 몇십 년 전에 작곡한 「목동의 분노(Le dépit de la bergère)」다. 그는 이 곡을 오페라에 사용할 생각을 미리 했던 것 같다. 드디어 돈 페드로가 휘하 기사들과 종자들을 거느리고 돌아온다. 다시 만난 클라우디오와 헤로는 기쁨의 듀엣을 기막히게 부른다. 두 사람은 그날 밤 결혼식을 올리기로 한다. 베네딕트는 친구 클라우디오가 당장 결혼한다는 말에 '아니, 결혼은 무덤이라고 그만큼 얘기했는데…… 원, 성미 하나는!'이라고 생각하면서도 '에라, 나도 이참에 결혼이나 해버릴까?'라는 마음이 들기도 한다. 하지만 매사에 지지 않고 덤벼드는 베아트리체를 생각하니 결혼하고 싶은 생각이 싹 사라진다. 베네딕트는 결혼을 하느니 차라리 수도원에 들어가 살겠다고 큰소리를 친다. 만약 어쩔 수 없이 결혼을 하게 되면 다른 사람에게 경종을 울리기 위해 지붕 위에다가 "여기 베네딕트를 보시오! 결혼한 사람이오!(Ici on voit Benedict, l'homme marie)"라고 써 붙이겠다고까지 말한다. 사람들은 베네딕트가 베아트리체를 사랑하면서 공연한 소리를 한다고 걱정하며, 큰코다칠지 모르니 조심하라고 경고한다.

베네딕트는 베아트리체가 자기를 진심으로 사랑하고 있다는 사람들의 얘기를 우연히 엿듣는다. 헤로가 친구 우르술레(Ursule)와 짜고 일부러 그런 말을 흘린 것이다. 그 소리를 듣자 베네딕트는 결혼하면 뭐가 좋을지 생각해본다. 한편 헤로는 우르술레와 함께 베아트리체에게도 똑같은 방법을 사용한다. 베아트리체도 결혼하면 무엇이 좋을지 곰곰이 생각하기 시작한다.

[제2막] 총독궁의 그랜드 홀이다. 옆방에서는 헤로와 클라우디오의 결혼 축하 파티가 한창이다. 축하객들은 성당의 음악감독 소마로네(Somarone)에게 이 고장 포도주가 최고라는 노래를 즉흥적으로 만들어 불러달라고 요청한다. 한국의 농악대와 같은 밴드가 들어와 소마로네의 엉터리 노래에 맞춰 반주한다. 모두 흥에 겨워 포도주 잔으로 탁자를 탁탁 치면서 함께 노래를 부른다.

한편 헤로와 우르슐레는 베네딕트와 베아트리체가 마음의 변화를 일으켜 사랑하는 마음이 싹트고 있다는 것을 확인하고는 계획이 잘 진행되고 있다고 기뻐한다.

신부를 위한 축혼 합창이 울려 퍼지자 베아트리체는 점점 평상심을 잃는다. 그 순간 마주친 두 사람은 어떻게 하면 상대방을 꼼짝 못하게 붙잡을 수 있을지 생각한다. 결혼식장에 하얀 웨딩드레스를 입은 신부가 들러리들과 함께 행복한 모습으로 입장한다. 신랑, 신부가 결혼 서약서에 서명을 마치자 주례가 대중에게 "혹시 또 결혼하실 분 없으십니까? 기왕이면 이 기회에 나와서 하시지요!"라고 제안한다. 베아트리체와 베네딕트는 서로에게 동정심을 느낀다. 베네딕트는 "여기 베네딕트를 보시오! 결혼한 사람이오!"라고 쓴 깃발이 이제는 필요 없다면서 주례에게 내놓는다. 두 사람 사이에 휴전이 성립된다. 그렇지만 전쟁은 내일부터 다시 시작될 것이다.

벤베누토 첼리니

타이틀	**Benvenuto Cellini**	
		전 2막의 오페라 세미세리아(Opera semi-seria). 대본은 레옹 드 와일리(Léon de Wailly)와 앙리 오귀스트 바르비에(Henri Auguste Barbier)가 썼다.
	초연	1838년 9월 10일 파리 오페라 극장
	주요 배역	첼리니(조각가), 테레사(첼리니를 사랑하는 발두치의 딸), 발두치(교황청 예술품 관리자), 피에라모스카(또 다른 조각가), 아스카니오(첼리니의 하인), 교황 클레멘스 7세
베스트 아리아		「나의 생애는 예술에 바쳐진 것(La gloire était ma seule idole)」(T)

사전 지식　　　르네상스 이후의 위대한 조각가 벤베누토 첼리니의 사랑과 그의 걸작 '메두사의 머리를 든 페르세우스'에 관한 이야기다. 위대한 예술은 모든 난관을 극복한다는 메시지를 담고 있다.

에피소드　　　파리에서의 초연이 성공하지 못하자, 첼리니는 리스트의 자문을 받아 원작을 수정해 바이마르에서 공연했다. 반응은 파리 때보다 좋았지만 그렇다고 대성공은 아니었다. 무엇보다도 스토리가 들쭉날쭉 복잡해 혼란스러웠기 때문이다. 하지만 음악은 충분히 찬사 받을 만했다. 특히 제2막의 음악은 절로 귀를 기울이게 했다. 이 오페라는 제작비가 많이 든다는 이유로 자주 공연되지는 않지만, 서곡은 연주회의 단골 메뉴로 사랑 받고 있다. 베를리오즈의 「로마의 사육제(Le carnaval romain)」는 이 오페라의 음악을 기본으로 만들었다.

줄거리　　　[제1막] 교황 클레멘스 7세는 어느 누구보다도 예술을 애호하고 예술품 수집에 열성적인 인물이다. 그는 피렌체 출신의 뛰어난 조각가 첼리니(Cellini)를 불러 '메두사의 머리를 든 페르세우스(Perseus: 제우스의 아들로 메두사를 퇴치한 영웅)' 조각상의 제작을 맡긴다. 교황의 예술품 관리자 발두치(Balducci)는 첼리니를 미덥지 않게 생각하고 있다. 뛰어나기는 하지만 다혈질인 데다 자기 딸과 연애하는 것 같아 못마땅한 것이다. 발두치는 페르세우스 조각상 제작을 2급 조각가인 피에라모스카(Fieramosca)에게 맡길 작정이다. 그는 피에라모스카에게 자기 딸 테레사(Teresa)와의 결혼을 약속했다. 그러나 테레사는 첼리니를 사랑한다.

첼리니는 테레사가 보고 싶어 발두치가 없는 틈을 타 그의 집에 숨어든다. 사랑의 노래를 부르며 행복해하던 두 사람은 발두치가 피에라모스카에게 조각상을 맡기려는 것은 잘못이라고 하면서 피에라모스카에 대한 험담을 늘어놓는다. 그런데 이들의 이야기를 이 집에 몰래 숨어든 또 다른 한 사람, 바로 피에라모스카가 엿듣고 있다. 첼리니는 발두치가 테레사를 피에라모스카에게 시집보내기 전에 무슨 수든 강구해야 한다면서 테레사와 함께 고향 피렌체로 도망갈 계획을 논의한다. 며칠 후 발두치가 테레사와 함께 연극 공연을 관람할 때, 자기 친구들을 수도사로 변장시켜 테레사를 납치하는 척 안전한 곳으로 데려온 뒤 멀리 도망가겠다는 것이다. 테레사는 걱정은 되지만 이 계획에 찬성한다. 이를 엿듣고 있던 피에라모스카는 계획을 훼방 놓기로 작심한다. 그때 느닷없이 발두치가 집으로 돌아온다. 첼리니는 재빠르게 도망치지만 피에라모스카는 들키고 만다. 발두치는 어떤 변명도 듣기 싫다면서 이웃과 하인을 불러 침입자에게 벌을 주라고 지시한다. 피에라모스카의 못된 성격을 잘 알고 있는 이웃 아낙들은 채찍을 들고 힘껏 내려친다. 그는 자신이 바쿠스에게 쫓기는 오르페우스 같다고 생각한다.

마을의 주점에서 첼리니와 동료들, 일꾼들이 예술의 위대함을 찬양하며 술을 마신다. 술집 주인이 술값을 내라고 하자 돈이 없어 우물쭈물하고 있을 때 첼리니의 하인 아스카니오(Ascanio)가 뛰어들어와 페르세우스 조각상 제작을 결국 첼리니가 맡게 되었으며, 내일까지 완성해야 한다는 소식을 전한다. 발두치에게 감사해야 할 처지지만 제작비가 너무 적어 실망이다. 발두치를 골탕 먹이고 싶은 첼리니는 주점에 있던 연극배우들에게 다음 연극 공연 때 발두치를 조롱하는 대목을 넣어달라고 부탁한다. 배우들 역시 발두치에게 유감이 있던 터라 이와 같은 제안에 흔쾌히 응한다.

피에라모스카가 첼리니와 테레사의 도망 계획을 발두치에게 알리려고 하자 친구 폼페오(Pompeo)가 그를 말린다. 그러면서 첼리니의 계획을 역이용하면 좋을 것 같다고 하자 피에라모스카도 이에 찬성한다. 발두치와 테레사가 카니발 축제에서 공연되는 연극을 보러 나타난다. 발두치는 연극을 싫어하지만 딸 테레사가 좋아하기 때문에 함께 온 것이다. 배우들은 전날 첼리니와 약속한 대로 교황의 재무관이며 미술품 관리자, 즉 발두치를 조롱하는 대사를 노골적으로 퍼부으며 연극을 진행한다. 이 장면을 본 테레사는 아버지가 애처로워 그만 집으로 돌아가자고 권하지만 화가 난 발두치는 연극이 끝날 때까지 가지 않겠다고 버틴다. 그는 연극이 끝나자 배우들을 불러 호되게 꾸짖는다. 한참 법석을 떨고 있는데 테레사를 덮친 수도사들이 그녀를 끌고 가려고 한다. 이들은 첼리니의 친구들이 아니라 폼페오를 비롯한 피에라모스카의 친구들이다. 놀란 첼리니가 단검을 빼어 폼페오를 찌른다. 사태가 심각해지자 사람들은 근처에서 얼쩡거리던 첼리니를 범인으로 붙잡는다. 하지만 어두워서 정작 첼리니의 얼굴은 확인하지 못한다. 이때 산탄젤로(Sant'Angelo) 성에서 대포 소리가 들린다. 마르디 그라스(Mardi Gras) 시간이 종료되어 통행금지가 실시된다는 신호. 모든 촛불이 꺼진다. 첼리니는 이 틈을 타서 도망친다. 그 대신 엉뚱하게도 피에라모스카가 살인 혐의로 체포된다.

[제2막] 다음 날 아침 첼리니가 기분 좋게 나타나 테레사에게 어젯밤 끔찍했던 소동과 운 좋게 도망친 얘기를 들려준다. 테레사는 이를 신의 뜻으로 믿어 감사를 드린다. 그러고는 절대 떨어지지 말자고 하면서 함께 피렌체로 도망가기로 약속한다. 하인 아스카니오는 "도망은 무슨 도망! 오늘 저녁까지 페르세우스 조각상을 만들기로 계약되어 있는데!"라면서 걱정이 태산 같은데, 첼리니는 "조각상 좋아하네! 지옥에나 가라!"라면서 들은 척도 하지 않는다. 테레사와 첼리니는 두 사람 앞에 놓인 행복을 노래하기에 바쁘다. 이때 발두치가 피에라모스카와 함께 들어선다. 테레사가 첼리니의 작업장에 있는 것을 보고 기분이 상한 발두치는 피에라모스카에게 "장차 아내가 될 사람이니 집으로 데려가게!"라고 명한다. 테레사는 아버지의 말에 놀라 가슴을 쓸어내릴 경황도 없다. 바로 그때 교황이 친히 첼리니의 작업장으로 찾아온다. 조각상 완성에만 관심이 있는 교황은 조각상 작업이 전혀 진척되지 않았음을 확인하고는 버럭 화를 내며 다른 사람에게 맡기겠다고 소리친다. 첼리니는 "적어도 미켈란젤로라면 좋습니다만, 다른 사람에게 조각상 제작을 맡긴다면 저로서는 체면 문제이므로 죽음도 불사하겠습니다"라고 말한다. 그는 심지어 망치로 지금까지 만들어놓은 주형을 부수겠다고 위협한다. 당황한 교황은 조각상 제작을 간청하면서, 한 시간 이내에 완성하면 모든 잘못을 무조건 용서하는 한편 테레사와의 결혼도 정식으로 인정하겠다고 말한다. 이 말을 들은 첼리니는 팔을 걷어붙이고 용광로에 불을 지피는 등 일꾼들을 독려해 일에 몰두한다.

부아가 난 피에라모스카가 가만히 있을 리 없다. 일꾼들을 불러놓고 그런 형편없는 임금을 받고 어떻게 일을 하냐면서 일종의 노동운동을 부추긴다. 일꾼들이 작업을 중단하자 테레사는 "여러분! 예술이 중요합니까? 아니면 돈 몇 푼이 중요합니까?"라고 묻는다. 이 말에 심기일전한 일꾼들이 용광로로 향한다. 더 많은 금속이 필요한 첼리니는 주변에 있는 금속이란 금속은 모두 찾아와 용광로에 넣는다. 그런데 용광로의 일부가 갑자기 폭발한다. 사람들이 크게 놀라며 모든 것이 끝이라고 생각하는 순간 벌건 금속 용액이 주형으로 흘러들어 가기 시작한다. 주조에 성공한 것이다. 위대한 페르세우스 조각상이 완성되자 모든 사람이 감격한다. 심지어 피에라모스카까지도 크게 감격한다. 그는 경쟁자 첼리니를 안으며 테레사와 행복하게 살라고 당부한다. 교황은 첼리니의 잘못을 모두 용서한다.

파우스트의 저주

타이틀	**La Damnation de Faust** (The Damnation of Faust)

전 4장으로 구성된 전설적 드라마(Légende dramatique). 괴테의 파우스트를 제라르 드 네르발(Gérard de Nerval)이 번역한 것을 기본으로 작곡자와 알미르 간도니에르(Almire Gandonnière)가 공동으로 대본을 썼다.

초연	1846년 12월 6일 파리 오페라 코미크 극장
주요 배역	파우스트, 메피스토펠레, 마르게리트
베스트 아리아	「점잖은 벼룩(Une puce gentille)」(B), 「쥐의 노래(Chanson du rat)」(Bar)

사전 지식 〈파우스트의 저주〉는 베를리오즈가 오래전에 작곡해놓았던 〈파우스트의 여덟 장면(Huit scènes de Faust)〉을 수정·보완해 내놓은 것이다. 장소는 헝가리의 들녘이다. 연주회에서 자주 들을 수 있는 애국적인 「라코치 행진곡(Rákóczi march)」이 분위기를 더해준다. 「실프의 발레(Ballet des Sylphes)」와 메피스토펠레의 베이스 아리아도 자주 들을 수 있는 레퍼토리다.

줄거리 이제는 흰머리에 기력이 쇠한 파우스트가 서재에서 지난날을 회상하고 있다. 성당에서 회중들이 부르는 찬송이 그나마 파우스트의 마음을 안정시킨다. 이때 악마 메피스토펠레(Méphistophélès)가 나타나 인생은 다시 오지 않는 것이므로 지금이라도 늦지 않았으니 쾌락을 추구하라고 부추긴다.

아우어바흐(Auerbach)의 주점에서 브란더(Brander)가 「쥐의 노래」를 부른다. 그는 고상하지도 않는 그 노래를 마치면서 아멘을 소리 높여 외친다. 이에 응해 메피스토펠레가 「점잖은 벼룩」을 부른다. 엘베 강 둔덕에서 파우스트는 실프(공기의 요정)들의 춤을 바라보고 있다. 전에는 느끼지 못했던 싱그러움과 사랑스러움, 즐거움이 파우스트를 엄습한다. 마르게리트(Marguérite)의 환영을 본 파우스트는 마침내 구원(久遠)의 여인상을 찾았다면서 희열에 넘친다.

장면은 바뀌어 마르게리트의 집이다. 파우스트가 메피스토펠레의 안내로 마르게리트의 집에 몰래 숨어든다. 마르게리트가 툴레(Thule: 고대인이 세계의 북쪽 끝에 있다고 믿었던 나라) 왕에 관한 발라드 「툴레의 왕(Roi de Thulé)」을 부르자, 이에 화답하듯 메피스토펠레가 세레나데를 부른다. 이어 숨어 있던 파우스트가 나타난다. 마르게리트와 파우스트의 눈에서 불꽃이 일어난다. 두 사람은 손을 잡고 사랑의 듀엣을 부른다.

그다음은 이미 잘 알려진 내용이 이어진다. 마르게리트가 자기의 비운을 한탄하고 있다. 파우스트에게 버림받았기 때문이다. 순결했던 처녀 마르게리트는 이제 모든 순결을 잃었다.

마지막 장면에서 파우스트는 신들과 자연에 자신의 잘못을 뉘우치며 마르게리트를 구원해달라고 간구한다. 깊이를 알 수 없는 심연의 지옥을 본 파우스트가 마침내 지옥으로 떨어진다. 하지만 마르게리트는 구원을 받아 천국으로 올라간다.

트로이 사람들

타이틀　**Les Troyens**(The Trojans)

전 5막(전 3막으로 공연되는 경우도 있다). 그리스의 푸블리우스 베르길리우스 마로(Publius Vergilius Maro)의 대서사시 「아이네이스(Aeneis; Aeneid)」[또는 디도와 아이네이아스(Dido and Aeneas)]를 기본으로 작곡자가 직접 대본을 썼다.

초연　1863년 11월 4일 3막과 4막만 파리 리리크 극장(Théâtre-Lyrique)에서 초연, 1막과 2막은 콘서트 형식으로 베를리오즈 사후 10년 만인 1879년 파리 샤틀레 극장(Théâtre du Châtelet)에서 초연.

주요 배역　에네(아이네이아스: 트로이의 영웅으로 아프로디테와 안키세스의 아들), 카산드르(카산드라: 트로이의 왕 프리아모스의 딸로 예언자), 디동(디도: 카르타고의 여왕이자 튀르스의 왕자 시케우스의 미망인), 쇼레브(코로이보스: 아시아에서 온 젊은 왕자로 카산드라와 정혼한 사이), 아나(안나: 디도의 여동생), 나르발(디도의 신하), 이오파(이오파스: 디도의 궁전에 있는 튀루스의 시인), 힐라스(힐라스: 젊은 프리지아 선원), 팡테(판토우스: 트로이의 제사장이자 아이네이아스의 친구), 아스카뉴(아스카니오스: 아이네이아스의 아들), 롬브르 엑토르(헥토르의 유령: 트로이의 영웅으로 프리아모스의 아들), 프리암(프리아모스: 트로이의 왕), 헤퀴브(헤카베: 프리아모스의 왕비), 시농(그리스 스파이)

음악적 하이라이트　트로이 사람들의 행진곡, 카르타고의 국가 음악, 디도와 아이네이아스의 사랑의 듀엣, 디도의 이별의 아리아

베스트 아리아　「그리스인들이 떠난다(Les Grecs ont disparu!)」(S), 「후회하지 않으리! 나도 카르타고를 떠나리라!(Inutiles regrets! Je dois quitter Carthage!)」(T)

사전 지식　스펙터클한 무대 규모와 오케스트레이션이 장관인 대작이다. 대규모의 오케스트라 단원이 무대 뒤에 자리 잡고 연주한다. 병사들이나 군중이 지나가는 장면의 음악을 효과적으로 표현하기 위해서다. 1막 중 막 뒤에서 들려오는 색스혼(saxhorn)의 연주가 특이한 인상을 남긴다. 가장 잘 알려진 곡은 4막에 나오는 왕실의 사냥 장면과 폭풍우 장면에 연주되는 음악이다. 스토리가 방대하고 등장인물이 많기 때문에 집중해야 줄거리를 이해할 수 있다. 주역급 성악가만 20여 명인데다, 공연 시간도 무려 4시간 반에 이른다. 트로이의 영웅 아이네이아스의 운명과 로마제국이

수립되는 과정을 다룬 이 장대한 오페라는 두 파트로 나뉜다. 첫째 파트는 트로이의 함락을, 둘째 파트는 카르타고에서의 사건을 다루고 있다.

에피소드 베를리오즈는 베르길리우스의 대서사시 「아이네이스」를 어린 시절부터 탐독해 누구보다 그 내용을 잘 알고 있었기 때문에 언젠가 오페라로 만들 생각이었다고 한다.

줄거리 [제1막] 트로이를 포위했던 그리스군이 드디어 돌아간다. 그리스 병사들은 트로이 성 밖에 커다란 목마를 남겨놓는다. 트로이 왕의 딸 카산드라(Cassandra; Cassandre)는 앞일을 예견하지 못하는 아버지 프리아모스 왕의 어리석음을 한탄하는 한편, 코로이보스(Coroebus; Chorèbe)와의 사랑이 이루어지지 못할 것을 탄식한다. 카산드라 공주는 애인 코로이보스에게 트로이 시민들의 피가 거리에 철철 흘러넘칠 것이라고 예언하면서 트로이 해방에 들떠 있지 말라고 당부한다. 트로이 성 앞에서 프리아모스 왕과 헤카베 왕비가 시민들과 함께 승리의 잔치를 벌이고 있다. 이때 트로이의 용장 아이네이아스(Aeneas; Énée)가 황급히 들어와 제사장 라오콘이 사람들을 선동해 그리스 병사들이 남겨놓고 간 목마를 불사르려고 했지만, 갑자기 바다에서 큰 뱀 두 마리가 나타나 제사장을 집어삼키고 사라졌다고 보고한다. 프리아모스 왕은 신의 노여움을 샀기 때문에 그런 일이 일어났다고 생각해 희생물을 바쳐야 한다고 주장한다. 왕은 목마를 성안으로 끌고 들어오라고 명령한다. 카산드라는 죽음의 그림자를 예견하며 두려움에 떤다.

그날 밤 프리아모스 왕의 아들로 전투에서 목숨을 잃은 헥토르(Hector) 왕자의 환영이 아이네이아스에게 나타나, 그 옛날 그리스 병사들이 목마 안에 숨어 있다가 트로이를 점령한 사실을 상기시키며 조심하라고 경고한다. 헥토르는 트로이의 용맹한 명장이었으나 10년 전 그리스와의 전투에서 전사했다. 아이네이아스는 그리스의 위협으로 불안 속에 지내야 하는 트로이에 더는 애착을 느끼지 못하고, 배를 타고 저 멀리 이탈리아로 가서 세계를 제패할 강력한 제국을 이룩하자고 군사들에게 말한다. 이때 신전의 사제가 비틀거리며 들어와 트로이 성이 그리스 병사들의 기습으로 점령당할 위기에 놓여 있다고 전한다. 아이네이아스는 우선 병사들과 함께 트로이 성을 구하러 달려간다. 베스타 사원에서는 트로이 여인들이 곧 닥쳐올 환란을 두려워하며 절규한다. 카산드라 공주는 여인들에게 그리스의 노예가 되느니 차라리 자결할 것을 제의한다. 험악한 그리스 병사들이 들이닥치자 카산드라 공주를 비롯한 여인들이 트로이의 용장 아이네이아스가 그리스에 승리해 개선하고 트로이를 떠나 로마제국을 건설하는 것을 기원하며 자결한다.

[**제2막**] 무대는 카르타고다. 여왕 디도(Dido; Didon)가 등장하자 백성들은 카르타고의 번영을 축하하며 환호한다. 하지만 디도 여왕은 남편 시카이오스(Sychaeus)가 세상을 떠난 뒤 계속 슬픔에 잠겨 있다. 언니 안나(Anna)가 재혼을 권유하지만 디도는 내켜하지 않는다. 그때 나르발(Narbal) 장관이 뛰어 들어와 한 무리의 알 수 없는 선단이 파도에 쓸려 카르타고 해안으로 밀려왔다고 보고한다. 이탈리아로 향하던 아이네이아스의 선단이다. 디도 여왕은 험난한 항해 끝에 카르타고로 오게 된 그들을 환영한다. 마침 카르타고에 적군이 침공하자 아이네이아스는 자청해 병사를 이끌고 전쟁터로 나가 승리를 거두고 돌아온다. 카르타고의 백성들이 아이네이아스를 높이 찬양한다.

디도 여왕과 트로이의 용장 아이네이아스가 사랑에 빠진다. 이들의 사랑은 짓궂은 신들의 질투를 받을 정도다. 디도 여왕의 언니 안나는 이들이 사랑하게 된 것을 기뻐하지만, 나르발 장관은 만일 아이네이아스가 원래의 목적대로 이탈리아로 떠나게 되면 디도가 입을 상처가 크다고 생각해 걱정한다. 주위의 걱정에도 두 사람의 사랑은 점점 깊어간다. 그러던 중 메르쿠리우스(Mercurius: 머큐리 또는 헤르메스)가 아이네이아스에게 나타나 이탈리아로 떠나라는 제우스의 명령을 전달한다.

[**제3막**] 트로이의 선박들이 카르타고를 떠날 채비를 한다. 병사들은 카르타고에서의 안락한 생활을 잊지 못해 떠나기를 주저한다. 아이네이아스가 마지못해 배에 오르자 디도 여왕은 아이네이아스를 격정적으로 막으며 떠나지 말라고 애원한다. 아이네이아스는 갈등하지만 제우스의 명령이므로 트로이를 위해 떠날 수밖에 없다고 말한다. 디도는 그의 갈 길을 막을 수 없다는 것을 알고는 자신과 아이네이아스의 운명을 저주한다. 궁전으로 돌아온 디도 여왕은 사랑을 이루지 못한 후회와 사랑하는 아이네이아스를 저주한 우매함과 아무것도 할 수 없는 무력함을 깨닫고는 스스로 목숨을 끊는다.

캔디드

타이틀	**Candide**	

	전 2막의 코믹 오페레타. 대본은 릴리언 헬먼(Lillian Hellman)이 프랑스의 계몽주의 사상가 볼테르의 『캉디드(Candide)』[또는 낙관주의(L'Optimisme)]를 기본으로 하여 썼다.
초연	1956년 12월 1일 보스턴. 뮤지컬의 귀재 스티븐 손드하임(Stephen Sondheim)이 대본과 내용을 손질해 뉴욕 브루클린의 첼시(Chelsea) 극장센터에서 초연했다.
주요 배역	캔디드, 쿠네곤데(캔디드의 사촌인 아름다운 아가씨), 팡글로스(가정교사이자 자문관), 카캄보(캔디드의 하인), 노파

음악 하이라이트	쿠네곤데(Cunégonde)의 위풍당당한(bravura) 아리아

베스트 아리아	「그럴 것이야(It must be so)」(T), 「캔디드의 탄식(Candide's lament)」(T), 「베니스 가보트(The Venice gavotte)」(S)

사전 지식　　　캔디드는 주인공 청년의 이름이다. 이름에서 알 수 있듯이(라틴어 candidus가 어원으로 순진, 진실, 깨끗하다는 의미) 순진무구한 청년으로 사랑하는 사람과 결혼하기 위해 온 세상을 돌아다니며 모험과 고난을 경험하다가 결국은 모든 번잡함을 떨쳐버리고 마음의 평안을 찾는 얘기다.

번스타인, 레너드(Bernstein, Leonard, 1918~1990)

레너드 번스타인은 미국의 지휘자, 작곡가, 작가, 음악교사, 피아니스트다. 그는 미국에서 태어나 교육을 받은 사람으로는 최초로 국제적인 찬사를 받은 지휘자다. 번스타인은 오랫동안 뉴욕 필하모니 오케스트라의 음악감독을 지냈다. 또한 그는 〈웨스트사이드 스토리〉, 〈캔디드〉, 〈마을에서(On the town)〉, 〈원더풀 타운(Wonderful town)〉 등을 작곡했다. 번스타인은 최초로 TV를 통한 고전음악 강좌를 연 사람으로도 기억되고 있다. 1954년부터 1990년 세상을 떠날 때까지 TV 강좌를 계속했다. 또한 뛰어난 피아니스트이기도 했다. 그는 작곡가로서 교향곡과 협주곡을 작곡했는데, 그중에서 가장 성공을 거둔 작품은 〈웨스트사이드 스토리〉와 〈캔디드〉다.

에피소드　　　　　〈캔디드〉의 마지막 수정본은 1988년에 만들어졌다. 이 최종 수정본은 최초본에 비해 음악과 드라마틱한 부분이 상당히 다르다. 샴페인처럼 반짝이는 〈캔디드〉의 서곡은 콘서트의 단골 레퍼토리로 사랑을 받고 있다. 볼테르의 『캉디드』는 발표되자마자 사회에 커다란 물의를 일으켰다. 비도덕적이며 비정상적이라는 비판이 이어졌다. 그러자 그런 논쟁에 휘말리기 싫었던 볼테르는 책제목을 '므시외 르 도크퇴르 랄프(Monsieur le docteur Ralph)'로 고치기도 했다. 〈캔디드〉는 여러 버전으로 공연되었으나, 번스타인의 코믹 오페레타만큼 관심을 끈 작품은 없다.

줄거리　　　　　무대는 독일 베스트팔렌(Westfalen; Westphalia)이며 시대는 20세기 초반이다. 캔디드는 귀족 툰더텐트론크(Thunder-ten-tronckh) 백작의 조카로 세상에 전혀 물들지 않은 순진무구한 소년이다. 캔디드의 외삼촌인 백작은 그 지방에서 대단한 권세를 누리고 있다. 교회도 그에게 교회의 수호자라는 공식 명칭을 부여할 정도다. 하지만 백작은 고집불통에 권위만 찾는 인물이다. 뚱뚱한 백작 부인은 남을 생각하는 마음이라고는 조금도 찾아볼 수 없는 지독한 성격의 소유자다. 백작 부부에게는 열일곱 살짜리 딸이 하나 있다. 싱그럽고 예쁘며 순진하다. 그들에게는 아들도 하나 있다. 백작을 쏙 빼닮아 귀족의 권위를 무척 내세우는 청년이다. 이 집에는 가정교사 겸 자문관 팡글로스(Pangloss)가 있다. 학식이 풍부하고 세상 이치를 매우 잘 아는 훌륭한 사람이다. 캔디드는 그가 가르치는 내용을 하나도 놓치지 않고 열심히 배우는 착한 학생이다. 팡글로스는 캔디드에게 물질의 현상과 변화, 신학, 우주과학에 이르기까지 많은 지식을 전달해준다. 가장 중요한 가르침은 "세상에는 원인 없는 결과란 하나도 없다"라는 것이다. 이 말을 절대적으로 믿는 캔디드는 예쁘고 매력적인 백작의 딸 쿠네곤데(Cunégonde)가 저렇게 예쁘게 생긴 것도 어떤 목적이 있다고 생각한다. 다음 날 저녁 식구들이 저녁을 먹고 일어서는데 쿠네곤데와 캔디드가 약속이나 한 듯 살며시 큰 칸막이 뒤로 숨어든다. 쿠네곤데가 손수건을 떨어뜨리자 캔디드가 손수건을 집어준다. 그녀는 손수건을 잡으려다가 캔디드의 손을 잡는다. 두 사람 사이에 뜨거운 감정이 오가고, 눈동자에는 불꽃이 일어난다. 캔디드는 자기도 모르게 쿠네곤데의 입술에 입을 맞춘다. 감수성이 예민한 나이의 두 사람은 따뜻하고 감미로운 입맞춤에 빨려들어 간다. 마침 백작이 그 옆을 지나가다가 원인과 결과의 현상을 보게 된다. 백작은 하인들에게 캔디드를 절대 집 안에 들이지 말라고 엄중히 지시한다. 지금까지는 서론이고 본론은 이제부터다.

집에서 쫓겨난 캔디드는 길거리를 방황하다가 불가리아 군인들에게 끌려가 군인이 된다. 전쟁의 참혹함을 목격한 캔디드는 도저히 사람을 죽일 수 없다고 생각해 기회를 보아 도망친다. 불가리아에서 도망친 캔디드는 네덜란드를 여행한다. 이제부터 캔디드의 파란만장한 세계 여행담이 시작된다. 집도 절도 없이 네덜란드로 간 캔디드는 길에서 자크(Jacques)라는 재세례파교도를 만난다. 캔디드의 사정을 들은 자크는 당분간 자기와 함께 지내자고 하며 친절을 베푼다. 캔디드는 길에서 몸이 불편한 거지와 마주친다. 알고 보니 팡글로스 선생이다. 그는 성병에 걸려 이 지경이 되었다고 하면서 불가리아 군인들이 백작의 성으로 쳐들어와 모두 죽였다고 전한다. 세 사람은 새로운 세상을 찾기 위해 배를 타고 포르투갈의 리스본으로 향한다. 그러나 풍랑을 만나 배가 침몰하는 바람에 자크는 바다에 빠져죽고, 캔디드와 팡글로스만 간신히 살아남아 리스본에 도착한다.

리스본은 지진 때문에 폐허로 변해 있다. 왕은 어디로 갔는지 모르며 대신 종교재판관이 도시를 지배하고 있다. 종교재판관은 팡글로스를 이단으로 규정해 교수형을 선고하고, 팡글로스의 가르침을 들었다는 이유로 캔디드에게는 채찍형을 선고한다. 채찍질을 당해 온몸이 찢긴 채 거리로 내던져진 캔디드를 어느 노파가 다가와 약을 발라주며 치료해준다. 이 노파는 놀랍게도 쿠네곤데가 있는 곳으로 캔디드를 데려간다. 쿠네곤데는 불가리아 군인들이 백작의 성으로 들어왔을 때 군인들에게 능욕을 당하고 목숨만 건졌으며, 불가리아군 대장이 유대인 이사카르(Isaachar)에게 팔아넘겼다고 했다. 그녀는 지금 종교재판관과 이사카르가 공동으로 운영하는 사창굴에서 몸을 파는 신세가 되었다고 말한다. 그때 이사카르와 종교재판관이 사창굴로 들어와 불쌍한 여인들을 마치 죄인처럼 학대하자, 캔디드는 자기도 모르게 분개해 유대인과 종교재판관을 칼로 찔러 죽인다. 사람을 두 명이나 죽인 그는 겁에 질려 무작정 도망친다. 그 뒤를 노파와 쿠네곤데가 따른다. 세 사람은 천신만고 끝에 남미행 배에 오른다. 노파는 로마교황의 딸로 태어났지만 여러 사람에게 능욕을 당해 노예처럼 학대 받는 등 온갖 만행을 경험한 자신의 운명해 대해 들려준다.

쿠네곤데를 불쌍하게 생각한 캔디드는 그녀에 대한 자신의 사랑이 세상 어느 것보다 소중하다고 느껴 결혼하기로 결심한다. 부에노스아이레스에 도착하자 그곳 총독 돈 페르난도(Don Fernando)가 쿠네곤데의 미모에 반해 청혼한다. 그는 쿠네곤데가 베스트팔렌 백작의 딸이라는 사실에 크게 기뻐한다. 부유하게 자란 쿠네곤데는 더는 거지와 같은 생활을 할 수가 없다고 생각해 총독의 청혼을 받아들인다. 그 무렵 포르투갈 경찰이 캔디드를 찾아 부에노스아이레스에 도착한다. 캔디드는 우연히 만나 하인으로 삼은 카캄보(Cacambo)와 함께 예수회 집단 거주 지역으로 피신한다. 예수회 사람들은 스페인의 학정에 항거해 혁명을 계획하고 있다. 그들의 지도자는 바로 베스트팔렌 백작의 아들인 남작이다. 그 역시 불가리아 군인들의 칼날에서 가까스로 목숨을 건졌다. 캔디드는 남작에게 쿠네곤데와 결혼하겠다고 하지만, 그는 동생이 평민과 결혼하는 것을 용납할 수 없다고 말한다. 순간 화가 치민 캔디드는 칼을 뽑아 남작을 위협한다. 상황이 불리해지자 예수회 사람들을 제치고 겨우 도망친 캔디드와 카캄보는 무작정 숲 속으로 도망간다. 정처 없이 헤매던 두 사람은 엘도라도를 발견한다. 엘도라도에는 황금과 보석이 지천으로 깔려 있다. 과학이 매우 발달한 이 유토피아에는 종교 분쟁이나 재판소가 없다. 그러나 아무리 황금과 보석이 많다 한들 마음의 행복을 찾을 수는 없었다. 한 달 뒤 두 사람은 황금과 보석을 가방 가득 챙겨 쿠네곤데를 만나기 위해 엘도라도를 떠난다.

두 사람은 수리남에 도착한다. 캔디드는 카캄보를 부에노스아이레스로 보내면서 쿠네곤데의 몸값을 지불하고 베네치아로 데려오라고 지시한다. 캔디드는 홀로 베네치아로 가는 도중 반더덴두르 (Vanderdendur)라는 해적에게 보물을 모두 빼앗긴다. 그렇지만 행운의 여신은 캔디드에게 미소를 보낸다. 어떤 스페인 함선이 반더덴두르의 배에 대포를 쏘아 이들을 제압한 것이다. 스페인 함장의 양심 있는 행동으로 빼앗긴 보물을 고스란히 되찾은 캔디드는 세상에 아직 정의가 살아 있다고 생각하지만, 염세주의 학자 마르틴은 그 말에 결코 동의하지 않는다. 캔디드와 마르틴은 스페인에서 파리로 간다.

캔디드와 마르틴은 넉넉한 재물 덕에 상류층 사람을 만나며 폭넓은 사교생활을 하지만, 상류층의 별별 치사한 꼴에 신물이 난 캔디드는 원래 계획대로 베네치아로 향한다. 하인 카캄보가 쿠네곤데를 찾아 데려오기로 했지만 카캄보는 나타나지 않는다.

얼마 후 망명한 터키 군주의 노예가 된 카캄보를 극적으로 만난 캔디드는 쿠네곤데가 콘스탄티노플(이스탄불)에서 강제 노역을 하고 있다는 얘기를 듣는다. 캔디드, 카캄보, 마르틴은 터키로 향한다. 캔디드는 터키에서 팡글로스와 남작이 강제 노역을 하는 것을 목격한다. 팡글로스와 남작도 별별 불운을 겪으면서 겨우 목숨만 유지한 채 터키로 흘러온 것이다. 캔디드는 두 사람의 몸값을 치르고 해방시켜준다. 이스탄불의 어느 노역장에서 쿠네곤데와 노파를 발견한 캔디드는 돈을 치르고 이들도 해방시킨다. 사과처럼 싱그럽고 풋풋했던 쿠네곤데의 얼굴은 시커멓게 그슬리고 주름진 얼굴만 남아 있다. 그런데도 캔디드는 쿠네곤데와 결혼하겠다고 말한다. 그런데 이번에도 평민과 결혼시킬 수 없다면서 남작이 반대한다. 남작은 고향 베스트팔렌 성으로 가겠다는 말을 남기고 떠난다.

캔디드, 쿠네곤데, 카캄보, 노파, 마르틴은 시골에 농장을 사 단조롭지만 부족함 없이 편안한 생활을 한다. 그러나 편안한 생활이 지겨워지자 말다툼을 하거나 싸우는 일이 잦아진다. 어느 날 캔디드는 이웃 농부를 만난다. 그 농부는 아침 일찍 일어나 밭에 나가 땀 흘려 일하고 저녁에 집으로 돌아와 다시 밤일을 하며 지내지만, 불평도 없고 남에게 나쁜 짓도 하지 않는다. 캔디드는 이제야 인생의 참된 의미를 깨달은 듯 '바로 저거야!'라고 생각해 다음 날부터 다른 사람들을 독려해 밭에 나가 땀 흘려 일한다. 더는 철학이나 운명을 따질 여유도 없다. 그들 모두 행복을 느낀다.

카르멘

타이틀	**Carmen**	
	전 4막의 오페라 코미크. 프랑스 현대 작가인 프로스페르 메리메(Prosper Mérimée)의 동명 소설을 앙리 메이야크(Henri Meilhac)와 뤼도비크 알레비(Ludovic Halévy)가 합작해 대본을 썼다.	
	초연	1875년 3월 3일 파리 오페라 코미크 극장
	주요 배역	카르멘(집시 여인), 돈 호세(기병대의 상병), 에스카미오(투우사), 미카엘라(호세의 고향 마을 아가씨), 수니가(중위), 모랄레스(하사), 프라스키타(집시), 메르세데스(집시)
음악 하이라이트	카르멘의 운명을 암시하는 모티프, 카르멘을 음악적으로 묘사한 곡, 프라스키타-메르세데스-카르멘의 3중창, 돈 호세의 꽃노래, 카르멘의 세기디야(seguidilla), 2막에서의 카르멘과 돈 호세의 듀엣, 4막에서의 카르멘과 돈 호세의 듀엣, 미카엘라의 아리아, 에스카미요의 쿠플레, 집시 노래, 「하바네라」, 1막에서 카르멘이 부르는 민속적 노래	
베스트 아리아	「사랑은 반항하는 새와 같은 것(L'amour est un oiseau rebelle)」(Ms), 「하바네라, 세기디야(Habanera, Seguidilla)」(Ms), 「투우사의 노래(Toreador en garde!)」(Bar), 「당신이 던져 준 그 꽃(La fleur que tu m'avais jette)」(T), 「이젠 두렵지 않아요(Je dis que rien ne m'epouvante)」(S)	

사전 지식　　비제의 대표작 〈카르멘〉은 이국적인 스페인을 배경으로, 탐욕적인 사랑이 부른 비극을 그리고 있다. 극중 대사의 일부는 원래 대화체로 되어 있으나, 경우에 따라 대화를 음악에 맞춰 공연하는 경우도 있다. 돈 호세의 칼에 찔려 카르멘이 비참한 죽음을 맞이할 때, 무대 밖 투우장에서 들리는 환호 소리는 아이러니컬한 생의 단면을 단적으로 보여준다.

비제, 조르주(Bizet, Georges, 1838~1875)
조르주 비제는 19세기 중반, 낭만 시대의 프랑스 작곡가이며 피아니스트다. 비제는 뛰어난 피아니스트였는데, 만일 활동을 계속했더라면 위대한 피아니스트가 되었을 것이다. 심지어 그의 오페라 작품이 피아노 재능 때문에 가려질 정도였다. 1861년 어느 날 비제는 알레비의 집에서 리스트의 피아노 연주를 듣고 암기해 그 자리에서 훌륭히 연주함으로써 사람들을 놀라게 한 일도 있다. 리스트는 비제를 당대 유럽의 3대 피아니스트 중 하나라고 극찬했다. 비제는 19세기에 불기 시작한 베리스모(verismo: 사실주의)를 예비한 인물이다.

에피소드　　　사실주의를 오페라에 도입한 〈카르멘〉이 초연되자, 관객들은 이 오페라의 내용이 지나치게 선정적이고 비도덕적이라고 생각해 비난을 퍼붓고 무대에 토마토를 던지기까지 했다. 이 오페라가 자기 작품 중 가장 위대한 걸작이라고 생각한 비제는 〈카르멘〉의 성공을 보지 못한 채 초연된 지 3개월 만에 세상을 떠났다. 초연 당시의 비난은 공연이 거듭될수록 찬사로 바뀌었다. 〈카르멘〉은 오늘날 세계에서 가장 사랑 받는 오페라 중 하나가 되었다.

줄거리　　　[제1막] 무대는 1830년 세비야와 그 주변이다. 이야기는 세비야의 담배공장에서 시작된다. 군인들이 할 일 없이 서성이는데 순진하고 아름다운 미카엘라(Micaela)가 남자친구 호세(Jose) 상병을 만나러 온다. 담배공장에서 5분간 휴식을 알리는 종소리가 나자 괜찮게 생긴 아가씨들이 쏟아져 나온다. 이들은 마침 심심해 죽을 지경이던 군인들과 완벽한 하모니를 이루며 웃고 떠들고 유혹하면서 시간을 보내고 있다. 여인들 중 단연 최고는 가무잡잡한 피부의 집시 카르멘(Carmen)이다. 가장 유명한 오페라 아리아라고 할 수 있는 「사랑은 반항하는 새와 같은 것」을 상당히 괜찮게 생긴 호세를 향해 부르지만 호세는 눈길조차 주지 않는다. 미카엘라가 있지 않은가? 휴식이 끝났음을 알리는 신호와 함께 여공들이 우르르 담배공장으로 들어간다.

"일해야 돈을 받지, 놀면 돈을 받나?" 갑자기 공장 안에서 여인들의 고함 소리가 들린다. 원인은 카르멘이다. 다른 여인과 싸움질을 했기 때문이다. 폭력 혐의로 현장에서 체포된 카르멘을 감방까지 호세가 연행한다. 호세는 카르멘의 매력에 빠져 급기야 감방에서 도망치게 도와준다.

[제2막] 한 달 뒤 마을의 어느 주막이다. 담배공장에서 쫓겨난 카르멘은 집시 친구들과 카드점이나 보며 소일하고 있다. 그 자리에는 호세도 있다. 호세는 카르멘이 자기에게 깊은 관심이 있다고 생각해 카르멘을 떠나지 못한다. 인기 많은 투우사 에스카미요(Escamillo)가 환호하는 팬들과 함께 선술집으로 들어서면서 유명한 「투우사의 노래」를 부른다. 카르멘의 마음은 멋쟁이 에스카미요에게로 향한다. 한 패의 집시 밀수꾼들이 등장하자 카르멘은 호세가 밀수 패에 가담하면 군인이었기 때문에 유리할 것이라고 생각해 밀수에 가담하라고 호세를 부추긴다. 카르멘에게 흠뻑 빠진 호세는 이윽고 밀수 패에 합류한다.

[제3막] 선술집으로 에스카미요가 카르멘을 만나러 온다. 사랑에 눈이 먼 호세는 경쟁자 에스카미요에게 시비를 걸어 칼싸움을 벌이지만 이 미련한 짓 때문에 카르멘의 마음은 호세에게서 완전히 떠난다. 마침 호세의 여자 친구 미카엘라가 그를 찾아 밀수꾼들이 있는 산골짜기로 올라온다. 미카엘라는 호세에게 어머니가 돌아가시게 생겼으니 어서 고향으로 돌아가자고 애원한다. 호세는 카르멘에게

미련이 남지만 어머니를 생각해 마지못해 고향으로 돌아갈 결심한다.

[제4막] 투우장 밖이다. 안에서는 환성이 터져 나온다. 에스카미요가 카르멘과 팔짱을 끼고 등장한다. 그 뒤를 호세가 한심하고 초라한 모습으로 따른다. 카르멘에게 "제발 나를 사랑해주시오!"라고 외치지만 카르멘의 대답은 차갑다. "우리 사이는 이미 끝난 지 오래예요." 투우장 안에서 "에스카미요!"를 외치는 사람들의 소리가 요란하게 울려 퍼진다.

카르멘은 어서 들어가 에스카미요의 멋진 모습을 보고 싶은 생각에 호세를 밀치고 투우장으로 들어가려고 한다. 카르멘에게 완전히 버림받은 호세는 순간 정신이 홱 돌아버린다. 그는 칼을 꺼내 미친 듯이 카르멘을 찌른다. 사람들이 투우장 밖으로 쏟아져 나오다가 새하얀 햇빛 아래 장미꽃처럼 빨간 피를 흘리며 죽어 있는 카르멘을 목격한다. 호세는 "오, 내 사랑하는 카르멘!"을 외치며 카르멘의 몸 위로 쓰러진다.

025
Bizet, Georges

자밀레

타이틀	**Djamileh**	
	단막의 로맨틱 오페라. 대본은 알프레드 드 뮈세(Alfred de Musset)의 소설 『나무나(Namouna)』를 기본으로 루이 갈레(Louis Gallet)가 썼다.	
	초연	1872년 5월 22일 파리 오페라 코미크 극장
	주요 배역	자밀레(하렘의 여인), 하룬(왕), 스플렌디아노(하룬 왕의 시종장), 알메(여자 노예)
베스트 아리아	「존귀하신 라호르의 왕(Nour-Eddin, roi de Lahore)」(S)	

사전 지식　　　비제의 동양에 대한 동경심을 보여주는 작품이다. 무대는 이집트(어느 버전에는 터키로 되어 있다). 마치 『아라비안나이트』의 한 장면을 보는 것과 같다. 비제 특유의 감미로운 멜로디가 흘러넘친다.

에피소드　　　비제의 〈자밀레〉는 파리에서 잠시 흥행했다. 하렘과 여자 노예, 인신매매 같은 내용이 나오므로 당시의 도덕 기준으로 납득하기 어려웠으며, 자녀 교육에도 좋지 않다고 생각했기 때문이다. 하지만 그가 죽은 지 100여 년이 지난 오늘날 〈자밀레〉는 음악적으로 크게 주목 받고 있다. 비제는 〈자밀레〉에 신비스럽고 이국적인 음악을 많이 사용했다. 한편 대화(레치타티보)에도 반주를 사용했다. 이것은 당시의 관습에 비추어볼 때 상당히 획기적인 조치였다.

줄거리　　　카이로에 있는 하룬(Haroun)의 궁전이다. 하룬은 젊고 잘생긴 데다 재산이 많다. 그는 이런 행운을 맘껏 이용해 인생을 즐기기로 마음먹고 날이면 날마다 화려하고 난잡한 주색에 빠진다. 그렇지만 만족도, 진정한 행복도 얻지 못한다. 새로운 쾌락을 찾던 하룬은 시종장에게 젊고 예쁜 여자 노예를 한 달에 한 번씩 새로 사오라고 지시한다. 여자 노예를 데리고 실컷 놀다가 인간 장난감이 더는 즐거움을 주지 못하면 팔아버리는 쾌락적인 생활을 즐기는 것이다. 이런 허랑방탕한 생활을 계속하는 바람에 그 많던 재산도 거의 바닥이 난다.

막이 열리면 하룬의 화려한 거실이 보인다. 침대에 비스듬히 앉아 있는 하룬 앞에 시종장 스플렌디아노 (Splendiano)가 서 있다. 시종장은 하룬에게 제발 정신 좀 차리고 이런 생활을 청산하라며 설교를 늘어놓는다. 하룬은 귀찮은 듯 외면하며 시장에 가서 어서 노예를 사오라고 시종장에게 지시한다. 지난달에 데려온 자밀레(Djamileh)에게 싫증이 났기 때문이다. 시종장은 자밀레가 무척 아름답기도 하고 노래와 악기 연주, 춤에도 뛰어나기 때문에 하룬의 마음을 붙잡을 줄 알았는데 한 달이 지나자마자 다른 여자를 데려오라고 하니 기가 막힐 뿐이다. 자밀레의 뛰어난 미모와 재능에 감탄해온 시종장 스플렌디아노는 자밀레를 버리려면 자기에게 달라고 청원한다. 하룬은 별 뜻 없이 그 청원을 허락한다. 시종장은 기쁜 마음으로 노예 시장으로 향한다. 속히 새 여자 노예를 사서 하룬에게 바치기 위해서다. 그래야 자밀레에게 미련이 있더라도 새 여자 때문에 잊을 수 있다고 생각한 것이다.

이윽고 자밀레가 등장한다. 그녀는 하룬과 같이 지내면서 어느덧 그를 깊이 사랑하게 되었다. 하지만 하룬이 그런 마음을 몰라주고 자신에게 무관심한 듯해 몹시 슬프다. 하룬이 들어온다. 그래도 과거의 다른 노예들보다 자밀레를 아끼는 하룬은 어찌하여 수심이 가득한지 묻는다. 그는 자밀레에게 아름다운 보석을 선물로 주며 곧 자유를 주겠으니 슬픈 얼굴을 보이지 말라고 위로한다. 하룬은 자밀레의 얼굴을 가만히 들여다보면서 참으로 미인이라고 생각하지만, 이미 새로운 노예를 데려오라고 지시했기 때문에 미련을 남기지 않으려고 방을 나간다. 슬픔에 젖어 눈물을 흘리는 자밀레를 시종장이 위로하면서 사모하고 있다고 고백한다. 그는 하룬이 새 여자 노예를 대령하라고 지시했으며, 오늘내일이면 자밀레를 버릴 것이라는 얘기도 함께 해준다. 자밀레는 크게 상심하지만 곧 정신을 차리고는, 새 노예 대신 하룬의 침실로 들어가 마지막이 될지도 모를 시간을 보내게 해달라고 간청한다. 시종장은 자밀레의 마음을 돌릴 확률이 줄어들 것을 알면서도 그녀의 마음에 감동해 돕기로 한다.

노예 상인이 여러 명의 아름다운 여자 노예를 데리고 하룬의 집을 찾아온다. 노예를 선보인 후 팔기 위해서다. 여자 노예들이 하룬 앞에서 화려하고 선정적인 춤을 춘다. 하룬은 그중에서 알메 (Almée)라는 제일 예쁜 여자 노예를 사기로 결정한다. 알메는 혼신을 다해 춤을 춘 까닭에 기운이 빠져 그만 정신을 잃고 쓰러진다. 그날 밤 자밀레는 시종장의 도움을 받아 알메로 변장하고 하룬의 침실로 들어간다. 하룬이 가까이 오라고 하며 손을 잡으려 하지만 새 노예는 어쩐 일인지 거리를 두고 다가오지 않는다. 이상하게 생각한 하룬이 베일을 벗기자 자밀레의 모습이 드러난다. 자밀레는 "그대 없이는 못 살아요!"라고 분명히 말하면서 자유도 싫고 보석도 싫으니 제발 함께만 있게 해달라고 간청한다. 하룬은 생전 처음으로 진실한 사랑과 진정한 행복이 무엇인지 깨닫는다. 그는 자밀레에게 깊이 고마워하며 영원한 사랑을 약속한다.

퍼스의 어여쁜 아가씨

타이틀	**La Jolie Fille de Perth**(The Fair Maid of Perth)

전 4막. 비제의 일곱 번째 오페라다. 영국의 문호 월터 스콧(Walter Scott)의 소설을 바탕으로 쥘앙리 베르누아 드 생조르주(Jules-Henri Vernoy de Saint-Georges)라는 긴 이름의 대본가와 쥘 아드니(Jules Adenis)가 공동으로 대본을 썼다.

초연	1867년 12월 26일 비제가 스물아홉 살 때 파리 리리크 극장. 같은 해 3월 파리 오페라 극장에서는 베르디의 〈돈 카를로〉 초연이 있었다.
주요 배역	앙리 스미스(헨리: 대장장이), 시몽 글로버(사이먼 글로버: 장갑장이), 카트린 글로버(캐서린 글로버: 사이먼 글로버의 딸), 마브(집시 여왕), 랄프(장갑장이 글로버의 도제), 르 뒤크 드 로스사이(로스세이 공작)
베스트 아리아	「메아리여, 향기로운 바람을 타고 오라(Echo, viens sur l'air embaume)」(S), 「진실한 연인의 음성(A la voix d'un amant fidele)」(T), 「사랑의 불꽃이 타오를 때(Quand la flamme de l'amour)」(B)

사전 지식　　　　비제는 첫 오페라 〈의사의 집(La maison du docteur)〉을 열네 살 때 작곡해 천재성을 보여주었다. 비제의 마지막 작품은 그가 세상을 떠나기 1년 전인 1874년에 작곡한 〈카르멘〉다. 퍼스(Perth)는 스코틀랜드에 있는 마을 이름이다. 무대 배경은 스코틀랜드이지만 비제는 되도록 스코틀랜드 선율을 사용하지 않았다. 다만 랄프의 술주정 노래 「사랑의 불꽃이 타오를 때」 등에서 스코틀랜드의 분위기가 느껴진다. 아무튼 비제는 월터 스콧의 원본을 충실히 따르지 않고 프랑스적 스타일을 반영했다. 비제의 첫 작품은 성공하지 못했으나 〈퍼스의 어여쁜 아가씨〉는 그런대로 호평을 받았다.

줄거리　　　　마을의 대장장이 앙리 스미스(헨리 스미스: Henri Smith)는 장갑장이 시몽 글로버(Simon Glover)의 어여쁜 딸 카트린 글로버(Catherine Glover)를 사랑한다. 스미스의 사랑은 장갑장이의 도제(연수생)인 랄프(Ralph)의 질투를 산다. 한편 미모의 집시 여왕 마브(Mab)는 자기를 쫓아내려는 집시를 피해 평소 친분이 있던 스미스의 집으로 들어온다. 착한 스미스는 마브를 숨겨준다. 마브는 때마침 스미스의 가게에 일을 보러 들른 로스사이(Rothsay) 공작과 마주친다. 마브는 전부터 공작을 사모했다. 공작은 마브가 자기에게 마음을 둔 것을 모르고, 마을에서 제일 예쁜 카트린을 성으로 데려갈 계획이라고 넌지시 말한다. 그는 마브에게 만일 카트린이 동의하지 않으면 납치를 해서라도 데려가려고 하니 도와달라고 부탁한다.

그 얘기를 엿들은 스미스는 당장 카트린에게 사랑을 고백해 성으로 들어가지 못하게 할 생각이다. 그는 그날 밤 카트린의 창문 밖에서 서툰 솜씨이지만 세레나데를 부른다. 다른 쪽에서는 속이 상해 술을 마시고 온 랄프가 카트린에 대한 불타는 마음을 담아 축배의 노래를 부른다. 랄프는 어떤 가면을 쓴 사람이 카트린의 집에서 나가는 것을 본다. 그도 공작이 카트린을 성으로 데려가려 한다는 소문을 들었기 때문에 가면을 쓴 사람이 성으로 들어가는 카트린이라고 생각한다. 랄프는 이 상황을 카트린의 아버지 시몽 글로버(Simon Glover)에게 전한다. 시몽과 랄프는 카트린을 데려오기 위해 공작의 성으로 함께 가기로 약속한다.

잠시 후 카트린이 베란다로 몸을 내밀어 스미스의 세레나데에 화답하지만 스미스는 이미 자리를 떠나고 없다. 카트린은 마치 정신 나간 사람처럼 「메아리여, 향기로운 바람을 타고 오라」를 부른다. 공작은 카트린이 제 발로 성으로 오자 기쁘기 한량없다. 그런데 알고 보니 집시 여왕 마브가 카트린으로 변장한 것이었다. 한참 후 카트린의 아버지와 질투심에 불타는 랄프가 성으로 찾아온다. 스미스도 일이 어찌 돌아가는 건지 확실히 알기 위해 공작을 찾아간다. 스미스는 공작의 옷깃에 자기가 카트린에게 준 꽃송이가 달려 있는 것을 보고 카트린이 자신을 버리고 공작에게 간 것으로 생각한다. 실은 스미스가 카트린에게 준 꽃을 카트린이 마브에게 주었고, 그것을 마브가 공작에게 준 것이다. 성 발렌타인데이가 밝자 스미스와 랄프가 결투를 하려고 준비하고 있다. 공작이 결투를 중지시킨다. 카트린이 스미스를 사랑하는 것을 깨달은 공작은 두 사람의 행복을 축하해준다. 랄프도 캐서린을 깨끗이 단념하고 두 사람의 사랑을 축하한다.

진주잡이

타이틀	**Les Pêcheurs de Perles**(The Pearl Fishers)	
		3막짜리 비극. 프랑스어 대본은 외젠 코르몽(Eugène Cormon)과 미셸 카레(Michel Carré)가 공동으로 썼다. 1887년 런던 초연 당시에는 제목이 '레일라(Leila)'였다.
	초연	1863년 9월 30일 파리 오페라 코미크 극장
	주요 배역	레일라(브라만교의 여사제), 나디르(집주잡이), 주르가(진주잡이들의 대장), 누라바드(브라만교의 대제사장)
	음악 하이라이트	나디르의 로망스, 레일라와 나디르의 듀엣, 나디르와 주르가의 듀엣
베스트 아리아	「지난날 언젠가 같이 어두운 밤에(Comme autrefois dans la nuit sombre)」(S), 「성스러운 사원 안에서(Au fond du temple saint)」(T+Bar), 「귀에 익은 그대 음성(Je crois encore entendre)」(T)	

사전 지식　　비제의 〈진주잡이〉는 베르디, 마이어베어, 그리고 특히 구노에게 여러 가지 음악적 영향을 주었다. 비제의 〈진주잡이〉는 그 당시 유행하던 이국적 스토리를 대변한다. 주르가와 나디르가 그들의 옛 우정을 회상하며 부르는 듀엣 「성스러운 사원 안에서」는 매우 아름다운 아리아다.

줄거리　　[제1막] 세일론(Ceylon), 지금의 스리랑카가 무대다. 아주 먼 옛날 세일론의 한 마을에 진주잡이 어부들이 살고 있다. 진주잡이들은 가장 용감하고 가장 잠수를 잘하는 주르가(Zurga)를 촌장으로 뽑는다. 주르가의 친구 나디르(Nadir)가 주르가가 촌장으로 선출된 것을 축하한다. 두 사람은 오래전 사원의 아름다운 여사제 레일라(Leila)를 두고 서로 경쟁했었다. 그러나 두 사람은 레일라보다는 우정이 우선이라고 믿어 여사제를 만나지 않기로 약속했다. 그때 일은 이제 지난 일일 뿐이다.

레일라가 사원에 기도하러 온다. 매년 한 번은 진주잡이들을 위해 제사를 지내는데, 진주와 같이 예쁜 여사제의 기도가 효험이 있다는 믿음 때문이다. 레일라는 브라만 신에게 기도한다. 그림과 같이 아름다운 정경이다. 이때 우연히 사원 옆을 지나가던 나디르가 레일라를 알아본다. 나디르의 마음속에 사랑하는 마음이 다시 솟구쳐 오른다. 나디르를 알아본 레일라는 나디르를 만난 것이 브라만 신의 계시라고 생각한다. 레일라는 자신이 아직도 나디르를 사랑하고 있다는 것을 깨닫는다.

[제2막] 폐허가 된 사원에 고승 누라바드(Nourabad)가 나타나 어떠한 고통이 있을지라도 여사제로서 서약한 것을 잊지 말라고 레일라에게 충고한다. 레일라는 여사제로서의 본분을 다하고 있다면서 걱정하지 말라고 대답한다.

레일라는 오래전 어떤 도망자를 숨겨준 일을 생각한다. 그때 도망자를 추격해온 사람들이 레일라의 목에 칼을 들이대고 숨어 있는 곳을 말하라고 위협했지만 레일라는 입을 열지 않았다. 도망자는 감사의 표시로 자신의 목걸이를 선물한 적이 있다. 레일라는 그때를 생각하며 「지난날 언젠가 같이 어두운 밤에」라는 아리아를 부른다. 그러면서 나디르를 생각한다. 고승이 자리를 뜨자 나디르가 등장해 감격적인 해후를 한다. 두 사람이 입맞춤을 하고 있을 때 고승이 갑자기 나타난다. 이 장면을 본 고승은 사람들을 부른다. 여사제와 사랑을 나눈 사람은 죽음을 면할 수 없다.

나디르와 레일라는 마을의 촌장이며 재판관인 주르가 앞으로 끌려온다. 주르가는 나디르를 보고는 살려줘야겠다고 생각한다. 고승 누라바드가 여사제의 베일을 찢어버리자 레일라가 모습을 드러낸다. 주르가는 오래전 나디르와 했던 약속을 떠올리고는 분노하며, 두 사람에게 사형을 선고한다.

[제3막] 주르가의 천막이다. 레일라는 죽음을 달게 받겠으니 나디르의 목숨은 살려달라고 애원한다. 주르가는 절대로 용서할 수 없다면서 뜻을 굽히지 않는다. 그는 레일라의 목에 걸려 있는 목걸이를 본다. 도망자 시절 목숨을 살려준 감사의 표시로 사원의 여사제에게 준 것이다.

장면은 바뀌어 화형에 처할 장작더미가 쌓여 있다 화형장이다. 레일라와 나디르가 끌려나온다. 그때 저 멀리 마을에서 불길이 치솟는다. 주르가가 "불이야!"라고 소리치며 사람들에게 어서 불을 끄라고 지시한다. 사람들이 불을 끄러 몰려가자 주르가는 자신이 마을에 불을 질렀다고 고백하면서 두 사람을 얽맨 쇠사슬을 풀어주고는 도망가라고 한다. 숨어서 이 얘기를 엿듣고 있던 고승 누라바드가 불을 끄고 돌아온 마을 사람들에게 주르가가 마을에 불을 질렀으며 그 틈을 타 나디르와 레일라를 놓아주었다고 얘기한다. 마을 사람들이 주르가를 화형장으로 끌고 간다. 주르가의 몸을 화염이 뒤덮자 저 멀리 숲 속에서 불길이 치솟는다. 사람들은 브라만 신이 분노했다고 생각해 공포에 휩싸인다.

하얀 옷의 여인

타이틀	**La Dame Blanche**(The White Lady)

	당대의 유명한 대본가 외젠 스크리브가 대본을 썼다. 원작은 월터 스콧(Walter Scott)의 『가이 매너링(Guy mannering)』이다. 오페라 코미크다.
초연	1825년 12월 10일 파리 오페라 코미크 극장
주요 배역	아나(애나: 아브넬 영주의 하녀), 조르주(조지: 아브넬 영주의 아들), 딕송(딕슨: 여관 주인), 가브스통(개버스턴: 아브넬 영주의 집사)
음악 하이라이트	스코틀랜드의 국가적 노래, 애나의 아리아, 조지의 카바티나(cavatina)
베스트 아리아	「이곳이 아름다운 영토(D'ici voyez ce beau domain)」(S), 「마침내 어릴 때 지내던 곳에(Enfin, je vous revois, sejour de mon enfance!)」(S), 「아, 즐거운 병사(Ah, quel plaisir d'être soldat!)」(T), 「오라, 상냥한 여인이여(Viens, gentille dame)」(T)

사전 지식   우선 오페라의 배경을 이해해야 한다. 국왕에게 충성스러운 아브넬(Avenel)의 영주는 스코틀랜드를 침략해온 적들과 싸워 승리했으나, 간신들의 모함을 받아 직위를 박탈당하고 멀리 추방된다. 아브넬 영주는 추방 길에 오르기 전에 집사 개버스턴(Gavestone)에게 자기 성과 영지를 돌보아달라고 부탁한다. 영주는 개버스턴에게 집 안 어딘가에 있는 '하얀 옷의 여인' 조각상 안에 상당한 보물을 숨겨놓았다고 얘기해준다. 영주는 그 '하얀 옷의 여인' 조각상이 아브넬 가문의 조상 할머니의 혼령이 되어 가끔 집 안을 돌아다닌다는 얘기도 덧붙인다. 개버스턴은 아주 악랄하고

보엘디외, 프랑수아 아드리앵(Boieldieu, Francois-Adrien, 1775~1834)
프랑수아 아드리앵 보엘디외는 대관식을 하지 않은 프랑스 오페라 코미크의 제왕이라는 별명을 들을 정도로 19세기 초반 프랑스 오페라계에서 중심적 역할을 했던 인물이다. 그렇지만 그의 오페라는 독일의 징슈필과 이탈리아의 오페라 부파(opera buffa)의 영향을 받았다. 보엘디외는 약 40편의 오페라 코미크 작품을 프랑스 국민에게 선사했다. 월터 스콧의 소설을 원작으로 한 〈하얀 옷의 여인〉은 해피엔드의 요소가 들어 있는 대중적인 작품이다.

파렴치한 인간이다. 영주가 추방되자 영주의 어린 아들을 집으로 찾아올 수 없도록 먼 곳으로 데려가 버린다. 얼마 후 영주가 유배지에서 세상을 떠났다는 소식이 전해진다. 소식을 들은 개버스턴은 영주 소유의 성과 영지를 팔아버릴 생각을 한다. 또한 '하얀 옷의 여인' 상을 찾아 숨겨놓았다는 보물도 차지할 생각이다. 이런 음모를 아브넬의 하녀 애나(Anna)가 눈치챈다. 애나는 오갈 데 없는 고아였는데 영주가 데려다가 가족처럼 보살펴주며 길렀다. 그녀는 영주의 아들이 어딘가에 살아 있을 것이라고 믿어, 영주의 재산을 가로채려는 개버스턴의 음모를 막아보려고 결심한다. 애나는 하얀 옷의 귀신으로 변장해 개버스턴에게 겁을 주어 영주의 재산을 마음대로 처분하지 못하게 할 생각이다.

에피소드　　　　오페라 〈하얀 옷의 여인〉은 19세기 프랑스에서 대단한 인기를 끌었다. 아름다운 음악과 재미난 스토리 때문이다. 테너 아리아 「오라, 상냥한 여인이여」는 연주회 레퍼토리로 자주 등장하는 곡이다.

줄거리　　　　마을에 조지 브라운(George Brown)이라는 청년이 찾아온다. 마을 사람들은 타지 사람인 조지에게 하얀 옷을 입은 귀신이 얼마 전 이 동네에 나타나 사람들을 놀라게 했다는 얘기를 들려준다. 조지는 그 말을 듣고 설마 그런 일이 실제로 있겠느냐고 하면서도 호기심을 갖는다. 조지는 딕슨(Dickson)의 여관에 거처를 정한다. 딕슨은 그날따라 무척 겁먹은 모습이다. 하얀 옷의 귀신에게서 그날 밤 성으로 오라는 지시를 받았기 때문이다(어떻게 지시를 받았는지는 정확치 않다). 귀신의 말에 복종해 순순히 나갈 수도 없고 그렇다고 귀신의 말을 따르지 않을 수도 없어, 딕슨은 거의 정신이 나간 상태다. 모험심과 호기심이 가득한 청년 조지가 대신 가겠다고 나선다. 딕슨은 날아갈 듯 기쁘다.

애나는 하얀 옷의 귀신 할멈으로 변장해 동네 사람들을 여러 번 놀라게 했는데, 평소 거만하게 굴던 사람들이 쩔쩔매는 모습을 지켜보며 은근히 통쾌함을 느끼기도 했다. 애나가 딕슨을 성으로 부른 것은 그에게 개버스턴의 못된 음모를 얘기해 마을 사람 모두가 알게 하기 위해서다. 조지가 여관 주인 딕슨의 복장을 하고 약속 장소에 나타난다. 갑자기 스산한 바람이 불면서 하얀 옷을 입은 여인이 귀신처럼 나타나 아브넬 영주에 관한 얘기, 비밀스러운 곳에 있다는 보물, 영주의 어린 아들이 청년이 되어 어딘가에 살아 있을 것이라는 믿음에 대해 들려준다. 그러고는 개버스턴의 음모를 막으라고 엄중히 지시한다. 또한 다음 날 아브넬 성을 놓고 경매가 진행될 때 높은 값을 불러 개버스턴이 사지 못하게 하라고 지시한다. 귀신은 언젠가 상속자인 영주의 아들이 돌아오는 날 영주의 성을 아들에게 넘겨주는 것이 자신의 도리라는 말도 덧붙인다. 딕슨으로 가장한 조지는 그렇게 하겠다고 약속한다. 그런데 귀신의 목소리가 할멈이 아닌 젊은 여자의 목소리임을 깨달은 조지는 틀림없이 약속을 지키겠다는 표시로 귀신의 손을 잡는다. 그 순간 조지는 알 수 없는 긴장감에 휩싸인다. '아, 이 손길! ….' 조지는 이 여인이 귀신이 아니며 아름다운 아가씨일 것이라는 생각이 들어 미지의 여인에게 연모의 마음이 솟구친다. 한편 애나도 이 사람이 딕슨이 아님을 알아차린다.

오래전 전쟁터에서 중상을 입고 이 마을로 이송되어 온 장교를 애나가 정성껏 치료해 목숨을 살려준 적이 있다. 애나는 그 젊은 장교를 사랑했고, 젊은 장교도 애나가 싫지는 않은 눈치였다. 하지만 다시 전쟁터로 가야 했기에 두 사람은 헤어질 수밖에 없었다. 애나는 다시 만나기를 간절히 바랐으나 그에게서는 아무 소식이 없었다.

경매가 시작된다. 조지가 3,000파운드라는 엄청난 값을 부르는 바람에 개버스턴은 성을 구입하는 데 실패한다. 대금은 그날 저녁까지 내야 한다. 사악한 개버스턴은 신분도 모르는 젊은 청년에게 그런 거금이 없을 것이라고 생각해 은근히 회심의 미소를 짓는다. 저녁때가 되어 법관들과 공증인들이 경매 대금을 받으러 찾아온다. 사실 조지는 돈을 마련하지 못해 걱정이다. 그때 '하얀 옷의 여인'이 자기 조각상을 들고 나타난다. 조각상 속에는 수많은 보물이 들어 있다. 귀신은 그 돈으로 경매 대금을 치르라고 한다. 이렇게 하여 영주의 성은 조지의 것이 된다.

그런데 더 놀라운 일이 일어난다. 조지가 오래전 행방불명된 영주의 아들임이 여러 서류를 통해 확실하게 입증된 것이다. 몹시 놀란 개버스턴이 도대체 하얀 옷의 여인이 사람인지 아닌지 확인하려고 용기를 내어 귀신이 쓰고 있는 베일을 벗긴다. 예쁘고 총명한 하녀 애나가 모습을 드러낸다. 개버스턴은 그 자리에서 기절해 쓰러진다.

애나가 한때 자신의 생명을 구해준 은인임을 알게 된 조지가 청혼하자 애나는 기다렸다는 듯이 청혼을 받아들인다.

메피스토펠레

타이틀	**Mefistofele**(Mephistopheles)	
		4막과 프롤로그와 에필로그가 있는 작품이다. 괴테의 『파우스트』를 기본으로 하여 작곡자가 직접 대본을 썼다.
	초연	1868년 3월 5일 밀라노 스칼라 극장
	주요 배역	메피스토펠레(악마), 파우스트(학자), 마르게리타(파우스트가 유혹한 아가씨), 엘레나(트로이의 헬레네), 바그너(파우스트의 제자)
베스트 아리아		「슬픔에 젖은 바다 위의 어느 날 밤(L'altra notte in fondo al mare)」(S), 「들판에서, 초원에서(Dai campi, dai prati)」(T), 「주를 찬양하라!(Ave Signor!)」(B)

사전 지식　　보이토의 〈메피스토펠레〉는 타이틀롤인 베이스에 모든 초점이 맞추어져 있다. 오프닝 아리아 「주를 찬양하라!」를 보면 알 수 있다. 메피스토펠레가 정체를 드러내며 부르는 「나는 언제나 부정만 하는 정령이니라」도 그러하다. 보이토는 오페라 작곡가이면서도 폰키엘리의 〈라 조콘다〉, 베르디의 〈팔스타프〉 등 수많은 작품 대본을 쓴 것으로 유명하다. 구노의 〈파우스트〉와 내용은 같지만 프롤로그와 에필로그를 두어 신들의 얘기를 추가했다.

줄거리　　　**[프롤로그]** 천상에서는 신을 경배하며 찬양하는 천사들의 소리가 높이 울려 퍼진다. 추락한 천사 메피스토펠레(Mefistofele; Mephistopheles)는 멀리 계신 전능한 신에게 공손히 인사를 하지만 속으로는 자신도 신과 동등하다고 생각한다. 지옥세계의 지배자 메피스토펠레는 신의 자녀라는 인간들을 악마의 세계로 유혹해 신에게 보이기로 한다.

보이토, 아리고(Boito, Arrigo, 1842~1918)
아리고 보이토의 또 다른 이름은 엔리코 주세페 조반니 보이토다. 이탈리아의 시인, 저널리스트, 소설가, 작곡가다. 그는 오페라 대본가로도 이름나 있다. 그가 쓴 대표적 대본은 베르디의 오페라 〈오텔로〉와 〈팔스타프〉다. 또한 직접 작곡한 오페라 〈메피스토펠레〉의 대본도 썼다.

[제1막] 16세기 독일의 프랑크푸르트, 때는 부활 주일 아침이다. 사람들이 예수 그리스도의 부활을 축하하기 위해 모여든다. 떠들썩거리는 소리가 귀찮은지 노학자 파우스트는 제자 바그너(Wagner)와의 대담에만 정신을 쏟고 있다. 파우스트는 봄이 또다시 희망과 아름다움을 가져오지만 이제 나이가 많은 자신은 봄이 와도 새로운 희망이나 아름다움을 느낄 여력이 없다고 신세 한탄 조로 얘기한다. 메피스토펠레가 교양 있는 신사로 변해 파우스트 앞에 나타난다. 메피스토펠레는 파우스트에게 이 세상에 있는 동안 즐거움과 아름다움을 모두 누리게 한 뒤 지옥으로 데려가겠다고 제안한다. 원래 내세에 대해 확신이 없던 파우스트는 지금까지 한 번도 만족스러운 삶, 즉 매우 아름답기 때문에 시간을 정지시키고 싶을 만한 순간을 살지 못했다고 생각해 메피스토펠레의 제안을 선뜻 받아들인다. 둘 사이에 계약서가 만들어진다.

[제2막] 마르게리타(Margherita)의 집 정원이다. 젊어진 파우스트가 마르게리타와 산책을 하고 있다. 그녀는 파우스트에게 신을 믿느냐고 묻는다. 파우스트는 신앙에 대해 확신도 부정도 하지 않는다고 대답하면서 자기가 믿는 것은 자연, 사랑, 신비, 삶 그 자체라고 설명해준다. 마르게리타가 그만 집으로 돌아가겠다고 하자 파우스트는 좀 더 조용한 곳에서 둘만의 시간을 갖자고 말한다. 파우스트와 마르게리타는 함께 밤을 보낸다.

악마의 계곡으로 메피스토펠레가 파우스트를 데려온다. 도깨비불, 마녀와 마법사가 자신들의 지배자 메피스토펠레가 나타나자 만세를 부르며 환영한다. 마녀들과 마법사들은 메피스토펠레에게 커다란 유리구슬을 준다. 이 세상에서 일어나는 모든 일을 볼 수 있는 구슬이다. 파우스트는 유리구슬에서 쇠사슬에 묶인 마르게리타가 사형집행인의 도끼에 목을 맡기고 있는 모습을 보고 깜짝 놀란다. 메피스토펠레는 그건 환영에 불과한 것이니 신경 쓸 것 없다고 하면서 파우스트를 악마들의 잔치로 데리고 가서 함께 즐긴다.

[제3막] 감옥에 갇혀 있는 마르게리타는 거의 미쳐가고 있다. 그녀는 사람들이 자기를 괴롭히기 위해 아기를 물에 빠뜨려 죽였으며, 자신이 어머니를 독살했다는 얘기를 지어냈다고 생각한다. 메피스토펠레가 마르게리타를 구출하려는 파우스트를 돕는다. 파우스트를 본 마르게리타가 반가운 듯 인사를 하지만 자신을 향한 파우스트의 사랑이 식었음을 느낀다. 파우스트가 어서 감옥에서 나가자고 하자, 마르게리타는 자신이 지은 죄와 바깥 세상에 대한 두려움 때문에 나갈 수 없다고 말한다. 파우스트는 마르게리타에게 아무도 없는 외딴 섬에서 살고 있는 모습을 보여준다. 새벽이 가까워지자 메피스토펠레는 파우스트에게 어서 나가자고 재촉한다. 메피스토펠레를 본 마르게리타는 사형 집행이 다가오고 있음을 느껴 두려움에 떤다. 그녀는 파우스트를 포기한다고 말하며 하늘이

용서해주기를 기도한다면서 죽음을 맞는다. 메피스토펠레는 마르게리타가 저주를 받아 지옥에 가게 되었다고 선언하지만, 하늘에서는 구원받았다는 소리가 들린다. 메피스토펠레와 파우스트가 그 자리에서 도망친다.

[제4막] 고대 그리스의 어떤 계곡이다. 전통적인 신들의 축제가 열리고 있다. 엘레나(Elena: 트로이의 헬레나)의 요청에 따라 요정들과 정령들이 세레나데를 부른다. 멀리서 파우스트가 엘레나를 부르는 소리가 들린다. 파우스트는 아름다운 여신 엘레나와의 사랑을 도모하기 위해 메피스토펠레에게 부탁하여 이 전설적인 계곡으로 왔다. 파우스트는 엘레나와 즐거운 시간을 보낸다. 정령들과 님프들의 세레나데가 끝나자 파우스트가 엘레나를 찬양하는 노래를 부른다. 파우스트는 그녀가 가장 이상적인 아름다움이라고 온갖 말로 찬양한다. 이어 엘레나와 파우스트가 신비한 사랑의 힘을 찬양하는 노래를 부른다.

[에필로그]　　　　　파우스트는 다시 늙은 학자로 돌아온다. 메피스토펠레는 파우스트에게 이제 약속대로 지옥세계로 갈 시간이 되었다고 얘기해준다. 파우스트는 행복했던 나날을 머리에 떠올려본다. 그러나 사랑이 매우 아름다워 시간을 멈췄으면 한 적은 없었다고 생각한다. 파우스트는 인간과의 사랑과 신과의 사랑을 모두 경험해보았지만, 이상은 한낱 꿈이었고 실상은 비탄뿐이었음을 느낀다. 파우스트는 자신의 더 높은 꿈은 지혜와 정의를 보호하는 평화로운 왕국에 있다고 생각한다. 파우스트는 지상에 하늘나라를 건설하면 그렇게 될 수 있다고 말한다. 이 소리를 들은 메피스토펠레는 신과의 내기에서 질 것 같은 예감이 들어 두려워한다. 메피스토펠레는 마지막으로 파우스트를 유혹하기 위해 사이렌과 님프들의 환영을 보여주지만, 파우스트는 『성경』을 손에 잡고 신을 생각한다. 그에게 낙원과 영원이 환영으로 보인다. 파우스트는 그곳에 머물고 싶다고 생각하면서 죽음을 맞는다. 천사들이 나타나 파우스트의 몸 위에 장미꽃을 뿌려준다. 천사들의 찬양과 새벽빛에 괴로워하던 메피스토펠레는 도망치듯 사라진다. 하늘의 천사들은 파우스트의 영혼이 구원받았다고 노래한다. 마지막 기회까지 날려버린 메피스토펠레는 지옥의 자기 영역으로 되돌아간다.

030

Bolcom, William

다리에서 본 광경

타이틀 **A View from the Bridge**

전 2막. 아서 밀러(Arthur Miller)의 희곡을 바탕으로 작곡자가 직접 대본을 썼다. 아서 밀러의 희곡은 1955년 브로드웨이에서 산문 드라마 형식으로 초연되었다. 이와 함께 유명한 제작자인 엘리아 카잔(Elia Kazan)이 '더 훅(The hook)'이라는 제목의 연극으로 만들었고, 이어 영화로도 제작되었다.

초연 1999년 시카고 리릭 오페라(Lyric Opera of Chicago)

주요 배역 에디(부두 노동자), 베아트리체(에디의 아내), 캐서린(에디의 조카딸), 로돌포(이민 온 한량), 마르코(로돌포의 동생), 알피에리(변호사)

사전 지식 미국에 한창 이민 열풍이 불던 때에 불법으로 이민 온 이탈리아 청년과 어떤 부두 노동자의 이야기로, 미국판 베리스모다.

줄거리 [제1막] 모두 살아보려고 힘든 나날을 보내던 1950년대 브루클린 다리 근처의 거리가 무대다. 이탈리아계 변호사 알피에리(Alfieri)가 부두 노동자 에디 카본(Eddie Carbone)의 비극적 삶을 자세히 얘기해준다. 출연자 전원과 동네 사람들이 나와 이야기를 받아 합창으로 다시 전달한다. 부두에서 하역 노동을 하는 루이스는 친구 에디에게 시칠리아에서 사촌 두 명이 밀입국하려고 탄배가 도착했다고 말한다. 루이스는 그날 밤 사촌들을 배에서 몰래 빼내 일단 에디의 집으로 데려가기로

볼콤, 윌리엄(Bolcom, William, 1938~)
윌리엄 볼콤은 미국의 현대 작곡가 중에서 가장 활발하게 작품 활동을 한 작곡가다. 그는 실내악, 피아노 작품, 연가곡, 협주곡, 극장음악, 오페라, 교향곡 등 모든 분야에서 놀라운 활동을 펼쳤다. 볼콤은 극단적인 실험적 작곡을 하지 않았지만 그렇다고 유럽의 전통적 기법만을 추구한 것도 아니다. 그는 찰스 아이브스(Charles Ives)의 영향을 가장 많이 받았다고 평가된다. 미국 작품만을 오페라의 소재로 삼았으며, 래그타임이나 재즈를 오페라에 인용했다.

한다. 에디의 집에는 안 쓰는 방이 있기 때문이다.

에디가 부두 노동을 마치고 집으로 돌아오니 조카딸 캐서린(Catherine)이 옷을 갈아입고 있다. 에디는 아가씨가 된 조카딸의 모습을 보며 여인을 느낀다. 그는 캐서린을 어릴 때부터 친딸처럼 키워왔다. 에디는 아내 베아트리체에게 루이스 부인의 사촌 로돌포와 마르코가 밀입국했는데 집으로 올 것이라고 얘기해준다. 그는 베아트리체와 캐서린에게 밀입국자(속어로 Submarine, 즉 잠수함이라고 불렸다)에 대한 얘기는 입도 벙긋하지 말라고 단단히 주의를 준다.

젊은이들이 에디의 집에 도착한다. 로돌포(Rodolfo)와 마르코(Marco)는 가난이 지겨워 미국으로 오게 되었다고 털어놓는다. 형 로돌포는 날씬하지만 동생 마르코는 덩치가 크고 힘깨나 쓰게 생겼다. 에디는 왠지 금발 머리에 여자처럼 예쁘장한 로돌포의 모습에 신경이 쓰인다. 로돌포는 자기 외모를 자랑이나 하듯 "나는 돈은 없지만 잘생긴 얼굴이 있다"라고 하면서, 오페라 아리아부터 재즈에 이르기까지 노래도 잘하니 미국에서 그저 신나게 놀며 지내겠다고 떠들어댄다. 그러면서 오페라 아리아 한 곡조를 뽑는다. 에디는 이웃 사람들이 수상하게 여길 것이므로 제발 조용히 해달라고 당부한다.

몇 주가 지난다. 에디는 로돌포의 행동이 못마땅하다면서 화를 낸다. 어디서 돈이 났는지 야한 옷을 입고 다니기 때문이다. 그러나 에디 집안의 문제는 또 다른 데 있다. 에디와 베아트리체는 오래전부터 부부 생활을 하지 않고 있다. 베아트리체는 이렇게 사는 것은 부부가 아니라고 하면서 정말 무슨 조치라도 취할 태세다.

부두의 동료 노동자들은 에디가 시칠리아에서 밀입국한 두 청년을 잘 보살피고 있다면서, 아주 좋은 일을 한다고 치켜세운다. 이들은 특히 로돌포 때문에 가끔 즐거운 시간을 보낸다면서 아주 좋은 청년이라고 칭찬한다. 그렇지만 에디의 마음은 불편하다. 그날 저녁 로돌포와 캐서린이 브루클린의 야경을 구경하고 어슬렁대며 돌아온다. 캐서린은 로돌포와 결혼하고 싶다고 얘기한다. 에디는 캐서린에게 로돌포가 결혼하자는 것은 합법적으로 영주권을 받으려는 것일 뿐 믿을 만한 사람이 못 된다고 하면서 화를 낸다. 베아트리체가 캐서린의 역성을 든다. 그녀는 에디가 남편 구실도 못하면서 공연히 잘생긴 사람만 보면 화를 낸다는 식으로 퍼붓는다.

에디는 변호사 알피에리를 찾아가 캐서린을 로돌포의 마수에서 벗어나게 할 법적 방법이 없겠느냐고 묻는다. 에디는 로돌포가 남자인지 여자인지 구분하지 못할 옷차림만 하고 다닌다고 비난한다. 변호사는 농담 삼아 이민국에 두 청년을 밀입국자로 고발하면 모를까 그 외에는 방법이 없다고 설명해준다. 설마 그런 짓은 하지 않을 것이라고 믿기 때문이다.

에디가 집에 돌아와 보니 캐서린이 로돌포와 「종이 인형(Paper doll)」이라는 노래에 맞춰 춤을 추고 있다. 에디는 공연히 화를 내며 축음기를 끈다. 그러더니 권투를 가르쳐주겠다는 구실을 내세워 로돌포를 흠씬 두들겨준다. 체격도 크고 힘도 센 에디에게 연약한 로돌포는 그냥 얻어맞을 뿐이다. 동생 마르코가 형이 에디에게 두들겨 맞은 것을 알고 씩씩거리지만, 로돌포는 권투 연습인데 어떠냐고 하면서 참으라고 말한다.

[제2막] 부두 노동자들이 위스키 몇 병을 놓고 모여 있다. 스코틀랜드에서 수입하는 스카치위스키 상자가 부서져 위스키 몇 병이 공짜로 생긴 것이다. 에디를 비롯한 동료들은 위스키를 마시면서 이제 곧 다가올 크리스마스를 축하라도 하듯 두왑(Doo-wop)을 부른다. 두왑은 간단한 반주에 맞추어 부르는 합창 스타일의 팝이다. 반주처럼 부르는 합창의 소리가 두왑 두왑이라고 들려 그런 이름이 붙었다. 그런데 예년 같으면 그저 한두 잔 마시고 유쾌하게 노래를 불렀을 에디가 이번에는 연거푸 술을 들이켜더니 비틀거리면서 집으로 향한다. 집 안에 단둘이 남은 로돌포와 캐서린은 이런 둘만의 시간이 처음이라는 것을 깨닫는다. 캐서린은 만일 로돌포와 결혼하게 되면 이탈리아로 돌아가 살고 싶다고 하지만, 로돌포는 미국에서 살겠다고 잘라 말한다. 그렇지만 자기가 사랑하는 것은 미국이 아니라 캐서린임을 강조한다. 사실 캐서린이 이탈리아로 가서 살고 싶다고 한 것은 에디에게서 벗어나고 싶기 때문이다. 그녀는 자신을 대하는 에디의 눈길과 행동이 전과 같지 않다는 것을 느끼지만, 그렇다고 해서 에디를 삼촌으로 생각하지 않는 것은 아니다. 그때 로돌포가 캐서린을 보고 함께 침실로 가자고 눈짓한다.

술에 취한 에디가 로돌포와 캐서린이 옷을 추스르면서 침실에서 나오는 모습을 본다. 그가 로돌포에게 당장 내 집에서 나가라고 소리치자, 캐서린이 자신도 나가겠다고 소리친다. 이 말을 들은 에디가 캐서린을 붙잡고 격렬하게 입을 맞춘다. 로돌포가 에디를 떨어뜨려 놓으려 하자 이번에는 로돌포를 붙잡고 더 격렬하게 입을 맞춘다.

에디가 변호사 사무실에 들어선다. 에디는 캐서린 앞에서 로돌포를 모욕하기 위해 입을 맞췄다고 말한다(오페라 〈카발레리아 루스티카나〉에서 볼 수 있듯이 시칠리아에서 상대방의 얼굴, 특히 귀에 키스를 하면 결투를 신청한다는 의미다). 변호사는 덩치가 작고 연약한 로돌포가 에디의 힘을 당하지 못해 강제로 그런 모욕을 당했다고 생각하면서, 에디에게 무슨 문제가 있어도 단단히 있다고 생각한다.

에디가 집으로 돌아오자 베아트리체는 결혼을 허락해달라고 간청한다. 에디는 결혼 이야기는 듣지도 않고 이 집에 두 명의 밀입국자가 살고 있는데 어서 이 집에서 나가야 한다고 말한다. 사실 에디의 집에는 로돌포와 마르코뿐만 아니라 베아트리체의 밀입국한 사촌 두 명도 들어와 살고 있다. 베아트리체가 그게 무슨 말이냐고 하면서 에디의 입을 막으려는 순간 세차게 문 두드리는 소리가 난다.

이민국 직원이다. 에디가 밀입국자가 있다고 고발했기 때문에 잡아가려고 온 것이다. 결국 모두 붙잡히고 만다.

끌려가던 마르코가 에디의 얼굴에 침을 뱉는다. 동네 사람들도 에디를 배신자라고 하면서 등을 돌린다. 얼마 후 로돌포는 캐서린과 결혼할 것이 확실하다고 인정되어 풀려난다. 에디는 캐서린의 결혼식에 참석하지 않겠다고 말한다. 그러면서 베아트리체에게도 참석하지 말라고 한다. 캐서린은 에디에게 마르코가 감옥에서 풀려나기 전에 이 동네를 떠나라고 권고한다. 만일 마르코가 풀려나면 형을 대신해 에디에게 복수를 할 것이기 때문이다(시칠리아에서는 형을 대신해 동생이 복수할 수 있다). 동네 사람들과 부두의 하역 노동자들은 배신자 에디는 쓴맛을 봐야 한다면서 더는 존경하지 않는다. 베아트리체가 에디에게 캐서린을 사랑하기 때문에 두 젊은이를 떼어놓으려고 한다는 차마 꺼내기 어려웠던 이야기를 한다. 에디가 그럴 리가 있냐고 부인하는 순간 감옥에서 풀려난 마르코가 들어선다. 마르코는 짐승만도 못하게 딸과 같은 어린 조카를 사랑하고 있다고 에디에게 소리치면서 무릎 꿇고 잘못을 빌라고 말한다. 두 사람의 싸움이 시작된다. 칼을 꺼내 마르코를 찌르려던 에디는 젊은 마르코의 힘에 밀려 자기 손에 죽음을 맞는다.

변호사 알피에리가 이야기를 마치자, 알피에리를 비롯해 그 자리에 모였던 사람들이 서로 "굿나이트"라고 인사하며 헤어진다.

이고르 공

타이틀	**Prince Igor**(Князь Игорь; Knyaz Igor; Fürst Igor)	
		프롤로그와 전 4막. 블라디미르 바실예비치 스타소프(Vladimir Vasilievich Stasov)의 시나리오를 작곡자가 오페라 대본으로 썼다.
	초연	1890년 상트페테르부르크 마린스키 극장 (Mariinsky theatre)
주요 배역		이고르 스비야토슬라비치(노브고로드-세베르스키의 공자, 다른 대본에는 우크라이나 왕), 야로슬라브나(이고르 공의 두 번째 아내), 블라디미르 이고레비치(이고르 공의 첫 번째 결혼에서 태어난 아들), 블라디미르 야로슬라비치(갈리치 공자이며 이고르 공의 동생, 어떤 버전에는 왕비 야로슬라브나의 오빠로 되어 있다), 칸 콘차크(폴로베치안 지도자), 칸 그자크 (폴로베치안 지도자), 콘차코브나(칸 콘차크의 딸)
음악 하이라이트		러시아 귀족들의 합창, 이고르의 아리아, 폴로베치안 무곡(여성 멜로디), 폴로베치안 무곡(남성 멜로디)
베스트 아리아		「쉬지도 말고, 잠들지 말고(O net, net, drug)」(B), 「야로슬라브나의 탄식: 아, 나는 울리라(Ach, lade, moja, lade)」(S), 「신께서 우리 기도를 들어주셨네(Knazja pora nam vystupat)」(T), 「무곡(Polovsian dance)」

사전 지식　　　슬라브 음악과 동양적인 모티프가 러시아의 민속적 향취와 함께 가득 담겨 있는 이 오페라는 폴롭치(Polovtsy; 쿠만족)라고 알려진 하자르(Khazar) 침략자들을 영웅적으로 물리쳐 러시아를 구출한 우크라이나의 통치자 이고르 스비야토슬라비치(Igor Svyatoslavich, 1150~1202) 공의

보로딘, 알렉산드르(Borodin, Alexandr, 1833~1887)
러시아 낭만주의 작곡가 알렉산드르 포르피르예비치(Porfiryevich) 보로딘은 원래 화학자였다. 그의 부모는 그루지야 출신이다. 그는 러시아 국민음악파인 '위대한 5인조(The Mighty Handful)' 의 멤버였으며, 대표작은 교향곡, 현악4중주곡, 그리고 오페라 〈이고르 공〉이다. 〈이고르 공〉 과 현악4중주의 음악은 훗날 미국의 로버트 라이트와 조지 포레스트가 뮤지컬 〈키즈멧 (Kismet)〉에 사용했다.

이야기를 다루고 있다. 폴롭치는 동부 터키에서 유래한 유랑 민족으로 오늘날 흑해 북쪽 볼가 강변에 살고 있던 호전적인 민족이다. 오페라에 나오는 유명한 폴로베치안 무곡(Polovtsian Dances)은 이들의 호쾌하고 도전적인 생활을 표현한 곡이다. 폴로베치안 무곡은 브로드웨이 뮤지컬 〈키즈멧(Kismet)〉에 사용되어 더욱 널리 알려졌다.

에피소드　　　알렉산드르 보로딘은 〈이고르 공〉의 음악과 대본을 완성하기 위해 거의 20년을 보냈지만 끝내 마무리하지 못하고 세상을 떠났다. 〈이고르 공〉은 동료인 니콜라이 림스키코르사코프와 알렉산드르 글라주노프(Alexander Glazunov)가 완성해 보로딘이 세상을 떠난 지 3년 만에 상트페테르부르크 무대에 올렸다.

줄거리　　　[**프롤로그**] 고대 러시아 마을 푸티블(Putivl)이 무대다. 이고르 공과 왕자 블라디미르를 비롯한 용감한 전사들이 러시아 땅을 유린한 폴로베치안 침략자들을 물리치기 위해 운집해 있다. 백성들은 이고르 공과 용감한 전사들을 찬양하며 승리를 기원한다. 그때 갑자기 하늘이 어두워진다(일식이 일어난 것이다). 백성들과 귀족들은 이를 흉조로 보고 이고르 공에게 진군을 보류하라고 간청한다. 그는 이번 진군은 옳은 결정이며, 어떠한 흉조가 있더라도 조국 러시아를 지키겠다고 굳은 의지를 밝힌다. 이고르 공은 아내 야로슬라브나를 동생인 갈리치(Galich; Galitzky)의 블라디미르 공에게 부탁한다. 스쿨라(Skula)와 예로시카(Yeroshka)가 슬며시 이고르 공의 부대를 빠져 나온다. 이들은 이고르 공을 대신해 푸티블을 다스리게 된 블라디미르 옆에 붙어 있고 싶었던 것이다. 이윽고 신부들의 축원을 받은 뒤 군대는 당당한 걸음으로 진군한다.

[**제1막**] 갈리치에 있는 블라디미르 공의 궁전이다. 블라디미르 공은 측근 스쿨라, 예로시카와 함께 진탕 먹고 마시고 있다. 그는 더 많은 권력을 손에 쥐려는 야심에 불타, 이고르 공의 아내 야로슬라브나 왕비를 수도원으로 보내 수녀로 만들고, 이고르 공이 다스리던 푸티블의 통치자가 되려고 생각한다. 시녀 몇 명이 연회장으로 뛰어 들어와 자신들의 동료가 블라디미르 공의 부하들에게 납치되어 욕을 보게 되었으니 풀어달라고 간청한다. 그러나 블라디미르는 오히려 시녀들을 내쫓아 버리고는 기분이 좋은 듯 웃음을 터뜨린다. 스쿨라와 예로시카는 술잔을 들어 올려 이고르 공을 쓰러뜨리지 못할 이유가 없다며 겁먹지 말자고 소리친다.

야로슬라브나 왕비의 거실이다. 밤마다 악몽을 꾸며 나쁜 생각이 하루 종일 짓누르자 왕비는 불안하다. 이고르 공에 대한 소식은 오랫동안 전혀 듣지 못했다. 친구를 살려달라고 부탁하러 갔다가 블라디미르에게 쫓겨난 시녀들이 왕비를 찾아와 도와달라고 간청하면서 블라디미르가 음모를 꾸미고 있다고 알려준다.

[제2막] 저녁 무렵 폴롭치 진영이다. 처녀들이 폴롭치 왕(Khan)의 딸 콘차코브나(Konchakovna) 공주를 즐겁게 해주기 위해 노래를 부르고 춤을 춘다. 그러나 공주의 마음은 잡혀 있는 이고르 공의 아들 블라디미르 이고레비치(Vladimir Igorevich)에게 가 있다. 고된 노동을 끝낸 한 떼의 러시아 포로들이 지친 몸을 이끌고 지나간다. 그중에는 이고르 공과 왕자 블라디미르도 있다. 왕자는 콘차코브나 공주를 보고는 그 아름다움에 마음이 빼앗긴다. 밤이 되지만 이고르 공은 잠을 이루지 못한다. 전쟁에 패해 포로가 된 것은 참을 수 있지만 조국의 땅이 적군들에게 유린당할 생각을 하니 괴로울 뿐이다. 이고르 공은 러시아를 해방시키기 위해 이곳에서 풀려나게 되기를 간절히 기원한다. 그는 사랑하는 아내 야로슬라브나를 생각하며 한없는 그리움에 젖어든다. 갑자기 오블루르(Ovlur)가 이고르 공에게 다가온다. 오블루르는 기독교로 개종한 폴롭치 사람이다. 그는 이고르 공에게 도망가게 해주겠다고 제안하지만, 이고르 공은 러시아 왕으로 비겁하게 몰래 도망칠 수 없다면서 이 제안을 거절한다. 폴롭치의 왕 콘차크(Konchak)는 이고르 공의 이러한 태도를 존경해 귀빈으로 대접한다. 콘차크는 이고르 공이 칼을 들어 폴롭치와 대적하지 않겠다고 약속하면 석방하겠다고 말한다. 또한 포로로 잡혀온 러시아 여인들과 전사들에게 이고르 공의 우울한 심정을 위로해주라고 명령한다. 군사들과 백성들은 유명한 폴로비치안 춤으로 콘차크 왕의 위대함을 찬양한다.

[제3막] 푸티블의 마을 광장이다. 야로슬라브나 왕비는 이고르 공이 다시는 돌아오지 않을 것으로 생각해 비탄에 빠져 하루하루를 보내고 있다. 왕비의 울부짖음과 백성들의 고통의 소리가 대지를 적신다. 그때 멀리서 말을 타고 다가오는 두 사람이 보인다. 이고르 공과 오블루르다. 그렇게도 기다리던 남편이 돌아오고 있는 것이다.

술에 취해 이고르 공을 조롱하고 경멸하던 스쿨라와 예로시카는 이고르 공의 귀환 소식에 기겁을 한다. 이들은 재빠르게 마음을 바꿔 이고르 공의 귀환을 알리는 종을 울린다. 종소리에 백성들이 광장으로 달려 나온다. 백성들은 이고르 공의 귀환을 진심으로 환영한다. 야로슬라브나 왕비의 기쁨은 하늘보다 높다. 사악한 블라디미르 공은 사태를 짐작하고 어디론가 도망친다.

한편 이고르 공과 함께 도망치던 블라디미르 왕자는 폴롭치 병사들에게 다시 붙잡혔다. 이고르 공은 왕자를 구하고 러시아를 지키기 위해 장병들을 격려하며 진군한다.

앨버트 헤링

타이틀　Albert Herring

	전 3막. 기 드 모파상(Guy de Maupassant)의 소설 『마담 위송의 장미 숲(Le rosier de madame Husson)』을 기본으로 에릭 크로저(Eric Crozier)가 대본을 썼다.
초연	1947년 6월 20일 런던 글라인드본(Glyndebourne) 오페라하우스
주요 배역	앨버트 헤링(야채 가게 점원), 미시즈 헤링(앨버트의 어머니), 레이디 빌로스(나이 많은 귀족 부인), 시드(푸줏간 소년), 낸시(빵집 점원), 플로렌스 파이크(레이디 빌로스의 하녀), 미스 워즈워스(교장), 미스터 게지(교구 목사), 미스터 업홀드(시장), 미스터 버드(경찰서장)

사전 지식　　브리튼의 두 번째 실내오페라(chamber opera)인 〈앨버트 헤링〉의 악보는 기지가 넘치며 한편으로는 해학과 풍자를 담고 있다. 그는 곡에다 영국 아이들의 전래동요 스타일도 일부 삽입해 흥미를 더했다. 마지막 장면에 흐르는 신중한 음악은 마치 앨버트의 죽음을 예견하는 듯한 느낌을 준다. 브리튼의 오페라 작품 세계에서 빼놓을 수 없는 중심은 순진함의 파괴다. 그러나 〈앨버트 헤링〉에서는 이를 오히려 가볍게 처리해 코믹함을 잃지 않았다.

에피소드　　벤저민 브리튼은 새로 결성된 영국 오페라그룹과 새로 시작한 올드버러(Aldeburgh) 음악제를 위해 1947년 이 오페라를 작곡했다. 영국 오페라 그룹은 현대 영국의 오페라 발전을 위해 뜻을 같이하는 사람들의 모임이다. 브리튼은 1946년에 내놓은 〈루크레티아의 능욕(The rape of Lucretia)〉이 비극인 것을 감안해 코믹 오페라 작곡을 구상하던 중 이 오페라를 작곡하게

브리튼, 벤저민(Britten, Benjamin, 1913~1976)
벤저민 브리튼은 오랜 전통의 영국 오페라를 완성한 인물이다. 브리튼은 20세기 영국이 낳은 최고의 오페라 작곡가다. 그는 젊은 시절 베르크의 〈보체크〉를 보고 나서 현대음악을 발전시키겠다고 다짐했다. 그러나 그의 음악에 영향을 끼친 사람은 스트라빈스키와 말러였다. 1845년에 발표한 〈피터 그라임스〉는 영국 오페라의 새로운 장을 여는 신호탄이었다. 브리튼은 15편 정도의 귀중한 오페라를 작곡했다.

032. 앨버트 헤링 **101**

되었다. 〈루크레티아의 능욕〉과 〈앨버트 헤링〉은 모두 실내오페라 범주에 속한다. 실내오페라에서는 악기의 수를 최소로 줄이고, 합창도 없으며 웬만한 무대장치나 소품도 필요 없다. 〈앨버트 헤링〉은 〈피터 그라임스〉, 〈루크레티아의 능욕〉과 함께 브리튼의 초기 3대 걸작으로 손꼽는다. 초기 작품부터 후기 작품에 이르기까지 브리튼 작품의 일관된 주제는 사회에 적응하지 못하는 개인이다.

줄거리   [제1막] 시기는 1900년 초여름이며, 장소는 서퍽(Suffolk)에 있는 록스퍼드 (Loxford)라는 가상의 시장 거리다. 나이 많은 귀족 부인 레이디 빌로스(Lady Billows)는 도덕심이 강하다고 자부하며, 다른 사람들의 도덕심까지 수호하기 위해 앞장선다. 그녀는 마을의 메이퀸을 선발하는 일 때문에 분주하고 초조하다.

여교장 미스 워즈워스(Miss Wordsworth), 시장 미스터 업홀드(Mr. Uphold), 경찰서장 미스터 버드(Mr. Budd), 교구 목사 미스터 게지(Mr. Gedge) 등 마을 유지들이 5월의 여왕 후보자를 심사하기 위해 레이디 빌로스의 집에 모인다. 이들은 각 후보자의 적격 여부를 엄중하게 가려내기로 한다. 레이디 빌로스의 조수 플로렌스(Florence)는 각 후보자에 대해 은밀히 관찰한 것을 보고하면서 후보자 중 여왕이라 부를 만한 사람은 단 한 명도 없었다고 말한다. 아무래도 여왕을 선발하기 어려워지자 이들은 아예 메이퀸을 포기하고 메이킹을 선발하는 쪽으로 의견을 모은다. 의기투합한 심사위원들은 메이킹으로 앨버트 헤링(Albert Herring)을 만장일치로 선정한다. 앨버트는 구멍가게를 운영하면서 홀어머니를 모시고 부지런하게 사는 착한 청년으로, 어머니의 말이라면 무조건 복종한다.

푸줏간 심부름꾼 시드(Cid)가 여자 친구 낸시(Nancy)와 함께 구멍가게에 들렀다가 앨버트를 만난다. 예쁜 처녀 낸시를 본 앨버트는 쩔쩔매며 불편해한다. 그만큼 앨버트는 순진하다. 낸시는 '무슨 저런 남자가 다 있냐? 어머니 치마폭에서 꼼짝도 못하네!'라고 하면서 앨버트를 비웃는다.

[제2막] 메이데이 축제가 한창이다. 앨버트가 메이킹에 선발되어 왕관을 쓰고 단상에 오른다. 장난을 좋아하는 앨버트의 친구들이 평소 술이라고는 입에 대지도 않는 앨버트에게 레모네이드에 럼주를 넣어 마시라고 권한다. 앨버트는 메이킹 연설을 하는 도중 럼주 때문에 계속 딸꾹질을 하지만 친구들이 주는 대로 넙죽 받아 마신다.

그날 저녁 집에 돌아온 앨버트는 난생처음으로 럼주를 들이켜 기분이 좋은 데다가 자기가 생각하기에도 메이킹 연설도 아주 잘한 것 같아 마음이 들떠 있다. 앨버트는 창밖에서 시드와 낸시가 시시덕거리는 소리를 듣는다. 둘은 앨버트가 어머니의 앞치마 끈에 꽁꽁 매여 있다고 하면서 키득거린다. 이 소리를 들은 앨버트는 자기는 그런 사람이 아니며 어머니의 치마폭에서 자유롭다는 것을 보여주고 싶어 한다. 밖으로 나갈까 말까 동전을 놓고 고민하던 앨버트는 동전을 던지고 밖으로 나가기로 결심한다. 잠시 후 앨버트의 어머니가 들어온다. 어머니는 앨버트가 보이지 않자 자기 방에서 잠든 것으로 생각한다.

[제3막] 다음 날 오후가 되었는데도 앨버트는 집에 들어오지 않는다. 사람들은 무슨 사고가 생겨 죽었을지도 모른다고 생각해 어머니를 위로한다. 하지만 사람들의 생각을 뒤엎으며 앨버트가 나타난다. 밤새도록 술집에서 진탕 마시고 놀다가 들어오는 길이다. 단정하던 옷차림은 수세미처럼 흐트러졌고, 술이라고는 입에 대지도 않던 앨버트가 냄새를 풀풀 풍기며 정신을 차리지 못하자 사람들은 "저런 사람이 무슨 메이킹이냐?"라면서 수군거린다. 어머니가 야단을 치자 앨버트는 "제발 잔소리 좀 하지 마세요!"라고 소리치며 대든다. 갑작스러운 앨버트의 태도에 어머니보다 마을 사람들이 더 놀란다. 그러나 앨버트는 이 구멍가게의 주인은 어머니가 아니라 자기라고 생각해 우쭐한 기분을 맛본다.

한여름 밤의 꿈

타이틀	**A Midsummer Night's Dream**

	전 3막. 작곡자와 피터 피어스(Peter Pears)가 셰익스피어의 동명 희곡을 바탕으로 대본을 쓴 코믹 판타지다.
초연	1960년 6월 1일 올드버러 주빌리 홀(Jubilee Hall)
주요 배역	오베론(요정 나라 왕), 티타니아(요정 나라 왕비), 퍼크(요정, 대사역할), 테세우스(아테네의 공작), 히폴리타(테세우스의 약혼녀), 라이샌더, 디미트리어스, 허미아, 헬레나, 보텀(직물 장이), 퀸스(목수), 플루트(풀무수리공), 스너그(가구장이), 스나우트(주석장이), 스타르블링(양복장이)
음악 하이라이트	삼림이 내는 소음 음악, 잠들게 할 때의 코드
베스트 아리아	「나는 티타니아(Je suis Tytania)」(S)

사전 지식　　　브리튼은 셰익스피어의 원작을 충실히 표현했다는 평을 받았다. 음악뿐만 아니라 무대장치에서도 오베론, 티타니아, 퍼크, 요정으로 대표되는 마법적인 밤의 세계를 화려하게 표현해냈다. 음악은 목가적인 분위기가 물씬 풍긴다. 예를 들면 오페라 중에 나오는 목가풍의 극중극 〈피라머스와 시스비(Pyramus and Thisbe)〉처럼 말이다. 광란의 장면도 풍자적인 목가풍으로 작곡했다.

줄거리　　　마치 쌍쌍 파티와 같은 코미디다. 라이샌더(Lysander)와 허미아(Hermia)는 자신들의 의사와는 상관없는 결혼을 피해 야반도주한다. 헬레나(Helena)는 디미트리어스(Demetrius)를 사랑하지만 그는 헬레나에게 전혀 관심이 없다.

동화의 나라 왕인 오베론(Oberon)은 디미트리어스의 마음을 돌리려고 한다. 그래서 보조 요정 퍼크(Puck)를 메신저로 보내 디미트리어스에게 사랑의 묘약을 전하라고 한다. 그런데 퍼크의 실수로 사랑의 묘약은 라이샌더에게 전달된다. 사랑의 묘약을 마신 라이샌더는 헬레나와 사랑에 빠진다. 한편 오베론 왕도 계속되는 부부 싸움을 끝내기 위해 사랑의 묘약을 아내 티타니아(Tytania)에게 준다.

몇 명의 아마추어 배우들이 연극 공연을 준비하고 있다. 요정 퍼크가 또다시 이상한 마법을 부려 배우 중 한 사람인 보텀(Bottom)의 머리를 당나귀 머리로 만들어버린다. 웃기는 일은 사랑의 묘약을 마신 티타니아 왕비가 당나귀 머리를 한 보텀을 보고 사랑에 빠진 것이다.

퍼크는 자기 잘못을 바로잡기 위해 사랑의 묘약을 디미트리어스에게 준다. 사랑의 묘약을 마신 디미트리어스가 마침내 헬레나를 사랑하게 된다. 디미트리어스를 줄곧 따라다니기만 하던 헬레나는 갑작스러운 상황에 당황하고 이상하게 생각해 이유를 다그쳐 물으면서 디미트리어스와 다투기 시작한다. 사랑싸움은 라이샌더와 허미아는 물론이고 티타니아 왕비와 보텀에게까지 번진다.

싸움에 지쳐 모두 잠이 들자 퍼크가 이들을 원상태로 돌려놓는다. 오베론 왕 역시 왕비 티타니아를 제자리로 돌려놓는다. 보텀도 자기 모습을 되찾는다. 잠에서 깨어난 이들은 이 모든 것이 한여름 밤의 꿈이라고 생각한다좀 더 자세한 이야기를 알고 싶다면 퍼셀(Purcell)의 〈요정의 여왕(The Fairy Queen)〉을 참고하기 바란다.

빌리 버드

전 4막. 소설 『백경(白鯨)』으로 유명한 허먼 멜빌(Herman Melville)의 단편 소설 『빌리 버드』를 에드워드 모건 포스터(Edward Morgan Forster)와 에릭 크로저(Eric Crozier)가 극본으로 만들었다. 1951년 초연된 심리학적 해양 드라마. 원래 4막이었으나 1960년에 2막으로 단축했다.

초연　원작은 1951년 12월 1일 런던 로열 오페라 하우스(Royal Opera House) 코번트가든(Covent Garden), 수정본은 1964년 코번트가든

주요 배역　빌리 버드(수병), 존 클래가트(선임 위병 하사관), 비어(인도미터블호의 선장), 미스터 레드번(장교), 미스터 플린트(항해사)

사전 지식　이 오페라는 출연자 전원이 남성으로, 여성 금지 구역인 작품이다. 브리튼은 남성만을 위한 음악이라는 기술적인 문제를 훌륭히 해결했다. 오페라 〈빌리 버드〉는 영국의 일부 오페라와 마찬가지로 순진무구한 사람이 어떻게 파괴되는지를 보여준다. 반란을 주도하라는 강압에 대한 빌리 버드의 번민과 공포 등이 잘 표현되어 있다. 비어(Vere) 선장은 의무와 애정이라는 전통적인 갈등을 겪는 인간으로 그려진다. 이 같은 구성은 초기 영국 오페라의 전통이었다. 오페라 〈빌리 버드〉는 "영국이여, 바다가 있다"라는 명제를 일깨워주는 작품이다. 브리튼이 〈빌리 버드〉보다 6년 전에 만든 〈피터 그라임스(Peter Grimes)〉도 바다에 대한 도전을 표현한 것이다.

줄거리　인도미터블(Indomitable)호의 늙은 선장 비어는 젊은 시절, 그러니까 1797년 프랑스 전함을 상대로 영국 전함을 지휘하던 시절을 회상하고 있다. 장면은 그 옛날로 돌아간다. 선장이 이끄는 수병들이 뱃노래를 부르며 낡은 함선 '라이트 오맨(Rights o'Man)'에서 새 함선으로 옮겨 타고 있다. 한쪽에서는 새로 징집된 수병들이 함선에 오르고 있다. 선장의 수병들 중에는 빌리 버드도 있다. 빌리는 그와 오랫동안 함께했던 '라이트 오맨'에 작별을 고한다. 장교들이 선임 하사관 존 클래가트(John Claggart)에게 버드라는 청년 수병을 특히 주시하라고 지시한다. 클래가트는 빌리의

젊음과 잘생긴 모습에 질투를 느껴 저 녀석을 짓밟아 놓겠다고 다짐한다. 그는 수병을 시켜 버드의 배낭 속에 몰래 돈을 넣어두라고 지시한다. 수병이 빌리의 배낭에 돈을 넣으려는 순간 이를 눈치챈 버드가 그를 붙잡아 흠씬 두들겨준다. 클래가트는 또다시 음모를 꾸미며 이번에는 함선에서의 반란을 주동하라고 버드를 부추긴다. 하지만 버드는 꿈쩍도 하지 않는다.

이도저도 통하지 않자 클래가트는 버드를 비어 선장에게 데리고 가서 이 녀석이 선내 반란을 획책했다고 고발한다. 버드는 클래가트처럼 능란한 말솜씨가 없다. 더구나 말을 더듬기까지 한다. 버드는 백 마디 말보다 한 방의 주먹이 더 효과적이라고 생각해 클래가트에게 주먹을 날린다. 빌리 버드의 일격에 클래가트는 즉시 숨을 거둔다. 비어 선장은 살인범 버드를 쇠사슬에 묶어 돛대에 높이 매달라고 명령한다. 수병들이 목숨만은 살려달라고 탄원하지만, 버드는 자기 행동에 대해 벌을 받겠다고 주장한다. 버드는 "스탠리 비어 선장님, 신의 가호가 있으시기를!"이라고 외친 뒤 돛대에서 바다로 몸을 날려 목숨을 끊는다.

다시 장면은 바뀌어 늙은 비어 선장으로 돌아온다. 그의 표정에는 그 당시 왜 버드의 입장을 이해하지 못했을까 하는 회한이 서려 있다.

베니스에서의 죽음

타이틀	**Death in Venice**(Der Tod in Venedig; Morte a Venezia)

전 2막. 토마스 만(Thomas Mann)의 『베니스에서의 죽음(Der Tod in Venedig)』을 기본으로 머파뉘 파이퍼(Myfanwy Piper)가 대본을 썼다.

초연	1974년 영국 올드버러(Aldeburgh)[일설에는 1973년 양조공장 스냅 몰팅(Snape Maltings)에서 초연되었다고 한다]

주요 배역	구스타프 폰 아셴바흐(작곡가), 폴란드 어머니, 타지오(폴란드 어머니의 아들), 아폴로(아폴론)의 음성, 디오니소스(바쿠스)의 음성, 호텔 지배인, 호텔 이발사, 늙은 곤돌라 사공, 중년의 멋쟁이 신사
베스트 아리아	「나의 마음은 두근거리네, 아무리 유명한 작가이지만(My mind beats on... I, famous as a master writer)」(T)

사전 지식　　　브리튼의 마지막 작품이다. 〈베니스에서의 죽음〉의 주인공은 소설에서는 작가이나, 오페라에서는(영화에서도) 구스타프 폰 아셴바흐(Gustav von Aschenbach)라는 작곡가다. 그러나 어떤 버전에는 원래대로 작가로 설명하는 경우도 있다. 주인공 이름에서 연상되듯이 구스타프 말러(Gustav Mahler)를 가리키는 것 아니냐는 이야기도 있다. 토마스 만의 소설은 영화로 만들어져 많은 인기를 끌었다. 실바나 망가노(Silvana Mangano)가 소년 타지오의 어머니로 나오며, 주인공인 작곡가 역할은 더크 보가드(Dirk Bogarde)가 맡았다. 이 오페라에는 "사람들은 당신이 죽었을 때 당신을 사랑합니다(Everyone loves you when you're dead)"라는 유명한 대사가 나온다. 타지오의 폴란드 어머니는 무언의 역할이다.

에피소드　　　브리튼은 당대의 테너 피터 피어스(Peter Pears)에게 헌정하기 위해 이 오페라를 썼다고 한다. 피터 피어스는 초연에서 아셴바흐 역할을 맡았다. 그런데 흥미로운 사실은 브리튼과 피터 피어스가 동성연애를 하며 동거했다는 점이다. 브리튼은 이 오페라에 광폭한 디오니소스[주신(酒

神): 로마 신화에서는 바쿠스(Bacchus)]와 침착한 아폴론의 양면을 표현하기 위해 노력했다. 즉 니체와 토마스 만이 암시한 분열주의에 많은 영향을 받았다. 아셴바흐가 예정론에 의한 운명을 받아들이려는 아폴론적 자세인 데 반해 무용수 타지오와 그의 친구들은 디오니소스적 요소를 표현하고 있다.

줄거리　　　　전쟁이 터지기 몇 해 전 독일의 저명한 작곡가 구스타프 폰 아셴바흐(Gustav von Aschenbach)는 피곤이 쌓여 더는 작품 활동을 하기가 어려워진다. 그는 얼마 동안 머리도 식힐 겸 요양을 하기 위해 햇빛 찬란한 베네치아로 간다. 해변에 있는 호텔 데스 바인스(Hotel des Bains)에 여장을 푼 아셴바흐는 호텔의 살롱에 앉아 있는 어느 폴란드 가족을 유심히 바라본다. 교양 있어 보이는 아름다운 어머니와 귀여운 딸, 가정교사같이 생긴 여인, 그리고 특히 눈을 뗄 수 없는 열네 살쯤 되어 보이는 소년. 아셴바흐는 그 소년에게서 형용할 수 없는 매력과 잔잔한 감동을 느낀다. 그곳에서 며칠을 보내면서 그는 소년과 가까워진다. 소년의 이름은 타지오(Tadzio)라고 했다. 어떤 때는 성가실 정도지만 둘은 즐거운 시간을 보낸다. 아셴바흐는 타지오가 항상 가까이 있기를 바란다. 그런데 친구가 베네치아는 공기가 너무 후텁지근해 건강에 해로울 것 같다고 조언하자 아셴바흐는 그곳을 떠날 생각을 한다. 기차역에 도착한 그는 호텔에서 자신의 짐을 다른 곳으로 보낸 것을 알게 되지만, 대수롭지 않은 짐이라 다시 보내줄 것으로 생각하고 집으로 돌아온다.

얼마 후 짐이 베네치아의 호텔로 돌아왔다는 연락을 받은 아셴바흐는 타지오를 다시 만날 수 있다는 기쁨을 안고 그곳으로 찾아간다. 그런데 다시 만난 타지오의 행동이 전과 다르다. 어딘지 넋이 나간 듯한 느낌이다. 베네치아의 분위기마저 다른 듯하다. 호텔 사람에게 물어보니 콜레라가 퍼져 죽은 사람도 있다는 것이다. 아마 타지오의 증세도 콜레라 때문일 것 같다는 설명이다.

아셴바흐는 오랜만에 이발을 하니 젊어진 느낌이 든다. 그는 타지오에게서 자신이 추구하던 이상적이고 순수한 미의 실체를 본다. 아셴바흐와 타지오는 해변에서 마치 연인처럼 뜨거운 감정을 나누며 시간을 보낸다.

베네치아에 콜레라로 대피령이 내린다. 호텔의 손님들은 모두 떠나기 시작한다. 하지만 아셴바흐는 마치 자신의 생명이 얼마 남지 않은 듯 베네치아에 남기로 한다. 그는 사람들이 떠난 해변을 내려다본다. 저만치에 타지오가 홀로 앉아 있다. 잠시 후 고개를 뚝 떨어뜨리며 세상을 떠나는 타지오의 모습이 아셴바흐의 눈에 들어온다.

피터 그라임스

타이틀	**Peter Grimes**	
	프롤로그와 3막. 조지 크래브(George Crabbe)의 시 「자치구(The borough)」를 바탕으로 몬터규 슬레이터(Montagu Slater)가 대본을 썼다.	
	초연	1945년 6월 7일 영국 런던 새들러스 웰스(Sadler's Wells) 극장
	주요 배역	피터 그라임스(어부), 엘렌 오포드(학교 선생으로 젊은 과부), 존(수습 어부), 발스트로드(퇴역한 선장), 아주머니(The Boar 주점의 여주인, Auntie), 아주머니의 두 조카, 밥 볼스(어부, 감리교인), 스왈로(변호사), 미시즈 세들리(동인도회사 직원의 미망인), 호러스 애덤스(목사)
베스트 아리아	「잘못함 없이 그대들 사이에서(Let her among you without fault)」(S), 「자수의 노래(Embroidery song)」(S), 「이제 대곰좌와 플레이아데스좌(Now the Great Bear and Pleiades)」(B), 「조는 고기 잡으러 가고(Old Joe has gone fishing)」(Chor)	

사전 지식　〈피터 그라임스〉는 프롤로그와 에필로그가 따로 있는 감동적인 오페라다. 헨리 퍼셀(Henry Purcell)의 〈디도와 아이네이아스(Dido and Aeneas)〉가 나온 이후 200년 만에 처음으로 무대에 오른 영국적 음악은 격정적이고 신선하다. 이 오페라는 평화로운 바닷가 마을 사람들이 군중심리에 사로잡혀 차갑고 배타적인 인간으로 변해가는 모습을 보여주는데, 특별한 주인공이 없는 반영웅(Anit-Hero)적 스토리의 표본이다. 바다에 대한 인상을 뚜렷이 전달해주는 오케스트라 연주는 연주회에서 별도로 연주되기도 한다.

에피소드　영국인(Briton)인 브리튼(Britten)은 런던에서 〈피터 그라임스〉가 초연된 뒤 이 오페라의 무대인 올드버러(Aldeburgh)라는 작은 마을로 이사했다. 또한 우연의 일치인지 몰라도 브리튼은 이 오페라를 친구인 테너 피터 피어스(Peter Pears)를 위해 썼다는 후문도 있다.

줄거리　**[프롤로그]** 주인공 피터(Peter)와 함께 먼 바다로 고기잡이를 나갔던 수습 어부 소년이 사고로 죽는다. 마을 사람들은 피터가 잘못해 소년이 죽었다고 수군거리며 비난한다. 판사는 피터의 잘못이 아니라고 판결하고는 다음부터는 좀 더 경험 많은 청년을 데리고 나가라고 지시한다. 남편과 사별한 뒤 혼자 지내는 피터의 애인 엘렌(Ellen: 마을 선생)이 피터를 위로한다. 사람들은 피터가 과부와 그렇고 그런 사이라고 못마땅하게 여기던 터에 소년까지 죽어 돌아온 것이다.

[제1막] 마을 사람들이 평소와 다름없이 한편에서 즐겁게 수다를 떨며 어망을 고치고 노래를 부른다. 피터의 친구인 약국 주인 네드 킨(Ned Keene)이 괜찮은 수습 어부를 구했으니 데려가라고 한다. 노도와 폭풍이 몰려온다. 사람들의 합창은 마치 후려치는 바람과 같다. 피터는 늙은 선장 발스트로드(Balstrode)에게 바다에서 죽은 소년과 사흘 동안 얼마나 괴롭고 힘들게 지냈는지 모른다면서, 고기잡이로 돈을 벌어 엘렌과 행복하게 보란 듯이 살겠다는 포부를 말한다. 마을 사람들이 주막으로 우르르 몰려와 폭풍으로 인한 피해를 이야기하면서 바닷가 벼랑에 있는 피터의 집도 쓸려갔을 것이라고 떠벌인다. 피터가 나타나자 사람들은 그를 외면한다. 피터도 사람들에게 관심을 두지 않는다. 피터의 약제사 친구가 나타나 어색한 분위기를 겨우 돌려놓는다. 마을 사람들은 세 가지 뱃노래가 어우러지는 멋진 뱃노래를 흥겹게 부른다. 피터는 이들을 골려주고 싶어, 자기 배의 어망에 청년의 시체가 달려 있었다고 얘기한다. 겁에 질린 사람들은 어서 그 시체를 옮겨와 누군지 확인하자고 말한다. 그때 엘렌이 폭풍을 뚫고 새로 구한 소년 어부를 데리고 주막으로 들어오자, 피터는 그 소년을 데리고 집으로 간다.

[제2막] 일요일 아침이다. 마을 교회에서 찬송가 소리가 들린다. 소년 어부 존(John)과 얘기를 나누던 엘렌이 겁에 질린 듯 소리친다. 존의 목에 난 큰 상처를 보았기 때문이다. 엘렌이 피터에게 따지자 그는 대답 대신 뺨을 때린다. 교회에서 쏟아져 나온 사람들이 왜 피터를 감싸느냐고 엘렌을 몰아세운다. 성난 사람들은 피터의 집에서 무슨 일이 일어나고 있는지 보러 가자면서 떼를 지어 몰려간다. 피터는 존에게 벼랑 쪽으로 가서 서둘러 숨으라고 지시한다. 존은 폭풍으로 씻겨 내린 벼랑에서 미끄러져 비명 소리와 함께 사라진다. 피터가 쫓아 내려간다. 사람들이 집으로 들이닥쳤지만 아무도 없다. 늙은 선장은 벼랑 끝에서 무언가 움직이는 것을 목격하지만 사람들이 보기 전에 조용히 창문을 닫는다.

[제3막] 한밤중이다. 마을 사람들은 주막에서 여자들과 시끌벅적하게 마시고 춤춘다. 그때 어떤 사람이 존의 셔츠를 바닷가에서 찾아들고 나타난다. 마을 사람들은 이제 도저히 참을 수 없다는 듯 피터의 피를 보기 위해 몰려간다. 한편 피터는 나무판자를 움켜잡은 채 바닷가로 밀려와 있다. 아마도 파선되어 밀려온 것 같다. 선장과 엘렌이 찾아낸 피터는 미친 사람처럼 중얼거리기만 한다. 선장은 피터가 어젯밤 자신의 배를 타고 저 멀리 바다로 나갔을 것이라고 말한다.

다음 날 아침 어떤 사람이 지난 밤중에 먼 바다에서 배가 침몰하는 것을 보았다고 얘기한다. 다른 사람들은 헛소문이라고 말하면서 그들은 다시 일상의 힘든 생활로 돌아간다.

루크레티아의 능욕

타이틀	**The Rape of Lucretia**

전 2막. 앙드레 오베(André Obey)의 희곡 「뤼크레스의 능욕(Le viol de Lucrèce)」을 기본으로 로널드 덩컨(Ronald Duncan)이 대본을 썼다.

초연	1946년 7월 12일 런던 글라인드본 오페라하우스
주요 배역	루크레티아(정절 높은 부인), 남녀 코러스, 콜라티누스(로마군 장교이자 루크레티아의 남편), 유니우스(로마군 장교), 타르퀴니우스 섹스투스(로마군 사령관), 비안카, 루치아
베스트 아리아	「타르퀴니우스는 두려워하지 않네. 언젠가 그녀의 머리칼이 흩날리는 것을 기억하지(Tarquinius does not dare… I remember when her hair fell)」(S), 「장미꽃처럼 잠든 그녀(She sleeps as a rose)」(S), 「난초 송이를 그에게… 해마다 똑같이 아름다운 꽃들(Bring him this orchid… Flowers bring to every year the same perfection)」(Cont)

사전 지식 1945년 제2차 세계대전이 끝나던 해에 〈피터 그라임스〉가 성공을 거두자 다음 해에 내놓은 작품이다. 브리튼이 실내오페라에 관심을 보인 첫 작품이다. 이 오페라 이후 내놓은 〈앨버트 헤링〉은 완전한 실내오페라였다. 루크레티아는 그리스 신화에 나오는 여인으로 정절을 지키기 위해 죽음을 택한 고귀한 부인이다. 브리튼은 신화를 기독교 시대의 로마로 옮겨놓았다. 이 작품은 오페라로는 드물게 콘트랄토(contralto: 루크레티아)가 주역이다.

줄거리 [제1막] 남성 코러스와 여성 코러스가 어떻게 해서 로마인이 아닌 에트루리아의 타르퀴니우스(Tarquinius)가 로마의 지배자가 되었는지 설명한다. 음모와 살인으로 권력을 잡았다는 내용이다. 그의 아들 타르퀴니우스 섹스투스(Tarquinius Sextus) 왕자는 로마군 사령관으로 임명되어 그리스와의 전쟁에 참여하고 있다.

타르퀴니우스 왕자의 병영이다. 지휘관 콜라티누스(Collatinus)와 유니우스(Junius)가 타르퀴니우스 왕자와 술을 마시고 있다. 이들은 전날 밤 내기에 대해 얘기를 나눈다. 로마에 두고 온 아내들이 얼마나 정절을 지키고 있는지를 두고 내기를 한 것이다. 이를 알아보기 위해 몇몇 지휘관이 말을 달려 로마에 갔다 왔는데 모든 아내가 밤중에 집에 없었으나 콜라티누스의 아내 루크레티아(Lucretia)만이 정숙하게 집에 있었다는 것이다. 모두 콜라티누스에게 찬사를 보낸다. 약간의 질투를 느낀 동료 지휘관 유니우스는 타르퀴니우스 왕자에게 새로운 제안을 한다. 왕자가 직접 루크레티아의 정절을 시험해보고 그때 가서 최고의 정절부인인지 아닌지를 결정하자는 것이다. 타르퀴니우스 왕자는 그날 밤 로마로 말을 달린다. 루크레티아는 두 하녀와 함께 집에서 정숙하게 지내고 있다. 문을 두드리는 소리가 나고 타르퀴니우스 왕자가 나그네라고 하며 하룻밤 유숙하기를 청한다. 정숙하고 교양 있는 루크레티아는 집에 온 손님을 박정하게 대하는 것이 예의가 아니라고 생각해 남편의 방을 치우고 그곳에 머물게 한다.

[제2막] 남성 코러스와 여성 코러스가 로마의 통치자인 에트루리아(Etruria) 출신의 왕이 얼마나 가혹하게 통치하고 있는지 설명한다. 이들은 로마에 반란의 기미가 있다고 노래한다.

밤중에 타르퀴니우스 왕자가 자고 있는 루크레티아를 깨워 온갖 방법으로 유혹하지만, 정숙한 루크레티아는 모든 유혹을 단호히 거절한다. 타르퀴니우스 왕자는 루크레티아를 강제로 욕보이고 병영으로 돌아온다. 다음 날 아침 치욕으로 낙담한 루크레티아가 하녀를 시켜 남편 콜라티누스를 집으로 부른다. 남편이 동료 유니우스와 함께 집으로 온다. 루크레티아가 지난밤에 일어났던 일을 얘기하자 남편은 자신도 이 일과 무관하지 않으므로, 루크레티아의 결백을 믿는다고 말하며 그녀를 안심시킨다. 하지만 정절을 최고의 미덕으로 여기는 루크레티아는 더는 치욕 속에 살 수 없다고 생각해 칼을 들어 자결한다. 이 순간 유니우스가 루크레티아의 시신을 높이 쳐들고는 "로마인이여! 에트루리아인 타르퀴니우스가 이 정숙한 부인을 죽음으로 몰고 갔다"라고 외치며, 타르퀴니우스에게 항거할 것을 선동한다. 이 모두가 유니우스가 권력을 손에 넣기 위해 꾸민 교묘한 계책이었다. 남성 코러스와 여성 코러스는 이 비극의 의미가 무엇인지 찾아본다.

턴 오브 더 스크루

| 타이틀 | **The Turn of the Screw** |

	프롤로그와 2막. 헨리 제임스(Henry James)의 소설을 머파뉘 파이퍼가 대본으로 만들었다. '턴 오브 더 스크루'는 잘못 꼬인 일이라는 의미다.
초연	1954년 9월 14일 베네치아 페니체 극장
주요 배역	프롤로그(해설자 역할), 블라이(가정교사), 플로라(여자아이), 마일스(남자아이), 더글러스(가정교사의 애인), 미시즈 글로스(가정부), 미스 제슬(전임 가정교사), 피터 퀸트(전임 집사)

사전 지식　　　이 작품은 이른바 실내오페라 범주에 속한다. 등장인물도 몇 명 되지 않으며, 대규모 무대도 필요가 없다. 실내오페라는 무엇보다 관객과 밀착되는 특징이 있다. 관객과 무대가 혼연일체가 될 수 있다는 의미다. 브리튼은 이 작품에서 12음기법을 도입했다. 12개의 무대 장면이 서로 기묘하게 대칭을 이루도록 했으며, 장면마다 새로운 음조로 시작되도록 배려했다. 현대 오페라의 새로운 장을 장식한 작품이다.

줄거리　　　막이 오르기 전 해설자가 무대에 등장해 어느 크리스마스이브에 오래된 집에 모인 사람들이 유령에 대한 이야기를 나누던 중 더글러스(Douglas)라는 사람이 여동생 집에 있던 여가정교사와 두 아이[마일스(Miles)와 플로라(Flora)]에 관련된 기묘한 유령 이야기를 털어놓았다고 하면서 이제부터 그 이야기를 들려주겠다고 말한다.

잘생긴 청년 더글러스는 교양 있고 아름다운 가정교사 블라이(Bly)를 사랑하게 된다. 마침 여동생 집의 가정교사가 세상을 떠나자 더글러스는 블라이에게 아이들을 돌보아달라고 부탁한다. 그녀는 사랑하는 사람의 부탁을 거절하기 어려워 승낙한다.

블라이가 그 집에 가서 직접 경험한 이상한 일을 적어놓은 공책을 읽으면서 이야기가 시작된다. 블라이는 한적한 시골의 외딴 저택에 처음 도착했던 일을 자세히 기록해놓았다. 그녀는 가정부 미시즈 글로스(Mrs Glose)와 가르칠 두 아이 마일스와 플로라를 만난다. 블라이는 다소 긴장했지만, 그 집 딸 플로라가 아주 예쁘고 똑똑하게 생겨 한결 마음이 놓인다.

어느 날 저녁 블라이가 정원을 거닐던 중 어떤 수상한 사람이 지붕 위 골방에 붙어 있는 창문을 통해 자기를 뚫어지게 바라보는 것을 목격한다. 그녀는 그가 누군지 몹시 궁금하다. 잠시 후 그 수상한 사람이 식당 창문을 통해 집 안을 뚫어지게 쳐다보는 것을 목격하고는 밖으로 뛰어나가 보지만 흔적도 찾을 수 없다. 블라이가 가정부 미시즈 글로스에게 그 이상한 사건에 대해 얘기하자, 가정부는 아마 전에 이 집의 집사였던 죽은 피터 퀸트(Peter Quint)일 것이라고 덤덤히 말한다. 죽은 사람이라니? 블라이는 몹시 혼란스럽다.

집사의 유령이 마일스를 찾아 배회하고 있다고 확신한 블라이는 잠시도 눈을 떼지 않고 아이들을 지켜보기로 한다. 어느 날 블라이가 플로라와 함께 호숫가에 있을 때 이번에는 검은 옷을 입은 어떤 여자가 저만치에 서 있는 모습이 보인다. 블라이는 직감적으로 그 여자가 죽은 가정교사 미스 제슬(Miss Jessel)이라고 생각한다. 그녀는 플로라가 그 유령을 잘 아는 듯하지만 일부러 모르는 척하는 느낌을 받는다. 그 후 가정부에게 들은 얘기에 의하면 집사는 마일스에게, 가정교사 미스 제슬은 플로라에게 너무 관대해 아이들을 제멋대로 행동하도록 내버려 두었다는 것이다. 블라이는 이들 유령에게서 아이들을 지키겠다고 다짐한다. 아이들은 새로운 가정교사를 의지하고 잘 따른다. 그러나 이런 평온함이 어느 날 저녁 돌연 깨져버린다.

블라이가 저녁나절 조용히 책을 읽고 있는데 갑자기 섬뜩한 소리가 들린다. 무슨 일이 일어난 줄 알고 급하게 사방을 둘러보지만 아무것도 달라진 것은 없다. 그때 갑자기 세찬 바람이 휙 불더니 촛불이 꺼진다. 순간 집사였다는 퀸트가 2층으로 올라가는 계단에 서 있는 모습이 보인다. 퀸트는 블라이를 뚫어지게 바라보더니 잠시 후 사라진다. 이후 블라이는 며칠 동안 제대로 잠을 이루지 못한다. 어느 날 밤에는 자기 머리를 손에 들고 있는 미스 제슬이 계단에 앉아 있는 모습을 보고 까무러치게 놀라기도 한다. 또 어느 날은 이상한 느낌이 들어 깨어보니 촛불이 꺼져 있고, 플로라가 유령처럼 창문 쪽에 우두커니 서 있다. 플로라가 알아차리지 못하게 창문 밖을 내다보니 저만치 잔디밭에 마일스의 모습이 보인다. 마일스는 블라이를 놀라게 해주려고 한밤중에 밖에 나갔던 것이라고 말하지만 납득하기 어려운 설명이다. 블라이는 지금까지의 모든 정황으로 보아 플로라와 마일스가 전 집사와 전 가정교사 유령을 수시로 만나고 있다는 결론을 내린다. 가정부는 이 일을 주인마님의 오빠인 더글러스에게 얘기하고 무슨 조치를 취해야 한다고 주장하지만, 블라이는 더글러스를 번거롭게 하고 싶지 않다면서 거절한다.

일요일이 되어 모두 교회를 향해 걸어가는데, 마일스가 블라이에게 학교로 돌아가고 싶으니 삼촌 더글러스에게 집으로 와달라는 편지를 쓰겠다고 말한다. 그녀는 가정교사가 필요치 않다는 뜻으로 생각해 충격을 받는다. 블라이는 교회도 가지 않은 채 집으로 돌아와 떠날 준비를 한다. 계단에 앉아 이 일 저 일을 생각하던 중 바로 이 계단에 미스 제슬이 앉아 있었던 것을 떠올리며 섬뜩한 느낌에 사로잡힌다. 블라이는 마일스가 다니던 학교에 가보면 무슨 단서를 찾을 수 있을 것 같아 학교 교실로 들어가 본다. 놀랍게도 미스 제슬이 교실에 앉아 있다. 블라이가 놀라 비명을 지르자 미스 제슬의 모습이 사라진다. 그녀는 사랑하는 더글러스를 생각해 아이들과 함께 집에 남아 있기로 하고는 더글러스에게 편지를 쓰기로 결심한다.

그날 저녁 마일스의 방에 들른 블라이는 무슨 일이 생길 것 같아 마일스를 꼭 껴안는다. 갑자기 촛불이 꺼진다. 마일스가 비명을 지른다. 그렇지만 아무 일도 일어나지 않는다. 블라이는 다음 날 전날 저녁부터 플로라가 보이지 않는다는 사실을 깨닫는다. 그녀는 호숫가에서 플로라를 발견한다. 호수 저 건너편에 서 있는 미스 제슬의 유령을 본 블라이가 플로라와 가정부에게 저기 저 유령을 보라고 손짓하지만 두 사람은 아무것도 보지 못했다고 말한다. 플로라는 가정교사의 마음씨가 갑자기 고약해져서 함께 있고 싶지 않다고 말한다. 이 말은 들은 블라이는 발작을 일으키며 바닥에 쓰러진다. 다음 날 가정부는 플로라가 몹시 아파 누워 있다고 말하면서, 플로라를 삼촌에게 데려다주겠다고 말한다. 블라이는 마일스와 함께 집에 남아 있기로 한다. 가정부는 블라이가 더글러스에게 보내려던 편지를 어디다 두었는지 몰라 보내지 못했다고 얘기한다.

플로라가 가정부와 함께 길을 나선 뒤 마일스와 함께 저녁을 먹으며 얘기를 나누던 블라이가 자기가 보내려던 편지를 가지고 있느냐고 마일스에게 묻는다. 마일스가 그렇다고 고백하는 순간 밖을 내다보니 퀸트가 서 있다. 가정교사는 겁에 질려 퀸트를 바라보다가 유령을 향해 마일스를 데려가려면 마음대로 하라고 소리친다. 마일스가 울음을 터뜨리며 가정교사의 팔에 쓰러져 죽음을 맞는다.

오디세우스의 귀환

Odysseus Heimkehr(Odysseus' Return; Ulysses' Return)

	프롤로그와 2막. 그랜드 오페라. 작곡자가 직접 대본을 마련했다.
초연	1898년 드레스덴 국립오페라 극장
주요 배역	오디세우스(이타카의 왕), 페넬로페(왕비), 텔레마코스(오디세우스의 아들), 하이페리온(왕자의 친구), 에우마이오스(오디세우스의 오랜 충복), 아테나 여신

사전 지식 　　고대 그리스의 여러 도시국가 중 하나인 이타카(Ithaca)의 오디세우스 왕에 대한 전설을 다룬 작품으로, 원작은 호메로스의 「오디세이(Odyssey)」다. 분게르트는 19세기 말부터 20세기 초까지 유럽에서 명성을 떨쳤던 작곡가다. 그는 호메로스의 그리스 신화에 매료되어 두 편의 대서사시 「일리아드(Iliad)」와 「오디세이」에 도전했다. 분게르트는 이를 '호메로스의 세계(Homerische Welt)'라고 불렀다. 그는 일리아드를 2부작으로, 오디세우스를 4부작으로 만들 계획이었다. 일리아드는 제1편 〈아킬레우스(Achilleus)〉, 제2편 〈클리탬네스트라(Klytamnestra)〉로 구상했으나 완성하지 못했다. 그러나 오디세우스 편은 완성했다. 4부작인 〈오디세우스〉는 〈키르케(Kirke)〉, 〈나우시카(Nausikaa)〉, 〈오디세우스의 귀환(Odysseus' Heimkehr)〉, 〈오디세우스의 죽음(Odysseus' Tod)〉 등이다. 그중 오늘날 가장 잘 알려진 작품은 〈오디세우스의 귀환〉이다.

에피소드 　　오디세우스의 라틴 이름이 울리시스(Ulysses)다. 커크 더글러스와 실바나 망가노

분게르트, 아우구스트(Bungert, August, 1845~1915)
독일 루르 지방에서 태어난 프리드리히(Friedrich) 아우구스트 분게르트는 쾰른과 파리 음악원에서 작곡을 공부했다. 분게르트는 '호머의 세계'를 작곡하면서 바그너의 영향을 받았다고 한다. 그는 바그너가 바이로이트에 전용 극장을 만든 것과 마찬가지로 바트고데스베르크(Bad Godesberg)에 분게르트 전용 극장을 만들고자 했으나 완성하지 못하고 세상을 떠났다.

가 주연한 영화 〈오디세우스의 귀환〉은 외눈박이 거인과 사이렌까지 등장하는 대작이다. 몬테베르디의 〈울리세의 조국 귀환(Il ritorno d'Ulisse in patria; The return of Ulysses to his own country)〉도 같은 내용의 오페라다.

줄거리　　　　　　　[프롤로그] 여신 팔라스 아테나(Pallas Athena)가 이타카 왕국으로 돌아가는 오디세우스의 귀환을 지켜준다. 오디세우스의 귀환은 이타카에 있는 어느 누구도 모른다.

장면은 바뀌어 이타카 왕궁이다. 아름답고 고귀하며 우아한 왕비 페넬로페(Penelope)와 결혼하려는 여러 왕국의 왕들과 귀족들이 한데 모여 오디세우스의 아들 텔레마코스(Telemachus)를 제거할 음모를 꾸미고 있다. 왕비의 재혼을 완강히 반대하는 그녀의 아들 텔레마코스는 장애물이며 적이기 때문이다. 텔레마코스는 부왕 오디세우스가 살아 있으며 지금쯤이면 왕국으로 돌아오고 있을 것이라고 믿는다. 이타카로 귀환하던 오디세우스는 아름다운 나우시카(Nausicaa)의 도움을 받아 어려움을 극복하고 항해를 계속하게 된다. 오디세우스를 사랑하게 된 나우시카 공주는 그를 무사히 고국으로 돌려보내는 것이 그에 대한 사랑이라고 생각한다.

[제1막] 이타카 왕국의 어느 해변이다. 드디어 오디세우스가 몇 년간의 모험을 마치고 돌아오지만, 그도 이곳이 이타카 왕국의 해변이라는 것을 모르고 있다. 오디세우스는 너무 오랜 항해에 지친 나머지 해변에 내리자마자 깊은 잠에 빠진다. 아테나가 나타나 잠에 빠져 있는 오디세우스 옆에 누더기 옷을 놓고 간다. 오디세우스의 오랜 충복 에우마이오스(Eumaeus)가 해변의 오디세우스를 찾아온다. 아테나 여신이 에우마이오스의 꿈에 나타나 그를 해변으로 인도한 것이다. 오디세우스를 본 에우마이오스는 벅찬 감격에 그 자리에 엎드려 눈물을 흘린다. 그는 왕비가 얼마나 큰 괴로움과 위협 속에 지내고 있는지, 왕자 텔레마코스의 목숨이 얼마나 위험한지 얘기해준다. 오디세우스의 가슴에 분노가 치민다. 그는 왕자를 만나보기를 원한다. 에우마이오스는 왕자가 부왕을 찾기 위해 배를 타고 바다로 나갔다고 말한다. 오디세우스가 타고 온 배를 발견하고 해안으로 항해하는 텔레마코스를 원수들의 배가 맹렬히 추격해오고 있다. 왕자의 배는 중과부적으로 모두 전멸할 위기에 처한다. 오디세우스가 왕자의 배로 뛰어올라 적들을 물리치고 텔레마코스를 구한다. 아버지와 아들이 20년 만에 만난다. 왕자는 이제 어머니의 목숨을 구할 수 있다고 기뻐하며 못된 구혼자들을 물리치러 가자고 말한다. 오디세우스는 걸인 행색을 하고 이타카 궁전으로 향한다.

[제2막] 페넬로페 왕비는 슬픈 운명을 한탄하며 신들에게 위험에 처한 아들 텔레마코스 왕자를 보호해달라고 간구한다. 기도를 마치기도 전에 아들의 친구 하이페리온이 들어와 왕비에게 사랑을

고백하며, 지금 왕자는 적들의 추격을 받아 목숨이 경각에 달려 있다고 털어놓는다. 뜻밖의 말을 들은 왕비는 크게 놀라 어찌할 줄 모른다. 한편 왕비와 결혼하겠다는 사람들이 왕비의 방 밖에 모여 그중 한 사람을 정해 결혼하라고 강요한다. 왕비는 스스로 목숨을 끊을 결심도 여러 번 했다. 하지만 그렇게 되면 오디세우스가 살아 돌아왔을 때 어찌 될 것이며, 오디세우스가 죽었다면 왕자는 누가 지켜줄지 걱정되어 죽음을 택하지 못했다.

텔레마코스 왕자가 누더기를 걸친 걸인과 함께 왕궁으로 돌아온다. 오디세우스는 정절을 지키고 있는 왕비를 보고 감격하지만, 좀 더 두고 보기로 하고 정체를 밝히지 않는다. 페넬로페 왕비도 오디세우스를 알아보지 못한다. 걸인은 왕비에게 왕자를 적에게서 지켜주겠다고 약속한다. 그 소리를 들은 왕비는 무언가 확신이 선 듯 구혼자들이 떼를 지어 기다리는 곳에 나타나 다음 날 아폴로 축제일 경기에서 승리하는 사람과 결혼하겠다고 선언한다.

한편 하이페리온을 만난 왕자는 친구가 페넬로페 왕비를 마음에 두고 있다는 것을 알고는 격분해 결투를 청한다. 중상을 입고 죽어가는 하이페리온은 다른 원수들의 손아귀에서 왕비를 구하기 위해 결혼을 생각했다고 하면서, 그들이 왕비가 결혼하는 대로 텔레마코스를 죽이기로 결정했다고 알려준다. 이 모습을 지켜본 오디세우스는 원수들을 도륙할 생각이 앞서기는 하지만, 과연 왕비가 결혼을 결정할 것인지 지켜보기로 한다.

[제3막] 아폴로 축제일이다. 궁성에 모인 구혼자들은 환락에 취해 있다. 이제 왕비가 약속대로 결혼을 결정할 시간이다. 왕비는 오디세우스가 쓰던 큰 활을 가지고 와서 누구든지 이 활에 활줄을 매고 열두 개의 도끼 구멍을 통과하도록 활을 쏘는 사람이 있으면 그와 결혼하겠다고 선언한다. 아무도 활에 활줄을 매지 못한다. 왕비는 오디세우스만이 그 일을 할 수 있다는 것을 알고 있다. 이때 걸인이 나타나 활에 활줄을 매고 화살을 쏘아 열두 개의 도끼 고리를 통과시킨다. 페넬로페 왕비는 그가 오디세우스인 것을 단번에 알아차린다. 모두 놀라는 가운데 오디세우스가 걸인의 옷을 벗어버리고 본모습을 드러낸다. 그는 화려하게 빛나는 왕의 갑옷을 입고 있다. 오디세우스는 충성스러운 에우마이오스에게 아무도 빠져나가지 못하게 궁전 문을 걸어 잠그라고 지시한다. 그동안 왕비와 왕자를 멸시하고 핍박해온 오만하고 사악한 자들을 처치하는 것이 이타카의 왕 오디세우스에게는 정의의 실현이었다. 그들 중 누구도 그의 창칼을 피할 수는 없었다. 피비린내 나는 살육이 시작되자 신비한 모습의 아테나 여신이 오디세우스 곁을 지켜준다. 정의가 실현되자 오디세우스는 사랑하는 왕비 페넬로페의 정절을 높이 치하하며 가슴에 안는다. 아테나 여신이 이들에게 천상의 축복을 내린다.

할레퀸

타이틀	**Harlequin**(Arlecchino)	
	단막의 카프리치오(capriccio). 대본은 작곡자가 직접 썼다. 할레퀸은 무언극이나 발레에 나오는 어릿광대를 말한다. 보통 가면을 쓰고 얼룩빼기 옷을 입으며, 나무칼을 차고 있다. 이 오페라의 제목은 '창문(Die Fenster)'으로도 불린다.	
	초연	1917년 5월 11일 취리히 슈타트테아터(Stadttheater)
	주요 배역	아를레키노(할레퀸: 대사 역할), 콜롬비나(할레퀸의 아내, Ms), 레안드로(콜롬비나를 좋아하는 기사, T), 세르 마테오 델 사르토(양복장이, Bar), 코스피쿠오(수도원장, Bar)

사전 지식   부소니는 흥미로우면서도 심미적인 생각이 떠오르면 이를 곧바로 고도의 인공적인 스타일로 가꾸는 재능이 있었다. 인공적인 스타일이란 낭만적인 음악에 풍자적인 암시를 주는 것을 말한다. 따라서 그의 음악에는 다른 사람들의 재치 있는 말이나 패러디가 들어 있어, 본래 지성적인 음악을 특별하게 만들어준다. 예를 들면 이 오페라에서 양복장이가 『단테』를 읽고 있을 때 어릿광대가 양복장이의 아내를 유혹한다. 이때 흐르는 음악적 암시는 모차르트의 〈돈 조반니〉를 연상시킨다. 부소니는 고전적이면서도 한편으로는 실용적인 아이디어를 그의 작품에서 표현하고 있다. 이 경우 우습고 엉뚱한 방향으로 생각이 흐르는 것을 방지하기 위해 핵심적 상황만을 암시한다.

부소니, 페루초(Busoni, Ferruccio, 1866~1924)
페루초 부소니(Dante Michelangelo Benvenuto)는 이탈리아 북부 투스카니(Tuscany)에서 태어난 작곡가이자 피아니스트, 편집자, 작가, 음악교사, 지휘자다. 부소니는 음악미학에 관심이 깊었다. 그의 작품에는 사회를 비평하는 아이러니가 포함되어 있으며, 그의 음악에는 이탈리아적 요소와 독일적 요소가 혼합되어 있다. 오페라 〈투란도트(Turandot)〉는 이탈리아 스타일이며, 〈닥터 파우스트(Doktor Faust)〉는 독일적인 배경을 담고 있다. 음악가인 아버지가 이탈리아인이었고, 어머니는 독일계였기 때문이다. 음악 신동 부소니는 일곱 살 때 부모와 함께 피아니스트로 데뷔했다. 그는 열 살이 채 되지 않은 때부터 빈에서 프란츠 리스트의 연주를 듣고 피아노곡을 작곡했다.

에피소드   부소니는 1917년 푸치니보다 먼저 오페라 〈투란도트〉를 작곡했으나 푸치니의 〈투란도트〉에 밀려 빛을 보지 못했다. 푸치니의 〈투란도트〉는 1926년에 초연되었다. 부소니의 〈할레퀸〉은 일명 '창문'이라고 한다. 어려운 일이 생겨 사람들에게 도움을 청하지만 사람들은 창문을 닫아버리고 모른 체하기 때문에 그런 제목이 붙었다. 부소니의 〈할레퀸〉은 레온카발로의 〈팔리아치〉와 구성이 비슷하다. 레온카발로의 〈팔리아치〉는 부소니의 〈할레퀸〉보다 25년 전에 공연되었다.

줄거리   양복장이 마테오(Matteo)는 집 밖에서 바느질을 하며 틈틈이 단테의 『신곡(Divine comedy)』을 읽고 있다. 마테오의 아내 안눈치아타(Annunziata)는 방 안에서 할레퀸(어릿광대)과 함께 노닥거리고 있다. 그런데도 마테오는 아무것도 모르고 바느질만 한다. 대담해진 할레퀸은 창문을 통해 마테오의 앞으로 뛰어내린다. 그러면서 야만인들이 성문 밖까지 쳐들어왔다고 말한다. 놀란 마테오가 정신없이 허둥댈 때 할레퀸은 그의 주머니에서 집 열쇠를 슬쩍한다. 그는 마테오가 집 안으로 들어가자 문을 걸어 잠그고 달아난다. 의사와 수도원장을 만난 할레퀸은 똑같은 얘기를 전한다. 겁에 질린 사람들은 마을 주막으로 숨는다. 얼마 후 할레퀸은 장교복을 입고 마테오의 집으로 가서 마을을 지켜야 하니 어서 성문으로 나가라고 마테오에게 명령한다. 마테오가 급히 성문 쪽으로 달려가자 그 틈을 이용해 할레퀸은 마테오의 아내 안눈치아타와 만나지만, 때마침 자신의 아내 콜롬비나(Colombina)가 나타나는 바람에 둘만의 오붓한 시간이 깨진다.

콜롬비나는 안눈치아타에게 복수하기 위해 안눈치아타가 좋아한다고 소문 난 레안드로(Leandro)에게 접근해 안눈치아타의 질투심을 유발시킬 생각이다. 그런데 질투심에 타오른 사람은 안눈치아타가 아니라 할레퀸이다. 그는 레안드로와 콜롬비나가 서로 붙어 시시덕거리는 모습을 보자 질투심에 눈이 멀어 레안드로를 칼로 찔러 죽인다. 그리고는 "살인이야!"라고 외친 뒤 숨어버린다. "살인이야!"라는 외침을 듣고 뛰어나온 수도원장이 레안드로의 시신을 발견한다. 수도원장은 사람들에게 도와달라고 부탁하지만 모두 창문을 닫으며 모른 체한다. 오로지 마을 주막에 숨어 있던 의사만이 무슨 일인지 궁금해 밖으로 나온다. 수도원장이 당나귀 마차를 구해와 시신을 싣고 묻으러 간다. 콜롬비나가 슬픈 마음으로 뒤따른다.

할레퀸은 결국 안눈치아타와 멀리 도망간다. 성문 쪽으로 갔던 마테오는 아무 일도 없는 것을 알고는 터덜터덜 집으로 돌아온다. 그런데 안눈치아타가 보이지 않는다. 마테오는 안눈치아타가 성당에 저녁 기도를 드리러 갔다고 생각하고는 단테의 『신곡』을 다시 읽기 시작한다.

유로페라 5

타이틀	**Europera 5**

	전 5부
초연	〈유로페라〉 1, 2부는 1987년 12월 12일 프랑크푸르트에서, 〈유로페라〉 3, 4부는 1990년 6월 17일 런던에서, 〈유로페라〉 5부는 1991년 4월 12일 버펄로의 뉴욕 주립대학에서 초연되었다.

사전 지식 　　　유로페라는 유럽(Europe)과 오페라(Opera)의 합성어다. 작곡자 케이지는 "과거 수세기 동안 유럽은 우리에게 수많은 오페라를 퍼부었다. 이제는 그 모든 것을 한 번에 되돌려주고자 한다"고 말했다. 존 케이지는 아마도 20세기 후반에 음악의 현대화를 가장 일관되게 추진해온 작곡가일 것이다. 그는 표현, 구조, 극작법에 우연이라는 개념을 도입함으로써 예술의 모든 주관성을 일소하고자 했다.

작품 설명 　　　오페라 〈카르멘〉, 〈트리스탄과 이졸데〉, 〈피가로의 결혼〉, 〈디도와 아이네이아스〉, 〈노르마〉, 〈미뇽〉, 〈마적〉, 〈파르지팔〉, 〈라 조콘다〉, 〈체네렌톨라〉, 〈발퀴레〉 등의 공통점은 무엇인가? 존 케이지의 오페라 〈유로페라〉에 일부 등장한다는 것이다. 〈유로페라〉 1, 2부는 프랑크푸르트의 알테 오퍼(Alte Oper)가 의뢰한 것이다. 전체 장면과 음악적 이벤트의 복잡한 동시성은 12개

케이지, 존(Cage, John, 1912~1992)
전후 전위음악의 주도적 인물 존 밀턴 케이지 주니어(John Milton Cage Jr.)는 미국의 작곡가이자 철학자, 시인, 음악이론가, 출판인, 아마추어 세균학자, 뛰어난 버섯 수집가였다. 그는 이른바 기회음악(Chance music)과 전자음악의 선구자였으며, 특수 악기 사용에도 놀라운 재능이 있었다. 그는 20세기 미국의 작곡가 중에서 가장 위대한 인물이라는 평을 받았다. 또한 현대무용의 발전을 위해 많은 노력을 기울였다. 안무가 머스 커닝엄(Merce Cunningham)과 콤비로 유명하다. 무대작품으로는 〈유로페라〉 1번부터 5번까지 있다. 그의 작품은 대체로 동양의 선(禪) 사상에 기본을 둔 것이다.

이상의 액션이 동시에 펼쳐짐으로써 표현된다. 케이지는 〈유로페라〉 3, 4부와 5부에 각 장면을 함께 분배했으며, 무대에서의 액션은 전적으로 음악적이 되도록 했다. 이렇듯 각 장면을 동시에 연결한 것은 "우연에 의하지 않고서는 어떤 것도 무엇인가에 연결되지 않는다"라는 모토에 기반을 둔 것이다. 동시에 이 말은 "우주에서는 모든 것이 원인과 결과다"라는 의미로 해석된다. 유로페라의 진행에 따라 생기는 이벤트는 유럽의 오페라에서 한 부분씩 따온 것으로 현대와 고전을 중재하는 역할을 한다. 〈유로페라〉에는 64편의 오페라가 부분적으로 나오는데, 이는 모니터와 디지털 타이밍을 통해 조화를 이룬다.

〈유로페라〉 1은 90분이 소요되며, 〈유로페라〉 2는 45분만 소요된다. 19명의 솔리스트들은 각자 자기가 잘 아는 오페라 아리아를 부른다. 다만 반주는 아리아와 관련이 없다. 동시에 케이지가 오페라 101편에서 발췌해 테이프에 녹음한 곡이 스피커를 통해 들린다. 101편을 선택한 것은 천일야화를 비유한 것이다. 맡은 역할과 의상이 반드시 일치하지는 않는다.

〈유로페라〉 3은 70분, 4는 30분이 걸린다. 〈유로페라〉 3, 4의 개념은 다양하다. 6개의 전축과 카세트 플레이어가 가동되며 두 명의 피아니스트들이 스윙식으로 연주한다. 〈유로페라〉 4에는 성악가가 두 명만 출연한다. 들려주는 음악은 오페라 100편에 나오는 것으로 테이프에 녹음한 것도 있고 라이브로 연주하는 것도 있다. 〈유로페라〉 5에는 두 명의 성악가와 한 명의 테크니션이 등장한다. 〈유로페라〉 5는 60분이 걸린다. 피아니스트는 아무 음악이나 생각나는 대로 연주한다. TV 모니터 한 대가 무대를 장식한다. 그러나 소리는 들리지 않으며 화면에는 아무 의미 없는 장면이 전파 방해를 받는 듯 지나간다.

라 왈리

타이틀	La Wally	
		전 4막. 빌헬미네 폰 힐레른(Wilhelmine von Hillern)의 소설을 바탕으로 루이지 일리카(Luigi Illica)가 대본을 썼다.
	초연	1892년 1월 20일 밀라노 스칼라 극장
	주요 배역	왈리(발리: 슈트로밍거 노인의 귀여운 딸), 슈트로밍거(마을의 원로), 겔너(마을의 건방진 청년), 주세페 하겐바흐(왈리가 좋아하는 사냥꾼 청년), 아프라(집주인), 발터(음유시인)
음악 하이라이트	왈리의 이별의 아리아, 티롤 지방 사냥꾼들의 무곡(landler), 발터의 요들송	
베스트 아리아	「그래요? 그럼 난 멀리 떠나겠어요(Ebben? Ne andrò lontana)」(S), 「결코 평화를 얻지 못하겠지요(Ne mai dunque avro pace)」(S), 「에델바이스의 노래(Un di verso il Murzoll)」(S)	

사전 지식　　　티롤 지방을 배경으로 한 〈라 왈리〉는 카탈라니가 작곡한 5편의 오페라 중 가장 성공을 거둔 작품이다. 〈라 왈리〉의 아리아는 오페라적 사실주의를 보여준다.

줄거리　　　[제1막] 독일 남부 지방의 알프스 산맥 끝자락에 있는 평화로운 마을이다. 이 마을의 유지 슈트로밍거(Stromminger) 영감의 일흔 번째 생일잔치가 열리고 있다. 늦게 얻은 귀여운 딸 왈리(Wally 또는 발리)가 직접 만들었다는 축하 노래를 발터(Walter)가 정성을 다해 부른다. 발터는 왈리를 무척 위하는 친구이자 하인이다(어떤 설명문에서는 음유시인이라고 한다). 슈트로밍거 영감의 옆자리

카탈라니, 알프레도(Catalani, Alfredo, 1854~1893)
알프레도 카탈라니는 이탈리아의 오페라 작곡가로 대표작은 〈라 왈리〉(1892)와 〈로렐라이〉(1890)다. 〈라 보엠〉, 〈토스카〉, 〈마농 레스코〉 등의 대본을 쓴 루이지 일리카가 이 오페라의 대본을 썼다. 〈라 왈리〉에는 카탈라니의 가장 유명한 아리아 「그래요? 그럼 난 멀리 떠나겠어요」가 나온다. 카탈라니는 이탈리아의 북부 루카(Lucca)에서 태어났으며 밀라노 음악원에서 작곡을 공부했다.

에는 마을에서 행세깨나 하는 젊은 청년 겔너(Gellner)가 앉아 있다. 겔너는 왈리를 일방적으로 좋아한다. 실은 영감의 재산 등을 보고 왈리와 결혼하고 싶어 할 뿐이다. 그런데도 왈리의 어머니는 딸왈리가 겔너를 쌀쌀맞게 대하자 낙담한다. 왈리는 사냥꾼 주세페 하겐바흐(Giuseppe Hagenbach)를 은근히 마음에 담고 있다. 그러나 왈리의 차가운 성격 때문에 주세페는 왈리가 자기를 싫어하는 줄 안다.

[제2막] 마을 광장에서 축제가 열리고 있다. 사람들이 왈리 집의 하인 발터에게 "왈리는 도대체 누구를 사랑하느냐?"라고 묻지만 그는 누구도 사랑하지 않는다고 답한다. 발터는 주세페를 조용히 만나 왈리가 사랑하는 사람은 당신이라고 귀띔해준다. 어떤 늙은 병사가 왈리에 대해 잘 알고 있다면서, 왈리는 어릴 때부터 어찌나 차갑던지 그 아가씨에게 키스하느니 차라리 바람과 키스하는 것이 나을 것이라고 말한다. 겔너는 다시 왈리에게 접근하지만 왈리는 거들떠보지도 않는다. 잠시 후 주세페가 나타난다. 주세페의 친구들은 왈리에게 키스를 받아낼 수 있을지를 놓고 내기를 건다. 당연히 주세페가 키스를 받아내어 내기에 이긴다. 교회의 종소리가 울리자 사람들은 춤을 추기 시작한다. 주세페와 키스를 한 왈리도 사람들과 함께 흥겹게 춤을 춘다. 사람들은 쌀쌀한 왈리에게 저런 면도 있냐면서 크게 놀란다.

[제3막] 왈리는 아버지 슈트로밍거가 세상을 떠나자 많은 재산을 물려받는다. 재산을 탐낸 겔너가 왈리에게 계속 구혼하지만 왈리는 전과 다름없이 차갑게 대한다. 겔너는 주세페가 걸림돌이라고 생각해 음모를 꾸민다. 그는 주세페에게 왈리가 조금 뒤 강가에서 만나자고 했다고 거짓말을 한다. 아무것도 모르는 주세페가 강가에 도착하자 숨어 있던 겔너가 주세페를 급류로 밀어 넣는다. 좋지 않은 예감이 들어 강 인근으로 나왔다가 주세페가 거센 물결에 휩쓸려 내려가는 것을 본 왈리는 즉시 강으로 뛰어들어 익사 직전의 주세페를 건져낸다. 주세페가 왈리에게 고마움을 표하지만, 왈리는 아무 일도 없던 것처럼 쌀쌀맞게 돌아선다.

[제4막] 왈리는 모든 것이 귀찮고 힘들어 산속 오두막집에서 아무도 모르게 혼자 지낸다. 크리스마스가 가까워오자 충직한 하인 발터가 오두막집으로 찾아온다. 발터는 왈리에게 주세페를 사랑하면서 왜 표현하지 않고 숨기느냐고 핀잔을 준다.

주세페가 왈리를 만나기 위해 눈길을 헤치고 찾아온다. 왈리가 용기를 내어 주세페에게 사랑한다고 얘기한다. 실로 오랜만에 듣는 왈리의 사랑 고백이다. 주세페가 기쁜 마음으로 뛰어오는 도중 갑자기 눈사태가 일어나 주세페를 집어삼킨다. 주세페는 눈 속 깊은 곳에 파묻혀 찾을 길이 없다. 슬픔에 잠긴 왈리는 결국 수도원으로 들어간다.

바알

타이틀	**Baal**	
	두 파트로 된 무대 작품. 대본은 베르톨트 브레히트 (Bertolt Brecht)의 희곡 「바알(Baal)」을 기본으로 작곡 자가 직접 썼다.	
	초연	1981년 8월 7일 잘츠부르크 소축전극장(Kleines Festspielhaus)
	주요 배역	바알(Bar), 에카르트(B), 요하네스(T), 에밀리(Ms), 메흐 (T), 젊은 여인(Ms), 요하나(S), 소피(S), 바알의 어머니(A)

사전 지식　　　프리드리히 체르하는 빈에서 태어났지만, 그의 작품에는 비유럽적인 민화와 민속음악에서 소재를 찾은 것이 많다. 체르하의 음악은 신고전주의 양식으로 안톤 베베른(Anton Webern)의 작곡 기법을 계승했으며, 병렬주의(Serialism)에 기본을 둔 것이다. 한편 그의 오페라는 알반 베르크의 〈보체크〉와 〈룰루〉의 영향도 받았다. 그렇다고 이상하게 여길 것은 없다. 알반 베르크 가 스케치해놓고 완성하지 못한 〈룰루〉의 제3막을 체르하가 완성했기 때문이다. 오페라 〈바알〉은 처음 공연되었을 때 호평보다는 비평이 더 많았다. 브레히트의 무정부주의, 폭력주의를 그대로 추구한 내용이었기 때문이다. 주인공 바알은 자기 자신은 물론 다른 사람들까지도 잔혹한 폭력으로 파괴하는 이기주의적인 인물로 표현된다. 오페라 〈바알〉을 호평하는 측은 브레히트의 작품을 마치 클래식처럼 다루었다고 하면서 이를 높이 평가했다. 이들은 〈바알〉이 화해적인 음악적 통용어로 종래의 혼잡하고 반항적인 요소를 거의 제거했다고 평했다. 오페라 〈바알〉의 스토리는 앞뒤를 종잡을

체르하, 프리드리히(Cerha, Friedrich, 1926~)
빈 출신의 프리드리히 체르하는 제2 빈학파를 이어온 작곡가다. 1958년에는 동료들과 함께 라이에 (Die Reihe)라는 앙상블을 창단해 현대음악을 전파하는 데 기여했다. 체르하는 베르크의 오페라 〈룰루〉의 제3막 오케스트레이션을 완성했다. 체르하는 자기의 오페라를 '무대음악(stage music)'이라고 불렀다. 〈바알〉은 그의 대표적 무대음악이다.

수 없을 정도로 난삽하다. 정상적인 생각으로는 앞뒤를 이해하기 어렵다.

에피소드　　　　　주인공은 고대 셈족의 바알 신과 이름이 같다. 바알 신은 우상의 대명사로서 일반적으로 사신(邪神)이라고 부른다.

줄거리　　　　　시기는 현재다.

[**파트 1**] 사업가이며 출판가 메흐(Mech)는 어느 날 저녁, 시인이며 작사가인 바알(Baal)을 초청해 그의 작품을 소개하는 모임을 주선한다. 그날 저녁 바알은 술을 많이 마셔서 그런지 아니면 평소부터 불만이 많았는지 모임에 참석한 점잖은 출판가들과 평론가들을 싸잡아 비난하고 무시하는 발언을 서슴지 않는다. 손님으로 모임에 참석한 출판가들과 평론가들은 기분이 몹시 상해 오히려 바알을 비웃는다. 분위기가 이상한 방향으로 흐르자 메흐의 아내 에밀리(Emilie)가 나서서 분위기를 바꾸려고 노력하지만 헛수고다. 오히려 바알의 비아냥거리는 발언의 수위만 높아진다. 바알은 자유스러운 예술가로서의 생활은 너무 따분하다고 불평을 늘어놓는다.

바알의 친구 요하네스(Johannes)가 "자네 실은 아주 순결한 여자 친구를 꿈꾸고 있는 것 아닌가?"라면서 마치 바알의 속마음을 안다는 듯 얘기를 건넨다.

에밀리는 웬일인지 바알에게 매력을 느낀다. 바알과 에밀리는 모임이 끝난 뒤 맥줏집에서 따로 만나기로 한다. 맥줏집에는 트럭 운전사들로 북새통을 이루고 있다. 바알은 무슨 기분이 들었는지 트럭 운전사들에게 술 한 잔씩을 돌린다. 그는 맥줏집에서 친구 요하네스의 여자 친구 요하나(Johanna)를 만난다. 여전히 술기운에 빠져 있는 바알은 에벌린 로(Evelyn Roe)에 관한 노래를 부른다. 창녀인 에벌린 로가 홀리 랜드(Holy Land: 성지)를 찾기 위해 자기 몸을 팔지만, 끝내 성지를 찾지 못하고 하늘과 지옥에서도 버림 받아 무인도에서 지내면서 뜻을 이루지 못한 괴로움에 자학하다가 세상을 떠난다는 내용이다. 노래를 부른 바알은 공연히 흥이 났는지 자기를 만나러 온 에밀리에게 창피를 주고 싶다고 생각한다. 바알은 에밀리를 한 트럭 운전사와 강제로 입을 맞추도록 하며 좋아한다. 요하네스는 여자 친구 요하나와 결별한다. 그는 요하나의 처녀성을 계속 의심해왔다. 요하나는 요하네스에게 버림을 받았다고 생각해 괴로워한다. 바알은 요하나에게 모든 육체는 변덕스러운 존재임을 강조한다. 요하나는 순결을 중시하지 않는 듯한 바알의 말에 더욱 비참해진다. 요하나와 에밀리가 떠난 뒤 어떤 두 자매가 바알의 팔로 파고들더니 결국 침대까지 같이 들어간다. 얼마 후 소피(Sophie)라는 아가씨를 만난 바알은 그녀를 진짜 파트너로 생각해 결국 잠자리를 함께한다.

바알은 카바레 가수 자리를 얻는다. 그는 너무 음탕하고 입에 담기 어려운 얘기만 내뱉는다. 분노한 사람들이 경찰을 부르자 바알은 화장실 창문을 통해 겨우 도망간다. 그는 친구 에카르트(Ekart)를 지하 술집에서 만나기로 한다. 약속 시간이 남은 바알은 소피를 만나 무슨 일이든 자기만 믿게 만든다.

[파트 2] 비밀경찰에 발각되어 체포된 바알은 감옥으로 면회 온 어머니에게 만일 석방된다면 새로운 삶, 남에게 존경 받는 생활을 시작하겠다고 약속한다. 출감한 바알은 어머니에게 약속한 것을 실천하기 위해 벌목 인부가 된다. 그렇지만 술버릇은 버리지 못한다. 소피가 찾아와 바알의 아이를 낳게 되었다고 말하자, 바알은 소피를 잔인하게 쫓아버린다. 소피는 어쩔 수 없이 바알의 친구 에카르트에게 의지하게 된다. 나중에 병원을 찾은 바알은 여러 아이들 틈에서 자기를 쏙 빼닮은 아이를 발견한다. 이를 끔찍하게 생각한 바알은 에카르트와 함께 병원을 빠져나와 시골로 도망친다. 그는 이곳에서 어떤 젊은 아가씨를 범하는데, 알고 보니 에카르트를 기다리던 아가씨였다. 이제 에카르트와 바알은 친구가 아니다. 에카르트에게서 도망쳐 어머니를 만난 바알은 위대한 작가가 되겠다는 포부를 밝히며, 언젠가는 꼭 그렇게 될 것이라고 어머니를 확신시킨다. 어머니는 바알의 팔에 안겨 숨을 거둔다. 맥주집이다. 바알은 어머니의 장례식 비용을 마련하기 위해 새로운 노래를 만든다. 그는 맥줏집에서 행색도 초라하고 머리도 헝클어져 있는 친구 요하네스를 만난다. 요하네스는 물에 빠져 자살한 요하나의 시체가 자꾸 자기를 뒤쫓는 것 같아 괴롭다고 털어놓는다. 하지만 바알은 어떤 위로도 하지 않는다.

바알은 마치 동성연애자처럼 에카르트에게 호색적인 태도로 접근한다. 그런데 에카르트가 맥줏집 웨이트리스와 결혼을 약속한 것을 알고는 그를 심하게 때린다. 바알은 에카르트가 싫어 다른 술집으로 옮긴다. 이곳에서 아가씨들에게 강제로 춤을 추라고 강요하던 바알은 술집에 있던 마을 청년들에게 흠씬 매를 맞고 창밖으로 내던져진다.

시골 경찰에게 쫓기던 바알은 어떤 벌목공의 오두막집으로 숨어든다. 바알은 인생의 끝을 예감한다. 그는 외롭게 죽을 것을 두려워하며 벌목공들에게 함께 있어달라고 간청하지만, 벌목공들은 "웬 개만도 못한 놈이냐?"면서 모두 밖으로 나가버린다. 기운을 소진한 바알은 겨우 오두막집 밖으로 기어나간다. 그는 숲 속에서 개처럼 죽음을 맞는다.

루이즈

타이틀 **Louise**

	전 4막의 뮤지컬 로맨스. 대본은 작곡자가 직접 썼다.
초연	1900년 2월 2일 파리 오페라 코미크 극장
주요 배역	루이즈(의상실의 아가씨), 쥘리앵(청년 예술가), 루이즈의 아버지와 어머니
음악 하이라이트	파리에 대한 테마, 루이즈의 아리아

베스트 아리아 「내 자신을 던져버린 그날부터(Depuis le jour ou je me suis donnee)」(S)

사전 지식   어째서 이 오페라를 뮤지컬 로망(roman musical)이라고 부르냐는 질문에 샤르팡티에는 다음과 같이 대답했다. "로망에는 크게 구별되어야 하는 두 가지 면이 있다. 드라마와 표현이다. 나는 〈루이즈〉에서 이 두 가지 서로 다른 면을 색다르게 다루고 싶었다. 화려한 음악, 분위기 있는 배경, 주역들의 움직임을 음악적으로 표현하는 것이 한 부분이었고, 순수하게 드라마틱한 것이 또 다른 부분이다. 이는 연출에 전적으로 헌신해야 하는 부분이다. 그렇기 때문에 뮤지컬 로망이라고 부르는 것이다." 또 다른 사람이 질문을 던졌다. "〈루이즈〉는 자연주의적(Naturalistic) 작품인가, 그렇지 않으면 현실주의적(Realistic) 작품인가, 또는 이상주의적(Idealistic) 작품인가?" 샤르팡티에는 이렇게 대답했다. "나는 무슨 주의적(istic)이라는 단어에 공포심을 느낀다. 나는 어떤 이론가가 아니다. 〈루이즈〉는 그저 본능에 따라 작곡되었을 뿐이다." 그의 말에도 불구하고 오페라 〈루이즈〉는 현대 사실주의의 유행을 보여주는 작품이다.

샤르팡티에, 귀스타브(Charpentier, Gustave, 1860~1956)
귀스타브 샤르팡티에의 대표작 〈루이즈〉는 음악소설이라는 새로운 장르를 개척한 작품이다. 그는 〈루이즈〉를 통해 당시 프랑스 오페라계에는 생소한 사실주의 음조를 소개했다. 한때 파리에서 보헤미안과 같은 생활을 했던 샤르팡티에는 마음을 다잡고 파리 음악원에 들어가 쥘 마스네(Jules Massenet)의 수제자가 되어 작곡을 공부했고, 얼마 후에는 그랑프리 드 롬(Grand Prix de Rome)을 받을 정도로 두각을 나타냈다.

줄거리　　　　　　[제1막] 장소는 빛과 환락의 도시 파리, 시기는 과거, 현재, 아무 때나 상관없다. 루이즈는 의상실에서 일하는 사랑스럽고 예쁜 아가씨다. 그녀의 아버지는 가난하지만 진실하게 사는 사람이다. 어느 날 루이즈는 쥘리앵(Julien)이라는 청년 예술가를 만나 사랑에 빠진다. 그와 결혼하고 싶은 루이즈는 쥘리앵을 부모에게 소개하기 위해 집으로 초대한다. 루이즈의 부모는 쥘리앵을 못마땅하게 여겨 냉대한다. 쾌락만 좇는 경망스러운 이 청년의 속셈이 무엇인지 짐작할 만하기 때문에 부모는 사랑하는 딸을 쥘리앵에게 맡기고 싶지 않다. 루이즈는 부모의 말에 순종하려고 생각하지만, 그렇다고 쥘리앵을 포기한 것은 아니다.

[제2막] 쥘리앵은 매일 의상실 길목에서 루이즈를 기다리며 이제 힘든 일은 그만하고 자기와 함께 아늑한 집에서 즐겁게 생활하자고 끈질기게 설득한다. 그러나 루이즈는 그의 제안을 완강히 거부한다. 쥘리앵과 몰래 떠나 산다는 것이 얼마나 괴로운 일인지 알기 때문이다. 루이즈의 마음이 바뀔 것 같지 않자 쥘리앵은 의상실의 종업원들의 도움을 받아 마침내 루이즈를 설득하는 데 성공한다. 어느덧 루이즈도 다른 사람들처럼 인생과 청춘을 즐기고 싶다고 생각하기 시작한다. 가난한 아버지와 어려운 살림을 꾸려가는 어머니를 떠올리니 짜증이 밀려온다. 이런 상황에서 탈출하고 싶다는 생각에 루이즈는 드디어 쥘리앵을 따라 집을 떠난다.

[제3막] 루이즈와 쥘리앵은 몽마르트에서 살림을 시작한다. 루이즈는 이곳에서 파리의 보헤미안들과 어울리며 그동안 생각지도 못했던 청춘을 즐기며 지낸다. 왜 이런 생활을 진작 접하지 못했을까 후회할 정도다. 보헤미안들은 루이즈를 파티의 여왕으로 뽑아 머리에 왕관까지 얹어준다. 어느 날 루이즈의 어머니가 몽마르트 언덕으로 힘들게 찾아온다. 루이즈가 가출하자 아버지는 상심과 수치심 때문에 병에 걸려 누워 있다고 말한다. 어머니가 집으로 돌아가자고 간청하자, 마음에 후회가 들어선 루이즈는 집으로 돌아가기로 한다.

[제4막] 집으로 돌아온 루이즈는 현실을 보며 환락적인 생활을 잊으려고 노력하지만 쥘리앵을 마음에서 지울 수는 없다. 분을 삭이지 못한 아버지는 젊은 처녀가 결혼도 하기 전에 예술가라는 녀석과 동거를 하다니 말이 되느냐면서, 엄하게 꾸짖으며 보기도 싫으니 당장 눈앞에서 사라지라고 소리친다. 쥘리앵의 나긋나긋한 태도에 익숙해진 루이즈는 자기가 있어야 할 곳은 이곳이 아니라고 생각해 어둠 속으로 뛰쳐나간다. 그녀는 사랑하는 사람에게 가기 위해 발길을 서두른다.

이틀간의 사건

타이틀	**Les Deux Journées**(Le Porteur d'Eau; Die Beiden Tage)	
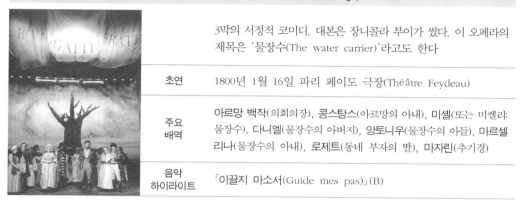		3막의 서정적 코미디. 대본은 장니콜라 부이가 썼다. 이 오페라의 제목은 '물장수(The water carrier)'라고도 한다
	초연	1800년 1월 16일 파리 페이도 극장(Théâtre Feydeau)
	주요 배역	아르망 백작(의회의장), 콩스탕스(아르망의 아내), 미셸(또는 미켈리: 물장수), 다니엘(물장수의 아버지), 앙토니우(물장수의 아들), 마르셀리나(물장수의 아내), 로제트(동네 부자의 딸), 마자린(추기경)
	음악 하이라이트	「이끌지 마소서(Guide mes pas)」(B)

사전 지식　　　위험을 무릅쓰고 도망치는 사람을 숨겨주었더니 나중에 상황이 반전되어 숨겨준 사람들과 마을 전체가 복을 받는다는 해피엔드 이야기다. 이런 종류의 오페라를 이른바 도피 오페라 (escape opera)라고 하며, 베토벤의 〈피델리오〉도 이 부류에 속한다. 실제로 베토벤과 괴테는 케루비니 의 이 오페라를 높게 평가했다.

줄거리　　　1647년 파리 근교의 고네스(Gonesse) 마을이다.

[제1막] 의회의장 아르망 백작은 마자린(Mazarin) 추기경의 모함을 받아 도망치는 신세가 된다. 아르망 (Armand) 백작의 목에는 6,000두카라는 거액의 현상금이 걸려 있다. 누구든 신고만 하면 거금을 거머쥐고 부자로 살 수 있다. 아르망 백작과 아내 콩스탕스(Constance)는 평민으로 위장해 파리를

케루비니, 루이지(Cherubini, Luigi, 1760~1842)
루이지 케루비니는 이탈리아의 피렌체에서 태어났지만 주로 프랑스에서 활동했다. 그는 특별히 오페라와 종교음악에 뛰어난 재능을 보였다. 음악 신동인 그는 이미 열세 살 때 훌륭한 종교음악을 작곡해 사람들을 감동시켰다. 베토벤은 케루비니를 당대 최고의 작곡가라고 하며 찬사를 보냈다. 그의 오페라 대표작은 〈이틀간의 사건〉과 〈메데〉다.

떠나지만 정작 갈 곳이 없다. 생각 끝에 예전에 추위와 굶주림에서 구해준 적이 있는 파리 외곽의 사부아(Savoie) 마을로 찾아간다. 이 마을에서 물장수를 하는 미셸(Michell 또는 Mikéli)과 그의 아들 앙토니우(Antonio)는 예전에 은혜를 베풀어준 백작과 백작 부인을 단번에 알아보고 이들을 진심으로 환영하며 자신의 집으로 모신다. 그러나 도망자를 색출하려는 병사들이 언제 닥칠지 모르므로 미셸의 집에 계속 숨어 있을 수는 없는 노릇이다. 누군가는 파리 근교의 삼엄한 경비를 뚫고 백작과 백작 부인을 멀리 성문 밖으로 피신시켜야 한다. 물장수 미셸은 백작을 커다란 물통에 숨기고, 백작 부인은 자신의 아내 마르셀리나(Marcellinas)로 변장시켜 신분증을 준 뒤 아들 앙토니우가 안내해 성문을 빠져나간다는 계획을 세운다. 한편 마을 사람들은 자신들을 도와준 백작을 위해 왕궁에 탄원서를 보낸다.

[제2막] 백작 부인 콩스탕스는 앙토니우의 도움으로 무사히 성문을 빠져나간다. 그러나 신분증이 없는 앙토니우는 병사들에게 붙잡힌다. 미셸은 아버지로서 앙토니우를 구출해야 하지만, 당장은 백작을 피신시키는 것이 급선무다. 미셸은 마차에 큰 물통을 여럿 싣고 성문으로 향한다. 그중 하나에 백작이 숨어 있다. 마을 사람들은 성문을 지키는 병사들에게 백작이 반대 방향으로 간 것 같다고 하면서 다른 길로 추격하도록 한다. 병사들은 현상금을 차지하기 위해 기를 쓰고 마을 사람들이 가르쳐준 방향으로 쫓아간다. 이 틈에 백작은 무사히 성문을 빠져나간다.

[제3막] 백작을 탈출시킨 다음 날은 물장수의 아들 앙토니우와 마을 유지의 딸 로제트(Rosettes)가 결혼식을 올리기로 한 날이다. 전날 병사들에게 붙잡힌 신랑 앙토니우는 아직 참석하지 못했다. 마을 처녀들이 신부에게 결혼을 축하한다고 인사를 나눌 때 백작을 추격하던 한 떼의 병사들이 마을로 들이닥친다. 마을을 점령한 병사들은 백작의 행방을 대라며 마을 처녀들을 추궁한다. 병사들이 파리에서 도망치다가 잡힌 몇 사람을 데려온다. 아, 그런데 도대체 어찌 된 일인가? 잡혀온 사람 중에 백작 부인도 포함되어 있는 게 아닌가?

그때 파리에서 여왕의 메신저가 급히 달려온다. 사부아 마을 사람들의 탄원서를 받아본 여왕이 백작이 반역자가 아니라는 것을 깨닫고는 백작에게 의회의장 자리를 다시 맡긴다는 소식이다. 마을에는 기쁨의 노래가 울려 퍼지고 앙토니우와 로제트의 결혼식이 시작된다. 백작과 백작 부인도 이들의 결혼을 축하한다.

메데

타이틀	**Médée**(Medea)

	전 3막의 오페라 코미크. 대본은 프랑수아브누아 호프만(François-Benoît Hoffman)이 썼다.
초연	1797년 3월 13일 파리 페이도 극장
주요 배역	메데(메데이아: 콜키스 왕국의 공주, S), 자송(이아손, T), 디르세(글라우체: 크레온 왕의 딸, S), 네리스(네린: 메데의 하녀, Ms), 크레옹(크레온) 왕(B)

베스트 아리아	「아, 우리의 고통은 서로 나누리(Ah! nos peines seront communes)」(Ms), 「당신의 아들들의 불행한 어머니를 보도다(Vous voyez de vos fils la mère infortunee)」(S), 「무엇이라고? 내가 메데로다(Eh quoi! je suis Médée)」(S)

사전 지식　에우리피데스가 쓴 서사시 「메데이아(Medea)」의 내용을 오페라로 만든 것이다. 무대는 코린토스이며 시기는 고대. 그리스 신화에 나오는 메데이아(메데)는 콜키스(Colchis) 왕의 딸로 마법에 능하다. 메데이아는 이아손(자송; 제이슨)을 사랑하여 이아손이 황금양털을 차지하도록 도와준다. 이아손이 콜키스를 떠나려 하자 메데이아도 함께 떠나 이아손과 함께 몇 년을 살면서 두 아들까지 둔다. 그런데 이아손은 메데이아가 야만족이기 때문에 코린토스의 크레온(크레옹) 왕의 딸 디르세(크레우스; 글라우체)와 결혼해 귀족으로 출세를 하고자 한다. 이아손이 메데이아에게 디르세와의 결혼을 축하하는 뜻에서 선물을 보내라고 요구하자 메데이아는 복수심에 불타 마법의 결혼 의상을 보낸다. 누구든 이 의상을 입으면 불이 붙어 죽는다. 그리하여 디르세는 메데이아가 보낸 결혼 의상을 입고 불에 타서 죽는다. 메데이아는 이아손에 대한 복수를 완성하기 위해 신전에 들어가 두 아들까지 죽인다. 또 다른 버전에 따르면 성난 코린토스 시민들이 메데이아와 이아손을 돌로 쳐 죽인다.

그 후 메데이아는 아테네로 가서 아이게우스(Aegeus) 왕과 결혼한다. 그러나 케루비니의 오페라에서는 호프만이 그리스의 신화와는 다른 대본을 만들었다. 실제로 메데이아에 대한 스토리는 여러 버전이 있다.

　　　　케루비니의 〈메데〉는 초연 이후 별로 환영을 받지 못하고 묻혀 있었다. 그러다가 1953년 마리아 칼라스가 〈메데〉의 타이틀롤을 맡자 일약 세계적인 관심을 끌게 되었다. 마리아 칼라스는 거장 피에르 파올로 파솔리니(Pier Paolo Pasolini)가 감독한 영화 〈메데〉에도 출연했다.

줄거리　　　　[제1막] 자송(Jason: 이아손, 제이슨)은 메데(Médée)의 도움을 받아 황금양털을 훔치는 데 성공하지만, 메데는 자송을 도와주었기 때문에 아버지인 콜키스 왕을 배신해야 했다. 메데는 자송과 함께 콜키스를 떠나 코린토스에 정착해 두 아들을 낳고 산다. 시간이 흐른다. 크레옹 왕의 궁전에서는 디르세(Dircé: 글라우체) 공주가 자송과의 결혼을 준비하고 있다. 메데가 나타나 자송에게 제발 자신에게 돌아와 달라고 간청하지만, 자송의 마음은 이미 메데에게서 떠난 지 오래다. 메데는 자송에게 저주를 퍼부으며 복수를 다짐한다.

[제2막] 메데와 오랫동안 함께한 하녀 네리스(Néris: 네린)는 메데에게 모든 것을 잊고 코린토스를 떠나자고 말한다. 메데는 자송과 아이들을 두고 떠날 수 없다고 말한다. 그런데 크레옹 왕이 나타나 디르세 공주가 자송과 결혼식을 올리고자 하니 당장 코린토스를 떠나라고 메데에게 명령한다. 메데가 단 하루만 아이들과 함께 있게 해달라고 요청하자, 크레옹 왕이 허락한다. 메데는 디르세 공주에게 두 가지 결혼 선물을 보낸다. 하나는 화려한 웨딩드레스이고 다른 하나는 향기로운 포도주다.

[제3막] 하녀 네리스가 두 아이를 메데가 기다리고 있는 곳으로 데리고 나온다. 갑자기 왕궁에서 비통한 소리가 들린다. 메데가 보낸 포도주를 마시고 디르세 공주가 죽었기 때문이다. 성난 시민들이 몰려들어 메데를 죽이고자 한다. 메데와 네리스는 아이들을 데리고 가까스로 사원으로 피신을 한다. 잠시 후 메데가 사원 밖으로 모습을 드러낸다. 메데의 손에는 피가 흐르는 칼이 쥐어져 있다. 두 아들을 죽인 것이다. 메데가 다시 사원 안으로 들어가자 사원은 불길에 휩싸인다.

아드리아나 르쿠브뢰르

타이틀　**Adriana Lecouvreur**(Adrienne Lecouvreur)

전 4막. 외젠 스크리브와 에르네스트 르주베 (Ernest Legouvé)가 공동으로 쓴 동명 희곡을 기본으로 아르투로 콜라우티(Arturo Colautti)가 대본을 썼다. 아드리아나 르쿠브뢰르는 주인공 여배우의 이름이다.

초연	1902년 11월 6일 밀라노 리리코 극장(Teatro Lirico)
주요 배역	아드리아나 르쿠브뢰르(코미디 프랑세즈의 배우), 마우리초(모리스 드 삭스: 작센의 백작), 미쇼네(아드리아나를 짝사랑하는 코미디 프랑세즈 극장의 무대감독), 드 부이용 공작(아마추어 화학자), 드 부이용 공작 부인(아드리아나를 질투하는 여인), 뒤클로(여배우로 드 부이용 공작의 정부이자 마우리초의 전 애인), 기타 코미디 프랑세즈 극장의 배우들(퀴노, 푸아송, 마드무아젤 주브노, 마드무아젤 당주빌 등)
음악 하이라이트	마우리초의 아리아, 공주의 감정이 폭발하는 장면에서 흐르는 음악, 아드리아나의 입장 아리아
베스트 아리아	「나는 보잘것없는 하녀(Lo son l'umile ancella)」(S), 「참으로 감미로운 미소(La docissima effige sorridente)」(T), 「나는 창조주의 비천한 하녀일 뿐(Respiro appena..lo son l'umile ancella)」(S), 「불쌍한 꽃(Poveri fiori)」(S), 「쓰디쓴 즐거움(Acerba voluttà)」(Ms)

사전 지식　프랑스 오페라 역사상 이 오페라만큼 화제를 뿌리며 공연된 작품은 아마 없을 것이다. 아드리아나 르쿠브뢰르는 실존 인물이다. 1692년에 태어나 서른여덟의 젊은 나이로 세상을 떠난 당대의 유명 여배우다. 파리의 코미디 프랑세즈(Comédie Française)에서 활동했던 아드리아나는

칠레아, 프란체스코(Cilea, Francesco, 1866~1950)
프란체스코 칠레아는 특히 그의 오페라 〈아를의 여인〉과 〈아드리아나 르쿠브뢰르〉로 명성을 얻은 이탈리아의 베리스모 작곡가다. 하지만 그의 오페라는 마스카니나 레온카발로와는 달리 서정적이며 우수에 찬 베리스모를 추구했다. 나폴리 음악원을 나온 그는 현대의 작곡가이면서 고전적 감각의 오페라를 썼다. 그는 말년에 나폴리 음악원장을 맡아 여생을 보냈다.

대사를 억지로 꾸며대거나 마치 노래하듯 전달하는 것을 피하고 자연스러운 대화체를 구사했는데, 이는 당시로서는 가히 혁명적인 시도였다. 아드리아나는 명성과 인기만큼 수많은 추종자와 숭배자를 거느렸는데, 그중에는 파리 예술계에서 내로라하는 시인, 지식인 들도 있었다. 아드리아나는 사상가 볼테르(Voltaire)의 팔에 안겨 숨을 거두었다. 그녀의 죽음은 신비에 싸여 있지만, 분명한 것은 오페라에서처럼 오랑캐꽃 다발에 숨겨진 독약 냄새를 맡고 죽은 것은 아니다.

또 다른 주인공 마우리초는 실존 인물 모리츠(Moritz)를 모델로 했다고 한다. 화끈하고 멋졌으며 야망을 품은 군인이었다. 그는 색스니(Saxony: 작센) 왕국의 왕위계승권을 가지고 있는 아우구스트(August) 공작의 사생아였는데, 아버지 아우구스트가 훗날 폴란드 왕으로 즉위하면서 적자로 인정받았다. 모리츠가 처음으로 아드리아나를 만난 것은 1720년이다. 모리츠는 프랑스군 사령관이라는 높은 직위에 있었고, 아드리아나는 스물여덟 한창때였다. 두 사람의 연애 행각은 온 파리가 다 아는 이야기였다. 여성 편력이 화려했던 모리츠는 아드리아나와 관계를 유지하는 한편, 변덕스럽고 감정의 기복이 심한 드 부이용(De Buillon) 공작 부인과 결혼까지 약속했다. 이 때문에 두 여인 사이에는 불같은 질투심과 함께 말할 수 없는 적대감정이 솟아났다. 질투와 증오의 화신이 된 공작 부인은 냄새만 맡아도 목숨을 잃을 수 있는 독약으로 아드라아나를 독살하려고 했지만, 사전에 음모가 발각되어 미수에 그치고 말았다. 이 사건이 있은 지 얼마 후 아드리아나가 갑자기 세상을 떠났다. 일부에서는 드 부이용 공작 부인의 계속된 음모 때문이라는 추측도 있지만, 장기의 기능 장애 때문에 세상을 떠났다는 것이 정설이다.

에피소드 당대의 극작가 외젠 스크리브와 에르네스트 르쥬베가 아드리아나의 비극적인 생애에 연민을 느껴 한 편의 희곡으로 만들었고, 이를 칠레아가 오페라로 작곡한 것이 〈아드리아나 르쿠브뢰르〉다. 아드리아나와 공작 부인의 삼각관계를 다룬 외젠 스크리브의 드라마 〈아드리아나 르쿠브뢰르〉는 이 오페라가 나오기 전부터 프랑스는 물론 유럽 각국에서 인기리에 공연되었다. 이 연극은 유명 여배우 사라 베르나르(Sarah Bernhardt)가 아드리아나 를 맡으면서 절정의 인기를 누렸다. 사라 베르나르의 소문을 들은 베르디도 오페라를 작곡하려 했을 정도다. 그러나 20세기 말에 접어들면서 이 드라마의 인기는 서서히 고개를 숙이기 시작했다.

이때 이탈리아의 유명 오페라 대본가인 움베르토 조르다노(Umberto Giordano)가 이 드라마의 오페라적 가능성을 본능적으로 느껴 자기가 쓴 대본을 칠레아에게 보내 작곡을 의뢰했다. 초연에서는 마우리초를 엔리코 카루소(Enrico Caruso)가, 아드리아나를 소프라노 안젤리카 판돌피니(Angelica Pandofini)가 맡았다. 카루소가 1막에서 부르는 「참으로 감미로운 미소」는 제목처럼 참으로 감미롭고 아름다운 곡이다. 이 오페라의 배경은 18세기 초 파리이지만 20세기에 이탈리아에 풍미한 현실주의, 즉 베리스모의 전형이다.

줄거리　　　　1730년 파리의 코미디 프랑세즈 극장의 회랑이다. 무대감독 미쇼네(Michonnet)가 공연 준비로 분주히 움직이고 있다. 그는 여배우 아드리아나 르쿠브뢰르(Adriana Lecouvreau)를 사랑하지만 속앓이만 하고 있을 뿐 내색은 하지 않는다. 아드리아나가 사랑하는 사람이 있다고 선언했기 때문이다. 그녀는 그가 누군지 밝히지 않고 다만 자신을 사모하고 추종하는 사람 중 하나라고만 말한다. 이 극장의 후원자 드 부이용(De Buillon) 공자(또는 공작)는 왕족이면서 한량인 프랑스군 사령관 마우리초(Maurizio)에게 누군가 보낸 편지를 우연히 발견한다. 드 부이용 공자는 자신의 정부인 여배우 뒤클로(Duclos)가 마우리초에게 보낸 것으로 생각한다. 편지에 그날 밤 뒤클로의 집에서 단둘이 만나 뜨거운 시간을 보내자고 적혀 있기 때문이다. 드 부이용 공자는 뒤클로의 집에서 파티를 열어 밀회를 즐기는 두 사람을 놀라게 할 작정이다. 그 편지는 실은 드 부이용 공자의 딸 드 부이용 공주가 마우리초에게 보낸 편지다.

여배우 뒤클로의 별장에 마우리초가 등장한다. 뒤클로는 마우리초의 전 애인이다. 뒤따라 드 부이용 공자와 그의 친구 아베(Abbé)가 도착한다. 별장에 미리 와 있던 드 부이용 공주(또는 공작 부인)는 얼른 숨는다. 때마침 아드리아나가 별장에 도착한다. 아직 아무에게도 밝히지 않았지만 아드리아나가 사랑하는 사람은 바로 마우리초다. 이후 여러 이야기가 복잡하게 전개된다.

아드리아나가 마우리초에게 사랑의 표시로 오랑캐꽃 다발을 주자 마우리초는 이 꽃다발을 드 부이용 공주에게 준다. 공주는 연적을 죽이기 위해 꽃다발 속에 냄새만 맡아도 목숨을 잃게 되는 독약을 넣어 아드리아나에게 다시 준다. 아드리아나가 쓰러진다. 마우리초는 여러 사람 앞에서 자기가 진심으로 사랑하는 사람은 아드리아나라고 선언하지만, 그녀는 이미 숨을 거둔 상태다.

048
Cilea, Francesco

아를의 여인

타이틀	**L'Arlesiana**	
		전 3막. 내용은 알퐁스 도데(Alphonse Daudet)의 단편소설집 『풍차 방앗간 편지(Lettres de mon moulin)』에서 가져온 것이다. 알퐁스 도데는 나중에 이 단편을 '아를의 여인'이라는 제목의 희곡으로 만들었다. 레오폴도 마렌코(Leopoldo Marenco)라는 대본가가 이 희곡을 오페라 대본으로 만들어 칠레아에게 주었다.
	초연	1897년 11월 27일 밀라노 리리코 극장
	주요 배역	아를에서 온 여인, 페데리코(로사의 큰아들), 비베트(페데리코를 사랑하는 아가씨), 로사 마마이(억척같이 살고 있는 여인), 메티피오(마구간 일꾼), 발다사레(양치기 영감), 리노첸트
베스트 아리아		「목동의 옛이야기(E' la solita stria del pastore)」[페데리코의 탄식(Lamento di Federico), T], 「목장으로 돌아오라(Vieni con me sui monti)」(Bar), 「시험을 이기게 하소서(Esser madre è un inferno)」(Ms), 「얼마나 괴로웠을까?(Come due tizzi accesi)」(Bar)

사전 지식 오페라의 제목은 '아를의 여인'이지만, 이 여인은 단 한 번도 등장하지 않는다. 무대 뒤 보이지 않는 곳에서 아리아를 부르는 것도 아니다. 단 관객들은 제3막에서 이 여인이 지르는 비명 소리를 몇 번 들을 뿐이다. 사실 무대 뒤에서 아무나 소리를 지르면 되는 역할이다. 그 여인의 이름이 무엇인지도 언급되지 않는다.

에피소드 비제는 이 희곡을 기본으로 유명한 막간음악 「아를의 여인」을 작곡했다.

줄거리 [제1막] 막이 열리면 늙은 양치기 발다사레(Baldassarre)가 과부 로사 마마이(Rosa Mamai)의 막내아들 리노첸트(L'innocente)에게 불쌍한 어린 염소와 굶주린 늑대 이야기를 해주는 모습이 보인다. 리노첸트는 이름 그대로 순진한 소년으로 지적 장애가 있다. 이 마을에서는 집안에 지적 장애아가 있으면 그 집에 복이 굴러들어 온다는 미신적인 이야기가 전해내려 오고 있다. 그렇지만 가족은 물론이고 마을 사람들까지 리노첸트를 무시하며 거들떠보지 않는다. 다만 늙은 양치기 발다사레만 리노첸트의 친구가 되어 얘기를 나눈다.

억척같이 생활을 꾸려가는 로사 마마이는 큰아들 페데리코(Federico) 때문에 걱정이다. 아를에서 왔다는 어떤 여자에게 빠져 정신을 못 차리기 때문이다. 로사의 대녀(代女: God-daughter) 비베트(Vivette)는 오래전부터 페데리코를 사랑했지만, 수줍고 얌전한 성격에다 다른 여자들처럼 노골적이지 못해 아직까지 사랑을 고백하지 못했다. 비베트는 페데리코가 아를에서 온 여자에게 푹 빠져 있다는 얘기를 듣고 무척 실망한다. 잠시 후 문제의 페데리코가 삼촌 마르코(Marco)와 함께 기분 좋게 집으로 들어선다. 마르코의 말에 따르면 아를의 여인의 아버지를 만나보았는데 두 사람의 결혼을 아주 긍정적으로 생각하고 있다는 것이다. 로사는 페데리코의 결혼을 승낙할 수밖에 없다고 생각한다. 모두 즐거운 마음으로 포도주를 기울인다. 이때 마구간에서 일하는 메티피오(Metifio)가 로사를 찾아온다. 메티피오는 자신이 아를 여인의 애인으로 결혼까지 약속한 사이였다고 말한다. 며칠 전 그집에서 결혼은 없던 것으로 하자는 통보를 받고 어찌된 영문인지 몰라 알아보니, 재산이 많은 페데리코와 결혼시키기 위해 그런 것이었다고 말하며 증거로 편지를 내놓는다. 편지를 보니 한 장은 메티피오에게 당장 떠나라고 하는 내용이고, 다른 한 장은 내일까지 떠나겠다고 약속한 메티피오의 답장으로 내일 보낼 것이라고 했다. 로사는 그 편지를 아들 페데리코에게 보여준다. 페데리코는 사랑하는 여인이 자신을 배신했다고 생각해 낙담한다.

[제2막] 페데리코가 밤새 집에 들어오지 않자, 로사와 비베트가 찾아 나선다. 벌써부터 비베트를 며느릿감으로 생각해온 로사는 새침하게 굴지 말고 다른 여자들처럼 애교도 부리고 아양도 떨어야 페데리코가 아를의 여인에게 관심을 두지 않을 것이라고 넌지시 말한다. 비베트는 페데리코를 유혹해보라는 로사의 말을 듣고는 당황해 어디론가 뛰어간다.

페데리코는 밤새도록 양 떼 틈에 숨어 있었다. 발다사레가 그를 발견하고는 아를의 여인인지 누군지는 그만 잊어버리고 어서 산으로 올라가 염소 떼나 돌보자고 권한다. 페데리코가 탐탁지 않은 표정을 짓자 발다사레는 할 수 없다는 듯 먼저 산 위로 올라간다. 페데리코는 편지를 다시 한 번 꼼꼼하게 읽은 뒤, 평소에 발다사레가 들려준 작은 염소와 굶주린 늑대 이야기를 떠올리며 「페데리코의 탄식」을 부른다.

비베트는 페데리코의 관심을 끌기 위해 로사의 말대로 행동하는 하는 편이 낫겠다고 생각해, 페데리코를 만나자 과감하게 사랑한다고 말하며 그의 가슴으로 파고든다. 얌전하던 비베트가 갑자기 돌변하자 크게 놀란 페데리코는 그녀를 밀치며, 아를의 여인을 사랑하기 때문에 사랑을 받아들일 수 없다고 말한다. 이 말을 들은 비베트는 부끄럽고 기가 막혀 슬피 운다. 우는 소리에 달려온 로사가 비베트를 측은하게 여겨 아들과 반드시 결혼시키기로 마음을 굳힌다. 페데리코는 로사가 자기를 끔찍이 사랑한다고 생각해 감동한다. 페데리코는 자기는 가치 있다고 생각되는 한 여인에게만 자신의 이름을 주겠다고(결혼하겠다는 뜻이다) 말하며, 비베트에게 자신의 우울하고 병든 열정을 회복하게 도와달라고 사뭇 철학적으로 말한다.

[제3막] 페데리코와 비베트의 결혼 준비가 한창이다. 두 사람은 손을 잡고(실은 포옹하고서) 달빛 아래에서 미래의 행복을 노래한다. 이때 마구간에서 일하는 메티피오가 양치기 영감 발다사레를 만나 이런저런 얘기를 나누던 끝에 페데리코가 비베트와 결혼하게 되었으니 아를의 여인에게 다시 한번 구혼해보고 받아주지 않으면 강제로 납치하겠다고 말한다. 메티피오는 신이 나서 "말발굽 소리가 우렁차게 울리는 가운데 가벼운 가운만 걸친 아를의 여인을 낚아채어 밤길을 달려가노라! 아를의 여인이 비명을 지르더라도 멈추지 않고 말을 달린다!"라고 마치 팝송처럼 노래를 부른다.

비베트와 함께 산책 나온 페데리코가 메티피오의 마지막 얘기를 엿듣는다. 발다사레는 메티피오에게 아무 가치가 없는 여인을 위해 인생의 막을 내리지 말라고 타이르지만, 메피티오는 이 말이 들리지 않는다. 페데리코가 어둠 속에서 뛰어나와 어떻게 납치를 생각할 수 있느냐면서 메티피오와 언쟁을 벌인다. 이 장면에 나오는 4중창은 이 오페라에서 가장 전율을 느끼게 해주는 기막힌 곡이다. 이들의 소란은 로사가 말리는 바람에 겨우 진정된다.

로사가 엄마 노릇이 왜 이렇게 어렵냐며 신세타령을 하는데 잠에서 깬 막내아들 리노첸트가 다가오더니 "엄마, 이제부터 제가요, 큰형을 잘 살펴보고 돌봐줄게요"라고 말한다. 이 말에 놀란 로사는 "이제 이 집안에는 바보천치가 없다"라고 말하며 기뻐한다. 로사는 이 같은 기쁨 뒤에 무슨 불행이 닥칠지 모르겠다고 불안해하며 걱정한다. 페데리코가 정신 나간 사람처럼 비틀거리며 들어온다. 페데리코는 평소에 늙은 양치기 발다사레가 들려준 불쌍한 작은 염소와 굶주린 늑대 이야기의 마지막 장면을 떠올린다. 페데리코는 불쌍한 아를의 여인이 늑대와 같은 메티피오에게 끌려가면서 '살려주세요!'라고 외치는 소리와 말발굽 구르는 소리가 들리는 듯해 머리를 감싸 안는다. 페데리코는 로사가 말릴 틈도 없이 집 밖에 있는 높은 창고 꼭대기로 올라가 주저하지 않고 땅으로 뛰어내린다.

비밀 결혼

타이틀	**Il Matrimonio Segreto**[The Clandestine(Secret) Marriage]	
 베스트 아리아		전 2막의 멜로드라마. 조지 콜먼(George Colman)과 데이비드 개릭(David Garrick)의 희곡 『비밀 결혼(The clandestine marriage)』을 조반니 베르타티(Giovanni Bertati)가 오페라 대본으로 만들었다.
	초연	1792년 2월 7일 빈 부르크 극장(Burgtheater)
	주요 배역	제로니모(두 딸을 둔 부자 상인), 엘리세타(엘사베타: 제로니모의 큰딸), 카롤리나(제로니모의 작은딸), 파올리노(제로니모 상점의 점원), 피달마(제로니모의 여동생이자 엘사베타와 카롤리나의 고모), 로빈슨 백작(영국의 귀족)
	베스트 아리아	「미안합니다 백작님(Perdonate, signor mio)」(S), 「날이 밝기 전에(Pria che spunti in ciel l'aurora)」(T)

사전 지식　도메니코 치마로사는 나폴리 부근의 작은 마을 아베르사(Aversa)에서 태어났다. 그는 19세기 초 이탈리아뿐만 아니라 유럽의 오페라 무대에서 대단히 중요한 역할을 한 인물이다. 그의 대표작 〈비밀 결혼〉은 1792년 빈에서 초연되어 대성공을 거두었다. 이 소식을 들은 신성로마제국의 황제 레오폴트 2세는 쇤브룬(Schönbrunn) 궁전에서 만찬을 한 뒤 앙코르 공연을 하도록 명령했다. 이날 황제는 평소보다 간단하게 저녁식사를 한 뒤 〈비밀 결혼〉을 관람했다고 한다.

에피소드　〈비밀 결혼〉은 모차르트가 세상을 떠난 지 두 달 후, 치마로사의 후계자라는

치마로사, 도메니코(Cimarosa, Domenico, 1749~1801)
도메니코 치마로사는 나폴리학파에 속하는 오페라 작곡가다. 그가 작곡한 80편 이상의 오페라 중 대표작은 〈비밀 결혼〉으로, 일반 대중에게 대단히 환영 받은 작품이다. 오페라 작곡가로 데뷔한 것은 스물세 살 때로 〈백작의 기행(奇行)(Le stravaganze del conte)〉을 나폴리 무대에 올리면서부터다. 치마로사는 제정러시아의 예카테리나 여제에게 초청을 받아 상트페테르부르크에서 수년간 작품 활동을 하면서 지내기도 했다.

로시니가 태어난 지 며칠 뒤에 초연되었다. 당시 신성로마제국의 황제는 합스부르크가의 레오폴트 2세였다. 그는 모차르트의 오페라에는 별로 관심이 없었으나 치마로사의 오페라에는 크게 만족했다. 치마로사의 음악을 들으면 재치 있는 모차르트 스타일을 닮은 것을 단번에 느낄 수 있다. 더구나 매우 흔한 것 같으면서도 실은 대단히 잘 짜인 대본의 전형이 모차르트 오페라다. 이러한 스타일은 치마로사로부터 약 20년 후 이름을 날린 로시니의 오페라 부포(Opera Buffo)에서 다시 한 번 느낄 수 있다. 주인공 카롤리나와 엘리세타는 자매인데 누가 언니이고 누가 동생인지 혼동해 해설하는 경우가 많다. 오페라 〈비밀 결혼〉의 서곡은 마치 샴페인처럼 반짝이는 맛이 있는데, 오페라 주역들의 모습을 재치와 우아함으로 표현했다.

줄거리   [제1막] 볼로냐의 부유한 상인 제로니모(Geronimo)에게는 두 딸이 있다. 엘리세타(Elisetta 또는 Elsabetta)와 카롤리나(Carolina)다. 평민인 제로니모는 이제 돈도 상당히 벌었으니 두 딸은 귀족과 결혼해야 한다고 노래를 부를 정도다. 그런데 작은딸 카롤리나는 가게점원 파올리노(Paolino)를 사랑해 이미 비밀 결혼을 했다. 카롤리나는 자기는 귀족 근처에도 가지 못하는 파올리노와 결혼했지만, 언니 엘리세타는 제발 귀족과 결혼해 아버지의 심기를 편히 해주기를 두 손 모아 기도하고 있다. 볼로냐를 방문한 영국 귀족 가문의 로빈슨(Robinson) 백작은 두 여성을 보자 단번에 흥미를 느낀다. 로빈슨은 언니 엘리세타에게 관심이 있는 척하지만, 실은 동생 카롤리나에게 더 마음을 빼앗긴다. 그것도 모르는 언니 엘리세타는 귀족과 결혼한다는 생각에 들떠 있다. 하지만 카롤리나는 이미 결혼한 처지 아닌가?

남편 파올리노는 질투심으로 걱정이 태산 같지만 정작 카롤리나는 백작이 무슨 소용이냐는 듯 관심조차 없다. 언니 엘리세타는 로빈슨 백작이 자기 대신 동생에게 마음을 두고 있는 것을 눈치채고는 네가 어떻게 그럴 수 있느냐는 식으로 동생에게 비난의 화살을 던진다. 나이가 지긋해 귀가 약간 어두운 제로니모는 언니와 동생이 어째서 다투는지 알 수가 없다.

[제2막] 로빈슨 백작은 어떤 조건이라도 좋으니 카롤리나와 결혼만 하면 된다고 생각한다. 그는 신부가 시집올 때 가지고 오는 지참금도 반만 받겠다고 선언한다. 그 말을 들은 카롤리나의 아버지 제로니모는 날아갈 듯 기분이 좋다. 속이 탄 파올리노는 제로니모의 여동생, 즉 카롤리나의 고모 피달마(Fidalma)에게 조언을 구한다. 과부 피달마는 파올리노에게 대단한 조언을 해줄 테니 자신의 신랑감도 물색해놓으라고 주문한다. 파올리노가 그렇게 하겠다고 약속한다. 피달마는 파올리노에게 여러 사람 앞에서 자신의 뜻을 밝히는 일장 연설을 당당히 하면 된다고 가르쳐준다. 뭐 그리 신통한

가르침은 아니다. 그러나 지푸라기라도 붙잡아야 할 처지인 파올리노는 사람들을 모아놓고 일장 연설을 한다. 그러나 너무 흥분하고 낙담한 나머지 오히려 역효과를 내고 만다. 오페라를 보면 이 장면이 아주 재미있기 때문에 누구나 깔깔대며 웃게 된다. 다만 카롤리나만이 '아이고! 저것도 연설이라고 하나? 에이 창피해, 창피해! 정말 창피해!' 하면서 실망감에 어쩔 줄 모른다. 카롤리나는 심지어 파올리노가 자기를 무시하고 배반했다고 생각할 정도가 된다.

로빈슨 백작은 엘리세타가 자기를 미워하도록 해 언니이기 때문에 결혼해야 하는 구속에서 벗어나려고 하지만 이도 여의치 않자, 엘리세타가 미워하든 말든 안 보면 그만이라고 생각해 엘리세타를 멀리 수도원으로 보내라고 제로니모 영감을 부추긴다. 파올리노는 급박하게 돌아가는 난국을 타개하고자 카롤리나에게 몰래 도망가자고 한다. 그러나 제대로 도망도 치지 못한 채 잡혀온 두 사람에게 사람들은 비밀 결혼한 것을 당장 실토하라고 다그친다. 카롤리나는 이판사판이므로 정공법으로 나가기로 결심한다. 우선 자기에 대한 백작의 관심을 끊고 언니 엘리세타와 백작을 맺어주기 위해 자신의 결점을 줄줄이 적어 로빈슨 백작에게 전할 작정이다. 또한 여러 사람 앞에서 파올리노와의 결혼을 당당히 밝히기로 한다.

모든 것을 알게 된 제로니모는 작은딸 카롤리나의 행복을 위해 파올리노와의 비밀 결혼을 용서하고, 큰딸 엘리세타의 행복을 위해 로빈슨 백작을 설득한다. 카롤리나가 이미 다른 사람의 아내가 된 것을 확인한 로빈슨 백작은 별 수 없음을 깨닫고는 엘리세타와의 결혼을 약속한다. 이제 모두가 행복하다, 과부 피달마만 빼고.

텐더 랜드

타이틀	**The Tender Land**	
		전 2막. 대본은 에릭 존스(Eric Johns)가 썼다. 텐더 랜드(tender land)는 연약한 대지라는 의미다.
	초연	1954년 4월 1일 뉴욕 시립 오페라(New York City Opera) 극장
	주요 배역	로리(철없는 아가씨), 마틴(떠돌이 일꾼), 톱(떠돌이 일꾼), 스플린터스(우편배달부), 마 모스(로리의 어머니)
베스트 아리아		「조용, 조용... 여행으로 피곤하단 말일세(Quiet, quiet... I'm gettin' tired of travell' through)」(T), 「어느덧 동이 터오고(Daybreak will come in such short time)」(T)

사전 지식　　　미국의 농촌 사회를 면밀히 분석해 묘사한 20세기의 사실주의 작품이다. 이 오페라에는 미국 전통의 무곡(스퀘어댄스) 등이 나와 어려웠던 시절의 향수를 달래준다. 작곡은 코플런드가 했지만 공연은 리처드 로저스와 오스카 해머스타인이 했다. 〈텐더 랜드〉는 코플런드의 두 번째 오페라로, 첫 오페라인 〈제2의 허리케인(The second hurricane)〉에 비해 더욱 성숙되었다는 평을 받는 작품이다. 젊은 성악인들을 위해 작곡한 이 오페라에는 코플런드의 황금 시기에 내놓은 최고의 음악이 담겨 있다. 이 오페라에 나오는 아리아는 오늘날에도 연주회 레퍼토리로 사랑 받고 있으며, 특히 제1막 마지막에 나오는 합창곡 「삶의 약속(The promise of living)」은 널리 알려진 곡이다.

에피소드　　　코플런드는 제임스 애지(James Agee)의 영화 〈이제 유명인들을 칭송하자(Let

코플런드, 에런(Copland, Aaron, 1900~1990)
에런 코플런드는 미국의 고전음악 작곡가로서 작곡 교사, 작가, 지휘자로 활동하기도 했다. 그는 미국적인 독특한 스타일의 작품을 썼다. 그래서 '미국 작곡가들의 교장 선생님'이라는 별명을 들었다. 그의 대표작은 1930~1940년대를 풍미했던 발레곡 〈애팔래치아의 봄(Appalachian spring)〉, 〈빌리 더 키드(Billy the kid)〉, 〈로데오(Rodeo)〉 등으로 역시 미국적인 멜로디와 리듬을 사용한 것이다. 특히 드넓은 미국의 자연과 개척정신을 표현하는 작품을 많이 남겼다. 하지만 젊은 시절에는 재즈 또는 전위음악을 표방하는 작품을 쓰기도 했다.

Us Now Praise Famous Men))를 보고 영감을 얻었다고 한다.

줄거리　　　　　[제1막] 어린 베스(Beth)가 농장 집 앞에서 인형 놀이를 하고 있다. 한가롭고 평화로운 농촌 풍경이다. 우편배달부 스플린터스(Splinters)가 소포를 하나 배달한다. 베스의 큰언니 로리(Laurie)의 졸업식 가운이다. 내일이면 이 집안 처음으로 고등학교 졸업생이 나온다. 바로 로리다. 저녁에 로리의 집에서는 졸업 축하 파티가 열릴 예정이다. 로리의 어머니 마 모스(Ma Moss)는 우편배달부 스플린터스도 파티에 초청한다. 스플린터스는 마을에 웬 뜨내기 두 사람이 나타나 마을 처녀들을 능욕하고 도망갔다는 소문이 있으니 조심하라고 알려준다. 로리는 자신도 모르는 사이에 어린 시절이 휘딱 지나고 어느덧 완연한 숙녀가 된 것 같아 어정쩡한 기분이 든다. 어머니와 할머니는 우편배달부에게 들은 끔찍한 소식 때문에 로리가 철없이 행동하지 않게 무던히도 잔소리를 해대지만 로리는 이제 그 잔소리가 듣기 싫다.

떠돌이 마틴(Martin)과 톱(Top)이 나타난다. 이들은 로리를 보자 가볍게 인사를 건넨다. 로리는 어쩐지 이 청년들이 마음에 들어 할머니에게 밭농사 수확을 할 때까지 고용하자고 말한다. 할머니는 우편배달부의 말이 마음에 걸려 신원도 알 수 없는 사람을 일꾼으로 쓸 수 없다고 펄쩍 뛰지만, 이 집안에서 유일하게 고등학교를 졸업하게 되는 로리가 고용하자고 주장하는 바람에 그렇게 하기로 한다. 로리는 두 사람을 그날 저녁 열릴 졸업 축하 파티에 초대한다. 톱은 파티장에서 할머니에게 술을 계속 권하도록 마틴에게 시켜 정신을 흐려놓은 뒤, 로리와 좀 더 가까워질 기회를 마련할 계획이다.

[제2막] 파티가 열리고 있다. 할머니는 로리의 졸업을 축하하는 의미에서 건배한다. 다른 사람들은 즐겁게 춤을 춘다. 할머니 옆에 있던 톱이 할머니에게 자꾸 술을 권한다. 로리의 어머니는 아무래도 두 젊은이가 미덥지 않아 스플린터스에게 보안관을 불러와 달라고 부탁한다. 드디어 할머니가 술에 취해 잠이 든다. 기회라고 생각한 마틴이 로리와 춤을 춘다. 두 사람은 서로에게 흠뻑 반해 호젓한 베란다로 나와 키스한다. 그러나 이 달콤한 키스는 때마침 정신을 차리고 나온 할머니에게 들켜 두 사람은 호되게 야단을 맞는다. 어머니는 이 젊은이들이 마을에 나타나 마을 처녀들을 능욕한 바로 그놈들이라고 몰아붙인다. 사람들은 당장이라도 두 젊은이를 요절낼 기세다. 이때 보완관에게 갔던 우편배달부 스플린터스가 돌아온다. 그는 보안관이 강간범 두 놈을 이미 잡았으며 그 놈들이 죄를 자백했다는 소식을 전한다. 어머니와 할머니는 민망해하지만, 아무래도 두 젊은이가 미덥지 않아 다음 날 아침 일찍 떠나라고 말한다.

그날 밤 마틴과 로리가 몰래 밖에서 만난다. 로리는 마틴이 가는 곳이라면 어디든지 함께 가겠다고 약속하고는 짐을 싸겠다면서 집으로 들어간다. 그 모습을 본 마틴은 생각에 잠긴다. 로리를 좋아하기는 하지만 이제 고등학교를 갓 졸업할 순진한 아가씨를 유혹해 멀리 도망간다는 것은 아무래도 마음에 내키지 않는다. 바로 그때 톱이 나타나 로리는 마틴과 함께 떠나지 않을 것이라고 장담하면서, 만일 떠난다고 해도 하루만 지나면 분명히 후회하고 집으로 돌아갈 것이라고 말한다. 결국 마틴과 톱은 로리를 남긴 채 그대로 떠나버린다. 새벽이 되어 집에서 나온 로리가 마틴을 찾지만 그곳에는 아무도 없다. 속은 것을 깨달은 로리는 그깟 졸업식에 참석하느니 차라리 무작정 떠나기로 결심한다. 어머니는 어린 딸 베스를 바라보며 새삼스레 베스에게 관심을 가져주지 못했다고 생각한다. 제1막의 처음 장면처럼 집 앞에서 인형 놀이를 하는 베스를 뒤로하고 막이 내린다.

제목의 연약한 대지는 바로 로리를 뜻하는지도 모른다.

베르사유의 유령

타이틀 The Ghosts of Versailles

	전 2막. 피에르오귀스탱 카롱 드 보마르셰(Pierre-Augustin Caron de Beaumarchais)의 드라마 〈죄 지은 어머니(La mère coupable)〉를 기본으로 윌리엄 호프만(William Hofmann)이 대본을 썼다.
초연	1991년 12월 19일 뉴욕 메트로폴리탄(Metropolitan) 오페라 하우스
주요 배역	마리 앙투아네트(지난날의 프랑스의 영광), 루이 14세, 보마르셰, 피가로, 알마비바 백작, 로시나, 레온(로시나와 케루비노의 아들), 플로레스티네(알마비바 백작의 딸), 케루비노, 술레이만 파샤, 영국 대사, 터키의 가수 사미라, 애국자 베주아르스
베스트 아리아	「나를 죽이고 싶어 할 거야(They wish they will kill me)」(T), 「외교관, 곡예사, 에티켓 선생(Diplomat, acrobat, teacher of etiquette)」(T)

사전 지식　　오페라 중에 오페라가 나오는 것은 〈팔리아치〉나 〈낙소스의 아리아드네〉와 같다. 이 오페라는 보마르셰 원작의 〈피가로〉 3부작 중 제1편 〈세비야의 이발사〉(로시니)와 제2편 〈피가로의 결혼〉(모차르트)에 이은 제3편으로 보면 이해가 쉽다. 오페라 중에 〈피가로의 결혼〉 등 오페라가 공연되는데, 원래 스토리와는 다르게 변형되어 있다.

코릴리아노, 존(Corigliano, John, 1938~)
뉴욕의 이탈리아 이민가정에서 태어난 존 코릴리아노는 고전음악 작곡가로서 많은 작품을 작곡했지만 대학교수로서 더욱 명성을 얻고 있는 사람이다. 현재 뉴욕 시립대학교 레만 칼리지와 줄리아드 음악대학의 명예교수로 있다. 그는 2001년에 교향곡 제2번으로 퓰리처상을 받았으며, 1997년에는 영화 〈레드 바이올린〉의 음악을 담당하기도 했다. 그의 아버지는 뉴욕 필하모니오케스트라의 콘서트마스터로 30년 이상 봉사한 인물이다. 코릴리아노의 대표적인 오페라는 〈베르사유의 유령〉으로 〈피가로〉 3부작을 쓴 보마르셰의 눈으로 본 프랑스혁명의 여파를 그린 작품이다.

줄거리　　　　전 2막이지만 스토리가 복잡하므로 비교적 상세한 설명이 필요할 것 같다.

[제1막] 오페라가 시작되면 베르사유 궁전의 오페라 극장에 루이 14세 유령이 도착한다. 루이 왕은 한 평민이 왕비 마리 앙투아네트를 사랑하는 것을 알지만, 자신은 유령이기 때문에 상관하지 않겠다고 말한다. 루이 왕은 요즘 너무 따분하고 지루하므로 오늘 공연하는 보마르셰의 새로운 오페라가 재미있기를 희망한다. 한편 보마르셰는 멋진 모자를 쓴 우아한 왕비에게 사랑을 호소하지만, 왕비는 기요틴에 처형당한 끔찍한 기억을 떠올리며 보마르셰에게 단념하라고 말한다. 보마르셰는 잠시 후 공연될 새로운 오페라 〈앙투니아(마리 앙투아네트)를 위한 피가로(A Figaro for Antonia)〉를 보면 자신의 마음을 이해할 것이라고 말한다.

오페라 속 오페라의 프롤로그다. 피가로가 빚쟁이들과 남자 여럿의 추격을 따돌리고 무대에 등장한다. 남자들이 피가로를 잡으려는 것은 피가로가 돈 조반니(Don Giovanni) 못지않게 자신들의 딸과 아내를 농락했기 때문이다. 겨우 숨을 돌린 피가로는 지난날의 모험과 현재의 생활을 설명하는 아리아 「외교관, 곡예사, 에티켓 선생」을 부른다. 어떤 경우에는 외교관이 되었다가 또 어떤 경우에는 에티켓 선생도 되었다는 얘기다. 오페라를 관람하던 귀족 유령들은 피가로의 아리아가 기교가 훌륭하고 재미있다고 박수를 친다. 오페라 속 오페라가 시작되기 전 보마르셰가 무대 위로 올라와 왕비의 다이아몬드 목걸이만 가질 수 있다면 과거의 역사를 바꿀 수 있으며, 프랑스혁명을 막을 수 있고 더구나 왕비가 기요틴에 처형되는 것도 막을 수 있다고 설명한다. 드디어 화려한 전주곡으로 오페라가 시작된다.

오페라 속 오페라의 무대는 1793년 파리 소재 터키대사관이다. 파티가 한창인 그곳에서 스페인 대사 알마비바(Almaviva) 백작이 영국 대사에게 왕비의 다이아몬드 목걸이를 사라고 제안하자 영국 대사가 바짝 흥미를 보인다. 이때 객석에 있는 루이 왕이 보마르셰에게 오페라를 중지하라고 소리친다. 그러나 소리를 듣지 못한 극작가는 출연진 하나하나를 무대로 올려 소개한다. 알마비바 백작, 그의 하인 피가로, 피가로와 결혼한 수산나, 백작 부인 로시나, 로시나와 케루비노 사이에서 태어난 아들 레온(Leon), 알마비바 백작의 딸로 레온을 사랑하는 플로레스티네(Florestine)가 소개된다. 알마비바 백작은 극작가의 소개로 백작 부인 로시나에게 레온이라는 아들이 있다는 것과 로시나가 케루비노와 부정을 저지른 사실을 비로소 알게 된다. 백작은 화가 치밀어 안절부절못한다. 더구나 딸 플로레스티네가 레온과 결혼하고 싶어 하는 것을 알자 화가 머리끝까지 올라, 딸 플로레스티네를 귀족들이 싫어하는 혁명주의자 베주아르스(Begearss)의 하인인 시골뜨기 빌헬름과 결혼시키겠다고 다짐한다. 여기까지는 프롤로그이고 이제부터가 시작이다.

혁명주의자 베주아르스가 하인 빌헬름을 데리고 알마비바 백작을 찾아온다. 베주아르스는 알마비바에게 왕비의 목걸이를 팔아넘길 계획인 것은 알지만, 그것은 정부의 재산이니 팔지 말고 돌려줘야 한다고 주장한다. 이 얘기를 피가로가 엿듣는다. 로시나가 들어와 레온도 자식이니 제발 용서하고 받아들여 달라고 애원하지만 백작은 일언지하에 거절한다.

오페라는 잠시 과거로 돌아간다. 로시나와 케루비노가 만나 사랑의 듀엣을 부른다. 이 듀엣에 보마르셰와 앙투아네트 왕비가 합세해 4중창이 된다. 루이 왕은 무대에서도 보마르셰가 왕비에게 관심을 보이자 무대로 뛰어올라 가서 보마르셰와 결투를 벌인다. 그러나 루이 왕은 유령이기 때문에 칼에 찔려도 아무 흔적이 없다. 무대 위 객석에서 오페라 속 오페라를 구경하던 유령 귀족들도 칼을 빼어 들어 서로 찌르며 즐거워한다.

장면이 바뀌어 터키대사관이다. 알마비바 백작은 로시나와 수산나의 애원에도 목걸이를 팔 생각이다. 베주아르스와 그의 하인 빌헬름은 목걸이를 환수하러 나타나지만, 때마침 매혹적인 터키의 가수 사미라(Samira)가 들어오는 바람에 목걸이는 영국 대사의 손에 넘어가지 않게 된다. 사미라가 노래를 시작한다. 피가로는 춤추는 여인으로 변장해 파티장으로 들어온다. 그는 백작의 혼을 쏙 빼놓은 뒤 목걸이를 훔쳐 줄행랑을 친다.

[제2막] 오페라 속 오페라가 계속된다. 객석에 있는 유령들은 보마르셰가 말한 대로 역사를 바꿀 수 있는지를 놓고 논란을 벌이고 있다. 피가로가 돌아온다. 피가로는 보마르셰의 각본대로 목걸이를 왕비에게 돌려줘야 하지만, 생각을 바꿔 목걸이를 팔아 백작과 가족들의 해외 도피자금으로 쓰자고 제안한다. 혁명주의자들이 세력을 잡게 되면 귀족인 백작과 백작 부인은 곤란한 처지가 될 수 있기 때문이다. 목걸이를 팔아 백작 가족을 돕자는 소리를 들은 보마르셰는 말도 안 되는 소리라고 화를 내며, 무대로 올라가 오페라를 중지시킨다. 한편 베주아르스는 거리에서 한 무리의 여자들에게 알마비바 백작 집에서 열릴 무도회에 쳐들어 가자고 선동한다.

백작 저택의 화려한 무도회장이다. 플로레스티네는 기분이 몹시 상해 있다. 아버지 알마비바 백작이 레온을 무도회장에서 쫓아냈기 때문이다. 플로레스티네와 레온이 은밀히 만나 사랑의 듀엣을 부른다. 로시나가 두 사람을 결혼시키자고 다시 한 번 간청하자 알마비바 백작이 어떤 결정을 내리려고 하는데, 갑자기 베주아르스가 빌헬름을 비롯한 한 무리의 혁명주의자들을 이끌고 백작의 집으로 쳐들어와 목걸이를 내놓으라고 강요한다. 피가로가 백작을 구하기 위해 목걸이를 베주아르스에게 내어준다. 베주아르스는 한술 더 떠 플로레스티네와 결혼하겠다고 주장한다. 알마비바 백작이 베주아르스의 제의를 거절하자, 베주아르스는 백작과 가족을 감금하라고 명한다. 보마르셰와 피가로만이 간신히 도망친다.

혁명주의자들은 알마비바 백작 가족을 앙투아네트가 지내던 방의 옆방에 던져 넣고 문을 잠근다. 방에 갇힌 백작의 가족들은 어려울 때일수록 서로 사랑해야 한다고 생각해 화해한다. 피가로와 보마르셰가 백작 가족을 구출하기 위해 등장한다. 왕비 방의 열쇠는 빌헬름만 가지고 있다. 수산나의 지시를 받은 로시나가 아프다고 속여 빌헬름을 방으로 들어오게 한 뒤 그를 덮쳐 열쇠를 빼앗는다. 하지만 그들의 노력은 결국 수포로 돌아간다. 베주아르스가 나타났기 때문이다. 그는 하인 빌헬름의 바보 같은 행동을 크게 나무라고는 빌헬름을 가두라고 명한다. 이때 피가로가 등장해 베주아르스가 왕비의 목걸이를 가난한 사람들이 아닌 자기 몫으로 챙기려 한다고 방에 있는 혁명주의자들에게 폭로한다. 분노한 혁명주의자들이 베주아르스를 끌고 나간다. 왕비의 목걸이와 왕비 방의 열쇠는 이제 보마르셰 손에 있다.

앙투아네트는 보마르셰에게 더는 과거를 바꾸려 하지 말라고 한다. 그녀는 과거를 바꾸면 현재 보마르셰가 자신을 사랑하는 것까지 부인하는 것이라고 설명해준다. 알마비바 백작 가족은 모두 미국으로 도망간다. 보마르셰와 왕비 유령은 자신들의 처형 장면을 다시 한 번 구경한 뒤 극장을 떠난다.

티플란트

타이틀	**Tiefland**(The Lowlands)	
	프롤로그와 3막으로 구성된 음악극. 앙젤 기머라(Àngel Guimerà)의 희곡 「저지대(Terra baixa)」를 바탕으로 루돌프 로타르(Rudolph Lothar)가 대본을 썼다. 티플란트는 아랫마을, 저지대라는 의미다.	
	초연	1903년 11월 15일 프라하 신독일극장(Neues Deutsches Theater)
	주요 배역	페드로(마르타를 사랑하는 양치기 청년), 마르타(페드로가 사랑하는 아가씨), 세바스티아노(악독한 페드로의 주인), 톰마소(마르타의 아버지), 난도(양치기)
베스트 아리아	「두 사람의 아버지에게 간구하였네(Zwei Vater unser bet' ich)」(T), 「보게나, 이게 한 탈러라네(Schau her, das ist ein Taler)」(T), 「늑대 이야기(Wolfserzahlung)」(T), 「우리 아버지가 누구인지 모른답니다(Ich weiss nicht, wer mein Vater war)」(S)	

사전 지식　　　〈팔리아치〉와 〈카발레리아 루스티카나〉처럼 〈티플란트〉도 남유럽을 무대로 하고 있으며, 사랑의 삼각관계에서 비롯된 스토리가 살인이라는 끔찍한 결과로 막을 내린다는 공통점이 있다. 드라마틱한 사실주의 오페라다. 독일어로 된 작품이지만 독일 이외의 곳에서 공연되는 경우가 더 많았다. 스페인의 카탈루냐가 배경이므로 원래 스페인어 버전을 만들었으며, 나중에 독일어 버전으로 바꾸었다. 완성된 독일어 버전은 1953년 초연되었다.

에피소드　　　노르웨이의 세계적인 바그너 소프라노 시르스텐 플라그스타(Kirsten Flagstad)가 열여덟 살 때 데뷔한 오페라로, 1944년 아테네 초연 때는 신인 소프라노 마리아 칼라스가 출연했다.

달베르, 오이겐(D'Albert, Eugene, 1864~1932)
프랑스 혈통으로 영국에서 태어나 청년 시절을 보냈으나 주로 독일에서 활동한 오이겐 달베르는 오페라는 물론 발레곡에서도 일가견을 보여준 작곡가다. 그가 발레음악에 깊은 관심을 가진 것은 아버지가 런던의 주요 극장에서 발레감독을 지냈기 때문이다. 그는 약 20편의 오페라를 작곡했다. 대표작은 〈티플란트〉로 영국식 베리스모 작품이다.

줄거리　　　　　　[프롤로그] 피레네 산맥 중턱에서 돈 많은 세바스티아노(Sebastiano)의 양 떼를 페드로(Pedro)가 돌보고 있다. 주인 세바스티아노는 페드로에게 일만 열심히 하면 돈도 많이 벌게 해주고 아랫마을에 사는 예쁜 아가씨 마르타(Marta)와 결혼도 시켜주겠다고 한다. 페드로는 기쁨에 넘쳐 있다. 세바스티아노가 마르타를 데리고 페드로를 찾아온다. 마르타를 본 페드로는 신께서 축복을 내려주시어 저렇게 예쁜 여인을 아내로 맞게 되었다면서 감사한다.

[제1막] 아랫마을에서는 페드로와 마르타의 결혼식 준비가 한창이다. 마르타를 깊이 사랑하는 페드로는 너무 들뜬 바람에 마을 사람들이 자기를 조롱하는 소리를 알아듣지 못한다. 결혼식이 끝나자 마르타는 페드로에게 자신의 지난날을 털어놓는다. 페드로는 마을 사람들이 왜 그렇게 수군거리며 자신을 조롱했는지 깨닫는다.

마르타의 아버지는 부랑자와 같은 사람이었다. 오래전 돈 많은 세바스티아노가 마르타의 아버지에게 방앗간을 사주어 먹고살게 해주는 대신 그의 예쁜 딸 마르타를 데리고 갔다. 그 후 세바스티아노와 마르타는 같은 집에 살았으므로 마을 사람이라면 두 사람의 관계를 누구든 잘 알고 있다. 그런데 어떤 돈 많은 여자와 결혼할 기회가 생기자 세바스티아노는 걸림돌인 마르타를 궁여지책으로 페드로와 결혼시킨 것이다. 이 얘기를 들은 페드로는 세바스티아노에게 복수하기로 결심한다.

[제2막] 야비한 세바스티아노는 마르타를 페드로와 결혼시키기는 했지만 그렇다고 마르타에 대한 일종의 소유권까지 포기한 것은 아니었다. 뻔뻔스러운 세바스티아노가 페드로의 집으로 찾아와 마르타를 요구한다. 페드로가 안 된다고 막아서지만 세바스티아노는 하인을 시켜 페드로를 문밖으로 쫓아내고 마르타와 시간을 보내려고 한다. 마르타가 정신을 잃고 쓰러진다. 그때 마르타의 아버지 톰마소(Tommaso)가 들어와 세바스티아노가 결혼하려는 돈 많은 여자의 가족에게 당신이 얼마나 나쁜 사람인지 얘기했다고 말한다. 세바스티아노가 어떤 사람인지 알게 된 돈 많은 여인은 결혼 얘기를 없었던 것으로 한다.

[제3막] 어느 날 마르타가 혼자 있는 틈을 타 집에 찾아온 세바스티아노는 마르타에게 치근덕댄다. 그때 페드로가 돌아온다. 페드로는 세바스티아노의 모습을 보자 무서운 기세로 싸움을 건다. 서로 뒤엉켜 싸우다가 페드로가 세바스티아노의 목을 조르기 시작한다. 얼마 뒤 세바스티아노의 움직임이 잠잠해진다. 페드로는 자기가 한 일을 알리기 위해 마을 사람들을 불러와 "이제 세바스티아노는 이 세상 사람이 아니요!"라고 소리친다. 그는 마르타의 손을 잡고 집을 빠져나와 산을 향해 무작정 걸어간다. 그 후 둘의 모습을 본 사람은 없다. 아마 산속 어딘가에서 행복하게 살고 있을 것이다.

죄수

타이틀	**The Prisoner**(Il prigioniero)	
		프롤로그와 1막. 필리프오귀스트 비예르 드 릴아당(Philippe-Auguste Villiers de l'Isle-Adam)의 소설『희망의 고문(La torture par l'espérance)』과 샤를 드 코스테(Charles de Coster)의 소설(La Légende d'Ulenspiegel et de Lamme Goedzak)을 바탕으로 한 작곡자가 직접 대본을 썼다.
	초연	1950년 5월 20일 피렌체 코무날레 극장(Teatro Comunale)
주요 배역	어머니(S), 죄수(Bar), 간수(T), 두 명의 신부(T, Bar), 종교재판관(T)	

사전 지식　　달라피콜라는 이탈리아 음악에 새로운 삶을 불어넣어 준 최초의 개혁자다. 그는 뼈처럼 굳어버린 전통을 과감히 탈피했다. 달라피콜라는 죄수를 소재로 하여 보이지 않는 힘에 의해 마음속 깊숙이 일말의 희망을 품지만, 결국 무기력한 인간으로서 자신을 파괴해야 하는 상황을 이 오페라를 통해 보여주었다.

에피소드　　가톨릭교회는 1950년을 '성년(聖年)'으로 삼았다. 그러한 해에 가톨릭의 치부를 드러내는 〈죄수〉를 공연하는 것은 바람직하지 않다고 생각한 달라피콜라는 초연 무대를 약간 바꾸기로 한다. 막이 오르면 두 명의 가톨릭 신부가 등장하는데, 달라피콜라는 그들에게 신부복 대신에 기사복을 입혀 무대에 등장시켰다.

달라피콜라, 루이지(Dallapiccola, Luigi, 1904~1975)
루이지 달라피콜라는 현재는 크로아티아 땅이지만 당시에는 이탈리아 영토였던 곳에서 태어났다. 그는 서정적인 12음기법을 이용해 작곡했다. 달라피콜라는 음악이 파시즘의 영향을 받아서는 안 된다고 주장했는데, 이는 음악도 사회적으로 도덕성을 지녀야 한다는 의미였다. 달라피콜라는 전체군주 체제에 반대했다는 이유로 오스트리아의 글라츠(Graz)로 추방되어 제1차 세계대전이 끝날 때까지 그곳에서 젊은 시절을 보냈다. 대표적인 무대 작품 〈야간 비행〉, 〈죄수〉 등에는 파시즘에 대한 거부반응이 표현되어 있다.

줄거리　　　　　무대는 16세기 스페인 사라고사(Saragossa)의 종교재판소 감옥이다.

[프롤로그] 아직 막은 오르지 않았다. 검은 막을 뒤로하고 어머니가 감옥에 갇힌 아들을 기다리고 있다. 아들은 종교재판관에 의해 체포되어 투옥되었다. 어머니는 아들이 머지않아 죽을 것임을 예감한다. 그녀는 펠리페 2세(펠리페 2세는 돈 카를로의 아버지다)의 모습을 본다. 종교재판관의 잔혹한 횡포에 책임이 있는 인물이다. 어머니는 펠리페 2세가 '죽음'의 모습으로 나타나는 환영을 본다.

[제1장] 바닥에 지푸라기가 흩어져 있는 지하 감방이다. 죄수인 아들은 어둡고 축축한 감방에서 어머니를 만난다. 아들은 희망에 부풀어 있다. 간수가 자기를 보고 "형제여!"라고 불렀기 때문에 석방될지도 모른다는 일말의 희망을 갖게 된 것이다.

[제2장] 죄수의 어머니가 집으로 돌아가자 간수가 나타나 플랜더스에서 봉기가 일어났다고 전한다. 간수는 플랜더스 봉기로 펠리페 2세의 권세가 약화될 것이라는 말도 덧붙인다. 간수는 그가 한 말을 증명이나 하려는 듯 감방 문을 잠그지 않고 나간다. 죄수들은 그 틈을 타서 탈출한다.

[제3장] 죄수들은 지하 통로를 통해 밖으로 빠져 나가려고 애를 쓴다. 사람 소리가 들릴 때마다 보이지 않게 숨느라 고생이 많다. 아무튼 죄수들은 아직 발견되지 않았다.

[제4장] 마침내 밖으로 나온 죄수들이 넓은 정원에 이른다. 오랜만에 파란 하늘을 보는 죄수들은 햇빛에 눈이 부신 듯한 모습이다. 그들은 "형제여!"라는 소리와 함께 인사를 받는다. 얼마 전 죄수들에게 "형제여!"라고 부르던 그 간수, 실은 종교재판관이다. 죄수들에게 자유에 대한 최소한의 희망을 준 것이 그가 죄수들에게 가한 마지막 고문이었다. 죄수는 끝내 화형장으로 끌려간다.

탕자

타이틀	**L'Enfant Prodigue**(The Prodigal Son)

단막의 서정적 오페라. 에두아르 기낭(Edouard Guinand)이 대본을 썼다. 『성경』에 기록된 탕자의 비유가 이 오페라의 모티브가 되었다. 다만 『성경』에 기록된 큰아들의 불평 장면과 아버지가 돌아온 탕자를 붙들고 모두 용서하는 장면은 삭제했다.

초연 1884년 7월 27일 파리 오페라 코미크 극장

주요 배역	리아(아자엘의 어머니), 아자엘(탕자), 시므온(아자엘의 아버지)
베스트 아리아	「도움이 안 되는 랍비(L'abbee en vain)」(S), 「기쁜 모습(Ces airs joyeux)」(T)

줄거리   무대는 아름다운 게네사렛(Gennesaret) 호수와 접한 어느 평화로운 마을이다. 멀리서 여름 축제를 축하하는 행복한 합창 소리가 들린다. 이와는 대조적으로 외떨어져 있는 리아(Lia)는 기운이라고는 하나 없이 침울한 모습이다. 리아는 혼자서 마음껏 울 만한 조용한 곳을 찾고 있다. 오래전 집을 나가 환락에 빠져 있다가 지금은 비렁뱅이 신세나 다름없이 지낼 아들 아자엘(Azael)을 생각하며 비탄에 잠겨 있다. 아들의 어릴 적 친구들은 마을의 여름 축제를 즐기며 노래 부르고 춤을 추는데, 아들 아자엘은 어디서 무엇을 하고 있는지, 끼니나 제때 때우고 있는지, 잠이나 제대로 자고 있는지 걱정이 되어 눈물이 마를 새가 없다. 리아의 아들 아자엘은 아버지가 고생하며 겨우

드뷔시, 클로드(Debussy, Claude, 1862~1918)
클로드 드뷔시는 프랑스 인상주의 음악의 대표적인 인물이다. 그는 자기 작품에 오감을 통해 느낄 수 있는 모든 것을 반영하기 위해 노력했다. 말하자면 마네(Edouard Manet)나 르누아르(Auguste Renoir)가 비에 젖은 파리의 거리 풍경을 그렸듯이 오선지에 그런 인상을 그렸다. 드뷔시는 자연 그대로를 표현하는 것이 진정한 음악이라는 주장을 했다. 그러한 인상주의적 소리를 표현하기 위해 새로운 음악 언어가 필요했다. 전통적인 수법의 멜로디와 하모니만으로는 부족했다. 드뷔시는 표현에서의 해방을 추구했다. 그의 대표작 〈펠레아스와 멜리장드〉에는 '인상주의적 음색의 회화'라고 불릴 정도로 신비에 싸인 하모니와 음색이 전개된다.

모아둔 돈을 몽땅 챙겨가지고 큰 도시로 떠났다. 그때 아버지 시므온(Semeon)의 분노가 얼마나 컸는지 아무도 모를 것이다. 그렇지만 리아는 벌써 오래전에 아자엘의 방탕한 죄악을 모두 용서했고, 지금은 그를 위해 기도하고 있다. 시므온이 들어와 리아의 눈물을 닦아주며 제발 그만 슬퍼하라고 위로한다. 시므온은 말은 하지 않지만 그동안 아들 때문에 겪은 마음고생으로 건장하던 몸이 무척 수척해졌다.

여름 축제에 참가한 젊은이들이 친구의 어머니 리아에게 꽃다발과 과일을 전해주기 위해 집으로 찾아온다. 이들은 리아에게 혼자 슬프게 보내지 말고 함께 즐거운 시간을 보내자고 권유한다. 리아는 아들 아자엘을 생각하며 어쩔 수 없이 그들을 따라나선다. 사람들이 모두 멀어지자 덤불 속에 숨어 있던 아자엘이 등장한다. 아자엘은 멀어져 가는 젊은이들을 바라보며 행복했던 어린 시절을 떠올리니 가슴이 멘다. 아자엘은 누더기 차림으로 먼 길을 걸어왔는지 몹시 피곤한 모습이다. 지금은 지난날의 잘못을 뼈아프게 뉘우치고 있으며, 보고 싶은 아버지, 어머니가 계시는 집으로 어서 돌아가고 싶은 마음뿐이다. 아자엘은 마치 슬픈 감정에 짓눌린 듯 그 자리에 정신을 잃고 쓰러진다.

리아는 여름 축제에 잠시 참여했다가 축제를 즐길 마음의 여유가 없어 다시 집으로 향한다. 돌아오는 길에 어떤 사람이 누더기를 걸친 채 쓰러져 있는 것을 발견한다. 리아는 아들 아자엘도 저런 생활을 하고 있지 않을까 하는 생각에 다가가서 도와주려고 한다. 그런데 이게 웬일인가? 쓰러져 있는 사람은 바로 아자엘 아닌가? 리아는 몹시 놀라지만, 기도가 이루어진 것을 알고는 기뻐하며 하염없이 눈물을 흘린다. 잠시 후 정신을 차린 아자엘이 어머니를 보고 기쁨에 겨워 눈물을 흘린다. 리아는 아자엘을 축제를 즐기고 있는 젊은이들에게 데리고 간다. 그러고는 이 사람이 잃어버렸다가 찾은 아들이라고 인사를 시킨다.

아자엘이 아버지 시므온의 발아래 무릎을 꿇고 용서를 빈다. 시므온은 주저하지만 리아가 간절히 빌고 아버지로서의 정에 마음이 움직여, 마침내 아자엘을 일으켜 안아준다. 아버지 시므온은 살진 송아지를 잡아 잔치를 벌이라고 말한다. 사람들은 돌아온 탕자를 환영하며 다시 잔치를 벌일 준비한다.

펠레아스와 멜리장드

타이틀	**Pelléas et Mélisande**(Pelléas and Mélisande)

	전 3막. 상징주의 시인 모리스 마테를링크(Maurice Maeterlinck)의 희곡을 오페라 대본으로 다시 손질했다.
초연	1902년 4월 30일 파리 오페라 코미크 극장
주요 배역	멜리장드(펠레아스를 사랑하게 된 여인), 펠레아스(멜리장드의 남편 골로의 이복동생), 골로(멜리장드의 남편), 죄느비에브(골로의 어머니이자 왕비), 아르켈(알레몽드의 왕)
음악 하이라이트	멜리장드의 노래

사전 지식　　　　무대는 알레몽드(Allemonde)라는 신화 속의 나라로 전설적인 어느 시기다. 남편의 동생을 사랑한 한 여인의 비극적인 삶을 그린 오페라다. 음악은 바그너의 〈트리스탄과 이졸데〉 분위기가 난다. 「펠레아스와 멜리장드」는 1892년 발간된 모리스 마테를링크의 5막짜리 희곡으로, 이듬해 연극무대에 올라 큰 반향을 일으키면서 마테를링크의 명성을 국제적으로 높여준 작품이다. 이 드라마는 프랑스 상징주의(심볼리즘) 드라마의 걸작으로 꼽힌다. 중세에 있었다는 상상의 나라를 무대로 한 이 드라마의 중심에는 멜리장드에 대한 펠레아스의 비극적 사랑이 있다. 마테를링크는 이 꿈과 같은 동화 속에 무서울 정도로 전율케 하는 사랑의 힘을 주제로 삼았지만, 드뷔시는 극적이고 음악적인 분위기를 더 강조했다. 인상주의적인 대화는 우울하면서도 마법적인 분위기를 전해주고 있다. 드라마에서 단어 하나하나는 생각이 아니라 감정을 유발한다. 주인공들은 때에 따라 침묵으로 대사를 대신하며, 어떤 때는 같은 대사를 계속 반복해 무언가 탄원하는 듯한 효과를 전달한다.

줄거리　　　　[제1막] 사냥을 나갔다가 숲 속에서 길을 잃은 아르켈(Arkel) 왕의 손자 골로(Golaud)가 샘물 옆에서 가련한 소녀를 발견한다. 길을 잃고 두려워하는 멜리장드(Melisande)다. 멜리장드는 자신이 누구인지 설명하지 못한다. 밤이 짙어지자 그녀는 마지못해 골로를 따라나선다. 골로는 결혼했으나 얼마 전에 혼자가 된 신세다.

왕비 죄느비에브(Geneviève)가 늙고 눈먼 아르켈 왕에게 편지를 읽어주고 있다. 손자 골로가 이복동생인 펠레아스(Pelleas)에게 보낸 편지다. 할아버지 아르켈 왕이 신부를 선택해주려고 했는데 돌연 멜리장드와 결혼한 까닭에 환영 받지 못할까 두려워 왕궁으로 돌아가기를 주저한다는 내용이다. 그러나 이미 저질러진 일, 늙은 아르켈 왕은 손자 골로의 결혼을 받아들인다. 이때 펠레아스가 들어와 친구가 죽어가고 있으니 가서 보고 오도록 허락해달라고 청한다. 그러나 아르켈 왕은 아버지가 중병에 걸렸는데도 함께 있지 않고 친구한테 가겠다는 것은 말도 안 된다고 하면서, 이복형 골로가 신부와 함께 곧 올 것이므로 마중을 나가라고 지시한다.

골로와 멜리장드가 배를 타고 도착한다. 왕궁에 들어온 멜리장드는 모든 것이 낯설다. 골로는 왕국의 일로 이곳저곳을 자주 돌아다녀야 하기 때문에 멜리장드와 함께 있을 시간이 부족하다. 왕비 죄느비에브는 펠레아스에게 형 골로가 없으니 그럴수록 멜리장드를 잘 보살펴주라고 당부한다.

펠레아스와 멜리장드가 왕궁 정원에 있는 우물가를 거닐고 있다. 멜리장드가 우물을 들여다보다가 물에 비친 자기 모습에 매료되어 손으로 물을 저으면서 어린아이처럼 좋아한다. 그런데 잘못하여 결혼반지를 우물 속에 빠뜨리고 만다. 겁에 질린 멜리장드는 골로가 결혼반지에 대해 물으면 어떻게 설명하면 되겠느냐고 펠레아스에게 묻는다. 그는 "사실대로" 말하면 된다고 대답한다.

숲 속에 있던 골로가 말에서 떨어져 부상을 당한다. 부상당해 침상에 누워 있는 골로 옆에서 멜리장드가 간호하고 있다. 그녀는 갑자기 눈물을 흘리며 이 우울한 성에서 벗어나고 싶다고 말한다. 골로가 멜리장드의 손을 잡고 위로하다가 결혼반지가 없는 것을 보고 어찌된 일이냐고 묻는다. 멜리장드는 어두운 동굴 속에서 반지를 잃어버렸다고 말한다. 골로는 펠레아스와 함께 동굴로 가서 반지를 찾아오라고 한다. 펠레아스와 멜리장드는 동굴이 어떤 모습인지 골로에게 설명하기 위해 손으로 바위를 더듬으며 모습을 익히고 있다. 두 사람은 어느덧 서로 손을 잡고 있다.

[제2막] 멜리장드가 왕궁의 한쪽 탑에 있는 자기 방 창문에서 노래를 부르며 머리를 빗는다. 그녀는 펠레아스의 모습이 보이자 창밖으로 몸을 내밀다가 밖으로 떨어진다. 마침 그 밑을 지나던 펠레아스가 멜리장드를 손으로 받는다. 두 사람의 얼굴이 포개지자 펠레아스가 멜리장드에게 키스한다. 이 모습을 목격한 남편 골로는 어린아이처럼 입을 맞추며 장난하면 안 된다고 두 사람을 꾸짖는다. 골로는 멜리장드가 곧 아이를 낳게 될 것이라고 펠레아스에게 얘기하면서 더는 어린아이처럼 굴지 않는 것이 좋겠다고 충고한다. 골로는 펠레아스와 멜리장드가 서로 이상한 감정을 품고 있다고 의심한다.

[제3막] 멜리장드를 만난 펠레아스는 먼 곳으로 떠날 생각이라고 말하면서, 마지막으로 밤에 샘물가에서 만나달라고 청한다.

아르켈 왕과 함께 있는 멜리장드에게 골로가 성큼 다가오더니 부정한 여인이라고 비난하면서 바닥에 쓰러뜨린다. 골로가 밖으로 뛰쳐나가자 멜리장드는 그가 더는 자신을 사랑하지 않는다고 말하면서 흐느낀다. 측은하게 생각한 아르켈 왕이 만일 자기가 신이라면 남자들의 마음을 불쌍히 여길 것이라고 말한다.

샘물가에서 펠레아스와 멜리장드가 만난다. 행여나 남이 볼까 봐 두려운 중에도 두 사람은 사랑을 약속한다. 멜리장드는 누가 어둠 속에서 엿보는 것을 눈치채지만, 두 연인은 개의치 않는다는 듯, 마치 어떠한 두려움도 없다는 듯, 자포자기한 듯 키스를 한다. 이 모습을 지켜보던 골로가 격분하며 뛰쳐나와 펠레아스를 칼로 찔러 죽인 뒤 도망치는 멜리장드를 쫓아간다. 멜리장드가 쓰러진다. 장면은 바뀌어 멜리장드의 침실이다. 골로는 자신이 저지른 짓을 깊이 후회하고 있다. 의사가 지켜보는 가운데 조산아를 낳은 멜리장드는 죽음을 눈앞에 두고 있다. 그녀는 펠레아스에게 일어난 일을 전혀 기억하지 못한다. 그저 펠레아스를 사랑했다는 것만 기억할 뿐이다. 의사가 아기를 보여준다. 아기의 얼굴에서 슬픔을 본 멜리장드가 조용히 숨을 거둔다.

라크메

타이틀	**Lakmé**	
		전 3막. 피에르 로티(Pierre Loti)가 쓴 소설 『라라후 (Rarahu)』를 기본으로 에드몽 공디네(Edmond Gondinet) 이 대본을 썼다.
	초연	1883년 4월 13일 파리 오페라 코미크 극장
	주요 배역	닐라칸타(브라만 승려), 라크메(닐라칸타의 딸), 밀리카(닐라 칸타의 하녀), 하지(닐라칸타의 하인), 프레더릭(영국군 장교), 제럴드(영국군 장교), 미스 엘렌(프레더릭의 약혼녀)
음악 하이라이트		라크메와 밀리카의 듀엣, 라크메의 종의 노래
베스트 아리아		「젊은 인도 처녀는 어디로 가는가(Ou va la jeune Indoue)」(벨 송)(S), 「두터운 돔 아래에서 (Sous le dome epais)」(S+Ms)

사전 지식　라크메는 아름다운 인도 처녀의 이름으로, 그녀의 아버지는 광신적인 브라만교 승려다. 무대는 19세기 중엽의 인도로, 당시에는 영국의 식민지였다. 브라만은 인도 4성 계급 중 최상위 계급인 승려 계급을 말한다. 오페라 〈라크메〉는 이국적인 배경과 음악 때문에 사랑을 받았다. 라크메와 하녀 밀리카가 부르는 듀엣 「두터운 돔 아래에서」는 매우 아름다운 곡이다. 이보다 더 아름다운 곡은 라크메가 시장 거리에서 종을 딸랑거리며 부르는 「젊은 인도 처녀는 어디로 가는가」로, 콜로라투라 소프라노의 정수를 보여준다.

들리브, 레오(Delibes, Leo, 1836~1891)
레오 들리브는 아돌프 아당(Adolph Adam)에 이어 프랑스 최고의 발레음악 작곡가다. 그는 환상적인 발레음악을 오페라에 도입해 프랑스 오페라 연혁에 또 다른 이정표를 세웠다. 들리 브는 발레음악 「코펠리아(Coppelia)」를 통해 작곡가로 두각을 나타냈다. 그의 오페라도 상당 히 주목을 끌었는데 〈일락의 왕(Le roi s'amuse)〉은 훗날 베르디가 〈리골레토〉를 작곡하게 하는 동기가 되었고, 대표작 〈라크메〉는 콜로라투라 소프라노라면 누구나 한 번쯤 도전해보 고 싶어 하는 오페라다. 들리브의 마지막 오페라 〈카사야(Kassaya)〉는 그의 사후에 마스네가 오케스트라 음악을 완성한 작품이다.

줄거리　　　　　**[제1막]** 닐라칸타(Nilakantha)는 광신적인 브라만교 승려다. 그에게는 라크메(Lakmé)라는 예쁜 딸이 하나 있다. 영국의 통치를 받고 있는 인도에서는 브라만교가 밀교로 규정되어 종교의식이 엄격히 금지되고 있다. 이런 처사를 무척 못마땅하게 여기는 닐라칸타는 골수 브라만교도를 규합해 비밀리에 종교 의식을 집전한다. 닐라칸타가 비밀 모임에 가자 사원에는 라크메와 하녀 밀리카(Millika)만 남는다. 라크메는 호수에서 목욕을 하기 위해 보석 장신구를 풀어 의자에 올려놓고는 하녀와 함께 배를 타고 맑은 물이 있는 호수 저편으로 간다. 영국군 장교 제럴드(Gerald), 프레더릭(Frederick), 미스 엘렌(Miss Ellen)과 엘렌의 사촌 미스 로즈(Miss Rose), 가정부 한 사람이 호수로 소풍을 나온다. 이들은 호기심에 브라만 사원을 둘러친 대나무 담장을 뚫고 사원 경내로 들어갔다가 보석 장신구를 발견한다. 잠시 후 라크메가 하녀와 함께 돌아오자, 제럴드는 얼른 나무 뒤로 숨는다. 정원에 홀로 남은 라크메가 제럴드를 발견하고는 놀라 소리친다. 이 소리에 사원 사람들이 쫓아 나와 제럴드 일행을 담장 밖으로 쫓아낸다. 라크메는 제럴드에게 자기를 보았다는 얘기를 절대 하지 말라고 당부한다. 제럴드는 라크메의 아름다움에 넋을 잃는다. 라크메도 첫눈에 제럴드에게 사랑을 느낀다. 사원으로 돌아온 닐라칸타는 성스러운 브라만 사원에 영국인들이 무단 침입했다는 사실을 알고는 그들의 책임자를 죽여 신의 노여움을 달래겠다고 맹세한다.

[제2막] 닐라칸타는 사원에 침입했던 자들이 누군지 밝혀내기 위해 딸 라크메에게 시장 거리에서 노래를 부르라고 지시한다. 그녀의 노래에 응답하는 자가 있으면 그가 바로 침입자라고 생각한 것이다. 라크메가 아름다운 목소리로 노래를 부르지만 지나가는 영국인 중 응답하는 사람은 아무도 없다. 닐라칸타는 딸 라크메에게 계속 노래를 부르라고 지시한다. 마침내 제럴드가 노래를 듣고 달려오자 라크메는 정신을 잃고 제럴드 팔에 쓰러진다. 제럴드가 장본인임을 알게 된 닐라칸타는 그를 없앨 계획을 꾸민다. 닐라칸타의 사주를 받은 심복이 제럴드를 칼로 찌르지만 요행히 상처만 입는다. 라크메를 따르는 사원의 하인 하지(Hadji)가 라크메의 부탁을 받고 부상당한 제럴드를 비밀 은신처로 옮겨와 치료받게 한다.

[제3막] 라크메가 숲 속 은신처에서 제럴드를 간호하고 있다. 그때 신성한 샘물을 마시러 온 연인들이 노래를 부르며 행진한다. 라크메는 샘물을 마시면 영원한 사랑을 약속할 수 있다고 하면서 함께 마시자고 조르지만, 제럴드는 주저한다. 그는 사랑과 영국 군인으로서의 의무 사이에서 갈등하고 있다. 라크메가 신성한 샘물을 뜨러 간 사이 그를 찾아온 동료 장교 프레더릭이 영국 군인으로서의 명예를 저버리면 안 된다고 충고한다. 샘물을 떠온 라크메는 제럴드의 마음이 멀어진 것을 느끼고는 슬픔에 잠겨 독풀을 뜯어 입에 넣는다. 그녀는 죽어가면서 신성한 샘물을 마신다.

라크메는 자신을 찾아온 닐라칸타에게 제럴드와 함께 신성한 샘물을 마셨다고 말하고는 숨을 거둔다.

마을의 로미오와 줄리엣

타이틀	Romeo und Julia auf dem Dorfe(A Village of Romeo and Juliet)

	전 6장의 리릭 드라마(lyric drama). 1901년 완성. 스위스의 작가 고트프리트 켈러(Gottfried Keller)의 동명 소설을 바탕으로 작곡자가 아내 젤카(Zelka)와 공동으로 영어 대본을 썼다.
초연	1907년 2월 21일 베를린 코미셰 오퍼(Komische Oper) 극장
주요 배역	만츠와 마르티(농부들), 살리(마을 청년), 브렐리(브렌헨: 마을 처녀), 다크 피들러(검은 바이올린 주자)
베스트 음악	「천국의 정원으로 가는 걸음(The walk to the Paradise Garden)」(4~5막의 간주곡). 이 낙원의 장면 음악은 다른 부분을 모두 완성한 뒤 5년이 지나서야 완성되었다.

사전 지식　　　발레음악 〈지젤〉이나 오페라 〈빌리(Le Villi)〉와 유사한 형태다. 꿈과 같은 세계가 육신과 영혼 사이를 방황하는 느낌이다. 딜리어스는 이 오페라를 통해 자기 특유의 음악 언어를 조성했다. 로미오와 줄리엣이라는 제목을 붙인 것은 주인공들의 사정이 베로나의 로미오와 줄리엣과 흡사하다고 생각했기 때문이다.

줄거리　　　스위스의 어느 마을이다. 이웃인 만츠(Manz)와 마르티(Marti)라는 두 농부는 형제처럼 친하게 지낸다. 두 사람에게는 서로 경계를 이루는 넓은 땅이 각각 있다. 그 경계 지점에 아직 개간되지 않은 넓은 땅이 있는데, 다크 피들러(Dark Fiddler)가 소유하고 있다. 다크 피들러는

딜리어스, 프레더릭(Delius, Frederick, 1862~1934)
프레더릭 딜리어스는 영국을 대표하는 인상주의 작곡가다. 하지만 사물의 인상에 의한 것보다는 자기감정에 따른 반응을 표현했다. 지휘자 토머스 비첨 경은 딜리어스의 후견인 역할을 했다. 비첨 경은 그가 지휘하는 연주회의 레퍼토리에 딜리어스의 작품을 반드시 포함해 널리 알렸다. 딜리어스의 부모는 독일인이었으나 일찍이 영국으로 건너가 정착했다. 딜리어스는 〈마을의 로미오와 줄리엣〉, 〈코앙가(La koanga)〉, 〈페니모어와 게르다(Fennimore and gerda)〉, 〈마법의 샘(Magic fountain)〉 등의 오페라를 남겼다.

그의 아버지에게서 이 땅을 상속받았다. 하지만 다크 피들러가 사생아이기 때문에 상속이 명확하게 이루어지지 않았다는 소문이 있다. 두 농부는 다크 피들러의 땅인 줄 알면서도 개간되지 않은 땅이 욕심이 나서 틈만 있으며 야금야금 개간해 자기 땅으로 만들고 있다. 다크 피들러는 두 농부에게 계속해서 땅을 침범하고 개간하면 두 사람의 자녀에게 좋지 않은 일이 생길 것이라고 경고한 바 있다. 만츠에게는 살리(Sali)라는 아들이, 마르티에게는 브렐리(Vreli; Vrenchen)라는 딸이 있다. 살리와 브렐리는 어릴 적부터 함께 뛰놀며 자란 사이다. 두 농부는 자기들이 개간한 땅을 다른 사람에게 팔아 넘겨 돈을 챙길 속셈으로 의논 중이다. 그러다가 서로 더 많은 땅을 훔쳤다고 주장하면서 아주 심하게 다툰다. 화가 치민 두 사람은 자식들에게 앞으로 절대로 만나지 말라고 하고는 결국 원수지간이 된다.

6년이란 세월이 흐른다. 성장한 살리와 브렐리는 서로 사랑하지만, 이들의 부모는 여전히 원수처럼 지내며 냉전 중이다. 서로 소송을 걸고 비난하기에 바쁘다. 살리와 브렐리는 걱정이 태산 같지만, 어떤 일이 있어도 서로 변치 말고 사랑하자고 다짐한다.

들판에 양귀비가 한창 자라고 있다. 두 청춘남녀는 마냥 즐겁다. 숨바꼭질도 하고 술래잡기도 하며 행복한 한때를 보내고 있다. 이때 다크 피들러가 나타나 자신의 땅에서 놀면 안 된다고 경고한다. 다크 피들러는 옛일을 회상하며 두 사람의 부모 때문에 두 사람에게 응보가 내릴 것이라고 예견한다. 브렐리의 아버지 마르티가 그녀를 찾으러 왔다가 원수 집안 아들 살리와 함께 있는 것을 보고는 버럭 화를 낸다. 마르티가 브렐리를 강제로 집으로 데려가려 하자 살리가 마르티에게 주먹을 날린다. 마르티의 집에 브렐리가 슬픈 모습으로 앉아 있다. 집이 팔려 어디론가 이사를 가야 할 형편이다. 이제 살리를 만나기 어려울 것이라고 생각해 브렐리가 살리를 찾아온다. 살리와 브렐리는 서로를 품에 안으며, 절대로 절대로 잊지 말고 영원히 영원히 사랑하자고 약속에 약속을 거듭한다. 두 사람은 벽난로 앞에서 서로에게 기댄 채 잠이 든다. 무대가 어두워진다. 두 사람의 꿈이 음악으로 표현된다. 오래된 교회에서 결혼식을 올리는 꿈이다. 교회의 종소리가 울리고 오르간이 연주된다. 찬송가가 들리고 마침내 교회의 모든 종이 즐겁게 울리며 이들을 축복한다. 아침이 밝는다. 잠에서 깨어난 두 사람은 모든 것이 꿈인 것을 알고 실망한다. 멀리서 요들송이 들린다. 이웃 마을에서 축제가 열린 것이다.

회전목마가 돌아가고, 사격 게임장도 보인다. 장사꾼들이 외치는 소리가 활기차게 들린다. 살리와 브렐리는 마냥 즐겁기만 하다. 하지만 사람들이 유심히 감시하는 것 같은 느낌이 든다. 부모의 뜻을 거역하고 마음대로 놀러 다니는 자신들에게 사람들이 눈총을 보낸다고 생각한 두 사람은 마을을 벗어나 숲 속으로 발길을 옮긴다. 갑자기 앞이 탁 트이면서 파라다이스 정원이 펼쳐진다. 두 사람은 파라다이스를 걸으면서 행복에 겨워한다.

다크 피들러가 다른 방랑자들과 함께 주막에서 탁자를 둘러싸고 앉아 있다. 다크 피들러는 방랑자들에게 옛날 만츠와 마르티가 자신의 땅을 놓고 욕심을 부리며 싸웠던 얘기를 들려준다. 그는 그 얘기가 아직 끝나지 않았는데 이제 곧 마무리될 것이라고 말한다.

잠시 후 살리와 브렐리가 들어온다. 다크 피들러는 파라다이스 정원이 자신의 소유이므로 그곳에서 춤을 추거나 놀면 안 된다고 경고한다. 그러면서 집으로 돌아가지 말고 자기들과 함께 방랑 생활을 하면 지금까지의 잘못을 모두 용서해주고 친하게 지내겠다고 제안한다. 주막 옆으로 흐르는 강에는 거룻배가 한 척 매여 있다. 살리와 브렐리는 방랑자들과 함께 사느니 거룻배를 타고 이곳에서 벗어나겠다고 말한다. 거룻배 뱃사공이 다가와 어서 배에 타라고 말하자, 살리와 브렐리는 거룻배를 타고 다시는 돌아올 수 없는 길을 강물을 따라 떠내려간다. 브렐리는 들고 있던 꽃다발을 강물에 던진다. 살리는 뱃바닥의 물마개를 연다. 두 사람은 서로 팔을 꼭 붙잡고 행복한 모습으로 점점 물속으로 빠져 들어간다. 어디선가 뱃사공의 외침이 들린다.

"배 지나가요! 배~!"

루쿨루스 심판

| 타이틀 | **Die Verurteilung des Lukullus**(The Condemnation of Lucullus; The Judgement on Lucullus) |

전 12장. 베르톨트 브레히트가 대본을 썼다.

초연   첫 버전은 1951년 3월 17일 '루쿨루스 심문(Das Verhor des Lukullus)'이라는 제목으로 베를린 도이치 슈타츠오퍼에서 초연되었다. 2차 버전은 '루쿨루스의 유죄 판결(Die Verurteilung des Lukullus)'이라는 제목으로 역시 1951년 10월 12일 베를린의 도이치 슈타츠오퍼에서 공연되었다.

주요 배역   루쿨루스(로마군 장군), 전승 행렬에 참가한 사람들, 왕, 왕비, 어린이 두 명, 로마군 연대장 두 명, 라수스(루쿨루스 장군의 요리사)

사전 지식   데사우의 작품은 전후 독일의 윤리적·도적적 모델을 주제로 삼았다. 그의 작품은 현대적 음악 기법과 전통에 기반을 둔 고전적 구조로 구성되어 있어 명장의 재능을 보여준다. 베를린의 유대교 회당 독창자(cantor)의 아들로 태어난 그는 1933년까지 베를린에서 음악감독으로 활동했다. 그러다 나치가 기승을 부리자 파리로 옮겨갔다가 1939년 미국 이민 길에 오른다. 전쟁이 끝나자 1948년 독일로 돌아와 국제적으로 이름난 무대감독이자 자신의 아내인 루트 베르크하우스(Ruth Berghaus)와 함께 예술 활동을 계속했다. 그는 당시 동독 땅인 베를린 부근 마을에 살면서 자기 집을 예술가들의 회합 장소로 제공했다. 한스 베르너 헨체(Hans Werner Henze), 루이지 노노(Luigi Nono) 등이 당시 데사우와 교분을 쌓은 음악가들이다. 데사우는 동독의 가장 중요한 작곡가로, 당시 독일(동독 포함)의 젊은 음악도들은 데사우의 작품을 모델로 삼아 작곡 활동을 할 정도였다.

데사우, 파울(Dessau, Paul, 1894~1979)

파울 데사우의 작품은 전쟁 후 독일에서 도덕성과 윤리성을 강조한 것이다. 그는 작곡에 전통적인 구조와 현대적인 기법을 연합했다. 아버지가 함부르크 유대교 회당의 독창자여서 그는 어릴 적부터 아버지에게 엄격한 음악교육을 받았다. 데사우는 바이올린에 뛰어난 재능이 있었다. 전쟁 중에 미국으로 도피했던 그는 전쟁 후 다시 독일로 돌아와 베를린에서 활동했다. 대표적인 오페라로는 〈루쿨루스 심판〉을 비롯해 〈아인슈타인(Einstein)〉 등이 있다.

에피소드　　　대본을 쓴 베르톨트 브레히트는 1939년 라디오 방송극으로 사용할 '루쿨루스 심문'이라는 대본을 완성했으나, 나치 독일이 폴란드를 침공하자 방송을 타지 못했다. 브레히트의 이 대본은 1940년 스위스 베른에서 처음으로 라디오 방송을 탔다. 나치 치하에서 지내기 어려웠던 브레히트는 독일을 떠나 미국으로 이민을 떠난다. 데사우가 브레히트를 만난 것은 미국에서 이민 생활을 할 때였다. 브레히트는 미국에 와 있는 이고르 스트라빈스키(Igor Stravinsky)에게 대본을 제공하고 오페라로 만들 것을 권했으나, 스트라빈스키는 여러 이유를 들어 오페라 제작을 거절했다. 결국 데사우가 이 오페라를 맡게 되었다. 전쟁이 끝난 후 베를린으로 돌아온 두 사람은 도이치오퍼 (Deutsche Oper)에 공연을 요청했다. 관료적인 극장 측은 대본의 마지막 파트를 변경하고, 제목도 '유죄판결(Die Verurteilung)'로 바꿔달라고 요구했다. 이 오페라의 주제는 죽음에 대한 공포와 명예욕에 관한 것이다. 음악은 바흐나 헨델의 음악을 연상시킬 정도로 훌륭하다.

줄거리　　　루쿨루스(Lucullus)는 로마의 장군으로 동방의 일곱 왕을 패배시켜 로마 제국의 재산을 늘리고 영토를 확장하는 데 기여했다. 루쿨루스가 죽자 전 로마가 장엄한 분위기 속에 로마의 대로 아피아(Appia) 거리에서 장례식을 거행하면서 그를 애도한다. 노예들은 루쿨루스의 수많은 공적을 보여주는 각종 기치와 상징물을 들고 행진하고, 군인들은 위대한 사령관의 죽음을 애도하며 경의를 표한다. 장례식이 끝나자 모두 일상으로 돌아간다. 행진에 참여했던 군인들은 사창가로 달려가고, 학교 선생님들은 학생들에게 위대한 정복자 루쿨루스의 공적에 대해 얘기해준다.
그럼 루쿨루스는 지금 어디서 무엇을 하고 있는가? 그는 지옥으로 들어가기 위해 지옥문 앞에서 차례를 기다리고 있다. 한때 그렇게도 막강한 정복자였던 그가 일반인과 같은 대우를 받으니 익숙할 리 만무하다. 루쿨루스는 지옥의 문을 지키는 자들에게 특별대우를 해달라고 항의하지만 헛수고일 뿐이다. 어떤 노파가 루쿨루스보다 먼저 심판을 받고 지옥의 그늘로 들어가는 것을 허락 받는다. 이제 겨우 루쿨루스 차례가 되었다. 심판관은 루쿨루스에게 세상에 있으면서 인류를 위해 좋은 일을 했는지 나쁜 일을 했는지 묻는다. 대답을 머뭇거리자 심판관은 주위에 있는 여러 사람들에게 그를 위해 변호해줄 사람이 있느냐고 묻는다. 아무도 없다.
지옥의 심판관은 루쿨루스와 관련이 있는 사람들을 불러오라고 한다. 루쿨루스가 정복한 나라의 왕, 루쿨루스의 병사들이 겁탈한 왕비, 병사들의 진군으로 짓밟혀 죽은 아이들……. 모두가 루쿨루스를 엄중히 비난한다. 루쿨루스는 로마의 명예와 영광을 위해 53개 도시를 파괴했다고 설명하면서 이것이 자기가 행한 공적이라고 설명한다. 지옥의 심판관은 "로마가 무엇이기에 그렇게 중요하냐?"면서 판결을 내리지 못한다. 결국 휴정에 들어간다.

새로 도착한 한 떼의 사람들이 지옥의 문에 도착해 로마에서의 생활이 얼마나 비참했는지 소리쳐 설명한다. 루쿨루스에 대한 심판이 속개된다. 심판을 서두르기 위해 어떤 말 잘하는 여인이 모든 어머니를 대표해 루쿨루스의 잘못을 들춰내기로 한다. 이 여자는 수천 명의 남편들이 루쿨루스의 연대에 편입되어 전투를 치르다가 전장에서 죽음을 맞았다고 말한다. 그러자 루쿨루스의 요리사였던 한 남자가 루쿨루스는 자신의 요리를 예술로 인정해준 사람이라고 옹호한다. 한 농부가 일어나 루쿨루스가 먼 나라에서 체리 나무를 들여와 심게 해주었다고 변호한다. 그러나 사람들은 체리 나무를 가져온 것이나 요리를 예술로 간주한 공적 때문에 수천 명이 희생된 것을 덮을 수는 없다고 말한다. 마침내 심판관은 판결을 내리고 루쿨루스를 저주한다. 루쿨루스는 아무 말도 잇지 못한다.

의사와 약사

	전 2막의 코믹 징슈필. 요한 고틀리프 슈테파니(Johann Gottlieb Stephanie: 작곡가의 아들)가 대본을 썼다.
초연	1786년 7월 11일 빈 궁정극장(Burgtheater)
주요 배역	크라우트만(의사), 고트홀트(의사의 아들), 슈퇴셀(약사), 클라우디아(약사의 아내), 레오노레(약사의 딸), 로잘리(약사의 조카), 슈투름발트(퇴역 장교), 지헬(외과의사)

사전 지식　　　무대는 빈이며 시기는 1780년대다. 작곡자 디터스도르프는 독일 코믹 오페라의 아버지다. 빈에서 태어나서 빈에서 활동한 그는 북부 독일 징슈필의 영향을 많이 받았다. 그는 이탈리아의 아름다운 멜로디와 빈 특유의 전통적 스타일이 가미된 작품을 썼다.

에피소드　　　디터스도르프가 빈에서 활동하던 시절, 신성로마제국의 요제프 2세(Joseph II)는 이탈리아의 오페라가 식상했는지 독일 징슈필의 전통을 살린 오페라를 만들어 궁정극장에서 공연하라고 지시했다. 당시의 궁정극장장 요한 고틀리프 슈테파니(Johann Gotlieb Stephanie)는 요제프 2세의 지시에 따라 디터스도르프에게 오페라 작곡을 의뢰했다. 요제프 2세는 이탈리아 스타일이 아닌 독일 징슈필 스타일의 오페라를 요청했지만, 이탈리아적 요소를 완전히 배제하기는 어려웠다. 대본가인 슈테파니는 이 점을 충분히 고려해 슈퇴셀과 크라우트만에게 음악적으로 이탈리아 부포 역할을 맡겼다. 이 오페라는 내용이 재미있고 편안할 뿐만 아니라 간결하고 우아한 멜로디, 제한된 대사

디터스도르프, 카를 디터스 폰(Dittersdorf, Karl Ditters von, 1739~1799)
빈 출신의 카를 디터스 폰 디터스도르프는 독일 코믹 오페라의 기틀을 마련한 작곡가다. 그의 작품은 북부 독일의 징슈필에서 영향을 받았으나 이탈리아적 테크닉을 사용했으며, 여기에 빈의 전통적인 스마트한 유행을 가미했다. 그의 징슈필 〈의사와 약사〉도 이러한 모든 요소를 반영한 작품이다.

때문에 성공할 수밖에 없었다. 제1막의 피날레는 상당히 흥미롭다. 모차르트의 〈피가로의 결혼〉의 제2막 피날레를 연상시킨다. 〈피가로의 결혼〉은 같은 극장에서 〈의사와 약사〉보다 두 달 먼저 초연되었지만, 〈의사와 약사〉보다 성공을 거두지 못했다.

줄거리　　　　**[제1막]** 약사 슈퇴셀(Stössel)은 의사 크라우트만(Krautmann)과 앙숙이다. 마치 개와 고양이 같다. 그러니 약사의 딸 레오노레(Leonore)가 의사의 아들 고트홀트(Gotthold)와 결혼하겠다고 하자 발 벗고 나서서 반대한다. 약사는 딸 레오노레를 퇴역 장교인 슈투름발트(Sturmwald)와 결혼시킬 생각이다. 퇴역 장교는 나이도 지긋하거니와 한쪽 발은 목발 신세이며, 한쪽 눈은 잃어 검은 안대를 차고 다닌다. 한편 약사의 조카딸 로잘리(Rosalie)는 외과의사 지헬(Sichel)과 사귄다. 어느 날 고트홀트와 지헬은 레오노레와 로잘리를 보기 위해 야밤에 사다리를 타고 두 아가씨의 방이 있는 발코니로 기어 올라간다. 두 쌍의 남녀는 부모의 승낙 없이 결혼하기로 단단히 약속한다. 이들이 나누는 얘기 소리에 약사의 아내 클라우디아(Claudia)가 잠에서 깬다. 그때 약사가 퇴역 장교와 한잔 거나하게 걸치고 함께 집으로 들어온다. 두 청년은 재빨리 약국으로 숨지만 두 아가씨는 약사 아내가 꼼짝 말고 있으라고 방문을 걸어 잠그는 바람에 방에 갇힌다. 약사의 아내는 퇴역 장교에게 방에서 누구도 빠져 나가지 못하게 해달라고 당부한다. 그러나 퇴역 장교는 술기운 때문에 그만 코를 골며 잠에 떨어진다. 이 기회를 틈타 고트홀트와 지헬이 퇴역 장교의 목발을 숨기고 그를 약국의 방으로 옮긴 뒤 문을 걸어 잠근다.

[제2막] 배를 움켜쥐게 만드는 장면이 계속된다. 약사는 퇴역 장교가 집에 와 있으니 이참에 레오노레와 결혼을 시킬 요량으로 결혼을 서둘러 준비한다. 의사의 아들은 공증인으로, 외과의사는 퇴역 장교 옷을 입고 퇴역 장교로 가장한다. 레오노레와 가짜 퇴역 장교가 결혼식을 앞두고 아침 식사를 하려는데 약국방에 갇혀 있던 진짜 퇴역 장교가 깨어난다. 그 통에 퇴역 장교와 공증인이 가짜라는 것이 들통 난다.

그런데 약사가 의사 대신 치료한 환자가 죽는 일이 발생한다. 의사를 찾아온 환자가 책임지고 낫게 하겠다는 약사의 말에 넘어가 치료를 받았다가 황천길에 오른 것이다. 의사는 약사가 의료 행위를 했으므로 돌팔이로 고소할 작정이다. 이때 약사 아내가 꾀를 낸다. 만일 의사가 고소하지 않는다면 의사의 아들이 레오노레를 납치하려 했던 것을 고소하지 않겠다는 것이다. 의사와 약사는 서로 합의하며 레오노레와 고트홀트의 결혼을 약속한다. 약사의 조카딸 로잘리와 외과의사 지헬도 결혼을 승낙 받는다.

안나 볼레나

타이틀	**Anna Bolena**(Anne Boleyn)	
	전 2막의 서정적 비극. 대본은 도니체티와 단짝인 펠리체 로마니가 썼다.	
	초연	1830년 12월 26일 밀라노 카르카노 극장(Teatro Carcano)
	주요 배역	안나 볼레나(앤 불린: 헨리 8세의 두 번째 아내), 엔리코(헨리 8세: 영국 왕), 조반나(제인 시모어: 앤 불린의 시녀로 훗날 헨리 8세의 세 번째 왕비가 된다), 리카르드 퍼시 경(리처드 퍼시: 앤의 옛 연인), 로슈포르 경(조지 불린: 앤의 오빠), 스메톤(마크 스미턴: 궁정가수)
음악 하이라이트	안나 볼레나의 기도의 노래	
베스트 아리아	「울고 있나요... 내가 태어난 아름다운 성으로 데려다 주세요(Piangete voi... Al dolce guidami castel natio)」(S)	

사전 지식　　　〈안나 볼레나〉는 도니체티의 명성을 국제적으로 높여준 작품이다. 이 작품으로 도니체티는 로마와 밀라노뿐만 아니라 런던과 파리에서도 오페라 작곡가로 명성을 얻었다. 영국 왕 헨리 8세(엔리코)는 앤 불린(안나 볼레나)과 결혼하기 위해 첫 왕비인 아라곤의 캐서린과 이혼한다. 앤은 왕비 자리를 차지하기 위해 애인인 리처드 퍼시(리카르드 퍼시)를 멀리한다. 이야기의 배경은 앤이 헨리와 결혼하고 3년이 흐른 뒤다. 이 오페라는 1536년에 있었던 실제 사건을 다루어 영국 역사의 한 단면을 이해하는 데 참고가 될 만한 작품으로, 아름다운 멜로디가 전편을 누빈다.

도니체티, 가에타노(Donizetti, Gaetano, 1797~1848)
도니체티의 본명은 도메니코 가에타노 마리아 도니체티(Domenico Gaetano Maria Donizetti)로, 롬바르디아의 베르가모(Bergamo)에서 태어났다. 그의 오페라는 이탈리아 벨칸토 오페라의 진수를 보여준다. 도니체티는 약 70편의 오페라를 작곡했는데, 대표작은 〈람메르무어의 루치아(Lucia di Lammermoor)〉, 〈사랑의 묘약(L'elisir d'amore)〉 등이다. 도니체티는 벨리니, 로시니와 함께 이탈리아 벨칸토 오페라의 대표적 작곡가다.

에피소드   도니체티의 명성을 국제적으로 알린 〈안나 볼레나〉는 특히 파리와 런던에서 대단한 인기를 끌었다. 엔리코와 조반나 시모어의 결혼을 축하하는 대포 소리가 은은히 들리는 가운데 안나 볼레나가 미친 듯 부르는 아리아는 눈물을 자아낼 정도로 처절하고도 아름답다.

줄거리   [제1막 1장] 윈저 성에 있는 안나(앤) 왕비의 거실이다. 엔리코(Enrico; Henry) 왕이 안나 왕비를 찾아온 것은 이미 오래전이다. 왕비의 시녀 조반나 시모어(Giovanna; Jane Seymour)는 마음이 불안하다. 왕비 대신 헨리의 사랑을 받고 있기 때문이다. 안나 역시 요즘 자기를 보는 주위 사람들의 눈이 달라진 것 같아 마음이 편치 않다. 그녀는 침울한 분위기에서 벗어나기 위해 궁정 가수 스메톤(Smeton; Mark Smeaton)을 불러 노래를 부르게 한다. 안나를 남모르게 사모하는 스메톤은 안나가 기쁠 때나 슬플 때나 한결같이 아름다우며 영원히 사랑받아야 할 사람이라고 노래해 자신의 심정을 간접적으로 호소한다. 안나는 노래를 들으면서 처녀 시절 한때 사랑했던 리카르드 퍼시(Richard Percy)를 생각한다. 안나는 첫사랑의 불길이 이제는 차가운 재가 되었을 뿐이라고 중얼거린다. 장면은 바뀌어 조반나 시모어의 방이다. 한밤중에 엔리코가 비밀 문을 통해 들어온다. 조반나는 엔리코에게 오늘 밤이 밀회의 마지막이 되기를 바란다고 말한다. 엔리코는 이 말을 이제부터는 떳떳하게 두 사람의 관계를 밝히자는 뜻으로 받아들인다. 엔리코의 생각에 충격을 받은 조반나는 자신의 명예와 관계되는 일이므로 정식으로 결혼하기 전에는 만날 수 없다고 강경하게 주장한다. 엔리코는 조반나에게 결혼하면 될 것 아니냐면서 재회를 약속한다. 하지만 어떤 방법으로 결혼할지에 대해서는 설명을 하지 않는다.

[제1막 2장] 윈저 성 안에 있는 왕실 공원이다. 안나의 오빠 로슈포르(Rochefort; George Boleyn) 경이 공원에서 안나의 옛 애인 리카르드를 보고 깜짝 놀란다. 그는 왕명으로 유배에서 풀려나 방금 돌아오는 길이라고 설명한다. 리카르드는 아직도 안나에 대한 감정을 버리지 못했다. 그는 안나가 행복한 생활을 하고 있을 줄 알았는데, 엔리코의 사랑을 받지 못하는 것을 보며 절망감을 감추지 못한다. 얼마 후 사냥을 가기 위해 엔리코가 신하와 시종을 거느리고 등장한다. 안나가 나타나 엔리코에게 전과 같이 애정을 쏟아달라고 간청하지만 엔리코는 들은 척도 하지 않는다. 엔리코는 그 자리에 있는 리카르드를 보고는 안나와의 관계가 아무 혐의가 없는 것으로 밝혀졌으니, 안나에게 감사하라고 말한다. 리카르드가 안나의 손에 키스를 하며 자기 때문에 왕비가 심적으로 고생한 데 대해 사죄한다. 하지만 그의 행동과 말은 누가 보아도 애정이 넘치는 것이다. 엔리코의 의도대로 일이 진행되고 있다.

[제1막 3장] 스메톤이 안나의 방으로 숨어든다. 그는 안나를 너무 사모한 나머지 안나의 방에서

그녀의 초상화를 훔쳤으나, 도무지 마음이 불안해 제자리에 가져다놓을 생각으로 몰래 들어온 것이다. 마침 안나가 들어오고 리카르드가 뒤따라 들어오자 스메톤은 얼른 커튼 뒤로 숨는다. 안나는 리카르드에게 자신은 엔리코와 결혼한 몸이니 다시는 나타나지 말라고 당부한다. 안나의 불행한 모습에 절망한 리카르드는 더는 살고 싶지 않다면서 칼을 빼어 들어 스스로 목숨을 끊으려 한다. 커튼 뒤에서 이 모습을 본 스메톤은 리카르드가 안나를 죽이려는 줄 알고 뛰어나와 리카르드의 앞을 가로막는다. 안나가 정신을 잃고 쓰러지는 순간 엔리코가 들어선다. 엔리코는 사냥을 떠난 척하다가 일부러 일찍 돌아온 것이다. 스메톤이 엔리코에게 상황을 설명하면서 변명하던 중 감추고 있던 안나의 초상화가 떨어진다. 엔리코는 안나가 옛 애인 리카르드를 여전히 잊지 못하고 있으며, 스메톤이라는 미남 청년과도 관계하는 것이 명백히 밝혀졌다고 말하면서 모두 감옥에 처넣으라고 명령한다. 안나는 자기 운명이 막다른 골목에 다다른 것을 느끼며 공포에 몸을 떤다.

[제2막 1장] 런던탑에 있는 안나의 감방이다. 안나는 조반나에게 자신을 대신해 왕의 사랑을 받고 있는 정부(情婦)가 누구인지 알려달라고 부탁한다. 안나는 그 여인이 자기와 똑같은 고통을 받게 해달라고 신에게 기도한다. 그녀는 오로지 형장의 도끼날만이 자신을 축복하고 해방시켜줄 것이라고 믿는다. 안나의 모습을 보며 고통스러워하던 조반나는 자기가 바로 그 여인이라고 밝힌다. 이 소리를 들은 안나는 조반나에게 증오와 실망감을 느끼지만, 조반나의 신실한 태도를 보면서 고통 받아야 할 사람은 엔리코라고 말한다.

[제2막 2장] 장면은 바뀌어 안나를 재판하는 재판장이다. 왕의 심복 허비(Hervey)가 들어와 궁정 가수 스메톤이 모든 혐의를 자백했다고 전한다. 안나와 리카르드가 끌려 들어온다. 안나는 결백을 주장하지만 엔리코는 안나가 리카르드와 공모해 자신을 배신했다고 주장하며 두 사람 모두 처형하라고 명령한다. 리카르드는 안나를 살리기 위해 안나가 엔리코와 결혼하기 전에 이미 자기와 결혼했다고 주장한다. 그렇게 되면 엔리코는 중혼을 한 것이므로 아무리 왕이라고 해도 법을 어긴 셈이 된다. 엔리코는 이 주장에 흔들리지만 결국 두 사람을 처형할 것을 왕명으로 재삼 지시한다.

[제2막 3장] 감방에 갇힌 리카르드와 안나의 오빠 로슈포르가 서로 자기 때문에 안나가 죽을 운명에 놓였다고 후회하면서 자신들은 죽더라도 안나는 죽으면 안 된다고 주장한다. 이때 허비가 나타나 왕이 두 사람을 사면했다고 전한다. 하지만 사면이 자신들을 회유하기 위한 것이라고 생각한 두 사람은 안나와 함께 처형당할 것을 결심한다. 안나는 지나간 옛 추억을 되짚으며 자신이 진정 사랑했던 사람은 리카르드임을 깨닫는다. 북소리가 안나의 추억을 현실로 돌려놓는다. 궁정에서는 엔리코와 조반나의 결혼축하연 소리가 들린다. 형리들이 도끼를 들고 들어서자 안나는 정신을 잃고 쓰러진다.

돈 파스콸레

타이틀	**Don Pasquale**(Lord Pasquale)	
		전 3막의 드라마 부포(dramma Buffo). 안젤로 아넬리 (Angelo Anelli)가 이미 써놓은 대본을 작곡자와 조반니 루피니(Giovanni Ruffini)가 공동으로 수정·보완했다.
	초연	1843년 1월 3일 파리 코메디 이탈리앵(Comédie-Italienne) 극장
	주요 배역	돈 파스콸레(부자 영감), 말라테스타(파스콸레의 친구 겸 주치의), 에르네스토(돈 파스콸레의 조카), 노리나(에르네스토가 사랑하는 젊은 미망인), 카를리노(의사 말라테스타의 사촌)
음악 하이라이트		노리나가 돈 파스콸레를 조롱하는 장면, 에르네스토가 슬퍼하는 장면, 에르네스토의 세레나데, 돈 파스콸레의 우울한 심정을 표현한 음악, 돈 파스콸레와 말라테스타가 다투는 장면에서 부르는 듀엣
베스트 아리아		「신사처럼 보이는(Quel guardo il cavaliere)」(S), 「나도 알아요, 마술의 힘을(So anch'io la virtu magica)」(S), 「아, 얼마나 이상한가?(Ah, un foco insolito)」(S), 「달콤한 사랑의 꿈이여, 안녕!(Sogno soave e casto)」(T), 「천사처럼 아름다운(Bella sicome un' angelo)」(B), 「얼마나 부드러운 밤인가(Com'e gentil)」(T), 「이리 오셔요, 그리고 사랑한다고 말해 주셔요(Tornami a dir che m'ami)」(S+T)

사전 지식　　　멜로디가 반짝이는 하늘의 별처럼 아름답고 매력적이지만 무엇 때문인지 크게 성공하지는 못했다. 사람들은 아리아 한두 곡 정도를 아직까지 흥얼거릴 뿐이다. 이 오페라를 통해 무슨 영원불변의 도덕적 진리, 또는 인생의 진로를 밝혀주는 메시지를 기대할 필요는 없다. 그저 두어 시간 가벼운 마음으로 즐기면 된다.

에피소드　　　도니체티는 작곡 빨리하기 경주가 있다면 금메달감이다. 열정적으로 작곡에 몰입하다 보면 눈 깜짝할 사이에 오페라 한 편이 탄생되었다. 〈돈 파스콸레〉는 단 하루 만에 작곡한 도니체티의 64번째 오페라다.

줄거리   1800년대 초, 로마다.

[제1막] 늙고 뚱뚱하며 심술궂고 욕심이 많지만, 돈은 많은 귀족 파스콸레(Don Pasquale) 영감은 아내와 자식 없이 혼자 지낸다. 그런데 나이가 나이다 보니 상속 문제를 생각하지 않을 수 없다. 그도 그렇지만 더 늙기 전에 아내를 얻어 등이라도 긁어달라면서 인생을 즐기고 싶은 생각이 들기 시작한다. 영감은 오랜 고민 끝에 마침내 결혼하기로 결심한다. 천만다행으로 아들이 생기면 재산을 아들에게 상속할 수 있고, 만일 아들이 없다 해도 아내에게 상속할 수 있다는 점을 고려한 결혼 계획이었다. 만일 자식이나 아내가 없으면 꼴 보기 싫은 조카 에르네스토에게 재산을 물려주어야 한다. 영감은 비록 하나밖에 없는 조카이지만 못마땅해 참을 수 없을 지경이다. 특히 에르네스토가 어떤 젊은 과부와 결혼하고 싶다고 하자 이를 극구 반대한다. 영감이 에르네스토의 결혼을 반대하는 가장 큰 이유는 지참금이다. 그 젊은 과부는 지참금이 없기 때문에 조카와 결혼하면 조카가 자기에게 와서 돈을 달라고 조를 것이고, 그렇게 되면 여간 골치가 아픈 일이 아니기 때문이다. 아무튼 영감은 직접 결혼해서 이 모든 복잡한 문제를 해결하겠다는 생각으로 마음이 무척 들떠 있다. '조카여! 내가 결혼만 하면 그대가 기대하는 유산은 국물도 없느니!'가 영감의 생각이다. 다만 한 가지 문제가 있다면 아직 상대가 없다는 것이다.

파스콸레의 친구이자 주치의인 말라테스타(Malatesta) 박사는 노리나와 에르네스토를 안쓰럽게 여겨 협조적이다. 박사는 두 사람을 위해 한 가지 음모를 꾸며 도와주기로 한다. 우선 박사에게 오랫동안 멀리 떨어져 살고 있는 누이동생이 있는 것처럼 말을 만드는 것이다. 천사같이 예쁘고(Bella sicome un' angelo) 수줍음을 머금은, 게다가 완전한 처녀! 수녀원에서 자란 완벽한 신붓감이라고 소문을 낸 뒤 파스콸레 영감에게 자기 누이동생으로 이런 여인이 있는데 결혼하면 어떻겠느냐고 적극적으로 추천한다는 것이다. 다만 만나기만 하고 결혼을 하지 않으면 누이동생의 앞날에 걸림돌이 될 수 있으니 결혼이 확정될 때까지 만나볼 수 없다는 조건을 내세워, 바로 결혼시킨 뒤 파스콸레의 재산을 상속받게 하여 영감을 골탕 먹일 계획이다. 하지만 조카 에르네스토는 박사의 계획을 듣고 불안감에 싸인다. 삼촌이 결혼하게 되면 유산은 당연히 새 아내에게 돌아갈 것이고 그렇게 되면 자신에게는 눈먼 동전 한 푼도 떨어지지 않을 것이라는 어줍지 않은 계산 때문이다. 「달콤한 사랑의 꿈이여, 안녕!」은 이때 실망한 에르네스토가 부르는 아리아다. 멜라테스타 박사는 감정만 앞세우는 에르네스토와 복잡한 계획을 수행하기 어렵다고 판단해 더는 말하지 않고, 다만 노리나에게만 추가 계획을 설명해준다.

젊고 아름다운 노리나를 박사의 누이동생으로 가장해 일단 파스콸레 영감과 결혼시킨 후 못된 성질을 있는 대로 부려 파스콸레 영감이 당장 이혼하도록 할 계획이다. 그러면 재산은 재산대로 받을 수 있고, 이혼하고 나서 에르네스토와 결혼하면 된다는 것이다. 노리나가 이 계획에 찬성한다. 다만 에르네스토에게는 끝까지 비밀에 부치기로 한다. 아무것도 모르는 에르네스토는 파스콸레 삼촌이 결혼한다는 소문을 듣고 낙심천만한 나날을 보내고 있다.

[제2막] 어느덧 결혼식 날이다. 파스콸레는 제일 좋은 옷을 입고 아내가 될 신부를 기다린다. 드디어 신부가 나타났다. 베일을 쓰고, 대단히 수줍어하면서, 신비감을 주는 모양새로 다소곳이 서 있다. 영감은 기뻐 입이 찢어질 것 같다. 얼굴은 보지 못했지만 몸매도 좋고 대만족이다. 그는 친구 말라테스타 박사에게 연이어 고맙다고 말한다. 드디어 결혼서약이 끝난다. 혼인이 성사되자 수녀와 같다던 노리나는 순식간에 소크라테스나 모차르트의 아내로 확 바뀌어버린다. 오만불손, 방약무인, 고성방가, 특제 바가지 보유, 그보다 더 견디기 어려운 것은 낭비벽이다. 비싼 것이라면 물불을 가리지 않고 사댄다. 노리나는 세상에서 둘째가라면 서러운 괴물 마누라 역할을 잘도 해낸다. 그녀는 파스콸레에게 "늙고 못생기고 뚱뚱해서 아무런 도움이 안 된다"라는 말까지 서슴지 않고 내뱉어 자존심에 상처를 입힌다. 기대가 절망으로 바뀐 파스콸레는 큰 충격을 받아 화가 머리끝까지 치밀어 소리소리 지르지만, 이미 결혼서약을 했으니 아무 소용이 없다. 기뻐 소리 지르고 싶은 쪽은 모든 계획을 알아차린 에르네스토다.

[제3막] 노리나는 파스콸레의 악몽이 되었다. 비싼 옷을 척척 사들이고, 하인도 많이 쓰고, 심심하면 극장 구경을 가고 ……. 구두쇠 파스콸레는 죽을 맛이다. 영감이 노리나에게 잔소리라도 퍼부을 낌새라도 보이면 노리나는 폭력을 휘두르기까지 한다. 잘못하다가는 제명에 죽지도 못하겠다는 데 생각이 미치자 해결 방안을 모색하기 위해 노리나의 오빠 멜라테스타 박사를 만난다. 박사는 짐짓 파스콸레를 도와주는 척하며, 수녀원에만 있어 성질이 저런지 몰랐다고 하면서 저렇게 못된 여자는 당신이 그토록 싫어하는 에르네스토와 결혼시켜 고통을 주어야 한다고 말한다. 요즘 듣자 하니 에르네스토가 지참금도 하나 없는 웬 미망인과 결혼한다는 소문이 있던데 노리나와 결혼시키면 지참금 없는 그 결혼도 무산시킬 수 있지 않겠느냐면서 이혼을 종용한다.

이 말을 들은 파스콸레는 급히 조카를 찾아가 노리나와 결혼해 자신에게서 떼어놓기만 하면 백지수표 한 장과 다른 마을에 커다란 집까지 한 채 사줄 테니 그곳에 가서 살라고 간청한다. 에르네스토는 마지못해 응하는 척 승낙한다.

라 파보리타

타이틀	**La Favorita**(The Favorite)	
		전 4막의 그랜드 오페라. 대본은 알퐁스 루아예(Alphonse Royer)가 썼으며, 외젠 스크리브가 몇 군데 추가했다.
	초연	1840년 12월 2일 파리 오페라 극장
	주요 배역	**알퐁스 11세**(알폰소 11세: 카스티야의 왕), **레오노르 드 구즈만**(레오노라 디 구스만: 알폰소 왕의 정부), **페르낭**(페르난도: 수도원의 수사), **돈 가스파**(돈 가스파르: 알폰소 왕의 장관), **발타자**(발다사레, 수도원장)
	음악 하이라이트	페르난도의 아리아, 레오노라의 아리아
베스트 아리아		「오, 나의 페르난도(O mio Fernando)」(S), 「사랑스러운 처녀여, 주의 천사여(Una vergine, un'angel di Dio)」(T), 「그 같은 사랑을 위해(A tanto amor)」(B), 「부드러운 마음(Spirto gentil)」(T), 「하늘과 같은 자비(Pietoso al par del nume)」(S)

에피소드   '라 파보리타(La Favorita)'는 총애하는 여인, 사랑하는 여인으로 번역할 수 있다. 무대는 중세 스페인으로, 사랑을 위해 목숨을 버린 가엾은 여인의 이야기다. 이 여인의 이름 역시 레오노라다. 〈라 파보리타〉는 프랑스어 버전과 이탈리아어 버전이 있다. 오리지널 프랑스어 버전은 프랑스에서 공연할 때 사용하며, 이탈리아어 버전은 그 외 지역에서 공연될 때 사용한다.

줄거리   카스티야의 왕 알폰소(Alfonso XI; Alphonse XI)는 정부(情婦) 레오노라(Leonora; Leonor de Guzmán)를 산타 레온(Santa Leon) 섬에서 지내게 한다. 사람들이 둘 사이를 눈치채지 못하도록 먼 곳으로 보내 지내게 한 것이다. 왕은 레오노라와 정식으로 결혼할 생각이다. 그래서 로마교황청의 반대에도 이혼까지 하고 다른 여인과 결혼하겠다고 공표한다. 하지만 상대가 누군지 아무도 모른다. 한편 레오노라는 섬 안에 있는 성 야고보 수도원에 기도하러 다니다가 젊은 수사 페르난도(Fernando; Fernand)를 보고 어느덧 사랑하는 마음이 싹튼다. 페르난도 역시 아름다운 귀족 부인을 보고 저런 여인을 위해서라면 목숨을 버려도 아깝지 않다고 생각하면서 연모의 정을 키워간다. 페르난도가 정식 수도사로 서품되는 날 밤, 자신의 번민을 수도원장에게 고백하면서 어찌하면 좋을지 가르쳐달라고 간청한다. 레오노라와 알폰소 왕의 관계를 알고 있는 수도원장은 "성스러운 사역을 담당할 수도사가 어떻게 그런 사악한 생각을 할 수 있단 말인가"라고 핀잔을 놓으면서도, 진정 사랑 때문에 죽고 못 살 것 같으면 어쩔 수 없다고 하면서 페르난도를 세상으로 내보낸다. 다만 레오노라가 알폰소 왕의 정부라는 사실은 얘기하지 않는다. 페르난도가 수도원에서 퇴출되었다는 소식을 들은 레오노라는 시녀를 시켜 페르난도를 자기 처소로 데려온다. 사랑을 확인한 두 사람은 영원히 변치 말자고 굳게 약속한다. 하지만 자기가 알폰소 왕의 정부라는 사실만은 비밀에 부친다.

레오노라는 알폰소 왕에게 부탁해 페르난도를 군대 장교로 임명하게 한다. 물론 페르난도를 사랑한다는 것은 말하지 않는다. 장교가 된 페르난도는 전쟁에 나가 혁혁한 공을 세운다. 왕은 페르난도의 전공을 높이 기리며 그를 매우 신임한다. 어느 날 알폰소 왕이 레오노라를 만나러 왔다가 수도원에 들러 곧 레오노라와 결혼하겠으니 협조해달라고 간청한다. 교회의 양해가 중요하기 때문이다. 그러나 수도원장은 알폰소 왕을 크게 꾸짖으며 왕이 레오노라와의 부도덕한 관계를 청산하지 않는다면 교황에게 주청해 파문시키겠다고 말한다. 이런 중에 레오노라가 페르난도를 깊이 사랑한다는 것을 알게 된 왕은 파문되지 않기 위해, 그리고 진심으로 사랑하는 레오노라의 행복을 위해 레오노라를 포기하기로 결심한다. 왕은 승전하고 돌아온 페르난도에게 자신이 곱게 보호해온 레오노라라는 여인과의 결혼을 제안한다. 레오노라가 왕의 정부였음을 모르는 페르난도는 왕의 배려에 감읍할 뿐이다. 한편 레오노라는 페르난도가 과거를 알게 되면 버림받을까 두려워, 결혼 전에 비밀을 털어놓기로 하고 시녀를 페르난도에게 보내 모든 사실을 설명하려고 한다. 이를 눈치챈 왕은 두 사람이 어떤 방해도 받으면 안 된다고 생각해 시녀에게 페르난도를 만나지 말라고 지시한다. 드디어 결혼식이 시작된다. 레오노라는 시녀가 모두 말했는데도 페르난도가 모든 것을 이해하고 사랑하는 마음으로 결혼하는 것이라고 믿어 감격해한다. 페르난도는 결혼식이 끝난 뒤 궁정 시녀들이 레오노라가 왕의 정부라고 수군거리는 소리를 듣고는 소스라치게 놀란다. 수치심으로 비탄에 빠진 페르난도는 궁정을 도망치듯 빠져나와 예전에 그리스도를 위해 헌신하겠다고 서약했던 수도원으로 찾아간다.

실의와 번민으로 자학을 하며 지내던 레오노라는 페르난도가 산타 레온 섬의 수도원에 있다는 소식을 듣고는 지치고 쇠약해진 몸을 이끌고 수도원으로 찾아간다. 페르난도를 만난 레오노라는 진정으로 사랑했던 사람은 페르난도 한 사람뿐이라고 고백하면서 용서해달라고 간청한다. 증오와 배신감으로 어쩔 줄 모르던 페르난도는 비참한 모습으로 발밑에 엎드려 눈물로 용서를 비는 레오노라를 보면서, 그리스도의 사랑의 마음으로 용서한다. 용서받은 레오노라는 페르난도의 팔에 안겨 숨을 거둔다.

연대(聯隊)의 딸

타이틀	**La Fille du Régiment** (The Daughter of the Regiment; La Figlia del Reggimento)

	전 2막의 오페라 코미크. 대본은 쥘앙리 드 생조르주와 장프랑수아 알프레드 바야르(Jean-François Alfred Bayard)가 썼다.
초연	1840년 2월 11일 파리 오페라 코미크 극장
주요 배역	마리(연대의 마스코트), 토니오(마리를 사랑하는 마을 청년), 술피스(연대의 하사관), 비르켄펠트 후작 부인(나중에 마리의 어머니로 밝혀진다)
음악 하이라이트	마리의 아리아, 토니오의 아리아, 라타플란(Rataplan)
베스트 아리아	「모두 알고 있네(Ciascun le dice)」(S), 「떠나가야 해요(Convien partir)」(S), 「어찌할 수 없는 약속을 위해... 아, 프랑스여 안녕(Pour ce contrat fatal... Ah! Salut a la France)」(S), 「나는 가야 하네(Il faut partir)」(S), 「아, 나의 친구(Ah, mes amis)」(T), 「모두 알고 있네(Chacun le sait)」(연대의 노래)

사전 지식 　　이 오페라에 나오는 테너 아리아는 모든 테너 아리아 중 가장 어렵다고 정평이 나 있다. 마리 역할은 콜로라투라 소프라노가 맡는데 가장 어려운 역할 중 하나다. 하이 C 이상을 내야 하는 경우가 많고 더구나 스케일, 테크닉은 보통 이상이다.

줄거리 　　[제1막] 무대는 1815년 스위스 티롤 지방의 산촌이다. 마을 여인들이 성모상 앞에서 전쟁의 여파가 이 평화스러운 마을에 미치지 않게 해달라고 기도를 드린다. 산 너머에서는 대포 소리가 쿵쿵 울리고 있다. 마을에는 프랑스 제21 연대가 주둔하고 있다. 프랑스에 승리를 안겨주는 무적의 척탄병 연대다. 전쟁 중에 오스트리아의 비르켄펠트(Birkenfeld) 후작 부인이 집사와 함께 프랑스 군에게 잡힌다.

마리는 제21 연대의 마스코트다. 병사들은 마리를 '연대의 딸'이라고 부르며 무척 사랑한다. 마리는 어릴 때 전쟁터에서 발견되어 지금까지 연대의 따뜻한 보살핌 속에 자랐고, 이제는 예쁜 아가씨로 성장했다. 술피스 하사는 마리에게 요즘 왜 그렇게 우울하냐고 묻는다. 마리는 얼마 전 벼랑에서 꽃을 따다가 미끄러져 위험에 처했을 때 한 청년이 구해주었다고 말하며, 자꾸 그 사람 생각이 나서 그런다고 대답한다. 술피스 하사는 만일 앞으로 누군가와 결혼하게 된다면 반드시 연대의 병사와 해야 된다고 말한다. 잠시 후 병사들이 토니오를 붙잡아 온다. 병영을 엿보고 있어 스파이로 보여 체포했다는 것이다. 병사들이 토니오를 처형하려 하자 마리가 나타나 바로 이 사람이 자기를 벼랑에서 구해준 사람이라고 하면서 풀어달라고 한다. 병사들은 마리가 위험에서 무사히 구조된 것을 기뻐하며 마리와 함께 '연대의 노래'인 「모두 알고 있네」를 부른다. 토니오는 마리에게 사랑한다면서 곧 청혼하러 오겠다고 말한다. 마리의 아버지는 로베르티(Roberti)라고만 알려져 있다. 하사는 자기 성으로 돌아가겠다는 비르켄펠트 후작 부인에게 혹시 로베르티라는 사람을 아느냐고 묻는다. 오래전 마리를 데려다 기를 때 마리의 주머니에서 로베르티 비르켄펠트라는 이름이 적힌 종이를 발견했기 때문이다. 그 종이를 찬찬히 살펴보던 후작 부인은 마리가 오래전 잃어버린 조카라고 말하면서, 그녀가 제대로 교육을 받으려면 자기 성에 가서 살아야 한다고 주장한다. 마리는 후작 부인을 따라 새 생활을 하기로 결심한다. 병사들이 모두 자기 일처럼 환호한다.

한편 토니오는 마리와 결혼하려면 연대의 병사가 되어야 한다는 얘기를 듣고는 입대한다. 병사들은 토니오에게 이제 마리와 결혼할 수 있다면서 축하해준다. 마리는 토니오가 자기를 생각해 입대한 것에 감동한다. 토니오는 마리에게 곧 찾아가겠다고 약속한다. 하사 술피스는 제대를 하고 마리의 후견인으로 따라간다.

[제2막] 몇 달 뒤 후작 부인은 크레켄토르프(Cräckentorp) 공작 부인의 아들 스키피온(Scipion) 공작과 마리의 혼사를 은밀히 진행한다. 마리가 후작 부인의 조카이므로 공작과 결혼하는 데는 아무 문제가 없다. 후작 부인은 공작에게 잠시 후 마리가 음악을 공부하러 올 것이니 서로 잘 지내보라고 당부한다. 술피스는 연대에 있는 토니오를 생각하라는 뜻으로 마리에게 '연대의 노래'를 부탁한다. 그러자 후작 부인이 다른 노래를 부르라고 한다. 한참 동안 재미있는 소동이 벌어진다. 마리는 술피스에게 연대를 잊은 적도 없고, 토니오를 생각하지 않은 날도 없다고 말한다. 제21 연대 병사들이 마리를 찾아온다. 토니오는 이제 장교가 되었다. 모두 재회를 기뻐한다. 토니오는 최근 자신의 삼촌이 이 도시의 시장이라는 사실이 밝혀졌기 때문에 신분 문제도 걱정할 것 없으니 마리와 결혼하겠다고 말하지만, 후작 부인은 마리와 공작과의 결혼을 계속 추진할 생각이다. 토니오가 후작 부인에게는 여동생이 없다는 사실을 밝혀내자, 후작 부인은 마침내 마리가 자신의 딸이라고 밝히면서 두 사람의 결혼을 승낙한다. 토니오와 마리의 결혼식 준비가 한창이다. 모두 프랑스 만세를 외친다.

사랑의 묘약

타이틀	**L'Elisir d'Amore**(The Elixir of Love)	
	전 2막의 멜로드라마. 대본은 본래 외젠 스크리브가 다니엘 오베르의 〈미약(Le philtre)〉을 위해 쓴 글을 펠리체 로마니가 고쳐 썼다.	
	초연	1832년 5월 12일 밀라노 리리코 극장
	주요 배역	아디나(젊고 부자인 지주 아가씨), 네모리노(아디나를 사랑하는 마을 청년), 벨코레(아디나와 결혼하고자 하는 기분파 하사관), 둘카마라(유쾌한 떠돌이 약장수), 자네타(마을 아가씨)
음악 하이라이트	네모리노의 로망스, 아디나의 아리아, 둘카마라의 아리아	
베스트 아리아	「남몰래 흘리는 눈물(Una furtiva lagrima)」(T), 「얼마나 아름다운 모습인가(Quanto è bella, quanto è cara)」(T), 「무정한 이졸데(Della crudele Isotta)」(S), 「마을 사람들이여, 들으시오(Udite, udite, o rustici)」(B), 「가서 장난기 많은 바람에게 물어보아요(Chieldi all'aura lusinghiera)」(S), 「나는 돈이 많고 그대는 아름답다(Io son ricco, e tu sei bella)」(S+T)	

사전 지식 재치 넘치는 코믹 오페라로, 재미난 내용과 튀는 듯 감칠맛 나는 음악이 있다. 유명한 테너 아리아 「남몰래 흘리는 눈물」이 나온다. 제목 '사랑의 묘약'은 그리스 신화에서 따온 것이다. 이 오페라는 묘약만 먹으면 마음속에 두고 있는 사람이 자신을 사랑하게 된다는 내용으로, 바그너의 〈트리스탄과 이졸데〉에도 그리스 신화에서 유래한 '사랑의 묘약'이 등장한다.

에피소드 스피드 작곡가 도니체티는 대체로 한 번 완성한 작품을 다시 검토하지 않는 성격이다. 하지만 〈사랑의 묘약〉은 고치고 또 고쳐, 도니체티답지 않게 2주일이나 걸렸다. 오페라 주인공이 받은 커튼콜의 세계적인 기록은 1988년 8월 24일 베를린의 도이치오퍼(Deutsche Oper)에서 공연된 〈사랑의 묘약〉이 세웠다. 네모리노 역으로 출연했던 테너 루치아노 파바로티는 167회의 기록적인 커튼콜을 받았다. 기네스북에는 커튼콜이 무려 1시간 7분이나 계속되었다고 기록되어 있다.

1880년대 이탈리아의 어느 시골 마을이다.

[제1막] 아디나(Adina)는 우리가 오페라에서 흔히 만날 수 있는 소프라노의 전형이다. 그녀는 마을의 아름다운 지주 아가씨로 명랑하고 쾌활하며 로맨틱해 자석처럼 남성을 끌어당기는 힘이 있다. 그중 하나가 가난한 농부 네모리노(Nemorino)다. 아디나를 짝사랑한 것이 얼마나 오래되었는지 모른다. 그저 아디나가 예뻐 어쩔 줄 모른다. 네모리노의 아리아 「얼마나 아름다운 모습인가」는 이렇게 감미로운 세레나데가 또 어디 있을까 할 정도로 아름다운 곡이다. 하지만 아디나는 한마디로 관심이 없다.

어느 여름날 마을 사람들은 포도밭에서 일하고, 아디나는 나무 그늘에서 『트리스탄과 이졸데』를 읽고 있다. 그러다가 '사랑의 묘약'에 관한 얘기가 몹시 재미있어 혼자만 알고 있기는 아깝다고 생각해 마을 사람들에게 읽어주기 시작한다. 이졸데(이소타)라는 아가씨가 있었는데 사랑의 묘약을 잘못 마시는 바람에 다른 사람을 사랑하게 되었다는 내용이다. 네모리노는 자기야말로 그 얘기에 나오는 '사랑의 묘약'이 꼭 필요한 사람이라고 생각한다.

떠돌이 약장수이자 돌팔이 의사 둘카마라(Dulcamara) 박사가 '사랑의 묘약'도 판다고 하자 순진한 네모리노는 주머니를 털어 한 병을 산다. 실은 싸구려 와인이다. 둘카마라의 아리아 「마을 사람들이여, 들으시오」는 기막히게 재미난 곡이다. 어쨌든 네모리노는 이 '사랑의 묘약' 한 병을 꿀꺽 다 마신다. 효과가 즉시 나타난다. 그가 술에 취한 것이다. 술 취한 사람이 하는 기본적인 행동은 다 똑같다. 제멋에 겨워 춤추고 노래하고 아무에게나 막말을 해 기분을 상하게 한다. 술 취한 네모리노도 마찬가지다. 특히 타고난 멋쟁이 군인 벨코레(Belcore) 하사와 얼마 뒤 결혼하기로 한 아디나에게 무안을 주는 행동을 한다.

[제2막] 아디나의 결혼식 날이다. 아디나는 어쩐 일인지 결혼 시간을 늦춘다. 평소에 그렇게도 자신을 따라다니며 애걸복걸하던 네모리노 아니던가? 그가 나타나지 않자 어떻게 된 일인지 이상해 못 견딜 지경이다. 네모리노는 비싼 약을 한 병이나 마셨는데도 아디나가 자신을 사랑하기는커녕 벨코레 와 결혼을 한다니 어떻게 된 것인지 궁금해 불평을 터뜨린다. 둘카마라는 한 병 더 사서 마셔야 효과가 나타난다고 말한다. 하지만 네모리노에게는 노랑 동전이 한 푼도 없다. 지방순회 모병 담당관 인 벨코레 하사는 네모리노가 급하게 돈이 필요하다고 하자, 신병이 되면 나라에서 주는 격려금을 받을 수 있다고 하면서 입대를 권한다. 종이에 서명만 하면 20크라운을 준다는 것이다. 이렇게 하여 네모리노는 입대를 조건으로 받은 돈을 둘카마라의 호주머니에 바치고 약을 사서 마신다. 결과는 전보다 더 과감한 행동으로 나타난다.

그날 저녁 네모리노가 하루아침에 벼락부자가 되었다는 소문이 마을에 돈다. 도시에 사는 네모리노의 삼촌이 세상을 떠나면서 유일한 조카 네모리노에게 막대한 유산을 남겨주었다는 것이다. 그렇지만 네모리노는 아무것도 모르고 있다. 마을 아가씨들은 부자가 된 네모리노에게 관심을 쏟으며 그를 둘러싸고 노래하고 춤춘다. 이 모습을 본 아디나는 네모리노가 마을 아가씨들에게 저토록 인기가 높은 것을 보면 분명히 뭔가 훌륭한 점이 있을 것이라고 생각해 네모리노에게 관심을 기울인다. 네모리노는 약효 때문에 아디나가 드디어 자신에게 끌리고 있다고 생각한다. 네모리노의 아리아 「남몰래 흐르는 눈물」은 아디나가 자기에게 관심을 보이기 시작하자 감격하여 부르는 대단히 아름다운 곡이다. 두 사람은 이제 서로의 마음속에 있는 진짜 사랑을 확인한다. 두 사람의 사랑을 확인한 벨코레 하사는 네모리노의 자원입대서를 기분 좋게 되돌려준다. 둘카마라는 자기가 판 약 때문에 두 사람이 사랑에 성공했다고 자랑한다. 아디나는 네모리노의 팔에 안기며 모든 것이 준비된 결혼식장으로 향한다.

샤모니의 린다

| 타이틀 | **Linda di Chamounix**(Linda of Chamounix) |

전 3막의 멜로드라마. 아돌프필리프 당네이(Adolphe-Philippe d'Enney)와 귀스타브 르무안(Gustave Lemoine)이 공동으로 쓴 희곡 「신의 은총(La grâce de Dieu)」을 기본으로 가에타노 로시(Gaetano Rossi)가 대본을 썼다.

| 초연 | 1842년 5월 19일 빈 케른트너토르 극장 |
| 주요 배역 | 린다(안토니오의 딸), 카를로(파리에서 온 화가 청년), 안토니오(가난한 소작 농부), 피에로토(고아 음악가), 마달레나(린다의 어머니), 후작(카를로의 아버지), 후작 부인(카를로의 어머니) |

| 베스트 아리아 | 「오, 영혼의 빛이여(O luce di quest'anima)」(S), 「어서 나를 위로해주세요(A consolarmi affrettisi)」(S+T), 「두 사람 모두 이 골짜기에서 태어났지요(Ambo nati in questa valle)」(B) |

사전 지식 샤모니는 프랑스 동남부 사부아(Savoie; Savoy) 지방의 산간 마을로, 가난한 소작인들이 어렵게 살고 있는 마을이다. 이 마을의 땅 대부분은 욕심 많은 후작(Marquis)이 소유하고 있다. 여주인공 린다는 〈람메르무어의 루치아〉의 루치아나 〈운명의 힘〉의 레오노라처럼 비참한 운명을 맞이하기도 하지만 결국 행복한 결말을 맞이한다. 노래로 살아가는 고아 피에로토(Pierotto)는 원래 여성 콘트랄토가 맡게 되어 있다.

에피소드 이 오페라의 스토리는 매우 유명하기 때문에 알프레도 피아티(Alfredo Piatti)와 요제프 아셔(Joseph Ascher)도 같은 제목으로 오페라를 작곡했었다.

줄거리 [제1막] 이른 아침 샤모니 마을의 청년들이 파리로 떠날 준비하고 있다. 이 마을 남성들은 농한기인 겨울에 할 일이 없기 때문에 파리로 돈을 벌기 위해 나간다. 먼 길을 떠날 안토니오(Antonio)는 가족 걱정이 태산 같다. 후작이 소작인들과 재계약을 해주지 않기 때문이다. 늙은 어머니는 병중이다. 집안 살림이 어렵게 되자 딸 린다(Linda)는 마을 사람들과 함께 파리로 가서 돈을 벌기를 원하지만, 안토니오는 말도 안 되는 소리라면서 집에 있으라고 한다. 안토니오는 자신이 집을 비운 사이에 린다에게 무슨 일이 생기면 어쩌나 걱정이다. 때마침 지주의 재산관리인이 안토니오를 찾아와 후작이 재계약을 해줄지도 모른다고 전한다. 단 후작이 린다의 후견인이 되는 조건으로 재계약을 고려하겠다는 것이다. 예쁜 린다에게 흑심을 품고 있는 후작은 후견인이 되면 린다의 결혼 문제에 관여할 수 있고, 일이 잘되면 정부로 만들 수도 있기 때문에 그런 제의를 한 것이다. 잠시 후 후작이 직접 안토니오의 집을 찾아온다. 소작 문제와 린다 문제를 협의하기 위해 찾아온 것이라고 했지만 린다를 만나려는 속셈으로 온 것이다. 후작이 자꾸 린다만 찾자 이상하게 생각한 안토니오는 린다가 성당에 갔다고 둘러댄다. 실은 전날 밤 늦게까지 일하느라 고단해 자고 있다. 후작이 린다가 자기 성에 들어와 숙녀 교육 등을 받으며 같이 지내는 조건으로 재계약을 해주겠다고 말하자, 안토니오는 나중에 결정하자고 후작을 배웅한 뒤 마을 청년들과 함께 파리로 떠난다.

잠에서 깨어난 린다는 파리에서 온 젊은 청년 카를로(Carlo)와 만나기 위해 서둘러 집을 나선다. 그림을 그리는 카를로는 경치가 좋은 이 마을로 찾아와 머무르고 있다. 린다는 길에서 고아처럼 살고 있는 피에로토를 만난다. 피에로토도 다른 마을 청년들을 따라 파리로 갈 채비를 하고 있다. 돈을 벌어 음악 공부를 할 생각이라는 그는 노래도 잘 부르지만 작곡도 할 수 있다. 피에로토는 새로 작곡한 노래라고 하면서, 돈을 벌려고 도시로 갔던 처녀가 도시에서 불행한 사랑을 겪은 뒤 집으로 돌아와 보니 늙은 어머니는 이미 세상을 떠났다는 내용의 노래를 불러준다. 린다는 이 노래가 어쩐지 마음에 걸린다. 잠시 후 린다는 카를로를 만난다. 후작이 린다에게 흑심을 품고 있는 것을 아는 카를로는 린다를 보호하기 위해 이 마을에 남고 싶지만, 파리로 가서 그림 공부도 하고 돈도 벌어야 하기 때문에 그럴 수 없다고 하면서 이참에 함께 파리로 가자고 제안한다. 카를로는 린다와 함께 파리로 가면 후작의 손길에서 린다를 보호할 수 있다고 생각한 것이다. 카를로는 실은 후작의 아들이다. 하지만 린다에게는 전혀 그런 내색을 하지 않는다. 생각 끝에 린다는 카를로를 따라 파리로 떠날 결심을 한다.

[제2막] 파리로 온 카를로와 린다는 호화로운 아파트에 정착한다. 카를로는 어찌 된 영문인지 어리둥절한 린다에게 자신의 신분을 밝히면서, 아버지의 손길에서 끝까지 지켜줄 테니 걱정하지 말라고 한다. 린다는 카를로가 진심으로 자신을 사랑한다고 확신해 그의 호의를 받아들인다. 린다는 좋은 옷에 호화로운 아파트 생활을 하지만 어머니가 어떻게 지내는지 전혀 소식을 듣지 못해 무척 근심하고 있다. 마침 문 밖에서 누가 노래를 부르는 소리가 들린다. 피에로토다. 린다는 반가운 마음에 그를

집으로 들어오라고 한다. 린다가 카를로와 약혼했다고 얘기하자 피에로토는 후작이 이 사실을 알고 있느냐고 묻는다. 린다는 아직까지는 비밀로 하고 있다고 설명해준다. 피에로토는 약혼을 축하하는 의미에서 아름다운 노래를 불러주고는 일하러 가야 한다면서 떠난다. 잠시 후 후작이 어떻게 알았는지 린다의 아파트로 찾아온다. 후작은 린다의 거처를 알아내기 위해 벌써 며칠 전부터 파리에 머물고 있었다. 후작은 린다가 어느 부잣집 아들과 사랑한다고 생각해 더 좋은 아파트에 생활비도 넉넉히 줄 테니 어서 이곳을 떠나 자기와 함께 가자고 말한다. 후작의 본심을 알게 된 린다는 모욕을 당했다고 생각해 분개하지만, 사랑하는 카를로의 아버지인 것을 생각해 후작에게 제발 아무 말도 하지 말고 당장 나가달라고 말한다. 후작은 자기 아들이 린다와 사랑하는 사이라는 것을 전혀 눈치채지 못하고 있다. 잠시 후 카를로가 들어온다. 카를로는 풀이 죽어 있다. 어머니인 후작 부인이 린다와 약혼한 사실을 알고는 가난한 소작인의 딸과는 절대 결혼시킬 수 없다고 펄쩍 뛰기 때문이다. 더구나 이미 적당한 혼처까지 주선해놓았다고 하면서, 만약 린다와 결혼하겠다고 계속 주장하면 그녀를 감옥에 보내겠다고 위협까지 한다. 그는 어찌해야 할지 속으로 무척 걱정하지만 린다에게는 차마 그런 얘기를 꺼내지 못한다. 린다는 카를로의 행동이 이상하지만 아무 말이 없으므로 더는 묻지 않는다. 겨울이 지나 봄이 찾아온다. 린다의 아버지 안토니오가 카를로를 만나기 위해 파리의 아파트를 찾아온다. 마음씨 고약한 후작이 린다가 도망간 것을 알고 계약을 해주지 않아 살길이 막막해지자, 후작의 아들을 만나 통사정이라도 해볼 요량으로 카를로를 찾아온 것이다. 카를로는 외출 중이다. 안토니오는 카를로의 집에 있는 어떤 귀부인을 만난다. 그는 그 귀부인이 린다라는 것을 알아차리지 못한다. 안토니오는 귀부인에게 제발 재계약을 할 수 있도록 카를로에게 잘 얘기해달라고 간청한다. 이런 얘기를 듣는 린다는 마음이 괴롭다. 그렇지만 차마 자기가 린다라고 밝히지는 못한다. 린다는 안토니오에게 돈을 몇 푼 쥐어주며 나중에 다시 찾아오라고 말한다. 안토니오는 린다의 호의에 감사해 눈물을 흘리면서 고향에 아내와 딸을 두고 돈이라도 벌려고 파리로 왔는데, 딸은 감쪽같이 사라져 죽었는지 살았는지 알 수가 없고, 아내는 딸이 가출하자 화병이 도져 앓아누웠다는 말을 한다. 이 말을 들은 린다는 도저히 참을 수가 없어 자기가 린다라고 밝히면서 아버지에게 용서를 구한다. 안토니오는 사랑하는 딸이 귀족의 정부 노릇을 하고 있는 데 충격을 받는다. 그는 잠시 후 정신을 차리고는 자신에게는 당신을 용서할 권한이 없으며, 더구나 당신이 누구인지 알지 못한다고 잘라 말한다. 이때 피에로토가 뛰어 들어와 카를로가 다른 여자와 결혼한다는 소식을 전한다. 이 말을 들은 안토니오는 견딜 수가 없어 린다에게 저주를 퍼붓고 떠난다. 린다는 이제 제정신이 아니다. 피에로토가 그런 린다를 부축해 데리고 나간다.

[제3막] 샤모니에도 봄이 찾아왔다. 지난겨울 파리로 떠났던 마을 청년들이 돈을 벌어 돌아온다. 마을에서는 잔치가 벌어진다. 다만 린다와 피에로토만 보이지 않는다. 잔치가 한창일 때 카를로가 마을로 찾아온다. 카를로는 다른 여자와 결혼시키려는 어머니의 압력에도 끝내 마음을 굽히지 않았다. 결국 후작 부인은 카를로와 린다의 결혼을 허락했다. 카를로는 이 같은 소식을 전하려고 기쁜 마음으로 린다를 찾아온 것이다. 카를로는 린다와 결혼하기 위해, 그리고 안토니오 집안의 명예를 회복시키기 위해 왔다고 마을 사람들에게 설명한다. 마을 사람들은 린다가 돌아오지 않았으며, 린다의 가족에게 린다는 이미 죽은 사람이라고 말한다. 카를로는 린다가 어디 있든 세상 끝까지 찾아가겠다고 다짐한다. 언덕 너머로 두 사람의 모습이 보인다. 그들이 누구인 줄 모르던 마을 사람들은 피리 소리를 듣고서 피에로토와 린다인 것을 깨닫는다. 린다는 여전히 제정신이 아니다. 안토니오와 마달레나(린다의 어머니)가 린다를 알아보고 달려가지만 그녀는 아무도 알아보지 못한다. 린다가 마을로 돌아왔다는 소리를 듣고 카를로가 달려오지만 그 역시 알아보지 못한다. 피에로토가 옛날에 카를로와 린다가 데이트하면서 불렀던 노래를 들려주면 기억이 되살아날지도 모른다고 하면서 옛 노래를 부르자 과연 린다의 정신이 돌아온다. 그녀는 카를로를 알아보며 감격의 눈물을 흘린다. 마을 사람들이 두 사람의 결혼을 한마음으로 축하한다.

람메르무어의 루치아

타이틀	**Lucia di Lammermoor**(Lucy of Lammermoor)	

	전 3막의 비극(dramma tragico). 영국의 문호 월터 스콧의 소설 『래머무어가의 신부(The bride of Lammermoor)』를 기본으로 살바도레 캄마라노(Salvadore Cammarano)가 대본을 썼다.
초연	1835년 9월 26일 나폴리 산 카를로 극장
주요 배역	루치아(람메르무어가의 처녀), 에드가르도(레이븐우드가의 영주), 엔리코 애시턴(루치아의 오빠), 아르투로 부클로 경(루치아와 결혼식을 올린 부유한 귀족), 라이몬도 비데벤트(람메르무어가의 목사), 알리사(루치아의 유모), 노르마노(엔리코의 가신)

음악 하이라이트	에드가르도의 이별의 아리아, 1막의 루치아의 콜로라투라 아리아, 루치아의 광란의 장면, 2막에서의 6중창, 결혼 축하의 합창
베스트 아리아	「드디어 나는 당신의 것(Alfin son tua)」(S, 광란의 장면), 「쓰라린 눈물 흘리리라(Spargi d'amore pianto)」(S), 「밤의 장막이 드리울 때(Regnava nel silenzio)」(S), 「그의 사랑스러운 목소리가 나를 감싸주었는데(Il dolce suono mi colpi di sua voce)」(S), 「죽음만이 나의 피난처(Fra poco a me ricovero)」(T), 「루치아의 카바티나(Lucia's cavatina)」(S), 「향을 피우는데(Ardon gl'incensi)」(S), 「그대에게 향한 나의 눈길(Verranno a te)」(S+T), 「잔인하다, 얼마나 그리워했던가(Cruda, funesta smania)」(T), 「날개를 펴고 하늘로 간 그대여(Tu che a Dio spiegasti l'ali)」(T)

사전 지식　　　금지된 사랑 때문에 두렵고 소름 끼칠 만큼 선혈이 낭자한 비극이다. 이 오페라의 가장 유명한 장면은 루치아의 광란 장면이다. 소프라노 실력을 시험하는 가장 어려운 아리아 중 하나다. 소프라노(루치아)는 드라마틱한 음성과 콜로라투라의 화려한 음성을 모두 갖추어야 한다. 다른 오페라와는 달리 주인공 루치아는 이 아리아를 부른 뒤 죽기 때문에 무대로 다시 등장하지 않는다. 루치아, 에드가르도, 엔리코, 아르투로, 알리사, 라이몬도가 부르는 6중창은 참으로 아름다운 곡이다. 결혼식 축하곡인 이 합창곡은 우리나라로 들어와 찬송가 「삼천리 반도 금수강산 하나님 주신 동산」으로 사용되는 힘차고 경쾌한 곡이다. 〈루치아〉는 시간이 지날수록 로맨틱한 감성을 대표하는 최고의 작품으로 인정받게 되었다. 월터 스콧의 『래머무어가의 신부』는 플로베르의 『보바리

부인(Madame Bovary)』, 톨스토이의 『안나 카레니나(Anna Karenina)』와 함께 당대 최고의 로맨틱 비극으로 손꼽힌다.

에피소드　　　　주인공들의 이름을 보면, 이름은 모두 이탈리아식으로 바꾸고 성(姓)은 원래대로 영어로 남겨놓았다. 예를 들면 원래는 람메르무어의 루시(Lucy of Lammermoor)인데 람메르무어의 루시카(Lucia di Lammermoor)로 바꾸었듯이, 엔리코 애시턴(Enrico Ashton), 레이븐우드의 에드가르도(Edgardo di Ravenwood)로 되어 있으므로 혼선이 없기 바란다. 1600년대 말, 스코틀랜드에서는 애시턴 가문과 레이븐우드 가문이 서로 원수가 되어 죽고 죽이는 싸움을 끊임없이 자행한다. 어느 날 벌어진 대접전에서 애시턴 가문이 레이븐우드 가문 사람들을 모두 죽이고, 단 한 사람만 겨우 살아남았다. 그가 바로 에드가르도다. 이 오페라는 실화를 바탕으로 했다.

줄거리　　　　[제1막] 람메르무어가의 엔리코 애시턴(Enrico Ashton)은 가세가 몰락해 재산을 모두 잃었다. 가문을 회생시킬 수 있는 유일한 희망은 누이동생 루치아를 부유한 귀족 아르투로 부클로(Arturo Bucklaw) 경과 결혼시키는 길뿐이다. 아르투로는 루치아와 결혼하는 조건으로 람메르무어 가문을 재정적으로 지원하겠다고 약속한다. 그런데 루치아는 원수 가문인 레이븐우드가의 에드가르도와 죽고 못 사는 사이다. 루치아가 어머니의 무덤가를 거닐고 있을 때 성난 황소가 갑자기 달려드는 바람에 거의 죽음의 문턱에 이른 적이 있는데, 마침 그 부근에 있던 에드가르도가 총을 쏘아 루치아의 목숨을 구해준 것이다. 이렇게 만난 두 사람에게 사랑의 감정이 싹튼다. 두 사람은 철석같은 사랑을 약속했다. 그러던 중 에드가르도가 국왕의 명을 받고 프랑스에 외교 사절로 가게 된다. 에드가르도와 루치아가 이별 장면에서 부르는 듀엣은 매우 아름답다.

[제2막] 루치아의 오빠 엔리코는 기회는 이때다 생각해 루치아와 아르투로의 결혼을 서두른다. 루치아가 원수 집안의 에드가르도와 사귀는 것을 알아낸 엔리코는 루치아를 에드가르도와 한시라도 빨리 떼어놓으려고 한다. 루치아와 아르투로의 결혼식 날, 하객들이 애시턴 성에 도착한다. 루치아는 오빠 엔리코의 강요로 사랑하기는커녕 단 한 번도 만나본 적이 없는 아르투로와 억지로 결혼해야 할 판이다. 엔리코는 에드가르도가 프랑스에서 루치아에게 보낸 편지를 모두 가로채어 보여주지 않았다. 한술 더 떠서 에드가르도가 보낸 것처럼 가짜 편지를 만들어 루치아에게 보여주어, 그가 프랑스에서 딴 여자와 결혼하게 됐다는 거짓말을 진실로 믿게 했다. 루치아는 믿었던 사람의 배신으로 비탄에 빠진다. 엔리코와 루치아가 「눈물로 고통 받고, 아픔으로 괴로워하며(Soffriva nel pianto, languia nel dolore)」를 듀엣으로 부른다.

하객들은 기쁨에 넘쳐 합창을 부른다. 번민 중에 제정신이 아닌 루치아는 하라는 대로 결혼서약서에 서명을 한다. 그런데 서약서의 잉크가 채 마르기도 전에 에드가르도가 등장한다. 파리에서 급히 달려온 것이다. 정신을 잃은 루치아는 다른 사람들과 함께 6중창을 부른다. 엔리코는 동생 루치아가 이루 말할 수 없이 밉다. 험악한 일이 당장이라도 일어날 듯한 분위기다. 손님들은 저주받은 이 결혼식이 어서 끝나기를 바란다. 모든 것을 알아차린 루치아는 오빠에 대한 실망감, 사랑하는 에드가르도를 배반한 데 대한 죄책감으로 절망에 빠진다. 에드가르도는 루치아가 철석같은 약속을 깨뜨리고 자기를 배반했다고 믿어 루치아의 손가락에서 반지를 빼내 던져버리고 떠난다.

[제3막] 엔리코는 에드가르도에게 결투를 신청한다. 이 장면은 일반적으로 공연에서 삭제된다. 한편 실성한 루치아는 방금 자기와 결혼한 아르투로를 신방에서 칼로 찔러 죽인다. 루치아의 하얀 웨딩드레스는 피로 물들고 머리는 헝클어져 있다. 이 오페라에서 가장 중요한 '광란의 장면'이다. 루치아의 아리아 「그의 사랑스러운 목소리가 나를 감싸주었는데」는 바로 이 장면에서 나온다. 루치아가 절망과 비분으로 실성한 것을 본 오빠 엔리코는 양심의 가책으로 가슴이 찢어질 듯하다. 루치아는 하늘에 올라가 사랑하는 그를 만나겠다고 노래 부른 뒤 쓰러진다. 종루에서 루치아의 죽음을 알리는 종소리가 구슬프게 울린다.

성 밖에서 루치아가 죽은 것을 안 에드가르도는 자신의 잘못을 뉘우치며 천국에서나마 못 이룬 사랑을 이루자며 칼로 자신의 가슴을 찌른다. 사람들은 에드가르도를 용서해달라고 신에게 기도한다.

루크레치아 보르자

타이틀	**Lucrezia Borgia**

전 2막(또는 3막)의 멜로드라마. 빅토르 위고(Victor Hugo)의 희곡을 기본으로 펠리체 로마니가 대본을 썼다. 악명 높은 루크레치아 보르자에 대한 전설을 기본으로 삼았다.

초연	1834년 12월 26일 밀라노 스칼라 극장
주요 배역	루크레치아 보르자(악처), 알폰소 데스테(페라라 공작), 젠나로(루크레치아의 아들), 마피오 오르시니(젠나로의 친구)

베스트 아리아

「이 얼마나 아름다운가!(Com'é bello!)」(S), 「축배의 노래(Brindisi)」(Ms), 「비천한 어부의 아들(Di pescatore ignobile)」(T), 「오라, 나의 원수(Vieni: La mia vendetta)」(Bar)

사전 지식 배역 중 마피오 오르시니는 남자이지만 콘트랄토가 맡는다. 극적인 면은 부족하지만 전반적으로 아름다운 아리아가 많이 등장하는 오페라다. 오페라에 나오는 소프라노 아리아 「이 얼마나 아름다운가!」와 테너 아리아 「비천한 어부의 아들」은 가장 유명한 오페라 아리아에 속하는 곡으로, 연주회의 단골 레퍼토리이기도 하다.

에피소드 이 오페라를 1840년 파리 무대에 올리려 했을 때 원작자 빅토르 위고는 법원에서 오페라 공연 강제 중지 명령을 받아냈다. 오페라의 스토리가 원작과 너무 달라 원작의 의도를 손상시킨다는 이유 때문이었다. 이에 따라 오페라 대본을 다시 쓸 수밖에 없었다. 우선 제목부터 '리네자타(La Rinegata)'로 바꾸고, 이탈리아인을 모두 터키인으로 바꾸어 겨우 공연을 재개할 수 있었다. 훗날 극장 측은 배상금을 내고 원작 형태를 유지해 공연할 수 있있다. 근년에 이르러 〈루크레치아 보르자〉는 스타 소프라노들이 기량을 발휘할 수 있는 작품으로 각광을 받고 있다. 조안 서덜랜드(Joan Sutherland)가 타이틀롤을 맡은 1980년 코번트가든 공연이 특히 주목할 만하다. 이때 취입한 음반은 디바의 능력에 절로 찬사를 보내게 하는 훌륭한 것이다. 이보다 앞서 1965년 카네기 홀에서는 스페인의 소프라노 몽세라 카바예(Montserrat Caballe)가 타이틀롤을 맡아 열연했다. 카바예의 미국 데뷔 공연인 이 무대를 통해 그녀는 당대 최고의 콜로라투라 소프라노로 인정 받았다. 카바예는 메조소프라노

셜리 베릿(Shirley Verrett), 테너 알프레도 크라우스(Alfredo Kraus), 베이스 에치오 플라젤로(Ezio Flagello)와 함께 음반을 취입했는데, 이는 오페라 애호가들이 가장 사랑하는 음반이다. 호주 출신의 조안 서덜랜드와 스페인 출신의 알프레도 크라우스가 주역을 맡은 음반도 뛰어나다.

줄거리   베네치아 공국에 속하는 페라라(Ferrara)의 공작 알폰소 데스테(Alfonso D'Este)는 루크레치아의 네 번째 남편이다. 그녀는 전남편들을 독살 등의 방법으로 처치한 악독한 아내로 알려져 있지만, 그녀의 아름다운 매력은 여전히 뭇 남성의 가슴을 설레게 한다. 알폰소는 루크레치아가 젠나로(Gennaro)라는 미남 청년에게 관심을 보이자 질투심에 불타오른다. 젠나로도 가면무도회에서 루크레치아를 보고 정염을 품지만, 친구 마피오 오르시니(Maffio Orsini)에게서 자신의 어머니라는 얘기를 듣고는 오히려 증오심에 불탄다. 젠나로는 신분이 탄로 나는 것이 두려워 아무에게도 얘기하지 말라고 당부한다. 그 사실을 모르는 루크레치아가 젠나로에게 정부(情夫)가 되어달라고 하지만, 그는 들은 척도 하지 않는다. 마피오의 형은 루크레치아의 전남편 중 하나였으나 의문의 죽음을 당했다. 마피오는 이 때문에 루크레치아에게 복수할 마음을 품고 있다.

페라라 궁전 문에 보르자(Borgia)라고 새겨 금박해놓은 것을 본 젠나로는 적개심에 첫 글자인 B를 칼로 지워 orgia라는 글자만 남겨놓는다. 이 장면을 목격한 알폰소는 귀족의 이름을 더럽혔다는 죄목으로 그를 감옥에 가둔다. 성문에 조각된 자기 이름이 훼손됐다는 얘기를 들은 루크레치아가 그자를 무조건 사형에 처하라고 하자 알폰소는 냉소를 띠며 그러겠다고 대답한다. 잠시 후 젠나로가 끌려온다. 루크레치아는 젊은 혈기에 장난으로 그런 행동을 했으니 목숨만은 살려달라고 하지만 공작은 단호히 거절한다. 그녀는 전남편들이 의문의 죽음을 당한 것을 상기시키며 협박하지만 그는 아랑곳하지 않는다.

공작은 마치 젠나로를 용서해줄 것처럼 포도주를 권하면서 자기 잔에 든 포도주를 마신다. 해독제가 있는 공작은 걱정 없이 독포도주를 마신 것이다. 루크레치아에게도 해독제가 있지만 단 한 사람의 몫뿐이다. 결국 둘 중 하나는 죽어야 한다는 의미다. 공작은 젠나로가 죽어가는 모습을 루크레치아가 지켜보도록 두 사람을 남겨놓고 유유히 방을 나간다. 이때 젠나로의 친구들이 들어와 그가 아들이라는 것을 알려준다. 놀란 루크레치아는 아들을 살리기 위해 해독제를 내주지만, 젠나로는 치욕스럽게 사느니 차라리 죽음을 택하겠다면서 해독제를 먹지 않는다. 죽어가는 아들을 지켜보던 루크레치아도 독포도주를 마시고 젠나로의 몸 위에 쓰러진다.

로한의 마리아

| 타이틀 | **Maria di Rohan**(Maria of Rohan) |

전 3막의 비극적 멜로드라마. 로크루이(Lockroy)와 에드몽 바동(Edmond Badon) 희곡 「리슐리외 추기경 아래에서의 결투(Un duel sous le cardinal de Richelieu)」를 바탕으로 살바도레 캄마라노(Salvadore Cammarano)가 대본을 썼다.

| 초연 | 1843년 6월 5일 빈의 케른트너토르 극장 |
| 주요 배역 | 마리아(로한의 마리아, S), 슈브뢰즈 공작(엔리코: 마리아의 남편, T), 리슐리외 추기경(B), 리카르도(샬레 백작, T) |

| 베스트 아리아 | 「태양이 옷자락을 드리운 맑은 날(Bella e di solvestila)」(T), 「어둡고 숙명적인 슬픔(Cupa, fatal mestizia)」(S), 「부드럽고 사랑스러운 사람(Alma soave e cara)」(T) |

줄거리　　　마리아의 남편 슈브뢰즈 공작(Duc de Chevreuse)은 루이 왕의 총리대신으로 막강한 권력을 휘두르고 있는 리슐리외 추기경(Cardinal Richelieu)의 사촌과 결투를 하다가 그만 그를 죽인다. 슈브뢰즈 공작은 결투금지령을 어겼으며, 더구나 리슐리외 추기경의 사촌을 살해했으니 그 자리에서 체포되어 감옥에 갇힌다. 마리아는 남편을 구하기 위해 리슐리외 추기경의 측근을 찾아가지만 오히려 모욕만 당한다. 그녀는 어려운 걸음이지만 옛 애인인 샬레의 백작 리카르도(Riccardo: Comte de Chalais)를 찾아가 도움을 청한다. 리카르도는 마리아가 리슐리외의 부하들에게 모욕을 당했다는 얘기를 듣고는 결투를 신청해 마리아가 당한 모욕을 씻어주고자 한다. 한편 마리아의 남편 슈브뢰즈 공작은 리카르도 백작의 도움으로 석방된다. 슈브뢰즈 공작은 마리아가 리슐리외의 부하에게 모욕을 당했으며 리카르도가 마리아의 명예를 위해 결투를 신청했음을 알고는 리카르도에게 감사하며 결투의 입회인을 자청한다.

마리아는 자기 때문에 벌어질 결투를 막기 위해 리카르도에게 사랑한다고 거짓 고백을 하면서 결투를 중지하고 멀리 떠나자고 말한다. 그러나 명예가 달린 문제이므로 결투를 하지 않고 도피할 수는 없다. 리카르도는 마리아에게 줄 편지를 써서 만일 자기가 결투에서 죽으면 마리아에게 편지를 전해달라고 하인에게 지시한다. 슈브뢰즈 공작은 자신의 저택 정원에 결투장을 마련한다. 결투가 시작되고 리카르도는 가벼운 부상을 입는다.

리슐리외의 부하들이 리카르도의 방에서 리슐리외를 비난하는 서류를 발견해 압수한다. 그들은 리카르도를 체포하기 위해 슈브뢰즈의 저택으로 몰려온다. 슈브뢰즈는 리카르도에게 비밀 통로를 가르쳐주며 피신시킨다. 리카르도는 마리아가 자기를 진정으로 사랑한다고 믿어 마리아에게 함께 떠나자고 말한다. 그녀가 주저하며 따라오지 않자 리카르도는 마리아를 데려가기 위해 슈브뢰즈의 방으로 돌아온다.

한편 리카르도의 하인은 리카르도가 결투에서 죽음을 당했다는 거짓 소문을 듣고는 리카르도의 지시대로 마리아에게 보내는 편지를 전하러 슈브뢰즈 공작의 저택으로 찾아간다. 편지를 받아 읽은 슈브뢰즈는 리카르도와 마리아가 서로 사랑한다고 믿는다. 공작이 다른 사람을 사랑하느냐고 다그치자 마리아는 리카르도에게 한 말이 있으므로 자기 죄를 시인한다. 슈브뢰즈가 리카르도를 향해 칼을 빼 든다. 리카르도는 마리아가 자신을 사랑하지 않으면서 그렇게 말한 것을 알고는 명예를 위해 스스로 죽음을 택한다. 마리아가 홀로 남아 리카르도의 죽음을 슬퍼한다.

마리아 스투아르다

타이틀	**Maria Stuarda**(Mary Stewart)	

전 2막. 16세기 스코틀랜드 여왕 메리 스튜어트의 비운의 삶을 그린 전 2막의 서정적 비극(tragedia lirica). 독일의 문호 프리드리히 실러의 희곡을 주세페 바르다리(Giuseppe Bardari)가 오페라 대본으로 각색했다.

초연	1835년 12월 30일 밀라노 스칼라 극장

주요 배역	마리아 스투아르다(메리 스튜어트: 스코틀랜드 여왕), 안나(애나 케네디: 메리 여왕의 시녀), 엘리사베타(엘리자베스: 영국 여왕), 레스터(로버트 더들리: 레스터 영주), 탤벗(슈루즈버리 영주), 세실(버레이 경)
베스트 아리아	「우리 모두는 버려진 여인들(Da tutti abbandonata)」(S+T), 「자! 맞이하자, 세상의 죽음, 고난의 죽음을(Deh! l'accogli... Morta al mondo, e morta al trono)」(Sextet), 「또 다른 비난으로 울리라(Un'altra colpa a piangere)」(S+T), 「앤 불린의 더럽혀진 딸(Figlia impura di Bolena)」(S), 「아, 다시 보는 아름다운 모습(Ah! rimiro il bel sembiante)」(T)

사전 지식　　　　17~18세기에 영국을 통치했던 스튜어트 왕조의 인물이 헨리 8세다. 그는 여섯 명의 왕비를 둔 것으로 유명한데, 그중 두 번째 왕비가 앤 불린(Ann Boleyn)으로, 그녀의 딸이 훗날 영국의 위대한 여왕이 된 엘리자베스(엘리사베타)다. 엘리자베스 여왕은 평생 결혼을 하지 않았다. 한때는 프랑스 왕과 결혼하려고 계획했고, 레스터 경 로버트 더들리를 사랑해 결혼상대로 생각하기도 했다. 레스터 경 로버트는 스코틀랜드의 여왕 메리 스튜어트(마리아 스투아르다)와 한때 사랑하는 사이였다. 메리 스튜어트는 반역죄로 붙잡혀 구금되었고, 그 후 엘리자베스의 질투심으로 비참한 죽음을 당했다. 스코틀랜드의 메리 여왕(Mary: Queen of Scots)과 잉글랜드의 피의 메리(Bloody Mary)를 혼동하는 경우가 있는데, 두 사람은 사촌 간으로 거의 같은 시대를 살았을 뿐이다. 마리아 스투아르다 역할은 벨칸토 콜로라투라 소프라노의 전형이다.

줄거리　　　　[제1막] 영국의 귀족들과 귀부인들이 프랑스 대사가 주선한 무술시합을 관람한 후 웨스트민스터 궁전으로 돌아온다. 영국 여왕 엘리자베스가 들어오자 귀족들과 귀부인들이 박수로 환영한다. 그녀는 프랑스 왕이 청혼했다면서 자못 흥분된 모습이다. 여왕이 기뻐하는 모습을 보자 슈루즈버리(Shrewsbury) 경 탤벗(Talbot)은 반역죄로 파서링게이(Fotheringhay) 성에 갇혀 있는 메리에게 관용을 베풀라고 간청한다. 그러나 메리 여왕을 제거해야 한다고 생각하는 버레이(Burleigh) 경 세실(Cecil)과 그 무리들은 엘리자베스 여왕에게 절대로 자비를 베풀면 안 된다고 주장한다. 여왕은 최종 결정을 내릴 때까지 시간을 달라고 말한다. 엘리자베스는 메리가 정치적 경쟁자일 뿐만 아니라 레스터(Leicester) 경 로버트 더들리(Robert Dudley)를 두고도 경쟁자라고 생각해 메리를 두려워한다. 탤벗이 로버트(Robert)를 은밀히 만난다. 탤벗은 파서링게이 성에 다녀왔다고 하면서 로버트에게 도움을 청하는 메리의 편지 한 장과 그녀의 초상화가 들어 있는 작은 펜던트 한 개를 증표로 전한다. 초상화를 보는 순간 메리에 대한 사랑이 되살아난 로버트는 엘리자베스를 섬기는 자신을 메리가 여전히 신뢰하는 데 감동해 힘닿는 데까지 메리를 돕겠다고 약속한다. 탤벗이 자리를 뜨자 기다렸다는 듯이 엘리자베스 여왕이 등장한다. 여왕은 탤벗과 로버트가 분명 메리에 대한 비밀 얘기를 나누었다고 생각한다. 엘리자베스가 편지를 읽는다. 피를 나눈 사촌 간인 것을 생각해 제발 만나서 얘기를 나누자는 내용이다. 편지를 읽은 엘리자베스의 마음이 움직이는 듯했으나, 로버트의 마음속에 여전히 메리가 자리 잡고 있는 것을 깨닫는 순간 매우 위협적이고 거친 목소리로 메리를 만나겠다고 말한다. 장면은 바뀌어 파서링게이 성이다. 로버트는 메리에게 여왕을 보면 머리를 숙이고 순종하라고 당부하지만 감정이 북받친 메리는 로버트의 당부를 거절한다. 로버트가 메리를 위해 죽을 각오가 되어 있다면서 간청하자 그의 뜻에 따르겠다고 말한다. 여왕이 도착하자 메리는 마지못해 엘리자베스의 발아래 무릎을 꿇는다. 엘리자베스는 메리의 지난 일을 꾸짖으면서 자기 안위만을 위해 로버트를 이용하고 있다고 비난한다. 로버트와 탤벗은 예상치 못한 상황에 두려움 이상의 공포심을 느낀다.

[제2막] 웨스트민스터 궁의 엘리자베스 거실이다. 엘리자베스는 비록 메리에게는 심한 말을 했지만 사형 집행 명령서에 서명하는 것은 주저하고 있다. 그때 로버트가 들어와 여왕의 관대함을 보여달라고 간청하자 돌연 결심이 확고해진다. 명령서에 서명한 여왕은 로버트에게 처형 장면을 지켜보도록 명한다. 세실과 탤벗이 사형 집행 명령서를 들고 파서링게이 성을 찾아온다. 사형 집행이 준비된다. 메리가 탤벗에게 고해성사를 하고 싶다고 말하자, 탤벗이 숨겨온 신부복으로 갈아입고 메리의 고해를 듣는다. 검은 옷에 왕관을 쓴 메리가 사형장으로 들어선다. 그녀는 가족들과 유모에게 자기 대신 기도문을 외우게 한다. 세실에 이어 탤벗이 들어오고, 마지막으로 로버트가 들어온다. 로버트의 목소리는 눈물에 젖어 있다. 메리는 로버트를 용서한다고 말하고는 처형장으로 조용히 발걸음을 옮긴다. 메리가 중얼거리 듯 마지막 기도를 드리는 장면은 깊은 감동을 준다. 메리는 적막 중에 고귀한 죽음을 맞이한다.

070
Donizetti, Gaetano

로베르토 데버루

타이틀	**Roberto Devereux**(Robert Devereux)	
	전 3막. 도니체티의 55번째 오페라로, 프랑수아 앙슬로(Francois Ancelot)의 비극 「영국의 엘리자베스(Elisabeth d'Angeleterre)」를 바탕으로 살바도레 캄마라노가 대본을 썼다. '에식스 경 2세(The 2nd Earl of Essex)'라는 제목으로도 불린다.	
	초연	1837년 10월 29일 나폴리 산 카를로 극장
	주요 배역	로베르토 데버루(로버트 데버루), 엘리사베타(엘리자베스: 영국 여왕), 더들리 경(로베르토의 계부)
	베스트 아리아	「살아라, 은혜를 모른 채(Vivi, ingrato)」(S)

에피소드   도니체티의 오페라 중 남성 이름을 붙인 오페라는 〈로베르토 데버루〉와 〈돈 파스콸레〉뿐이다. 로버트 데버루(1566~1601)는 영국 엘리자베스 1세 시절에 실존했던 인물이다. 보통 에식스 경(Earl of Essex)으로 알려진 인물이다. 이 이야기는 〈엘리자베스의 사생활(The private lives of Elizabeth)〉이라는 영화로 제작된 바 있다. 명배우 베티 데이비스(Bette Davis)와 에롤 플린(Errol Flynn)이 주연했다. 도니체티는 영국 튜더 시기를 다룬 오페라를 여러 편 작곡했는데, 〈안나 볼레나(Anna Bolena)〉, 〈마리아 스투아르다(Maria Stuarda)〉, 〈케닐워스 성(Il castello di Kenilworth)〉 등이 있다. 〈로버트 데버루〉도 이에 속한다.

줄거리   아버지 월터 데버루 경(에식스 경 1세)과 어머니 레티스 놀리스(Lettice Knollys) 사이에서 태어난 로베르토는 어린 시절을 아버지의 드넓은 영지가 있는 웨일스에서 보냈고, 케임브리지에서 공부했다. 아버지 월터 경이 세상을 떠나자 어머니 레티스는 엘리자베스 여왕이 신뢰하는 신하 레스터 경 더들리(Dudley)와 결혼했다.
로베르토는 군 생활을 마친 뒤 계부 더들리의 후광으로 궁정 출입을 하게 되었고, 마침내 엘리자베타 여왕이 가장 총애하는 인물이 된다. 얼마 후 로베르토는 프란시스 월싱엄(Frances Walsingham)이라는 여인과 결혼한다. 프란시스는 상관으로 모셨던 군대 지휘관의 아내로 주트펜(Zutphen) 전투에서 그가 전사했기 때문에 로베르토가 그의 아내와 결혼할 수 있었던 것이다.

여왕의 신임으로 로베르토는 외무장관에까지 오른다. 그러나 자기 과시를 일삼고 건방졌기 때문에 결국 여왕에게 버림 받아 아일랜드 토벌군 장교로 파견된다. 로베르토는 반란군과 휴전을 맺으라는 명령을 어기고 반란군을 무자비하게 살육한다. 그는 영국의 명예를 실추시켰다고 비난을 받는다. 여왕에게 배척당한 로베르토는 무리하게 정치적 쿠데타를 시도해 런던을 장악하고 여왕을 폐위시키려고 하지만, 이 음모는 사전에 발각된다. 로베르토는 체포되어 런던탑에서 처형된다.

루살카

타이틀	**Rusalka**

전 3막의 서정적 동화 오페라. 체코어 대본은 야로슬라프 크바 필(Jaroslav Kvapil)이 프리드리히 하인리히 카를 드 라 모테 푸케(Friedrich Heinrich Karl de la Motte Fouqué)의 소설 『운 디네(Undine)』를 바탕으로 썼다.

초연	1901년 3월 31일 프라하 국립극장
주요 배역	루살카(물의 님프), 왕자, 보드니크(호수의 정령), 예지바바(마녀), 외국 왕자

베스트 아리아	「오, 은빛 달(Mêsiku na nebi hlubokém; O, moon high up in the deep sky)」(S)

사전 지식   드보르자크의 오페라는 한스 크리스티안 안데르센(Hans Christian Andersen), 게르 하르트 하웁트만(Gerhardt Hauptmann), 프리드리히 푸케가 다룬 체코의 전래 동화에서 스토리를 가져왔다. 서곡은 호수가 열리는 듯한 느낌을 주며, 왕자의 결혼식 장면에 나오는 폴로네즈(polonaise) 는 화려하다.

줄거리   드넓은 호수에 살고 있는 인어(물의 님프) 루살카(Rusalka)는 어떤 잘생긴 인간 왕자를 사랑하게 된다. 하지만 아무 희망도 없을 뿐 아니라 어떻게 해야 할지를 몰라 그저 가슴만 앓고 있다. 궁리 끝에 마녀 예지바바(Jezibaba)를 찾아가 도움을 청한다. 예지바바는 루살카에게 인간이 되어 왕자와 결혼할 수 있는 약을 만들어주기로 약속한다(디즈니 팬이라면 어딘가 스토리가 낯설지

드보르자크, 안토닌(Dvořák, Antonín, 1841~1904)
「신세계 교향곡」과 첼로 협주곡으로 유명한 체코(보헤미아)의 안토닌 드보르자크는 오페라도 10편 이나 작곡했다. 대표작은 체코판 '인어공주'인 〈루살카〉, 〈케이트와 악마〉, 〈영리한 농부〉 등이다. 19세기 말은 유럽의 여러 민족이 국민주의를 높이 인식한 시기다. 프라하 인근 작은 마을에서 태어난 드보르자크도 보헤미아 국민주의와 체코 국민음악의 아버지라고 불리는 스메타나의 영향 을 받았다. 그는 쉰한 살 되던 해에 뉴욕 국립음악원의 초청을 받아 3년 동안 원장으로 활동하기도 했다.

않을 것이다. 슬로바키아판 인어공주?). 하지만 인간이 되는 대신 조건이 있다. 첫째, 평생 벙어리로 살아야한다는 것이며, 둘째, 만일 왕자가 다른 여자에게 한눈을 팔면 루살카뿐만 아니라 왕자까지도 영원히저주를 받는다는 것이다. 두 번째 조건은 색다른 설정이다. 또한 루살카가 왕자에게 키스를 하면왕자가 죽는다는 설정도 색다르다.

루살카를 만난 왕자는 이 말 없는 미인에게 반해 사랑에 빠진다. 루살카의 꿈이 이루어진 것이다.두 사람은 사랑의 듀엣을 부른다(실은 왕자 혼자만 소리를 내어 부르는 노래). 왕자와 루살카는 결혼해한동안 행복하게 지낸다. 하지만 왕자가 달리 왕자인가? 아리따우며 말도 잘하고 노래도 잘하는다른 나라 공주를 보자 마음이 달라진다. 왕자가 다른 마음을 먹자마자 루살카의 머리칼이 노파처럼하얗게 변하고, 얼굴은 얼음처럼 차가워진다. 그뿐만 아니라 왕자가 마음을 돌린 순간부터 루살카는유령처럼 비참하게 떠도는 신세가 된다. 마녀와의 계약 때문이다. 왕자는 잘못을 크게 뉘우치며루살카에게 용서를 빌며, 용서의 표시로 키스를 해달라고 말한다. 왕자에게 키스를 하면 그가 죽는다는것을 알면서도 루살카는 왕자를 사랑한 나머지 키스를 한다. 그 후 루살카는 영원히 허공을 방황하는망령이 된다.

[루살카 전설] 루살카는 슬로바키아 지방 전설에 나오는 물의 정령, 또는 님프를 말한다. 젊은 여인이나소녀가 불행하게 물에 빠져 죽었거나 물가에서 살해되면 그 영혼이 루살카가 된다고 한다. 이탈리아나프랑스의 빌(Ville; Villi)을 연상하면 된다. 루살카는 젊고 아름다운 모습으로 나타나 남자를 유혹해물에 빠뜨려 죽인다고 전해진다. 달 밝은 밤에 초원이나 숲 속의 빈터에 나타나는데, 모습은 무척아름답지만 말은 못하고 소리 내어 웃기만 한다. 그 기괴한 웃음소리로 사람을 미혹해 죽음에 이르게한다는 것이다. 루살카의 운명은 자기를 죽음으로 몰고 간 사람에게 복수를 해야 끝난다고 하며, 호수나강에서 목욕할 때 머리에 고사리 잎을 따서 덮어야 루살카가 끌어당겨도 물에 빠져 죽지 않는다고한다.

드보르자크의 오페라 〈루살카〉에서 여주인공 루살카가 부르는 「오, 은빛 달」은 신비한 아름다움을지니고 있다.

노부인의 방문

타이틀 **Der Besuch der alten Dame**(The Visit of the Old Lady)

	프리드리히 뒤렌마트(Friedrich Dürrenmatt)가 자신의 동명 소설을 오페라 대본으로 만들었다.
초연	1971년 5월 23일 빈 슈타츠오퍼(Staatsoper)
주요 배역	클라이레 차카나시안(억만장자 노부인, Ms), 일곱 번째 남편 (묵음), 아홉 번째 남편(T), 집사장(T), 코비와 로비(코비와 로비 겸 두 명의 장님 역할, T), 알프레드 일(Bar), 알프레드 일의 아내(S)·딸(Ms)·아들(T), 시장(T), 목사(Bbar), 교사 (Bar), 의사(Bar), 경찰(Bbar)

사전 지식   이 오페라의 상당 부분은 교회에 대한 비난이다. 성직자라는 사람은 실제로 너무 나약한 존재여서 알프레드를 보호하지도 못하고, 그렇다고 마을 사람들을 올바른 길로 인도하지도 못한다. 성직자는 그저 현란한 말만 내뱉으며 가식적인 의식의 뒤에 가려져 있을 뿐이라는 것이 이 오페라가 전하고자 하는 또 하나의 메시지다.

에피소드   뒤렌마트의 소설 『노부인의 방문』은 1964년 영화로 만들어져 관객들에게 감동을 주며 인기를 얻었다. 잉그리드 버그먼(Ingrid Bergman)이 노부인 역할을, 앤서니 퀸(Anthony Quinn)이 알프레드 일(Alfred Ill) 역할을 맡았다. 존 칸더(John Kander)는 '방문(The visit)'이라는 제목으로 뮤지컬을 작곡했다. 이 뮤지컬은 2001년 시카고에서 초연된 이래 꾸준히 공연되고 있다. 뒤렌마트의 소설은 독일 문학을 공부하는 학생들에게는 필수 교과서다.

아이넴, 고트프리트 폰(Einem, Gottfried von, 1918~1996)
스위스 베른(Bern)에서 태어났지만 말년에는 빈에서 활동한 고트프리트 폰 아이넴은 오스트리아의 가장 뛰어난 현대음악 작곡가다. 그는 각종 역사적인 음악 테크닉을 종합한 작품을 내놓았다. 나치 시대에는 나치에 동조하지 않고 유대계 음악인을 지원했다는 이유로 여러 번 투옥되기도 했다. 그는 현대음악 기법으로 작곡한 6편의 오페라를 남겼는데, 대표작은 〈노부인의 방문〉, 〈당통의 죽음〉, 〈예수의 결혼식〉 등이다.

줄거리　　　　시기는 어느 때라도 상관없으며, 장소는 중부 유럽의 가상의 마을 귈렌(Güllen)이다. 귈렌이라는 단어는 스위스-독일어로 거름, 비료, 배설물을 뜻한다. 원작에 따르면 귈렌은 평범한 마을이지만 최근에 산업의 발달로 오히려 파산지경에 이른 곳이라고 한다. 막이 열리면 마을 사람들이 클라이레 차카나시안(Claire Zachanassian) 부인의 방문을 축하하기 위해 준비하고 있다. 예전에 이 마을에 살았다는 클라이레 부인은 상상도 못할 만큼 부를 축적했다고 한다. 드디어 노부인이 도착한다. 그럴듯하게 생긴 피앙세가 노부인을 수행한다. 그런데 노부인에게는 피앙세가 하도 많아 이번 피앙세는 과연 몇 번째인지 알 수가 없다. 마을에서는 시장 이하 유지들이 노부인을 정중히 영접한다. 환영 의식이 끝난 뒤 노부인은 이 마을을 방문한 진짜 이유를 설명한다.

젊은 시절 이 마을에 살던 노부인은 알프레드 일(Alfred Ill)과 사귀면서 임신까지 했으나 그가 자기 아이가 아니라고 주장하는 바람에 친자소송을 하게 되었다고 한다. 알프레드는 두 명의 술주정꾼을 돈으로 매수해 클라이레(노부인)와 잠을 잤다고 증언하게 했다. 미혼모가 된 클라이레는 수치심과 가난을 이기지 못해 마을을 떠나 이곳저곳을 전전하다가 결국 창녀가 되어 비참한 나날을 보냈다. 그런데 무슨 운명의 장난인지 어느 돈 많은 사람의 엄청난 유산을 상속받게 되어 일약 억만장자가 된 것이다. 노부인은 알프레드를 없애주면 엄청난 돈을 마을에 기증하고, 기증한 만큼의 돈을 마을 사람 모두에게 골고루 나누어주겠다고 약속한다. 노부인은 알프레드를 징벌하는 것이 '정의'를 실현하는 것임을 강조한다. 알프레드는 이 마을에서 상당히 명망 있는 인사로 행세하고 있다.

마을 사람들은 노부인의 제안에 말도 안 된다며 이구동성으로 거절하지만, 마치 돈뭉치가 손에 쥐어진 듯 비싼 물건을 사들이며 호화로운 생활을 하기 시작한다. 심지어 알프레드의 상점에서도 물건을 산다. 그런 모습에 양심의 가책을 느낀 알프레드는 몹시 괴로운 심정이다. 마을 사람들은 처음에는 듣기 좋은 말을 쏟아내며 알프레드를 옹호했으나 시간이 지날수록 흉을 보기 시작한다. 어떤 사람들은 노부인이 찾고 있는 '정의'를 마을 사람들이 앞장서서 찾아야 한다고 주장한다. 마을에서는 노부인의 거액 기증을 축하하는 모임이 열린다. 이 자리에 알프레드도 참석한다. 사람들은 모이기만 하면 입으로 정의를 말하지만 아직 알프레드를 처형해야 한다고 직접적으로 말하는 사람은 없다. 커피타임이 시작되고 모두 커피와 빵을 먹으러 나간 틈을 이용해 몇몇 남성들이 알프레드를 둘러싸더니 그중 한 사람이 알프레드의 목을 조른다. 식장 안에 불이 꺼진다. 잠시 후 불이 들어오자, 사람들은 쓰러져 있는 알프레드를 발견한다. 의사가 검시를 하더니 심장마비라고 발표한다. 마을 사람들의 얼굴에는 당황한 기색도 있지만 기쁜 빛도 보인다. 노부인이 시장에게 수표를 건네자 환성이 터져 나온다. 그러나 몇몇 사람들의 얼굴에는 미래에 대한 두려움이 서려 있다.

반크 반

타이틀	**Bánk Bán**

전 3막. 요제프 커토너(József Katona)의 희곡을 기본으로 베니 에그레시(Béni Egressy)가 대본을 썼다. '반(Bán)'은 영주, 공작 또는 총독을 뜻한다.

초연	1861년 3월 9일 부다페스트(Budapest) 국립극장
주요 배역	반크 반(T), 엔드레 2세(Bar), 게르트루트(Ms), 오토(T), 멜린더(S)
베스트 아리아	「나의 조국은 나의 모든 것(My land, my land is all to me!)」(T)

사전 지식　　　페렌츠 에르켈은 헝가리의 민족적 작곡가다. 에르켈은 아홉 편의 오페라를 남겼는데, 그중에서 대표적인 것은 〈후니어디 라슬로(Hunyady Lászlo: 헝가리의 애국자)〉와 〈반크 반〉(13세기 헝가리의 전설적 영웅)이다. 「나의 조국은 나의 모든 것」은 반크 반이 부르는 유명한 아리아로 헝가리 벨칸토를 대표하는 보석과 같은 곡이다. 이 아리아는 헝가리가 주권국가임을 천명하는 애국적인 노래로 오랜 세월 외세의 압정에 시달려온 헝가리 국민들에게 용기와 희망을 불어넣은 곡이다. 그래서 헝가리 국민들이 자유를 외치며 시위할 때 간혹 이 노래가 등장한다. 무대는 13세기 십자군 시대다. 헝가리의 귀족들은 게르트루트(Gertrud) 왕비에게 대항하기 위해 단결한다. 독일인 게르트루트는 엔드레(Endre; Andrew) 2세의 왕비다. 게르트루트는 엔드레 국왕이 십자군 전쟁에 나간 틈을

에르켈, 페렌츠(Erkel, Ferenc, 1810~1893)
페렌츠 에르켈은 헝가리 국민음악의 아버지다. 그는 헝가리를 사랑했고 헝가리를 위해 음악 활동을 했다. 그의 대표적 오페라 〈후니어디 라슬로(Hunyadi Laszlo)〉에 나오는 「새로운 날이 밝았도다!」는 그의 조국애를 여실히 보여주는 노래다. 또 다른 대표작 〈반크 반〉에 나오는 「나의 조국은 나의 모든 것」도 조국애를 보여주는 위대한 작품이다. 에르켈은 헝가리의 베드르지흐 스메타나(Bedřich Smetana)라고 불린다. 에르켈은 헝가리 남부, 루마니아와의 접경 지역에서 태어나 피아니스트로 활동하며 작곡에 헌신했다.

타서 측근들과 함께 헝가리의 국토를 황폐화하고 헝가리 국민들의 재산을 약탈하는 만행을 자행한다. 귀족들이 항쟁을 다짐하지만 총독 반크 반은 주저한다. 엔드레 왕에게 충성을 맹세했기 때문이다. 그러나 왕비의 사촌 오토(Otto)가 게르트루트 왕비의 권세만 믿고 반크 반의 아름다운 아내 멜린더를 능욕하자 급기야는 왕비를 살해한다. 엔드레 왕이 돌아오자 반크 반은 자기가 저지를 행동을 고백하며 나라와 민족을 위해 그렇게 했다고 말한다. 사랑하는 아내 멜린더가 치욕으로 스스로 목숨을 끊자 과감히 국왕에게 맞선 것이다. 이것이 오페라 반크 반의 대강의 줄거리다. 에르켈은 〈반크 반〉에서 헝가리 특유의 민속 멜로디를 상당히 사용해 조국을 사랑하는 마음을 한결 고취했다.

에피소드　　　　에르켈은 〈반크 반〉을 1855년경에 완성했지만, 당시 헝가리를 지배하고 있던 합스부르크 왕가의 검열 때문에 1860년까지 무대에 올리지 못했다. 에르켈은 낭만주의 시대의 가장 불행한 작곡가일지도 모른다. 에르켈은 〈반크 반〉이나 〈후니어디 라슬로〉와 같은 위대한 작품을 만들어냈지만 헝가리를 제외한 곳에서는 이름을 거의 알리지 못했기 때문이다. 바꾸어 말하면 에르켈은 헝가리의 민족 오페라를 국제 오페라 무대에 올리지 못했다. 에르켈과 같은 시대에 활동했던 헝가리의 프란츠 리스트[Franz(Ferenc) Liszt]와 프랑스의 엑토르 베를리오즈가 페스트(Pest)에서 〈후니어디 라슬로〉를 보고 감격해 지원을 약속했지만 더는 진전이 없었다. 에르켈은 다른 음악가와는 달리 생전에 헝가리를 떠나본 적이 없다.

줄거리　　　　　[제1막] 1213년의 헝가리다. 국왕 엔드레 2세는 타국에서 치열한 전쟁을 치르고 있는데, 독일 출신의 왕비 게르트루트는 궁전에서 방탕한 잔치만 벌이고 있다. 총독 반크 반은 엔드레 국왕이 없는 기간에 굶주림에 허덕이는 지방을 돌며 백성을 위로하는 등 국왕의 임무를 대행하고 있다. 반크가 지방에 가 있을 때 왕비의 남동생(또는 사촌동생) 오토가 반크의 아름다운 아내 멜린더(Melinda)를 유혹하지만 거절당한다. 이렇듯 왕비와 왕비의 측근들이 굶주린 백성은 돌보지 않고 사치와 방탕만 일삼자, 한 무리의 헝가리 귀족들이 조국의 운명과 반크 아내 멜린더의 명예를 지키기 위해 왕비에게 반기를 들 계획을 세운다. 귀족 대표 반 페투르(Ban Petur)는 지방에 있는 반크에게 연락해 합세할 것을 요청한다. 반크는 오랜 친구 페투르가 왕좌를 넘어뜨리는 데 앞장서달라고 요청하자, 자신은 국왕에게 충성을 맹세했으므로 그런 일에는 가담할 수 없다고 단호히 거절한다. 그런데 페투르가 왕비의 동생 오토가 멜린더를 유혹한다고 말하자 반크는 몹시 분개한다. [제2막] 혼란스러운 반크는 나라와 자신의 명예를 위해 기도한다. 비셰그라드(Visegrád) 성에서 농부로 살고 있는 티보르츠(Tibor)는 백성의 굶주림이 극에 달했으니 국왕의 업무를 대신하는 반크가 특단의 조치를 내려야 한다고 강조한다. 그는 외국인들(왕비와 측근들)이 백성들의 고통은 생각하지도 않고, 재산을 약탈하고 방탕한 파티만 열고 있는 데 분노를 터뜨린다. 티보르츠는 오래전 전쟁에서 반크를 구해준 귀족이다.

한편 왕비를 등에 업은 오토는 멜린더를 계속 유혹하지만 뜻을 이루지 못하자 약을 먹인 뒤 멜린더를 범한다. 절망한 멜린더는 치욕에 떨며 정신이상을 일으켜 스스로 목숨을 끊으려고 한다. 반크는 절망에 잠겨 분노하지만 국왕을 생각해 참는다. 반크는 멜린더와 어린 아들을 티보르츠의 성으로 잠시 피신시키기로 하고 궁전으로 달려가, 나라를 피폐하게 하고 백성들의 재산을 약탈하며 자기 아내를 오토가 능욕한 것을 왕비에게 거세게 항의한다. 게르트루트 왕비는 국왕에게 충성을 맹세한 자가 어찌하여 왕비에게 반항을 하느냐면서 반크를 능멸한다. 왕비는 단검을 내주며 죽음으로 국왕과 왕비에 대한 충성을 증명하라고 위협한다. 단검을 받아든 반크는 끝내 참지 못하고 왕비를 찔러 죽인다. 반크는 자신의 행동에 대해 크게 탄식한다.

[제3막] 티보르츠는 멜린더와 반크의 어린 아들을 데리고 자신의 성으로 향하는 중이다. 그런데 헝가리 동부의 티서(Tisza) 강변에 이르러 정신이상을 일으킨 멜린더가 어린 아들과 함께 소용돌이치는 강물로 몸을 던진다. 이들을 돌보겠다고 약속한 티보르츠로서도 어찌할 수 없는 상황이었다.

한편 엔드레 국왕이 전쟁에서 돌아와 보니 살해된 왕비의 장례 준비가 한창이다. 분노한 엔드레 국왕은 왕비의 관 앞에 귀족들을 불러놓고 누가 감히 이런 끔찍한 짓을 저질렀는지 추궁한다. 반크가 나서서 왕비의 죄상을 말하며 자신이 살해했다고 고백한다. 엔드레 국왕이 왕비를 살해한 자를 용서할 수 없다고 하면서 칼을 빼어 반크를 죽이려고 하자, 반크도 비록 국왕이지만 나라와 백성을 도탄에 빠뜨린 자는 용서할 수 없다고 하면서 칼을 빼내려고 한다. 이때 티보르츠가 멜린더와 반크 아들의 시신과 함께 등장한다. 반크는 손에 쥐고 있던 칼을 떨어뜨리며 사랑하는 아내와 어린 아들의 차가운 시신에 몸을 던진다. 그 자리의 모든 사람들이 죽은 자를 애도하며 기도한다(그 후에 엔드레 국왕과 반크 반이 어찌 되었는지는 오페라에 나와 있지 않다).

074

Falla, Manuel de

짧은 인생

타이틀	**La Vida Breve**(The Short Life)	
	전 2막. 대본은 페르난데스쇼(Carlos Fernández-Shaw)가 썼다.	
초연	1913년 4월 1일 니스(Nice) 카시노 시민극장(Casino Municipal)	
주요 배역	살루드(집시 처녀), 파코(살루드의 애인), 살루드의 할머니, 사르바오르(살바도르: 살루드의 삼촌), 카르멜라(파코와 결혼한 여자), 마누엘(카르멜라의 오빠)	
베스트 아리아	「웃어라! 언젠가 너희들도 울 날이 올 것이다(Laugh! One day it will be your turn to weep)」(Ms), 「웃는 사람들은 오래 살고 슬프게 우는 사람들은 죽으리라!(Long live those who laugh! Death to those who weep)」(S), 「외로운 새처럼, 시들어가는 꽃처럼(Like the lonely bird and the flower that fades)」(S)	

사전 지식 스페인 민속음악을 발굴하는 데 많은 노력을 기울인 마누엘 데 파야는 1876년 스페인의 카디스에서 태어났고, 1946년 아르헨티나에서 세상을 떠났다. 파야는 이 오페라에서 스페인의 전통 춤 플라멩코(flamenco)와 아르헨티나의 영향을 받은 탱고(tango)를 포함시켜 아름답고 이국적인 무대를 연출했다. 이 작품은 1905년 스페인 예술아카데미(Academia de Bellas Artes)의 오페라 경연대회에 응모해 우승을 차지했는데, 평론가들은 "시적 탱고로 양념을 한" 작품이라고 평했다.

줄거리 [제1막] 그라나다(Granada)의 알바이신(Albaicin) 언덕에 있는 집시 마을이다. 석양이 저물어가는 대장간에서 집시들이 한창 땀 흘려 일하고 있다. 대장간에서 일하는 집시들은

파야, 마누엘 데(Falla, Manuel de, 1876~1946)
파야는 이사크 알베니스(Isaac Albéniz), 엔리케 그라나도스(Enrique Granados)와 함께 20세기 스페인에서 가장 중요한 작곡가로 손꼽힌다. 스페인의 서안 카디스(Cádiz)에서 태어난 그의 풀네임은 마누엘 마리아 데 로스 돌로레스 파야 이 마테우로, 마테우는 어머니의 이름에서 따온 것이다. 파야는 어머니에게서 음악적인 가르침을 받았다. 그는 1907년 서른한 살 때 파리로 옮겼는데, 그곳에서 인상주의 작곡가 모리스 라벨, 클로드 드뷔시, 폴 뒤카(Paul Dukas) 등의 영향을 받았다.

"다 같은 인생인데, 누구는 모루(불에 달군 쇠를 두들기기 위해 놓는 받침)로 태어나고 누구는 망치로 태어나는가?"라면서 신세를 한탄한다. 집시 노파가 새장에 있는 새에게 모이를 주다가 병들어 죽어가는 새를 보고 "너도 우리 손녀딸처럼 사랑의 열병에 걸려 쓰러져 있느냐?"라고 말을 건넨다. 마을 처녀들이 웃고 떠들며 지나가자 노파는 「웃어라! 언젠가 너희들도 울 날이 올 것이다」라고 중얼거린다. 살루드(Salud)는 도시에 살고 있는 사랑하는 파코(Paco)가 찾아오지 않자 안절부절못한다. 할머니는 살루드에게 "파코는 친절하고 잘생긴 데다 부자이면서 집안도 좋은 청년이다. 그러니까 너무 마음에 두지 않는 것이 좋겠다. 그런 사람은 경계해야 한다"라고 충고한다. 하지만 살루드는 이 세상에서 자기가 사랑하는 사람은 단 두 사람인데 하나는 파코이고, 다른 한 사람은 할머니라고 하며 할머니의 품에 안긴다. 할머니는 부모 없이 자란 손녀딸 살루드가 안쓰러워 뭐든 부탁만 하면 들어주겠다고 한다. 살루드는 다락방에 올라가 파코가 오는지 살펴봐 달라고 부탁한다.

살루드는 어린 시절, 지금은 세상을 떠난 어머니가 들려주던 꽃 얘기를 생각한다. "꽃은 아침에 피어나서 저녁에 시들어 죽는다. 꽃은 자기 운명을 알고 있다. 집에 날아 들어와 아무것도 모르고 죽는 새들과는 다르다. 꽃은 사랑의 환영을 스스로 소멸시키는 방법을 확실히 알고 있다." 살루드는 그런 생각을 하면서 「웃는 사람들은 오래 살고 슬프게 우는 사람들은 죽으리라!」라는 옛 노래를 부른다. 잠시 후 드디어 파코가 찾아온다. 살루드는 뛸 듯이 기쁘다. 파코가 살루드에게 애정 어린 인사를 건네자 살루드는 깊은 행복을 느낀다. 그녀는 어리광을 부리며 자기를 영원히 사랑할 것인지 묻는다. 파코는 아주 진지하게 그러면서도 정열적으로 살루드만 사랑한다고 맹세한다. 할머니는 두 사람이 끌어안는 모습을 말없이 바라본다.

살루드의 삼촌 사르바오르(Sarvaor)가 할머니를 찾아와 파코가 부잣집 딸과 결혼할 것이라는 소문을 전한다. 할머니와 사르바오르 삼촌이 걱정하던 일이 현실로 다가온 것이다. 성미가 급한 사르바오르는 자신이 비록 늙었지만 아직 기운은 있다고 하면서 당장이라도 파코를 요절내겠다고 한다. 할머니는 사르바오르가 제대로 알지도 못하면서 무슨 일을 저지를 것 같아 앞을 가로막아 선다. 저쪽에서 파코가 살루드만을 사랑한다고 외치는 소리가 들린다. 간주곡이 연주되면 합창 단원들은 허밍으로 그라나다에 밤의 장막이 내린다고 노래한다. 파코와 살루드는 다시 만날 것을 기약하며 아쉬운 작별을 고한다.

[제2막] 그라나다의 광장에서 파코와 카르멜라(Carmela)의 결혼을 축하하는 잔치가 한창이다. 두 사람의 결혼식은 그날 밤 카르멜라의 집에서 열릴 예정이다. 광장에서는 플라멩코가 현란하게 펼쳐지고, 합창단은 신랑과 신부를 축하하는 노래를 부른다. 광장 건너편에서 파코의 모습을 본 살루드는

비참한 마음에 죽고 싶은 심정이다. 살루드는 자기만 사랑하겠다던 파코가 한순간에 다른 여자와 결혼하리라고는 전혀 생각하지 못했다. 그녀는 「외로운 새처럼, 시들어가는 꽃처럼」이라는 노래를 부르며 죽음을 예견한다. 살루드는 마지막으로 파코를 만나보기로 결심한다. 그녀는 둘 중 하나는 죽어야 할 운명이라고 생각한다. 살루드를 좇아 시내까지 온 할머니와 사르바오르 삼촌은 파코의 결혼식을 눈으로 확인하자, 그의 배신에 크게 분노하며 저주를 퍼붓는다. 살루드는 축제가 열리는 광장의 한쪽 집에 올라가 창문을 열고 비통한 심정으로 파코를 향해 노래를 부른다. "죽은 그녀를 대신하여 그녀의 묘비가 당신에게 울부짖는다!"라는 내용이다. 파코가 살루드의 노래를 듣는다. 카르멜라는 신랑 파코의 얼굴이 창백해지며 두려워하는 빛을 보이자 놀란다. 카르멜라의 오빠 마누엘 (Manuel)은 아무 일도 아니라면서 안심시킨다.

결혼 축하연이 절정에 이른다. 화려한 옷을 차려입은 부자들과 귀족들이 구름같이 몰려든다. 호타(Jota) 라는 스페인 전통 무용이 한바탕 펼쳐진다. 카르멜라와 오빠 마누엘은 파코가 계속 안절부절못하는 것을 보고 이상하게 생각한다. 파코의 마음속은 떳떳하지 못하게 차버린 살루드에 대한 생각으로 가득 차 있다. 잠시 후 살루드가 삼촌 사르바오르와 함께 결혼식장에 들어선다. 하객들은 불안한 눈길을 보낸다.

사르바오르는 사람들에게 집시인 자기와 이 소녀는 결혼식에서 노래를 부르고 춤을 추기 위해 왔다고 말한다. 마누엘이 "당신같이 늙은 사람이 어떻게 노래를 부르고 춤을 출 수 있단 말인가?"라고 하면서 쫓아내려고 하자, 사르바오르는 "나는 나이팅게일같이 노래할 수 있으며, 이 소녀는 하늘 높이 떠 있는 종달새같이 노래를 부를 수 있다"라고 답한다. 그런데 파코의 얼굴을 본 살루드는 걷잡을 수 없는 감정이 솟아올라 "파코, 제발!"이라고 울부짖는다. 그러나 파코가 외면하자 살루드는 드디어 마지막 결심을 한 듯 사람들에게 "우리는 노래를 부르거나 춤을 추러 온 것이 아니에요. 이 사람(파코) 에게 나를 죽여달라고 부탁하기 위해 온 것입니다"라고 말한다. 이어서 살루드는 격앙된 목소리로 파코를 가리키며 "저 사람은 나를 속였고, 나에게 거짓말을 했습니다. 저 사람은 나를 버렸습니다"라 고 소리친다. 이 소리를 들은 파코가 흥분해 "모두 거짓말이에요. 저 여자를 내쫓아요!"라고 고함을 지른다. 파코의 말에 참을 수 없을 만큼 충격을 받은 살루드는 파코를 향해 걸음을 옮기다가 그의 발아래 쓰러져 숨을 거둔다. 살루드의 할머니가 울부짖으며 살루드를 부르지만 대답이 없다. 할머니는 파코를 거짓말쟁이며 배신자라고 비난한다. 사르바오르 삼촌은 "가리옷 유다!"라고 외 친다.

페넬로프

타이틀	**Pénélope**	

	전 3막. 호메로스(Homeros)의 『오디세이(Odyssey)』를 바탕으로 르네 포슈아(René Fauchois)가 대본을 썼다.
초연	1913년 3월 4일 몬테 카를로 살레 가르니에(Salle Garnier)
주요 배역	페넬로프(페넬로페, S), 울리스(울리시스, T), 외메(에우마이오스, Bar), 외리클레(에우리클레아, Ms), 안티노위스(T), 멜란토(S), 필로(Ms)

사전 지식　　　포레는 『오디세이』에 깊은 관심이 있었다. 사실 그리스 신화는 당시의 어느 예술가나 관심을 쏟는 분야였다. 포레는 1907년 소프라노 뤼시엔 브레발(Lucienne Breval)을 만나고 나서, 만일 오디세이의 페넬로페 이야기를 오페라로 만든다면 뤼시엔이야말로 가장 이상적인 여인이라고 생각했다. 이 얘기를 들은 뤼시엔 브레발은 포레에게 제발 페넬로페에 대한 이야기를 오페라로 작곡해달라고 간청하면서, 대본가로 르네 포수아를 포레에게 소개했다. 포레의 작곡은 계획대로 진척되지 못했다. 파리 음악원에서 강의를 하고 있었기 때문에 시간이 부족했다. 작곡이 늦어지는 것을 미안하게 생각한 포레는 대본가 포수아에게 전 5막을 전 3막으로 단축해달라고 부탁했다. 그리고 오디세이의 아들 텔레마코스가 나오는 것도 빼달라고 부탁했다. 그리하여 뤼시엔 브레발과 페넬로페 이야기를 오페라로 만들기로 약속한 지 5년 만인 1912년 이탈리아의 루가노(Lugano)에서 〈페넬로페〉를 완성했다. 오디세이와 페넬로페에 관한 이야기는 여러 작곡가들이 오페라로 남겼다. 그중 1640년 몬테베르디의 〈울리세의 조국 귀환〉이 유명하며, 비교적 현대 작곡가의 작품으로는

포레, 가브리엘(Fauré, Gabriel, 1845~1924)
가브리엘 우르뱅 포레(Gabriel Urbain Fauré)는 19세기 후반, 프랑스의 오페라를 선도할 만큼 뛰어난 재능으로 작품 활동을 했다. 그러나 당시 프랑스 음악계는 매우 경직되어 있어, 두각을 나타내며 활동하기에는 어려움이 있었다. 포레는 카미유 생상스의 제자였다. 오르간 재능이 뛰어났던 포레는 파리의 여러 성당에서 오르간 연주자로 활동했다. 이때 작곡한 진혼곡(레퀴엠)은 모차르트, 베르디의 진혼곡과 함께 세계 3대 진혼곡으로 불릴 만큼 위대한 작품이다. 이후 파리 음악원의 교수가 되었는데, 그의 제자로는 모리스 라벨(Maurice Ravel)과 루마니아 출신의 제오르제스 에네스코(Georges Enesco)가 있다.

아우구스트 분게르트(August Bungert)가 1898년에 발표한 〈오디세우스의 귀향(Odysseus Heimkehr)〉이 유명하다.

에피소드   1913년 몬테 카를로에서의 초연은 그리 성공하지 못했다. 음악감독 라울 군스부르크(Raoul Gunsbourg)가 〈페넬로프〉보다 4일 뒤에 초연될 자신의 오페라 〈베니스(Vénise)〉에 더 신경을 썼기 때문이다. 그러나 약 두 달 뒤인 5월 10일 파리 샹젤리제(Champs-Élysées) 극장에서 공연되었을 때는 그야말로 열광적인 찬사를 받았다. 그러나 불행하게도 극장이 며칠 후 파산하는 바람에 〈페넬로프〉는 더는 빛을 보지 못했다.

줄거리   [제1막] 페넬로페(Pénélope)는 이타카(Ithaca)의 왕 울리시스(Ulysses; Ulysse)가 돌아오기를 10년 동안 기다려왔다. 그사이 수많은 구혼자들이 남편 울리시스는 틀림없이 죽었을 것이라고 하면서 아름다운 왕비 페넬로페에게 결혼해달라고 압박한다. 페넬로페는 시아버지인 라에르테스(Laertes)의 수의를 짜고 있으니 그 일이 끝나면 새로운 남편을 선택하겠다고 약속한다. 그러면서 낮에 짜놓은 옷감을 밤마다 풀어놓는다. 마침내 울리시스가 해신의 도움을 받아 천신만고 끝에 이타카에 도착한다. 아내 페넬로페가 다른 남자와 결혼할 것이라는 소문을 들은 울리시스는 거지로 변장해 성으로 들어가려고 한다. 그를 유모 에우리클레아(Euryclea; Euryclée)가 알아본다.

[제2막] 언덕에 올라가 바다를 내려다보며 목동 에우마이오스(Eumaeus; Eumée)에게 행복했던 지난날을 들려주던 페넬로페는, 내일이면 욕심 많은 구혼자 중 한 사람을 남편으로 받아들여야 하는 비운을 원망한다. 이때 거지가 나타나 자기가 구혼자들을 물리쳐 왕비를 도울 수 있기를 바란다고 청한다. 거지는 예전에 크레타 왕이었으나 지금은 도망자 신세라고 하면서, 언젠가 궁전에서 울리시스를 만난 적이 있다고 말한다. 페넬로페가 궁성으로 돌아가자 울리시스는 에우마이오스에게 신분을 밝힌다. 목동은 크게 기뻐하며 착하고 아름답고 기품 있으며 백성들의 존경을 받는 왕비가 이제 고난에서 벗어나게 되었다고 말한다.

[제3막] 구혼자들이 궁성의 홀에서 페넬로페와의 결혼식을 준비하고 있다. 페넬로페는 울리시스의 활을 가져오라고 명하고 누구든 이 활을 당겨 과녁을 정확히 맞히는 사람과 결혼하겠다고 선언한다. 아무도 성공하지 못한다. 이때 한 거지가 나타나 쉽게 활을 당긴 후 페넬로페를 괴롭혔던 구혼자들을 향해 화살을 당긴다. 에우마이오스도 합세해 칼을 빼 들고 이타카의 원수들을 처단한다. 마침내 울리시스와 페넬로페는 행복하게 다시 결합한다.

마르타

타이틀	**Martha**

전 3막의 낭만적 코믹 오페라. 쥘앙리 드 생조르주가 쓴 발레-팬터마임 「레이디 앙리에타(Lady Henrietta)」[또는 「그리니치의 하녀(La servante de Greenwich)」]를 바탕으로 프리드리히 빌헬름(Friedrich Wilhelm)이 대본을 썼다. 이 오페라의 제목은 '리치먼드의 장터(Der Markt zu Richmond; The Market of Richmond)'로도 불린다.

초연	1847년 11월 25일 빈의 케른트너토르 극장
주요 배역	마르타(레이디 해리엇 더럼: 앤 여왕의 시녀), 트리스탄 경(레이디 해리엇의 사촌), 라이오넬(플렁킷의 젖형제로 뒤에 더비 경), 플럼케트(플렁킷: 젊은 농부), 율리아(줄리아: 낸시, 레이디 해리엇의 시녀)
베스트 아리아	「꿈과 같이(M'appari tut'amor)」(T), 「한 떨기 장미꽃(The last rose of summer)」(S), 「그대들에게 물어보리(Lasst mich euch fragen)」(T), 「그래요, 어린 시절부터(Ja, seit fruher Kindheit Tagen)」(T+B), 「아, 얼마나 좋은가(Ach, so fromm)」(T)

사전 지식　　영국의 앤 여왕 시절의 리치먼드가 배경이다. 이 오페라에는 유명한 아리아가 두 곡 나온다. 여주인공 마르타가 부르는 아일랜드 민요 「한 떨기 장미꽃」과 「꿈과 같이」다. 대본은 원래 독일어로 되어 있었으나, 이탈리아어와 영어로도 만들어졌다.

줄거리　　[제1막] 앤 여왕을 모시는 젊고 매력적인 귀부인 해리엇 더럼(Lady Harriet Durham)은 격식에 얽매인 궁중 생활에 싫증을 느끼고 한적한 시골 생활을 동경한다. 해리엇은 우선 백성들의

플로토, 프리드리히 폰(Flotow, Friedrich von, 1812~1883)
바그너와 거의 같은 시기에 활동한 프리드리히 폰 플로토는 독일의 낭만주의적 오페라를 유럽에 전파하는 데 크게 기여를 했다. 또한 풍부한 멜로디의 프랑스 스타일 오페라를 독일에 소개하는 역할도 했다. 독일 메클렌부르크(Mecklenburg)의 귀족 가문에서 태어난 그는 외교관이 되고자 했으나 그의 음악적 재능을 높이 평가한 부모에 의해 열다섯 살 때 파리로 유학을 가게 된다. 그는 주로 파리에서 활동하면서 25편의 오페라를 남겼는데, 그중 지금까지 많은 사랑을 받고 있는 작품이 〈마르타〉다.

생생한 삶의 현장을 보고 싶다. 그래서 사촌 트리스탄 경(Sir Tristan Mickelford)을 설득해 명랑하고 쾌활한 시녀 낸시(Nancy)와 셋이서 리치먼드의 시장을 보러 가기로 한다. 단 귀부인 신분으로 나들이를 가면 남의 눈에 띄므로 평범한 서민 복장을 하기로 한다. 리치먼드 시장에서는 매년 한 번씩 여자들을 하녀나 가정부로 취업할 수 있게 알선하는 인력시장이 열린다. 시장에 도착한 두 아가씨는 모든 것이 너무 재미있어 한눈팔다가 자신들을 안내하던 사촌 트리스탄을 잃어버린다.

당황한 이들은 여러 여자들이 모여 있는 곳이 있어 멋도 모르고 줄을 선다. 하녀나 가정부로 취직하기 위해 모여 있는 줄이다. 시골에서 농장을 경영하는 라이오넬(Lionel)과 플렁킷(Plunkett; Plumkett)이 하녀를 구하러 나왔다가 두 아가씨를 보고 마음에 들어 1년 계약을 맺는다. 두 아가씨는 뭐가 어떻게 돌아가는지도 모르고 그저 모든 것이 신기하고 재미있어 두리번거릴 뿐이다. 두 아가씨를 찾아 헤매던 트리스탄 경이 드디어 해리엇와 낸시를 발견하고 인력시장에서 빼내려 하지만, 신분을 밝힐 수 없어 우물우물 항의하자 "뭐 이런 친구가 다 있어"라는 핀잔과 함께 뒤로 떠밀리고 만다. 만일 두 아가씨의 신분을 밝힌다면 나중에 궁중에서 웃음거리가 될 것이 뻔하며, 더구나 하녀 복장을 한 두 아가씨가 여왕을 모시는 지체 높은 귀부인이라고 밝힌다 한들 믿을 사람도 없을 것이기 때문이다. 그리하여 계약을 마친 두 젊은이는 예쁜 두 아가씨를 마차에 태우고 의기양양하게 떠난다. 일이 이쯤 되자 해리엇은 본명을 댈 수가 없어 마르타(Martha)라고 둘러댄다.

[제2막] 두 아가씨가 젊은이들의 농장 저택에 도착한다. 라이오넬은 아무리 보아도 새로 뽑은 하녀가 몹시 마음에 든다. 아름답고 기품 있으며 교양 있고 예의 바르기 때문이다. 해리엇은 물레를 감으면서 유명한 아일랜드 민요 「한 떨기 장미꽃」을 부른다. 노래 솜씨가 기막히다. 결국 라이오넬은 해리엇이 하녀라는 것을 잊은 채 사랑에 빠진다. 한편 낸시는 낸시대로 대활약 중이다. 어찌나 아양을 잘 떨고 명랑하며 재치가 있는지(왕궁의 하녀들이라면 눈치 하나는 빠를 수밖에) 그만 플렁킷의 마음을 쏙 빼놓고 만다.

밤이 되었다. 두 아가씨로서는 두 젊은이의 집에서 잠을 잘 형편이 아니다. 어서 궁중으로 들어가야만 한다. 천우신조랄까? 이들의 뒤를 쫓아온 트리스탄 경의 도움으로 두 아가씨는 창문을 통해 도망하는 데 성공한다. 다음 날 아침 하녀들이 도망간 것을 안 두 젊은이는 미치도록 화가 나고 속상하지만 어디 가서 하소연할 데도 없다.

[제3막] 그날부터 두 젊은이는 시장 바닥을 헤매며 두 아가씨를 찾기 위해 식음을 전폐하다시피 한다. 그러던 어느 날 리치먼드 숲에서 여왕의 사냥 행차를 만난다. 그런데 여왕 바로 옆에 마르타(해리엇)가 말을 타고 가는 것이 아닌가? 뒤로 넘어갈 정도로 놀란 라이오넬은 행차를 가로막고 "마르타여,

어찌하여 1년 계약을 했는데 일언반구도 없이 도망갔단 말인가?"라고 외친다. 난처해진 해리엇은 누군지 모르는 사람이라고 하여 위기를 모면하려고 한다. 앤 여왕은 웬 젊은이가 해리엇에게 마구 대들며 소리치는 것을 보고는 "고약한지고! 누군데 감히 이 행차를 막느냐?"라면서 호위병들에게 라이오넬을 당장 가두라고 명한다. 이제부터 동화 같은 얘기가 진행된다.

라이오넬은 아버지에게서 물려받은 반지를 항상 끼고 있었다. 아버지는 라이오넬에게 만일 어려운 일이 생기면 여왕에게 반지를 보이라고 하면서, 반지를 보면 여왕이 반드시 도와줄 것이라고 한 적이 있다. 감옥에 있는 라이오넬은 친구 플렁킷을 불러 반지를 여왕에게 전해달라고 부탁한다. 친구 플렁킷은 용기를 내어 왕궁을 찾아가 반지를 여왕에게 전해달라고 해리엇에게 간청한다. 실은 해리엇도 라이오넬에게 너무했다는 생각이 들어 후회하고 있는 터였다. 해리엇 역시 라이오넬에게 은근히 마음이 있었기 때문이다. 반지를 전해 받은 여왕은 그 반지가 목숨 걸고 자신을 도와준 충신 더비(Derby) 경의 반지임을 단번에 알아본다. 더비 경은 모함을 받아 귀양 중에 세상을 떠났지만 후에 그의 결백과 충성심이 입증되었다. 라이오넬은 곧바로 감옥에서 풀려나 아버지의 뒤를 이어 더비 경이라는 작위를 받는다. 더불어 영지도 돌려받는다.

라이오넬은 해리엇이 하녀였던 마르타인지 확신할 수 없어 혼란스럽다. 세상에는 똑같이 생긴 사람들이 얼마든지 있을 수 있다고 생각하기 때문이다. 게다가 해리엇이 마르타라고 해도 과연 자신을 진정으로 사랑하는지 모르기 때문에 혼란스럽다.

해리엇은 낸시, 플렁킷 등과 짜고 리치먼드에 가짜 장터를 만들어 인력 시장에 하녀 복장 차림으로 나와 주인이 데려가기를 기다린다. 플렁킷이 라이오넬을 가짜 장터로 데려와 두 하녀를 고용한다. 라이오넬은 마르타를 보고 사랑을 고백한다. 마르타도 더비 경에게 사랑한다고 말한다.

게르마니아

타이틀	**Germania**

2막과 프롤로그, 에필로그, 교향적 간주곡으로 구성. 루이지 일리카의 대본 「게르마니아(Germania)」는 독일이라는 의미이지만, 오페라에서는 반나폴레옹 서적의 제목이다.

초연	1902년 3월 11일 스칼라 극장. 아르투로 토스카니니가 지휘했으며 엔리코 카루소가 주역으로 출연했다.

주요 배역	페데리코 뢰베(T), 카를로 테오도로 쾨르너(T), 카를로 보름스(Bar), 야네(Ms), 예벨(S), 크리소고노(Bar), 조반니 필리포 팔름(B), 리케(S), 뤼트초프(B)

사전 지식   이탈리아에서 베리스모가 유행하기 시작하던 시기에 활동했던 프란케티가 그 시기에 내놓은 오페라가 자코모 마이어베어 스타일의 그랜드 오페라 〈게르마니아〉다. 〈게르마니아〉는 1808년 독일의 뉘른베르크가 무대다. 나폴레옹이 점령한 독일 지역에서 독일의 해방을 위해 비밀스럽게 저항운동을 벌이던 학생들 간의 사랑을 다룬 작품이다. 이탈리아 출신인 프란케티는 독일을 무대로 한 작품을 만들면서 독일적인 색채를 입히기 위해, 독일 민요나 독일 대학생들의 노래를 다수 참고했으며 독일 작곡가들의 작품에서도 몇 곡 인용했다.

에피소드   대본을 쓴 루이지 일리카는 푸치니의 〈라 보엠〉, 〈토스카〉, 〈나비 부인〉, 〈마농 레스코〉의 대본을 썼으며, 이밖에도 카탈라니의 〈라 왈리〉, 조르다노의 〈안드레아 셰니에〉, 마스카니의 〈이리스〉 등 수많은 오페라 대본을 쓴 사람이다.

프란케티, 알베르토(Franchetti, Alberto, 1860~1942)
알베르토 프란케티는 토리노(Torino)의 유대인 가정에서 태어났다. 그는 베네치아에서 공부했으며, 독일의 드레스덴과 뮌헨에서 본격적인 음악 수업을 받았다. 그의 첫 성공작은 1888년의 오페라 〈아스라엘(Asrael)〉이다. 그의 오페라 스타일은 바그너와 마이어베어의 특성을 이탈리아 베리스모에 접목시킨 것이다. 그래서인지 '이탈리아의 마이어베어'라는 별명을 얻었다. 그는 10편의 무대작품을 남겼는데, 대표작은 〈게르마니아〉다.

줄거리　　　　　　　[프롤로그] 한 무리의 학생들이 『게르마니아』라는 책을 배포해 경찰의 수배를 받고 있던 책방 주인이자 출판가 조반니 필리포 팔름(Giovanni Philippo Palm)을 숨겨준다. 프랑스 경찰은 독일 귀족들과 함께 팔름을 지하 저항운동의 선동자로 보고 그가 비밀스럽게 배포하는 『게르마니아』를 극렬히 비난한다. 철학자, 시인, 학생 들은 주민들에게 나폴레옹이 빼앗아 간 독일 영토를 되찾아 해방을 이룩하려면 분연히 봉기해야 한다고 설득한다. 그런데 학생들은 투쟁의 방법론에서 일반 저항운동가들과 의견을 달리한다. 학생운동 지도자로 이상주의자인 카를로 보름스(Carlo Worms)는 철학자 요한 피히테(Johann Fichte)의 주장과 프리드리히 폰 실러(Johann Cristoph Friedrich Von Schiller)의 정신을 인용해 인권과 자유를 호소한다. 그러자 극단적인 페데리코 뢰베(Federico Loewe)는 보름스에게 침을 뱉으며 그의 이상주의적 호소를 일축한다. 친구인 뢰베와 보름스는 리케(Ricke)라는 여인을 사랑한다. 리케는 보름스와 뢰베 사이에서 갈등하다가 결국 뢰베와 약혼한다. 보름스는 절망에 빠진다.

[제1막] 뢰베와 리케, 리케의 여동생 야네, 이들의 늙은 어머니, 학생 크리소고노, 보름스의 보조원 몇 명이 경찰의 추격을 피해 숲 속으로 피신한다. 얼마 후 보름스가 전투에서 죽었다는 소식이 들려온다. 리케는 그동안 마음속에 응어리져 있던 고민거리가 떨어져 나간 것 같아 기쁘기까지 하다. 그녀는 사랑하는 뢰베와 결혼할 생각으로 들떠 있다. 결혼식 날, 죽었다던 보름스가 홀연히 나타났다가 결혼식이 끝난 것을 알고는 어디론가 자취를 감춘다. 잠시 후 리케가 사라진다. 보름스와의 관계를 고백하며 용서를 구하는 리케의 편지를 발견한 뢰베는 보름스에게 복수할 것을 맹세한다.

[제2막] 몇 년이 흘러 쾨니히스베르크(Königsberg)에서 반나폴레옹 지하운동 회의가 열린다. 보름스는 살아 있다. 독일 각지에서 모인 학생 대표들은 슬로건으로 ‘게르마니아’를 내건다. 이때 갑자기 뢰베가 나타난다. 보름스를 본 뢰베는 여전히 복수심에 불타 분연히 결투를 신청한다. 보름스는 뢰베의 총에 죽음으로써 원한 관계를 끝내고자 한다. 두 사람이 결투를 하러 나가려고 할 때 독일 여왕이 장엄하게 등장한다. 학생들 모두 독재자에게서 독일을 해방하기 위해 기꺼이 목숨을 바쳐 투쟁하기로 다짐한다. 보름스, 뢰베, 저항운동의 대표자들은 라이프치히 전선으로 향한다.

[교향적 간주곡] 라이프치히(Leipzig) 전투 장면이 무대에서 환상적으로 재현된다.

[에필로그] 전투가 끝났다. 리케는 전쟁터에서 죽은 보름스를 발견한다. 뢰베는 심한 부상을 입었다. 사랑하는 뢰베가 죽은 줄 아는 리케는 사랑하는 뢰베 옆에 눕는다. 가냘픈 숨이 붙어 있는 뢰베의 가슴에 얼굴을 묻고 못 이룬 두 사람의 초야를 보낸다. 어둠이 밀려온다.

포기와 베스

타이틀	**Porgy and Bess**

	전 3막의 민속 오페라(folk opera). 뒤보스 헤이워드(DuBose Heyward)의 소설 『포기(Porgy)』를 작가가 대본으로 만들었고, 조지 거슈윈의 형인 아이라 거슈윈(Ira Gershwin)이 가사를 썼다. 대본에는 미국 흑인들의 은어가 많이 사용되었다.
초연	1935년 9월 30일 보스턴 콜로니얼(Colonial) 극장
주요 배역	포기(불구의 걸인), 베스, 크라운(베스의 연인이며 뱃짐을 부리는 노무자), 로빈스(캣피시 로에 사는 사람), 세레나(로빈스의 아내), 제이크(어부), 클라라(제이크의 아내), 마리아(식당 종업원)
음악 하이라이트	클라라가 부르는 자장가 「서머타임」, 제이크의 자장가, 포기의 벤조 송, 스포틴의 라이프 송, 포기와 베스의 사랑의 테마, 포기와 베스의 듀엣, 포기의 탄식 장면, 포기의 마지막 노래
베스트 아리아	「서머타임(Summertime)」(S, 클라라의 자장가), 「내 님은 이제 갔도다(My man's gone now)」(S), 「약속의 땅을 향해(Headin' for the Promise' Land)」(S), 「아무것도 없네(Oh, I got plenty o'nuttin)」(Bbar), 「베스, 이제 당신은 내 여자야(Bess, you is my woman now)」(Bbar+S), 「오, 주여, 나의 길을 가렵니다(Oh, Lord, I'm on my way)」(Bbar)

사전 지식　　3막의 극적 러브 스토리로 순전한 미국 오페라다. 거슈윈의 표현에 따르면 민속 오페라(Folk Opera)이다. 재즈, 블루스, 브로드웨이 뮤지컬 음악이 혼합된 무대로, 배경은 사우스 캐롤라이나 주의 캣피시 로(Catfish Row)라는 바닷가 마을이다. 캣피시는 메기의 일종이다. 〈바람과

거슈윈, 조지(Gershwin, George 1898~1937)
조지 거슈윈은 미국에서 재즈 오페라를 완성한 작곡가이자 피아니스트다. 거슈윈의 작품은 고전에서 대중적인 현대음악에 이르기까지 폭이 넓다. 그는 형인 작사가 아이라 거슈윈과 합작해 브로드웨이 쇼를 만들었다. 거슈윈의 음악은 영화와 TV에 자주 인용되었다. 그의 대표작은 오페라 〈포기와 베스〉다.

함께 사라지다〉도 사우스캐롤라이나를 무대로 삼았다. 이 오페라는 아프리카-아메리카 흑인의
이야기다.

에피소드　　　　거슈윈이 처음 시도한 민속 오페라는 1막짜리 〈우울한 월요일(Blue Monday)〉이
다. 1922년 할렘에서 벌어진 저 유명한 '조지 화이트 스캔들'을 줄거리로 삼은 오페라다.

줄거리　　　　　　한여름 캣피시 로의 생활은 평상시와 다름없이 느긋하고 한가롭다. 피아노 소리
가 들리고, 춤을 추고, 행상들이 물건을 팔러 다니고, 한편에서는 카드놀이를 하고 있다. 클라라(Clara)
가 아기를 재우며 자장가를 부른다. 유명한 「서머타임」이다. 불구자인 포기(Porgy)가 염소가 끄는
휠체어를 타고 등장한다. 사람들은 포기가 예쁜 베스(Bess)에게 마음을 두고 있지만 베스는 거들떠보
지도 않는다면서 짓궂게 농담을 한다. 그러면서 베스는 당치도 않으니 포기하라고 말한다(That gal
Bess ain't fit for Gawd fearin' ladies to 'sociate with). 흑인 특유의 진한 남부 사투리가 흘러넘친다.
베스의 애인인 악당 크라운(Big Bad Crown이라고 부름)은 한낮부터 잔뜩 취해 바에서 술을 더 달라고
하지만, 베스가 술병을 치워버리자 기분이 상한다. 설상가상으로 놀음에서 돈까지 잃은 크라운은
홧김에 어부 로빈스(Robbins)를 갈고리로 찔러 죽인다. 로빈스의 아내 세레나(Serena)가 죽은 남편을
부둥켜안고 서럽게 운다. 크라운의 친구 건달(Sportin' Life)은 세레나에게 이왕 이렇게 된 거 함께
뉴욕으로 가서 살자고 유혹한다. 세레나가 거절하자 분위기는 점점 더 험악해진다. 베스는 자신에게
무슨 일이 일어날 것 같아 포기가 거처하는 방으로 숨는다. 형사와 경찰이 도착해 누가 로빈스를
죽였는지 심문한다. 크라운이 두려워 아무도 입을 열지 못한다.

[제2막] 아침이다. 어부들이 어망을 손질하고 있다. 다른 사람들은 마을 피크닉을 준비하고 있다.
〈서머타임〉을 불렀던 클라라와 남편 제이크(Jake)는 돈 걱정을 한다. 그러나 베스는 전혀 걱정하지
않는다. 베스는 「아무것도 없네」라는 노래를 부른다. 사람들은 베스가 포기의 집으로 들어오고
난 뒤 포기가 달라진 것 같다고 말한다. 변호사가 베스에게 크라운과 이혼시켜줄 테니 돈을 달라며
들러붙는다. 하지만 베스는 결혼 신고도 하지 않은 상태다. 변호사는 결혼하지 않은 상태에서 이혼
수속을 밟기는 어려우므로 돈을 더 내야 한다고 주장한다. 건달이 나타나 크라운이 앞으로 잘해주겠다
고 하니 다시 돌아오라고 베스를 은근히 협박한다. 베스는 죽으면 죽었지 돌아가지 않겠다고 거절하면
서 건달을 쫓아낸다. 포기는 「베스, 이제 당신은 내 여자야」라는 듀엣을 베스와 함께 부른다. 사람들은
모두 키티와 섬(Kittiwah Island)으로 피크닉을 떠나지만 포기는 집에 있다. 포기는 베스만이라도

가서 즐거운 시간을 보내라고 한다.

피크닉에서 댄스파티가 열리자 모두 흥겹게 춤추며 마시고 떠든다. 크라운은 로빈스 살인 사건 이후 이 섬으로 들어와 숨어 지내고 있었다. 졸개들이 젊은 아가씨들이 얼마나 많은데 늙은 베스를 무엇 때문에 잊지 못하냐고 말하지만 크라운은 이 말에 신경도 쓰지 않는다. 베스가 경멸하듯 크라운을 피하자 크라운은 화가 치밀어 베스를 근처 숲으로 데려가 내동댕이친다. 일주일 후쯤 집으로 돌아온 베스가 정신착란에 걸린 듯 헛소리를 한다. 열이 내리고 진정이 되자 베스는 크라운이 강제로 끌고 가기 위해 온다면 "난 포기를 사랑해(I loves you, Porgy)"라고 말하겠다고 한다. 포기는 크라운에게서 베스를 보호하겠다고 약속한다.

폭풍이 인다. 아기를 안은 클라라는 바다로 고기를 잡으러 나간 남편 제이크를 걱정하며 〈서머타임〉을 다시 부른다. 클라라와 제이크는 포기네 옆방에 산다. 누가 포기의 방문을 두드린다. 크라운이다. 포기와 크라운이 언쟁을 벌인다. 그때 옆방에서 클라라의 비명 소리가 들린다. 남편 제이크의 배가 뒤집혀 침몰하는 것을 보았다는 것이다. 베스가 사람들에게 가서 구하라고 소리치지만 아무도 엄두를 내지 못한다. 크라운만이 배짱 좋게 제이크를 구하러 간다.

[제3막] 폭풍이 잠잠해졌다. 바다로 뛰어든 크라운은 다행히 목숨을 잃지 않고 돌아온다. 크라운은 경찰을 보자 포기의 방에 숨으려고 하지만 포기에게 발각된다. 포기는 크라운을 보자 목을 졸라 죽인다. 백인 형사가 세레나(주점에서 살해된 로빈스의 아내)에게 누가 크라운을 죽였는지 묻는다. 며칠 전에 세레나는 참다못해 남편의 살인범으로 크라운을 고발했으나, 증인들이 로빈스가 죽을 당시 세레나는 아파서 정신이 오락가락했다고 증언하는 바람에 무혐의로 풀려났다. 그렇지만 세레나가 크라운을 목 졸라 죽였다는 것은 말이 안 되므로 심문 대상에서 제외된다. 형사들은 포기를 범인으로 지목하고 그에게 크라운의 시체를 확인해달라고 요청한다. 포기가 형사들에게 끌려가기 전에 건달은 포기에게 "이게 바로 형사들이 범인을 잡아내는 수법"이라고 말하면서 포기하라는 듯한 암시를 준다. 건달은 베스에게 접근해 포기는 살인범으로 잡혀 들어갈 테니 함께 뉴욕으로 가는 배를 타자고 유혹한다.

1주일 후 포기가 집으로 돌아온다. 동네 사람들이 소리치며 환영한다. 살해의 증거가 없어 풀려났다는 포기는 감방(Slammer)에 있을 때 카드 내기를 해 상당한 돈을 거머쥐게 되었다면서 사람들에게 보란 듯이 선물을 돌린다. 포기가 베스를 찾자 사람들은 잠시 전 건달과 함께 뉴욕 가는 배를 탔다고 얘기해준다. 포기는 자기 염소와 휠체어를 가져다 달라고 부탁한다. 그는 아무리 힘들더라도 뉴욕에 가서 베스를 찾겠다고 하며 「오, 주여, 나의 길을 가렵니다!」를 부른다.

안드레아 셰니에

타이틀	**Andrea Chénier**	

	전 4막의 역사적 비극. 대본은 루이지 일리카가 썼다.
초연	1896년 3월 28일 밀라노의 스칼라 극장
주요 배역	안드레아 셰니에(앙드레 셰니에: 시인), 카를로 제라르(혁명운동에 뛰어든 하인), 마달레나 디 코이니(마들렌 드 코이니: 오페라 가수), 코이니 백작 부인(마들렌의 어머니), 마델론(마델롱: 노파), 로우케르(루세: 셰니에의 친구), 피에트로 플레빌(작가)
음악 하이라이트	1막에서 셰니에의 아리아, 마들렌과 셰니에의 마지막 듀엣
베스트 아리아	「어머니는 돌아가시고(La mamma morta)」(S), 「5월의 화창한 날에(Come un bel di maggio)」(T), 「조국의 적(Nemico della partia?)」(T)

사전 지식　　　본의 아니게 프랑스혁명에 연루된 시인이자 몽상가인 앙드레 셰니에(André Chénier)에 관한 이야기다. 이 오페라는 이탈리아 베리스모의 전형이다. 1막은 구정권에 대한 이야기가 암시적으로 펼쳐지며, 그 이후 막에서는 혁명과 관련된 내용으로 음악도 이를 뒷받침한다. 특히 잘 알려진 아리아는 셰니에가 부르는 두 편의 아리아로, 이른바 셰니에의 즉흥적인 막간 아리아와 제1막에서의 혁명적 아리아 「5월의 화창한 날에」다. 셰니에가 처형을 앞두고 감옥에서 부르는 노래다.

줄거리　　　　[제1막] 무대는 혁명 전야, 프랑스의 화려한 파티장이다. 코이니(Coigny) 백작

조르다노, 움베르토(Giordano, Umberto, 1867~1948)
움베르토 메노티 마리아 조르다노(Umberto Menotti Maria Giordano)는 이탈리아 남부 포자(Foggia)에서 태어나서 나폴리에서 음악 공부를 했다. 그의 첫 오페라 〈마리나(Marina)〉는 음악 출판사 카사 손초뇨(Casa Sonzogno)의 단막 오페라 공모에 응모한 것이다. 모두 73편이 응모한 중에 조르다노의 작품이 6위를, 마스카니의 〈카발레리아 루스티카나〉가 1위를 차지했다. 손초뇨 오페라 경연대회는 이탈리아 베리스모의 시발점이 되었다. 조르다노는 14편의 오페라를 남겼으며, 그중에서 대표작은 〈안드레아 셰니에〉다. 프랑스혁명 시기에 활동한 시인 앙드레 셰니에에 관한 실화를 바탕으로 했다. 이 밖에 〈페도라〉는 빅토리앵 사르두(Victorien Sardou)의 희곡을 기본으로 한 것으로, 초연에는 테너 엔리코 카루소가 출연했다.

가족의 특별 손님 자격으로 파티에 참석한 시인 앙드레 셰니에는 상류층을 의도적으로 비난하는 시를 발표해 사람들을 놀라게 한다. 그는 코이니 백작의 아름다운 딸 마들렌(Madeleine)을 보고 첫눈에 사랑을 느낀다. 마들렌은 오페라 소프라노로 인기를 끌고 있는 미모의 여인이다. 오페라 스타들은 하나같이 예쁘거나 아름답게 마련인 듯하다.

그런데 상류층에 적대감을 품은 그 집 하인 제라르(Gérard)가 길에서 부랑자 여러 명을 파티장으로 데려와 맘껏 먹고 마시게 한다. 화가 치민 주인마님은 하인 제라르를 그 자리에서 해고한다.

[제2막] 혁명이 시작되었다. 셰니에는 자신을 열렬히 사모한다는 미지의 여인에게서 한 번 만나자는 향수 편지를 받고 약속 장소인 카페에서 기다린다. 셰니에의 친구 루셰(Roucher)가 셰니에에게 줄 여권을 가지고 나타나 셰니에에게 주며 서둘러 도망치라고 한다. 잠시 후 마들렌이 나타난다. 두 사람은 서로 사랑한다면서 사랑의 이중창을 부른다. 마들렌 역시 혁명에 앞장선 제라르가 잡으려는 인물이다. 제라르는 귀족 사회 타파를 외치며 혁명 대열에 참여해 상당히 인정받는 지도자급 인물이 되었다. 두 사람이 같이 있는 모습을 본 제라르는 함께 다니는 사람들에게 "저놈도 귀족이다"라고 하면서 셰니에를 체포하라고 명령한다. 그는 셰니에가 상류층에 대한 비난을 뇌까리면서 귀족 여인 마들렌과 연애하는 것을 보고 분개한 것이다.

[제3막] 제라르와 셰니에의 결투가 시작되고 칼에 찔려 부상당한 제라르가 쓰러진다. 제라르는 셰니에에게 위험이 닥칠 테니 조심하라고 경고한다. 셰니에는 혁명분자들에게 체포된다. 제라르가 기소문에 서명만 하면 셰니에는 사형이다. 마들렌은 제라르에게 셰니에를 풀어주면 그에게 마음을 바치겠다면서 협상을 요구하지만, 그는 협상을 거부하고 셰니에에게 사형을 선고한다.

[제4막] 마들렌은 감방 간수를 매수해 다음 날 아침 사형이 예정된 어떤 여죄수를 석방시키고 대신 자신이 들어간다. 마들렌은 셰니에와 무덤에서나마 함께 있겠다는 생각이다. 두 사람은 감방에서 죽음의 아침을 기다리며 「죽음은 아침과 함께 온다」라는 노래를 부른다.

080

Giordano, Umberto

페도라

타이틀	**Fedora**

	전 3막. 빅토리앵 사르두(Victorien Sardou)의 희곡 「페도라(Fédora)」를 바탕으로 아르투로 콜라우티가 대본을 썼다. 무대는 1881년의 상트페테르부르크, 파리, 스위스다.
초연	1898년 11월 17일 밀라노 리리코 극장
주요 배역	페도라 로마조프(러시아의 공주), 블라디미르 안드레예비치(백작으로 페도라와 결혼하는 사람), 로리스 이파노프(백작으로 범죄자), 드 시리에(외교관)
베스트 아리아	「봐요, 저는 울고 있어요(Vedi, io piango)」(T), 「사랑은 당신을 용서하네(Amor ti vieta)」(T)

사전 지식　　　이 오페라의 모티프로서 중요한 위치를 차지하는 멜로디는 2막에서 로리스 백작이 부르는 「사랑은 당신을 용서하네」에 나온다. 이 멜로디는 3막에서 페도라가 숨을 거둘 때 다시 등장한다.

줄거리　　　[제1막] 블라디미르 안드레예비치(Vladimir Andreyevich) 백작 집에 페도라 로마조프(Fedora Romazov) 공주가 찾아온다. 두 사람은 곧 결혼할 사이다. 하인들은 주인 블라디미르가 페도라 공주와 결혼하면 빚을 갚을 수 있을 것이라고 얘기한다. 백작이 외출 중이라 페도라 공주는 그를 기다리고 있다. 백작이 부상을 당해 들것에 실려 들어온다. 형사 그레치(Grech)와 의사도 따라 들어오며 백작의 상처가 위독하다고 말한다. 형사 그레치는 무정부주의자들을 범인으로 의심한다. 잠시 후 백작의 하인이 오늘 아침 어떤 노파가 전해준 편지 한 장이 있다고 말한다. 그러나 편지는 누가 훔쳐갔는지 찾을 수가 없다. 모두 여러 정황으로 볼 때에 백작 집 바로 건너편에 사는 로리스 이파노프(Loris Ipanov)라는 사람을 수상하게 여긴다. 형사가 로리스를 체포하러 간다. 그때 의사가 방으로 들어와 백작이 죽었다고 전한다. 로리스를 체포하러 갔던 형사는 혼자 돌아온다. 그가 도망갔다는 것이다. 페도라는 정신을 잃고 쓰러진다.

[제2막] 몇 달 뒤 파리에 있는 페도라의 저택에서 파티가 열린다. 로리스는 페도라에게 왜 자기가

백작을 쏘았는지 얘기해준다. 로리스는 완다(Wanda)라는 여자와 결혼한 적이 있다. 완다는 로리스의 어머니를 위해 일하던 여자였다. 그런데 결혼 증인으로 참석한 백작이 완다와 눈이 맞은 것이다. 로리스는 백작의 책상에서 완다가 보낸 열렬히 사랑한다는 내용의 편지 여러 장을 증거로 찾아냈다고 하면서, 백작이 페도라와 약혼한 것은 오로지 돈 때문이었다고 말한다. 로리스는 완다가 백작의 유혹에 빠져 부정한 행동을 하자 참을 수 없어 백작을 쏜 것이며, 자신도 부상을 입었다고 한다. 이런 얘기를 들은 페도라는 로리스를 동정하는 마음이 생긴다. 페도라는 로리스에게 러시아로 돌아가 면 당장 체포될 것이니 제발 돌아가지 말라고 당부한다. 그러면서 로리스를 사랑하는 마음을 처음으로 밝힌다.

[제3막] 몇 달 뒤 페도라와 로리스가 함께 살고 있는 스위스의 한 별장이다. 두 사람은 더할 수 없이 행복하다. 그때 외교관 드 시리에(De Siriex)가 찾아온다. 그는 죽은 백작의 아버지인 경찰청장이 적극적으로 수사에 착수해 어느 무정부주의자에게서 백작의 죽음에 무정부주의자가 개입되었다는 단서를 포착했으며, 마침 로리스의 형이 무정부주의자인 것이 탄로 나 감옥에 넣었는데 얼마 후 죽었으며, 소식을 들은 로리스의 어머니도 충격으로 죽었다는 소식을 전한다. 페도라는 이 모든 불행이 경찰청장에게 쓴 편지 때문이라고 생각해 괴로워한다. 페도라는 심한 자책감으로 성모마리아 에게 자신의 죗값을 받겠으나 다만 자기가 사랑하는 로리스는 아무 죄도 없으니 구원해달라고 기도한 다. 우편국에 다녀온 로리스는 친구가 보낸 두 통의 편지를 들고 온다. 하나는 사면을 받았다는 내용으로 로리스는 이제 조국으로 돌아갈 수 있게 된 것이다. 또 다른 편지는 사면 편지보다 일찍 부친 것으로, 파리의 어떤 여인이 경찰청장에게 편지를 보내 로리스의 범행을 입증하는 증거를 확보했으니 그가 러시아에 도착하는 대로 체포하라고 지시했다는 것과 그 익명의 편지 때문에 형과 어머니가 세상을 떠났다는 내용이다. 로리스는 그 여인이 누구인지 밝혀내어 복수하겠다고 다짐한다. 이 얘기를 들은 페도라는 이제 다 지나간 일이니 제발 모두 잊고 새 출발을 하자고 로리스에게 간청한다. 그러면서 파리의 여인을 찾으려 하지 말라고 애원한다. 이 소리를 들은 로리스는 페도라가 아직도 죽은 백작을 사랑한다고 믿는다. 로리스는 자기를 모함하고 형과 어머니를 죽음으로 몰고 간 그 여인이 페도라라고 할지라도 용서할 수 없다는 말을 내뱉는다. 로리스의 단호한 마음을 안 페도라는 독약을 마신다. 페도라가 죽어가면서 용서를 구하자, 로리스는 그녀의 진정한 마음을 깨닫는다. 로리스가 페도라를 껴안으며 그녀의 이름을 외치지만 아무 대답이 없다. 로리스는 불러도 아무 대답이 없는 페도라에게 용서해달라면서 흐느낀다.

아크나텐

타이틀	**Akhnaten**

	전 3막의 오페라. 대본은 작곡자가 여러 동료들과 함께 작성했다.
초연	1984년 3월 24일 슈투트가르트 뷔르템부르크(Württemberg) 국립극장
주요 배역	아크나텐(아케나톤, 카운터 T), 네페르티티(아크나텐의 아내, A), 호렘하브(호렘헤브: 장군으로 장래의 파라오, Bar), 아예(네페르티티의 아버지이며 파라오의 자문관, B), 아몬(아문: 고승, T), 아크나텐과 네페르티티의 여섯 딸들(S+A)

사전 지식　　　　파라오에 오른 아크나텐이 세월을 초월해 현대에 모습을 나타낸다. 작곡자 글래스는 아크나텐이 고대의 왕관을 쓴 현대인이라고 설명했다. 이 오페라의 음악은 글래스가 앞서 내놓은 종전의 오페라에 비해 소음이 더 심하기 때문에 상당히 귀에 거슬린다. 기계적 음향효과가 거친 인상을 준다. 오페라 〈아크나텐〉은 제작자에 따라 해석이 다를 수 있다. 최근의 한 제작자는 아크나텐을 이 세상에 빛을 가져오는 존재로 부각시켰다. 미국 초연에서는 아크나텐을 변덕스러운 양성체(Hermaphrodite)로 표현했다.

에피소드　　　　오페라 〈아크나텐〉은 글래스의 3부작 중 마지막 편에 해당된다. 글래스의 3부작은 1976년의 〈해변의 아인슈타인〉, 4년 후인 1980년의 〈사티아그라하〉, 또 4년 후인 1984년의 〈아크나텐〉이다. 제1부의 주인공은 천재 과학자 아인슈타인이며, 제2부의 주인공은 비폭력주의자 간디, 제3부의 주인공은 고대 이집트의 파라오다.

글래스, 필립(Glass, Philip, 1937~)
필립 모리스(Maurice) 글래스는 미국의 현대음악 작곡가다. 그는 20세기 음악계에서 가장 영향력 있는 작곡가 중 한 사람으로 간주된다. 그는 리하르트 슈트라우스, 쿠르트 바일, 레너드 번스타인 등의 자취를 따라 예술음악을 대중의 눈높이로 가져간 음악인으로 널리 알려져 있다. 글래스는 미니멀리즘 작품을 주로 시도했으며, 대표작으로는 〈아크나텐〉과 〈해변의 아인슈타인〉이 있다.

줄거리　　　　　무대는 테베(Thebes)와 아케트아텐(Akhet-Aten; Akhetaten: 아텐 신의 수평선이라는 뜻), 시기는 기원전 1365부터 기원전 1348년, 그리고 현재다.

[제1막] 전주곡으로 A단조의 더블베이스가 주제를 연주하며 변주곡이 뒤따른다. 서기관이 피라미드에서 제문을 소리 높이 읽고 있다. 파라오 아멘호테프(Amenhotep; Amenophis III)의 장례식이 거행되고 있다. 아크나텐(Akhnaten; Akhnaton)의 아버지 아멘호테프를 태양신 라(Ra)에게 인도하는 의식이다. 아크나텐이 새로운 파라오로 의식을 주재하고 있다. 북을 치는 사람들이 앞에서 인도한다. 아예(Aye)와 몇몇 남성들이 장송곡을 나지막이 부르며 등장한다. 남성 합창은 대합창으로 변한다. 음악은 기본적으로 행진곡이다. 대합창의 마지막은 마치 환희가 절정을 이루는 듯 격렬하다. 장면이 바뀌어 아크나텐의 대관식이다. 상당히 긴 오케스트라 음악이 연주되고 아크나텐이 등장한다. 아크나텐이 창문에서 백성을 향해 창조주를 찬양하는 노래를 부른다. 아크나텐이 무대에 등장한 지 20분 만에 처음 부르는 노래다.

[제2막] 아크나텐이 나라를 통치한 지 어느덧 10년이 흘렀다. 고승과 일단의 사제들이 신전에서 아문(Amun) 신을 찬양하는 노래를 부르고 있다. 음악은 매우 극적이다. 이 나라에는 다신을 숭배하는 사제들이 막강한 권력을 잡고 있다. 아크나텐은 다신을 숭배하는 사제들의 성을 함락하고 아텐(Aten; Aton)을 유일한 신으로 선포한다. 아문 신전의 지붕이 벗겨지자 아텐(Aten)의 햇살이 신전에 비친다. 장면은 바뀌어 내레이터가 태양신에 대한 기도문 같은 시를 낭송할 때 아크나텐과 네페르티티의 사랑의 듀엣이 울려 퍼진다. 아크나텐은 아텐을 위한 새로운 신전과 새로운 도시 아케트아텐을 건설한다. 새로운 도시를 완성했다는 팡파르가 울려 퍼지고 축하 댄스가 이어진다. 아크나텐은 아텐 신을 위해 새로운 찬송을 부른다. 이 오페라의 주요 부분이다. 만물에게 생명을 주는 태양에 대한 감사의 찬가다. 이어 무대 뒤에서 합창단이 히브리어로 시편 104장을 노래 부른다. 시편은 아크나텐이 살던 시기보다 400년 뒤에 나왔는데 아크나텐의 찬미와 시편의 찬양이 비슷하게 들린다.

[제3막] 첫 장면에 아크나텐의 가족이 소개된다. 아크나텐과 네페르티티 사이에서 태어난 여섯 명의 딸이 등장한다. 그들은 가사가 없는 노래를 만족스러운 듯 부른다. 이들은 왕궁 밖에서 무슨 일이 일어나고 있는지 전혀 모르는 것 같다. 내레이터가 시리아 총독의 편지를 읽는다. 적군과 싸울 군대를 지원해달라는 내용이다. 그러나 아크나텐은 군대를 보내지 않는다. 나라가 붕괴될 위험에 처한다. 아크나텐이 통치한 지 17년째가 되는 해다. 대장군 호렘헤브와 고승 아예, 아텐 신전의 제사장들이 백성을 선동해 새로 지은 왕궁을 공격하고 왕족들을 죽인다. 태양의 도시 아케트아텐은 파괴된다.

사티아그라하

타이틀	**Satyagraha**

전 3막. 각 막에는 문화적 인물들과 관련해 부제목이
붙어 있다. 제1막은 톨스토이, 제2막은 타고르, 제3막은
마틴 루서 킹 목사다. 대본은 모한다스 카람찬드 간디
(Mohandas Karamchand Ghandi)의 삶을 바탕으로 작곡자
와 콘스턴스 드종(Constance DeJong)이 공동으로 썼다.
사티아그라하는 1919년 간디가 주창한 비폭력 불복종주
의를 말하며, 일명 간디주의(Gandhism)라고도 부른다.
이 오페라의 제목은 '남아프리카의 간디(M. K. Ghandi
in South Africa)'라고도 한다.

초연	1980년 9월 5일 네덜란드 로테르담(Rotterdam) 시립극장(Stadsschouwburg)
주요 배역	모한다스 카람찬드 간디(T), 미스 슐레젠(간디의 비서, S), 미시즈 나이두(이탈리아 동료, S), 카스투르바이(간디의 아내, Ms 또는 A), 미스터 칼렌바흐(유럽인 동료, Bar), 파르시 루스톰지(인도 동료, B), 이 밖의 전설적인 인물들(톨스토이, 타고르, 마틴 루서 킹)

사전 지식 〈사티아그라하〉는 글래스의 '인물 3부작' 중 두 번째 작품이다. 첫 번째는 〈아인
슈타인(해변의 아인슈타인)〉이며 세 번째는 〈아크나텐〉이다. 글래스의 스타일을 보면 일반적으로 미니멀
리스트(Minimalist)라고 설명할 수 있으나, 〈사티아그라하〉에는 축소주의를 뛰어넘는 그 무엇이 있다.
〈사티아그라하〉의 출연진은 소프라노 두 명, 메조소프라노 두 명, 테너 두 명, 바리톤 한 명, 베이스
두 명, 그리고 대규모 혼성합창단이다. 오케스트라는 현악기와 목관악기로만 구성되며, 금관악기와
타악기는 없다.

에피소드 오페라 〈사티아그라하〉는 간디의 비폭력저항운동의 개념을 표현한 오페라다.
『바가바드기타(Bhagavadgītā)』에서 가져온 대사는 산스크리트어로 노래한다. 〈사티아그라하〉는 네
덜란드의 로테르담 시에서 의뢰한 작품으로, 로테르담의 시립극장에서 초연되었다.

줄거리 장소는 신화시대의 전설적 전쟁터 쿠루(Kuru)와 1896~1913년의 남아프리카다.

[제1막 톨스토이(Tolstoy)**]** 신화시대의 전쟁터인 쿠루와 남아프리카의 평원에서 양 진영이 서로 대치해 당장이라도 전투가 벌어질 기세다. 전설적 영웅 아르주나(Arjuna)와 마찬가지로 간디는 과연 자신에게 싸움을 할 권리가 있는지 자문한다. 크리슈나(Krishna) 신은 간디에게 "인간은 자기 행동이 어떤 동기에서 비롯되었는지를 확실히 아는 것이 중요하다"라고 얘기한다. 아무 이유 없이 무슨 일이나 할 수 있는 것은 아니라는 뜻이다. 크리슈나는 계속해 "만일 동기가 순수하다면 싸워도 좋다. 하지만 승리도 없고 패배도 없으며 친구도 없고 적도 없으며, 오로지 진리만이 있을 뿐"이라고 설명한다.

장면은 바뀌어 1910년 '톨스토이 농장'이다. 간디는 러시아의 문호이자 철학자이며 평화론자인 톨스토이의 이념에 따라 남아프리카에 협동농장을 설립한다. 간디는 이곳에서 순수한 동기로 폭력 없는 저항운동을 추진한다. 사티아그라하다. 1906년 남아프리카 정부는 이른바 블랙 액트(Black Act)를 내세워 인종차별정책을 강화한다. 인도인들은 사티아그라하 정신에 입각해 공동저항운동을 벌일 것을 다짐한다.

[제2막 타고르(Tagore)**]** 1896년 남아프리카의 유럽인 거주 지역의 교외다. 유럽인들은 자기들의 특권에 대해 일종의 두려움을 느낀다. 그들은 그러한 두려움을 없애기 위해 자기들과 피부색이 다른 사람들을 더욱 박해한다. 간디는 거리에서 사람들이 던진 돌에 맞는다. 간디의 친구들은 폭력에는 폭력으로 맞서야 한다고 주장한다. 간디는 이런 식으로 시험을 받지만, 폭력으로 얻어지는 것은 아무것도 없다고 설명하면서 계속 무저항운동을 주장한다. 어떤 유럽 여인이 간디를 구해준다. 간디는 비록 피부색은 달라도 인간의 마음 깊은 곳에 있는 진리는 같은 것이라고 생각한다. 1906년 간디는 ≪인디언 오피니언(Indian Opinion)≫이라는 신문을 통해 그의 이념을 널리 전파하고자 한다. 그리하여 1908년 간디와 그를 추종하는 사람들은 마음속에 증오감을 두지 않고 투쟁할 것을 서약한다. 이들은 먼저 자신들의 신분증명서를 불태워 자신들이 버림받은 자, 감옥에 갇힌 자들과 같다는 것을 행동으로 보여준다.

[제3막 마틴 루서 킹(Martin Luther King)**]** 무대는 다시 신화시대의 전쟁터와 남아프리카의 어떤 평원이다. 1913년 간디의 이념은 이제 널리 전파된다. 뉴캐슬 행진(The Newcastle March)이 성공한다. 정부와 경찰은 모두 무기력해진다. 그래도 무저항운동은 계속된다. 수천 명을 감옥에 가둘 수는 없는 일이다. 간디는 자신이 배운 것은 바로 이것이라고 말한다.

"사티아그라하는 매일 새롭게 몸에 익혀야 한다."

어셔가의 몰락

타이틀 The Fall of the House of Usher

애드거 앨런 포(Edgar Allan Poe)의 단편을 바탕으로 작곡자와 아서 요링크스(Arthur Yorinks)가 공동으로 대본을 썼다.

초연	1988년 5월 18일 매사추세츠 주 케임브리지
주요 배역	로더릭 어셔(T), 매들린 어셔(그의 여동생, S), 윌리엄(그의 친구, Bar), 의사(대사 역할)

사전 지식　　　애드거 앨런 포(Edgar Allan Poe)의 작품은 클로드 드뷔시, 하이너 뮐러(Heiner Müller), 피에르 불레즈(Pierre Boulez) 등 여러 시인, 음악가, 극작가 들의 관심을 끌었다. 필립 글래스는 애드거 앨런 포의 「어셔가의 몰락」을 범죄적 혐의가 짙은, 그리고 진실인지 거짓인지 또는 반진실(半眞實)인지 분간하기 어려운 분위기의 오페라로 만들었다. 이 오페라가 근친상간, 동성애, 살인, 또는 초자연적인 힘과 관련되어 있는지 아닌지를 확실히 알 수는 없다. 어쩌면 어셔가의 사람들은 선조들이 지은 죗값을 치르는 것인지도 모른다. 이에 대한 판단은 각자의 몫으로 남는다. 이 오페라는 원작과는 거리가 있다.

줄거리　　　19세기 후반 어느 해 가을날, 영국의 어떤 곳이다. 어셔가의 마지막 남성인 로더릭(Roderick)은 병든 여동생 매들린(Madeline)과 함께 우중충한 고가(古家)에서 살고 있다. 무언가 위협하는 듯한 그림자에 둘러싸여 불안하고 두려운 생활을 하고 있는 이들은 혹시 선조들이 저지른 어두운 사건들이 지금에 와서 희미하게 빛을 발하는 것은 아닌지 생각해본다. 로더릭은 도저히 혼자서는 이 집에서 지내기 어렵다고 생각해 어릴 적 친구 윌리엄(William)을 불러 함께 지내기로 한다. 그는 윌리엄에게 보내는 편지에 자기가 육체적으로나 정신적으로나 병들어 있어 친구의 도움이 절실하게 필요하다고 하소연한다. 편지를 읽은 윌리엄은 어쩔 수 없이 어셔가에 도착한다. 로더릭이 누이동생 매들린와 함께 살고 있는 저택은 사람이 살고 있다고는 도무지 생각할 수 없는 곳이다.

마치 유령의 집 같다. 지붕에서 벽을 타고 갈라진 금은 당장이라도 무너질 것 같은 느낌을 준다. 하인이 윌리엄을 서재로 안내한다. 로더릭이 반갑게 맞이한다. 하지만 로더릭의 모습은 윌리엄이 생각했던 것과는 사뭇 달랐다. 너무 창백한 얼굴에 눈동자만 반짝인다. 로더릭은 윌리엄을 가장 친한 단 한 명의 친구라고 생각하지만 윌리엄에게는 그런 느낌이 없다. 어릴 적부터 알고 지내기는 했지만 로더릭이 워낙 말이 없어서 어떤 생각을 하는지 알 수 없었기 때문이다. 더구나 윌리엄은 어셔가의 사람들이 오랫동안 외부와 단절된 채 근친혼을 해왔기 때문에 유전적 질환이 있다는 얘기를 들은 터였다. 로더릭은 윌리엄에게 자신의 병은 유전적 정신질환이라고 설명한다. 로더릭은 자극 없는 부드러운 음식만 먹을 수 있으며, 옷도 특정 천으로 만든 옷만 입을 수 있다고 설명한다. 꽃 냄새만 맡아도 토할 것 같고, 밝은 빛을 보면 눈이 아파 견딜 수 없다는 것이다. 음악은 대부분 알 수 없는 공포감이 들지만, 기타나 바이올린 같은 악기는 예외라고 했다. 윌리엄은 로더릭이 알 수 없는 공포의 노예가 되어 있다고 믿는다. 로더릭은 자기가 병으로 얼마 뒤 죽을 것이라고 말하면서 죽음 자체가 두려운 것이 아니라 죽음으로 가는 과정이 두렵다고 말한다.

로더릭의 여동생 매들린은 어셔가에서 로더릭과 함께 생존한 유일한 사람으로, 로더릭의 유일한 말 상대였다. 윌리엄이 얘기를 나누려고 하면 매들린은 언제나 어두운 벽면에서 얘기를 듣다가 어둠 속으로 슬며시 사라지곤 했다. 윌리엄은 매들린의 모습에서 항상 두려움을 느끼지만 무슨 이유 때문인지는 모른다. 매들린의 주치의는 매들린의 병이 무엇인지 모른다고 했다. 그녀는 이유도 없이 정신착란을 일으킨다. 마치 그의 몸에 붙어 있는 병마가 그의 몸을 서서히 갉아먹는 것 같은 느낌을 준다. 그러던 어느 날 저녁 매들린의 병세가 급격히 악화된다. 그녀가 완전히 미친 여자처럼 행동하자 로더릭은 어쩔 수 없이 매들린을 독방에 가두고 문을 잠근다.

윌리엄은 어셔가에 도착한 이래 이 집안의 우울한 분위기를 어떻게든 개선해보려고 노력했다. 로더릭과 함께 책을 읽으면서 의견을 나누기도 하고, 함께 그림도 그렸다. 윌리엄이 보기에 로더릭의 그림은 도무지 무슨 의미인지 알 수 없는 추상적인 생각을 표현한 것 같았다. 로더릭은 가끔 기타를 들고 즉흥적으로 가사를 만들어 노래를 부르기도 했다. 윌리엄은 로더릭이 지었다는 여러 편의 시(詩) 중에서 「유령의 궁전(The Haunted Palace)」을 함께 자주 읊었다. 마치 어셔가의 저택을 묘사한 것 같은 시다. 건물뿐만 아니라 정신적인 면에서 저택을 묘사한 것 같았다. 두 사람은 간혹 비술이나 이단종교와 관련된 서적을 읽기도 했다. 그런데 이런 윌리엄조차 매들린은 어떻게 할 수 없었다. 그저 가만히 앉아서 기괴한 분위기 속에서 죽어가는 매들린을 바라볼 뿐이었다. 매들린은 오빠 로더릭을 죽음의 세계로 함께 끌고 들어가고 싶은 것 같았다. 윌리엄은 몰락해가는 이 집에서 이들

남매를 구원할 힘이 없다.

어느 날 저녁 로더릭이 윌리엄의 방으로 급히 들어와 매들린이 죽었다고 말한다. 그러면서 장례를 치르면 의사들이 사인(死因)이 무엇이냐는 등 귀찮은 질문을 많이 할 것이므로 둘이서 조용히 매장하자고 제안한다. 윌리엄은 로더릭과 함께 매들린의 시신을 관에 넣어 지하실에 묻은 뒤 지하실 철문을 단단히 걸어놓는다. 두 사람은 매들린의 시신을 매장한 것에 극도로 신경이 쓰여 정신을 집중하지 못한다.

매들린이 죽은 지 1주일 정도 지난 어느 날 무서운 폭풍이 불어온다. 정신적으로 긴장하고 있는 윌리엄은 폭풍이 불자 두려운 마음에 잠을 이루지 못한다. 이때 로더릭이 갑자기 찾아와 창문 밖 들판에서 번쩍이는 것을 보았느냐고 묻는다. 로더릭이 보았다는 것은 번개이지만 로더릭은 악마의 장난으로 생각하는 것 같다. 윌리엄은 로더릭을 안정시키기 위해 책을 읽어주기로 한다. 그런데 집어든 책이 공교롭게도 『미친 트리스트(Mad trist)』라는 공포소설이다.

소설 속 무시무시한 장면을 읽을 때 현관문이 삐걱거리며 열리는 소리가 들린다. 소설이 현실이 되는 소리다. 윌리엄은 그 소리가 폭풍 때문이라고 믿어 계속 책을 읽는다. 그런데 책을 읽을수록 내용이 어셔가의 으스스한 분위기와 묘하게 맞아떨어진다. 윌리엄은 도저히 계속 읽을 수가 없어 책을 덮는다. 언제부터인지 정신을 잃고 중얼거리며 쓰러져 있던 로더릭이 벌떡 일어나 "지금 그 여자가 열려 있는 문을 통해 들어왔어요!"라고 소리친다. 이 무시무시한 순간 매들린이 방으로 들어서는 것이 아닌가! 매들린은 지하실 바닥을 힘들게 뚫고 나온 듯 온몸이 피투성이가 되어 있다. 그녀는 큰 소리로 울부짖더니 오빠 로더릭 위로 쓰러진다. 그러자 로더릭이 죽는다. 윌리엄은 정신없이 어셔가에서 도망쳐 나온다. 하늘에서 벼락이 치더니 어셔가의 저택을 불태워 마치 핏빛처럼 붉게 물든다. 윌리엄이 처음 이 집에 왔을 때 보았던 벽을 타고 내려온 금이 갈라지더니 저택이 힘없이 무너진다.

이반 수사닌

타이틀	**Ivan Susanin**(Ивáн Сусáнин)	
	5막과 에필로그로 구성된 애국·영웅적 비극. 어떤 경우에는 4막과 에필로그로 구성되기도 한다. 대본은 이고르 표도로비치(Igor Fyodorovich) 등 다섯 명이 함께 만들었다. '황제를 위한 삶또는 황제에게 바친 목숨(A life for the Tsar)]'이라고 불리기도 한다.	
	초연	1836년 11월 29일 상트페테르부르크 볼쇼이 극장
	주요 배역	이반 수사닌(돔니노의 농부), 안토니다(수사닌의 딸), 반야(수사닌의 양녀), 보그단 소비닌(안토니다의 약혼자), 로마노프
	음악 하이라이트	슬라브스야(Slav'sya)의 합창, 4막에서 수사닌의 이별의 아리아, 왈츠와 폴로네즈
베스트 아리아	「안토니다의 카바티네: 슬퍼하지 않으리(Antonida's Cavatine: I do not grieve for that)」(S), 「형제여, 폭설을 헤치고(Brothers, into the snow-storm)」(T), 「버려진 땅이 있다(There is a deserted land)」(T)	

사전 지식　　　글린카의 이 작품은 불행하게도 러시아 이외 지역에는 별로 알려지지 않았다. 그러나 〈이반 수사닌〉을 모르면 무소륵스키와 림스키코르사코프의 작품을 제대로 이해하기 어렵다고 할 만큼 러시아 오페라에서 중요한 위치를 차지하는 작품이다. 〈이반 수사닌〉은 러시아 최초의 국민 오페라로, 초연되었을 때 열광적인 찬사를 받았다. 이 오페라는 러시아어 대본으로 된 최초의 오페라라는 의미도 있다. 실존 인물인 이반 수사닌은 1613년 로마노프 왕조의 미하일 1세를 차르(황제)에 오르게 한 국민적 영웅이다. 그는 폴란드가 대군을 이끌고 러시아 황제의 왕관을 요구하며 침공해왔

글린카, 미하일(Glinka, Mikhail, 1804~1857)
미하일 이바노비치(Ivanovich) 글린카는 러시아 고전음악의 아버지라고 불린다. 글린카의 작품은 이후 수많은 러시아 작곡가들에게 중요한 영향을 끼쳤다. 특히 러시아 특유의 음악 스타일을 창조한 '위대한 5인'에게 많은 영향을 주었다. 글린카가 남긴 오페라는 〈이반 수사닌〉, 〈루슬란과 류드밀라〉, 〈로젠 백작〉 등 세 편이다.

을 때, 폴란드 대군을 숲 속으로 유인해 불을 놓아 참패시키고 죽음을 당했다. 오늘날 그의 기념상이 있는 코스트로마(Kostroma)는 러시아인이라면 누구나 사랑하는 명소다. 〈이반 수사닌〉의 발췌곡은 오케스트라 연주회의 레퍼토리로 많이 이용되고 있다. 2막에서 폴란드군 사령관이 주최하는 무도회에서 나오는 폴로네즈, 왈츠, 마주르카(mazurka)가 유명하다.

에피소드 이 오페라를 초연하기 위해 연습하고 있을 때 로마노프 왕조의 니콜라이 1세가 연습을 참관했다. 그는 매우 감격해 글린카에게 오페라 제목을 '이반 수사닌' 대신에 '황제를 위한 삶'으로 해달라고 당부했고, 그 뒤 이 오페라는 새로운 제목으로 더 잘 알려졌다.

줄거리 [제1막] 때는 17세기, 무대는 돔니노(Domnino) 마을이다. 마을 사람들은 러시아 군이 폴란드 군대를 격파했다는 소식을 듣고 환호하며 축제를 벌인다. 마을의 원로인 이반 수사닌은 러시아를 사랑하는 사람이다. 그의 딸 안토니다(Antonida)는 폴란드와의 전쟁에 나간 약혼자 소비닌(Sobinin)을 안타깝게 기다리고 있다. 오늘이 바로 소비닌과 결혼식을 올리기로 한 날이기 때문이다. 소비닌이 마을로 돌아오고 있다는 소식이 전해진다. 안토니다는 한없이 기쁘다. 집으로 돌아온 안토니다는 결혼식 준비를 서두른다. 수사닌도 소비닌과 안토니다가 당장 결혼식을 올리는 것을 승낙한다. 그때 수사닌의 양녀 반야(Vanya)가 뛰어 들어와 폴란드군이 다른 길을 통해 들어와 모스크바를 점령했으며 차르가 귀족들과 함께 도피했다는 소식을 전한다. 이 얘기를 들은 수사닌의 마음은 비분으로 가득하다. 수사닌은 러시아가 폴란드의 침략에서 자유로워지고 새로운 차르가 즉위하는 날까지 안토니다와 소비닌의 결혼을 미루기로 한다.

잠시 후 소비닌이 등장해, 로마노프가가 새로운 왕조로 선택되었고 새로운 황제가 선출되었다는 소식을 전한다. 안토니다는 새로운 황제가 선출되었다는 소식에 소비닌과의 결혼식을 기대하지만, 수사닌은 러시아 땅을 침략해 모스크바까지 점령한 폴란드군을 조국에서 완전히 몰아내기 전에는 결혼식을 올릴 수 없다고 말한다. 그런데 새로 차르로 선출된 사람은 신분을 감추고 이 마을에 살고 있던 미하일 로마노프(Mikhail Romanov)다. 오래전부터 이 마을에 들어와 마을 사람들과 가까이하며 성실하게 살고 있는 사람이다. 마을 사람들은 이웃 미하일이 차르로 선출된 데 매우 놀랐지만 한편으로는 몹시 기뻐하며 밤새도록 축제를 연다. 하지만 안토니다는 우울하다. 소비닌이 다시 전쟁터로 나갈 생각을 하고 있기 때문이다.

[제2막] 폴란드군 사령관이 모스크바 점령을 축하해 화려한 무도회를 개최한다. 폴로네즈와 마주르카

가 무대를 수놓는다. 이때 메신저가 들어와 러시아 원로들이 새로운 차르로 돔니노 마을에 살고 있는 미하일 로마노프를 선출했다고 전한다. 폴란드군의 장군들과 이들에게 동조하는 러시아 귀족들은 도망간 황제를 비난하며 러시아의 황제 자리는 폴란드가 차지해야 한다고 주장한다. 일부 용맹을 과시하는 폴란드 장군들은 새로 선출되었다는 차르(로마노프)를 잡아 가둔 뒤 적당한 때에 죽여야 한다고 주장한다. 그러면 러시아가 정치적으로 혼란해질 것이므로 폴란드에는 대단히 유익하다는 설명이다.

[제3막] 소비닌은 새로운 차르 로마노프가 대관식을 치르기 전까지 그에게 충성을 다할 사람을 찾으러 다른 지역으로 떠난다. 소비닌이 돌아올 때까지 충성스러운 수사닌과 반야가 로마노프 황제를 보호하기로 한다. 수사닌은 혹시 폴란드군이 미하일 로마노프 황제를 잡으러 이 마을로 몰려올지 모르므로 반야에게 새로운 황제를 모시고 산속에 있는 수도원으로 가서 피해 있으라고 말한다. 잠시 후 폴란드군이 마을로 쳐들어온다. 폴란드군은 수사닌에게 로마노프의 행방을 대라고 하면서, 새로운 차르가 도망간 곳으로 안내하지 않으면 딸 안토니다를 대신 잡아가겠다고 위협한다. 수사닌은 어쩔 수 없이 폴란드군을 안내해 산속으로 들어간다. 수사닌의 딸 안토니다는 폴란드군의 손에서 풀려난다.

[제4막] 수사닌은 폴란드군을 눈 덮인 산을 넘어 나무가 빽빽이 들어선 숲 속으로 안내한다. 그제야 수사닌에게 속았다는 것을 깨달은 폴란드군은 당황하기 시작한다. 만일 숲에 불이라도 번지면 폴란드 군은 오도 가도 못하고 몰살당할 처지다. 아니나 다를까 숲에 불이 번지면서 폴란드군 대부분이 죽음을 당한다. 수사닌도 폴란드 장교에게 무참히 살해된다. 전멸당한 폴란드군은 러시아를 더는 괴롭히지 못할 처지가 된다.

[에필로그] 위험한 고비를 넘긴 로마노프 황제는 국민들의 환호를 받으며 모스크바로 들어온다. 로마노프 황제는 새로운 왕조의 개시를 알리며 자신을 미하일 1세라고 선포하고, 이반 수사닌의 영웅적 행동을 높이 기리도록 한다.

루슬란과 류드밀라

타이틀	**Ruslan i Lyudmila**(Руслан и Людмила; Ruslan and Lyudmila)

전 5막. 알렉산드르 푸시킨(Alexandr Pushkin)의 시를 바탕으로 발레리안 표도로비치 시르코브(Valerian Fyodorovich Shirkov)가 대본을 썼다.

초연	1842년 11월 27일 상트페테르부르크 볼쇼이 극장(Bolshoy Theater)
주요 배역	록다이, 스베토차르(키예프의 대공, B), 류드밀라(스베토차르의 딸, S), 루슬란(류드밀라와 약혼한 키예프의 기사, Bbar), 라트미르(하자르의 왕자, A), 팔라프(바랑족 기사, B), 핀란드 마법사(선한 마법사, T), 나이나(사악한 여자 마법사, Ms), 고리슬라바(라트미르에게 잡힌 여자, S), 바얀(시인, T), 체르노모르(난장이로서 사악한 마법사, 묵음), 거인의 우두머리(남성 합창 및 T, B)
베스트 아리아	「아, 나의 비참한 운명이여(Ah, you, my fate, my bitter fate)」(S), 「승리의 시간은 다가오도다(The hour of my triumph is at hand)」(B)

사전 지식　　　우크라이나에서 옛날부터 전해내려 오는 전설적 동화에서 스토리를 따왔다. 이와 비슷한 내용의 전설적 동화는 사실 다른 나라에도 있다. 동유럽권에 사는 사람들 대부분이 이 동화를 알고 있다. 하지만 우크라이나 동화가 제일 유명하다. 드보르자크는 이 오페라에 러시아의 국민적 색채를 폭넓게 사용했다. 현란한 서곡은 콘서트의 단골 레퍼토리다.

에피소드　　　이 오페라의 류드밀라 역할은 상당히 편하다. 3막에서는 그저 무대 한쪽에 누워 있기만 하면 되기 때문이다. 최근 미모의 러시아 출신 소프라노 안나 네트렙코(Anna Netrebko)가 류드밀라 역을 맡아 모든 면에서 아름다움을 드높이기도 했다.

줄거리　　　먼 옛날, 블라디미르(Vladimir) 왕이 다스리고 있는 키예프(Kiev)에서 예쁜 류드밀라(Ludmila) 공주와 늠름하고 용감한 기사 루슬란(Ruslan)의 결혼 축하 파티가 한창이다. 그런데 이 결혼을 못마땅하게 여기는 세 사람이 있다. 록다이(Rogday), 팔라프(Farlaf), 라트미르(Ratmir)다. 갑자기 천둥번개가 치고 괴이한 안개가 연기처럼 피어오른다. 안개 속에서 이상한 음성이 들리는가 싶더니 류드밀라가 감쪽같이 사라진다. 사랑하는 딸 류드밀라가 사라지자 블라디미르 왕은 방금 전 결혼은 무효라고 하면서, 누구든 공주를 찾아 데리고 오는 사람과 공주를 결혼시키겠다고 선포한다. 말이 떨어지기가 무섭게 록다이, 팔라프, 라트미르, 그리고 루슬란이 재빨리 말을 타고 류드밀라를 찾으러 떠난다.

록다이는 어떤 의심스러운 사람이 말을 타고 가는 것을 보고는 그가 납치범이라고 생각해 말에서 떨어뜨려 깊은 구덩이에 처박는다. 그런데 확인해보니 함께 길을 떠났던 팔라프다. 록다이는 팔라프에게 이렇다 저렇다는 말 한마디 없이 내버려두고는 가던 길을 떠난다. 네 명의 기사 중 가장 겁쟁이인 팔라프는 구덩이에서 우연히 나이나(Naina)라는 늙은 마녀를 만난다. 마녀는 팔라프에게 류드밀라를 구하는 일은 다른 사람에 맡겼다가 일단 누군가가 공주를 구해올 때 슬쩍 낚아채면 된다고 조언한다. 한편 다른 사람과는 달리 남쪽 길을 택해 떠난 라트미르는 예쁜 아가씨들이 살고 있는 어느 성에 도착한다.

루슬란은 어느 동굴에서 늙은 마법사를 만난다. 고향이 핀란드라는 그는 젊은 시절 아름다운 여인의 사랑을 얻기 위해 마법사가 되었다고 한다. 몇 년 뒤 마법을 익혀 여인의 마음을 차지할 수 있었지만 그 아름답던 여인은 더없이 사악해지고 젊음을 잃었으며, 게다가 꼽추가 되어 있었다는 것이다. 마법사가 말한 여인은 바로 팔라프에게 접근한 구덩이의 마녀 나이다다. 그 이후 혼자 지내왔다는 그는 사악한 마법사 체르노모르(Chernomor)가 류드밀라를 납치했다고 알려주며, 루슬란에게 걱정 말라고 말한다. 이 말에 용기를 얻은 루슬란은 류드밀라 공주를 찾아 다시 길을 떠난다. 도중에 질투심 많은 경쟁자 록다이를 만난 루슬란은 그와 결투를 벌여 그의 시신을 강물에 던진다. 잠시 후 얼굴만 있는 거인이 나타나 루슬란을 보고 미친 듯 웃더니 바람을 일으켜 날려 보내려고 한다. 루슬란은 거센 바람을 헤치고 얼굴거인에게 접근해 창으로 혀를 찌른다. 이내 바람이 잠잠해진다. 루슬란이 번쩍이는 칼을 들어 다시 얼굴거인을 찌르려고 하자 얼굴거인은 제발 살려달라고 하며, 그에게 절대 복종하겠다고 맹세한다. 얼굴거인은 류드밀라를 납치한 체르노모르가 바로 자기 형이라고 밝히면서, 체르노모르의 힘은 수염에서 나오므로 수염을 잘라버리면 무찌를 수 있다고 알려준다. 루슬란은 다시 길을 떠난다. 과연 류드밀라는 지금 어디에 있는 것일까?

마법사의 정원에는 온갖 기화요초와 아름다운 새들이 지저귀고 있다. 류드밀라의 아름다움에 반한 체르노모르가 그녀를 아내로 삼기 위해 납치한 것이다. 성에 갇힌 류드밀라는 마법사의 배려로 편하게 생활을 하지만 아무리 좋고 아름다운 것이 많아도 류드밀라는 오직 루슬란 생각뿐이다. 류드밀라가 마법사에게 그런 막강한 힘이 어디서 나오는지 말해달라고 조르며 말다툼을 하다가 마법사의 모자를 벗겨버린다. 류드밀라가 마법사의 모자를 손에 든 순간 그녀의 모습이 사라진다. 류드밀라가 모습을 감추자 이 아름다운 아가씨를 잃을까 두려운 마법사는 루슬란의 모습으로 변신한다. 루슬란을 본 류드밀라는 모자를 벗고 모습을 드러내며 달려간다. 그런데 마법사가 본모습을 드러내자 그 자리에서 기절하고 만다.

루슬란이 도착한다. 그는 마법사가 잠들어 있는 틈을 타 마법사의 모자를 류드밀라에게 씌워 모습을 감추게 한 뒤, 이틀 동안 마법사와 결투를 벌인다. 마법사는 공중에 올라가 루슬란을 내려다보며 수염을 이용해 힘을 발휘하려고 하지만, 용감한 루슬란이 힘껏 뛰어올라 마법사의 수염을 잘라버린다. 힘을 잃은 마법사가 땅으로 떨어진다. 이제 마법사는 루슬란의 적수가 아니다. 마법사의 항복을 받아낸 루슬란이 류드밀라를 찾지만, 마법의 모자를 쓰고 정신을 잃은 채 누워 있는 류드밀라는 눈에 보이지 않는다. 루슬란이 번쩍이는 칼을 들고 이리저리 숲을 헤치다가 운 좋게 류드밀라가 쓰고 있던 모자를 벗긴다. 키예프로 가면 류드밀라가 깨어날 것이라고 했던 핀란드 마법사의 말을 기억해낸 루슬란은 키예프로 향한다. 어느덧 해가 저물자 야영을 하기 위해 키예프를 눈앞에 둔 평원에 천막을 친다. 모두 잠든 틈을 타 비겁한 팔라프가 마녀 나이나의 도움을 받아 류드밀라를 납치한다. 루슬란이 팔라프를 추격한다. 판란드 마법사는 라트미르의 우정을 시험하며 그에게 류드밀라를 깨울 수 있는 마법의 반지를 준다.

팔라프는 잠들어 있는 류드밀라를 키예프의 집으로 데려와서 류드밀라와 결혼할 것과 왕국을 넘겨줄 것을 요청한다. 하지만 체르노모르의 마법을 깨뜨릴 수 없다. 오직 루슬란만이 깊은 잠에 빠져 있는 류드밀라를 깨울 수 있다. 라트미르는 루슬란에게 마법의 반지를 준 바 있다. 라트미르와 고리슬라바, 루슬란과 류드밀라는 사랑과 우정에 대한 시험을 이겨냈다. 고통을 겪어 더욱 완숙해진 루슬란과 류드밀라를 포함하여 궁전 대연회장에 모인 사람들은 모두 키예프를 찬양한다.

아르미드

타이틀	**Armide**(Armida)		
	전 5막의 영웅적 그랜드 오페라. 대본은 토르콰토 타소 (Torquato Tasso)의 에피소드인 「예루살렘 해방(Gerusalemme liberata)」을 기본으로 필리프 키노(Philippe Quinault)가 썼다.		
	초연	1777년 9월 23일 파리 오페라 극장	
	주요 배역	아르미드(아르미다: 다마스쿠스의 공주, 점성술사), 아르테미도르 (아르미다의 포로), 우발드(기사), 르노(리날도: 십자군 기사), 히드 라오(이드라오: 다마스쿠스의 왕이자 마법사)	
	베스트 아리아	「다시 한 번 기회를 보리라(Plus j'observe ces lieux)」(T)	

사전 지식　　　〈아르미드(아르미다)〉는 글루크 자신이 최고의 오페라로 평가했던 작품이다. 아르미다는 아름다운 점성술사이며 남자들을 유혹하는 요부이기도 하다. 무대는 시리아의 다마스쿠스 (Damascus), 시기는 십자군 전쟁 당시다. 아르미다는 널리 알려진 이야기로, 아르미다만큼 유명 작곡가들이 서로 경쟁하듯이 오페라로 작곡한 경우는 찾아볼 수 없다. 글루크 이외에도 하이든, 로시니, 헨델, 살리에리, 드보르자크, 륄리 같은 거물들이 오페라로 작곡했다.

에피소드　　　글루크는 〈아르미드〉를 자신이 작곡한 최고의 작품이라고 공공연하게 말해왔

글루크, 크리스토프(Gluck, Christoph, 1714~1787)
크리스토프 빌리발트(Willibald) 글루크는 독일 오페라의 창시자라는 찬사를 받고 있을 뿐만 아니라, 세계 근대 오페라의 초석을 놓은 위대한 인물이다. 글루크는 오페라 역사에서 뛰어난 개혁자였다. 그는 오페라가 과거의 단순한 오페라 형태에서 벗어나 이상적인 음악 극으로 나아가는 데 중요한 발자취를 남긴 인물이다. 즉 오페라는 남에게 보여주기 위해 작곡하는 것이 아니라 음악 자체를 표현하기 위해 작곡해야 한다고 주장했다. 글루크는 독일(당시에는 보헤미아에서) 태어났으나 파리에서 활동하다가, 삼십대 말에는 빈으로 옮겨 세상을 떠날 때까지 30년 이상을 살았다. 글루크의 대표작 〈오르페오와 에우리디체〉는 개혁 오페라의 대표작이다.

다. 그는 〈아르미드〉에 그가 초기 오페라에 넣었던 음악의 일부를 사용했다. 그러므로 완전히 새로운 창작 오페라로 볼 수는 없다. 처음에는 프롤로그도 넣지 않았었다. 륄리 버전에서는 르노와 덴마크 기사를 유행의 첨단을 걷는 멋쟁이로 표현했다.

줄거리　　　　아름다운 점성술사 아르미다(Armida; Armide)는 십자군 전쟁에 참가한 기사들을 마법정원으로 유혹해 그들이 자신들의 의무를 잊고 허랑방탕한 생활을 하게 한다. 아르미다가 진실로 바라는 남자는 르노(Renaud; Rinaldo)로, 프랑스의 왕족인 그는 십자군을 이끌고 있는 고드프리 드 부이용(Godfry de Bouillon) 휘하의 고귀하고 용맹한 기사다. 동료 기사들이 르노에게 아르미다의 능력을 조심하라고 말하지만 그는 그런 조언에 코웃음만 보내며, 자신은 하잘것없는 여자의 유혹에 빠지는 그런 사람이 아니라고 말한다. 아르미다는 동원할 수 있는 모든 간계를 써서 르노를 유혹하지만 과연 르노는 소문대로 반석같이 움직이지 않는다. 그러던 어느 날 동료 기사가 저지른 잘못 때문에 르노는 멀리 추방당해 사막을 방황하는 신세가 된다. 아르미다는 르노를 깊은 잠에 빠뜨린다. 그녀는 자신의 계략에도 넘어가지 않는 적장에게 복수하고자 잠든 르노를 칼로 죽이려고 하지만, 이 고귀한 영웅에 대한 사랑이 샘솟아 차마 죽일 수가 없다.

아르미다는 르노의 사랑을 얻기 위해 다시 모든 노력을 기울인다. 요부와 같은 매력이 아니라 부드러움과 달콤함으로 르노를 보살펴준다. 르노는 기사의 본분을 다해 십자군으로서의 성스러운 임무를 수행해야 한다고 생각하지만, 아르미다의 숙명적인 유혹에 자신도 모르게 서서히 빠져든다. 동료들이 추방당한 르노를 찾아 나선다. 그들 중에는 우발드(Ubalde)도 포함되어 있다. 우발드는 한때 아르미다의 유혹에 매료되어 본분을 망각하고 아르미다의 마법정원에서 허황된 생활을 했었다. 기사들이 르노를 찾아 나선 것을 안 아르미다는 마법을 부려 길을 잃게 하는 등 온갖 방법을 동원해 이들을 방해한다. 하지만 기어코 르노를 찾아낸 기사들은 무죄가 밝혀졌으니 십자군으로 돌아가자고 권한다. 르노의 마음속에 뿌리 깊은 신앙심과 애국심이 솟구친다. 르노는 십자군에 돌아가 임무를 완수하기로 결심한다. 아르미다는 모든 정열과 유혹의 기술을 동원해 르노에게 떠나지 말라고 간청하지만, 르노는 마음을 되돌리지 않는다. 아르미다는 르노를 죽이려고 생각하지만, 르노에 대한 사랑이 너무 강해 도저히 그를 해칠 수가 없다. 그녀는 결국 마법정원을 사막으로 만들고 다시는 어떤 남자에게도 관심을 두지 않기로 결심한다.

아울리데의 이피제니

타이틀 **Iphigénie en Aulide**(Iphigenia in Aulis)

전 3막의 비극. 에우리피데스(Euripides)의 희곡을 기본으로 하여 르블랑 뒤 루예(Marie François Louis le Blanc du Roullet)가 오페라 대본으로 만들었다. 글루크의 또 다른 작품으로 〈토리드의 이피제니〉가 있다.

초연	1774년 4월 19일 파리 오페라 극장
주요 배역	아가멤논(미케네의 왕), 클리템네스트르(클리타임네스트라: 미케네의 왕비), 이피제니(이피게네이아: 미케네의 공주), 아키유(아킬레우스: 그리스의 영웅), 파트로클(파트로클루스: 아킬레우스의 친구), 아르카(아르카스: 아가멤논의 근위대장)

사전 지식　　　아울리데(Aulide) 또는 아울리스(Aulis)는 고대 그리스의 항구로, 그리스 함대가 트로이를 점령하기 위해 출항한 곳이다. 이피제니(Iphigénie 또는 Iphigenia)는 그리스 함대의 사령관인 미케네 왕 아가멤논의 큰딸이다. 아가멤논이 어느 날 사냥을 하다가 사냥의 여신 아르테미스(Artemis)가 애지중지하는 사슴을 쏘아 죽이고 만다. 출항을 눈앞에 눈 아가멤논은 아르테미스의 노여움을 진정시키기 위해 이피제니를 희생물로 바치고자 한다. 서곡은 종교적 의무감과 아버지에 대한 사랑 사이에서 갈등하는 이피제니의 심정을 표현한 음악으로, 1막의 디베르티스망(Divertissement; 막간의 짧은 발레 또는 기악곡)에서 다시 등장한다. 2막의 디베르티스망은 아이러니컬하게도 아울리데에 도착한 이피제니를 환영하는 내용이다. 3막의 디베르티스망은 그리스의 영웅 아킬레우스의 용맹을 찬양하는 내용이다. 이 오페라는 초연 때는 3막이었으나, 그 후 글루크가 수정해 요즘에는 전 2막으로 공연되고 있다. 글루크는 이 오페라를 통해 국제적인 오페라 스타일을 완성했다. 당시 파리의 오페라계는 수사학적인 프랑스 스타일과 서정적인 이탈리아 스타일이 첨예하게 대립하고 있었다. 글루크의 이 오페라는 두 스타일을 융합한 작품이다. 이로써 오랫동안 지속되었던 논쟁에 종지부를 찍었다.

에피소드　　　〈아울리데의 이피제니〉는 글루크가 파리에 머물면서 작곡한 일곱 편의 오페라 중 첫 번째 작품으로, 당시 프랑스의 황태자비인 합스부르크 왕가의 마리 앙투아네트(Marie Antoinette)

의 지원을 받아 무대에 올렸다. 마리 앙투아네트는 빈에서 글루크에게 음악을 배운 적이 있다.

줄거리　　　　그리스 함대의 사령관이며 미케네(Mycenae) 왕인 아가멤논(Agamemnon)은 사냥 도중 아르테미스가 애지중지하는 사슴을 죽이는 바람에 아르테미스의 노염을 산다. 아가멤논이 출전하기 전에 신탁이 전해진다. 그의 딸을 희생물로 제사 지내야 트로이까지 순항할 수 있다는 것이다. 신의 지시를 거스를 수 없는 아가멤논은 니케아에 있는 딸 이피게네이아에게 사람을 보내, 아울리데에서 출전 전에 그리스 용사 아킬레우스와 결혼식을 치르기로 했으니 어서 오라고 전한다. 이피게네이아는 어머니 클리타임네스트라(Clytemnestra; Clytaemnestra)와 함께 가겠다는 전갈을 보낸 다. 어머니와 함께 온다는 소리를 듣자 아가멤논의 입장이 곤란해진다. 자기 딸을 희생물로 바치겠다 는 데 찬성할 어머니가 어디 있겠는가? 아가멤논은 이피게네이아가 오지 못하게 '아킬레우스가 이미 다른 여자와 불륜 관계를 맺고 있어 결혼은 안 된다'라는 메시지를 사자를 통해 보내지만, 이피게네이아는 벌써 아울리데에 도착했다.

아울리데에서 이피게네이아 공주와 영웅 아킬레우스가 만난다. 아킬레우스가 불륜을 저질렀다는 소문은 거짓으로 밝혀지지만, 아가멤논의 호위대장 아르카스(Arcas)가 아가멤논의 의도를 얘기하며 그리스를 위해 이해해달라고 부탁하자 두 사람은 깊은 딜레마에 빠진다. 조국 그리스를 위해 희생해야 할 것인가? 사랑을 위해 조국의 위기를 모른 체해야 할 것인가?

한편 그리스 병사들은 출전을 앞두고 속히 이피게네이아를 제물로 바칠 것을 주장한다. 물론 아킬레우 스와 그의 측근 병사들이 이피게네이아를 제물로 바치는 것에 반대하지만 중과부적이다. 이피게네이 아를 제물로 바치려는 순간 신전의 고승 칼카스(Calchas)가 새로운 신탁이 내려왔다고 외치면서 의식을 중지시킨다(글루크의 수정본에서는 아르테미스 여신이 등장해 중지시킨다).

토리드의 이피제니

타이틀	**Iphigénie en Tauride**(Iphigenia in Tauris)		
	전 4막. 보통 '이피게네이아'라고 부르지만 원제목은 '토리드의 이피제니'다. 그리스의 극작가 에우리피데스 작품을 토대로 귀몽 드 라 투셰(Guimond de la Touche)의 희곡을 니콜라-프랑수아 귀야르(Nicolas-François Guillard)가 오페라 대본을 만들었다.		
	초연	1779년 5월 18일 파리 오페라 극장	
	주요 배역	이피제니(이피게네이아: 다이나 신전의 여사제), 오레스트(오레스테스: 이피게네이아의 오빠로 아르고스와 미케네의 왕), 필라드(필라데스: 오레스테스의 친구로 포키스의 왕), 토아(토아스: 스키타이의 왕), 디안 여신(다이나 여신)	
베스트 아리아	「신들이 환난에서 보호해주시리(Dieux protecteurs de ces affreux)」(S), 「나를 보살피는 신들이여(Dieux qui me poursuives)」(S), 「오 그대가 내 생명을 연장해주었네(O toi qui prolongeas mes jours)」(S), 「검고 불길한 예감(De noirs pressentiments)」(T), 「오 불행한 이피제니(O malheureuse Iphigenie)」(S), 「추억의 어린 시절부터 맺어왔던 우정(Unis des la plus tendre enhance)」(T)		

사전 지식　글루크가 파리에서 작곡한 여섯 번째 오페라로 서곡이 웅장하다. 적막함으로 시작하는 서곡은 폭풍과 여사제 이피제니의 음성을 대비시켰다. 글루크는 관객이 서곡을 통해 다음 스토리가 어떻게 진행될지 이해할 수 있어야 한다는 원칙으로 이 오페라를 만들었다.

에피소드　글루크가 빈에 있을 때 그곳에서 성악 교습을 받았던 마리 앙투아네트의 지원으로 공연되어 성공을 거둘 수 있었다. 글루크와 경쟁자였던 이탈리아의 니콜라오 피친니(Niccolò Piccinni)도 〈이피제니에(Iphigénie)〉를 작곡했으나 글루크를 능가하지는 못했다. 웬만해서 남의 작품을 칭찬하지 않는 베를리오즈였지만, 글루크의 〈토리드의 이피제니〉에 대해서는 '불멸의 작품(immortal work)'이라고 찬사를 보냈다. 피친니의 〈이피제니에〉는 1957년 밀라노의 스칼라 극장에서 로렌초 다 폰테(모차르트 참고 요망)가 쓴 대본으로 공연되었다. 마리아 칼라스가 이피제니 역을 맡았는데, 이 공연은 녹음으로 남아 있는 가장 유명한 공연으로 간주되고 있다.

줄거리　　　**[제1막]** 타우리스(Tauis; Tauride) 왕국 디아나 신전의 여사제 이피게네이아 (Iphigenia; Ifigenie)가 폭풍이 치는 가운데 신전에서 기도하고 있다. 기도 때문인지 잠시 후 폭풍이 가라앉는다. 하지만 이피게네이아의 마음에는 가족의 운명 때문에 먹구름이 짙게 깔려 있다. 아버지 아가멤논을 살해한 어머니 클리타임네스트라(Clytemnestra; Clytaemnestra)는 남동생 오레스테스에게 살해당했다. 이런 끔찍한 사건에 충격을 받은 여사제 이피게네이아는 신들이 자기 가족에게 끊임없이 복수를 안겨줄 것 같아 불안하기 그지없다.

자기가 죽을 것이라는 예언을 들었다는 타우리스를 지배하는 스키타이(Scythia)의 왕 토아스(Thoas)가 등장해 이 예언이 바뀔 수 있게 디아나 신에게 제사를 올릴 것이니 준비하라고 지시하면서, 이 나라에 제일 먼저 도착하는 수상한 사람을 잡아 희생물로 바치라고 명한다. 마침 병사들이 들어와 두 명의 그리스인이 해안에 도착했다고 전한다. 이피게네이아는 사람을 희생물로 드리는 것은 온당치 않다고 생각하지만 왕의 명령이니 마지못해 제사 준비를 한다.

막간 발레가 펼쳐진다. 백성들이 승리의 춤을 춘다.

수상하다는 두 명의 그리스인이 끌려온다. 오레스테스(Orestes)와 필라데스(Pylades)다. 오레스테스는 못된 어머니와 양아버지를 죽이고 멀리 도망갔던 이피게네이아의 남동생이다.

[제2막] 신전 안에 희생물을 올리는 방이다. 쇠사슬에 묶여 있는 오레스테스는 충실한 친구 필라데스가 아무 죄도 없이 희생당하게 된 것에 죄책감을 느낀다. 자기가 가자고 해서 스키타이 왕국에 온 것이기 때문이다. 이들은 어서 죽음을 달라고 신에게 간청한다. 필라데스는 오레스테스를 위해 친구와 함께 죽을 수 있어 기쁘다고 말한다. 이 말을 들은 오레스테스는 더 큰 비통함에 잠긴다. 사제들이 필라데스를 데려가자 오레스테스는 친구의 억울한 죽음을 생각하며 미칠 것 같은 심정에 정신을 잃고 쓰러진다.

얼마 뒤 깨어난 오레스테스는 복수의 여신 퓨리(Fury)들이 주위에 둘러선 것을 본다. 복수의 여신들은 오레스테스가 어머니를 살해한 죄를 물어 그를 고문한다. 이때 이피게네이아가 들어선다. 오레스테스는 순간적으로 이피게네이아를 어머니로 착각한다. 하지만 여사제라는 신분의 위엄에 눌려 아무 말도 하지 못한다. 잡혀온 그리스인이 동생 오레스테스인 것을 전혀 모르는 이피게네이아는 이 그리스인이 미케네를 탈출한 살인범이라 생각해, 살인범을 희생물로 드리면 디아나 신이 만족하지 않을 것이므로 풀어주라고 지시한다. 이 말을 들은 다른 여사제들은 희생물을 올리지 않아 왕이 죽을 것이라고 하면서 조국의 운명을 슬퍼한다. 여사제들이 슬퍼하는 모습을 본 이피게네이아는 잡혀온 둘 중 한 명을 희생물로 올릴 수밖에 없다고 생각한다.

이피게네이아는 다른 여사제들에게 동생 오레스테스가 오래전에 죽은 것이 틀림없다고 하면서 오레스테스의 장례 의식을 준비하도록 지시한다. 여사제들이 엄숙하게 의식을 주관한다.

[제3막] 이피게네이아는 감옥에 있는 그리스인이 오레스테스와 닮았다고 생각한다. 그녀는 동생을 생각해 이들을 풀어준 뒤 멀리 쫓겨나 살고 있는 여동생 엘렉트라에게 보내 가족의 비운에 대한 이야기를 전해달라고 부탁할 생각이다. 이피게네이아는 간수들에게 두 명의 그리스인을 데려오라고 한다. 그녀가 둘 중 한 사람만 풀어줄 수 있다고 말하자 두 사람은 서로 자기가 희생되기를 자청한다. 오레스테스는 만일 자기가 희생되지 않고 친구가 죽는다면 스스로 목숨을 끊겠다고 주장한다. 결국 필라데스가 엘렉트라를 찾아가 이피게네이아의 편지를 전하기로 한다. 이피게네이아는 아르고스(Argos)에 있는 친척들에게 보내는 편지를 쓴다. 혼자 남은 필라데스는 오레스테스를 구하고 자기가 희생되기로 마음먹는다.

[제4막] 디아나 신전이다. 오레스테스를 데려와 희생물로 바쳐야 할 시간이지만 이피게네이아는 차마 실행하지 못하고 있다. 그녀는 만일 이 그리스 청년을 죽인다면 자신도 살인을 저지르는 것이기 때문에 신들의 저주를 피할 수 없을 것이라고 생각해 두려움에 차 있다. 여사제들이 이피게네이아에게 칼을 건네주며 어서 희생물을 죽이라고 재촉한다. 어쩔 수 없이 칼을 들고 찌르려는 순간 이피게네이아와 오레스테스가 서로를 알아보고 소스라치게 놀란다. 사제를 비롯한 모든 사람들은 이 나라의 진정한 왕이 나타났다면서 환호한다(리하르트 슈트라우스의 〈엘렉트라〉를 참고할 것). 이피게네이아는 어머니를 죽여 저주받은 사람이지만 그래도 오레스테스를 사랑한다고 말한다.

토아스 왕은 이피게네이아가 희생물을 올리지 않았다는 말을 듣고 신전으로 달려온다. 왕은 이제부터 이피게네이아는 여제사장이 아니라고 선언하고는 다른 여사제에게 희생물을 죽여 제사를 지내라고 강요한다. 이피게네이아는 오레스테스의 신분을 밝히며 강제로 빼앗아 간 이 나라의 왕관을 내놓으라고 요구한다. 화가 치민 토아스 왕이 두 사람을 모두 죽이겠다고 위협하는 순간 필라데스가 일단의 그리스 병사를 이끌고 들어온다. 토아스 왕의 병사와 그리스 병사가 전투를 벌인다. 이때 디아나 신이 나타나 싸움을 중지시키고, 오레스테스의 죄를 사면해준다.

오레스테스는 어찌 된 영문인지 어리둥절해하는 친구 필라데스에게 누나 이피게네이아를 소개한다. 그리스 병사와 스키타이 백성, 신전의 여사제들이 목소리를 가다듬어 찬양하는 합창을 힘차게 부른다.

오르페오와 에우리디체

타이틀	Orfeo ed Euridice	

전 3막. 이탈리아어 대본은 당대의 시인 라니에리 드 칼차비기(Ranieri de' Calzabigi)가 썼다. 'Orpheus and Eurydice', 'Orphee et Eurydice' 등으로 표기하며 한국에는 '오르페우스와 에우리디케'로 알려져 있다.

초연	1762년 10월 5일 빈 부르크 극장
주요 배역	오르페오(오르페우스), 에우리디체(에우리디케; 오르페우스의 아내), 아모르(큐피트)
음악 하이라이트	애도의 합창, 오르페오가 부르는 탄식의 노래
베스트 아리아	「에우리디케 없이 무얼 하리오(Che faro senza Euridice)」(Ms), 「나의 에우리디케는 어디에(J'ai perdu mon Eurydice)」(S), 「사랑이 도우리라(L'amour vient au secours)」(S)

사전 지식   오르페오는 무생물도 감동시켰다는 하프의 명인 오르페우스를 말한다. 무용 장면이 상당히 많이 나오는 오페라로, 글루크의 개혁 오페라 중 첫 번째 작품이며 오페라 역사상 첫 히트작이다. 작곡자와 시인이 합작해 고귀한 고전적 단순함을 지향한 작품이다. 글루크는 출연한 성악가들의 노고를 덜어주기 위해 〈알세스트(Alceste)〉에서 보여준 것과 같은 지나친 장식음의 남용을 피했다. 「축복 받은 정령들의 춤(Ballet des Champs-Elysées; Dance of the Blessed Spirits)」은 오케스트라로 편곡되어 세월에 구애되지 않고 연주회에서 사랑 받는 레퍼토리가 되었다. 그보다 앞서 나오는 「운명의 여신의 춤(Dance of the Furies)」도 자주 연주되는 곡이다. 가장 감동적인 곡은 에우리디케가 두 번째로 죽었을 때 오르페오가 탄식하며 부르는 「에우리디케 없이 무얼 하리오」다.

줄거리   [제1막] 오르페오가 에우리디케의 무덤 앞에서 애통해하고 있다. 사랑하는 아내가 갑작스럽게 죽었기 때문이다. 이를 본 사랑의 신 아모르(Amor: 오페라에서는 소프라노가 이 역을 맡는다)는 지하 세계에 데려다 줄 테니 그곳에서 기막힌 노래(또는 하프 연주)로 지하 세계의 지배자(플루토)를 감동시켜 에우리디케를 다시 살려 데려오라고 한다. 이 정도라면 걱정 없다. 오르페오는 세상이다 알아주는 유명 음악인이기 때문이다. 아모르는 한 가지 조건만은 반드시 지켜야 한다고 설명한다. 지하 세계에서 아내를 데리고 나올 때 절대로 뒤따라오는 아내의 얼굴을 쳐다보아서는 안 된다는 것이다.

[제2막] 오르페오는 지옥의 문에서 복수의 여신 퓨리스(Furies)를 만난다. 퓨리스는 세 자매로 구성된 복수 트리오로, 머리칼은 수많은 뱀으로 되어 있으며 날개를 달고 있다. 그러나 아무리 지독한 퓨리스라고 해도 오르페오가 부르는 아름다운 노래를 당할 재간은 없다. 노래를 듣고 난 퓨리스는 마음이 편안해져 깊은 잠에 빠져든다. 지옥의 문을 무사히 통과한 오르페오는 지하 세계의 왕 플루토에게 죽은 아내를 데리고 나가라는 허락을 받고 에우리디케를 인도해 지옥에서 나온다.

[제3막] 뒤따라오는 에우리디케가 성가실 정도로 여러 가지 질문을 한다. 오르페오는 아무 소리 말고 그저 자기만 믿고 따라오라고 말하지만, 아내의 끈질긴 질문 공세에 못 이겨 답을 하려고 자신도 모르게 에우리디케를 바라보는 순간 에우리디케가 그 자리에 쓰러져 죽고 만다. 후회한들 이미 때는 늦었다. 오르페오는 기가 막혀 넋을 잃고 슬피 운다. 여기까지가 일반적인 오르페오와 에우리디케 이야기다.

그의 음악을 사랑하는 아모르(Amor)가 오르페오의 비탄을 동정해 에우리디케를 살려내는 것으로 신화의 내용을 변형하기도 한다.

말괄량이 길들이기

타이틀	Der Widerspänstigen Zähmung(The Taming of the Shrew)	

	전 4막. 대본은 셰익스피어의 작품을 바탕으로 요제프 비드만(Joseph Widmann)이 썼다.
초연	1874년 10월 11일 만하임 국립극장
주요 배역	카타리나(케이트; 말괄량이), 페트루키오(말괄량이 케이트의 신랑), 비안카(비앙카; 케이트의 동생), 루첸티오(철학을 전공하는 비앙카의 남편), 호르텐시오(돈 많은 과부와 결혼), 바프티스타(밥티스타; 케이트와 비앙카의 아버지)
베스트 아리아	「슬픔을 잠재우고(Es schweige die Klage)」(S), 「아무에게도 주지 않으리(Ich will mich keinem geben)」(S)

사전 지식 셰익스피어의 이 코미디 작품만큼 전 세계 곳곳에서 가장 많이 공연된 작품은 없을 것이다. 『말괄량이 길들이기』는 여러 편의 오페라로 만들어졌지만, 그중에서 괴츠의 오페라가 단연 일품이다. 대본이 간결할 뿐만 아니라 음악도 경쾌하다.

줄거리 이탈리아 파도바(Padua; Padova)에 밥티스타(Baptista)라는 돈 많은 상인이 살고 있다. 그는 슬하에 큰딸 카타리나(Katharina: Kate라고도 부름)와 작은딸 비앙카(Bianca)를 두고 있다. 당시 관습으로는 언니가 시집을 가야 동생도 시집을 갈 수 있다. 그런데 불행하게도 언니 케이트와

괴츠, 헤르만(Götz, Hermann, 1840~1876)
셰익스피어의 코미디 「말괄량이 길들이기」를 오페라로 재치 있게 재현한 헤르만 괴츠는 셰익스피어의 「윈저의 유쾌한 아낙네들」을 오페라로 작곡한 오토 니콜라이와 인연이 많다. 두 사람은 당시 프러시아의 땅이던 쾨니히스베르크(현재 칼리닌그라드)에서 태어났다. 베를린에서 공부했으며 빈에서 활동하다가, 말년에 다시 베를린으로 돌아와 활동했다. 서른네 살에 작곡한 〈말괄량이 길들이기〉는 프러시아의 만하임에서 초연되었는데, 대단한 인기를 끌어 초연 후 몇 주 동안 계속 공연되었다. 괴츠는 〈말괄량이 길들이기〉를 초연한 지 2년 만에 과로로 취리히에서 세상을 떠났다.

결혼하려는 남자는 없다. 잔소리가 심할 뿐만 아니라 못 말리는 성격인 데다, 결혼에는 그다지 관심이 없다. 잘난 체하는 남자들이 아내를 마치 하녀 부리듯 대하는 꼴이 보기 싫기 때문이다. 그러니 누가 감히 케이트에게 구혼하겠는가? 하지만 동생 비앙카의 경우는 다르다. 성격이 유순하고 공손할 뿐만 아니라 예쁘게 생겨 결혼하겠다는 남자들이 장사진을 칠 정도다. 마을 남자들은 언니 케이트에게 빨리 신랑감을 마련해줘야 한다고 생각한다. 그래야 동생 차례가 오기 때문이다. 너무 순진해 덜떨어져 보이는 호르텐시오(Hortensio)는 케이트에게 신랑감이 나타났다는 소식을 들으면 곧바로 비앙카에게 구혼할 생각이다. 이때 돈 많은 여자가 있으면 결혼하겠다고 마음먹은 페트루키오(Petruchio)라는 사나이가 마을로 들어온다. 마을 사람들에게 케이트에 관한 얘기를 들은 페트루키오는 케이트를 길들여 결혼하기로 결심한다. 사실 이 사나이는 지참금에 더 관심이 많다.

페트루키오는 장인이 될 밥티스타를 찾아와 케이트와 결혼하겠다고 청한다. 이렇게 되자 호르텐시오는 비앙카에게 열렬히 구혼하지만, 그에게는 경쟁자가 있다. 피사(Pisa)에서 온 철학을 전공하는 대학생 루첸티오(Lucentio)다. 비앙카는 돈은 별로 없을 것 같지만, 생긴 것도 그만하면 괜찮고 더구나 대학생이라는 데 감격해 루첸티오와 결혼을 약속한다.

케이트와 페트루키오가 마침내 결혼에 합의한다. 결혼식 날, 케이트가 잔뜩 속이 상해 있다. 신랑이 늦게 나타났을 뿐만 아니라 입은 옷도 남루하기 때문이다. 어찌 됐든 결혼식이 무사히 끝난다. 페트루키오는 피로연도 하기 전에 케이트에게 어서 집으로 가자고 한다. 케이트는 마지못해 신랑을 따라나선다. 집으로 가는 도중 폭풍이 불어 케이트가 말에서 떨어져 진흙탕으로 빠지지만 신랑은 아랑곳하지 않는다.

집에 도착한 신랑은 하인들에게 소리를 쳐대며 '케이트 기죽이기 작전'에 들어간다. 그렇다고 폭력을 쓰는 것은 절대 아니다. 적당한 기술로 케이트를 겁주어 다스리는 것이다. 케이트가 저녁을 먹으려고 하자 음식이 탔다면서 모조리 가져가라고 한다. 저녁도 굶은 채 잠을 자려는데 이번에는 침대가 망가졌다고 하인들을 불러 호통을 치는 것이다. 그 바람에 케이트는 제대로 먹지도, 잠 한숨 제대로 자지도 못한다. 다음 날 아침 신랑은 케이트에게 새 옷을 만들어주겠다고 하면서 옷 만드는 사람을 불러온다. 그런데 만들어온 옷을 보고는 하나하나 트집을 잡는 통에 새 옷은 입어보지도 못한다. 케이트는 신랑에게 제발 하라는 대로 다 할 테니 먹고 자고, 새 옷도 입을 수 있게 해달라고 간청한다. 페트루키오의 작전에 말려든 케이트가 고분고분하고 온순해지기 시작한 것이다. 페트루키오는 케이트의 인내심과 복종심을 수시로 시험해 조금이라도 맘에 들지 않으면 트집을 잡아 친정집 방문을 연기한다.

페트루키오는 이만하면 말괄량이를 길들였다고 생각해 케이트의 친정을 방문하러 길을 나선다. 가는 도중 페트루키오는 해를 가리키면서 저것이 무엇이냐고 묻는다. 케이트가 해라고 하자 페트루키오는 달이라고 우기면서, 다음부터는 달이라고 대답해야 밥도 주고 옷도 주겠다고 한다. 또 늙은 사람을 보고는 젊은 사람이라고 대답하라고 한다. 케이트는 제대로 먹고, 자고, 옷을 해 입기 위해 그러겠다고 약속한다.

밥티스타의 집에서는 아침에 결혼식을 올린 동생 비앙카의 결혼피로연이 한창이다. 비앙카에게 청혼했다가 퇴짜를 맞은 호르텐시오는 어느 고집 센 과부와 결혼하기로 하고는 흡족해한다. 케이트의 신랑 페트루키오, 비앙카의 신랑 루첸티오, 돈 많은 과부와 결혼한 호르텐시오, 세 사람은 누구의 아내가 가장 고분고분 말을 잘 듣는지 내기한다. 페트루키오가 케이트가 일등이라고 말하자 모두 "그 말괄량이가?"라면서 믿지 않는다. 세 사람은 아내를 불러들인다. 비앙카와 '고집 센 과부'는 신랑의 말을 전혀 듣지 않는다. 그러나 케이트는 신랑 페트루키오가 해를 보고 "저게 무엇인가? 달이지?"라고 묻자 당장 "예! 맞습니다. 달입니다"라고 대답한다. 또한 노인을 가리키며 "저 사람은 젊은이인가, 노인인가?"라고 묻자 "예! 젊은이올시다!"라고 싹싹하게 대답한다. 모두 깜짝 놀란다. 케이트는 한술 더 떠 다른 두 여인을 앞에 세워놓고는 모름지기 아내는 남편을 섬기고 순종해야 한다고 말하면서 "주인님", "남편은 하늘"이라고 남편을 공대한다. 케이트의 이런 모습에 페트루키오는 매우 흡족해한다.

덤불 속의 귀뚜라미

타이틀	**Das Heimchen am Herde**(The Cricket on the Hearth)

	전 3막. 찰스 디킨스(Charles Dickens)의 이야기를 오페라로 만든 이 작품에는 아름다운 노래가 많이 나온다. 에드워드가 부르는 「훌라, 바다의 명부(Hulla, list to the seas)」가 대표적이다.
초연	1896년 베를린. 미국에서는 1910년.
주요 배역	존(우편배달부), 도트(존의 아내), 메이(이웃집의 예쁜 아가씨), 태클턴(돈 많은 늙은 상인), 에드워드 플러머(메이가 사랑하는 사람), 귀뚜라미

사전 지식   '덤불 속의 귀뚜라미'는 '귀여운 아내(little housewife)'라는 뜻이다.

줄거리   [제1막] 정직하고 착하게 사는 우편배달부 존(John)의 집이다. 보이지 않는 곳에서 요정의 합창 소리가 들린다. 이어 덤불 위에 앉아 있던 요정과 같이 예쁜 귀뚜라미가 나와 자기를 환영하는 사람에게 행복을 안겨준다는 내용의 명랑하고 즐거운 노래를 부른다. 귀뚜라미는 결혼한 지 몇 년이나 지났지만 여전히 신혼처럼 서로 사랑하는 존과 그의 아름다운 아내 도트(Dot)에 대해 얘기를 하면서, 도트가 마침내 아기를 갖게 되어 기쁨에 넘쳐 있다고 얘기한다. 도트는 임신한 사실을 혼자만 알고 있다. 귀뚜라미는 두 사람의 사랑이 새로 태어날 아기에 의해 완성된다는 상당히 철학적인 얘기를 하고는 덤불 속으로 돌아간다.

골드마르크, 카를(Goldmark, Karl, 1830~1915)
헝가리 출신이지만 빈에서 대부분의 생을 보냈기 때문에 빈의 작곡가로 알려진 카를 골드마르크는 오스트리아-헝가리 제국 시기의 특유한 멋을 보여준 작곡가다. 원래 바이올리니스트였지만 작곡에도 재능을 보여 여섯 편의 오페라를 남겼다. 대표작은 〈시바의 여왕〉으로 이국적 향취가 물씬 풍기는 작품이다. 그는 유대인이지만 빈에서 '바그너협회'를 창립할 만큼 바그너 숭배자였다. 하지만 바그너 스타일의 작품은 시도하지 않았다.

방으로 들어온 도트는 요즘 들어 남편 존이 자신을 약간 냉랭하게 대하는 듯해 임신의 기쁨을 당분간 비밀로 하려고 생각하지만, 오랫동안 아이가 없어 남편이 괴로웠을 것이라는 데 생각이 미치자 얼른 얘기해주기로 생각을 바꾼다.

장난감을 만들어 파는 예쁜 아가씨 메이(May)가 도트를 찾아온다. 메이는 슬픔으로 눈물이 가득하다. 가게 주인 태클턴(Tackleton)과 다음 날 결혼해야 하기 때문이다. 돈 많은 태클턴이 젊은 아가씨와 결혼하고 싶어 하자 돈을 탐낸 메이의 양아버지가 결혼을 승낙한 것이다. 메이는 도트에게 첫사랑 에드워드 플러머(Edward Plummer)를 지금도 생각하고 있다고 말한다. 에드워드는 몇 년 전 돈을 벌기 위해 남미로 간 뒤 소식이 끊겼으며, 심지어 죽었다는 소식이 전해지기도 했다. 도트가 메이를 달래 집으로 돌려보낸다. 잠시 후 존이 어떤 낯선 청년을 데리고 집으로 돌아온다. 실은 남미로 돈 벌러 떠났다던 에드워드다. 하지만 남루한 차림으로 선원 모습을 한 에드워드를 존을 비롯한 마을 사람 누구도 알아보지 못한다. 에드워드는 애인 메이가 어떻게 지내는지 알아보기 위해 일부러 남루한 차림으로 나타난 것이다.

[제2막] 존의 집 뒷마당에서 존과 도트가 다정하게 얘기를 나누고 있는데 갑자기 메이가 뛰어 들어온다. 늙고 뚱뚱한 가게 주인 태클턴이 메이를 뒤쫓아 온다. 뒤이어 무슨 일인지 궁금한 마을 사람들도 따라 들어온다. 태클턴은 결혼 선물을 흔들어 보이며 이것이면 메이 같은 젊은 아가씨를 몇 명이나 살 수 있는지 아냐고 떠들어대면서, 메이에게 건방지게 굴지 말라고 소리 지른다. 메이는 태클턴의 유치하고 비열한 행동에 진저리를 친다. 이 모습을 멀리서 바라본 에드워드는 메이가 결혼하게 된 것을 알고 실망하지만, 그녀가 그 늙은이에게 전혀 마음이 없으며 여전히 자신을 사랑한다는 것을 눈치채고는 안심한다. 에드워드는 존의 아내 도트에게 정체를 밝힌다. 도트는 놀랍고 반가워서 메이에게 얘기해야겠다고 하지만 에드워드가 기다려달라고 말한다. 에드워드는 도트와 머리를 맞대고 다음 날 메이의 결혼식에서 태클턴 대신해 자신이 신랑이 될 계획을 세운다.

[제3막] 존의 집이다. 웨딩드레스를 매만지는 메이는 흐르는 눈물을 닦을 여유도 없다. 에드워드가 돌아왔으며 늙은 태클턴 대신 에드워드가 신랑으로 들어설 것이라는 놀라운 얘기를 도트가 해주었기 때문이다. 메이는 자기를 잊지 않고 에드워드가 돌아왔다는 데 감격한다. 드디어 만난 에드워드에게 메이는 진정으로 사랑하는 사람은 에드워드뿐이라고 고백한다. 감격 속에 서로를 품에 안은 두 사람은 이 마을을 떠나 아무도 없는 먼 곳으로 가서 살기로 약속한다.

아기를 가졌다는 도트의 말에 존은 이루 말할 수 없이 기쁘다. 두 사람의 사랑은 전보다 더 돈독해진다. 이 모습을 본 귀뚜라미가 즐겁게 노래 부른다.

092

Goldmark, Karl

시바의 여왕

타이틀	**Die Königin von Saba**(The Queen of Sheba)

전 4막의 그랜드 오페라. 대본은 헤르만 살로몬 모젠탈(Hermann Salomon Mosenthal)이 맡았다.

초연	1875년 3월 10일 빈 궁정 오페라 극장
주요 배역	시바의 여왕, 아사드(솔로몬의 사자), 술라미트(또는 술라미타: 구약성경에는 술라미 여인, 대제사장의 딸), 솔로몬

음악 하이라이트	아사드의 아리아, 성전에서의 합창, 아사드의 로망스

베스트 아리아	「마법의 음성(Magische Tone)」(T)

사전 지식　　　골드마르크는 이 오페라로 드높은 명성을 얻었다. 그는 모두 여섯 편의 오페라를 썼지만 초연 당시 성공을 거둔 작품은 〈시바의 여왕〉뿐이다. 아사드의 아리에타(Arietta: 작은 아리라)인 「마법의 음성」은 서정적인 이탈리아풍이다. 지금까지 카루소(Caruso)만큼 아사드의 아리에타를 완벽하게 소화한 테너는 없었다고 한다. 3막이 시작될 때 나오는 시바 여왕의 입장 음악은 발레곡으로도 유명하다. 〈시바의 여왕〉은 초연 이후 자주 공연되지 못했다. 주인공 시바 여왕의 관능적인 춤을 연출하기 어렵다는 문제도 있었지만, 그보다는 구약성경의 내용과 관계없는 내용이어서 유대교와 기독교 측으로부터 다소의 항의를 받았기 때문이다.

줄거리　　　[제1막] 기원전 10세기경 아름답고 총명하다고 알려진 시바의 여왕이 지혜롭고 부유한 솔로몬 왕을 방문한다. 솔로몬 왕은 젊은 총리대신 아사드(Assad)를 사자로 보내 마중하도록 한다. 그런데 시바 여왕보다 먼저 도착한 아사드는 여왕을 기다렸으나 만나지 못했다고 왕에게 보고한다. 아사드의 얼굴은 창백하고 수심으로 가득 차 있다. 솔로몬 왕과 술라미트(Sulamith)가 무슨 연유인지를 묻는다. 술라미트는 대제사장의 딸로 아사드와 결혼하기로 한 여인이다(구약성경 아가서에는 술라미가 솔로몬이 가장 사랑한 여인으로 묘사되어 있다). 아사드는 시바의 여왕을 마중하기 위해 길을 가던 중 어떤 님프(물의 요정)처럼 생긴 아름다운 여인이 샘물에서 목욕하는 모습을 보고 그 여인을 사모하게 되었다고 얘기한다. 솔로몬 왕은 아사드의 마음이 더 흔들리기 전에 내일 당장 술라미트와 결혼식을 올리라고 지시한다.

[제2막] 시바의 여왕이 솔로몬 궁전에 들어선다. 모든 사람에게 극진한 영접을 받으며 들어선 시바의 여왕이 베일을 벗자 아사드 총리대신은 깜짝 놀란다. 사막의 샘에서 만난 그 매혹적인 여인이기 때문이다. 아사드를 보고 모르는 척, 관심 없는 척 행동하던 시바의 여왕은 아사드가 술라미트와 다음 날 결혼한다는 얘기를 듣고는 불현듯 질투심이 생긴다. 그녀는 아사드를 자기 애인으로 삼으려고 병사들에게 지시해 아사드를 납치한다. 시바의 여왕은 여인으로서의 매력을 발산해 아사드를 꼼짝 못하게 만들어버린다.

[제3막] 다음 날 아사드와 술라미트의 결혼식이 예루살렘 성전에서 열린다. 하객으로 참석한 시바의 여왕이 다시 한 번 아사드에게 유혹의 손길을 뻗친다. 그는 시바의 여왕이 추는 그 유명한 춤에 냉정을 잃고 만다. 결국 참지 못한 아사드는 시바의 여왕의 발 앞에 몸을 던지면서 사랑한다고 소리 높여 외친다. 모든 사람들이 이 뜻밖의 일에 크게 놀란다. 신부 술라미트는 슬픔에 잠긴다. 대제사장이 신성한 성전을 모독했다고 아사드를 비난하며 죽음의 저주를 내리자, 술라미트와 시바의 여왕이 솔로몬에게 목숨만은 살려달라고 간청한다. 이에 솔로몬은 아사드를 죽이지 않는 대신 사막으로 추방한다.

[제4막] 아사드가 황량한 사막을 헤매고 있다. 그는 어리석은 자신의 행동을 깊이 후회한다. 여호와를 경외하는 자로서 이방인 여인에게 정염을 품었던 사실이 부끄러울 뿐이다. 사막을 방황하는 아사드는 술라미트의 한결같고 헌신적인 사랑을 떠올리며 낙심과 괴로움을 이겨낸다.

시바의 여왕이 아사드 앞에 나타나 또다시 아사드의 마음을 유혹한다. 아사드는 이번만큼은 흔들리지 않으려고 부단히 노력한다. 시바의 여왕의 매혹적인 육체는 젊은 아사드의 마음을 견딜 수 없이 흔들어대지만, 여호와와 술라미트를 생각하며 모든 유혹을 극복한다. 아사드를 자신의 품으로 끌어들일 수 없다는 것을 깨달은 시바의 여왕이 그를 떠난다. 아사드는 몸과 마음이 모두 기진맥진한 상태다. 며칠 동안 뜨거운 사막을 헤매면서 물 한 모금 마시지 못해 기력이 떨어진 데다, 시바 여왕의 유혹을 견뎌내야 했기 때문에 심신이 지쳐 죽어가고 있다. 이때 술라미트가 죽음의 고통을 감내하며 아사드를 찾아 사막으로 온다. 아사드와 술라미트가 감격해 손을 잡으려는 순간 세찬 모래바람이 불어닥친다.

모래바람이 걷힌 사막에는 서로의 손을 잡고 죽음을 맞이한 아사드와 술라미트가 보인다.

과라니

타이틀	**Il Guarani**(The Guarani)

전 4막의 오페라 발로(opera-ballo: 발레를 중심으로 한 오페라). 호세 마르치니아누 지 알렝카르(José Martiniano de Alencar)의 소설 「오, 과라니(O Guarani)」를 바탕으로 안토니오 스칼비니(Antonio Scalvini)와 카를로 도르메빌레(Carlo d'Ormeville)이 공동으로 대본을 썼다.

초연	1870년 3월 19일 밀라노 스칼라 극장

주요 배역	돈 안토니오 드 미리스(포르투갈의 하급 귀족, B), 세실리아(돈 안토니오의 딸, S), 페리(과라니 인디언 추장, T), 돈 알바로(포르투갈 탐험대원, T), 카지케(아이모레 인디언 추장, B)

사전 지식   과라니는 파라과이 강 동쪽에 사는 원주민을 말한다. 무대는 리우데자네이루(Rio de Janeiro) 부근이며 시기는 1560년대다. 포르투갈이 브라질을 식민지로 만들기 시작해 원주민들과의 마찰이 한창이던 때다. 주인공 페리는 과라니족의 추장으로 인디언이며, 여주인공 세실리아는 포르투갈의 귀족(비록 하급 귀족인 피달고 집안이지만)으로 백인이다. 두 사람의 사랑은 지배자와 피지배자, 백인과 원주민의 공존과 평화를 위한 것이기도 하다. 그러나 양측 극단주의자들이 두 사람을 각각 처형함으로써 둘의 사랑은 이루어지지 못한다. 이 오페라는 음악적으로 벨칸토 오페라와 프랑스 그랜드 오페라가 혼합되어 있다. 원주민들의 노래는 민속적인 면이 없으며 유럽풍이다.

줄거리   귀족 돈 안토니오(Don Antonio)에게는 아름다운 딸 세실리아(Cecilia)가 있다.

고메스, 안토니우(Gomes, Antônio, 1836~1896)
안토니우 카를루스(Carlos) 고메스는 19세기 브라질을 대표하는 작곡가다. 그는 라틴아메리카의 작곡가로서는 처음으로 작품을 유럽에 전파하는 업적을 이루었다. 첫 오페라 〈궁성의 밤(Noite do Castelo)〉과 〈플란드르스의 조아나(Joana d Flanders)〉는 포르투갈어로 작곡된 것이다. 브라질 국왕은 이 오페라에 감동해 고메스를 이탈리아로 유학을 보냈다. 고메스의 대표작 〈과라니〉는 밀라노의 스칼라 극장에서 공연되어 대단한 찬사를 받았다.

포르투갈의 식민지 탐험가 돈 알바로(Don Alvaro)는 세실리아를 만나고 나서 그녀에게 마음을 빼앗긴다. 그러나 세실리아는 과라니족 추장 페리(Pery)를 사랑하고 있다. 페리는 위기에 처한 세실리아의 목숨을 구해준 적이 있다. 세실리아의 사랑을 받는 페리도 세실리아를 사랑하게 된다. 세실리아의 아버지는 딸을 본국 왕실에서도 영향력을 행사하는 알바로와 결혼시키려고 한다. 잠시 후 탐험가라고 자신들을 소개한 스페인의 곤살레스(Gonzales), 뤼-벤토(Ruy-Bento), 알론소(Alonso)가 안토니오의 궁전을 찾아온다. 안토니오는 이들을 환대한다. 그러나 이들은 안토니오의 은광을 차지하고, 세실리아를 납치할 음모를 꾸민다. 마침 이 음모를 엿들은 페리가 뛰어 들어와 뤼-벤토와 알론소를 제압하고 곤살레스를 무장 해제시킨다. '고귀한 노예' 페리는 유럽에서 온 약탈자 곤살레스를 과라니 땅을 떠난다는 조건으로 살려준다. 곤살레스는 그러겠다고 하지만 속으로는 복수를 다짐한다. 이어 페리는 안토니오를 찾아가 스페인의 탐험가라는 사람들이 안토니오의 은광을 탈취하려 한다고 경고한다. 그런데 이때 원주민 아이모레(Aimoré)족이 안토니오의 궁전을 습격한다. 궁전을 지키고 있던 포르투갈 병사들은 아이모레족의 공격을 성공적으로 방어한다. 아이모레족은 퇴각하면서 세실리아와 페리를 포로로 잡아간다.

세실리아의 아름다움에 넋이 나간 아이모레족의 추장 카지케(Kazike)는 세실리아를 아내로 삼고 싶어 한다. 식인종인 아이모레족은 추장과 세실리아의 결혼 축하연 아침식사로 페리를 먹을 계획이다. 결혼 의식이 절정에 이르는 순간 세실리아의 아버지 안토니오와 세실리아를 사랑하는 알바로가 세실리아를 구하러 온다. 이들은 치열한 전투 끝에 세실리아와 페리를 구출하지만, 알바로는 큰 부상을 입어 죽음을 맞이한다.

한편 스페인의 투기꾼들은 안토니오의 은광을 차지하려는 욕심으로 안토니오의 궁전을 장악한다. 외부에서 궁전으로 잠입할 수 있는 비밀통로를 알고 있는 페리는 궁전으로 들어가 폭탄을 설치해 이들 일당을 없애버리겠다고 한다. 이에 감동한 안토니오는 만일 페리가 기독교로 개종한다면 딸 세실리아와의 결혼을 승낙하겠다고 마음을 바꾼다. 페리는 세례를 받고 개종한 뒤 사랑하는 세실리아와 간소한 결혼식을 치른다.

페리는 폭약을 짊어지고 비밀통로를 통해 궁전으로 잠입해 궁전을 폭파시킨다. 궁전 안에 있던 스페인 일당들은 모두 산산조각 난다. 페리도 그들과 함께 산화한다. 저 멀리 궁전을 바라보는 세실리아의 눈에서 하염없이 눈물이 흘러내린다.

마리아 튜더

타이틀	**Maria Tudor**(Mary of the Tudor)	

	전 4막. 빅토르 위고의 「마리 튜더(Marie Tudor)」를 기본으로 에밀리오 프라가(Emilio Praga)가 대본을 썼다. 영국 여왕이 된 튜더 왕조의 메리(Mary) 여왕의 사랑 이야기다. 메리 여왕은 헨리 8세의 첫 번째 아내 캐서린의 딸로 스페인의 펠리페 2세와 결혼하지만 결혼에 실패해 세상을 떠나고, 그 뒤를 이어 앤 불린의 딸 엘리자베스가 여왕으로 등극한다.
초연	1879년 3월 27일 밀라노 스칼라 극장
주요 배역	마리아 튜더(메리 튜더 여왕), 파비아노 파비아니 백작(마리아 튜더 여왕의 연인으로 라이오넬로 불린다), 조반나(질베르토의 양녀), 돈 힐 타라고나(스페인 대사), 질베르토(석수장이, 조반나의 양부로 조반나와 결혼하고자 한다), 라이오넬(조반나가 사랑하는 청년)

베스트 아리아	「두려운 마음, 사랑스러운 천사여(Tanto il mio cor, bell'angelo)」(S), 「아름다운 사랑, 후회가 되네(Mio dolce amor, ripensa a me)」(S), 「사랑의 2중창: 노래로 말하지 마세요(Colui che non canta)」(S+T), 「그대 저물어가는 태양(Sol chi ti sfiori)」(T), 「신이여, 우리의 여왕을 구하소서(Dio, salvi l'eccelsa regina)」(B)

사전 지식　　브라질의 위대한 작곡가인 안토니우 고메스는 고전 음악 형식을 존중한 인물로서 이 오페라 역시 고전적인 향취가 담겨 있다.

에피소드　　브라질 출신이지만 이탈리아에서 주로 활동을 했던 안토니우 고메스는 첫 오페라인 〈일 과라니〉의 성공에 힘입어 이탈리아 스타일의 두 작품을 연이어 썼다. 1874년의 〈살바토르 로사(Salvator Rosa)〉와 〈마리아 튜더〉다. 마리아 튜더의 초연이 계획되어 있던 때 공교롭게도 밀라노의 유명한 음악출판사 두 곳이 서로 분쟁 중이었다. 이들은 밀라노의 양대 극장인 스칼라 극장과 베르메 극장(Teatro dal Verme)에 큰 영향력을 행사하던 음악출판사였다. 이런 분쟁 때문에 일반인들은 두 극장에서 공연되는 오페라의 관람을 거부하기로 합심했다. 그러한 때 스칼라 극장에서 초연된 〈마리아 튜더〉의 흥행은 형편없었다.

줄거리　　　　　무대는 1555년경 런던이다.

[제1막] 스페인 대사 돈 힐 데 타라고나(Don Gil de Tarragona)는 마리아 여왕이 애인 파비아노 파비아니(Fabiano Fabiani)와 지나치게 부절제한 사랑을 하고 있다고 탄식한다. 돈 힐은 사람들에게 마리아 여왕을 등에 업은 파비아니의 권세와 영향력은 머지않아 사라질 것이라고 말한다. 조반나(Giovanna)가 등장한다. 고아인 조반나는 광장 한쪽 집에서 양아버지 질베르토(Gilberto)와 함께 살고 있다. 석수장이 질베르토는 데려다 기른 조반나를 사랑하는 마음이 생겨 결혼할 생각을 품고 있다. 그러나 조반나는 신분도 모르는 라이오넬(Lionel)을 사랑한다. 라이오넬은 실은 파비아니 백작이다. 라이오넬을 기다리는 조반나에게 질베르토가 나타나 자신의 사랑을 받아달라고 청한다. 조반나는 질베르토를 아버지로 생각할 뿐 결혼상대로 생각해본 적이 없으며, 자신에게는 사랑하는 사람이 있다고 말한다. 돈 힐은 질베르토에게 라이오넬이 실은 여왕의 애인이라고 말한다.

[제2막] 윈저 성의 왕실 숲이다. 사냥복 차림의 귀족들과 귀부인들이 여왕을 찬양하는 합창을 소리 높여 부른다. 무대 한편의 정자에는 여왕이 정좌해 있고, 그 아래 파비아니가 앉아 소곤거리고 있다. 귀족들은 여왕이 자신들의 찬사에는 귀를 기울이지 않으면서 파비아니와 소곤거리는 것이 불쾌하다. 여왕은 문득 생각난 듯 파비아니에게 스페인 대사가 스페인 국왕 펠리페와의 결혼을 주장하고 있다고 얘기한다. 잠시 후 시종이 들어와 돈 힐이 알현을 요청한다고 전하자, 여왕은 파비아니에게 얼른 자리를 피하라고 지시한다. 돈 힐이 질베르토, 조반나와 함께 등장한다. 조반나는 여왕폐하께서 총애하시는 파비아니(라이오넬)를 사랑하는 실수를 저지른 자신은 죽어 마땅하나, 파비아니의 사랑한다는 맹세만 믿고 철없는 짓을 저질렀으니 바다와 같은 은혜로 용서해달라고 간청한다. 그 말에 여왕은 놀라지만, 조반나의 눈빛에서 진정한 사랑을 본 여왕은 짐짓 걱정하지 말라고 조반나를 위로한다. 여왕은 그토록 총애했던 파비아니에게 배신당한 것을 깨닫고는 눈물을 흘리며 복수를 다짐한다. 질베르토가 자신을 복수의 도구로 써달라고 간청한다. 돈 힐은 숨겨 온 칼 한 자루를 그에게 건네주며 내일 밤 파비아니의 집에서 연회가 열리니 그때 소원을 풀라고 말한다. 여왕은 불성실한 연인이지만 지금까지의 정을 생각해 파비아니를 처벌할 생각이 없다. 그러나 그의 배신행위는 용서하지 않겠다고 다짐한다.

[제3막] 장면은 바뀌어 윈저 성의 대연회실이다. 드디어 여왕이 돈 힐의 에스코트를 받으며 등장한다. 귀족, 귀부인, 기사 들이 국왕을 위한 국가를 소리 높여 부른다. 대연회장을 가로질러 걷던 여왕은 잠시 파비아니의 앞에서 발걸음을 멈춘다. 여왕은 분한 심정을 얘기해줄 심산이었으나 참고 그대로 지나친다. 그런데 파비아니는 여왕이 공작 작위를 주겠다는 말을 하려다가 지나친 것으로 생각한다.

무도회가 시작된다. 잠시 후 시종이 나타나 스페인 국왕 펠리페의 사자가 당도했다고 외친다. 펠리페의 사자가 청혼 반지가 든 보석 상자를 바치자 여왕이 받아 든다. 여왕은 돈 힐에게 질베르토를 데려오라고 지시한다. 질베르토는 파비아니를 죽여도 좋다는 명령이 내린 것으로 생각해 칼을 빼어 든다. 그러자 여왕이 "저 사람이 나를 암살하려 했다"라고 소리치면서, 파비아니를 불러 그가 질베르토에게 칼을 주어 자신을 암살하려 했다고 비난한다. 파비아니는 완강히 부인하지만 돈 힐이 질베르토가 들고 있는 칼이 파비아니의 것임을 입증하자, 질베르토가 자신이 조반나의 보호자라고 밝힌다. 파비아니의 배신이 밝혀진 셈이다. 다만 조반나만 영문도 모른 채 겁에 질려 서 있다.

[제4막] 런던탑의 정의의 심판실이다. 여왕은 한 시간 내에 파비아니 백작이 죽음을 당할 것이며, 사람의 목숨을 존중하는 의미에서 질베르토는 사면한다고 선언한다. 사람들이 모여들어 여왕의 결정을 찬양한다. 조반나가 뛰어 들어와 여왕에게 질베르토를 용서해주셔서 감사하다고 말한다. 여왕은 조반나가 사랑한 사람이 파비아니가 아니라 질베르토라고 생각한다. 여왕은 일부러 지금 죽을 사람은 파비아니가 아니라 질베르토라고 조반나에게 말한다. 그러자 조반나는 자기가 조금 전에 질베르토를 사랑하는 듯 말한 것은 거짓이었다고 말하면서, "만일 파비아니를 배신하신 여왕께서 배신을 당하셨으면 어떻게 하셨겠습니까?"라고 묻는다. 마치 음모 때문에 파비아니가 죽게 되었다는 의미로 들린다. 이 말을 들은 여왕은 미친 듯이 사형집행인에게 사형을 멈추라고 소리치지만 소용이 없다. 여왕은 비명을 지르며 쓰러진다.

파우스트

타이틀	**Faust**	
		전 5막. 미셸 카레와 제라르 네르발이 프랑스어로 번역한 괴테의 『파우스트』를 기본으로, 쥘 바르비에가 미셸 카레와 함께 대본을 썼다.
	초연	1859년 3월 19일 파리 리리크 극장
	주요 배역	마르그리트(파우스트를 사랑하는 순진한 처녀), 파우스트(원래는 늙은 학자), 메피스토펠레(메피스토펠레스: 악마), 발렌틴(마르그리트의 오빠로 군인), 바그너(발렌틴의 친구), 시에벨(마르그리트를 사랑하는 청년)

음악 하이라이트	왈츠, 병사들의 합창, 발렌틴의 기도, 시에벨의 쿠플레, 마르그리트의 보석의 노래, 파우스트의 카바티나, '황금 송아지' 론도, 세레나데
베스트 아리아	「내가 왔도다!(Me voici!)」(B), 「아, 아름다운 내 모습에 웃음이 나오네(Ah, je ris de me voir si belle)」, 「보석의 노래(Air des bijoux)」(S), 「오 성스러운 메달(O sainte medalille)」(B), 「황금 송아지(Le veau d'or)」(T), 「툴레의 왕이 있었지요(Il était un roi de Thulé)」(S), 「아, 내 모습을 보니 웃음이 나오네(Ah, je ris de me voir si belle)」(S), 「부드러운 미풍처럼, 왈츠(Ainsi que la brise légère)」(Chor), 「나의 약속을 전해주오 (Faites-lui mes aveux)」(Ms), 「잠든 척하는 당신(Vous qui faites l'endormie)」 (Serenade), 「불멸의 영광(Gloire immortelle)」(병사들의 합창)

사전 지식　　　　독일 전설 파우스트를 기본으로 한 초자연적 비극이다. 어떤 사람이 젊음과 여인을 얻기 위해 악마에게 영혼을 팔지만 나중에 영원히 후회한다는 얘기는 독일 전설 중 널리 알려진 얘기다. 괴테의 『파우스트』는 여러 작곡가에 의해 오페라로 만들어졌지만 그중 구노의 〈파우

구노, 샤를(Gounod, Charles, 1818~1893)
〈파우스트〉와 〈로미오와 줄리엣〉으로 음악사에서 빛나는 위치를 차지한 샤를 구노는 프랑스적인 오페라를 만들어낸 인물이다. 그의 음악은 감미롭고 단정하다. 구노는 프랑스 오페라에 서정적인 새로운 스타일을 도입했다. 마이어베어의 작품에는 정치·사회적인 요소가 가미되어 있지만, 구노의 작품 대부분에는 개인의 감정을 표현하는 아름다운 하모니가 수놓여 있다. 구노는 19세기 중반 프랑스 작곡가, 특히 카미유 생상스에게 많은 영향을 주었다. 〈로미오와 줄리엣〉은 뉴욕의 메트로폴리탄 오페라 하우스 개관 기념으로 공연된 바 있다.

스트〉가 가장 유명하다. 연주회 곡목으로는 제5막에 나오는 발레곡이 많은 사랑을 받고 있다. 누비안(Nubian) 댄스, 클레오파트라의 춤의 변주곡, 트로이의 춤, 거울의 춤 변주곡, 프린(Phryne)의 춤 등이다.

에피소드 파우스트 전설을 주제로 한 오페라는 16편에 이른다. 그중 이 작품이 가장 성공했다. 1934년 한 해 동안 파리에서 2,000회 이상 공연됐을 정도다. 괴테는 그의 저서에 "모차르트도 파우스트를 작곡했어야 했다"라고 할 정도였다. 1900년대 초반 뉴욕 메트로폴리탄 오페라 극장에서는 〈파우스트〉가 자주 공연되었다. 사람들이 좋아했기 때문이다. 그래서 비평가들은 메트로폴리탄 오페라 극장을 파우스트슈필하우스(Faustspielhaus)라고 불렀다. 바그너가 자신의 오페라 전용 극장을 페스트슈필하우스(Festspielhaus)라고 부른 것에 빗대어 그렇게 부른 것이다.

줄거리 [제1막] 늙은 철학자이자 화학자 파우스트는 요즘 정말 죽고 싶은 심정이다. 일생을 연구에 바쳤지만 정작 인생이 무엇인지 알지 못하기 때문이다. 그는 자신을 비롯해 행복하거나 사랑에 빠진 모든 사람을 저주했었다. 그러한 그가 이제는 진정으로 삶에 지쳐 있다. 밖에서는 삶을 즐기는 활발하고 유쾌한 소리가 들리지만, 그 소리조차 파우스트를 괴롭힌다. 이때 악마가 등장한다. 메피스토펠레스(Mephistopheles)는 「내가 왔도다!」라는 아리아와 함께 등장해 파우스트가 원하는 모든 것, 즉 영광, 권력 등등 무엇이든 줄 수 있다고 말한다. 파우스트는 "다른 것은 다 필요 없고 오로지 젊음을 주시오"라고 답한다. 메피스토펠레스는 지상 세계에 있을 때는 자신이 파우스트의 시중을 들지만, 지하 세계에 있을 때는 자신을 섬겨야 한다는 조건을 내건다. 파우스트가 망설이자 메피스토펠레스는 아름다운 마르그리트(Marguerite)가 물레 감는 모습을 보여준다. 파우스트는 그 모습에 매혹당해 「아 놀라움!(O merveille!)」을 부르며 계약서에 서명하고 마법의 약을 마신다. 파우스트는 매력이 넘치는 멋쟁이로 변한다.

[제2막] 간혹 제1막의 2장이 되기도 한다. 마을 광장에서 축제가 한창이다. 학생들, 마을 사람들, 군인들이 모두 흥겹게 마시면서 노래를 부른다. 마르그리트의 오빠 발렌틴(Valentin)과 그의 친구 시에벨(Siébel)이 광장으로 들어선다. 전쟁터로 나가야 하는 발렌틴은 누이동생 마르그리트를 걱정한다. 친구 시에벨은 자기가 돌볼 테니 걱정하지 말라고 약속한다. 메피스토펠레스는 마법을 써서 점쟁이로 가장한다. 사람들이 손금을 보려고 몰려든다. 점쟁이 악마는 시에벨에게 무엇이든 손으로 만지면 시들게 되며 친구 발렌틴도 곧 전장에서 죽을 것이라고 얘기해준다.

악마는 술집의 커다란 와인 병을 마법으로 깨뜨려 사람들에게 마시라고 권한다. 그러면서 마르그리트에게 축배를 보낸다. 이 모습을 지켜본 발렌틴은 왠지 모를 걱정으로 마음이 무겁다. 발렌틴은 칼을 꺼내 점쟁이를 죽이려 하지만 마법 때문에 칼이 부러진다. 이 광경을 본 다른 사람들이 칼로 십자가 형태를 만들자 메피스토펠레스는 다시 오겠다는 말을 남기고 사라진다. 광장에서 왈츠가 울려 퍼지자 마르그리트가 등장한다. 파우스트가 춤을 청하지만 마르그리트는 거절한다.

[제3막] 2막으로도 공연된다. 마르그리트를 보호하겠다고 약속한 시에벨이 마르그리트에게 주려고 꽃을 꺾는다. 꽃은 악마의 저주대로 시들어버린다. 그러나 성수(聖水)에 손을 담그자 저주에서 풀려난다. 시에벨은 꽃다발을 만들어 마르그리트의 방문 앞 계단에 놓아둔다. 메피스토펠레스는 파우스트가 마르그리트를 손에 넣으려면 속임수가 필요하다고 생각해, 온갖 보석이 든 상자를 만들어 꽃다발 옆에 놓아둔다. 보석 상자를 본 마르그리트는 기뻐 어쩔 줄 모른다. 이때 부르는 아리아가 유명한 「보석의 노래」다. 악마가 다시 마법을 부린다. 이제 마르그리트는 파우스트에게 완전히 마음을 빼앗긴다. 파우스트가 마르그리트의 방으로 스며들자 메피스토펠레스는 악마의 웃음을 터뜨린다.

[제4막] 간혹 3막으로 공연된다. 몇 달이 흐른다. 마르그리트가 물레를 감고 있다. 마을 처녀들은 임신한 마르그리트에게 비웃음을 보낸다(이 비웃는 장면은 종종 삭제된다). 파우스트는 마르그리트를 버렸지만 그녀는 파우스트를 잊지 못하고 여전히 사랑한다. 마르그리트가 교회에서 참회의 기도를 올리려고 하자 메피스토펠레스와 악마들이 나타나 그녀가 지옥에 갈 것이라고 합창한다. 전장에서 돌아온 발렌틴은 동생에 대한 소문을 듣고 파우스트를 찾아가 결투를 벌이지만, 악마의 도움을 받은 파우스트가 발렌틴을 찔러 쓰러뜨린다. 발렌틴은 숨을 거두면서 파우스트와 놀아난 마르그리트를 저주한다. 마르그리트는 정말 죽고 싶은 심정이다.

[제5막] 간혹 4막으로 공연된다. 한편에서는 악마와 혼령들이 광란의 춤을 추고, 다른 한편에서는 마르그리트가 감옥에 갇혀 있다. 미쳐버린 마르그리트가 자신의 아기를 살해했기 때문에 사형을 선고 받고 감옥에 들어왔지만, 그녀는 자기가 어디 있는지도 모른다. 마르그리트가 "순결한 천사들이여, 빛나고 밝은 천사들이여, 나를 하늘나라로 데려다 주세요"라고 간구한다. 파우스트가 마음을 돌이켜 마르그리트를 감옥에서 빼내 멀리 도망가려 하자 메피스토펠레스가 "타임아웃"을 외친다. 마르그리트는 파우스트의 손에 오빠 발렌틴의 피가 묻은 것을 보고 한때 사랑했던 파우스트를 저주하며 숨을 거둔다. 메피스토펠레스가 파우스트를 지옥으로 끌고 들어간다. 그렇지만 마르그리트의 영혼은 천사들의 합창 속에 하늘나라로 올라간다.

미레유

타이틀	**Mireille**	

	전 5막. 프레데리크 미스트랄(Frédérick Mistral)이 쓴 프랑스 프로방스 지방의 대서사시 「미레요(Mirèio)」를 기본으로 미셸 카레가 대본을 썼다.
초연	1864년 3월 19일 파리 리리크 극장
주요 배역	타방(점쟁이), 미레유(마을의 처녀), 뱅생(미레유를 사랑하는 마을의 청년), 우리아(투우장 일꾼)

음악 하이라이트	미레유의 아리에트(ariette), 미레유의 카바티나, 미레유의 아리아
베스트 아리아	「마갈리의 노래(Chanson de Magali)」(S), 「부드러운 미풍(La brise est douce)」(S), 「오, 우아한 버드나무(O légère hirondelle)」(S), 「낙원의 천사(Anges du paradis)」(T)

사전 지식　　프랑스 남부 프로방스 지방의 민속음악이 전편을 누비는 대단히 서정적인 오페라로, 주인공 미레유에게 많은 아리아를 부르도록 한 작품이다.

줄거리　　프로방스의 어느 마을이다. 마을 처녀들이 딸기 밭에서 딸기를 따고 있다. 점쟁이이며 마법사인 타방(Taven)이 처녀들의 미래에 대해 얘기해주고 있다. 타방은 이 중에서 어떤 처녀는 사랑 때문에 깊은 슬픔을 겪게 된다고 말해준다. 클레망스(Clemence)는 "저는요, 잘생긴 왕자님과 결혼할 테니 걱정 마세요!"라고 말한다. 모두 한바탕 웃는다. 미레유는 그들의 말에 별 관심을 기울이지 않는다. 뱅생(Vincent)이라는 애인이 있기 때문이다. 마침 비호처럼 나타난 뱅생이 사랑하는 미레유에게 찬사를 보낸다.

장면은 바뀌어 아를(Arles)의 투우장이다. 사람들이 돌고 도는 파랑돌(Farandole)이라는 춤을 추며 즐거워한다. 미레유와 뱅생은 사랑의 노래를 부르며 사랑을 확인한다. 점쟁이 타방은 미레유에게 "아가씨를 좋아하는 사람들이 또 있으니 조심해!"라고 경고한다. 미레유가 뱅생만 좋아하면 둘을 질투해 가만히 있지 않을 것이라는 얘기다. 투우장의 일꾼 우리아(Ourrias)가 미레유에게 접근하지만 퇴짜를 맞는다. 우리아는 어디 두고 보자면서 이를 간다. 그런데 뱅생이 못마땅한 미레유의 아버지가 딸과의 교제를 금지시키자, 이 말을 들은 뱅생의 아버지 역시 잔뜩 화가 난다. 우리아가 점쟁이이자 마법사인 타방의 동굴로 찾아온다. 우리아는 미레유의 애인 뱅생에게 앙갚음하고 싶어 한다. 타방도 자신을 우습게 여기는 뱅생을 못마땅하게 여긴다.

장면은 바뀌어 마을이다. 우리아가 뱅생을 때려 큰 부상을 입히자, 타방도 이에 가세해 부상당한 뱅생에게 저주를 퍼붓는다. 우리아는 부상당한 뱅생을 론(Rhône) 강에 버린다.

미레유의 아버지와 일꾼들이 하지 축제를 기념하며 먹고 마신다. 미레유는 뱅생이 강에 빠져 종적이 묘연하다는 기막힌 소식을 듣는다. 슬픔에 빠진 미레유는 마지막 희망으로 저 먼 곳에 있는 성모마리아의 유물을 모신 작은 성당으로 발길을 옮긴다. 성모마리아에게 기원하면 뱅생이 살아 돌아올 수 있다고 믿기 때문이다. 미레유는 햇볕이 뜨겁게 내리쬐는 사막을 건너 성모마리아를 모신 작은 성당에 다다른다. 그러나 너무 지쳐 성당 문 앞에 쓰러진다. 론 강에 빠졌다가 천우신조로 살아남은 뱅생은 미레유가 성모마리아 성당에 갔다는 말을 듣고 먼 길을 쫓아간다. 뱅생이 겨우 성당에 도착하지만, 이미 때는 늦었다. 미레유는 뱅생의 팔에 안겨 숨을 거둔다. 하늘의 문이 열리고 천사들이 미레유를 영접한다.

필레몽과 보시스

타이틀	**Philémon et Baucis** (Philemon and Baucis)	
		전 3막. 쥘 바르비에와 미셸 카레가 공동으로 대본을 썼다.
	초연	1860년 2월 18일 파리 리리크 극장
	주요 배역	필레몽(필레몬: 늙은 농부), 보시스(바우치스: 필레몬의 늙은 아내), 주피터, 불캉(불카누스)
	베스트 아리아	「무거운 망치 소리(Au bruit des lourds marteaux)」(B), 「오 웃기는 자연(O riante nature)」(S), 「아, 다시 한 번 아름다워진다면(Ah! si je redevenais belle)」(Ms)

줄거리   [제1막] 필레몬(Philemon)과 바우치스(Baucis)가 살고 있는 오두막집이다. 두 사람은 세월이 지나 이제 매우 늙었지만 한결같은 사랑으로 행복하다. 이웃 사람들은 왁자지껄 술을 마시며 신들도 우리만큼 신나게 지내지 못할 것이라고 떠들면서, 누군가 신을 모욕하는 말을 한다. 필레몬은 이 소리를 못마땅해하며 "저러다가 신들한테 큰코다치지"라고 중얼거린다. 갑자기 폭풍이 몰아친 뒤 잠잠해지자 문 두드리는 소리가 들린다. 주피터와 불카누스(불의 신)가 나그네로 변장해 하룻밤 신세를 지겠다고 문 앞에 서 있다. 이들은 올림포스에서의 생활이 따분해 지상 사람들은 어떻게 지내는지 살피러 온 것이다. 나그네로 변장한 주피터는 필레몬에게 마을 사람들이 모두 냉대를 해 마지막으로 이곳까지 찾아왔다고 설명한다. 필레몬과 바우치스는 "아니, 이 폭풍 속에 얼마나 피곤하신가?"라면서 나그네들을 반갑게 맞아들인다. 주피터는 적어도 자기에게 친절을 베푸는 사람이 있다는 데 흡족해한다. 그러나 불카누스는 마을 사람들에게 당한 것이 불쾌해 어서 에트나(화산)의 대장간에 가서 마을에 불을 쏟아 붓고 싶은 생각이다.

바우치스가 나그네들에게 염소젖을 마시라고 가져다준다. 주피터는 무척이나 가난한 바우치스가 말할 수 없이 행복해하는 모습이 도무지 이해되지 않아 어떻게 그렇게 행복할 수 있느냐고 묻는다. 바우치스는 필레몬을 사랑하기 때문이라고 말한다. 그러면서 "만일 젊음을 찾을 수만 있다면 필레몬과 행복하게 사랑하는 생활을 다시 시작할 수 있을 텐데……"라며 아쉬워한다.

바우치스는 시골 쥐와 도시 쥐라는 우화를 얘기하며, 비록 시골에서 가난하게 살더라도 행복할 수 있다고 말한다. 이들의 행복한 사랑에 감동한 주피터는 마실 포도주가 없는 것을 깨닫고는 빈 병에 포도주를 가득 채워준다. 눈이 휘둥그레진 필레몬과 바우치스에게 자기들은 신들의 사자(메신저) 로 못된 이웃을 벌주기 위해 변장하고 내려왔다고 얘기한다. 주피터는 자명종이 울리면 행복한 미래가 시작될 것이라고 약속하고는 이들을 잠재운다.

[제2막] 못된 이웃 사람들이 신전으로 몰려들어 축제를 지내려 한다. 악마의 부하들이 나타나 마을 사람들을 부추겨 술을 마시고 쾌락을 즐기도록 한다. 신전은 난장판이 된다. 갑자기 불카누스가 나타나 마을 사람들에게 "그대들의 못된 행동이 신들의 노여움을 불러일으켰다"라고 경고한다. 마을 사람들은 불카누스에게 조소를 보내며, 신들이 어떤 화풀이를 하더라도 겁날 것 없다고 소리친다. 이들은 이 세상의 주인은 사람이지 신이 아니라고 선언한다. 이 모습을 본 주피터가 화를 참지 못하고 신전을 불태워 사람들을 혼비백산하게 한다.

[제3막] 잠에서 깨어난 바우치스는 젊음을 되찾았다는 것을 깨닫는다. 그는 옆에 잠들어 있는 필레몬 을 깨운다. 무슨 일이 생겼는지 모르는 필레몬은 잠든 사람을 깨웠다고 귀찮아하며 그대로 잠에 취해 있다. 한편 주피터와 불카누스는 올림포스로 돌아갈 채비를 한다. 그러나 젊어진 바우치스의 모습을 본 주피터는 그녀를 사랑하는 마음이 생겨 마을에 남겠다고 한다. 미인만 보면 사족을 못 쓰는 주피터는 '비너스도 바우치스만큼 아름답지 않을 것이다'라고 생각하며 바우치스를 유혹하려 한다. 그는 불카누스에게 자기가 바우치스를 유혹하는 동안 필레몬을 다른 곳으로 데려가 달라고 부탁한다. 젊음을 되찾은 것을 기뻐하는 바우치스에게 주피터가 나타난다. 나그네 중 한 사람이 주피터인 것을 알게 된 바우치스는 신들의 신 주피터의 구애를 뿌리치지 못하고 그에게 키스를 허락한다. 그 순간 필레몬이 돌아온다. 필레몬은 바우치스를 유혹한 나그네(주피터)를 비난한다. 그렇지만 나그네의 정체를 알고는 분노를 가라앉힌다. 필레몬은 신을 비난하는 것은 어떤 경우라도 잘못이라고 생각하기 때문이었다. 바우치스는 필레몬을 옆에 두고 잠시 딴생각을 한 것을 후회한다. 그녀는 한 가지 묘책을 생각해낸다. 한 가지 소원을 들어주면 주피터의 사랑을 받아들이겠다는 것이다. 주피터는 소원을 들어주겠으니 어서 말해보라고 한다. 바우치스는 자신을 예전처럼 늙은이로 되돌려 달라고 한다. 제 모습으로 돌아온 필레몬과 바우치스는 제1막의 첫 장면처럼 행복한 생활을 한다.

훗날 참나무와 보리수가 된 이들은 지금 이 순간도 행복한 사랑의 대화를 나누고 있다.

로미오와 줄리엣

타이틀	**Roméo et Juliette**(Romeo and Juliet)	
	전 4막(또는 전 5막). 셰익스피어의 동명 희곡을 쥘 바르비에와 미셸 카레가 대본으로 만들었다.	
초연	1867년 4월 27일 파리 리리크 극장	
주요 배역	줄리에트(줄리엣: 캐퓰렛가의 아가씨), 로메오(로미오: 몬터규가의 청년), 로랑 신부(캐퓰렛가의 신부), 유모(줄리엣의 유모), 메르쿠티오(머큐소: 로미오의 친구)	
음악 하이라이트	줄리엣의 아리에타, 야상곡(Nocturne), 로미오의 카바티나, 사랑의 테마 음악, 로미오와 줄리엣의 듀엣	
베스트 아리아	「줄리엣의 왈츠 송(Juliette Waltz Song)」(S), 「오라, 젊은 손님들이여(Allons, jeunes gens!)」(B), 「마브, 거짓말의 여왕(Mab, la reine des mensonges)」(S), 「사랑스러운 천사(Ange adorable)」(T), 「아, 솟아오른다. 태양이(Ah! Lève-toi, soleil!)」(T), 「무얼 하고 있는가? 하얀 멧비둘기야(Que fais-tu, blanche tourterelle?)」(S), 「가라, 너를 용서했도다(Va! Je t'ai pardonne)」(T+S), 「오라, 이 세상 끝까지 날아가리(Viens, fuyons au bout du monde)」(T+S)	

사전 지식　　「로미오와 줄리엣」은 구노가 손을 대기 전에 이미 수많은 작곡가들이 작품으로 만들었지만, 그 모든 노력은 구노의 작품으로 빛을 잃었다. 프랑스 오페라에서 〈로미오와 줄리엣〉은 〈파우스트〉를 훨씬 능가하는 위대한 작품으로 인정받았다. 구노의 오페라 중에서 이 두 작품만이 완벽한 성공을 거둔 것으로 간주된다. 〈파우스트〉는 프랑스 오페라의 혁신이었고, 〈로미오와 줄리엣〉은 이러한 혁신의 결과라고 인식되었다.

에피소드　　쥘 바르비에와 미셸 카레가 대본을 쓴 이 오페라에는 원작에 없는 스테파노(Stephano)라는 로미오의 몸종이 나온다. 스테파노는 남자이지만 소프라노가 맡는다.

줄거리　　[프롤로그] 14세기 이탈리아의 베로나다. 극이 시작되기 전, 모든 배역이 「언젠가 베로나에 두 경쟁 집안이 있었다(Verone vit jadis deux families rivales: There once were two rival families in Verona)」를 합창한다. 이제부터 세계에서 가장 유명한 '두 원수 가문', 즉 캐풀렛 가문(Capulets: 줄리엣의 집안)과 몬터규 가문(Montagues: 로미오의 집안)의 처절한 다툼과 두 집안 십대 소년 소녀의 비극적 사랑 이야기가 시작된다는 내용이다.

오페라의 줄거리는 셰익스피어의 원작을 충실히 반영한 작품이라 모두 잘 알고 있을 것이므로 간략하게 소개하기로 한다. 로미오는 친구 머큐소(Mercutio), 벤볼리오(Benvolio)와 함께 캐풀렛 백작 집의 가면무도회에 참석한다. 그는 이곳에서 여신처럼 사랑스럽고 찬란히 빛나며, 때 묻지 않고 순진한 줄리엣을 보고 마음을 빼앗긴다. 로미오의 아리아 「사랑스러운 천사」는 이 같은 심정을 잘 나타낸다. 줄리엣이 발코니에 나타나자 두 사람은 영원한 사랑을 약속한다.

로랑 신부(Frére Laurent)는 두 젊은 연인을 도와주려고 하지만, 스토리는 항상 변화를 필요로 한다. 줄리엣의 사촌 티볼트(Tybalt)가 머큐소를 칼로 찔러 죽인 것이다. 두 집안사람들이 길에서 만나면 서로 다투다 보니 이런 일이 벌어진 것이다. 범죄는 범죄를 낳는다. 친구를 잃은 로미오가 격분하여 티볼트를 결투 끝에 죽이고 만다.

베로나 공작은 로미오를 도시 밖으로 추방한다. 떠나기 전 로미오와 줄리엣은 결혼의 밤, 가장 달콤한 사랑의 밤이라고 하면서 하룻밤을 함께 보낸다. 한편 줄리엣이 로미오라는 청년과 염문에 휘말린 데 당황한 줄리엣의 아버지, 오빠, 친척들은 줄리엣을 속히 결혼시켜야 한다고 생각해 결혼을 추진한다. 난관에 부딪힌 줄리엣은 로랑 신부의 도움을 받아 42시간 동안 가사 상태에 빠지는 약을 마시기로 한다. 그러면 자기가 죽은 줄 알고 정략결혼은 파기될 것이며, 로미오와 멀리 도망가서 살 수 있기 때문이다. 사람들은 독약을 마신 줄리엣이 죽을 줄 알고 가족묘에 안치한다.

문제는 로미오가 이런 계획을 까맣게 모르고 미리 베로나로 들어와 버린 것이다. 무덤에 몰래 찾아온 로미오는 줄리엣이 죽은 줄 알고 낙심천만한다. 줄리엣이 없는 세상은 살 가치가 없다고 생각한 로미오는 자기가 가지고 온 독약을 마신다. 로미오가 독약을 먹고 숨을 거두기 직전 줄리엣이 깨어난다. 둘은 부둥켜안고 매우 멋진 듀엣을 부른다. 이윽고 로미오가 쓰러진다. 로미오가 죽음의 문턱에 다가가자 줄리엣은 가지고 있던 칼로 자신을 찌른다. 두 사람은 죽어가면서 「신이시여, 우리를 용서하소서(Seigneur, pardonnez-nous)」를 부른다.

Granados, Enrique

고야의 사람들

| 타이틀 | **Goyescas** |

	1막의 오페라. 대본은 페르난도 페리케트 이 수아스나바르 (Fernando Periquet y Zuaznabar)가 썼다. 이 오페라는 〈사랑에 빠진 젊은이(Los majos enamorados; The young men in love)로도 불린다.
초연	1916년 1월 28일 뉴욕 메트로폴리탄 오페라. 본격 초연은 1940년
주요 배역	파퀴로(투우사), 로사리오(귀족 아가씨), 페르난도(근위대 장교), 페파 (투우사의 애인)
베스트 아리아	「아가씨와 나이팅게일(La maja y el ruiseñor)」(S)

사전 지식 1867년 카탈루냐에서 태어난 작곡가 겸 피아니스트 엔리케 그라나도스는 스페인이 자랑하는 작곡가다. 그는 제1차 세계대전이 한창이던 1916년 미국으로 건너가 이 오페라의 초연을 지휘한 뒤 스페인으로 돌아가던 도중에, 영국해협에서 U보트의 어뢰 공격을 받아 배가 침몰하는 바람에 불행하게도 익사했다. 〈고야의 사람들〉에 나오는 주인공들은 스페인의 화가 고야의 작품에 나오는 인물들이다. 피아노 버전으로 되어 있는 이 오페라에는 스페인의 화려한 전통 춤 플라멩코가 펼쳐져 보는 사람들을 즐겁게 해준다. 간주곡(intermezzo)은 음악회 레퍼토리로 널리 연주되는 곡이다.

줄거리 마드리드 교외에서 남자들(Majos)과 여자들(Majas)이 휴일을 즐기고 있다. 여자들

그라나도스, 엔리케(Granados, Enrique, 1867~1916)
쉰 살이 되기도 전에 불의의 사고로 세상을 떠난 스페인의 작곡가 엔리케 그라나도스가 남긴 〈고야의 사람들〉은 1916년 뉴욕의 메트로폴리탄 오페라에서 초연되었다. 그라나도스는 1911년에 피아노 조곡 「고야의 사람들」을 작곡한 바 있다. 〈고야의 사람들〉에는 피아노 조곡이 많이 사용되었다. 그라나도스의 또 다른 오페라로는 〈마리아 델 카르멘(Maria del Carmen)〉(1898)이 있다.

은 펠렐레(pelele)라는 놀이를 하고 있다. 짚으로 만든 남자 인형을 던지며 노는 옛날 놀이다. 투우사인 파퀴로(Paquiro)가 여인들에게 의젓하게 인사를 건넨다. 파퀴로의 오늘의 애인 페파(Pepa)가 개가 끄는 조그만 수레를 타고 나타난다. 사람들이 페파를 환영한다. 페파는 얼굴도 예쁘고 활달해 원래 사람들에게 인기가 많다. 곧이어 귀족 신분인 로사리오(Rosario)가 애인 페르난도(Fernando)와 밀회를 즐기기 위해 마차를 타고 등장한다. 페르난도는 왕실 근위대 대위다. 투우사 파퀴로가 귀족 아가씨 로사리오에게 예전에 촛불을 밝힌 무도회(baile de candil)에서 함께 춤춘 것을 상기시키며, 잠시 시간을 내어 자기와 함께 무도회에 가자고 청한다.

두 사람의 얘기를 우연히 엿들은 페르난도는 질투심이 생긴다. 그는 하인을 시켜 저녁 촛불 무도회에 로사리오가 페르난도와 함께 간다고 파퀴로에게 전한다. 한편 파퀴로의 애인 페파는 파퀴로가 자기를 무시하자 로사리오 때문이라고 생각해 복수를 다짐한다.

[제2막] 밤에 무도회가 열린다. 여인들의 춤을 남성들이 열정적으로 바라보고 있다. 페르난도가 로사리오와 함께 들어온다. 그때 페파가 익살스러운 행동으로 로사리오를 조롱한다. 로사리오가 모욕을 당했다고 생각한 페르난도는 가만두지 않겠다고 마음먹는다. 그때 파퀴로가 짐짓 과장된 몸짓으로 로사리오에게 춤을 청한다. 그 모습을 본 페파는 파퀴로가 로사리오에게 마음을 둔 것으로 생각해 질투를 느낀다. 페르난도는 파퀴로를 무시하며 비난한다. 로사리오는 페르난도에게 그러지 말고 조용히 있자고 간청하지만, 그는 명예가 걸린 문제이므로 가만히 있을 수 없다고 말한다. 모욕을 당한 파퀴로는 당장 결투를 신청한다. 사람들이 파퀴로를 말리지만 듣지 않는다. 페르난도는 결투 장소와 시간을 정한 뒤 로사리오와 함께 무도회장을 떠난다.

[제3막] 그날 밤 로사리오는 달빛이 내리비치는 정원에서 나이팅게일의 슬픈 노래를 듣고 있다. 페르난도가 나타나자 제발 결투를 하지 말라고 애원하지만, 그는 명예를 훼손당했는데도 결투를 하지 말라는 것은 무슨 이유냐고 물으며 오히려 이상하게 생각한다. 페르난도는 걱정하지 말라는 말을 남기고 결투장으로 향한다.

페르난도가 치명상을 입고 쓰러진다. 결투 장소로 쫓아온 로사리오가 페르난도를 보고 비명을 지르자, 파퀴로가 황급히 자리를 뜬다. 페르난도는 로사리오의 품에 안겨 이윽고 숨을 거둔다.

유대 여인

타이틀	**La Juive**(The Jewess; The Jewish Girl)	
	전 5막. 외젠 스크리브가 대본을 썼다.	
	초연	1835년 2월 23일 파리 오페라 극장
	주요 배역	엘레아자(유대인 금세공업자), 라헬(엘리아자의 딸), 사무엘(레오폴트 왕자), 드 브로니(추기경이자 콘스탄츠 종교회의 의장), 오이독시(황제의 조카딸, 공주), 루지에로(콘스탄츠 시 교구 사제)
	음악 하이라이트	엘레아자의 아리아
베스트 아리아	「가혹함과 복수 속에서(Si la rigueur et la vengeance)」(Bar), 「그는 오리라(Il va venir)」(S), 「살아 계신 신의 권세를 부정하는 너는 저주를 받으리(Vous qui du Dieu vivant outrager la puissance, soyez maudits)」(B), 「라헬, 주께서 은혜로 구원하실 때(Rachel, quand du Seigneur la grâce tutélaire)」(T)	

사전 지식   성경의 이야기를 다룬 오페라로는 〈모세와 아론〉, 〈나부코〉, 〈삼손과 델릴라〉 등이 있지만, 성경의 내용이 아니면서 유대 여인의 이야기를 소재로 한 오페라는 이 작품이 유일할 것이다. 세계에서 이스라엘 외에 유대인이 가장 많이 살고 있는 나라가 프랑스인 것을 감안하면, 프랑스에서 유대인을 소재로 한 오페라가 먼저 나온 것은 그리 이상하지 않다. 15세기 초반 기독교가 유대교를 극렬히 배척하던 시기의 이야기다. 무대는 스위스와 독일 국경에 있는 보덴 호(Bodensee; Lake Constance) 인근의 콘스탄츠 마을이다.

알레비, 자크(Halévy, Jacques, 1799~1862)
자크 프랑수아 프로망탈 엘리 알레비(Jacques-François-Fromental-Élie Halévy)는 세계 오페라계에서는 잘 알려지지 않았지만 프랑스에서 대단히 명성을 떨친 작곡가다. 대표작 〈유대 여인〉은 프랑스 그랜드 오페라의 완벽한 전형이다. 〈유대 여인〉은 초연 이후 100년 이상이나 프랑스 오페라 무대에서 빠질 수 없는 레퍼토리가 되었다. 파리에서 태어난 알레비는 열 살 때 파리음악원에 입학했고, 스무 살 때 그랑프리 드 롬을 받은 수재다. 그는 프랑스 음악의 발전을 위해 기여한 공로로 음악인으로서는 처음으로 프랑스 정부에서 주는 레지옹 도뇌르(Légion d'honneur) 메달을 받았다. 알레비가 남긴 40여 편의 오페라는 대부분 프랑스에서 공연되고 있다.

에피소드　　　　　　오페라 〈유대 여인〉은 알레비의 첫 그랜드 오페라로 그의 이름을 오페라 역사에 길이 남긴 작품이다. 이 오페라는 교회 내에서 테데움(Te deum: 환희의 찬양)을 소리 높여 부르는 소리와 교회 밖에서 군중이 엘레아자에 대해 수군거리는 소리가 묘하게 섞이면서 시작된다. 오페라는 삶에 대한 유혹과 죽음에 대한 두려움, 자기를 희생하더라도 신앙을 지켜야 한다는 거룩한 명제 등을 반복하듯 표현한다.

줄거리　　　　　　[제1막] 1414년 신성로마제국의 지기스문트(Sigismund) 황제가 공의회를 소집한다. 얀 후스(Jan Hus)를 패배시킨 것을 자축하기 위해 모인 것이다(오페라 도입부에서 로마 가톨릭과 종교개혁 얘기가 나오는 것은 나중에 나올 기독교와 유대교와의 문제를 다루기 위해서다). 마을 사람들이 테데움을 부르며 주일을 찬양한다. 그런데 이 같은 주일에 일을 하는 사람을 보자 마을 사람들은 크게 놀란다. 유대인 엘레아자(Eléazar)다. 금세공업자인 엘레아자는 기독교 사회에 살고 있으면서도 아직까지 기독교법을 따르지 않고 유대의 전통을 따르고 있다. 예전에 그의 아들이 기독교법에 도전해 화형당한 일도 있을 정도다. 엘레아자는 전에 살던 마을에서 이 마을로 쫓겨 왔다. 콘스탄츠 시의 교구장 루지에로(Ruggiero)가 주일을 지키지 않는다는 이유로 엘레아자를 체포하려 하자 콘스탄츠 종교회의 의장 드 브로니(De Brogni) 추기경이 그를 말린다. 추기경은 로마에 살 때 엘리아자를 본 적이 있다. 그는 결혼 후 딸 하나를 두고 단란한 가정을 꾸리며 살았는데, 어느 날 집에 불이 나서 아내와 딸을 잃고 만 슬픈 사연이 있다. 그 당시 로마 시의회 의원이던 드 브로니는 새로운 법에 따라 유대인 엘레아자를 추방했었다. 이런 과거가 있는 드 브로니 추기경은 용서를 베풀라는 철학으로 신도들을 인도해왔다. 그는 "유대인을 관용으로 대하면 기독교로 개종시키는 데 도움이 될 것이다"라고 말하며 루지에로를 만류한다.

엘레아자에게는 라헬(Rachel)이라는 아름다운 딸이 있다. 며칠 전 이 마을을 찾아온 화가 사무엘(Samuel)이 라헬을 보고 진심으로 사랑하게 된다. 사무엘은 황제의 아들 레오폴트 왕자로, 얼마 전 전투에서 얀 후스 파를 물리친 군사령관이기도 하다. 그는 알베르트를 비롯한 참모들에게 절대로 자기 신분을 밝히지 말라고 지시한 뒤, 잠시나마 이 마을에서 이름을 숨기고 지내고 싶다고 말한다. 사무엘이 라헬의 창문 밖에서 세레나데를 부른다. 라헬은 사무엘에게 내일 저녁 유월절(Passover) 저녁을 같이 들자고 집으로 초청한다. 라헬은 사무엘이 누군지 정말 모르고 있다.

[제2막] 사무엘이 엘레아자의 집에서 다른 사람들과 함께 유월절 축제를 함께하고 있다. 음식을 먹기 전에 엘레아자는 만일 우리 중에 반역자가 있다면 징벌로 다스려달라고 기도한다(이런 내용의

기도는 그저 유대인의 관례적인 기도문에 불과하므로 크게 신경 쓸 내용은 아니다). 이어 유월절 무교병(누룩을 넣지 않은 빵)을 나누는 순서가 되어 엘레아자가 떡을 떼어주지만 사무엘은 먹지 않고 바닥에 슬며시 버린다. 이 모습을 라헬이 본다. 갑자기 문 두드리는 소리가 들린다. 사무엘의 아내 오이독시(Eudoxie) 공주다. 공주는 전쟁에서 승리해 얼마 후 돌아올 남편 레오폴트에게 주려고 한다면서 고급 금목걸이를 주문한다. 공주는 사무엘이 얼굴을 가리고 있어 누구인지 알아보지 못하고 돌아간다. 사무엘은 아내를 속이고 라헬을 마음에 둔 것을 뉘우친다. 라헬을 만난 사무엘은 자신이 기독교인이라고 밝힌다. 라헬은 어느 유대 여자든지 기독교인을 사랑하면 죽음을 면치 못한다고 말하면서 크게 한탄한다. 사무엘은 라헬을 위험에 빠뜨릴 생각은 추호도 없지만, 라헬을 사랑하는 마음은 진심이라고 털어놓는다. 사랑의 포로가 된 라헬은 사무엘과 함께 멀리 도망치려 하지만 엘레아자가 이 사실을 알아챈다. 사무엘이 누군지 모르는 엘레아자는 호의를 배신으로 갚는다고 비난한다. 만일 사무엘이 사랑하는 딸을 위해 유대교를 받아들인다면 모두 용서하고 두 사람의 행복을 축복하겠다고 말하지만, 사무엘은 유대 여인과 결혼할 수 없으므로 제의를 거절한다. 거절당한 엘레아자는 사무엘에게 저주를 내려달라고 신에게 기도한다.

[제3막] 궁전에서 오이독시 공주는 남편 레오폴트가 내일이면 돌아온다는 소식을 듣고 기뻐하며 잔치를 준비시킨다. 공주가 엘레아자에게 금목걸이를 주문했던 것도 이날을 위해서였다. 라헬은 집에서 가만히 있는 것보다는 왕궁에서 이것저것 배우며 견문을 넓히는 것이 낫다고 생각해 공주의 하녀로 일하게 된다. 마침내 왕궁으로 당당하게 귀환한 레오폴트는 라헬이 아내의 하녀로 있는 것을 보고 놀라지만 내색할 수는 없다. 곧이어 레오폴트를 위한 잔치가 이어진다. 그때 엘레아자가 금목걸이를 가지고 들어온다. 공주가 그 목걸이를 레오폴트에게 주려 할 때 옆에 있던 라헬이 레오폴트를 알아보고는 "사무엘!"이라고 소리친다. 모든 사실을 알아차린 라헬은 레오폴트에게 유대인이 정성스럽게 만든 물건을 받을 자격이 없는 사람이라고 외친다. 왕자가 유대 여인과 연애했다는 사실이 드러난다. 이제 남은 것은 두 사람의 죽음뿐이다. 종교재판관 드 브로니 추기경은 레오폴트가 아무 변명이나 항변도 하지 않자, 기독교인으로서 신의 법을 어겼고 유대인도 여호와의 율법을 어겼다고 비난한다.

[제4막] 라헬을 만난 공주는 당신만이 자기 남편을 구해줄 수 있다고 하면서 레오폴트를 살려달라고 간청한다. 라헬은 유대인도 기독교인들처럼 관용을 베풀 수 있다고 대답하며 구체적인 얘기는 하지 않는다. 공주는 라헬이 간청을 받아들인 것으로 알고 돌아간다. 예전부터 라헬을 알고 지낸 드 브로니 추기경은 목숨을 건질 유일한 길은 유대교 신앙을 거부하는 것뿐이라고 말하지만, 라헬은

여호와의 계명을 거역할 수 없다고 단호히 잘라 말한다. 라헬을 안타깝게 생각한 추기경은 엘레아자를 만나 라헬의 마음을 돌려보라고 권한다. 하지만 그 역시 같은 대답을 한다. 그러면서 드 브로니에게 그 옛날 집에 불이 났던 일을 상기시키며, 어린 딸을 어느 유대인이 구해 지금까지 잘 보호하고 있다고 얘기한다. 유대인이 당신 딸을 구했으니 당신도 유대인의 딸을 구해야 하지 않겠느냐는 얘기다. 놀란 드 브로니는 자기 딸이 지금 어디 있는지 가르쳐달라고 애원하지만 아직은 말할 때가 아니라며 대답하지 않는다. 드 브로니가 크게 낙담하며 돌아가자 엘레아자는 그 옛날 어린 라헬이 자기 마음속에 들어와 행복을 주었던 일을 회상하며 눈물을 흘린다. 그때 "유대인을 불태워 죽여라!"라고 외치며 사람들이 마치 폭도처럼 몰려온다. 엘레아자는 "기독교인들아, 우리의 피를 원하는가? 하지만 라헬이 피를 흘리게 할 수는 없다!"라고 외친다. 엘레아자는 여호와께 이 고난을 이겨나갈 수 있게 빛을 보여달라고 기도한다.

[제5막] 콘스탄츠 시 사람들이 이교도의 처형을 구경하기 위해 모여 있다. 교구 사제는 종교재판소의 결정에 따라 엘레아자와 라헬만 처형하기로 한다. 레오폴트 왕자는 과거의 공적을 생각해 추방하기로 했다고 발표한다. 엘레아자는 기독교도들의 위선과 허구를 소리 높여 비웃는다. 라헬은 아버지 엘레아자에게 자기의 증언으로 레오폴트가 목숨을 건졌다는 사실을 비로소 밝힌다. 그리고는 기독교 인들에게 자기를 위해 우는 모습을 결코 보이지 말아달라고 당부한다. 형리가 다가오자 엘레아자는 라헬에게 기독교를 믿겠다고 한마디만 하라고 간청하지만 그녀는 자랑스러운 표정으로 고개를 흔든 다. 이때 드 브로니 추기경이 달려와 엘레아자에게 로마 집에서 불이 난 뒤 자기 딸이 어떻게 되었느냐 고 애원하며 묻는다. 사람들이 어서 라헬을 처형하라고 소리치자 형리가 라헬을 끓는 가마 속에 집어던진다. 그때 엘레아자가 드 브로니에게 외친다.

"보라! 저기 당신의 딸이 있다!"

아키스와 갈라테이아

타이틀	**Acis and Galatea**	
		마스크 또는 세레나데 형식의 단막이었으나 나중에 2막으로 개작했다. 오비드(Ovid; Publius Ovidius Naso)의 소설 『변형(Metamorphoses)』에서 이야기를 가져왔다. 대본은 알렉산더 포프(Alexander Pope), 존 게이(John Gay) 등이 공동으로 맡았다.
	초연	1718년 영국 에지웨어(Edgware)의 캐넌스(Cannons) 극장
	주요 배역	아키스(시칠리아의 청년으로 목동), 갈라테이아(시칠리아의 스킬라, 님프), 데이몬(목동), 코리돈(목동), 폴리페모스(키클롭스 외눈의 거인)
	음악 하이라이트	애도의 합창, 갈라테이아의 비탄의 아리아
베스트 아리아	「사랑이 탄식할 때(As when the dove laments)」(S), 「사랑은 일깨워주는 것(Love sounds th'alarm)」(T), 「오, 그대는 아는가(Oh, didst thou know)」(S), 「오, 체리보다 더 붉게 물들어서(O ruddier than the cherry)」(T)	

사전 지식　　헨델은 이 오페라를 소오페라(리틀 오페라)라고 불렀으며, 이 오페라에 초기 이탈리아 칸타타(cantata) 스타일을 가미했다. 초연 후 내용 수정을 거듭해, 헨델은 생전에 이 오페라의 완성된 전 막의 공연을 보지 못했다. 당시 관객들은 동시 공연하는 다른 오페라를 보기 위해 되도록 짧은 오페라를 선호했다. 따라서 이 오페라도 처음에는 단막으로 작곡했던 것이다. 스토리는 그리스 신화를 바탕으로 했다.

헨델, 조지 프레더릭(Händel, George Frederick, 1685~1759)
조지 프레더릭 헨델(게오르크 프리드리히 헨델)은 독일 함부르크에서 태어났으나 영국으로 귀화한 바로크 작곡가로 오페라, 오라토리오, 협주곡 등이 널리 알려져 있다. 헨델은 40편이 넘는 오페라를 작곡했는데, 대부분 그리스 신화나 로마제국의 역사적 사실을 소재로 했다. 대표적인 오라토리오로는 「메시아」가 있다. 헨델은 요한 세바스찬 바흐, 도메니코 스카를라티(Domenico Scarlatti)와 같은 해에 태어났다. 그는 이탈리아 바로크 작곡가들의 영향을 강하게 받았으며, 중세 독일의 다성합창이라는 전통에서도 영향을 받았다.

에피소드　　　　헨델의 〈아키스와 갈라테이아〉가 초연된 지 꼭 70년 만에 모차르트가 헨델의 원작을 편곡하는 형식으로 똑같은 제목의 오페라를 발표했다. 이때 모차르트는 헨델의 음악을 상당 부분 빌려 사용했다. 예를 들면 키클롭스의 아리아 「오, 체리보다 더 붉게 물들어서」이다.

줄거리　　　　시칠리아의 스킬라(Scylla)는 바다의 님프들이 사랑하는 아름다운 처녀다. 스킬라에게 사랑을 호소하는 사람은 많았지만, 그녀는 모두 거절하고 갈라테이아를 만나기 위해 바다를 향해 있는 벼랑의 동굴을 찾아간다. 스킬라는 지금까지 자기가 다른 사람들에게 얼마나 박해 받았는지 갈라테이아에게 모두 말한다. 이야기를 다 들은 갈라테이아는 "스킬라여! 그대가 받은 핍박은 사람들에 의한 것이므로 마음만 먹으면 물리칠 수 있는 것이다. 그러나 네레우스(Nereus: 50명의 딸을 둔 바다의 신)의 딸인 나는 아무리 많은 자매들이 나를 지켜주고 있다지만, 깊은 바닷속으로 빠지기 전에는 키클롭스(Cyclops 또는 Polyphemus: 외눈박이 흉포한 거인)로부터 피할 길이 없었다"라면서 눈물을 흘린다. 스킬라가 슬픔에 대해 자세히 얘기해달라고 부탁하자, 반신반인(半神半人)의 갈라테이아가 이야기를 시작한다.

아키스(Acis)는 파우누스(Faunus: 가축과 농경의 수호신)와 나이아스(Naiads: 물의 요정) 사이에서 태어난 아들이다. 열여섯 살 아름다운 청년이 된 그는 나의 마음을 사로잡았다. 아키스의 아버지와 어머니는 그를 무척 사랑했지만, 그들의 사랑은 나의 사랑에 비하면 아주 작은 부분이라고 생각될 만큼 그를 사랑했다. 그러나 문제는 흉포한 거인 키클롭스였다. 아키스에 대한 나의 사랑이 깊어지면 깊어질수록 키클롭스는 오히려 나의 마음을 차지하려고 열정을 쏟았다. 만일 그대가 나에게 아키스에 대한 나의 사랑과 키클롭스에 대한 나의 증오 중에서 어떤 것이 더 강하냐고 묻는다면 나는 둘 다 똑같다고 대답할 수밖에 없다. 흉포한 거인은 숲의 공포다. 누구도 피할 수 없을 것이다. 키클롭스가 최고의 신 제우스까지 겁내지 않는 것을 보면 알 수 있다. 그런 거인이 사랑의 감정이 싹터 나에게 접근한 것이다.

거인은 처음으로 외모에 신경을 쓰기 시작했다. 나에게 호감을 주기 위해 헝클어진 머리를 빗질했고 낫으로 수염을 잘랐다. 잔인한 살육과 흉포함, 피에 대한 굶주림은 사라지기 시작했다. 그래서 지나가는 배들도 모두 순항할 수 있었다. 그는 사람을 죽이며 즐거워하는 대신 바닷가를 거닐며 커다란 발자국을 남기며 즐거워했다. 피곤하면 동굴로 들어가 조용히 쉬면서 지냈다. 거인이 사는 섬에는 바다 쪽으로 벼랑이 있다. 어느 날 거인이 벼랑에 앉아 여러 개의 파이프로 만든 악기를 들고 언덕과 바닷물에서 메아리가 울릴 만큼 큰 소리로 노래를 불렀다. 마침 나는 거인과 멀지 않은 바위 뒤에서 사랑하는 아키스를 만나 사랑을 얘기하려 했지만 그의 노래 때문에 대화를 나눌 수가 없었다. 그는 노래를 통해 나의 아름다움을 높이 찬양하고, 나의 매정함과 잔인함을 탓했다. 노래를 마치자 그는 마치 성난 황소처럼 숲 속으로 뛰어들었다. 아키스와 나는 이제 그 거인을 볼 수 없으리라고 생각했다. 그런데 갑자기 저만치에서 그가 우리를 바라보며 "두 사람의 데이트는 이것으로 마지막이다"라고 소리쳤다. 그의 목소리는 천지를 진동하는 천둥소리 같았다. 그 때문에 시칠리아 섬의 에트나(Etna) 화산까지 흔들렸다.

그는 마치 우리 두 사람의 흔적까지 없애버릴 듯한 기세였다. 겨우 정신을 차린 나는 바다로 뛰어들었다. 그러나 바다로 뛰어들 수 없는 아키스는 거인의 반대 방향으로 달아나면서 "갈라테이아, 살려줘요! 아버지, 어머니!"라고 소리쳤다. 거인이 뒤쫓아 가면서 커다란 바위를 들어 아키스에게 던졌다. 바위는 다행히 아키스를 빗나갔지만 그는 무척 겁에 질려 있었다. 그를 위해 무엇이든 해야 했던 나는 강의 신인 아키스 할아버지의 명예를 걸고 그에게 능력을 주었다. 아키스는 마침내 거인의 흉포함에서 벗어나 강으로 변했다(또 다른 버전에는 샘물로 변한다).

갈라테이아는 지금도 그 강을 아키스라고 부른다고 하면서 이야기를 마친다.

Händel, George Frederick

알치나

타이틀	**Alcina**

프롤로그와 3막. 루도비코 아리오스토(Ludovico Ariosto)의 대서사시 「분노의 오를란도(Orlando furioso)」에서 이야기를 따왔기 때문에 역사적 사실은 무시되었다. 대본은 리카르도 브로스키(Riccardo Broschi)의 『알치나의 이솔라(L'isola di Alcina)』에서 영향을 받았다. 하지만 대본을 쓴 사람은 미상이다.

초연	1735년 4월 16일 런던 코번트가든 극장
주요 배역	알치나(마법사), 모르가나(알치나의 여동생), 루지에로(기사), 브라다만테(루지에로의 연인, 남장한 리치아르도), 오론테(알치나군 사령관), 멜리소(브라다만테의 호위), 오베르토(젊은 귀족)
베스트 아리아	「아아, 이런(Ah, mio cor)」(S), 「꿈꾸러 돌아오라(Tornami a vagheggiar)」(S), 「나의 슬픔을 믿어주세요(Credete al mio dolore)」(모르가나의 아리아, S), 「푸른 초원(Verdi prati)」(T)

사전 지식 샤를마뉴 대제가 이슬람과 대치하던 때가 배경이다. 〈알치나〉는 비극적 오페라지만 화려한 댄스가 등장한다. 런던 초연은 대성공이었고, 그 후 다른 곳에서 공연할 때마다 헨델이 음악을 손질해 완성시켰다. 이렇게 해서 〈알치나〉는 헨델의 오페라 중 가장 인기 있는 작품으로 남게 되었다.

줄거리 [제1막] 사랑하는 루지에로(Ruggiero)를 찾아 나선 브라다만테(Bradamante)와 호위 멜리소(Melisso)는 배가 난파되는 바람에 표류하다가 어떤 섬에 도착한다. 브라다만테는 험하고 먼 뱃길을 가야 하기 때문에 남동생 리치아르도(Ricciardo)의 옷을 입고 마치 남자처럼 행동한다. 브라다만테가 도착한 섬은 마법사 알치나(Alcina)의 영역이다. 곳곳에 기화요초가 만발해 환상적인 아름다움이 넘치는 곳으로, 알치나는 마법을 부려 섬에 표류해온 남자들을 꽃이나 짐승으로 만들거나 노예로 만드는 마법사다. 해안에 떠밀려 온 브라다만테는 알치나의 여동생 모르가나(Morgana)의 영접을 받는다. 모르가나는 브라다만테가 여자인 줄 모르고 그에게 마음을 빼앗긴다. 그녀는 브라다만테 일행이 지치고 굶주린 것을 보고, 알치나가 살고 있는 곳으로 데려간다. 브라다만테는 알치나의 집에서 사랑하는 루지에로를 만난다. 그러나 마법에 걸린 루지에로는 알치나의 사랑의 노예가 되어 과거를 전혀 기억하지 못한다. 감격에 넘친 브라다만테가 루지에로의 손을 잡지만 그는 그녀가 누군지 전혀 알지 못한다.

알치나의 부하 오론테(Oronte)는 모르가나를 사랑하지만, 모르가나는 해변에서 브라다만테를 처음 보고서 그를 마음에 품었다. 루지에로는 지금까지 자기를 사랑하던 알치나가 갑자기 마음을 바꾸어 새로 나타난 브라다만테에게 호감을 보이자 속이 상한다. 루지에로는 브라다만테가 자기 애인이라는 것을 여전히 기억하지 못한다. 그는 심지어 마법을 부려 브라다만테를 동물로 만들어달라고 알치나에게 부탁한다. 이 사실을 안 모르가나가 브라다만테에게 조심하라고 당부한다.

브라다만테와 함께 조난당한 멜리소는 어느 정도 마법을 사용할 수 있는 능력이 있다. 멜리소는 루지에로의 옛날 가정교사인 아틀란테(Atlante)로 변해 루지에로 앞에 나타난다. 루지에로는 어렴풋이 그를 기억한다. 알치나가 사람들을 사로잡아다가 꽃이나 동물로 만들고 노예로 부린다고 멜리소가 설명하자, 루지에로는 그제야 알치나가 얼마나 사악한 여자인지 깨닫는다. 멜리소는 브라다만테가 그를 찾아 이곳까지 왔다고 하면서 서둘러 함께 도망가라고 얘기해준다. 드디어 정신을 차린 루지에로 는 남자라고 생각했던 리치아르도가 사랑하는 브라다만테인 것을 알고 감격의 해후를 한다. 두 사람은 힘을 합해 알치나를 물리칠 계획을 세운다. 이때 얘기를 엿들은 모르가나가 언니 알치나에게 두 사람의 계획을 전해준다.

[제2막] 알치나가 마법으로 정령을 불러내어 루지에로가 떠나지 못하게 막으라고 지시하지만, 알치나 가 나쁜 짓을 꾸민다는 것을 깨달은 정령들은 말을 듣지 않는다. 자기 힘이 약해진 것을 깨달은 알치나는 두려워하며 루지에로를 만나 떠나지 말라고 간청하지만, 브라다만테를 깊이 사랑하는 루지에로는 알치나의 간청을 단호히 거절한다. 알치나는 부하 오론테에게 군사를 이끌고 가서 도망친 루지에로와 브라다만테를 잡아오라고 명령한다. 멜리소가 루지에로에게 고르곤(Gorgon: 머리카락은 뱀으로 이루어졌고 둥근 얼굴과 납작한 코, 축 늘어뜨린 혀, 튀어나온 큰 이빨을 가진 괴물로 스테노, 에우리알레, 메두사가 있는데 통상 메두사를 가리킨다)을 막을 방패와 날개 달린 말을 주고 마법의 군대와 대적하도록 한다.

[제3막] 결국 오론테의 군대가 크게 패배한다. 오론테가 완전히 패배했다고 보고하자 알치나는 비통한 운명을 한탄한다. 알치나는 모든 상황이 불리해지자 모르가나와 루지에로에게 자비를 구한다. 루지에로는 이들이 더는 마법을 쓰지 못하게 마법의 원천인 항아리를 부수고 멀리 쫓아낸다. 꽃과 동물과 나무로 변했던 알치나의 희생자들이 모두 소생해 기쁜 마음으로 사랑의 승리를 높이 찬양한다.

줄리오 체사레

타이틀	**Giulio Cesare**(Julius Caesar)	

전 3막. 자코모 프란체스코 부사니(Giacomo Francesco Bussani)의 초기 대본을 기본으로 니콜라 프란체스코 하임(Nicola Francesco Haym)이 다시 대본을 썼다. 제목은 '이집트의 줄리오 체사레(Giulio Cesare in Egitto; Julius Caesar in Egypt)'라고도 불린다.

초연	1724년 2월 20일 런던 왕립극장(King's Theatre)
주요 배역	줄리오 체사레(율리우스 카이사르), 코르넬리아(적장 폼페이우스의 아내), 세스토(섹스투스: 적장 폼페이우스의 아들), 아킬라스(이집트군 대장), 클레오파트라(이집트의 여왕), 톨로메오[프톨레미](프톨레마이오스): 클레오파트라의 남동생으로 이집트의 왕, 니레노(니레누스: 클레오파트라와 프톨레미의 신하), 쿠리오(로마 집정관)
음악 하이라이트	체사레의 사냥의 아리아, 클레오파트라의 탄식, 섹스투스의 복수의 아리아, 코르넬리아와 섹스투스의 듀엣
베스트 아리아	「폭풍 속에서(Da tempeste il legno infranto)」(S), 「나의 운명을 위해 눈물을 흘리리(Piangeró la sorte mia)」(S), 「그대를 숭배하리(V'adore, pulille)」(S), 「자비 속에, 아, 미풍이 불도다(Aure, deh, per pietà)」(Male A)

사전 지식   주인공 역할은 통상 여성이 맡아서 한다. 원래 카스트라토(castrato)를 위해 작곡했기 때문이다. 우리가 알고 있는 카이사르와 클레오파트라의 얘기라고 생각하면 곤란하다. 헨델의 이 오페라는 당시에는 크게 성공을 거뒀지만, 오늘날에는 별로 공연되지 않고 있다. 성악가들이 부르기에는 어려움이 있기 때문이다. 본래 〈줄리오 체사레〉에는 세 명의 카스트라토 가수가 출연하도록 되어 있었다. 그러나 공연에 어려움이 있어 헨델은 음악을 여러 번 고쳐 썼다. 그래서 남성 알토 역인 니레누스를 테너로 바꾸었으며, 섹스투스도 원래는 소프라노였지만 테너로 바꾸었다.

줄거리   카이사르(체사레)가 폼페이우스(Pompey)의 추격을 받아 이집트에 겨우 도착한다. 이집트에는 폼페이우스의 아내 코르넬리아(Cornelia)와 아들 섹스투스(Sextus)가 있다. 이들은 카이사르에게 더는 전투를 하지 말고 화해하라고 간청한다. 그때 이집트의 왕 프톨레미(Ptolemy, 톨로메오)가 폼페이우스의 목을 들고 와서 카이사르에게 인사를 드린다. 이집트군 대장 아킬라스(Achillas)가 전투에서 폼페이우스의 목을 잘랐다는 것이다. 카이사르는 코르넬리아의 간청이 생각나 그다지 달갑지 않다. 남편 폼페이우스가 죽은 것을 알게 된 코르넬리아는 한 많은 세상을 비관해 자살을 기도하지만, 그녀를 사모하는 로마 집정관 쿠리오(Curio)의 만류로 뜻을 이루지 못한다. 폼페이우스의 아들 섹스투스는 카이사르에게 복수할 것을 다짐한다.

클레오파트라는 카이사르를 이용해 동생 프톨레미를 왕좌에서 밀어내고 자기가 이집트 여왕이 될 계획을 꾸민다.

미망인이 된 아름다운 코르넬리아를 보고 사랑에 빠지지 않을 사람은 없다. 대장 아킬라스도 예외가 아니다. 이집트의 왕이 아킬라스에게 은밀한 제안을 한다. "카이사르를 암살하라. 그러면 코르넬리아와 결혼할 수 있다."

아킬라스와 부하들이 카이사르를 급습하지만 그는 발코니에서 바다로 뛰어들어 겨우 목숨을 건진다. 클레오파트라가 체포되어 감옥에 갇히지만, 얼마 후 돌아온 카이사르가 클레오파트라를 구출한다. 카이사르가 죽었다고 생각한 아킬라스는 이집트 왕에게 코르넬리아와 결혼하게 해달라고 요청한다. 그런데 문제가 생긴다. 이집트 왕도 어느새 코르넬리아를 원하게 된 것이다. 그러니 코르넬리아를 내줄 리가 없다.

권력에 굶주려 있는 클레오파트라는 자기를 추종하는 이집트 군대를 이끌고 로마 군대와 싸우지만 결국 패한다. 복수를 불태우는 코르넬리아의 아들 섹스투스는 전장에서 부상을 입고 죽어가는 아킬라스를 만난다. 아킬라스는 자신이 저지른 모든 일을 뉘우치면서 섹스투스에게 이집트 전군을 지휘할 수 있는 대장의 반지를 건네준다.

섹스투스에게서 반지를 빼앗은 카이사르는 병사들을 지휘해 전쟁을 승리로 이끈다. 섹스투스는 어머니를 넘본 음흉스러운 이집트 왕을 단칼에 벤다. 이제 여왕에 오른 클레오파트라와 카이사르의 밀월 시대가 열린다. 처음 대본에서는 섹스투스가 프톨레미를 공격해 죽이고 카이사르가 클레오파트라를 이집트의 여왕으로 앉혀 로마 황제의 인질로 삼는 것으로 끝을 맺었다.

오를란도

타이틀	**Orlando**	
	전 3막. 루도비코 아리오스토의 에피소드 「오를란도의 분노」를 바탕으로 카를로 시기스몬도 카페체(Carlo Sigismondo Capece)가 대본을 쓴 것을 무명의 대본가가 다시 썼다.	
	초연	1733년 1월 27일 런던 왕립극장
	주요 배역	오를란도(기사), 안젤리카(카타이의 여왕), 메도로(카타이 여왕을 사랑하는 아프리카 왕자), 도린다(양 치는 소녀), 조로아스트로(마법사), 이사벨라(공주)

줄거리　　　　[제1막] 기사 오를란도는 사랑과 영예 사이에서 방황한다. 그는 카타이(Cathay: 중국)의 여왕 안젤리카(Angelica)를 사랑하지만 이는 기사의 명예를 손상시키는 일이기 때문이다. 마법사 조로아스트로(Zoroastro)는 오를란도에게 사랑보다 명예가 중요하다고 강조한다.

오를란도는 어느 날 위기에 처한 이사벨라(Isabella) 공주를 구한다. 사람들은 오를란도와 이사벨라 공주의 결합을 예견하며 축하하지만, 오를란도는 안젤리카를 변함없이 사랑한다. 아프리카의 왕자 메도로(Medoro)도 안젤리카 여왕을 깊이 사랑한다. 그런데 메도로를 구원의 기사로 생각하며 사랑하는 여인이 있다. 양치기 소녀 도린다(Dorinda)다. 오를란도가 안젤리카를 사랑하는 것을 알고 있는 도린다는 메도로가 언젠가는 안젤리카를 포기하고 자신에게 오리라고 믿는다. 어찌 됐든 오를란도와 메도로 왕자는 한 여자를 사이에 두고 경쟁 관계가 된다. 조로아스트로는 둘이 만나면 결투를 해야 하는 상황이 벌어질 수 있으므로, 둘이 마주치지 않게 노력한다.

[제2막] 조로아스트로는 모든 난국을 피하기 위해, 사랑에 눈이 멀어 지혜마저 잃고 실성해버린 오를란도를 데리고 잠시 멀리 떠난다.

[제3막] 실성한 오를란도가 도린다를 비너스 여신의 화신으로 착각해 사랑을 고백한다. 이렇게 되자 조로아스트로가 정리에 나선다. 안젤리카와 메도로를 연결해주고, 오를란도가 제정신을 찾게 해준다. 이사벨라와 도린다는 어찌 되었는지 모른다.

리날도

타이틀	**Rinaldo**	

	전 3막. 대본은 헨델과 콤비인 자코모 로시(Giacomo Rossi)가 맡았다.
초연	1711년 2월 24일 런던의 여왕 폐하의 극장(Her Majesty's Theatre)
주요 배역	고드프레도(고드프레이: 십자군의 장군), 알미레나(고드프레이의 딸이자 리날도의 약혼자), 리날도(십자군의 영웅), 에우스타치오(고드프레이의 동생), 아르간테(예루살렘의 사라센의 왕으로 아르미나의 연인), 아르미다(마법의 여인이자 다마스쿠스의 여왕)

음악 하이라이트	리날도의 아리아, 아르미다의 아리아

베스트 아리아	「나를 울게 하소서(Lascia ch'io pianga)」(S), 「사랑하는 나의 당신(Cara sposa)」(T)

사전 지식　　　　헨델의 오페라 중에서 오늘날에도 가장 자주 공연되는 작품이다. 여러 명의 작곡가들이 오페라로 만들었을 만큼 〈리날도〉의 내용은 잘 알려져 있다. 같은 소재를 다룬 오페라 중 글루크의 〈아르미다(Armida)〉가 가장 유명하다. 로시니도 '아르미다'라는 제목으로 오페라를 작곡했다. 하지만 로시니의 작품을 공연하는 데는 어려움이 따른다. 일곱 명의 테너가 필요하기 때문이다. 로시니가 작곡한 〈아르미다〉의 소프라노 아리아 「아름다운 제국을 사랑하라(D'Amore al dolce impero)」는 연주회 레퍼토리로 자주 올라오는 곡이다. 하이든의 〈아르미데(Armide)〉 역시 잘 알려진 작품이다. 프랑스 오페라의 아버지라고 하는 륄리도 〈아르미드(Armide)〉라는 오페라를 작곡했다. 다만 헨델만이 '아르미데(Armide)'라는 제목 대신 '리날도(Rinaldo)'라는 제목을 붙였다. 1711년에 작곡된 〈리날도〉는 1984년 뉴욕 메트로폴리탄 오페라에서 공연되면서 세계에 알려졌다. 줄거리는 하이든이나 글루크, 로시니가 다룰 바 없지만, 뉴욕에서 공연된 〈리날도〉는 줄거리를 약간 수정해 베르디 스타일로 만들었다. 모두 십자군 전쟁과 관련된 이야기다.

에피소드　　　　〈리날도〉는 해피엔드의 오페라지만 최근 뉴욕 시티 오페라에서 공연할 때는 섬뜩할 정도의 무대가 마련되었다. 특히 아르미다가 하프시코드를 연주할 때 불길이 무대를 압도하는 장면은 괴기 영화 같았다. 200여 년 전에는 그런 장면을 어떻게 연출했는지 참으로 궁금하다.

줄거리　　　　[제1막] 십자군 사령관 고드프레이(Godfrey; Goffredo)는 대장군 리날도(Rinaldo)에게 사라센 왕 아르간테(Argante)가 점령하고 있는 성지 예루살렘을 탈환하면 딸 알미레나(Almirena)와 결혼시키겠다고 약속한다. 십자군의 대규모 공격이 준비되고 있다는 것을 안 아르간테는 3일간 휴전을 요청한다. 아르간테 왕은 십자군을 파멸시키기 위해 정부 아르미다(Armida)에게 도움을 청한다. 아르미다는 다마스쿠스의 여왕이며 마법사다. 아르미다가 도착해 아르간테 왕에게 만일 리날도 장군을 십자군과 분리시킬 수 있으면 승리할 것이라고 말해준다.

어느 골짜기에서 리날도와 알미레나가 영원히 변치 말자고 다짐하며 사랑을 속삭이고 있다. 그때 갑작스럽게 나타난 아르미다가 알미레나를 납치한다. 리날도가 죽을힘을 다해 대항하지만 아르미다에게는 당할 수가 없다. 알미레나가 납치되었다는 소식을 듣고 고드프레이와 그의 동생 에우스타치오(Eustazio)가 달려온다. 이들은 아르미다를 물리치기 위해서는 산속에 은둔하고 있는 마법사의 힘을 빌릴 수밖에 없다고 얘기한다. 리날도는 골짜기에 몰아치는 폭풍에게 도와달라고 간청한다.

[제2막] 리날도와 고드프레이가 은둔 마법사를 찾으러 떠난다. 이 사실을 안 아르미다는 사이렌(바다의 요정)을 보내 리날도를 유혹한다. 사이렌은 리날도에게 알미레나를 만나려면 자기를 따라오라고 한다. 고드프레이와 에우스타치오가 말리지만, 리날도는 알미레나를 만나려는 일념으로 사이렌을 따라간다. 사이렌은 리날도를 배에 태워 어디론가 떠난다.

매혹적인 아르미다의 정원에서 알미레나가 납치된 것을 한탄하고 있다. 사라센 왕 아르간테가 알미레나의 미모를 탐내 사랑을 호소하며 접근하지만 알미레나는 제발 그러지 말라고 간곡히 부탁한다. 아르간테는 알미레나를 아무도 모르는 지하 감옥에 집어넣는다.

아르미다는 사이렌이 리날도를 아무 탈 없이 데려온 것을 기뻐하며 향응을 베풀고는 그에게 자신을 맡기려고 한다. 리날도가 아르미다를 거절하자 그가 사랑하는 알미레나의 모습으로 변해 접근한다. 리날도는 알미레나로 변한 아르미다에게 현혹되지만, 알미레나는 이럴 여인이 아니라는 생각이 들어 완강히 뿌리친다. 아르미다는 리날도에 대한 욕망을 이루지 못하자 분노에 휩싸인다.

잠시 후 사라센 왕 아르간테가 등장하자 아르미다는 이번에도 알미레나의 모습으로 변해 그녀가 어디에 갇혀 있는지 알아낸다. 아르미다는 알미레나를 찾아가 십자군과 사라센군의 휴전은 끝났다고 하면서 리날도에게 복수하겠다고 선언한다.

[제3막] 고드프레이와 에우스타치오가 마침내 은둔 마법사를 만난다. 마법사는 리날도와 알미레나가 아르미다의 궁에 잡혀 있다고 얘기해준다. 고드프레이와 에우스타치오는 군대를 동원해 아르미다의 성을 공격하지만 마법을 이겨내기엔 역부족이다. 이렇게 되자 은둔 마법사는 리날도와 알미레나를 구해내는 데 도움을 줄 마법의 지팡이를 건네준다.

한편 아르미다가 알미레나를 죽이려 하자 리날도가 칼을 빼 들고 저지하지만 오히려 칼을 빼앗긴다. 이때 마법의 지팡이의 도움을 받은 고드프레이와 에우스타치오가 아르미다의 정원으로 들어온다. 아르미다가 복수의 여신들(Furies)을 불러 이들을 물리쳐달라고 간곡히 청하지만, 마법의 지팡이가 아르미다의 정원을 성지 예루살렘으로 변화시킨다. 아르미다가 또다시 알미레나를 해치려 하지만, 힘이 많이 빠진 아르미다를 리날도가 저지한다.

아르미다와 사라센 왕 아르간테가 힘을 합쳐 십자군 공격에 대항한다. 치열한 전투에서 결국 리날도가 이끄는 십자군의 승리로 끝난다. 다시 만난 리날도와 알미레나는 재회의 기쁨을 나눈다. 사로잡힌 아르미다와 아르간테는 기독교로 개종한다.

로델린다

프롤로그와 3막. 안토니오 살비(Antonio Salvi)의 「롬바르디아의 여왕 로델린다(Rodelinda, regina de' Langobardi)」와 피에르 코르네유(Pierre Corneille)의 희곡 「페르타리트, 롬바르디아의 왕(Pertharite, roi des Lombards)」을 바탕으로 니콜라 프란체스코 하임이 오페라 대본으로 만들었다.

초연 1725년 2월 13일 런던 왕립극장

주요 배역 로델린다(롬바르디아-밀라노 왕국의 왕비), 에두이제(전왕의 여동생), 그리모알도(대장군), 가리발도(자문관), 베르타리도(전왕), 우눌포(충신)

베스트 아리아 「사랑하는 남편을 잃고(Ho perduto il caro sposo)」(S), 「나무 그늘(Ombre piante)」(S), 「어디 있는가?(Dove sei)」(Male A)

사전 지식 로델린다는 롬바르디아 왕국의 왕비 이름이다. 이 오페라는 마치 베르디의 오페라 줄거리를 보는 것과 같다. 사랑, 배신, 모반, 용서, 정절이라는 모든 요소가 담겨 있다. 다만 해피엔드라는 점이 베르디와 다르다.

줄거리 [프롤로그] 롬바르디아와 밀라노 왕국의 베르타리도(Bertarido) 왕은 그리모알도(Grimoaldo) 대장군과의 전쟁에서 패하고 실종되었다. 왕비 로델린다(Rodelinda)와 왕자 플라비오(Flavio)는 미처 피하지 못해 대장군에게 억류되어 있다. 대장군은 전쟁에서 승리하면 포상으로 전왕 베르타리도의 여동생 에두이제(Eduige)와 결혼하기로 되어 있다. 이렇게 되면 밀리노 왕국의 왕으로 등극할 때 법적인 문제가 없다는 계산이 섰던 것이다. 에두이제는 대장군을 사랑하지만 당장 결혼하지는 않겠다고 주장한다. 추방당한 오빠가 죽었다고 생각해 애도 기간을 지내야 한다는 이유 때문이다. 멀리 다른 나라에 몸을 의탁하고 있는 전왕 베르타리도는 밀사를 시켜 조국에 자기가 죽었다는 소문을 낸다. 죽은 것으로 알려져야 왕비와 왕자를 구하는 것이 훨씬 수월할 것으로 생각하기 때문이다. 전왕이 사망했다는 소식에 왕비와 여동생은 몹시 슬퍼한다. 대장군은 밀라노 왕국의 왕으로 즉위하는 데 전왕의 왕비와 결혼하는 것이 유리한지, 사랑하는 전왕의 여동생과 결혼하는 것이 좋은지 결정을 내리지 못하고 있다. 그는 이 문제를 자문관인 가리발도(Garibaldo), 우눌포(Unulfo)와 함께 의논한다. 전왕에 대한 충성심을 간직한 원로 우눌포는 왕비와 왕자를 은밀히 돕고 있다. 그는 전왕이 어딘가에 살아 있다고 확신한다.

[제1막] 대장군은 자문관들과 의논한 끝에 전왕의 왕비 로델린다와 결혼하기로 결정한다. 전왕의 여동생 에두이제는 비록 애도 기간이지만 자신의 마음과 나라의 왕관을 대장군에게 바치겠으니 결혼해달라고 간청한다. 그러나 대장군은 앞날을 위해 이 제안을 거부한다. 이 틈을 이용해 권력에 눈이 먼 자문관 가리발도가 자신과 결혼하여 왕관을 차지하자고 에두이제에게 제안한다. 대장군에게 배신당했다고 생각한 에두이제는 가리발도가 은근히 기대를 품게 하는 언질을 한다.

전왕이 비밀리에 고국으로 돌아온다. 전왕은 사람들의 눈을 피해, 자기를 위해 만든 묘지에서 충신 우눌포를 만나기로 한다. 자문관이 대장군과 결혼하지 않으면 왕자를 죽이겠다는 최후통첩을 전하자, 심한 갈등에 빠진 왕비는 왕자의 목숨을 살리기 위해 어쩔 수 없이 대장군과의 결혼을 승낙한다. 이 소식을 들은 전왕은 대장군에 대한 참을 수 없는 복수심과 함께 한편으로는 그렇게 믿었던 왕비가 대장군과 결혼하기로 결심하자 원망하는 마음이 차오른다. 충신 우눌포는 기다리면 무슨 방법이 있을 것이라면서 전왕의 마음을 달랜다.

[제2막] 자문관은 에두이제의 태도에서 그녀가 대장군을 사랑하고 있다는 것을 알아차린다. 왕비 로델린다는 한 가지 조건을 들어주면 결혼을 하겠다고 대장군에게 제안한다. 자기가 보는 앞에서 대장군이 직접 왕자를 죽여달라는 것이다. 대장군은 차마 결혼할 여인의 어린 아들을 어미 앞에서 죽일 수는 없다고 생각한다. 그는 왕비의 용기와 정절에 깊이 감동하면서 이런 여인이야말로 새로 탄생할 왕국이 필요로 하는 왕비라고 생각한다. 그렇지만 에두이제에 대한 사랑도 지울 수 없다. 모두 퇴장하고 자문관과 우눌포만 남자, 자문관은 "권력이란 어떤 대가를 치르더라도 장악해야 한다!"고 주장한다. 이 소리를 들은 우눌포는 이제 왕비와 전왕이 만나야 할 때라고 생각한다. 한편 왕궁 마구간을 거닐던 에두이제가 우연히 전왕을 만난다. 전왕이 무사한 것을 확인한 에두이제는 말할 수 없이 기뻐하며, 전왕이 걱정하는 것처럼 왕비의 정절이 변한 것은 아니라면서 전왕의 오해를 풀어준다. 둘이 이야기를 나누고 있을 때 우눌포가 왕비를 데리고 온다. 전왕과 왕비가 감격적인 해후를 하지만, 어떻게 알았는지 대장군이 병사와 함께 나타나 전왕을 체포하고 옥에 가둔다. 전왕은 곧 처형당할 운명이다.

[제3막] 에두이제와 우눌포가 전왕을 탈출시킬 계획을 세운다. 에두이제가 하인을 시켜 음식물에

단검을 넣어 전왕에게 보낸다. 단검을 받아든 전왕은 어둠을 뚫고 감옥으로 들어오는 사람을 간수로 생각해 칼로 찌른다. 그런데 칼에 찔린 사람은 전왕을 비밀 통로를 통해 왕궁 밖으로 탈출시키기 위해 들어온 우눌포다. 부상을 입은 우눌포는 자신의 옷을 왕에게 입히고는 비밀 통로로 빠져나가라고 재촉한다.

아무도 없는 감옥에 왕비가 에두이제와 함께 들어선다. 왕궁 밖 숲 속에서 기다리기로 했으나 왕비가 직접 전왕을 구출해야 한다고 주장해 어쩔 수 없이 감옥으로 들어온 것이다. 텅 빈 감옥에서 피 묻은 전왕의 옷을 발견한 왕비는 전왕이 처형되었다고 생각해 정신을 잃는다. 우눌포와 옷을 바꾸어 입는 바람에 전왕의 옷에 우눌포의 피가 묻은 것이다.

전왕의 무덤을 찾아온 대장군은 자신의 지나친 잔혹함과 죄의식 때문에 괴로워하다가 지쳐 잠이 든다. 그때 자문관이 찾아와 잠들어 있는 대장군의 가슴에 칼을 꽂으려고 한다. 마침 왕비와 왕자를 만나기 위해 무덤에 나타난 전왕이 칼을 빼내 자문관을 벤다. 전왕의 행동과 왕비의 한결같은 정절에 감동한 대장군은 전왕에게 굴복한다. 그리고 모든 권세를 되돌려 주면서, 왕자를 롬바르디아와 밀라노 왕국의 새로운 왕으로 선포한다. 대장군은 에두이제에게 용서를 구하며 자신의 사랑은 여전히 변함이 없다고 말한다. 모두 환호하며 새로 왕위에 오른 왕자에게 충성을 맹세한다.

세멜레

타이틀	**Semele**

전 3막. 푸블리우스 오비디우스 나소(Publius Ovidius Naso: 오비드)의 대서사시 「변형」을 바탕으로 윌리엄 콩그리브 (William Congreve)가 대본을 썼다.

초연	1744년 2월 10일 런던의 코벤트가든
주요 배역	카드모스(테베의 왕), 세멜레(카드모스의 딸이자 테베의 공주), 이노(세멜레의 여동생), 아타마스(보이오티아의 왕자), 주피터, 주노(주피터의 아내), 이리스(메신저로 주노의 측근), 솜누스(잠의 신), 아폴로

베스트 아리아	「어디로 가는가(Where're you walk)」(T), 「나를 내버려두오, 지긋지긋한 빛아(Leave me, loathsome light)」(B), 「이제부터, 이리스, 이제부터 가라(Hence, Iris, hence away)」(C), 「오 잠이여, 어찌하여 나를 내버려두는가(O sleep, why dost thou leave me)」(S)

사전 지식　'세멜레'라는 제목의 오페라는 1707년 작곡된 존 에클스(John Eccles)의 오페라와 헨델의 오페라가 있다. 대본가 윌리엄 콩그리브는 존 에클스와 함께 1706년 런던 퀸스 극장(Queen's Theater) 개관에 맞춰 오페라 〈세멜레〉를 공연할 계획이었다. 그러나 당시에는 이탈리아 오페라가 런던 오페라계를 주도하고 있어, 영국산 오페라가 들어서기에는 무리가 있다고 판단해 포기하고 말았다. 두 오페라의 다른 점이 있다면 헨델의 〈세멜레〉는 원래 콘서트를 위한 오라토리오였으나, 나중에 오페라 스타일로 변경되었다는 점이다. 헨델의 〈세멜레〉는 1744년 초연되었으므로 존 에클스의 〈세멜레〉보다 약 40년 뒤에 나온 셈이다. 두 〈세멜레〉 모두 윌리엄 콩그리브가 오비디우스의 서사시를 바탕으로 쓴 대본을 사용했다.

줄거리　[제1막] 주노 신전에서 테베 왕 카드모스(Cadmus: 페니카아의 왕자로 용을 퇴치하여 테베를 건설하고 알파벳을 그리스에 전한 인물)의 아름다운 딸 세멜레와 보이오티아(Voiotia: 고대 아테네 북서 지방의 왕국, 오늘날 코린토스 만 동북쪽 지방)의 아타마스(Athamas) 왕자의 결혼식을 준비하고 있다. 그런데 신 중의 신 주피터(Jupiter)를 사랑하는 세멜레는 주피터에게 도움을 청한다. 세멜레의 여동생 이노(Ino)

역시 가슴이 답답하다. 언니와 결혼하기로 한 아타마스 왕자를 사랑하기 때문이다. 세멜레의 한탄을 들은 주피터는 천둥번개를 보내 결혼식을 못하게 방해한다. 결혼식을 올리지 못한 아타마스에게 이노가 다가가 오래전부터 깊이 사랑하고 있다고 고백한다. 아타마스도 같은 마음이었는지 두 사람은 멀리 도망가기로 한다. 이노와 아타마스가 신전에서 도망친 뒤 하늘에서 갑자기 커다란 독수리가 날아와 세멜레를 납치한다. 독수리로 변한 주피터가 세멜레를 납치한 것이다. 세멜레는 주피터가 마련해준 궁전에서 즐거운 생활을 시작한다.

[제2막] 이리스(Iris: 무지개의 여신으로 메신저라고도 불린다)는 주노(Juno: 주피터의 아내로 결혼의 여신)에게 주피터의 정부 세멜레라는 여자가 주피터의 각별한 보호 아래 그의 궁전에 머물고 있다고 얘기해준다. 화가 치민 주노는 솜누스(Somnus: 잠의 신)에게 도움을 청해 세멜레를 혼내주기로 한다.

세멜레는 주피터가 들어오자 신만 사는 세계에서 인간으로서 주피터의 연인으로 있는 것은 편치 않으니 자신을 여신으로 만들어달라고 간청한다. 하지만 세멜레가 영원한 생명을 지닌 여신이 되는 것을 원치 않는 주피터는 세멜레를 멀리하기 시작한다.

주피터는 세멜레를 위로하고자 여동생 이노를 주피터 궁으로 초청해 같이 지내게 한다. 이노가 도착하자 두 자매는 우주를 찬양하는 노래를 부르며 즐거워한다.

[제3막] 주노와 이리스가 솜누스를 만나기 위해 그가 사는 동굴로 찾아간다. 그때까지도 잠을 자고 있던 솜누스는 겨우 잠에서 깨어나, 님프 한 명을 보상으로 주면 세멜레를 혼내달라는 주노의 청을 들어주겠다고 대답한다. 약속을 받은 솜누스는 주노가 제우스 궁전을 지키는 용을 통과할 수 있도록 마법의 지팡이를 준다. 주노는 이노로 가장해 세멜레를 만난다. 세멜레는 이노에게 어떻게 하면 주피터의 사랑을 독차지할 수 있는지 묻는다. 이노로 가장한 주노는 신들의 제왕으로서 주피터가 지닌 최고의 능력을 볼 수 있으면 그의 사랑을 독차지 할 수 있다고 설명해준다. 잠시 후 주피터가 등장해 아름다운 세멜레에게 그간 무심했던 것을 후회한다. 그에게 세멜레를 갈망하는 욕망이 다시금 솟구친다.

주피터가 사랑을 나누자고 하지만, 세멜레는 사랑을 나눈 뒤 그가 다시 무관심해질 것을 두려워한다. 그녀는 주노의 말을 떠올리며 제신의 제왕으로서 최고의 능력을 보여달라고 청한다. 주피터는 어서 사랑을 나누고 싶은 생각에 부탁을 들어주겠다고 하고는 초자연적인 힘으로 불길을 내뿜는다. 열기를 이기지 못한 세멜레는 결국 재가 되어버린다. 주피터는 세멜레와의 결합으로 새로운 신이 탄생했다고 선언한다. 재로 변한 세멜레에게서 술의 신 바쿠스가 태어난 것이다. 사람들은 술의 신이 탄생한 것을 기뻐하며 축하한다. 인간 세상으로 돌아온 이노는 사랑하는 아타마스와 결혼식을 올린다.

108

Händel, George Frederick

세르세

타이틀	**Serse**(Xerxes)	
		전 3막의 코믹 오페라. 실비오 스탐필리아(Silvio Stampiglia)의 희곡 「크세르크세스(Xerse)」에서 이야기를 따왔다. 세르세는 페르시아 왕 크세르크세스를 일컫는다.
	초연	1738년 4월 15일 런던 왕립극장
	주요 배역	세르세(페르시아 왕), 아르사메네(세르세의 동생), 아마스트레(세르세와 정혼한 공주), 아리오다테(대제사장), 로밀다(대제사장의 딸), 아탈란타(로밀다의 여동생), 엘비로(아르사메네의 신하)
음악 하이라이트		세르세의 아리아(larghetto)
베스트 아리아		「나무 그늘 아래에서(Ombra mai fú)」(라르고, Ms)

사전 지식　　　그리스와 페르시아 전쟁사를 다룬 헤로도토스의 『역사(Historiae)』에 근거해 세르세 왕에 대한 이야기를 다루었지만 내용은 다분히 소설적이다. 주인공 세르세(크세르크세스) 1세는 페르시아의 왕으로 기원전 485년부터 기원전 465년까지 페르시아를 다스렸던 인물이다. 이 오페라는 세르세 왕이 그리스를 점령했을 시기를 배경으로 한다. 장소는 아비도스(Abydos)일 것이다. 세르세 왕은 남성 메조소프라노가, 그의 남동생 아르사메네는 메조소프라노가 맡는다. 세르세와 약혼한 타고르 왕국의 아마스트레 공주는 콘트랄토가 맡는다.

에피소드　　　헨델의 오페라는 비극적인 요소와 코믹한 요소가 혼합된 경우가 많다. 이 오페라는 유명한 아리아 「나무 그늘 아래에서」로 시작한다. 세르세가 플라타너스(plane tree)의 그늘을 찬양하며 부르는 아리아다. 이 아리아는 그 후 여러 번 수정되어 오늘날에는 헨델의 「라르고(Largo)」로 더 잘 알려져 있다. 런던에서의 초연이 실패해 첫 공연 이후 고작 5회만 공연했지만, 19세기 후반에 이르러 「라르고」의 인기가 상승하자 〈세르세〉에 대한 관심도 높아졌다.

줄거리　　　[제1막] 정원 한쪽에서 페르시아 왕 세르세가 신록이 우거진 플라타너스를 감탄하며 감상하고 있다. 세르세 왕은 나무의 푸른색을 사랑하지만, 나무는 바람에 나뭇잎이 살랑거리는 소리로만 세르세의 사랑에 응답할 뿐이다. 대제사장의 아름다운 딸 로밀다(Romilda)가 정원 한쪽에서 세르세가 나무를 보며 찬사를 보내는 모습을 보고는, 재미있다는 듯 부드러운 음성으로 노래를 부른다. 그 목소리에 매혹된 왕에게 로밀다를 사랑하는 마음이 솟아난다. 하지만 로밀다가 사랑하는 사람은 왕의 동생 아르사메네(Arsamene)다. 이를 모르는 세르세 왕은 동생 아르사메네에게 로밀다와 결혼하고 싶다고 말한다. 아르사메네는 로밀다를 만나 왕의 속셈을 전하며 조심하라고 당부한다. 이렇게 되자 로밀다의 여동생 아탈란타(Atalanta)는 내심 무척 기뻐한다. 만일 로밀다가 세르세 왕과 결혼하게 되면 오래전부터 사랑해온 아르사메네와 결혼할 수 있기 때문이다.

세르세 왕은 아르사메네가 로밀다를 사랑한다는 것을 깨닫고는 궁정 출입을 금지시키면서, 로밀다에 대한 자신의 마음을 분명히 밝힌다. 왕은 타고르 왕국의 왕위 계승자 아마스트레(Amastre) 공주와 약혼까지 했으나, 로밀다에게 마음을 빼앗긴 뒤 공주를 멀리하고 있다. 공주는 세르세 왕에게 새 연인이 생겼다고 생각해, 분한 마음에 복수를 다짐하며 왕을 만나러 길을 나선다.

로밀다의 아버지인 대제사장 아리오다테(Ariodate)는 세르세 왕에게 전쟁에서 페르시아군이 적을 무찌르고 크게 승리한 것을 보고하며, 이는 태양신이 페르시아를 도와주었기 때문이라고 말한다. 뒤이어 페르시아의 장군들이 수많은 전리품과 포로를 끌고 와 세르세 왕에게 바친다. 마치 〈아이다〉의 개선 장면을 연상시킨다. 세르세 왕은 크게 기뻐하며 대제사장 아리오다테를 치하하고, 미래의 장인에게 왕과 동등한 신분으로 대우할 것을 약속한다.

[제2막] 거리의 광장에서 아마스트레 공주가 아르사메네의 하인 엘비로를 추궁해 세르세 왕이 로밀다와 결혼하려는 것을 확인한다. 잠시 후 로밀다의 동생 아탈란타가 등장한다. 엘비로는 자신이 아르사메네의 하인이라고 밝히면서, 로밀다에게 전할 편지가 있으니 만나게 해달라고 부탁하자, 아탈란타가 편지를 전해주겠다고 하면서 이제 로밀다는 왕을 사랑하게 되었다는 말을 덧붙인다.

세르세 왕이 아탈란타가 읽고 있는 편지를 달라고 해 읽어보니 사랑하는 여인에게 간절한 마음을 호소하는 내용이다. 왕은 필체를 보고 아르사메네가 쓴 것임을 눈치챈다. 아탈란타는 아르사메네가 자신에게 보낸 편지이며 서로 사랑하고 있다고 말한다. 이 말을 들은 왕은 아르사메네가 다른 여인을 사랑하게 되어 기쁜 한편, 마음 한구석에는 동생이 로밀다를 사랑했다는 생각이 여전히 남아 있다. 엘비로는 아탈란타에게 들은 대로 로밀다가 세르세 왕을 사랑하게 되었다고 전한다.

세르세 왕이 벌인 대공사, 즉 섬과 육지를 잇는 연육교가 완성된다. 백성들이 세르세 왕의 위업을 찬양한다. 왕은 유럽으로 진격해 대페르시아 제국의 위엄을 떨치겠다는 포부를 밝힌다. 세르세 왕이 낙담과 실의로 괴로워하는 동생 아르사메네를 만난다. 아르사메네가 로밀다를 잊고 아탈란타를 사랑하게 되었다고 믿는 세르세 왕은 이제 더는 노여워하지 않겠다고 말한다. 그러면서 누구든 사랑하는 여인이 있으면 결혼하는 것이 마땅하다면서 아탈란타와 결혼하라고 권한다. 이 말에 아르사메네는 오직 로밀다만 사랑하며 무슨 일이 있어도 그녀와 결혼하겠다고 말한다.

아마스트레 공주가 드디어 세르세 왕을 만난다. 용감한 전사이기도 한 공주는 세르세 왕을 위해 전쟁에 참가했다가 부상당했던 일을 상기시키며, 다른 여자와 결혼을 한다는 것이 사실이냐고 다그쳐 묻는다. 때마침 로밀다가 등장하자 세르세 왕은 바로 이 여인을 사랑하게 되었다고 하면서, 공주 앞에서 로밀다에게 구혼한다. 격분한 아마스트레 공주가 "이 배반자!"라고 소리치며 칼을 빼 들고 왕을 죽이려 하지만 근위병에게 체포된다. 로밀다는 대제사장만이 지닐 수 있는 면죄부를 근위병들에게 보이면서 아르사메네를 풀어주라고 명령한다.

[제3막] 세르세 왕은 결혼을 하자면서 로밀다에게 계속 압력을 넣고 있다. 로밀다는 왕의 집요함에 계속 거절만 하다가는 불행한 일을 당할 수 있다고 생각해, 만일 아버지가 명령하면 신의 뜻으로 알고 복종하겠다고 한다. 이 얘기를 들은 아르사메네는 어떻게 그럴 수 있느냐고 로밀다를 비난한다. 로밀다는 자기가 세르세 왕과 결혼할 수도 있다고 말한 것은 죽음을 택하겠다는 뜻이라고 아르사메네 에게 고백한다. 로밀다를 돕고 싶은 마음이 든 아마스트레 공주는 자기가 가지고 있던 편지를 로밀다에게 주며 세르세 왕에게 가져다주라고 말한다. 그러면서 배신한 사람을 사랑하는 자기 처지를 한탄한다. 장면은 바뀌어 태양의 신전이다. 아르사메네와 로밀다가 손을 잡고 들어선다. 죽음을 앞두고 태양의 신 앞에서 결혼식을 올리려는 것이다. 로밀다의 아버지 아리오다테가 들어와 세르세 왕이 두 사람의 결혼을 승낙했다고 거짓말을 한다. 두 사람은 기쁨에 눈물을 흘리며 결혼 예식을 마친다. 세르세 왕이 등장한다. 로밀다와 결혼하기 위해 신전으로 온 것이다. 왕은 두 사람의 결혼식이 이미 끝났다는 말을 듣고 대로한다. 그때 로밀다가 아마스트레 공주가 준 편지를 내보인다. 사랑을 맹세한 사람이 배신하면 어떤 벌을 받아도 좋다는 내용이다. 세르세 왕은 바로 이것이라며, 로밀다야말로 아버지의 명령대로 결혼하겠다고 해놓고서는 자신을 배신했다고 하면서 용서할 수 없다고 말한다. 왕은 아르사메네에게 칼을 건네며 로밀다를 처형하라고 명령한다. 그 순간 아마스트레 공주가 나타나 그 편지는 세르세 왕이 자신에게 써준 것이며 사랑을 배반한 세르세 왕이야말로 처형되어야 할 사람이라고 주장한다. 왕은 자기의 잘못을 뉘우친다. 세르세 왕은 아르사메네와 로밀다에게 용서를 구하며 두 사람의 행복을 기원한다. 또한 아마스트레 공주와 약속을 지키는 것이 대제국의 왕이 해야 할 일이라고 선포한다. 사랑과 명예의 결합에 모두 환호를 보낸다.

약사

타이틀	**Der Apotheker**(The Apothecary; Lo Speziale)

전 3막. 하이든이 에스터하지 가족을 위해 작곡한 오페라 중 한 편이다. 대본은 카를로 골도니(Carlo Goldoni)가 썼다.

초연	1768년 오스트리아 아이젠슈타트의 에스터하지(Esterházy) 궁전 극장
주요 배역	그릴레타, 멘고네, 셈프로니오(약사), 볼피노

줄거리   18세기 중엽 이탈리아의 어느 도시다. 나이 많은 약사 셈프로니오(Sempronio)의 집에 사는 예쁜 아가씨 그릴레타(Grilletta)에게는 두 사람의 애인 후보가 있다. 볼피노(Volpino)는 부자이지만 잘난 체가 심하고, 멘고네(Mengone)는 부자는 아니지만 사람이 착하고 성실하다. 더구나 그릴레타에게 아주 친절하다. 물론 그릴레타는 착한 멘고네를 더 좋아하지만, 멘고네는 마음이 약해선지 수줍어선지 그릴레타에게 좋아한다는 표현을 하지 못한다. 친구들의 응원에 용기를 얻은 멘고네는 그릴레타와 가까이 있어야 한다는 생각에 약국 점원으로 취직한다. 문제는 멘고네가 약에 대해 전혀 모른다는 것이다. 그것 말고도 문제가 또 있다. 약사 영감이 그릴레타와 멘고네가 가까이 지내는 모습만 보면 화를 내고 신경질을 부리며 젊은 연인을 떼어놓으려고 한다. 그 이유는 간단하다. 예쁜 그릴레타와 결혼하려는 속셈 때문이다.

그릴레타와 멘고네가 점점 더 좋아 지내자 위기의식을 느낀 약사 영감은 그릴레타의 의사는 고려하지 않은 채 혼자서 결혼을 서두른다. 그렇게 할 수 있는 것은 영감이 그릴레타의 후견인으로서 결혼 문제를 소관하기 때문이다. 영감은 당장 공증인을 데려오라고 멘고네를 보낸다. 잠시 후 두 명의

하이든, 프란츠 요제프(Haydn, Franz Joseph, 1732~1809)
교향곡의 아버지라고 불리는 프란츠 요제프 하이든은 빈 북쪽 로라우(Rohrau)에서 태어나 주로 에스터하지 궁전이 있는 아이젠슈타트에서 활동했고, 말년에는 빈에서 지냈다. 그는 주로 에스터 하지 가문을 위해 오페라를 작곡했는데, 대체로 징슈필 형태를 벗어나지 못했지만 하이든 특유의 아름다운 멜로디와 하모니로 많은 사랑을 받고 있다. 하이든은 인형극을 위한 오페라도 여러 편 작곡했다.

공증인이 들어와 서로 진짜 공증인이라고 주장한다. 영감은 뭐가 어떻게 된 것인지 모르지만 아무튼 결혼증명서에 공증인이 서명만 해주면 되므로 누구든 상관없다고 생각한다. 그릴레타가 보니 볼피노와 멘고네가 공증인으로 변장해 앉아 있는 것이 아닌가! 두 사람은 결혼증명서에 영감의 이름 대신 자기 이름을 써넣으려고 다투다가 정체가 들통 나버린다. 볼피노는 곧장 도망치지만, 당황한 멘고네는 도망도 치지 못한다. 그릴레타는 자기만 믿으라고 멘고네를 위로한다.

비록 줄행랑은 쳤지만 두 손 들고 포기할 볼피노가 아니다. 그는 터키 귀족으로 변장하고 약국에 들어와 약사 영감을 술탄(왕)의 특별 약사로 천거하기 위해 왔다고 거드름을 피면서, 약국에 있는 약을 모두 사겠다고 한다. 그는 귀중한 약을 함부로 쏟기도 하고 섞어버리기도 하면서 난장판을 벌인다. 영감은 술탄의 특별 약사가 될 수 있다는 말에 솔깃하지만, 귀한 약을 마구 팽개치는 모습을 보며 화가 머리끝까지 치밀어 올라 안절부절못한다. 하지만 터키 귀족이라는 바람에 말도 못하고 쩔쩔매고만 있다.

멘고네와 그릴레타는 터키 귀족이 볼피노라는 것을 눈치챈다. 멘고네는 터키 귀족을 약국에서 쫓아버릴 테니 그릴레타와 결혼하게 해달라고 영감에게 제안한다. 영감은 그렇게 하겠다고 약속하며 공증서에 서명한다. 한바탕의 소란은 이렇게 하여 간단히 결말을 맞는다.

그릴레타가 터키 귀족에게 달려가 마스크를 벗기자 볼피노의 얼굴이 드러난다. 자존심이 상한 볼피노는 그대로 꽁무니를 뺀다. 결혼을 약속 받은 그릴레타와 멘고네는 행복한 표정을 짓는다.

무인도

타이틀 **L'isola Disabitata**(The Desert Island)

전 2막 무대음악(일본에서 이미 '무인도'라는 제목으로 공연한 바 있으므로 필자도 편의상 '무인도'로 표기했음을 밝힌다). 대본은 피에트로 메타스타시오(Pietro Metastasio)가 썼다.

초연	1779년 12월 6일 오스트리아 아이젠슈타트의 에스터하지 궁전 극장
주요 배역	콘스탄차(Ms), 엔리코(Bar), 제르난도(T), 실비아(S)

사전 지식　　　　하이든의 10번째 오페라로 에스터하지 가문을 위해 작곡한 것이다. 하이든의 오페라는 질풍노도의 시대를 연상시키는 드라마틱한 서곡이 인상적이지만, 나머지 부분에서는 뚜렷한 특성이 부족해 쉽게 잊힌다. 그러나 〈무인도〉는 재미난 내용과 함께 음악적으로도 호감을 주어 오늘날에도 사랑을 받고 있다. 마지막 장면에서 네 명의 주역들이 부르는 4중창은 반주가 솔로 바이올린과 첼로뿐이어서 매우 인상적이다.

에피소드　　　　제2의 스칼라티라고 하는 카를로 골도니(Carlo Goldoni)가 똑같은 제목과 대사로 오페라를 작곡했지만 이 작품은 거의 공연되지 않았다.

줄거리　　　　[제1막] 콘스탄차(Constanza)와 제르난도(Gernando)는 서로 사랑하지만 종종 다투기도 한다. 이들이 탄 배가 해적의 공격을 받아 난파된다. 콘스탄차는 정신을 잃은 채 어떤 섬(무인도)의 해안으로 쓸려온다. 콘스탄차의 동생 실비아(Silvia)도 해적들에게 잡혀 고초를 겪다가 천신만고 끝에 탈출한다. 그녀는 바다를 표류하다가 콘스탄차가 밀려온 무인도에 도착한다. 둘은 섬 중턱 동굴에 거처를 정한다.

해적에게 붙잡혀 고생을 하던 제르난도는 함께 붙잡혀 있던 엔리코(Enrico)와 함께 탈출해, 바다에서 표류하다가 콘스탄차와 실비아가 있는 무인도로 들어오게 된다.

콘스탄차는 동굴 입구의 커다란 바위에 새기기 시작한 글을 거의 끝마친다. "배반자 제르난도에게 버림을 받은 콘스탄차는 낯선 해안에서 생의 마지막을 마친다. 만일 호랑이 이외에 이 글을 보는 나그네가 있다면 나를 위해 복수를 해주거나, 그것이 어려우면 나를 동정해주기 바란다."

실비아는 바다 저 멀리 배에서 괴물 같은 것이 빠르게 헤엄쳐 오는 것을 본다. 실비아는 그것이 무엇인지 물어보려고 동굴에 있는 언니에게 간다. 괴물이 아닌 남자들이 헤엄쳐 섬의 해안에 도착한다. 제르난도와 엔리코다. 동굴로 향하던 실비아는 사람 소리가 들리자 바위 뒤로 숨는다. 그러나 그들이 무슨 얘기를 하는지는 듣지 못한다.

얘기인즉 제르난도가 아내 콘스탄차와 함께 해적선에서 도망쳐 섬에 도착했지만, 아내가 깨어나지 않아 해변에 뉘어놓고 섬을 탐사하고 돌아와 보니 아내가 사라졌다는 것이다. 그는 아내가 다시 해적에게 잡혀갔다고 생각해 해적선에 올랐다가 온갖 고초를 겪고, 엔리코와 탈출해 섬에 가까스로 돌아온 것이다. 그런데 이 사실을 모르는 콘스탄차는 남편이 자기를 버리고 가버렸다고 생각해 분노와 낙담으로 하루하루를 보내고 있다.

[제2막] 제르난도는 동굴 입구의 커다란 바위에 새긴 글씨를 보면서 틀림없이 콘스탄차가 쓴 것이라고 확신한다. 글의 내용을 본 제르난도는 콘스탄차가 이미 이 세상 사람이 아니라고 생각해, 엔리코에게 자기도 이 섬에서 생을 마감하겠다고 말한다. 탈출을 도와주었기 때문에 항상 고맙게 생각하던 엔리코는 제르난도가 생을 마감하겠다고 하자 고마움을 갚기 위해 도움을 주겠다고 하면서, 높은 언덕에서 개울로 떨어지면 그의 소망을 들어줄 수 있을 것이라고 생각한다. 엔리코는 때마침 선원 두 명이 무인도에 도착하자 제르난도를 개울로 밀어 떨어뜨려 달라고 부탁한다.

실비아 앞에 엔리코가 나타난다. 언니한테서 남자는 악마라고 귀가 따갑게 들어온 실비아는 목숨만 살려달라고 간청한다. 그러나 엔리코가 악마가 아니라는 것을 깨달은 실비아는 그에게 마음을 연다. 어느덧 엔리코와 가까워진 실비아는 언니 콘스탄차가 슬픔에 젖어 있다고 얘기한다. 엔리코와 실비아는 각자 흩어져 콘스탄차와 제르난도를 찾기 시작한다.

실비아는 자기 마음에 사랑이라는 이상한 감정이 싹트고 있다고 노래한다. 실비아가 자리를 뜨자 콘스탄차가 등장해 왜 이리 시간이 더디 가냐고 한탄한다. 그 순간 제르난도가 나타나자 콘스탄츠는 놀라 기절한다. 콘스탄차를 깨우기 위해 물을 뜨러 내려간 제르난도 앞에 엔리코가 나타나 콘스탄차에게 어떤 일이 있었는지 설명해준다. 실비아도 선원들에게 그간의 일을 들었다고 말한다. 이렇게 하여 서로에게 품고 있던 오해가 모두 풀린다.

엔리코가 실비아에게 청혼한다. 네 사람이 행복한 노래를 부르는 가운데 막이 내린다.

달세계

| 타이틀 | Il Mondo Della Luna(The World on the Moon) |

	전 3막의 오페라 부파. 카를로 골도니가 자신이 쓴 동명 소설을 기본으로 대본을 썼다.
초연	1777년 8월 3일 오스트리아 아이젠슈타트의 에스터 하지 궁전 극장
주요 배역	에클리티코(예비 천문학자, T), 부오나페데(B), 에르네스 토(기사, CA), 체코(에르네스토의 하인, T), 클라리체(부 오나페데의 큰딸, S), 플라미니아(부오나페데의 작은딸, S), 리세타(부오나페데 집의 하녀, Ms)
베스트 아리아	「즐거운 세상(Che mondo amabile)」(B)

사전 지식　　　　이탈리아의 오페라 부파라고 할 수 있는 하이든의 〈달세계〉는 자신의 후원자인 에스터하지 공자의 막내아들 니콜라우스 에스터하지(Nikolaus Esterhazy) 백작의 결혼을 축하하기 위해 작곡한 작품이다. 서곡과 발레가 있으며 1막과 3막의 시작 전에 막간극이 있다. 카를로 골도니의 희곡 「달세계」를 처음 오페라로 작곡한 사람은 이탈리아의 발다사레 갈루피(Baldassarre Galuppi)다. 갈루피의 〈달세계〉는 1750년 베네치아 카니발 기간에 공연되었다.

에피소드　　　　하이든은 오페라 〈달세계〉의 서곡을 훗날 그의 교향곡 63번 제1악장에 그대로 사용했다.

줄거리　　　　[제1막] 예비 천문학자 에클리티코(Ecclitico)는 집에 천체망원경을 설치해놓고 들여다보던 중 기발한 생각이 떠오른다. 사람들에게 망원경을 보여주어 달에 사람이 살고 있다고 생각하게 하는 것이다. 실은 망원경 옆에 커다란 기계장치를 해놓고 망원경을 들여다보면 렌즈가 기계장치가 있는 방으로 연결되어 마치 달세계를 보는 듯 만들어놓은 것이다. 그는 이런 방식으로 지금까지 여러 명을 속였다. 이제 고집쟁이 영감 부오나페데(Buonafede)를 속일 차례다. 에클리티코는 부오나페데에게 아주 좋은 망원경을 설치했기 때문에 달에 있는 사람들의 모습을 마치 눈앞에 있는 듯 볼 수 있다고 말한다. 부오나페데가 망원경을 들여다보니 과연 달에 있는 사람들의 낯선 행동이 눈앞에 펼쳐진다. 망원경 옆에 달린 커다란 기계 박스 안에 사람으로 보이는 기계를 장치해놓은 것이다. 에클리티코는 부오나페데의 큰딸 클라리체를 사랑한다. 그의 친구 에르네스토(Ernesto)는 작은딸 플라미니아(Flaminia)를 사랑한다. 게다가 에르네스토의 하인 체코(Cecco)는 부오나페데 집안의 하녀 리세타(Lisetta)를 좋아한다.

장면은 바뀌어 부오나페데의 집이다. 큰딸 클라리체와 작은딸 플라미니아는 아버지 부오나페데가 남자 친구들과 사귀는 것을 엄격히 통제하자 불만이 많다. 영리한 하녀 리세타는 부오나페데를 좋아하는 척해 좀 더 편안한 생활을 한다. 리세타가 자신을 정말로 좋아한다고 착각하는 부오나페데는 리세타만 보면 짓궂은 웃음을 띠며 안절부절못한다. 이런 아버지가 자신들에게만 엄격하니 두 딸은 속이 상할 수밖에 없다. 부오나페데는 하녀 리세타에게 달세계를 망원경으로 본 얘기를 해주며 에클리티코가 언젠가 함께 달에 가자고 했다면서 즐거워한다.

달로 여행을 떠나기로 한 날이다. 에클리티코는 부오나페데에게 달세계로 가는 데 꼭 필요한 약이라고 속여 수면제를 마시게 한다. 어찌 된 것인지 영문을 모르는 두 딸은 부오나페데가 잠에 떨어지자 잘못될까 걱정하지만, 에클리티코는 걱정하지 말라고 안심시킨다.

[제2막] 부오나페데는 에클리티코가 마치 달세계처럼 만들어놓은 정원에서 잠이 깬다. 에클리티코는 부오나페데에게 이상하게 생긴 옷을 입으라고 주면서 달세계의 황제를 만나러 가야 한다고 말한다. 달세계의 황제로 변장한 에르네스토의 하인 체코는 부오나페데가 두 딸과 하녀 리세타를 달나라 왕국으로 데려오는 것을 허락한다. 별로 변장한 에르네스토는 달나라 황제의 명령에 복종한다. 수면제를 마신 리세타와 두 딸도 에클리티코의 정원에서 깨어난다. 부오나페데는 두 딸이 별과 결혼하는 것을 승낙한다. 실은 에클리티코와 에르네스토다. 리세타는 달나라 황제와 결혼하기로 한다. 기분이 좋아진 부오나페데는 금고 열쇠까지 에클리티코에게 넘겨준다.

그런데 이 모든 것이 속임수임을 깨달은 부오나페데는 분을 삭이지 못해 씩씩거린다.

[제3막] 에클리티코와 에르네스토는 부오나페데에게 잘못을 빌며 용서를 구한다. 금고 열쇠를 돌려받은 부오나페데는 그들을 용서한다. 그의 딸들과 하녀 리세타는 상당한 지참금을 얻어 결혼에 골인한다.

오르페오와 에우리디체

타이틀	**Orfeo ed Euridice**(Orpheus and Eurydice)

전 5막. 카를로 프란체스코 바디니(Carlo Francesco Badini)가 대본을 썼다. 이 작품 역시 에스터하지 가족을 위해 쓴 것이다. '철학자의 영혼(L'anima del filosofo; The philosopher's soul)'이라는 제목으로도 불린다.

초연	1951년 6월 9일 피렌체 페르골라 극장(Teatro della Pergola)
주요 배역	오르페오(오르페우스: 트라키아의 가수), 에우리디체(에우리디케: 아리스타이오스와 약혼한 여인), 아리스타에우스(아리스타이오스)의 부하, 크레온테(크레온: 에우리디케의 아버지), 플루토네(플루토: 지하 세계의 주인), 메신저, 정령

사전 지식 하이든이 이 오페라의 작곡을 의뢰받았을 때는 이미 예순 살이 다 되었을 때다. 때마침 영국 방문 계획이 있던 하이든은 런던에서 새로운 오페라 작곡 스타일을 인식했다. 이러한 새로운 인식이 이 오페라에 반영되었다. 따라서 하이든 시대의 관점으로 볼 때 이 오페라는 전통적인 오페라 구성에서는 어떠한 범주에도 포함되기 어려웠다. 하이든 특유의 아름답고 찬란한 아리아가 장식하는 이 오페라의 합창 파트는 글루크와 헨델 스타일로 화려하다. 하이든은 이 오페라를 모차르트가 세상을 떠난 해부터 작곡하기 시작했다. 그래서인지 이 오페라에는 모차르트의 영향도 묻어난다. 예를 들어 지옥 장면에서의 음악은 〈돈 조반니〉의 지옥 장면 음악과 비슷하다. 이 오페라에는 에우리디케와 결혼하려는 아리스타이오스는 등장하지 않는다.

에피소드 이 오페라가 왜 '철학자의 영혼'이라는 제목으로도 불리는지는 알 수 없다. 오르페우스와 에우리디케와 어떤 연관도 짓기 어려운 제목이다. 아마도 대본가의 철학적 취향을 반영한 제목으로 생각된다. 일각에서는 오르페우스를 철학자로, 에우리디케를 철학자의 영혼으로 간주한 것이라고 해석하기도 한다. 대본가 바디니가 제목을 '철학자의 영혼'으로 하자고 했을 때 하이든은 두말없이 받아들였다. 당시에 오르페우스와 에우리디케에 관한 글루크의 오페라 〈오르페오와 에우리디케)가 인기를 끌고 있었기 때문에 중복을 피하자는 의도였을 것이라고 한다. 아무튼 오르페우스의 줄거리를 더 잘 이해하기 위해서는 하이든의 이 오페라를 살펴보는 것이 바람직하다.

줄거리　　　　　**[이전 역사]** 크레온 왕은 딸 에우리디케를 아리스타이오스(Aristaeus; Ariedeo)와 결혼시키고자 한다. 그러나 에우리디케는 노래 잘 부르는 오르페우스를 사랑한다.

[제1막] 깊은 숲 속이다. 에우리디케는 사랑하지도 않는 아리스타이오스와의 결혼을 피해 도망가던 중 길을 잃는다. 깊은 숲 속에 사는 야만인들이 에우리디케를 잡아 자기들의 신에게 희생물로 바치고자 한다. 이 모습을 본 오르페우스가 노래를 불러 야만인들의 난폭한 감정을 잠재우고 이 틈을 이용해 에우리디케를 구한다. 이 사실을 알게 된 크레온 왕은 에우리디케와 오르페우스의 결혼을 허락한다.

[제2막] 아름다운 전원이다. 결혼을 한 오르페우스와 에우리디케는 기쁨에 넘쳐 있다. 오르페우스가 잠시 자리를 비운 사이에 에우리디케와 결혼하기로 했던 아리스타이오스의 부하가 에우리디케를 강제로 납치하려고 한다. 도망가던 에우리디케는 독사를 밟는 바람에 독사에 물려 죽는다. 장면은 바뀌어 크레온의 궁전이다. 메신저가 들어와 크레온 왕이 약속을 지키지 않았기 때문에 아리스타이오스가 전쟁을 선포했다고 전한다. 크레온 왕은 딸 에우리디케가 죽은 것이 아리스타이오스의 짓이라고 생각해 복수를 다짐한다.

[제3막] 에우리디케의 무덤이다. 오르페우스, 크레온 왕, 궁전 사람들, 정령들, 처녀들이 에우리디케의 죽음을 애통해하고 있다. 크레온 왕이 오르페우스를 위로하지만 소용이 없다. 지옥의 문 앞까지 간 오르페우스는 무녀에게 도움을 청한다. 무녀는 오르페우스에게 정령을 보내 오르페우스를 지하 세계로 안내한다.

[제4막] 에우리디케를 찾기 위해 지하 세계로 온 오르페우스와 정령은 고통 받는 영혼들을 지나간다. 플루토의 궁전 문 앞이다. 오르페우스의 노래가 지하 세계의 주인 플루토의 차가운 마음을 녹인다. 오르페우스는 에우리디케를 데리고 밖으로 나가는 것을 허락받는다. 그러나 단 한 가지 조건이 있다. 밖으로 나가 밝은 햇빛을 볼 때까지 오르페우스는 뒤를 돌아봐서는 절대로 안 된다는 것이다.

[제5막] 순간적인 실수로 약속을 지키지 못한 오르페우스는 에우리디케를 영원히 잃는다. 낙심해 정신이 나간 오르페우스가 정처 없이 바닷가를 헤맨다. 한 떼의 술꾼들이 함께 먹고 마시자고 오르페우스를 유혹하지만 오르페우스는 이들의 제안을 거절한다. 그러나 술꾼들은 오르페우스에게 사랑의 묘약이라고 하면서 술을 들이켜게 한다. 실은 술이 아닌 독약이다.

오르페우스는 죽음으로써 구원을 받는다.

고독 대로

아베 프레보(Abbé Prévost)의 소설 『마농 레스코(Manon Lescaut)』를 기본으로 그레테 바일(Grete Weil) 등이 독일어 대본을 썼다. 오페라이기도 하지만 일종의 리릭 드라마다.

초연 1952년 2월 17일 하노버(Hanover) 란데스테아터(Landestheater)

주요 배역 마농 레스코(S), 아르망 데 그리외(학생, T), 레스코(마농의 오빠, Bar), 프랑시스(아르망 데 그리외의 친구, Bar), 릴라크(나이 많은 부자 신사, buffo T), 릴라크 2(릴라크의 아들, Bar)

사전 지식 아베 프레보의 소설 『마농 레스코』는 여러 편의 오페라로 만들어졌다. 그중 오베르, 마스네, 푸치니의 작품이 대표적이다. 헨체는 『마농 레스코』를 '고독 대로'라는 제목으로 배경을 현대로 옮겨 다시 구성했다. 헨체의 작품은 스타일의 다양성이 특색이다. 후기낭만주의부터 현대적인 병렬주의에서 자연주의에 이르기까지 다양하다. 헨체의 오페라는 전통적인 장르로 분류할 수 있지만, 헨체만의 독특한 요소도 포함하고 있다.

에피소드 헨체는 〈고독 대로〉를 작곡하면서 1950년대 할리우드의 거장 빌리 와일더(Billy Wilder)의 영화 〈선셋 대로(Sunset Boulevard)〉에서 영감을 얻었다고 한다. 특히 오페라에 영화 같은 편집 테크닉을 도입했다.

헨체, 한스 베르너(Henze, Hans Werner, 1926~)
한스 베르너 헨체는 후기낭만주의 오케스트라 테크닉부터 현대 병렬주의와 자연주의에 이르기까지 여러 기법을 작품에 반영했다. 독일 브룬스비크(Brunswick) 음악원에서 작곡을 공부한 그는 처음에는 스트라빈스키 스타일의 신고전주의 양식으로 작곡했으나 나중에는 12음기법에 의한 병렬주의(시리얼리즘)를 채택했다. 그가 작곡한 약 20편의 오페라 중 대표작은 〈젊은 공자〉다.

학생 아르망 데 그리외(Armand des Grieux)는 프랑스의 대도시 기차역에서 예쁘고 발랄한 마농 레스코(Manon Lescaux)를 만나 첫눈에 사랑을 느낀다. 마농은 시골집을 떠나 도시의 기숙학교로 돌아가던 참이다. 아르망은 마농에게 기숙학교로 가지 말고 자신과 함께 지내자고 부탁한다. 마농과 아르망은 파리의 다락방에 거주하며 행복한 나날을 보낸다. 얼마 후 마농의 오빠 레스코가 찾아온다. 그는 마농에게 구차한 생활에서 벗어나 인생을 즐기며 더 행복하게 살라고 부추긴다. 마농은 아르망을 떠나 돈 많은 찬미자 릴라크(Lilaque: 아버지)에게 간다. 레스코는 릴라크의 집에서 물건을 훔치려다가 발각된다. 릴라크는 마농과 오빠 레스코가 짜고 도둑질을 하려 했다고 의심해 마농을 쫓아낸다.

마농은 아르망의 다락방으로 돌아온다. 그녀가 떠난 뒤 아르망은 마약 중독자가 되었다. 레스코는 마농을 릴라크의 아들에게 보내려고 한다. 아르망이 며칠 지방에 내려간 사이 마농은 릴라크의 아들을 몰래 만나 은밀한 시간을 보내는데, 갑자기 아르망이 돌아온다. 때마침 릴라크(아버지)도 마농을 찾아온다. 과거는 용서하겠으니 함께 살자고 부탁하러 오는 길이다. 그런데 그의 아들 릴라크와 밀회하는 모습을 들킨 마농은 당황한 나머지 릴라크(아버지)를 향해 총을 쏜다. 경찰에 연행된 마농은 재판을 받고 수감된다. 그래도 아르망은 마농을 잊지 못한다.

세월이 지나 마농이 형기를 마치고 감옥에서 풀려나는 날이다. 아르망이 교도소 문 앞에서 마농을 기다리고 있다. 그러나 교도소 문을 나온 마농은 아르망에게 눈길도 주지 않은 채 무심히 그의 곁을 지나 걸어간다. 고독한 거리다.

배반의 바다

타이틀	**Das Verratene Meer**(The Betrayed Sea)

전 2장. 미시마 유키오(三島由紀夫)의 소설 「고교의 집(鏡子の家)」(바다와 함께 불명예스럽게 된 뱃사람)을 바탕으로 한스울리히 트라이헬(Hans-Ulrich Treichel)이 전 2막의 대본을 썼다.

초연	1990년 5월 5일 베를린 도이치오퍼
주요 배역	후사코 구로다(양장점 주인), 노보루(후사코의 아들), 류지 쓰카자키(화물선의 2등 항해사)

사전 지식　　　미시마 유키오의 단편소설 「고교의 집」은 1990년대에 독일에서 상당히 논란이 된 작품이다. 독일 사람들은 일본에 대해 관심이 많은 편이다. 제2차 세계대전 시기에 전쟁을 일으킨 국가라는 공통점도 있지만, 일본이 독일 문물을 많이 유입해 개화의 기반으로 삼은 데 반해 독일은 일본에 대해 잘 몰랐기 때문에 일각에서는 일본 알기 운동을 전개하기도 했다. 이 소설은 잘못된 가치관으로 방황하는 10대 청소년들의 문제를 사회적인 관점에서 제기한 작품이다. 당시 독일도 이와 같은 문제로 고민하고 있었다. 헨체의 이 오페라는 오케스트라뿐만 아니라 자연적인 음향의 도입에 많은 비중을 두었다. 예를 들면 거리의 자동차와 전차의 소음, 도로공사를 할 때 들리는 굴착기 소리, 부서진 종소리, 떠들썩하게 다투는 소리, 불도저 소리 등이 반주 역할을 한다. 헨체는 이를 통해 실상을 그대로 반영하려고 의도한 것이다.

에피소드　　　일본을 배경으로 한 오페라로는 푸치니의 〈나비 부인〉이 있고, 설리번의 〈미카도〉가 있다. 〈나비 부인〉은 나가사키가 무대이지만, 헨체의 이 오페라는 요코하마가 무대다.

줄거리　　　후사코 구로다는 열세 살 된 아들 노보루와 살고 있는 서른세 살의 매력적인 여인이다. 후사코는 요코하마에서는 알아주는 양품점 렉스(Rex)를 경영하고 있다. 혼자 살고 있기 때문에 몇몇 남성이 기웃거리지만, 후사코의 마음을 흔들지는 못한다. 아들 노보루의 존재는 후사코가 재혼하는 데 얼마간 장애가 되고 있다. 새아버지가 되려면 무엇보다 아들 노보루의 마음에 들어야 하기 때문이다. 혼자 지내는 시간이 많은 노보루는 나쁜 친구들을 사귀게 된다. 이들은 이른바 갱단을 만들어 마음에 들지 않으면 이유 없이 다 부숴버릴 생각이다. 노보루가 속한 갱단은 대여섯 명으로 구성되어 있는데 노보루는 이중 넘버 스리다.

어느 날 후사코는 아들 노보루와 함께 항구에 정박해 있는 커다란 화물선을 구경하러 간다. 선원 생활을 동경하는 노보루를 위해 시간을 내어 함께 간 것이다. 후사코와 노보루는 류지 쓰카자키라는 2등 항해사의 자상한 안내를 받으며 배를 구경한다. 노보루는 신이 나서 정신을 못 차릴 지경이다. 기분이 좋기는 후사코도 마찬가지다. 그녀의 마음속에 류지가 들어온다. 젊고 잘생겼으며 오대양을 누비는 야망의 사나이라는 점이 그녀의 마음을 움직였기 때문이다. 류지도 후사코를 좋아한다. 후사코의 아들 노보루는 류지를 영웅으로 생각한다. 얼마나 멋진 바다 생활인가? 노보루는 류지가 그저 부러울 뿐이다.

류지가 후사코에게 청혼한다. 그는 지금까지 바다 생활을 해왔으므로 이제는 방랑하지 않고 차분히 육지에서 생활하겠다고 말한다. 류지는 그동안의 경험을 살려 후사코의 양품점 사업을 더 발전시키는 데 헌신하겠다고 약속한다.

노보루는 갱단 친구들에게 류지를 영웅처럼 얘기해왔다. 그런데 이건 노보루가 영웅으로 생각한 류지가 할 행동이 아니다. 그가 바다 생활을 그만두는 것은 말도 안 된다. 이제 류지는 노보루의 영웅이 아니다. 노보루는 류지를 친구들이 모여 있는 곳으로 데려온다. 10대 갱들이 그를 재판하기 시작한다. 이들은 얼마 전에도 고양이를 고문해 죽인 일이 있다. 10대 갱들은 류지에게 유죄 판결을 내리고는 으슥한 곳으로 유인해 때려죽인다. 그 시간 후사코는 류지와의 행복한 생활을 꿈꾸며 기쁨에 넘쳐 있다.

젊은 공자(公子)

타이틀	**Der Junge Lord**(The Young Lord)

전 2막. 빌헬름 하우프(Wilhem Hauff)의 소설 『알렉산드리아 총독과 그의 노예(Der Scheik von Alexandria und seine Sklaven)』를 바탕으로 쓴 희곡 「인간으로서의 원숭이(Der Affe als Mensch)」를 잉게보르크 바흐만(Ingeborg Bachmann)이 오페라 대본으로 만들었다.

초연	1965년 4월 7일 베를린의 도이치 오페라 극장

주요 배역	루이즈(그륀비젤 남작 부인의 시녀), 빌헬름(윌리엄: 에드거 경의 조카로 학생), 에드거 경, 그륀비젤(남작 부인), 폰 무커(경제학 교수), 바렛 경(에드거 경의 조카), 베고니아(에드거 경의 자메이카 출신 집사이자 요리사)

사전 지식　　　　제2차 세계대전 이후 독일의 대표적 작곡가 헨체는 교향곡과 발레곡 이외에도 여러 편의 오페라를 작곡했다. 헨체의 교향곡 등은 스트라빈스키의 신고전주의 형식을 추구하는 것이었고 쇤베르크 스타일을 계승한 것이지만, 오페라 〈젊은 공자〉는 이탈리아의 리리코 스타일에 많은 영향을 받은 것이다. 헨체는 1953년부터 이탈리아에 머무는 10여 년 동안 오페라를 작곡했다. 그러므로 그의 오페라는 멜로디가 서정적이며 오케스트레이션의 폭이 넓다. 여러 편의 코믹 오페라 중에서 〈젊은 공자〉가 가장 유명하다. 헨체는 한때 사회주의에 물들어 쿠바를 방문해(1969~1970) 제6교향곡을 직접 초연하기도 했다. 이 교향곡에는 사회주의 혁명 노래가 여러 편 등장한다.

에피소드　　　　이 오페라는 풍자성이 짙은 오페라지만, 엄밀히 말하면 오페라 부파에 속한다. 헨체는 오케스트라에 상당히 많은 타악기를 배치해 극적인 효과를 더했다. 그가 '젊은 공자'를 선택해 오페라로 만든 것은 현대 독일 사회에 환멸을 느끼고, 이탈리아로 가서 살았던 작곡가의 인식을 반영한 것이다.

줄거리　　　　[제1막] 독일 바바리아 지방의 휠스도르프 고타(Hülsdorf Gotha)라는 마을의 사람들이 잔뜩 긴장하고 있다. 부유한 영국 귀족 에드거(Edgar) 경이 이 마을에서 살기 위해 온다는 것이다. 행세깨나 하는 학자 폰 무커(Von Mucker) 교수가 마을 사람들에게 경제학 강의를 한다. 간단히 말해 에드거 경이 이 마을에 와서 살게 되면 마을 경제가 되살아나고 주민들에게 돌아가는 혜택이 크다는 주장이다. 얼마 후 에드거 경이 수행원 여럿을 거느리고 마을로 들어선다. 흑인 하인과 자메이카 출신의 집사 겸 요리사도 있고, 커다란 원숭이도 있다. 마치 서커스단의 행렬과도 같다. 이 산간 마을에서는 처음 보는 검은 피부의 흑인이다. 사실 혼자 몸이 된 에드거 경이 이 마을을 찾아온 것은 아름답고 순박한 시골 처녀를 찾아 결혼하기 위해서다. 수행원들이 시끄럽게 떠들어대는 통에 조용히 살아온 이 마을 사람들은 어리둥절하지만, 살림이 나아진다니 참고 지내기로 한다. 이 마을에서 행세깨나 한다는 그륀비젤(Grünwiesel) 남작 부인이 에드거 경을 위해 축하연을 연다. 그러나 에드거 경은 흑인 하인을 시켜 축하연 참석을 거절한다. 공연히 소란을 떨고 싶지 않으며 조용히 쉬고 싶다는 이유를 댄다. 그러나 그륀비젤 남작 부인은 모욕을 당했다고 생각해 이만저만 화가 나는 게 아니다. 그녀는 마을에서 제일 예쁘고 착한 루이즈의 후견인이다. 그륀비젤 남작 부인은 루이즈를 에드거 경의 눈에 들게 해 이참에 팔자나 고쳐볼 심산이었다. 한편 루이즈는 가진 것 없는 학생이지만 열정과 높은 이상을 지닌 윌리엄과 남몰래 장래를 약속한 사이다.

서커스단이 마을로 찾아와 에드거 경의 저택에서 서커스를 공연한다. 마을 시장이 서커스를 관람하는 에드거 경에게 이 마을을 위해 희사해달라고 끈질기게 요청한다. 결국 에드거 경은 아이들을 불러 돈을 조금씩 나누어 주고 마을을 위해 상당한 금액을 지원하기로 약속한다. 이때 마을 사람 하나가 에드거 경 앞으로 나와 서커스를 보고 싶은데 입장료가 없으면 집으로 가라고 한다고 호소하자, 서커스 단장에게 돈을 더 쥐어주어 온 마을 사람들이 서커스를 볼 수 있게 해준다.

[제2막] 시간이 흐른다. 에드거 경이 머물고 있는 집에서는 밤마다 괴상한 소리가 흘러나온다. 마을 사람들이 궁금해하자, 집사는 에드거 경의 조카가 얼마 전에 왔는데 독일어를 배우느라 저런 소리가 난다고 설명한다. 얼마 후 에드거 경이 파티를 열어 마을 유지를 자택으로 초대한다. 루이즈도 초대를 받았다. 모두 에드거 경과 그의 조카에 대한 호기심 때문에 파티로 모여든다. 드디어 에드거 경이 조카 '젊은 공자(Der junge Lord)'와 함께 등장한다. 젊은 공자의 이름은 바렛(Barrett) 경으로, 화려한 의상을 입고 있지만 얼굴은 가면으로 가리고 있다. 무엇보다 이상한 것은 젊은 공자의 행동이다. 도무지 말이 없다. 그륀비젤 남작 부인은 루이즈를 젊은 공자에게 인사시킨다. 루이즈가 수줍은 듯 인사하지만 젊은 공자는 인사를 받는 둥 마는 둥 한다. 에드거 경은 루이즈의 모습을 보고 참으로 참한 규수라고 생각하며 더 큰 호감을 느낀다.

루이즈가 젊은 공자에게 차 한 잔을 권하지만 젊은 공자는 마시지도 않고 찻잔을 냅다 던져버린다.

그러더니 홀 천장에 붙어 있는 커다란 샹들리에에 올라가서 마치 그네를 타는 듯 왔다 갔다 하더니, 사람을 빤히 쳐다보고는 그 사람의 행동을 흉내 내고 홀 안을 이리 뛰고 저리 뛰어다니고 부인들 치마를 잡아당기기도 한다. 사람들은 놀란 입을 다물지 못하는 한편, 워낙 귀하게 자란 몸이라 저렇구나 하며 오히려 선망의 눈으로 바라본다. 특히 젊은 여인들은 에드거 경의 조카 바렛 경에게 잘 보이려고 무던히도 애를 쓴다. 그럴수록 젊은 공자의 행동은 더욱더 야만인 같아진다. 마을 사람들은 계속 장난이겠거니 하며 참고 지켜본다.

젊은 공자가 루이즈에게 춤을 청한다. 사람들은 무도회 진행자가 단장을 쾅쾅 울리며 무도회 시작을 알리지도 않았는데 춤을 추기 시작한 공자를 이상하게 생각하지만, 에드거 경의 집에 초대를 받았기 때문에 이 또한 참기로 한다. 마을 여자들은 그뤼비젤 남작 부인을 생각해 젊은 공자와 루이즈가 참 잘 어울린다고 침이 마르도록 칭찬한다. 사람들의 눈에는 루이즈도 은근히 바렛 경을 좋아하는 듯 비친 것이다.

사람들은 루이즈와 젊은 공자가 약혼할 것이라고 수군거린다. 파티장 한구석에서 이 이야기를 들은 윌리엄은 실망으로 가슴이 멘다. 윌리엄은 '그럴 리 없지! 나하고 약속한 것이 있는데'라고 마음을 다스리면서도, 루이즈가 그 괴상한 청년과 춤을 추자 가슴을 진정시키지 못한다. 그런데 루이즈의 얼굴을 보니 안색이 별로 좋지 않다. 그녀 역시 억지로 춤을 추고 있는 것이다. 젊은 공자라는 바렛 경은 사실은 커다란 원숭이였다.

장파

타이틀	**Zampa**

전 3막의 오페라 코미크. 멜레스빌(Mélesville)이 대본을 썼다. 장파
는 버커니어 해적단의 두목 이름이다. 이 오페라는 '대리석 신부(The
marble bride)'로도 불린다.

초연	1831년 5월 3일 파리 오페라 코미크 극장
주요 배역	루가노 백작(시칠리아의 명망 높은 인물), **카미유**(카밀레: 루가노 백작의 딸), 알퐁스(알폰세: 카밀레와 사랑하는 사이), 장파(해적 두목)

사전 지식　　　　에롤의 오페라 중 가장 성공을 거둔 작품이다. 그러나 초연 이후 환영을 받던
이 오페라는 세월이 지나면서 사람들의 기억에서 사라졌다. 오늘날에는 연주회에서 〈장파〉의 서곡
정도가 연주되고 있다. 서곡은 금관악기의 역할이 돋보이는 훌륭한 곡이다.

줄거리　　　　[제1막] 명망 높은 루가노(Lugano) 백작의 아름다운 딸 카밀레(Camille)는 시칠리
아군 장교 알폰세(Alfonse)와 사랑하는 사이다. 카밀레와 알폰세는 모든 사람의 부러움을 받으며
결혼식을 올리기로 한다. 결혼식 날 하객이 모여들지만 어찌된 일인지 신랑 알폰세와 아버지 루가노
백작이 보이지 않는다. 누군가가 악명 높은 해적 버커니어(Buccaneer: 17세기 후반에 카리브 해와 라틴아메리
카 연안의 스페인 식민지와 스페인 선박을 습격한 해적)가 시칠리아 해변에 나타났다는 얘기를 꺼낸다. 이
소리를 들은 카밀레는 왠지 불안감에 휩싸인다. 언젠가 알폰세에게서 버커니어 해적의 두목 장파가

에롤, 루이 페르디낭(Hérold, Louis Ferdinand, 1791~1833)
루이 조제프(Joseph) 페르디낭 에롤은 파리 음악원에서 아돌프 아당의 아버지에게서 음악을
배웠다. 아돌프 아당은 발레곡으로 유명한 작곡가다. 그래서인지 에롤은 오페라보다 발레곡
으로 더 유명하다. 에롤의 대표적인 발레곡은 「말괄량이 처녀(La fille mal gardee)」다. 아돌프
아당의 「레 실피드(Les sylphide)」와 함께 프랑스 발레 음악을 대표한다. 에롤은 발레곡에
로시니의 멜로디를 인용했으며, 간혹 프랑스 대중음악도 사용했다. 그의 대표적인 오페라는
〈장파〉로, 관악대 연주곡인 서곡은 콘서트 레퍼토리로 자주 올라온다.

시칠리아 출신으로 그를 안다는 얘기를 들은 적이 있기 때문이다. 카밀레의 친구들은 장파가 이미 시칠리아 군인에게 잡혔으며 총살형을 당할 것이므로, 아무 일 없을 것이라고 위로한다. 그러나 위로도 잠시뿐 장파가 감옥을 탈출해 알폰세와 루가노 백작을 인질로 잡아갔다는 소식이 전해지자, 카밀레는 정신을 잃고 쓰러진다. 결혼식에 참석했던 사람들이 황급히 자리를 뜬다.

장파가 부하들을 이끌고 개선장군처럼 루가노 백작의 성에 나타난다. 그는 카밀레에게 자기와 결혼해 루가노 백작의 모든 재산을 넘기지 않으면 알폰세와 루가노 백작을 죽이겠다고 선언한다. 놀라움과 두려움에 휩싸인 카밀레가 자비를 구하지만, 장파는 냉소만 터뜨린다. 그러면서 루가노 백작이 자신과 연통을 했다는 누명을 써, 시칠리아 총독이 그의 지위와 재산을 박탈했다고 얘기한다. 카밀레는 아무것도 할 수 없는 무력한 자신을 보며 비탄에 빠진다.

성안 홀에는 아름다운 여인의 동상이 서 있다. 알비나(Albina) 상이다. 알비나는 예전에 장파를 사랑했으나 그에게 버림 받고 죽음에 이른 가련한 여인이다. 알비나의 동상을 보며 장파는 마치 모욕이라도 하듯 동상 손가락에 반지를 끼워주며, 이제 카밀레와 결혼할 것이니 더는 알비나를 기억할 일이 없다고 비웃는다. 그러자 동상이 손을 들어 장파를 저주하는 듯한 모습을 보인다.

[제2막] 해적들이 알폰세를 성으로 끌고 온다. 이때 장파를 잡으려는 총독의 병사들이 들이닥친다. 장파는 자기 측 인원이 적다고 생각해 싸움을 포기한다. 총독의 병사들이 체포하려는 순간 장파는 주머니에서 서류 한 장을 꺼내 보여준다. 지사가 서명한 사면장이다. 사면장에는 만일 장파가 터키군을 몰아내는 전쟁에 나간다고 하면 죄를 사면해주겠다는 내용이 적혀 있다. 장파는 터키와의 전쟁에 참여하겠다고 선언한다. 카밀레는 장파가 결혼을 포기하지 않자 수녀원으로 들어가 평생을 지낼 생각을 하지만, 결혼을 하지 않으면 알폰세의 생명이 위험해진다는 말에 어쩔 수 없이 결혼을 승낙한다. 장파는 자신이 알폰세와 피를 나눈 형 몬차(Monza) 백작임을 밝힌다.

[제3막] 카밀레는 성당 제단 앞에서 피난처를 구하지만, 카밀레를 데려가기 위해 이곳까지 따라온 장파는 거룩한 성당인데도 카밀레를 거칠게 끌고 나간다. 그 순간 알비나 동상이 마치 살아 있는 듯 나타나 장파를 바다로 끌고 가 물속에 빠뜨린다. 바다에 빠진 장파는 결국 익사하고 만다. 루가노 백작이 누명을 벗고 지위와 재산을 다시 회복하게 되었다는 소식이 들린다. 자유의 몸이 된 카밀레와 알폰세가 바닷가에서 루가노 백작을 기다리고 있다. 이때 바다에서 알비나 동상이 솟아올라 이들을 축복한다.

카르딜라크

타이틀	**Cardillac**

	1926년 3막짜리로 완성했으나 1952년 4막으로 수정. 에른스트 테오도어 빌헬름 호프만(Ernst Theodor Wilhelm Hoffmann)의 소설 『스쿠데리의 아가씨(Das Fräulein von Scuderi)』를 기본으로 페르디난트 리온(Ferdinand Lion)이 대본을 썼다. 수정본 대본은 작곡자가 직접 썼다. 오페라의 제목 '카르딜라크(카르디야크)'는 유명한 금세공인의 이름이다.
초연	1926년 11월 9일 드레스덴 국립극장에서 원작 초연. 1952년 6월 20일 취리히 국립극장에서 수정본 초연
주요 배역	카르딜라크(카르디야크: 금세공인), 아네(안: 카르디야크의 딸), 장교

사전 지식 실내오페라인 이 작품은 예술가와 사회의 관계를 생각하게 하는 작품이다. 힌데미트의 후기 오페라인 〈화가 마티스〉의 주제도 예술가와 사회와의 관계를 표현한 것이다. 힌데미트는 〈카르딜라크〉에서 고전적인 수법의 음악을 바탕으로 현대적인 감각을 표현했다. 이 같은 기법은 마지막 파트에 나오는 조용한 춤곡 파사칼리아(passacaglia)에서 정점을 이룬다. 일반적으로 힌데미트의 작품은 후기낭만주의 작품으로 평가 받는다.

줄거리 17세기 파리의 이름난 금세공인 카르디야크(Cardillac)는 자기가 만든 작품에 지나칠 정도로 애착이 강하다. 그는 자기가 만든 금세공품이 세상에 하나밖에 없는 유일한 것이므로, 그런 훌륭한 작품을 다른 사람이 소유하는 것은 참을 수 없다고 생각한다. 결국은 작품을 산 사람을

힌데미트, 파울(Hindemith, Paul, 1895~1963)
파울 힌데미트는 독일의 작곡가이자 바이올리니스트, 음악교사, 음악이론가, 지휘자였다. 바이올리니스트로서 그는 젊은 시절 아마르 4중주단을 조직해 유럽 각지를 순회하면서 연주했다. 대표적인 오페라는 〈화가 마티스〉인데, 이 작품은 나치로부터 공연 금지 처분을 받았다. 힌데미트는 오페라 〈화가 마티스〉가 문제가 되자 「화가 마티스」라는 교향곡을 작곡해 발표했다.

죽어서라도 물건을 회수하기로 결심한다. 카르디야크에게는 예쁜 딸이 하나 있는데, 아내 없이 홀로 키운 터라 그의 딸에 대한 애정은 남다르다. 우연히 아버지의 계획을 알게 된 안(Anne)의 마음은 무척 괴롭다. 그날 애인인 청년 장교가 정교하게 새긴 금팔찌를 카르디야크에게 샀기 때문이다. 안은 아버지가 그 금팔찌를 만들기 위해 얼마나 고생했는지 잘 알고 있다. 그녀는 사람들이 카르디야크의 예술성을 몰라줘 항상 속상한 마음이다.

카르디야크는 금팔찌를 회수하기 위해 청년 장교를 칼로 찌르지만 그저 부상만 입힌다. 청년 장교는 설마 사랑하는 안의 아버지가 그런 말도 안 되는 행동을 했을 리가 없다고 생각해, 카르디야크에게 금을 대주는 상인을 의심하며 비난한다. 무고한 금공급상이 오해를 받자 카르디야크는 자기가 금팔찌를 회수하기 위해 그런 짓을 저질렀다고 고백한다. 사람들은 카르디야크의 괴이한 행동에 분노해 그를 무참히 살해한다. 안은 죽어가는 아버지를 붙들고 슬피 운다. 청년 장교는 자신의 경솔함을 크게 후회한다. 사람들은 위대한 예술가의 심정을 이해하지 못한 것을 뉘우친다.

수정본에서는 카르디야크의 딸 대신에 오페라 가수가 등장하며, 청년 장교는 금방의 수습공으로 바뀐다. 카르디야크는 오페라 주인공이 사용할 금관을 만들어 여주인공에게 전달한다. 극중 오페라 륄리의 〈파에통(Phaëton)〉이 공연된다. 극중 오페라가 공연된다는 점에서 〈팔리아치〉, 〈낙소스의 아리아드네〉와 형식이 같다. 공연이 끝나자 오페라의 여주인공이 금관을 경찰관에게 주면서 카르디야크에게 돌려주라고 부탁한다. 그런데 금관을 탐낸 경찰관이 중간에서 가로챈다. 이 사실을 안 카르디야크가 금관을 회수하기 위해 경찰관을 죽이지만, 수습공이 살해범으로 의심 받는다. 카르디야크는 아무 잘못도 없는 수습공이 처형당하도록 내버려둘 수 없어 자기가 경찰관을 죽였다고 자백한다. 사람들은 고약한 사람이라고 하면서 카르디야크를 죽인다.

긴 크리스마스 디너

타이틀	**Das Lange Weihnachtsmahl**(The Long Christmas Dinner)

	단막의 비극적 오페라. 작가 손턴 와일더(Thornton Wilder)의 동명 희곡을 기본으로 작곡자가 손턴 와일더의 협조를 받아 대본을 썼다. 원래는 영어 대본으로 되어 있으나 힌데미트가 독일어로 번역했다.
초연	1961년 12월 17일 만하임 국립극장
주요 배역	머더 바야드(CA), 루시아(S), 로더릭(Bar), 사촌 브랜든(B), 찰스(루시아와 로더릭의 아들, T), 제너비브(찰스의 여동생, Ms), 레오노라(찰스의 아내, S), 샘(찰스와 레오노라의 아들, Bar), 루시아 2(찰스와 레오노라의 딸, S), 로더릭 2(찰스와 레오노라의 아들, T)

사전 지식　　　90년 동안 대를 이어 내려온 바야드(Bayard)가의 전설적인 크리스마스 만찬에 관한 이야기다. 한 세대에서 다음 세대로 내려가는 동안, 사랑하는 가족의 죽음을 맞이하고 또 새로운 생명이 태어나 성장하며 어려움을 겪기도 하고 발전된 모습도 보여주는 등 역사 속의 인간이 아닌 일상의 인간을 보여준다. 대단히 함축된 내용과 대사로 구성되어 있지만, 따뜻한 유머가 있으며 출연자 각자의 성격적 특성이 잘 드러나는 작품이다.

에피소드　　　미국에 메노티의 〈아말과 밤에 찾아온 손님〉이 있다면 독일에는 힌데미트의 〈긴 크리스마스 만찬〉이 있다고 할 정도로 이 오페라는 크리스마스 시즌을 장식하는 공연이다.

줄거리　　　노부인 바야드(Bayard)는 딸 루시아(Lucia)와 사위 로더릭(Roderick), 사촌 브랜든(Brandon)과 함께 새로 이사 간 집에서 크리스마스를 즐기고 있다. 바야드 부인은 동부에서 겨우 교회 하나 서 있던 이 황량한 서부로 이사 오기까지의 일을 떠올린다. 이들은 브랜든이 바야드 가문과 손을 잡고 중소기업을 운영하게 된 것을 축하하며 축배를 든다. 해가 지나고 크리스마스 디너도 계속된다. 바야드 부인이 세상을 떠난다.

루시아와 로더릭의 딸 제너비브(Genevieve)와 아들 찰스(Charles)도 이제 어른이 되었다. 로더릭이 세상을 떠난다. 찰스는 레오노라(Leonora)와 결혼한다. 젊은 부부 찰스와 레오노라는 아기를 낳지만 얼마 지나지 않아 죽는다. 찰스의 어머니 루시아가 세상을 떠난다. 그래도 크리스마스 디너는 계속된다.

이제 찰스와 레오노라는 세 아이를 둔 부모가 된다. 샘과 루시아 2세와 로더릭 2세다. 얼마 후 사촌 어멘가드(Ermengarde)가 이 집에서 살기 위해 온다. 크리스마스 디너가 거듭된다. 찰스와 레오노라의 아이들은 이제 장성해 성인이 되었다.

어느 날 로더릭 2세가 무도회에 갔다가 술이 잔뜩 취해 들어와 사람들의 빈축을 산다. 찰스는 화가 나서 로더릭을 호되게 나무란다. 로더릭 2세는 바야드 가문과 브랜든이 설립한 회사에서 일하지 않겠다고 말한다. 그 후 또 여러 번의 크리스마스 디너가 지나간다.

어느덧 노년에 접어든 레오노라는 아이들과 함께 지내기로 마음먹는다. 아들 샘과 로더릭 2세가 새로 집을 지었기 때문이다. 레오노라는 그 옛날 바야드 부인이 동부에서 서부로 옮겨 갔던 것처럼 새로운 집으로 거처를 옮긴다. 곧 크리스마스 디너가 있을 예정이다.

사촌 어멘가드가 혼자 남아 옛집을 지키고 있다.

화가 마티스

타이틀	**Mathis der Maler**(Matthias the Painter)	
	전 7장의 대작. 작곡자가 직접 대본을 썼다.	
초연	1938년 5월 28일 취리히 국립극장	
주요 배역	알브레히트 폰 브란덴부르크(마인츠의 추기경), 마티스(추기경에 게 봉사하는 화가), 로렌츠 폰 포머스펠덴(마인츠의 수석사제), 볼프강 카피토(추기경의 자문관), 리딩거(마인츠의 부유한 시민), 한스 슈발브(농민 지도자), 우르줄라(슈발브의 딸), 레지나(슈발브 의 딸), 헬펜슈타인(백작 부인)	
음악 하이라이트	세 천사의 노래	
베스트 아리아	「아무도 말해주지 않았다(Niemand hat mir gesagt)」(S)	

사전 지식　　　　힌데미트는 이 오페라의 주인공으로 르네상스 시대에 독일에서 활동한 마티아스 그뤼네발트(Matthias Grünewald)를 염두에 두었다. 마티아스의 그림은 중세의 신비한 분위기를 담고 있으면서도, 20세기 초의 사람들을 예언적이고도 상징적으로 표현해 주목을 받고 있다. 마티아스는 당시의 부조리한 사회를 개혁하려던 인물이다. 힌데미트도 개혁주의에 깊은 관심이 있었다. 마티아스 가 억압 받는 그 시대의 사회를 그림으로 표현했듯이 힌데미트의 삶도 그와 같았다. 힌데미트는 특히 나치가 사회를 장악하자 저항적이고도 개혁적인 활동을 본격화했다. 오늘날 이 오페라는 거의 공연되지 않으나, 힌데미트가 이 오페라에서 발췌해 작곡한 「화가 마티스 교향곡(Symphonie: Mathis der Maler)」은 예술가와 사회의 관계를 표현한 곡으로 제2차 세계대전 이후 폭넓은 인기를 끌고 있다.

에피소드　　　　마티스가 환상 중에 본 것은 사치(백작 부인), 거지·창녀·순교자(우르줄라), 전사(슈발 브), 상인(포머스펠덴) 등이다. 나치는 힌데미트의 오페라 공연을 금지했다. 특히 비밀경찰 헤르만 괴링(Hermann Göring)이 앞장서서 핍박했다. 그 결과 베를린 슈타츠오퍼와 베를린 필의 명지휘자

푸르트뱅글러(Furtwängler)가 사표를 던졌고, 힌데미트는 이민을 결심하게 되었다.

줄거리　　　　　화가 마티스는 수도원 제단을 장식할 작품을 그리기 위해 열정을 다한다. 사람들은 어떤 작품이 탄생할지 이목을 집중하고 있다. 어느 날 농민운동을 하다가 부상당한 농민지도자 슈발브(Schwalb)가 그의 딸 레지나(Regina)와 함께 군인들의 추격을 피해 수도원으로 들어온다. 딸 레지나는 군인들에게 봉변을 당한 듯 초라하고 처량한 모습이다. 마티스는 레지나의 모습을 한없이 애처롭게 바라본다. 슈발브는 마티스의 그림을 둘러보며 현실을 도외시한 예술은 필요 없다고 비난한다. 마티스는 농민들이 당한 고통, 특히 레지나가 당한 불행을 보고 이들과 함께 투쟁하기로 결심한다. 마티스를 사랑하는 우르줄라(Ursula)는 처음에는 그의 행동을 이해하지 못하지만, 예수께서 억압받는 사람들을 위해 이 세상에 오셨다는 믿음을 되새기며 마티스의 운동에 동참한다.

농민들은 세력을 규합해 당국에 대항하지만 당국의 힘에 눌려 무참히 패한다. 그들을 불쌍히 여긴 마인츠의 추기경 브란덴부르크가 여러모로 도움을 주지만, 당국의 제재로 난처한 상황에 처한다. 당국은 마티스의 작품에 시비를 건다. 그렇지만 추기경의 보호로 작품 활동은 계속된다. 마티스는 마치 신의 계시를 받은 듯 열렬하게 작업에 몰두한다.

그는 억압받는 사람을 위해 기도하는 추기경을 성 바울의 모습으로 그리고, 예술성보다는 환상 중에 본 것을 그림에 담는다. 그림이 완성되기 직전 레지나가 숨을 거두자, 마티스는 마지막으로 레지나의 영혼을 그림에 담는다. 마침내 성전 제단의 그림이 완성된다. 모두 하늘의 비전을 표현한 마티스의 그림에 충격을 받는다.

오늘의 뉴스

타이틀	**Neues vom Tage**(News of the Day; Nività del Giorno)	
	마르첼루스 시퍼(Marcellus Schiffer)가 대본을 썼다.	
	초연	1929년 6월 8일 베를린 크롤 오페라 극장(Kroll Opera House). 수정본은 1954년 4월 7일 나폴리 산 카를로 극장(Teatro San Carlo)
	주요 배역	라우라, 에두아르트, 헤르 헤르만, 호텔 매니저, 공증인

사전 지식　　　　이 오페라는 이른바 토피칼 오페라(topical opera)라고 부른다. 이는 어떤 주제를 정하고 이야기를 점점 발전시키는 형식의 오페라를 일컫는다. 언론의 막강한 힘과 결혼 생활에 구속된 사랑을 주제로, 잘 다듬어진 재치 넘치는 대사와 재미있는 음악으로 구성된 작품이다.

에피소드　　　　1929년 베를린의 전설적인 크롤(Kroll) 오페라 극장에서 이 오페라가 초연되었을 때 히틀러가 관람했는데, 주역 소프라노가 옷을 모두 벗고 욕조로 들어가는 장면을 보고 소스라치게 놀랐다고 전해진다. 그 후 이 오페라는 베를린에서 공연을 할 수 없었고, 전쟁 후 내용을 수정해 이탈리아 무대에서 초연했다.

줄거리　　　　결혼 생활이 무미건조하다고 느낀 라우라(Laura)와 에두아르트(Eduard)는 이혼에 합의한다. 결혼이라는 굴레는 남자와 여자가 만나 사는 것일 뿐 사랑을 찾아볼 수 없다고 생각한 것이다. 아내 라우라는 한시라도 빨리 결혼의 속박에서 벗어나고 싶어 이혼 수속을 밟아줄 헤르만(Herr Hermann)을 고용한다. 에두아르트는 라우라와 잘생긴 신사 헤르만이 마치 한 쌍의 비둘기처럼 서로 머리를 맞대고 얘기를 나누는 모습을 보고는, 곧 이혼할 것이라는 생각은 까맣게 잊은 채 헤르만을 공격해 크게 상처를 입힌다. 옆에서 보기에 잘생긴 헤르만이 아름다운 라우라에게 청혼이라도 하는 것처럼 보였던 것이다. 사실 곧 이혼할 처지이므로 라우라에게 누가 청혼을 하든 에두아르트가 관여할 문제는 아니었다. 그런데 공연히 피해를 입은 헤르만이 두 사람을 명예훼손으로 고소한다. 이 사건은 신문에 대서특필된다. 신문은 도장만 찍으면 이혼할 사람이 아내가 누구와 무슨 애기를 나누든 무슨 상관이냐고 하면서 에두아르트를 비난한다. 그러나 또 다른 신문은 정식으로 도장을 찍지 않았으므로, 비록 이혼할 계획이지만 아직은 정당한 부부이기 때문에 남편이 질투하는 것은 자연스러운 일이라고 보도한다. 그러자 먼젓번 신문은 도장은 찍지 않았지만 이미 이혼에 합의했으므로 사실상 이혼한 상태라고 주장한다. 이에 대해 다른 신문은 법치국가에서는 무엇이든 법에 따라야 하는데, 아직 정식으로 이혼 수속을 밟지 않아 법원의 허락을 받지 못했기 때문에 부부 관계가 유지되는 것으로 보아야 한다고 주장한다.

어느덧 두 사람은 '오늘의 뉴스'로 사람들의 관심을 끌게 된다. 오랜 검토 끝에(실은 신문의 오랜 논쟁 끝에) 법원은 상처를 입은 헤르만에게 위자료를 주라는 판결을 내린다. 문제는 위자료가 두 사람이 도저히 지불할 수 없을 만큼 어마어마한 금액이라는 것이다. 법원은 두 사람이 결혼했을 당시 돈을 벌기 위해 함께했던 일을 다시 시작해 돈을 벌어 갚으라고 지시한다. 두 사람은 결혼 후 영화와 연극에 출연했고, 카바레에서 노래도 불렀으며, 서커스단에서 함께 일하기도 했다.

두 사람은 함께했던 일을 다시 시작한다. 영화와 연극에도 출연하고, 카바레에서 노래도 부른다. 그러는 사이 진정한 사랑을 깨달은 두 사람은 화해한다. 그러나 법원의 명령은 두 사람이 과거에 했던 일을 그대로 하라는 것이다. 따라서 서로 다투기도 해야 한다는 뜻이다. 결국 두 사람은 전과 같은 생활을 반복하며 그렇게 살아간다.

템페스트

타이틀	**The Tempest**	
	전 3막. 대본은 마크 슐개서(Mark Shulgasser)가 썼다.	
초연	1986년 7월 1일 아이오와 주 디모인 메트로 오페라(Des Moines Metro Opera) 극장	
주요 배역	프로스페로(밀라노의 왕), 미란다(프로스페로의 어린 딸). 페르디난드(알론소의 아들), 아리엘(프로스페로 왕이 돌봐준 고아), 안토니오(형 프로스페로를 쫓아낸 밀라노의 왕), 알론소(나폴리의 왕), 곤잘로(밀라노 왕의 자문관), 칼리반(마법사 시코락스의 아들)	
베스트 아리아	「환호하라, 위대한 군주에게(All hail, great master)」(S), 「노란 모래밭으로 오라(Come unto these yellow sands)」(S), 「보컬리즈(Vocalise)」(S), 「세 사람의 죄인(You are three men of sin)」	

사전 지식　　호이비는 어릴 때부터 작곡에 천부적인 재능을 보였다. 그는 커티스 음악원에서 메노티로부터 작곡 기법을 본격적으로 배웠으며, 풀브라이트·구겐하임·포드 재단의 지원을 받아 메노티 이후 미국의 현대 작곡가로서 최고의 활동을 했다. 그의 대표작 〈템페스트〉는 셰익스피어의 명작에 현대 스타일의 음악을 입혔으며, 연출은 바그너의 영향을 받았다.

줄거리　　밀라노 공국의 왕으로서 대마법사이며 위대한 학자인 프로스페로(Prospero)는 동생 안토니오(Antonio)의 음모로 12년 전 왕좌에서 축출되었다. 동생 안토니오는 가장 큰 세력을 지닌 나폴리의 왕 알론소(Alonso)를 속여 그의 도움을 받아 프로스페로를 왕좌에서 쫓아낸 것이다.

호이비, 리(Hoiby, Lee, 1926~)
리 헨리(Henry) 호이비는 1926년 미국 위스콘신(Wisconsin)에서 태어났다. 어릴 때부터 피아노 신동이라는 소리를 들은 그는 피아니스트보다는 작곡에 뜻을 두어 작곡가의 길을 걷기 시작했다. 그는 특히 20세기 전위음악에 깊은 관심을 가졌다. 아르놀트 쇤베르크의 사위 루돌프 콜리슈(Rudolf Kolisch)가 주도하는 프로 아트 4중주단에 참여해 전위음악을 연주했다. 호이비는 밀스 대학에서 다리우스 미요(Darius Milhaud)와 함께 작곡을 공부했으며, 후에 커티스에서 잔 카를로 메노티의 가르침을 받았다. 메노티는 호이비에게 오페라를 소개했다.

악독한 동생 안토니오는 프로스페로가 나라를 다스리는 데 관심이 없고, 오로지 책에만 묻혀 산다는 구실을 내세운 것이다. 프로스페로와 어린 딸 미란다(Miranda)는 돛도 없는 작은 배에 실려 망망대해로 추방된다. 다행히 자문관 곤잘로(Gonzalo)가 아무도 모르게 배에 음식과 책을 실어주어 육체적 굶주림과 정신적 굶주림을 면할 수 있었다.

며칠 후 프로스페로는 지도에도 없는 어느 섬에 도착해 칼리반(Caliban)을 만난다. 그는 사악한 마법사 시코락스(Sycorax)의 아들인데, 시코락스는 몇 해 전 프로스페로와의 마법 대결에서 패해 화병을 얻어 죽었다. 그러므로 칼리반은 프로스페로를 아버지를 죽인 원수로 생각한다. 하지만 그런 내색을 하기에는 아직 맞설 힘이 없기 때문에 머리를 숙이고 프로스페로의 노예가 되기로 한다. 프로스페로는 이곳에서 아리엘(Ariel)도 만난다. 그는 시코락스의 노예로 있던 아리엘을 구해주고, 마법도 전수해주었다. 이제 아리엘은 마법을 제법 쓸 수 있게 되었다. 프로스페로가 밀라노 왕좌에서 쫓겨나 도착한 섬에서 칼리반과 아리엘을 만난 것은 참으로 묘한 인연이었다.

프로스페로가 어린 딸 미란다와 함께 마법의 섬에서 지낸 지도 12년이 되어간다. 그는 악독한 동생 안토니오와 그에게 속아 자기를 몰아낸 알론소 왕을 상대로 일단의 결말을 내야 할 때가 왔다고 생각한다. 프로스페로는 마법으로 그들의 마음을 지배해 마법의 섬으로 끌어들인다. 안토니오와 알론소 등이 탄 배가 항해를 시작하자 프로스페로는 무서운 폭풍을 일으켜 모두를 공포 속으로 몰아넣는다. 아름다운 처녀로 성장한 미란다는 세상을 날려버릴 것 같은 폭풍 때문에 배에 탔던 사람들이 모두 사라진 것을 보고 두려워한다. 프로스페로는 딸 미란다에게 폭풍으로 배는 파선되었지만 목숨을 잃은 사람은 하나도 없으니 염려하지 말라고 안심시키며, 무엇 때문에 이 섬에 오게 되었는지 설명해준다. 프로스페로는 미란다가 배에 탔던 사람이 누구인지, 왜 그들이 이 섬으로 오는지 더 궁금해하지 않도록 마법으로 잠재운다. 프로스페로는 아리엘을 불러 동쪽 바닷가로 가서 사람들이 어떻게 되었는지 알아보라고 보내고, 칼리반에게는 섬의 다른 쪽으로 가서 사람들이 어떻게 되었는지 알아보라고 지시한다. 아리엘이 알론소 왕의 아들 페르디난드(Ferdinand)를 데리고 돌아온다. 남자라고는 아버지 프로스페로와 노예 칼리반밖에 모르고 살아온 미란다는 젊고 잘생긴 페르디난드를 보자 첫눈에 사랑에 빠진다. 프로스페로는 잘 어울리는 한 쌍이라고 생각하지만, 속마음을 드러내지 않은 채 페르디난드에게 일부러 힘든 일만 시킨다.

한편 폭풍에서 겨우 살아난 밀라노의 왕 안토니오, 나폴리의 왕 알론소, 알론소의 동생 세바스티안, 프로스페로가 밀라노의 왕이었을 때 충성스럽게 그를 보좌했던 곤잘로를 비롯한 일행이 그곳이 어딘지 두리번거리고 있다. 일행은 함께 온 페르디난드가 보이지 않자 일대를 찾아보지만 그의 행방은 묘연하다. 아리엘이 마법으로 모습을 숨기고 안토니오와 세바스티안을 제외한 모두를 잠재운다. 모두가 갑자기 잠에 떨어지자 사악한 안토니오는 세바스티안에게 형인 밀라노 왕 알론소를 죽이고 나폴리 왕국을 차지하자고 제의하면서 음모를 꾸민다. 이 음모를 엿들은 아리엘은 충신 곤잘로를 깨워 경고한다. 놀란 곤잘로가 안토니오의 칼날에서 알론소를 구한다. 그제야 안토니오의 본색을 깨달은 알론소 왕은 그를 사슬로 묶어놓는다.

아리엘이 모든 사람을 위해 만반진수의 잔치를 베풀자, 모두 알론소 왕의 정의로움에 감사하며 즐겁게 먹고 마신다. 아리엘이 하피(Harpy: 죽은 사람의 영혼을 지옥이나 천당으로 나른다는 전설적인 새. 상반신은 추녀의 모습이며 날개와 꼬리와 발톱은 새의 모습을 하고 있다. 오페라에서는 추녀의 모습은 나오지 않는다)의 모습으로 등장해 위대한 프로스페로 왕을 핍박하고 쫓아냈다고 하면서 그들을 크게 꾸짖으며, 지금 겪는 고통은 과거의 악행 때문이라고 말한다.

섬의 다른 쪽으로 간 시코락스의 아들 칼리반은 폭풍에서 겨우 살아남은 알론소 왕의 하인들을 만난다. 하인들은 목숨을 부지하기 위해 난파선에서 들고 온 포도주를 칼리반에게 권하며 그의 하인을 자청한다. 칼리반은 알론소의 하인 스테파노에게 원수인 프로스페로를 죽여주면 그의 예쁜 딸 미란다와 결혼시켜주고, 이 섬의 지배자로 만들어주겠다고 제안한다. 마법으로 모습을 감춘 아리엘이 그들의 얘기를 엿듣고 있다. 그녀는 이 사실을 프로스페로에게 알리기 위해 달려간다. 장면은 바뀌어 프로스페로의 작은 집이다. 미란다와 페르디난드가 사랑을 고백하며 결혼을 약속한다. 이 모습을 본 프로스페로는 매우 흡족한 마음이다. 그는 이제 다른 사람들과 원한을 쌓으며 복수심으로 살아갈 필요가 없다는 것을 깨닫는다.

프로스페로는 자기 딸 미란다와 페르디난드의 결혼을 축하하기 위해 여신들과 님프들, 죽음의 신까지 초청해 가면무도회를 연다. 무도회 도중 칼리반의 음모를 전해들은 프로스페로는 그놈들을 모두 잡아오라고 명령한다. 왕과 신하들이 마법에 이끌려 프로스페로의 집으로 모여든다. 모두 모이자 프로스페로는 지금부터 마법을 버릴 것이며, 그들의 모든 악행을 용서한다고 선언한다. 프로스페로는 그들이 죽었다고 생각한 페르디난드가 자신의 딸 미란다와 결혼하기로 했음을 밝힌다. 알론소 왕과 페르디난드가 기쁨에 얼싸안는다. 곤잘로를 비롯한 모든 이들이 프로스페로의 관대함을 찬양한다. 알론소 왕은 프로스페로의 왕위를 회복시킨다. 프로스페로는 마법의 영향력에서 아리엘을 해방시켜주면서, 자신들이 밀라노로 돌아갈 때 파도를 잠재워달라고 요청한다.

완벽한 바보

타이틀	**The Perfect Fool**

	단막의 코믹 오페라. 작곡자가 직접 대본을 썼다.
초연	1923년 5월 14일 런던 코번트가든
주요 배역	바보(대사 파트), 어머니(CA), 마법사(Bar), 공주(S), 음유시인 (T), 여행자(B)

줄거리   한밤중에 마법사가 땅의 정령, 물의 정령, 불의 정령을 차례로 불러낸다. 마법사는 이들의 힘을 빌려 사랑의 묘약을 만든다. 이 약은 마시고 잠든 뒤 눈을 뜨는 순간 처음 바라보는 사람의 사랑을 얻게 되는 약이다. 묘약을 만든 마법사는 잠에 떨어진다.

장소는 바뀌어 바보의 집이다. 바보의 어머니가 해가 중천인데 아직도 침대에서 헤어나지 못하는 바보를 이불을 걷어내며 깨운다. 어머니는 바보를 낳을 때 들은 예언을 자기도 모르게 중얼거린다. "첫눈에 반해 신부를 얻네. 한 번 쳐다보아 원수를 죽이네. 한마디 말로 경쟁자를 물리치네." 그래도 바보는 계속 잠만 잔다.

잠에서 깨어난 마법사는 바보의 어머니에게 묘약을 만들었지만 아직 먹지 않았다면서, 공주에게 청혼할 것이라고 자신 있게 말한다. 마법사는 공주와 관련해 전해오는 "누구도 할 수 없는 일을 한 사람과 결혼한다"라는 예언을 떠올리며 자신만만하게 생각한다.

마법사는 바보의 어머니를 상대로 청혼하는 연습을 하지만 공주 역할이 신통치 않자 흥미를 잃는다.

홀스트, 구스타브(Holst, Gustav, 1874~1934)
스웨덴 출신의 영국 작곡가 구스타브 홀스트는 여러 종류의 극장음악을 작곡했다. 소재는 힌두교 신화부터 셰익스피어와 중세의 전설에 이르기까지 다양했다. 대표적 오페라 〈완벽한 바보〉는 베르디와 바그너의 요소를 조금씩 인용한 작품으로, 오페라보다는 발레곡으로 더 많은 사랑을 받고 있다. 홀스트의 대표작은 〈행성〉으로, 그는 우주 현상에 많은 관심이 있었다. 〈행성〉은 7개 악장으로 구성되어 있는데, 그중 '화성'은 제1차 세계대전을 표현한 것이다.

마법사는 공주가 오면 깨어달라고 부탁하고 또다시 잠이 든다. 마을 처녀들이 물동이를 이고 등장한다. 물동이를 본 바보의 어머니는 마법사가 만들었다는 묘약을 생각해낸다. 어머니는 마법사가 잠든 틈을 타 묘약을 찾아내 바보 아들에게 먹이고는, 마법사의 컵에는 보통 물을 담아놓는다. 나팔 소리와 함께 공주가 시녀와 시종을 거느리고 들어온다. 공주는 왠지 결혼할 것 같은 느낌이 들어 결혼 노래를 부른다.

공주가 들어오는 소리를 들은 마법사는 황급히 일어나 컵에 담아두었던 묘약을 얼른 마신다. 마법사는 묘약의 힘만 믿고 거리낌 없이 공주에게 다가가 남편처럼 행세한다. 그 모습을 본 사람들이 마법사를 비웃고 조롱하자, 무안한 마법사는 쥐구멍이라도 찾고 싶은 심정이다. 마법사는 다시 정령을 불러 새로 묘약을 만들려고 한다.

어떤 음유시인이 여러 하인들과 함께 들어온다. 공주에게 청혼하러 온 것이다. 하인들이 음유시인을 둥그렇게 둘러싸자, 그는 도니체티 스타일의 노래를 부른다. 그러나 고음에서 그만 실수를 하고 만다. 공주가 노래 연습 좀 더하라고 하면서 어서 나가라고 한다. 다음 청혼자는 여행자의 모습을 한 사람으로, 보탄(Wotan) 스타일의 노래를 부른다. 하지만 역시 실패한 그는 억울하고 창피해 밖으로 뛰쳐나가다가 잠들어 있는 바보를 깨우고 만다. 바보가 눈을 뜨면서 공주를 바라본다. 약효는 바로 나타나 공주는 바보를 사랑하게 된다. 이로써 첫눈에 반해 신부를 얻는다는 첫 번째 예언이 이루어진다.

마법사와 그의 부하인 불같은 성격의 악마들이 나라를 휘저으며 초토화하고 있다는 소식이 들리자 모두 두려워한다. 어머니는 바보에게 절대로 동요하지 말고 그대로 있으라고 하면서 '한 번 쳐다보아 원수를 죽인다'는 두 번째 예언이 이루어지기를 바란다. 바보가 몰려드는 마법사와 악마들을 한 번 쳐다보자 모두 사라져버린다. 공주는 이런 바보가 좋아 어쩔 줄 모르지만, 바보는 아무리 공주가 매력적이라 해도 어머니 말씀만을 제일로 여기며 다른 여자의 말에는 전혀 흔들리지 말아야 한다고 생각한다. 그래서 공주가 "정말 저를 사랑하시나요?"라고 묻자 "아니요"라고 대답한다. 바보는 공주를 어머니의 경쟁자로 생각해 공주의 제안을 한마디로 거절한 것이다. 공주는 바보가 여자에게 약한 자가 아니라 진정한 애국자라고 생각해 왕으로 삼기로 한다. 그런데 막 왕관을 씌워주려는 순간 잠에 빠진 바보는 다시 일어나지 못한다.

앙티곤

타이틀	**Antigone**

	전 3막의 비극. 소포클레스(Sophocles)의 비극 「안티고네(Antigone)」를 기본으로 장 콕토가 대본을 썼다.
초연	1927년 12월 28일 브뤼셀 모네 극장
주요 배역	앙티곤(안티고네: 오이디푸스의 딸, S/Ms), 이스멘(이스메네: 안티고네의 동생, S), 크레옹(크레온: 테베의 왕, T), 에우리디스(에우리디케: 크레온의 왕비, Ms), 헤몽(하이몬: 크레온 왕의 아들, 안티고네를 사랑한다, Bar), 티레시아(티레시아스: 예언자, B)

사전 지식　　　그리스 신화를 다룬 〈오이디푸스 왕(Oedipus Rex)〉의 후속편으로 보면 된다. 테베의 왕자로 태어난 오이디푸스는 아버지를 죽이고 어머니와 결혼한다는 신의 계시가 이루어지자, 죄책감에 아이들을 외삼촌인 크레온에게 맡기고 멀리 떠난다. 오페라 〈안티곤〉은 그 이후의 이야기로 시작된다. 스트라빈스키는 1927년 오이디푸스 왕의 이야기를 다룬 오페라를 만들어 파리에서 초연한 바 있다.

에피소드　　　장 콕토는 1922년 안티고네 신화를 토대로 한 연극을 파리 무대에 올린 적이 있다. 이 연극은 대단한 반향을 불러일으켰다. 가족 간에 죽고 죽이는 문제, 자살 등을 당연한 듯 다루었기 때문이다. 사랑과 의무 사이의 갈등을 표현한 이 작품을 통해 장 콕토는 프랑스 사회에

오네게르, 아르튀르(Honegger, Arthur, 1892~1955)
아르튀르 오네게르는 프랑스 음악의 체질 쇄신을 주창한 레 시스(Les Six) 그룹의 일원이었지만, 그들의 노선과 스타일을 따르지는 않았다. 오히려 여러 장르를 섭렵하는 많은 작품을 남겼다. 오네게르는 5편의 인상주의적 교향곡으로 유명하며, 오페라로는 〈앙티곤〉과 〈화형장의 잔다르크(Jeanne d'Arc au beucher)〉가 있다. 그는 연설을 토하는 목소리이든, 아름다운 노래를 부르는 음성이든 간에 인간 음성이 지니는 강렬한 호소력을 보여주면 그것으로 충분하다고 주장했다. 오네게르는 프랑스의 르아브르(Le Havre)에서 태어났지만 부모는 스위스인이다.

새로운 화두를 던졌다. 당시 이 문제는 프랑스에서 커다란 논쟁거리가 되었다.

줄거리   오이디푸스의 두 아들 폴리네이케스(Polyneices)와 에테오클레스(Eteocles)는 테베의 왕관을 놓고 다툰다. 폴리네이케스는 에테오클레스를 물리치기 위해 테베의 적들과 손을 잡지만, 전쟁터에서 둘 다 목숨을 잃고 만다. 오이디푸스의 외삼촌 크레온이 비어 있는 테베의 왕위를 차지한다. 크레온은 테베의 적들과 손을 잡은 반역자 폴리네이케스의 시신을 묻는 것조차 금지하면서, 만일 이를 어기면 사형에 처하겠다고 엄중히 선포한다. 그러나 폴리네이케스의 누이 안티고네(Antigone)는 동생을 사랑하는 마음에서 그의 시신을 거두어 장례를 치른다. 안티고네는 오이디푸스와 그의 어머니 이오카스테(Iocaste) 사이에서 태어난 딸이다.

크레온 왕의 지시를 어겼으니 안티고네는 죽음을 면할 수 없는 처지다. 크레온의 아들 하이몬(Haemon; Hémon)이 안티고네를 살려달라고 탄원한다. 하이몬은 외사촌 안티고네를 사랑하고 있다. 크레온 왕은 아들 하이몬의 간곡한 청을 뿌리칠 수 없어 안티고네를 독방에 가두지만, 그녀는 결국 숨을 거두고 만다. 예언자 티레시아스(Tirésias)가 어떻게 그럴 수 있냐고 비난하며 저주를 내리자 크레온 왕은 자신의 과오를 뉘우친다. 그러나 때는 이미 늦었다. 크레온 왕의 아들 하이몬은 사랑하는 안티고네의 시신 옆에서 스스로 목숨을 끊었다. 크레온 왕의 아내 에우리디케(Eurydice)도 아들의 죽음을 슬퍼하며 스스로 목숨을 끊는다.

헨젤과 그레텔

타이틀	**Hänsel und Gretel**(Hansel and Gretel)	
	전 3막. 누구나 잘 아는 그림(Grimm) 형제의 동화를 기본으로 아델하이트 베테(Adelheit Wette)가 대본을 썼다.	
	초연	1893년 12월 23일 독일 바이마르(Weimar) 궁정극장
	주요 배역	헨젤(그레텔의 오빠), 그레텔(헨젤의 여동생), 페터(남매의 아버지로 빗자루장이), 게르트루트(남매의 어머니), 마귀할멈, 샌드맨, 이슬 요정
음악 하이라이트	헨젤과 그레텔의 춤추는 장면의 음악, 그레텔의 저녁 기도 음악	
베스트 아리아	「주제, 사랑스러운 주제(Suse, liebe Suse)」(S), 「나는 작은 샌드맨(Der kleine Sandmann bin ich)」(S), 「나는 작은 이슬 요정이라 하지요(Der kleine Taumann heiss ich)」(S)	

사전 지식　〈헨젤과 그레텔〉을 '헨델과 그레첼'이라고 뒤섞어 읽는 사람이 있다면 곤란하므로 이번 기회에 교정하기를! 헨델은 〈율리우스 시저〉 등 수많은 오페라를 작곡한 사람이다.

에피소드　훔퍼딩크는 이 오페라를 누이동생 아델하이트 베테의 아이들을 위해 작곡했다. 그는 아이들이 이 음악 연극을 보고 무척 좋아하자 다시 손질을 해 오페라로 만들었다. 매우 잘 알려진 이야기이므로 공연되자마자 환영을 받았다. 서곡은 연주회 레퍼토리로 자주 등장한다. 그레텔이 「주제, 사랑스러운 주제」는 독일의 민속음악이다. 이어 나오는 댄스 듀엣은 이 오페라에서 가장

훔퍼딩크, 엥겔베르트(Humperdinck, Engelbert, 1854~1921)
엥겔베르트 훔퍼딩크는 라인 지방의 지그부르크(Siegburg)에서 태어났다. 그는 이미 일곱 살 때 첫 작품을 썼으며, 열세 살 때 징슈필을 작곡했다. 그의 부모는 건축가를 권했으나 그는 쾰른 음악원에 들어가 작곡을 전공했다. 1879년 멘델스존 장학금을 받아 이탈리아로 유학을 간 그는 나폴리에서 리하르트 바그너와 친교를 나누었다. 바그너는 훔퍼딩크를 바이로이트(Bayreuth)로 초청했다. 그는 바이로이트에서 〈파르지팔(Parzival)〉의 제작을 지원했으며, 바그너의 아들 지그프리트의 음악교사로 활동했다. 훔퍼딩크의 대표작은 독일 동화에 기본을 둔 〈헨젤과 그레텔〉이다.

사랑스러운 장면이다.

줄거리 [제1막] 무대는 독일 어느 지방의 깊은 숲 속이다. 부모가 일을 보러 나갔기 때문에 헨젤과 그레텔이 집을 지키고 있다. 이 남매의 아버지는 빗자루를 만들어 파는 빗자루장이다. 어머니는 두 아이에게 놀지만 말고 집안일을 하라면서 할일을 잔뜩 적어준다. 남매는 집안일은 뒷전인 채 모처럼 재미난 시간을 보낸다. 일찍 집에 돌아온 어머니는 집안일은 하지 않고 놀기만 했다고 야단을 친다. 이때 큰 대접에 담겨 있던 우유가 쏟아진다. 저녁 식사가 없어진 것이다. 어머니는 남매에게 우유 대신 먹을 딸기를 따오라고 말한 뒤 지쳐 털썩 주저앉는다. 곧이어 아버지가 돌아온다. 술 한잔을 마셨는지 기분이 좋다. 어머니가 당장 먹고살기도 어려운데 무슨 술이냐면서 못마땅해하자, 아버지는 빗자루를 전부 팔아 돈이 생겼다고 하면서 사 가지고 온 먹을거리를 보여준다(편의상 어머니, 아버지로 표기했지만 아버지는 페터(Peter), 어머니가 게르트루트(Gertrud)다). 남매를 숲 속으로 보냈다는 소리를 들은 아버지는 요즘 마귀할멈이 숲에 살면서 남매를 잡다가 생강 과자 만드는 재료로 쓴다던데, 아이들한테 안 좋은 일이 생기면 어쩌냐고 하면서 어머니와 함께 남매를 찾아 나선다.

[제2막] 그레텔은 들꽃을 따서 목걸이를 엮고, 헨젤은 산딸기를 따고 있다. 남매는 숲 속에서 뻐꾸기 놀이를 하며 즐거운 시간을 보낸다. 어느덧 날이 어두워지자 남매는 길을 잃는다. 한참을 돌아다녀도 어디가 어딘지 모르는 남매는 처음엔 무서웠지만 나중엔 졸음 때문에 견딜 수가 없다. 그때 샌드맨(남매를 잠들게 하기 위해 눈에다 금가루나 모래를 뿌린다는 요정)이 나타나 남매의 눈에 금가루를 뿌린다. 남매는 저녁 기도를 드린 뒤 지쳐 잠이 든다. 천사들이 나타나 남매를 지켜준다.

[제3막] 예쁘게 생긴 이슬 요정이 헨젤과 그레텔을 잠에서 깨운다. 아침안개가 걷히면서 눈앞에 생강 과자로 만든 집이 보인다. 배가 고픈 헨젤이 과자 한 조각을 떼어 먹는다. 집 안에서 나온 마귀할멈이 아주 친절하게 헨젤과 그레텔에게 들어오라고 손짓한다. 남매가 무서워 들어가지 않겠다고 하자 마녀는 주문을 걸어 헨젤을 큰 새장에 가두어버린다. 마귀할멈은 생각지도 않은 먹잇감이 제 발로 찾아오니 이렇게 기쁠 수가 없다. 마귀할멈은 물 끓이는 일을 시키기 위해 그레텔을 화로 쪽으로 부른다. 그레텔은 자기를 화로에 집어넣을까 봐 슬쩍 딴청을 피면서 화로의 문을 어떻게 여는지 가르쳐달라고 한다. 마귀할멈은 그것도 모르냐고 하면서 화로의 문을 여닫는 방법을 알려준다. 그레텔은 이때다 생각해 마귀할멈을 화로로 밀어 넣고 문을 잠가버린다. 생강 과자가 아이들의 모습으로 돌아온다. 아이들은 마귀할멈이 사라졌다는 기쁨에 춤을 춘다.

잠시 후 부모가 도착한다. 모두 신에게 감사 기도를 드린다.

임금님의 아이들

타이틀	**Königskinder**(The King's Children)	
	전 3막. 훔퍼딩크가 1897년에 쓴 시작(試作)을 다시 손질해 완성한 작품이다. 대본은 에른스트 로스머(Ernst Rosmer)가 썼다.	
	초연	1910년 12월 28일 미국 메트로폴리탄 오페라하우스
	주요 배역	임금의 아들, 거위 아가씨, 마녀, 음유시인, 나무꾼, 빗자루 장이, 마구간 처녀, 의회의원, 여관집 주인의 딸, 여관집 주인, 양복장이
	베스트 아리아	「놀이꾼 아저씨(Lieber Spielmann)」(S)

에피소드　　　　뉴욕 메트로폴리탄 무대에 올린 초연에는 당대 최고의 소프라노 제럴딘 패러(Geraldine Farrar)가 거위 아가씨로 출연했다. 〈헨젤과 그레텔〉처럼 마녀가 나오는 등 어린이를 위한 동화이지만 해피엔드가 아닌 비극으로 끝나는 동화다. 각 막마다 서곡 형태의 음악이 있는데, 1막은 왕자의 방랑을, 2막은 왕을 기다리는 마을 사람들의 춤을, 3막은 음유시인이 왕자와 공주를 찾아 숲 속을 헤매는 것을 주제로 삼았다. 한마디로 이 오페라는 상징주의 오페라의 전형이다.

줄거리　　　　아름다운 공주는 마녀의 마법에 걸려 거위를 기르는 아가씨가 되었다. 어떤 왕자가 숲 속에서 우연히 거위 아가씨를 만난다. 왕자는 아름답고 착한 거위 아가씨를 보고 첫눈에 사랑을 느낀다. 왕자는 거위 아가씨에게 함께 궁전으로 가자고 하지만, 마법을 깨뜨릴 힘이 없는 거위 아가씨는 숲 속에서 벗어날 수 없다고 말한다. 왕자는 쓰고 있던 왕관을 거위 아가씨의 발아래에 놓아두고 어디론가 계속 걸어간다. 잠시 후 어떤 음유시인이 빗자루장이와 목수를 데리고 마녀의 오두막을 찾아온다. 이들은 할라브룬(Hallabrunn)이라는 나라에서 온 사절단이다. 할라브룬의 백성들은 오랫동안 임금 자리가 비어 있어 슬픔에 잠겨 있다. 그들은 대표를 뽑아 방법을 강구해보려고 마녀를 찾아온 것이다. 대표는 마녀에게 누가 임금님이 될 것인지, 자기들이 어떻게 그 사람을 알아볼 수 있는지 묻는다. 마녀는 할라브룬의 축제가 시작되는 날 정오를 알리는 종소리가 울릴 때 성문을 첫 번째로 지나가는 사람이 임금이 될 것이라고 일러준다. 음유시인은 아름다운 거위 아가씨를 보고 그녀가 고귀한 왕족 출신이라고 생각한다. 마녀는 빗자루장이나 목수는 무슨 일을 하는지 알겠는데, 음유시인은 무얼 하는지 모르겠다고 한다. 음유시인이 시를 노래한다고 하자 마녀는 꼭 한 번 들려달라고 부탁한다. 음유시인이 노래를 부른다. 마녀는 생전 처음 들어보는 아름다운 노래에 넋을 잃는다. 마녀가 제발 한 곡만 더 불러달라고 애원하자 음유시인은 거위 아가씨에게 씌운 마법을 풀어주면 노래를 부르겠다고 제안한다. 마녀는 음유시인의 말대로 거위 아가씨에게 걸었던 마법을 풀어준다. 음유시인은 거위 아가씨를 데리고 할라브룬으로 돌아간다.

방랑하던 왕자가 할라브룬 성에 도착한다. 왕자는 신분을 숨기고 돼지치기로 일한다. 여관집 딸이 잘생긴 왕자를 보고 사랑에 빠지지만 왕자는 그녀의 사랑을 거절한다. 거위 아가씨를 사랑하기 때문이다. 여관집 딸은 왕자에게 사랑을 거절당하자 속상한 마음에 복수하기로 작정하고 왕자를 향해 도둑놈이라고 외친다. 경찰들이 달려와 왕자를 체포해 감옥으로 데려가려는 순간 정오를 알리는 종이 울린다. 백성들의 대표는 새로운 임금님이 나타날 것을 기대하며 성문을 활짝 열어젖힌다. 꽃으로 장식한 옷을 입은 거위 아가씨가 들어온다. 뒤이어 음유시인과 거위들이 따라온다. 뜻하지 않게 거위 아가씨를 본 왕자는 한달음에 달려가 그녀를 품에 안는다.

백성들은 왕족 출신의 고귀한 인물이 나타날 것으로 기대했는데 엉뚱한 사람이 나타나자 왕자와 거위 아가씨를 성 밖으로 내쫓는다. 두 사람이 고귀한 왕족이라는 사실은 음유시인과 어린아이 하나만 알고 있을 뿐이다. 백성들은 더는 돌아다니지 말라고 하며 음유시인의 다리를 부러뜨린다. 왕자와 거위 아가씨는 숲 속에서 길을 잃는다. 하늘에서는 눈이 펑펑 쏟아지기 시작한다. 하루 종일 헤맸기 때문에 지쳐버린 왕자와 공주는 나무 아래 빵 덩어리가 있는 것을 보고 먹기 시작한다. 마녀가 독을 넣어 만든 빵이다. 왕자와 공주는 그 자리에서 숨을 거둔다. 할라브룬의 아이들이 거위의 안내로 숲 속을 찾아와 왕자와 공주가 처음 만난 나무 아래에 두 사람을 묻는다.

예누파

타이틀	**Jenůfa**

전 3막의 비극. 가브리엘라 프레이소바(Gabriela Preissová)의 희곡 「그녀의 수양딸(Její pastorkyňa)」 (진짜 딸이 아니다)을 바탕으로 작곡자가 체코어 대본을 썼다. 예누파는 젊고 순진하며 예쁜 모라비아 아가씨의 이름이다. 이 오페라의 제목은 '그녀의 수양딸(Její pastorkyňa; Her stepdaughter)'로도 불린다.

초연	1904년 1월 21일 브르노 국립극장(Národní divadlo v Brně)

주요 배역	부리야 할머니(부리요브카: 물방앗간 주인), 라카 클레멘(그의 손자), 슈테바 부리야(라카 클레멘의 이복형), 예누파(코스텔니치카의 수양딸), 코스텔니치카 부리요브카(부리야 할머니의 며느리로 슈테바와 라카의 작은어머니), 카롤카(시장의 딸로 슈테바와 결혼하는 여자)

사전 지식　　이 오페라를 완성하는 데는 27년이라는 장구한 세월이 걸렸다. 으스스하고 섬뜩하며 비참하지만, 해피엔드의 요소도 있다.

에피소드　　프라하 국립극장은 〈예누파〉 공연을 거부했다. 이 때문에 〈예누파〉는 야나체크가 음악학교를 세워 운영했던 브르노(Brně; Brne: 현재는 오스트리아)에서 초연되었다. 프라하 국립극장에서 이 오페라를 거부한 것은 내용이 당시의 사회적 정서와 맞지 않았기 때문이다. 이로부터 12년이 지난 1916년 비로소 프라하에서 체코어로 공연할 수 있었다. 뒤이어 독일어로 번역되어 독일과 오스트리아 무대에 연달아 올랐다. 그때부터 〈예누파〉에 대해 새로운 평가가 이루어졌으며, 작곡자

야나체크, 레오시(Janáček, Leoš, 1854~1928)
모라비아(Moravia: 현재의 체코공화국)에서 태어난 레오시 야나체크는 작곡가이면서 음악이론가, 민속음악학자, 출판인, 음악교사였다. 그는 모라비아와 슬라브 민속음악에서 영감을 받아 독창적인 현대 스타일의 음악을 창조했다. 오페라 〈예누파〉는 '모라비아의 국가 오페라'라는 별명이 붙을 만큼 민속적 색채가 짙은 작품이다. 야나체크는 〈예누파〉로 모라비아의 음악을 세계에 알려, 드보르자크, 스메타나와 함께 대표적인 체코 작곡가로 존경을 받고 있다.

야나체크의 명성도 크게 높아졌다. 예누파의 또 다른 제목 '진짜 딸이 아니다(Jeji pastorkyna; Not Her Own Daughter)'는 이 오페라의 비극성을 그대로 표현하고 있다. 오페라에 나오는 사람 중 누구의 도덕성이 더 문란한지는 여전히 의문으로 남는다. 아이를 임신시키고도 결국에는 예누파를 버린 슈테바가 나쁜가, 그렇지 않으면 예누파가 낳은 아기를 죽인 부리요브카가 나쁜 것인가?

줄거리　　　　　　모라비아의 어떤 마을에서 일어난 복잡한 가족사다. 일찍 세상을 떠난 남편을 대신해 물방앗간을 경영하는 부리야(Buryja; Buryjakova) 할머니에게는 두 아들이 있었다. 두 아들은 모두 결혼했으나 아내들이 세상을 떠나는 바람에 두 사람 모두 재혼했다. 그런데 큰아들의 재혼한 아내는 죽고 작은아들의 아내만 살아 있다. 부리야 할머니의 큰아들은 첫 번째 아내에게서 아들 슈테바(Števa 또는 Syteva)를 얻었고, 두 번째 아내에게서 라카(Laca)를 얻었다. 작은아들은 자식이 없었다. 그래서 작은아들의 두 번째 아내 코스텔니치카(Kostelnička Buryjovka)는 마을에 사는 예누파(Jenůfa)를 양녀로 삼았다. 코스텔니치카는 예누파가 세례 받을 때 대모였다.

[제1막] 예누파, 라카, 부리야 할머니는 슈테바가 집으로 돌아오기만 기다리고 있다. 슈테바를 사랑하는 예누파는 이미 임신 중으로, 임신 사실은 양어머니 코스텔니치카만 알고 있다. 슈테바는 군대 징집 문제를 협의하기 위해 도시로 갔는데 아직 오지 않아 걱정이다. 예누파는 속히 슈테바와 결혼식을 올리고 싶지만, 만일 슈테바가 징집된다면 결혼식은 아주 늦어질 것이고, 그렇게 되면 결혼식도 올리지 않은 채 아기를 낳아야 한다. 라카는 오래전부터 예누파를 마음에 두어왔다. 그는 슈테바가 징집되어 돌아오지 않으면 좋겠다고 생각한다. 그렇게 되면 예누파와 결혼할 수도 있다고 생각한 것이다. 방앗간의 일꾼이 슈테바가 징집되지 않았으며 집으로 돌아오고 있다고 전한다. 부리야 할머니와 예누파는 안도하지만 라카는 공연히 화를 낸다. 얼마 뒤 슈테바가 군인 친구들과 술에 취해 나타난다. 슈테바는 자기가 여자들 사이에서 얼마나 인기가 좋은지 자랑하며, 잘만 하면 교양 있고 아름다운 시장의 딸 카롤카와 결혼하게 될지도 모른다고 말한다. 이 말을 들은 예누파는 걱정이 앞선다. 그때 코스텔니치카가 나와 다른 생각은 하지 말고 무조건 예누파와 결혼해야 한다고 말하면서, 앞으로 성실하게 살고 약속하는 뜻에서 1년 동안 술은 입에도 대지 않겠다고 다짐할 것을 당부한다. 코스텔니치카가 나가자 슈테바와 예누파만 남는다. 예누파는 슈테바에게 옛날처럼 자기를 사랑해달라고 간청한다. 예누파가 임신한 것을 모르는 슈테바는 아무 관심이 없는 듯 건성으로 대답하면서 떠난다. 잠시 후 라카가 들어와 예누파에게, 슈테바와 같은 못된 인간에게 마음을 두지 말라고 하면서 자신의 심정을 알아달라고 간청한다. 예누파가 그럴 수 없다고 하자 화가 치민 라카는 무슨

생각이 들었는지 느닷없이 칼을 꺼내 예누파의 뺨을 긋는다.

[제2막] 한 달 뒤 겨울이 찾아든다. 예누파가 아기를 낳지만 슈테바는 아기를 보러 오지 않는다. 예누파의 얼굴에는 라카 때문에 생긴 상처가 여전히 남아 있다. 아기를 보며 예누파는 행복을 느낀다. 코스텔니치카가 슈테바를 찾아가 예누파와 아기를 책임지라고 몰아붙이자, 슈테바는 예누파에게 몰래 돈을 주었다고 하면서 아무도 예누파가 낳은 아기가 자기 아이라는 것을 알지 못할 것이라고 말한다. 슈테바는 라카가 예누파의 얼굴에 칼자국을 냈을 때 그나마 남아 있던 예누파에 대한 사랑이 모두 식었다고 말한다. 또한 지금은 시장의 딸 카롤카와 약혼까지 한 사이이기 때문에 예누파에게 신경을 쓸 여유가 없다고 말한다.

아기의 존재에 대해 모르는 라카에게 코스텔니치카가 사실을 얘기해주자, 라카는 갑자기 태도를 바꿔 누군지도 모르는 사람의 아기를 낳은 예누파를 책임질 필요는 없다고 잘라 말한다. 코스텔니치카는 라카조차 예누파와 결혼할 생각이 없다는 데 생각이 미치자 얼떨결에 아기는 이미 죽었다고 거짓말을 한다. 라카가 아무 말도 하지 않고 나가자 코스텔니치카는 자기가 했던 거짓말을 진짜로 만들기로 결심한다. 그녀는 예누파가 잠들자 아기를 숄에 싸서 집을 나선다. 한참 후 집에 돌아온 코스텔니치카는 잠에서 깨어난 예누파에게 아기가 죽었다고 말한다. 예누파는 말할 수 없는 슬픔을 느끼지만, 아기를 몰래 낳은 처지라 어찌할 방법이 없다. 예누파의 아기가 죽었다는 말을 들은 라카는 다시 예누파를 찾아와 위로하면서 자기와 함께 살자고 말한다. 코스텔니치카는 라카가 예누파에게 다정하게 구는 것을 보자 아기를 죽인 것이 잘한 일이라고 생각한다.

[제3막] 겨울이 가고 봄이 찾아왔다. 라카와 예누파가 결혼하는 날이다. 아직까지는 아무 문제도 없어 보이지만, 코스텔니치카는 어쩐지 불안하다. 슈테바와 카롤카도 라카와 예누파의 결혼을 축하하기 위해 찾아온다. 마을 처녀들이 결혼 노래를 부른다. 그때 밖에서 비명 소리가 들린다. 물방앗간 부근의 해빙을 맞은 강에서 아기의 시체를 찾았다는 것이다. 예누파는 그 아이가 자기 아이가 틀림없다고 생각한다. 그동안 잊고 지내던 죄책감이 다시 솟아오른다. 마을 사람들은 예누파가 아기를 죽인 것이 분명하므로 죗값을 치러야 한다고 소리 지른다. 그때 코스텔니치카가 앞으로 나와 아기를 죽인 것은 자기라고 밝힌다. 비록 코스텔니치카가 아기를 죽였지만 자신을 위해 그런 것임을 안 예누파에게 용서의 마음이 생긴다. 사람들이 코스텔니치카를 유치장으로 끌고 간다. 이제 남아 있는 사람은 예누파와 라카뿐이다.

카탸 카바노바

타이틀	**Káťa Kabanová**(Katya Kabanova)

전 3막. 알렉산드르 오스트롭스키(Alexandr Ostrovsky)의 희곡 「폭풍(Groza)」을 바탕으로 작곡자가 직접 대본을 썼다. 원작이 「폭풍」이므로 간혹 '폭풍의 여인'이라는 제목으로 무대에 오르기도 한다.

초연	1921년 11월 23일 브르노 국립극장
주요 배역	마르파 이그나테브나 카바노바(카바니하 카바노프: 카탸의 시어머니), 티혼 이바니츠 카바노프(마르파의 아들이자 카탸의 남편), 카테리나 카바노프(카탸: 티혼의 아내), 바르나바(카바노바 집의 수양 딸), 사벨 프로코프예비츠 디코이(부자 상인), 보리스 그리고르예비츠 디코이(디코이 상인의 조카), 바냐 쿠드리아시(디코이 상점의 사무원)

사전 지식　　　〈카탸 카바노바〉는 야나체크의 오페라 중 체코 이외의 나라에서 공연된 첫 작품이며, 미국과 영국에서 가장 큰 박수를 받은 작품이다. 평범하면서도 평범하지 않은 보통 사람들의 특별한 삶을 그렸다. 카탸 카바노바는 여주인공의 이름이다. 결혼 전 이름은 마르파(Marfa)였으나 카바노프 집안으로 시집와서 카탸(카테리나) 카바노바(카바노프)가 된다. 서곡은 카탸의 남편 티혼이 멀리 여행 가는 모습과 카탸의 불행한 처지를 반영하듯 우수에 차 있다.

에피소드　　　야나체크는 이 오페라를 젊은 카밀라 우르발코바(Kamila Urválková; Kamila Stösslovál라고도 함)에게 헌정했다. 야나체크가 말년에 사랑했던 젊은 여인이다. 야나체크는 카밀라를 〈카탸 카바노바〉의 주인공 카탸의 모델로 삼았다고 한다. 또 다른 설명에 따르면 카밀라를 오페라 〈운명(Osud)〉의 주인공 밀라 발코바(Mila Válková)의 모델로 삼았으며, 발코바라는 성도 카밀라의 성인 우르발코바에서 따왔다고 한다.

줄거리　　　[제1막] 1860년대 러시아 쿨리노프(Kulinov; Kalinov) 마을이다. 무대가 열리면 카바노바의 집 밖으로 펼쳐진 볼가 강변이 보인다. 수염을 길게 기른 부자 상인 디코이(Dikoj)와 그의 조카 보리스(Boris)가 집에 돌아온다. 디코이는 보리스가 일을 제대로 못한다고 잔소리를 퍼붓는다. 디코이는 카바노프 집안의 대가족을 다스리는 안주인 카바니하(Kabanicha: 결혼 전 이름은 마르파)가 집 안에 없는 것을 알고는 더 화를 낸다. 보리스는 세상을 떠난 부모가 유산을 디코이에게 맡기고 아들을 잘 보살펴달라고 했기 때문에 어쩔 수 없이 디코이 집에 와서 장사를 도우면서 지내고 있다. 보리스는 삼촌에게 맡겨둔 유산을 고스란히 찾기 위해 삼촌이 죽으라면 죽는 시늉까지 하며 지낸다. 이 집안에는 바르나바(Varnava: 어떤 설명서에는 Varvara)라는 처녀가 있다. 어릴 적 고아가 되어 디코이 집안에 입양되어 살고 있는 아가씨다. 바르나바는 디코이의 장사를 도와주는 바냐(Van'a)를 사랑한다. 카탸의 시어머니 카바니하가 등장한다. 카바니하는 아들 티혼(Tichon)이 나이를 먹을 만큼 먹었는데도 사업과 집안일을 등한시한다고 호되게 꾸짖는다. 티혼과 젊은 며느리 카탸(Kát'a)가 카바니하의 마음을 풀어주려고 노력한다. 카바니하는 아들이 며느리의 기를 살려주고 있다면서 더 야단을 친다. 시어머니는 며느리가 매사에 못마땅하다. 심지어 다른 남자에게 관심이 있는 것 같다는 둥 심한 말까지 서슴지 않는다.

카탸는 이 집 양녀 바르나바에게 자기가 어릴 때 얼마나 자유스럽고 행복하게 지냈는지 얘기해준다. 카탸는 지금도 어릴 적 꿈을 버리지 못했다고 하면서, 진정으로 사랑하는 사람이 생기면 이 집을 훌쩍 떠나고 싶다고 얘기한다. 카탸가 마음에 드는 사람이 있다는 비밀 얘기를 하려는데 남편 티혼이 들어와 어머니의 심부름으로 멀리 카잔이라는 마을에 다녀와야 한다고 말한다. 카탸는 남편이 없는 집에 시어머니와 함께 있으면 더 심한 잔소리를 들을 것 같아 남편에게 가지 말라고 애원하면서, 만일 꼭 가야 한다면 함께 가자고 청하지만 티혼은 단번에 거절한다.

[제2막] 집 안에서 여자들이 수를 놓고 있다. 카탸와 바르나바가 무슨 얘기를 나누는지 소곤거리고 있다. 시어머니는 카탸에게 남편은 먼 곳에 가서 고생하는데 뭐가 그리 즐거우냐면서 면박을 준다. 시어머니가 방을 나가자 바르나바는 카탸에게 열쇠 하나를 보이면서 정원의 담장 문을 열고 나가면 나오는 강변 쪽 인적이 드문 곳에서 바냐와 은밀히 만나고 있다고 말한다. 그러면서 좋아하는 사람이 있으면 정원의 그곳에서 만나라고 넌지시 얘기해준다. 주저하던 카탸는 바르나바가 건네주는 열쇠를 받아 들고는 보리스를 만나야겠다고 생각한다. 그녀가 마음에 둔 사람은 유산 때문에 삼촌 집에 와서 일하고 있는 보리스다.

어둠이 깃들자 카탸는 집을 나선다. 카탸는 보리스에게 미리 쪽지를 보내 저녁에 만나자고 연락해놓았다. 카탸가 정원의 외진 곳으로 들어선다. 그곳에는 바르나바를 만나기 위해 온 바냐가 즐거운 듯 노래를 흥얼거리고 있다. 잠시 후 보리스가 나타난다. 바냐는 보리스가 이곳을 어떻게 알았는지

의아해하며 놀란다. 잠시 후 카탸가 정원을 통해 강둑으로 나온다. 보리스는 카탸와 둘만 있게 되자 오래전부터 사랑하고 있다고 고백한다. 카탸는 당황해 어떤 대답을 해야 할지 주저하지만, 울적하고 갇혀 있던 답답한 마음이 폭발이라도 한 듯 보리스를 껴안고 키스한다. 이들의 사이를 직접 확인한 바르나바는 카바니하가 눈치채지 못하게 조심하라고 당부한다.

[제3막] 폭풍이 몰아쳐 온다. 강변에 나갔던 디코이와 바냐는 비바람을 피해 어떤 낡은 집으로 들어간다. 다른 사람들도 들어와 있다. 바냐가 디코이에게 자기가 최근에 피뢰침을 발명했는데 잘만 하면 큰 장사가 될 것이라고 얘기하자, 디코이는 무슨 이 따위 막대기로 번개를 막을 수 있느냐면서 천둥번개는 신이 내리시는 벌이라고 말한다.

집으로 돌아오는 보리스에게 바르나바가 티혼이 방금 돌아왔다는 말을 전한다. 카탸는 시어머니와 말다툼을 했는지 기분이 몹시 상해 있다. 사람들이 모이자 카탸는 용기를 내어 보리스를 좋아한다고 고백한다. 그러자 시어머니는 남편이 없는 틈을 타 보리스와 시시덕거리며 지냈다면서 분을 삭이지 못하는 표정이다. 저녁이 되자 폭풍이 완전히 잦아든다. 티혼이 강둑에서 카탸를 미친 듯이 찾고 있다. 카탸와 보리스가 저녁에 강둑에서 만난다는 얘기를 들었기 때문이다. 한편 바냐와 바르나바는 더는 카바노프 집에 머물기 싫다면서 모스크바로 가서 새 삶을 살기로 한다.

자신을 찾던 사람들이 사라지자 숨어 있던 카탸가 모습을 드러낸다. 카탸는 공연히 보리스를 사랑한다고 말해 자기 얼굴에 먹칠을 했음은 물론이고, 보리스도 난처하게 했다고 생각해 걱정이 이만저만이 아니다. 사실 카탸의 생활은 고통 그 자체였다. 나이 많은 무능한 남편, 자기를 못 잡아먹어 안달인 시어머니, 날이면 날마다 술이나 퍼마시는 시아버지. 카탸는 그들 모두가 싫었다. 그런데 자기를 사랑해주는 사람을 만난 것이다. 그때 보리스가 나타난다. 서로를 품에 안은 두 사람은 앞으로 어떻게 할지 걱정한다. 보리스는 삼촌이 다른 마을로 보내기로 했다면서 자신은 떠나면 된다지만 카탸가 어떻게 살지 걱정이라고 말한다. 카탸의 마음은 방황한다. 보리스와 이별할 수밖에 없다고 생각한 카탸는 작별을 고한다. 보리스는 마지못해 떠난다.

카탸는 봄이면 꽃이 피고 가을이면 낙엽이 지는 자기 무덤을 생각하며 강물에 몸을 던진다. 멀리서 물로 뛰어드는 카탸의 모습을 본 어떤 사람이 "사람 살려!"라고 소리친다. 이 소리에 티혼이 달려온다. 시어머니와 디코이도 그 뒤를 따라온다. 정신이 빠진 듯한 티혼은 "이 바보야! 왜 죽으려고 해!"라고 부르짖는다. 사람들이 배를 타고 강물을 휘저으며 카탸를 찾는다. 디코이가 카탸의 시신을 안고 강가로 올라온다. 티혼이 울부짖으며 카탸의 몸 위로 쓰러진다. 시어머니는 주위 사람들에게 시체를 찾느라 수고했다고 태연히 말한다.

운명

타이틀	**Osud**(Fate)	
		전 3막. 작곡자와 페도라 바르토쇼바(Fedora Bartošová)가 공동으로 대본을 썼다.
	초연	1958년 10월 25일 브르노 국립극장. 야나체크가 세상 떠난 지 꼭 30년 후이다. 1934년 브르노 라디오 방송으로 첫 공연되기도 했다.
	주요 배역	지브니(작곡가), 밀라 발코바(작곡가의 아내), 밀라의 어머니, 도우베크(지브니와 밀라의 아들)

사전 지식　　　이 오페라는 야나체크가 살아 있을 때 공연되지 못했지만, 오페라에 소개된 여러 사건은 50대에 이른 야나체크의 삶과 비교해 여러 가지 시사하는 바가 많다. 야나체크는 쉰 살 생일을 기점으로 상당한 정신적 위기를 겪었다. 창작 활동이 생각만큼 활발치 못해 심한 우울증에 시달렸으며, 가정적으로도 어려움이 있었다. 바로 그해에 스물한 살 된 딸 올가(Olga)를 잃었다. 야나체크는 자신의 번뇌에 대해 어떤 해답을 얻고자 작곡에 몰두했으나, 작품 활동은 생각처럼 순탄치 못했다. 창작에 대한 의지가 박약해지기 시작했다. 그는 딸 올가가 세상을 떠난 지 6개월 만에 모처럼 휴식을 위해 모라비아의 유명한 온천 휴양지 루하초비체(Luhačovice)에 갔다. 이곳에서 그는 자신의 장래 뮤즈인 카밀라 우르발코바(Kamila Urvalkova)를 만났다. 당시 스물일곱 살의 매력적인 여인 카밀라는 야나체크의 마음을 사로잡아 이후 그의 창작 활동에 커다란 영향을 주었다. 그녀는 원래 배우 지망생이었으나, 집안이 부유했기 때문에 굳이 배우 생활을 하지 않아도 됐다. 음악을 사랑한 카밀라는 1890년대에 상당히 인기 있던 지휘자이자 작곡가 루드비크 첼란스키(Ludvik Celansky)와 결혼하기로 했으나, 이 역시 가족의 반대로 성사되지 못했다. 첼란스키는 카밀라와 이루지 못한 사랑을 〈카밀라(Kamila)〉라는 오페라로 만들어 1897년 프라하 국립극장 무대에 올렸다. 이 오페라에 대해 잘 알고 있는 야나체크가 앞서 말했듯이 온천에서 카밀라를 만났던 것이다. 그녀의 아름다움과

젊음에 매료된 야나체크가 카밀라를 만난 자신의 운명적 삶을 오페라로 만든 것이 〈운명〉이다. 야나체크의 카밀라를 향한 애틋한 사모의 마음은 그가 세상을 떠날 때까지 계속되었다. 그러므로 오페라의 내용은 야나체크의 얘기와 같다. 그렇다고 야나체크가 가정생활을 소홀히 하거나 다른 길로 나간 것은 결코 아니다.

줄거리　　　　[제1막] 무대는 20세기가 시작될 무렵의 모라비아다. 유명한 온천 마을 루하초비체에 아침이 밝아온다. 온천에 휴양차 온 사람들이 행복한 모습으로 담소를 나누고 있다. 이 사교 모임의 주인공은 단연 밀라 발코바(Mila Valkova: Kamila Urvalkova에서 따온 이름이라고 한다)다. 젊고 아름다운 밀라의 말에는 교양과 함께 재치와 유머가 담겨 있다. 그래서 누구나 즐겁게 해준다. 작곡가 지브니(Zivny)가 우연히 이곳에 왔다가 밀라를 만난다. 지브니는 밀라의 옛사랑이며, 밀라의 아들의 아버지이기도 하다.

잠시 후 사람들이 모두 산책하러 나가고 방에는 밀라와 지브니만 남는다. 두 사람은 서로 여전히 사랑하고 있다는 것을 분명히 깨닫는다. 두 사람이 정식으로 결혼식을 올리지 못한 것은 밀라의 어머니 때문이다. 밀라의 어머니는 "작곡가 나부랭이가 감히 우리 귀한 딸을!"이라고 하면서 지브니를 신뢰하지 않았다.

[제2막] 4년이 흐른다. 밀라와 지브니, 밀라의 아들 도우베크(Doubek)가 함께 살고 있다. 굳이 밀라의 아들이라고 한 것은 밀라가 도우베크에게 아버지가 누구인지 비밀로 하고 있기 때문이다. 아버지가 누구인지 모르고 자란 아들에게 갑자기 지브니가 아버지라고 밝히면 충격을 받을 것을 우려해서다. 밀라의 어머니는 사위 지브니가 여전히 못마땅하다. 작곡가로서, 그리고 남편으로서 지브니의 능력을 의심해 걸핏하면 비난을 퍼붓는다. 지브니는 장모의 잔소리를 잊기 위해 오페라 작곡을 시작한다. 밀라는 지브니와 자신의 연애 시절을 그린 오페라 첫 부분을 보고는 옛날을 회상하며 눈에 이슬이 서린다. 밀라는 오페라의 결말이 어떻게 날지 궁금해한다. 자기의 꿈과 욕망이 성취될 것인지 아닌지를 알고 싶기 때문이다. 밀라는 남편에게 어서 오페라를 완성하라고 격려한다. 이때 방으로 들어온 밀라의 어머니는 밀라의 눈에 눈물이 고여 있는 것을 보고는 딸을 행복하게 해주지 못한다고 지브니를 심하게 비난한다. 지브니가 변명하려고 하자 밀라의 어머니가 더는 참을 수 없었는지 발코니로 달려가 뛰어내려 죽으려고 한다. 갑작스러운 상황에 놀란 밀라가 급히 어머니를 붙잡지만 끝까지 붙들지 못하고 함께 땅으로 떨어져 모녀는 결국 죽음을 맞이한다.

지브니가 왜 밀라의 어머니를 말리지 못했는지, 밀라를 구하지 못했는지 그 속마음은 아무도 모른다.

[**제3막**] 그로부터 11년이 흐른다. 더운 여름날이 계속된다. 음악원 강당에서 학생들이 지브니의 오페라 초연을 위해 리허설을 하고 있다. 음악에 담긴 애처로운 사연을 알지 못하는 학생들은 장난처럼 연습을 한다. 지브니가 학생들에게 그렇게 하면 안 된다고 주의를 주자 학생들은 오페라의 배경에 대해 설명해달라고 청한다. 지브니는 담담하게 오페라 배경을 설명하다가 갑자기 감정을 주체하지 못하고 동요하기 시작한다. 그는 오페라의 남자 주인공이 자기와 같은 인물이기 때문에 오페라에 동화되어 자기가 작곡가인지, 오페라의 주인공인지, 실생활의 지브니인지 알 수 없을 정도가 된다. 그러면서도 설명을 계속한다. 마침내 오페라의 여주인공이 죽는 대목에서 학생들 사이에 있던 작곡가의 아들이 "이건 우리 어머니 얘기야! 아, 어머니!"라고 외치며 눈물을 흘린다. 이 오페라가 지브니의 과거를 그린 것임이 분명해졌다. 마음이 혼란해진 작곡자는 그 자리에 더는 있을 수 없어 자리를 뜬다. 오페라는 영원히 미완으로 남는다.

교활한 작은 암여우

| 타이틀 | **Příhody lišky bystroušky**(La guineueta astuta; The Cunning Little Vixen) |

전 3막. 루돌프 테스노흘리데크(Rudolf Těsnohlídek)의 소설 「암여우의 날카로운 귀(Liška Bystrouška; Vixen Sharp Ears)」를 바탕으로 작곡가가 직접 대본을 썼다.

초연	1924년 11월 6일 브르노 국립극장
주요 배역	암여우, 수여우, 수탉, 암탉, 삼림 감독관, 교장 선생, 밀렵꾼
음악 하이라이트	숲 속 동물들의 결혼식 음악

사전 지식   야나체크의 작품 중 가장 명랑하고 경쾌한 작품으로, 어린이들도 좋아할 만한 오페라로 각광을 받고 있다. 1920년대 초 체코의 브르노에서 발간되던 일간지에 게재된 「암여우의 날카로운 귀」에서 줄거리를 따왔다. 오페라에서는 잠자리, 노래기 등 곤충이나 벌레는 물론 새, 두더지, 호기심 많은 어린 토끼 등 야생동물이 나온다. 특히 잠자리의 역할이 크다. 이들은 무대에서 훨훨 날아다니는가 하면 위에서 덤비듯 와락 내려오기도 한다. 주인공 암여우가 사냥꾼들을 교묘히 피해 골탕을 먹이는 장면, 어리석은 암탉들과 재미있게 실랑이를 벌이는 장면, 수여우에게 구애를 받는가 하면 새끼들과 즐겁게 지내는 장면 등이 흥미롭게 펼쳐진다. 그러나 이 암여우는 마지막에 밀렵꾼들에게 잡혀 죽음을 당한다. 이 오페라가 강조하는 것은 자연의 이치는 돌고 돈다는 것이다.

줄거리   [제1막] 숲 속 골짜기에 오소리가 점잖게 앉아 담배를 피우고 있다. 파리들이 주변에서 춤을 추고, 파란 잠자리, 귀뚜라미, 여치, 모기가 한데 어울려 왈츠를 춘다. 작은 암여우가 개구리를 잡으려고 쫓아다닌다. 그 소리에 깨어난 삼림 감독관이 작은 암여우를 잡아 집으로 가져간다. 작은 암여우는 삼림 감독관의 집 마당에 있는 우리에 갇혀 있다. 삼림 감독관의 집에 있는 다른 동물들이 여기서는 싸우지 말고 친하게 지내는 편이 낫다고 암여우에게 충고한다. 작은 암여우는 그 충고를 무시하고 수탉을 물어 죽인다. 수탉에게 쩔쩔매고 살던 암탉들이 좋다고 난리다. 그 틈을 타서 작은 암여우는 도망친다.

[제2막] 마을의 학교 교실에서 교장 선생과 삼림 감독관이 카드놀이를 하고 있다. 성당의 신부는 교장 선생이 좋아하는 여자가 다른 사람과 결혼할 것이라고 말하며 놀려댄다. 교장 선생은 삼림 감독관이 작은 암여우를 잡았다가 놓친 것을 두고 놀린다. 한편 숲 속에서는 수여우가 작은 암여우에게 열심히 구혼하고 있다. 결국 두 여우는 결혼한다.

[제3막] 수여우와 작은 암여우는 새끼를 키우며 행복하게 살고 있다. 이들은 삼림 감독관이 쳐놓은 덫을 교묘히 피해 닭장수와 밀렵꾼이 공동으로 운영하는 닭장에 들어가 난장판을 친다. 마침내 밀렵꾼이 작은 암여우를 총으로 쏘아 죽인다.

교장 선생은 그가 사랑했던 여인의 결혼식에 가서 하염없이 눈물을 흘린다. 집에 돌아온 삼림 감독관은 행복했던 지난날을 회상하며, 얼마 전 숲 속에서 작은 암여우가 개구리를 쫓아다니던 모습을 떠올린다.

마크로풀로스 사건

타이틀	**Věc Makropulos**(Die Sache Makropulos; The Makropulos Affair)

전 3막. 고대 그리스로부터 중세, 현대를 초월한 한 여인의 사랑을 그리고 있다. 대본은 카렐 차페크 (Karel Čapek)의 코미디를 바탕으로 작곡자가 직접 썼다. 야나체크가 예순여덟 살 되던 해에 작곡했다.

초연	1926년 12월 18일 브르노 국립극장

주요 배역	에밀리아 마르티(유명한 오페라 성악가, 엘리나 마크로풀로스), 알베르트 그레고르, 닥터 콜레나티(알베르트 그레고르의 변호사), 비테크(변호사 사무실의 보조원), 크리스티나(비테크의 딸이자 성악가 지망생), 야로슬라프 프루스 경, 야네크(야로슬라브 경의 아들)
음악 하이라이트	유언장을 낭독하는 장면의 음악

줄거리   [제1막] 1922년 프라하의 변호사 사무실이다. 약 100년 전부터 미제로 남아 있던 '그레고르 대 프루스(Gregor v. Prus)' 사건의 재판을 후손들이 다시 제기했기 때문에 변호사가 사건 서류를 준비하고 있다. 인기 절정의 오페라 가수 에밀리아 마르티가 갑자기 변호사 사무실로 찾아온다. 아름답고 매력적인 여인이다. 유명한 오페라 디바가 왜 이 변호사 사무실을 찾아왔는지 모두 궁금해한다. 에밀리아는 그 사건이 어떻게 진행되고 있는지 물으면서 사건의 당사자인 알베르트 그레고르(Albert Gregor)를 만나보고 싶다고 한다. 변호사가 알베르트 그레고르를 부른다. 변호사는 여러 사람들에게 이 사건의 배경을 다시 한 번 설명한다.

1827년 페르디난트 요세 프루스(Ferdinand Jose Prus) 남작이 상속자를 정하지 않은 채 유언도 없이 세상을 떠난다. 얼마 후 페르디난트 그레고르(Ferdinand Gregor)라는 사람이 나타나 남작이 세상을 떠날 때 자기에게 구두로 유언했다고 주장했다는 것을 설명하자, 에밀리아가 말을 가로막으면서 그 페르디난트라는 사람은 남작과 당시 상당히 인기를 누리고 있던 오페라 가수 엘리안 맥그레고르 (Ellian McGregor)의 사생아라고 말한다. 에밀리아가 그런 걸 어떻게 아는지 모두 의아해한다. 변호사는 소송을 다시 제기한 알베르트 그레고르가 충분한 증거를 제시하지 못하면 소송에서 질 수밖에 없다고 설명하면서, 유언장만 있으면 이길 수 있다고 덧붙인다. 그 말을 들은 에밀리아는 프루스 남작의 후손들이 살고 있는 저택의 찬장을 살펴보면 그 안에 유언장과 다른 중요한 서류가 있을 것이라고 말한다. 변호사는 반신반의하면서도 서류를 찾으러 남작이 살던 저택으로 간다. 얼마 후 변호사가 소송의 또 다른 당사자인 남작의 후손 야로슬라프 프루스(Jaroslav Prus)와 함께 들어온다. 변호사는 야로슬라프 남작의 저택에서 유언장을 비롯해 몇 가지 다른 서류를 찾았다고 말하면서 자못 흥분해 있다. 에밀리아가 말한 바로 그곳에 있었다는 것이다. 야로슬라프는 옛날에 상속자라고 주장했던 페르디난트 그레고르라는 사람이 비록 사생아라고 해도 남작의 자식이라는 것을 명백히 입증해야 한다고 주장한다. 이 말을 들은 에밀리아는 자기가 입증하겠다고 선언한다.

[제2막] 오페라 공연이 끝나자, 사람들은 에밀리아에게 갈채를 보낸다. 무대 뒤로 야로슬라프 남작이 찾아온다. 뒤따라서 그의 아들 야네크(Janek)도 들어온다. 야네크는 에밀리아를 한 번 보고 정신을 잃을 정도로 매료된다. 야로슬라프 남작은 에밀리아에게 그 옛날 페르디난트 요세 프루스 남작과 사랑했다는 오페라 가수 엘리안 맥그레고르에 대해 아느냐고 묻는다. 그는 프루스 남작의 상속자라고 주장하는 페르디난트 그레고르의 출생증명서를 찾았는데 거기에는 페르디난트의 어머니가 엘리나 마크로풀로스(Elina Makropulos)로 적혀 있다면서, 오페라 가수였다는 엘리안 맥그레고르가 동일 인물인지 알고 싶다고 말한다. 두 여인의 이니셜이 모두 E. M.이기 때문이다. 남작은 당시에는 사생아의 경우 어머니의 성을 따르는 것이 일반적이었으므로 페르디난트 마르코풀로스(Ferdinand Makropulos)라는 사람만 찾으면 실마리가 풀릴 것이라고 말한다. 그렇지 않으면 남작의 재산은 모두 야로슬라프의 소유가 될 것이라는 얘기다. 에밀리아는 야로슬라프가 찬장에서 찾은 서류 중 아직 뜯어 보지 않은 편지가 있음을 알고 있다고 하면서 그 편지를 자기에게 팔라고 제의한다. 그러나 야로슬라프는 이 제의를 거절하고 의미심장한 표정을 지으며 나간다.

야로슬라프의 아들 야네크는 무대 뒤에서 에밀리아를 만나보려고 기다리고 있다. 야네크를 만난 에밀리아는 아버지 야로슬라프의 방에 가서 "나의 아들 페르디난트에게 전달하기 바람"이라고 쓴 편지를 몰래 가져다 달라고 부탁한다. 이 말을 야로슬라프 남작이 엿듣는다. 남작은 에밀리아에게 오늘 밤 자기와 함께 지낸다면 그 편지를 건네주겠다고 말한다. 에밀리아는 편지를 손에 넣기 위해 어쩔 수 없이 그 제안을 받아들인다.

[제3막] 다음 날 아침 에밀리아의 호텔 방이다. 야로슬라프가 약속대로 뜯지 않은 편지를 에밀리아에게 내어준다. 남작은 에밀리아가 자기를 사랑하는 척하면서도 냉랭하게 대하자 왠지 속은 느낌이 든다. 그때 누군가가 야로슬라프에게 메시지를 전한다. 아들 야네크가 에밀리아와의 이룰 수 없는

사랑을 비관하며 자살했다는 것이다. 야네크는 자기 아버지가 에밀리아의 호텔 방으로 들어가는 것을 보고 충격을 받은 것이다. 에밀리아는 야네크가 자기 때문에 자살했다는 소식을 듣고서도 전혀 관심을 보이지 않는다. 이 모습을 보면서 야로슬라프 남작의 의구심은 더욱 커진다. 그러면서 에밀리아가 너무 차가운 여자라고 생각해 분노를 느낀다. 잠시 후 변호사가 들어온다. 변호사는 에밀리아의 필체와 유언장에 써 있는 엘리안 맥그레고르라는 사람의 필체가 같다고 하면서 유언장이 위조됐을지 모른다고 의심한다. 에밀리아가 필체 대조에 응하지 않자 사람들은 에밀리아의 책상을 뒤져 같은 필체의 서류를 찾아낸다. 사람들은 Elina Makorpulos라고 쓴 글씨체와 Ellian MacGregor라고 쓴 글씨체가 같은 것을 발견한다. 에밀리아는 권총을 꺼내들지만 이내 빼앗기자, 모든 것을 체념한 듯 말문을 연다.

에밀리아는 자기가 1585년(처음에는 1575년이라고 말했다) 크레타에서 태어났다고 말한다. 그렇다면 337년 전에 태어난 셈이다. 모두 놀라는 가운데 에밀리아의 얘기가 계속된다. "제 이름은 엘리나 마르코풀로스(Elina Makropulos)이며 아버지는 루돌프 2세의 궁정약사(연금술사)였어요(루돌프 2세는 1576 년 신성로마제국의 황제로 선출되어 1612년까지 즉위했다). 황제로부터 영생의 묘약을 개발하라는 명령을 받은 아버지는 약을 만들었고 시험하기 위해 당시 열여섯 살이던 저에게 먹였답니다. 저는 혼수상태에 빠져 깨어나지 못했지요. 그 죄로 아버지는 감옥에 끌려갔습니다. 얼마 후 깨어난 저는 모든 것이 무서워 도망쳤습니다. 몇 년이 흘렀습니다. 이 영생의 묘약 처방을 사랑하는 프루스 남작에게 주었습니다. 저는 그의 아들을 낳았습니다. 그런데 이 처방은 300년 동안 효과가 있기 때문에 생명을 더 연장하기 위해 그 처방전을 다시 찾아야 했지요. 지금 생각해보면 300년을 살았어도 인생이 무엇인지 의미를 모르겠어요. 이젠 정말로 죽을 준비가 되어 있습니다." 처음에는 아무도 에밀리아의 말을 믿지 않았으나 이야기를 들으며 사실로 믿기 시작한다. 그녀는 "인생이란 너무 길면 안 됩니다. 짧더라도 가치가 있으면 됩니다"라고 말하면서 누구든 원하는 사람에게 영생의 묘약 처방을 주겠다고 말한다. 그 처방은 야로슬라프에게서 아침에 받은, 뜯지 않은 봉투에 들어 있다는 것이다. 아무도 처방을 받으려 하지 않는다. 변호사 사무실의 사무장의 딸 크리스티나(Kristina)가 처방을 받아 그대로 난로 속에 집어넣는다. 그러고는 "파테르 헤몬(Pater Hemon)"이라고 나지막하게 외친다. 그리스어 주기도문의 첫 문구다. 에밀리아가 생명을 다한 듯 쓰러진다(야로슬라프는 300년 전 에밀리아와 함께 영생의 묘약을 먹었던 바로 그 프루스 남작이다. 그러므로 에밀리아는 300년 만에 사랑하는 사람과 밤을 함께 보낸 것이다).

트리모니샤

타이틀	**Treemonisha**

초연

전 3막

1915년 할렘에 있는 링컨 극장에서의 초연은 피아노 반주로만 이루어졌다. 누구 하나 지원하는 사람이 없어 조플린이 주머니를 털어 공연을 했기 때문이다. 초연 후 60여 년 동안 잠들어 있던 〈트리모니샤〉는 1972년 토머스 앤더슨의 오케스트레이션으로 애틀랜타에서 본격적으로 공연되었고, 역시 같은 해에 유명한 윌리엄 볼콤의 오케스트레이션으로 울프 트랩 팜 파크(Wolf Trap Farm Park)에서 공연되었으며, 1975년에는 건서 슐러(Gunther Schuller)의 오케스트레이션으로 휴스턴에서 공연되었다. 휴스턴 공연은 대성공이었다.

주요 배역

모니샤(트리모니샤의 어머니), 네드(트리모니샤의 아버지), 트리모니샤, 올토크(목사), 조드제트릭(무당마법사), 레머스(농부)

사전 지식　　미국 래그타임의 왕 스콧 조플린은 고난 속에 살고 있는 흑인들의 이야기를 오페라로 작곡해 아프리카-아메리카 흑인들에 대한 인식을 새롭게 하고자 했으나, 생전에는 그 꿈을 이루지 못했다. 그의 첫 오페라 〈귀한 손님(The guest of honor)〉은 악보를 분실하는 바람에 공연되지 못했다. 두 번째 오페라 〈트리모니샤〉 역시 불운을 겪어야 했다. 브로드웨이로 진출해 두 달 동안 연속 공연될 정도로 인기를 끌었으나, 그 후 악보가 분실되어 더는 공연하지 못하다가 최근에 악보를 찾아 다시 빛을 보게 되었다. 조플린은 사후 60여 년 만인 1976년 〈트리모니샤〉로 퓰리처상을 받았다. 〈트리모니샤〉의 무대는 아칸소(Arkansas) 주의 대농장이며 1884년이다. 미국은

조플린, 스콧(Joplin, Scott, 1868~1917)
스콧 조플린은 미국의 흑인 작곡가 겸 피아니스트로, 래그타임(ragtime)이라는 독특한 스타일로 많은 사랑을 받았다. 그는 짧은 생애 동안 44편의 오리지널 래그타임 음악을 작곡했으며, 1편의 래그타임 발레와 2편의 오페라를 작곡했다. 그의 초기 래그타임 음악 「메이플 리프 래그(Maple leaf rag)」는 가장 유명한 그의 히트곡이다. 오페라로는 〈귀한 손님〉과 〈트리모니샤〉가 있다.

1861년부터 1865년까지 남북전쟁을 벌여 노예해방을 이루어냈다. 별다른 스토리는 아니지만 흑인에 대한 교육의 필요성을 강조한 훌륭한 작품이다.

줄거리   [제1막] 해방된 흑인 노예들이 경영하는 농장이다. 마법으로 병을 고친다는 무당 조드제트릭(Zodzetrick)이 모니샤(Monisha)에게 다가와 행운의 주머니를 사라고 권한다. 남편 네드(Ned)와 딸 트리모니샤(Treemonisha)가 그 사람을 멀리 쫓아버린다. 레머스(Remus)가 찾아와 트리모니샤 덕분에 글을 읽고 쓰게 되었으며 미신도 믿지 않게 되었다고 하면서 고마워한다. 옥수수를 수확하는 사람들이 집으로 돌아오자 흥겨운 댄스파티가 열린다. 트리모니샤는 집 앞에 있는 나뭇잎으로 화환을 만든다. 그 모습을 본 모니샤가 트리모니샤에게 다가와 지난 일을 얘기해준다. 어느 날 나무 아래 버려진 아기를 발견해 데려와 기르게 되었으며, 그래서 이름도 트리모니샤로 지었다고 한다. 트리모니샤는 모니샤와 네드가 친부모나 마찬가지라고 말하면서, 친구 루시와 함께 다른 나무의 잎을 모으기 위해 더 깊은 숲으로 들어간다.

옥수수를 수확하는 사람들은 올토크(Altalk) 목사의 인도로 기도회 중이다. 잠시 후 루시가 겁에 질려 혼자 돌아온다. 마법을 한다는 사람들이 트리모니샤를 납치해갔다는 것이다. 사람들이 트리모니샤를 구하러 쫓아간다. 레머스도 하수아비로 가장해 뒤를 쫓는다.

[제2막] 마법을 한다는 사람들이 숲 속에 모여 있다. 이들은 트리모니샤가 마을 사람들을 설득해 미신을 쫓아냈기 때문에 그에 합당한 벌을 받아야 한다고 하면서 트리모니샤의 머리를 벌집 속에 집어넣기로 결정한다. 그러나 허수아비로 가장한 레머스가 무서운 소리를 내며 덮치려고 하자 악마가 나타난 줄 알고 기겁해 도망친다. 레머스가 트리모니샤를 데리고 집으로 향한다. 목화 따는 사람들이 일을 마치고 저녁을 먹으러 집으로 발길을 옮긴다.

[제3막] 네드와 모니샤는 트리모니샤가 큰일을 당했을까 봐 걱정이 이만저만이 아니다. 그때 레머스가 트리모니샤를 데리고 집으로 돌아온다. 옥수수를 수확하는 청년들이 마법을 한다는 조드제트릭과 다른 한 사람을 붙잡아온다. 모두 끝장을 내자고 주장하지만 트리모니샤는 그들을 놓아주라고 말한다. 마법을 한다는 사람들은 용서를 구하며 마을 사람들과 악수를 나눈다.

사람들이 트리모니샤에게 지도자가 되어달라고 간청하자 그녀가 받아들인다. 모두 이를 축하하기 위해 춤을 추며 즐거워한다.

국립극장

타이틀	**Staatstheater**(State Theater)	
	9개 피스로 구성된 무대 구성. 따라서 정상적인 대본이 필요 없다.	
	초연	1971년 함부르크 국립극장
	주요 배역	1부) 극장 콘서트 작품(최소 5명의 악기 연주자와 배우들) 2부) 라우드스피커를 위한 음악(미리 녹음된 테이프) 3부) 16명의 음성을 위한 앙상블(소프라노, 콘트랄토, 테너 각 4명씩, 바리톤 2명, 베이스 2명) 4부) 60명의 음성을 위한 곡(각 파트 15명씩 합창) 5부) 65장면의 징슈필(16~76명의 성악가 및 배우) 6부) 주로 타악기 주자 5~6명 7부) 7명의 비전문가 발레 무용수 8부) 현악기, 목관악기, 타악기 주자 최소 각 2명씩 9부) 콘서트 미사 장면(10~76명의 합창단 및 각종 소리를 내는 기구 연주자)

사전 지식　　　아르헨티나에서 태어나 독일에서 활동한 카겔은 20세기 작곡가 중 가장 창의력이 풍부하고 재치 있는 작곡가로 알려진 인물이다. 그의 음악은 일견 이성적이면서도 일견 신비롭다. 〈국립극장〉은 함부르크 국립극장의 의뢰를 받아 만든 작품이다. 카겔은 이 작품을, 음악을 만들고 듣는 일련의 과정을 시범하기 위해 만들었다. 물론, 극적 요소도 빼놓지 않았다. 카겔이 〈국립극장〉을 만든 주목적은 기존 오페라를 비평하기 위해서다. 즉 일반적으로 고고하고 자부심과 엘리트 의식으로 가득한 오페라의 주역 성악가들과 오케스트라 단원들에게 평범한 사람들도 음악을 만들고 표현할

카겔, 마우리시오(Kagel, Mauricio, 1931~2008)
마우리시오 카겔은 1920년대에 러시아에서 아르헨티나로 이주한 독일계 유대인 가정에서 태어났다. 그는 부에노스아이레스에서 음악, 문학사, 철학을 공부했다. 아르헨티나에서 작곡가로서 활동하던 그는 1957년 독일 쾰른 대학 초청으로 독일에 정착해 세상을 떠날 때까지 지냈다. 대표작인 오페라 〈국립극장〉은 진정한 코미디가 무엇이며, 여기에 음악이 어떠한 역할을 할 수 있는지 보여주는 전형적인 작품으로, 많은 신진 작곡가들에게 영향을 끼쳤다.

줄 안다는 것을 보여주려고 했다. 〈국립극장〉은 사회 비평적인 작품이기도 하다. 하지만 카겔은 직접적으로 사회를 비판하지는 않았다. 다만 그의 명료한 음악으로 비평을 대신했다. 아무튼 '별 이상한 무대작품도 있구나!'라고 생각하면 된다. 오페라의 범주에 속하기에는 애매한 면이 있지만 이미 오페라의 한 작품으로 간주되고 있다.

줄거리   각 피스마다 부제가 붙어 있다. [1. **레퍼토리**] 악기 연주자들과 배우들이 악기가 아닌 기구로 음을 만들어낸다. 예를 들면 자전거 펌프 소리, 지퍼 올리는 소리, 자명종 소리, 셀로판종이 소리, 철사로 만든 빗자루 소리, 접시 소리, 삐걱거리는 장난감 소리, 유리병 소리 등이다. 서로 더 큰 소리, 더 빠른 소리를 내기 위해 노력한다. [2. **리허설**] 미리 녹음한 테이프를 튼다. 아무 소리나 관계없다. 테이프를 트는 사람은 누구든 상관없다. [3. **앙상블**] 콜로라투라 소프라노로부터 바소 프로폰도(basso profondo)에 이르기까지 각 성악 장르를 대표하는 16명의 성악가가 악보에도 없는 소리를 지르며 서로 최고의 기량을 과시한다. [4. **데뷔**] 60명의 합창단 솔리스트들이 거지부터 임금에 이르기까지 서로 다른 역할을 맡았다고 생각하고 생각나는 대로 노래를 부른다. [5. **시즌** (Season)] 여러 성악가 그룹이 현재 다른 극장 무대에 오른 여러 작품에 나오는 노래를 즉흥적으로 부른다. 서로 색다른 보이스를 내기 위해 노력한다. [6. **프로그램**] 생활용품과 장난감 등이 타악기가 되어 연주된다. 몸 전체에 작은 북을 멘 사람이 나오면 몇 명의 타악기 연주자들이 북을 두드리며 연주한다. [7. **콩트르당스**(Contredanse, 대무)] 아마추어 무용수들이 고전 발레의 역할을 맡아 춤을 춘다. [8. **프리 패시지**(Free-passage)] 몇 안 되는 타악기로 상상적인 오페라 장면의 음향을 만들어내기 위해 노력한다. [9. **스톨스**(Stalls)] 'stalls'는 마구간 또는 작은 상점이라는 뜻이다. 합창단과 솔리스트들이 똑같은 코드의 소리를 계속 낸다. 그런 가운데 체조 선수들이 무대 위에서 운동을 한다.

하리 야노스

타이틀	**Háry János**

	프롤로그와 에필로그, 4막으로 구성된 징슈필, 대본은 퍼울리니 벨러 (Paulini Béla)와 허르산이 졸트(Harsányi Zsolt)가 썼다.
초연	1926년 10월 16일 부다페스트 로열 헝가리 오페라하우스(Royal Hungarian Opera House)
주요 배역	하리 야노스(Bar), 외르제(야노스의 약혼녀, Ms), 프란츠 2세(대사 역할), 왕비(S), 나폴레옹(Bar), 마리 루이즈(황제의 딸, 나폴레옹의 아내, Ms)

사전 지식　　　코다이(Kodály)는 20세기 헝가리의 국민 작곡가이며, 위대한 음악교육자이기도 하다. 그는 헝가리의 학교음악과 합창문화 창달을 위해 '100년 프로그램(Hundred Year Plan)'을 추진했다. 그는 세상을 떠났지만 제자들이 '100년 프로그램'을 계속 추진하고 있다. 코다이는 〈하리 야노스〉에 대해 "모든 헝가리 사람들은 꿈을 꾸는 사람들이다. 하리 야노스도 마찬가지다. 그는 비록 허황되기는 하지만 꿈을 통해 그 시대의 슬픈 현실에서 환상의 세계로 도피한다. 그렇지만 하리 야노스의 꿈에는 꿈 이상의 그 무엇이 있다. 삶에 대한 낙천적인 긍정이다. 그의 꿈은 시(詩)다. 영웅담의 작가들은 영웅이 아니다. 하지만 그들은 영웅과 정신적으로 연결되어 있다. 마찬가지로 야노스는 영웅이 아니지만, 그의 시는 정신적으로 영웅과 연결되어 있다. 그가 그의 시에서 강조하는 것은 단 한 사람의 영웅, 바로 자기 자신이다. 그는 꿈속에서 세운 왕국의 왕이다"라고 말했다.

코다이, 졸탄(Kodály, Zoltán, 1882~1967)
헝가리의 농촌 마을에서 태어난 졸탄 코다이는 헝가리의 민속음악, 특히 농부들의 음악에 깊은 관심이 있었다. 부다페스트 음악원에서 임레(에메리히) 칼만[Imre(Emmerich) Kálmán]과 함께 작곡 공부를 한 코다이는 음악에 대한 견문을 넓히고자 파리로 갔다. 그는 드뷔시에게 많은 영향을 받았다. 코다이는 버르토크와 함께 헝가리 민속음악을 체계적으로 수집하기 위해 노력했으며, 음악 교육에도 지대한 관심을 기울였다. 제2차 세계대전 이후 헝가리 정부는 코다이의 합창 이론을 음악교육의 기본으로 삼았다. 대표적인 오페라는 〈하리 야노스〉다.

에피소드　　　　주인공 하리 야노스를 헝가리의 뮌히하우젠(munchhausen)이라고 부른다. 독일 어권에서 뮌히하우젠이라는 단어는 그럴듯한 허풍선이를 말한다. 오페라 〈하리 야노스〉에 신성로마 제국의 프란츠 2세(오스트리아 황제로서는 프란츠 1세), 나폴레옹, 마리 루이즈 등 역사 속 인물이 등장하는 것은 자못 흥미롭다. 신성로마제국의 황제 프란츠 2세는 나폴레옹과의 마찰을 피하기 위해 그의 딸 마리 루이즈를 나폴레옹에게 시집보냈고, 나폴레옹과 마리 루이즈 사이에서 나폴레옹 2세가 태어났다. 당시 헝가리는 합스부르크 왕가의 지배를 받고 있었다.

오페라 〈하리 야노스〉에 나오는 오스트리아 제국의 경기병들은 마치 동화에 나오는 장난감 병정 같다. 그러므로 이들의 행동은 그저 동화에서나 나올 수 있는 것으로 비칠 수 있다. 비록 450년 넘게 합스부르크 왕가의 지배를 받은 헝가리지만, 오페라에서 이들이 부르는 합창에는 조국에 대한 긍지와 사랑이 담겨 있다. 코다이는 〈하리 야노스〉에 헝가리의 민속음악을 많이 사용했다. 헝가리의 민속적 전통을 국제사회에 널리 알리기 위함이었다. 코다이의 목적은 달성되었고, 오늘날 〈하리 야노스〉의 베스트 넘버만을 담은 서곡은 전 세계의 사랑을 받고 있다.

줄거리　　　　무대는 헝가리의 너지어보니(Nagy-Abony), 빈, 북부 이탈리아다. 시기는 1810년경 나폴레옹 전쟁 당시다.

[**프롤로그**] 헝가리의 작은 마을 너지어보니의 여관에서 노병 하리 야노스가 사람들에게 그의 모험담을 들려준다.

[**제1막**] 첫 번째 모험담이다. 야노스는 합스부르크 왕가의 경기병으로 러시아와의 접경지역에 배치되어, 러시아에서 빈으로 가는 길목의 초소에서 복무하고 있다. 약혼녀 외르제(Örzse)가 야노스를 만나러 국경지대의 군부대까지 찾아온다. 두 사람은 아름다운 장래를 꿈꾸며 행복에 젖는다. 그런데 러시아 쪽 국경 초소에서 소란한 소리가 들린다. 야노스가 뛰어가 보니 러시아에서 빈으로 가려는 어떤 마차를 러시아 측 초소의 수비대가 가지 못하게 막고 있다. 지체 높은 귀족 부부가 타고 있다. 야노스는 러시아 수비 대원들을 초소 안으로 밀어붙이고 길을 터서 귀족 부부의 마차가 무사히 통과하도록 한다. 그 귀족 부부는 프란츠 2세의 딸인 마리 루이즈(Marie-Louise)와 그의 남편이 될 나폴레옹이다(나폴레옹이 왜 황제의 딸인 마리 루이즈와 함께 러시아 쪽에서 오스트리아 쪽으로 마차를 타고 오는지에 대한 설명은 달리 없다). 마리 루이즈는 감사의 표시로 건강한 야노스를 빈으로 데려와 아버지 프란츠 2세의 경비원으로 근무하도록 한다. 마리 루이즈는 야노스의 약혼녀 외르제도 빈으로 데려온다.

[**제2막**] 두 번째 모험담이다. 상사가 된 야노스는 빈의 궁전 마구간에서 일한다. 야노스는 주로

프란츠 황제가 타는 말의 고삐를 잡는 일을 하면서, 가끔 노황제의 다리 통증을 치료하기도 한다. 헝가리 시골 마을 출신으로 황제의 말을 돌보고 황제의 아픈 다리를 치료하는 영광을 누리게 됐다는 것은 대단한 일이 아닐 수 없다. 야노스는 주위 사람들에게 종종 허풍을 떨며 자랑삼아 자기가 왕궁에서 얼마나 중요한 일을 하고 있는지 얘기한다. 야노스는 시골에 있을 때부터 말을 잘 다루었다. 특히 말의 다리에 생긴 통증을 잘 치료했다. 아무튼 사람들은 황제와 가까운 야노스와 친해지려고 그를 칭찬하며 치켜세우고 술도 사준다. 귀족 폰 엘벨라진(von Elbelatzin)은 노황제의 신임을 얻고 있는 야노스를 못마땅하게 생각한다. 신성로마제국에 대한 나폴레옹의 선전포고장을 가지고 있으면서도 황제에게 전달하지 않고 기회만 엿보던 폰 엘벨라진은 이 기회에 야노스를 황제에게서 떼어내어 전선으로 보내야겠다고 생각해 마침내 선전포고장을 황제에게 전달한다. 프란츠 2세는 야노스를 대위로 승진시켜 나폴레옹 군대에 맞서도록 한다.

[제3막] 세 번째 모험담이다. 야노스는 북부 이탈리아에서 벌어진 밀라노 전투에서 나폴레옹군을 패배시켜 대령으로 승진한다. 게다가 나폴레옹을 체포해 감옥에 가두기까지 한다. 프란츠 황제는 야노스에게 오스트리아 대십자훈장을 수여하고 장군으로 승진시킨다. 너지어보니라는 헝가리의 작은 시골 마을에서 살던 하리 야노스가 신성로마제국의 장군이 된 것이다. 한편 마리 루이즈는 프란츠 2세에게 나폴레옹이 너무 비겁하다고 하면서, 야노스와 결혼하겠다고 말한다. 하지만 이 해프닝은 야노스의 약혼녀 외르제의 반대로 일단은 없던 일이 된다.

[제4막] 네 번째 모험담이다. 마리 루이즈는 겁쟁이 나폴레옹과 헤어진다. 프란츠 2세는 야노스와 결혼하겠다는 마리 루이즈의 청원을 받아들여 두 사람의 결혼을 승낙한다. 황제는 결혼 지참금으로 제국의 절반을 떼어주기로 약속하지만, 야노스는 결혼과 황제의 제안을 감연히 거절하고 사랑하는 약혼녀 외르제와 고향으로 돌아가려고 한다. 이를 가상히 여긴 노황제는 야노스의 제대를 허락한다.

[에필로그] 고향에 돌아온 야노스와 외르제는 마을 사람들을 모두 초청해 성대한 결혼식을 올린다. 두 사람은 외르제가 세상을 떠날 때까지 행복하게 산다. 이제 마을에는 야노스의 영웅적 모험을 목격한 사람이 한 명도 없다. 하지만 그 누가 이 위대한 노병의 얘기를 거짓말이라고 하겠는가?

죽은 도시

타이틀	**Die Tote Stadt**(The Dead City)	
	전 3막. 상징주의 문학작품인 조르주 로덴바흐(Georges Rodenbach)의 소설 『죽음의 브뤼주(Bruges-la-morte)』를 바탕으로 작곡자와 그의 아버지 율리우스 코른골트(Julius Korngold: 대본가로서는 Paul Schott라는 예명을 사용했다)가 공동으로 대본을 썼다.	
	초연	1920년 12월 4일 쾰른과 함부르크에서 동시 초연
	주요 배역	파울(죽은 아내를 잊지 못하는 남자), 마리(파울의 죽은 아내), 마리에타(무용수), 프랑크(파울의 친구), 브리기타(파울의 가정부), 줄리에트·루시엔·가스통(무용수), 프리츠(피에로)

음악 하이라이트	파울과 마리에타의 듀엣

베스트 아리아	「당신의 모습을 찾으리(Dich such'ich Bild)」(S), 「내가 지닌 기쁨(Glück, das mir verblieb)」(S), 「아시지요, 나는 브뤼주 사람(Du weisst, dass ich in Brüggeblieb)」(T), 「피에로의 노래(Pierrotlied)」(Bar), 「마리에타의 노래(Marriettalied)」(S)

사전 지식 할리우드 황금시대의 이름난 영화감독 코른골드가 작곡한 오페라다. 아내를 잃은 어떤 남자가 죽은 아내와 꼭 닮은 여인에게 집착하지만, 결국 아내에 대한 그리움으로 살인까지 저지르는 섬뜩한 스토리다. 이 오페라는 특이하게 함부르크와 쾰른에서 동시 초연되었으며, 초연 후 상당히 인기를 끌었다. 오케스트라 파트가 풍부하게 구성되어 있으며, 음악적으로 대단히 집중적인 면을 보여준 작품이다.

코른골드, 에리히 볼프강(Korngold, Erich Wolfgang, 1897~1957)
유대계인 에리히 볼프강 코른골드는 오스트리아 제국의 브르노(현재는 체코공화국)에서 태어나 빈에서 활동하다가, 나치의 핍박을 받자 1935년 미국으로 건너가 주로 할리우드에서 영화음악을 작곡하다가 세상을 떠났다. 빈 시절 말러는 당시 열 살이던 코른골드의 칸타타를 듣고 음악 천재라며 찬사를 아끼지 않았다. 코른골드는 모차르트 이후 가장 천재적인 작곡가로 사랑을 받았다.

에피소드　　　이 오페라에는 몽타주 테크닉이 등장해 영혼의 세계와 현실을 동시에 보여주며, 살롱 로맨스가 향수를 불러일으키기도 한다. 아리아는 현대적 이탈리아 스타일이지만 독일의 고전적 향취도 스며들어 있다. 주인공 소프라노는 스핀토(spinto)가, 테너는 리리코(lirico)가 맡는다. 피에로 프리츠가 부르는 「피에로의 노래」는 프리츠 크라이슬러(Fritz Kreisler)가 바이올린 솔로 곡으로 편곡해 잘 알려져 있다.

줄거리　　　[제1막] 브뤼주(Bruges)에 사는 파울(Paul)은 얼마 전 사랑하는 아내를 잃었다. 파울은 방 하나를 죽은 아내 마리(Marie)를 위해 마치 사당(祠堂)처럼 만들어놓고 매일 그 방에서 지낸다. 상심에 빠져 있는 그를 위로하기 위해 친구 프랑크(Franc)가 찾아온다. 가정부 브리기타(Brigitta)가 프랑크를 '과거의 묘당'이라고 부르는 구석방에서 그를 찾아보라고 안내한다. 그 방에는 파울의 아내 마리의 초상화를 비롯해 평소에 쓰던 물건과 마리의 머리칼 등이 고스란히 보관되어 있다. 파울이 돌아오자 프랑크는 마리와 똑같이 생긴 여자를 보았다면서 그 여자에게 파울의 집으로 한 번 와달라고 부탁했다고 말한다. 릴(Lille)이라는 카페의 댄서 마리에타(Marietta)가 찾아온다. 마리에타는 들고 온 루트(luth)를 타며 아련한 추억이 떠오르게 하는 노래를 부른다. 이어 파울을 위해 상당히 유혹적인 춤을 춘다. 뜻하지 않게 구석방 커튼을 걷어버린 마리에타는 마리의 초상화를 보고는 자기와 너무 닮아 깜짝 놀란다. 그녀는 〈악마 로베르(Robert le Diable)〉에 무용수로 출연해야 한다면서 집을 나선다. 죽은 아내 마리에게 일편단심을 약속한 파울은 매혹적인 마리에타 때문에 갈등을 겪는다. 하지만 마음을 굳게 다잡은 파울은 죽은 아내만 생각하고 아무리 비슷하게 생겼어도 다른 여자는 거들떠보지 않겠다고 다짐한다. 이때 마리의 혼백이 나타나 이제 그만 자기를 잊고 새로운 여인을 만나라고 하면서, 마리에타의 모습으로 변해 파울을 위해 춤을 춘다.

[제2막] 파울이 마리에타의 집 밖에서 집 안의 동정을 살피고 있다. 길을 가던 가정부 브리기타가 파울을 보고는 의외라는 듯 다가온다. 브리기타는 기괴한 파울의 집에 더는 머물 수가 없어 수녀가 되려고 길을 나선 참이다. 이어 친구 프랑크가 나타난다. 프랑크 역시 마리에타를 연모해 찾아온 것이다. 두 사람은 그동안의 우정은 잊어버린 듯 질투심에 불타 서로 심하게 다툰다. 파울은 프랑크의 손에 있던 마리에타의 집 열쇠를 강제로 빼앗는다. 두려움을 느낀 프랑크가 이내 자리를 뜬다. 마리에타와 동료들이 배를 타고 나타나자 파울은 잠시 몸을 숨긴다. 남자 댄서 가스통(Gaston)이 마리에타에게 세레나데를 부르며 사랑을 호소한다. 마리에타는 여러 사람에게 축배를 들자고 한 뒤 모두 모였으니 〈악마 로베르〉를 다시 한 번 공연해보자고 제안한다. 헬렌(Helene) 역을 맡은

마리에타는 가스통 앞에서 노골적이고 유혹적인 춤을 춘다. 이 모습을 본 파울은 그들의 저속한 행태를 참지 못하고 집으로 들어가 당장 연극을 중단하라고 소리친다. 모두 나가고 파울과 마리에타만 남는다. 마리에타에게 실망한 파울은 자기가 왜 마리에타를 사모했는지 얘기해주면서 이젠 그런 마음이 사라졌다고 분명히 말한다. 불현듯 파울의 죽은 아내가 경쟁자로 여겨진 마리에타는 파울을 유혹하기로 마음먹는다. 그녀는 파울에게서 마리에 대한 환상을 영원히 없애기 위해 마리의 물건을 모두 없애버리자고 말한다.

[제3막] 다음 날 아침 죽은 아내의 방에서 마리에타를 본 파울은 당장 방에서 나가라고 소리친다. 마리에타는 이 마을(브뤼주)에서 1년에 한 번 열리는 종교 대축제 행렬을 이 방에서 내다보아야 하기 때문에 나가지 못하겠다고 버틴다. 예로부터 전해오는 종교 행렬을 본 파울은 자기도 모르게 신앙의 열병을 앓는 사람처럼 종교의식에 빠져버린다. 마리에타는 다시 한 번 파울을 유혹해보려고 시도한다. 파울도 어느새 마리에타의 유혹에 빠져든다. 그런데 파울이 양심의 가책에 휩싸이자 거리의 종교 행렬이 분노하듯 집 안으로 들이닥치는 듯한 착각에 빠진다. 마리에타는 그런 파울을 보고 미신에 빠진 위선자라고 소리치며 비난한다. 파울은 오히려 마리에타를 마귀라고 생각해 나가라고 소리친다. 그러나 마리에타는 다시 한 번 죽은 마리에게 도전해보고 싶어, 방 안에 있던 마리의 금발 머리칼을 손에 쥐고 유혹적인 춤을 춘다. 그러자 화를 주체할 수 없어 이성을 잃은 파울이 마리의 금발 머리칼로 마리에타의 목을 조른다.

어두운 방에 밝은 빛이 다시 비친다. 마리에타의 시신은 온데간데없고, 마리의 머리칼은 원래대로 탁자 위에 놓여 있다. 마침 브리기타가 돌아온다. 두고 간 우산을 찾으러 온 것이다. 브리기타는 이렇게 돌아오게 된 것은 이 집에 머물라는 신의 계시라고 생각한다.

프랑크가 찾아오자 파울은 마리에타를 절대로 만나지 않겠다고 다짐하며 현실의 꿈이 환상의 꿈 때문에 깨졌다고 말한다. 프랑크가 함께 마을을 떠나자고 권하자, 파울은 '죽음의 도시'에서 떠나기로 결심한다.

독재자

| 타이틀 | **Der Diktator**(The Dictator) |

	단막의 비극이다. 작곡자가 직접 대본을 썼다.
초연	1928년 5월 6일 비스바덴(Wiesbaden)
주요 배역	독재자(Bar), 샤를로테(독재자의 아내, S), 관리(T), 마리아(장교의 아내, S)

사전 지식　크레네크의 단막 3부작 〈독재자〉, 〈비밀 왕국(Das geheime König- reich)〉, 〈헤비웨이트(Schwergewicht)〉 중 첫 번째 작품이다. 오페라의 제목 '독재자'는 무솔리니를 가리킨다고 한다. 그렇지만 오페라의 내용은 그리 정치적이지 않다. 크레네크는 단순히 "어떤 강한 남자의 사생활에서 생긴 일화"라고 설명했다. 그는 〈독재자〉를 비극적 오페라라고 불렀지만, 이 오페라를 단순히 비극으로 보기는 어렵다.

에피소드　음악은 푸치니 스타일로, 특히 멜로디가 그러하다. 크레네크는 라이트모티프(Leitmotive)를 최대한 사용했다. 예를 들면 전쟁을 알리는 전보 얘기를 할 때 나오는 베이스의 3연음표에서 이를 확인할 수 있다.

줄거리　그랜드 팰리스 호텔과 결핵환자 요양소를 양편에 두고 제네바 호수를 내려다보는 테라스다. 장교의 아내 마리아(Maria)는 요양소에서 여름밤의 아름다움에 감탄하고 있다. 그때

크레네크, 에른스트(Krenek, Ernst, 1900~1991)
빈에서 태어난 에른스트 크레네크는 20세기 포스트모더니즘의 선구자다. 하지만 작곡에서는 낭만주의, 인상주의 등 여러 기법을 폭넓게 사용했다. 그가 작곡한 오페라 〈오르페우스와 에우리디케(Orpheus und Eurydike)〉의 대본은 화가 오스카 코코슈카(Oskar Kokoschka)가 썼다. 크레네크의 오페라는 시대적인 배경을 중요시한 이른바 차이트오퍼(Zeitoper: 시대오페라)로, 대표작으로 〈조니가 연주하다(Johnny spielt auf)〉가 있다.

독재자가 호텔에서 나와 신하에게 어떤 작은 나라에 대해 선전포고를 하라고 명령한다. 마리아는 독재자의 무서운 눈빛에 겁을 먹고 위축되지만, 독재자는 마리아를 보고 황홀함을 느낀다. 독재자는 듣기 싫은 소리만 하는 하인 샤를로테(Charlotte) 대신 젊고 아름다운 저 여인을 사랑하며 지내겠다고 생각한다. 독재자의 하인 샤를로테는 전쟁을 선포했다는 소식을 듣고 침울해진다. 그녀는 독재자에게 당신은 이미 너무 많은 적이 있다고 말하면서 제발 전쟁을 중지하라고 간청한다. 그러자 독재자는 "당신이 겁을 먹고 있는 것은 나의 승리를 질투하기 때문이요. 그러니 곧 있을 승리를 위해 축배나 듭시다"라고 말한다. 샤를로테는 남편의 운이 다해야 자기에게 돌아올 것이라고 생각한다.

장교가 휠체어를 타고 등장한다. 그는 아무것도 보이지 않고, 숨이 막혀 죽을 지경이라고 호소한다. 그는 전쟁에서 독가스 때문에 눈이 멀었다고 아내 마리아에게 말한다. 마리아는 남편의 눈을 멀게 한 사령관을 죽여 복수하겠다고 다짐한다. 장교와 마리아가 "군인들의 손들, 수많은 무고한 사람들의 피를 흘리게 만든 손들, 죄악을 저지른 책임자의 피에 그 손들을 담그리"라는 듀엣을 부른다. 독재자는 전쟁이 일어난 뒤로 누군가 자기를 죽일 것 같아 공포에 시달리지만 내색하지 않는다.

장면은 바뀌어 독재자의 집무실이다. 독재자는 아내 샤를로테의 간언이 듣기 싫어 멀리 보내버릴 생각이다. 독재자는 샤를로테에게 "사전에 경고했으니 또다시 이러니저러니 얘기하면 가만두지 않겠다"고 윽박지른다. 마침 누가 찾아왔다고 하자 독재자는 들어오라고 지시한다. 마리아다. 마리아는 남편의 눈을 멀게 한 장본인이 독재자라고 믿어 그를 죽이러 온 것이다. 마리아는 독재자에게 "당신을 죽일 것이니 기도나 하시죠"라고 말하고는 황급히 권총을 꺼내든다. 독재자는 권총을 손에 든 여인이 조금 전 호텔 밖에서 보았던 매력적인 여인이었음을 깨닫고는 "아, 안됐구려, 내가 그대를 사랑하려 했는데! 이런 순간이 이렇게 빨리 오다니!"라고 말한다. 무대 한쪽에 보이지 않게 숨어 있던 샤를로테는 독재자가 마리아에게 한 말이 진정인지 거짓인지 몰라 조금 더 기다리기로 한다. 독재자는 마리아에게 강자만이 승리할 수 있다는 자신의 철학을 자세히 설명하면서 마리아가 자기를 이해해줄 것으로 기대한다. 결국 독재자의 말에 수긍한 마리아는 그의 편에 서기로 하고 권총을 내려놓는다. 권총을 본 샤를로테는 독재자를 죽여야 많은 사람들의 목숨을 구할 수 있다고 생각해 재빨리 권총을 집어 든다. 샤를로테가 독재자를 향해 총을 쏘자 마리아가 독재자의 앞을 가로막으며 대신 총을 맞는다. 독재자는 샤를로테를 밖으로 내보내고 호텔 경비에게 경찰을 불러오라고 지시한다. 밖에서 마리아를 기다리던 장교는 총소리가 들리자 방으로 들어온다. 장교는 마리아가 독재자를 죽인 줄 알고 마리아에게 죽은 독재자의 시신 앞으로 데려가 달라고 부탁한다. 이윽고 공포를 떨친 독재자가 소리 없이 도망간다.

헤비웨이트

타이틀	**Schwergewicht** (Heavyweight)

단막의 벌레스크(Burlesque) 오페라. 대본은 작곡자가 직접 썼다. 이 오페라는 '국가의 명예(Die Ehre der Nation; The honor of the nation)'로도 불린다.

초연	1928년 5월 6일 비스바덴 국립극장(Wiesbaden Staatsoper)
주요 배역	아담 옥젠슈반츠(권투 챔피언, B), 에벌리네(그의 아내, S), 가스톤(댄스 강사, T), 히멜후버 교수(Bar), 아나 마리아(히멜후버 교수의 딸)

사전 지식 　　　오페라 〈헤비웨이트(중량급)〉는 크레네크의 단막 3부작 중 하나다. 다른 두 작품은 〈독재자(The Dictator; Der Diktator)〉와 〈비밀 왕국(The Secret Kingdom; Das geheime Königreich)〉이다. 독일을 사랑한 크레네크는 국제사회에서 운동선수가 외교관보다 독일의 위상을 훨씬 더 높였다고 주장했다. 오페라 〈헤비웨이트〉의 또 다른 제목이 '국가의 명예'인 것도 그런 맥락으로 볼 수 있다.

에피소드 　　　크레네크는 〈헤비웨이트〉를 통해 유럽과 미국의 연합을 추구했다. 예를 들어 운동 기구도 유럽의 것과 미국의 것을 무대에 올렸다. 크레네크는 위대한 작곡가이며 지휘자인 구스타프 말러의 딸 아나 말러와 1922년에 결혼했다. 크레네크의 성공작은 1927년 발표한 〈조니가 연주하다〉다. 그는 나치를 피해 1939년에 미국으로 이민을 갔다.

줄거리 　　　권투 헤비급 챔피언 옥젠슈반츠(Ochsenschwanz)는 자기 아내 에벌리네(Everlyne)가 댄스 강사 가스톤(Gaston)과 모종의 관계라고 생각해 잔뜩 화가 나 있다. 사실 에벌리네는 댄스보다는 가스톤에게 더 관심이 있다. 어느 날 옥젠슈반츠는 두 사람이 은밀히 키스하는 모습을 목격한다. 화가 머리끝까지 치민 옥젠슈반츠는 책상을 내리치며 분을 삭이다가 에벌리네를 방에 감금한다. 가스톤은 얼떨결에 옆방에 숨는다. 그때 아나 마리아 히멜후버(Anna Maria Himmelhuber)라는 아가씨가 옥젠슈반츠의 연습장으로 살며시 들어온다. 아나 마리아는 저명한 히멜후버 교수의 딸로, 헤비급 챔피언 옥젠슈반츠를 존경하는 마음에 사인이나 한 장 받으려고 들어온 것이다. 옥젠슈반츠는 예쁜 아나 마리아가 자신을 존경해 찾아왔다고 하자 기분이 좋아 정신을 차리지 못한다. 옆방에 숨어 있던 가스톤이 이 모습을 본다. '아하, 자기 마누라와 내가 바람을 피운다고 난리를 치더니 이제 보니까 자기도 젊은 아가씨와 놀아나고 있네!'라고 생각한 가스톤이 한마디 해주려고 불쑥 걸어 나온다. 옥젠슈반츠와 함께 있어 기분이 좋았던 아나 마리아는 소스라치게 놀라 숨을 곳을 찾지만 마땅히 숨을 곳이 없다. 아나는 순간적으로 권투 선수들이 상대역으로 연습하는 인형으로 가장한다. 히멜후버 교수가 정부를 대신해 위대한 헤비급 챔피언 옥젠슈반츠에게 명예훈장을 수여하러 온다. 교수를 비롯해 함께 온 사람들이 옥젠슈반츠에게 온갖 찬사를 보내며 주먹 한번 휘둘러보라고 부추기 자 기분이 좋아진 옥젠슈반츠가 연습용 인형을 치려고 한다. 그런데 교수가 유심히 보니 연습용 인형이 아니라 자기 딸 아나 마리아다. 교수가 미성년자 학대죄로 고소하겠다고 하자 옥젠슈반츠는 겁에 질린다. 그렇지만 사람들에게 주먹을 보여주고 싶은 마음이 앞서 펀치 연습용 기계로 들어간다. 가스톤은 펀치 기계의 스위치를 연속에 놓고 작동시켜 옥젠슈반츠가 빠져 나오지 못하게 한 뒤 에벌리네와 도망친다. 옥젠슈반츠는 기계에서 빠져나오지 못하고 계속 펀치 연습을 한다. 옆에서 참관하던 사람들은 챔피언 옥젠슈반트가 열심히, 그것도 쉬지 않고 아주 열심히 펀치 연습을 하자 그의 열의에 감동해 누구도 말릴 생각을 않는다. 옥젠슈반츠는 땀을 주룩주룩 흘리며 쉬지 않고 펀치를 날린다. 그 모습에 사람들은 더 큰 존경심을 느낀다.

가짜 하녀

타이틀	**La Finta Cameriera**(The feint maid; The pretended maid)

	전 3막
초연	1738년 로마에서 초연된 이래 거의 15년 동안 이탈리아 전역에서 지속적인 성공을 거두었으며, 런던·파리·브뤼셀·함부르크·만하임·리보르노(Livorno) 등지에서 1760년까지 인기를 끌며 공연되었다. 이 오페라는 당시 조반니 바티스타 페르골레시(Giovanni Battista Pergolesi)의 〈아가씨 하인(Serva padrona)〉이 열광적인 인기를 끌자 이에 자극을 받아 비슷한 스토리로 작곡했다고 한다.
주요 배역	판크라치오(피렌체의 귀족 홀아비), 에로스미나(그의 딸), 조콘다(하녀로 변장한 신사), 베티나(하녀), 칼라시오네(에로스미나의 신랑 후보)

사전 지식 가에타노 라틸라는 나폴리 오페라 부파의 선두주자였다. 당시 나폴리 오페라 부파의 특징은 과거처럼 희극과 비극이 복잡하게 얽힌 스타일이 아니라, 모든 상황이 신속하게 움직이며 기교를 중심으로 연기와 노래를 하는 것이었다. '가짜 하녀' 또는 '가짜 신부'라고 번역할 수 있는 이 오페라는 나폴리 오페라 부파의 대표작이다. 라틸라는 이 오페라를 1737년에 작곡했는데 이듬해 약간 손질해 '기스몬도(Gismondo)'라는 제목으로 공연해 환영을 받았다. 그는 이에 힘입어 원래 작곡했던 대로 '가짜 하녀'라는 제목을 붙여 무대에 올렸다. 이 오페라에는 출연자들이 거리 악사들이 노래를 부를 때 즐겨 사용했던 루트(Luth)를 타면서 당시의 유행가를 부르는 장면이 나오는데, 작곡자는 나폴리 거리의 유행가를 오페라 스타일로 멋지게 바꾸어 관객을 즐겁게 해주었다. 또한

라틸라, 가에타노(Latilla, Gaetano, 1711~1788)
가에타노 라틸라는 나폴리 오페라 부파의 원조다. 그는 1735년부터 이탈리아의 시민극장에 올릴 오페라를 작곡하기 시작했다. 그 이전까지의 오페라는 귀족이나 특권층의 전유물이었다. 그는 교회음악과 기악곡 외에도 약 50편의 오페라를 작곡했다. 당시 나폴리에서는 이탈리아 특유의 오페라 부파가 크게 유행했는데, 그 선두에 서 있던 라틸라의 대표적 오페라로는 〈가짜 하녀〉, 〈안티고네〉, 〈체노비아(Zenobia)〉 등이 있다.

에로틱한 농담도 자주 등장해 허리를 잡고 웃게 한다.

줄거리　　　　　피렌체의 귀족 판크라치오(Pancrazio)는 홀아비 신세로, 딸 에로스미나(Erosmina)와 로마에 사는 돈 칼라시오네(Don Calascione)의 결혼을 서두르고 있다. 칼라시오네는 어떤 사람의 중매로 한 번도 만나본 적 없는 에로스미나와 결혼하기 위해 피렌체로 오는 중이다. 판크라치오 영감은 이번에야말로 딸의 혼사가 성사되기를 내심 무척 바라고 있다. 딸이 시집을 가야 자기 집에 새로 들어온 알레산드라(Alessandra)와 결혼해 홀아비 신세를 면할 수 있기 때문이다. 사실 알레산드라는 훌륭한 집안의 조콘다(Gioconda)라는 청년이다. 조콘다는 에로스미나에게 접근해 사랑을 이루려고 여장을 하고 하녀로 들어온 것이다. 어찌 됐든 드라마에서 여장 남자나 남장 여자가 나오면 아슬아슬해 관객에게 재미를 선사하게 마련이다. 한편 판크라치오 영감은 그것도 모르고 알레산드라의 마음을 사로잡으려고 온갖 노력을 기울인다.

칼라시오네가 로마에서 동생과 함께 도착한다. 그는 판크라치오 저택으로 들어가 신부가 될 에로스미나를 기다리던 중 예쁜 하녀 베티나(Bettina)를 보고 마음을 빼앗긴다. 에로스미나와 로마에서 온 칼라시오네가 드디어 선을 보지만, 칼라시오네의 마음이 하녀 베티나에게 옮겨 간 상황에 두 사람의 만남이 제대로 이루어질 리 없다. 이 과정에서 두 사람이 옥신각신하는 장면이 무척 재미있게 표현된다. 한편 베니타를 사랑하는 하인 모스키노(Moschino)는 에로스미나와 칼라시오네가 서로 다투는 것을 보자 일이 잘못되면 자기에게 불똥이 튈 것 같아 걱정이다. 주인 아가씨 에로스미나가 결혼을 해야 베티나와 결혼할 수 있기 때문이다. 판크라치오는 에로스미나와 칼라시오네가 옥신각신하는 모습을 걱정스럽게 지켜본다. 칼라시오네와 함께 온 동생 필리온도(Filiondo)는 형수가 될지도 모르는 에로스미나에게 마음을 빼앗겨 하녀 알레산드라에게 도움을 요청한다. 일은 점점 더 이상하게 꼬인다. 그 집의 또 다른 하녀 도리나(Dorina)까지 칼라시오네를 보자 사랑의 감정이 솟아난다.

필리온도가 딸에게 관심을 보이자 판크라치오는 에로스미나를 필리온도와 결혼시킬 생각을 한다. 일이 예상치 않은 방향으로 이상하게 돌아가자 알레산드라는 안 되겠다는 생각에 드디어 정체를 밝힌다. 알레산드라가 조콘다라는 신사로 밝혀지자 모두 까무러치게 놀란다. 판크라치오는 하녀로 변장한 조콘다에게 흑심을 품었던 것을 무척 겸연쩍게 생각하지만, 딸을 위해서는 잘된 일이라고 하면서 기뻐한다. 에로스미나와 조콘다는 모든 사람의 축복을 받으며 결혼식을 올린다.

웃음의 나라

타이틀	**Das Land des Lächelns**(The Land of Smiles)

전 3막의 로맨틱 오페레타. 빅토르 레온(Victor Léon)이 레하르를 위해 써놓은 「황금색 재킷(Die gelbe Jacke; The yellow jacket)」이라는 대본을 바탕으로 루트비히 헤르처(Ludwig Herzer)와 프리츠 뢰너(Fritz Löhner)가 '웃음의 나라'라는 제목으로 대본을 다시 썼다. 이 오페라는 황금색 재킷을 입은 중국인 관리(왕자)와 빈 여인의 사랑 이야기를 담고 있다.

초연	1929년 10월 10일 베를린 메트로폴 극장(Metropol Theatre)
주요 배역	수총(중국 황태자로 빈 주재 중국대사관 고관), 리자(리히텐펠스 백작의 딸), 구스타프 폰 포텐슈타인 백작(용병대 장교), 리히텐펠스 백작(빈의 귀족)
베스트 아리아	「당신은 나의 모든 마음(Dein ist mein ganzes Herz)」(T), 「누가 우리들 마음에 사랑을 넣어주었을까(Wer hat die Liebe uns inhs Herz gesenkt)(T+S), 「언제나 웃음만을(Immer nur lächeln)」, 「사과꽃 목걸이(Von Apfelbluten einen Kranz)」(T)

사진지식 레하르의 가장 성공한 오페레타 중 하나다. 주인공 수총(Sou-Chong)의 아리아 「당신은 나의 모든 마음」은 매우 아름다운 곡이다. 중국의 관습에 따라 네 명의 아내를 두도록 하지만, 주인공 수총은 이를 거부하고 오로지 한 여인에게만 사랑을 쏟는다. '웃음의 나라'라고 한 것은 언제나 쾌락에 들떠 있는 빈을 두고 한 말이다. 수총의 아리아 「언제나 웃음만을」은 유쾌한 빈에서의 생활을 표현한 것이다.

레하르, 프란츠(Léhar, Franz, 1870~1948)
오스트리아-헝가리 제국 당시 헝가리 출신인 프란츠 레하르는 주로 빈에서 활동하면서 오페레타를 작곡했다. 그는 13편의 오페레타를 남겼는데 대표작은 〈메리 위도(Die Lustige Witwe)〉다. 비록 생의 대부분을 헝가리 외의 지역에서 보냈지만 세상을 떠날 때까지 헝가리 출신임을 잊지 않은 그는 1948년 잘츠부르크 인근 바트이슐(Bad Ischl)에서 세상을 떠났다.

에피소드　　　　레하르는 당대의 테너 리하르트 타우버(Richard Tauber)를 위해 이 오페레타를 작곡했다고 한다. 1900년대 초반에 중국이 오스트리아에 대사관을 설치해 자국 교민을 보호하고, 외교와 교역을 했다는 것은 새겨볼 부분이다. 그 이전인 1890년대에 프랑스의 베르사유 궁전에서 중국 기예단이 공연했다는 기록도 있다.

줄거리　　　　20세기 초 빈이다. 귀족 리히텐펠스(Lichtenfels) 백작에게는 아름답고 명랑한 딸 리자(Lisa)가 있다. 젊고 멋진 중국인 수총은 프란츠 요제프 황제가 외교 사절을 위해 베푼 호프부르크(Hofburg) 왕궁의 연회에서 리자를 만나 한눈에 반한다. 중국의 황태자 수총은 항상 황족을 상징하는 황금색 옷을 입기 때문에 사람들은 '황금색 재킷의 수총'이라고 부른다. 수총의 부모인 중국 황제와 황후는 수총에게 어서 중국의 황족이나 귀족 아가씨 중 아내를 택해 손자를 안겨달라고 성화다. 그러나 리자를 마음에 둔 수총은 아무리 성화를 해도 결혼은 급하지 않다면서 차일피일 미루기만 한다. 수총과 리자가 우여곡절 끝에 드디어 결혼한다.

서로 관습이 다르기 때문에 어처구니없는 해프닝의 연속이지만 두 사람은 마냥 행복하다. 얼마 후 수총은 본국 총리대신으로 임명되어 빈을 떠나게 된다. 물론 리자도 함께 떠난다. 리자의 아버지 리히텐펠스 백작은 리자를 위해 기꺼이 헌신하고 봉사하겠다고 다짐한 장교 구스타프 폰 포텐슈타인(Gustav von Pottenstein) 백작을 함께 보낸다. 중국의 황제는 아들이 파란 눈의 외국인을 아내로 데려오자 기겁하지만, 외교 관계를 생각해 관대한 마음으로 환영한다. 수총의 어머니는 중국의 관습에 따라 아내를 네 명까지 둘 수 있다고 강조하면서 중국의 명문 귀족 아가씨를 아내로 맞으라고 하지만 수총은 오늘 같은 현대 사회에서 말도 안 되는 소리라면서 거절한다.

리자는 처음 며칠은 으리으리한 궁전에서 수많은 하인들의 보살핌을 받으며 으쓱해 지내지만, 날이 갈수록 고향 빈과 가족에 대한 그리움이 더해간다. 또한 오페라와 무도회, 향긋한 커피와 자허토르테(Sachertorte) 같은 달콤한 케이크가 그리워진다. 리자는 호위 장교로 온 포텐슈타인 백작과 황궁에서 도망치기로 결심하지만 계획이 틀어져 실패한다. 리자를 진정으로 사랑하는 수총은 그녀의 행복을 위해 포텐슈타인 백작과 빈으로 돌아가는 것을 허락한다.

메리 위도

타이틀	**Die Lustige Witwe**(The Merry Widow)

전 3막의 오페레타. 앙리 메이야크의 『대사관의 아타셰(L'attaché d'ambassade)』를 기본으로 빅토르 레온과 레오 슈타인(Leo Stein)이 대본을 썼다.

초연	1905년 12월 30일 빈 강변극장
주요 배역	하나 글라바리(부유한 미망인), 다닐로 다닐로비치 백작(기병대 장교이며 공사관 서기관), 미르코 제타 남작(파리 주재 폰데베드리아 대사), 발랑시엔(제타 남작의 아내), 카미유 드 로실롱(파리의 한량), 라울 드 상 브리오슈, 보그다노비치(폰데베드리아 영사), 실비아네(영사의 아내), 크로모(폰데베드리아 공사관 참사관), 올가(참사관의 아내), 프리치치(폰데베드리아 퇴역 대령), 프라스코비아(퇴역 대령의 아내)
베스트 아리아	「금과 은의 왈츠(Gold and Silver)」(S+T), 「고향에 데려다 주세요... 빌랴가 살았던 곳으로(Nun lasst uns aber wie daheim... Es lebt' eine Vilja)」(S), 「오 조국이여(O Vaterland)」(T), 「오래전 숲 속에 아가씨가 있었네(Viljalied)」(S), 「입술은 조용하네(Lippen schwigen)」(S+T)

사전 지식 이 오페라에는 「금과 은의 왈츠」라는 유명한 왈츠가 나온다. 금은 빈 오페레타의 황금시대, 은은 백은시대를 뜻한다고 해석한다. 미망인이라는 표현이 바람직하지 않아 영어 제목인 '메리 위도'로 부르는 편이 훨씬 마음이 편하다.

줄거리 [제1막] 폰데베드리아(Pondevedria)는 이 오페라에 등장하는 가상의 국가로 시기는 20세기 초다. 파리 주재 폰데베드리아 대사관에서 왕자의 생일 축하 파티가 열린다. 폰데베드리아 대사 미르코 제타 남작(Baron Mirko Zeta: 어떤 버전에는 대사관의 고위직으로만 설명되어 있다)은 자국의 갑부 중 하나인 하나 글라바리(Hanna Glawari)가 파리의 남자와 결혼하지 않을까 걱정이 태산 같다. 하나가 조국의 남성과 결혼하지 않고 소문대로 프랑스인과 결혼하면 하나의 재산이 프랑스로 넘어갈 위험이 있기 때문이다. 대사는 다닐로(Danillo) 백작이 하나에게 청혼하기를 갈망한다. 한편 대사의 아내 발랑시엔(Valencienne)에게 마음이 있는 카미유 드 로실롱(Camille de Rosillon)이 발랑시엔에게 말을 건넨다. 파리 사교계에서 알아주는 한량 카미유는 파리에 있는 미망인을 사랑한다는 말을 주위에 흘려 사람들이 자신에게 관심을 갖게 한다. 아내들은 그 미망인이 하나일 거라는 둥 넘겨짚으면서 가십을 뿌리기에 바쁘다.

드디어 하나가 등장한다. 그녀는 대사관 파티에 참석한 모든 사람을 다음 날 자신의 저택으로 초청한다. 대사가 하나를 환영하자 하나는 대사의 걱정을 알고 있다는 듯 자신은 누가 뭐래도 폰데베드리아인이라고 말한다. 잠시 후 등장한 다닐로 백작은 힘든 일과를 끝내고 맥심 식당에서 맛있는 저녁을 먹는 것보다 즐거운 일은 없다고 말한다. 그는 하나에게 별 관심이 없는 듯하다. 두 사람은 서로 사랑했지만 다닐로 가족이 결혼을 반대하는 바람에 사랑을 이루지 못했다. 그 후 하나는 돈 많은 사람과 결혼을 했고, 남편이 세상을 떠나자 그의 재산을 상속받았다. 다닐로는 하나에게 자신이 과거에 하나를 사랑한 것이 한낱 돈을 보고 그랬다고 생각한다면, 자신은 결코 하나를 사랑한 적이 없다고 말한다. 한편 대사는 하나와 결혼하는 것이 국가의 재정 위기를 타개하는 데 공헌하는 길임을 다닐로에게 강조한다. 파티의 마지막 왈츠가 흘러나오자 하나는 다닐로를 파트너로 택한다. 두 사람은 파티에 참석한 사람들을 압도하며 멋진 왈츠를 춘다. 이때 나오는 곡이 「금과 은의 왈츠」다. 금과 은을 보고 사랑한 것이 아니라는 의미다.

[제2막] 다음 날 저녁 하나의 저택이다. 폰데베드리아식 파티가 한창 무르익고 있다. 숲의 요정이 인간과 사랑에 빠진다는 내용의 폰데베드리아 민속 노래 빌랴(Vilja)를 하나가 멋들어지게 부른다. 하나와 다닐로는 마치 옛일을 회상하듯 로맨틱한 듀엣을 부른다. 제타 남작이 다닐로에게 조국의 앞날에 대해 회의를 하자고 제안하지만, 파티에 참석한 남자들은 여자가 얼마나 이해하기 어려운 존재인지를 주제로 회의하자고 말한다. 회의에 앞서 대사의 아내 발랑시엔이 왜 하나에게 청혼하지 않느냐고 카미유를 떠본다. 두 사람이 대화하는 모습을 우연히 본 대사는 아내를 의심한다. 잠시 후 카미유와 함께 등장한 하나가 카미유와 결혼할 생각이라고 발표하자, 모두 눈이 휘둥그레진다. 질투심에 사로잡힌 다닐로가 슬픔에 넘쳐 노래를 부른다. 그는 괴로움을 잊고자 맥심 식당으로 향한다.

[제3막] 맥심 식당처럼 꾸며진 하나의 저택 무도회장이다. 파티에 참석한 대사에게 전보 한 장이 전달된다. 당장 돈을 구하지 못하면 폰데베드리아의 재정이 파탄 날 것이라는 내용이다. 하나는 결혼 발표는 진심이 아니었다고 다닐로에게 말한다. 다닐로도 하나에 대한 사랑을 확신한다. 이 모습을 본 대사는 기뻐 날아갈 것 같다. 게다가 발랑시엔에게 치근덕대던 카미유가 차였다는 것이 무엇보다 기쁘다. 하나가 남편의 유언에 따르면 재혼할 경우에는 재산을 한 푼도 가질 수 없다고 말하자, 다닐로가 웃음을 터뜨리며 하나는 한 푼도 가질 수 없지만 새 남편은 상속 받을 수 있다는 점을 상기시킨다. 사랑도 얻고 조국도 구하게 된 다닐로의 기쁨은 이루 말할 수 없다. 사람들은 도무지 알 수 없는 여자의 마음을 노래한다.

주디타

타이틀	Giuditta(Judith)

전 5장으로 된 음악적 코미디(musikalische Komödie). 대본은 파울 크네플러(Paul Knepler)와 프리츠 뢰너가 공동으로 썼다.

초연	1934년 1월 20일 빈 국립오페라 극장

주요 배역	마누엘레(주디타의 늙은 남편), 주디타(마누엘레와 결혼한 여인), 옥타비오(장교), 안토니오(옥타비오의 친구), 배리무어(영국의 귀족)

베스트 아리아	「친구들이여, 인생은 살 만한 가치가 있다(Freunde, das Leben ist lebenswert)」(T), 「사랑은 수수께끼와 같은 것(Welch tiefes Rätsel ist die Lieben)」(T), 「당신은 나의 태양(Du bist meine Sonne)」(T), 「나의 입술, 너무나 뜨겁게 키스를 하네(Meine Lippen, sie kussen so heiss)」(S)

사전 지식　　　레하르의 마지막 대작으로 제2장의 모로코를 배경으로 한 이국적 장면이 이채로운데, 마치 연극 〈클레오파트라〉를 보는 듯한 느낌을 준다. 〈주디타〉는 레하르의 작품 중에서 유일하게 비극적인 작품이다. 프리츠 크라이슬러는 〈주디타〉에 나오는 멜로디로 세레나데를 편곡했다.

에피소드　　　초연에서는 당대의 테너 리하르트 타우버가 옥타비오를 맡았다. 레하르가 타우버에게 특별히 부탁했다는 후문이다.

줄거리　　　옥타비오(Octavio)는 무대 한편에서 피아노를 치고, 다른 한편에서 주디타는 새장에 갇힌 비둘기를 날려 보낸다.

[제1장] 안달루시아(Andalucía) 지방의 어느 항구 마을이다. 마을에는 스페인군이 주둔해 있다. 스페인 부대는 이날 밤 북아프리카의 스페인 관할지인 모로코로 떠날 예정이다. 옥타비오 대위와 동료 안토니오(Antonio) 중위는 아프리카로 떠나기 전에 세바스티안 술집에서 파티를 연다. 마지막 포도주 잔을 비우자 모두 돌아가고 옥타비오만 남는다. 매혹적인 노랫소리가 들린다. 주디타(Giuditta)다.

주디타는 꿈과 같았던 지난 시절과 앞으로의 희망을 노래한다. 주디타에게 마음을 빼앗긴 옥타비오는 함께 아프리카로 가서 새로운 생활과 새로운 세상을 경험하자고 제안한다. 주디타는 그렇지 않아도 나이 많은 남편 마누엘레(Manuele)와의 끔찍한 결혼 생활에서 탈피할 생각을 하고 있었다.

[제2장] 몇 주 후 모로코의 어느 저택이다. 주디타와 옥타비오는 행복한 나날을 보내고 있다. 친구 피에린토(Pierrinto)와 아니타(Anita)가 자주 찾아와 함께 노래도 부르고 예술에 대해 이야기도 나눈다. 그렇지만 둘은 스페인을 그리워한다. 안토니오 중위가 옥타비오에게 사령부의 명령을 전달한다. 지금 곧 남쪽에서 활동하는 베르베르족(Berber)을 토벌하라는 명령이다. 옥타비오는 출동하면서 동료 안토니오에게 주디타를 잘 보살펴달라고 부탁한다. 안토니오는 이 기회를 이용해 주디타에게 사랑을 고백한다. 하지만 주디타는 무슨 소리냐면서 안토니오를 집에서 쫓아낸다.

[제3장] 사막에 있는 스페인군 병영이다. 옥타비오는 두고 온 주디타가 걱정되어 한걸음에 돌아가 함께 지내고 싶은 마음이지만, 명령 때문에 떠날 수 없다. 옥타비오가 지휘하는 부대는 반도들의 공격을 받아 심각한 타격을 입는다. 이렇게 되자 옥타비오는 탈영을 생각하지만, 안토니오가 사령부의 명령이라면서 군인으로서의 의무를 다하라고 전한다. 옥타비오는 명예를 생각해 군대를 떠나지 못한다. 그를 기다리는 주디타는 괴로움을 잊고자 춤을 춘다.

[제4장] 몇 주 후 모로코에 있는 알카자르 나이트클럽이다. 주디타는 이브라힘 소유의 알카자르 나이트클럽에서 노래도 부르고 춤도 추며 지낸다. 주디타는 스타가 되었다. 많은 사람들이 주디타에게 구혼하지만 어느 누구도 주디타의 마음을 사로잡지 못한다. 안토니오도 그중 한 사람이다. 옥타비오가 나이트클럽에 들어선다. 주디타는 옥타비오가 들어온 것을 모른다. 이브라힘은 주디타를 돈 많은 영국 귀족 배리무어(Barrymoore) 경과 맺어주려고 한다. 배리무어가 주디타의 목에 진주 목걸이를 걸어준다. 한쪽에서 이 모습을 지켜보던 옥타비오가 격분해 뛰어나와 여러 사람 앞에서 주디타를 창녀라고 부르며 모욕을 준다. 주디타를 비난하는 소리에 뛰어나온 안토니오는 옥타비오와 한바탕 싸움을 벌인다. 마침 그 자리에 있던 장군이 헌병을 불러 안토니오와 옥타비오를 체포한다.

[제5장] 몇 년 뒤 안달루시아의 한 호텔이다. 옥타비오는 군대를 떠나 클럽에서 피아노를 연주하며 지낸다. 옥타비오가 피아노를 치고 있는 호텔 클럽에 몇 년 전 자신을 체포한 장군과 주디타가 팔짱을 끼고 들어선다. 주디타가 피아노 소리를 듣고 옥타비오를 알아본다. 주디타의 마음이 옛사랑의 추억으로 고동친다. 그러나 옥타비오는 마치 딴사람 같다. 주디타에게 눈길도 주지 않고 무관심하다. 잠시 후 옥타비오가 주디타를 알아본다. 한때 자기 인생의 등불이던 주디타이지만 그 등불에 다시 불을 붙이기에는 이미 때가 늦었다. 옥타비오는 차가운 바람처럼 어디론가 사라진다.

팔리아치

타이틀	**I Pagliacci**(The Clowns; Actors)	
	프롤로그와 2막으로 구성된 이 오페라의 대본은 작곡자가 직접 썼다. 팔리아치는 유랑극단의 어릿광대들을 말한다.	
	초연	1892년 5월 21일 밀라노 달 베르메(Dal Verme) 극장
	주요 배역	카니오(극중극의 팔리아초: 유랑극단의 단장), 네다(극중극의 콜롬비나: 카니오의 아내), 토니오(극중극의 타데오: 어릿광대), 실비오(마을 사람), 베페(할레퀸)
	음악 하이라이트	토니오의 프롤로그, 웃어라! 팔리아초 음악, 카니오의 칸타빌레, 카니오의 사랑의 모티프, 네다의 발라텔라(Ballatella), 실비오의 음울한 노래, 네다와 실비오의 사랑의 듀엣
	베스트 아리아	「의상을 입어라(Vesti la giubba)」(T), 「아니요, 나는 팔리아초가 아니요(No, Pagliaccio non son)」(T)

사전 지식　　　　살인의 선혈이 낭자한 비극이다. 드라마가 시작되기 전 커튼을 젖히고 관객에게 안내 말씀을 전하는 것이나 극중에 또 다른 극이 나오는 데서 셰익스피어적인 요소를 발견할 수 있다. 남을 웃기는 것이 직업인 어릿광대이지만 마음 깊숙한 곳에는 그들만의 눈물이 있다. 어릿광대라고 날마다 웃으며 살지는 않는다. 이 오페라는 불행하고 비참한 어릿광대의 이야기이자, 한 편의 진정한 인생 드라마다. 일본에서는 '도화사(道化師)'로 번역되어 공연되었다. 팔리아치(Pagliacci)는 팔리아초(Pagliaccio)의 복수형이다. 할레퀸(Harlequin)은 무언극이나 발레 등에 나오는 어릿광대를 말한다. 주로 가면에 고깔모자를 쓰고 얼룩빼기 옷을 입으며, 나무칼을 들고 있다.

레온카발로, 루지에로(Leoncavallo, Ruggiero, 1857~1919)
루지에로 레온카발로의 〈팔리아치〉는 오늘날 세계에서 가장 자주 공연되는 오페라 중 하나다. 나폴리에서 태어난 레온카발로는 나폴리 음악원에서 피아노와 작곡을 공부했다. 그는 원래 철저한 바그너 숭배자였으나, 오페라 스타일이 점차 이탈리아 베리스모 스타일로 빠져들었다. 그는 10여 편의 오페라와 10여 편의 오페레타를 작곡했다.

에피소드　　　　이 오페라는 레온카발로의 유일한 성공작이다. 그는 〈라 보엠(La Bohéme)〉이라는 오페라를 작곡했지만, 푸치니의 〈라 보엠(La Bohéme)〉에 가려 빛을 보지 못했다. 〈팔리아치〉가 초연된 후 누군가가 이 작품이 완전한 표절이라고 주장하며 레온카발로를 고소한 일이 있다. 레온카발로는 법정에서 이 스토리가 자기가 살던 몬탈토(Montalto)의 칼라브리안(Calabrian) 마을에서 실제 있었던 사건이라고 설명했다. 그 사건을 판결한 판사가 바로 레온카발로의 아버지였다. 그는 당연히 표절 소송에서 승소했다. 〈팔리아치〉는 일반적으로 베리스모의 대표작이라고 할 수 있는 마스카니의 〈카발레리아 루스티카나〉와 함께 공연된다.

줄거리　　　　[프롤로그] 1860년대 이탈리아의 칼라브리안 마을이다. 꼽추 어릿광대 토니오(Tonio)가 제1막이 시작되기 전 커튼을 젖히고 무대로 나와 "이제부터 여러분이 보실 드라마는 우리 생활에서 언제나 볼 수 있는 생생한 감정에 관한 것이며, 우리가 모두 이해할 수 있는 내용입니다"라고 설명한다.

[제1막] 작은 마을에 당나귀가 끄는 마차를 타고 유랑극단이 찾아온다. 단장은 카니오(Canio)이고 그의 아내 네다(Nedda)도 극단의 단원이다. 베페(Beppe)는 주로 할레퀸 역할을 하거나 때때로 드럼을 친다. 꼽추 광대 토니오는 허드렛일까지 한다. 광대는 아니지만 실비오(Silvio)도 극단의 단원이다. 상당한 미인 네다는 약간 바람기가 있다. 그래서 남편 카니오는 항상 불안하다. 한편 네다는 남편 카니오가 자기에게 지나치게 집착해 질투하는 바람에 새장의 갇힌 신세라고 하면서, 자유를 찾아 훨훨 날아가고 싶다고 탄식한다. 그러면서 실비오를 생각한다.

꼽추 토니오가 네다에게 슬며시 사랑하느니 뭐니 하며 수작을 걸자 네다는 들은 척도 하지 않고 토니오를 채찍으로 때린다. 토니오가 원망스러워하며 자리를 뜬다. 곧이어 실비오가 나타나 네다에게 멀리 도망가자고 부추긴다. 네다는 솔깃해 이참에 매력 없는 남편 카니오를 떠날 결심을 한다. 둘은 그날 밤 공연을 끝내고 도망가기로 약속한다. 이때 네다는 '오늘 밤 지나면, 나는 영원히 당신의 것'이라는 내용의 매우 아름다운 아리아를 부른다. 그런데 불행하게도 토니오가 두 사람의 대화를 엿듣고 있다. 그런데 상대가 누군지 확인하지는 못한다. 토니오는 자신을 무시하는 네다가 당하는 꼴도 보고 싶고, 단장에게도 잘 보이고 싶어 두 사람의 계획을 일러바친다. 화가 있는 대로 난 카니오는 공연 막간을 이용해 그놈이 누구냐고 네다를 다그치지만, 네다는 입을 다물고 실토하지 않는다. 질투의 화신이 된 카니오는 차고 다니던 칼로 네다를 찌르려고 한다. 그때 드럼을 치는 베페가 와서 "자, 단장님과 사모님 순서이니 준비하시지요!"라고 일러준다. 무대로 나온 카니오는 저 유명한 "의상을 입어라. 얼굴에 색칠을 하고 분을 발라라. 그래야 사람들이 웃는다. 웃어라!
광대야. 너의 사랑은 끝났다. 웃어라! 너의 가슴을 독으로 물들이는 슬픔을 위해!"라는 아리아를
부른다.

[제2막] 극중 광대극 공연이 시작된다. 무대 위에 무대가 설치되고 관객으로 분장한 배우들도 무대
위에 설치해놓은 또 다른 무대 앞에 자리 잡고 있다. 극중 광대극에서 네다는 콜롬비나(Columbina)
역할을 맡고 있다. 극중 무대로 나온 콜롬비나는 남편 팔리아초(Pagliaccio)가 내일 아침까지 돌아오지
않을 것이며, 하인 타데오(Taddeo)는 먼 시장에 물건을 사러 갔으니 이제는 자유라고 말한다. 애인과
몰래 만나 즐길 기회가 온 것이다. 무대 뒤에서 콜롬비나의 애인이 "오 콜롬비나! 그대의 어릿광대(할레
퀸)가 기다리고 있소!"라는 아리아를 부른다. 잠시 후 하인이 급히 방으로 뛰어 들어와 남편이 오고
있다고 말한다. 할레퀸은 놀라 창문을 통해 밖으로 도망친다. 콜롬비나는 도망치는 할레퀸을 향해
제1막에서 네다가 마을 청년 실비오에게 말한 것처럼 "오늘 밤 지나면, 나는 영원히 당신의 것"이라고
노래한다. 팔리아초 역의 카니오가 무슨 수상한 낌새가 있는 것 같다면서 등장한다. 아내 콜롬비나는
남편 팔리아초에게 "웬 술을 그렇게 퍼마셨어요? 돈도 못 벌어다 주는 주제에……"라면서 대든다.
여기까지는 연극이었다.

비록 연기이지만 아내 네다가 바가지를 긁어대자, 카니오는 연극이라는 생각을 잊어버리고 화가
치밀어 올라 아내 네다에게 "어떤 놈하고 도망치려고 했어?"라면서 극본에도 없는 말을 던진다.
막이 오르기 전 무대 뒤에서 네다를 추궁하던 말을 계속 이어서 하는 것이다. 무대에 있던 다른
광대들은 심상치 않다는 생각에 두 사람을 떼어놓으려고 애쓰지만, 카니오는 더 흥분해 「아니요,
나는 팔리아초가 아니요」라는 아리아를 부르며 죽일 듯한 기세로 네다에게 덤벼든다. 무대 앞에서
구경하고 있던 진짜 관객들은 그저 연기를 잘한다고 생각할 뿐이다.

네다는 남편 카니오에게 만일 자기를 조금이라도 생각한다면 제발 놓아달라고 애원한다. 실제 상황인
줄 모르는 관객들은 자못 진지한 표정으로 관람한다. 급기야 귀에 아무 말도 들리지 않는 카니오가
네다를 칼로 사정없이 찌른다. 네다의 애인 실비오가 관객석에 있다가 급히 무대로 뛰어오른다.
죽어가는 네다는 실비오의 이름을 부르며 그를 찾는다. 카니오가 듣고 싶어 하던 바로 그 이름이다.
카니오는 "오냐! 바로 네놈이었구나!"라고 외치며 실비오를 칼로 찌른다. 유랑극단의 단원들은 네다와
실비오가 피를 흘리며 쓰러져 있는 모습을 보고는 놀란 가슴을 주체하지 못한다. 이때 꼽추 토니오가
진짜 관객 앞에 나가 "코미디는 끝났습니다!(La commedia e finita!)"라고 말해 겨우 사태를 수습한다.

차차

타이틀	Zazà
	전 4막의 리릭 코미디. 베리스모 오페라의 전형이다. 피에르 베르통(Pierre Berton)의 동명 희곡을 바탕으로 작곡자가 대본을 썼다.
초연	1900년 11월 10일 밀라노 리리코 극장(Teatro Lirico). 토스카니니가 지휘했다.
주요 배역	차차(자자, S), 아나이드(자자의 어머니, Ms), 플로리안(콘서트홀 가수, S), 나탈리아(자자의 하녀, Ms), 밀리오 뒤프렌(T), 마담 뒤프렌(S), 토토(뒤프렌의 아들)

줄거리 **[제1막]** 뮤직홀의 인기 가수 자자(Zazà) 주위를 여러 명의 찬미자들이 둘러싸고 있다. 자자는 그중에서도 밀리오 뒤프렌(Milio Dufresne)에게 마음이 쏠린다. 하지만 어쩐 일인지 그는 자자에게 무관심한 듯 행동한다. 자존심이 상한 자자는 뒤프렌에게 접근해 그의 마음을 사로잡기로 마음먹는다. 저널리스트 뷔시(Bussy)가 자자를 돕기로 한다. 뷔시는 뮤지컬 리뷰라는 신문에 자자에 대한 호평을 아끼지 않았던 사람이다. 자자와 뷔시가 보란 듯이 데이트를 하자 뒤프렌은 질투심이 생겨 결국 자자의 앞에 무릎을 꿇는다.

[제2막] 자자는 뒤프렌과 깊은 사랑에 빠진다. 뒤프렌은 대부분의 시간을 자자와 함께 보낸다. 두 사람은 마냥 즐겁다. 어느 날 뒤프렌이 사업차 시골에 갈 일이 생겨 며칠 다녀오겠다고 하자, 자자는 배웅을 하기 위해 기차역까지 함께 나간다.

한편 자자의 어머니 아나이드(Anaïde)와 친구 카스카르(Cascart)는 자자가 뒤프렌이라는 청년에게 정신이 팔려 일도 못하는 것을 알고는 어떻게 해서든 자자의 열광적 애정 행각을 막아야겠다고 생각한다. 자자가 기차역에서 돌아오자 친구 카스카르가 조금 아까 뒤프렌이 어떤 여자와 팔짱을 끼고 파리 거리를 지나가는 것을 보았다고 말한다. 자자는 뒤프렌에게 새로운 연인이 생긴 것으로 생각해 질투심에 불탄다. 그녀는 뒤프렌의 집을 찾아가기로 마음먹는다.

[제3막] 자자와 하녀가 뒤프렌의 집에 도착하자 뒤프렌 집의 집사는 그가 자자를 만나기 위해 기차역으

로 갔다고 말한다. 또한 그의 아내도 뒤프렌과 함께 기차역으로 갔다고 얘기해준다. 자자는 뒤프렌이 유부남이라는 것을 그제야 깨닫는다. 저택의 집사는 자자가 뒤프렌 부인을 만나러 온 것으로 생각해, 집으로 들어와 잠시 기다리라고 한다. 자자는 그곳에서 뒤프렌의 어린 아들 토토(Totò)를 만난다. 뒤프렌 부인에게 둘의 관계를 밝혀 결판을 내리려고 마음먹었던 자자는 토토를 본 이상 행복한 가정을 파탄 낼 수 없다고 생각해 돌아서고 만다.

[제4막] 너무나 상심한 자자가 집으로 돌아온다. 하지만 뒤프렌이 여전히 자신을 사랑한다고 믿고 싶은 마음이다. 뒤프렌이 자자를 찾아온다. 그는 전처럼 자자를 사랑한다고 말하면서 아무 일도 없던 것처럼 행동한다. 자자는 뒤프렌에게 토토를 만났다고 얘기하자, 뒤프렌이 무척 당황한다. 자자는 그가 거짓 행동을 한 것이 가증스러워 아내에게 둘의 관계를 밝히겠다고 말하지만, 뒤프렌이 아내와 가족을 진심으로 사랑하고 있으며 자신과의 사랑은 한때 지나가는 열정이었다는 것을 깨닫고 는 후회하는 마음으로 뒤프렌을 가족의 품으로 돌려보낸다.

그랑 마카브르

타이틀	**Le Grand Macabre**(The Grand Macabre)	
		전 2막 6장. 미셸 드 겔로드(Michel de Ghelderode)의 동명 소설을 바탕으로 작곡가와 미하엘 메슈케(Michael Meschke)가 공동으로 대본을 썼다. '그랑 마카브르'는 대종말이라는 뜻이다.
	초연	1978년 4월 12일 스톡홀름(Stockholm) 왕립 오페라 극장(Operan). 수정본은 1997년 7월 28일 잘츠부르크 대축제극장(Grosses Festspielhaus)
주요 배역	게포포(비밀경찰 서장, 콜로라투라 S), 비너스(S), 클리토리아(S), 스페르만도(Ms), 메스칼리나나(Ms), 프린스 고고(보이 S 또는 카운터 T 애드 리비툼), 배불뚝이 피에트(부포 T), 네크로자르(Bbar), 아스트라다모르(B)		

사전 지식   리게티는 헝가리에서 태어난 유대인으로 지금은 오스트리아 시민이다. 그는 현대 전위음악의 리더로, '마이크로폴리포니(micropolyphony)'라는 개념을 개발했다. 이는 강렬하고 복잡한 음악 기조(텍스처)로서 멜로디와 하모니와 리듬이 모두 불분명하다. 리게티는 미니멀리스트(Minimalist)라는 평을 받았지만, 실제로 그의 음악은 계속 진화했다. 그는 작품에 연설과 같은 대사를 넣었으며 난센스 소절을 넣은 것으로 유명하다. 이는 오페라 〈그랑 마카브르〉에 잘 표현되어 있다. 〈그랑 마카브르〉는 불합리하고 부조리한 음악극이다. 하지만 새뮤얼 베케트(Samuel Beckett)의 극장 작품과는 전혀 관련이 없다. 〈그랑 마카브르〉의 핵심 주제는 죽음이다. 극중에서 네크로자르(Nekrotzar)는 바로 죽어야 하는 운명을 대변한다. 그는 거리마다 쓰레기가 넘쳐흐르고 부랑자들이 우글대는 대도시에 나타나 오늘 밤 자정에 세계의 종말이 올 것이라고 발표한다. 모든 분위기가

리게티, 죄르지(Ligeti, GyÖrgy, 1923~2006)
헝가리 출신으로 주로 빈과 쾰른에서 활동한 죄르지 리게티는 전자기술을 음악에 도입하는 시도를 했다. 1950년대 중반부터 전자음악을 시도했으므로 그 분야의 선구자라고 할 수 있다. 그는 〈그랑 마카브르〉와 〈템페스트(The Tempest)〉 등 2편의 오페라를 남겼다. 모두 실험적인 현대음악이다.

죽음과 연계되어 우울하다. 하지만 리게티는 그런 분위기를 익살극으로 번안했다. 마치 중세의 도덕극을 보는 것 같은 분위기로 만든다.

리게티는 〈그랑 마카브르〉에 관한 인터뷰에서 "모든 것이 모호하다"라고 말했다. 특히 피날레 부분이 그렇다. 어떤 판단을 내려야 할지 애매하기만 한 결말을 내놓았기 때문이다. 오페라의 주인공들은 더는 죽음을 두려워하지 않는다고 선언한다. 그리고 이 세상에는 다만 기쁨만이 있다고 주장한다. 베르디의 〈팔스타프〉를 연상시키는 결말이다. 〈팔스타프〉는 "세상만사가 기쁨(All is joy on earth)"이라는 유명한 말을 남겼다. 리게티는 "두려움이 없는 생활, 즐거움만이 있는 생활은 정말로 슬픈 일이다 (Life without fear, a life only for pleasure, is profoundly sad)"라는 결론을 내렸다.

에피소드　　　　20세기는 공포와 두려움이 언제 어디서나 존재하는 시기다. 그렇기 때문에 세기 말, 즉 세상의 종말에 사람들이 어떠한 공포심을 가져야 하는지에 대해 많은 논란이 있었다. 더구나 〈그랑 마카브르〉를 연출하는 입장에서는 사람들에게 혼돈이라는 것이 무엇인지 확신시켜줄 필요가 있었다. 잘츠부르크 공연에서는 연출진들[미국인 감독 피터 셀러스(Peter Sellars)]이 현대적인 할리우드 판타지와 히로니뮈스 보스(Hieronymus Bosch)의 그림을 혼합해 그런 분위기를 연출했다. 히로니뮈스 보스는 현대적 감각의 공포를 작품 속에 훌륭하게 표현한 화가다.

줄거리　　　　[제1막] 한 쌍의 남녀가 등장한다. 이들은 갑자기 섹스를 갈망하는 열정적인 욕망이 치솟은 듯 자기들의 욕구를 처리해야 할 장소를 찾는다. 무대 한쪽에 있는 무덤에서 네크로자르 (Nekrotzar)가 솟아오른다. 그는 두 사람에게 세상이 이제 곧 종말을 맞게 될 것이며 자기는 그 일이 일어나는 현장에서 세상의 종말을 일으키는 역할을 할 것이라고 말한다. 이를 위해 네크로자르는 술주정꾼인 배불뚝이 피에트(Piet)를 고용한다. 세상의 종말과 자기들과는 무관하다고 생각한 두 남녀는 그들의 쾌락을 위한 가장 안전한 장소로 무덤을 선택한다.

왕궁 점성술사인 아스트라다모르(Astradamors)의 아내 메스칼리나(Mescalina)는 남편과의 부부관계에 만족하지 못하자 남편을 학대하고 못살게 군다. 아내의 섹스 욕구를 만족시키지 못하는 남편 아스트라다모르는 그 대신 온갖 집안일을 해야 한다. 아스트라다모르는 천체망원경을 들여다보다가 혜성 하나를 발견한다. 그는 혜성이 오늘 밤 자정에 일어날 지구 종말의 전조라고 믿는다. 한편 아내 메스칼리나는 정력이 왕성한 남성을 갈망한다. 그러다가 네크로자르를 만난다. 무덤에서 나온 그는 능력을 과시하며 메스칼리나의 욕구를 만족시켜준다. 그런데 네크로자르는 그것에 만족하지 못하고 지나치게 가학적인 행동을 한다. 그는 메스칼리나의 목을 입으로 물며 흡혈귀처럼 키스한다. 메스칼리나가 겁을 먹자 네크로자르는 브뢰젤란(Breugelland)이라는 나라의 통치자에게 도망치듯 달려간다. 그곳이 바로 세상의 종말이 일어날 장소. 아스트라다모르는 메스칼리나에게서 자신을 구해주었다고 생각해 네크로자르를 따라다닌다.

[제2막] 브뢰젤란의 통치자인 고고(Go-Go)는 오로지 먹고 마시는 데 정신이 팔려 있다. 고고의 장관들은 각자 속해 있는 정당을 후원하는 일에만 관심이 있다. 이때 네크로자르가 세상의 종말이라는 메시지를 가지고 온다고 하자 백성들은 절박한 마음에 나라를 뒤엎을 봉기를 서두른다. 이와 함께 도처에서 백성들의 참회와 후회가 잇따른다. 하지만 이 나라의 관례에 따르면 세상의 종말을 맞을 때는 술잔치를 벌이도록 되어 있다. 백성들이 관례에 따라 술을 마시기 시작한다. 떠들썩한 분위기가 마치 축제와 같다. 네크로자르는 와인이 인간의 피라고 생각해 이 술잔치에 참여한다. 자정이 다 되었지만 술이 거나하게 취한 네크로자르는 세계 종말을 일으키지 못한다.

날이 밝는다. 백성들은 너무 취해 세상의 종말이 과연 일어난 것인지 아닌지 확실히 알지 못한다. 메스칼리나는 세상의 종말로 자기가 죽었는지 살았는지 궁금하지만 누구에게도 묻지 않는다. 그런데 네크로자르를 보자, 그를 자신의 첫 애인으로 생각한 메스칼리나는 격분을 참지 못하고 공격한다. '대종말(그랑 마카브르)'은 갑자기 온순해지더니 곧이어 사라진다. 다른 사람들은 계속 술을 퍼마신다. 제1막에서 무덤에 들어가 재미를 보려던 두 남녀도 참지 못하고 무덤에서 나와 사람들과 함께 술을 퍼마신다. 두 남녀는 그동안 무슨 일이 있었는지 전혀 알지 못한다. 모두 죽음에서 벗어났다는 것을 알고는 다시 한 번 자축한다.

밀렵꾼

| 타이틀 | **Der Wildschütz**(The Poacher) |

전 3막의 코믹 오페라(komische oper). 아우구스트 폰 코체부에(August von Kotzebue)의 희곡 「죄 없는 사람(Der Rehbock; Die schuldlosen Schuldbewussten)」을 바탕으로 작곡자가 직접 대본을 썼다. 이 오페라는 '자연의 소리(Die Stimme der Natur)'로도 불린다.

초연	1842년 12월 31일 라이프치히 시립극장(Stadttheater)
주요 배역	바쿨루스(젊은 교장), 그레첸(바쿨루스의 약혼녀), 프라이만(남작 부인), 에버바흐 백작
베스트 아리아	「아침 햇빛은 얼마나 다정한가(Wie freundlich strahlt die helle Morgensonne)」(T), 「5,000탈러(Fünftausend Taler)」(B)

사전 지식 〈밀렵꾼〉은 로르칭의 대표적인 코믹 오페라다. 로르칭은 독일어로 된 코믹 오페라도 이탈리아산 오페라 부파나 프랑스산 오페라 코미크에 결코 뒤지지 않는다는 것을 과시하기 위해 〈밀렵꾼〉을 작곡했다. 〈밀렵꾼〉은 〈마리아 스투아르다〉와 함께 공연할 것을 염두에 두고 작곡한 작품으로, 내용은 완전히 다르지만 초기 낭만주의 시기의 작품이라는 공통점을 찾을 수 있다. 이를 두고 평론가들은 "패션 중의 패션"이라고 불렀으며 다른 사람들은 "초기 낭만주의에 후기 모더니즘을 결합시킨 것"이라고 말했다. 로르칭은 독일 낭만주의 오페라를 꽃피운 베버의 영향을 많이 받았다. 〈밀렵꾼〉의 오프닝에 농민들의 축제를 표현한 것이 그 대표적인 예다.

로르칭, 알베르트(Lortzing, Albert, 1801~1857)
베를린 출신의 구스타프(Gustav) 알베르트 로르칭은 뛰어난 오페라 작곡가이며, 탁월한 대본가, 무대감독이기도 했다. 그는 독일 오페라 역사상 처음으로 특유의 코믹 오페라를 작곡했으며, 종래의 징슈필을 예술적 단계로 승화시켰다. 그는 과거 독일의 징슈필에서 사용되던 민요나 가곡을 예술적 경지로 끌어올렸다. 그리하여 빈과 부다페스트에서 오페레타가 꽃을 피우기 전에 베를린에서 오페레타를 시범적으로 선보였다. 로르칭은 약 30편의 오페라를 작곡했으며, 대표작은 로맨틱 오페라 〈운디네(Undine)〉, 코믹 오페라 〈한스 작스(Hans Sachs)〉, 코믹 오페레타 〈황제와 목수〉 등이다.

줄거리   19세기 초반 독일의 작은 마을이다. 학교 교장인 바쿨루스(Baculus)와 그레첸(Gretchen)이 약혼을 하자 축하 분위기가 무르익는다. 마을의 세력가 에버바흐(Eberbach) 백작은 그레첸이 마음에 들어 수작을 걸고 싶어 한다. 그런데 바쿨루스와 그레첸이 결혼한다는 소식을 듣자 그냥 두면 안 되겠다고 싶어, 둘을 떼어놓을 궁리를 한다. 천우신조인가? 백작 소유의 숲에서 바쿨루스가 사냥을 했다는 정보를 입수한다. 그는 그 숲이 백작 소유인 줄 모르고 토끼 한 마리를 잡았을 뿐이다.

백작은 바쿨루스가 자기 영토에서 밀렵을 했다고 고발해 교장직에서 해임시켜버린다. 착한 그레첸은 어떻게 해서라도 백작의 마음을 돌려보려고 한다. 그때 낯선 학생이 나타나 그레첸의 사정을 듣고는 자신이 대신 백작을 만나 마음을 돌려보겠다고 한다. 백작의 여동생 프라이만(Freimann) 남작 부인이다. 얼마 전 남편을 잃고 혼자가 된 남작 부인은 남장을 하고 공부나 하며 지내는 처지다. 그녀가 오랜만에 이 마을을 찾은 것은 혼자된 동생을 처남 크론탈(Kronthal) 남작과 맺어주기 위해 백작이 불렀기 때문이다. 하기야 예전에는 사촌끼리도 결혼하는 경우가 많았으니 처남과 여동생을 맺어주는 것이 그리 이상한 일은 아니었을 수도 있다.

그레첸을 도와주기로 한 남작 부인은 서로 옷을 바꿔 입는다. 백작은 느닷없이 그레첸(실은 여동생인 남작 부인)이 찾아오자 '그럼 그렇지!'라며 속으로 쾌재를 부르지만, 백작 부인이 버티고 있기 때문에 그레첸에게 달콤한 말 한마디 속삭이지 못한다. 때마침 크론탈 남작이 찾아온다. 그도 역시 남자인지라 그레첸을 보고 마음이 동한다. 게다가 백작 부인은 예쁘장한 남학생(실은 그레첸)의 사근사근한 친절함에 반해 침실로 끌어들이고 싶어 한다. 이리하여 그레첸으로 변장한 프라이만 남작 부인, 남학생으로 변장한 그레첸, 백작 부인, 백작, 크론탈 남작 등 다섯 명이 엎치락뒤치락 얽히면서 웃음을 자아낸다. 특히 백작과 남작이 그레첸에게 접근하는 수법은 가히 일품이다.

남작은 그레첸의 약혼자인 바쿨루스를 만나 5,000탈러(thaler)를 줄 테니 그레첸을 달라고 설득한다. 바쿨루스는 밀렵죄로 기소되어 벌금 5,000탈러를 내야 할 판이라 어쩔 수 없이 그 제안을 받아들이면서 「5,000탈러」라는 멋진 아리아를 부른다.

얼마 후 모든 계획과 남작의 바쿨루스 매수, 그레첸과 남작 부인의 정체가 밝혀진다. 여동생을 알아보지 못하고 찝쩍댔던 백작도, 백작의 여동생과 혼담이 오가는 데도 그레첸을 쫓아다닌 남작도 창피해 얼굴을 못 들 정도다. 한편 백작 부인도 젊은 남학생(실은 그레첸)에게 마음을 빼앗겼던 것을 뉘우친다. 백작과 백작 부인은 서로에게 충실할 것을 다짐한다. 크론탈 남작은 프라이만 남작 부인에게 사랑의 감정이 싹튼다. 바쿨루스는 5,000탈러에 그레첸을 판 것을 뉘우치며 그녀의 발 앞에 엎드려 사죄한다. 백작은 벌금을 받지 않고 바쿨루스의 밀렵을 용서한다. 모두 행복하다.

황제와 목수

타이틀 **Zar und Zimmermann**(Tsar and Carpenter)

전 3막의 코믹 오페라. 게오르크 크리스티안 뢰머(Georg Christian Römer)의 희곡 「자르담(자안담)의 시장(Der Bürgermeister von Saarlem)」을 바탕으로 작곡가가 직접 대본을 썼다. '두 명의 페테르'라는 러시아의 민화에서 비롯된 이 오페라는 '두 명의 페터(Die beiden Peter; The two Peters)', '차르와 목수(Tsar and carpenter)' 등으로도 불린다.

초연	1837년 12월 22일 라이프치히 시립극장
주요 배역	페터 미하일로프(페터 황제), 페터 이바노프(젊은 목수), 반 베트(자르담의 시장), 마리아(반 베트의 딸), 레포르트 장군(러시아 대사), 신덤 경(영국 대사), 샤토뇌프 후작(프랑스 대사)
음악 하이라이트	페터 대제의 노래, 샤토뇌프의 노래, 반 베트의 아리아, 마리의 혼례의 노래
베스트 아리아	「오 성스러운 정의시여, 나는 분노하지 않을 수 없나이다(O Sancta Justitia, ich müchte rasen)」(B), 「잘 있어요, 플랑드르의 아가씨(Lebe wohl, mein flandrisch Mädchen)」(T), 「옛날 나는 황제의 홀과 왕관과 별과 함께 놀았지요(Sonst spielt'ich mit Szpter, mit Krone und Stern)」(T)

사전 지식　　이 오페라는 로르칭의 최고의 작품이다. 반 베트는 코믹한 역할로, 그의 성격은 첫 번째 아리아 「오 성스러운 정의시여, 나는 분노하지 않을 수 없나이다」에 잘 표현되어 있다.

에피소드　　오페라에 나오는 차르(러시아 황제), 즉 페터가 역사상 유명한 표트르 대제인지는 확실치 않다.

줄거리　　네덜란드 자르담(Saardam; Zaandam) 항구의 부두가 무대다. 평상복을 입고 세상 물정 살피기를 좋아하는 러시아의 페터 황제는 부둣가에 있는 목공소를 보고 목수 노릇을 하고 싶다고 생각한다. 급기야 황제는 페터 미하일로프(Peter Mikhailov)라는 이름으로 가장하고 목수로 취직한다. 이곳에서 페터 이바노프(Peter Ivanov)라는 러시아군 탈영병을 만나 함께 목수 일을 하며 친구가 된다. 페터 이바노프는 반 베트(Van Bett) 시장의 딸 마리(Marie; Maria)를 사랑한다. 마리는 재미난 성격이어서 이바노프가 자기를 사랑하는 것을 알면서도 미하일로프(황제)와 친한 척해 살살 질투심을 자극하며 즐거워한다. 이때 자르담에 영국 대사 신넘 경(Lord Syndham)과 프랑스 대사 샤토뇌프 후작(Marquis de Chateauneuf)이 찾아온다. 황제가 변장하고 이 도시에서 지낸다는 소문을 듣고는 중요한 정치적 문제를 협상하기 위해 온 것이다. 대사들은 자르담의 반 베트 시장을 만나 아무래도 새로 취업한 목수 중에 황제가 있을 것 같으니 찾아달라고 부탁한다. 이 소리를 들은 시장은 안절부절못한다. 황제가 이 도시에서 막일을 하고 있다니, 꿈에도 생각지 못한 일이다. 시장은 정신을 가다듬고 최근 부둣가에 취업한 사람을 은밀히 조사해보니 페터 미하일로프와 페터 이바노프라는 두 목수가 있다. 시장은 두 사람을 은밀히 따로 만나 이것저것 물어본 결과 이바노프(실은 탈영병)가 황제라는 심증을 굳힌다. 그는 이 과정에서 이바노프가 자기 딸 마리를 사랑하는 것도 알게 된다. 시장은 이바노프에게 당장 신분을 밝히면 마리와 잘되게 밀어주겠다고 약속한다.

프랑스 대사인 후작은 이런저런 경로를 통해 미하일로프가 황제인 것을 알아내고는 단독으로 재빠르게 협상을 해결한다. 하지만 영국 대사는 이바노프가 황제인 줄 알고 그에게 접근하기 위해 무던히 노력한다. 한편 이바노프는 시장을 비롯해 지체 높은 분들이 왜 자신을 러시아 황제와 비교하면서 벌벌 기는지 도무지 이해할 수 없지만, 시장의 설득과 회유에 못 이겨 자신이 황제라고 하면서 영국 대사를 만나 협상을 한다. 그러나 아는 것이 없으니 통 진전이 없다. 이때 제3의 인물이 나타난다. 러시아 대사 레포르트(Lefort) 장군이다. 황제를 잘 알고 있는 장군은 자르담에 와서 페터 황제를 은밀히 만나 중요한 일이 있으므로 어서 궁으로 되돌아가야 한다고 전한다. 황제는 떠나기 전 이바노프를 따로 불러 문서 한 장을 주며 필요할 때 읽어보라고 한다.

이바노프는 친구가 러시아 황제인 것을 전혀 모른다. 시장은 황제가 배를 타기 위해 떠났는데도 자르담에서 행세한다는 한 떼의 사람들을 데리고 와서 "이분이 저 유명한 러시아 황제십니다"라고 이바노프를 소개하며 경배토록 한다. 저 멀리 바다에서 예포가 은은히 울린다. 황제가 배에 타고 있다는 신호다. 그제야 조금 전 배에 오른 미하일로프가 황제인 것을 깨달은 사람들은 쥐구멍이라도 찾고 싶은 심정이다. 그들은 이내 정신을 차리고 배 쪽으로 달려가 황제를 위해 만세를 부른다. 어안이 벙벙한 이바노프는 친구가 러시아 황제인 것을 비로소 깨닫고는 소스라치게 놀란다. 이바노프 가 황제가 준 문서를 읽어보니 탈영을 용서한다는 내용과 함께 상당한 액수의 돈까지 준다고 적혀 있다. 이바노프와 마리의 사랑이 결실을 맺는다. 이바노프는 자기 이름이 페터이기 때문에 이런 행운이 생겼다고 생각해 성 베드로에게 감사의 기도를 드린다.

테세

타이틀	**Thésée**(Theseus)	
		프롤로그와 5막으로 구성. 륄리의 오페라 대본을 주로 맡았던 필리프 키노(Philippe Quinault)가 대본을 맡았다. 관례대로 그리스의 고전 스타일에 당시로서는 현대적인 분위기를 가미했다.
	초연	1675년 1월 11일 생제르맹앙레(Saint-Germain-en-Laye) 성. 프롤로그는 루이 14세의 위대한 통치력을 넌지시 암시하는 내용이다. 알자스에서 루이 14세가 군사 활동을 하는 장면이기 때문이다. 〈테세〉의 현대적 초연은 2001년 보스턴 탱글우드(Tanglewood) 음악 축제에서 공연되었다.
주요 배역		테세(테세우스: 아테네의 왕자), 에게(아테네의 왕), 메데(공주 겸 마법사), 에글레(아테네의 공주), 미네르브(미네르바: 아테네의 수호 여신)
베스트 아리아		「사랑이여, 돌아오라(Revenez, Amour, revenez)」(S)

사전 지식　　테세우스는 고대 그리스 아티카(Attica)의 영웅으로, 인신우두(人身牛頭)의 괴물 미노타우로스(Minotauros)를 크레타에서 퇴치한 영웅이다. 테세우스에 관한 이야기는 호메로스의 『일리아드』에 나온다. 테세우스는 에게 왕이 오래전에 잃어버린 아들이다. 이 오페라는 프랑스어로 스토리가 "약간 유치(un peu puérile)"하다는 평을 받았다. 그러나 유치하다는 평과는 상관없이 〈테세〉의 음악은 화려하고 장쾌하며 아름답다. 트럼펫과 팀파니가 힘찬 연주를 들려주는가 하면 듀엣과 트리오의 아리오소(arioso)도 보통 이상이다. 더구나 활발하고 열정적인 춤은 대단한 볼거리를 제공한다. 바그너는 이른바 종합예술(Gesamtkunstwerk)에 대한 아이디어를 중시했다. 그런 면에서 보면

륄리, 장 바티스트(Lully, Jean-Baptiste, 1632~1687)
이탈리아 피렌체 출신의 장 바티스트 륄리는 프랑스로 와서 태양왕 루이 14세를 위해 봉사한 작곡가다. 륄리는 무대음악뿐만 아니라 종교음악에서도 놀라운 재능을 발휘했다. 그의 음악은 대단히 화려하고 장식적인 스타일을 지향했다. 륄리는 17~18세기 프랑스 오페라에 커다란 영향을 끼쳤다.

릴리의 작품은 바그너보다 더 선구적이라고 할 수 있다. 릴리는 바그너와 같은 웅대한 스케일의 작품을 썼다. 릴리의 작품에 나오는 미네르바(Minerva)는 바그너의 오페라 〈니벨룽의 반지〉의 브륀힐데와 마찬가지로 가슴막이와 방패를 들고 있다.

에피소드　　　릴리의 대표작 〈테세〉는 스토리가 상당히 복잡하지만 그의 생전은 물론이고 사후에도 인기를 끌었다. 1779년 릴리가 세상을 떠난 지 10여 년 뒤, 파리 오페라 극장이 프랑스 오페라 스타일에 대해 조사한 적이 있다. 그때 〈테세〉가 릴리의 대표작으로 선정되었다. 오페라 〈테세〉는 18세기 초 파리에서 초연된 이래 거의 100년 동안 프랑스를 중심으로 유럽에서 성공을 거듭했다. 그동안 30번이나 음악과 내용이 수정·보완되었다. 그러나 18세기 이후 거의 200년 동안 잊혀 있다가, 2001년 보스턴 공연을 시작으로 다시 각광 받기 시작했다. 이 작품의 무대 규모는 〈아이다〉와 견줄 정도로 스펙터클하다. 헨델의 〈테세오(Teseo)〉는 릴리의 〈테세〉와 스토리가 같은데, 초연 이후 거의 공연되지 않다가 1985년 영국에서 리바이벌되었다.

줄거리　　　[**프롤로그**] 무대는 베르사유 궁전의 정원이다. 비너스 여신과 함께 온 '쾌락(Pleasure)'과 '오락(Sport)'이 우울한 합창을 부른 뒤 숲 속으로 사라진다. 이들은 루이 14세가 군대 때문에 자주 궁전을 비워 축제가 열리지 못한다고 한탄한다. 비너스가 쾌락과 오락을 향해 사랑스러운 아리아를 부르며 사라지지 말고 어서 돌아오라고 간청한다. 이때 화려한 트럼펫 소리가 울려 퍼지며 마르스(Mars: 군신)가 등장한다. 마르스는 "프랑스 만세! 루이 14세 만세!"를 외치며 찬양한다. 세레스(Ceres: 수확의 신)와 바쿠스(Bacchus: 주신)가 마르스와 비너스의 찬양에 동참한다. 모두 루이 14세의 귀환을 기뻐하며 찬양한다. 이제부터 오페라를 관람할 차례다.

[**제1막**] 멀리서 전쟁의 함성이 들린다. 아테네 궁의 사람들이 아테네의 수호신 미네르바 신전으로 대피한다. 에글레 공주가 미네르바 여신에게 아테네의 병사와 에게 왕을 보호해달라고 간절히 기도한다. 공주의 친구이며 시녀인 클레오네가 신전으로 들어와 영웅 테세(테세우스)가 왕을 도와 적병을 물리치기 위해 병사를 규합하고 있다는 소식을 전한다. 공주는 전에 한 번 본 적 있는 테세를 어느덧 사랑하고 있다. 이후 전투 장면을 묘사하는 오케스트라가 특히 인상적이다.

에게 왕의 친구이자 신하인 아르카(Arcas)는 공주의 시녀 클레오네를 사랑한다. 아르카는 지난번 전투에서 큰 공을 세운 용사다. 클레오네가 출전하는 아르카에게 자신의 마음은 당신을 향하고 있으니 아무 염려 말라고 하자, 아르카는 안심하며 전쟁터로 달려간다.

신전의 최고 여사제가 미네르바 여신에게 아테네의 승리를 소리 높여 간구한다. 그런데 이 소리는 잠시 후 백성의 환호에 묻힌다. 아테네가 승리한 것이다. 개선한 에게 왕은 에글레와 단둘이 있게 되자 사랑을 고백하면서 결혼하고 싶다고 말한다. 에글레가 메데와 결혼하기로 약속했으면서 어찌 자신에게 그런 말을 하냐고 하자, 에게 왕은 자기 아들을 메데와 결혼시킬 생각이라면서 걱정하지 말라고 한다. 백성들이 승리를 감사하며 미네르바 여신에게 제를 올린다.

[제2막] 왕족이면서 마법사인 메데와 시녀 도린(Dorine)이 테세의 용감무쌍한 전공에 대해 얘기를 나누고 있다. 이때 에게 왕이 나타나 에글레와 결혼할 생각이니 자신의 아들과 결혼하는 것이 어떠냐고 메데에게 묻는다. 에게 왕이 오래전에 잃어버린 아들이 테세임을 아는 메데는 내심 기뻐한다. 마법으로 테세를 만나본 메데는 잘생기고 용맹한 테세에게 마음을 빼앗겼다. 잠시 후 에게 왕의 친구이며 신하인 아르카가 들어와 테세의 영웅적 행동으로 아테네가 구원받은 것을 높이 찬양하며, 이 기회에 테세를 아테네의 다음 왕으로 삼을 것을 건의한다.

테세가 당당한 걸음으로 개선한다. 백성들이 환호를 보낸다. 개선장군 테세를 만난 메데는 여자의 직감으로 테세가 에글레를 사랑한다는 것을 눈치챈다. 메데는 테세를 동정하는 듯 에게 왕과 테세가 에글레를 두고 경쟁자가 되었으니 이를 어쩌면 좋냐고 걱정하는 척하면서, 에글레와의 사랑이 결실을 맺을 수 있도록 힘을 다해 지원하겠다고 말한다. 모두 물러나자 메데는 질투심에 치를 떨며 테세를 자기 것으로 만들기 위해 무슨 일이든 하겠다고 다짐한다.

[제3막] 에글레와 시녀 클레오네는 테세의 영웅담에 대해 얘기를 나누고 있다. 이때 아르카가 들어와 에게 왕이 에글레와 결혼하고 싶어 한다는 말을 전하며, 비록 에게 왕이 나이는 들었지만 사랑에 나이가 무슨 상관이냐고 덧붙인다. 에글레와 클레오네는 아르카에게 제발 왕이 다른 결혼 상대를 찾게 해달라고 간청한다. 아르카가 별다른 약속을 하지 못하고 돌아가자, 에글레는 메데에게 부탁해 왕의 마음을 돌려보려고 한다. 에글레는 메데가 왕과 결혼할 사이였기 때문에 자신의 청을 들어줄 것으로 생각한다. 부탁을 들은 메데는 자신도 테세를 사랑하고 있다고 분명히 밝히면서, 이제 사랑을 놓고 한번 겨뤄보자고 말한다. 메데는 마법을 사용해 궁전을 황량한 사막으로 만든다. 클레오네가 두려움에 떨며 도움을 청하기 위해 아르카를 부른다. 아르카가 사막에서 탈출해보려고 하지만 헛수고 일 뿐이다. 다시 메데가 나타나 클레오네와 아르카를 아테네로 돌려보낸다. 그러면서 누구든지 에글레를 도와주면 영원한 지옥의 어둠 속으로 빠질 것이라고 저주를 내린다. 메데의 노예들에게까지 수모를 당한 에글레의 심정은 비참하기 그지없다.

[제4막] 메데는 에글레에게 테세에 대한 사랑을 포기하라고 강요하지만, 그러면 그럴수록 에글레는

그렇게 못하겠다고 더욱 강하게 말한다. 그녀는 테세를 깊은 잠에 들게 하여 자기 수하인 악마들을 시켜 데려온다. 메데가 만일 에게 왕과 결혼하지 않으면 테세를 죽이겠다고 하자, 에글레는 사랑하는 사람의 목숨을 구하기 위해 메데의 요구를 따르겠다고 약속한다.

마법의 섬이다. 테세가 깊은 잠에서 깨어난다. 옆에 있던 에글레는 테세의 목숨을 구하기 위해, 에게 왕과 결혼하기로 약속했다고 얘기한다. 이 말은 들은 테세는 너무 낙심한 나머지 에글레에게 차라리 함께 세상을 버리자고 말한다. 이 모습에 자기 계획이 실패로 돌아갔다고 느낀 메데는 더 악랄한 방법을 동원하기로 한다. 메데는 두 사람의 죽음을 초월한 사랑에 깊은 감동을 받은 척하면서 두 사람의 사랑이 이루어지도록 도와주겠다고 말한다. 마법의 섬사람들도 두 사람의 사랑을 축복한다.

[제5막] 메데는 에글레와 테세를 궁전으로 초청한다. 에게 왕과 신하들도 이 파티에 초대를 받는다. 메데는 에게 왕에게 테세가 왕의 경쟁자일 뿐만 아니라 아테네의 왕좌를 노리는 위험인물이라고 속삭인다. 이 말을 들은 에게 왕은 반신반의하면서도 결국 메데의 말을 믿고 테세를 독살하기로 결심한다.

에게 왕이 테세에게 독이 든 술잔을 건넨다. 아무것도 모르는 테세가 막 술잔을 입에 대려는 순간 테세의 칼과 신발을 본 에게 왕은 크게 놀란다. 옛날에 아들에게 주었던 것이기 때문이다. 순간 테세의 손에서 술잔을 빼앗아 죽음의 위기에서 그를 구한다. 그러고는 용감한 영웅 테세에게 에글레 공주를 기꺼이 양보하겠다고 선언한다. 이 말을 들은 메데는 질투의 화신이 되어 마법의 힘으로 파티장을 아수라장으로 만든다. 파티에 초대받은 사람들이 이 재앙에서 제발 벗어나게 해달라고 미네르바 여신에게 간청하자, 미네르바가 나타나 메데를 아테네에서 영원히 추방한다. 백성과 신하들은 아버지와 아들의 재회를, 그리고 테세 왕자와 에글레 공주와의 결혼을 축하한다.

템플 기사와 유대인 처녀

타이틀	**Der Templer und die Jüdin**(The Templar and the Jewess)

전 3막의 대낭만적 오페라. 영국의 문호 월터 스콧의 소설 『아이반호(Ivanhoe)』를 기본으로 빌헬름 아우구스트 볼브뤼크(Wilhelm August Wohlbrück)가 대본을 썼다.

초연	1829년 12월 22일 라이프치히 시립극장
주요 배역	레베카(아름다운 유대 처녀), 아이반호(색슨의 기사), 브리앙 드 부아질베르 경(노르만의 기사), 사자왕 리처드, 존 공, 로빈 후드(록슬리), 로이너 공주(색슨의 공주), 세드릭 경(로이너의 후견인, 아이반호의 아버지)

사전 지식　　　월터 스콧의 『아이반호』에서 스토리를 따왔지만 원작과는 약간 다르다. 오페라는 템플 기사와 레베카의 투쟁에 중점을 두었다. 그러나 출연진들은 소설과 같다. 이 오페라는 19세기에 대단한 인기를 끌며 유럽 곳곳에서 공연되었다. 오페라에 나오는 합창이 특히 인상적이다.

에피소드　　　1950년대 말 할리우드 영화 〈흑기사(아이반호)〉는 엘리자베스 테일러(Elizabeth Taylor)가 레베카를, 로버트 테일러(Robert Taylor)가 아이반호를 맡았다. 또한 로이너 공주는 지성미의 상징인 조안 폰테인(Joan Fontaine)이 맡았다. 실제로 엘리자베스 테일러는 유대인 혈통이며, 로버트 테일러는 색슨의 후손이라고 한다.

마르슈너, 하인리히(Marschner, Heinrich, 1795~1861)
하인리히 마르슈너는 베버의 뒤를 이어 독일 낭만주의 오페라를 발전시킨 작곡가다. 그는 실제로 베버의 후원과 지도를 많이 받았다. 스물다섯 살 때 공연된 그의 첫 오페라 〈하인리히 4세와 도비뉴(Heinrich IV und d'Aubigne)〉는 베버가 직접 연출을 맡아 베를린에서 초연되었다. 자연현상을 표현하는 능력과 초자연적인 감성을 표현하는 능력이 뛰어났던 그는 13편의 오페라를 남겼는데, 그중 대표작은 〈한스 하일링(Hans Heiling)〉으로 땅의 정령과 인간 여인과의 결혼을 다룬 낭만주의 오페라다.

아름다운 유대인 처녀 레베카(Rebecca)는 노르만 템플기사단의 브리앙 드 부아질베르(Brian de Bois-Guilbert) 경의 성에 잡혀 있다. 영국에서는 십자군 전쟁에 나간 사자왕 리처드(King Richard: the Lion-Heart)가 돌아오지 않자, 리처드의 동생 존(John) 공이 노르만 귀족들과 작당해 세력을 잡고 색슨족을 핍박하고 있다. 그러므로 존 공으로서는 형인 사자왕 리처드가 돌아오지 않기만 바라고 있다. 그 무렵 노르만 기사들은 템플기사단이라는 비밀결사를 만들어 비밀리에 권력을 키워나가고 있다. 존 공 휘하의 노르만 귀족들은 사자왕을 도와 십자군 전쟁에 나갔다가 돌아온 색슨족의 아이반호를 눈엣가시처럼 여기고 있다. 아이반호가 오스트리아에 감금되어 있는 사자왕 리처드의 석방을 위해 몸값을 모금하고 있기 때문이다.

장면은 바뀌어 색슨 기사들과 노르만 기사들의 마상 무술 경기가 벌어진다. 경기에 출전한 아이반호는 여러 명의 노르만 기사를 물리치지만, 노르만의 최강 기사 부아질베르 경과의 경기에서 큰 부상을 입는다. 부상당한 아이반호를 헌신적으로 간호해 살려준 사람이 유대인 처녀 레베카다. 아이반호는 얼마 전 노르만 병사들에게 핍박을 받고 있던 레베카의 아버지를 구해준 적이 있다. 레베카는 그 보답으로 아이반호가 무술 대회에 출전하는 데 필요한 갑옷과 무기를 지원해주었다. 무술 경기장에서 아이반호를 간호하는 레베카를 본 부아질베르 경은 그녀가 유대인인 것을 알면서도 아름다움에 도취된다. 게다가 아이반호에 대한 경쟁의식이 더해져 레베카에게 마음을 빼앗긴다. 부아질베르 경은 레베카를 납치해 성에 가두고 강제로라도 뜻을 이루려고 한다. 레베카는 그런 부아질베르 경을 거부하면서 여차하면 창문으로 뛰어내리겠다고 단호하게 말한다. 아이반호를 사랑하는 레베카는 아이반호와 사랑을 이룰 수 없는 것을 알고 번민한다. 아이반호에게는 오래전 정혼한 아름답고 기품 있는 색슨의 로이너(Rowena) 공주가 있다. 게다가 자기는 한낱 사회적으로 무시를 당하는 유대인 처녀가 아닌가?

그러던 중 부아질베르 경의 계략으로 로이너 공주와 공주의 후견인이며 색슨의 귀족 대표인 세드릭 경이 잡혀온다. 세드릭 경은 아이반호의 아버지다. 그러나 아들 아이반호가 노르만의 사자왕 리처드에게 충성해 십자군에 참가한 것을 못마땅하게 여겨 아이반호를 아들로 인정하지 않고 있다. 성안에 잡혀 있는 레베카는 로이너 공주와 세드릭 경에게 자신들을 구할 구원대가 곧 올 것이니 참고 견디라고 말한다. 셔우드 숲의 로빈 후드와 신분을 알 수 없는 흑기사가 이끄는 구원대가 있다는 것이다. 아이반호의 도움으로 오스트리아에서 석방된 리처드 왕은 자신이 없는 사이에 동생 존 경이 학정을 일삼고 있으며, 더구나 부아질베르를 내세워 색슨의 로이너 공주 등을 붙잡아 두고 옳지 못한 짓을 하는 것을 알고는 로빈 후드와 함께 이들과 전투를 벌여 승리를 거둔다.

그 과정에서 레베카는 부아질베르에게 다시 붙잡혀 템플기사단 본부로 끌려온다. 레베카는 부아질베르의 사랑을 완강히 거부한다. 화가 치민 부아질베르가 레베카를 마녀라고 주장하자, 템플기사단 형제들이 그녀를 화형에 처하기로 결정한다. 억울한 누명을 쓴 레베카는 자신의 무죄를 위해 목숨을 걸고 결투해줄 챔피언(용호자) 기사를 구할 권리를 주장한다. 만일 누군가를 보호하기 위해 목숨을 걸고 결투를 벌여 승리하면 신이 죄인을 용서한 것으로 인정하는 제도다. 템플기사단은 이 주장을 받아들여 단 하루의 여유를 준다.

부아질베르가 챔피언이 되겠다고 나서지만 레베카가 받아들이지 않는다. 레베카는 아이반호가 나타날 것으로 믿고 있다. 자기를 사랑하지 않는다는 것을 알면서도 그가 나타나 자신의 무죄를 입증하기 위해 결투해주기를 기다린다. 약속한 시간이 되었는데도 챔피언이 나타나지 않자 템플 기사들은 레베카의 화형을 준비한다. 이때 부상에서 완쾌되지 않은 몸을 이끌고 아이반호가 나타나 레베카의 챔피언이 되겠다고 선언한다. 결투할 상대로 레베카를 마녀로 본 부아질베르를 지목한다. 한바탕 결투 끝에 부아질베르가 쓰러진다. 템플 기사들은 이를 신의 심판으로 인정해 레베카를 풀어준다. 사자왕 리처드가 나타나 흑기사의 갑옷을 벗고 신분을 밝힌다. 그는 분열되고 갈등으로 고통 받는 영국에 자유와 해방을 약속한다. 사자왕의 주선으로 아이반호와 로이너 공주가 결혼식을 올린다. 아이반호를 진정으로 사랑한 아름다운 유대인 처녀 레베카는 늙은 아버지 이삭(Isaac)을 돌보기 위해 아이반호를 뒤로하고 길을 떠난다.

뱀파이어

타이틀	**Der Vampyr**(The Vampire)

전 2막의 로맨틱 오페라. 존 윌리엄 폴리도리(John William Polidori)의 1819년 단편 소설 「뱀파이어(The Vampyre)」와 바이런의 『소설 단편집(Fragment of a novel)』에서 이야기를 가져와 빌헬름 아우구스트 볼브뤼크가 대본을 썼다. 볼브뤼크는 마르슈너의 처남이다.

초연	1828년 3월 29일 라이프치히 국립극장
주요 배역	루스벤(뱀파이어), 말비나 데이브넛(마을의 예쁜 처녀), 에드거 오브리(말비나를 사랑하는 청년), 잔드(버클리 경의 딸), 에미(말비나의 하녀), 말비나의 아버지
베스트 아리아	「어느 날(An jenem Tag)」(S), 「아, 백발이 다 된 모습(Ha, wie das grauenvolle Bild)」(T), 「하, 얼마나 기쁜가(Ha! welche Lust)」(T)

사전 지식　　　뱀파이어 얘기는 세계 여러 나라에 흩어져 있지만, 이 오페라는 독일 작곡가에 의한 스코틀랜드 뱀파이어 얘기다. 뱀파이어가 어떤 존재인지 굳이 설명할 필요는 없지만 그래도 이해를 돕기 위해 오페라에 설명된 대로 소개하면 "비인간인 악마(마귀)로 인간의 피를 빨아 먹음으로써 생존한다"고 한다.

에피소드　　　마르슈너의 〈뱀파이어〉는 독일에서 TV 드라마로 방영된 적이 있다. 이 오페라를 보는 사람마다 베버의 〈마탄의 사수〉와 비슷한 점이 있다고 말했다. 뱀파이어인 루스벤이 부상에서 깨어나는 으스스한 달밤 장면은 〈마탄의 사수〉에 나오는 늑대의 골짜기 장면과 흡사하다. 〈마탄의 사수〉의 아가테와 이 오페라의 말비나도 비교 대상이 되었다.

줄거리　　　악마에게 자기 영혼을 판 루스벤(Ruthven) 경은 뱀파이어다. 그는 세 명의 젊은 아가씨를 악마에게 희생물로 바쳐야 한다. 그래야 1년 후 악마와의 계약이 끝난다. 첫 대상자는 존 버클리 경(Sir John Berkley)의 딸 잔드(Janthe)다. 뱀파이어는 아무것도 모르는 이 아가씨를 사랑한다고 속여 결혼을 약속하고는 산속의 동굴로 데려온다. 그는 아가씨의 심장을 칼로 찔러 솟구쳐 오르는 피를 빨아 마신다. 마침 딸이 실종된 것을 알고 수색하던 아가씨의 아버지가 수상한 동굴로 들어가 죽은 딸의 피를 빨아 먹는 뱀파이어를 목격한다. 분노한 아버지는 뱀파이어를 칼로 찌르고 절망에 빠져 돌아간다. 뱀파이어는 다행인지 불행인지 죽지는 않았으나 그대로 있으면 죽음을 맞이할 수밖에 없다. 이때 동굴에서 나는 소리를 듣고 에드거 오브리(Edgar Aubry)라는 청년이 들어와 죽기 직전인 뱀파이어를 발견한다. 뱀파이어가 살 수 있는 방법은 두 가지다. 숲 속으로 가서 신선한 공기를 마시든지, 당장 젊은 여인의 피를 마셔야 한다. 뱀파이어는 오브리에게 제발 자기를 숲 속으로 데려가 달라고 부탁한다. 그가 뱀파이어인 것을 안 오브리는 당장이라도 도망치고 싶지만, 죽어가는 모습을 보고 그냥 지나칠 수가 없어 숲 속으로 데려간다. 뱀파이어는 고맙기는 하지만 자신을 만났다고 얘기하면 악마의 무서운 저주가 옮겨갈 테니 조심하라고 위협한다. 겁에 질린 오브리는 비밀을 지키겠다고 약속한다. 얼마 후 완전히 회복한 뱀파이어는 두 번째 희생자를 물색한다.

오브리는 말비나(Malwina; Malvina)라는 아가씨를 사랑한다. 이 아가씨의 아버지는 오브리가 자기 집에서 몇 년 동안 일하는 조건으로 딸과의 결혼을 약속했지만 지금은 오리발을 내밀고 있다. 이웃에 새로 이사 온 마스덴(Marsden) 경과 딸을 결혼시킬 속셈이다. 아버지는 마스덴 경이 돈도 많아 보이고 점잖은 것 같아 마음에 쏙 든다. 말비나는 약속을 지켜달라고 애원하지만 아버지는 일언지하에 거절하며 오브리와의 계약서를 찢어버린다. 말비나의 아버지가 약혼을 서두르기 위해 마스덴 경을 부르자, 그가 기다렸다는 듯 나타난다. 마스덴 경을 본 오브리는 소스라치게 놀란다. 자신이 구해준 뱀파이어이기 때문이다. 하지만 뱀파이어를 만났다거나 안다는 말을 입 밖에 내면 악마의 저주가 옮겨온다는 말을 떠올리며 오브리는 냉가슴만 앓고 있다.

뱀파이어는 계획을 은밀히 진행시킨다. 말비나를 죽여 신선한 피를 빨아먹기 전에 또 다른 아가씨를 물색해놓아야 한다. 악마와 약속한 시간이 다가오고 있기 때문이다. 말비나의 하녀 에미(Emmy)에게 구미가 당긴 뱀파이어는 참한 신랑을 구해 지참금을 넉넉히 주어 결혼시키겠다는 말로 환심을 산 뒤 산속 동굴로 데려가 두 번째 희생자로 만들어버린다.

말비나는 아버지의 완강한 주장 때문에 마스덴 경과 결혼할 수밖에 없다. 도저히 가만히 있을 수 없는 오브리는 결혼식장으로 숨어든다. 차가운 얼굴에 비열한 미소를 띤 뱀파이어 옆에 면사포를 쓴 말비나가 두려움에 떨고 있다. 오브리는 자기가 뱀파이어가 되더라도 말비나를 구해야겠다고 생각해 저놈이 뱀파이어라고 소리친다. 이 말에 뱀파이어와 악마의 계약이 깨지면서, 갑자기 내린 벼락에 뱀파이어가 거꾸러진다. 말비나의 아버지는 딸을 흉측한 뱀파이어에게서 구해준 오브리의 용기에 감격해, 두 사람의 결혼을 축복한다.

한스 하일링

타이틀	**Hans Heiling**

전 3막의 그랜드 로맨틱 오페라. 그림 형제가 쓴 독일의 옛 전설을 기본으로 에두아르트 데브린트(Eduard Devrient)가 대본을 썼다.

초연	1833년 5월 24일 베를린 호프오퍼 극장
주요 배역	한스 하일링(놈의 왕이자 땅의 정령 여왕의 아들), 여왕(땅의 정령들의 여왕), 아나(한스 하일링의 신부), 게르트루트(아나의 어머니), 콘라트(사냥꾼), 슈테판(대장장이)
베스트 아리아	「나의 괴로움, 나는 어디서 왔는가?(Wehe mir! Wohin, wohin ist es mit mir gekommen?)」 (S), 「걱정이 머무는 곳, 들판에서(Wo nur Ännchen bleibt... Auf der Heide)」(Cont)

사전 지식　　　주인공 한스 하일링은 지하 세계 놈(Gnome) 왕국의 왕이다. '놈'은 땅속의 보물을 지킨다는 땅의 신령을 말한다. 마르슈너의 〈한스 하일링〉은 낭만적 마법이 담겨 있는 베버의 〈마탄의 사수〉와 연계된다. 그림형제의 동화 『한스 하일링』을 토대로 오페라 대본을 쓴 데브린트는 멘델스존을 찾아갔으나 자기 취향이 아니라며 돌려보냈다. 특히 멘델스존은 『한스 하일링』의 내용 중에 〈마탄의 사수〉와 흡사한 부분이 여러 군데 있다고 지적까지 했다. 그래서 마르슈너에게 차례가 온 것이다. 마르슈너의 〈한스 하일링〉에는 낭만주의적 요소인 마법, 숲, 사냥꾼, 시골 젊은이, 결혼식 등이 모두 포함되어 있다.

줄거리　　　[**제1막**] 지하 세계 놈의 왕인 한스 하일링은 어느 날 지상에 올라갔다가 아나(Anna)라는 아름다운 시골 아가씨를 보고 한눈에 사랑에 빠진다. 한스는 지하 왕국으로 돌아왔지만 아나 생각에 잠을 이루지 못할 정도다. 생각다 못한 한스는 다시 지상으로 올라가 아름다운 아나에게 청혼하기로 작정한다. 그의 어머니와 신하들이 한스를 말리지만 한스의 고집을 꺾을 수 없다. 한스의 어머니 놈 여왕은 어쩔 수 없이 한스가 지상에 올라가는 것을 허락하면서, 지상에서 지하 세계로 오려면 어려움을 겪을 수 있으니 마법의 책 한 권과 보석을 가져가라고 당부한다. 마법의 책에는 지상에서도 지하 세계에서처럼 능력을 발휘할 수 있는 비법이 적혀 있다.

지상으로 올라온 한스는 예쁜 아나를 만나 사랑을 호소하면서 금목걸이를 선물로 준다. 아나는 처음 보는 사람이 청혼을 하자 당황하지만, 아나의 어머니 게르트루트(Gertrud)는 돈 많고 잘생긴 한스에게 반해 청혼을 받아들이라고 성화다. 아나는 어쩔 수 없이 한스의 사랑을 받아들이기로 한다. 아나는 한스가 놈 왕국의 왕이라는 사실을 모르고 있다. 아나는 한스가 가지고 온 책이 저절로 펴지고 닫히며, 책장이 넘어가는 것을 보고 한스가 마법과 관계된 사람이라고 생각해 두려워한다. 아나가 책을 버리라고 끈질기게 조르자, 한스는 결국 마법의 책을 없애버린다. 이와 동시에 한스는 지하 세계에서의 모든 권능을 잃어버린다.

아나의 애인이던 사냥꾼 콘라트(Konrad)는 이상하기 짝이 없는 한스 같은 놈과 같이 다니지 말라고 아나에게 충고하면서, 땅의 정령인 놈과 결혼했다가 위험에 처한 어떤 젊은 여인의 얘기를 해준다.

[제2막] 어느 황량한 숲 속이다. 한스는 정령들을 시켜 콘라트를 생각하지 못하게 아나에게 겁을 준다. 겁에 질린 아나를 발견한 콘라트는 그녀를 업고 무사히 집에 데려다 준다. 아나는 자기가 사랑하는 사람은 한스가 아니라 콘라트임을 확신한다. 그때 지하 세계 놈 왕국의 왕비가 신하들과 함께 아나를 찾아온다. 왕비는 아나에게 한스의 마음을 거부해 그가 놈 왕국으로 돌아오게 해달라고 부탁한다. 한스의 정체를 알고 크게 놀란 아나는 한스에게 마음을 주지 않겠다고 여왕과 약속한다. 그녀는 콘라트에게 도움을 요청하면서 진정으로 사랑하는 사람은 당신뿐이라고 말한다. 집으로 돌아온 아나에게 한스는 더 좋은 보석을 선물하지만, 그가 두려운 아나는 보석을 거부한다. 한스는 아나가 자신의 신분을 알고 있는 데 놀라는 한편, 콘라트에게 질투를 느껴 그를 찾아가 단검으로 찌른다. 다행히도 콘라트는 목숨을 건진다. 한스는 깊은 절망과 비통한 심정에 지하 세계로 돌아가기로 결심하지만, 마법의 책을 없애버렸기 때문에 돌아갈 길을 찾지 못하고 있다. 그때 놈 왕국의 신하들이 한스를 찾아온다. 그들은 한스에게 아나가 콘라트와 결혼한다는 소식을 전하면서 모든 것을 잊고 어서 지하 세계로 돌아가자고 말한다. 지하 세계로 돌아가 한스는 여왕의 환영을 받는다.

[제3막] 아나와 콘라트의 결혼식이 열린다. 그런데 한스가 나타나 자기야말로 오늘의 신랑이라고 주장하자, 콘라트가 칼을 빼 들고 한스를 공격한다. 그러나 한스가 마법을 부리자 칼은 단번에 부러진다. 한스가 콘라트를 처단하려는 순간 한스의 어머니가 신하들과 함께 나타나 인간은 땅의 정령과는 다르므로, 이들의 사랑에 관용을 베풀라고 한스를 설득한다. 여왕의 말에 깨달음을 얻은 한스는 아나와 콘라트를 축복한 뒤 신하들과 함께 지하 세계로 영원히 돌아간다.

지상에서는 한스와 콘라드의 결혼을 축하하는 파티가 흥겹게 펼쳐진다.

카발레리아 루스티카나

타이틀 **Cavalleria Rusticana**(Rustic Chivalry)

단막의 멜로드라마. 대본은 조반니 베르가(Giovanni Verga)의 소설을 기본으로 조반니 타르조니 토체티(Giovanni Targioni Tozzetti)와 구이도 메나시(Guido Menasci)가 썼다. '카발레리아 루스티카나'는 '시골 기사' 또는 그냥 '시골 남자'를 뜻한다.

초연	1890년 5월 17일 로마 코스탄치 극장(Costanzi Theatre)
주요 배역	투리두(젊은 제대군인), 루치아(투리두의 어머니), 산투차(시골 아가씨), 롤라(투리두의 옛 애인), 알피오(롤라의 남편)
음악 하이라이트	인테르메초(간주곡) 멜로디, 산투차가 사랑을 선언하는 장면의 음악, 산투차가 의심하는 장면의 음악, 투리두의 시칠리아나, 알피오의 노래, 부활절 합창 멜로디, 산투차의 로망스, 투리두의 건배의 노래, 투리두의 이별의 노래
베스트 아리아	「어머니도 아시다시피(Voi lo sapete)」(Ms 또는 S), 「말은 힘차게 달려(Il cavallo scalpita)」(T), 「산투차, 네가 여기에(Tu qui, Santuzza?)」(T), 「오, 미소 짓는 꽃과 같이 아름다운 롤라(O Lola, bianca come fior di spino)」(T)

사전 지식　　사실주의, 현실주의에 기반을 두고 거칠면서도 무언가 의미를 전달해주는 이탈리아 베리스모(Verismo)의 전형이다. 풍부한 멜로디와 격동적인 감성이 전편에 흐른다. 마스카니의 오페라는 사랑과 질투에 대한 깊은 성찰로 관객을 이끈다. 그는 일상생활과 강한 성격의 주인공들이 빚어내는 대조를 표현했다. 〈카발레리아 루스티카나〉는 일반적으로 레온카발로의 〈팔리아치〉와

마스카니, 피에트로(Mascagni, Pietro, 1863~1945)
피에트로 안토니오 스테파노 마스카니(Pietro Antonio Stefano Mascagni)는 1890년에 〈카발레리아 루스티카나〉로써 오페라 역사에 센세이션을 불러일으킨 작곡가다. 마스카니는 이탈리아 베리스모 운동에 중요한 이정표를 세웠다. 그는 레온카발로와 함께 '단 한 편의 오페라 맨'이라는 별명을 듣고 있지만, 이는 사실과 다르다. 마스카니의 〈친구 프리츠〉와 〈이리스〉는 유럽에서 상당히 환영 받는 작품이다. 마스카니 스스로도 〈카발레리아 루스티카나〉보다는 〈이리스〉를 이탈리아에서 더 많이 공연했다고 시인했다. 마스카니는 17편의 오페라와 오페레타, 수편의 오케스트라와 성악곡, 피아노곡을 남겼다. 마스카니는 지휘자로서도 크게 성공했다.

함께 공연된다.

가난한 피아노 교사 마스카니는 손초뇨(Sonzogno) 출판사가 주최한 단막 오페라 공모에 이 오페라를 출품할 생각이었지만, 작품을 완성해놓고 보니 마음에 들지 않아 출품하지 않았다. 그런데 현명한 그의 아내가 남편 몰래 출품한 이 작품이 당선되면서, 마스카니는 세계적인 명성과 행운을 거머쥐게 되었다.

줄거리

19세기 시칠리아다. 얼마 전 제대하고 고향으로 돌아온 투리두(Turiddu)가 옛 애인 롤라(Lola)를 잊지 못해 상심에 빠져 있다. 그는 다른 사람의 아내가 된 롤라를 생각하며 그저 '아-, 아'라고 탄식한다. 산투차(Santuzza)는 투리두를 사랑하는 아름다운 마을 처녀. 하지만 못난 투리두는 그저 밤이나 낮이나 옛 애인 롤라 생각뿐이다. 롤라의 남편 알피오(Alfio)는 마차를 끄는 마부로, 이 마을에서 자기만큼 행복한 사람이 있으면 나와 보라고 할 정도로 롤라에 대한 자랑이 대단한 인물이다.

부활절 아침이 밝자 마을 사람들이 모두 성당으로 발걸음을 옮긴다. 성당에도 가기 괴로운 산투차는 투리두의 어머니인 루치아(Lucia)를 찾아간다. 그녀는 투리두가 군대에 간 사이 애인 롤라가 마부 알피오와 결혼한 얘기부터, 제대하고 돌아온 투리두가 이 사실을 알고는 절망에 빠져 자기와 잠자리를 같이해 지금 임신 중이라는 얘기까지 모두 털어놓는다. 또한 투리두가 결혼한 롤라를 은밀히 만나 지금도 정을 통하고 있다고 침울하게 말한다.

투리두가 집으로 돌아온다. 산투차가 그에게 롤라를 아직도 사랑하냐고 따지면서 사랑을 간구하지만, 그는 투리두를 밀치며 사라지라고 소리친다. 산투차는 분하고 억울해 소리 내어 운다. 때마침 롤라의 남편 알피오가 나타나자 산투차는 투리두의 마음을 돌려보려는 생각에 투리두와 롤라의 관계를 얘기해준다. 알피오는 산투차에게 고맙다고 말하며 복수(Vendetta)를 외친다.

부활절 미사가 끝나자 투리두는 롤라와 팔짱을 끼고 축배의 노래를 부른다. 모두 함께 「붉은 포도주 만세!(Viva, il vino spumeggiante)」를 노래한다. 그때 알피오가 나타나 투리두에게 결투를 신청한다. 알피오는 마을에서 알아주는 사격 선수다. 그렇다고 결투에 임하지 않을 수도 없다. 투리두는 결투를 받아들인다는 표시로 알피오의 귀를 깨문다. 얼마 후 한 여인이 뛰어와 "사람이 죽었어요!"라고 소리친다. 산투차와 루치아가 정신을 잃고 쓰러진다.

이리스

타이틀	**Iris**	
		전 3막의 멜로드라마. 대본은 루이지 일리카(Luigi Illica)가 썼다.
초연		1898년 11월 22일 로마의 코스탄치 극장(Teatro Costanzi)
주요 배역		일 지에코(장님), 이리스(그의 딸), 오사카(부자 젊은이), 교토(간수)
베스트 아리아		「빛나는 추억(Ognora sogni… lo pingo, pingo)」(S), 「나의 따뜻한 빛이(Apri la tua finestra!)」(T), 「오너라, 이 악당아(Vieni! Dammi il braccio!)」(B)

사전 지식　　　　오페라의 무대는 대부분 그리스 또는 로마이지만, 아시아 국가 중에서도 오페라의 무대가 된 나라가 있다. 인도, 스리랑카, 파키스탄, 인도네시아, 중국, 일본 등이다. 그중에서도 일본을 배경으로 한 오페라가 제법 많다. 푸치니의 〈나비 부인〉과 설리번의 〈미카도〉, 이번에 소개하는 〈이리스〉가 일본을 무대로 한 작품이다. 같은 시대에 활동했던 마스카니와 푸치니가 일본을 배경으로 오페라를 썼다는 점이 흥미롭다. 일본이 배경인 이 두 작품의 가장 큰 차이점은 푸치니의 작품이 세계에서 오페라 인기 순위 1, 2위를 다투는 반면, 마스카니의 〈이리스〉는 있는지 없는지조차 모르는 신세라는 점이다. 어쩌다가 그렇게 되긴 했지만, 〈이리스〉에는 마스카니 특유의 아름다운 선율이 넘쳐흐른다. 한 번 듣고 나면 다시 듣고 싶은 작품이다. 아쉬운 점은 주요 배역의 이름이 오사카, 교토 식으로 도시 이름을 사용한 것이다. 또한 이리스의 아버지 이름을 주로 여성에게 쓰이는 지에코를 사용해 다소 어울리지 않는 면이 있다. 〈이리스〉는 1898년 초연되었으며, 푸치니의 〈나비 부인〉은 그보다 6년 뒤인 1904년에 초연되었다.

줄거리　　　　**[제1막]** 장님 지에코(Cieco)의 예쁜 딸 이리스(Iris)가 인형놀이를 하고 있다. 이리스는 붉은 해가 떠오르자 단조로운 일본 동요를 부르며 떠오르는 해를 반갑게 맞이한다. 천진난만한 어린아이다.

세월이 흘러 이리스는 아름다운 처녀로 성장한다. 그렇지만 이리스의 천진함은 어린 시절과 다르지 않다. 이리스는 마을에서 멀리 떨어진 한적한 곳에 살고 있다. 아버지 지에코는 딸이 세상에 물드는 것을 걱정한다. 어느 날 세상이 알아주는 건달이자 무뢰한 오사카(Osaka)의 눈에 이리스가 들어온다. 이리스를 본 오사카의 눈에 섬광이 번뜩인다. 오사카는 그녀를 당장이라도 자기 소유로 만들고 싶어 한다. 그는 친구 교토(Kyoto)와 함께 이리스를 납치할 계획을 세운다. 오사카와 교토는 이리스가 인형을 좋아하는 것을 알고는 인형극단 주인 행세를 하며 그녀를 인형극이 열리는 장소로 데리고 온다. 오사카와 교토는 인형극에 푹 빠져 있는 이리스를 커다란 옷에 싸서 납치한 뒤, 환락가인 요시무라(吉村)로 데려가 단골집에 가두어놓는다. 이들은 장님 지에코에게 돈 몇 푼을 보내고는, 이리스가 가출해 환락가로 온 것처럼 소문을 내어 지에코의 귀에 들어가게 한다. 지에코는 실망과 분노, 배신감과 낙담으로 딸 이리스를 찾을 생각도 하지 않은 채 저주만 퍼붓는다.

[제2막] 정신을 차리고 깨어난 이리스는 마치 궁궐과 같은 호화스러운 방에 누워 있는 것을 깨닫고는, 죽어서 천국에 온 것으로 착각한다. 오사카가 들어와 온갖 좋은 말로 이리스의 환심을 사려 한다. 오사카는 이리스의 사랑을 얻으려고 하지만 이리스는 무슨 뜻인지 전혀 알아채지 못한다. 너무 순진하기 때문이다. 놀란 쪽은 오히려 오사카다. 그는 이리스가 사랑, 연애 등을 전혀 모르는 숙맥인 것을 알고는 흥미를 잃는다. 오사카는 이리스를 거리의 쇼에 내보내 돈을 벌 궁리를 한다. 불행한 처녀 이리스는 처음 나간 거리 공연에서 사람들 속에 있는 지에코를 본다. 이리스는 달려가 아버지 품에 안기지만, 딸이 가출한 것으로 알고 있는 지에코는 창피함과 분노에 떨며 "이년, 누가 네 아비란 말이냐?"라고 소리치며 진흙을 던지며 저주를 퍼붓는다. 이리스는 자기가 무슨 잘못을 했기에 아버지가 저렇게 욕을 퍼부으며 화를 내는지 몰라 당황한다. 그녀는 아버지가 자기를 버린 것으로 생각해 죽을 결심을 하고는 물이 넘쳐흐르는 하수구에 몸을 던진다.

[제3막] 넝마주이와 거지들이 불쌍한 이리스를 발견한다. 그들은 이리스가 죽은 줄 알고 몸을 뒤져 물건을 가져가려다가, 그녀가 깨어나자 시체가 살아났다고 생각해 겁을 먹고 도망간다. 그녀 곁에는 이제 아무도 없다. 점점 죽어가는 이리스는 붉은 해가 떠오르자 팔을 뻗어 해를 잡으려고 한다. 그녀는 어릴 적 부르던 노래로 밝은 해에게 인사를 건넨다.

이리스가 숨을 거두자 주변에서 풀이 솟아올라 활짝 꽃을 피운다. 이리스의 몸에서 혼백이 빠져나와 기쁜 듯 금빛 찬란한 하늘의 집을 향해 날아간다.

친구 프리츠

타이틀	**L'Amico Fritz**(The Friend Fritz)	

	전 3막. 에밀 에르크만(Émile Erckmann)과 피에르알렉상드르 샤트리앙(Pierre-Alexandre Chatrian)의 동명 소설을 P. 수아르돈(P. Suardon: 본명 Nicola Daspuro)이 오페라 대본으로 만들었다.
초연	1891년 10월 31일 로마 코스탄치 극장
주요 배역	프리츠 코부스(지주), 다비드(랍비이자 중매쟁이), 수첼(프리츠 코부스의 소작인의 딸), 베페(집시), 하네초와 페데리코(프리츠의 친구들), 카테리나(프리츠의 가정부)
베스트 아리아	「이 작은 꽃을(Son pochi fiori)」(S), 「어서 가거라, 불쌍한 아이들아(Laceri, Miseri, Tanti Bambini)」(S), 「사랑이여, 마음속의 아름다움이여(O amore, o bella luce del core)」(T), 「버찌의 2중창(Suzel, Bon Di)」(S+T)

사전 지식 〈카발레리아 루스티카나〉로 명성을 얻은 마스카니의 또 다른 인기 오페라로, 로맨틱 코미디라고 할 수 있다. 무대는 독일과 프랑스의 접경지대인 알자스 지방의 어느 포도원이다.

줄거리 [제1막] 부자이지만 독신인 프리츠 코부스(Fritz Kobus)의 40회 생일 잔치가 열리고 있다. 프리츠는 유쾌하고 멋진 사람이지만 독신을 고집하는 특이한 인물이다. 마을에서 나름 1급 중매쟁이로 소문난 다비드(David)에게는 몹시 불쾌한 일이 아닐 수 없다. 랍비 다비드는 명색이 중매쟁이인데 마을에 노총각이 있다는 것은 자기 명성에 손상이 가는 일이라고 생각한다. 다비드는 프리츠가 소작인의 딸 수첼(Suzel)에게 은근히 관심 있는 것을 눈치채고는 능력을 십분 발휘해 두 사람을 엮어보기로 결심한다.

프리츠의 생일잔치에 참석한 수첼이 오랑캐꽃 다발을 프리츠에게 얌전히 건네주자 기분이 좋아진 프리츠는 그 답례로 수첼을 옆자리에 앉힌다. 프리츠는 생전 처음 예쁜 아가씨와 함께 얘기를 나누는 자신을 발견하고는 '이게 아닌데!'라고 생각하지만, 어찌 됐든 기분은 좋다. 수첼도 부자이면서 성격도 좋은 프리츠에게 마음을 빼앗긴다. 그런 프리츠를 보고 친구들이 "결혼은 언제쯤 하냐?"고 놀려대자 그는 정색을 하며, 자신은 독신주의자인데 말도 안 되는 소리는 하지도 말라며 극구 부인한다. 그러자 다비드가 내기를 하자고 제안한다. 만일 결혼을 하게 되면 프리츠가 미련했다는 것을 인정하는 셈이니 프리츠 소유의 포도원 중 제일 좋은 것을 내놓고, 몇 달 안에 결혼을 하지 못하면 자신이 소유한 재산을 내놓겠다는 조건을 건다. 모두 박수를 치는 가운데 프리츠가 내기에 응한다. 그런데 프리츠의 마음속에는 이미 그 상냥하고 귀여운 아가씨의 부드러운 모습이 아로새겨져 있다.

[제2막] 프리츠가 수첼이 보고 싶어 소작인의 집을 방문하자 수첼도 기다렸다는 듯 꽃을 건네고는 산딸기를 대접한다. 그들의 모습을 지켜보던 친구들은 일이 잘 진행되는 것 같아 기분이 좋다. 늙은 중매쟁이 다비드가 이 기회를 놓칠 리 없다. 다비드는 프리츠에게 사실은 수첼을 흠모하는 청년들이 줄을 서 있다고 말하면서, 수첼같이 예쁘고 착한 아가씨는 온 동네를 찾아보아도 없다고 칭찬을 아끼지 않는다. 프리츠도 역시 사람인지라 수첼을 좋아하는 사람이 많다는 말에 질투를 느낀다. 질투심에 사로잡힌 프리츠를 친구들이 놀리자, 순간 냉정을 되찾은 그는 수첼에게는 아무 감정이 없다고 소리치며 그 자리를 뜬다. 불쌍한 수첼은 자기가 버림받았다고 생각해 훌쩍거린다.

[제3막] 프리츠는 수첼 없는 생활은 비참할 뿐이라는 데 생각이 미치자 용기를 내어 수첼을 찾아간다. 울고 있는 수첼에게 가볍게 키스를 하며 눈물을 닦아준 프리츠는 자신을 행복하게 해줄 사람은 수첼뿐이라고 하면서 청혼한다. 기쁨에 넘친 수첼은 그 자리에서 청혼을 받아들인다. 이렇게 하여 늙은 중매쟁이 다비드가 내기에 이긴다. 약속대로 포도원을 받은 다비드는 체면이 섰으니 그것으로 충분하다고 하면서, 포도원을 수첼의 결혼 지참금으로 흔쾌히 내놓는다.

153

Mascagni, Pietro

로돌레타

타이틀	**Lodoletta**		
	전 3막의 비극. 위다(Ouida; Maria Louise de la Ramée)의 소설 『두 개의 작은 나막신(Two little wooden shoes)』을 바탕으로 조바키노 포르차노(Giovacchino Forzano)가 대본을 썼다.		
초연	1917년 4월 30일 로마 코스탄치 극장. 뉴욕 메트로폴리탄 오페라 하우스에서의 초연은 1918년 1월 12일		
주요 배역	로돌레타, 안토니오(로돌레타를 기른 착한 할아버지), 플라멘(그림 그리는 청년), 잔노토		
베스트 아리아	「보라, 로돌레타 얼마나 아름다운가(E Lodoletta viva, e bella)」(T), 「그대의 달콤한 이름(Ah! il suo nome)」(S), 「플라멘, 용서하소서(Flammen, perdonami)」(S), 「프란츠, 로돌레타가 보이지 않는다(Se Franz dicesse il vero!... Lodoletta è fuggita)」(T)		

사전 지식 　　마스카니의 다른 작품은 〈카발레리아 루스티카나〉의 유명세에 비해 상대적으로 그늘에 가려져 있다. 〈로돌레타〉는 스토리와 음악이 베리스모의 전형이지만 다른 한편으로는 지나치게 동화 같고 어린이 취향이라는 평을 받았다. 그렇지만 베리스모의 전형을 보여주는 마스카니의 작품은 모두 아름답다.

에피소드 　　로마에서의 초연은 별다른 감동을 주지 못했지만, 뉴욕 공연에서는 열광적인 갈채를 받았다. 플로런스 이스턴(Florence Easton)이 로돌레타를, 엔리코 카루소(Enrico Caruso)가 플라멘 역을 맡는 등 호화 출연진이 공연했기 때문이다. 이 오페라의 이야기는 안데르센의 「성냥팔이 소녀」를 연상시킨다.

줄거리 　　네덜란드의 작은 마을이다. 장미꽃처럼 예쁘고 종달새처럼 명랑하며 숲 속의 개울물처럼 맑은 로돌레타(Lodoletta)는 온 마을 사람들의 사랑을 받는 착한 아가씨다. 그녀는 가난하지만 마음씨 착한 안토니오와 함께 살고 있다. 꽃으로 장식된 바구니에 담겨 호숫가에 버려진 로돌레타를 안토니오가 발견해 지금까지 길러온 것이다. 그녀는 어느덧 열여섯 살의 아름다운 아가씨로 성장했다.

로돌레타는 빨간 나막신 한 켤레를 신고 싶어 하지만, 가난한 안토니오는 사줄 수가 없다. 파리에서 그림을 그리러 온 플라멘(Flammen)이 로돌레타의 소원을 듣고는 자신의 성모 마리아 상에 붙어 있는 금을 떼어 나막신을 사준다. 로돌레타는 이 젊은 화가를 마음에 담는다.

나막신 한 켤레도 사주지 못한 것이 마음에 걸린 안토니오는 나막신 대신 나무에 핀 예쁜 꽃을 따 주기 위해 나무에 올라갔다가 발을 헛딛는 바람에 안타깝게도 목숨을 잃는다. 로돌레타가 의지할 사람은 이제 세상에 없다. 플라멘은 로돌레타를 가엾게 여겨 돈을 주려고 하지만, 로돌레타는 한사코 거절한다. 안토니오에게 애써 힘쓰지 않고 돈을 벌어서는 안 된다는 말을 수없이 들어왔기 때문이다. 플라멘은 그림의 모델이 되어달라고 청한다. 그는 찬란한 들판에서 로돌레타를 모델로 그림을 그린다. 두 사람은 행복하지만, 마을 사람들은 로돌레타가 파리에서 온 젊은이에게 마음을 뺏겨 정신을 못 차린다면서 수군거린다. 사람들의 시선이 부담스러운 로돌레타는 플라멘에게 파리로 돌아가 달라고 간청한다. 플라멘은 어쩔 수 없이 파리로 돌아갈 결심을 하고는 언제든 찾아오면 반갑게 맞이하겠다고 약속한다. 파리로 돌아온 플라멘은 로돌레타를 잊을 수 없어 괴로운 나날을 보내다가 다시 마을로 돌아간다. 그러나 로돌레타의 모습은 찾아볼 수 없다. 백방으로 찾아보지만 헛수고일 뿐이다. 로돌레타를 본 사람은 아무도 없다. 플라멘은 슬프고 무거운 마음으로 파리로 돌아온다.

해가 바뀌어 새해가 시작된다. 플라멘은 친구들과 함께 새해 파티를 즐기고 있다. 친구들은 로돌레타를 그만 잊으라고 하지만, 그림을 그릴 때나 친구들과 함께 즐거운 시간을 보내는 지금도 플라멘의 마음 한구석은 텅 비어 있다.

고향을 떠난 로돌레타는 플라멘을 찾아 그 먼 파리까지 온다. 그동안 얼마나 고생을 했는지 모른다. 그러나 플라멘을 만나면 지금까지의 모든 고생은 언제 그랬냐는 듯 사라질 것이라는 기대로 파리로 온 것이다. 새해 첫날 로돌레타는 드디어 플라멘의 집에 다다른다. 눈이 내린다. 추위를 견디기 위해 누더기 같은 옷을 두르고 있는 로돌레타는 환하고 따뜻한 불빛이 흘러나오는 방 안을 들여다본다. 플라멘의 모습을 보며 그를 부르면 당장이라도 달려 나와 자기를 감싸 안을 것이라고 생각한다. 플라멘은 잘 차려입은 사람들에게 둘러싸여 즐겁게 웃고 떠들며 샴페인을 마신다. 로돌레타는 남루한 차림의 자신을 생각하며 감히 문을 두드릴 엄두를 내지 못한다. 춥고 지친 로돌레타는 눈이 내리는 차가운 바닥에 그대로 쓰러진다. 그녀는 플라멘과 함께했던 행복한 지난날을 떠올린다.

파티가 끝나고 모두 집으로 돌아간다. 플라멘이 친구를 보내려고 밖으로 나왔다가 창문 아래 놓여 있는 작고 빨간 나막신 한 켤레를 발견한다. 한눈에 그 나막신을 알아본 플라멘은 불길한 예감에 휩싸인다. 죽음을 맞이한 가엾은 로돌레타는 저만치 차가운 눈 속에 누워 있다.

돈키호테

타이틀	**Don Quichotte**(Don Quixote)

전 5막. 스페인의 문호 미겔 데 세르반테스(Miguel de Cervantes)의 『라만차의 재기발랄한 이달고 돈키호테(El ingenioso hidalgo don Quijote de la Mancha)』를 바탕으로 자크 르 로랭(Jacques Le Lorrain)이 「긴 얼굴의 기사(Le chevalier de la longue figure; The knight with the long face)」라는 희곡을 썼다. 이를 기본으로 앙리 캥(Henri Caïn)이 오페라 대본을 만들었다.

초연	1910년 2월 19일 몬테 카를로 오페라 극장(Opéra de Monte Carlo)
주요 배역	돈키호테(라만차의 기사), 산초 판사(돈키호테의 하인), 라 벨 둘시네(둘시네아: 마을의 아름다운 아가씨), 페드로(둘시네아에게 구혼하는 청년), 가르시아, 로드리그(로드리게스), 주앙(후안: 또 다른 구혼자들), 산적 두목 테네브룬
베스트 아리아	「여인이 스무 살이 되면(Quand la femme a vingt and)」(C), 「별들이 반짝이기 시작할 때(Quand apparaissent les etoiles)」(B), 「말괄량이 여자들이 뭐가 좋다고 저러는가(Comment peut-on penser du bien de ces conquines)」(Bar), 「아버지여, 나의 영혼을 거두소서, 저들은 죄인이 아니옵니다(Seigneur, reçois mon âme, elle n'est pas méchante)」(B), 「사랑의 시절은 지나가고(Lorsque le temps d'amour a fui)」(C), 「사랑의 기쁨만을 생각하리(Ne pensons qu'au plaisir d'amor)」(C), 「당신의 슬픔을 나누겠어요, 정말 미안합니다(Oui, je souffre votre tristesse, et j'ai vraiment chagrin à vous désemparer)」(C), 「웃어라, 웃어, 이 바보같이 불쌍한 이상주의자여(Riez, allez, riez du pauvre ideologue)」(Chor), 「이 섬을 받아라(Prends cette ile)」(B)

마스네, 쥘(Massenet, Jules, 1842~1912)

쥘 마스네는 19세기 프랑스 오페라를 주도한 작곡가로, 구노의 뒤를 이어 새로운 프랑스 스타일의 오페라를 완성한 뛰어난 인물이다. 풍부한 멜로디, 우아한 아리아, 여기에 이국적인 화려한 색채의 세팅, 감동적인 스토리는 사람들의 마음을 사로잡기에 충분했다. 그러나 그가 세상을 떠난 지 얼마 되지 않아 사람들은 그의 음악을 감상적이고 구시대적 발상이라고 무시했다. 상당 기간 그런 평가는 계속되었다. 하마터면 마스네의 이름이 잊힐 뻔했으나 20세기 후반에 들어와서 마스네의 음악은 재조명되기 시작했다. 대표적인 오페라로는 〈마농〉, 〈베르테르〉, 〈타이스〉, 〈르 시드〉 등이 있다.

사전 지식   마스네의 오페라 중 마지막으로 대성공을 거둔 작품이다. 여주인공 둘시네(둘시네아)는 콘트랄토가 맡는다. 오페라의 내용이 원작과 완전히 일치하지는 않는다.

에피소드   마스네는 세계적인 베이스 성악가 표도르 샬리아핀(Feodor Chaliapin)을 돈키호테로 내정하고 이 오페라를 작곡했다. 샬리아핀은 초연에서 혼신을 다한 열연으로 갈채를 받았다. 특히 돈키호테가 죽는 마지막 장면은 압권이었다. 마스네는 이 오페라를 완성했을 때 나이가 너무 많아 자신이 얼마 살지 못할 것이라고 예견했다. 그러므로 오페라 〈돈키호테〉는 마스네 자신을 모델로 했다는 후문도 있다. 스페인에서는 돈키호테를 엘 키호테(El Quixote)라고 부른다.

줄거리   [제1막] 마을 축제가 한창이다. 마을에서 가장 아름다운 아가씨 둘시네아(Dulcinea; La Belle Dulcinée)의 사랑을 얻고자 네 명의 구혼자(페드로, 가르시아, 로드리게스, 후안)가 거리에서 세레나데를 부른다. 둘시네아가 등장해 "사모한다는 말만으로는 충분치 않다"라고 철학적으로 말하면서 「여인이 스무 살이 되면」이라는 아리아를 부른다. 괴짜 기사(騎士) 돈키호테와 뚱보 하인 산초 판사(Sancho Panza(Pança)]가 나타나자 거리의 사람들(주로 거지들)은 갈채를 보내며 환호한다. 돈키호테는 비쩍 마른 말 로시난테(Rossinante)를 타고 있고, 산초는 당나귀를 타고 있다. 돈키호테는 사람들이 박수로 환영하자 기분이 좋아 산초에게 돈을 던져주라고 한다. 물론 돈이 있을 리 없다. 거리의 사람들이 흩어지자 혼자 남은 돈키호테는 둘시네아의 모습을 보고 이상형의 여인이라고 믿어 둘시네아를 찬미하는 노래를 부른다. 둘시네아의 구혼자 중 하나인 후안은 이 광경을 보고 가만히 있을 수가 없었다. 웬 삐쩍 마른 늙은이가 나타나 둘시네아에게 사모한다고 하다니, 이것이 말이 된단 말인가.

후안이 돈키호테에게 결투를 신청한다. 결투가 한창일 때 둘시네아가 달려 나와 두 사람을 말린다. 둘시네아는 돈키호테의 고색창연한 모습과 엉뚱한 행동이 기이하다고 생각하면서도 은근히 호감을 느낀다. 그녀는 후안의 신사답지 않은 질투를 핀잔하며 쫓아버린다. 돈키호테는 둘시네아에게 자신의 헌신적인 봉사를 기꺼이 받아달라고 기사답게 예를 다해 정중히 청한다. 둘시네아는 귀부인이 된 것 같아 기분이 좋다. 그녀는 자신을 사모한다면 얼마 전 산적들이 자기 방에 들어와 빼앗아 간 진주목걸이를 찾아달라고 부탁한다. 돈키호테는 두말없이 목걸이를 찾으러 산속으로 떠난다.

[제2막] 안개 낀 아침이다. 돈키호테는 자기가 쓴 사랑의 시를 읽으며 스스로 만족한다. 산초는 여자란 도대체 믿을 것이 못된다며, 주인나리가 어쩌다 바람둥이 아가씨를 흠모하게 되었는지 도무지

알 수가 없다면서 혀를 찬다. 안개가 걷히자 거대한 풍차들이 눈앞에 펼쳐진다. 돈키호테는 잠시 머리가 어찌 됐는지 이 거인들이 둘시네아 아가씨를 납치해간 나쁜 산적 놈이라고 하면서 풍차를 향해 용감히 돌진한다. 그러나 단 한 번의 공격으로 전투는 끝나버린다. 돈키호테가 풍차 날개에 걸려 허공을 빙빙 도는 신세가 되었기 때문이다. 돈키호테는 작전상 후퇴를 결정한다. 두 사람은 우여곡절 끝에 드디어 산속에 도착한다. 산적 두목은 모험을 찾아 방랑하는 기사였다.

[제3막] 산속에서 산초는 잠을 자고, 돈키호테는 망을 보고 있다. 갑자기 산적들이 나타나자 돈키호테가 칼을 휘두르며 저항하지만 중과부적으로 사로잡히고 만다. 산적들이 돈키호테를 죽이려는 순간 그는 "아버지시여, 나의 영혼을 거두소서, 저들은 죄인이 아니올시다!"라고 큰 소리로 기도한다. 이 말이 산적 두목 테네브룬(Tenebrun)의 마음을 움직인다. 그는 돈키호테를 살려주라고 명령한다. 돈키호테가 자기 임무가 무엇인지 설명하자, 그의 용기에 감복한 산적 두목이 목걸이를 되돌려 준다. 돈키호테는 산적들의 축복을 빌며 둘시네아를 만나기 위해 떠난다.

[제4막] 장면은 바뀌어 둘시네아의 정원이다. 파티가 열려 음악과 춤이 한창이지만 둘시네아는 우울하다. 모두 겉으로만 자신을 사랑한다고 하는 것 같기 때문이다. 잠시 후 마음을 다잡은 둘시네아가 기타를 집어 들고 노래를 부른다. "골치 아프게 이것저것 생각할 필요가 어디 있는가? 사랑은 즐기기만 하면 되는 것이야." 돈키호테와 산초가 등장해 둘시네아에게 목걸이를 전해준다. 감동하는 둘시네아! 모두 박수갈채로 돈키호테의 용감한 활약을 찬양한다. 그는 이 방랑을 끝내고 둘시네아와 결혼하기를 원한다 면서 둘시네아에게 정중히 구혼한다. 그러자 사람들의 웃음이 메아리친다. 둘시네아도 웃음을 참지 못한다. 마치 '비쩍 마른 노인네가 구혼하다니! 말도 안 돼!'라고 비웃는 것 같다. 돈키호테는 슬픔에 젖어 자신의 행동을 후회한다. 둘시네아는 너무했다는 생각이 들어 사람들을 내보낸 뒤 "당신의 슬픔을 함께하고 싶어요. 하지만 정말 미안합니다"라고 하면서 자신의 운명, 생활방식 등 이 모든 것이 돈키호테의 생각과는 거리가 멀다고 설명한다. 둘시네아는 그의 이마에 입을 맞춘 뒤 돌아간다. 잠시 후 사람들이 몰려와 "웃어라 웃어! 이 바보같이 불쌍한 이상주의자여!"라고 하면서 늙은 돈키호테를 놀린다.

[제5막] 태고의 모습을 간직한 울창한 숲 속이다. 하늘에는 별이 청청하다. 슬픔에 가득 찬 돈키호테 는 죽어가고 있다. 그는 산초에게 약속했던 꿈속의 아름다운 섬을 주면서 「이 섬을 받아라」라는 아리아를 부른다. 오랫동안 모시던 주인님과의 이별을 예감한 산초가 눈물을 흘린다. 돈키호테는 반짝이는 별을 바라본다. 저 멀리 환상 속에서 아름다운 둘시네아가 미소를 지으며 자신을 부르는 소리를 듣는다. 또 다른 세상으로 오라는 소리다.

르 시드

타이틀	**Le Cid**(The Lord; El Cid)	
	전 4막. 코르네유(Corneille)의 동명 소설을 기본으로 에두아르 블로(Édouard Blau), 루이 갈레(Louis Gallet) 등이 대본을 썼다.	
	초연	1885년 11월 30일 파리 오페라 극장
	주요 배역	로드리그[로드리고(엘 시드): 카스티야의 기사], 시멘(히메나: 로드리고의 아내), 인팡트(인판타: 공주), 고르메(고르마스; 히메나의 아버지), 돈 디에그(돈 디에고: 로드리고의 아버지), 산초 왕
베스트 아리아	「울어라, 나의 눈아(De cet affreux combat... Pleurez, mes yeux!)」(S), 「군주시여, 재판관이시여, 신부님들이여(O Souverain! ô Juge! ô Père)」(T), 「그대의 마음이 열릴 때까지(Perce jusqu'au fond du coeur)」(T)	

사전 지식　　　시드(Cid)는 아랍어에서 유래한 스페인어로 주인(Lord) 또는 대장(Chief)을 뜻한다. 그러나 스페인에서 엘 시드(El Cid)라고 하면 11세기 카스티야국의 기사 로드리고 디아스(Rodrigo Diaz, 1043~1099) 백작을 말한다. 로드리고는 카스티야의 산초 왕을 섬기던 장군으로 엄청난 규모의 무어 군대가 스페인을 침공했을 때 적은 병력으로 적을 물리쳐 스페인을 구한 영웅이다. 엘 시드는 스페인에서 이슬람을 축출한 기독교 투쟁의 대표적인 전사로 추앙을 받고 있다. 로드리고의 영웅담은 12세기에 나온 「엘 시드」라는 대서사시로 한층 더 빛나게 되었고, 그로부터 수백 년이 흐른 17세기에 드 카스트로(De Castro)가 〈르 시드〉라는 연극을 발표함으로써 세상에 널리 알려지게 되었다. 19세기 초에는 엘 시드의 사랑과 충절에 감명을 받은 당대의 작곡가 쥘 마스네가 오페라로 작곡해 1885년 파리의 무대에 올렸다. 이 공연은 관객들에게 깊은 감동을 선사했다.

그 후 〈르 시드〉는 미국으로 건너가 뉴욕, 시카고 등지에서 공연되었지만, 불행하게도 그리 오래 공연되지는 못했다. 엘 시드 역할을 맡을 이상적인 성악가를 발견하지 못했기 때문이다. 1902년 시카고에서 마지막 공연을 한 〈르 시드〉는 새로운 오페라에 밀려 사람들의 기억에서 멀어졌다. 그러던 1999년 〈르 시드〉는 드디어 최적의 주인공을 발견한다. 스페인 출신의 플라시도 도밍고(Placido Domingo)는 케네디센터 공연에서 엘 시드 역을 맡아 장엄한 목소리로 엘 시드를 재현했다.

에피소드　　　　엘 시드의 영웅적 이야기는 1960년대 초 찰턴 헤스턴(Charlton Heston)과 소피아 로렌(Sophia Loren)이 주연한 영화 〈엘 시드(El Cid)〉를 통해 전 세계에 널리 알려졌다.

줄거리　　　　페르디난드(Ferdinand) 4세는 로드리고(Rodrigo; Rodrigue)에게 챔피언이라는 최고 기사 작위를 내려 적과의 전투에서 크게 승리한 것을 치하한다. 또한 로드리고의 아버지 돈 디에고(Don Diego; Don Diègue) 백작을 공주의 가디언(Guardian: 왕비 또는 공주 등 왕족이나 지체 높은 귀족의 여인을 목숨을 걸고 보호하는 직위로, 기사에게는 가장 명예로운 직위)으로 임명한다. 그는 강직한 성품과 국왕에 대한 남다른 충성심 때문에 공주의 수호자로 임명된 것이다. 지금은 비록 나이가 들어 예전 같지 않지만, 돈 디에고 백작 역시 용맹을 떨치던 기사 중의 기사였다.

페르디난드 왕의 딸 인판타(Infanta; Infante)는 로드리고를 사랑한다. 스페인에서 로드리고만큼 의젓하고 용감하며 충성심 있는 기사는 찾아볼 수 없기 때문이다. 그런데 로드리고는 오래전부터 고르마스 (Gormaz; Gomès) 백작의 딸 히메나(Jimena; Chimène)와 앞날을 굳게 약속한 사이다. 그런데 히메나의 아버지 고르마스 백작은 로드리고의 아버지 돈 디에고 백작을 경쟁자로 여겨 무척 싫어한다. 고르마스 백작은 오래전부터 소망해오던 공주 가디언의 작위가 돈 디에고에게 내려지자 "저런 늙은이가 어떻게 가디언이 될 수 있는가? 이젠 늙어서 기운이 하나도 없는데. 차라리 거리의 거지에게 가디언을 시키는 편이 낫겠다!"라면서 심하게 모욕을 준다.

모욕을 당했으면 당연히 결투를 신청해 명예를 회복해야 한다. 만일 결투를 피하면 비겁자로 낙인이 찍혀 더 큰 불명예 속에 살아야 한다. 그러나 나이가 지긋한 돈 디에고는 뛰어난 기사 고르마스의 적수가 될 수 없다. 그는 아들 로드리고에게 명예를 지켜달라고 부탁하고는 눈을 감는다. 아버지의 유언을 듣고 로드리고는 번민에 싸인다. 아버지의 명예를 되찾기 위해서는 사랑하는 히메나의 아버지를 죽여야 하기 때문이다. 로드리고로서는 결투에 승리해도 패하는 것이요 패할 경우에는 완전한 패배가 되는 셈이지만, 그렇다고 결투를 피할 수는 없다. 드디어 모든 사람이 지켜보는 가운데 결투가 벌어진다. 죽음을 건 결투에서 로드리고는 고르마스 백작을 죽이고 아버지의 명예를 지켜낸다. 그러나 히메나는 약혼자 로드리고가 아버지를 죽이자 자식으로서 원수를 갚기로 결심하고는 로드리고와의 약혼은 무효라고 선언한다. 그러나 히메나를 사랑하는 로드리고의 마음은 변함이 없다. 로드리고는 히메나의 마음이 돌아설 때까지 충실하게 기다리겠다고 말한다.

무어(Moor) 군대가 카스티야를 공격하기 위해 구름 떼처럼 몰려온다는 소식이 전해진다. 항복하여 목숨을 부지하자는 의견도 있지만, 스페인 땅에서 외세를 몰아내기 위해 결사 항전해야 한다는 의견이 지배적이다. 페르디난드 왕은 무어 군대와 대적하기 위해 로드리고를 대장군으로 임명한다. 히메나가 왕에게 간절히 요청했기 때문이다. 전쟁에 로드리고를 내보내면 십중팔구 전사할 것이고 그렇게 되면 아버지의 원수를 갚을 수 있다고 생각한 것이다. 로드리고에게 연민의 정을 느끼는 공주가 히메나를 만나 그에게는 잘못이 없으니 그만 용서하라고 당부한다. 사실 히메나도 로드리고가 아버지를 죽인 원수이기 때문에 전쟁터로 보내라고 청원했지만, 그를 향한 진실한 사랑은 부인할 수 없다. 공주는 사랑하는 사람에게 멸시당한 사람이 나라의 운명이 걸린 전쟁에 나가면 어떻게 되겠느냐고 하면서 히메나를 설득한다. 언제까지 슬픔에 잠겨 있을 수 없다고 판단한 히메나는 로드리고에게 전쟁에서 승리하면 결혼하겠다고 약속하면서 그를 용서한다.

로드리고의 군대는 수적으로 열세인 데다 전략적으로도 어려운 지역에 주둔하고 있어 끝내 적에게 완전히 포위된다. 그는 스페인의 수호성인 성 야고보(St. James)에게 지혜와 용기를 달라고 간절히 기도한다. 그러자 성 야고보가 임해 로드리고의 간절한 기도를 들어준다. 스페인은 대승을 거두고, 로드리고와 히메나는 사랑으로 하나가 된다.

마농

타이틀	**Manon**

전 5막의 오페라 코미크. 아베 프레보의 소설 「기사 데 그리외와 마농 레스코의 이야기(L'histoire du Chevalier des Grieux et de Manon Lescaut)」를 바탕으로 앙리 메이야크와 필리프 질(Philippe Gille)이 대본을 썼다.

초연	1884년 1월 19일 파리 오페라 코미크 극장
주요 배역	마농 레스코, 데 그리외(기사), 데 그리외 백작(데 그리외의 아버지), 레스코(마농의 사촌 오빠), 기요 모르퐁텐(중년의 난봉꾼), 드 브레티니(귀족)
음악적 하이라이트	가보트 춤곡, 1막 중 마농의 아리아, 3막 중 마농의 아리아, 마농과 데 그리외의 사랑의 테마 노래, 데 그리외의 아리아
베스트 아리아	「마농이라고 불리는 그녀(On l'appelle Manon)」(T), 「안녕, 작은 테이블아(Adieu, notre petite table)」(S), 「우리의 눈을 감고서(En ferment les yeux)」(S+T), 「나는 모든 길을 자랑스럽게 걸으리(Je marche sur tous les chemins)」(S), 「아직 어리둥절해(Je suis encore toute étourdie)」(S), 「아름다운 추억이여 사라져다오(Ah! fuyez douce image)」(T), 「부드러운 눈길로 나를 보세요(Regardez-moi bien dans les yeux)」(T)

사전 지식　　　마스네의 대표작 〈마농〉은 순진하던 마농이 죄 많은 여인으로 변화하는 과정을 솔직하게 표현했다. 그런데 이 오페라에서는 사촌 오빠 레스코의 역할이 애매하게 설정된 면이 있다. 원작 소설에서는 레스코가 친오빠로 나오지만 이 오페라에는 사촌 오빠로 되어 있다. 레스코는 가문의 명예를 지키는 수호자이고, 거칠 것 없는 군인이며, 데 그리외의 절친한 친구로 등장한다. 푸치니도 똑같은 소설을 바탕으로 오페라를 작곡했다. 다만 제목을 '마농 레스코'라고 했다. 마스네의 〈마농〉과 푸치니의 〈마농 레스코〉는 같은 줄거리이지만 등장인물이나 상황 등이 약간 다르다.

줄거리　　　세상물정 모르며 약간의 바람기가 있는 젊고 발랄한 열다섯 살 아가씨 마농은 아버지의 지시에 따라 수녀가 되기 위해 아라(Arras)에서 마차를 타고 수녀원으로 가던 중 아미엥(Amiens)의 여관에 잠시 머문다. 이곳에서 사촌 오빠 레스코(Lescaut)를 만나 수녀원으로 함께 가기로 한 것이다. 사촌 오빠 레스코가 잠시 자리를 뜬 사이 여관에서 식사를 하던 중년의 바람둥이 기요(Guillot Morfontaine)가 마농에게 눈길을 보낸다. 기요는 푸세트, 자보트, 로세트라는 여배우들과 시시덕거리며 즐기고 있다. 기요는 마농에게 접근해 어디로 가는지 모르지만 불편한 마차 대신 자신의 전용마차를 타고 가라고 하며 환심을 사려 한다. 때마침 나타난 레스코는 소스라치게 놀라며 마농을 기요의 눈길에서 멀리 떼어놓는다. 그렇지만 레스코도 기요의 화려한 자가용 마차를 은근히 부러워하는 눈치다. 잠시 후 데 그리외(Des Grieux)라는 잘생긴 청년이 등장한다. 레스코의 친구 데 그리외는 시골에 계신 아버지를 뵈러 가는 길이다. 세상의 모든 것에 매혹을 느끼는 순진한 소녀 마농은 데 그리외에게 마음을 빼앗긴다. 눈이 맞은 두 사람은 레스코 몰래 기요의 전용마차를 타고 멀리 사라진다. 마차와 마농을 빼앗긴 기요는 복수를 다짐한다.

데 그리외와 마농은 파리의 아파트에 은신하며 행복한 생활을 한다. 그는 아버지에게 마농과의 결혼을 허락해달라고 간청하지만 아버지는 말도 안 되는 소리라면서 들으려 하지 않는다. 어느 날 데 그리외가 외출한 사이 레스코가 괜찮은 외모에 돈도 많은 드 브레티니(De Brétigny)라는 사람과 함께 아파트로 찾아온다. 마농은 아미엥의 여관에서 기요와 함께 있던 드 브레티니를 본 적이 있다. 그는 마농에게 이런 답답한 생활을 청산하고 자기와 함께 살자고 청한다. '한 사람과 오랜 관계를 맺는 것은 바람직하지 않다!'고 생각하는 마농은 당장 짐을 싸서 드 브레티니를 따라나선다.

얼마 후 거리 축제를 구경 간 마농은 옛 애인 데 그리외가 자신이 떠난 뒤 정신적으로 문제가 생겨 결국 수도원으로 들어가 수도사가 되었다는 소식을 듣는다. 마농은 수도원으로 찾아가 다시 시작하자면서 데 그리외를 유혹한다.

수도원을 뛰쳐나온 데 그리외는 마농과 새로 살림을 시작하지만 얼마 뒤 생활비가 떨어진다. 두 사람은 돈을 벌기 위해 카지노로 간다. 그곳에서 운이 따른 데 그리외가 엄청난 돈을 따지만, 마침 그 자리에 있던 바람둥이 기요가 두 사람에게 복수할 요량으로 데 그리외가 속임수를 썼다고 하면서 체포하라고 지시한다. 경찰 당국에 영향력을 행사할 수 있는 기요는 데 그리외와 마농을 체포하는 것이 별로 어렵지 않은 입장이다. 한편 데 그리외의 아버지도 당국에 영향력을 행사해 아들을 감방에서 꺼내준다. 하지만 마농을 돕는 사람은 아무도 없다. 마농은 배에 태워져 저 멀리 미국의 감옥으로 가야 할 처지다. 사촌 오빠 레스코와 데 그리외가 마농을 구출할 계획을 세운다. 두 사람은 배로 옮겨지는 마농을 가까스로 구출한다. 그러나 때는 이미 늦었다. 마농은 사랑하는 데 그리외의 팔에 안겨 용서를 구하며 숨을 거둔다.

타이스

타이틀	**Thaïs**

전 3막의 서정적 코미디(코미디라는 것은 오늘날의 웃음을 주는 코미디가 아니라 일반적인 드라마라는 뜻이다). 아나톨 프랑스(Anatole France)의 동명 소설을 바탕으로 루이 갈레가 대본을 썼다. 원작에는 타이스가 비너스 신전의 아름다운 여사제로 나오지만, 오페라에서는 배우 겸 고급 창녀로 표현되기도 한다.

초연	1894년 3월 16일 파리 오페라 극장
주요 배역	타이스, 아타나엘(공동체 수도사), 니시아스(젊은 귀족이자 수도사), 팔레몽(수도원장), 라 쇼무스(무용수)

사전 지식　　　　시대 설정은 단순히 고대 이집트로 되어 있으나 타이스를 기독교로 개종시키려는 수도승의 이야기임을 감안하면 파라오가 등장하는 고대 이집트는 아니며 중세 이집트로 보아야 할 듯하다. 무대는 고대 이집트의 알렉산드리아와 테베 사막이다. 2막에 나오는 「타이스의 명상곡(Meditation de Thaïs)」은 이교도의 여사제 타이스가 기독교로 개종할 것인지, 기독교의 수도승 아타나엘의 사랑을 받아들일 것인지를 두고 고민하는 장면에서 나온다.

줄거리　　　　[제1막] 나일 강변의 시노바이트(Cenobite: 공동생활을 하는 수도승)들이 검소한 식사를 마치고 기도를 드리고 있다. 이들은 알렉산드리아로 선교 여행을 간 수도승 아타나엘(Athanaël)이 무사히 돌아오기를 기원한다. 아타나엘은 이교도의 도시 알렉산드리아로 가서 단 한 사람이라도 회개시키고 오겠다고 전도를 떠났다. 이윽고 아타나엘이 지친 몸을 이끌고 돌아온다. 그는 수도원 형제들에게 알렉산드리아가 우상숭배를 버리지 못해 아무 성과 없이 돌아왔다고 하면서 허탈해한다. 알렉산드리아의 젊은 귀족이나 부유한 상인이 모두 비너스 신전의 여사제이자 배우 겸 고급 창녀 타이스(Thaïs)에게 흠뻑 빠져 있어 마치 소돔과 고모라처럼 타락의 구렁텅이로 빠져들고 있다고 걱정한다. 그러면서 자신도 젊은 시절 타이스한테 매료되어 타락하기 직전이었지만, 강한 의지로 그 유혹을 뿌리치고 수도원에 들어오게 되었다고 말한다. 수도원장은 알렉산드리아 사람들을 회개시키는 것은 그만두는 게 낫겠다고 말한다. 잘못하다가는 아타나엘이 마음의 평화를 잃게 될지 모른다는 우려 때문이다. 그러나 그는 죄 많은 그 여인을 구원해야 한다는 사명감으로 가득 차 있다. 그날 밤 아타나엘은 마치 아프로디테(Aphrodite)처럼 하늘거리는 옷을 입고 유혹하는 듯한 춤을 추는 타이스를 꿈에서 본다. 잠에서 깨어난 아타나엘은 마음속에서 타이스를 지워버리지 못한 부끄러움과 혹시 자신의 마음이 변할지 모른다는 생각에 잠을 이루지 못한다. 그는 한밤중에 수도원 형제들을 모두 불러 알렉산드리아로 다시 가서 타이스를 회개시켜 수녀원으로 인도하겠다고 약속한다.

[제2막] 알렉산드리아에 도착한 아타나엘은 친구 니시아스(Nicias)를 만난다. 니시아스는 아타나엘이 '쾌락의 여왕' 타이스를 회개시키러 왔다고 하자 처음에는 조롱하지만, 아타나엘의 진심을 알고는 타이스가 자기 집에서 열리는 파티에 올 것이니 부질없는 일이기는 하지만 한번 회개시켜보라고 권한다.

타이스가 화려한 모습으로 추종자들과 함께 들어온다. 실로 오랜만에 타이스를 본 아타나엘은 타이스의 아름다움에 마음이 흔들리지만 극도로 자제한다. 그는 타이스에게 모든 허황된 사랑과 쾌락을 버리고 그리스도 안에서 영원한 평화와 안식을 찾으라고 간청한다. 처음에는 옛 애인 아타나엘의 말을 조소하던 타이스도 나중에는 그의 진실한 마음에 감동 받아, 앞으로 어떻게 할지 이야기를 더 나누고 싶으니 밤에 자기 집으로 오라고 부탁한다. 아타나엘은 타이스에게 신앙과 참회에 대한 얘기를 해주며 영혼의 구원을 위해 함께 나일 강변의 수도원으로 가자고 한다. 드디어 타이스의 마음에 변화가 일어난다. 그녀는 신을 멀리하고 살았던 과거를 참회하면서 모든 쾌락과 어리석음을 버리기로 결심한다. 타이스는 과거를 청산하는 의미에서 자기 집에 불을 지르고 아타나엘과 함께 성난 추종자들의 고함을 뒤로한 채 알렉산드리아를 빠져 나간다.

[제3막] 테베 사막의 오아시스다. 타이스는 피곤에 지쳐 있다. 밤새 사막 길을 걸어왔기 때문이다. 아타나엘은 힘들어 하는 타이스의 모습을 보자 측은한 마음이 든다. 그는 샘물에서 물을 떠 타이스에게 건네준다. 산해진미에 화려한 옷을 걸치고 살던 타이스는 이제 물 한 모금에도 감사하는 진정한 참회자가 되었다. 타이스에 대한 아타나엘의 연민과 동정의 마음은 사랑으로 바뀐다. 그러한 마음을 꾸짖기라도 하듯 이들을 찾아 나섰던 수녀원장이 수녀들과 함께 나타난다. 수도원장이 타이스가 올지도 모르니 영접해달라고 수녀원장에게 부탁했기 때문이다. 아타나엘이 타이스를 수녀원장에게 맡기자, 그녀는 타락한 죄인 타이스의 참된 회개를 기뻐하며 진심으로 영접한다. 참신앙의 기쁨으로 가득한 타이스는 아타나엘에게 영원한 작별을 고하고 수녀들과 함께 떠난다.

이제 아름다운 타이스의 모습을 볼 수 없다고 생각한 아타나엘의 마음에 타이스에 대한 속세의 사랑이 솟아오른다. 타이스에게 속세의 사랑을 저주하고, 버리라고 강요한 자기 자신이 부끄러워진다. 수도원으로 돌아온 아타나엘은 자신의 마음은 아직도 타이스에 대한 사악함으로 가득하다고 고백하면서 자신을 저주해달라고 형제들에게 간청하지만, 수도원 형제들도 아타나엘의 괴로움을 지켜보기만 할 뿐 달리 도리가 없다.

어느 날 밤 꿈속에서 죽어가는 타이스의 모습을 본 아타니엘은 타이스가 괴로움에 처해 있다는 생각으로 잠을 이루지 못한다. 그는 급기야 타이스를 만나봐야 한다는 일념으로 수녀원으로 달려간다. 타이스는 실제로 죽어가고 있다. 금식과 한없는 인내의 계율로 참회를 해 몸이 극도로 허약해져 있다. 아타나엘은 마음을 굳게 먹고 죽지 말라면서 제발 예전의 웃음을 보여달라고 애원하지만 속세의 정열을 모두 버린 타이스는 영원한 하늘의 영광을 바라보며 평화롭게 눈을 감는다. 상심한 아타나엘이 타이스의 발아래 쓰러진다.

베르테르

타이틀	**Werther**

	전 4막의 서정적 드라마. 독일의 철학자 괴테의 자서전적 소설 『젊은 베르테르의 슬픔(Die Leiden des jungen Werthers)』을 바탕으로 에두아르 블로, 폴 밀리에(Paul Milliet), 조르주 아르트망(Georges Hartmann)이 공동으로 대본을 만들었다.
초연	1893년 1월 16일 파리 오페라 코미크
주요 배역	샤를로트(샤를로테: 20세, 바일리의 딸), 베르테르(23세, 시인), 알베르(알베르트: 25세, 샤를로테의 약혼자), 르 바일리(50세, 지방판사, 샤를로테의 아버지), 소피(15세, 샤를로테의 여동생)
음악 하이라이트	크리스마스 캐롤, 1막에서 베르테르의 아리아, 3막에서 샤를로테의 아리아, 4막에서 베르테르와 샤를로테의 사랑의 듀엣
베스트 아리아	「어찌하여 나를 깨우는가?(Porquoi me reveiller)」(T), 「오 자연이여, 은혜에 넘쳐 있도다(Ô nature, pleine de grâce)」(T), 「편지의 아리아(Air des letttres)」(S)

사전 지식　　　괴테가 미국이 독립한 해인 1774년에 내놓은 『젊은 베르테르의 슬픔』은 괴테의 경험을 담은 자전적 소설이라고 한다. 『젊은 베르테르의 슬픔』은 그 시대의 여러 사람에게 깊은 영향을 주었다. 특히 두 가지 면에서 사회적으로 영향을 끼쳤다. 첫째는 편지다. 당시 거의 모든 편지 문투는 1770년대에 고개를 들기 시작한 질풍노도(Strum und Drang) 사조를 그대로 반영했다. 두 번째는 패션이다. 베르테르가 입었던 푸른색 조끼와 노란색 짧은 바지, 그리고 베르테르의 행동 하나하나를 모든 청년이 따라했다. 심지어 베르테르를 본받아 지나친 감상주의에 빠져 스스로 목숨을 끊는 젊은이들도 많았다고 한다. 마스네는 오페라의 주요 배역의 나이를 명시해놓았다.

줄거리　　　아름다운 이십대 여인 샤를로테(Charlotte)는 지나치게 현실적이며 자비심도 없는 알베르트(Albert)와 약혼한 사이다. 두 사람의 약혼은 샤를로테의 어머니가 숨을 거두면서 당부한 일이었다. 어느 날 샤를로테는 약혼자 알베르트가 멀리 출장 중이라 젊은 청년 베르테르(Werther)의 에스코트를 받아 무도회에 참석한다. 이를 계기로 두 사람은 어느새 깊이 사랑하는 사이가 된다. 그러나 풍파를 일으키고 싶지 않은 샤를로테는 사랑하지는 않지만 알베르트와 결혼하는 것이 자기가 갈 길이라고 믿는다. 사람들이 뭐라고 하겠는가?

샤를로테가 결혼한 지 석 달이 지났다. 베르테르는 샤를로테를 잊지 못해 미칠 지경이다. 그는 현실에서 도피하기 위해 먼 타국으로 떠나기로 결심하고 샤를로테에게 아주 간절한 사랑의 편지를 써 보낸다. 이 편지를 받은 샤를로테는 자기가 진정으로 사랑하는 사람은 베르테르인 것을 절실히 느낀다.

시간이 흘러 크리스마스가 되자 베르테르가 돌아온다. 샤를로테와 베르테르는 두 사람이 함께 읽던 책을 다시 들여다보고, 두 사람이 함께 연주했던 하프시코드를 보며 행복에 젖는다. 베르테르는 샤를로테에게 비극적 사랑을 묘사한 시를 읽어준다. 「어찌하여 나를 깨우는가?」는 아름다운 아리아다. 베르테르가 자신의 감정을 숨기지 못하고 샤를로테에게 키스하려 하자 그녀가 방에서 뛰쳐나간다. 혼자 남겨진 베르테르는 깊은 괴로움과 슬픔에 잠긴다. 베르테르는 알베르트에게 "나는 이제 먼 여행을 떠나렵니다. 당신의 권총을 빌려줄 수 있을까요?"라는 내용의 편지를 보낸다. 두 사람의 관계를 어느 정도 알고 있는 알베르트는 베르테르가 먼 곳으로 떠난다고 하니 다행이라고 생각하면서 권총을 보낸다.

생을 마감하기로 결심한 베르테르가 방아쇠를 당긴다. 이상한 예감이 든 샤를로테가 눈이 펑펑 쏟아지는 길을 헤치고 베르테르의 집으로 찾아온다. 샤를로테는 죽어가는 베르테르에게 "언제나 당신만을 사랑했어요"라고 말하며 흐느낀다.

죽음을 맞이한 베르테르는 빨간 조끼를 입고 있다. 흐르는 피를 감추기 위해서였다고 한다. 어떤 대본에는 푸른색 조끼로 되어 있다.

타르튀프

타이틀	**Tartuffe**		
	전 3막. 몰리에르(Molière; Jean-Baptiste Poquelin)의 원작 희곡을 기본으로 작곡자가 직접 대본을 썼다.		
	초연	1980년 샌프란시스코 오페라	
	주요 배역	오르곤(오르공), 엘미어(엘미르: 오르공의 아내), 타르튀프(교활한 가짜 성인), 마리앤(마리안: 오르공의 딸), 발레르(마리안과 결혼을 약속한 청년), 도린(오르공 집의 하녀), 다미스(다미: 오르공의 아들)	
	베스트 아리아	「사랑하는 예쁜 새(Fair Robin I love)」(S), 「신부님께 기원하나이다 (Father, I beg you)」(S)	

사전 지식　　　　　커크 메헴은 미국의 가장 뛰어난 작곡가 중의 한 사람이다. 코믹한 이 오페라는 음악의 구성에서 베토벤, 바그너, R. 슈트라우스, 스트라빈스키의 영향을 받았다는 평을 받고 있다. 미국에서 초연된 후 빈으로 건너간 〈타르튀프〉는 '20세기의 클래식'으로 선정되어 빈 실내오페라단이 18회나 연속으로 공연하는 성과를 거두었다. 이후 세계 각지에서 300회 이상 공연됐을 정도로 관심을 끈 작품이다.

줄거리　　　　　시기는 17세기, 무대는 파리다.

[제1막] 돈 많은 파리의 중산층 오르공(Orgon)이 타르튀프(Tartuffe)라는 청년을 집으로 데려와 함께 지낸다. 타르튀프는 교활한 기회주의자이지만 오르공은 그를 마치 성자처럼 존경한다. 오르공의 딸 마리안은 발레르(Valere)와 결혼을 약속한 사이지만 오르공은 딸이 타르튀프와 같은 성자와 결혼해야 한다고 믿어, 마리안과 발레르를 헤어지게 할 생각이다. 우연히 이 소리를 들은 하녀 도린(Dorine)은

메헴, 커크(Mechem, Kirke, 1925~)
미국 캔자스 주 위치토(Wichita)에서 태어난 커크 메헴의 첫 오페라 〈타르튀프〉는 초연 이후 6개국에서 350회를 공연할 만큼 성공을 거두었다. 미국 작곡가의 작품이 이만한 성공을 거둔 예는 거의 없다. 여러 형태의 음악을 무려 250곡이나 작곡한 그는 '미국 합창곡 작곡가의 교장 선생님'으로 불리기도 한다.

마리안에게 그놈이 성자는 무슨 성자냐고 하면서 아버지의 말은 절대 듣지 말라고 당부한다. 마리안과 발레르는 도린의 도움을 받아 오르공과 성자인 척하는 타르튀프의 계획을 무산시키려고 한다.

[제2막] 도린은 타르튀프와 오르공의 젊은 아내 엘미르의 만남을 주선한다. 타르튀프가 아주 성자인 척하며 엘미르의 방으로 찾아온다. 그러나 엘미르와 단둘이 있게 되자 속물같이 행동한다. 엘미르는 타르튀프가 자신을 넘보는 것을 나무라지만, 오르공에게 얘기를 잘해 마리안과 발레르의 결혼 승낙을 받아주면 자기와 친하게 지낼 수 있다고 말한다. 그때 한쪽에 숨어 두 사람의 얘기를 듣고 있던 아들 다미(Damis)가 뛰쳐나와 그럴 줄 몰랐다고 하면서 타르튀프의 이중적 행동을 공개하겠다고 맹세한다. 잠시 후 오르공이 집에 돌아오자 다미는 기다렸다는 듯 타르튀프를 비난하지만, 그가 아주 교묘하게 처신하며 해명하는 바람에 "저런 성스러운 분을 비난하면 지옥 갈 줄 알아라"라는 꾸지람을 듣고는 집에서 쫓겨나고 만다. 오르공이 마리안에게 타르튀프와의 결혼을 강요하자 엘미르가 옆에 있는 타르튀프에게 전에 한 약속을 잊지 말라고 한다. 그런데 교활하기 짝이 없는 타르튀프는 오르공을 따로 만나 마리안과 결혼하겠으니 모든 재산을 자기에게 넘긴다는 서류를 만들어달라고 요청한다.

[제3막] 엘미르는 남편이 너무 맹목적으로 타르튀프만 믿고 있기 때문에 그가 얼마나 교활하고 성실치 못한 인물인지 보여주기로 결심한다. 오르공은 아내가 기침을 하면 나오기로 약속하고 탁자 밑에 숨는다. 드디어 타르튀프가 엘미르의 방으로 들어온다. 엘미르가 은근히 치켜세우자 행동이 돌변한 타르튀프는 사랑과 정열 운운하며 엘미르에게 접근한다. 그러면서 종교를 경멸하는 말을 내뱉는다. 엘미르가 계속 기침을 하지만 오르공은 탁자에서 나올 생각은 하지 않고 계속 '저분은 성자시다'라고 자기 주문을 건다. 그런데 타르튀프가 오르공은 오리궁둥이라는 둥 아주 모욕적인 말을 하자 그제야 참지 못하고 뛰쳐나온다. 하지만 이번에도 타르튀프가 아주 교묘한 말로 오르공의 마음을 돌려놓는다. 타르튀프는 한술 더 떠, 오르공이 만들어준 서류를 보이면서 "이 집에서 나가야 할 사람은 내가 아니라 당신들이요!"라고 하며 위세가 당당하다. 이때 다미가 법원 집행관으로 변장해 직원들과 함께 나타난다. 타르튀프 편에 서서 식구들을 집에서 쫓아내기 위해서다. 식구들이 "우리는 못 나가요!" 라면서 저항하자 다미는 경찰을 부르러 가는 척 밖으로 나갔다가 뒷문으로 들어와 식구에게 자신의 계획을 얘기해준다. 그는 타르튀프로 변장해 경찰들에게 오르공이 약속을 지키지 않으니 체포하라고 명령한다. 일이 이쯤 되자 오르공은 타르튀프를 불신하기 시작한다. 갑자기 팡파르가 울리고 왕의 특사로 가장한 마리안이 등장한다. 특사는 진짜 타르튀프를 체포하라고 명하고는 그의 죄상을 낱낱이 공개하면서 영원히 이 나라를 떠나든지 감옥에 가든지 택하라고 말한다. 이 말에 타르튀프는 줄행랑을 친다. 오르공은 자신의 우둔함을 뉘우치며 마리안과 발레르의 결혼을 승낙한다.

요셉

타이틀	**Joseph**	
	전 3막. 대본은 알렉상드르 뒤발(Alexandre Duval)이 맡았다. 보통 '요셉(Joseph)'이라는 제목을 쓰며, 때로 '이집트의 요셉(Joseph en Égypte; Joseph in Egypt)'이라는 제목을 쓰기도 한다.	
	초연	1807년 2월 17일 파리 오페라 코미크 극장
	주요 배역	요셉(클레오파스: 이집트 총리), 베냐민(요셉의 동생), 요셉의 이복형제들 (시므온 등), 우토발(요셉의 하인)

사전 지식　　　　구약성경 창세기에 나오는 이집트 총리대신 요셉에 관한 이야기다. 형제들의 미움을 받아 노예로 팔려간 요셉은 이집트에서 바로(파라오) 왕의 신임을 받아 총리대신이 되어 기근에서 나라를 구한다. 요셉의 아버지 야곱은 열두 아들을 두었는데, 이들이 나중에 이스라엘의 열두지파가 된다. 야곱은 네 명의 아내가 있었는데, 그중 야곱이 가장 사랑한 아내는 라헬(Rachel)이었다. 음악과 직접 관련은 없지만 야곱의 열두 아들을 살펴보면 다음과 같다. 첫 번째 아내 레아(Leah)에게서 르우벤(Reuben), 시므온(Simeon), 레위(Levi), 유다(Judae), 잇사갈(Itsagal), 스블론(Sboulon) 등 6형제를, 둘째 아내 라헬(Rachel)에게서 요셉(Joseph)과 베냐민(Benjamin)을, 라헬의 여종 빌하(Bilhah)에게서 단(Dan)과 납달리(Nabdalee)를, 레아의 여종 실바(Silva)에게서 갓(Gaht)과 아셀(Ashell)를 얻었다. 잘 아는 대로 라헬과 레아는 자매지간이다.

메월, 에티엔니콜라(Méhul, Etienne-Nicolas, 1763~1817)
에티엔니콜라 메월은 프랑스혁명이 한창인 때에도 오페라 작곡에 전념했다. 혁명에도 참여했던 메월은 훗날 나폴레옹을 위해 오페라를 작곡하기도 했다. 파리에서 글루크에게 피아노와 작곡을 배웠는데 그의 권유로 오페라를 작곡하기 시작했으며, 첫 작품 〈외프로신(Euphrosine: 에우프로시네)〉이 대단히 환영을 받았다. 30여 편의 오페라 중 가장 성공한 오페라가 〈요셉〉이다. 메월의 오페라 구조는 하이든의 오페라와 비슷하지만, 리듬의 움직임과 통합성은 베토벤의 제5번 교향곡에 비견된다.

에피소드　　　　주역 출연자 중 여성은 없으며, 오페라의 내용이 구약성경의 내용과 정확히 일치하지는 않는다.

줄거리　　　　[제1막] 이집트 땅에 노예로 팔려온 요셉은 파라오(Pharaoh)의 총리대신이 되어 클레오파스(Cleophas)라는 새로운 이름과 함께 존귀한 영광과 명예를 누린다. 그러나 부귀와 권세에도 고향에 계신 늙은 아버지 야곱과 동생 베냐민(Benjamin)을 생각하면 마음이 아프다. 요셉은 하인 우토발(Utobal)에게 자기가 형제들의 미움을 받아 이집트 땅으로 팔려오게 된 이야기를 들려준다. 이때 나그네들이 양식을 구하러 총리대신을 만나러 왔다는 소식이 전해진다. 나그네들을 접견한 요셉은 이들이 자신의 형제임을 단번에 알아보지만 형제들은 요셉을 알아보지 못한다. 요셉은 자신이 누군지 밝히지 않은 채, 형제는 몇 명이며 고향에 부모님은 계시는지 등을 묻는다. 이들이 고향에 늙은 아버지가 계시다고 대답하자 요셉은 다른 방으로 가서 기쁨과 슬픔의 눈물을 흘린다. 다시 방으로 돌아온 요셉은 시므온(Simeon)에게 형제가 열두 명이라면서 어찌하여 10명밖에 없냐고 묻자 베냐민이라는 동생은 아버지가 함께 가는 것을 만류해 집에 있으며, 또 다른 형제 요셉은 어딘가로 떠나 죽었는지 살았는지 모른다고 설명한다. 요셉은 형제들이 자기를 노예로 팔아넘긴 것을 뉘우치는 모습이 보이자 마음이 누그러진다. 특히 요셉을 팔아넘긴 장본인 시므온은 진정으로 후회하는 모습이다. 요셉은 하인들에게 이들을 잘 대접하라고 지시하고 연회가 끝나자 이들이 머무는 천막으로 간다.

[제2막] 히브리인 캠프로 간 요셉은 야곱과 베냐민을 보자 감정에 북받쳐 눈물을 흘리지만 형제들은 이집트 총리대신이 왜 눈물을 보이는지 의아해한다. 히브리 캠프에서 형제들이 과거의 잘못을 깊이 뉘우치는 모습을 본 요셉은 '내가 바로 그 요셉이올시다'라고 소리치고 싶지만 애써 참는다. 요셉은 형제들에게 자기와 함께 이집트 궁전으로 가자고 한다.

[제3막] 이집트 궁전에 야곱을 비롯한 히브리 손님들이 도착한다. 야곱은 눈이 멀어 베냐민의 안내를 받고 있다. 연회가 시작된다. 요셉은 신분을 감추고 형제들에게 이것저것을 묻는다. 시므온은 이집트의 지체 높은 총리대신이 마치 자기들이 저지른 잘못을 속속들이 알고 질문하는 것 같아 양심의 가책을 느낀다. 결국 시므온은 동생 요셉을 노예로 팔았다고 고백한다. 이 얘기를 들은 야곱은 분노와 절망에 히브리 민족의 대족장으로서 형제들에게 저주를 내린다. 그 순간 요셉이 정체를 밝히면서 아버지에게 형제들을 용서하고 저주를 거둬달라고 간청한다. 요셉을 찾아 한없이 기쁜 야곱은 요셉의 간청대로 저주를 거둔다. 모두 신의 크나큰 은혜에 감사드린다.

아말과 밤에 찾아온 손님

| 타이틀 | **Amahl and the Night Visitors** |

	1막의 오페라. 작곡자가 직접 대본을 썼다.
초연	1951년 12월 24일 뉴욕 NBC TV
주요 배역	아말(절름발이 소년), 어머니, 카스파르, 멜키오르, 발타자르

사전 지식　　　미국 전역에서 크리스마스가 되면 공연되는 작품이다. 원래는 텔레비전 프로그램으로 작곡되었다. 그래서 매해 크리스마스마다 NBC에서 초연 실황을 방영했었다. 이는 원본 비디오가 분실될 때까지 계속되었다. 어린아이의 눈을 통해 사건이 전개되므로, 음악적 언어는 깨끗하며 사랑스럽다. 이 오페라는 텔레비전이나 소극장에 적합한 작품이다.

줄거리　　　예수가 탄생한 옛날 옛적이다. 열두어 살쯤 되는 절름발이 소년 아말이 밖에서 양을 돌보고 있을 때 아주 커다란 별 하나가 꼬리를 끌며 지나가는 것을 본다. 소년은 집에 들어와 어머니에게 아주 커다란 별을 보았다고 얘기하지만 어머니는 "별이 크면 얼마나 크단 말이냐?"라고 하면서 그의 말을 믿으려 하지 않는다. 동화 속 양치기 소년처럼 아말이 자주 거짓말을 하기 때문이다. 아말은 자기 말을 믿지 않는 어머니가 야속하기만 하다. 그러면서 이제부터는 거짓말을 하지 않겠다고 다짐한다.

메노티, 잔 카를로(Menotti, Gian Carlo, 1911~2007)
잔 카를로 메노티는 이탈리아계의 미국 작곡가이자 대본가다. 그는 미국 작곡가로서 활동했지만 세상을 떠날 때까지 이탈리아 시민권을 포기하지 않았다. 그는 10여 편의 오페라를 작곡했는데, 대표적인 작품은 크리스마스 오페라 〈아말과 밤에 찾아온 손님〉과 풀리처상을 받은 〈영사〉(1950), 〈블리커가의 성녀〉(1955)다. 그는 1958년 세계적으로 유명한 '두 세계의 페스티벌(Festival dei due mondi)'을 창립했으며, 1977년에는 이 축제의 미국 파트너인 스폴레토 페스티벌(Spoleto festival)도 설립했다.

갑자기 문 두드리는 소리가 들린다. 아말이 문을 열어보니 훌륭한 옷을 입은 세 명의 왕이 서 있다. 이들의 이름은 카스파르(Caspar), 멜키오르(Melchior), 발타자르(Balthasar)로, 멀리서 별을 보고 따라왔다고 한다.이들을 동방박사(Magi)라고 부른다. 그들의 말마따나 매우 피곤한 기색이다. 아말이 어머니에게 세 명의 왕들이 찾아왔다고 소리치지만, 이번에도 아말의 말을 건성으로 듣는다. 아말이 세 명의 왕들을 집안으로 모시자, 그제야 사실임을 안 어머니가 소스라치게 놀란다. 왕들은 아말과 어머니에게 저 동방에서 새로 태어난 왕을 찾아왔다고 말한다. 세 명의 왕은 그들이 가지고 온 귀한 보물을 보여주며 새로 태어난 왕에게 드릴 예물이라고 설명해준다. 아말의 집에 귀한 손님들이 왔다는 소문을 듣고 마을 사람들이 몰려와 세 명의 왕에게 마실 것과 먹을 것, 선물을 주며 경배한다. 그날 밤 아말의 어머니는 세 명의 왕들이 가지고 온 보물 중 황금을 훔치려다가 왕들에게 들킨다. 남편도 없이 힘든 생활을 꾸려온 아말의 어머니는 황금을 팔아 당장 아이들에게 필요한 것을 사서 쓸 생각이었다. 아말 어머니의 딱한 사정을 들은 세 명의 왕은 오히려 황금을 가지라고 주며, 자신들이 찾고 있는 왕은 왕국을 다스리는 데 사랑 이외에는 아무것도 필요 없으신 분일 거라고 설명해준다. 부끄럽게 생각한 아말의 어머니는 세 명의 왕에게 황금을 되돌려주며 자기보다 더 불쌍한 사람들을 위해 쓰든지 원래 생각했던 대로 새로 태어난 왕에게 바쳐달라고 말한다. 이야기 소리에 잠에서 깬 아말과 그의 동생들은 세 명의 왕들이 길을 떠날 채비를 하자 새로 태어난 왕에게 경배하고 싶다면서 아끼던 물건을 주며 세 왕들에게 전해달라고 부탁한다. 그 순간 방 안에 밝은 빛과 함께 따뜻한 기운이 감돌더니 놀랍게도 절름발이였던 아말이 다른 사람들과 마찬가지로 걸을 수 있게 된다. 아말의 어머니는 기적이 일어났다면서 감격한다. 새로 태어난 왕 덕분에 자기가 걷게 되었다고 믿는 아말은 세 명의 왕들과 함께 병을 고쳐준 만왕의 왕에게 경배하기 위해 작은 보따리를 들고 길을 나선다.

아멜리아 무도회에 가다

타이틀	**Amelia al Ballo**(Amelia Goes to the Ball)
	단막의 오페라 부파. 대본은 작곡자가 직접 썼다.
초연	1937년 4월 1일 필라델피아 음악 아카데미(Philadelphia Academy of Music). 초연의 대본은 영문으로 번역되어 공연되었다.
주요 배역	아멜리아, 아멜리아의 남편, 아멜리아의 애인, 경찰서장
베스트 아리아	「이렇게 귀중한 시간을 허비하고 있는 중에(While I waste these precious hours)」(S)

줄거리 밀라노의 한 아파트에 사는 아멜리아는 그날 밤 열리는 최고의 무도회에 갈 준비를 하며 몹시 들떠 있다. 하녀들이 아멜리아가 야회복 입는 것을 도와준다. 하녀들도 모두 흥분된 상태다. 아멜리아가 준비를 마치고 나가려는 순간, 남편이 언짢아하며 들어온다. 남편은 아멜리아에게 온 편지 한 장을 보이면서 편지에 쓰여 있는 사랑하는 사람이 누구냐고 다그친다. 의심을 받을 만한 편지다. 아멜리아는 무도회에 데려다 준다고 약속하면 누군지 밝히겠다고 한다. 남편이 약속하자 위층에 사는 청년이라고 대답한다. 화가 난 남편이 그를 쏘아 죽이겠다고 하면서 뛰쳐나간다. 혼자 남은 아멜리아는 무도회에 가지 못하는 처량한 신세를 한탄한다.

아멜리아는 남편이 무슨 일을 저지를지 모르므로 위층에 사는 청년에게 미리 알려주기 위해 발코니로 나간다. 마침 발코니에 나와 있던 청년은 조심하라는 아멜리아의 경고를 듣고는 밧줄을 타고 아멜리아 집 발코니로 내려온다. 아멜리아가 청년에게 어서 도망가라고 하자 청년은 함께 떠나자고 애원한다. 아멜리아는 무도회에 참석하고 나서 다음 주에 멀리 떠나겠다고 대답한다. 그토록 기다렸던 무도회이므로 결코 놓치고 싶지 않기 때문이다. 얘기를 나누던 중 남편이 벌컥 들어선다. 청년은 급한 대로 방 한구석에 있는 가리개 뒤로 숨는다.

아멜리아는 아무 일도 없었다는 듯 남편과 함께 무도회에 가려고 한다. 그 순간 남편의 눈에 베란다로 내려온 밧줄이 들어온다. 남편은 어디엔가 아내의 애인이 숨어 있다고 생각해 구석구석 살펴보기 시작한다. 마침내 청년이 남편에게 발견된다. 남편은 권총을 쏘려고 하지만 방아쇠가 당겨지지 않는다. 위기에서 벗어난 청년은 힘으로 남편을 누르려고 하다가 말로 하는 것이 좋겠다고 생각해 남편과 말다툼을 시작한다. 두 사람은 법적 문제부터 도덕적 문제에 이르기까지 논쟁을 벌인다. 청년은 아멜리아를 진심으로 사랑한다면서 참으로 멋진 아리아를 부른다. 이어 세 사람은 이 문제를 어떻게 해결하면 좋겠느냐고 하면서 트리오를 부른다. 그러다가 논쟁의 주인공 아멜리아가 끝내 참지 못하고 화병을 집어 들어 남편의 머리를 친다. 남편이 사람 죽는다고 소리치며 난리를 피우자 아멜리아는 합창단과 경찰서장을 불러온다.

아멜리아는 무도회에 가려고 준비하고 있는데 어떤 도둑이 들어와 물건을 훔치려고 하기에 얼떨결에 화병을 집어 도둑을 때린다는 것이 남편을 치게 되었다고 설명한다. 경찰서장은 청년을 체포해 감옥에 넣겠다고 말한다.

아멜리아는 이미 약속한 대로 남편의 손을 잡고 무도회에 간다.

미디엄

타이틀	**The Medium**	
	전 2막의 비극. 대본은 작곡자가 직접 썼다. 미디엄(Medium)은 영매(靈媒)를 뜻한다.	
	초연	1946년 5월 8일 뉴욕 컬럼비아 대학교의 브랜더 매튜스 극장(Brander Matthews Theater)
	주요 배역	마담 플로라(바바: 영매), 모니카(플로라의 딸), 토비(벙어리 집시 소년), 미스터 고비노, 미시즈 고비노, 미시즈 놀란
	베스트 아리아	「두려운가? 내가 두려운가?(Afraid? Am I Afraid?)」(Cont)

사전 지식　　　오페라 〈미디엄〉은 강렬한 인상을 주는 작품이다. 노래는 단순하지만 날카로운 비판을 담고 있다. 모니카가 빗질을 하면서 부르는 동요 스타일의 노래 「흑조야, 아, 나의 사랑하는 사람은 어디로 갔을까?(Oh, black swan, where, oh, where is my lover gone?)」, 토비가 부르는 「모니카, 모니카, 보이는가?(Monica, Monica, can't you see?)」 등이 그러하다. 일종의 사기꾼인 마담 플로라는 자기가 주문을 걸어 불러냈다고 하는 혼백에게 오히려 괴롭힘을 당한다. 술에 의존하게 된 플로라는 결국 자제력을 잃게 되고 자신도 모르는 어떤 힘의 영향을 받는다. 메노티는 〈미디엄〉 공연 전에 양념으로 무대에 올리는 개막극 〈전화(The Telephone)〉를 작곡했다.

줄거리　　　[제1막] 마담 플로라(Madame Flora; Baba)는 죽은 사람의 혼령을 불러와 대화를 나누는 영매 같은 여인으로 알려져 있지만, 실은 사기꾼이다. 자기 딸 모니카에게 하얀 옷을 입혀 방 한구석에서 어렴풋이 나타나게 해 마치 죽은 사람이 얘기하는 것처럼 사람들을 속이고 있다. 불을 *끄거나* 켜면서 마이크를 조작하는 일은 플로라의 집에 함께 살고 있는 벙어리 청년 토비(Toby)가 맡는다.

어느 날 플로라가 볼일을 보고 돌아와 보니 모니카와 토비가 노는 데 정신이 팔려 영매 작업을 하는 데 필요한 준비를 하나도 해놓지 않았다. 화가 치민 플로라가 토비를 때리려고 하자 모니카가 막아선다. 플로라는 화를 가라앉히고, 곧 도착할 손님을 맞이할 준비를 한다.

어떤 아내가 죽은 자기 아들과 대화를 나누고 싶다고 찾아온다. 놀란(Nolan) 부인이다. 플로라는 온갖 몸놀림으로 부인의 죽은 아들의 혼령을 불러오는 시늉을 한다. 그러자 커튼 뒤에 숨어 있던 모니카(Monica)가 하얀 옷을 입고 나타나 어린아이 목소리로 중얼거린다. 놀란 부인은 죽은 아들(실은 모니카)과 몇 마디 얘기를 나누더니 감격해 눈물을 흘린다. 그때 플로라가 누군가 자기 목을 조른다면서 비명을 지르며, 사람들에게 나가라고 소리친다. 플로라는 자기 목을 조른 것이 토비라고 생각해 토비를 야단친다. 그 순간 방 한쪽에서 모니카가 냈던 것 같은 어린아이의 음성이 들린다.

[제2막] 말 못하는 토비는 모니카에 대한 사랑을 인형극으로 표현해왔다. 모니카는 토비가 자신에게 사랑한다는 말을 하기 위해 애쓰고 있다는 것을 눈치챘다. 그녀는 토비의 목소리를 흉내 내어 토비를 대신해 사랑한다는 말을 한다. 플로라가 나타나 지난번 영매 도중에 자기 목에 손을 댄 사람은 토비라고 하면서 바른대로 말하라고 다그친다. 토비가 대답을 하지 않자 채찍으로 때리기 시작한다. 그때 초인종 소리가 들린다. 며칠 전에 왔다가 플로라가 소리치며 내쫓는 바람에 돌아갔던 사람들이다. 플로라는 이들에게 혼령을 어떻게 불러올 수 있겠냐고 하면서 지금까지 자기가 사람들을 속였다고 털어놓는다. 그녀는 그 증거로 전깃줄과 마이크를 보여준다. 그렇지만 손님들은 그 말을 믿으려 하지 않는다. 플로라는 마이크와 전깃줄 등 영매 작업에 쓰는 물건을 창밖으로 내던진다. 이 장면을 목격한 모니카는 갑자기 슬픔이 몰려와 자기 방으로 돌아간다.

플로라는 자신이 저지른 짓에 놀라며 어쩔 줄 몰라 술만 마신다. 잠들었던 플로라는 토비가 중얼거리며 시끄러운 소리를 내는 바람에 잠에서 깬다. 토비는 인형극 놀이를 하고 있다. 그 모습을 본 플로라는 총을 찾아와 토비를 쏘아 죽이고는, 자기를 쫓아다니며 괴롭히던 혼령을 죽였다고 생각한다.

영사(領事)

타이틀	**The Consul**	
	전 3막의 비극. 작곡자가 직접 대본을 썼다.	
	초연	1950년 3월 1일 필라델피아 슈베르트 극장(Shubert Theatre)
	주요 배역	마그다(존 소렐의 아내), 존 소렐(공산주의 반대자), 비밀경찰, 영사의 여비서, 아산(유리 가게 주인)
	베스트 아리아	「이곳까지 우리는 이르렀다(To this we've come)」(S), 「우리 볼 수 있을까?(Shall we ever see)」(Cont)

사전 지식　　　　오페라 〈영사〉는 메노티의 직접적인 음악 표현 스타일을 보여주는 강력한 성격의 작품이다. 1950년 동유럽의 어느 도시로, 동서냉전의 여파로 희생되는 평범한 가족을 그리고 있다. 이 오페라의 시간적 배경은 반세기 전이지만 오늘날에도 적용되는 내용을 담고 있다. 음악은 대부분 화성에 따르고 있지만, 경우에 따라 거친 음조가 등장하기도 한다.

줄거리　　　　[제1막] 무대는 동유럽의 어느 도시다. 공산정권에 반대하는 존 소렐(John Sorel)이 비틀거리며 집으로 들어선다. 아내 마그다(Magda)와 늙은 어머니가 달려와 존을 부축한다. 비밀경찰에 쫓기면서 부상당한 것이다. 마그다가 얼른 밖을 내다보니 비밀경찰들이 다가오고 있다. 마그다는 남편을 창고에 숨긴다. 늙은 어머니는 어린 손자를 재우는 척한다. 비밀경찰이 집 안에 들어와 샅샅이 뒤지지만 존을 찾지 못하자 그냥 돌아간다. 본국에 있을 수 없는 존은 아내에게 이웃 나라로 밀입국할 테니 나중에 비자를 받아 따라오라고 하면서 비장한 마음으로 떠난다. 존은 급한 일이 생기면 아산(Assan)이라는 유리 가게 주인을 부르고, 누군가 돌을 던져 창문을 깨뜨리면 위험하다는 신호라고 일러준다.

장면은 바뀌어 영사관이다. 사람들이 비자를 받기 위해 북적인다. 비자를 신청한 사람들이 이런저런 이유로 대부분 거부당한다. 기다리다 지친 마그다는 인정머리라고는 없어 보이는 여비서에게 영사면담을 요청하며 이름을 적어준다. 비서는 개인적으로 영사를 만날 수 없으며, 마그다가 적어준 것은 숫자이지 이름이 아니라고 하면서 면담을 거절한다. 사회주의 국가에서는 모든 사람이 숫자로 표시된다.

[제2막] 비자를 신청조차 하지 못한 마그다는 초조해진다. 어린아이가 아픈 것도 눈에 들어오지 않는다. 할머니가 아픈 아이를 잠재우기 위해 자장가를 부른다. 자장가 때문인지 마그다도 잠이 든다. 마그다는 악몽 속에서 존과 영사관 여비서, 죽은 아이의 모습을 본다. 유리창이 깨지는 소리에 마그다가 놀라서 깬다. 마그다는 즉시 전화를 걸어 아산을 부른다. 잠시 후 누군가 초인종을 누른다. 아산인 줄 알고 문을 열었는데 비밀경찰이다. 그는 비자를 내줄 테니 존의 동료가 누구인지 대답하라고 한다. 마그다가 모른다고 완강하게 버티자 비밀경찰은 어쩔 수 없어 돌아간다. 곧이어 아산이 찾아온다. 아산은 존이 아직 국경을 넘지 못해 산속에 있으며 가족이 무사한지 연락을 기다리고 있다고 전해준다. 마그다는 아무 탈 없이 모두 무사하니 걱정하지 말고 어서 도망가라고 전해달라고 한다. 존을 구하기 위해서다. 그런 중에 앓던 아이가 결국 죽고 만다. 마그다와 할머니는 슬픔에 잠긴다. 다시 영사관이다. 비자를 받으려는 사람들로 초만원이다. 마그다가 비서에게 영사를 만나게 해달라고 다시 간청한다. 비서가 왜 자꾸 귀찮게 구느냐고 하자 마그다는 분을 삭이지 못해 관료적인 영사관과 인정머리 없는 여비서를 거칠게 비난한다. 마그다가 소란을 핀 것이 효과가 있었는지 지금 만나고 있는 사람이 나오면 영사실로 들어가라고 비서가 말한다. 한참 후 영사의 방에서 마그다를 회유했던 그 비밀경찰이 나온다. 마그다는 정신을 잃고 쓰러진다.

[제3막] 한참 후 정신이 든 마그다는 영사를 만나기 위해 기다린다. 여비서가 영사관 문을 닫을 시간이니 나가달라고 하지만 마그다는 나갈 생각을 하지 않고 그대로 앉아 있다. 아산이 마그다를 찾아 급하게 영사관으로 들어선다. 아산은 산속에 숨어 있던 존이 가족이 궁금해 집으로 갔다가 죽은 어머니와 아이를 발견했다고 하면서 지금 영사관으로 달려오고 있다고 전해준다. 마그다는 이곳에 존을 잡으려는 비밀경찰이 있으니 오지 말라는 쪽지를 재빨리 써 아산에게 주고는 집으로 바삐 돌아간다. 그러나 때는 늦었다. 아산을 만날 새도 없이 존이 영사관으로 들어선 것이다. 비밀경찰이 존을 체포한다. 이 광경을 본 영사의 여비서는 아무것도 모른 채 집으로 간 마그다에게 도망치라는 말을 전하기 위해 전화를 걸지만, 집에 도착한 마그다는 두려움 때문에 전화를 받지 않는다. 마그다는 스토브의 가스를 틀어놓는다. 사람들의 환영이 보이는 것 같다. 영사관에서 기다리던 많은 사람들, 존, 아이, 할머니, 아산. 그들의 환영 속에 가스를 마시면서 마그다가 죽어간다.

노처녀와 도둑

타이틀	**The Old Maid and the Thief**

	전 4장으로 된 짧은 오페라. 대본은 작곡자가 직접 썼다.
초연	1939년 4월 22일 NBC 라디오 방송
주요 배역	밥(도둑), 미스 토드(노처녀 가정부), 래이티샤(젊은 하녀)
베스트 아리아	「바람이 여름을 노래할 때(When the air sings of summer)」(T)

사전 지식　　　1939년 메노티가 NBC 라디오 방송을 위해 작곡한 〈노처녀와 도둑〉은 라디오 방송을 위해 작곡된 최초의 오페라다. 또한 이탈리아 출신 메노티가 처음으로 작곡한 영어 대본 오페라이기도 하다. 메노티의 작품 대부분이 현대 음악 기법에 기반을 두었지만, 이 오페라는 18세기 스타일로 돌아간 작품으로 그로테스크한 코미디라는 평을 받고 있다.

줄거리　　　노처녀 가정부 미스 토드(Miss Todd)가 옆집 가정부 미스 핀커턴(Miss Pinkerton)에게 차 대접을 하는데 뒷문 쪽에 웬 거지가 어슬렁거린다. 남루한 옷을 입고 있지만 밉지는 않게 생겼다. 미스 토드는 젊은 하녀 래이티샤(Laetitia)에게 그 거지를 부엌으로 데려오라고 시킨다. 거지는 자신을 밥(Bob)이라고 소개한다. 미스 토드와 래이티샤는 밥의 재치 있는 말솜씨와 젊음에 매력을 느낀다. 남자라고는 사귀어보지 못한 두 여인은 식사와 잠자리를 제공할 테니 집에서 함께 지내자고 제안한다. 얼마 후 미스 토드는 어떤 도둑이 지방 감옥에서 탈출해 수배 중이라는 소식을 듣는다. 들은 바로는 밥과 인상착의가 비슷하지만, 미스 토드는 밥을 계속 숨겨준다. 심지어 밥이 술을 마시고 싶다고 하면 상점에서 술까지 훔쳐온다. 밥은 자신은 아무 죄도 없이 감옥에 갔지만 진짜 감옥에 가야 할 사람은 술을 훔친 미스 토드라고 하며 나무란다. 농담으로 한 말이지만 기분이 상한 미스 토드가 정 그렇다면 경찰에 고발하겠다고 위협을 한다. 그녀가 잠시 자리를 비운 사이 함께 도망치기로 한 밥과 래이티샤가 미스 토드의 물건 중 값나가는 것을 챙겨 그녀의 차를 훔쳐 타고 떠난다. 집에 돌아온 미스 토드는 밥과 래이티샤가 도망간 것을 알고 정신을 잃고 쓰러진다.

블리커가의 성녀

The Saint of Bleecker Street

	전 3막 5장. 대본은 작곡자가 직접 썼다.
초연	1954년 12월 27일 뉴욕 브로드웨이 극장(The Broadway Theatre)
주요 배역	애니나, 미셸(애니나의 오빠), 데시데리아(애니나의 정부), 마리아 코로나(신문팔이), 돈 마르코(사제), 카멀라(애니나의 친구)
베스트 아리아	「오 자애로운 주여, 이 고통에 자비를 베푸소서(Oh sweet Jesus, spare me this agony)」(S), 「이 시간을 기억해요(You remember the time)」(Ms), 「당신이 이 땅을 당신의 집으로 만든다 해도(Although you made this land your home)」(T), 「당신이 날 정말 싫어한다는 걸 알아요(I know that you all hate me)」(T)

사전 지식　　메노티의 다른 오페라와 마찬가지로 〈블리커가의 성녀〉도 극적으로는 단순하면서도 강력한 작품으로, 음악 면에서는 대단히 효과적이다. 그러나 〈영사〉만큼 환영을 받지는 못했다. 이야기가 대중적이지 못했기 때문이다.

에피소드　　1954년 작곡한 〈블리커가의 성녀〉는 퓰리처상과 뉴욕 드라마평론가연맹상을 받은 작품이다(메노티의 또 다른 작품인 〈영사〉도 똑같이 두 상을 받았다).

줄거리　　[제1막] 애니나(Annina)와 오빠 미셸(Michele)이 살고 있는 블리커가의 빈민 아파트다. 애니나의 방문 앞에 사람들이 모여 있다. 애니나가 성령의 도움으로 주님께서 고통당하신 대로 몸에 성흔(聖痕)이 생겼다는 것이다. 동네 사람들은 애니나가 성녀와 마찬가지로 병을 고칠 수 있는지 없는지에 대해 논란을 벌이고 있다. 잠시 후 돈 마르코(Don Marco) 신부가 애니나를 부축해 데리고 나온다. 애니나가 고통 속에 십자가상의 주님을 보았다는 것이다. 애니나의 오빠 미셸은 애니나가 주님을 보았다는 것을 믿지 않는다. 미셸은 애니나를 동네 사람들의 광신적인 관심에게 벗어나게 해주고 싶다. 동네 사람들은 성모마리아 상을 앞세운 거리행진을 준비한다.

하늘의 환상을 보았으며 성흔을 간직한 애니나를 억지로라도 성모 행진에 참가토록 할 생각이다. 몸이 쇠약해진 애니나가 성모 행진에 참여하겠다고 하자 미셸은 절대로 안 된다고 화를 낸다. 옆집 아주머니 마리아 코로나(Maria Corona)는 벙어리였던 아들이 애니나의 몸을 만진 뒤 말을 하기 시작했다는 기적 같은 얘기를 하며 애니나를 진짜 성녀로 믿는다. 미셸은 애니나가 본 것은 그저 환상일 뿐이라고 주장하지만 애니나는 물론이고 마리아도 신의 계시가 분명하다고 주장한다. 미셸은 점점 이상한 신비주의로 빠지는 애니나가 수녀가 되려는 생각을 되돌리기를 바란다. 애니나를 잃게 될까봐 두려운 것이다. 성모 행진이 진행된다.

[제2막] 애니나의 친구 카멜라(Carmela)와 살바토레(Salvatore)의 결혼식이 열린다. 미셸을 사랑하는 데시데리아가 미셸을 만나기 위해 결혼식에 나타난다. 데시데리아(Desideria)의 어머니는 사람들에게서 딸이 미셸과 잠자리를 같이했다는 말을 듣고 화가 나, 딸을 집에서 쫓아냈다. 사실 소문은 벌써부터 있었지만, 데시데리아의 어머니만 모르고 있었던 것이다. 소문이 퍼진 뒤 데시데리아는 결혼식이나 세례식에 초청을 받지 못하지만, 미셸을 비난하는 사람은 없다. 성녀와 같은 애니나의 오빠이기 때문이다. 하지만 데시데리아는 미셸이 여동생 애니나를 사랑한다는 엉뚱한 생각으로 질투심에 불탄다. 그녀는 미셸이 애니나 때문에 자신을 피한다고 불평을 터뜨린다. 미셸은 벌컥 화를 내며 그 말을 취소하라고 소리 지른다. 데시데리아가 못하겠다며 대들자 미셸은 그녀를 칼로 찌른 뒤 도망친다. 죽어가는 데시데리아가 애니나에게 도와달라고 애원한다. 애니나가 데시데리아를 팔에 안고 기도를 드린다.

[제3막] 애니나가 미셸에게 자수할 것을 호소하지만, 미셸은 신과 싸우는 일이 있더라도 그럴 수 없다고 단호히 거절한다. 미셸은 이제 자신에게 남아 있는 사람은 애니나밖에 없다고 소리친다. 애니나는 얼마 후 죽을 것이라는 하늘의 소리를 들었다면서 죽기 전에 꼭 수녀 서임을 받겠다고 말한다. 그 말에 미셸은 저주를 퍼붓는다.

애니나의 침실이다. 건강이 더욱 악화된 애니나는 카멜라에게 수녀가 못 되고 죽으면 자신은 악마에게 예속될 것이라고 하면서 수녀로 서임한다는 소식을 초조하게 기다린다. 수녀로 서임 받을 때 입을 하얀 드레스가 없다고 걱정하자 카멜라는 자신의 신부 드레스를 빌려준다. 드디어 애니나의 소원을 받아들였다는 전갈이 온다. 돈 마르코 신부가 수녀 서임 예식을 거행한다. 사람들은 미셸이 나타나 예식을 방해할까 봐 걱정이다. 애니나는 안젤라 수녀로 서임을 받는다. 예식이 진행되는 중 미셸이 뛰어들어 애니나를 붙들고 제발 자기와 함께 지내자고 간청하지만, 그녀는 미셸이 무슨 말을 하는지 알아듣지 못한다. 수녀 서임식이 끝나자마자 애니나는 고개를 떨어뜨리며 숨을 거둔다.

167

Menotti, Gian Carlo

전화

| 타이틀 | **The Telephone** |

출연자가 단둘뿐인 이른바 단막의 모노 오페라다. 대본은 작곡자가 직접 썼다.

| 초연 | 1947년 2월 18일 뉴욕 헥서 극장(Heckscher Theater) |
| 주요 배역 | 루시, 벤(또는 베리) |

사전 지식　　자신의 뜻을 알지 못하는 사람 때문에 방해를 받는다는 간단한 내용이지만 인간 심리와 기계물질주의에 대한 불신을 표현하고 있다. 메노티는 〈전화〉를 〈영사〉의 시작 오페라로 만들었다. 커튼 레이저(curtain-raiser)라고 부르는 시작 오페라는 본 오페라를 공연하기 전에 시간도 때우고 흥미도 돋우기 위해 잠시 공연하는 짧은 오페라를 말한다. 더구나 〈영사〉가 비극적 내용이므로 재치 있는 가벼운 내용의 〈전화〉와 조화를 이루었다.

줄거리　　벤(Ben 또는 Very)은 루시(Lucy)에게 청혼하려고 전화를 걸지만 적당한 말을 찾지 못해 우물쭈물하다가 며칠 전 보낸 선물을 받았느냐고 묻는다. 루시는 방금 받았다고 하면서 정말 좋다고 말한다. 조그만 추상 조각이다. 벤은 출장 때문에 한 시간 내에 기차를 타야 한다고 한 뒤 본론으로 들어가 청혼을 하려고 하는데 전화가 혼선되어 루시에게 전화를 건 다른 사람의 목소리만 들린다. 루시의 친구 마거릿이다.

루시는 벤이 전화를 끊은 줄 알고 마거릿과 온갖 수다를 떨며 시간을 잡아먹는다. 벤은 할 수 없이 전화를 끊고 잠시 후 다시 걸기로 한다. 지금쯤이면 마거릿과의 통화가 끝났을 것이라고 생각해 다시 전화를 걸지만 이번에는 잘못 연결된다. 벤은 잠시 후 다시 전화를 건다. 다행히 루시와 통화가 된다. 벤은 꼭 할 얘기가 있어 전화를 걸면 혼선이 되거나 통화 중이어서 얘기를 나누지 못하니, 지금 또다시 통화 중에 혼선이 되면 정확히 10분 후에 다시 전화를 걸겠다고 말한다. 과연 그 말이 끝나기가 무섭게 혼선이 되어 전화를 할 수 없게 된다.

벤은 통화가 제대로 되지 않아 청혼의 운도 띄우지 못해 초조하다. 그는 정확히 10분 뒤 다시 전화를 건다. 하지만 이번에도 루시에게 다른 사람의 전화가 걸려와 통화를 하지 못하고 그들의 대화만 듣는다. 전화를 건 사람은 조지다. 조지와 루시는 말다툼을 벌인다. 한참 후 두 사람의 통화가 끝나자 루시는 자기 침실로 들어가 손수건을 꺼내 들고 눈물을 훔친다.

벤은 기차역으로 나가기 전에 마지막으로 전화를 걸어 청혼하려고 한다. 다행히 루시가 전화를 받는다. 벤이 할 말이 있다고 하자 루시는 우선 조지와 말다툼한 얘기를 친구에게 해야 한다면서 잠시 후 다시 걸어달라고 한다. 벤은 전화가 원망스러워 전화선을 가위로 잘라버릴 생각까지 한다. 기차를 타야 하는 벤은 기차역으로 달려간다.

한편 루시는 벤이 자기에서 하고 싶은 말이 있다는 것을 그제야 깨닫고는 무슨 말인지 궁금해한다. 기차역 공중전화로 루시와 간신히 통화가 된 벤은 어렵게 결혼해달라고 말한다. 루시는 별일 아니라는 듯 선선히 승낙하며 벤에게 출장은 가더라도 한 가지만은 잊지 말고 기억해달라고 부탁한다. 자신의 눈동자나 입술, 손이 아닌 자신의 전화번호 말이다.

아시시의 성 프랑수아

타이틀 **Saint François d'Assise**(St. Francis of Assisi)

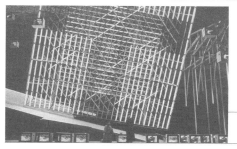

전 3막 8장. 대본은 작곡자가 직접 썼다. 각 장의 내용은 14세기 무명의 프란체스코 수도회의 수도승이 쓴 『그리스도 성흔의 발현(Reflections on the Stigmata)』을 참고한 것이다. 각 장마다 부제가 붙어 있다.

초연   1983년 11월 28일 파리 오페라 극장

주요 배역
성 프랑수아(성 프랜시스; 성 프란체스코), 천사, 문둥병자, 수도승들인 레옹(레오)·마세(마세오)·엘리(엘리아스)·베르나르(베르나르드)·실베스트르(실베스트로)·루핀(루퍼스)

사전 지식   이 오페라의 공연을 위해서는 120명의 오케스트라와 대규모 합창단이 필요하다. 메시앙은 음악에 중세풍 양식을 사용해 사회에서 격리된 성 프랑수아의 모습을 표현하고자 했다. 또한 음악의 각종 기법을 총동원해 속세와 천상 세계를 묘사하고자 했다. 마지막 장면에서 온갖 새들이 지저귀는 소리는 이 오페라의 압권이다. 성 프랑수아의 여러 모습의 삶에 중점 두고 있는 작품이다.

에피소드   메시앙은 모차르트와 바그너 오페라에 대해 많은 공부를 했지만, 오페라를 작곡할 생각은 하지 않았다. 그러던 중 1971년 파리 오페라 극장의 총지배인 롤프 리베르만(Rolf Liebermann)이 메시앙에게 오페라 작곡을 의뢰했다. 그는 이 제안을 사양했으나 나중에 조르주 퐁피두(Georges Jean Raymond Pompidou) 프랑스 대통령이 간청하는 바람에 오페라 작곡을 수락했다. 신앙심이 강했던

메시앙, 올리비에(Messiaen, Olivier, 1908~1992)
올리비에 메시앙은 20세기 프랑스 음악에 가장 많은 영향을 끼친 작곡가이지만, 한편으로는 특이한 스타일의 작품으로 유명했다. 아비뇽(Avignon)에서 태어난 그는 원래 뛰어난 피아니스트 겸 오르간 연주자였다. 어린 시절에 파리로 올라와 열한 살 때 파리 음악원으로 들어가 작곡과 피아노를 공부했다. 졸업 후 약 40년간 파리 음악원의 교수로 재직하면서 수많은 후진을 양성했다. 〈아시시의 성 프랑수아〉는 그의 유일한 오페라다.

메시앙은 처음에는 그리스도의 수난이나 부활을 오페라의 주제로 삼으려고 했다. 그러나 그와 같은 내용을 음악으로 표현하기에는 자신의 역량이 부족하다고 생각해, 그리스도가 보여준 자비, 겸손, 빈곤, 고통의 길을 따르려고 했던 성 프랑수아에 관한 이야기를 주제로 정했다.

줄거리　　　　　　　장소는 이탈리아 아시시(Assisi; Assise), 시대는 13세기다.

[제1막 1장 십자가] 성 프랑수아는 수도승 레옹(Léon; Leo)에게 그리스도를 사랑하려면 인간에게 주어진 모든 모순과 고통을 참고 견뎌야 한다고 설교한다. 그렇게 할 때 '완전한 기쁨'이 충만하게 된다는 것이다.

[제1막 2장 찬양] 수도사들과 아침기도[朝課]를 마친 성 프랑수아는 홀로 남아 신에게 문둥병자를 만나더라도 그를 사랑할 수 있게 해달라고 간구한다.

[제1막 3장 문둥병자에게 입맞춤] 문둥병자 병원이다. 어떤 문둥병자가 자신의 끔찍한 모습과 상처에서 고름과 피가 흐르는 것이 두려워 깊이 한탄하고 있다. 성 프랑수아가 들어와 문둥병자 곁에 앉아 부드럽게 얘기를 나눈다. 천사가 창문 뒤에 나타나 말하기를 "문둥병자여, 그대의 마음이 그대를 비난하고 있다. 그러나 전능하신 여호와께서는 그대의 마음보다 위대하시다"라고 전한다. 문둥병자는 천사의 말과 성 프랑수아의 선함에 번민하다가 격렬하게 불만을 토로한 것을 후회한다. 성 프랑수아가 문둥병자를 껴안자, 기적이 일어난다. 문둥병자의 병이 깨끗이 나은 것이다. 문둥병자는 기쁨에 겨워 일어나 춤을 춘다. 문둥병이 나은 것 이상으로 성 프랑수아의 영혼은 은혜가 충만해 한없는 기쁨으로 넘친다. 성 프랑수아는 모든 피조물이 주께 찬양하라는 노래를 부르며 문둥병자와 거지들에게 입맞춤을 한다.

[제2막 4장 천사의 방문] 라 베르나(La Verna)로 가는 길목의 숲이다. 천사가 나그네의 모습으로 나타난다. 나그네는 인근에 있는 수도원의 문을 두드린다. 두드리는 소리는 격렬하지만 이는 은혜가 비처럼 쏟아지는 소리다. 마세(Massée; Masseo)가 문을 연다. 수도원으로 들어온 나그네는 부원장 엘리(Elie; Elias)에게 신의 예정론에 대해 질문한다. 엘리는 그러한 질문에 답할 수 없다고 하면서 나그네를 밖으로 쫓아낸다. 나그네는 수도원의 문을 다시 두드린다. 안으로 들어온 나그네가 베르나르(Bernard)에게 똑같은 질문을 던지자, 베르나르는 지혜롭게 대답을 한다. 나그네가 만족스러운 표정으로 수도원을 떠난다. 수도승 마세와 베르나르는 서로를 쳐다보며 그가 천사일 거라고 생각한다. [제2막 5장 음악 천사] 천사가 성 프랑수아에게 나타나 천상의 축복을 미리 내려준다. 천사는 현악기로 아름다운 음악을 연주한다. 성 프랑수아가 이 음악에 도취해 황홀감에 빠져든다.

[**제2막 6장 새들에게 설교함**] 아시시에 봄이 찾아든다. 커다란 참나무 한 그루가 서 있는 숲에서 수도승 마세가 성 프랑수아를 뒤따른다. 성 프랑수아가 새들에게 설교하며 축복을 내리자, 아름다운 노래로 화답한다. 새들은 인근 움브리아(Umbria) 지방뿐만 아니라 여러 지역에서 왔다. 심지어 뉴칼레도니아의 파인즈 섬(Isle of Pines)에서 온 새도 있다.

[**제2막 3막 7장 그리스도의 성흔**] 라 베르나의 밤이다. 커다란 바위가 위에 걸려 있는 동굴에 성 프랑수아가 홀로 있다. 홀연히 커다란 십자가가 나타난다. 그리스도의 음성이 합창으로 들려온다. 이어 십자가에서 다섯 줄기의 강렬한 빛이 뿜어 나오더니 성 프랑수아의 두 손과 두 발, 옆구리에 마치 화살이 꽂히듯 내리꽂힌다. 나그네 천사가 수도원의 문을 두드릴 때 들리던 두려운 소리가 넘치도록 들린다. 그리스도의 다섯 상흔은 성 프랑수아의 몸에 인침된다. 성 프랑수아의 신성함을 확인시키는 상흔이다.

[**제2막 8장 죽음과 새 생활**] 땅바닥에 길게 누워 있는 성 프랑수아가 죽음을 눈앞에 두고 있다. 성 프랑수아는 그가 사랑했던 모든 사람에게 작별을 고한다. 그리고 태양을 향해 찬송가를 부른다. 수도승들은 시편 141편을 노래한다. 천사와 문둥병에서 나은 사람들이 와서 성 프랑수아를 위로한다. 성 프랑수아는 "주여, 음악과 시가 나를 주께 인도하나이다. 주의 진리의 말씀이 나를 놀랍도록 기쁘게 합니다"라고 말한 뒤 숨을 거둔다. 종소리가 들리면서, 주위의 모든 것이 사라진다. 부활의 합창이 울려 퍼지는 가운데 한 무리의 빛이 성 프랑수아가 누웠던 자리를 비춘다. 성 프랑수아가 누웠던 자리에는 아무것도 없다. 빛은 점점 커지고 밝아져 눈이 부셔 바라볼 수가 없다.

디노라

타이틀	**Dinorah**	
		전 3막의 오페라 코미크. 미셸 카레의 희곡 「보물 추구자(Les chercheurs de trésor)」를 기본으로, 마이어베어의 콤비인 쥘 바르비에와 미셸 카레가 대본을 썼다. 제목은 '플로에르멜의 용서(Le pardon de Ploërmel)'라고도 한다. 디노라는 사랑 때문에 시련을 당하지만 마침내 구원을 얻는 주인공의 이름이다.
	초연	1859년 4월 4일 파리 오페라 코미크 극장
주요 배역	디노라(오엘의 애인), 오엘(양치기 청년), 코랭탱(숲 속에 사는 사람), 토니크(마녀)	
베스트 아리아	「내 걸음걸이를 따라다니는 빛 그림자(Ombre légère, qui suis mes pas)」(S), 「벨라, 내 사랑하는 염소(Bellah! ma chèvre chérie)」(T), 「아, 나의 후회는 복수를 다짐하네(Ah! mon remords te venge)」(T)	

사전 지식　　　마이어베어의 오페라 음악 중 가장 잘 알려진 곡은 디노라의 왈츠일 것이다. 디노라가 자기 그림자와 함께 춤을 추는 장면에 나오는 음악이다.

줄거리　　　무대는 프랑스의 브르타뉴(Bretagne) 지방이며 시기는 중세 초기다. 해마다 플로에르멜(Ploërmel) 사람들은 영험하신 성모를 모신 성소로 순례를 간다. 이번 순례에는 양치기 오엘(Hoël)과 그가 사랑하는 디노라(Dinorah)도 있다. 곧 결혼할 두 사람은 성모의 축복을 간구하기 위해 순례 행렬에 참가한 것이다. 순례의 길을 떠난 지 얼마 되지 않아 난데없이 천둥번개가 치더니,

마이어베어, 자코모(Meyerbeer, Giacomo, 1791~1864)
자코모 마이어베어는 18세기 프랑스 그랜드 오페라를 주도했다. 말하자면 20세기 대규모 쇼 비즈니스와 스펙터클한 영화 산업의 선각자였다. 베를린 근교의 포겔스도르프(Vogelsdorf)에서 태어난 그는 이탈리아로 가서 오페라 공부를 하면서 이름도 자코모로 바꾸었다. 그는 이탈리아에 있으면서 로시니 스타일의 오페라를 만들어냈는데, 이탈리아에서 오페라로 성공하자 파리로 가서 그랜드 오페라 작곡에 전념했다. 유대인인 그는 평생 유대 신앙을 버리지 않았다. 대표작 〈위그노(Les Huguenots)〉에는 아름다운 멜로디가 감칠 듯 스며들어 있다.

디노라의 오두막집에 번개가 떨어져 집이 불탄다. 오엘은 모든 것을 잃고 슬퍼 우는 디노라를 위로하기 위해, 코리간(Korigan)이라는 도깨비 종족이 보관하고 있다는 마법의 보물을 찾아오기로 결심한다. 얼마 전 토니크(Tonick)라는 늙은 마녀에게서 보물에 대한 얘기를 들었기 때문이다. 오엘은 디노라를 마을로 돌려보내고 곧바로 토니크를 찾아간다. 마녀는 누구든지 보물을 차지하기 위해서는 먼저 1년 동안 아무도 없는 황량한 곳에서 지낸 뒤에야 보물을 찾으러 떠날 수 있다고 설명한다. 오엘은 사랑하는 디노라에게 작별 인사도 못한 채 험난한 길을 떠난다.

한편 디노라는 약혼자 오엘이 아무 말도 없이 사라진 것을 알고는 자기를 버렸다고 생각해 정신착란을 일으킨다. 막이 오르면 오랜 시간이 흘렀건만 사랑하는 오엘을 찾기 위해 숲 속을 방황하는 디노라의 모습이 보인다. 숲 속 오두막집에서 피리 부는 코랭탱(Corentin)을 만난 디노라는 집 안으로 들어가 지친 다리를 쉰다. 잠시 후 코랭탱의 집으로 누군가 들어온다. 사람을 두려워하는 디노라는 겁이 나서 창문을 통해 달아난다. 들어온 사람은 다름 아닌 오엘이다. 1년간의 고독한 생활을 끝내고 이제 보물을 찾아 떠나려던 차에 인적이 드문 숲에 오두막집이 있어 들른 것이다. 오엘은 누구든 보물에 제일 먼저 손을 대는 사람은 죽는다는 마녀의 이야기를 떠올린다. 그는 코랭탱을 설득해 함께 길을 나서지만 처음 보물을 만진 사람이 죽는다는 얘기는 해주지 않는다.

오엘과 코랭탱이 보물을 찾기 위해 험한 바위산을 걸어가고 있다. 코랭탱은 주위가 너무 으스스해 더 나가기를 꺼린다. 그는 이곳이 사람이 사는 마지막 경계로 생각되며, 더 가면 도깨비와 정령이 나올 것 같아 가지 않겠다고 말한다. 이때 멀리서 보물에 얽힌 전설을 바람에 흩날리듯 노래하는 여자의 목소리가 들린다. 보물에 처음 손대는 자는 죽게 된다는 내용이다. 잠시 후 디노라가 모습을 드러낸다. 디노라인 줄 꿈에도 모르는 오엘은 자신의 불순한 마음을 경고하기 위해 하늘에서 보낸 천사로 생각해, 보물을 차지하기 위해 코랭탱을 죽이려고 했던 것을 후회한다.

여인은 골짜기에 걸쳐 있는 외나무다리를 건너 오엘과 코랭탱이 있는 곳으로 다가온다. 여인이 점점 가까워지자 오엘은 비로소 디노라인 것을 알아챈다. 다리를 건너오던 디노라는 건너편에 사람들이 있는 것을 보고 놀라 수십 길 아래 급류로 떨어진다. 오엘이 급류로 뛰어들어 간신히 디노라를 구한다. 오엘은 정신을 잃은 디노라의 귓가에 정다운 시간을 보내며 함께 부르던 노래를 들려준다. 정다운 목소리, 사랑스러운 가사, 그리고 다리에서 떨어졌을 때 받은 충격으로 디노라는 제정신을 찾는다. 어리둥절한 디노라에게 오엘은 지금까지 힘든 꿈을 꾸었다고 말하며 사랑하는 사람을 찾았으니 이제 보물은 찾지 않겠다고 다짐한다. 그는 보물보다 사랑이 더 귀하다고 말한다. 멀리 성모 성소로 순례 가는 사람들의 찬양 소리가 들린다. 두 사람은 손을 잡고 순례 행렬에 함께하기 위해 길을 나선다.

아프리카의 여인

타이틀	L'Africaine(Die Afrikanerin; The African Maid)		
	전 5막. 대본은 외젠 스크리브가 썼다.		
초연	1865년 4월 28일 파리 오페라 극장		
주요 배역	바스코 다 가마(포르투갈 해군 장교), 이네스 공주(돈 디에고의 딸), 셀리카(여왕이면서 노예 신분인 여인), 넬루스코(노예), 돈 페드로(왕실 의회 의장), 돈 디에고(해군 제독 겸 의회의원), 돈 알바르(의회의원), 안나(이네스 공주의 시녀)		
음악 하이라이트	바스코 다 가마의 아리아(「오 낙원이여」)		
베스트 아리아	「태양의 아들, 나의 무릎 위에(Sur mes genoux, fils du soleil)」(S), 「아다마스토르, 깊은 파도의 왕이여(Adamastor, roi des vagues profondes)」(B), 「오, 낙원이여(O paradis sorti de l'onde)」(T)		

사전 지식 스펙터클한 이 오페라의 무대는 프랑스 그랜드 오페라를 특징짓는 전형이다. 마이어베어는 1838년부터 이 오페라의 작곡에 착수했으나 거의 30년이 지난 1865년에 완성했다. 이때는 이미 대본가인 외젠 스크리브가 세상을 떠난 지 4년, 마이어베어가 세상을 떠난 지 1년이 지난 때였다. 가장 인상적인 장면은 배의 선실까지 훤히 보이는 갑판 장면이다. 제3막의 배의 파선 장면과 제4막의 브라만 사원에서의 의식도 대단히 스펙터클하다. 세계적 탐험가 바스코 다 가마를 주인공으로 한 이 오페라의 아리아로는 바스코가 부르는 「오, 낙원이여」가 유명하다. 앞부분은 포르투갈의 리스본, 뒷부분은 리스본과 인도양 사이에 있는 어떤 섬이 무대이며, 시기는 15세기 말로 지리상의 발견이 시작되던 때다.

줄거리 이네스(Inez) 공주는 위대한 탐험가 바스코 다 가마(Vasco da Gama)와 사랑하는 사이이다. 공주는 바스코가 먼 항해를 떠난 뒤 소식이 없자 비탄에 빠진다. 부왕은 공주에게 바스코가 분명히 죽었을 것이니 그를 잊고 수석장관 돈 페드로(Don Pedro)와 결혼할 것을 강권한다. 하지만 이네스는 사랑하는 바스코에게 충실하겠다고 다짐하며 언젠가 그가 돌아오리라고 굳게 믿는다. 그 순간 바스코가 나타난다. 방금 먼 항해에서 돌아온 것이다. 이네스의 기쁨은 이루 말할 수 없다.

바스코는 그가 발견한 새로운 땅과 새로운 문물에 대해 설명하면서, 새로운 땅에서 데려온(실은 노예로 잡아온) 두 사람을 소개한다. 셀리카(Selika)와 넬루스코(Nelusko)다. 포르투갈 왕은 바스코의 등장이 달갑지 않다. 이네스와 돈 페드로와의 결혼에 방해가 되기 때문이다. 왕은 바스코의 보고를 믿지 못하겠다고 말한다. 이에 격분한 바스코는 왕에게 거세게 항의하지만 오히려 왕의 노여움을 사 노예들과 함께 지하 감옥에 갇힌다. 셀리카는 지하 감옥에 갇힌 바스코를 극진히 돌본다. 그녀는 어느새 바스코를 사랑하고 있다. 이런 모습을 본 흑인 넬루스코가 질투심에 못 이겨 잠들어 있는 바스코를 죽이려 하지만, 셀리카 때문에 뜻을 이루지 못한다. 넬루스코는 셀리카를 사랑하고 있다. 셀리카는 잠에서 깨어난 바스코에게 다음번 항해를 위한 안전한 항로를 상세히 가르쳐준다. 바스코가 자기 고향인 섬나라로 안전하게 데려다 줄 것으로 믿기 때문이다. 셀리카는 섬나라의 여왕이다. 며칠 후 바스코는 감옥에서 풀려난다. 이네스 공주가 바스코를 살리기 위해 돈 페드로와 결혼하겠다고 했기 때문이다. 이 사실을 모르는 바스코는 공주가 자기를 버렸다고 생각한다. 돈 페드로는 앞으로 바스코가 발견하는 나라를 모두 자신이 발견한 것처럼 꾸며 영광을 가로챌 속셈이다.

돈 페드로는 새로 출항하는 탐험 선단의 대장이 된다. 그는 이네스 공주를 배에 강제로 태운다. 일종의 볼모인 셈이다. 또한 넬루스코를 항해 안내자로 쓰기 위해 납치한다. 넬루스코는 자기를 납치한 돈 페드로에게 복수하려고 엉뚱한 곳으로 안내해 배를 암초에 걸리게 해 파손시킨다. 바스코는 돈 페드로의 배가 암초로 향하자 경고하기 위해 전속력으로 따라붙는다. 이를 본 돈 페드로는 바스코가 이네스 공주를 빼앗기 위해 쫓아오는 줄 알고 바스코에게 경고한다. 돈 페드로의 배가 좌초되자 어디서 나타났는 지 원주민들이 배로 뛰어올라 돈 페드로를 비롯해 선원 대부분을 죽인다. 다행히도 이네스 공주는 비상 보트를 타고 인근 섬으로 도망간다. 뒤따라오던 바스코의 배도 원주민의 공격을 받아 셀리카와 바스코는 섬으로 끌려간다. 이 섬의 여왕이 바로 셀리카다. 원주민들은 바스코를 죽일 계획이다. 아무리 여왕이라 해도 성난 원주민을 달래기는 어렵다. 셀리카는 바스코와 결혼해 그를 살릴 생각이다. 결혼식이 시작되려는 순간, 멀지 않은 곳에서 이네스의 음성이 들려온다. 이네스가 살아 있는 것을 깨달은 바스코는 기쁨에 넘쳐 이네스를 찾으러 달려간다. 드디어 바스코가 이네스를 발견한다. 주위에서 그가 타고 왔던 배를 찾아내자 선원들이 한두 명씩 모습을 보이기 시작한다. 기쁨에 넘친 두 사람은 포르투갈을 향해 돛을 올린다. 멀리서 이 모습을 지켜보던 셀리카는 백성을 속인 것이 부끄럽고, 바스코를 사랑한 것이 비참하게 느껴져 독을 뿜는 나무에 몸을 던진다. 넬루스코가 달려오지 만 셀리카를 살릴 방법은 없다. 셀리카를 품에 안은 넬루스코에게도 서서히 독이 번지고, 두 사람은 함께 죽음을 맞이한다.

예언자

타이틀	**Le Prophète**(The Prophet)		
		전 5막. 19세기의 프랑스 그랜드 오페라. 대본은 외젠 스크리브가 썼다.	
	초연	1849년 4월 16일 파리 오페라 극장	
	주요 배역	장 드 레이덴(재세례교 지도자), 베르트(장의 약혼자), 피데(장의 어머니), 오베르탈(백작), 자샤리(즈가리야: 재세례교인), 요나스(요나: 재세례교인), 마티상(마태: 재세례교인)	
	음악 하이라이트	피데의 카바티나, 재세례교인들의 합창, 스케이터 댄스, 장의 승리의 노래	
	베스트 아리아	「하늘의 왕(Roi du ciel)」(T), 「나의 비탄, 베르트를 위해(Sur Berthe, l'amante de moi)」(T), 「나의 마음은 뛰어오르고 기쁨에 넘쳐 있네(Mon coeur s'elance et palpite)」(S)	

사전 지식　　　　1534년 뮌스터의 왕으로 즉위한 네덜란드 라이덴(Leyden) 지방의 재세례교 예언자 라이덴의 얀(Jan van Leiden; Jean)에 관한 이야기다. 무대는 네덜란드 도르드레흐트(Dordrecht)의 통치자인 오베르탈 백작의 성이다. 마이어베어는 상당히 긴 서곡을 작곡했으나 악보가 분실되어 현재는 피아노 버전으로 된 곡을 오케스트레이션하여 사용하고 있다. 서곡은 목가적으로 평화를 표현하고 있다. 제1막 처음에 나오는 여주인공 베르트의 아리아 「나의 마음은 뛰어오르고 기쁨에 넘쳐 있네」는 아름다운 곡이다. 재세례교인 장은 신약성경에 나오는 예언자 세례요한에서 비롯되었으며, 다른 교도들인 요나, 마태, 즈가리야 등도 모두 성경에 나오는 인물들이다.

줄거리　　　　[제1막] 오베르탈 성과 마을이 무대다. 젊은 처녀 베르트(Berthe)는 기쁨에 넘쳐 있다. 이웃 레이덴(Leyden) 마을에 사는 장(Jean)과 결혼하기로 한 그녀를 장의 어머니 피데(Fidès)가 데리러 오는 날이기 때문이다. 그런데 베르트는 당장 떠날 수가 없다. 오베르탈 백작에게 예속되어 있는 신분이라 결혼하러 다른 마을로 가려면 백작의 허락을 받아야 한다. 재세례교도인 자샤리(Zacharie: 즈가리야), 요나스(Jonas: 요나), 마티상(Mathisen: 마태)이 마을에 나타난다. 인근 베스트팔렌 공국에서 혁명봉기를 주도한 사람들로, 수탈과 착취만 일삼는 가톨릭 귀족들에게 과감히 맞서 싸우자고 주장한다. 오랫동안 억압과 착취를 당했던 마을 사람들은 쇠스랑이나 갈퀴를 들고 전투에 참여하기로 한다. 그때 오베르탈 백작이 등장해 만일 항거하면 가만두지 않겠다고 농노들을 위협한다. 백작은 병사들에게 재세례교 지도자들을 마을에서 쫓아내도록 지시한다. 때가 때인지라 백작에게 마을을 떠나겠다고 말하는 것은 몹시 조심스럽지만, 피데가 어서 가자는 바람에 베르트가 백작 앞에 나가 사정 얘기를 한다. 베르트를 본 백작은 예쁜 모습에 반해 안 된다고 말한다. 백작은 한술 더 떠 베르트와 피데를 체포해 감옥에 처넣으라고 지시한다. 이 소리를 들은 마을 사람들은 몹시 분개한다. 재세례교 지도자들이 다시 등장해 항거하자고 농노를 선동하자 모두 두말없이 동참한다.

[제2막] 무대는 라이덴 마을에 있는 장(Jean)의 집이다. 막이 열리면 한쪽에서 마을 사람들이 흥겹게 왈츠를 추는 모습이 보인다. 장은 약혼자 베르트가 오기를 학수고대하고 있다. 그때 재세례교 지도자들이 등장한다. 이들은 장을 보자 모든 사람들이 경배하는 뮌스터의 다윗 왕 동상과 닮았다고 생각한다. 재세례교 지도자들을 만나본 장은 표현하기 어려운 운명적인 예감을 느낀다. 장은 요즘 꿈에서 본 것을 생각하며 재세례교 지도자들에게 꿈 얘기를 해준다. "모든 사람들이 제 발 앞에 엎드려 경배하는데 제 머리에는 황금 면류관이 씌워져 있었습니다. 사람들이 저를 보고 메시아이며 신의 아들이라고 말했어요. 바닥을 보니 '분노할 지어다!'라는 글자가 불길에 휩싸여 있었습니다." 장의 얘기를 들은 재세례교 지도자들은 그가 예언자이며 혁명 운동의 지도자라고 말한다. 이들은 장에게 함께 가자고 부탁하지만 베르트와 어머니를 기다려야 하는 장은 이 제안을 거절한다.

그 순간 베르트가 장의 집으로 뛰어 들어온다. 옷이 찢겨 불쌍하고 처참한 모습이다. 베르트는 장에게 병사들이 추격해오고 있으니 숨겨달라고 말한다. 이어 오베르탈 백작이 병사들과 함께 나타난다. 백작은 도망간 베르트를 내놓지 않으면 장의 어머니 피데를 죽이겠다고 위협한다. 병사들이 피데를 끌고 온다. 병사가 피데의 목에 시퍼런 날의 도끼를 들이대고 있다. 어머니의 모습을 본 장은 백작에게 어머니를 살려달라고 간청한다. 장의 어머니는 "내가 죽는 한이 있더라도 베르트를 보호하라!"라고 외치지만 장의 눈에는 도끼날과 어머니의 목만 보일 뿐이다. 베르트가 끌려가고 어머니는 풀려난다. 어머니는 장을 원망한다. 장은 복수를 위해 혁명에 가담하겠다고 말한다. 재세례교 지도자들은 장에게 "우리의 왕이요 메시아이며 예언자"라고 하면서 오베르탈 백작을 함께 물리칠 것을 약속한다. 재세례교 지도자들은 장에게 뮌스터의 왕으로 즉위해달라고 요청한다. 단, 왕으로 즉위하면 어머니든 누구든 다시는 볼 생각을 하면 안 된다고 말한다.

[제3막] 추운 겨울이다. 재세례교 지도자들은 베스트팔렌에 병영을 설치한다. 전투가 시작된다.

그들은 잔인하리만치 피에 굶주려 있다. 전투에서 재세례교 측이 승리한다. 농노 병사들과 마을 사람들이 어울려 즐거운 춤마당이 펼쳐진다. 자샤리와 마태상이 뮌스터 공략을 협의하고 있다. 뮌스터는 오베르탈 백작의 아버지인 늙은 오베르탈이 영주로 있는 곳이다. 도르드레호트에 있는 오베르탈 백작의 성은 이미 잿더미가 되었다. 그는 재세례교 농노 병사들의 눈을 피해 아버지가 있는 뮌스터 성으로 향하다가 병사들에게 검문을 받지만 자신도 뮌스터 성을 공격하는 전투에서 싸우기 위해 왔다고 거짓말을 해 위기를 모면한다. 이때 한 농노 병사가 오베르탈을 알아보고 그의 정체를 밝힌다. 자샤리는 오베르탈을 당장 처형하라고 명령한다. 장이 들어온다. 피곤에 지친 장은 자기가 살인마 집단의 괴수 같다고 생각한다. 장은 어머니가 걱정되어 집에 잠시 다녀오겠다고 하지만 재세례교 지도자들은 일언지하에 거절한다. 재세례교 지도자들은 장에게 만일 예언자 역할을 하지 않으면 기다리는 것은 죽음뿐이라고 위협한다. 한편 처형을 앞둔 오베르탈은 참회하는 모습으로 베르트가 순결을 지키기 위해 강물에 뛰어들어 죽으려 했으나 다행히 목숨은 건져 뮌스터 성에서 보호 받고 있다고 고백한다. 이 소리를 들은 장은 베르트를 구할 때까지 오베르탈의 처형을 잠시 미루겠다고 말한다.

[제4막] 재세례교 농노 병사들이 뮌스터 성을 함락한다. 돈 많은 귀족 상인이 금은보화를 재세례교 지도자들에게 바친다. 이들은 나지막한 소리로 '예언자'를 저주하다가, 재세례교 병사들이 지나가자 "만세! 만만세! 예언자님!"이라고 소리친다. 농노 병사들 사이에서도 예언자 장을 비난하는 소리가 들린다. 예언자의 말을 앞세워 살인과 재물에 탐욕스럽기 때문이다.

장의 어머니 피데가 거지와 다름없는 모습으로 나타난다. 아들 장이 죽은 것으로 생각하는 피데는 우연히 베르트를 만나 감격의 해후를 한다. 피데는 베르트에게 장이 죽었다고 말한다. 베르트는 이 모든 것이 예언자라는 사람 때문이라고 하면서 죽는 한이 있더라도 예언자에게 복수를 하겠다고 다짐하지만, 피데는 용서와 자비를 기도한다.

대관식 행진곡이 울려 퍼진다. 뮌스터 대성당에서 장의 대관식이 거행된다. 모두 예언자 만세를 외친다. 피데가 사람들 틈에 끼어 대성당으로 들어온다. 장을 본 피데는 감격하며 장에게 달려가 목 놓아 운다. 장도 어머니 피데를 알아보고 달려와 부축한다. 그때 재세례교 지도자들이 장을 저지하며 누구든 만나지 않겠다고 약속한 것을 상기시킨다. 그들은 자꾸 어머니를 외치면 당장이라도 죽이겠다고 위협한다. 피데는 아들을 보호하기 위해 자신을 희생하기로 결심하고는 "예언자님은 저와 상관없는 사람입니다"라고 말한다. 그 순간 예언자를 죽이겠다던 베르트의 말이 떠오른다.

[제5막] 장면은 바뀌어 지하 감옥이다. 독일 황제가 대규모 정예군을 이끌고 뮌스터를 수복하기

위해 오고 있다는 소식이 전해진다. 재세례교 지도자들은 막강한 독일 황제에게 대적할 수 없다는 것을 잘 알고 있다. 자샤리가 예언자를 넘겨주면 목숨도 살려주고 그동안 획득한 재물도 눈감아 주겠다고 한 독일 황제의 말을 전하자, 세 사람은 하늘의 뜻이라고 하면서 예언자 장을 독일 황제에게 넘겨주기로 한다.

장이 감옥에 갇혀 있는 어머니를 찾아와 용서를 빌며 눈물을 흘린다. 베르트가 횃불을 들고 나타난다. 지하 감옥에 있는 화약고를 폭파시킬 작정이다. 지하 감옥은 대연회장 바로 밑에 있다. 베르트는 대관식 축하 파티에 예언자가 참석할 것이므로 지하 화약고를 폭파시켜 모두를 제거하겠다는 계획을 피데에게 밝힌다. 그 순간 베르트가 장을 알아본다. 장이 자신이 바로 그 예언자라고 밝히자 베르트는 기막힌 운명에 절망해 칼을 들어 자기 가슴을 찌르고는 심금을 울리는 「당신을 사랑합니다... 내가 저주하는 당신을(Je t'aimais... toi que je maudis)」을 부른다.

장면은 바뀌어 연회장이다. 장이 축배의 노래를 부른다. 오베르탈이 이끄는 황제의 군대가 연회장으로 들어선다. 약속대로 장을 끌고 가기 위해서다. 그때 갑자기 바닥에서 불길이 치솟기 시작한다. 피데가 화약고를 폭발시킨 것이다. 성이 무너지면서 연회장에 있던 사람들이 모두 죽음을 맞는다.

위그노

타이틀	**Les Huguenots**(The Huguenots)	
	전 5막의 그랜드 오페라. 외젠 스크리브가 대본을 썼다.	
	초연	1836년 2월 29일 파리 오페라 극장
	주요 배역	발렌틴(드 생브리 백작의 딸), 라울 드 낭기(위그노 귀족), 마르셀(위그노 하인, 군인), 부아로제(위그노 군인), 마르그리트 드 발루아(나바르의 앙리 4세 약혼녀), 위르뱅(마르그리트의 시동), 드 느베르 백작(가톨릭 귀족), 드 생브리 백작(가톨릭 귀족)
음악 하이라이트	마르그리트 왕비의 아리아, 위그노의 합창, 3막에서 남성 7중창, 가톨릭교도들의 선서 장면의 음악, 발렌틴과 라울의 사랑의 듀엣	
베스트 아리아	「탕 탕 탕 탕(Piff, paff, piff, paff)」(T), 「오 투렌의 아름다운 땅(O beau pays de la Touraine)」(S), 「하늘이여, 어디로 흘러가는가?(O Ciel! Ou courez-vous?)」(T)	

사전 지식　　　프랑스 개신교의 한 종파인 위그노와 가톨릭 간의 신앙을 위한 피나는 대립과 그로 인해 희생당하는 젊은 연인의 운명을 그린 작품이다. 위그노는 프랑스판 청교도라고 할 수 있다. 성 바르톨로메오 축일의 대학살(The Eve of St Bartholomew)에 얽힌 이야기를 다룬 오페라 〈위그노〉는 프랑스 그랜드 오페라의 전형이다. 위그노인 주인공 라울이 가톨릭 귀족 드 느베르 백작의 저택에서 부르는 「탕 탕 탕 탕」은 가톨릭에 대한 불만을 노골적으로 표현한 곡으로, 테너 아리아지만 연주회에서는 보통 바리톤 아리아로 부른다.

줄거리　　　무대는 1572년의 파리와 투렌(Touraine) 지방이다.
내전과 같았던 가톨릭과 위그노 간의 싸움도 거의 막바지에 이른다. 어느 날 신교도인 젊은 귀족 라울 드 낭기(Raoul de Nangis)는 가톨릭 신사 드 느베르(De Nevers) 백작이 여는 만찬에 초대 받는다. 만찬에서는 종교에 관한 얘기를 서로 자제해 개인적 경험담이 화제의 중심이 된다. 라울은 얼마 전 길거리에서 모욕을 당하는 아름다운 귀부인을 구해준 적이 있다고 얘기하면서 그 여인이 누구인지는 모르지만 그 뒤로 귀부인을 깊이 사모하게 되었다고 털어놓는다. 그 귀부인도 자기를 구해준 신사의 눈빛을 보는 순간, 그가 자신을 사랑한다는 것을 확신한다.

만찬이 한창일 때 베일로 얼굴을 가린 어떤 부인이 주인 드 느베르 백작에게 면담을 요청한다. 백작과 베일의 여인이 정원에서 얘기를 나누는 모습을 우연히 본 라울은 깜짝 놀란다. 바로 그 여인이기 때문이다. 라울은 백작과 은밀히 얘기하는 모습을 보자 여인에게 느끼던 순수한 감정이 사라진다. 그 여인은 드 느베르 백작과 약혼한 발렌틴 드 생브리(Valentine de Saint-Bris)다.

발렌틴은 백작에게 얼마 전 난폭한 군중에게 봉변할 뻔했을 때 위기에서 구해준 용감한 청년을 사랑하게 되었으니 제발 자신을 자유롭게 풀어달라고 간청하기 위해 찾아온 것이다. 드 느베르 백작은 뜻하지 않은 약혼녀의 얘기에 충격을 받지만 역시 신사인지라 요청을 받아들인다. 만찬장에 라울이 와 있는 것을 모르는 발렌틴은 백작에게 작별을 고하고 자리를 뜬다. 잠시 후 왕이 가장 총애하는 여인(정부) 마르그리트 드 발루아(Marguerite de Valois)의 하인이 찾아와 라울에게 마르그리트가 뵙고자 하니 왕궁으로 방문해달라고 전한다. 만찬에 참석한 귀족들은 라울이 위그노라 무시하는 태도를 보였으나 왕궁에서 마르그리트가 면회를 희망한다는 소리를 듣고 라울을 달리 보기 시작한다.

왕궁에 있는 마르그리트 드 발로아의 방이다. 평소 라울과 친분이 있는 그녀는 가톨릭과 위그노와의 끔찍한 대결을 종식시키는 의미에서 라울에게 가톨릭 여인을 중매하겠으니 자기 뜻을 받아들여 결혼할 것을 당부한다. 라울은 순간적으로 마음속에 품고 있는 미지의 여인에 대한 사랑에 종지부를 찍게 될 것 같아 주저하지만, 마르그리트가 두 종파 간의 대립을 끝내기 위해 간곡히 당부하는 결혼이므로 나라의 평화를 위해 또한 위그노의 존립을 위해 받아들이기로 결심한다. 여인이 방 안으로 들어오자 라울은 자신의 눈을 의심한다. 바로 그 미지의 여인이기 때문이다. 라울은 이 젊은 여인이 한밤중에 백작을 찾아가 은밀한 대화를 나누던 모습을 기억해내고는, 비록 마르그리트의 주선이기는 하지만 알지도 못하는 사람과 결혼하겠다고 나타난 저런 여인과는 결혼할 수 없다고 말한다. 마르그리트가 라울을 왕궁으로 불러들인 것은 발렌틴이 부탁했기 때문이다.

발렌틴은 라울이 자기에게 호감을 갖고 있다고 생각했는데, 결혼하지 않겠다고 잘라 말하자 슬픔에 잠겨 있다. 라울과 결혼하기 위해 약혼자에게 간청해 약혼까지 파기했는데 정작 라울에게 거절당한 것이다. 이런 얘기를 들은 발렌틴의 아버지 드 생브리 백작은 라울이 자기 딸을 모욕한 것은 자신을 모욕한 것과 같다고 하며 라울에게 결투를 신청하는 한편, 딸에게는 당장 드 느베르 백작과 결혼할 것을 명한다. 발렌틴으로서는 아버지의 말을 거역하기가 어렵다. 드 느베르 백작도 지난밤 약속을 없었던 것으로 하고 발렌틴을 기꺼이 받아들인다. 그러나 발렌틴의 마음 한구석에는 라울이 자기를 사랑하고 있다는 생각이 여전히 자리 잡고 있다.

드 생브리 백작은 검술에 능한 라울과 결투를 하면 자신이 불리하다고 생각해 라울을 암살할 음모를 꾸민다. 발렌틴이 우연히 이 얘기를 엿듣는다. 발렌틴은 하인을 시켜 라울에게 전갈을 보내지만 때는 이미 늦었다. 결투 장소로 가던 라울이 암살자들에게 둘러싸여 절체절명의 위기를 맞는다. 그때 시종들과 함께 그곳을 지나던 마르그리트가 라울을 발견하고는 그를 구해준다.

잠시 후 발렌틴을 만나 그녀의 진심을 알게 된 라울은 기뻐하며 사랑한다고 고백한다. 두 사람이 사랑의 기쁨에 넘쳐 있을 때 아버지가 나타나 아비의 말에 순종하라고 하면서 발렌틴과 드 느베르 백작의 결혼식이 곧 열릴 것이라고 통보한다. 드 느베르 백작이 흐느끼는 발렌틴을 위로하며 자기 저택으로 데리고 간다. 상황을 대충 파악한 라울은 발렌틴을 다시 한 번 만나기로 결심하고, 야음을 틈타 드 느베르 백작의 저택으로 숨어든다. 성 바르톨로메오 축일 전야다. 두 사람이 만나 서로를 감싸 안으며 기구한 운명을 한탄하는 것도 잠시뿐, 가톨릭 지도자들이 위그노를 학살하기 위한 계획을 협의하기 위해 드 느베르 백작 저택으로 몰려든다. 그들은 자정을 알리는 종소리가 울리면 위그노를 학살하기로 결정한다. 드 느베르 백작만이 이 무모하고 끔찍한 계획에 반대하지만 중과부적이다. 계획을 엿들은 발렌틴과 라울은 경악한다. 발렌틴은 라울에게 거리로 나가지 말고 집에 숨어 있으면 무사할 것이라고 말하지만, 라울은 신앙의 동지들에게 이 소식을 전하는 것이 자기 의무라고 말하며 발렌틴을 격렬히 끌어안은 뒤 서둘러 자리를 뜬다. 멀리 자정을 알리는 종소리가 울리기 시작한다. 대학살의 시작을 알리는 종소리다.

위그노 신도들이 교회 안에 피신해 있다. 라울이 죽을힘을 다해 신앙 동지들에게 대학살 음모를 알렸기 때문에 일부가 이곳으로 피신할 수 있었다. 라울의 충성스러운 하인 마르셀이 숨을 헐떡이며 들어와 가톨릭 지도자들이 대학살 계획을 위그노에게 누설했다는 누명을 씌워 드 느베르 백작을 살해했다고 전한다. 그때 발렌틴이 위험을 무릅쓰고 라울을 찾아 교회로 들어선다. 발렌틴은 라울이 무사한 것을 보고 안심한다. 그녀는 어서 이곳을 빠져나가 안전한 곳으로 피하자고 하지만, 라울은 동지를 버리고 가는 것은 신앙을 버리는 것이나 마찬가지라고 하면서 교회에 남아 있겠다고 한다. 그 말에 감동한 발렌틴은 그 자리에서 가톨릭 신앙을 버리고 위그노로 개종한다. 두 사람은 제단 앞에 엎드려 이 위기를 벗어날 수 있게 힘과 용기를 달라고 신에게 간구한다. 그 순간 발렌틴의 아버지가 이끄는 한 떼의 가톨릭 군인들이 교회로 쳐들어온다. 딸이 교회에 있는 것을 모르는 생브리 백작은 눈에 보이는 대로 죽이라고 군인들에게 명령한다. 발렌틴과 라울이 총에 맞아 쓰러진다. 두 사람은 서로 손을 맞잡은 채 마치 이루지 못한 사랑을 연결하려는 듯 쓰러져 있다. 생브리 백작이 싸늘해진 발렌틴을 발견하고 절규하는 가운데 오페라는 막을 내린다.

북부의 별

타이틀	**L'étoile du Nord**(The Star of the North)
	전 3막의 오페라 코미크. '북극성'이라고 번역하는 경우도 있다. 대본은 외젠 스크리브가 썼다.
초연	1854년 2월 16일 파리 오페라 코미크 극장
주요 배역	카트린(카타리네: 마을의 아가씨), 페테르(차르), 조르주(게오르게: 카타리네의 오빠), 프라스코비아(게오르게의 약혼녀), 다닐로비치(차르의 친구)

사전 지식　　　러시아를 배경으로 한 것이 특이하다. 무대는 핀란드의 비그보리(Wigborg)와 상트페테르부르크의 러시아 황제 궁전이다. 핀란드는 표트르 대제 당시 러시아의 영토였다. 시대는 19세기 후반으로 보면 된다. 초기 독일 오페라 스타일의 영향을 받은 이 오페라는 심각하기만 한 마이어베어의 유쾌한 면을 보여주는 유일한 작품이다. 하지만 여주인공 카타리네의 광란의 장면은 정말 놀랄 만큼 슬프다. 특히 플루트 반주는 광란 장면을 더욱 슬프게 한다.

에피소드　　　로르칭이 작곡한 〈황제와 목수〉도 표트르 대제와 목수에 대한 이야기다.

줄거리　　　[제1막] 러시아의 차르 페테르(Peter)는 플루트를 잘 부는 목수로 변장해 비그보리 마을의 조선소에서 아무도 모르게 일을 하고 있다. 백성들이 어떻게 사는지, 외세의 위협은 없는지 등을 누구보다도 먼저 파악하고 싶기 때문이다. 페테르는 목수로 일하면서 이웃의 빵장수 다닐로비치(Danilowich)와 절친한 친구로 지낸다. 페테르는 주둔군에게 일용품을 파는 아가씨 카타리네(Catharine)에게 마음을 빼앗긴다. 카타리네는 예쁘기도 하지만 마음씨 고운 아가씨다. 페테르는 착하고 부지런하며 명랑한 카타리네에게 무한한 사랑을 느껴 언젠가 왕비로 삼을 생각을 한다. 카타리네도 왠지 페테르에게 마음이 끌려 행복하다.

카타리네에게는 게오르게(George)라는 오빠가 있다. 그는 마을 처녀 프라스코비아(Prascovia)와 결혼을 약속했다. 결혼식이 막 시작되려는데 거칠고 용맹스러운 카자크인과 칼무크(Kalmuck: 카자크의 한 부족)인들이 갑자기 마을로 몰려와 신랑 게오르게에게 당장 군대의 병사로 들어올 것을 강요한다. 그때 카타리네가 나서서 오빠 게오르게는 몸이 약해 군대에 복무할 형편이 못 되니 잠시 말미를 주면 다른 장정 한 사람을 보내겠다고 하여 허락을 받는다. 카타리네는 거칠고 화를 잘 내는 카자크 병사들을 진정시키기 위해 자신이 이 부족 대사제의 딸이라고 말한다. 페테르는 카타리네의 행동과 말을 듣고 대단한 여인이라고 감탄한다. 잠시 후 카타리네가 남장을 하고 나와 게오르게 대신 병사로 나가겠다고 말한다. 이렇게 해서 게오르게의 결혼식이 진행된다. 아무도 그가 카타리네인 줄 모른다. 단 페테르만이 카타리네인 것을 알아보고 놀란다.

[제2막] 페테르는 카타리네 혼자 남장을 하고 군대에 들어가 전쟁에서 싸우는 것은 안 될 일이라고 생각해 카자크 병사들을 슬며시 따라나선다. 페테르는 나중에 황제의 근위병을 시켜주겠다고 친구 다닐로비치를 설득해 함께 떠난다. 어느덧 새벽이다. 페테르와 다닐로비치는 카자크 병사들의 막사에서 잠이 든다. 그런데 잠에서 깨어 밖을 보니 병사 복장을 한 카타리네가 보초를 서고 있는 것이 아닌가? 때마침 막사 안으로 군대를 따라 다니며 행상을 하는 여인 두세 명이 들어온다. 페테르는 진짜 카자크 병사처럼 보이기 위해 카자크 병사 흉내를 낸다. 페테르와 다닐로비치는 만일 자기들이 막사에 있는 것을 들키면 무슨 봉변을 당할지 모르기 때문에 카자크 병사처럼 여인들과 시시덕거리면서 웃고 떠든다. 막사 안에서 소리가 흘러나오자 보초를 서고 있던 카타리네가 막사 안을 들여다본다. 그런데 페테르가 아닌가? 자기가 사랑하는 페테르가 저런 유치한 행동을 하다니, 카타리네는 크게 낙담해 이 세상에 믿을 남자는 하나도 없다고 슬퍼한다. 이때 카자크의 하사가 나타나 카타리네에게 보초를 게을리 선다고 호통을 친다. 그 바람에 깜짝 놀란 카타리네가 모자를 땅에 떨어뜨린다. 아름답고 긴 머리칼이 드러난다. 하사는 남자인 줄 알았던 신병이 여자인 것을 알고는 다른 병사들을 불러 카타리네를 체포하라고 명한다. 당황한 카타리네는 하사와 카자크 병사들을 피해 강으로 몸을 던진다. 때마침 카자크의 군대 내부에서 반란이 일어난다. 일부 장교들이 카자크가 제정 러시아에 항거하는 데 반대해 봉기한 것이다. 이렇게 되자 페테르가 막사 밖으로 나와 "짐이 바로 페테르 황제이니라!"라고 신분을 밝히고는 모두에게 충성을 명하자, 모두 놀라고 두려워하며 무릎을 꿇고 충성을 맹세한다. 친구 다닐로비치가 까무러칠 만큼 놀란 것은 말할 나위 없다.

한편 페테르는 사랑하는 카타리네가 성난 하사를 피해 도망가다가 강물에 빠져 행방불명이 되었다는 보고를 받고 무척 비통해한다. 카타리네가 죽지 않았다고 믿는 페테르는 다닐로비치에게 주변 마을을 모두 수색해 카타리네를 찾으라고 명하지만 찾지 못한다.

카타리네는 누군가에게 구조되지만 충격을 받아 아무것도 기억하지 못한다.

[제3막] 페테르 대제의 궁전이다. 페테르는 투항한 카자크 병사들을 이끌고 카자크 잔당과 전투를 치러 크게 승리하지만 함께 기뻐할 사랑하는 사람이 없어 매우 비통한 심정이다. 사랑하는 카타리네를 잊기 위해 페테르는 궁전에 목공소를 차려놓고 목공에 전념한다. 그때 약속대로 근위대장이 된 다닐로비치가 기쁜 소식을 전하러 뛰어든다. 강변 마을에 사는 어떤 여인이 카타리네를 구출해 보살펴주었다는 것이다.

카타리네를 궁전으로 데리고 오지만 이 불쌍한 아가씨는 기억상실에 걸려 있다. 페테르는 실망에 빠진다. 다닐로비치가 한 가지 묘안을 생각해낸다. 예전에 카타리네가 살던 곳처럼 꾸미면 혹시 기억이 되살아나지 않겠냐는 것이다. 즉시 메신저를 보내 오빠 게오르게와 부인 프라스코비아를 궁전으로 데려온다. 결혼식 장면부터 다시 연출하기 위해서다. 또한 페테르는 목수 복장을, 다닐로비치는 빵장수 복장을 하고 고향 마을에서 그랬던 것처럼 열심히 일하는 모습을 보여준다. 이 모습을 보고 카타리네의 기억이 거짓말처럼 되살아난다. 카타리네는 사랑하는 페테르가 옆에 있는 것을 보고 기뻐한다. 차르와 카타리네는 행복에 넘쳐 뜨겁게 포옹한다. 페테르는 모든 신료와 사람들에게 카타리네를 장래 왕비라고 소개한다.

악마 로베르

타이틀	**Robert le Diable**(Robert the Devil)	
		전 5막의 그랜드 오페라. 외젠 스크리브와 제르맹 들라비뉴가 공동으로 대본을 썼다.
	초연	1831년 11월 21일 파리 오페라 극장
	주요 배역	로베르(노르망 공작), 베르트랑(로베르의 친구), 알리스(노르망의 농촌 처녀, 로베르의 수양 여동생), 이사벨(이사벨레: 시칠리아의 공주), 램보(노르망의 농부), 알베르티(기사)
	음악 하이라이트	로베르의 시칠리아노(siciliano), 악마의 왈츠
베스트 아리아		「아, 정직한 친구(Ah! l'honnête homme)」(T+B), 「나는 헛되게 행운을 희망했도다(En vain j'espère. Un sort prospère)」(T), 「수녀들이여, 누가 이곳에 영원히 쉬고 있는가 (Nonnes, qui reposez)」(B)

사전 지식　　　　스펙터클한 무대 효과 때문에 이 오페라는 폭넓은 인기를 끌었다. 무덤에서 죽었던 수녀들이 일어나는 장면은 훗날 코른골드가 〈죽은 도시〉에서 주요 장면으로 이용했다.

줄거리　　　　[제1막] 로베르(Robert)는 방탕한 생활 때문에 노르망디에서 시칠리아로 추방되었다. 어느 날 베르트랑(Bertram)이라는 미지의 기사가 로베르를 찾아온다. 두 사람은 어느덧 십년지기 같은 친구가 된다. 로베르는 시칠리아의 이사벨레(Isabelle) 공주를 사랑한다. 공주 역시 로베르를 좋아한다. 예전부터 두 집안은 알고 지내던 사이였으나, 둘의 결혼은 쉬운 일이 아니다. 공주와 결혼하려면 무술 대회에서 승리해야 하기 때문이다.

어느 날 멀리 노르망디에서 알리스(Alice)가 찾아온다. 알리스는 로베르의 수양 동생이다. 로베르의 어머니는 집도 절도 없는 천애고아 알리스를 어릴 적부터 수양딸 삼아 함께 지냈다. 알리스는 로베르의 어머니를 성심으로 모신 착한 아가씨다. 그녀는 어머니가 세상을 떠날 때 마지막으로 로베르에게 남긴 편지를 가지고 왔다. 그러나 로베르는 방탕한 자식이 어머니의 편지를 무슨 면목으로 읽겠느냐면서 온전한 사람이 될 때까지 어머니의 편지를 읽지 않겠다고 결심한다.

베르트랑이 로베르를 유혹해 노름판으로 데려간다. 이곳에서 로베르는 주사위 노름을 해 돈을 모두 잃고, 심지어 무술 대회에서 사용할 무기까지 잃는다.

[제2막] 이사벨레 공주는 로베르에게 새로운 갑옷과 무기를 장만해주면서 무술 대회에 나가 승리하라고 당부한다. 그러나 베르트랑이 또다시 훼방을 놓는다. 베르트랑은 여러 가지 음모를 꾸며 로베르의 경쟁자인 그라나다 왕자와의 결투를 마련한다. 그러나 로베르는 결투 시간에 나타나지 않는다. 별것도 아닌 일로 결투를 해 누군가 죽는 것은 바람직하지 않다고 생각하기 때문이다. 그렇다고 가만히 있을 베르트랑이 아니다. 그는 집에 혼자 있는 로베르에게 그라나다 왕자와 이사벨레 공주가 결혼하는 환영을 보여주어 질투심을 불러일으킨다.

[제3막] 악마들이 베르트랑을 다그치고 있다. 오늘 밤 자정까지 로베르의 영혼을 지옥으로 가져오지 않으면 저주를 받게 되며 다시는 로베르를 만나지 못한다는 것이다. 베르트랑은 자신이 로베르의 아버지라는 사실과 악마의 권세에 속해 있다는 것을 로베르에게 얘기해주지 않았다.

로베르는 베르트랑과의 우정을 믿는다. 베르트랑은 로베르에게 신임을 더 얻어 그의 영혼을 지옥으로 가져가야 한다. 베르트랑은 로베르에게 무적의 신기한 무기를 구해 경쟁자들을 모두 물리치라고 권한다. 성 로살리아(St. Rosalia)의 무덤에 있는 나뭇가지가 베르트랑이 말한 마법의 무기다.

[제4막] 마법의 나뭇가지를 얻은 로베르는 이사벨레 주위의 모든 것을 몽환 상태로 만들고, 이사벨레만 깨어 있게 한다. 로베르가 이사벨레를 강제로 취하려 하자, 이사벨레는 악마처럼 돌변한 로베르를 위해 이 위기에서 벗어날 수 있게 해달라고 하늘의 자비를 구한다. 그러자 제정신으로 돌아온 로베르는 악마의 권세를 거부하고 마법의 나뭇가지를 분질러버린다. 로베르는 여러 기사들의 분노를 피해 달아난다.

[제5막] 로베르가 어느 성당에 피신해 있다. 그의 앞에 베르트랑이 나타나 자기가 아버지임을 밝히고는 영혼을 지옥에 버리라고 강요한다. 그렇지 않으면 부자간에 영원한 이별을 하게 될 것이라는 말도 덧붙인다. 로베르는 베르트랑의 말에 따라 영혼을 지옥에 던져버리려고 한다. 이때 알리스가 나타나 로베르 어머니의 마지막 유언과 증언을 전한다. 베르트랑이 아무리 유혹을 해도 듣지 말라는 내용이다.

자정이 되자 베르트랑이 지옥으로 내려간다. 하늘에서는 선이 악을 물리친 것을 찬미하는 천사들의 합창이 들린다. 로베르와 이사벨레는 제단으로 나가 부부가 되기 위해 서약한다.

오르페의 슬픔

타이틀	**Les Malheurs d'Orphée**(The Sorrows of Orpheus)	
	전 3막. 아르망 뤼넬(Armand Lunel)이 대본을 썼다.	
	초연	1926년 5월 7일 브뤼셀 모네 극장
	주요 배역	오르페(오르페우스, Bar), 외리디스(에우리디케, S), 외리디스의 쌍둥이 여동생(S), 대장장이(T), 수레장이(Bar), 바구니장이(B), 여우(S), 늑대(Ms), 멧돼지(T), 곰(B)

사전 지식　　　미요는 초현실주의 시기의 프랑스 음악을 대표하는 인물이다. 그의 음악은 놀랍도록 정교하고 집약적이며, 프랑스 남부(또는 미국 남부)의 취향을 반영하고 있다. 즉 멜로디가 주도하는 음악이며 기타 음향은 타악기를 사용해 창조했다. 〈오르페의 슬픔〉은 오페라라기보다는 무대작품(stage work)이다. 그리스 신화에 나오는 오르페우스와 에우리디케 이야기는 여러 작곡가들이 오페라 주제로 삼았지만 미요의 〈오르페의 슬픔〉은 전혀 색다른 배경이라 흥미를 끈다. 〈오르페의 슬픔〉은 각 막마다 앙상블이 등장한다. 제1막은 일꾼들(The workmen), 제2막은 동물, 제3막은 에우리디케의 자매들이 중심이다.

줄거리　　　오르페우스(Orpheus; Orphée)는 프랑스 남쪽 지방의 어느 마을에 살고 있는 평범한 농부다. 그에게는 친구가 별로 없다. 있다고 해도 그저 평범한 사람들이다. 대장장이와 바구니장이,

미요, 다리우스(Milhaud, Darius, 1892~1974)
프랑스 남부 엑상프로방스(Aix-en-Provence)의 유대인 가정에서 태어난 다리우스 미요는 제2차 세계대전 이후 프랑스의 문화예술을 주도한 장 콕토의 후원을 받아 프랑스 음악의 다양성을 추구하는 데 노력했다. 프랑스적인 것만 추구할 것이 아니라 세계로 눈을 돌려 아메리카, 아시아, 아프리카의 음악도 수용하자는 운동을 펼친 것이다. 이와 관련해 미요는 레 시스(Les Six) 그룹의 기수로 활약했다. 그는 나치가 프랑스를 점령하자 미국으로 건너갔다가 전쟁 후에 돌아왔다. 미요는 6편의 오페라를 남겼는데 대표작 〈오르페의 슬픔〉은 프랑스 현대 오페라의 연혁에서 중요한 위치를 차지한다.

마차바퀴를 고치는 사람 정도다. 그런데 오르페우스에게는 다치거나 병든 동물을 치료하는 신통한 능력이 있다. 그렇기 때문에 여우, 늑대, 멧돼지, 곰 따위와도 친구처럼 지낸다. 오르페우스는 집시 처녀 에우리디케(Euridice)를 사랑하지만, 집시들은 물론이고 마을 사람들도 집시 처녀와의 사랑을 반대한다. 두 사람은 가족과 마을을 떠나 먼 곳으로 도망가기로 한다.

산속 동물들이 에우리디케를 따뜻하게 환영한다. 오르페우스와 에우리디케는 행복한 나날을 보낸다. 그런데 얼마 후 에우리디케가 병에 걸린다. 오르페우스는 동물의 병은 고칠 수 있으나 에우리디케의 병에는 손도 쓰지 못한다. 에우리디케가 끝내 숨을 거둔다. 동물들이 눈물을 흘리며 에우리디케를 땅에 파묻는다.

오르페우스는 힘없이 마을로 돌아온다. 어떻게 알았는지 에우리디케의 자매들이 오르페우스를 찾아 온다. 이들은 오르페우스가 불쌍한 에우리디케를 죽음에 이르게 했다면서 온갖 비난을 퍼붓는다. 그중 가장 격렬하게 비난하던 에우리디케의 쌍둥이 여동생이 결국 오르페우스를 칼로 찌른다. 죽어가는 오르페우스는 에우리디케와 다시 하나가 되는 환영을 본다.

할카

타이틀	**Halka**
	전 4막. 블로지미에시 볼스키(Wlodzimierz Wolski)가 대본을 썼다. 초연 때는 전 2막이었으나 나중에 4막으로 수정했다.
초연	연주회 형식으로 1848년 1월 1일 리투아니아의 수도 빌니우스(Vilnius)에서 공연. 오페라로서는 1854년 2월 28일 역시 빌니우스에서 초연되었으며, 1858년 1월 1일 바르샤바에서 수정본이 초연되었다.
주요 배역	스톨니크(지주이자 왕의 시종장), 조피아(스톨니크의 딸), 지엠바(스톨니크의 영지 관리인), 야누시(귀족인 지주), 할카(야누시에게 버림받은 마을 아가씨), 욘테크(할카를 좋아하는 야누시의 하인), 피리 부는 사람

사전 지식　　모니우슈코는 당시 시대가 안고 있는 긴급하고 중요한 문제를 작품에 표현해 사회적인 관심을 끌었다. 그의 작품에는 폴란드 민속음악이 곳곳에 스며들어 있다. 모니우슈코의 오페라가 무대에 오르자 폴란드 국민들은 "우리에게도 우리만의 전래 스토리가 있소!"라고 외치며 자랑스러워했다고 한다. 오페라 〈할카〉의 무대에 폴란드 민속음악이 흘러나오고 민속의상을 화려하게 차려입은 농민들이 민속춤을 추는 모습을 보면서, 러시아의 압정에서 시달리던 폴란드 국민들은 한 가닥 시원한 바람을 느꼈다.

줄거리　　18세기 후반 폴란드 크라쿠프(Kraków) 교외에 사는 귀족 야누시(Janusz)는 상당한

모니우슈코, 스타니슬라프(Moniuszko, Stanislaw, 1819~1872)
민스크(Minsk: 벨라루스의 수도) 부근의 우비엘(Ubiel)이라는 작은 마을에서 태어나 폴란드의 바르샤바에서 세상을 떠난 스타니슬라프 모니우슈코는 폴란드 국가 오페라의 아버지로 불린다. 당시에 민스크는 폴란드-리투아니아 연방에 속해 있었다. 러시아에 글린카, 체코에 스메타나, 헝가리에 에르켈이 있다면, 폴란드에는 국민음악 작곡가 모니우슈코가 있다. 작곡가이면서 지휘자, 음악교사였던 그는 폴란드에 대한 애국심을 심어주는 민속적인 주제의 가곡과 오페라를 남겼다. 그가 남긴 폴란드 민속풍의 오페라 5편 중에서 〈할카〉가 대표작이다.

땅을 보유하고 있다. 그는 토지를 둘러보다가 농노의 딸 할카를 보고 마음에 들어 성으로 데려온다. 할카(Halka)는 야누시의 성으로 들어와 그의 특별한 사랑을 받으며 하녀로 지낸다. 그러나 말이 사랑이지 실은 성노예와 같은 생활이다. 마을 사람들은 야누시의 못된 속셈을 개탄하면서도 목구멍이 포도청이라 입을 다문다. 순진한 할카는 야누시가 진정으로 자기만 사랑한다고 믿어 오히려 고마워한다. 그러던 중 할카가 임신을 한다. 야누시는 할카가 아이를 낳게 되면 장차 골치 아픈 존재가 될 것이라고 생각해, 전부터 얘기가 있던 스톨니크(Stolnik)의 딸 조피아(Zofia)와의 결혼을 서두르기로 한다. 스톨니크는 귀족 지주로 현재는 왕의 시종장이다. 그러므로 야누시로서는 아주 든든한 후원자가 생기는 셈이다.

야누시는 할카에게 한동안 시골집에 가서 지내라고 하면서 바쁜 일이 끝나면 데리러 가겠다고 말한다. 아무것도 모르는 할카는 출산을 위해 시골 어머니에게 보내는 것으로 알고 고맙게 생각한다. 야누시는 하인 욘테크(Jontek)에게 할카를 집까지 데려다주라고 지시한다. 할카를 사랑하는 청년 욘테크도 일이 어떻게 돌아가는지 전혀 모르고 있다. 그런데 시골로 내려오는 길에 할카와 얘기를 나누면서 할카가 야누시에게 버림받았다는 것을 깨닫는다. 욘테크가 할카를 걱정하자 그녀는 야누시가 자신을 버릴 리가 없다고 하면서 욘테크의 말을 믿지 않는다.

할카가 돌아온 날부터 평화롭던 마을은 걱정과 실망으로 술렁인다. 마을 사람들은 함부로 입을 열어 얘기하지는 않지만 지주 야누시를 비난하고 할카를 불쌍히 여긴다. 얼마 후 야누시와 조피아가 결혼식을 올린다. 그제야 모든 사실을 깨달은 할카는 큰 충격을 받아 강물로 뛰어들어 스스로 목숨을 끊는다.

야누시의 결혼을 축하하는 마을 사람들의 노래는 마치 야누시를 위협하는 듯하다.

포페아의 대관

타이틀	**L'Incoronazione di Poppea**(The Coronation of Poppea)

프롤로그와 3막의 드라마 뮤지칼레(dramma musicale). 대본은 조반니 프란체스코 부세넬로(Giovanni Francesco Busenello)가 썼다. 신화적 서사시로 구성된 1642년도 작품으로, 오페라 역사에서 최초 작품 중 하나로 여전히 사랑 받고 있다.

초연	1643년 베네치아 성 조반니, 성 바울 극장(Teatro SS Giovanni e Paolo)

주요 배역	포페아(오토네의 아내), 오토네(오토: 로마의 영웅), 네로네(네로: 로마 황제), 옥타비아(네로네의 아내), 세네카(네로의 가정교사 겸 철학자), 드루실라(왕궁의 귀부인), 포르투나(행운), 비르투(정절), 아모레(큐피드), 아르날타(포페아의 유모이자 하인), 누트리체(옥타비아의 유모), 루카노(루카누스: 시인이자 네로의 친구), 팔라데(아테네: 지혜의 여신), 메르쿠리오(머큐리: 신들의 메신저), 베네레(비너스)
베스트 아리아	로마 황제 네로네는 남성 소프라노가 맡는다. 로마의 영웅 오토네(오토)는 남성 알토가 맡는다. 두 명의 유모들도 남성 알토 역할이다. 「그대를 바라보네, 그대 안에서 기뻐하네(Pur ti miro, pur ti godo)」(S+T), 「친구들이여, 시간은 내 손에 있소이다(Amici e giunta l'hora)」(B), 「이제 세네카가 죽었다. 노래 부르자, 노래 부르자, 루카노여(Hor che Seneca e morto, cantiam, cantiam, Lucano)」(Male S), 「그들이 당신을 행복하게 보살펴줄 것으로 생각한다면 당신은 바보네요, 눈먼 소년과 겁 없는 부인이여(Ben sei pazza, se credi, che ti possano far contenta, e salva, un garzon cieco, et una donna calva)」(A), 「잘 있거라! 로마여, 잘 있거라! 조국이여, 잘 있거라! 친구들이여(A Dio, Roma! a Dio, patria! amici, a Dio!)」(S)

사전 지식   몬테베르디의 마지막 오페라 〈포페아의 대관〉은 멋진 사랑의 2중창 「그대를 바라보네, 그대 안에서 기뻐하네」가 울려 퍼지는 가운데 막을 내린다. 그러나 이 오페라의 가장

몬테베르디, 클라우디오(Monteverdi, Claudio, 1567~1643)
클라우디오 조반니 안토니오 몬테베르디(Claudio Giovanni Antonio Monteverdi)는 음악사에서 '오페라의 아버지'라고 불리는 사람이다. 몬테베르디는 북부 이탈리아 크레모나(Cremona) 출신이다. 그는 작곡뿐 아니라 가수로서 오페라에 출연하기도 했다. 몬테베르디의 오페라는 당시로서는 가히 혁명적이었다. 르네상스 스타일에서 바로크 시대를 연 것이다. 그는 최초의 오페라로 불리는 〈오르페오〉를 작곡했으며, 이 작품은 오늘날에도 공연되고 있다.

극적인 장면은 세네카의 죽음일 것이다. 「친구들이여, 시간은 내 손에 있소이다」라는 명언을 남기고 목숨을 끊은 세네카의 아리아와 그를 존경하는 무리들이 슬픔으로 부르는 합창 「죽지 마시오! 세네카, 아니됩니다!(Non morir, Seneca, no)」는 대단히 극적이다. 네로네와 충복 루카노가 부르는 2중창 「이제 세네카가 죽었다. 노래 부르자, 노래 부르자, 루카노여」도 유명한 듀엣이다.

줄거리   [프롤로그] 포르투나(La Fortuna: 운명)와 비르투(La Virtù: 정절) 두 여신은 누가 더 인간을 마음대로 할 수 있는지를 두고 말다툼을 벌인다. 사랑의 여신 베레네(verene: 비너스)는 자기가 가장 적격자라고 주장하며 다음과 같은 성공 사례를 얘기해준다.

[제1막] 전쟁에서 돌아온 영웅 오토네(Ottone; Otho)는 서둘러 집으로 돌아가 사랑하는 포페아(Poppea)를 만나려고 한다. 그런데 오토네가 전쟁터에 나가 있는 사이 네로네(Nerone: 일명 네로) 황제가 포페아에게 접근해 온갖 방법으로 환심을 사서 둘은 은밀한 사이가 된다. 부귀영화를 갈망하는 포페아로서도 네로 황제의 접근이 싫지만은 않았던 것이다. 황제는 지금의 황후와 이혼하고 포페아를 새로운 황후로 세우겠다고 약속한다. 이를 눈치챈 황후는 신들에게 둘을 벌해달라고 기도한다.

[제2막] 사태의 심각성을 깨달은 세네카는 포페아에게 과하면 다친다고 경고하지만 포페아는 오히려 네로네를 만나 세네카가 둘의 관계에 대해 경고했다고 고해바친다. 화가 난 네로네는 세네카에게 계속 잔소리를 하려거든 목숨을 끊으라고 명한다. 집에 돌아온 오토네는 모든 사정을 알고는 기구한 자신의 처지를 생각하며 눈물을 흘린다. 오래전부터 친구처럼 지내는 귀부인 드루실라(Drusilla)가 오토네를 찾아와 위로한다. 두 사람은 궁리 끝에 황후(옥타비아)와 공모해 포페아를 처치할 계획을 세운다. 오토네는 드루실라의 옷을 입고 포페아를 살해할 생각이지만, 사랑의 여신 베레네의 생각은 다르다. 오토네의 진심은 포페아를 죽이는 것이 아니라고 믿는 베레네는 오토네의 지원하는 입장에서 암살을 실패하게 만든다. 오토네는 암살이 실패로 돌아가자 네로네에게 발각될 것이 두려워 왕궁에서 도망친다.

[제3막] 오토네를 놓친 병사들은 암살자의 옷만 보고 드루실라가 장차 황후가 될지도 모르는 포페아를 죽이려 몰래 숨어들어 왔다가 도망쳤다고 네로네 황제에게 보고한다. 화가 치민 네로네는 드루실라를 체포해 당장 처형할 것을 명한다. 이때 용감한 오토네가 나타나 실은 자기가 저지른 일이라고 당당하게 밝힌다. 악명 높은 네로네지만 로마제국을 위해 오토네가 그동안 세운 공적을 부인할 수는 없다. 그리하여 오토네가 포페아를 포기하는 조건으로 사형을 면하는 대신 드루실라와 오토네를 멀리 추방한다. 네로네는 황후 옥타비아가 이 음모에 가담한 사실을 알고는 황후도 쫓아낸다. 이렇게 하여 포페아는 그리도 원하던 황후 자리에 오른다. 대관식이 열리고 트럼펫의 팡파르가 화려하게 울려 퍼진다.

오르페오

타이틀	**L'Orfeo**(Orpheus)		
	프롤로그와 5막. 1607년 만투아(Matua) 공국의 연례 카니발에서 공연하기 위해 작곡한 것이다. 오페라라는 이름이 붙은 세계 최초의 작품으로, 대본은 알레산드로 스트리조(Alessandro Striggio)가 썼다.
	초연	1607년 2월 24일 만투아에 있는 공작 궁전
	주요 배역	라 무지카(음악), 오르페오(오르페우스), 에우리디체(에우리디케), 실비아, 스페란차(희망), 카론테(카론), 플루토네(플루토), 아폴로
	베스트 아리아	「사랑의 허락으로(Dal mio Permesso amato)」(S), 「궁창을 보라(Ecco l'altra palude)」(Cont)

사전 지식   〈오르페오〉는 음악사적으로 대단히 중요한 위치를 차지하는 오페라다. 오페라의 효시이기도 하지만 초창기 오페라의 면모를 살펴볼 있기 때문이다. 〈오르페오〉는 극적인 힘과 활력이 넘치는 오케스트라가 특징이다. 이 오페라를 통해 작곡자가 특정한 내용을 별도의 악기를 사용해 효과적으로 전달하는 것이 가능해졌다. 주인공의 노래는 옛날 그리스 시대에 연극배우들이 불렀던 것과 같은 모노디(monody) 스타일을 도입했는데, 이것이 근대 오페라 아리아의 시초가 되었다. 몬테베르디는 이 오페라를 통해 그때까지 오페라의 형태를 갖추었던 것과는 전혀 다른 스타일의 음악 연극(dramma per musica)을 창조했다. 연극에 음악을 가미한 것이 아니라 음악에 연극을 가미한 것이다. 몬테베르디의 오페라는 초기 바로크 오페라로 규정된다.

에피소드   〈오르페오〉는 1607년 만투아 음악원에서 처음 공연되었고, 몇 달 뒤에는 만투아 공국의 궁정극장에서 공연되어 갈채를 받았다. 악보가 정식으로 출판된 것은 2년 뒤인 1609년이다. 그러므로 어떤 학자들은 1609년을 오페라의 원년으로 삼기도 한다. 누가 최초의 오페라를 작곡했느냐는 항상 논란거리가 되어왔다. 일부에서는 이탈리아의 작곡가 에밀리오 데 카발리에리(Emilio de Cavalieri)의 〈영혼과 육신의 대표(La rappresentatione di Anima e di Corpo)〉를 최초의 오페라라고 주장한다. 야코포 페리(Jacopo Peri)의 〈에우리디체(Euridice)〉와 같은 해에 공연되었지만 카발리에리가 페리보다 먼저 작곡했다는 기록이 있기 때문이다. 하지만 카발리에리의 작품은 오라토리오의 일부로서 공연에 연극과 음악을 혼합한 것이다. 따라서 진정한 의미의 오페라로 보기 어려운 면이 있다.

줄거리　　　　[프롤로그] 음악의 정령(La Musica)이 음악이 지닌 위대한 힘에 대해 설명한다. 그들은 오르페오를 예로 들면서 그의 음악은 매우 강렬해 만물은 물론, 신까지 감동시킨다고 얘기한다.

[제1막] 오르페오와 에우리디케의 결혼식 날이다. 모든 신들이 모여 두 사람의 결혼을 축하하며 행복하게 살라고 한마디씩 말한다.

[제2막] 오르페오는 사랑하는 아내 에우리디케가 독사에 물려 죽었다는 소식을 듣는다. 이 오페라에는 왜 독사에게 물리게 되었는지는 설명되지 않았다. 그저 독사에게 물려 죽었고 이미 지하 세계로 내려갔다는 것이다. 오르페오는 지하 세계로 내려가 아내 에우리디케를 구해오기로 결심한다. 오르페오는 인간의 행복이라는 것이 얼마나 덧없으며 연약하고 허무한 것인지 노래한다. 산천초목은 물론 어두운 곳에서 일생을 지내는 지하 세계의 신까지 모두 눈시울을 적시게 하는 매우 훌륭한 노래다.

[제3막] 희망(Speranza)이 오르페오를 지옥(지하 세계)의 문 앞까지 안내하면서 에우리디케를 구해오기를 기원한다. 오르페오는 지옥의 문을 지키는 수문장 카론(Charon)을 만난다. 오르페오는 아름다운 노래로 그를 잠들게 해 무사히 문을 통과한다.

[제4막] 지옥의 여왕 프로세르피네(Proserpine: 프로세포네)는 오르페오의 음악에 감동해 에우리디케를 세상으로 보내달라고 남편 플루토(Pluto)에게 간청한다. 플루토는 간청에 못 이겨 에우리디케를 보내주면서 한 가지 조건을 내건다. 오르페오가 빛을 따라 세상으로 나가는 도중 절대로 뒤를 돌아봐서는 안 된다는 것이다. 오르페오는 에우리디케가 따라올 수 있게 앞을 향해 천천히 걸어간다. 그런데 에우리디케가 제대로 따라오는지 궁금해 잠시 뒤를 돌아보는 순간 아내는 환영처럼 사라진다. 낙담한 오르페오는 어쩔 수 없이 홀로 세상으로 나온다.

[제5막] 오르페오의 아버지 아폴로가 세상으로 내려와 비통함에 잠긴 오르페오를 데리고 하늘로 올라간다. 아폴로는 오르페오가 하늘의 별들 사이에서 에우리디케의 모습을 영원히 바라볼 수 있게 해준다.

베이비 도의 발라드

타이틀	**The Ballad of Baby Doe**

	전 2막. 대본은 존 라투세(John Latouche)가 대본을 썼다.
초연	1956년 7월 7일 콜로라도 센트럴시티 오페라(Central City Opera)
주요 배역	베이비 도(호러스를 사랑한 여인), 호러스 테이버(콜로라도 주 부지사), 오거스타 테이버(테이버 부지사의 아내), 체스터 아서(미국 대통령)

사전 지식　　현대 미국 오페라 중에서 가장 인기 있는 작품 중 하나다. 제목이 베이비 도(Baby Doe)여서 동물에 관한 스토리로 생각하면 곤란하다. 베이비 도는 사랑스럽고 청순한 어린 암사슴과 같은 여자를 의미한다. 등장인물은 모두 실존 인물이다. 지금도 센트럴시티에서는 알 만한 사람은 다 안다고 할 만큼 전설적인 얘기라고 한다. 작곡가 무어의 음악은 단순하다. 그렇다고 소박할 정도로 단순하다는 뜻은 아니다. 무어는 이 오페라에 미국 민요를 사용하기도 했는데, 아리아에는 무어의 독창성이 담겨 있다. 전반적으로 음악은 상당히 보수적이지만 그렇게 느껴지지 않는 것은 오페라의 다른 요소, 즉 대사나 분위기 때문이다.

줄거리　　[제1막] 콜로라도 주의 레드빌(Leadville)은 은광으로 이름난 곳이다. 콜로라도 주 부지사가 된 호러스 테이버(Horace Tabor)는 은광으로 돈을 번 인사다. 부지사가 되기 전에는

무어, 더글러스(Moore, Douglas, 1893~1969)
더글러스 무어는 1917년 예일 대학을 졸업하고 해군에 복무한 뒤 파리로 가서 뱅상 당디(Vincent d'Indy)와 나디아 불랑제(Nadia Boulanger)에게 작곡을 배운 정통파 작곡가다. 1921년 미국으로 돌아와 클리블랜드 미술관의 음악감독을 맡는 한편, 작곡 활동을 시작했다. 「네 개의 미술관 전시품(Four museum pieces)」은 클리블랜드 미술관의 전시품과 관련된 오케스트라 곡이다. 1951년 작곡한 오페라 〈지상의 거인들(Giants in the Earth)〉은 퓰리처상을 받았다. 그의 오페라 중 가장 사랑을 받는 오페라는 1956년에 초연된 〈베이비 도의 발라드〉다.

레드빌 시장을 지냈으며, 주민들을 위해 이 도시에 오페라하우스를 건설했다. 그는 친구들과 함께 오페라하우스 앞에서 유쾌한 얘기를 나눈다. 호러스의 아내 오거스타(Augusta)는 남편 호러스의 말투와 행동이 마치 서부 개척 시대의 카우보이 같다면서 제발 교양 없이 굴지 말라고 당부하지만, 호러스는 그 습관을 버리지 못한다. 호러스는 연주회 휴식 시간에 안면이 있는 베이비 도(Baby Doe)를 만난다. 센트럴시티에 사는 베이비는 가난이 싫어 남편을 떠나 레드빌로 온 여인이다. 베이비는 멋진 생활을 누리고자 돈 많은 호러스에게 일부러 접근했다. 연주회가 끝나고 베이비를 다시 만난 호러스는 베이비에게 사랑을 고백한다. 베이비가 바라던 것이 이루어진 것이다.

그런데 시간이 지나면서 베이비는 호러스를 진정으로 사랑하게 된다. 남편이 베이비라는 여자와 놀아난다는 것을 안 오거스타는 호러스에게 지금 은값이 폭락하기 시작해 위기가 오고 있으니 제발 베이비는 잊어버리고 정신을 차리라고 당부한다. 오거스타는 베이비를 도시에서 쫓아낼 결심을 한다. 베이비도 호러스와의 밀회로 양심의 가책을 느껴 스스로 떠나려던 참이다. 그런데 호러스가 오거스타와 이혼하겠으니 제발 떠나지 말아달라고 애원한다. 남편이 자기와 이혼하려는 것을 안 오거스타는 스캔들을 터뜨려 이혼을 막아보려 하지만 소용이 없다. 얼마 후 상원의원이 된 호러스는 베이비와 결혼식을 올린다. 체스터 아서(Chester Arthur) 대통령도 결혼식에 참석해 축하해준다. 그러나 호러스는 정상적으로 이혼하지 않은 베이비의 과거 때문에 스캔들에 시달리게 되고, 은화와 함께 금화도 인정하는 새로운 제도의 채택을 막지 못해 정치적으로도 궁지에 몰린다.

[제2막] 몇 년 뒤 오거스타가 워싱턴으로 찾아와 은값이 폭락할 테니 콜로라도에 있는 매치리스 (Matchless) 광산을 속히 팔라고 경고한다. 매치리스 광산은 호러스 소유의 광산 중 가장 돈벌이가 잘되는 광산이다. 이 말을 들은 베이비는 오거스타의 말대로 해야 한다고 생각하지만, 호러스가 은값이 다시 오를 테니 기다리자고 하자 그의 뜻에 따르기로 한다. 호러스의 정치 생명은 1896년 선거에서 패하면서 바닥까지 떨어진다. 베이비의 어머니가 오거스타를 찾아가 옛정을 생각해 도와달라고 간청하지만 오거스타는 일언지하에 거절한다. 병들고 지친 몸을 이끌고 레드빌로 돌아온 호러스는 오페라하우스 무대에서 지난날을 회상하며 앞으로 어떻게 될지 생각에 잠긴다. 동전 한 푼 없는 신세가 된 호러스에게 베이비가 찾아와 마지막을 지켜준다. 그녀는 호러스에게 영광과 좌절을 안겨준 매치리스 광산에 그를 묻는다. 오페라는 여기서 막을 내린다. 그 후 베이비는 36년 동안 매치리스 광산 입구에 오두막집을 짓고 호러스와의 시간을 추억하며 살다가, 어느 추운 겨울날 오두막의 작은 방에서 추위를 견디지 못하고 숨을 거두었다. 베이비는 좋은 값에 광산을 사겠다는 제의를 모두 거절했다. 언젠가 다시 은광이 호황을 맞아 호러스의 명예가 회복되기를 바랐기 때문이다.

바스티앙과 바스티엔

프랑스의 마리쥐스틴브누아트 파바르(Marie-Justine-Benoîte Favart)와 아르니 드 게르빌(Harny de Guerville)이 공동으로 쓴 소설 『바스티앙과 바스티엔의 사랑(Les amours de Bastien et Bastienne)』을 기본으로 프리드리히 빌헬름 바이스케른(Friedrich Wilhelm Weiskern)이 대본을 썼다.

초연	1768년 빈의 메스메르(Mesmer)가의 저택 정원
주요 배역	바스티앙, 바스티엔, 콜라(마법사)

음악 하이라이트	목가적인 모티프의 서곡, 콜라의 아리아

베스트 아리아	「그대에게 무한한 감사를(Grossen Dank Dir Abzustatten)」(S), 「사랑하는 그가 떠났네(Mein liebster Freund hat mich verlassen)」(S), 「이제 목장으로 가리(Ich geh jetzt auf die Weide)」(S), 「옛날이야기를 들려주세요(Ghe! Du sagst mir eine Fabel)」(S), 「그는 정말 진실했지요(Er war mir sonst treu und ergeben)」(S), 「사랑스럽고 예쁜 얼굴(Meiner Liebsten schöne Wangen)」(T)

사전 지식   모차르트가 열두 살 때 쓴 오페라로, 음악만은 대단히 매력적이고 예쁘다. 초연이 귀족 저택의 정원에서 있었듯이, 소규모 정원 극장이 제격인 오페라다. 〈바스티앙과 바스티엔〉은 모차르트 생전에 공연되지 못했다. 〈바스티앙과 바스티엔〉이라는 징슈필은 장-자크 루소(Jean-Jacques Rousseau)의 소설 『마을의 점쟁이(Le devin du village)』를 기본으로 했다. 이 소설은 당시

모차르트, 볼프강 아마데우스(Mozart, Wolfgang Amadeus, 1756~1791)
볼프강 아마데우스 모차르트는 음악 역사상 고전주의 음악의 전성기, 즉 빈 제1학파 시대에 활동한 사람이다. 이 시기는 우아함과 아름다움과 세련됨이 풍미했다. 모차르트의 천재성은 빈 고전음악에 지대한 영향을 주었다. 그는 음악의 모든 장르에서 고전 음악의 완성을 보여주었다. 그는 22편의 오페라를 작곡했는데, 그중 10편은 소년 시절에 작곡한 것이다. 18세기 초의 오페라는 오늘날 시각으로 보면 구식이고 정체된 느낌을 주기도 한다. 그러나 모차르트의 오페라는 과거나 현재, 미래에도 한결같이 신선함을 안겨줄 것이다.

빈에서 몇 해 동안 인기를 끌었기 때문에, 당시 대부분의 사람이 줄거리는 익히 알고 있었을 것이다.

줄거리　　　　양을 치는 아름답고 귀여운 아가씨 바스티엔(Bastienne)은 사랑하는 남자친구 바스티앙(Bastien)이 도시로 일을 보러가 돌아오지 않자 언덕에 앉아 그를 기다리며 그리움을 노래한다. 그 시간 바스티앙은 도시의 화려함과 분주함, 매력적인 여인들의 유혹에 정신을 차리지 못하지만, 사랑하는 여자 친구 바스티엔을 생각해 모든 유혹을 뿌리치고 시골로 발길을 재촉한다. 바스티엔은 마을의 점쟁이이자 마법사 콜라(Colas) 영감을 찾아가 아무래도 바스티앙이 바람이 난 것 같은데 이 노릇을 어찌하면 좋으냐고 묻는다. 노련한 콜라의 자문은 간단하다. 바스티앙이 나타나거든 쌀쌀맞게 대해 정신을 바짝 차려 한눈을 팔지 못하게 하라는 것이다.

바스티앙이 피곤한 몸을 이끌고 마을로 돌아온다. 바스티엔은 바스티앙에게 매정할 정도로 쌀쌀맞게 군다. 옷에서 웬 향수 냄새가 나느냐고 생트집까지 잡는다. 바스티엔이 전에 없던 모습을 보이자 바스티앙은 크게 당황한다. 그는 도시로 나가 보니 놀랄 정도로 화려했지만 조용하고 아늑한 시골이 더 좋으며, 무엇보다 바스티엔이 보고 싶어 당장 발길을 돌려 돌아왔다고 설명하지만 바스티엔은 들은 척도 하지 않는다. 낙심한 바스티앙은 자살까지도 생각한다. 그러나 서로의 진심을 깨달은 두 사람은 공연히 소모적인 신경전을 벌일 필요가 없다고 생각해 화해한다. 두 사람은 더없이 행복하다.

여자는 다 그래

타이틀	**Così Fan Tutte**(All Women Are Like That; All Women do the Same)

	전 2막의 오페라 부파. 대본은 로렌초 다 폰테(Lorenzo Da Ponte)가 썼다.
초연	1790년 1월 26일 빈 부르크테아터(궁정극장)
주요 배역	피오르딜리지(나폴리에 살고 있는 페라라의 귀부인), 도라벨라(피오르딜리지의 여동생), 구글리엘모(피오르딜리지를 사랑하는 장교), 페르난도(도라벨라를 사랑하는 장교), 돈 알폰소(노총각 철학자), 데스피나(두 자매의 하녀, 닥터 메스메)

음악 하이라이트	1막에서 피오르딜리지의 아리아, 결혼식 캐논, 닥터 메스메(데스피나)를 존경하는 음악, 구글리엘모의 아리아, 페르난도의 아리아, 도라벨라와 구글리엘모의 사랑의 듀엣, 피오르딜리지와 페르난도의 사랑의 듀엣

베스트 아리아	「흔들리지 않는 바위처럼(Come scoglio)」(S), 「사랑의 산들바람은(Un'aura amorosa del nostro tesoro)」(T), 「제발, 사랑하는 그대여(Per pietà, ben mio)」(S), 「열다섯 살의 여인(Una donna a quindici anni)」(S), 「나의 애인이여, 그대들이 하는 일은 너무 엄청나(Donne mie, la fate a tanti)」(B), 「그렇게 거부하지 마오(Non siate ritrosi & E voi ridete?)」(B), 「부드럽게 부는 바람(Soave sia il vento)」(트리오)

사전 지식　　　변덕스럽고 일만 저지르며 가볍게 행동하는 두 여인의 사랑의 이력을 다룬 코미디다. 여성을 조롱하는 듯한 내용이라 여성 오페라 팬들은 별로 환영하지 않는 작품이다. 아리아보다는 듀엣, 트리오, 콰르텟 등에 비중을 더 두었는데, 대사가 음악과 맞지 않는다는 지적이 많았다. 대사가 너무 빠르기 때문에 고상한 모차르트의 음악을 망쳐놓는다는 얘기까지 나왔다. 그래서 18세기 대본가들은 모차르트의 스타일을 고려해 대본을 다시 쓰기도 했다. 이 오페라 대사를 연극에 적용해 공연한 적이 있는데, 예상대로 완전히 실패했다. 이런 일화에서도 모차르트의 천재성을 엿볼 수 있다.

에피소드　　　초연 이후 요제프 2세가 세상을 떠나자 〈여자는 다 그래〉는 단 10회의 공연만 허락받았다. 당시의 도덕 기준으로 볼 때 부정한 내용이었기 때문이다. 그래서 대본을 수없이 손질해야 했다. 처음에는 노골적인 표현도 많았지만 세월이 지나면서 상당히 정화되었다. 그리하여 오늘날 세계에서 가장 사랑 받는 오페라 중 하나가 되었다. 물론 내용은 여전히 비도덕적이지만 모차르트의 아름답고 재치 있는 음악이 스토리의 비도덕성을 감싸면서 해피엔드에 이른다.

줄거리 [제1막] 무대는 18세기의 나폴리다. 두 젊은 장교가 예쁘게 생긴 자매와 연애를 한다. 구글리엘모(Guglielmo)는 피오르딜리지(Fiordiligi)와, 페르난도(Fernando)는 도라벨라(Dorabella)와 사랑하는 사이다.

구글리엘모와 페르난도는 풍자적이며 장난기가 다분한 노총각 알폰소(Alfonso)와 점심을 먹으면서 여자의 마음에 대해 열띤 토론을 벌인다. 철학자 알폰소는 "여자란 바람과 같아서 자기 애인이 눈에 보이지 않으면 변덕을 부릴 수 있다"라고 말한다. 그러나 두 남자는 "사랑하는 사이라면 누가 뭐라고 유혹해도 넘어가지 않으며 진심을 지킨다"라고 주장한다. 토론이 끝이 없자 결국 누구의 주장이 옳은지 실험을 통해 가리기로 한다. 두 청년 장교는 알폰소의 계략에 따라 부대가 이동을 해 멀리 떠나게 되었다고 자매에게 이별을 고한다. 그러고는 알바니아 귀족으로 변장해 서로의 짝, 그러니까 구글리엘모는 도라벨라를, 페르난도는 피오르딜리지를 유혹하기로 한다. 두 남자는 사람들이 아무리 유혹해도 자기 약혼녀들은 한눈팔지 않을 것이라고 확신한다. 그러나 알폰소는 "설마가 사람 잡지!"라면서 세상에 믿지 못할 것이 여자의 마음이라고 강조한다.

두 청년 장교가 알바니아 귀족으로 변장하고 약혼녀들에게 접근해 온갖 감언이설로 유혹해보지만 여자들은 꿈쩍도 하지 않고 요지부동이다. 자매는 약혼자 구글리엘모와 페르난도 외에 딴사람을 생각한다는 것은 천지가 개벽해도 안 될 일이라고 굳게 다짐한다. 진짜 약혼자들이 당장이라도 나타나면 꼼짝 없이 낭패를 볼 것이므로 위험한 행동을 자제하는 것인지도 모른다. 아무튼 두 청년 장교는 알폰소에게 "보셨소? 당신 생각이 틀렸소!"라고 하며 내기에 이겼다고 말한다. 노련한 알폰소는 "속단은 금물"이라고 하면서 좀 더 지켜보자고 한다.

이제 하녀 데스피나(Despina)가 등장할 차례다. 데스피나 역시 알폰소와 마찬가지로 풍자적인 인물이다. 자기 주인인 두 아가씨가 평소에 하는 행동거지로 보아, 근사한 사람이 유혹하면 넘어갈 것이 분명하다고 믿고 있다. 귀족이라 할 일 없이 먹고 놀기만 하는 두 아가씨에게 은근히 반감을 가지고 있던 데스피나는 알폰소의 지원 요청에 기꺼이 응한다.

[제2막] 데스피나는 두 아가씨에게 약혼자들이 멀리 떠나서 외로울 텐데, 점잖고 예의 바르며 돈도 많고 멋있는 알바니아 귀족들과 얼마간이라도 즐거운 한때를 보내는 게 기분 전환을 위해 좋지

않겠냐고 설득한다. 집요한 설득과, 일종의 호기심, 바람기가 발동해 두 아가씨는 알바니아 귀족들과의 데이트를 허락한다. 두 알바니아 귀족은 계획한 대로 각각 파트너를 바꾸어 자매를 유혹한다. 자기들로 말하자면 오래전부터 멀리서 아가씨들을 지켜보며 흠모했다는 둥, 이제나마 아가씨들을 만나게 되어 영광이라는 둥, 이 영광을 자손만대에 간직하고자 한다는 둥둥 죽는 시늉까지 하며 구애한다. 두 남자의 죽기 아니면 까무러치기식 구애에 두 자매는 결국 사랑을 고백한다. 그토록 믿었던 두 아가씨가 너무 쉽게 마음이 변하니 두 남자로서는 정말 기가 막힐 노릇이다.

하녀 데스피나가 공중인으로 변장해 결혼식을 진행하자 모두 결혼서약서에 서명한다. 이렇게 되자 알바니아 귀족으로 변장한 두 남자는 더는 참을 수가 없어 옆방으로 가서 원래 복장을 하고 나타나 여자들을 혼내주기로 한다. 두 아가씨는 결혼을 서약한 신랑들이 잠시 나간 틈에 느닷없이 진짜 약혼자들이 나타나자 혼비백산한다.

남자들은 방금 전 아가씨들이 서명한 결혼서약서를 들이대며 해명을 요구한다. 두 아가씨들은 당신들이 있는데 우리가 그런 일을 벌였겠냐고 펄쩍 뛰지만, 데스피나와 알폰소가 등장해 전모를 밝히는 바람에 모든 것이 들통 난다. 두 사람은 창피해 어쩔 줄을 모른다.

그 순간 아가씨들의 반격이 시작된다.

"아니, 원인 제공자가 누군데 우리한테 누명을 씌우시나요? 그나저나 왜 변장을 하고 이 소란이람? 우린 당신들이 변장하고 나타날 때 알아봤다구요! 우리도 당신들 속이려고 한번 해본 거예요!" 구글리엘모와 페르난드는 이런 주장에 할 말을 잃는다. 자, 어찌 됐든 모두 용서!

음악감독

타이틀	**Der Schauspieldirektor**(The Impresario)
	1막의 음악을 곁들인 코미디 연극. 대본은 고틀리프 슈테파니(Gottlieb Stephanie)가 썼다.
초연	1786년 2월 7일 빈 교외에 있는 쇤부룬(Schönbrunn) 궁전의 오랑게리(Orangerie) 극장
주요 배역	프랑크(음악감독이자 제작자), 아일러(은행가), 버프(나이 많은 배우), 마담 파일(배우), 마담 크로네(배우), 마담 포겔장(배우), 포겔장(s), 마담 헤르츠(s), 마드무아젤 질버클랑(s)
베스트 아리아	「내가 최고의 가수(Ich bin die erste Sängerin)」(S)

사전 지식　　　　모차르트는 이탈리아 오페라보다 독일 오페라가 우수하다는 것을 보이기 위해, 독일 징슈필을 여러 편 만들었다. 모차르트 최후의 작품 〈마적(Die Zauberflöte)〉이 대표적인 예다. 징슈필 〈음악감독〉은 〈마적〉을 만들기 위한 안내자라고 할 수 있다. 〈음악감독〉은 하나의 완전한 오페라 작품이지만, 음악 부분보다는 대사 위주의 드라마 부분이 상당히 많다. 실제로 이 오페라에는 서곡과 4개의 주요 아리아가 나올 뿐이다. 그러므로 오늘날의 눈으로 보면 별로 재미없는 오페라다. 그렇기 때문에 모차르트의 천재적 음악만을 살려 비슷한 스토리의 전혀 다른 작품으로 공연되는 경우가 많다. 또 다른 주장에 따르면 모차르트가 〈음악감독〉을 작곡한 것은 그가 직접 경험한 빈에서의 극장 생활을 풍자하기 위해서라고 한다. 이 오페라는 당시 프란츠 요제프 황제가 주관한 오페라경연대회에 출품되었던 작품이다. 이 경연대회에서 〈음악감독〉에 이어 공연된 작품은 안토니오 살리에리(Antonio Salieri)의 이탈리아 오페라 〈음악 먼저, 가사 나중(Prima la musica e poi le parole)〉이었다. 일반인을 위한 〈음악감독〉의 초연은 4일 후 빈의 케른트너토르 극장에서 공연되었다.

에피소드　　　　모차르트와 경쟁자인 살리에리가 1786년에 만든 단막의 오페라 〈음악 먼저, 가사 나중〉은 통상 모차르트의 〈음악감독〉과 함께 공연된다. 〈음악 먼저, 가사 나중〉은 디베르티멘토(Divertimento)다. 이 오페라는 〈음악감독〉과 마찬가지로 1786년 2월 7일, 빈의 쇤부룬 궁전 오랑게리

극장에서 초연되었다. 모차르트의 〈음악감독〉이 순수한 독일 징슈필 스타일인 데 반해 살리에리의 〈음악 먼저, 가사 나중〉은 당시 인기를 끌고 있던 주세페 사르티(Giuseppe Sarti)의 오페라 〈줄리오 사비노(Giulio Sabino)〉의 풍자적 스토리를 그대로 사용한 것이다.

줄거리   1786년 잘츠부르크 어느 극장의 음악감독 겸 제작자 프랑크(Frank)의 방이다. 프랑크는 순회공연 준비로 정신이 없다. 극단에 빌붙어 생활하는 배우 버프(Buff: 높은 직위의 사람이라는 의미)는 순회공연에서 돈을 벌려면, 엉터리 남자 배우들은 모두 쓸어버리고 예쁘고 재능 있는 여배우를 뽑아야 한다고 주장한다. 음악감독은 그런 여배우를 뽑으려면 출연료를 많이 주어야 하는데 지금 자금 사정으로서는 어림도 없다고 고민한다. 그러자 버프는 감독의 친구인 은행가 아일러(Eiler)에게 돈을 좀 빌려달라고 하면 될 것 아니냐고 한다. 아일러는 돈을 빌려주는 대신 자기가 추천하는 마담 파일(Pfeil)을 주역 배우로 써달라고 부탁한다. 마담 파일은 어떤 역할이든지 척척 해낼 수 있는 특출한 배우라는 것이다.

그때 마담 크로네(Krone)라는 여인이 배우가 되기 위해 등장한다. 마담 크로네는 자기 노래를 새들이 따라 부를 정도로 새소리를 잘 낸다고 한다. 극단의 배우 헤르츠(Herz)와 그의 아내까지 나서서 마담 크로네를 적극 추천한다.

이어 세 번째 후보자가 나타난다. 젊고 아름다운 마드무아젤 질버클랑(Silberklang: 은쟁반에 옥구슬을 굴리는 것처럼 낭랑하다는 의미)이다. 종달새도 저리가라고 할 정도의 소프라노이자 배우라고 한다. 극단의 테너 포겔장(Vogelsang: 새가 지저귄다는 의미)이 질버클랑을 적극 추천한다. 난처해진 음악감독이 출연료에 대해 얘기를 꺼내자 세 여인은 서로 자신이 제일이기 때문에 가장 많이 받아야 한다고 다툰다. 음악감독은 재빨리 말다툼을 제지하면서 만일 서로 다투기만 하면 극단을 해산하겠다고 한다. 서로 자기가 추천한 사람이 최고라고 주장하는 가운데 마담 파일과 마담 크로네, 이에 질세라 마드무아젤 질버클랑까지 노래 경연에 합세한다. 이 와중에 노련한 버프가 끼어들어 웃음을 자아내는 엉터리 노래를 불러 객석을 웃음바다로 만든다. 결국 음악감독은 세 사람 모두를 선발한다.

후궁에서의 도주

타이틀	**Die Entführung aus Dem Serail**(The Abduction from the Seraglio)
	전 3막의 독일 징슈필. 대본은 원래 고틀리프 슈테파니가 쓴 것을 크리스토프 프리드리히 브레츠너(Christoph Friedrich Bretzner)가 다시 썼다. 이 오페라의 제목은 '하렘에서의 도피'라고도 한다.
초연	1782년 7월 16일 빈 부르크 극장
주요 배역	콘스탄체(스페인의 귀부인), 벨몬테(스페인의 귀족), 셀림(터키의 파샤), 오스민(파샤궁의 집사), 블론드헨(영국인 하녀), 페드릴로(벨몬테의 하인으로 파샤 궁의 정원사)
음악 하이라이트	오스민의 분노에 넘친 아리아(F장조의 아리아), 오스민의 복수의 노래, 서곡에서의 터키풍 음악, 오스민과 페드릴로의 바쿠스 듀엣, 콘스탄체의 지난날의 사랑에 대한 아리아(B장조 아리아), 콘스탄체의 슬픔의 아리아(G단조 아리아), 결심하는 콘스탄체의 아리아(C장조 아리아), 벨몬테의 희망의 아리아, 사랑하는 사람들의 화해의 4중창
베스트 아리아	「아, 나는 사랑을 했었네(Ach, ich liebte)」(S), 「매력과 애교로써(Durch Zärtlichkeit und Schmeicheln)」(S), 「사랑하는 여인을 찾은 사람, 오스민의 민요풍 아리아(Wer ein Liebchen hat gefunden)」(B), 「하, 어떻게 승리할 것인가(Ha, wie will ich triumphieren)」(B), 「슬픔은 나의 운명(Traurigkeit ward mir zum Lose)」(S), 「끝없는 고문(Martern aller Arten)」(S), 「여기서 그대를 볼 수 있으리(Heir soll ich dich denn sehen)」(T), 「오, 얼마나 고통스럽고 얼마나 불타는가(O wie angstlich, o wie feurig)」(T), 「무어의 땅에 아름답고 사랑스러운 아가씨가 갇혀 있네(Im Mohrenland gefangen war, ein Mädel hübsch und fein)」(T)

사전 지식　　　1781년 빈에 정착한 모차르트가 빈 극장에서 최초로 성공을 거둔 오페라다. 당시 유행했던 터키 스타일을 무대에 도입해 관심을 끌었다. 즉 이국적인 타악기와 피콜로를 도입했으며, 특히 서곡에 자주 활용했다. 오페라라기보다는 뮤지컬에 가까운 형태로, 독일에서는 이를 징슈필이라고 한다.

에피소드　　　모차르트가 이 오페라를 작곡할 즈음, 그는 하숙집 셋째 딸 콘스탄체(Constanze)와 사랑에 빠졌다. 이들은 이 오페라가 성공을 거둔 뒤 결혼했는데, 그녀가 바로 음악사적으로 유명한 모차르트의 아내 콘스탄체다.

줄거리　　　　　1500년대의 터키다.

[제1막] 스페인에서 온 젊은 귀족 벨몬테(Belmonte)가 셀림(Selim)의 저택 앞을 두리번거리고 있다. 셀림은 터키의 파샤(Pasha: 주지사)로, 벨몬테의 아름다운 여자 친구 콘스탄체(Constanze)와 콘스탄체의 하녀 블론드헨(Blondchen), 벨몬테의 하인 페드릴로(Pedrillo)까지 납치해갔다.

하렘의 관리자 오스민(Osmin)은 블론드헨에게 마음을 빼앗긴다. 페드릴로 역시 블론드헨을 사랑하지만 잡혀온 처지라 속만 끓이고 있다. 잡혀온 페드릴로는 정원사로 일한다. 오스민은 경쟁자 페드릴로를 괜한 트집 잡아 못 살게 군다. 벨몬테가 드디어 페드릴로를 비밀리에 만난다. 페드릴로가 셀림이 콘스탄체와 항상 함께 다녀 접근하기 어렵다고 말하자, 벨몬테는 사랑하는 콘스탄체를 속히 구출하고 싶은 심정이다. 셀림과 콘스탄체가 배를 타고 들어오자 사람들은 두 사람을 보고 환상적인 한 쌍이라면서 환호한다. 이 모습을 본 벨몬테는 속이 상하지만 달리 방법이 없다. 이때 벨몬테가 부르는「오, 얼마나 고통스럽고 얼마나 불타는가」는 콘스탄체에게 접근조차 하지 못하는 안타까운 심정을 잘 표현한 곡이다. 궁으로 들어가는 것이 시급하다고 생각한 벨몬테는 페드릴로의 도움을 받아 촉망받는 건축가라고 속여 궁으로 들어간다.

[제2막] 하녀 블론드헨은 귀찮게 쫓아다니는 오스민에게 제발 그만 따라 다니라고 핀잔을 준다. 콘스탄체도 셀림에게 제발 혼자 있게 해달라고 부탁한다. 셀림은 콘스탄체와 함께 있을 수 없는 괴로운 심정을 노래한다「끝없는 고문(Martern aller Arten)」. 드디어 벨몬테가 콘스탄체를 만난다. 페드릴로는 네 사람을 탈출시킬 계획을 세운다. 탈출할 생각으로 잠을 이루지 못하는 이들의 4중창이 재미있고 아름답다. 1단계 작전은 페드릴로가 오스민에게 술을 잔뜩 먹여 녹초로 만드는 것이다. 2단계, 3단계. 작전이 계획대로 착착 진행된다.

[제3막] 한밤중이다. 페드릴로가 궁전 담에 사다리를 놓고 탈출하려다가 경비병에게 붙잡히고 만다. 벨몬테와 콘스탄체도 붙잡힌다. 술에서 깨어난 오스민이 화가 치밀어 경비병을 모두 동원해 붙잡은 것이다. 셀림 앞에 끌려온 콘스탄체가 제발 풀어달라고 간청한다. 벨몬테는 아버지에게 말해 얼마든 돈을 줄 테니 석방시켜달라고 말하지만, 벨몬테의 아버지와 셀림은 오랜 원수지간이다. 죽음을 피할 수 없는 두 사람은「이 무슨 운명인가?(Welch ein Geschick!)」를 부른다. 그런데 천우신조라고 했던가? 파샤의 마음이 움직인다. 결국 파샤는 모두를 풀어주라고 명령한다.

마적(魔笛)

타이틀	**Die Zauberflöte**(The Magic Flute)	
		전 2막의 징슈필. 대본은 에마누엘 시카네더(Emanuel Schikaneder)가 썼다. '마술 피리', '요술 피리'라고 번역하는 경우도 있다.
	초연	1791년 9월 30일 빈 강변극장
	주요 배역	자라스트로(태양 신전의 고승), 타미노(자바의 왕자), 밤의 여왕, 파미나(밤의 여왕의 딸), 세 명의 부인(밤의 여왕의 시녀들), 세 명의 어린이, 모노스타토스(무어인), 파파게노(새잡이), 파파게나
음악 하이라이트		서곡의 주제 음악, 마술 피리를 들고 부르는 타미노의 아리아, 파파게노의 벨 음악, 파파게노의 팬파이프 음악, 실망한 파미나의 아리아(G단조), 자라스트로의 아리아, 고통 받는 어머니인 밤의 여왕의 아리아(B장조), 복수를 다짐하는 밤의 여왕의 아리아(D단조), 승려들의 합창
베스트 아리아		「지옥의 분노, 마음에 불타고(Der Hölle Rache)」(S), 「얼마나 아름다운 모습인가(Dies Bildnis ist bezaubernd schön)」(T), 「아, 사라진 것을 느낄 수 있네(Ach, ich fühl's)」(S), 「나는야, 새잡이(Der Vogelfänger bin ich ja)」(B), 「자그마한 아가씨, 그렇지 않으면 귀여운 아내를(Ein Mädchen oder Weibchen)」(B), 「이 성스러운 장소에서(In diesen heil'gen Hallen)」(T), 「오, 이시스와 오시리스 신이여(O Isis und Osiris)」(B), 「사랑을 느끼는 모두들(Bei Männern welche Liebe fühlen)」(T+S), 「오, 흔들리지 말아요(O zittre nicht)」(S)

사전 지식　　2막짜리의 동화를 기본으로 한 코믹하고도 장엄하기도 한 오페라다. 음악이 매우 훌륭하기 때문에 음악사 연구가나 다른 작곡가들은 이 오페라를 들을 때마다 땅을 치며 감탄하기 일쑤였다. 더구나 모차르트가 이 오페라를 짧은 기간에 별로 힘들이지 않고 작곡했다는 것을 알면 감탄사를 연발할 수밖에 없다. 음악은 이렇게 훌륭하지만 줄거리는 도무지 말도 안 되는 난센스로, 심지어 비밀결사를 위한 거대한 음모로까지 해석될 정도다. 아무도 이 오페라가 던지는 의미를 이해할 수 없기 때문이다. 이 오페라에서 밤의 여왕이 부르는 「지옥의 분노, 마음에 불타고」는 아마 세상에서 가장 어려운 콜로라투라 소프라노 아리아 중 하나일 것이다.

에피소드   모차르트의 생애 마지막 오페라로, 당시 비밀결사인 프리메이슨(Freemason)의 의식을 위한 음악이며 조직의 이상을 표현한 음악이라는 평을 받았다. 이는 서곡에 분명하게 드러난다. 장엄한 종교 의식적 화음을 트롬본을 이용해 표현한 것이 좋은 예다. 이 오페라와 관련된 또 하나의 에피소드는 모차르트가 프리메이슨의 비밀을 너무 많이 퍼뜨리고 다녔기 때문에 조직에서 그를 독살했다고도 한다. 사실 여부는 모르겠으나 모차르트는 서른다섯이라는 너무 젊은 나이에 죽었다.

줄거리   [제1막] 배경은 고대 이집트이지만, 무대는 황량한 사막이 아니라 울창한 숲이다. 타미노(Tamino) 왕자가 큰 뱀에 쫓겨 위기에 처하자 검은 옷을 입은 세 명의 여인이 나타나 "지지배배~" 노래하면서 큰 뱀을 가볍게 처치한다. '밤의 여왕'의 시녀들이다.

그나저나 타미노를 자바의 왕자라고 한 것은 이해하기 어렵지만, 〈마적〉이 워낙 동화 같은 얘기라 크게 신경 쓸 부분은 아니다. 이어 새털로 장식한 옷으로 자기 직업이 새잡이임을 노골적으로 드러낸 파파게노(Papageno)가 노래하며 춤을 추고 지나가다가, 타미노 왕자를 만난다. 파파게노는 '밤의 여왕'을 위해 새를 잡으러 다니는 사람이다. 그는 왕자에게 자기가 뱀을 죽였다고 하면서 고맙게 생각하라고 거짓말을 한다. 그러자 밤의 여왕의 세 시녀가 나타나 거짓말을 한 파파게노의 입에 자물쇠를 채워 더는 헛소리를 하지 못하게 벌을 주고는, 타미노 왕자에게 이 여인을 아느냐며 초상화를 보여준다. 초상화의 주인공은 '밤의 여왕'의 딸 파미나(Pamina) 공주다. 공주의 초상화를 본 왕자는 곧바로 사랑에 빠진다. 세 시녀는 고승 자라스트로(Sarastro)에게 공주가 붙잡혀 있다고 하면서 도움을 요청한다. 급기야 밤의 여왕까지 등장해 왕자에게 공주를 구출해달라고 부탁한다. 밤의 여왕은 공주를 왕자에게 금으로 만든 마술 피리를 건넨다. 또한 새잡이 파파게노에게 은방울 악기를 주며 왕자를 도와 공주를 구출하면 별도의 상을 내리겠다고 한다.

장면은 바뀌어 자라스트로의 궁전이다. 그의 하인 모노스타토스(Monostatos)가 공주를 다른 곳으로 데리고 가려고 한다. 무어인인 모노스타토스는 예쁜 파미나 공주에게 흑심을 품고 있다. 이때 새잡이 파파게노가 등장해 그를 겁주어 쫓아버린 뒤, 파미나 공주에게 조만간 왕자가 와서 구해줄 테니 기다리라고 말한다.

타미노 왕자는 사원의 승려들에게서 자라스트로는 나쁜 사람이 아니며 밤의 여왕이 악인이라는 이야기를 듣는다. 때마침 자라스트로가 입장하자 모든 사람이 그를 환영한다. 타미노가 자라스트로에게 "그대의 하인 모노스타토스가 파미나 공주를 욕보이려 했는데 어떻게 할 생각인가?"라고 묻자 그는 모노스타토스를 불러 큰 벌을 내린다. 자라스트로는 왕자와 공주를 시련의 대사원으로 데려가 두 사람의 사랑을 시험한다.

[제2막] 타미노 왕자는 여성에게 말을 건네지 않아야 하는 첫 번째 관문을 통과한다. 파미나 공주도 모노스타토스에게서 도피하는 시험에 통과한다. 새잡이 파파게노는 늙고 못 생긴 할머니를 배필로 맞이하는 시험을 당한다. 그 노파는 파파게나(Papagena)다. 시험이 끝나자 파파게나는 열여덟 아리따운 아가씨로 돌아온다. 두 번째 관문인 불과 물의 시험을 통과한 왕자에게 내려진 마지막 관문은 공주와 함께 깊은 굴로 들어갔다가 다시 밖으로 나오는 것이다. 왕자는 밤의 여왕이 준 마술 피리를 불어 무사히 밖으로 나온다. 자라스트로는 타미노 왕자와 파미나 공주가 모든 시험에 합격한 것을 축하한다.

돈 조반니

타이틀	**Don Giovanni**(Il Don Giovai; Don Juan; Lord John)	
	전 2막의 드라마 조코소(dramma giocoso). 대본은 로렌초 다 폰테가 썼다. 원작은 17세기 스페인의 극작가 티르소 데 몰리나(Tirso de Molina)가 쓴 「세비야의 탕아와 돌의 초대객(El burlador de Sevilla y convidado de piedra)」이다.	
	초연	1787년 10월 29일 프라하 국립극장, 1788년 5월 7일 빈에서 수정본 초연
	주요 배역	돈 조반니(방탕한 귀족), 코멘다토레(늙은 귀족), 돈나 안나(코멘다토레의 딸), 돈 오타비오(돈나 안나의 약혼자), 돈나 엘비라(부르고스의 귀부인), 레포렐로(돈 조반니의 하인), 마세토(농부), 체를리나(마세토의 약혼녀)

음악 하이라이트	가차니가(Gazzaniga)와 돈 조반니의 건배 테노리아(tenoria), 돈 오타비오의 아리아, 돈 조반니의 샴페인 아리아, 돈 조반니의 세레나데, 레포렐로의 카탈로그의 아리아, 돈나 안나와 돈 오타비오가 복수를 다짐하는 듀엣, 체를리나의 아리아(1막과 3막), 돈 조반니와 체를리나의 못 이룬 사랑에 대한 듀엣, 1막 중 엘비라의 아리아, 미뉴에트, 농부들의 랜들러(landler)

베스트 아리아	「사랑하는 사람을 위하여(Il mio tesoro intanto)」(T), 「그녀의 평화(Dalla sua pace)」(T), 「내 명예를 빼앗으려 한 자(Allora rinforzo... Or sal chi l'onore)」(S), 「그런 말씀 마세요(Non mi dir)」(S), 배신자를 피해요(Ah, fuggi il traditor)」(S), 「고마움을 모르는 마음, 나를 속이네(Mi tradi quell'alma ingrata)」(S), 「그대 손을 잡고(Là ci darem la mano)」(T), 「때려줘요, 때려줘요, 사랑하는 마세토(Batti, batti, o bel Masetto)」(S), 「사랑하는 그대여 보리라(Vedrai, carino)」(S), 「아, 여러분, 살려주세요(Ah, pieta, signori miei)(S), 「카탈로그의 노래(Il catalogo è questo)」(B), 「창가로 나와 주시오 (Deh, vieni alla finestra)」(B), 「와인을 마시도록 놓아두시오(Finch'han dal vino)」(B), 「당신은 분명히 알고 있지요(Or sai chi l'onore)」(S)

사전 지식　　어떤 형태의 오페라인지 구분하기 어려운 작품이다. 한편으로는 우스운 부분도 많지만, 다른 한편으로는 죗값을 혹독하게 받은 희대의 호색한에 대한 얘기이기 때문이다. 서로 다른 성격의 여러 사람이 동시에 다른 멜로디로 중창을 부르는 것은 모차르트만이 만들어낼 수 있는 독특함이다.

에피소드　　　　로렌초 다 폰테는 17세기 스페인의 극작가 티르소 데 몰리나가 쓴 희대의 바람둥이 돈 후안(Don Juan)에 대한 희곡을 기본으로 오페라 대본을 작성했다. 그런데 몰리나의 희곡을 바탕으로 주세페 가차니가(Giuseppe Gazzaniga)라는 사람이 같은 제목의 오페라를 작곡해 모차르트의 〈돈 조반니〉가 프라하에서 초연된 해에 베네치아 무대에 올린 적이 있다. 하지만 시간이 갈수록 가차니가의 〈돈 조반니〉는 아류처럼 취급되었고, 모차르트의 〈돈 조반니〉만 찬사를 받았다. 모차르트는 원래 제목을 '처벌 받은 난봉꾼(Il dissoluto punito)'으로 생각했으나 너무 노골적인 것 같아 '돈 조반니(Il Don Giovanni)'로 고쳤다.

저명한 음악 평론가 아르투르 슈나벨(Arthur Schnabel)은 "모차르트의 오페라 아리아는 특이하다. 일반 사람들에게는 아주 쉽고 전문가들에게는 아주 어렵다"라고 말한 바 있다. 그가 대표적으로 든 예는 〈돈 조반니〉에서 돈 오타비오가 부르는 「사랑하는 사람을 위하여」라는 아리아다. 〈돈 조반니〉의 주제 멜로디 「그대 손을 잡고」는 모든 오페라 아리아 중에서 가장 유명한 곡으로 베토벤, 쇼팽, 리스트가 변주곡으로 만들 정도였다.

줄거리　　　　[제1막] 돈 조반니의 하인 레포렐로(Leporello)는 희대의 호색한을 주인으로 모시게 되어 한심하다는 생각에, 한탄과 불평을 늘어놓는다. 돈 조반니가 어떤 여인의 치맛자락을 쫓아 그 집으로 들어갔기 때문에 레포렐로는 집 밖에서 주인을 기다리며 망을 보는 중이다. 그런데 돈 조반니가 그 집에서 황급히 도망쳐 나온다. 뒤쫓는 여인은 돈나 안나(Donna Anna)다. 그는 돈나 안나를 강제로 능욕하려다가 그녀의 아버지 코멘다토레(Commendatore)에게 발각되어 뜻을 이루지 못하고 도망쳐 나오는 참이다. 돈나 안나의 아버지가 "이런 죽일 놈!" 하면서 돈 조반니와 결투를 벌이지만, 돈 조반니의 칼에 죽음을 맞는다. 돈나 안나의 약혼자 돈 오타비오(Ottavio)가 그녀를 위로하며 대신 복수해주겠다고 다짐한다.

조반니는 새로운 섹스 상대자를 찾아다니다가 우연히 길모퉁이에서 슬피 울고 있는 미모의 여인을 발견한다. 돈나 엘비라(Donna Elvira)다. 언젠가 조반니가 하룻밤을 보낸 뒤 차버린 여인이다. 조반니는 엘비라인 줄 모르고 유혹의 손길을 뻗었다가 그녀가 자신을 알아보자 깜짝 놀라 줄행랑을 친다. 뒤따라온 하인 레포렐로는 엘비라와 안면이 있다. 그는 우리 주인 조반니로 말씀드리자면 지금까지 관계한 여자가 이탈리아에서 640명, 독일에서 231명, 프랑스에서 100명, 터키에서 91명, 스페인에서 1,003명이라고 털어놓으면서 원래 그런 인간이니 신경 쓰지 않는 것이 좋겠다는 내용의 유명한 「카탈로그의 노래」를 부르며 엘비라를 위로한다(조반니의 나이가 스물두 살이라고 한다).

마을에서는 결혼식 축하 파티가 한창이다. 섹시하면서도 귀엽게 생긴 체를리나(Cerlina)와 순박한 시골 농부 마세토(Masetto)의 결혼식이다. 조반니가 체를리나를 그냥 지나칠 리 없다. 조반니는 체를리나를 제외한 피로연 참석자 모두를 자기 저택에 초대해 즐겁게 지내라고 하고는 체를리나에게서 마세토를 떼어낼 계획을 짠다. 조반니의 의도대로 체를리나는 유혹에 넘어온다. 그녀는 조반니가 「그대 손을 잡고」 행복하게 지내자면서 달콤하게 유혹하는 바람에 넘어간 것이다. 이때 엘비라가 가면을 쓰고 나타나 체를리나에게 이 못된 젊은이를 조심하라고 경고한다. 안나와 오타비오 역시 가면을 쓰고 나타나 조반니를 조심하라고 경고한다. 조반니는 도망치기에 여념이 없다. 그를 잡지 못한 안나는 자기가 겪은 그 무서운 밤을 회상하면서 이 오페라에서 가장 놀랍고 부르기 힘들며 대단히 극적인 레치타티보를 부른다. "그가 다가왔어요. 그러고는 나를 껴안았어요. 몸부림을 치며 빠져 나가려 하자 그는 나를 더 꽉 조였어요. 있는 힘을 다해 소리를 질렀죠. 하지만 아무도 오지 않았어요. 그는 한 손으로 내 입을 막고 다른 한 손으로는 내 몸을 세게 조이기 시작했어요. 아, 이젠 어쩔 수 없이 당하는구나라고 생각했어요"라는 내용이다. 기억하기도 싫은 안나의 경험담이다.

한편 멋모르고 조반니의 침실까지 따라간 체를리나가 비명을 지르며 뛰쳐나온다. 조반니가 너무 조급하게 욕심을 채우려고 한 것이다. 안나, 엘비라, 오타비오는 가면을 벗고 파티 참석자들에게 조반니의 악행을 준열하게 설명한다. 하늘에서 천둥번개가 친다.

[제2막] 도망가기에 여념 없는 조반니는 그 와중에도 한 가지 꾀를 낸다. 하인과 옷을 바꿔 입은 것이다. 성난 마을 사람들이 총과 무기를 들고 조반니를 추격해온다. 하인으로 변장한 조반니가 "저쪽으로 그 나쁜 놈이 갔어요!"라고 말해 마을 사람들을 엉뚱한 방향으로 보내버린다. 사람들을 따돌리고 조반니와 레포렐로가 도착한 곳은 묘지다. 그런데 묘지의 석상이 느닷없이 움직이며 말을 하기 시작한다. "나를 죽인 놈에게 하늘의 복수를 하기 위해 기다리고 있었노라!" 조반니가 죽인 안나의 아버지 코멘타토레다. 돈 조반니는 "하고 싶은 얘기가 있으면 저녁이나 먹으면서 하자"며 석상을 만찬에 초대한다. 조반니가 저녁을 먹고 있는데 문제의 석상이 그곳까지 쫓아와 조반니에게 다가온다. 마치 마지막 희생자를 찾아오듯이! 무대에는 망령들이 튀어나와 노래하며 춤을 춘다. 무대 한가운데에는 불이 활활 타오르는 커다란 구덩이가 입을 벌리고 있다. 어둠 속에서 그림자만 보이는 악마들이 조반니를 끌어당겨 구덩이로 밀어 넣으려고 한다. 조반니가 소리친다. "심장이 터질 것 같다. 뱃속의 내장이 삐져나오는 것 같다. 이 고통, 공포, 절망 …… 악!" 그는 이제 지옥의 고통 속에 살아야 한다. 이 마지막 장면은 19세기까지의 공연에서는 삭제되기도 했다. 너무 무섭고 으스스하기 때문이다. 그 대신 모든 희생자가 무대로 나와 나쁜 일을 한 사람은 결국 이런 벌을 받는다는 도덕적인 해설로 끝을 맺었다.

크레타 왕 이도메네오

타이틀	**Idomeneo, Re di Creta**(Idomeneo; King of Crete)
	전 3막의 비극. 모차르트가 1780년과 1781년에 걸쳐 잘츠부르크와 뮌헨에서 작곡했다. 대본은 잠바티스타 바레스코(Giambattista Varesco)가 썼다.
초연	1781년 1월 29일 뮌헨 레지덴츠테아터(Residenz-theater)
주요 배역	이도메네오(이도메네우스: 크레타의 왕), 이다만테(이다만테스: 이도메네우스의 아들), 일리아(트로이의 프리암 왕의 딸), 엘레트라(엘렉트라: 아르고스의 아가멤논 왕의 딸), 아르바체(아르바체스: 이도메네우스 왕의 신하)
음악 하이라이트	이다만테의 고독한 아리아(3막, 4중창으로 발전)
베스트 아리아	「무서워 미라, 진정으로 사랑하는 사람이여(Non temer, amato bene)」(T, Male S), 「상쾌한 미풍(Zeffiretti lusinghieri)」(S), 「오레스테의, 아야체의(D'Oreste, d'Ajace)(S), 「바다를 떠나서(Fuor del mar)」(T), 「평화가 돌아오다(Torna la pace)」(T), 「나의 주위를 살펴보리라(Vedrommi intorno)」(T)

사전 지식　　　모차르트의 오페라 중에서 가장 고귀하며 영웅적인 작품으로 평가된다. 고전적 오페라 세리아(opera seria)의 전형이다. 무대는 트로이 전쟁 이후의 크레타 왕국이며 이도메네우스는 크레타의 왕이다. 모차르트는 이 오페라에서 목관악기(클라리넷)를 최대한 활용했다. 오페라 서곡의 주제는 오페라 전편에 걸쳐 또다시 반영된다. 초연 당시 뮌헨 오케스트라는 멀리 만하임(Mannheim)에서 선제후를 따라 뮌헨으로 온 사람들로 구성되어 있었다. 만하임의 오케스트라는 대규모의 현과 강력한 목관이 특징이었다. 이 같은 전통이 뮌헨으로 이전되었으며 〈크레타 왕 이도메네오〉에서 처음으로 만하임 스타일의 연주가 소개된 것이다. 이 오페라 1막에 나오는 해신 넵튠의 음성은 이후 〈돈 조반니〉에서 석상 코멘타토레의 음성으로 다시 표현되었다. 이도메네오가 부르는 「나의 주위를 살펴보리라」는 해신 넵튠에 대한 두려움을 표현한 것이다.

줄거리
　　　　　　　[제1막] 크레타 왕 이도메네오(Idomeneo)는 트로이 전쟁에 참가하느라 오랫동안 비워두었던 왕궁으로 돌아가기 위해 배를 탄다. 귀환하기에 앞서 크레타로 보낸 포로 중에는 트로이 왕 프리암(Priam)의 딸 일리아(Ilia)도 있다. 일리아는 트로이 함락을 비분탄식하면서도 원수인 이도메네오의 아들 이다만테(Idamante)를 사랑하는 자신 때문에 갈등에 휩싸인다. 문제는 엘레트라(Elettra)도 이다만테를 사랑한다는 것이다. 엘레트라는 아가멤논의 딸이다.

이도메네오의 아들 이다만테는 아버지의 무사귀환과 전쟁에서의 승리를 축하하기 위해 트로이 포로를 석방한다. 그러나 축하 분위기도 잠시뿐 왕이 탄 배가 실종되었다는 소식이 전해진다. 엘레트라는 왕이 돌아오지 않을 경우 이다만테와 일리아가 결혼하게 될 것 같아 걱정이다. 왕위를 한시라도 비어둘 수 없기 때문이다. 바다에서 심한 풍랑을 만난 이도메네오는 해신 넵튠에게 풍랑에서 구해주면 육지에서 처음 만나는 사람을 희생물로 바치겠다고 약속한다. 해신의 도움을 받아 크레타에 도착한 이도메네오 왕이 처음으로 만난 사람은 바로 사랑하는 아들 이다만테다. 백성들은 해신 넵튠의 도움으로 왕이 무사히 귀환했다고 환호하지만, 정작 이도메네오의 마음은 미칠 만큼 괴롭기만 하다.

[제2막] 이도메네오는 왕궁의 원로에게 이 난관을 어떻게 하면 피해갈 수 있을지 자문을 구한다. 원로는 이다만테를 귀양 보내고 다른 희생물을 바치면 된다고 조언한다. 왕은 이다만테를 엘레트라 공주와 함께 고향으로 보내기로 한다. 모든 일이 잘 풀리는 것 같아 엘레트라는 기쁘기 이를 데 없다. 한편 이도메네오 왕은 트로이의 공주 일리아가 이다만테를 사랑하는 것을 알고는 적국 공주인 일리아를 희생물로 바칠 작정이다. 시돈(Sidon) 항구에 사람들이 모여 이다만테 왕자와 엘레트라 공주를 환송하고 있다. 순간 바다 깊은 곳에서 소용돌이가 일면서 커다란 뱀이 솟아올라 닥치는 대로 파괴해 사람들을 공포에 떨게 한다. 해신 넵튠이 분노해 뱀을 보낸 것이다. 이도메네오 왕은 자신이 해신 넵튠을 속였기 때문에 벌어진 일이라고 생각해 자신이 희생물이 되기로 결심한다.

[제3막] 이다만테는 바다의 뱀과 싸울 결심을 한다. 그는 아버지가 왜 엘레트라와 자신을 멀리 보내려 하는지 이유를 모른다. 바다의 공포가 엄습하자 넵튠 신전의 고승은 이도메네오 왕에게 넵튠과 약속한 희생물이 누구인지 어서 밝히라고 한다. 왕이 이다만테라고 하자 모두 소스라치게 놀라며 두려워한다. 이다만테가 뱀을 처치하고 들어선다. 아버지의 고민을 알게 된 이다만테는 넵튠을 위한 희생물이 되겠다고 나선다. 신전에서 제사가 절정에 이르렀을 때 일리아가 뛰어들어 이다만테 대신 자신이 희생되겠으니 제발 이다만테를 살려달라고 간청한다. 그 순간 넵튠의 음성이 울려 퍼진다. 이도메네오 왕은 속히 왕위를 아들에게 물려주고 일리아와 이다만테를 결혼시키라는 소리다. 이 소리를 들은 사람들은 해신 넵튠의 자비를 찬양한다.

티토의 자비

타이틀	**La Clemenza di Tito**(The Clemency of Titus)
	전 2막의 오페라 세리아(Opera seria). 원래 '메타스타시오(Metastasio)'라는 제목으로 써놓았던 오페라 대본을 기본으로 카테리노 마촐라(Caterino Mazzolà)가 썼다.
초연	1791년 9월 6일 프라하 국립극장
주요 배역	비텔리아(비텔리우스 황제의 딸), 세스토(섹스투스: 티토의 친구이며 충복), 티토(티투스 로마 황제), 세르빌리아(세스토의 누이: 안니오를 사랑한다), 안니오(안니우스: 세스토의 친구), 푸블리오(푸블리우스: 티토 황제의 충복)
음악 하이라이트	티토와 백성들의 합창
베스트 아리아	「그를 위한 너의 눈물은(S'altro che lacrime)」(S), 「티토여 돌아오라(Torna di Tito a lato)」(S), 「나는 간다, 나는 간다(Parto, parto)」(Male S), 「더는 꽃은 필요 없어요(Non piu di fiori)」(S)

사전 지식   모차르트가 마지막으로 작곡한 오페라다. 일반적으로는 〈마적〉이 마지막 오페라로 알려져 있으나 〈마적〉은 모차르트가 세상을 떠난 해인 1791년 초에 작곡에 들어간 것이며 〈티토의 자비〉는 같은 해 8월에 작곡해 3주 만에 끝낸 작품이다. 다만 〈티토의 자비〉가 프라하에서 1791년 9월 첫 주에 초연되었으나, 〈마적〉은 그보다 몇 주 늦은 9월 말에 빈에서 초연되었을 뿐이었다. 따라서 〈티토의 자비〉는 모차르트의 마지막 오페라라는 의미가 있다.

1790년 합스부르크 왕가의 마리아 테레지아의 아들이자 신성로마제국의 황제였던 요제프 2세가 빈에서 세상을 떠나자 그의 뒤를 이어 황제에 오른 레오폴트 2세는 신성로마제국의 황제로서 대관식을 나라의 각 지역에서 거행하고자 했다. 첫 번째 대관식은 프랑크푸르트에서 거행되었는데 여기서 모차르트의 유명한 피아노협주곡 「대관식」이 연주되었다. 두 번째 대관식은 1791년 프라하에서 거행될 예정이었다. 이를 기념하기 위해 작곡한 것이 〈티토의 자비〉다. 황제의 위엄과 관용을 보여주는 대관식에 적합한 작품이다. 오페라 〈마적〉과 「진혼곡(Requiem)」을 완성해야 하는 긴박한 상황에서도 3주 만에 완성했는데, 이 일화에서도 그의 천재성이 여실히 드러난다. 〈티토의 자비〉는 레오폴트 2세의 프라하 대관식에 맞춰 1791년 9월 6일 역사적인 초연이 공연되었다. 저명한 음악평론가 치넨도르프(Zinendorf) 백작은 모차르트의 오페라에 대해 "〈돈 조반니〉는 지루했지만 〈여자는 다 그래〉는 매력적이었다. 〈피가로〉는 재미있었지만 왜 그런지 울적했다. 〈마적〉은 아기자기해 지루하지 않았지만, 〈티토의 자비〉는 지루했다. 하지만 스펙터클한 것은 물론 대단히 아름다운 오페라였다"라고 평했다. 서곡은 콘서트에서 자주 연주되며, 각 아리아도 별도로 연주되는 경우가 많다. 아리아에서 클라리넷 오블리가토(obbligato)는 황홀할 정도다.

에피소드　　　레오폴트 2세의 왕비 마리아 루이자(Maria Louisa)는 모차르트의 오페라를 좋아하지 않아 〈티토의 자비〉에 대해서도 "포르헤리아 테데스카(Porcheria tedesca: 독일 돼지처럼 지저분하다는 뜻)"라고 공공연하게 비난했다. 마리아 루이자는 음악이 형편없어 관객 대부분이 공연 중에 잠을 잤다고까지 말했다. 그러나 이 오페라는 시간이 지날수록 진가를 발휘하며 인기를 끌게 되었다.

줄거리　　　[제1막] 공의를 행하지 못한 비텔리우스 황제는 친구 티투스에게 황위를 빼앗기고 살해된다. 새로운 제국을 위해 티투스가 분연히 일어선 것이다. 비텔리우스의 딸 비텔리아(Vitellia)는 황제가 된 티투스와 결혼하는 것이 아버지의 원수를 갚는 유일한 길이라고 생각한다. 가까이 있어야 복수할 기회가 생긴다고 생각하기 때문이다. 티투스는 유대 왕의 딸 베레니체(Verenice)와 결혼을 약속했다. 그러니 비텔리아로서는 서둘러야 할 입장이다. 비텔리아는 세상을 떠난 아버지의 친구이며 충복이던 섹스투스(Sextus)에게 황제 제거 계획을 털어놓으며 도와달라고 부탁한다. 섹스투스는 비텔리아를 깊이 사랑한다. 또한 티투스와도 오랜 친구 사이다. 티투스 암살을 놓고 고심하던 섹스투스는 비텔리아에 대한 사랑 때문에 마침내 계획에 동참하기로 한다. 티투스 황제는 정치적인 이유 때문에 베레니체와의 결혼을 취소하고 그녀를 되돌려 보낸다. 일단 여유가 생긴 비텔리아는 황제 암살을 당분간 연기한다.

섹스투스의 여동생 세르빌리아(Servilia)는 섹스투스의 친구 안니우스와 사랑하는 사이다. 하지만 결혼하기 위해서는 황제의 허락을 받아야 한다. 섹스투스는 황제에게 이들의 결혼을 허락해달라고 요청할 생각이다. 그런데 티투스가 섹스투스의 여동생 세르빌리아와 결혼하겠다고 발표한다. 난데없는 소식에 놀란 섹스투스가 이의를 제기하려 하자 안니우스는 감정을 숨긴 채 섹스투스를 말린다. 황제에게 대항하는 것은 너무 위험한 일이기 때문이다. 안니우스는 세르빌리아의 행복을 위해 자신이 희생하기로 마음먹는다. 섹스투스의 마음 한구석에 황제에 대한 증오심이 자리 잡는다. 한편 소식을 들은 세르빌리아는 실의에 빠진다. 이렇게 되자 비텔리아는 황제 제거 계획을 다시 연기한다. 세르빌리아는 황제 앞으로 나아가 자신은 안니우스를 사랑하므로 황제와 결혼할 수 없다고 말한다. 세르빌리아의 용기에 감탄한 황제는 두 사람의 행복을 위해 세르빌리아와의 결혼을 취소한다.

황제는 이 나라에 정직한 풍조가 있어야 하며 누구든 소신을 분명하게 밝히는 사회가 되어야 한다고 강조한다. 황제 암살 음모를 적극 진행하기로 한 비텔리아는 황제 궁에 불을 지르고 혼란한 틈을 타 황제를 암살하도록 지시한다. 사랑하는 비텔리아의 지시를 물리칠 수 없는 섹스투스가 티투스를 없애기 위해 다른 반역 음모자들을 만나러 간다. 음모가 진행되는 그때 비텔리아를 왕비로 삼겠다는 칙령이 내려진다. 이는 비텔리아가 바라던 바다. 또한 당장 황제를 살해하지 않아도 된다는 의미다. 그러나 섹스투스의 행동을 중지시키기에는 이미 늦었다. 섹스투스의 지시를 받은 반역 음모자들이 왕궁에 불을 질렀기 때문이다. 섹스투스는 자기가 맡은 일을 행한다. 황제를 칼로 찌른 것이다. 날이 밝자 평화와 공의의 황제가 반역자들에게 살해됐다는 소식이 로마에 퍼진다.

[제2막] 티투스는 상처만 입었을 뿐 죽지 않았다. 이번 사건에 섹스투스가 깊이 연루되었다는 증거를 확보한 황제는 그를 체포한다. 섹스투스는 쇠사슬에 묶여 끌려가기 전에 비텔리아에게 가슴 아픈 이별을 고한다. 비텔리아는 자기 때문에 사랑하는 섹스투스가 죄를 뒤집어쓴 것은 깊이 후회하지만, 황제 암살이 잘못이라는 생각은 하지 않는다. 절친했던 친구 섹스투스의 배반을 믿지 않는 티투스는 그가 무죄라고 생각한다. 하지만 섹스투스가 원로원 재판에서 범행을 모두 자백했기 때문에 이제 황제의 판결만 남은 상황이다. 황제는 섹스투스에게 마지막으로 항변하라고 말한다. 만일 섹스투스가 잘못을 뉘우치고 평범한 삶을 살겠다면 하면 사면해줄 생각이다. 황제는 섹스투스의 얼굴에서 끊을 수 없는 우정을 읽는다. 섹스투스는 죄를 인정하며 어서 죽는 것이 소원이라고 한다. 섹스투스의 지나친 고집에 분노한 황제는 끝내 사형을 선고한다. 그러나 관용과 자비를 원칙으로 정치를 펼쳐야 하는 자신이 오랜 친구에게 사형 선고를 내린 데 대해 갈등하던 황제는 자신이 서명한 사형선고장을 찢어버린다. 그는 황제의 직위에서 사임할 생각을 한다. 세르빌리아와 안니우스는 비텔리아를 만나 섹스투스를 살릴 방도를 강구해달라고 부탁한다. 비텔리아가 황제의 아내가 될 것이므로 황제에게 영향력을 행사해달라는 것이다. 비텔리아는 황제를 제거하고 왕관을 차지해야겠다는 야망이 허상임을 깨닫는다. 야망을 채우기 위해 한 사람의 고귀한 생명을 담보할 수 없다고 생각한 것이다. 비텔리아는 자신의 야망과 고뇌에 찬 이별을 한다. 그녀는 비틀거리며 황제를 찾아가 모든 잘못을 고백하고는 자비를 구한다. 황제는 비텔리아마저 자신을 배반했다는 사실에 충격을 받지만 모든 정황을 듣고서는 관용을 베풀기로 한다. 황제는 섹스투스, 비텔리아, 반역 음모에 참여했던 모든 사람을 용서한다고 발표한다. 로마 시민들은 황제의 관용을 찬양한다. 하지만 섹스투스는 자신이 살아 있는 한 자신을 용서하지 못할 것임을 잘 알고 있다.

사랑의 정원사

타이틀 **La Finta Giardiniera**(The Pretend Garden-Girl)

	전 3막. 대본을 누가 썼는지는 알려지지 않았다.
초연	이탈리아어 버전은 1774년 잘츠부르크, 독일어 버전은 1775년 1월 13일 뮌헨의 살바토르 극장(Salvatortheater)
주요 배역	라미로(아르민다의 구혼자), 돈 안키세(라고네로의 시장이며 집정관), 아르민다(밀라노의 귀부인으로 시장의 조카), 산드리나(비올란테 오네스티: 후작 부인이며 가짜 정원사), 로베르토(비올란테 후작 부인의 하인으로 정원사 나르도로 변장), 세르페타(시장의 시녀)

베스트 아리아

「여자의 숙명(Noi donne poverine)」(S), 「마음속에 들리는 소리(Una voce sento al core)」(S), 「잔혹한 운명이여(Crudeli, fermate)」(S), 「아, 눈물로써(Ah dal pianto)」(S), 「눈부신 모습(Che beltà, che leggiadria)」(T), 「사랑스러운 눈동자(Care pupille)」(T), 「떠나지 마세요(Ah non partir)」(T), 「이탈리아의 매력으로(Con un vezzo all'Italiana)」(B)

사전 지식 '라 핀타 자르디니에라(La finta giardiniera)'의 '핀타(finta)'는 교활하다는 의미지만 주인공의 행동을 교활하다고 볼 수 없으므로, '사랑의 정원사'나 '사랑스러운 정원사'라고 부른다. 모차르트가 열여덟 살 때 작곡한 이 오페라는 이탈리아어로 되어 있었으나, 그는 이듬해에 '디 버스텔레 게르트네린(Die verstellte Gärtnerin)'이라는 제목으로 독일어 대본을 만들었다. 이탈리아어 버전보다 레치타티보와 일부 아리아에서 약간 차이가 있는 작품으로, 1775년 뮌헨에서 초연되었다. 그러므로 〈사랑의 정원사〉는 엄밀히 말하면 두 종류가 있다고 할 수 있다. 독일어 버전은 징슈필로 분류된다.

에피소드 모차르트의 〈사랑의 정원사〉는 어쩐 일인지 1775년 뮌헨에서 초연된 뒤 사람들의 기억에서 잊혔다. 그 대신 이탈리아의 파스콸레 안포시(Pasquale Anfossi)가 작곡한 같은 제목의 오페라가 빈을 중심으로 한 유럽 여러 나라에서 인기를 끌었다. 하지만 모차르트의 〈사랑의 정원사〉는 1978년에 재발견되어 아름다운 진가를 보여주기 시작했다.

줄거리 [제1막] 시기는 중세이며 무대는 이탈리아 북부의 자유도시 라고네로(Lagonero)다.

독일어 버전에는 독일의 슈바르첸제(Schwarzensee)가 무대로, 돈 안키세(Don Anchise)는 라고네로의 집정관이다. 이탈리아어 버전에서는 돈 안키세가 시장으로 되어 있다. 돈 안키세의 조카 아르민다(Arminda)는 착실한 돈 라미로(Don Ramiro)와 결혼을 약속한 사이지만 어느 날 벨피오레(Belfiore)라는 젊은 백작을 만난 뒤 그와 결혼하겠다고 마음을 먹고는 돈 라미로를 나 몰라라 한다. 삼촌 안키세 시장도 그 계획에 일조한다. 그런데 벨피오레는 비올란테(Violante)라는 젊고 아름다운 후작 부인과 약혼했던 적이 있다. 아르민다는 백작이 아직도 다른 여자를 사랑하고 있어 자기에게 관심을 두지 않는다고 생각한다. 질투심에 백작을 살해하려 하지만 미수에 그친다. 시장만이 조카 아르민다의 행동을 알고 있다.

백작을 깊이 사랑하는 비올란테 후작 부인은 시장의 조카딸 아르민다와 백작과의 관계를 감시도 할 겸, 사랑하는 백작과 함께 있고 싶은 마음에 백작이 머물고 있는 시장의 저택에 산드리나(Sandrina)라는 가명의 정원사로 위장 취업한다. 비올란테의 하인 로베르토(Roberto)도 정원사 보조로 들어간다. 홀아비인 시장은 새로 들어온 예쁘장한 여정원사에게 눈독을 들인다. 시장은 산드리나의 호감을 얻기 위해 걸림돌이 될 것 같은 하녀 세르페타(Serpetta)를 내보낸다. 세르페타는 시장에게 마음이 있어 눈웃음을 던지던 하녀다. 시장은 산드리나에게 접근하지만 그녀가 어디 보통 여인인가? 공연히 무안만 당한다. 한편 산드리나가 누구인지 모르는 아르민다는 벨피오레 백작과 결혼할 계획이라고 하면서 협조를 부탁한다. 돈 후안 같은 기질이 있는 벨피오레는 여정원사에게 마음이 동해 접근하지만 어쩐지 예전에 약혼했던 비올란테인 것 같아 찜찜한 생각이 든다. 산드리나는 비올란테의 친구라고 둘러댄다.

[제2막] 비올란테는 라미로와 아르민다의 사이를 회복시키는 것이 백작의 마음을 돌리는 길이라고 생각해 둘의 만남을 주선한다. 두 사람은 서로 성실하지 못하다며 다툰다. 그렇지만 내심 서로를 잊지 못하는 듯하다. 이때 산드리아가 등장해 벨피오레 백작은 약혼했던 여인을 버리고 다른 여자에게 기웃대는 못된 인물이라고 비난한다. 아르민다가 그럴 리 없다고 반박하면서 산드리아에게 백작과 어떤 관계냐고 묻자, 백작과 약혼했던 비올란테의 친구라고 답한다. 이런 노력에도 아르민다와 백작의 결혼식이 진행된다. 그러자 라미로가 백작을 해치려 했던 사람이 주위에 있으니 찾아보라는 내용의 편지를 백작에게 전한다. 또한 산드리나도 등장해 자신이 비올란테임을 밝힌다.

[제3막] 한바탕 소동으로 시장과 아르민다의 체면은 영 말이 아니다. 그녀는 창피하기도 하고 잘못하다가는 감옥에 갈 것 같아 숲으로 도망친다. 모두 아르민다를 찾아 숲을 헤매지만 헛수고다. 밤이 깊어지자 사람들은 모두 돌아간다. 오로지 라미로만 횃불을 들고 기어코 아르민다를 찾아내 집으로 데려온다. 날이 밝자 모든 것이 정리된다. 백작과 산드리나, 라미로와 아르민다, 로베르토와 세르페타가 사랑을 이룬다. 세르페타는 산드리나처럼 성실한 여인이 되겠다고 약속한다. 시장이 이들에게 축복을 내린다.

가짜 바보

타이틀	**La Finta Semplice**(The Feigned Simpleton)	

	전 3막의 오페라 부파. 마르코 콜텔리니 (Marco Coltellini)가 대본을 썼다.
초연	1769년 5월 1일 잘츠부르크 궁정극장
주요 배역	프라카소(크레모나 인근에 주둔하고 있는 헝가리 군대의 대위), 로시나(프라카소의 여동생, 가짜 바보), 돈 카산드로(크레모니아의 부유한 지주), 돈 폴리도로(돈 카산드로의 남동생), 자친타(돈 카산드로와 돈 폴리도로의 여동생), 니네타(자친타의 시녀)

사전 지식　　　모차르트가 열두 살 때 작곡한 이 오페라는 그의 천재성이 빛나는 작품이다. 그는 어린 시절부터 인간의 감정을 표현하는 데 익숙했던 것 같다. 이 오페라의 실제 주인공은 로시나다. 로시나가 부르는 아리아는 신통하게도 〈피가로의 결혼〉에서 로시나가 부르는 아리아와 맥을 같이한다. 특히 오보에와 대사와의 대화는 놀라울 정도로 흡사하다. 자친타의 열정적인 아리아는 오페라 부파 이상으로 신중하다. 이 아리아는 마치 교향곡 G단조 3악장의 테마를 듣는 것과 같다. 모차르트는 이 시기에 유럽 여러 나라를 방문했다. 프랑스에서는 륄리(Lully)와 라모(Rameau)의 오페라를 접했다. 당시 영국에서는 게이(Gay)의 〈거지 오페라〉가 공연되고 있었는데, 영국 무대에는 피치니(Piccini), 벤토(Vento), 자디니(Giadini) 등의 이탈리아 오페라가 주로 무대에 올랐다. 또한 이곳에서 위대한 음악가 요한 제바스찬 바흐의 아들 요한 크리스찬 바흐를 만나 평생 친구로 지낸다. 이러한 모든 경험이 그의 오페라 〈가짜 바보〉에 영향을 주었다고 볼 수 있다.

줄거리　　　[제1막] 이탈리아의 크레모나(Cremona) 부근에 주둔하는 헝가리 군대의 장교 프라카소(Fracasso)와 당번병 시모네(Simone)는 크레모나의 부유한 지주 카산드로(Cassandro)와 그의 동생 폴리도로(Polidoro)가 살고 있는 저택에 방을 빌려 지낸다. 프라카소 대위는 그 집의 젊고 아름다운 아가씨 자친타(Giacinta)에게 반해 사랑을 느낀다. 집주인 카산드로의 여동생 자친타도 멋쟁이 프라카소 대위가 싫지 않다. 프라카소 대위의 당번병 시모네는 이 집의 명랑하고 예쁜 하녀 니네타(Ninetta)를 사랑한다. 그러나 집주인 카산드로와 그의 남동생 폴리도로는 결혼에 별 관심이 없다. 이들은 여자란 귀찮은 존재이며 함께 있으면 그저 무슨 꾀만 생각해내 남자를 난처하게 만든다고 믿는다. 형제는 여자의 간섭 없이 그저 편안하게 사는 데 익숙하다. 그런 까닭에 이들은 여동생 자친타가 사랑에 빠져 결혼하는 것을 바라지 않는다. 이러니 프라카소 대위와 당번병 시모네의 사랑이 진전될 리 없다.

때마침 프라카소 대위의 여동생 로시나(Rosina)가 오빠를 만나러 온다. 프라카소 대위의 사정을 들은 로시나는 오빠의 결혼을 위해 계획을 세운다. 그녀는 우선 아무것도 모르는 숙맥인 척한다. 집주인 카산드로는 이 순진무구한 아가씨에게 호감을 느낀다. '저런 여자라면 겁낼 것 없지 않을까?'라고 생각한다. 마찬가지로 카산드로의 동생 폴리도로도 로시나에게 호감을 느낀다. 하지만 둘은 혼자만 로시나를 좋아하는 줄 안다. 이 과정에서 바보인 척하는 로시나와 두 사람의 구혼자 사이에 엉뚱한 일이 연이어 일어난다.

[제2막] 두 형제는 로시나를 두고 서로 경쟁자가 되었다는 것을 깨닫는다. 이들의 여동생 자친타는 오빠들이 싸우게 될 것 같아 걱정이지만, 부관 시모네는 두 사람이 결투를 해서 양단간에 해결이 나기를 은근히 기대한다. 형제 중 한 사람이 결투에서 이겨 로시나와 결혼하게 되면 여동생 자친타의 결혼도 허락할 것이고, 그렇게 되면 자신과 니네타의 결혼도 문제없을 것이라고 생각하기 때문이다. 카산드로와 폴리도로는 결투까지 할 필요는 없다고 합의를 본다. 그런데 문제가 생긴다. 여동생 자친타가 집안의 돈을 모조리 들고 사라진 것이다. 뜻밖의 상황에 형제는 매우 당황한다.

[제3막] 자친타는 오빠들의 마음을 돌려보려고 돈을 싸들고 나온 것이다. 프라카소 대위는 카산드로에게 자친타가 돈을 가지고 집으로 돌아가도록 설득하겠다고 한다. 카산드로는 돈을 찾을 수 있다고 생각하니 프라카소가 구세주로 보인다. 그는 자친타를 사랑한다면 결혼해도 좋다고 승낙한다. 로시나의 계략에 따라 잠시 몸을 숨겼던 자친타가 돌아온다. 시모네와 니네타도 덩달아 결혼을 허락 받는다. 카산드로는 아무리 보아도 바보처럼 보이는 로시나가 사랑스러워 청혼한다. 로시나도 마다할 이유는 없다. 결국 폴리도로만 독신으로 남는다.

피가로의 결혼

타이틀	**Le Nozze di Figaro**(The Marriage of Figaro)

전 4막의 오페라 부파. 피에르오귀스탱 보마르셰의 희곡 「미친 날(La folle journée)」[또는 『피가로의 결혼(Le mariage de Figaro)]이라는 희곡을 바탕으로 로렌초 다 폰테가 대본을 썼다.

초연	1786년 5월 1일 빈 부르크 극장

주요 배역	알마비바 백작, 백작 부인(로시나), 수산나(백작 부인의 하녀), 피가로(백작의 하인이자 이발사), 케루비노(백작 부인의 사환), 바르톨로(세비야의 의사), 마르첼리나(백작 저택의 가정부), 돈 바실리오(음악 교사), 돈 쿠르치오(공증인), 안토니오(정원사이자 수산나의 삼촌), 바르바리나(안토니오의 딸)
음악 하이라이트	피가로의 카바티나, 백작의 카바티나, 케루비노의 아리에타, 백작 부인의 카바티나, 피가로가 복수를 다짐하는 아리아, 3막 중 백작 부인의 아리아, 수산나의 장미의 아리아
베스트 아리아	「사랑이여, 나에게 위로를(Porgi, amor)」(S), 「그리운 시절은 가고(Dove sono)」(S), 「복수(La vendetta)」(B), 「사랑이 무엇인지 아는 당신(Voi, che sapete)」(S), 「더는 날지 못하리, 바람기로 물든 나비야(Non più andrai, farfallone amoroso)」(Bar), 「백작 나리, 춤을 추시겠다면(Se vuol ballare, signor contino)」(Bar), 「산들바람은 불어오는데(Sull'aria)」(편지의 2중창, S+Ms)

사전 지식　　　4막짜리라 지루할 것이라고 생각하겠지만 천만의 말씀이다. 재미있고 아름답다. 여러 사람들이 얽히고설키지만 전하는 메시지는 단 하나! 사랑이다. 모차르트가 아니면 해낼 수 없는 복잡함 중에서의 단순함이다. 역사상 최고의 오페라로 선정된 이 작품은 전 세계에서 가장 많이 공연되며 사람들이 가장 즐거워하는 작품이다. 스페인 세비야 인근 알마비바(Almaviva) 백작의 저택을 배경으로 남장 여자, 여장 남자가 나오는가 하면 섹시한 하녀, 정력이 넘치는 주인 나리, 그리고 친자 확인 소동이 펼쳐지는 떠들썩한 익살극이다. 세비야는 수없이 많은 오페라의 무대이기도 하다. 로시니의 유명 오페라 〈세비야의 이발사〉가 전편이며, 모차르트의 〈피가로의 결혼〉이 후편이다. 그러므로 출연진이 같다. 알마비바 백작, 백작 부인 로시나, 음악 교사 바실리오, 돈만 아는

늙은 바르톨로, 백작의 이발사 겸 조수로서 재치가 넘치는 피가로가 나온다.

에피소드　　　　　로시니는 〈피가로의 결혼〉을 보고 나서 "내가 젊었을 때 나에게 모차르트는 경외하는 존경의 대상이었다. 내가 원숙한 경지에 이르렀다고 생각되었을 때 모차르트는 나에게 절망을 느끼게 해주었다. 이제 내가 늙게 되니 그는 나를 위로해주고 있다"라고 말했다.

줄거리　　　　　[**제1막**] 피가로는 백작 부인의 하녀 수산나(Susanna)와 결혼을 앞두고 있다. 막이 오르면 피가로가 신혼 방에 새로 들여놓을 침대의 치수를 재고 있다. 수산나는 신혼 방이 백작의 침실과 가까운 것을 꺼림칙하게 생각한다. 희대의 바람둥이이자 호색한 알마비바 백작은 아름다운 아가씨 로시나(Rosina)와 결혼에 골인하고 나서 인생에서 가장 행복한 나날을 보내는 듯했지만, 요즘에는 권태기에 들어선 것 같다. 이런 상황이다 보니 백작은 다음 정복 대상으로 하녀 수산나를 눈독 들이고 있다. 낌새를 알아챈 피가로는 복수를 계획한다. 복수라고 해서 칼을 들고 결투를 하겠다는 것이 아니다. 크게 골탕을 먹여 정신을 차리게 하려는 것이다. 피가로의 아리아 「백작 나리, 춤을 추시겠다면 기타를 연주해 드리지요(Se vuol ballare, signor Contino, il chitarrino le suonero)」는 '어디 두고 보자!'는 피가로의 결심을 반영하는 노래다.

백작 때문에 마음이 무거운 피가로에게 생각지도 않았던 문제가 생긴다. 중년을 넘어 할머니 대열에 들어가도 될 만한 백작 저택의 고참 가정부 마르첼리나(Marcellina)가 피가로와의 결혼을 생각하고 있는 것이다. 도대체 어찌 된 일인가?

피가로는 사정이 있어 마르첼리나에게 돈을 빌린 적이 있다. 마르첼리나는 비열한 변호사 바르톨로(Bartolo)와 은밀히 모의해 만일 피가로가 돈을 제때 갚지 못하면 무슨 일이든 원하는 대로 하겠다는 서약을 받아냈다. 돈을 빌려준 마르첼리나와의 결혼도 불사하겠다는 서약이었다. 바로톨로는 〈세비야의 이발사〉에서 로시나에게 눈독을 들였다가 피가로가 훼방을 놓는 바람에 망신만 당한 전력이 있는 인물이다. 그러므로 마르첼리나가 '피가로 잡기' 제안을 했을 때 만사 제쳐놓고 협조에 협조를 다짐했다. 마르첼리나는 피가로에게 돈을 갚지 못했으니 서약한 대로 자기와 결혼할 것을 주장한다.

이제 케루비노(Cherubino)가 등장할 차례다. 귀족 집안 자제로 알마비바 백작 집에 교육생으로 와서 잔심부름을 하며 일을 배우고 있는 케루비노는 얼마 전 정원사의 딸 바르바리나(Barbarina)를 유혹하려다가 들켜 백작 집에서 쫓겨난 적이 있다. 케루비노는 그저 예쁜 여자만 보면 사모합니다를 노래처럼 내뱉는 미소년이다(케루비노는 메조소프라노가 맡는다). 케루비노는 수산나에게도 연애 감정을 품었다가 피가로가 따끔하게 혼내는 바람에 일찌감치 포기했고, 요즘에는 미모와 교양과 고독을 겸비한 백작 부인에게 접근하려고 안달이 나 있다. 백작 집에서 쫓겨난 케루비노는 백작 집만 한 곳도 없다고 생각해서 수산나와 피가로에게 복직을 부탁하러 왔다가 수산나의 방에 들어가게 된다. 마침 백작이 수산나의 방에 들어오자, 케루비노는 얼른 숨는다. 백작은 여기서 케루비노의 소리를 들었는데 어디 있냐고 하면서 당장이라도 잡아낼 것처럼 야단을 떤다. 수산나의 기지로 케루비노는 들키지 않고 도망친다. 이어 피가로가 마을 사람들과 합창을 부르며 들어선다. 너그러우신 백작께서 케루비노를 어여삐 여기사 다시 불러 일자리를 주신 데 감사하며, 백작님의 건강을 기원한다는 내용이다. 백작은 할 수 없이 케루비노를 복직시키되 집에 두면 곤란하니까 자기가 이끄는 연대 장교로 임명해 멀리 보내겠다고 말한다. 이때 피가로가 부르는 아리아가 「더는 날지 못하리, 바람기로 물든 나비야」다.

[제2막] 백작 부인은 신세를 한탄하는 아리아를 부른다. 그녀는 남편의 무관심을 한탄하며 한숨을 짓는다. 이런 백작 부인에게 피가로가 묘안을 제시한다. 백작 부인이 다른 남자와 사귀는 것처럼 꾸며 백작의 질투심을 자극하면 백작은 다시 부인에게 관심을 돌릴 테고, 그러면 수산나에게 더는 치근덕대지 않을 것이라는 계산이다. 그때 마르첼리나가 의기양양하게 변호사 바르톨로와 함께 백작을 찾아와 피가로가 돈을 갚지 않으니 약속을 이행하게 판결을 내려달라고 요청한다.

[제3막] 백작은 수산나와 백작 부인, 피가로까지 가세해 무슨 음모를 꾸미고 있다고 생각한다. 그는 우선 피가로의 기를 꺾기 위해 원고 마르첼리나에게 승소 판결을 내린다. 피가로가 마르첼리나와 결혼해야 한다는 판결이다. 이 황당한 판결에 피가로는 미칠 지경이다. 억울하고 속상해 그 자리에서 팔을 걷어붙이고 마르첼리나와 바르톨로를 때려눕힐 기세다. 그 순간 마르첼리나는 피가로의 팔에 새겨진 문신을 보고 기절초풍한다. 오래전에 잃어버린 아들이 확실하기 때문이다. 이로써 마르첼리나와 피가로의 결혼 판결은 무효가 된다.

백작의 사랑을 여전히 잊지 못하는 백작 부인은 신혼 시절을 그리워하며, 저 유명한 아리아 「그리운 시절은 가고」를 부른다. '달콤하고 즐거웠던 그 순간들은 이제 어디로?'라는 내용의 아리아다. 백작 부인과 수산나는 피가로의 계략에 따라 백작에게 보낼 편지를 쓴다. 이때 두 사람이 부르는 노래가 편지의 2중창, 즉 「산들바람은 불어오는데」다. 얼마 후 수산나와 피가로의 결혼식이 시작된다. 축하 분위기가 무르익을 무렵 수산나가 백작 부인과 함께 쓴 편지를 백작에게 슬쩍 건넨다.

[제4막] 피가로는 방금 전 수산나가 백작에게 은밀히 전한 편지가 진짜인 줄 안다. 그는 결혼식까지 치른 마당에 백작의 유혹을 뿌리치지 못하고 넘어간 수산나에게 복수를 다짐한다. 피가로는 두 사람의 밀회 현장을 잡기로 결심하고는 백작과 수산나가 만나기로 한 정원으로 몰래 숨어들어 기다린

다. 눈치 빠른 수산나가 이를 모를 리 없다. 슬쩍 장난기가 발동한 수산나는 백작과 정말 데이트라도 하려는 듯 연기하다가, 작전대로 백작 부인의 옷으로 갈아입는다. 수산나로 변장한 백작 부인이 약속 장소로 나간다. 백작은 캄캄한 밤중이어서 얼굴을 알아볼 수는 없지만 옷차림을 보니 분명히 수산나이므로 평소 하던 버릇대로 온갖 감언이설을 늘어놓기 시작한다. 저만치 어두운 곳에서 수산나가 백작 부인 차림을 하고 둘이 서로 화해하는지 지켜보고 있다.

한편 피가로는 백작이 수산나를 유혹하기 위해 온갖 술수를 다 쓰는 것을 보고 화가 치민다. 그런데 이게 어찌된 일인가? 백작 부인을 보니 수산나 아닌가?

수산나가 아닌 자기 아내에게 영원히 사랑하느니 뭐니 온갖 말을 늘어놓은 백작은 생각만 해도 창피하고 속이 상해 죽을 맛이다. 게다가 아내에게 꽉 쥐어 지내게 생겼으니 더 속이 상한다. 그렇다고 변명 한마디 할 수 있는 처지도 아니다. 모든 사실이 알려지자 사람들은 잘됐다고 하면서 합창을 부른다. 백작은 이번 사건에 가담한 모든 사람을 엄중히 문책하겠다고 말하지만, 백작 부인이 전원 사면을 선포하면서 오페라는 해피엔드로 막을 내린다.

루치오 실라

타이틀	**Lucio Silla**

	전 3막의 음악을 위한 드라마. 조반니 데 가메라 (Giovanni de Gamerra)가 대본을 썼다.
초연	1772년 12월 26일 밀라노 레조 두칼(Regio Ducal Teatro)
주요 배역	**루치오 실라**(루치우스 코르넬리우스 술라: 로마의 독재자), **주니아**(카이우스 마리우스의 딸), **체칠리오**(체칠리우스: 존경 받는 원로원 의원이자 주니아의 약혼자), **루치오 친나**(루치우스: 로마의 애국자이자 체칠리우스의 친구), **첼리아**(루치오 실라의 누이동생)

베스트 아리아	「사랑스러운 눈이여, 눈물을 흘리지 마오(Pupille amate, non lagrimate)」(S)

사전 지식   로마의 독재자 루치오 실라는 무자비한 사람이었지만, 나중에 자신의 잘못된 성질을 뉘우치고 사람들을 위해 일한 인물이다. 이 과정에서 그가 겪는 사랑과 증오, 안정과 불안정, 죽음과 삶의 양면성이 동시에 그를 괴롭힌다. 이런 양면성은 클래식 소재의 전형이다. 마치 어둠과 빛이 교차하는 것 같은 형상이다. 이를 이탈리아 오페라에서는 키아로스쿠로(chiaroscuro: 명암법)라고 부른다. 이탈리아 오페라의 영향을 받은 모차르트도 이 오페라에서 키아로스쿠로 기법을 충분히 활용하고 있다.

에피소드   당대의 유명 카스트라토인 베난치오 라우치니(Venanzio Rauzzini)는 모차르트보다 한두 살 많았다. 라우치니는 탁월한 피아니스트로 작곡도 했다. 모차르트는 오페라 〈루치오 실라〉에서 체칠리우스의 역을 라우치니를 위해 작곡했다. 체칠리우스의 첫 번째 아리아는 모차르트의 아버지 레오폴트마저 감탄했을 정도로 놀랄 만큼 아름다운 곡이다. 레오폴트는 라우치니가 천사처럼 노래를 부른다고 했다. 라우치니의 음역은 대단히 넓어 두 옥타브 위의 A까지 올라갔다. 사람들은 라우치니를 프리모 우오모(primo uomo)라고 불렀다. 그렇다고 이 오페라에서 프리마돈나의 역할이 중요하지 않다는 것은 아니다. 주니아(Junia) 역할은 당대의 유명 소프라노 마리아 안나 데 아미치스

(Maria Anna de Amicis)가 맡도록 되어 있었다. 당시의 관행은 작곡자가 프리마돈나에게 아리아의 초본을 보여주고 프리마돈나가 의견을 주면 이를 반영해 수정을 했다. 그러나 모차르트는 데 아미치스에게 아리아의 완성본을 건네주었다. 데 아미치스는 자기가 부를 아리아가 대단히 어려운 파사지(Passage)로 구성되어 있지만 매우 훌륭해 두말없이 받아들였다. 주니아의 아리아는 화려한 기교를 요구하는 이른바 브라부라(Bravura)였다.

줄거리   독재자 루치오 실라(Lucio Silla; Lucius Cornelius Sulla)에게 추방당한 존경 받는 원로원 의원 체칠리우스(Cecilius; Cecilio)가 로마로 비밀리에 돌아온다. 체칠리우스와 결혼을 약속한 주니아(Giunia; Junia)는 체칠리우스가 죽은 줄 알고, 실의에 젖어 하루하루를 보낸다. 독재자 루치오 실라가 아름다운 주니아에게 계속 청혼하지만, 사랑하는 체칠리우스를 죽음으로 몰고 간 것이 떠올라 단호히 거절한다. 루치오 실라는 강제로라도 주니아와 결혼하려고 한다.

로마로 돌아온 체칠리우스는 오랜 친구 루치우스 친나(Lucius Cinna)의 도움으로 주니아를 지하무덤에서 만난다. 재회한 두 사람은 한없이 기쁨을 맞본다. 친나는 주니아에게 루치오 실라와의 결혼을 막을 수 없으니 결혼식을 올린 뒤 침실에서 루치오 실라를 죽이라고 하지만, 주니아는 차마 그런 무서운 일을 할 수 없다고 한다. 친나는 그럼 자신이 폭군을 없애겠다고 다짐한다. 주니아는 발각되면 죽음을 면치 못할 것이니 어서 도망가라고 당부한다.

원로원 앞 광장이다. 주니아는 여러 사람 앞에서 "루치오 실라와 결혼하느니 내 스스로 나의 목숨을 끊겠소이다!"라고 선언한다. 한편 친나는 체칠리우스와 함께 루치오 실라를 살해하려고 하지만 불행히도 발각되고 만다. 친나는 요행히 도망치지만, 체칠리우스는 체포된다. 루치오 실라에게는 첼리아(Celia)라는 여동생이 있다. 첼리아는 친나를 사랑한다. 그렇지만 친나는 독재자 루치오 실라의 동생 첼리아를 상대도 하지 않는다. 그런 친나가 주니아를 위해 첼리아와 결혼하겠다고 나선다. 단 첼리아가 루치오 실라를 설득해 주니아와의 결혼을 포기시키라는 조건을 내건다.

사형선고를 받은 체칠리우스는 사형 집행을 앞두고 있다. 주니아와 체칠리우스가 마지막으로 만나 눈물로 작별을 고한다. 한편 첼리아와 친나는 루치오 실라를 설득해 체칠리우스의 사형 집행을 막아낸다. 체칠리우스를 처형하면 민란이 일어날 것이라는 말에 루치오 실라는 체칠리우스를 살려주기로 결정한 것이다. 그는 체칠리우스를 석방하고 추방된 다른 이들도 사면한다. 또한 주니아도 자유롭게 놓아준다.

친나는 모든 일이 뜻한 대로 이루어지자 첼리아와 결혼식을 올린다.

폰토의 왕 미트리다테

타이틀	**Mitridate, Re di Ponto**(Mithridates; King of Pontus)

전 3막. 음악을 위한 드라마(dramma per musica). 장바 티스트 라신(Jean-Baptiste Racine)의 「미트리다트(Mithridate)」를 기본으로 이탈리아인인 비토리오 아메데오 치냐산티(Vittorio Amedeo Cigna-Santi)가 대본을 썼다.

초연	1770년 12월 26일 밀라노의 레조 두칼 극장

주요 배역	미트리다테(미트리다테스 6세: 폰투스의 왕), 아스파시아(미트리다테스의 약혼녀), 파르나체(파르나체스: 미트리다테스의 아들), 시파레(시파레스: 미트리다테의 아들), 마르치오(마르치우스: 로마의 집정관), 이스메네(파르나체와 약혼한 파르티아 공주)

베스트 아리아	「사랑하는 이여, 그대로부터 떨어져서(Lungi da te, mio bene)」, 「가거라, 나의 잘못이 분명하다(Va, l'error mio palesa)」(Male A), 「잘못은 나에게, 나의 실수를 인정합니다(Son reo, l'error confesso)」(Male A), 위협해오는 운명으로부터(Al destin, che la minaccia)」(S), 「내 마음은 조용히 견디고(Nel sen mi palpita)」(S), 「가슴을 누르는 고통 속에서(Nel grave tormento)」(S), 「아, 불길한 예감의 그 사람(Ah ben ne fui presaga)」(S), 「그의 왕국을(Se di regnar)」(T)

사전 지식　　　모차르트가 열네 살 때 작곡한 초기 오페라로, 그의 천부적인 음악적 재능을 마음껏 펼쳐 보인 작품이다. 북부 아나톨리아 지방(지금의 터키)에 있던 폰투스(Pontus)와 소아르메니아의 왕 미트리다테스 6세(Mithridates VI; Mitridate VI, B.C. 134~B.C. 63)에 관한 이야기다. 미트리다테스는 당시 로마제국에 대항한 가장 위험한 존재였다. 그의 왕국은 흑해 연안을 중심으로 넓게 자리 잡고 있었다. 그는 로마제국에 대항하는 세력을 규합해 로마제국이 점령했던 그리스의 여러 도시국가와 아시아 지역을 차지했다. 그러나 로마제국은 미트리다테스와 세 차례의 전쟁을 치러 로마제국 동쪽을 지배하려는 미트리다테스의 야심찬 계획을 말살했다. 이 오페라는 미트리다테스 말년(B.C. 63)에 크리미아 반도의 항구 도시 님페아(Nymphea; Nymphaeum)에서 일어난 얘기다. 미트리다테스는 로마제국의 군대에 세 번째로 패해 님페아의 크리미아 항구까지 도피한다. 미트리다테스 왕은 약혼자 아스파시아(Aspasia)를 폰투스(Ponto; Pontus)에 남아 있는 두 왕자에게 보호하라고 당부하고 전쟁을

떠났다. 두 아들의 이름은 파르나체(Farnace; Pharnaces)와 시파레(Sifare; Xiphares)다. 파르나체와 관련된 이야기는 안토니오 비발디가 오페라로 작곡했다.

에피소드　　　　프랑스 고전주의 극작가인 장 바티스트 라신(1639~1699)의 희곡 「미트라다트(Mithridate)」를 기본으로 만들어진 오페라는 18편이나 된다. 그 첫 번째 작품은 알렉산드로 스카를라티(Alessandro Scarlatti)가 1707년에 작곡한 오페라다. 그러나 모차르트의 〈폰토의 왕 미트라다테〉가 가장 잘 알려져 있다. 이 오페라가 밀라노에서 처음 공연된다고 하자 반대하는 목소리가 많았다. 열네 살밖에 되지 않은 소년의 작품을 레조 두칼 극장 무대에 올린다는 것은 극장 체면과 관계된다는 이유 때문이었다. 그러나 막상 공연이 되자 웬만한 오페라에 비판만 일삼던 시민들이 찬사를 아끼지 않았다. 당시 어느 작품보다 훌륭했기 때문이다.

줄거리　　　　[제1막] 파르나체와 시파레는 부왕 미트리다테가 로마군과의 전쟁에서 전사했다는 소식을 듣는다. 두 형제는 정치적으로 크게 대립하고 있다. 파르나체는 로마와 연줄이 있고, 동생 시파레는 그리스와 손을 잡고 있다. 폰토의 총독은 동생 시파레에게 충성을 맹세해 그리스 편에 서 있다. 그러나 두 형제의 대립은 아스파시아(Aspasia)를 사랑하는 데서 비롯되었다. 아스파시아는 미트리다테와 약혼한 아름다운 여인이지만 젊은 왕자 시파레에게 마음을 두고 있다. 아스파시아는 시파레에게 형 파르나체가 자기에게 지나치게 접근한다면서 보호해달라고 청한다.

장면이 바뀌어 폰토의 왕궁이다. 파르나체는 아스파시아에게 왕비가 되라고 강요한다. 아스파시아가 거절하자 파르나체는 힘으로 위협하지만 시파레가 아스파시아를 보호한다. 총독 아르바테(Arbate; Arbates)가 들어와 미트리다테가 생존해 있으며 지금 왕궁으로 돌아오고 있다고 전한다. 총독은 즉시 다툼을 중지하고 부왕을 맞이할 준비를 하라고 당부한다. 사정이 이렇게 되자 아스파시아는 시파레에게 작별을 고해야 하는 자신의 기구한 운명을 한탄한다.

두 형제는 아스파시아에 대한 사랑을 부왕 앞에서 내색하지 않기로 약속한다. 파르나체는 아스파시오를 차지하려던 계획이 틀어지자, 로마의 호민관이며 군사령관인 마르치오(Marzio)에게 연통해 힘을 합해 미트리다테를 몰아낼 음모를 꾸민다. 미트리다테와 동맹국 파르티아(Parthia) 왕의 딸 이스메네(Ismene) 공주가 해안에 도착한다. 미트리다테는 비록 로마군에 패했으나 여전히 로마의 세력을 몰아낼 희망을 품고 있다. 그는 큰아들 파르나체에게 파르티아의 이스메네 공주와 결혼해 로마군을 몰아내는 데 힘을 모으자고 말한다. 사실 이스메네 공주와 파르나체는 오래전부터 결혼 얘기가 오가던 사이였다. 이스메네 공주는 파르나체를 사랑하지만, 자신들의 앞날에 대한 불길한 예감이 들어 불안한 마음이다. 미트리다테에게 충성스러운 총독 아르바테는 큰아들 파르나체가 아스파시아에게 노골적으로 결혼을 강요하고 있어 큰일이라는 말을 전한다. 분노한 미트리다테는 우선 아스파시아에게 진실인지 알아보고 사실이면 엄벌에 처하겠다고 단호히 말한다.

[제2막] 파르나체는 이스메네 공주를 사랑하지 않는다. 이스메네가 실망과 분노로 가득 차 미트리다테에게 얘기하겠다고 하자, 파르나체는 신분을 생각해서라도 그러지 않는 게 좋을 것이라고 이스메네를 위협한다. 이스메네에게 이야기를 들은 미트리다테는, 파르나체는 자신의 행동에 대해 그에 상응하는 대가를 치러야 한다고 말한다. 그는 이스메네에게 시파레와 결혼할 것을 권유한다.

미트리다테는 아스파시아에게 청혼하지만, 아스파시아는 답을 하지 못하고 주저한다. 이렇게 되자 미트리다테는 아스파시아가 파르나체와 부정한 관계가 틀림없다고 생각한다. 왕은 시파레를 불러 파르나체를 제거하라고 지시한다.

아스파시아는 시파레와 단둘이 있게 되자 사랑한다고 고백한다. 그녀는 나이 많은 미트리다테와의 결혼은 자기 인생을 파괴하는 것이라고 말하지만, 두 사람은 명예를 위해 헤어지기로 결심한다. 그러나 아스파시아는 사랑과 의무 사이에서 여전히 갈등한다.

미트리다테는 파르나체가 로마군과 내통해 음모를 꾸미는 것 같다고 생각하던 차에, 로마군에 대한 공격이 결정되자 평화조약을 주장하는 파르나체를 보면서 파르나체의 반역 음모를 확신하게 된다. 이때 로마군 사령관이자 집정관 마르치오(Marzio; Marcius)가 찾아와 평화를 제안한다. 미트리다테는 휴전이란 있을 수 없다면서 로마군과 내통했다고 생각되는 파르나체를 체포한다. 왕이 파르나체를 처형하려고 하자 이스메네 공주가 나서서 아들을 처형하면 병사들이 동요할 것이니 제발 노여움을 거두라고 간청한다. 반역 음모를 인정한 파르나체는 동생 시파레가 왕의 사랑을 훔치려 한다고 비난한다. 미트리다테 왕은 설마하면서도 시파레에 대한 의심을 거두지 못한다. 왕은 시파레에게 곧 아스파시아를 만나 결혼 얘기를 다시 한 번 할 텐데 숨어서 지켜보라고 명한다. 아스파시아를 만난 미트리다테 왕은 자신이 너무 늙었으니 두 아들 중 하나와 결혼하라고 말한다. 아스파시아는 처음에는 완강히 거부하다가 결국은 시파레를 사랑하고 있으며 시파레도 자신을 사랑한다고 고백한다. 아스파시아는 자신이 함정에 빠진 것을 깨닫는다. 미트리다테는 아스파시아와 시파레에게 복수를 하겠다고 다짐한다. 절망에 빠진 아스파시아와 시파레는 함께 죽기만을 기원한다.

[제3막] 이스메네 공주가 미트리다테에게 파르나체와 아스파시아를 용서해달라고 간청한다. 그녀는 비록 파르나체에게 거절당했지만 여전히 그를 사랑하고 있다. 총독 아르바테가 들어와 로마군이

상륙했다고 보고한다. 출전을 앞둔 미트리다테는 아스파시아를 불러 자기가 보는 앞에서 죽음을 택하라고 말한다. 아스파시아가 죽음을 택함으로써 평화를 얻을 수 있다고 생각해 독약을 마시려는 순간, 시파레가 들어온다. 감옥에 갇혀 있는 시파레를 이스메네 공주가 풀어준 것이다. 시파레도 죽음으로써 위안을 찾고 싶지만 지금은 아버지 편에 서서 조국을 위해 싸울 때라고 생각한다. 한편 로마군에게 억류되어 있던 파르나체는 사령관 마르치오의 배려로 풀려난다. 마르치오 사령관은 만일 파르나체가 로마군을 위해 공적을 세운다면 왕관을 쓰게 해주겠다고 제안하지만, 파르나체는 명예로운 행동을 하기로 결심한다. 아버지를 도와 로마군과 싸우기로 한 것이다.

미트리다테는 패색이 짙어지자 스스로 목숨을 끊을 결심을 한다. 시파레의 충성을 깨달은 미트리다테는 그를 용서하고, 아스파시아를 불러 시파레와의 결혼을 승낙하며 축복을 내린다. 이스메네 공주가 들어와 파르나체가 로마군의 선박에 불을 질러 로마군이 퇴각하고 있다고 전한다. 미트리다테는 파르나체의 애국심을 높이 찬양하며 그를 용서한다. 파르나체는 이스메네 공주의 한결같은 사랑에 감격해 그녀의 발아래 무릎을 꿇고 그동안의 잘못을 용서해달라고 빈다. 시파레와 아스파시아, 파르나체와 이스메네, 총독 아르바테는 로마군을 물리칠 때까지 힘을 합칠 것을 다짐한다. 늙은 미트리다테의 눈에서 눈물이 흐른다.

보리스 고두노프

타이틀	**Boris Godunov**(Борис Годунов)	
		전 4막 7장. 대본은 알렉산드르 푸시킨의 비극을 토대로 작곡자가 직접 썼다.
	초연	1874년 1월 27일 상트페테르부르크 마린스키 극장
	주요 배역	보리스 고두노프(황제), 표도르(보리스의 아들), 세니아(보리스의 딸), 마리아나 므니셰크(폴란드 공주), 그리고 리(젊은 수도사이며 가짜 드미트리), 피멘(수도승)
	음악 하이라이트	보리스의 독백 장면의 음악, 보리스가 죽는 장면의 음악, 백성들이 탄식하는 장면의 음악, 전주곡에 나오는 러시아 멜로디, 숲에서의 민속 노래, 대관식 합창의 테마 음악, 프롤로그에 나오는 순례자의 합창
	베스트 아리아	「나는 위대한 권력을 차지했다(I have attained great power)」(B)

사전 지식　　　보리스 고두노프(Boris Godunov)는 제정러시아 시절 차르의 친척으로 황권 찬탈의 야심을 품고 황태자 드미트리를 살해하지만, 드미트리의 망령에 시달리다가 죽음을 맞이한 사람이다. 보리스가 죽는 장면에서 부르는 합창곡은 러시아 합창의 진수를 보여준다. 장엄하고도 숙연하며 심지어 소름 끼칠 만한 대곡이다.

에피소드　　　러시아 국민음악파의 선두주자 무소륵스키는 10여 편의 오페라 작곡에 도전했으나 완성한 것은 〈보리스 고두노프〉뿐이다. 오페라에 성공하지 못했던 이유는 그가 「민둥산에서의

무소륵스키, 모데스트(Mussorgsky, Modest, 1839~1881)
모데스트 페트로비치(Petrovich) 무소륵스키는 러시아의 국민음악을 주도한 5인조(The Five: 무소륵스키, 발라키에프, 보로딘, 큐이, 림스키코르사코프)의 일원으로 1839년 카레보(Karevo)에서 태어나 1881년 상트페테르부르크에서 세상을 떠났다. 낭만주의 시대에 러시아 음악의 개혁자로 알려진 무소륵스키는 러시아의 음악적 특성을 살리기 위해 노력했다. 그의 작품은 대체로 러시아의 역사와 민속에서 영감을 얻었으며, 오페라 〈보리스 고두노프〉, 피아노 조곡 「전람회의 그림」, 오케스트라 곡 「민둥산의 하룻밤」이 대표적이다.

하룻밤(Noch' na lysoy gorye)」과 같은 기악곡이나 「전람회의 그림(Kartinki s vystavki)」 같은 피아노곡 작곡가로서 더 잘 알려져 있었기 때문인 듯하다.

1870년 무소륵스키는 상트페테르부르크 오페라 극장의 요청으로 첫 오페라를 완성했으나 공연을 거절당했다. 주역이 테너가 아니라 베이스라는 점, 여성 주역이 없다는 점, 발레 장면이 없다는 점, 고전적 화음에 의한 음악이 아니라 비정상적인 음향을 낸다는 점 등이 이유였다. 4년에 걸쳐 다시 썼지만 또 거절당했다. 무소륵스키는 다시 고쳐 썼다. 마침내 상트페테르부르크 오페라(St. Petersburg opera; SPO)의 승인을 받았고, 이후 25회 연속 공연이라는 역사적 기록으로 시즌을 마감했다. 바로 이 오페라가 〈보리스 고두노프〉다. 처음 버전과 나중에 고쳐 쓴 버전이 여러 면에서 상당히 다르다. 그리고 기본적인 작곡은 무소륵스키가 했지만 악보를 완성한 사람은 림스키코르사코프다. 1896년의 일이다. 첫 번째 버전은 보리스가 죽는 대목에서 끝나지만, 마지막 버전에는 폴란드 장면과 사악한 드미트리가 승리를 거두는 장면이 포함되어 있다. 간혹 보리스가 죽는 장면과 드미트리가 승리를 거두는 장면을 순서를 바꾸어 무대에 올리기도 한다. 버전이야 어찌 됐든 〈보리스 고두노프〉는 러시아 오페라 연혁에서 기념비적인 작품이다. 역대 공연에서 보리스의 역할을 훌륭하게 해낸 성악가로는 표도르 샬리아핀(Fyodor Chaliapin), 니콜라이 기아우로프(Niccolai Ghiaurov), 보리스 크리스토프(Boris Christoff) 등이다.

줄거리 배경은 1598년부터 1605년까지 러시아와 폴란드다.

[제1막] 차르(Tsar)의 아들인 황태자 드미트리(Dmitri)가 피살당한다. 그런 중에 차르가 세상을 떠나자 후계자 문제가 큰 논란을 일으킨다. 백성 대부분은 보리스 고두노프가 황제 자리를 욕심 내 황태자 드미트리를 살해했다는 것을 알고 있지만, 아무도 내색하지 못한다. 드디어 크렘린 궁전에서 보리스 고두노프의 장엄한 대관식이 거행된다. 새로운 차르가 탄생한 것이다. 한편 젊은 수도사 그리고리(Grigori)는 죽은 드리트리 황태자가 자기 또래인 점을 생각해 모종의 음모를 꾸미기 시작한다.

[제2막] 보리스 고두노프가 황제에 오른 지 5년이 지난다. 리투아니아와의 국경지대 마을 작은 주막에 그리고리가 들어온다. 수도원에서 뛰쳐나온 그는 이제 수도승이 아니다. 경찰이 그리고리의 행적을 의심해 추적하지만 그는 창문으로 도망친다.

차르가 된 보리스 고두노프는 아들 표도르(Fyodor)에게 언젠가 차르가 될 사람이니 선행을 쌓으라고 신신당부한다. 보리스는 지난 5년 동안 자기가 드미트리를 죽였다는 양심의 가책 때문에 한없이 고통당했다고 독백한다. 보리스의 자문관 슈이스키(Shuysky) 대공이 들어와 폴란드에 있는 어떤 젊은이가 드미트리 황태자라고 주장하면서 군대를 모아 크렘린 궁을 공격할 준비를 하고 있다고 보고한다. 보리스는 드미트리 황태자를 살해한 기억을 떠올리며 괴로워하다가, 심지어 드미트리의 망령을 보았다고 하며 견딜 수 없는 듯 몸서리친다. 이것이 유명한 보리스의 광란 장면이다.

[제3막] 폴란드의 아름다운 공주 마리아나(Mariana Mnishek)는 드미트리(실은 그리고리)를 보고 황태자가 죽지 않고 살아 있다고 믿는다. 마리아나는 죽은 황태자와 약혼한 사이였다. 그녀는 드미트리(그리고리)에게 자신을 사랑한다면 어서 러시아로 진격해 황제 자리를 되찾으라고 설득한다. 그렇게 되면 자기가 차리나(황후)가 될 수 있다고 생각하기 때문이다.

[제4막] 러시아는 기아와 빈곤으로 혼란스럽다. 모스크바 인근의 산속 마을 사람들이 보리스의 추종자를 붙잡아 폭행하고 있다. 드미트리(그리고리)와 그의 군대가 모스크바 부근까지 진격해온다. 크렘린 궁전에서는 러시아의 원로들이 모여 대책을 협의하고 있다.

회의석상으로 뛰어든 보리스 황제가 드미트리의 환영이 쫓아오고 있다고 소리치며 공포에 질려 있다. 어떤 신부가 들어와 드미트리 무덤 근처에 살고 있는 눈먼 양치기가 드미트리의 영혼이 무덤에서 나오는 것을 보았다는 얘기를 전해준다. 이 얘기를 들은 보리스는 제정신이 아니다. 그 순간 군중들이 크렘린 궁전으로 몰려든다. 보리스는 군중에게 자비를 베풀어달라고 간청한다. 그는 자기 아들 표도르를 가리키며 "여기 그대들의 새 황제가 있다"라고 외친 뒤 숨을 거둔다. 군중은 그저 "그가 죽었다"라고 소리칠 뿐이다.

호반시나

| 타이틀 | **Khovanshchina**(Хованщина) |

전 5막의 음악극. 대본은 작곡자와 블리디미르 바실리예비치 스타소프(Vladimir Vasilievich Stasov)가 공동으로 썼다. 무소륵스키가 상당 부분을 작곡했으나 완성하지 못한 것을 1883년 림스키코르사코프가 보완해 완성했다. 이를 라벨(Ravel)이 1913년에 수정해 같은 제목으로 발표했으며, 1960년에는 쇼스타코비치가 또 다른 수정본을 완성했다. '호반스키의 봉기(The Khovansky rising)'로도 불린다.

초연	1886년 2월 21일 상트페테르부르크 코노노프(Kononov) 강당에서 림스키코르사코프 버전이 초연되었다.
주요 배역	이반 호반스키 공자(군부 세력인 스트렐치 지도자), 안드레이 호반스키(이반의 아들), 도시페이(구신앙 신봉자들의 지도자), 바실리 골리친, 마르파(구세력 신봉자, 젊은 미망인), 수산나(구세력 신봉자), 에마(독일인 처녀, 루터교 신자), 루터교 목사, 쿠즈카(총기병), 보야르 샤클로비티(호반스키의 반대파 귀족), 소피아
음악 하이라이트	모스크바 강에 찾아온 새벽의 음악(전주곡), 마르파의 아리아, 고통 받는 백성들의 테마 음악, 샤클로비티의 아리아

사전 지식 〈호반시나〉는 러시아 근대사의 한 페이지를 장식하는 역사적 사실을 그렸다. 〈호반시나〉는 젊은 차르 알렉세예비치 표도르(Alekseevich Fyodor)의 죽음 이후 불거진 문제를 다루고 있다. 표도르 대제 사후, 권력은 표도르 대제의 사생아 동생 이반(Ivan)과 이복동생 페테르(Peter), 섭정인 표도르 대제의 누이 소피아(Sophia)가 나누어 가졌다. 페테르는 훗날 표트르 대제가 된 인물이다. 마치 이 같은 정권의 분산을 의미하듯 이 오페라를 구성하는 요소도 세 가지다. 호반스키(Khovansky) 공자가 이끄는 이른바 스트렐치(Streltsi: 군부 세력), 골리친(Golitsin) 공자를 대표로 하는 차레브나(Tsarevna: 황제당), 종교개혁을 이루지 못해 전전긍긍하는 구신앙 신봉자(Raskol'niki; Old Believers)가 그것이다.

에피소드 무소륵스키와 함께 대본을 쓴 블리디미르 스타소프(Vladimir Vasilievich Stasov)는 예술 여러 분야에 재능이 많고 박식한 인물로 러시아 국민음악파 5인조(The Five)를 육성하고 후원한 인물이다. 무소륵스키에게 이 오페라를 쓰도록 권유한 것도 스타소프였다. 그러나 무소륵스키는 이 오페라를 완성하지 못하고 세상을 떠났다. 악보 대부분은 스케치만 되어 있었고, 오케스트라 부분은 작곡하지 못한 상태였다. 이를 림스키코르사코프가 상당 부분을 고쳐 써서 완성했다. 서곡은 모스크바 강에 아침이 밝아오는 모습을 그린 것이다.

줄거리 [제1막] 모스크바의 크렘린 광장이다. 러시아 육군의 정예부대가 크렘린 궁을 수비하고 있다. 새로 정권을 잡은 이른바 스트렐치 부대다. 이들의 사령관 보야르 샤클로비티(Boyar Shaklovity)가 차르를 비난하는 글을 작성하고 있다. 차르가 첩자를 심어놓아 군부를 와해시키려 한다는 내용이다. 보야르는 한술 더 떠, 공고문에 첩자로 간주되는 귀족의 명단을 적어놓는다. 이를 본 군중이 흥분한다. 군중은 귀족이 사회의 암적 존재라고 생각하고 있다. 몇몇 권력을 쥔 사람들이 이 나라를 마음대로 흔들고 있다고 생각하는 것이다. 이때 이반 호반스키(Ivan Khovansky)가 등장한다. 군중은 그를 자신들의 수호자라고 생각해 환호한다. 그렇지만 일부 군중은 그가 양의 가죽을 뒤집어쓴 늑대라고 비난한다. 이반 호반스키와 그의 아들 안드레이가 에마라는 개신교 처녀를 차지하려고 서로 다투기 때문이다.

[제2막] 바실리 골리친(Vasily Golitsin) 공자의 저택이다. 골리친 공자는 섭정 소피아(Sophia)의 보호를 받고 있는 신세다. 그러므로 황제당에 속한 셈이다. 그는 황제가 되려는 허황된 꿈을 꾸고 있다. 영특하고 용감한 골리친 공자는 권력만 추구하는 귀족 세력을 와해시키고 폴란드를 정복하는 등 하나하나 업적을 쌓는다. 러시아의 운명이 갑작스럽게 변하는 데 두려움을 느끼는 그는 러시아에 정착한 독일인들을 보호하며 그들을 지원해 루터교 목사들과 친분을 유지하는 등 계몽된 사람이지만, 여전히 초자연적인 미신을 숭배한다. 골리친은 자기 서재에서 황제의 여동생 소피아(Sophia) 공주가 보낸 러브레터를 읽으면서 말할 수 없는 감동을 느낀다. 설교 중인 루터교 목사는 에마를 비롯한 루터교 신도들에게 지금은 모든 정세가 예측을 할 수 없으니 자중할 것을 호소한다.

골리친은 구신앙신봉자인 마르파가 장래의 운명에 대해 예언한다는 소리를 듣고 시동에게 마르파를 불러오라고 지시한다. 그는 골리친이 머지않아 추방당할 것이라고 예언한다. 이는 골리친이 가장 두려워하는 말이다. 골리친은 수하들에게 마르파를 쥐도 새도 모르게 처치하라고 명령한다(어떤 버전에는 강물에 던져버리라고 되어 있다). 그는 사회적 분규를 사전에 예방하고자 모스크바에서 가장 권세가 있는 두 사람, 즉 군부 세력의 지도자 이반 호반스키 공자와 구신앙신봉자의 지도자 도시페이

(Dosifey)를 불러 대책을 간구하기로 한다. 그러나 이들의 회합은 호반스키와 골리친 공자가 서로 헤게모니를 쟁취하려고 다투는 바람에 무산된다.

[제3막] 군부 세력이 장악하고 있는 모스크바 강 언덕이다. 마르파는 안드레이에 대한 자신의 사랑이 무모하다는 것을 인식하며 슬픔에 잠겨 있다. 하지만 안드레이에 대한 마음은 변치 않았다. 구신앙신봉자의 당원인 노파 수산나는 마르파의 마음속에 죄악의 욕망이 들어 있다고 하면서 비난한다. 오직 도시페이만이 마르파의 심정을 이해하며 위로한다. 샤클로비티와 도시페이 모두 나라의 운명을 걱정하지만 각자 가는 길이 다르다. 도시페이와는 달리 샤클로비티는 신에 의지하지 않고 세속적인 권세로 난국을 타파하려 한다.

한편 군부 세력 내에서 분란이 일어나자 때를 맞추어 젊은 황제 페테르의 친위대가 모스크바 강변의 스트렐치를 공략한다. 이들의 지도자 호반스키는 군대를 해산하고 그들의 가족을 일단 집으로 돌려보내 후일을 기약한다. 젊은 차르 페테르는 모스크바를 장악하고 반대 세력을 추방하기 시작한다.

[제4막] 장면은 바뀌어 호반스키의 집이다. 근심에 빠진 그를 위로하기 위해 페르시아 노예들의 춤과 노래가 한바탕 어우러진다. 골리친이 호반스키에게 비밀 전갈을 보낸다. 차르가 호반스키를 포함한 군부 세력 추종자들을 모두 처단하려 한다는 내용이다. 호반스키는 골리친이 자기를 모욕했다고 생각해 메시지를 가져온 사자를 처형한다. 그때 황제의 섭정 소피아 공주가 도착한다는 전갈이 전해진다. 공주가 부탁할 것이 있어 찾아왔다고 생각한 호반스키는 공주를 영접하기 위해 문 밖으로 나갔다가 어둠 속에 잠복해 있던 샤클로비티와 그의 부하들이 칼에 쓰러진다.

다시 장면은 바뀌어 성 바실리 대성당(St. Basil's Cathedral) 앞 광장이다. 골리친도 반역의 도당에 합세했다는 죄목으로 멀리 추방되었다. 군중은 영웅이지만 욕심을 버리지 못해 추방당한 그의 운명을 동정한다. 도시페이는 마르파를 통해 젊은 차르의 의중을 눈치챈다. 구신앙 신봉자들을 모두 체포해 처형할 계획인 것이다. 차르는 한때 모스크바를 장악하고 못된 짓을 한 군부 세력을 모두 체포해 처형하려다가 마지막 순간에 나라의 화합을 위해 사면한다고 선포한다.

[제5막] 숲 속의 은둔지로 피신한 도시페이는 구신앙을 회복하려는 노력이 물거품이 되었음을 한탄한다. 어느 틈에 차르의 친위대가 도시페이와 추종자들의 숨어 있는 곳을 포위한다. 아무 희망도 없음을 깨달은 도시페이는 신앙 동지들에게 서로 목숨을 취해 그것으로 세상을 구원하는 모습을 보여주자고 제안한다. 그들은 모두 기쁜 마음으로 죽음의 길을 택한다(다른 버전에서는 마르파와 안드레이가 불륜을 속죄하기 위해 함께 죽음을 택한다. 두 사람이 화형장 같은 곳에 장작더미를 쌓고 있을 때 오페라의 막이 내린다).

윈저의 유쾌한 아낙네들

타이틀	**Die Lustigen Weiber von Windsor**(The Merry Wives of Windsor)

	전 3막의 환상적 코미디(komishe-fatastische). 셰익스피어의 희곡을 헤르만 잘로몬 모젠탈(Hermann Salomon Mosenthal)이 오페라 대본으로 만들었다. 셰익스피어의 이 코미디는 베르디의 〈팔스타프〉로 더 유명한데, 레하르의 〈메리 위도〉와는 전혀 관계없는 오페라이므로 혼동하지 말아야 한다.
초연	1849년 3월 9일 베를린 왕실 오페라 극장
주요 배역	프라우 플루트(미시즈 포드), 프라우 라이히(미시즈 페이지), 팔슈타프(팔스타프) 경, 아나 라이히(앤 페이지), 펜톤(펜턴)
음악 하이라이트	달을 보고 부르는 합창, 정령들의 춤과 합창, 팔스타프의 축배의 노래, 펜턴의 세레나데, 아나의 아리아

베스트 아리아	「아니야, 정말 똑같아(Nein, das ist wirklich doch zu keck!)」(듀엣), 「이제 서두르자(Nun eilt herbei)」(S), 「축배의 노래(Drinking Song)」(B), 「들어라! 골짜기에서 부르는 종달새의 노래(Horch, die Lerche singt im Hain)」(T), 「오 달콤한 달(O süsser Mond)」(Chor), 「작은 어린아이(Als Büblein klein)」(B)

사전 지식　　　셰익스피어의 희곡을 거의 그대로 옮겼으나 몇몇 주역의 이름을 독일 이름으로 바꾸었다. 예를 들면 미시즈 포드는 프라우 플루트(Frau Fluth), 미시즈 페이지는 프라우 라이히(Frau Reich) 등이다. 하지만 아래 소개하는 줄거리에는 독자들의 혼돈을 피하기 위해 원래 희곡의 이름을 사용했다. 베르디의 오페라 〈팔스타프〉와도 약간의 차이가 있다. 예를 들면 〈팔스타프〉에 등장하는

니콜라이, 오토(Nicolai, Otto, 1810~1849)
슈만과 같은 해에 태어난 오토 니콜라이는 후원자 덕분에 고향 쾨니히스베르크(현재는 칼리닌그라드)를 떠나 베를린에서 본격적으로 음악 활동을 할 수 있었다. 후원자의 지원으로 로마로 간 그는 오페라에 관심을 기울인다. 니콜라이는 후에 빈으로 가서 오페라 작곡에 전념했다. 말년에는 베를린 궁정오페라의 음악감독을 맡아 지휘자로도 명성을 떨쳤다. 니콜라이의 대표적 오페라는 〈윈저의 유쾌한 아낙네들〉이다. 빈에서는 귀족을 풍자했다고 하여 공연을 거부당하기도 했다. 그가 세상을 떠나기 두 달 전에 베를린에서 초연된 〈윈저의 유쾌한 아낙네들〉은 독일 낭만주의 오페라에서 중요한 역할을 차지하는 작품이다.

팔스타프 경의 하인들은 〈윈저의 유쾌한 아낙네들〉에는 등장하지 않는다.

줄거리   미시즈 포드와 미시즈 페이지는 사람은 좋지만 주책이 없다. 그녀들은 여자를 밝히는 뚱보 영감 팔스타프에게서 똑같은 내용의 연애편지를 받는다. 두 부인네는 '이 영감이 돌았나?' 라고 생각해 기가 막히지만, "옳거니! 요놈의 영감, 골탕이나 먹이자!"라는 데 의견을 같이한다. 미시즈 포드의 남편 미스터 포드는 질투심이 대단히 강한 사람이다. 이 질투심을 이용해 골탕을 먹이기로 한다.

우선 미시즈 포드가 팔스타프를 '멋쟁이 오빠'라고 치켜세워 집으로 초청한다. 미시즈 페이지보다 더 나긋나긋하고 푸릇푸릇한 미시즈 포드의 초청을 받은 팔스타프는 기분이 으쓱해 한껏 차려입고 그 집을 방문한다. 한참 앉아서 시시덕거리고 있는데 갑자기 미시즈 페이지가 들어서면서 "포드 부인! 남편이 옵니다, 남편이요!"라고 수선을 떨며 소리친다. 미시즈 포드에게서 남편 미스터 포드가 질투심이 굉장하다는 말을 익히 들어온 팔스타프는 순간 발이 얼어붙는 것 같다. 두 부인네는 임시방편 으로 팔스타프를 커다란 빨래 상자에 숨긴 뒤 하인들에게 빨리 집 밖으로 내가도록 한다. 두 부인네와 약속이 되어 있던 하인들은 빨래 통을 템스 강에 버리는 것처럼 연극을 한다. 통 속에 들어 있는 팔스타프는 귀족 체면에 살려달라고 소리칠 수도 없고 그저 죽을 맛이다.

집에 들어온 미스터 포드는 분명히 팔스타프 영감이 있을 줄 알았는데 발견하지 못하자 '요 여편네들이 무슨 공작을 꾸미고 있는 것이 틀림없는데!'라면서 의심의 눈초리를 거두지 않는다. 미스터 포드는 팔스타프를 직접 만나 떠보기로 하고는 팔스타프에게 약간의 뇌물을 주면서 자기가 꾸미고 있는 일을 도와달라고 한다.

예쁜 앤 페이지(Anne Page)는 잘생기고 착하지만 가난한 펜턴(Fenton)을 사랑한다. 그러나 부모인 미시즈 페이지와 미스터 페이지는 앤의 신랑감으로 이미 다른 사람을 점찍어 놓았다. 돈은 많지만 슬기롭지 못한 늙은이다. 앤은 말도 안 된다면서 그런 늙은이에게 시집가느니 차라리 죽어버리겠다고 울고불고 소란을 피우지만, 부모는 결심을 굽히지 않는다. 급기야 앤과 펜턴은 죽기 아니면 살기라고 생각해 멀리 도망가기로 약속한다.

유쾌한 아낙네들은 또다시 팔스타프를 미시즈 포드 집에 초청한다. 지난번과 마찬가지로 아낙네들이 팔스타프와 시시덕거리고 있는데 이번에도 질투의 화신 미스터 포드가 집으로 돌아오고 있다는 급보가 전해진다. 아낙네들은 팔스타프를 늙은 할머니로 분장시켜 도망가게 한다. 남편은 자기 아내가 바람을 피운다고 생각하지만 증거를 잡지 못하자 공연히 의심했다면서 미안해한다. 아낙네들은 치근거리던 팔스타프를 멋지게 골탕 먹이자 기분이 좋아져 한밤중에 윈저의 숲으로 피크닉을 가기로 한다.

팔스타프는 아낙네들의 바람대로 머리 위에 뿔을 매단 사냥 신의 차림으로 등장한다. 그가 커다란 참나무 아래 이르자, 악마, 요정, 도깨비, 장수 벌레, 모기 등으로 변장한 아낙네들의 하인과 친구들이 팔스타프 주위를 돌며 소리 지르고, 물어뜯고, 쿡쿡 찌르며 못살게 굴기 시작한다. 팔스타프는 도저히 참을 수 없어 잘못했으니 용서해달라고 소리친다. 이렇게 하여 윈저의 유쾌한 아낙네들은 원도 한도 없이 팔스타프 골려주는 일을 완수한다.

숲 속 파티에 예쁜 앤과 착실한 펜턴이 동화의 나라 오베론 왕과 티타니아 왕비로 분장해 등장한다. 두 사람의 결혼을 반대하던 미시즈 페이지가 마음을 바꾼 것이다. 아낙네들은 신부님을 데려와 두 사람을 결혼시킨다.

이렇게 하여 모든 일을 너그러운 마음으로 덮고, 새로운 기분으로 파티를 즐기는 가운데 막이 내린다.

아름다운 엘렌

타이틀	**La Belle Hélène**(The Fair Helen)	
		전 3막의 오페라 부프(opéra bouffe). 대본은 앙리 메이야크와 뤼도비크 알레비가 공동으로 썼다.
	초연	1864년 12월 17일 파리 바리에테 극장(Théâtre des Variétés)
	주요 배역	엘렌(헬레네: 스파르타의 왕비), 오레스트(오레스테스: 아가멤논의 아들), 파리 왕자(파리스 트로이의 프리암 왕의 아들), 메넬라(메넬라우스: 스파르타의 왕), 아가멤논(왕중의 왕), 칼사(칼카스: 주피터 신전의 신관), 아시유(아킬레우스: 프티오티스의 왕), 바시스(바키스: 헬레네의 시녀)
	베스트 아리아	「사랑의 신들이여(Amours divins)」(S), 「이다 산(Au mont Ida)」(T)

사전 지식　　　코믹 오페라지만 내용이 코믹하다기보다는 음악과 연기, 대사가 코믹하다. 유명한 트로이의 헬레네와 파리스 왕자의 사랑을 현대판으로 코믹하게 구성한 것이다. 그러므로 실제 공연에서는 고대 그리스 시대의 무대장치를 할 수도 있고, 현대적인 무대장치를 할 수도 있다. 이 오페레타는 대서사시의 내용과 다소 다르지만 큰 줄거리에는 변함이 없다.

에피소드　　　헬레네가 미남 청년 파리스 왕자에게 마음을 주게 된 것은 이다(Ida) 산에서

오펜바흐, 자크(Offenbach, Jacques, 1819~1880)

독일 쾰른에서 태어나 프랑스에서 활동한 자크 오펜바흐는 프랑스의 오페라가 전통적 그랜드 오페라 형식에 얽매여 있을 때, 유쾌하고 재미난 오페레타로서 새로운 바람을 불어넣은 인물이다. 당시 오페라에서는 대화조의 대사를 레치타티보로 처리했으나, 오펜바흐는 일상적인 대화로 처리해 사실적 생동감을 더했다. 더구나 코미디에 풍자를 가미했다. 풍자가 들어 있으면 서민들이 열광했기 때문이다. 그의 〈아름다운 엘렌〉은 베를리오즈의 그랜드 오페라인 〈트로이 사람들〉에서 모티프를 가져온 것이다. 〈파리인의 생활〉은 주체할 수 없을 정도로 비대해지기만 하는 대도시 파리를 풍자한 것으로, 그때까지 무대에서 볼 수 없었던 캉캉 춤이 대담하게 도입되어 사람들을 놀라게 했다. 수많은 코믹 오페레타를 작곡한 오펜바흐가 남긴 단 한 편의 무거운 오페라는 〈호프만의 이야기〉다.

세 명의 여신 사이에 있었던 미인대회의 결과 때문이라고 한다. 자세한 내용은 그리스 신화를 읽어보기 바란다. 오펜바흐의 가벼운 오페라(오페레타)는 아무리 무거운 이야기도 놀랄 만큼 가벼운 이야기로 변화시킨다. 하지만 대본과 음악은 고대의 이야기를 현대에 접목해 현대 사회를 풍자하고 있다.

줄거리 스파르타의 왕비 헬레네는 남편 메넬라우스(Ménélas) 왕을 죽여야 할 운명이라는 신의 계시를 어떻게든 피하기 위해 신관(神官) 칼카스(Clachas)와 함께 방법을 궁리하고 있다. 헬레네 (Hélène)는 잘생긴 트로이의 왕자 파리스(Pâris)를 떠올리며 혹시 그와 사랑의 도피를 하면 되지 않을까 생각한다. 헬레네가 파리스 왕자를 생각하는 순간 목동으로 변장한 파리스 왕자가 헬레네의 침실로 찾아온다. 파리스 왕자는 헬레네에게 사랑을 받아달라고 애원한다. 두 사람은 마치 수십 년 전부터 사랑해온 것처럼 긴밀한 관계가 된다.

다음 날 스파르타 왕궁에서는 무술시합이 열린다. 파리스 왕자는 도저히 자신이 없어 안 나가겠다고 하지만 그의 말은 받아들여지지 않는다. 상대방은 크레타 왕국에서 가장 용맹스러운 장사다. 코미디를 방불케 하는 결투 끝에 파리스 왕자가 승리하는 이변이 일어난다. 신관들은 이것이 신의 계시 때문이라고 생각해 신전에 가서 신의 뜻을 묻기로 한다. 신관이 받아온 신탁은 스파르타 왕 메넬라우스가 배를 타고 무작정 멀리 떠나야 한다는 것이다. 이는 메넬라우스 왕을 멀리 쫓아내려는 수작이다. 한편 헬레네는 이러다가 자신도 피해를 보는 것 아닌지 불안하다. 그녀는 위기를 극복하기 위해 파리스 왕자와의 관계를 정리하기로 결심한다. 그날 밤 파리스 왕자가 신관을 매수해 헬레네의 침실로 잠입한다. 두 사람이 다정한 시간을 보내려 할 때 메넬라우스가 등장한다.

헬레네와 메넬라우스가 말다툼을 벌인다. 음악으로 표현된 말다툼 장면이 상당히 흥미롭다. 점잖게 시작한 두 사람의 언쟁이 막바지로 치닫는다. 아무튼 메넬라우스는 헬레네를 점점 더 의심하게 된다. 이때 금빛 찬란한 갤리선(노예들이 노를 젓는 전함)이 미끄러지듯 들어온다. 뱃머리에는 신관으로 변장한 파리스 왕자가 서 있다. 신관은 헬레네에게 비너스 신의 신탁을 전한다. 아직도 신의 지시에 순종하지 않고 있다고 하면서 서둘러 비너스 신전으로 가서 희생물을 올리고 제사를 드리라는 내용이다. 신의 뜻을 거역할 수 없는 헬레네는 갤리선에 올라 비너스 신전으로 향한다. 메넬라우스도 신탁이라는 말에 꼼짝없이 헬레네를 보낸다.

비너스 신전이 어디 있는지 알 턱이 없는 파리스와 헬레네는 트로이를 향해 뱃머리를 돌린다. 속은 것을 안 메넬라우스 왕이 복수를 외친다.

페리콜

타이틀 **La Périchole**

전 2막(또는 전 3막)의 오페라 부프. 프로스페르 메리메의 코미디 『성례의 마차(Le carrosse du Saint-Sacrement)』를 기본으로 앙리 메이야크와 뤼도비크 알레비가 공동으로 대본을 썼다.

초연 1868년 10월 6일 파리 바리에테 극장

주요 배역 페리콜(거리의 가수), 피퀴요(거리의 가수), 돈 안드레아스(페루 총독)

사전 지식 무대를 남미의 페루로 설정한 것이 이색적인데, 페루는 한때 스페인의 식민지였다. 스페인의 총독(Viceroy)은 페루의 국왕과 같은 존재였다. 이 오페라는 J. 슈트라우스의 오페레타 〈집시 남작〉과 줄거리가 유사한데, 주인공이 거리의 음악가라는 것만 다르다. 주인공 청년이 우여곡절 끝에 사랑하는 여인과 결혼해 옛날의 명예와 재산을 되찾는다는 얘기다.

줄거리 [제1막] 페루의 수도 리마의 광장이다. 이곳의 총독은 돈 안드레아스(Don Andreas)다. 광장 가운데 있는 '세 자매 카바레(Three Cousins Cabaret)'에서 사람들이 "총독 만세!"를 외치고 있다. 총독의 이름으로 술 한 잔씩을 돌리라는 지시가 내려졌기 때문이다. 술집 손님 중에는 신분을 숨기고 민생을 시찰하러 암행을 나온 총독도 있다.

거리 한쪽에서는 멋진 청년 피퀴요(Piquillo)와 아름다운 아가씨 페리콜(Perichole)이 '스페인 사람과 예쁜 인디오 아가씨'라는 축배의 노래를 부르고 있다. 둘은 빨리 돈을 벌어 결혼할 생각으로 가득 차 있다. 페리콜이 노래하는 모습을 본 총독은 그녀를 총독 관저에 두고 싶어 한다. 총독 관저의 시녀로 삼으면 예쁜 얼굴과 노래를 언제나 보고 들을 수 있다고 생각한 것이다. 총독은 시종장을 시켜 페리콜에게 잘 먹고 잘 지내게 해줄 테니 총독 관저로 들어오라는 편지를 보내 유혹한다. 뜻하지 않게 총독의 편지를 받은 페리콜은 기왕이면 잘 먹고 잘 입기나 하자는 생각에 총독의 권유를 받아들이기로 한다. 피퀴요는 이 사실을 알고는 자살을 기도하지만, 걸상 다리가 부러지는 바람에 실패한다.

페리콜은 '세 자매 카바레'에서 시종장의 배려로 맛있는 음식을 마음대로 먹고 술도 얼큰하게 걸친다. 시종장은 총독 관저의 시녀로 들어가려면 반드시 기혼자이어야 한다고 페리콜에게 설명한다. 그녀는 시녀로 들어가기 위해 아무하고나 형식적으로 결혼할 요량으로 한 청년의 손을 붙잡는데 하필이면 피퀴요다. 하지만 얼큰하게 취한 페리콜은 상대가 누군지 알지 못한다. 이렇게 하여 시종장의 주선으로 공증인이 달려오고 결혼 서약이 이루어진다.

[제2막] 총독 관저다. 시종장은 아무래도 새로 들어온 시녀의 남편이 언젠가 거리에서 본 떠돌이 음악사라는 생각이 들어 은근히 불쾌하다. 시녀들은 새로 들어온 시녀 페리콜이 몰락한 백작 가문의 여식임이 밝혀져 곧 백작 부인이 된다는 얘기를 듣고는 놀란다. 그녀들은 그렇다면 페리콜이 총독의 정부가 틀림없을 것이라고 떠들며 수선을 떤다. 의자 뒤에 숨어 귀부인 시녀들이 하는 얘기를 엿듣게 된 피퀴요는 자기가 총독의 정부와 결혼했으며, 그 여자가 하필 자신과 사귀던 페리콜이라는 것을 어렴풋이 깨닫는다.

페리콜은 자기가 어찌어찌하다가 옛날에 알고 지내던 피퀴요라는 청년과 법적으로 결혼했지만, 알아서 적당히 처리하겠다고 총독에게 말한다. 이 말에 놀란 총독은 피퀴요를 지하 감옥에 가둔다.

[제3막] 페리콜이 감옥으로 찾아와 자기 마음은 아직도 피퀴요에게 있다고 말하며 안심시킨다. 두 사람은 어수룩한 교도관을 매수해 탈출하려고 하지만 여의치 않아 사전에 발각된다. 총독은 두 남녀를 쇠사슬로 단단히 묶어놓으라고 명령한다. 궁하면 통한다고 했던가!

옆방에 무려 12년간이나 수감되어 있던 바순을 잘 부는 할아버지가 이제 막 탈옥할 굴을 다 뚫었는데 기운이 없어 탈출할 수 없다면서, 두 사람이라도 어서 도망가라고 권한다. 총독이 피퀴요가 어떻게 하고 있는지 궁금해 지하 감옥으로 내려오자, 할아버지는 바순으로 있는 힘을 다해 총독을 내리친다. 총독이 정신을 잃자 피퀴요가 총독을 붙잡아 단단히 묶어 놓은 뒤 두 사람은 도망친다. 하지만 얼마 가지 못해 붙잡히고 만다. 광장 사형대에 올라선 두 사람은 마지막으로 함께 노래를 부르게 해달라고 청한다. 총독에게 자비를 구하는 노래다. 이 노래에 깊이 감명을 받은 총독은 페리콜과 피퀴요를 사면하고 두 사람의 명예와 재산을 회복시켜준다.

파리인의 생활

타이틀	**La Vie Parisienne**(Parisian Life)	
	전 4막. 오펜바흐와 콤비인 앙리 메이야크와 뤼도비크 알레비가 대본을 맡았다.	
초연	1866년 10월 31일 파리 팔레 루아얄 극장(Théâtre du Palais Royal)	
주요 배역	라울(파리 토박이), 보비네(파리 토박이), 메텔라(자유분방한 아가씨), 곤드레마르크(스웨덴의 남작), 남작 부인, 가브리엘(행상), 프리크(구두장이), 폴린(하녀) *공연되는 나라에 따라 주인공 이름이 현지에 맞게 바뀌므로 주의를 기울여야 한다.	
베스트 아리아	「나는 대령의 미망인(Je suis veuve d'un colonel)」(S)	

사전 지식　　　　1866년의 파리는 세계 어느 곳보다 즐거움과 흥분이 가득한 도시였다. 당시 사람들은 파리를 환락의 도시라고 불렀다. 세계만국박람회가 다음 해에 열릴 예정이었기 때문이다. 에펠탑이 세워진 것은 바로 이때다. 알퐁스 도데가 이 시기를 '부호와 귀족 떼거리'들이 파리의 카페와 살롱에 넘쳐흐르던 시기였다고 한 것만 보아도 잘 알 수 있다. 오펜바흐는 이 같은 영광과 흥분의 정상에 있었다. 이 시기의 즐거움과 화려함을 무대로 옮긴 그의 오페레타는 당시 분위기와 맞물려 인기를 누렸다. 1866년에 내놓은 〈아름다운 엘렌〉이 그 대표적인 작품이다. 파리의 극장들은 오펜바흐에게 만국박람회를 기념할 만한 작품을 만들어달라고 요청했다. 팔레 루아얄(Palais Royal) 극장은 아예 제목까지 정해 작곡을 간곡히 부탁했다. '파리인의 생활'이었다. 이 오페레타에는 캉캉을 비롯한 여러 종류의 춤이 펼쳐져 화려한 볼거리를 제공한다.

에피소드　　　　오펜바흐는 주로 그리스 신화를 기본으로 한 오페레타를 작곡했으나 〈파리인의 생활〉은 당시 파리인의 생활을 그대로 표현한 최초의 작품이다.

줄거리　　　　　　[제1막] 파리의 서부역이다. 놀기 좋아하고 연애도 잘하는 두 명의 파리 토박이

라울(Raoul de Gardefeu)과 보비네(Bobinet)가 시골에 갔다가 돌아오는 메텔라(Métella; Mettala)를 기다리고 있다. 메텔라는 귀족이나 부유층의 정부로, 다시 말하면 고급 호스티스다. 두 청년은 매력적인 메텔라를 애인으로 삼으려 하지만, 메텔라는 나이가 있고 듬직한 부자를 좋아한다면서 이들은 거들떠보지 않는다. 가게 여점원 메텔라는 화려한 상류 사회의 생활을 동경한다.

기차에서 내리는 메텔라는 어느새 나이 지긋한 노인을 꾀어 팔짱을 끼고 나오고 있다. 두 젊은이는 한숨만 쉰다. 어떻게 할 것인가? 라울과 보비네는 의기투합해 자신들도 상류 사회의 여자를 만나 즐겨볼 생각을 한다.

라울은 예전에 자기 집에서 하인 노릇을 하던 조제프(Joseph)가 그랑 오텔(Grand-Hôtel)이라는 고급 호텔의 안내원으로 일하는 것을 알게 된다. 조제프는 호텔에 묵게 될 스웨덴 귀족 곤드레마르크(Gondremark) 남작 부부를 기다리고 있다. 파리가 기막히게 좋다는 소문을 듣고 한바탕 놀기 위해 온다는 것이다. 슬며시 장난기가 발동한 라울이 조제프에게 돈을 약간 쥐어주고는 자기가 안내원 역할을 하겠다고 한다. 드디어 남작 부부가 호텔에 도착한다. 라울은 이들을 호텔 대신 인근에 있는 자기 집으로 데려간다. 라울은 남작 부부에게 호텔의 판촉 전략에 따라 파리의 개인 아파트(실은 빌라)에서 며칠 지내게 되었다고 설명한다.

남작과 함께 온 남작 부인은 대단한 미인이다. 라울은 남작 부인이야말로 자기가 그리던 상류 사회 여성이라고 생각해 접근을 해보기로 마음먹는다. 한편 남작은 메텔라를 보고 한눈에 반해 정신을 차리지 못한다.

돈을 펑펑 쓰며 파리 생활을 즐기기 위해 왔다는 브라질 부호가 호텔에 도착한다.

[제2막] 라울의 빌라 응접실이다. 라울은 스웨덴 남작 부부에게 이 집이 대호텔의 별관이라고 설명하면서 기왕 파리에 왔으니 모쪼록 즐겁게 지내라고 얘기한다. 남작은 라울과 단둘이 있게 되자 메텔라를 소개시켜달라고 부탁한다. 라울은 속으로 코웃음을 치지만, 겉으로는 메텔라를 소개해주겠다고 약속한다. 호랑이도 제 말 하면 온다고 때마침 메텔라가 들어선다. 남작은 어찌어찌하여 아내 몰래 메텔라와 다시 만나기로 약속한다.

라울은 평소 자기를 무시하던 메텔라를 골탕 먹일 생각으로 바쁘다. 그는 보비네와 공모해 며칠 후 저녁에 남작만 적당한 곳으로 초청할 계획을 세운다. 마침 보비네 숙모가 여행을 갔기 때문에 저택이 비어 있으므로, 그곳으로 초대하기로 한다.

남작은 배가 고프니 저녁을 먹었으면 좋겠는데, 기왕이며 귀족들과 우아하게 식사하고 싶다고 라울에게 한다. 라울은 '옳다구나! 한번 골탕이나 먹이자!'라고 생각해 물건을 팔러 다니는 가브리엘(Gabrielle)

과 옆집 구두장이 프리크(Frick)를 불러 귀족으로 변장시킨 뒤 남작과 함께 만찬을 나누도록 한다. 저녁을 먹으면서 별별 해프닝이 다 벌어진다.

[제3막] 캠페르 카라테크(Quimper-Karadec) 호텔이다. 실은 보비네 숙모의 저택이다. 라울과 보비네는 휴가를 떠난 숙모의 저택에서 댄스파티를 열고 남작을 초대한다. 보비네는 스위스 해군제독으로 분장한다. 보비네를 본 적이 없는 남작은 해군제독이라고 하니까 스위스에 해군이 어디 있느냐는 생각은 못한 채 깜빡 속아 넘어간다. 보비네는 숙모 집의 하녀 폴린(Pauline)을 아내로 꾸미고 다른 하인들도 적당히 귀족으로 변장시킨다. 저녁 내내 난장판을 벌이지만, 남작은 이것이 진짜 파리 생활이라고 생각해 기꺼이 참아낸다. 특히 여자들이 캉캉 춤을 추자 좋아 어쩔 줄 모른다. 라울은 남작 부인에게 남작이 마텔라에게 마음을 두고 있다고 얘기해준다.

[제4막] 레스토랑의 대기실이다. 마텔라를 만나기로 한 남작은 공연히 초조하다. 드디어 매력 만점의 마텔라가 마스크를 쓴 어떤 여인과 함께 등장한다. 남작 부인이다. 때마침 브라질 부호가 귀족 부인으로 변장한 행상 가브리엘과 함께 레스토랑으로 들어선다. 그 뒤를 돈을 주고 동원한 한 떼의 악단이 음악을 연주하며 따라 들어온다. 당연히 라울과 보비네도 등장한다.

곤드레마르크 남작은 마스크를 쓴 여인이 자기 아내라는 것을 안 순간부터 아주 온순해진다. 라울은 지금까지 모든 것이 장난이었다고 털어놓는다. 메텔라가 라울에게 접근한다. 이를 모르는 보비네는 다시 메텔라에게 접근한다. 두 파리 토박이는 예전처럼 경쟁자가 되었다.

그들 모두는 파리 생활을 기념하기 위해 저녁을 먹으러 레스토랑으로 들어간다.

산적

타이틀	**Les Brigands**(The Bandits)	
		전 4막. 대본은 오펜바흐와 단짝인 앙리 메이야크와 뤼도 비크 알레비가 완성했다.
	초연	1869년 12월 10일 파리 바리에테 극장. 초연 당시에는 3막이었는데 4막으로 개작해 1878년 12월 25일에 파리 게테 극장(Théâtre de la Gaîté)에서 초연했다.
주요 배역		팔사카파(산적 두목, T), 안토니오(공작의 재무관, T), 바롱 드 캄포-타소(T), 카르마뇰라(T), 콩트 드 글로리아카시(T), 뒤크 드 망투(Bar), 피오렐라(산적 두목의 딸, S), 프라골레토(농부, Ms), 공작 부인(S), 피포(지주, T), 피파(피포의 아내, S), 피페타(피포의 딸, S), 피에트로(경찰관, T), 그레나데 공주(S)

사전 지식　　　　이 오페라에서는 절도죄를 사회적으로 문제가 되지 않는 그저 유쾌한 행동으로 묘사해, 도둑질이 도덕과는 관계없는 것처럼 표현되었다. 법질서의 집행은 실수 만발의 경찰관으로 대표된다. 도둑을 잡는 데 언제나 뒷북만 치는 경찰이다. 경찰의 과장된 복장도 웃음을 자아낸다. 또한 여러 계층의 인물이 등장해, 제각기 주인공 노릇을 하는 구성도 흥미롭다. 경찰관뿐만 아니라 돈을 주무르는 사람들도 풍자의 대상이 되고 있다. 이 오페라(정확히는 오페레타)는 노래가 스토리를 상당히 구체적으로 표현하고 있어 노래만 잘 들어도 스토리를 알 수 있다.

에피소드　　　　오펜바흐의 〈산적〉은 나중에 비제가 〈카르멘(Carmen)〉을 작곡하는 데 많은 영향을 주었다. 〈카르멘〉의 대본을 〈산적〉의 대본을 쓴 앙리 메이야크와 뤼도비크 알레비가 맡은 것도 흥미롭다. 'Les brigands'를 'The Bandits'라고 영어로 번역한 사람은 아서 설리번(Arthur Seymour Sullivan)의 뮤지컬 파트너 윌리엄 길버트(William S. Gilbert)였다. 그래서인지 이 두 명이 만들어낸 〈펜잔스의 해적〉과 〈곤돌라 사공〉에 〈산적〉의 인물들이 등장하기도 한다. 〈산적〉은 프랑스 제2 제국이 끝나가는 시점에 대성공을 거두었다. 하지만 프랑스-프러시아 전쟁이 일어나는 바람에 계속 공연되지는 못했다.

줄거리　　　　젊은 농부 프라골레토(Fragoletto)는 알프스를 떠돌며 도둑질을 일삼는 이탈리아 산적의 포로 신세가 된다. 그곳에서 산적 두목 팔사카파(Falsacappa)의 아름다운 딸 피오렐라(Fiorella)를 본 프라골레토는 그녀에게 마음을 빼앗긴다. 산적 두목 팔사카파는 자질구레한 도둑질에서 벗어나 크게 한탕 벌일 생각이다. 프라골레타는 장인이 될지도 모를 팔사카파를 도와 적극적으로 계획을 세우는 데 동참한다.

스페인의 그레나데 공주(La Princesse de Grenade)가 만투아 공작(Duc de Mantoue)과 결혼하기 위해 이탈리아로 가던 중 알프스를 지난다. 만투아 공작은 하는 짓이나 목소리가 여자 같은 인물이다. 산적들은 그라나다 공주를 납치해, 가지고 있는 물건을 모두 빼앗는다. 산적 두목 팔사카파는 그라나다 공주의 초상화가 들어 있는 펜던트에 딸의 초상화를 넣고 그녀를 만투아로 보내 공작과 결혼시키려는 계략을 꾸민다. 이 역시 팔사카파와 프라골레토가 합작한 계략의 일부다. 그렇지만 이들의 계략은 그레나데 공주를 알고 있는 사람에 의해 정체가 탄로 나 실패한다.

만투아 공작은 피오렐라와 프라골레타가 서로 사랑한다는 것을 알고는 이들의 결혼을 주선한다. 또한 그레나데 공주와의 결혼을 축하하는 의미에서 산적 두목 팔사카파의 죄도 용서한다.

줄거리는 이렇듯 간단히 소개했지만, 실제로 오페라를 보면 서로 엎치락뒤치락하는 장면이 여간 재미있는 게 아니다. 〈산적〉이 전하고자 하는 진짜 메시지는 알프스에만 산적이 있는 것이 아니라 사회 중심부에도 어깨에 힘을 주고 허세를 부리는 사람이 많다는 것을 알리려는 것이다.

호프만의 이야기

Les Contes d'Hoffmann(The Tales of Hoffmann)

프롤로그와 에필로그, 3막으로 구성된 환상적 오페라(opera fantastique). E.T.A. 호프만(Ernst Theodor Wilhelm Hoffmann)이 쓴 스토리를 기본으로 쥘 바르비에가 대본을 썼다. 『호프만의 이야기』는 원작자인 호프만에 대한 이야기가 아니라 극중 시인 호프만에 관한 이야기로, 옴니버스 형식으로 전개된다.

초연	1881년 2월 10일 파리 오페라 코미크 극장
주요 배역	호프만(시인), 뮤즈, 스텔라(프리마 돈나), 올림피아(기계인형), 안토니아(성악가), 줄리에타(고급 창녀), 니클라우스(호프만의 친구), 린도르프(뉘른베르크 시의원), 루터(여관집 주인), 크레스펠(안토니아의 아버지, 바이올린 제작자), 미라클(의사), 다페르투토(요술쟁이)

음악 하이라이트	호프만의 클라인차흐(Kleinzach)의 전설 아리아, 올림피아의 인형의 노래, 바르카롤(뱃노래), 호프만의 사랑의 테마 음악

베스트 아리아	「아름다운 밤, 오 사랑의 밤이여(Belle nuit, o nuit d'amour)」(S+Ms), 「숲 속의 새(Les oiseaux dans la charmille)」(S), 「떠나버린 그녀, 작은 비둘기(Elle a fui, la torterelle)」(T), 「다이아몬드 아리아(Scintille, diamant)」(Bar), 「그 옛날 아이제나흐의 궁전에서(Il était une fois à la cour d'Eisenach)」(T)

사전 지식　　　세 가지 에피소드가 이어지는 오페라로, 다른 오페라와는 달리 프리마돈나가 세 명이다. 우리를 일상적인 환각에서 깨어나게 하는 풍자적이고 교훈적인 내용을 담은 3막과 프롤로그, 에필로그로 구성되어 있다. 배역이 많기 때문에 한 사람이 여러 역할을 맡기도 한다. 예를 들어 올림피아, 안토니아, 줄리에타를 한 명의 소프라노가 맡기도 한다. 여기에 스텔라 역할까지 같은 사람이 맡는 경우도 있다. 또는 각각 다른 소프라노에게 배역을 주거나, 올림피아와 안토니아를 한 사람이 맡고 줄리에타만 다른 소프라노가 맡는 방식으로도 공연된다. 주인공 호프만, 린도르프, 코펠리우스, 미라클, 다페프투토를 테너 한 명이 맡을 수도 있다. 그런가 하면 하인인 코헨닐레, 프란츠, 피치나키오를 주역 테너가 이중으로 맡을 수도 있다.

에피소드　　　오펜바흐는 죽기 전에 일반적인 풍자 오페레타에서 탈피해 단 한 편이라도 독창적인 순수 오페라를 작곡하고 싶어 했다. 그 결실이 바로 〈호프만의 이야기〉다. 불행하게도 오펜바흐는 이 오페라가 초연되기 전 초연 리허설 도중에 세상을 떠났다. 그래서 다른 사람이 리허설을 마무리해야 했다. 새로운 무대감독은 원작이 너무 길다고 생각해 한 막을 삭제하고 다른 부분도 손질했다. 그 후 개작한 오페라가 공연되어왔지만, 오늘날에는 원작을 재현하기 위해 많은 노력을 기울이고 있다.

줄거리　　　　　　　[프롤로그] 유명한 소프라노 스텔라는 애인이며 시인인 호프만에게 공연이 끝난 후 무대 뒤 분장실에서 만나자는 편지를 하인 편에 보낸다. 하인은 오페라 극장 건너편에 있는 주점에 들러 호프만을 찾는다. 이때 린도르프(Lindorf)라는 신사로 변장한 악마가 나타나 하인에게 많은 돈을 주고 편지를 산다. 편지의 내용을 본 악마는 싱긋 미소를 짓는다. 이제부터 악마의 계략에 의해 드라마가 펼쳐질 차례다.

호프만이 친구 니클라우스(Nicklausse)와 함께 주점으로 들어온다. 얼마 후 술이 잔뜩 취한 호프만은 사람들의 청에 못 이겨 지난날 사랑했던 세 명의 여인에 대한 이야기를 시작한다. 이 세 명의 여인이 오페라 각 막의 주인공이다.

[제1막] 귀엽고 사랑스러운 기계인형 올림피아(Olympia)에 대한 에피소드다. 지킬 박사 스타일의 미친 과학자 스팔란차니(Spalanzani)는 사람과 같은 예쁜 여자 기계인형을 만들었다. 어찌나 사랑스럽고 귀여운지 보는 사람마다 홀딱 반할 정도다. 호프만도 이 기계인형 올림피아를 보고 사랑에 빠지고 만다. 장사꾼으로 변장한 악마는 상대방을 더 매력적으로 보이게 하는 마법의 안경을 호프만에게 판다.

올림피아를 만든 과학자는 파티를 열어 초청한 사람들에게 새로 만든 기계인형을 보여준다. 올림피아는 사람들 앞에서 춤을 추고 노래도 부른다. 유명한 아리아 「숲 속의 새」다. 그러나 기계이기 때문에 태엽이 풀어지면 춤과 노래가 멈춘다. 다시 태엽을 감아주자 발랄하게 춤추고 노래 부른다. 이 예쁜 인형을 기계로 생각하지 않는 호프만은 올림피아의 손을 붙잡고 열렬히 사랑을 고백한다. 그러다가 스위치 하나를 잘못 건드린다. 나사가 풀어지자 올림피아는 쉬지 않고 빙빙 돌며 춤을 춘다. 호프만의 친구 니클라우스가 "저건 기계인형이니 제발 정신 좀 차리게"라고 충고하지만 호프만은 이제 사랑의 포로가 되었다. 악마가 나타나 올림피아를 건드리자 올림피아는 점점 더 빨리 돌며 춤을 추다가 무대 옆의 다른 방으로 들어간다. 잠시 후 그 방에서 기계 부서지는 소리가 들린다. 이 소리를 듣고 악마는 기분이 좋은 듯 웃음을 흘린다.

방으로 쫓아 들어간 호프만은 기계 부품을 손에 들고 허탈한 모습으로 나온다. "바보 같은 젊은이!" 사람들은 웃음을 터뜨린다. 하지만 호프만은 진정으로 올림피아를 사랑했다. 허위로 가득 찬 사람을 사랑하느니 차라리 기계를 사랑하는 것이 더 보람 있다고 생각한 것 같다.

[제2막] 이번 주인공은 폐병에 걸려 죽어가는 아가씨 안토니아(Antonia)다. 안토니아는 노래 부르기를 좋아한다. 세상을 떠난 어머니가 노래 부르기를 좋아했기 때문이다. 그러나 안토니아의 아버지는 죽음을 앞둔 딸이 노래를 부르면 죽을지도 모른다고 생각해, 절대로 노래를 부르지 못하게 한다. 안토니아를 사랑하는 호프만은 안토니아의 간절한 소원대로 함께 노래를 부른다. 안토니아를 걱정하는 아버지가 의사를 데려온다. 의사로 변장한 악마가 들어온다.

악마는 안토니아가 더 힘든 노래를 부르도록 마법을 쓴다. 호프만이 안토니아에게 노래를 부르지 말라고 간청하지만, 악마는 바이올린을 연주해 안토니아가 쉬지 않고 더 높은 소리로 노래를 부르게 한다. 노래를 부르던 안토니아가 끝내 숨을 거둔다. 호프만의 가슴은 찢어질 듯 아프다. 자신만만하고 거만한 소프라노를 사랑하는 것보다 차라리 병들어 언제 숨을 거둘지 모르는 사람을 사랑하는 편이 더 낫다고 생각한 듯하다. 악마 린도르프의 비웃음 소리가 들리는 것 같다.

[제3막] 이번 주인공은 고급 창녀 줄리에타(Giulletta)다. 파티가 한창인 베네치아의 파티장이다. 막이 오르면 저 유명한 「호프만의 뱃노래(Barcarolle)」가 은은히 들린다. 줄리에타가 호프만 옆에 앉자 줄리에타의 애인 슐레밀(Schlemil)이 질투심에 휩싸인다. 악마가 등장할 차례다. 이번에는 마법사로 변장했다. 악마는 줄리에타에게 커다란 다이아몬드를 준다. 이 다이아몬드를 이용해 호프만의 마음뿐만 아니라 그의 그림자까지 뺏을 생각이다. 줄리에타에게 마음을 빼앗긴 호프만은 줄리에타와 사랑의 노래를 부르기 위해 자기 그림자마저 내준다. 잠시 후 줄리에타 방의 열쇠를 놓고 호프만과 슐레밀이 다투기 시작한다. 악마의 칼을 가지고 있는 호프만이 슐레밀을 죽인다. 그사이 줄리에타는 다른 남자와 곤돌라를 타고 저 멀리 사라져버렸다.

[에필로그] 무대는 다시 처음의 주점이다. 호프만은 학생들에게 자기 이야기는 끝났다고 말한다. 친구 니클라우스는 지금까지 호프만이 얘기한 세 명의 여인이 바로 스텔라임을 알고 있다. 이때 갑자기 시의 여신(Muse of poetry)이 등장한다. 시의 여신은 호프만에게 오로지 스텔라만 생각하라고 충고하면서, 만약 다른 여인을 생각할 거면 예술에 더 혼신을 기울이라고 충고한다.

무대 뒤에서 기다리다 지친 스텔라가 주점으로 들어온다. 그런데 호프만은 너무 술에 취해 스텔라를 알아보지 못한다. 그녀는 술에 취해 쓰러져 있는 호프만에게 꽃 한 송이를 던져주고는 신사로 변장한 악마와 함께 어디론가 즐거운 듯 사라진다.

201
Offenbach, Jacques

지옥의 오르페

타이틀	**Orphee aux Enfers**(Orpheus in the Underworld)
	전 2막의 오페라 부퐁(Opera Bouffon). 뤼도비크 알레비와 엑토르조나탕 크레미외(Hector-Jonathan Crémieux)가 공동으로 대본을 썼다.
초연	1858년 10월 21일 파리 부페 파리지앵 극장(Théâtre des Bouffes Pariseins)
주요 배역	대중의 의견, 오르페(오르페우스), 외리디스(에우리디케), 플루토, 주피터, 디안(디아나)

사전 지식　　　　〈지옥의 오르페〉는 프랑스 오페레타 중에서 가장 훌륭한 작품으로 평가 받고 있다. 이 오페레타를 기점으로 오펜바흐의 다른 오페레타, 즉 〈아름다운 엘렌〉, 〈파리인의 생활〉, 〈제롤스탱의 공작 부인(La Grande-Duchesse de Gérolstein)〉, 〈라 페리콜(La Périchole)〉 등이 공전의 히트를 기록했다. 처음 〈지옥의 오르페〉가 발표되었을 때 사람들은 저속하다면서 비난을 퍼부었다. 문화의 요람인 그리스의 위대한 신화를 너무 지나치게 현대적으로 그려놓았기 때문이다. 오펜바흐는 대폭 수정했다고 발표하고는 약간만 고쳐 무대에 올렸다. 공연은 대성공이었다. 초연 이후 228회 연속으로 공연했고, 극장 입구는 입장권을 사려는 사람들로 장사진을 이루었다. 서곡에서 울리는 캉캉 음악이 화려하다. 글루크의 「축복 받은 정령들의 춤」의 제2탄으로 보면 된다.

에피소드　　　　원래는 3막뿐이지만 4막을 넣어 공연되는 경우가 많다. 4막에서는 플루토가 지하 세계를 방문한 주피터와 여러 신을 환영해 잔치를 베푼다. 그야말로 광란의 절정을 보여주는 파티다. 지옥의 단골 메뉴인 캉캉이 무대를 압도한다. 한편 오르페는 여론에 떠밀려 에우리디케를 찾는 일에 진전이 있는지 알아보려고 올림포스 산으로 올라간다. 가서 보니 주피터가 예쁘고 놀기 좋아하는 에우리디케에게 마음을 두고 있다. 그는 아내 주노 때문에 마음 놓고 즐기지 못하자 에우리디케와 바쿠스를 사랑하게 만든다. 그리하여 모든 남신들과 여신들은 그저 신나게 마시고 춤을 출 뿐이다. 오르페도 기쁘다. 사람들의 성화에 못 이겨 에우리디케를 찾으러 왔지만 굳이 데려가지 않아도 되기 때문이다.

줄거리   **[제1막]** 이 오페라의 오르페(Orphée)는 그리스의 수도 테베에서 바이올린 선생도 하고 작곡도 하며 지내는 평범한 사람이다. 음악을 싫어하는 그의 아내 에우리디케(Euridice)는 남편 오르페의 작품을 특히 싫어한다. 에우리디케는 목동 아리스테(Aristée)와 공모해 남편을 골려주기로 한다. 지하 세계의 왕 플루토(Pluto)가 아리스테로 변장한 것이다. 플루토는 아름다운 에우리디케를 지하 세계로 데려가 함께 살 작정이다. 지하 세계로 데려가려면 이승의 삶을 마쳐야 한다. 함께 가기로 약속한 에우리디케는 뱀에 물려 죽음으로써 지하 세계에 이른다. 한편 오르페는 잔소리만 퍼붓고 자신을 무시하던 아내가 사라지자 뛸 듯이 기쁘다. 그러나 대중의 의견(Public Opinion: 어떤 경우 대중의 의견은 신으로 등장하기도 한다)은 달랐다. 도덕적으로 볼 때 아내가 지옥에 갔으면 오르페가 내려가서 데려와야 한다는 것이다. 오르페는 여론을 따르기로 한다. 그는 등받이를 하고서 올림포스 산에 있는 신들의 왕 주피터를 찾아가 일단 사정해보기로 한다. 등받이를 한 것은 만일의 경우 에우리디케를 지옥에서 데리고 나올 때 무심코 뒤를 보더라도 아내를 볼 수 없게 하기 위해서다. **[제2막]** 올림포스 산에서는 신들의 제왕이라는 주피터가 다른 신들과 함께할 일 없이 시간을 보내고 있다. 신들의 사자(使者) 머큐리는 플루토가 에우리디케를 데리고 지옥으로 간 것을 이미 알고 있다. 머큐리가 지옥으로 내려와 플루토에게 혹시 에우리디케가 도착했냐고 묻자 플루토는 에우리디케는 오지 않았다고 하면서 주피터를 비난한다. 이 소리를 전해들은 주피터는 화가 치밀어 지하 세계를 혼내주기로 다짐한다. 주피터는 모든 신을 거느리고 사실을 확인하기 위해 지옥으로 간다. **[제3막]** 플루토는 예전과는 달리 에우리디케를 거들떠보지도 않는다. 그녀는 늙은 존 스틱스(John Styx)의 감시를 받으며 플루토의 내실에 갇혀 있다. 존 스틱스는 원래 베오티(Béotie 보이오티아)라는 나라의 왕이었으나 지금은 플루토의 하인 노릇이나 하고 있다. 에우리디케는 사랑에 눈이 멀어 플루토를 따라 지옥에 온 것을 후회한다. 이때 저 멀리 올림포스 산에서 주피터와 다른 신들이 도착하자 존 스틱스는 에우리디케가 발견되지 않도록 내실의 문을 잠근다. 주피터가 추궁하자 플루토는 에우리디케가 지하 세계에 있을 리 없다면서 딱 잡아뗀다. 그러나 주피터도 만만치 않다. 올림포스로 돌아가는 척하면서 큐피드의 도움을 받아 커다란 파리로 모습을 바꾼다. 열쇠 구멍을 통해 내실로 들어간 주피터는 욕실에 있는 에우리디케를 발견한다. 그는 젊고 아름다운 에우리디케에게 마음이 끌려 이런저런 말로 에우리디케의 마음을 사로잡는다. 달콤한 말에 넘어간 에우리디케는 새로운 연인을 따라가기로 한다. 에우리디케가 주피터와 함께 달아난 것을 안 플루토가 화를 내지만 이미 때는 늦었다.

202

Orff, Carl

안티고네

| 타이틀 | **Antigone**(Antigonae) |

	전 5막의 비극. 소포클레스의 비극 『안티고네(Antigone)』를 프리드리히 횔더린(Friedrich Hölderlin)이 대본으로 만들었다.
초연	1949년 8월 9일 잘츠부르크 펠젠라이트슐레(Felsenreitschule) 야외극장
주요 배역	안티고네(S), 이스메네(A), 크레온(Bar), 하이몬(T), 티레시아스 (T), 에우리디케(S)

사전 지식　　　　소포클레스의 『안티고네』는 일찍이 몬테베르디가 오페라로 만들었다. 1940년 빈에서는 몬테베르디의 비극 〈안티고네〉를 독일어 대본으로 만들어 무대에 올렸다. 독일어 대본은 프리드리히 횔더린이 맡았다. 이 공연을 본 오르프는 〈안티고네〉의 비극을 고전적인 방법이 아니라 현대적인 감각으로 접근해보기로 했다. 그로부터 1년 후 오르프의 새로운 개념이 선을 보였다. 몬테베르디는 텍스트에 많은 신경을 썼지만, 오르프는 음악에 비중을 두었다. 20세기의 관점으로 비극을 바라본 오르프는 음악적 언어의 사용을 특히 강조했다. 그는 내용을 표현하기 위해 여러 가지 방법을 도입했다. 예를 들어 무반주로 폭발하는 듯한 소리를 표현했으며, 플루트를 이용해 에로스를 상징했다. 오르프는 이 오페라에서 악기 하나하나, 음향 하나하나에 신중을 기했다. 고전이 어떻게 현대적으로 표현되는지 확인하려면 오르프의 작품을 볼 필요가 있다.

줄거리　　　　안티고네(Antigone; Antigonae)와 이스메네(Ismene)는 오이디푸스(Oedipus)와 그

오르프, 카를(Orff, Carl, 1895~1982)
독일 뮌헨 출신의 카를 오르프의 대표작은 칸타타 「카르미나 부라나(Carmina Burana)」다. 베네딕트 수도원에서 찾아낸 중세 라틴어와 고대 독일 서사시에 바탕을 둔 대규모 합창곡이지만 스토리가 있는 작품이므로 오페라처럼 무대에서 공연되기도 한다. 오르프의 작품은 음악 교육을 목적으로 하는 것이 대부분이다. 오페라는 〈슬기로운 처녀〉 등 7편을 남겼다.

의 어머니 요코스타(Jocosta)가 낳은 쌍둥이 자매다. 이들 외에도 쌍둥이 형제 에테오클레스(Eteocles)와 폴리니체스(Polynices)도 낳았다. 에테오클레스는 테베를 사수하는 쪽에 서고, 폴리니체스는 테베를 공격하는 쪽에 서서 싸우다가 결국 폴리니체스가 죽는다. 크레온(Kreon; Creon) 왕은 비록 폴리니체스가 죽음을 맞이했지만, 테베의 반대편에 서서 싸웠기 때문에 적으로 선언하고 장례조차 치르지 못하게 한다.

안티고네는 크레온 왕의 명을 어기고 폴리니체스의 시신을 거둬 용사의 예로 장사 지낸다. 왕은 이 사실을 알고 분노해 안티고네를 처형하라고 명령한다. 크레온 왕의 아들 하이몬(Hamon; Haemon)은 안티고네와 약혼한 사이다. 그는 아버지 크레온 왕에게 안티고네를 용서해달라고 간청한다. 예언자인 티레시아스(Tiresias)도 만일 왕이 안티고네를 처형하면 커다란 불행이 닥칠 것이라며 경고한다. 그러나 하이몬의 호소와 티레시아스의 경고는 헛수고가 되고 만다. 안티고네는 크레온 왕에게 죽음을 당하기 전에 스스로 목숨을 끊는다. 안티고네가 스스로 목숨을 끊자 하이몬도 뒤를 이어 목숨을 끊는다. 이 소식을 들은 크레온의 아내 에우리디케(Eurydice)는 남편이 저지른 치욕과 불명예를 참기 어려워 역시 목숨을 끊고 만다. 불행한 크레온 왕만 홀로 남는다.

슬기로운 아가씨

타이틀	**Die Kluge**(The Clever Girl)
	전 12장. 그림(Grimm) 형제의 동화「슬기로운 농부의 딸(Die kluge Bauerntochter)」을 바탕으로 작곡자가 대본을 썼다.
초연	1943년 2월 20일 프랑크푸르트 국립극장
주요 배역	왕, 농부, 농부의 딸, 간수, 당나귀를 가진 사람, 노새를 가진 사람, 세 명의 악당
베스트 아리아	「오, 딸의 말을 믿었더라면(Oh hätt' ich meiner Tochter nur geglaubt)」, 「조용, 조용, 왕이 눈을 감으시네(Schuh-schuhu, es fallen dem König die Augen zu)」

사전 지식　　　뮌헨에서 태어나 주로 뮌헨에서 활동했던 카를 오르프는 14편의 오페라를 남겼다. 그중 하나가 〈슬기로운 아가씨〉다. 왕과 농부의 딸은 서로에게 끌리면서도 신분의 차이라는 장벽에 부딪힌다. 이 장벽을 슬기롭게 해결하는 여인의 모습이 아름답다. 이 오페라는 뮌헨에서 초연되지 못하고 프랑크푸르트암마인(Frankfurt am Main)에서 초연되었다. 〈슬기로운 아가씨〉는 카를 오르프의 또 다른 오페라 〈달(Der Mond)〉과 짝을 이루어 공연되는 경우가 많다.

줄거리　　　농부가 황금 절구를 발견하고는 왕에게 바치려 하지만 딸은 한사코 만류한다. 딸의 경고를 무시하고 황금 절구를 왕에게 바치지만, 왕은 절구 공이가 있을 텐데 농부가 자신을 속이는 것이라고 하면서 농부를 감옥에 가둔다. 딸의 말을 들었더라면 이런 고생은 하지 않았을 것이라며 한탄하는 농부의 모습을 보며, 왕은 농부의 딸이 궁금해진다. 왕은 농부의 딸을 궁전으로 불러 얼마나 슬기로운지 세 가지 수수께끼를 낸다. 오페라가 공연되는 지역이나 나라에 따라 달라지는 이 수수께끼는 어떤 것이 노새(Mule)이고 당나귀(Donkey)인지 맞히라는 식의 쉬운 문제다. 왕이 낸 수수께끼를 다 맞힌 농부의 딸은 왕과 결혼한다. 그녀는 슬기로울 뿐 아니라 마음씨도 고와, 왕이 재판을 잘못하면 반드시 고쳐 공평하게 판결하도록 자문한다. 속이 좁은 왕은 권위와 체통이 손상됐다고 생각해, 왕비를 쫓아내기로 한다. 다만 같이 산 정이 있으니 나갈 때 갖고 싶은 것 하나를 궤짝에 넣어가도록 허락한다. 왕비는 술을 권해 잠에 떨어진 왕을 궤짝에 넣어 집으로 가져온다. 이튿날 꽃이 만개한 나무 아래에서 깨어난 왕은 자신의 경솔함과 왕비의 현명함을 깨닫고는 잘못을 뉘우친다.

사기꾼

타이틀	**The Tricksters**(Astutuli)

1막. 한스 크리스티안 안데르센의 동화 『임금님의 옷(Kejserens nye klæder; The emperor's new clothes)』을 바탕으로 작곡자가 직접 대본을 썼다.

초연	1953년 10월 20일 뮌헨 카머슈필레(Münchner Kammerspiele)
주요 배역	두 명의 떠돌이, 두 명의 시민, 시장, 시장의 딸들(푼둘라, 호르툴라, 벨리쿨라), 시의원들

사전 지식　이 오페라는 인간들은 스스로 자청해 희생자가 되려 하는 경향이 있다는 메시지를 담고 있다. 인간은 위기의 순간에도 즐거운 환상을 위해, 자진해서 희생물이 된다는 것이다. 따라서 이 오페라의 주제는 '집단 암시(Mass suggestion)'다. 작곡자 오르프는 원색적인 사투리를 사용할 때도 뚜렷한 음악적 요소를 지니도록 했다. 따라서 이 작품에는 멜로디와 같은 대사가 많이 나온다.

에피소드　아스투툴리(Astutuli)는 라틴어 아스투투스(astutus)에서 나온 말로 '교활하다'는 뜻이다.

줄거리　시장을 비롯한 내빈들과 시민들이 잘 알려지지 않은 배우가 공연하는 연극을 보러 극장에 모인다. 마법사 복장을 한 배우는 특수조명으로 환상적인 장면을 보여주며 분위기를 고조시키기 위해 주문과 같은 이상한 대사와 제스처로 관객을 혼란스럽게 한다. 일부 사람들은 마법이 아니라고 의심하고, 어떤 사람들은 마법이라 믿어 박수를 보낸다. 이 공연의 마지막 무대는 시장에게 새로운 옷을 한 벌 해 입히는 것이다. 배우는 시장을 무대로 모신 뒤 윗옷을 벗으라고 한다. 시장은 내키지는 않지만 배우의 지시에 따라 마치 새로 옷을 맞추는 것처럼 치수를 잰다. 잠시 후 배우는 새로운 옷을 만들었다면서 시장에게 옷을 입히는 시늉을 한다. 그러면서 이 옷은 특수한 고급 옷감으로 만들었기 때문에 인품이 훌륭한 사람의 눈에만 보이며 마음이 나쁘거나 죄를 지은 사람의 눈에는 보이지 않는다고 설명한다. 시장은 옷이 전혀 보이지 않지만, 보이지 않는다고 하면 훌륭한 사람이 아니라는 것을 자인하는 셈이니 새 옷을 입은 것처럼 행동한다.

배우는 다른 귀빈들도 나와 시장이 입은 것과 같은 가볍고 멋진 옷을 해 입으라고 권유한다. 귀빈들은 배우의 지시에 따라 무대로 올라와 새로운 옷을 입는다. 귀빈들은 아무것도 보이지 않지만 보이는 것처럼 행동한다. 그 순간에 조명이 나가고 배우는 어디론가 사라진다. 관객들은 공연이 계속되기를 기다린다. 젊은 커플들은 불이 나간 틈을 타 애정을 표현하기에 여념이 없다. 그러는 사이 떠돌이 배우들은 객석을 돌며 재빠른 솜씨로 소매치기를 한다. 나이 든 사람들은 눈을 감고 공연이 다시 시작되기를 무료하게 기다리고 있다. 시장과 귀빈들의 옷과 주머니에서 지갑이 사라진 지 오래지만 배우들은 돌아올 기미가 없다. 사람들은 배우들에게 속았다고 생각하지만 누구도 그런 내색을 하지 못한다. 나쁜 짓을 한 사람의 눈에는 아무것도 보이지 않는다는 말 때문이다.

얼마 후 배우가 다시 무대에 선다. 이번엔 다른 복장을 입었다. 관객들은 "그러면 그렇지! 우릴 버려두고 가긴 어딜 가겠어?"라며 박수를 친다. 배우는 세계적으로 유명한 연금술사를 모시고 오느라 시간이 걸렸다면서 양해를 구한다. 시장은 그런 훌륭한 연금술사가 마을을 찾아준 데 대해 깊이 감사한다. 배우는 시장과 귀빈들에게 돈과 귀중품을 주면 모두 황금으로 만들어보겠다고 말한다. 사람들은 쇠붙이나 유리 같은 것이 황금으로 변한다는 말에 혹해 주머니에 있던 돈과 귀중품을 내놓는다. 배우는 나쁜 사람의 눈에는 황금으로 변한 것이 보이지 않으며, 오직 훌륭한 사람의 눈에만 황금이 보인다고 설명한다. 시장이 황금이 보이는 것처럼 행동하자, 다른 귀빈들도 그렇게 행동한다. 배우는 이들이 내놓은 돈과 보석을 챙겨 멀리 사라진다. 사람들은 시장과 귀빈들이 모두 훌륭한 사람이라고 생각해 춤을 추며 즐거워한다. 시장과 귀빈들은 속은 것을 알면서도 아무 말도 하지 못한다.

독거미

타이틀	**Black Widow**	
	3막과 프롤로그, 에필로그가 있다. 스페인의 작가 미겔 드 우나무노(Miguel de Unamuno)의 소설 『독거미(Dos madres)』를 기본으로 작곡자가 직접 대본을 썼다.	
	초연	1972년 3월 2일 시애틀 오페라(Seattle Opera)
	주요 배역	라쿠엘(아이를 낳지 못하는 젊은 미망인), 후안(라쿠엘에게 빠진 청년), 베르타(후안과 약혼한 순진한 아가씨), 마르타(베르타의 어머니), 페드로(베르타의 아버지)

사전 지식   '인간 사회에 이런 일도 있을 수 있구나!'라는 생각과 함께 선과 악이 무엇인지를 생각하게 하는 스토리다. 음악은 현대적이지만 스페인의 민속적 면모도 엿볼 수 있다. 블랙 위도는 미국산 독거미를 말한다. 흑거미라고도 부르는데, 상중에 있는 미망인을 뜻하기도 한다.

줄거리   [프롤로그] 라쿠엘(Raquel)은 젊고 아름다운 여인이다. 하지만 아이를 낳지 못한다는 이유로 이혼을 당하고, 남편도 세상을 떠나 지금은 사람들이 말하는 미망인 신세다. 라쿠엘은 모든 스페인 여인이 그런 것처럼 신앙심이 강하다. 그래서 아이를 낳지 못하는 것은 인생의 목적을 상실한 것이나 다름없다고 믿는다. 아이를 낳을 수 없는 라쿠엘은 최후의 심판 날에 신의 심판을 받을 것이 두려워 이 불행한 문제를 해결하기 위해 비정상적인 방법을 쓰기로 마음먹는다. 그녀는 자신의 방법이 비난을 받을 것이며 끝내 참화를 불러올 것임을 알지만, 모든 것을 신의 뜻으로 생각해 일을 진행한다. 상대방은 후안(Juan)이다. 돈도 많고 잘생긴 청년이다. 후안에게는 어린 시절부터

파사티에리, 토머스(Pasatieri, Thomas, 1945~)
이탈리아계인 토머스 파사티에리는 1945년에 뉴욕에서 태어났다. 어릴 적부터 음악적 재능이 뛰어나 이미 열 살 때에 피아노 연주를 했고, 열다섯 살부터는 작곡을 했다. 그는 열여섯 살에 줄리아드 음대에 입학해 그 학교 최초로 음악박사 학위를 받았다. 음대 재학 시절 첫 오페라 〈맞선 장소(The trysting place)〉를 작곡했는데, 그가 작곡한 20여 편의 오페라 중 자주 공연되는 작품은 〈독거미〉, 〈갈매기〉, 〈메리 링컨의 재판(The trial of Mary Loncoln)〉 등이다.

장래를 약속한 베르타(Berta)라는 순진한 아가씨가 있다. 하지만 후안은 언제부터인지 라쿠엘의 매력에 빠져 그녀의 애인이 된다. 그는 라쿠엘의 희생양이 되어 자신을 점점 파괴하고 있다. 이런 후안에게 베르타는 애원도 해보고 간청도 해보지만, 마음을 바꾸지는 못한다.

[제1막] 결혼해달라는 후안의 청혼을 라쿠엘은 거절한다. 아이를 낳을 수 없기 때문이다. 제정신이 아닌 후안은 무슨 부탁이든지 다 들어주겠다고 말한다. 라쿠엘은 자기도 후안을 깊이 사랑하지만 지금은 검은 상복을 입고 지내야 하는 미망인이므로 결혼할 수 없다면서, 자신을 그렇게 사랑한다면 한 가지 부탁을 들어달라고 한다. 베르타와 결혼해 처음 낳은 아이를 달라는 것이다. 라쿠엘은 그 아이가 비록 베르타의 몸을 빌려 태어나겠지만, 엄밀히 말하면 후안과 자신의 사랑이 빚어낸 아이니 자기 아이라고 주장한다. 이처럼 놀랍고도 비정한 제안을 받은 후안은 너무 놀라 말도 안 된다고 거절한다. 라쿠엘은 진정으로 사랑하는 사람이기 때문에 그런 말을 했다고 눈물로 호소한다. 라쿠엘의 아름다움과 부드러움, 거역할 수 없는 매력은 후안의 동정심을 자극한다. 후안은 이 젊고 아름다운 여인이 아이를 낳지 못한다는 이유로 세상의 모든 고난을 짊어지고 사는 것은 부당하다고 생각한다. 후안의 부모는 후안이 어릴 때 세상을 떠났다. 후안의 아버지는 모든 재산과 어린 후안을 친구인 베르타의 아버지 페드로에게 의탁했다. 베르타의 부모는 후안을 친자식처럼 길렀다. 후안은 그들에게 은혜를 갚겠다고 다짐하며, 베르타와 결혼해 행복하게 살겠다고 말해왔다. 후안이 베르타와 결혼하고 싶다고 정식으로 요청했을 때 마르타와 페드로는 한없이 기뻐했다. 그런데 소문을 듣자 하니 후안이 젊은 미망인 라쿠엘에게 빠져 헤어나지 못한다는 것이다. 베르타의 부모는 무척 당황스럽고 걱정도 되지만, 결국 젊은이들의 일은 그들이 알아서 해결해야 한다고 생각해 거론하지 않기로 한다. 라쿠엘의 매력과 베르타의 순수함 가운데서 갈피를 잡지 못하던 후안은 결국 베르타에게 지금까지의 행실을 고백하면서, 라쿠엘의 속박에서 벗어나 새로운 삶을 살 수 있게 인도해달라고 하며 청혼한다. 베르타는 순수한 사랑을 동경해왔다. 그런데 후안이 다른 여인에게서 벗어나고자 결혼을 하겠다고 하니 썩 마음에 내키지는 않지만, 어릴 적부터 배우자로 생각했던 후안이기에 거절할 수 없어 결혼을 승낙한다. 그때 베르타에게 갑자기 알 수 없는 공포가 엄습한다. 그녀는 정신을 잃고 쓰러진다. 드디어 후안과 베르타의 결혼식이 열린다. 두 사람에게서 태어날 아이가 자기 아이가 될 것이라고 믿는 라쿠엘은 마치 자신의 결혼식인 양, 혼자 축배를 들고 춤을 추며 기쁨으로 충만해 있다.

[제2막] 후안과 베르타의 신혼 생활은 원만치 않다. 후안은 옆에 있는 베르타를 라쿠엘로 생각하기 일쑤였고, 그런 자신을 보고 번민한다. 한편 라쿠엘은 후안과 베르타가 어서 아기를 낳기만 기다리고 있다. 라쿠엘은 인형을 어르며 상상에 흠뻑 취해 있다. 이때 베르타가 라쿠엘을 찾아온다. 그녀는

라쿠엘에게 남편을 돌려달라고 말한다. 라쿠엘은 다정한 말씨로 베르타를 위로하듯 후안이 아빠가 되면 모든 것이 정상으로 돌아갈 것이라고 말한다. 라쿠엘의 음모를 알지 못하는 베르타는 라쿠엘의 친절에 감사하며 돌아온다. 라쿠엘은 잠시 양심의 가책을 느끼지만, 소망을 이루려면 어쩔 수 없다고 생각한다. 잠시 후 후안이 라쿠엘을 찾아온다. 그녀는 베르타가 임신했다는 소식을 가져오기 전에는 자신을 찾지 말라면서 쌀쌀맞게 대한다. 후안은 두렵고 비참한 심정이 되어 집으로 돌아간다. 그는 베르타가 아이를 갖기 위해 기도하는 모습을 보면서, 말할 수 없는 연민을 느낀다.

베르타가 진통을 시작한다. 후안은 행복에 넘치지만 한편으로는 죄책감에 가슴이 찢어질 듯하다. 이때 라쿠엘이 찾아온다. '자신의' 아기가 태어날 시간이라고 생각한 라쿠엘은 베르타가 아기를 낳을 때 함께 있어야 한다고 주장한다. 라쿠엘의 계획을 알지 못하는 베르타의 어머니는 후안에게 저 미친 여자를 쫓아내라고 말한다. 후안이 어쩔 수 없이 라쿠엘을 내보내려고 하자, 그녀는 초인적인 힘으로 후안을 밀치고 베르타의 방으로 들어간다. 그 순간 아기가 태어난다.

[제3막] 라쿠엘은 아예 후안의 집에 들어와 살면서 아기를 독차지한다. 라쿠엘은 승리를 과시하듯 아기를 유모차에 태우고 거리를 활보하기도 한다. 제정신이 아닌 베르타는 자신은 엄마도, 아내도, 딸도 아니라고 생각한다. 어린아이처럼 옷을 입고 머리에는 큰 리본을 달았다. 말하는 것이나 행동하는 것 모두가 어린아이 같다. 기가 막힌 마르타는 베르타에게 제발 아이 같은 짓은 그만두고 라쿠엘과 싸워 아기를 찾아오라고 말한다. 베르타는 한참 생각하더니 "싸우겠어요!"라고 말한다. 마르타가 딸에게 비겁하게 숨어 살려면 차라리 길에 나가 살라고 매몰차게 말하자, 페드로는 충격에 빠진다. 베르타는 집으로 돌아와 라쿠엘과 대면한다. 사정도 하고 호소도 하면서 아기를 돌려달라고 부탁하지만 라쿠엘은 놀랄 만큼 차분할 뿐이다. 베르타는 옆에 있는 남편에게 제발 아기를 돌려달라고 간청하지만 후안도 주저하며 아무 말도 하지 못한다. 라쿠엘은 정 필요하다면 법적 서류를 보여주겠다고 차분히 말한다. 베르타는 그제야 자신이 무서운 음모에 희생되었음을 깨닫는다. 서류에는 후안이 모든 재산과 소유물을 라쿠엘에게 준다고 명시되어 있다. 후안이 베르타와 결혼하기 전에 만든 서류다. 괴로움에 견딜 수 없는 후안이 비명을 지르며 밖으로 뛰쳐나간다. 오페라 무대에 초현실적인 장면이 보인다. 후안의 시신을 둘러멘 행렬이 마치 꿈속에서처럼 두 여인 사이를 오간다.

[에필로그] 베르타는 완전히 정신이 나가 방황하며 중얼거린다. 라쿠엘은 아기에게서 떠날 줄 모른다. 두 사람 모두 현실에서 완전히 분리된 듯하다. 라쿠엘은 아직 한참 젊으니 다른 사람을 만나 새 생활을 시작하라고 베르타를 설득한다. 새사람을 소개시켜주고, 지참금도 마련해주겠다고 하면서 라쿠엘은 베르타에게 한마디를 던진다. "과부(독거미)로 늙는 것은 좋지 않아!"

갈매기

타이틀 **The Seagull**

	전 3막. 안톤 체호프(Anton Chekhov)의 희곡 「갈매기」를 바탕으로 켄워드 엘름슬리(Kenward Elmslie)가 대본을 썼다. 1972년 완성되었으나 2004년 수정되었다.
초연	1974년 3월 5일 휴스턴 그랜드 오페라, 수정본은 2004년 4월 23일 샌프란시스코 오페라 센터
주요 배역	마샤(장원 관리인 샴라예프의 딸), 메드베덴코(마샤를 사랑하는 학교 선생), 콘스탄틴(젊은 유망 작가), 소린(약간 장애가 있는 총각으로 장원 주인), 니나(콘스탄틴이 사랑하는 여배우), 이리나 아르카디나(유명한 여배우), 샴라예프(소린의 장원 관리인), 도른(소린의 주치의)

줄거리   [제1막] 소린(Sorin)의 저택 정원에 소린이 초청한 몇몇 사람들이 있다. 곧 전위적인 연극 한 편이 공연될 예정이다. 젊고 유망한 작가 콘스탄틴(Constantine)이 쓴 연극이다. 연극의 여주인공은 콘스탄틴을 사랑하는 니나(Nina)다. 해가 저물자 손님들이 모여든다. 저택 주인 소린과 그의 주치의 도른(Dorn), 장원 관리인 샴라예프(Shamrayeff), 장원 관리인의 아내 폴린(Pauline)과 딸 마샤(Masha) 등이다. 이들과 함께 콘스탄틴의 어머니인 유명 여배우 마담 아르카디나(Arkadina), 이 여배우와 비밀스러운 관계를 맺고 있는 성공한 작가 트리고린(Trigorin), 마샤를 사랑하는 학교 선생 메드베덴코(Medvedenko)도 초대를 받았다.

연극이 공연된다. 중년의 여배우 아르카디나는 연극 도중 야유를 보내거나 농담을 해 분위기를 난처하게 만든다. 아르카디나의 아들로 이 연극을 쓴 콘스탄틴은 어머니 때문에 창피해 몸 둘 바를 몰라 결국 밖으로 뛰쳐나간다. 연극은 그럭저럭 끝났다. 작가 트리고린은 여주인공 니나를 소개받는다. 두 사람은 서로에게 은근히 끌린다. 이윽고 밤의 장막이 내리자 모두 집안으로 들어간다. 정원 관리인의 딸 마샤는 도른에게 콘스탄틴을 사랑한다고 고백한다.

장면은 바뀌어 사람들이 호반으로 피크닉을 나왔다. 여전히 젊음을 유지하고 있는 여배우 아르카디나가 마샤와 니나에게 젊음을 유지하는 비결은 젊은 남자와 자주 관계를 맺는 것이라고 은밀히 말한다. 잠시 후 아르카디나는 총으로 잡았다고 하면서 갈매기 한 마리를 니나의 발밑에 내려놓는다. 콘스탄틴은 어제 연극이 엉망이 되어 몹시 속이 상해 있다. 게다가 니나가 자신에게 쌀쌀맞게 구는 것 같아 영 기분이 좋지 않다.

죽은 갈매기를 본 트리고린은 새로운 소설을 구상했다면서 내용을 이야기해준다. 변덕이 심한 어떤 젊은이가 자기를 사랑하는 젊은 아가씨를 버린다는 내용인데, 하필이면 지금 피크닉을 나온 것과 같은 호숫가에서 일어난다는 것이다.

[제2막] 소린 저택의 식당이다. 술을 많이 마신 마샤는 술김 때문인지 트리고린에게 학교 선생님 메드베덴코와 결혼하겠다고 고백한다. 한편 연극에 실패하고 사랑에도 패했다고 생각한 콘스탄틴은 자살을 기도하지만 실패한다. 머리에 깊은 상처를 입은 콘스탄틴을 어머니 아르카디나가 데리고 나타난다.

아르카디나는 트리고린에게 어쩌자고 니나의 마음을 흔들었냐고 대든다. 트리고린이 그런 게 아니라고 얘기하지만 아르카디나는 도무지 들을 척도 안 한다. 트리고린은 아르카디나에게 진절머리가 나서 아예 떠나버리겠다고 말한다. 그러자 아르카디나도 기다렸다는 듯 모스크바로 떠나버린다. 곧이어 니나가 들어와 자기는 이제 결혼에 관심이 없으며, 배우로서 성공하기 위해 모스크바로 떠나겠다는 결심을 밝힌다. 트리고린과 니나가 드디어 마음이 통했는지 포옹한다.

[제3막] 몇 년이 흘렀다. 그사이 마샤와 메드베덴코가 결혼했고 아기까지 낳았다. 아르카디나가 등장한다. 모스크바에서 오는 길이다. 뒤따라 트리고린이 풀이 죽어 들어선다. 콘스탄틴이 겨우 노력해 두 사람을 화해시켰지만 아직도 분위기는 냉랭하다. 모두 저녁을 먹기 위해 식당으로 자리를 옮긴다. 마침 니나가 뛰어 들어온다. 아마 트리고린을 만나러 온 것 같다. 콘스탄틴이 니나를 얼른 아무도 없는 서재로 데려가 트리고린과의 과거는 깨끗이 잊고 이제라도 좋으니 자신의 사랑을 받아달라고 간청한다. 그러나 니나는 들은 척도 하지 않는다.

한편 식사를 마친 사람들은 자리를 옮겨 로토 게임을 하고 있다. 아르카디나는 기분이 좋아졌는지 자기가 얼마 전 모스크바에서 출연했던 연극을 자랑스럽게 떠벌리더니, 심지어 연극에서 자기가 맡았던 한 장면을 연기한다. 한 방의 총소리가 짐짓 유쾌한 분위기를 깨뜨린다. 소리가 난 곳으로 모두 달려간다. 트리고른이 아르카디나가 보지 못하게 가로막았지만 아르카디나는 이미 현장을 보았다. 콘스탄틴이 권총으로 자살한 것이다.

루덩의 악마

타이틀 **Die Teufel von Loudun**(The Devils of Loudun)

	전 3막. 대본은 올더스 헉슬리(Aldous Huxley)의 동명 소설을 작곡자가 직접 썼다.
초연	1969년 6월 20일 함부르크 슈타츠오퍼
주요 배역	잔(수도원 부원장, 드라마틱 S 또는 하이 Ms), 클레르(Ms), 가브리엘(S), 루이즈(A), 필리프(하이 S), 니농(A), 그랑디에(Bar), 바레 신부(B), 로바드몽 남작(T), 랑기에 신부(B)

사전 지식　　　루덩(Loudun)은 파리 서남부에 있는 시농(Chinon) 인근의 비엔(Vienne) 구역에 있는 오랜 역사를 지닌 작은 마을로, 수도원으로 유명하다. 이 오페라는 1634년에 있었던 사건을 되새긴 작품이다. '루덩의 악마'는 국제사면위원회(Amnesty International)의 원칙에 따라 어떤 형태든 정치적 폭력에 반대한다는 메시지를 담고 있다.

에피소드　　　펜데레츠키는 이 오페라를 함부르크 슈타츠오퍼의 지휘자 헨리크 치즈(Henryk Czyz)에게 헌정했고, 헨리크 치즈는 이 오페라의 초연을 지휘했다. 그러나 이 오페라가 국제적인 관심을 끌게 된 것은 함부르크 초연 이틀 뒤인 6월 22일 슈투트가르트에서 당대의 유명 오페라 연출가 귄터 레너트(Günther Rennert)가 무대에 올리면서부터다.

펜데레츠키, 크시슈토프(Penderecki, Krzysztof, 1933~)
크시슈토프 펜데레츠키는 폴란드 출신의 작곡가이자 지휘자다. 그가 국제적으로 이름을 알린 작품은 1960년도 전위 음악인 「히로시마 희생자를 위한 위령곡(Ofiarom Hiroszimy; Threnody for the victims of Hiroshima)」이다. 이후 작곡한 합창곡 「성 누가 수난곡(Pasja według św. Łukasza; St. Luke Passion)」도 대단한 찬사를 받았다. 이 두 작품 모두 새로운 작곡 기법을 사용했다. 즉 악기에 의한 음향이 아닌 톱으로 나무를 써는 소리 등을 이용한 작품이었다. 1970년대 들어서는 후기낭만주의 스타일로 폭을 넓혔다. 오페라는 세 편을 남겼다. 〈검은 마스크(Czarna maska)〉, 〈루덩의 악마〉, 〈실낙원(Raj utracony)〉이다.

줄거리　　　　**[제1막]** 우르술라회 교단(Ursuline Order)의 부원장 잔(Jeanne)은 성 베드로 성당의 신부 그랑디에(Grandier)와 심적인 사랑에 빠진다. 잔은 환상 중에 그랑디에 신부와 사랑을 나누는 모습을 본다. 잔은 이 같은 '죄악과 같은 사랑' 때문에 번민에 싸여 수녀원 생활을 제대로 하지 못한다. 잔은 그랑디에 신부의 모습이 환상 중에 나타나는 것을 부끄럽게 여기지만 그런 자신을 주체하지 못한다. 잔은 그랑디에 신부가 수녀원 고해성사 신부로 와서 죄악으로 물든 자신의 심령을 바르게 인도해주기를 희망한다. 그러나 그랑디에 신부는 수녀가 그런 마음을 가진다는 것은 있을 수 없는 일이라면서 그 같은 청을 거절한다. 성 베드로 성당의 사제들은 그랑디에 신부가 방종한 생활을 한다는 소문이 돌자 진상을 조사하지만, 정치적으로 사회 정의에 대한 의견을 내세운 일 외에는 별다른 혐의를 찾아내지 못한다.

잔은 그랑디에 신부와 자신이 차마 입으로 담을 수 없는 '악마적인 행동'을 하는 환상으로 본다. 잔은 수녀로서 너무 치욕스러워 미뇽(Mignon) 신부에게 그 사실을 고해한다. 미뇽 신부는 잔에게 악마가 씌었다고 하면서 퇴마 의식(엑소시즘)을 받으라고 명한다.

[제2막] 그랑디에 신부에 대한 비난이 불거져 나온다. 하지만 모든 비난이 근거도 없거니와 정당하지도 않다. 그랑디에 신부는 수녀와 정사(情事)를 나눈 적이 결코 없기 때문이다. 교회는 그랑디에 신부의 죄악과 관련해 어떠한 근거도 찾아내지 못한다는 비난이 빗발치자 그를 재판에 넘기려고 한 계획을 포기한다. 이에 미뇽 신부는 다른 수녀들의 마음에도 그런 환상이 있다고 주장하며 이는 그랑디에 신부가 악마와 통했기 때문이라고 주장한다. 많은 사람들이 모여 수녀들의 마음속에 있는 악마를 퇴치하는 의식을 치른다. 사람들은 마치 광기에 사로잡힌 듯하다. 교회는 수녀들이 퇴마 의식을 통해 본래 모습으로 돌아왔다고 선언한다.

이제 원인 제공자인 그랑디에 신부에 대해 무슨 조치든 취해야 한다. 그랑디에 신부는 교회와 국가를 반대했다는 비난을 받는다.

[제3막] 교회는 그랑디에 신부에게 죄악을 고해하라고 강요한다. 그가 저지르지도 않은 죄악을 고해할 수는 없다고 완강히 버티자, 교회는 고백을 받아내기 위해 극심한 고문을 가한다. 그래도 죄악을 고해하지 않자 결국 그를 화형에 처한다. 이 소식을 들은 잔은 정신이상이 된다.

하녀 마님

타이틀	**La Serva Padrona**(The Maid as Mistress)

	막간 오페라. 젠나로 안토니오 페데리코(Gennaro Antonio Federico)가 대본을 썼다.
초연	1733년 9월 5일 나폴리 산 바르톨로메(San Bartolome) 극장. 페르골레시의 오페라 〈콧대 높은 죄수(Il prigionier superbo)〉의 막간에 공연되었다.
주요 배역	우베르토(중년의 신사), 세르피나(우베르토 집의 하녀), 베스포네(우베르토 집의 하인, 대사 없는 역할)

사전 지식   오페라가 처음으로 등장했을 때, 즉 야코포 페리(Jacopo Peri)의 〈에우리디체〉, 몬테베르디의 〈오르페오〉가 공연되었을 당시에는 극중 코미디는 생각할 수 없었다. 신성한 신들의 얘기, 엄숙한 비극을 공연하는데 짙은 농담을 한다는 것은 어불성설이었기 때문이다. 더구나 관객들이 지체 높은 성직자, 왕족, 귀족들 아니던가? 그런 양반들이 손뼉을 쳐대며 코미디를 즐긴다는 것은 생각하기 어려운 일이었다. 그러나 1637년 일반 서민들을 위한 오페라 극장이 베네치아에서 최초로 문을 열자 사정은 좀 달라졌다. 몬테베르디의 〈울리세의 조국 귀환〉과 〈포페아의 대관〉은 기본적으로 심각한 비극이면서도 재미를 가미하기 위해 약간의 코믹한 내용을 담아 웃음을 선사했다. 비극과 코미디의 연합이었다. 베네치아의 극장들은 젊은 헨델이 재치 있는 오페라를 내놓기 시작하자 웃기는 장면을 좀 더 넣어달라고 부탁했다. 그래야 손님들이(주로 일반 서민들) 몰려와 수입을 올릴 수 있기

페르골레시, 조반니 바티스타(Pergolesi, Giovanni Battista, 1710~1736)
조반니 바티스타 페르골레시는 주로 교회음악을 작곡했지만, 무대음악에도 뛰어난 재능을 보였다. 그는 18세기 초 이탈리아 오페라 부파의 발전에 중요한 역할을 했다. 나폴리에서 음악을 공부한 그의 대표작은 오페라 〈하녀 마님〉과 미사곡 「성모 애상(Stabat Mater)」이다. 페르골레시는 작곡가 중 가장 젊은 나이인 스물여섯 살에 폐렴으로 세상을 떠났다.

때문이다. 새로운 코미디는 막간극(인테르메초)이라는 형태로 등장하기 시작했다. 페르골레시의 〈하녀 마님〉 역시 막간극이다. 하지만 내용이 상당히 웃겨, 본 오페라보다 더 환영을 받았다. 이로써 오페라 부파의 시대가 도래했다.

에피소드　　　페르골레시는 종종 이탈리아의 모차르트로 불렸다. 모차르트처럼 음악적 천재성이 뛰어났기 때문이다. 과연 페르골레시의 음악은 모차르트에서 볼 수 있는 것처럼 단순, 경쾌, 우아함으로 수놓아 있다. 페르골레시는 모차르트보다 훨씬 일찍 세상을 떠났다. 모차르트는 서른다섯 살에 세상을 떠났으나 페르골레시는 고작 스물여섯 살을 일기로 세상을 떠났다. 독일의 텔레만 (Telemann)의 오페라 〈핌피노네(Pimpinone)〉는 스토리가 페르골레시의 〈하녀 마님〉과 거의 같다. 늙은 총각인 집주인과 예쁜 하녀 사이에 일어나는 사랑 얘기다. 텔레만의 오페라는 함부르크를 중심으로 대단한 인기를 끌었지만, 페르골레시는 함부르크까지 상륙하지 못했다.

줄거리　　　하녀 세르피나(Serpina: 작은 뱀이란 뜻)는 돈 많은 홀아비 우베르토(Uberto)의 살림을 도맡아하고 있다. 그렇기 때문에 세르피나는 기세등등하다. 우베르토는 세르피나의 기세와 간섭에서 벗어나기 위해 결혼을 결심한다. 새로운 안주인이 들어오면 세르피나가 스스로 물러나지 않겠느냐는 생각 때문이다. 그러자 세르피나는 마침 잘되었다는 듯 자기야말로 안주인으로서 가장 적합한 자격이 있다면서 우베르토와 결혼하겠다고 나선다. 세르피나는 우선 우베르토가 일상생활에서 자기에게 얼마나 의존하고 있는지 일일이 열거하면서 그렇기 때문에 기왕에 결혼을 할 거라면 아내는 자기가 되어야 한다고 주장한다. 우베르토가 귀담아듣지 않자 세르피나는 템페스트 대위라는 양반과 결혼할 수도 있지만, 주인님을 긍휼히 여겨 그를 뿌리치고 주인님과 결혼하려 한다고 선심 작전을 편다. 그러면서 템페스트 대위라는 사람을 집에 데려와 소개시킨다. 우베르토 집의 하인 베스포네 (Vespone)가 변장한 것이다.

우베르토가 가만히 보니 그 템페스트라는 군인이 얼마나 막돼먹었는지 거칠기가 이루 말할 수 없다. 우베르토는 세르피나가 저 군인과 결혼하면 어지간히 고생하겠다는 생각이 들어 동정심을 느낀다. 세르피나는 주인 우베르토에게 최후의 통첩을 한다. 대위와 결혼을 하려면 4,000탈레가 필요하니 그 돈을 내놓든지 자기와 결혼하든지 양단간에 결정을 하라는 것이다. 우베르토는 4,000탈레라는 많은 돈을 내놓기가 싫어 세르피나와의 결혼을 택한다. 이렇게 하여 하녀는 그 집의 마님이 된다.

팔레스트리나

타이틀	**Palestrina**	
		전 3막. 작곡가가 직접 대본을 썼다.
	초연	1917년 6월 12일 뮌헨 프린츠레겐텐 극장(Prinzregenten-theater)
	주요 배역	교황 비오 4세(B), 조반니 모로네(교황 특사 추기경, Bar), 베르나르도 노바제리오(교황 특사 추기경, T), 루크레치아의 혼백(팔레스트리나의 죽은 아내, A), 팔레스트리나(로마 산타 마리아 마지오레 성당 음악감독, T), 보로메오 추기경(B)

사전 지식　　　피츠너는 팔레스트리나가 교회 음악을 구원했다는 전설적인 이야기를 읽고 감명을 받아 이 오페라를 작곡했다. 그래서 음악 스타일도 팔레스트리나 당시의 다성 형식을 사용했다. 특히 피츠너는 팔레스트리나의 「교황 마르첼리 미사(Missa Papae Marcelli)」를 깊이 연구해 미사곡의 일부를 오페라에 사용했다.

에피소드　　　독일이나 오스트리아에서 오페라 〈팔레스트리나〉를 공연하는 것은 언제나 빅이벤트이다. 당대의 정상급 테너로 팔레스트리나 역을 맡았던 사람은 한스 호터(Hans Hotter), 프리츠 분더리히(Fritz Wunderlich), 율리우스 파차크(Julius Patzak), 페터 슈라이어(Peter Schreier) 등이다. 이 오페라에는 주역 급의 여성 출연자가 단 한 명도 없다.

피츠너, 한스(Pfitzner, Hans, 1869~1949)
원래 모스크바에서 태어났지만 독일에서 활동한 한스 에리히(Erich) 피츠너는 자칭 반현대주의(Anti-modernism) 작곡가다. 그의 대표작은 후기낭만주의 오페라 〈팔레스트리나〉로, 16세기의 위대한 작곡가 조반니 피에를루이지 다 팔레스트리나(Giovanni Pierluigi da Palestrina)의 생애를 그렸다. 대체로 그의 오페라에는 독일 낭만주의의 전통이 살아 있다.

줄거리　　　　[제1막] 보로메오 추기경이 팔레스트리나에게 교황을 위한 고전적 단성음악 스타일의 미사곡을 의뢰한다. 그러면서 며칠 후 열릴 트리엔트(Trent) 공의회에서 아마도 단성(單聲)음악을 제외한 모든 음악을 금지할 것이라는 언질을 준다. 교회음악에 고전적 단성음악을 유지할 것인지, 새로운 다성음악 스타일을 추구할 것인지를 놓고 교황 비오 4세와 신성로마제국의 황제 페르디난드 1세는 의견이 서로 다르다. 교회는 다성음악이 위선적이고 불성실하다고 주장하고 있다. 미사곡을 의뢰받은 팔레스트리나는 걱정이 앞서 정중히 거절한다. 다성음악을 선호하는 팔레스트리나는 그런 스타일로 미사곡을 작곡하고 싶지만, 교회가 단성음악을 고집하기 때문이다.

이미 세상을 떠난 선배 작곡가들과 아내 루크레치아(Lucrezia)의 혼령이 나타나 팔레스트리나에게 다성음악을 작곡하라고 적극적으로 권한다. 잠시 후 천사들이 나타나 팔레스트리나에게 음악을 전해주며 받아 적도록 한다. 참으로 장엄한 장면이다. 기진맥진한 팔레스트리나는 그대로 잠에 떨어진다.

[제2막] 트리엔트(Trent) 공의회는 아직 열리지 않았지만 참석자 간에는 열띤 논쟁이 벌어지고 있다. 보로메오 추기경이 팔레스트리나가 교황을 위한 미사곡을 작곡하지 않겠다는 뜻을 밝혔다고 전한다. 추기경은 공의회에 참석하기 전에 교황의 지시를 거부한 팔레스트리나를 체포해 구금해놓았다. 교회음악 스타일에 대한 논쟁은 소용돌이 속으로 빠져들고, 공의회는 결론을 내리지 못한 채 정회한다.

[제3막] 팔레스트리나의 아들 이기노는 아버지를 감옥에서 빼내기 위해 보로메오 추기경에게 미사곡 악보를 전해준다. 추기경은 팔레스트리나가 약속대로 미사곡을 새로 쓴 것을 보고 회심의 미소를 짓는다. 하지만 악보를 보는 순간 얼굴이 창백해진다. 다성음악 스타일의 악보이기 때문이다. 팔레스트리나의 새로운 미사곡은 교황이 참석한 가운데 시스틴 대성당에서 연주할 예정이다. 그러므로 팔레스트리나의 새로운 미사곡을 연주할 수밖에 없다.

연주가 끝나고 성당 문이 열리자, 성악가들이 쏟아져 나온다. 이들은 대단히 흥분해 있다. 팔레스트리나의 「교황 마르첼리 미사」는 매우 장엄하고 아름다우며 신비로워 차마 필설로 형언하기 어렵다는 것이다. 교황이 손수 성당 밖으로 나와 팔레스트리나의 노고를 치하한다. 교황은 팔레스트리나를 시스틴 대성당의 음악감독(maestro di cappella)으로 임명하고, 지금까지 무례하게 대한 것을 사과한다. 보로메오 추기경도 팔레스트리나에게 사과한다. 팔레스트리나는 찬양도 받고 비난도 받았지만, 무엇보다 스스로 평화를 얻어 기쁘다.

미국의 비극

타이틀 **An American Tragedy**

	전 2막. 대본은 진 시어(Gene Scheer)가 썼다.
초연	2005년 12월 2일 뉴욕 메트로폴리탄 오페라하우스
주요 배역	클라이드(꿈을 가졌던 청년), 로베르타(클라이드에게 버림받은 아가씨), 손드라(클라이드가 새로 사귄 아가씨), 새뮤얼 그리피스(클라이드의 삼촌), 엘비라 그리피스(클라이드의 어머니), 벨라(새뮤얼의 딸), 길버트(새뮤얼의 아들)

사전 지식   미국에서는 무슨 꿈이든지 이루어진다(American Dream)는 젊은이들의 막연한 생각에 경종을 울린 작품으로, 없는 자에게 내려지는 차별, 무분별한 행동에 따르는 책임과 양심을 다뤄 당시 사회상을 고발한 작품이다. 1906년 뉴욕에서 실제로 일어난 살인 사건을 토대로 시어도어 드라이저(Theodore Dreiser)가 소설을 썼다. 전기의자에서 사형을 당한 체스터 질레트(Chester Gillette) 와 그가 살해한 아가씨 그레이스 브라운(Grace Brown)의 이야기를 다룬 이 소설은 1951년 〈젊은이의 양지(A Place in the Sun)〉라는 영화로 만들어져 화제가 되었다. 몽고메리 클리프트(Montgomery Clift), 셸리 윈터스(Shelley Winters), 엘리자베스 테일러(Elizabeth Taylor)가 출연했다.

줄거리   [제1막] 1890년대 말 미국 중서부 어느 도시 길가에서 엘비라 그리피스(Elvira Griffths) 부인이 아이들과 함께 찬송가를 부르며 전도를 하고 있다. 그중에는 아들 클라이드(Clyde)도 있다. 이들은 "구주를 영접한 후에 나의 죄 사함을 받고"라는 찬송가를 열심히 부른다. 그로부터 몇 년이 흘러 클라이드는 시카고의 호화 호텔에서 벨보이로 일하고 있다. 호텔 여종업원

피커, 토비어스(Picker, Tobias, 1954~)
뉴욕에서 태어난 토비어스 피커는 여덟 살부터 작곡을 시작한 신동이었다. 맨해튼 음악학교, 줄리아드 음악대학, 프린스턴 대학에서 공부하고, 미국의 여러 곳에서 음악교사로 활동했다. 피커는 오늘날 미국에서 가장 촉망 받는 작곡가다. 2005년 12월 메트로폴리탄 오페라하우스에서 초연된 〈미국의 비극〉은 현대 미국의 최고의 오페라로 간주되고 있다.

호텐스(Hortense)가 클라이드에게 삼촌에 대한 소식을 전해준다. 뉴욕에서 큰 공장을 운영하는 삼촌 새뮤얼(Samuel)이 이 호텔에 머물고 있다는 것이다. 조카를 만난 새뮤얼은 매우 기뻐하면서 당장 뉴욕 라이커거스(Lycurgus)에 있는 셔츠공장으로 와서 일하라고 한다. 셔츠공장에 들어온 클라이드는 얼마 후 감독으로 승진한다.

작업이 끝나는 벨이 울린다. 모든 직공들이 공장 문을 나가려 할 때 클라이드의 눈에 로베르타(Roberta) 라는 여공의 모습이 들어온다. 활발하고 명랑하며 시원하게 생겨 눈길을 끄는 아가씨다. 클라이드는 우연히 여자들끼리 깔깔거리며 떠드는 소리를 듣게 된다. 오늘 밤 강변에서 길버트와 그의 친구들을 만나 놀기로 했다는 것이다. 길버트(Gilbert)는 새뮤얼의 아들로, 클라이드와는 사촌간이다. 집에 돈푼이나 있다고 거들먹거리며 여자들과 어울려 놀기만 하는 한량이다. 클라이드는 그런 생활을 동경한다. 그날 밤 클라이드는 우연을 가장해 로베르타를 만난다. 로베르타 역시 언젠가 가난을 떨쳐버리고 화려하게 살고 싶어 하는 아가씨다. 두 사람은 다음 날 밤에 다시 만나기로 한다. 새뮤얼의 아내 엘리자베스(Ellizabeth)는 남편이 경험도 없는 신출내기 조카 클라이드를 공장감독으로 승진시킨 데 대해 불만을 털어놓는다. 그때 이들의 딸 벨라(Bella)가 친구 손드라(Sondra)와 함께 들어온다. 뉴욕에서 막 돌아온 손드라와 벨라는 즐거웠던 뉴욕 생활에 대해 이야기를 나눈다. 손드라 는 대단한 부잣집 딸이다. 이때 슬며시 나타난 클라이드는 손드라를 보자마자 마음을 뺏긴다. 새뮤얼 이 들어와 클라이드를 식구들에게 소개한다. 손드라는 클라이드를 보고 은근히 마음이 기운다. 장면은 바뀌어 로베르타의 아파트다. 클라이드와 로베르타는 서로 어떻게 자라왔는지 얘기한다. 로베르타는 자신의 처지와 비슷한 클라이드에게 의지하게 되고, 두 사람은 자연스럽게 침대로 향한다. 그로부터 한 달 이상 지나 젊은이들이 모이는 클럽에서 클라이드와 손드라가 춤을 추고 있다. 클라이드 는 시카고에서 벨보이로 지낸 이야기를 하면서 언젠가는 부자로 살 것이라는 포부를 밝힌다. 클라이드 의 포부를 들은 손드라는 그에게서 꿈을 이룰 수 있다는 힘을 느낀다. 손드라가 클라이드에게 자기 부모를 만나면 좋겠다고 말하자 그는 손드라에게 열정적으로 키스한 뒤 다시 만날 것을 약속하고 돌아간다. 로베르타와 만나기로 한 클라이드는 밤이 늦어서야 겨우 모습을 보인다. 클라이드가 뭐가 문제냐고 묻자 로베르타는 아이를 가졌다고 털어놓으며, 결혼을 요구한다. 이제 막 새로운 삶을 시작하려는 클라이드는 로베르타를 걸림돌로 생각하기 시작한다.

[제2막] 로베르타 부모가 살고 있는 시골집이다. 로베르타는 클라이드에게 속히 돌아오라는 편지를 보냈지만 아무 답장이 없다. 이 시간 클라이드는 부유한 손드라 집안의 여름 호반 별장에서 손드라와 즐거운 시간을 보내고 있다. 그는 손드라에게 몰래 도망가서 결혼하자고 설득하지만 손드라는 조급히

굴지 말고 기다리라고 말한다. 로베르타는 클라이드가 돌아오지 않자 왠지 불길한 예감에 사로잡힌다. 클라이드가 끝내 돌아오지 않으면 상대 여인에게 클라이드의 관계를 밝힐 작정이다.

장면은 바뀌어 라이커거스에 있는 교회다. 클라이드가 손드라 가족과 함께 자랑스럽게 앉아 있다. 예배가 끝날 무렵 어떻게 찾아왔는지 로베르타가 나타난다. 그녀는 클라이드가 손드라 가족과 함께 있는 모습에 충격을 받아 정신을 잃고 쓰러진다. 이를 본 클라이드가 로베르타를 다른 곳으로 데리고 간다. 그는 손드라에게 접근한 것은 단지 경력 때문이라고 설명하면서, 로베르타의 부모님을 뵈러가겠다고 약속해 그녀를 돌려보낸다. 클라이드는 앞날을 위해 로베르타를 없애야겠다고 생각한다. 다음 날 오후 클라이드는 로베르타를 데리고 호수로 가서 배를 타자고 한다. 수영을 못하는 로베르타는 배를 타기 싫지만 클라이드의 설득에 못 이겨 배에 오른다. 클라이드는 로베르타에게 내일 당장 결혼식을 올리자고 달콤하게 얘기한다. 그런데 갑자기 배가 휘청대자 로베르타가 클라이드를 잡으려고 일어난다. 클라이드는 무의식적으로 로베르타를 밀쳐버린다. 균형을 잃고 물에 빠진 로베르타가 도와달라고 외치지만 클라이드는 그냥 보고만 있다. 로베르타는 물에 가라앉아 올라오지 않는다. 며칠이 지난 토요일 새뮤얼의 여름별장이다. 지방검사 오빌 메이슨(Orville Mason)이 나타나 클라이드와 단둘이 얘기하고 싶다고 말한다. 호수에 시체로 떠오른 로베르타 사건을 수사 중인 지방검사가 클라이드의 가방에서 로베르타의 편지를 찾아낸 것이다. 모든 사실이 드러난다. 별장 밖에는 보안관이 클라이드를 체포하기 위해 기다리고 있다.

감옥에 갇힌 클라이드에게 어머니 엘비라가 면회를 온다. 클라이드는 계속 무죄를 주장한다. 엘비라는 만일 모든 것을 사실로 인정하면 배심원들도 이해할 것이라고 얘기하지만, 클라이드는 물에 빠진 로베르타를 구하러 뛰어들었으면 자기도 위험했기 때문에 그렇게 하지 못했다고 하면서 자신은 무죄라고 주장한다.

법정이다. 메이슨 검사가 로베르타와 손드라와의 관계를 추궁한다. 클라이드는 로베르타가 멀리 도망가자고 부추겼다고 주장하면서 자신은 물에 빠진 로베르타를 구하기 위해 애썼다고 거짓말을 한다. 메이슨 검사는 클라이드가 혼자 도망가려 했다는 증거를 내놓는다. 배심원들은 클라이드에게 사형을 평결한다. 사형을 앞둔 클라이드에게 엘비라가 찾아와 기도하자 마음이 움직인 클라이드는 로베르타를 구할 수도 있었는데 그렇게 하지 않았다고 고백한다. 엘비라는 눈물을 흘리면서 "신의 자비는 모든 죄인에게 똑같다"라고 말해준다.

클라이드가 전기의자로 다가간다. 멀리서 어릴 적 길거리에서 부르던 찬송가 소리가 들린다. "구주를 영접한 후에 내 죄 사함 받고……."

라 조콘다

타이틀	La Gioconda

전 4막의 서정 드라마(dramma lirico). 빅토르 위고의 희곡 『파두의 폭군 앙젤로(Angelo, tyran de Padoue)』를 기본으로 아리고 보이토가 대본을 썼다. 당시 아리고 보이토는 토비아 고리오(Tobia Gorrio)라는 가명을 사용했다. '조콘다'는 베네치아 거리에서 노래를 불러 생계를 이어가는 가난한 여인의 이름이다.

초연	1876년 4월 8일 밀라노 스칼라 극장
주요 배역	조콘다(가수), 라 치에카(조콘다의 눈먼 어머니), 엔초 그리말도(제노아의 공자, 곤돌라 뱃사공), 알비세 바도에로(정부 종교재판소장), 라우라 아도르노(알비세의 아내), 바르나바(발라드 가수이자 종교재판소의 첩자), 추아네(곤돌라 뱃사공)
음악 하이라이트	치에카의 로사리오(묵주) 멜로디, 엔초의 로망스, 조콘다의 독약 아리아
베스트 아리아	「여인의 음성인가, 천사의 음성인가(Voce di donna o d'angelo)」, 「자살... 이 잔혹한 순간에 너는 나를 위해 홀로 남아 있으리(Suicidio!... in questi fieri momenti tu sol mi resti)」(S), 「그녀는 죽어야 한다(Si, morir ella de!)」, 「하늘과 바다(Cielo e mar)」(T), 「엔초 그리말도, 산타피오르의 공자, 무얼 생각하는가?(Enzo Grimaldo, Principe di Santafior, che pensi?)」(T)

사전 지식　　폰키엘리는 〈라 조콘다〉의 초연 이후 몇 년에 걸쳐 수정을 거듭했다. 〈라 조콘다〉는 점차 국제적인 명성을 얻게 되었다. 3막에 나오는 「시간의 춤(Danza dell'ore; Dance of the hours)」은 매우 잘 알려진 곡이다. 음악은 명랑하지만, 라우라의 목숨이 다하기를 기다리는 곡이다.

폰키엘리, 아밀카레(Ponchielli, Amilcare, 1834~1886)
아밀카레 폰키엘리는 이탈리아 크레모나의 파데르노 파솔라로(Paderno Fasolaro)라는 마을에서 태어났다. 이 마을은 오늘날 폰키엘리를 기념해 파데르노 폰키엘리(Paderno Ponchielli)로 이름을 바꿨다. 아홉 살에 밀라노 음악원에 들어간 그는 열 살 때 첫 교향곡을 작곡했다. 1881년에 밀라노 음악원 교수로 임명되었으며, 그에게 배운 제자로는 자코모 푸치니, 에밀리오 피치(Emilio Pizzi), 피에트로 마스카니 등이 있다. 그는 관현악 분야에서 뛰어난 재능을 보였지만 오페라는 〈라 조콘다〉 한 편만 남겼다. 〈라 조콘다〉는 오늘날에도 공연되고 있으며, 이 작품에 나오는 발레 음악 「시간의 춤」은 월트 디즈니의 〈판타지아〉에 사용되었다.

줄거리   **[제1막]** 19세기 중엽(어떤 버전에는 17세기), 베네치아 공국의 10인위원회는 공국의 정치에 불만을 품은 사람들을 비밀리에 조사해 처단하는 역할을 한다. 거리의 가수 바르나바(Barnaba)는 이 조직의 스파이 노릇을 하는 비열한 인간이다. 그는 거리에서 노래를 부르며 생계를 이어가는 아름다운 아가씨 조콘다(Gioconda)를 일방적으로 좋아한다. 조콘다는 눈먼 어머니와 함께 살고 있다. 베네치아 카니발 행사의 일환으로 대운하에서 곤돌라 경주가 펼쳐진다. 사악한 바르나바는 조콘다의 약점을 잡기 위해 조콘다의 어머니 치에카(Cieca)가 마법을 걸어 우승이 확실한 곤돌라를 패하게 했다고 주장한다. 그 말을 듣고 흥분한 군중이 조콘다의 어머니를 마녀라고 비난하면서 종교재판을 통해 화형에 처하라고 소리친다. 곤돌라 경주에 참가했던 엔초 그리말도(Enzo Grimaldo)와 조콘다는 이 광경을 속수무책으로 보고 있을 수밖에 없다. 조콘다는 젊은 곤돌라 뱃사공 엔초를 사랑한다. 10인위원회의 지도자로 최고의 권한을 행사하는 알비세 바도에로(Alvise Badoero)와 그의 아내 라우라 아도르노(Laura Adorno)가 집으로 돌아가던 중 이 광경을 목격한다. 라우라는 노파가 종교재판소에 끌려가면 죽음을 면치 못할 것이니 자비를 베풀어달라고 남편에게 간청한다. 위기를 모면한 조콘다의 어머니는 감사의 표시로 생명같이 여기며 지니고 있던 묵주를 라우라에게 준다.

모두 떠나고 바르나바와 엔초만 남는다. 스파이 노릇을 하고 있는 바르나바는 엔초가 뱃사람이 아니라 추방당한 제노아의 귀족으로, 예전에 라우라와 연인 관계였음을 알아낸다. 악랄한 바르나바는 조콘다에게 엔초와 라우라의 과거를 얘기해주면 질투심과 배신감 때문에 자기에게 올 것이라고 생각하면서 새로운 계략을 꾸민다. 그는 엔초에게 라우라와의 관계를 알고 있으며 사랑하는 데도 만나지 못하는 마음이 어떨지 안다고 하면서, 라우라를 곤돌라로 데려다 주겠다는 말로 엔초의 마음을 넌지시 떠본다. 광장에서 라우라를 언뜻 본 뒤로 엔초의 마음에 잊을 수 없는 라우라와의 사랑이 되살아난다. 라우라 역시 엔초에 대한 그리움으로 마음이 흔들리고 있다. 엔초는 바르나바가 믿을 만한 놈이 아니라는 것을 알지만, 라우라를 만나고 싶은 마음이 앞서 그를 믿기로 한다. 하지만 왠지 두려움을 느낀다. 바르나바는 한술 더 떠 위원장의 아내 라우라를 모함해 둘을 한꺼번에 매장시키려는 치졸한 계략을 세운다. 바르나바는 라우라가 엔초라는 옛 애인을 잊지 못해 오늘 밤 곤돌라에서 만나기로 했다는 내용의 투서를 하인을 통해 엘비세 위원장에게 보낸다. 바르나바와 하인의 얘기를 우연히 엿들은 조콘다는 자기를 사랑한다면서 라우라를 잊지 못하는 엔초의 배신에 탄식한다.

[제2막] 어느덧 밤이 찾아온다. 마음이 혼란해진 엔초가 하늘과 바다의 아름다움을 찬양하는 노래를 부르며 마음을 달래보지만 불안하고 설레는 마음은 가라앉을 줄 모른다. 엔초는 바르나바의 말을 반신반의하면서도 만일 라우라가 나타나면 함께 멀리 도망칠 생각까지 해본다. 바르나바가 라우라와

함께 엔초의 곤돌라로 온다. 라우라와 엔초는 제노바에서의 옛일을 생각하며 감회에 젖는다. 이때 기다렸다는 듯 조콘다가 나타난다. 그녀는 라우라에게 "지체 높은 분의 부인께서 부러울 것이 없으실 텐데 어찌하여 사랑하는 엔초를 가로채려 하십니까?"라고 격렬하게 비난한다. 라우라가 아무 변명도 하지 못하자 자기를 무시한다고 생각한 조콘다는 흥분한 나머지 칼을 들어 라우라를 찌르려고 한다. 그 순간 라우라의 손목에서 어머니의 묵주를 발견한 조콘다는 라우라가 어머니의 생명을 구해준 은인임을 깨닫는다. 이제 조콘다가 라우라를 도와줘야 할 입장이 된 것이다. 조콘다는 라우라의 남편이 투서를 받고 격분해 이리로 오고 있다고 말하면서 라우라를 서둘러 집으로 돌려보낸다. 엔초는 사로잡혀 위원장과 종교재판관에게 굴복하느니 차라리 죽음을 택하겠다고 생각한다.

[제3막] 라우라의 부정을 확신한 엘비세 위원장은 자신의 명예를 위해 라우라를 죽일 결심을 한다. 그는 집으로 돌아와 라우라에게 독약을 마시라고 명한 뒤 자리를 뜬다. 라우라를 구하러 들어온 조콘다가 잠시 죽은 듯 보이게 하는 약을 라우라에게 먹인다. 그날 저녁 가면무도회가 열린다. 엘비세 위원장은 손님들에게 「시간의 춤」을 추도록 권한다. 위원장은 「시간의 춤」이 끝날 무렵이면 라우라가 이미 죽어 있을 것이라고 생각한다. 죽음의 불길한 종소리가 무도회장에 울려 퍼질 때 가면을 쓰고 사람들 틈에 끼어 있던 엔초가 가면을 벗어던지면서 "엘비세 위원장의 부인 라우라는 아무 죄도 없습니다. 다만 엘비세의 위신 때문에 강요에 의해 독을 마시고 죽게 되었습니다"라고 비탄에 젖어 소리친다. 영문을 알지 못하는 손님들과 엘비세 위원장은 라우라의 옛 애인 엔초가 제 발로 나타난 것을 보고는 엔초를 체포해, 정부를 전복시키려 했다는 죄목으로 날이 밝으면 사형에 처하겠다고 발표한다. 조콘다는 엔초를 살릴 생각으로 바르나바에게 몸을 바치기로 한다.

바르나바는 조콘다를 확실히 소유하기 위해 조콘다의 어머니를 붙잡아 거래 조건으로 삼으려 한다. 하지만 조콘다의 어머니가 심하게 반항하며 저주를 퍼붓는 바람에 그만 칼을 휘둘러 죽음에 이르게 한다.

[제4막] 거리의 친구들을 동원해 라우라를 집으로 데려온 조콘다는 희망도 없고, 오로지 절망과 배신만이 자신을 감싸고 있다고 생각해 죽을 결심을 한다. 잠시 후 조콘다가 라우라의 시신을 훔쳐갔다고 생각해 격분한 엔초가 뛰어 들어와 조콘다를 죽이려고 한다. 그 순간 라우라가 깨어난다. 모든 사실을 알게 된 엔초와 라우라는 진심으로 고맙다는 말을 남기고 떠난다. 이제 바르나바와의 약속을 지켜야 하는 조콘다는 화려하게 치장을 하고 그를 찾아간다. 바르나바가 욕정에 불타 조콘다에게 다가서려 하자 그녀는 칼을 들어 목숨을 끊는다(어떤 대본에서는 독약을 마신다). 당황한 바르나바는 어머니를 죽였다고 자백하며 용서를 빌지만, 이미 숨을 거둔 조콘다는 아무 소리도 듣지 못한다.

사람의 소리

La Voix Humaine(The Human Voice)

	단막의 서정적 비극. 장 콕토가 자신의 희곡을 바탕으로 대본을 직접 썼다.
초연	1959년 2월 6일 파리 오페라 코미크 극장. 정식 초연은 룩셈부르크에서 있었다.
주요 배역	굳이 이름이 필요 없는 어느 여인. 오페라에서는 엘(Elle: 그 여자)이라고 되어 있다.

사전 지식   이 작품은 이른바 모노오페라로, 출연자가 메조소프라노 단 한 사람뿐이다. 다시 말해 단 한 사람의 아티스트에게 모든 것을 요구하는 그런 작품이다. 오케스트라와 지휘자는 이 작품의 또 다른 대화자이며, 공연 시간은 약 45분이다. 〈아이다〉와 〈투란도트〉에 열광했던 사람들에게는 상당히 충격적인 작품이다. 그러나 현대를 사는 우리에게 무언가 색다른 메시지를 전해준다. 최근 이 오페라를 공연해 세계적으로 관심을 끈 메조소프라노 펠리시티 럿(Felicity Lott)은 마치 마라톤 경주에 나선 것과 같다고 표현했다. 어느 시점에서 치닫고 나가야 하며 어느 시점에서 스피드를 자제해야 하는지 깊이 고려하며 공연을 해야 했다는 설명이다. 〈사람의 소리〉는 공연시간이 짧기 때문에 〈팔리아치〉와 〈카발레리아 루스티카나〉처럼 〈몬테 카를로 부인(La Dame de Monte Carlo)〉과 같이 공연되는 경우가 많다. 〈몬테 카를로 부인〉은 푸른 지중해로 몸을 던지기 전 자신의 운을 걸고 마지막으로 도박의 주사위를 던지는 퇴물 창녀의 얘기를 담은 모노오페라다.

풀랑크, 프랑시스(Poulenc, Francis, 1899~1963)
프랑시스 풀랑크의 작품은 재치가 넘치며 심지어는 풍자적이기까지 하다. 두 편의 협주곡과 오페라를 보면 알 수 있다. 그의 음악은 대체로 당시의 프랑스 사회상을 대변한다. 오페라 〈가르멜회 수녀와의 대화〉는 풀랑크도 무거운 오페라를 작곡할 수 있다는 것을 보여준 작품이며, 〈사람의 소리〉는 당시의 사회상을 풍자한 작품이다. 풀랑크는 어릴 때부터 피아니스트로서 놀라운 재능을 보여주었다.

에피소드 또 다른 모노오페라로는 메노티의 〈전화〉를 들 수 있다. 〈전화〉가 기분을 상쾌하게 하는 단순한 작품이라면, 〈사람의 소리〉은 보다 심각한 의미를 던져주는 작품이다. 풀랑크는 이 모노오페라를 소프라노 드니즈 뒤발(Denise Duval)을 위해 작곡했다. 드니즈 뒤발은 〈가르멜회 수녀의 대화〉의 파리 초연에서 블랑슈 역을 맡았다.

줄거리 1950년대 말 프랑스다. 매력적으로 생긴, 그러나 성격이 까다로울 것 같은 한 여인이 사랑하는 사람에게 버림받은 뒤 혼자 살아가고 있다. 불쌍하게도 이 여인은 너무 번뇌에 시달려 정신이상이 생긴 건지, 또는 정신은 온전하지만 무언가 허탈해 반항하고 싶었는지 자살 충동을 느낀다. 여인은 마지막으로 그 사람에게 전화를 걸어 행복하기도 했고 힘들기도 했던 지난 시절의 추억, 지금의 상황, 앞으로의 희망에 대해 얘기하기로 한다. 전화는 중간에 잡음이 들리고 혼선이 되다가 끊어진다. "여보세요! 여보세요!(Allô, allô)" 엉뚱한 사람이 전화를 받기도 한다. 처음에는 신중하고 점잖게 전화를 하려던 이 여인은 통화가 되지 않자 절망과 강박관념에 사로잡혀 점점 초조해진다. 여인은 하고 싶은 말을 하지 못하자 죽고 싶은 지경에 이른다. 그러다 전화가 연결된다. 여인은 긴장과 고통으로 정작 할 말을 하지 못한다. 전화기가 침대 위로 던져진다. 여인도 침대 위에 쓰러진다. 그렇게 전화기와 씨름한 지 40분이 지나간다.

213
Poulenc, Francis

가르멜회 수녀의 대화

타이틀	**Dialogues des Carmélites**(Dialogues of the Carmelites; Carmelites Dialogue)

역사적 비극을 다룬 전 3막의 오페라. 프랑스어 대본은 조르주 베르나노(Georges Bernanos)가 썼다. 원작은 게르트루트 폰 르 포르(Gertrud von le Fort)의 『교수대의 마지막 사람(Die letzte am Schafott)』이다.

초연	1957년 1월 26일 밀라노 스칼라 극장

주요 배역	마르키스 드 라 포르스(포르스 자작), 슈발리에 드 라 포르스(포르스 자작의 아들), 블랑슈 드 라 포르스(포르스 자작의 딸, 그리스도의 고뇌 블랑슈), 티에리(하인), 콩스탕스(생드니의 콩스탕스, 수습 수녀), 마담 드 크루아시(수녀원장), 머더 마리(예수강림의 마리, 수녀원 부원장), 마담 리두안(신임 수녀원장), 므시외 자벨리노(의사), 머더 잔(아기 예수의 수녀)
베스트 아리아	「살베 레지나(Salve regina)」(수녀들의 합창)

사전 지식　　　가르멜회는 바티칸으로부터 이단으로 규정되어 교황이 가르멜회의 신부, 수녀를 비롯해 모든 신도를 파문한 적이 있다. 교황은 가르멜회를 악마주의를 신봉하는 교파라고 비난했다. 일부의 주장에 따르면 가르멜회는 섹스를 신성한 것으로 간주했다고 한다. 프랑스혁명이 일어나자 혁명 세력은 가르멜회가 가톨릭 신앙에 어긋난다고 박해했다. 풀랑크는 이 오페라의 극적 분위기를 높이기 위해 오케스트라 악보에 대단한 노력을 기울였다. 스토리가 극적인 만큼 음악도 강렬하다.

줄거리　　　프랑스혁명이 한창이다. 젊고 아름다운 블랑슈 드 라 포르스(Blanche de la Force)의 오빠와 아버지는 블랑슈가 매사에 너무 두려움이 많아 걱정이다. 블랑슈는 혼란한 세상에 환멸을 느끼고 있다. 특히 언젠가 마차를 타고 가다가 폭도들에게 잡혀 곤욕을 치른 뒤로는 세상에 대한 두려움이 한층 더 커졌다. 블랑슈는 속세를 떠나 수녀가 되기로 결심하고 가르멜회 수녀원의 수습 수녀로 들어간다. 그녀는 수녀명을 '그리스도의 고뇌 블랑슈'로 정한다. 젊은 수습 수녀 콩스탕스(Constance)가 혼돈스러워 하는 블랑슈의 친구가 되어준다. '아기 예수의 콩스탕스'라는 이름의 젊은 수습 수녀는 천성이 명랑하고 쾌활하다. 어려운 일이 있으면 주님께 기도하고 도움을 청한다. 친구가 된 두 사람은 주님을 위해 같은 날 함께 죽기를 기원한다.

어느 날 블랑슈에게는 어머니와 같았던 늙은 수녀원장이 세상을 떠난다. 수녀원장은 죽기 전에 연약한 블랑슈를 잘 돌봐달라고 수녀원의 원로 마리(Marie) 수녀에게 부탁한다. 수녀원장을 위한 진혼곡이 가슴에 스며든다. 블랑슈가 수녀원장의 시신을 지킬 차례다. 시신을 본 블랑슈는 죽음에 대한 공포 때문에 두려움에 떤다. 그러나 우리도 언젠가 저렇게 죽는다고 생각하는 콩스탕스는 별로 두려워하지 않는다. 새로 수녀원장이 된 마리는 수녀들을 불러놓고 가르멜회 수녀원에 위험이 다가오고 있다고 경고한다. 로마교황청이 가르멜회를 이단으로 간주해 파문했다는 소식도 전한다.

얼마 후 블랑슈의 오빠 슈발리에 드 라 포르스(Chevallier de la Force)가 찾아와 혁명 세력 때문에 가르멜회 수녀원이 박해를 받을 것 같으니 어서 집으로 돌아가자고 한다. 그러나 블랑슈는 선뜻 따라나서지 못한다. 신에게 한 서약 때문이다.

가르멜회 수녀들은 모두 수녀직을 버리고 수도원을 떠나야 한다는 새로운 혁명법이 선포된다. 만일 수녀원을 떠나지 않으면 이단으로 간주해 처벌하겠다는 것이다. 수녀들이 수녀원을 떠나지 않자 혁명주의자들이 몰려와 수녀들을 몰아내려 한다. 새로 수녀원장이 된 마리(Marie)는 신앙을 버리느니 차라리 모두 죽음을 택하자고 제안한다. 순교를 놓고 찬반 투표를 시작하자 블랑슈는 죽음에 대한 두려움 때문에 반대표를 던지고 몰래 도망친다. 친구 콩스탕스가 사람은 신념 때문에 목숨을 던질 수도 있다고 용기를 주지만, 블랑슈는 걸음을 재촉해 집으로 돌아간다. 그러나 블랑슈의 집은 폭도들에게 약탈당했고, 아버지는 혁명주의자들에게 체포되어 처형되었다. 낙담한 블랑슈는 다시 수녀원으로 돌아온다. 수녀원장 마리는 지금 도피한다면 영혼이 구원 받지 못할 것이라고 말하면서 블랑슈의 마음을 달래준다. 가르멜회 수녀들이 모두 체포되어 감옥에 갇힌다. 마리 수녀원장은 수녀들에게 용기를 가지라고 말한다. 블랑슈도 다른 수녀들과 함께 감옥에 갇혀 있다.

파리의 혁명광장이다. 처형대를 둘러싼 군중들은 '오~'와 '아~'로만 구성된 노래를 부른다. 수녀들이 기요틴을 향해 계단을 오르면서 「살베 레지나」를 부른다. 힘이 있던 수녀들의 노래는 기요틴의 칼날에 하나둘씩 목이 잘리자 점점 희미해진다. 모두 처형되고 콩스탕스와 블랑슈만 남는다. 콩스탕스가 기요틴에 목을 맡기자 블랑슈가 올라와 콩스탕스의 노래를 받아 부르고는 기요틴에 몸을 맡겨, 둘이서 함께 죽자던 약속을 지킨다.

퍼레이드

타이틀	**Parade**

제목을 퍼레이드라고 했지만 실은 세 작곡가의 작품을 하나로 묶은 오페라다. 제1편 '퍼레이드(Parade)'는 에리크 사티(Erik Satie)가 작곡했다. 제2편 '티레시아의 유방(Les mamelles de Tirésias)'은 프랑시스 풀랑크가, 제3편 '어린이와 마법사(L'enfant et les Sortilèges)'는 모리스 라벨(Maurice Ravel)이 작곡했다. 이 중 풀랑크의 '티레시아의 유방'이 중심 내용이므로 편의상 풀랑크를 대표 작곡가로 간주했다. 제1편 퍼레이드는 발레가 중심을 이루지만 내용은 장 콕토 원작에서 발췌한 것이다.

초연	연극은 제1차 세계대전이 끝나갈 무렵인 1917년 파리가 독일군과의 전선에서 불과 100마일 떨어져 있는 긴박한 상황에서 초연되었다. 오페라는 1947년 6월 3일 파리의 오페라 코미크에서 초연되었다.
주요 배역	테레스(티레시아), 남편, 경찰관

사전 지식   초연에는 유명한 레오니드 마신(Leonide Massine)이 안무를, 파블로 피카소(Pablo Picasso)가 무대 설계를 맡아 화제를 뿌렸던 오페라다. 퍼레이드는 극장에서 본 공연이 시작되기 전에 흥을 돋우기 위해 공연되는 광대들의 해학극으로, 약간 유치한 내용으로 구성하는 것이 일반적이다. 사람들은 의외로 유치한 것에 관심을 두는 경우가 있다. 극장 밖 길거리에서 공연되기도 하며, 극장 안 본무대 옆에 마련된 사이드 무대에서 공연되는 경우도 있다. 일종의 실험적 오페라로 보면 된다.

에피소드   '티레시아의 유방'은 초현실주의적 작품으로 기욤 아폴리네르(Guillaume Apollinaire)의 동명 희곡을 풀랑크가 2막의 오페라 부프로 만든 것이다. 원작 희곡은 1903년에 발표되었다. 원작에 흥미가 있었던 풀랑크는 1930년부터 오페라로 만들 생각을 했으나, 정작 완성된 것은 1944년이었다. 구상부터 완성까지 거의 14년이 걸린 것이다. 풀랑크는 원작을 오페라 부프로 만들면서 무대를 아프리카 잔지바르(Zanzibar)의 어떤 섬에서 아폴리네르의 어린 시절 고향인 프랑스령 리비에라(Riviera) 인근 몬테 카를로 옆의 잔지바르라는 상상 속의 마을로 옮겼다. 오페라는 근엄하고 딱딱한 명령으로 막을 내린다. "오, 프랑스인들이여, 아기를 만들어라!(O Francais, faites des enfants)" 이러한 캠페인이 성공을 거둘 것으로 예상했는지 아닌지는 모르겠지만, 이 오페라 초연의 여주인공으로 정해져 있던 성악가가 연거푸 임신하는 바람에 출연을 포기해야 했다는 에피소드가 있다. 그러나 이 오페라가 제2차 세계대전 이후 베이비붐에 기여했는지는 미지수다.

줄거리　　　　**[제2편 티레시아의 유방 제1막]** 연미복을 차려 입은 극장 매니저가 무대의 막 앞으로 나와 이제부터 도덕 개혁을 목적으로 한 연극을 공연하겠다고 소개한다. 그는 이 쇼는 관객을 즐겁게 하기 위한 것이고, 더 많은 아이를 낳도록 권장하는 내용이라고 설명한다.

테레스(Thérèse)가 무대 한복판에서 흥분된 목소리로 자기는 사랑이란 것을 거부하며 남녀평등주의를 환영한다고 말한다. 테레스는 남편에게 복종하기를 거부하고 집을 떠나 군인이 되어 남녀평등을 실천하겠다고 하면서, 블라우스를 벗어던지고 풍선처럼 솟아오른 젖가슴을 당당히 내보인다. 테레스의 가슴에서 풍선이 떨어져 멀리 날아가 버린다.

그 뒤 놀랍게도 테레스의 얼굴에 수염이 돋아나 남성의 모습으로 변한다. 테레스는 남편에게 자신은 이제 그의 아내가 아니라고 선언하면서 이름도 티레시아(Tirésias)로 바꿀 테니 그리 알아달라고 말한다. 이어 남편에게 여자 옷을 입히고 줄로 묶어 달아나지 못하게 한다.

두 명의 술주정꾼 프레스토(Presto)와 라쿠프(Lacouf)가 카페에서 나와 결투를 하는 바람에 두 사람 모두 세상을 떠난다. 남자처럼 스마트한 옷차림을 한 테레스가 등장한다. 반면 그의 남편은 지저분한 서민 가정주부 차림이다. 테레스와 여장의 남편은 마을 사람들을 불러 두 술주정꾼의 죽음을 애도하게 한다.

프랑스 경찰관(Gendarme라고 부름)이 현장에 도착해 조사하는 척만 하고 테레스와 여장 차림의 남편과 시시덕거린다. 잔지바르 사람들이 지나가다가 테레스를 보고 장군이라 부르며 경례를 부친다. 테레스(티레시아 장군)는 세상을 정복하러 간다면서 장군과 같은 위엄 있고 활기 찬 걸음으로 당당하게 행진하며 사라진다. 남편은 경찰관에게 만일 잔지바르의 여자들이 아기 낳기를 거부한다면 자신이 그날 저녁까지 얼마든지 낳아주겠다고 약속한다.

죽은 프레스토와 라쿠프가 다시 살아난다. 이들은 남편의 아기 제조에 깊은 관심과 함께 우려를 표명한다. 만일 프랑스에서 여자들이 아기 낳기를 거부하면 어떻게 하냐는 것이다. 남자들은 앞으로 집안 내에서 역할이 바뀔 것에 대비해 아내들의 담배에 불을 붙여주며 친절을 베푼다. 사람들은 성전환에 대해 곰곰이 생각한다. 막이 내리고 무대 위의 배우들이 모두 막 뒤로 사라지지만, 카페에서 노래 부르는 여가수의 다리는 무대 밖으로 삐죽 나와 있다.

[제2막] 막이 오르기 전, 몇 사람이 무대 위 막 앞에서 가보트(gavotte)를 추고 있다. 막 뒤에서는 "파파"라는 아기들의 합창 소리가 들린다. 춤추던 사람들은 그 소리에 춤을 멈춘다.

무대는 유모차로 넘친다. 남편의 프로젝트는 놀랄 만큼 성공을 거두어 단 하루 만에 4만 명의 아기를 낳았다. 정확히 말하자면 4만 49명이다. 파리에서 신문기자들이 몰려와 인터뷰를 한다. 신문기자들은 이 많은 아이들을 어떻게 먹이고 키울 것이냐고 묻는다. 남편은 기자들에게 아기를 많이 낳으면 낳을수록 더 부자가 된다고 얘기해준다. 아기들이 나중에 훌륭한 예술가가 되어 돈을 많이 벌어다주기 때문이라는 설명이다. 남편이 낳은 아기 중 어떤 아기는 벌써 소설을 써서 60만 부나 팔았다고 한다. 신문기자가 돈을 좀 빌려달라고 하자 남편은 그 신문기자를 발로 차서 쫓아버린다. 잔지바르의 시민들은 많은 사람이 기아로 죽었기 때문에 인구가 늘어난 것은 고마운 일이지만 문제는 이들을 어떻게 먹여 살릴 것이냐며 걱정이 이만저만이 아니다. 남편은 점쟁이가 점칠 때 쓰는 타로 카드로 식량 배급표를 만들 수 있으므로 아기들을 먹여 살리는 데는 아무 걱정이 없다고 말한다. 베일을 쓴 점쟁이 여인이 들어와 경찰과 다툰다. 경찰이 점쟁이라는 직업이 불법이라고 주장하자, 점쟁이 여인은 화를 내며 경찰관을 목 졸라 죽인다. 점쟁이 여인이 베일을 벗는다. 놀랍게도 테레스다. 이번에는 여성의 모습이다.

테레스는 남편과 다른 사람들을 독려해 사랑과 부모의 역할을 찬미토록 한다. 테레스가 관객들에게 아기를 많이 만들라고 간곡히 권유하는 가운데 막이 내린다. 마지막으로 모든 출연자들이 무대 앞에 나와 다음과 같이 외친다.

"들으시오 프랑스인들이여, 전쟁의 교훈을. 그리고 아이를 만드시오. 당신들은 거의 만들지 않았소. 관객들이여 아이를 만드시오(Ecoutez, o Francais, les lecons de la guerre. Et faites des enfants, vous qui n'en aisiez guerre. Cher public: faites des enfants!)."

욕망이라는 이름의 전차

전 3막. 테너시 윌리엄스(Tennessee Williams)의 동명 소설을 필립 리텔(Philip Littell)이 오페라 대본으로 만들었다.

초연	1998년 샌프란시스코 오페라
주요 배역	블랑슈 뒤부아(S), 스탠리 코발스키(T), 스텔라 코발스키(S), 해럴드 미치(Bar)

사전 지식 테너시 윌리엄스(Tennessee Williams)의 『욕망이라는 이름의 전차』가 브로드웨이에서 흥행을 거둔 지 50년이 지나, 지휘자로 유명한 앙드레 프레빈이 오페라로 작곡했다. 미국 연극사에 중요한 이정표를 세운 〈욕망이라는 이름의 전차〉는 상징적인 두 인물의 갈등으로써 두 개의 서로 다른 문화의 충돌을 표현한 작품이다. 아름다운 블랑슈는 미국 남부의 잊어버린 향수를, 스탠리는 산업사회에 따른 도시 이민자 계층을 상징한다.

에피소드 〈욕망이라는 이름의 전차〉는 1947년에 브로드웨이 뮤지컬로 등장했다. 엘리아 카잔(Elia Kazan)이 감독했으며, 말론 브란도(Marlon Brando)가 스탠리 역을 맡았다. 1951년에는 엘리아 카잔 감독이 영화로 만들었는데, 아카데미상 시상식에서 비비안 리(Vivien Leigh)가 최우수여우주연상을 받는 등 여러 부문에서 수상했다. 뉴올리언스에 도착한 주인공 블랑슈가 동생 스텔라의 집으로

프레빈, 앙드레(Previn, André, 1929~)
앙드레 조지(George) 프레빈의 본래 이름은 안드레아스 루트비히 프리빈(Andreas Ludwig Priwin)으로, 독일에서 태어났으나 미국으로 귀화한 피아니스트이자 지휘자, 작곡가다. 그는 당대에 가장 재능 있는 음악인으로 존경을 받았다. 작곡 분야에서는 영화음악으로 아카데미상을 받았고, 음반과 관련해서는 그래미상을 열 번이나 받았다. 그는 미국적인 오페라 〈욕망이라는 이름의 전차〉를 남겼다.

가기 위해 탔던 전차의 노선이 '욕망(desire)'이다. 스텔라의 집은 뉴올리언스의 엘리시안 필드 애비뉴(Elysian Field Ave.)와 포부르 마리니(Faubourg Marigny)가 만나는 곳에 있다.

줄거리　　　블랑슈 뒤부아(Blanche DuBois)는 이름이 말해주듯 프랑스계 미국인이다. 미국 남부에 있는 프랑스의 영향을 받은 지역에서 태어났다. 블랑슈는 프랑스식 생활에 젖어 있는 우아하고 고상한 스타일의 여인이다. 그녀는 모든 사람이 부러워할 만큼 좋은 남자를 만나 결혼하지만, 남편은 동성연애자였다. 그러다 보니 블랑슈의 부부생활은 비참했고, 블랑슈를 만족시켜주지 못하는 남편은 자신을 증오해 결국 자살했다. 블랑슈는 먹고살기 위해 고등학교 영어교사가 된다. 그녀는 마치 환상을 좇듯 여러 남자들과 염문을 뿌리지만, 나무에서 수액이 빠져나가는 것처럼 점차 기력을 잃는다. 이런 까닭에 술은 블랑슈의 유일한 동반자가 된다. 열일곱 살 남학생과 정사를 벌인 것이 알려져 학교에서도 쫓겨난 블랑슈는 마지막 피난처인 동생 스텔라(Stella)의 집으로 가서 살기로 한다. 블랑슈는 동생 스텔라의 집에서 편히 쉴 수 있기를 바라지만, 활달한 스텔라는 블랑슈가 바라는 조용하고 품위 있는 생활을 마련해주지 못한다. 스텔라의 남편 스탠리 코발스키(Stanley Kowalski)는 블랑슈를 못마땅하게 여긴다. 폴란드 이민자 출신인 스탠리는 군대에서 제대하고 나서 트럭 운전사로 일하고 있다. 격렬하고 폭력적인 스탠리는 자신이 남자답다고(macho) 생각한다. 그런 스탠리의 눈에 블랑슈는 거짓으로 몸을 감싼 중년의 여자로 비친다. 오페라의 내용은 소설과 약간 다르다.

[제1막] 부모에게서 물려받은 저택과 직장을 모두 잃은 블랑슈가 뉴올리언스에 사는 동생 스텔라를 찾아온다. 며칠간은 아무 문제없이 모두 그런대로 지낸다. 스탠리는 블랑슈의 꾸민 듯한 행동과 말씨 등에 못 견딜 만큼 화가 치민다. 더구나 그녀는 스텔라에게 돌아갈 유산까지 독차지하더니 결국은 모두 잃지 않았던가! 스탠리는 거짓으로 일관하는 블랑슈의 과거를 사람들에게 폭로하고 싶은 심정이다. 사실 블랑슈의 과거는 스탠리가 상상하는 것보다 더 비극적이며, 더 지저분하고, 더 탐욕스럽다.

어느 날 집에서 포커 게임이 벌어진다. 블랑슈는 이 자리에서 스탠리의 직장 동료 미치(Harold Mitch Mitchell)를 만난다. 마마보이 같은 미치는 연상의 여인에게 어머니의 정을 느끼는 인물로, 결혼해서 아이까지 두었다. 블랑슈가 미치에게 눈길을 보낸다. 그날 밤 술에 취한 스탠리는 자기편을 들지 않고 블랑슈 편만 든다고 하면서 스텔라에게 폭력을 휘두른다. 블랑슈는 동생이 매를 맞자 충격을 받아 스텔라에게 집을 버리고 떠나라고 충고한다. 그렇지만 동생은 결국 남편이 있는 침대로 다시 들어간다. 다음 날 블랑슈는 어떻게 매를 맞고도 남편의 침대로 들어갈 수 있냐고 동생을 비난한다. 이 소리를 스탠리가 듣는다.

[제2막] 스탠리는 좁은 집에서 블랑슈와 함께 사는 것이 불편하다. 그날 저녁 임신 중인 스텔라는 스탠리와 함께 외식을 하러 나간다. 집에 홀로 남은 블랑슈는 버려졌다는 느낌을 받는다. 그녀는 신문을 배달하는 소년을 유혹하려고 하지만 마지막 순간에 소년이 블랑슈의 손길을 뿌리치고 돌아서는 바람에 뜻을 이루지 못한다. 결국 블랑슈는 미치에게 연락해 데이트를 하러 나간다. 미치는 블랑슈에게 마음을 털어놓으며 사랑한다고 말한다.

[제3막] 또 몇 주가 흘러 블랑슈의 생일이다. 미치는 아직 생일파티에 나타나지 않았다. 스탠리는 미치의 가정과 결혼 생활이 블랑슈 때문에 위협을 받고 있다고 생각한다. 그는 친구에게 들은 얘기라고 하면서 어린 학생을 유혹해 정사를 나눠 마을에서 쫓겨난 블랑슈의 과거사를 얘기한다. 생일파티는 취소된다. 스탠리는 블랑슈에게 버스표를 주며 전에 살던 마을로 돌아가라고 한다. 그는 미치가 생일파티에 오지 않은 것은 블랑슈의 과거를 모두 알고 있기 때문이라는 말도 덧붙인다. 아무 말도 꺼낼 수 없는 블랑슈의 마음은 산산조각 난다. 그날 밤 조산 기미가 있는 스텔라가 급히 병원으로 실려 간다.

술에 취한 미치가 찾아와 블랑슈에게 비난을 퍼붓는다. 두 사람 모두 감성적인 피난처를 잃은 것이다. 이미 산산조각 난 블랑슈의 마음이 더 아프게 찢어진다. 스텔라의 병원에 들렀다가 집으로 향하던 블랑슈는 스탠리에게 강간당한다. 이로써 블랑슈의 마음은 완전히 파괴된다. 강간당할 때 느꼈던 만족감과 비참함을 증오하던 블랑슈는 정신이상을 일으킨다.

며칠 후 스텔라는 블랑슈를 정신병원으로 보내기로 결정한다. 스텔라는 언니에게 흠모하는 어떤 나이 든 사람을 만나러 갈 거라면서 준비시킨다. 그러나 그런 사람은 없다. 블랑슈가 스텔라에게 스탠리를 비난하는 말을 하지만, 스텔라는 그 말을 믿지 않는다. 스텔라는 언니를 정신병원으로 보내기 위해 짐을 싸고 있다. 이제 블랑슈는 알지 못하는 사람들의 친절함에 의지해야 한다.

수도원에서의 결혼

전 4막. 미라 멘델손(Mira Mendelson)과 작곡자가 대본을 썼다. 이 오페라는 '두에너(The duenna)' 라고도 불린다.

초연	1946년 11월 3일 상트페테르부르크 마린스키 극장
주요 배역	루이사, 돈 안토니오(페르디난드의 친구), 클라라, 돈 페르디난드(헤롬의 아들), 보모, 멘도자(멘도사: 돈 많은 유대인), 돈 제롬(돈 헤롬: 세비야의 대공)

사전 지식　　　이 오페라는 로시니의 〈세비야의 이발사〉와 모든 면에서 흡사하다. 우선 무대가 세비야라는 것도 같으며 엎치락뒤치락(Slapstick)하는 스토리도 거의 비슷하다. 여러 사람이 등장하므로 혼동하기 쉬운 이 오페라는 다음과 같은 공식만 알고 있으면 전체 줄거리를 이해하는 데 도움이 된다. 제1 커플 루이사(Luisa)와 안토니오(Antonio), 제2 커플 클라라(Clara)와 페르디난드(Ferdinand), 제3 커플 보모(Duenna)와 멘도사(Mendoza). 결국 세 쌍의 남녀가 펼치는 해피엔드 코미디다.

에피소드　　　토머스 린리(Thomas Linley)가 음악을 붙인 리처드 셰리든(Richard Sheridan)의 18세기의 코믹 오페라 〈보모(The duenna)〉도 있다. 러시아의 미인 소프라노 안나 네트렙코(Anna Netrebko)는 프로코피예프가 작곡한 현대적 감각의 오페라에 즐겨 출연했으며, 〈수도원에서의 결혼〉

프로코피예프, 세르게이(Prokofiev, Sergey, 1891~1953)
세르게이 세르게예비치(Sergeyevich) 프로코피예프는 러시아의 작곡가이자 피아니스트, 지휘자이다. 그는 음악의 여러 장르에 걸쳐 많은 작품을 남겼으며, 20세기 현대음악 작곡가 중 가장 중요한 위치에 있는 인물로 부각되고 있다. 세 살부터 어머니에게 피아노를 배웠으며, 열세 살 때 상트페테르부르크 음악원에 입학했다. 스물일곱 살 때 미국으로 건너가 16년 동안 피아니스트로 활동하다가 러시아로 돌아왔다. 그는 8편의 오페라를 남겼는데, 대표작은 〈수도원에서의 결혼〉, 〈전쟁과 평화〉, 〈세 개의 오렌지 사랑〉 등이다.

에서 맡은 역할도 적격이었다는 평을 받았다. 두에너(duenna)는 귀족 집에서 아가씨들을 돌보고 공부도 시켜주는 가정교사 겸 보모를 말한다. 이 오페라에서는 세비야의 귀족 헤롬의 딸 루이사를 보살펴주는 중년의 보모를 말한다.

줄거리   **[제1막]** 세비야의 대공 헤롬(Don Jerome)은 호칭만 거창할 뿐, 재산이 넉넉지 않아 빚 좋은 개살구이다. 멘도사(Mendoza)는 돈 많은 유대인으로 세비야 어시장 대부분이 그의 소유다. 하지만 작위가 없어 행세를 하지 못한다. 이런 까닭에 '귀족 멘도사'가 아니더라도 '아무개 귀족과 인척인 멘도사'라는 호칭을 얻는 게 평생소원이다. 헤롬은 멘도사의 생선 사업에 관여해 돈을 버는 조건으로 자기 딸 루이사(Louisa)를 멘도사와 결혼시키기로 합의한다.

헤롬의 아들 페르디난드(Ferdinand)가 등장한다. 마을에서 제일 예쁜 클라라(Clara)를 좋아하지만 별 진전이 없어 답답하기만 하다. 페르디난드의 친구 안토니오(Antonio)는 페르디난드의 동생 루이사를 사랑한다. 밤중에 안토니오가 발코니 아래에서 루이사에게 사랑을 호소하는 세레나데를 부른다. 루이사가 기쁜 마음으로 세레나데를 감상하는데 갑자기 들어온 헤롬이 매우 언짢아한다. 곧 멘도사에게 시집을 가야 하는데 가난한 놈의 세레나데나 들으며 넋을 놓고 있으니 큰일이라고 생각한다.

[제2막] 루이사는 아버지 헤롬이 자신을 멘도사에게 왜 시집보내려 하는지 속셈을 알고는 속이 상한다. 루이사는 경험 많은 보모의 자문을 받아 모종의 계획을 꾸미기로 한다. 루이사의 구조 요청을 받은 보모는 멘도사 같은 돈 많은 사람과 결혼하는 것이 소원이다. 보모는 루이사가 멘도사를 안중에도 두지 않는다면 자기에게도 기회가 올 수 있다고 생각해 루이사를 기꺼이 돕는다. 루이사가 아버지 헤롬에게 멘도사 같은 사람과 결혼하기 싫다고 정색을 하자 헤롬이 멘도사의 좋은 점을 늘어놓지만 루이사는 듣는 척도 하지 않는다. 보모가 나서서 루이자 편을 들자 화가 난 헤롬은 당장 이 집에서 나가라고 한다. 루이사와 보모는 서로 옷을 바꿔 입고, 루이사가 얼굴을 가린 채 집을 나간다. 헤롬은 보모가 집을 나간 줄 알고, 루이사의 방문을 잠가버린다.

하녀 로시나와 함께 길을 가던 클라라가 루이사를 만난다. 루이사는 안토니오를 만나 멀리 도망갈 계획이고, 클라라는 못된 계모가 싫어 집을 뛰쳐나왔다고 한다. 둘은 동질감을 느낀다. 마침 멘도사가 나타난다. 루이사는 클라라에게 자기가 자리를 피하는 동안 저 인간의 관심을 끌어달라고 부탁한다. 클라라는 그런 부탁쯤은 들어줄 수 있다고 하면서 멘도사에게 다가간다. 클라라는 멘도사에게 자신을 알만차의 돈나 클라라(Donna Clara d'Almanza)라고 소개하면서 전부터 멘도사를 존경해왔다는 말로 관심을 끈다. 멘도사는 귀족 부인이 자기에게 관심이 있다고 하자 기분이 좋아 어쩔 줄 모른다.

그런데 클라라가 안토니오라는 젊은이를 만나게 해달라고 부탁하자 멘도사는 기분이 언짢지만, 루이사를 쫓아다니는 안토니오에게 애인이 생기면 루이사도 달라질 거라고 생각한다. 그는 저녁에 안토니오를 집으로 데려올 테니 기다려달라고 한다.

멘도사가 헤롬의 집으로 찾아온다. 말로만 듣던 예비신부 루이사를 처음 만나는 자리다. 헤롬이 루이사에게 나오라고 하자 아버지가 있으면 쑥스러우니 자리를 비켜주면 나가겠다고 한다. 헤롬이 자리를 뜨자 루이사로 변장한 보모가 방에서 나온다. 보모는 멘도사에게 이렇게 잘생긴 분은 처음 본다면서 온갖 찬사를 다 보낸다. 멘도사는 무슨 딸이 저리도 늙었나라는 생각에 어이없어 하다가 찬찬히 살펴보니 상냥하고 고분고분하니 아주 괜찮은 여자라고 생각한다. 게다가 부잣집 대공의 딸 아닌가? 멘도사는 헤롬이 자기에게 접근한 것이 돈 때문인 것을 모르고 대공이 부자인 줄 안다.

집을 나온 루이사는 클라라의 주선으로 멘도사의 집에서 안토니오를 기다린다. 잠시 후 멘도사가 안토니오를 데리고 들어선다. 안토니오는 친구 페르디난드가 사랑하는 아가씨 클라라가 왜 자기를 만나자고 하는지 의아해한다. 안토니오는 루이사가 클라라로 변장한 것을 알고 내심 기쁘지만 내색하지 않는다. 클라라가 안토니오와 다정해하는 모습을 본 멘도사는 이젠 루이사도 마음을 바꿀 것이라고 생각해 크게 안도한다. 안토니오가 마음에 든 멘도사는 루이사와 함께 멀리 도망갈 계획이라고 말한다. 안토니오와 루이사는 우스워 죽을 지경이다.

[제3막] 헤롬은 멘도사와 루이사가 도망갈 계획을 하고 있음을 눈치채고 이상스럽긴 하지만, 뭐 그럴 수도 있다고 생각한다. 그때 멘도사의 친구가 편지 한 장을 가지고 찾아온다. 루이사와 함께 멀리 도망갈 것이니 양해를 바라며 결혼을 축하해달라는 멘도사의 편지다. 덧붙여 헤롬 대공에게 인사차 거액의 돈을 주겠다는 내용이 적혀 있다. 돈을 준다는 얘기에 눈이 번쩍 뜨인 헤롬은 결혼을 승낙한다며 서류에 서명한다. 잠시 후 한 소년이 와서 루이사가 보낸 것이라고 하면서 편지를 건넨다. 결혼을 승낙해달라는 서류다. 헤롬은 신랑이 될 멘도사에게 결혼 승낙을 해주었는데 왜 딸까지 서류를 보냈는지 잠시 고민하다가, 그래도 딸이 원한다니 서류에 서명하고 축복까지 해준다.

수녀원에 들어와 수녀가 된 클라라는 우울한 마음에 정원을 거닐고 있다. 이때 루이사와 안토니오가 들어온다. 이들은 결혼 승낙서를 목이 빠지게 기다리고 있다. 이윽고 소년이 '헤롬'이 서명한 결혼 승낙서를 가져온다.

돈 페르디난드는 자기가 사랑하는 클라라(실은 변장한 루이사)가 안토니오와 손을 잡고 비밀리에 결혼을 하려는 것을 알고 질투심에 넘쳐 수도원으로 쫓아온다. 수도원에서 진짜 클라라를 만난 돈 페르디난드는 안토니오와 결혼하려는 여자가 클라라가 아니라 자기의 동생 루이사인 것을 알고 안심한다.

[제4막] 멘도사와 루이사(실은 보모)의 결혼식을 올리기 위해 수도원에 도착한다. 수도승들은 축배의 노래를 부르며 포도주를 주신 신에게 감사를 드린다. 그러다가 수도승들의 노래는 어느새 금식과 금욕을 찬양하는 송가로 바뀐다. 멘도사는 수도원에서 엄숙하게 결혼식을 올린 여자가 루이사가 아니라 보모인 것을 알고 몹시 당황해 도망가려고 하지만 이미 결혼식을 올렸기 때문에 허탈한 심정이다. 하지만 보모는 대단히 흡족하다. 이어 루이사와 안토니오, 돈 페르디난드와 클라라가 결혼한다. 돈 헤롬은 사위 안토니오는 가난하지만, 며느리 클라라는 부자이니 그걸로 됐다고 생각해 이들을 축복한다.

세 개의 오렌지 사랑

| 타이틀 | Lyubov' k Tryom Apel'sinam(Любовь к трём апельсинам; The Love for Three Oranges) |

	프롤로그와 4막으로 구성된 그랜드 오페라. 카를로 고치(Carlo Gozzi)의 『세 개의 오렌지를 위한 사랑(L'amore delle tre melarance)』이라는 동화를 기본으로 작곡자가 직접 대본을 썼다.
초연	1921년 12월 9월 30일 시카고 리릭 오페라
주요 배역	트레플 왕(클로버 킹), 왕자(클로버 킹의 왕자), 클라리스(클라리체 공주: 클로버 킹의 조카), 레안드르(레안드로: 스페이드의 킹 K, 총리대신), 셀리오(첼리오: 마법사이며 클로버 킹의 수호자), 파타 모르가나(마녀이며 스페이드 킹의 수호자), 트루팔디노(익살꾼), 리네트(리네타)·니콜레트(니콜레타)·니네트(니네타)(A, Ms, S: 오렌지의 공주), 스메랄디나(흑인 노예)

| 베스트 아리아 | 오페라에 나오는 행진곡은 특히 유명하다. |

사전 지식   프롤로그에서는 또 다른 형태의 흥밋거리로 클로버 킹과 스페이드 킹이 토론하고 내기 하는 장면이 나온다. 본편에서는 그 내기의 내용이 펼쳐지는 형식이다. 몬테베르디의 오페라에서도 그 같은 짜임새를 볼 수 있다. 몬테베르디의 오페라 중에도 신(神)들이 인간의 행동을 놓고 내기하는 장면이 있다. R. 슈트라우스의 〈그림자 없는 부인〉의 프롤로그에도 신들의 내기 장면이 나온다.

줄거리   [프롤로그] 신들이 오락에 대해 한창 토론을 벌이고 있다. 아무리 재미난 오락이라 해도 또 다른 재미난 오락이 나오면 종전의 오락은 재미없어진다는 주장이다.

[제1막] 무대는 클로버 킹(King of Clubs)의 왕궁이다. 왕에게는 왕자가 하나 있지만 불행하게도 우울증에 걸려 걱정이 이만저만이 아니다. 클로버 킹은 그런 왕자의 병을 고쳐야만 한다. 왕자의 병을 고치지 못한다면 왕위는 조카딸인 클라리체(Clarice)에게 넘어갈 판이다. 클로버 왕의 적 레안드로(Leandro; Léandre)는 스페이드 킹으로 불린다. 레안드르는 클로버 킹의 조카딸 클라리체와 함께 음모를 꾸며 왕자의 우울증을 더 심하게 만든다. 왕궁에서는 어릿광대 트루팔디노(Truffaldino; Trouffaldino)가

왕자를 웃기려고 별별 노력을 다 기울이지만 아무 소용이 없다.

[제2막] 스페이드 왕 레안드로를 도와주는 마녀 파타 모르가나(Fata Morgana)가 변장하고 나왔다가 실수로 엉덩방아를 찧어 본색을 드러내자 왕자가 기쁜 듯 피식 웃는다. 화가 난 마녀는 세 개의 오렌지를 위한 사랑이라는 저주를 왕자에게 내린다. 그는 세 개의 오렌지를 찾아 헤매야 한다.

[제3막] 왕자는 클로버 왕을 도와주는 마법사 첼리오(Celio; Tchélio)와 악마 파파렐로(Farfarello)의 도움으로 마녀 크레온타(Creonta; Creonte)의 정원에서 커다란 세 개의 오렌지를 찾아낸다. 그러나 왕자는 오렌지를 따서 껍질을 벗길 때 반드시 마실 물을 준비해두어야 하는 것을 모른다. 왕자가 오렌지 두 개를 따서 껍질을 벗기자 아름다운 공주들이 나오지만 목이 말라 금방 죽고 만다. 그런데 세 번째 오렌지는 물동이 옆에서 땄기 때문에 오렌지에서 나온 공주가 살 수 있었다. 공주의 이름을 니네타(Ninetta; Ninette)로 정한 왕자는 공주를 데리고 궁전으로 들어간다. 왕자가 잠시 자리를 비운 사이 마녀 파타 모르가나가 들어와 공주를 쥐로 만든 뒤 흑인 노예 스메랄디나(Smeraldina)를 공주로 변신시킨다.

[제4막] 마법사 첼리오가 나타나 쥐를 공주로 되돌려놓고, 스메랄디나, 파타 모르가나, 왕위를 욕심낸 클라리체, 스페이드의 킹 레안드로를 모두 쥐덫으로 몰아 가두어버린다.

왕자는 아름다운 니네타 공주 덕에 우울증이 떨쳐내고 훌륭한 왕이 된다. 왕좌를 탐내던 클라리체는 마법으로 노예가 되고, 나머지 사람들도 모두 벌을 받는다.

전쟁과 평화

타이틀	**Voyna i Mir**(Война и мир; War and Peace)

	전 2파트. 레오 톨스토이(Leo Tolstoy)의 소설을 기본으로 미라 멘델손과 작곡자가 대본으로 만들었다.
초연	1959년 12월 15일 모스크바 볼쇼이 극장
주요 배역	로스토프 백작, 나탈랴(나타샤 로스토프 백작의 딸), 안드레이 볼콘스키 공자, 표트르(피에르) 베주호프, 소냐(나타샤의 사촌), 마리아 아흐로시모바 공주, 아나톨 쿠라긴 공자(바람둥이 장교)
베스트 아리아	「Kakovo pravo oni imieout」(S), 「Vlitchavaia v solnetchich lutchah」(B)

사전 지식　　　프로코피예프가 1941년부터 1952년까지 10년에 걸쳐 완성한 오페라다. 러시아의 문호 톨스토이의 『전쟁과 평화』를 오페라로 만든 것이므로 문학적 향취와 역사적 위대함이 엿보이지만, 소설에서 느낄 수 있는 서사적 웅대함은 찾아보기 어렵다. 위대한 문호의 위대한 작품을 한정된 무대에 올린다는 것 자체가 무리이기 때문이다. 제2차 세계대전 후 러시아에서는 스탈린의 전제정치가 시작되었다. 스탈린은 연극이나 오페라는 사회주의 혁명에 어긋나는 행위라고 규정지었다.

에피소드　　　〈전쟁과 평화〉는 오케스트라 부분 등이 미완성된 채 1944년 모스크바에서 피아노 반주로만 초연되었다. 대서사시적 작품을 피아노 반주에만 의존한다는 것은 미안한 노릇이 아닐 수 없었다. 그러나 당시 스탈린 정부는 무대공연에서 의상이나 배경을 모두 금지했기 때문에 어쩔 수가 없었다. 제정러시아에 대한 향수를 불러일으킬지도 모른다는 우려에서였다. 1945년에는 오케스트라 반주에 연주회 형식으로 모스크바에서 공연되었다. 그러다가 1946년에 겨우 무대에 배경을 세워 공연할 수 있었다. 풀 스케일 공연은 1959년에 와서야 가능했다. 프로코피예프가 〈전쟁과 평화〉를 완성한 지 17년 만의 일이다. 『전쟁과 평화』는 여러 나라에서 영화로 만들어졌지만 그중 고전으로 남은 작품은 오드리 헵번(Audrey Hepbum: 나타샤), 멜 페러(Mel Ferrer: 안드레이), 헨리 폰다(Henry Jaynes Fonda: 피에르)가 주연한 1956년 작품이다.

줄거리　　　　　[**제1 파트**] 1809년 어느 봄날 저녁 로스토프(Rostov) 백작의 시골 별장으로 안드레이 볼콘스키(Andrei Bolkonski) 공자가 찾아온다. 로스토프 백작의 딸 나타샤(Natasha)가 봄날 저녁의 향취 때문에 잠을 이루지 못한다. 나타샤는 자연의 아름다움에 대해 사촌 소냐(Sonya)와 이야기를 나누다가 손님으로 온 오빠의 친구 안드레이 공자가 멋진 분이라고 말한다. 이 속삭임을 들은 안드레이 공자는 나타샤의 청순하고 발랄한 아름다움에 마음이 끌린다. 그러나 안드레이는 이미 결혼한 몸이다. 그는 연모의 정을 간직한 채 돌아간다. 나타샤도 얼굴에 우수가 드리운 듯한 안드레이의 모습을 잊지 못한다. 안드레이의 아내는 벌써 오래전부터 병석에 누워 있다. 그해의 마지막을 장식하는 송년 무도회가 안드레이의 여동생 마리아 아흐로시모바(Maria Akhrosimova) 공주의 상트페테르부르크 집에서 열린다. 나타샤는 사촌 소냐와 아버지 로스토프 백작과 함께 무도회장으로 들어선다. 화려하고 육감적인 헬레네(Helene)의 모습이 나타샤의 눈길을 끈다. 헬레네는 나타샤의 집안과 친분이 있는 피에르 베주호프(Pierre Bezukhov)의 아내다. 헬레네의 오빠 아나톨 쿠라긴(Anatol Kuragin)의 모습도 보인다. 아나톨은 누구에게나 저돌적으로 접근하는 호방한 성격의 바람둥이다. 무도회에서 나타샤를 본 안드레이가 기쁜 마음으로 나타샤에게 춤을 청한다. 나타샤는 안드레이와 함께 춤을 추며 행복을 느낀다. 안드레이도 나타샤야말로 자기를 위한 여인이라고 확신한다.

시간은 흘러 1812년이다. 약혼을 한 안드레이와 나타샤는 모스크바에 있는 안드레이의 아버지를 만나러 가지만 안드레이의 아버지는 두 사람을 환영하지 않는다. 그동안 철없는 생활을 한 아들을 탐탁지 않게 생각하기 때문이다. 그 대신 안드레이의 여동생 마리아 공주가 나타샤를 친절하게 맞이한다. 마리아는 나폴레옹군과의 전쟁이 임박했다고 걱정한다. 몇 달 뒤 나타샤를 만난 피에르의 아내 헬레네는 약혼을 축하한다면서 자기 오빠 아나톨이 여전히 나타샤를 사모한다고 말한다. 나타샤는 헬레네의 아름다움과 친절함에 좋은 인상을 받아 아나톨에게 관심이 생긴다. 때마침 아나톨이 나타난다. 그는 나타샤에게 편지 한 통을 전하며 과감히 키스를 하고 자리를 뜬다. 편지에는 나타샤를 사모하고 있으니 운명을 결정해주기 바란다는 내용의 시가 적혀 있다. 안드레이는 결혼에 뜻이 없어 멀리 전선으로 나가 있는 상황이다. 아나톨의 구애에 감동한 나타샤는 그 마음을 받아들이기로 하지만, 사촌 소냐와 아버지 로스토프 백작이 말리는 바람에 일단 집으로 돌아간다. 소냐는 나타샤에게 아나톨이 형편없는 바람둥이이며 행실이 좋지 않다고 얘기하지만 나타샤는 귀담아 듣지 않는다. 한편 아나톨은 동료들을 만나 나타샤가 자기와 도망가기로 했다고 자랑한다. 아나톨 대신 편지를 써준 친구 돌로호프(Dolokhov)는 나타샤의 장래를 그르칠 수 없다며 괴로워한다.

거의 갇혀 있다시피 한 나타샤는 안드레이의 여동생 마리아를 만나러 간다면서 겨우 집을 빠져 나온다. 아나톨과 함께 멀리 도망가기로 한 날이다. 마리아의 집으로 온 나타샤는 사촌 소냐가 마리아에게 아나톨과의 도망 계획을 이미 말했음을 알게 된다. 아나톨이 나타샤와 함께 도망치기 위해 나타나지만 마리아 공주가 자신을 보는 즉시 데려오라고 한 사실을 알고는 겁이 나서 도망친다. 마리아는 나타샤에게 아나톨이 이미 결혼했다고 말한다. 혼돈스럽고 비참해 약을 마신 나타샤를 소냐가 정성스럽게 간호한다.

한편 헬레네와의 결혼 생활에서 의미를 찾지 못하는 피에르는 나타샤에게 마음이 끌리는 자신에게 놀란다. 나타샤도 피에르의 다정하고 지성적인 태도에 마음이 끌린다. 나폴레옹의 군대가 전선에 집결했다는 소식이 전해진다. 전쟁이 임박한 것이다.

[제2 파트] 1812년 8월 25일, 무대는 보로디노(Borodino) 전쟁터다. 안드레이는 나타샤와 함께한 시절을 잠시 회상한다. 나타샤와 약혼까지 한 사이지만, 지금은 모든 것이 미로처럼 얽혀 풀기 어려워졌음을 느낀다. 마침 전선으로 찾아온 피에르가 안드레이를 만난다. 안드레이는 나폴레옹 군대에 승리하기 위해서는 어떤 희생도 감수해야 한다고 말한다. 쿠투조프(Kutuzov) 대원수가 도착한다. 결전을 앞두고 비장한 모습의 쿠투조프는 안드레이에게 함께 전투에 임하자고 제안하지만 안드레이는 연대를 이끌고 별도로 전투하겠다고 주장한다. 역사적 전투의 시작을 알리는 총성이 울린다. 나폴레옹 군대가 노도와 같이 진격하자 러시아 군대는 퇴각을 거듭한다. 쿠투조프는 모스크바를 포기하기로 결정한다. 쿠투조프는 나라를 구하기 위해서는 모스크바가 불바다가 되고 시민들이 희생되어도 어쩔 수 없다고 생각한다. 모스크바를 점령한 나폴레옹은 약 한 달 넘게 그곳에 주둔한다. 자유주의 사상가인 피에르는 나폴레옹이 권력을 향한 욕심 때문에 수많은 생명을 하찮게 여기는 것을 보고 그를 암살하려다가 프랑스군에게 체포된다. 11월이 된다. 대지는 점차 얼어붙는다. 나폴레옹 군은 고전을 면치 못하다가 급기야 퇴각을 결정한다. 피에르도 다른 포로들과 함께 끌려간다. 눈보라가 휘몰아치고 기온이 급강하하자 프랑스군은 엄청난 손실을 입는다. 이 틈을 이용해 피에르와 포로들은 탈출에 성공한다. 한편 쿠투조프는 러시아군을 독려해 대규모 반격을 개시한다. 나폴레옹군은 거의 전멸한다. 전투에서 승리한 쿠투조프가 "러시아는 이제 구원되었다"라고 선언하자 병사들은 그를 찬양하며 승리를 소리 높이 외친다. 피에르는 모스크바로 돌아가 새로운 삶을 시작하고자 한다. 나타샤의 집을 찾아온 그는 부상당한 병사를 보살펴주는 나타샤의 따뜻한 모습에 생각을 달리한다. 부상당한 안드레이는 나타샤를 한 번만이라도 보고 싶어 한다. 그는 죽음의 순간에 이르러서야 인생의 진정한 의미를 깨달은 것을 후회하며, 좀 더 일찍 깨달았으면 나타샤를 불행하게 하지 않았을 것이라고 생각한다. 나타샤가 숨을 거두는 안드레이의 곁을 지킨다. 홀로 남은 나타샤를 피에르가 위로한다.

에드가르

타이틀	**Edgar**	
		전 3막의 드라마 리리코(dramma lirico). 알프레드 드 뮈세(Alfred de Musset)의 시 「컵과 입술(La coupe et les lèvres)」을 바탕으로 페르디난도 폰타나(Ferdinando Fontana)가 대본을 썼다.
	초연	1889년 4월 21일 밀라노 스칼라 극장
	주요 배역	에드가르(순박한 시골 청년), 피델리아(에드가가 사랑하는 아가씨), 티그라나(무어족 여인), 프랑크(피델리아의 오빠)
음악 하이라이트	가짜 진혼곡	
베스트 아리아	「키리에(Kyrie)」(Chor), 「오 아침의 꽃이여(O fior del giorno)」(S), 「이미 아몬드 나무 곁에(Gia il mandorlo vicino)」(S), 「안녕, 사랑하는 사람이여(Addio, addio, mio dolce amor)」(S), 「에드가의 마을에서(Nel villagio d'Edgar)」(S), 「아름다운 아가씨, 나의 죄를 위해 울지 마소서(Bella signora il pianto sciupa gli occhi)」(T)	

사전 지식　　　음악출판사인 리코르디(G. Ricordi & C.)가 청년 푸치니에게 처음으로 작곡을 의뢰한 오페라다. 오페라 〈에드가르〉는 푸치니가 원작을 그대로 반영한 최초의 오페라로, 대개 〈빌리〉와 함께 공연된다. 마치 〈카발레리아 루스티카나〉와 〈팔리아치〉가 콤비를 이루는 것과 같다. 청년 푸치니의 드라마에 대한 감각을 맘껏 보여주는 이 오페라는 푸치니가 제대로 작곡한 첫 오페라다. 주인공 에드가르는 어떤 면에서 파우스트와 같은 악마주의자다. 인생의 의미와 행복을 추구하기 위해 신과 인간에 대적하는 인물이다. 이 오페라에서는 성스러운 음악과 신성 모독적 음악이 함께

푸치니, 자코모(Puccini, Giacomo, 1858~1924)
이탈리아 투스카니(Tuscany) 지방의 루카(Lucca)에서 태어난 푸치니의 이름은 자코모 안토니오 도메니코 미켈레 세콘도 마리아 푸치니(Giacomo Antonio Domenico Michele Secondo Maria Puccini)다. 이탈리아 베리스모 오페라의 중추적 인물로서 〈라 보엠〉, 〈토스카〉, 〈나비 부인〉, 〈투란도트〉는 오늘날 세계에서 가장 자주 공연되는 작품이다. 그의 오페라에 나오는 아리아 「사랑하는 아버지(O mio babbino caro)」(〈잔니 스키키〉), 「그대의 찬 손(Che gelida manina)」(〈라 보엠〉), 「누구도 잠들면 안 된다(Nessun dorma)」(〈투란도트〉) 등은 연주회 레퍼토리로 가장 사랑 받는 곡이다.

나와 대조를 이룬다. 예를 들면 성당에 울리는 키리에(Kyrie: 자비송)와 티그라나가 부르는 도발적 노래가 그러하다. 피델리아의 장례 장면에 나오는 진혼곡은 매우 아름답다. 토스카니니는 1924년 두오모(duomo)의 밀라노 대성당에서 치러진 푸치니의 장례식에서 이 곡을 연주했다.

줄거리　　　　[제1막] 14세기 플랑드르가 무대다. 에드가르(Edgar)는 두 여인 사이에서 갈등한다. 피델리아(Fidelia)는 착하고 순결해 마치 천사와 같고, 피델리아의 여동생 티그라나(Tigrana)는 정열적이고 유혹적이어서 마치 요부 같다. 티그라나는 오래전 피델리아의 집으로 입양되었으니 피델리아와 티그라나는 말만 자매이지 혈연적으로는 남남이다. 피델리아의 오빠 프랑크(Frank)는 티그라나를 몹시 좋아하지만 티그라나는 거들떠보지도 않는다. 주일날 마을 사람들이 성당에서 미사를 드리며 부르는 키리에가 장엄하면서도 아름답다. 티그라나는 미사를 마치고 나오는 사람들에게 쾌락을 모르는 형편없는 사람들이라고 비난하며 도발적이고 유혹적인 노래를 부른다. 몹시 화가 난 사람들이 티그라나를 혼내주려고 하자 에드가르가 나타나 티그라나를 역성들며 보호한다. 사람들은 에드가르에게 실망하지만, 그는 그동안 색안경을 쓰고 티그라나와 자신에게 보낸 냉대를 더는 참지 못하겠다면서 마을을 떠나 티그라나와 함께 살겠다고 말한다. 그 말에 티그라나의 오빠 프랑크가 에드가르에게 결투를 신청했다가 부상을 입는다. 에드가르와 티그라나는 사람들의 저주를 뒤로한 채 마을을 떠난다.

[제2막] 마을을 떠나 다른 곳에 정착한 에드가르는 티그라나에게 지쳐 있다. 착하고 순결한 피델리아를 떠난 것을 무척 후회하며 지내던 에드가르는 한 떼의 병사가 마을을 지나가자 입대한다. 프랑스와 전쟁을 치르기 위해 전선으로 떠나는 이 부대의 지휘관은 프랑크다. 두 사람은 지난 일은 잊자면서 화해한다. 에드가르가 티그라나를 떠나려 하자 그녀는 배신자라고 하면서 복수를 맹세한다.

[제3막] 프랑크와 병사들이 전사자를 위한 진혼곡을 부른다. 참으로 감동적인 진혼곡이다. 프랑크는 전장에서 실종된 에드가르가 전사했다고 생각한다. 그는 전쟁터에서 영웅적으로 전사한 병사들의 얘기를 사람들에게 해준다. 이 말을 듣고 있던 신부가 에드가르는 제외해야 한다고 주장하면서 그가 저지른 사악한 행동을 일일이 열거한다. 그 말에 분개한 사람들은 시신이라도 찾아내 까마귀밥으로 던지자고 관을 뒤지지만 에드가르는 없고 갑옷만 들어 있다. 그때 신부가 가렸던 얼굴을 드러낸다. 에드가르다. 그는 잘못을 뉘우치기 위해 사람들에게 죄상을 알린 것이다. 에드가르를 본 피델리아가 반가움에 그의 팔에 몸을 던진다. 그 순간 티그라나가 나타나 피델리아를 칼로 찌른다. 피델리아가 쓰러진다. 그녀의 죽음을 본 에드가르는 슬픔에 잠겨 시신 위에 쓰러진다. 병사들이 잔인한 살인자 티그라나를 체포해 형장으로 데려간다(어떤 버전에는 피델리아가 자신을 죽이려는 티그라나를 죽인다).

잔니 스키키

타이틀	**Gianni Schicchi**	
		단막. 시성 단테의 연옥편(Inferno)에 나오는 에피소드를 조바키노 포르차노가 대본으로 만들었다. 연옥편에 나온다고 해서 대단히 으스스한 내용을 생각하겠지만 실은 코미디다.
	초연	1918년 12월 14일 뉴욕 메트로폴리탄 오페라하우스. 이탈리아 오페라 최초로 해외에서 초연되었다.
주요 배역		잔니 스키키(50살), 라우레타(21살, 잔니 스키키의 딸), 부오소 도나티(돈 많은 영감), 치타(60살, 부오소 도나티의 사촌), 리누치오(24살, 치타의 조카), 게라르디노(40살, 부오소 도나티의 조카), 넬라(34살, 게라르도의 아내), 베토 디 시그나(부오소 도나티의 매형), 시모네(70살, 부오소 도나티의 사촌), 마르코(45살, 시모네의 아들), 라 치에스카(38살, 마르코의 아내)
음악 하이라이트		라우레타의 아리아
베스트 아리아		「오, 사랑하는 아버지(O mio babbino caro)」(S), 「꽃피는 나무와 같은 피렌체(Firenze è come un albero fiorito)」(T)

사전 지식　　　푸치니의 유일한 코믹 오페라다. 푸치니는 오페라 배역에 특이하게도 모두의 나이를 정해놓았다.

에피소드　　　13세기 말 베네치아에 살았던 사람의 실화다. 〈잔니 스키키〉는 〈외투〉, 〈수녀 안젤리카〉와 함께 '일 트리티코(Il Trittico: 3부작)'로 불린다.

줄거리　　　돈 많은 부오소 도나티(Buoso Donati) 영감의 시신이 놓인 침상 주위에는 촛불만 타고 있다. 유족들은 영감의 죽음보다 그가 유산을 모두 수도원에 기증했다는 소문 때문에 더 슬프다. 가족들은 흩어져 유언장을 찾아보기로 한다. 죽은 영감의 친척 리누치오(Rinuccio)는 자신에게도 유산의 일부가 떨어져 약혼자 라우레타(Lauretta)와 결혼하는 비용을 마련할 수 있기를 바란다. 잠시 후 리누치오는 옷장에서 유언장을 찾아낸다. 친척들이 다 모인 가운데 가장 연장자인 치타(Zita)

할머니가 유언장을 읽기 시작한다. "나의 사랑하는 사촌 치타와 시모네여!"로 시작되는 유언장의 내용은 소문과 다르지 않다. 누구도 돈 한 푼을 받을 수 없게 되어 있다. 친척들은 모두 당황한다. 리누치오는 이 문제를 해결할 사람은 약혼녀인 라우레타의 아버지 잔니 스키키뿐이라면서 그를 강력히 추천한다. 얼마 후 잔니 스키키가 딸 라우레타와 함께 들어선다. 그는 유언장을 자세히 살펴보더니 한 가지 묘안을 생각해낸다. 죽은 영감이 아직 죽지 않은 것처럼 꾸며 공증인을 불러 다시 유언장을 쓰도록 하되, 이번에는 친척들에게 고루 재산이 돌아가게 한다는 것이다. 잔니 스키키가 부오소의 시신 뒤에서 목소리를 내며 부오소 역할을 한다. 잔니 스키키는 친척들에게 이번 계획이 절대 새어나가지 않도록 할 것이며, 유서를 조작하거나 그에 가담할 경우 손목이 잘려 쫓겨난다고 말한다.

공증인이 도착한다. 잔니 스키키가 영감 행세를 하며 유언을 읽기 시작한다. "모든 재산은 저 건너 마을에 사는 자신의 유일한 친구 잔니 스키키에게 주기로 한다." 공증인은 그대로 받아 적고 서명한다. 친척들은 충격을 받지만 누구도 말을 하지 못한다. 만일 뭐라 했다가는 손목이 잘리고 멀리 추방당하기 때문이다. 공증인이 떠나자 모두 잔니 스키키에게 따지려고 하지만 잔니 스키키는 죽은 영감의 지팡이를 휘두르며 이들을 물리친다. 친척들은 기왕에 당한 것은 어쩔 수 없고 다만 하나라도 건지자는 생각으로, 방마다 다니면서 물건을 있는 대로 들고 떠난다. 라우레타는 아버지의 재산을 고스란히 받게 된 것을 기뻐한다. 그녀는 리누치오와 사랑을 다짐하는 듀엣을 부른다. 잔니 스키키는 자신의 연극이 두 사람의 행복을 위한 것이었다고 말한다. 라우레타는 기뻐한다. 잔니 스키키는 무대 앞 관객들에게 자신은 죄를 범한 것이 아니라고 하면서, 그렇게 생각하면 박수를 쳐달라고 부탁한다. 라우레타가 리누치오와의 결혼을 허락받기 위해 아버지를 설득하려 부르는 「오 나의 아버지(O mio babbino caro)」는 푸치니의 대표적 아리아 중 하나다.

외투

타이틀	**Il Tabarro**(The Cloak)	
		단막. 디디에 골드(Didier Gold)의 희곡 「대외투(大外套: La houppelande)」를 주세페 아다미(Giuseppe Adami)가 오페라 대본으로 엮었다.
	초연	1918년 12월 14일 뉴욕 메트로폴리탄 오페라하우스
	주요 배역	미켈레(바지선 주인, 50세), 조르제타(미켈레의 아내, 25세), 루이지(뱃짐을 부리는 인부, 20세), 틴카(뱃짐을 부리는 인부, 35세), 탈파(뱃짐을 부리는 인부, 55세), 프루골라(탈파의 아내, 50세)
음악 하이라이트		뱃사람들의 발라드, 센 강을 표현한 음악
베스트 아리아		「당신 말이 정말 옳아(Hai ben ragione)」(T)

사전 지식　　이 오페라는 〈잔니 스키키〉, 〈수녀 안젤리카〉와 함께 '일 트리티코'라고 부른다. 푸치니는 이번에도 주요 배역의 나이를 모두 열거했다.

줄거리　　무대는 1910년 파리 센 강의 어느 선착장이다. 미켈레(Michele)는 센 강을 오고가는 화물 운반선의 나이 많은 주인이고, 조르제타(Giorgetta)는 그의 젊은 아내다. 전부터 함께 일해온 세 명의 일꾼들이 배에서 짐을 부리고 있다. 그들 중 스무 살의 루이지(Luigi)는 조르제타와 은밀히 눈길이 오가는 사이다. 다음 날 아침 미켈레의 배는 화물을 싣고 루앙 마을로 간다. 짐을 부리는 인부들은 가난하고 한심한 생활을 한탄하며 언젠가는 이 생활에서 벗어나게 되기를 바란다. 루이지는 시골에 있는 조그마한 오두막집에서 행복하게 사는 것이 꿈이라고 말한다. 조르제타도 옛날 자기가 살던 파리 교외로 돌아가 조용히 살고 싶다는 희망을 품고 있다.

센 강을 따라 루앙 마을로 올라간 미켈레의 배가 짐을 다 부리자 루이지는 미켈레에게 이제 일꾼 생활을 그만두겠다고 하면서 떠난다. 조르제타와 루이지는 그날 밤 은밀히 만나기로 약속한다. 조르제타가 밤중에 배에서 성냥불을 켜면 아무도 없다는 뜻이라고 하면서 그때 만나자고 한 것이다. 한편 남편 미켈레는 요즘 들어 부쩍 냉랭해진 아내 조르제타의 마음을 돌려보려고 여러 방법을 시도해보지만, 오래전 있었던 쓰라린 사건으로 두 사람 사이는 가까워질 기미가 보이지 않는다. 이들에게는 아들이 있었으나 어려웠던 시절 어린 나이로 죽었다. 추운 겨울, 세 식구의 몸을 녹여줄 수 있는 것은 미켈레의 외투가 전부였다. 그날도 몹시 추웠다. 미켈레는 춥다고 하며 자꾸 자기에게 파고드는 어린 아들을 외투로 감싸주며 언젠가는 따뜻하게 살 것이라고 말하던 일을 떠올린다. 아들은 며칠 뒤 세상을 떠났다. 미켈레는 어린 아들의 차가워진 몸을 외투로 감싸 묘지까지 메고 갔다.

미켈레는 서로 고생이 되더라도 열심히 살자고 말하며 아내를 안으려고 하지만, 조르제타는 미켈레의 손길을 뿌리친다. 그는 조르제타가 이미 자신에게서 멀어졌다는 생각에 마음이 괴롭다. 미켈레는 조르제타가 도대체 누구에게 마음을 주고 있는지 곰곰이 생각하다가 무심코 담배에 불을 붙인다. 이 불빛을 보고 근처를 배회하며 기회만 엿보던 루이지가 조르제타가 보낸 신호로 알고 배로 올라온다. 루이지가 조르제타의 이름을 부르며 배로 올라오는 바람에 미켈레는 모든 것을 알아차린다. 미켈레는 루이지의 목을 조르며 아내와의 불륜을 자백하라고 다그친다. 루이지가 입을 다물자 미켈레는 흥분하여 루이지의 목을 더 세게 조른다. 루이지가 힘없이 고개를 떨어뜨린다. 미켈레는 외투로 루이지의 시체를 둘둘 말아놓는다. 그때 잠시 밖에 나갔던 조르제타가 돌아온다. 미켈레는 외투를 들춰 조르제타에게 루이지의 시체를 보여준다.

라 보엠

타이틀	**La Bohème**(The Bohemian)

	전 4막. 대본은 앙리 뮈르제(Henri Murger)의 소설 『보헤미아인들의 생활 모습(Scènes de la vie de bohème)』을 바탕으로 주세페 자코사(Giuseppe Giacosa)와 루이지 일리카가 함께 썼다. 푸치니는 대본가 주세페와 루이지, 그리고 자신을 일컬어 성삼위일체(holy trinity)라고 불렀다.
초연	1896년 2월 1일 토리노 레조(Regio) 극장
주요 배역	미미(수놓는 처녀), 로돌포(시인), 마르첼로(화가), 콜리네(철학자), 쇼나르(음악가), 뮤제타(가수), 베누아(하숙집 주인), 알친도로(주의회 의원)
음악 하이라이트	뮤제타의 왈츠 노래, 콜리네의 아리아, 1막에서의 로돌포의 사랑의 테마 음악, 1막에서 미미의 사랑의 테마 음악
베스트 아리아	「미미라고 부른답니다(Si, mi chiamano Mimi)」(S), 「그대의 찬 손(Che gelida manina)」(T), 「내가 혼자 길을 걸을 때(Quando men vo soletta)」(Ms), 「이곳에서 행복하게 떠났다(D'onde lieta)」(S), 「미미가 왔어요... 너무 추워요!(C'e Mimi... Ho tanto freddo!)」(T), 「낡은 외투(Vecchia zimarra)」(B), 「오 미미 당신은 결코 돌아오지 않는구려(O Mimi, tu piu non torni)」(T), 「오 사랑스러운 여인(O soave fanciulla)」(T)

사전 지식　　　4막의 슬프고도 감미로운 비극으로 세계에서 가장 사랑 받는 오페라 중 하나다. 푸치니의 첫 흥행 작품으로 손수건을 적시는 신파조의 스토리지만, 사랑스럽고 유쾌한 내용을 담고 있다. 〈라 보엠〉은 보헤미아 사람, 즉 집시를 말한다. 그러나 이 오페라에서는 보헤미안 사람처럼 가난하지만 예술을 사랑하고, 사랑을 위해 낭만적인 생활을 하는 사람들을 일컫는다.

오늘날 〈라 보엠〉이 세계에서 가장 사랑 받는 오페라 중 하나라는 것은 의심의 여지가 없지만, 초연 당시에는 심한 냉대를 받았다. 이 오페라가 초연된 다음 날 토리노 신문은 "이런 별 볼 일 없는 오페라를 만들다니 거장 푸치니로서는 일생일대의 대실수를 한 것이다"라고 보도했다. 한술 더 떠 토리노의 〈스탐파(La Stampa)〉라는 신문은 "〈라 보엠〉은 우리들 마음에 아무 감동을 주지 못했다. 오페라 역사에서 기억될 것 같지 않다. 작곡가 푸치니가 이 작품을 한순간의 실수로 생각한다면 다행이다. 이 작품을 쓸 정력과 노력이면 다른 좋은 작품을 쓰고도 남았을 것이다"라고 했다.

에피소드　　　　　〈라 보엠〉이 초연된 날 밤 평론가들은 정말 야만인들처럼 이 작품을 비난했다. 음악이 너무 단순하며 드라마틱한 분위기도 충분치 않다고 지적했다. 당시 평론가들은 훗날 이 오페라가 세계에서 가장 사랑 받는 오페라가 될 줄은 꿈에도 생각하지 못했을 것이다. 푸치니가 어려웠던 시절을 생각하며 작곡했다는 이 오페라는 실화는 아니지만, 극중의 거리나 카페 이름 등은 실명을 사용했다. 예를 들어 카페 모뮈(Cafe Momus: 모모스는 그리스 신화의 냉소의 신)는 파리의 샤마르탱(Chamartín) 부근에 있는 카페이며, 카르티에라탱(Quartier Latin) 역시 라틴 쿼터로도 불리는 지역으로 주요 대학이 자리 잡고 있다.

1896년 토리노에서 초연 뒤 이탈리아에서 다시 공연되기까지 3년이 걸렸다. 초연 4개월 뒤 아르헨티나에서 두 번째로 공연되었고, 세 번째 공연은 이집트에서 했다. 그 뒤를 이어 러시아와 포르투갈에서 공연되었다. 〈라 보엠〉은 이탈리아보다 외국에서 더 인기를 끌었던 듯하다. 이탈리아에서의 두 번째 공연은 1897년 스칼라 극장에서 있었고, 미국에서는 1898년에 초연되었다. 이후 〈라 보엠〉은 메트로폴리탄 오페라하우스에서 두 번째로 많이 막을 올린 작품이 되었다. 1970년대만 보더라도 메트로폴리탄 오페라하우스에서 500회 이상 공연되는 놀라운 기록을 세웠다.

〈팔리아치〉를 쓴 루지에로 레온카발로도 앙리 뮈르제의 소설을 바탕으로 〈라 보엠〉을 작곡했다. 대본은 레온카발로가 직접 썼다. 푸치니는 〈라 보엠〉을 1895년에 완성했지만, 레온카발로는 그전에 〈라 보엠〉을 완성했다. 다만 푸치니의 〈라 보엠〉이 1896년 토리노에서 초연한 데 반해 레온카발로의 〈라 보엠〉은 그보다 1년 뒤인 1897년 베네치아에서 초연되었다. 레온카발로의 〈라 보엠〉도 초연 이후 상당한 인기를 끌었다. 그러나 푸치니의 〈라 보엠〉이 인기를 끌게 되면서 레온카발로의 〈라 보엠〉은 사람들 기억 속에서 점차 사라지게 되었다.

줄거리　　　　　[제1막] 예술이라는 테두리에서 만나 예술을 사랑하고 이상을 동경하는 네 명의 친구들은 파리 카르티에라탱의 어느 아파트 다락방에 함께 기거하고 있다. 크리스마스이브다. 손이 시리도록 추운 다락방에서 월세를 내지 못해 떨어야 하는 젊은이들 가운데 시인 로돌포(Rodolfo)는 잠시나마 추위를 면하고자 그동안 애써 써놓은 연극 대본을 스토브에 넣어 불을 지핀다. 그런 중에 음악을 하는 친구가 돈이 좀 생겼다고 하면서 무척 흥분한 모습으로 들어온다. 모두 자기 일처럼 기뻐한다. 이들은 크리스마스이브를 축하하기 위해 오랜만에 다 함께 시내로 나간다. 잠시 할 일이 있는 로돌프만 방에 남는다.

차가운 밤이지만 크리스마스이브의 달빛은 아름답기만 하다. 로돌포가 시를 쓰느라 골몰하는 조용한 다락방에 문 두드리는 소리가 들린다. 다락방의 다른 쪽에 사는 미미(Mimi)다. 같은 아파트에 살지만 서로 인사를 나눈 적은 없다. 미미는 순박하고 밉지 않게 생겼으나, 마치 폐결핵 징후가 있는 사람처럼 병약한 모습의 아가씨다. 촛불이 꺼져 불을 빌리러 왔다는 것이다. 어두운 방에서 미미가 자기 방 열쇠를 떨어뜨린다. 열쇠를 찾던 두 사람은 무심코 손을 잡는다. 「그대의 찬 손」은 미미를 동정하는 로돌포의 마음을 표현한 아리아다. 〈라 보엠〉에는 아름다운 아리아가 많다. 그중 이 「그대의 찬 손」이 대표적이다. 미미는 「미미라고 부른답니다」를 부른다. 시골에서 올라와 먹고살기 위해 수를 놓는 일을 한다는 설명도 덧붙인다. 어두운 방에서 촛불 하나에 의지해 눈이 아프도록 수를 놓으며 외롭게 지내는 미미. 이윽고 마음이 가까워진 두 사람은 듀엣으로 서로의 사랑을 확인한다. 두 사람은 친구들이 기다리고 있는 카페로 함께 간다.

[제2막] 카르티에라탱에 있는 카페 모뮈 앞의 광장이다. 크리스마스이브 분위기가 거리에 가득하다. 보헤미안 친구들이 카페 앞에 한자리를 차지하고 앉아 며칠 동안 굶은 듯 푸짐한 저녁식사를 즐기고 있다. 함께 자리한 로돌포와 미미는 그저 행복하다. 그들 중 화가 마르첼로만 울적한 기분에 젖어 있다. 카페 저쪽 자리에 앉아 있는 어떤 늙은 남자와 젊은 여자 때문이다. 젊은 여자는 마르첼로가 한때 사랑했던 뮤제타다. 뮤제타도 이쪽 테이블에 마르첼로가 앉아 있는 것을 본다. 뮤제타는 마르첼로의 관심을 끌기 위해 약간 소란을 피운 뒤 유명한 왈츠 「내가 혼자 길을 걸을 때」를 부른다. "길을 걷노라면 남자들이 발길을 멈추고 나의 아름다움에 이끌려 모두 쳐다본다"는 내용이다. 뮤제타는 마르첼로와 다시 만나기 위해 선물 꾸러미를 들고 뒤를 따라온 알친도로 영감을 심부름 보낸다. 구두 굽이 부러졌으니 어서 새로 사오라고 보낸 것이다. 실은 뮤제타가 일부러 구두 굽을 망가뜨렸다. 알친도로를 교묘히 따돌린 뮤제타는 마르첼로에게 돌아온다. 마르첼로도 뮤제타를 기쁜 마음으로 받아들인다. 심부름을 갔다 돌아온 알친도로에게 남은 것은 보헤미안들이 먹은 엄청난 저녁 값 청구서뿐이다.

[제3막] 두 달 뒤 살을 에는 듯한 추운 겨울, 파리에서 떨어진 어느 마을의 술집 앞이다. 미미는 마르첼로에게 이제 로돌포와의 관계는 막바지에 이른 것 같다고 말한다. 미미는 전보다 더 쇠약해졌다. 로돌포는 마르첼로에게 미미는 귀찮은 존재라고 말하면서 병까지 심해 헤어져야겠다고 털어놓는다. 로돌포는 미미가 바람기 있는 여자라는 비난까지 서슴지 않는다. 헤어지기로 마음먹은 두 사람은 「안녕, 마음에 부담 갖지 말고서(Addio, senza ranco)」라는 마치 헤어짐의 기쁨을 노래하는 듯한 아리아

를 부른다. 한편 마르첼로와 뮤제타도 서로에게 지쳤다. 당연히 다음 순서는 이별이다. 네 사람의 4중창은 서로의 감정을 잘 표현하고 있다.

[제4막] 다시 파리의 다락방으로 돌아온 로돌포와 마르첼로의 마음 한구석에는 여전히 미미와 뮤제타가 자리 잡고 있다. 뮤제타가 다락방으로 뛰어 들어오면서 "지금 계단에 미미가 쓰러져 있어요!"라고 소리친다. 놀란 두 사람은 혼수상태인 미미를 업고 방으로 들어와 침대에 눕힌다. 병세가 이미 몸속까지 파고든 것 같다. 친구 콜리네(Colline)는 자기 외투를 벗어 미미의 몸을 감싼다. 뮤제타는 미미의 언 손을 녹여주기 위해 애를 쓴다. 겨우 정신을 차린 미미는 로돌포와 함께 이 방에서 처음 만나 손을 잡고 사랑을 약속했던 일을 회상한다. 잠시 후 미미가 눈을 감는다. 로돌포는 죄책감에 사로잡혀 미미를 소리 높여 부른다.

황금 서부의 아가씨

타이틀　**La Fanciulla del West**(The Girl of the West)

	전 3막. 원래 제목은 '서부의 아가씨'이지만 일본에서 '황금 서부의 아가씨'라고 하는 바람에 한국에서도 '황금 서부의 아가씨'로 더 알려져 있다. 데이비드 벨라스코(David Belasco)의 『황금 서부의 아가씨(The girl of the golden west)』 바탕으로 구엘포 치비니니(Guelfo Civinini)와 카를로 찬가리니(Carlo Zangarini)가 이탈리아어 대본을 썼다.
초연	1910년 12월 10일 뉴욕 메트로폴리탄 오페라하우스
주요 배역	딕 존슨(래머레즈, 무법자), 미니(서부의 아가씨), 잭 랜스(보안관), 닉(폴카 살룬의 바텐더), 빌리 잭래빗(인디언)
베스트 아리아	「솔레다드 저 아래쪽에(Laggiù nel soledad)」(S), 「미니, 나는 집을 떠났다오(Minnie, dalla mia casa son partito)」(T), 「내가 저 멀리 도망간 것으로 알 거야(Ch'ella mi creda libero e lontano)」(T)

사전 지식　　미국적 요소가 무대 곳곳에 스며들어 있다. 이 같은 미국적 분위기는 특수 타악기로 표현된다. 미니가 부르는 「솔레다드 저 아래쪽에」는 행복했던 어린 시절을 회상하는 아름다운 아리아다.

에피소드　　이탈리아판 웨스턴 오페라다. 1848년 황금 러시가 시작될 무렵 미국 캘리포니아가 무대다. 미국 서부의 황금 러시는 1849년에 절정을 이룬다. 그래서 '포티나이너(forty-niner: 1849년 골드러시로 캘리포니아에 밀어닥친 사람)'라는 용어가 생겨나기도 했다.

줄거리　　[제1막] 더 폴카(The Polka)라는 간판이 붙어 있는 살룬(saloon)이다. 작은 금광을 하나 소유한 애시비(Ashby)가 무법자 래머레즈(Ramerrez)를 저쪽 골짜기에서 보았다고 얘기한다. 광부들과 술주정꾼들은 그 말에 별로 신경을 쓰지 않는다. 주점의 한쪽 벽에는 래머레즈의 현상 포스터가 붙어 있다. 이때 처음 보는 수상한 사람이 주점으로 들어온다. 래머레즈다. 자기를 딕 존슨(Dick Johnson)이라고 소개한 그를 현상 포스터의 사나이라고 생각하는 사람은 아무도 없다.

폴카 살롱의 예쁜 미니(Minnie)는 한눈에 그 사나이와 마음이 맞아 함께 왈츠를 춘다. 여인에게 배신당해 괴로운 심정이던 딕 존슨은 미니를 본 순간 의지할 여인이라고 생각한다. 딕 존슨은 현재 금광 캠프를 습격할 계획을 세우고 있다.

[제2막] 밤이 되자 딕 존슨은 저녁도 먹고 하룻밤 신세를 지려고 미니의 거처로 찾아간 것이다. 마을 사람들이 미니의 집으로 몰려오자, 미니는 딕 존슨을 숨긴다. 마을 사람들은 미니에게 래머레즈의 사진을 보여주며 혹시 이런 사람이 부근으로 왔다고 하는데 본 적이 있느냐고 묻는다. 미니는 모른다고 대답한다. 그런데 마을 사람들이 돌아가려는 순간, 딕 존슨이 발견된다. 총에 맞은 딕 존슨이 다시 미니의 집으로 뛰어 들어와 숨는다. 마을 사람들은 무법자 래머레즈가 멀리 산속으로 도망간 것으로 생각해 그를 찾으려고 모두 흩어진다.

잠시 후 보안관 잭 랜스(Jack Rance)가 문을 박차고 들어선다. 미니는 딕 존슨이 자기 집에 없다고 딱 잡아떼지만, 천정에서 핏방울이 떨어지는 바람에 거짓말이 탄로 나고 딕 존슨은 체포된다. 미니는 포커 한 판을 제안한다. 자신이 이기면 딕 존슨을 놓아주고, 보안관이 이기면 악당 래머레즈뿐만 아니라 미니까지 차지한다는 조건이다. 미니가 속임수를 써서 게임에서 이긴다. 풀려난 딕 존슨은 그 즉시 미니의 집을 떠난다.

[제3막] 일주일 후 보안관과 부하들이 래머레즈를 체포해온다. 이 사실을 안 미니는 마을로 달려와 사람들에게 그를 교수형에 처하지 말아달라고 간청한다. 미니의 사랑에 감동한 마을 사람들은 래머레즈가 미니와 함께 떠나는 것을 허락한다. 미니와 래머레즈는 서로 팔을 붙잡고 새로운 삶을 시작하기 위해 떠나간다. "잘 있거라! 캘리포니아여!"

제비

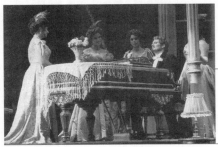

	전 3막. 원래 하인츠 라이헤르트(Heinz Reichert)가 쓴 독일어 대본을 주세페 아다미가 이탈리아어 대본으로 만들었다.
초연	1917년 3월 27일 몬테 카를로 오페라 대극장(Grand Théâtre de Monte Carlo). 이듬해에는 나폴리의 산 카를로 극장에서 수정본이 초연되었다.
주요 배역	마그다(람발도의 정부), 루게로(마그다를 사랑하는 청년), 람발도(부유한 마그다의 후원자), 리세테(마그다의 하녀), 프루니에르(시인)
베스트 아리아	「그 누가 도레타의 사랑스러운 꿈을 짐작할 수 있었는가(Chi il bel sogno di Doretta potè indovinar?)」(S), 「부드러운 천상의 시간(Ore dolci e divine)」(S)

사전 지식 〈라 트라비아타〉와 〈라 보엠〉의 내용이 압축된 스토리로 보면 된다. 제2막은 4중창으로 시작되는데, 푸치니는 이 장면의 음악이 〈라 보엠〉 제3막의 마지막 장면에 필적하는 훌륭한 부분이라고 말한 바 있다.

에피소드 푸치니의 〈제비〉는 원래 빈에서 오페레타로 공연할 작품을 의뢰 받고 작곡한 것이다. 그러나 제1차 세계대전의 여파로 그곳에서 공연하지 못했다. 푸치니는 독일어 대본을 이탈리아어로 바꾸어 중립국인 모나코에서 초연했다.

줄거리 [제1막] 무대는 프랑스 제2 제국 시기의 파리다. 주인공 마그다(Magda de Civry)는 부유한 은행가 람발도(Rambaldo Fernandez)가 뒤를 봐주는 고급 호스티스다. 매일 화려한 파티의 연속이다. 마그다의 후원자 람발도는 그녀의 요구는 뭐든 다 들어준다. 화려하고 분방한 생활을 하는 마그다이지만, 자기 주위에는 허구와 가식으로 가득 찬 사람들만 있다는 것을 깨닫고는 진실한 사랑을 갈구하는 마음이 생긴다. 마그다는 옛날 순박했던 첫사랑을 불현듯 떠올린다. 급기야 그 사랑이 그리워 견딜 수 없는 지경에 이른다.

[제2막] 마그다의 첫사랑은 젊고 가난한 학생이었다. 지금은 어디서 무엇을 하는지 모른다. 그러던 어느 날 마그다는 루게로(Ruggero Lastouc)라는 가난하지만 열정을 품은 학생을 만난다. 첫사랑이 떠오르는 청년이다. 루게로는 마그다에게 사랑을 고백하면서 둘만의 삶을 위해 멀리 떠나자고 제안한다. 두 사람은 니스(Nice)에 행복한 보금자리를 마련한다.

루게로는 마그다와의 사랑이 완벽한 결실을 맺기를 간절히 바라며 결혼을 결심한다. 그는 아버지에게 편지를 보내 마그다와의 결혼을 허락해달라고 부탁한다. 아버지는 결혼할 사람이 순결하며 명예로운 여인이라면 두 손 벌여 환영한다는 뜻을 전한다. 이런 뜻을 안 마그다는 자신이 루게로에게 가치 없는 존재라고 생각한다. 마그다는 사랑하는 사람의 명예를 더럽히고 싶지 않아 결국 그를 떠난다.

토스카

타이틀	La Tosca	
		전 3막의 멜로드라마. 빅토리앵 사르두의 희곡 「라 토스카(La Tosca)」를 주세페 자코사와 루이지 일리카가 오페라 대본으로 만들었다. 토스카는 오페라 가수인 아름답고 정열적인 여인의 이름이다.
	초연	1900년 1월 14일 로마 코스탄치(Costanzi) 극장
	주요 배역	플로라 토스카(유명한 소프라노), 카바라도시(화가, 토스카의 애인), 스카르피아 남작(경시총감), 체사레 안젤로티(전 로마공화국 집정관), 스폴레타(경찰 요원)
음악 하이라이트		목동의 노래, 2막 중 토스카의 아리아, 토스카의 운명 테마 음악, 카바라도시의 초상화 아리아, 카바라도시의 편지 아리아, 카바라도시의 승리 환상 음악
베스트 아리아		「예술에 살고, 사랑에 살고(Vissi d'arte, vissi d'amor)」(S), 「별은 빛나건만(E lucevan le stelle)」(T), 「오묘한 조화(Ricondita armonia)」(T)

사전 지식　　　폭력적이고 비극적인 멜로드라마다. 무대에서 고문, 살인, 자살, 배반을 그대로 보여주기 때문이다. 그러나 푸치니는 이 모든 요소를 아름답고 매력적인 멜로디가 넘쳐흐르며, 감정이 용광로처럼 끓어오르는 한 편의 예술로 승화시켰다. 그래서 비록 잔인하고 비인간적인 플롯 때문에 비난 받기는 했지만 오페라 역사에서 찬란하게 빛나는 레퍼토리로 우뚝 서게 되었다.

에피소드　　　마지막 장면에서 토스카는 교도소 지붕에서 뛰어내린 뒤 노래를 부른다. 바닥에 쿠션을 준비해놓았겠지만 현실적인 장면은 아니다. 그 높은 곳에서 떨어진 연약한 여자가 어떻게 죽지 않고 계속 노래를 부를 수 있는지 의문이 들지만, 오페라이므로 그러려니 넘어가야 한다. 이 오페라의 프리마돈나 토스카는 오직 한 곡의 아리아만 부른다. 2막에서의 「예술에 살고, 사랑에 살고」다. 그런데도 뒤이어 진행되는 매우 극적인 역할 때문에 토스카는 단 한 곡의 아리아로도 여러 곡 이상의 박수를 받는다.

줄거리 　　　　　**[제1막]** 1800년 로마다. 정치범으로 수배된 전(前)로마공화국의 집정관 안젤로티 (Angelotti)가 경찰의 추격을 피해 화가인 친구 마리오 카바라도시(Mario Cavaradossi)가 작업을 하고 있는 산 안드레아 델라 발레(San Andrea della Valle) 성당으로 숨어든다. 카바라도시는 성모마리아의 초상화를 그리는 일을 한다. 〈라 보엠〉에서는 예술가들이, 〈토스카〉에서는 오페라 가수와 화가가 등장한다. 카바라도시는 자기가 그리는 성모마리아의 모습이 눈이나 머리 색깔도 다르고 스타일도 다르지만, 사랑하는 플로라 토스카(Flora Tosca)와 어쩐지 닮은 점이 많다고 생각하면서 「오묘한 조화」라는 아리아를 부른다. 카바라도시는 자신을 찾아 성당으로 피신 온 친구 안젤로티를 숨겨준다. 마침 토스카가 카바라도시를 만나러 성당으로 들어선다. 그녀는 성모의 모델이 누구냐고 따지면서 은근히 질투심을 보인다. 카바라도시와 토스카가 대단히 멋진 듀엣을 부른다. 카바라도시가 토스카에 게 "그 누구도 당신보다 아름다울 수 없다"라고 말해주자 그제야 토스카의 마음이 누그러진다. 성당에서는 합창단이 한창 연습 중이다. 하지만 갑자기 들이닥친 스카르피아(Scarpia) 일행 때문에 연습이 중단된다. 스카르피아 남작은 경시총감으로, 악랄하고 잔혹하며 치사하고 비열한 인물로 알려져 있다. 스카르피아는 도망자를 어디다 숨겼냐고 추궁하지만 의리 있는 카바라도시는 입을 열지 않는다. 오래전부터 미모의 토스카에게 흑심을 품고 있던 스카르피아에게 그녀의 애인 카바라도시 는 눈엣가시와 같은 존재였다. 경시총감은 토스카의 마음을 카바라도시에게서 떼어놓기 위해 카바라도 시가 어떤 미모의 여자와 은밀한 관계라고 귀띔한다. 토스카는 울음을 터뜨리며 뛰쳐나간다. 그녀가 나가자 스카르피아는 카바라도시를 범인 은닉 혐의로 체포해 연행한다. 성당합창단이 장엄한 테데움 (Te deum)을 부르는 가운데 1막의 막이 내린다. 테데움은 매우 인상적이다.

[제2막] 경시총감 스카르피아는 카바라도시를 가둔 뒤 어떻게 하면 토스카에 대한 야욕을 채울 수 있을지 궁리한다. 스카르피아는 토스카에게 편지를 보내 카바라도시가 걱정되면 경시청으로 찾아오라고 한다. 미끼를 던진 것이다. 걱정이 태산 같던 토스카가 허겁지겁 달려온다. 경시총감실 옆방에서 카바라도시를 잔인하게 고문하고 있다. 토스카는 사랑하는 사람이 지르는 비명 소리에 넋이 나갈 지경이다. 스카르피아는 '때는 바로 이때다!'라면서 도망자가 어디 숨었는지 말하면 남자 친구를 풀어주겠다고 제안한다. 토스카는 앞뒤 가릴 것 없이 도망자가 숨어 있는 장소를 말한다. 이 사실을 안 카바라도시는 친구가 붙잡혀 처형당할 것을 생각하고는 토스카를 원망한다. 경시총감은 카바라도시의 범인은닉죄가 확실히 드러나자 이참에 눈엣가시를 제거하고자 총살을 명한다. 이 소리를 들은 토스카는 충격을 받아 카바라도시를 제발 살려달라고 애원한다. 스카르피아는 회심의 미소를 지으며, 자기와 하룻밤을 보내면 남자 친구를 살려주겠다고 말한다. 토스카는 운명의 장난을

한탄하며 유명한 「예술에 살고, 사랑에 살고」를 부른다. "예술을 좋아하고 남을 도와주기를 좋아하며 신을 열심히 섬겼는데 어찌하여 이런 시련을 주시나이까?"라는 내용의 아리아다. 토스카는 카바라도 시를 살리기 위해 스카르피아의 요구를 들어줄 수밖에 없는 처지다. 스카르피아는 이미 명령을 내렸기 때문에 취소할 수 없으므로 부하들에게 가짜 총알을 쏘도록 지시하겠다고 말하면서, 총소리가 나면 일단 쓰러졌다가 사형집행관들이 나간 뒤 데려오면 된다고 말해준다. 탐욕에 넘치는 스카르피아 가 토스카를 범하려고 다가서자 토스카는 "안 돼!"라고 외치며 책상 위에 있던 칼을 집어 스카르피아를 찌른다. 정신을 차린 토스카는 흐트러진 머리를 매만진다. 그녀는 경시총감 스카르피아의 시신 옆에 촛불을 가져다 놓고 성호를 그은 뒤 서둘러 카바라도시를 만나러 나간다. 한편 도망자 안젤로티는 믿었던 친구가 자신을 밀고했다고 생각해 체포되기 직전 자살한다.

[제3막] 교도소 간수가 카바라도시에게 한 시간 뒤 처형된다고 알려준다. 지옥에서 탈출한 토스카가 묶여 있는 카바라도시에게 형을 집행할 때 가짜 총알을 사용한다고 했으니 총소리가 나면 그저 죽은 듯 쓰러져 있으라고 당부한다. 카바라도시가 사형집행관 앞에 선다. 토스카가 멀리서 지켜보고 있다. 총성이 울린다.

쓰러진 카바라도시는 미동도 하지 않는다. 진짜 총알에 맞은 것이다. 스카르피아가 거짓말을 한 것을 깨달은 토스카가 분노와 허탈, 절망에 떨고 있을 때 경시총감 살해를 알게 된 경찰이 토스카를 잡으러 달려온다. 이제 토스카의 운명은 궁지에 몰린다. 그녀는 교도소 지붕에서 뛰어내려 꽃다운 생을 마감한다.

빌리

타이틀	Le Villi(The Villis)	
	전 2막의 오페라-발로(Opera-ballo: 무용을 곁들인 오페라). 슬라브 전설을 하인리히 하이네(Heinrich Heine)가 시로 옮긴 것을 기본으로 아리고 보이토와 작곡자가 공동으로 대본을 만들었다. 빌리(Villi; Ville)는 사랑하는 사람에게 버림받아 죽은 처녀들의 영혼을 말한다.	
	초연	1884년 5월 31일 밀라노 달 베르메(Dal Verme) 극장, 개정본 초연은 같은 해 12월 26일 토리노 레조 극장
	주요 배역	안나(아나: 삼림관의 딸), 로베르토(아나의 약혼자), 불프(아나의 아버지이며 삼림관)
음악 하이라이트	아나의 사랑의 아리아	
베스트 아리아	「내가 당신처럼 작다면(Se come voi piccina io fossi)」(S), 「행복했던 날은 지나가고(Toma ai felici di)」(T), 「신이시여, 두려운 밤!(Dio, Che orrenda notte!)」(T)	

사전 지식   오페라와 발레를 혼합한 작품으로, 거장 푸치니의 첫 오페라 작품이다. 푸치니는 이 작품을 밀라노 음악원이 주최하는 작곡대상에 응모했으나 채택되지 않았다. 친구 아리고 보이토가 아까운 작품이니 약간 수정해 공연하면 성공할 수 있을 것이라고 용기를 주고 극장까지 주선해 주었다. 그리하여 밀라노의 달 베르메라는 작은 극장에서 그의 첫 오페라가 공연될 수 있었다. 당시에는 단막이었으나, 몇 달 뒤 토리노에서 공연될 때는 2막으로 고쳤다. 1막 중 결혼식 음악, 기도 장면의 음악과 왈츠가 아름답다. 2막에 앞선 전주곡 「라반도노(L'Abbandono)」도 매우 효과적이다. 가장 인상적인 것은 2막의 '빌리의 춤'이다.

에피소드   밀라노 달 베르메 극장에서의 초연은 대성공이었다. 〈빌리〉는 이탈리아 외에서는 별로 성공을 거두지 못했다. 〈마농 레스코〉가 이탈리아보다 다른 나라에서 더 성공적이었던 것과는 대조적이다. 〈빌리〉와 〈마농 레스코〉 사이에 〈에드가르〉가 있다. 이탈리아 이외의 지역에서는 그런 오페라가 있는지 잘 모른다. 〈에드가르〉는 〈빌리〉와 함께 공연하는 것이 관례다. 〈빌리〉와 같은 맥락의 발레 작품이 아돌프 아당의 〈지젤(Giselle)〉이다. 지젤의 또 다른 제목이 〈빌리〉인 것만

봐도 알 수 있다. 1924년 푸치니의 장례식에서는 토스카니니가 지휘하는 스칼라 극장의 오케스트라가 〈빌리〉에 나오는 장송곡을 연주했다.

줄거리　　　　　　　　**[제1막]** 무대는 독일의 검은 숲(Black Forest)이다. 삼림관의 딸 아나(Anna)와 로베르토(Roberto)가 약혼식을 올리고 있다. 마을 사람들이 흥겹게 노래하며 왈츠를 춘다. 며칠 뒤 로베르토는 자기에게 남겨진 유산을 찾으러 마인츠로 먼 길을 떠난다. 그는 떠나기 전에 언제 어디서든 아나에게 성실하겠다는 서약을 했다.

[제2막] 로베르토는 유산으로 받은 돈을 술 마시고 노는 데 쓴다. 게다가 여자까지 만나 방탕한 생활에서 벗어나지 못한다. 로베르토는 『성경』에 나오는 돌아온 탕자처럼 빈털터리가 되어 고향 마을로 돌아온다. 그가 숲을 지날 때 빌리(젊은 여인들의 혼령)들이 나타나 로베르토의 주위를 맴돌며 춤을 춘다. 마을에 도착한 로베르토는 아나의 집에서 흘러나오는 장송곡을 듣는다. 아나의 아버지 불프(Wulf)가 로베르토를 보더니 내쫓아 버린다. 사람들이 물러나자 아나의 빌리가 나타나 로베르토 앞에서 광란의 춤을 춘다. 로베르토가 아나와 다른 혼령들에게 변명을 하려고 하자 혼령들은 로베르토를 데리고 저 높은 곳으로 올라가 땅으로 떨어뜨린다. 로베르토는 그대로 죽음을 맞는다. 혼령들이 로베르트의 때늦은 후회를 비웃는 듯이 「호산나(Hosanna)」를 합창한다.

나비 부인

타이틀 **Madama Butterfly**(Madame Butterfly)

전 3막. 일본을 배경으로 한 비극(tragedia giapponese). 일본에서 살았던 미국인 선교사 존 루서 롱(John Luther Long)의 장편소설 『나비 부인』을 바탕으로 주세페 자코사와 루이지 일리카가 대본을 썼다. 존 루서 롱의 소설은 피에르 로티(Pierre Loti)의 작품인 『국화 부인(Madame Chrysantème)』에서 모티브를 얻었다.

초연	1904년 첫 버전이 2월 17일 스칼라 극장, 두 번째 버전이 5월 28일 브레시아(Brescia)
주요 배역	조초 상(나비 부인), F. B. 핀커턴(미 해군 장교), 스즈키(조초 상의 하녀), 샤플리스(나가사키 주재 미국 영사, 핀커턴의 친구), 고로(중매쟁이), 야마도리 공자, 본제(스님, 조초 상의 삼촌), 케이트 핀커턴(핀커턴의 아내)
음악 하이라이트	허밍 코러스, 일본 국가 테마 음악, 2막 중 나비 부인의 대아리아, 2막 중 나비 부인과 스즈키의 듀엣, 1막 중 핀커턴과 나비 부인의 사랑의 듀엣, 미국 국가 테마 음악, 3막 중 핀커턴의 이별 장면 음악
베스트 아리아	「저녁이 다가오는데(Viene la sera)」(S+T), 「어떤 갠 날(Un bel di vedremo)」(S), 「세상을 누비며(Dovunque al mondo)」(T), 「날 사랑해주세요(Vogliatemi bene)」(T), 「나도 알고 있소(Io so che alle sue pene)」(T), 「꽃나무 가지를 흔들며(Scuoti quella fronda di cillegio)」(S+Ms), 「잘 있으라, 행복했던 집이여(Addio, fiorito asil)」(T)

사전 지식   오페라 〈나비 부인〉은 순수한 마음으로 남편 핀커턴을 믿고 사랑한 조초 상에 초점을 맞춘 작품이다. 작품에 순수성을 부여하기 위해 일본의 선율이 상당 부분 사용되었다. 푸치니의 다른 걸작과 마찬가지로 아름다운 멜로디가 숨어 있는 인간 본연의 감정을 끌어올린다. 브로드웨이 뮤지컬 〈미스 사이공〉의 소재도 바로 〈나비 부인〉이다. 구성도 이와 같다. 다만 원작에는 없는 헬리콥터가 브로드웨이에는 등장한다. 〈나비 부인〉은 아이러니컬하게도 미국 전역에서 가장 많이 공연되는 오페라다. 〈나비 부인〉이 공연되면 관객석에서 훌쩍이는 소리와 함께 손수건을 꺼내 든 사람을 많이 볼 수 있다.

에피소드　　　　원래는 3막이 아닌 2막의 오페라였다. 초연이 있던 날, 관객들은 지루하고 내용도 유치하다면서 비난을 퍼부었다. 마침 객석에 있던 푸치니는 교통사고로 다리를 다쳐 속이 상해 있는 터에 이 소리를 듣고는 "짐승만도 못한 사람들 같으니! 그래 소리 지르려면 질러봐라! 더 크게! 누가 옳은지 알 것이다. 이 오페라야말로 내가 쓴 작품 중 최고란 말이다!"라고 소리쳤다. 그 후 푸치니는 2막을 둘로 나누는 등 몇 군데를 손질해 세 달 뒤 다시 무대에 올려 박수갈채를 받았다.

줄거리　　　　[제1막] 나가사키에 주둔하는 미 해군 대위 핀커턴(Pinkerton)은 주위의 권고도 있고, 가벼운 마음으로 나가사키에 있는 동안 현지처를 두기로 한다. 결혼 전인 핀커턴 대위는 중매쟁이 고로(Goro)의 소개로 열다섯 살의 꽃다운 게이샤 조초 상(Madama Butterfly; Cio-Cio San; 蝶蝶樣)을 만난다. 핀커턴은 동거만 하려고 생각했는데, 조초 상 측에서 반드시 결혼식을 올려야 한다고 주장한다. 몰락한 귀족 가문의 여식으로 먹고살기 위해 게이샤 노릇을 하고 있지만, 돌아가신 아버지에게 정당한 예식도 없이 결혼했다고 고하고 싶지 않다는 것이다. 드디어 결혼식 아침이 밝는다. 핀커턴 대위의 친구인 나가사키 총영사 샤플리스(Sharpless)는 더 신중하게 생각해 결혼을 결정하라고 충고한다. 그러나 핀커턴은 결혼식 날이니 축배나 들자면서 자신은 얼마 뒤 미국에 가서 사귀던 여자와 정식으로 결혼할 계획이라고 말한다. 핀커턴은 조초 상과 결혼하는 것은 식을 올리자고 하니까 하는 것일 뿐, 그저 재미만 보면 되지 않겠냐고 말한다. 어린 신부 조초 상이 게이샤 친구들과 함께 도착한다. 그녀는 자기가 핀커턴을 얼마나 사랑하는지 아무도 모를 것이라고 하면서 행복함을 노래한다. 조초 상은 미국 사람과 결혼하기 위해 기독교로 개종까지 한다. 일본인 대부분은 종교가 불교다. 결혼식 분위기는 갑자기 나타난 조초 상의 삼촌 본제(Bonze: 불교 승려) 때문에 써늘하게 식는다. 삼촌은 조상의 신앙까지 버리고 양놈하고 살려는 조초 상을 저주한다. 손님들은 모두 흩어지고 아무도 없는 집에서 조초 상만 슬피 울고 있다. 우울해하는 조초 상을 핀커턴이 위로한다.

[제2막] 3년이 흐른다. 하녀 스즈키(Suzuki)는 미국으로 떠난 핀커턴이 다시는 올 것 같지 않다고 걱정이다. 그러나 조초 상은 아무 소식도 없이 3년이 지났건만 언젠가 핀커턴이 "나비야!"라고 부르며 나타날 것이라고 굳게 믿는다. 이때 부르는 아리아가 저 유명한 「어떤 갠 날」이다. 미국으로 간 핀커턴은 케이트(Kate)라는 아가씨와 결혼했다. 샤플리스는 이 사실을 알고 있지만 조초 상에게 차마 얘기하지 못한다. 핀커턴이 샤플리스에게 편지를 보낸다. 조초 상이 아이를 낳았다고 하는데 자기 자식이니 미국으로 데려와 기르기로 케이트와 합의했으며, 아이를 입양하기 위해 며칠 뒤

케이트와 함께 일본으로 오겠다는 내용이다. 샤플리스는 이 얘기만은 조초 상에게 해야겠다고 마음먹고 조초 상을 만나지만, 그녀가 핀커턴이 돌아와 자기와 아이를 미국으로 데려갈 것이라고 굳게 믿고 있어 말을 전하지 못한다. 그날 오후, 항구에서 대포 소리가 들린다. 핀커턴의 배가 도착한 것이다. 조초 상은 오매불망 그리던 꿈이 이루어졌다고 생각해 죽어도 여한이 없을 것 같다. 마당을 쓸고 청소하며 꿈에도 그리던 낭군이 당장이라도 달려올 것 같아 설레는 마음을 감추지 못한다. 얼마나 참고 견뎌온 괴로운 시절이었던가?

중매쟁이 고로는 시도 때도 없이 나타나 돈 많은 야마도리의 후실로 들어가라고 성화를 부리지 않나, 이웃 사람들은 양놈의 자식이라면서 자기 아들을 업신여기지 않나, 조초 상에게는 눈물의 3년이었다. 그녀는 사랑하는 핀커턴을 만나면 무슨 얘기부터 할까 생각하며 마치 소녀처럼 들떠 있다. 그녀는 스즈키와 함께 마당에 꽃을 뿌리고 낭군을 맞을 준비를 한다.

[제3막] 조초 상은 마루에 꿇어앉아 밤새도록 뜬눈으로 핀커턴을 기다린다. 허밍 코러스는 조초 상의 간절한 마음을 관객에게 전달한다. 마침내 샤플리스가 핀커턴과 함께 언덕 위의 집으로 들어선다. 양산을 든 케이트가 그들의 뒤를 따른다. 조초 상과 핀커턴의 감격적인 만남도 잠시뿐, 케이트를 본 조초 상은 불안한 심정을 감추지 못한다. 그녀는 직감적으로 저 여자가 아들을 빼앗으러 왔다고 생각한다. 우려는 현실이 된다. 조초 상의 희망은 한순간에 무너진다. 그녀는 손도 쓰지 못하고 파란 눈의 아들을 빼앗길 수밖에 없는 운명을 생각한다. 조초 상에게 선택의 여지는 거의 없다. "명예를 잃고 사는 것보다 명예롭게 죽는 편이 낫다"라는 돌아가신 아버지의 말씀을 떠올리며 조초 상은 케이트에게 5분만 아들과 보내게 해달라고 부탁한다. 조초 상은 방으로 들어가 세 살배기 아들 트러블(Trouble)의 눈을 가린 뒤 병풍 뒤로 들어가 칼로 자결한다. 아무것도 모르는 아이는 성조기를 흔들며 마냥 즐거운 모습이다. 방에서 조초 상이 쓰러지는 소리가 들리자 불길한 예감에 핀커턴이 뛰어 들어가지만 조초 상의 몸은 이미 싸늘하게 변해 있다.

핀커턴은 그제야 자신의 잘못으로 한 여인이 한 많은 목숨을 끊었다고 자책하며 쓰러져 '나비야, 나의 나비야!(Butterfly! Butterfly!)'를 흐느껴 부른다. 어머니의 주검을 보여주지 않기 위해 샤플리스가 아이를 안고 돌아선다.

마농 레스코

타이틀	**Manon Lescaut**	
		전 4막의 서정적 드라마(dramma lirico). 마스네의 〈마농〉과 마찬가지로 드라마의 바탕은 아베 프레보의 「데 그리외와 마농 레스코의 이야기(L'histoire du chevalier des Grieux et de Manon Lescaut)」다.
	초연	1893년 2월 1일 토리노 레조 극장. 푸치니는 밀라노 스칼라 극장에서 공연하기 위해 오페라의 여러 부분을 수정했다. 수정본 초연은 밀라노에서 1894년에 있었다.
주요 배역		마농 레스코, 레스코(마농의 오빠, 근위대 하사), 데 그리외(학생), 제롱트 디 라부아(재무장관), 에드몬도(학생), 여관 주인, 가수, 댄스 교사, 선장
음악 하이라이트		미뉴에트, 마드리갈(madrigal), 2막 중 마농의 아리아, 1막 중 데 그리외와 마농이 부르는 사랑의 테마 노래, 2막 중 마농이 부르는 사랑의 테마 노래(데 그리외와 듀엣)
베스트 아리아		「지루한 나날(In quelle trine morbide)」(S), 「그 같은 여인은 처음(Donna non vidi mai)」(T), 「모든 사람 중에 어여쁜 그대(Tra voi, belle)」(T), 「그대! 그대, 내 사랑 그대(Tu! tu, amore tu)」(S), 「아, 마농, 그대의 어리석은 생각이 나를 배반하네(Ah, Manon, mi tradisce il tuo folle pensier)」(T), 「홀로 외롭게 버려지다(Sola, perduta, abbandonata)」(S)

사전 지식 푸치니의 대본은 마스네에 비해 상당히 간결하다. 그래서 이해하기에 쉽다. 이야기 전개에 일관성이 있으며 군더더기가 없다. 그러나 대본을 완성하는 데는 어려움이 무척 많았다. 여러 사람들이 대본을 만들려고 손을 댔으나 푸치니를 만족시키지 못했다. 레온카발로도 푸치니를 도와 이 오페라의 대본 작업을 하기도 했다. 결국 푸치니는 루이지 일리카, 도메니코 올리바(Domenico Oliva)와 공동으로 최종본을 완성했다. 마스네의 〈마농〉에서는 레스코가 사촌 오빠로 등장하지만, 푸치니의 〈마농 레스코〉에서는 친오빠로 나오며 직업은 근위대 하사관이다.

에피소드 푸치니는 친구들의 도움을 받아 이탈리아어 대본을 직접 썼다. 사람들이 푸치니에게 마스네가 이미 작곡한 내용을 왜 다시 작곡했느냐고 묻자 "왜 안 되느냐? 마농과 같은 여인을 사랑하는 사람이 한 명뿐이라는 건 말이 안 된다"라고 대답했다고 한다.

줄거리　　　　마스네의 〈마농〉과 줄거리는 크게 다르지 않다. 아미엥 마을의 광장에 마차 한 대가 도착한다. 재무장관 제롱트 디 라부아(Geronte di Ravoir)의 마차다. 이 마차에는 군인 레스코와 레스코의 여동생 마농이 있다. 레스코는 마농을 수녀원으로 데려가는 중이다. 마농의 아버지는 마농을 수녀원에서 숙녀 교육을 받게 해 좋은 혼처가 나오면 시집보낼 생각이다. 데 그리외는 수녀원으로 가는 마차를 기다리는 마농의 신선하고 발랄한 모습과 아름다운 매력에 흠뻑 취해 그녀에게 접근한다. 마농도 그런 데 그리외가 싫지 않다. 한편 탐욕스럽고 나이 많은 제롱트(Geronte)는 젊고 예쁜 마농을 그냥 놓아둘 수 없다고 생각해, 마농의 오빠 레스코와 짜고 마농을 납치할 계획을 세운다. 제롱트는 레스코가 마농의 납치를 눈감아준다면 상당한 대가를 지불하겠다고 약속한다. 레스코는 제롱트 같은 부자와 결혼하면 가난하게 살아온 마농이 호사를 누릴 수 있을 것으로 생각해 음모에 동참한다. 그런데 이들의 이야기를 데 그리외가 우연히 엿듣는다. 그는 마농에게 함께 파리로 떠나자고 한다. 수녀원에서 지루한 생활을 보내야 하는 마농은 데 그리외를 따라 제롱트의 마차를 훔쳐 타고 떠난다.

데 그리외와 파리로 간 마농은 가난한 학생 데 그리외에게 싫증을 느낀다. 그녀는 비록 음흉하지만 화려하게 살게 해주겠다던 제롱트를 떠올린다. 제롱트를 만난 마농은 자신의 잘못된 판단을 용서해달 라고 말한다. 마농은 제롱트의 저택에서 여유로운 생활을 누리지만, 음흉한 난봉꾼 제롱트에게 혐오감과 싫증을 느낀다. 얼마 뒤 데 그리외가 찾아오자 마농의 마음에 다시 사랑의 감정이 일어난다. 제롱트 저택을 탈출하려던 마농은 집에 있는 보석을 훔치다가 제롱트에게 들킨다. 제롱트는 마농과 데 그리외를 절도죄와 간통죄로 고발한다. 두 사람은 경찰서로 끌려간다.

마농은 미국의 뉴오를레앙으로 강제 이송을 선고 받는다. 반면 데 그리외는 그의 아버지가 경찰에 손을 써 겨우 풀려난다. 뉴오를레앙은 프랑스의 창녀나 도둑 같은 여인들을 보내는 곳이다. 마농도 다른 여인들과 함께 배에 오를 수밖에 없다. 마농을 잊지 못한 데 그리외가 선장을 매수해 아무도 모르게 죄수선에 오른다. 미국에 도착한 두 사람은 남의 눈을 피해 도망친다. 그러나 마농을 노리개로 삼으려는 프랑스 총독의 아들에게 발각된다. 데 그리외는 총독의 아들과 결투를 벌인다. 총독의 아들을 겨우 따돌린 두 사람은 신대륙의 프랑스 영토를 떠나 영국 영토로 지친 발걸음을 옮긴다.

이제 조금만 더 가면 새로운 삶을 살 수 있는 영국 영토다. 마농은 쇠약해질 대로 쇠약해져 더는 움직일 수 없는 처지다. 그녀가 물을 찾자 데 그리외가 물을 뜨러 밖으로 나간다. 그사이 마농은 홀로 죽음을 맞는다.

수녀 안젤리카

타이틀	**Suor Angelica**(Sister Angelica)	
	단막의 감상적인 비극. 강렬한 멜로디와 신비스러운 주제가 특징이다. 대본은 조바키노 포르차노가 맡았다.	
	초연	1918년 12월 14일 뉴욕 메트로폴리탄 오페라하우스
	주요 배역	수녀 안젤리카, 공주(안젤리카의 숙모), 수녀원장, 수녀들(제노비에파, 오스미나, 돌치나), 간호 수녀, 수습 수녀
	베스트 아리아	「엄마 없는 나의 어린아이(Senza mamma, o bimbo)」(S)

사전 지식 〈외투〉, 〈잔니 스키키〉와 함께 '일 트리티코'라고 불린다. 모두 단막이다.

줄거리 피렌체 수녀원 문밖에서 제노비에파(Genovieffa) 수녀가 5월의 빛나는 햇살을 받으며 그 찬란한 아름다움에 감탄하고 있다. 옆에 있던 수습 수녀가 다른 수녀들에게 지난 사흘 동안 밤만 되면 샘물이 마치 황금빛 햇살이 담긴 듯 금빛으로 물들었다고 얘기한다. 그러면서 저 햇살이야말로 신이 살아 계시다는 증거라고 말한다. 수녀 제노비에파는 밤중에 그 금빛 샘물을 떠다가 지난해 신의 부름을 받은 수녀의 무덤에 뿌리면 신의 축복을 받지 않겠느냐면서 오늘 밤 그렇게 해보자고 제안하지만, 수녀원장은 그런 일을 하는 것은 신의 축복을 억지로 구하는 것이므로 죄를 짓는 것과 같다고 말한다. 수녀들은 화제를 바꾼다.

제노비에파 수녀가 자신은 예전에 양치기였다고 말하면서 지금이라도 어린 양을 가슴에 한 번 안아보았으면 좋겠다고 말하자 수녀들은 소원이 무엇인지 돌아가면서 얘기해보기로 한다. 제각각 소원을 말하는데 한쪽 구석에 있는 안젤리카 수녀만 아무 소원이 없다고 말한다. 수녀들은 그 말을 믿지 않는다. 안젤리카 수녀는 지난 7년 동안 가족들의 소식을 듣지 못했다. 귀족 집안에서 태어난 안젤리카는 사생아를 출산한 뒤 수녀원으로 들어왔다.

수녀원장이 누가 찾아왔다면서 안젤리카를 부른다. 안젤리카의 숙모다. 피렌체 공국의 공주인 숙모는 안젤리카의 여동생이 결혼한다는 소식을 전하면서, 그 때문에 상속받은 재산을 둘로 나눠야 한다고 말한다. 안젤리카의 부모가 세상을 떠날 때 남겨준 재산은 두 딸이 결혼할 때까지 아무도 사용하지 못하게 20년 동안 숨겨져 있었다. 안젤리카가 재산 상속에 관한 서류를 읽어본다. 숙모는 안젤리카의 과거를 상기시키는 몇 마디 얘기를 하지만 안젤리카는 관심 없는 눈치다. 안젤리카는 비록 아버지를 모르는 아이지만 자기 아들이 어떻게 지내고 있냐고 숙모에게 묻는다. 머뭇거리던 숙모는 2년 전에 죽었다고 말해준다. 안젤리카는 남의 얘기를 듣는 듯 그저 담담한 모습이다. 숙모는 안젤리카에게 재산 분할 서류를 놓고 갈 테니 자세히 읽어보라고 말하고는 자리를 뜬다. 안젤리카가 과거를 거론하자 민망한 생각에 그 자리에 더 있을 수 없었던 것이다.

어둠이 드리우자 안젤리카는 비로소 아들의 죽음을 애통해하며 한없는 회한에 잠긴다. 안젤리카는 수녀원 생활을 하면서 남몰래 익혀 만들어놓은 야생 약초주를 마신다. 술기운으로 죽은 아들 생각을 지우고 싶기 때문이다. 그러나 시간이 지날수록 한 많은 과거와 엄마 없이 자란 불쌍한 아들 생각에 잠을 이루지 못한다. 안젤리카는 그동안 함께 지냈던 수녀들에게 작별을 고한 뒤 미련도 두지 않고 약초로 만든 독약을 마신다. 그녀는 죽음을 앞둔 마지막 순간에 정신을 차린 듯 죄를 용서해달라고 신에게 간구한다. 안젤리카가 숨을 거두는 순간 성당 문이 열리면서 성모마리아가 천천히 걸어 들어온다. 찬란한 햇살을 받고 있는 성모의 품에는 흰 천으로 감싼 아이가 안겨 있다.

투란도트

타이틀	**Turandot**	
	전 3막. 대본은 주세페 아다미와 레나토 시모니(Renato Simoni)가 맡았다. 원작은 카를로 고치의 동화 『투란도트』다.	
	초연	1926년 4월 25일 밀라노 스칼라 극장
	주요 배역	투란도트 공주, 알토움 황제(투란도트의 아버지), 티무르 왕(타르타르의 패주), 류(티무르 왕을 보살피는 젊은 노예), 칼라프(티무르 왕의 아들), 핑(총리), 팡(재무장관), 퐁(황실 주방장), 사형집행관(푸-틴-파오), 페르시아 왕자

음악 하이라이트	1막 중 투란도트의 아리아, 3막 중 류의 아리아, 1막 중 칼라프의 아리아, 3막 중 칼라프의 아리아
베스트 아리아	「누구도 잠들면 안 된다(Nessun dorma)」(T), 「주인님, 들어보세요(Signore, Ascolta!)」(Ms), 「얼음이 되어야 하는 그대(Tu che di gel sei cinta)」(S), 「가슴속에 숨겨진 이 사랑(Tanto amore segreto)(S), 「이 궁전에는(In questa reggia)」(S+T), 「울지 마라, 류야(Non piangere, Liù)」(T)

사전 지식   이 오페라의 결말은 로맨틱한 해피엔드지만, 비극적인 요소도 들어 있다.

에피소드   〈투란도트〉는 푸치니의 마지막 오페라로, 그는 3막의 대이중창을 완성하기 직전 후두암으로 세상을 떠났다. 그런 연유로 마지막 부분은 제자 프랑코 알파노(Franco Alfano)가 푸치니의 스케치를 기본으로 완성했다. 밀라노의 스칼라 극장에서 〈투란도트〉가 초연되었을 때, 지휘자 토스카니니는 "바로 이 장면에서 거장 푸치니 선생이 펜을 내려놓으셨습니다"라고 말하며 지휘봉을 내려놓았다.

줄거리   [제1막] 베이징 황궁 앞에 군중이 모여 있다. 아침에 있었던 투란도트 공주의 부군 간택이 어떻게 됐는지 알아보기 위해서다. 공주의 수수께끼 같은 시험에 합격하지 못하면 누구든 목숨을 내놓아야 한다. 군중의 예상대로 페르시아 왕자는 공주의 질문에 전혀 답을 하지 못해 그날 밤 달이 떠오를 때 참수된다는 소식이 전해진다. 군중을 헤치고 눈먼 늙은이와 그의 노예 류(Liú)가 나타난다. 중국과 대적했던 타타르의 국왕 티무르(Timur)다. 전쟁에 패해 신분을 속이고 방랑 중인 티무르 왕은 피에 굶주린 군중 가운데서 죽은 줄 알았던 왕자 칼라프(Calaf)를 만난다. 정체가 탄로 나면 죽음을 면치 못할 처지지만, 투란도트의 모습을 본 칼라프 왕자는 단번에 마음을 빼앗기고 만다. 그는 아버지 티무르 왕과 충실한 노예 류의 반대에도 투란도트의 수수께끼에 도전해 사랑을 쟁취하겠다고 다짐한다. 투란도트의 신하 핑, 팡, 퐁도 칼라프 왕자에게 무모한 도전을 포기하라고 설득하지만 그는 듣지 않는다.

[제2막] 황궁에서 공주는 주위 사람들에게 자기가 왜 이렇게 얼음처럼 차가운 사람이 되었는지 설명한다. 오래전 공주의 어머니가 황궁을 침범한 타타르인에게 능욕을 당해 세상을 떠난 뒤로 자신은 모든 인간에게 복수하기로 다짐했다는 것이다. 공주는 칼라프에게 세 가지 수수께끼를 낸다. '매일 밤 태어나서 매일 낮 죽는 것은 무엇인가?'(답은 희망) 같은 철학적 질문에 칼라프는 현명하게 대답한다. 투란도트는 약속대로 미지의 청년과 결혼해야 할 처지다. 그런데 칼라프가 무슨 생각인지 24시간 안에 자기 이름을 알아내면 자신을 옥에 가두어도 좋다고 공주에게 제안한다. 공주는 백성들에게 청년의 이름을 알아맞힐 때까지 잠을 잘 수 없다고 명한다.

[제3막] 베이징은 잠 못 이루는 도시가 된다. 이때 부르는 칼라프의 아리아 「누구도 잠들면 안 된다」는 매우 유명한 곡이다. '핑, 팡, 퐁'은 칼라프에게 "그대의 이름만 알려주면 온갖 재물과 아름다운 여인은 물론이고, 베이징에서 멀리 도망칠 수 있는 방법까지 알려주겠다"고 하지만, 그는 모든 제안을 거절한다. 검문하던 투란도트의 경비병들이 티무르 왕과 노예 류를 체포해 데려온다. 병사들은 이 두 사람이 젊은이와 함께 있었으니 고문을 하면 그가 누군지 실토할 것이라고 보고한다. 노예 류는 티무르 왕의 정체가 탄로 나서 고문당하는 것을 그대로 두고 볼 수 없다. 그녀는 타타르 왕궁에 있을 때부터 칼라프 왕자를 흠모해왔다. 그런데 왕자가 투란도트와의 결혼을 결심하자 마음을 조려왔다. 류가 투란도트 앞으로 나아가 "저만이 그 젊은이의 이름을 압니다"라고 말한다. 그러자 공주는 젊은이의 이름을 대라며 류를 고문하기 시작한다. 더는 고문을 버틸 수 없다고 생각한 류는 공주에게 "그대는 얼음같이 차갑기만 하다"라고 말하고 스스로 목숨을 끊는다.

자기를 희생하면서까지 젊은이를 보호하려고 한 류를 보면서 공주의 얼음같이 차가운 마음이 녹기 시작한다(여기까지가 푸치니가 작곡한 부분이다). 칼라프가 등장해 혼란스러운 공주에게 입을 맞춘다. 투란도트는 칼라프의 팔에 안겨 처음으로 따뜻한 사랑의 감정을 느낀다. 공주는 군중에게 "이제 이 사람의 이름을 알았도다. 그의 이름은 사랑이로다!"라고 말하며 행복한 노래를 부른다.

디도와 아이네이아스

타이틀	**Dido and Aeneas**

전 3막의 비극. 영어 대본은 네이엄 테이트(Nahum Tate)가 자신의 희곡인 「알바의 브루투스(Brutus of Alba)」와 베르길리우스의 「아이네이스」를 참고해 마련했다.

초연	1689년 영국 첼시 소재 조시아스 신부학교(Josias Priest's School)에서 귀족 부인들을 위해 처음 공연되었다. 1864년 왕궁에서 마스크(16~17세기에 행해졌던 가면극)로 공연했었다는 기록도 있다.
주요 배역	디도(카르타고의 여왕), 아이네이아스(트로이의 왕자), 벨린다(디도의 하인), 마녀(Ms 또는 Bar), 정령(머큐리로 분장)
음악 하이라이트	디도의 탄식 장면 음악, 오스티나토(ostinato), 뱃사람들의 노래
베스트 아리아	「그러나 죽음은 슬프도다!... 내가 대지에 묻힐 때(But death alas!...When I Am Laid in Earth)」(S), 「그녀가 이 외로운 산을 자주 찾아오네(Oft She Visits This Lone Mountains)」(S)

사전 지식　　　퍼셀의 짧은 오페라 〈디도와 아이네이아스〉는 원래 궁정 가면극(마스크)으로 구상되었다. 퍼셀은 새로 즉위하는 제임스 2세의 가톨릭주의를 고려해 오페라에 몇 가지 정치적인 내용을 넣었다. 예를 들면 예수회 사람들을 마녀로 표현하는 것 등이다.

줄거리　　　트로이의 왕자 아이네이아스(Aeneas)는 트로이가 함락되자 자기를 따르는 무리와 함께 새 나라를 건설하기 위해 이탈리아로 항해하는 도중, 난파되어 표류하다가 카르타고에

퍼셀, 헨리(Purcell, Henry, 1659~1695)
헨리 퍼셀은 영국 음악의 아버지라고 불리는 바로크 작곡가다. 그는 또한 위대한 오르간 연주자이기도 했다. 세속적인 음악과 종교적인 음악을 모두 작곡한 그는 이탈리아와 프랑스 스타일의 요소를 인용했지만, 그의 음악은 영국적인 바로크 음악의 전설을 만들어냈다. 오페라는 다섯 편을 남겼으며 대표적인 작품은 〈디도와 아이네이아스〉다.

닿는다. 미망인이 된 카르타고의 여왕 디도(Dido)는 영웅 아이네이아스와 사랑에 빠진다. 카르타고 궁성에서는 두 사람의 사랑을 축하하는 잔치가 열린다.

한편 저 멀리 산속 동굴에 살고 있는 마녀는 무슨 연유인지 디도를 극도로 증오해, 그녀를 파멸시키고 카르타고를 폐허로 만들 음모를 꾸민다. 마녀는 큰 폭풍을 일으켜 사냥을 떠났던 디도와 아이네이아스를 급히 궁성으로 돌아오게 만든다. 또한 머큐리(메르쿠리우스)로 변장한 부하를 아이네이아스에게 보내 신들의 제왕 주피터의 지시라면서 서둘러 이탈리아로 가서 트로이를 재건하라고 지시한다. 아이네이아스는 갑자기 떠나면 디도가 자신의 사랑을 의심할 것 같아 떠나는 것을 망설인다. 하지만 주피터(제우스)의 명령이라는데 어쩌랴?

아이네이아스의 배가 이탈리아로 떠날 채비를 한다. 이를 지켜보며 마녀는 매우 흡족해한다. 그러나 출항하려는 순간 아이네이아스가 배에 오르지 않는다. 그는 신의 명령이라고 해도 디도를 사랑하기 때문에 받아들이지 않겠다고 말한다. 그렇지만 아이네이아스가 이탈리아로 떠날 것을 확신한 디도는 더는 당신을 믿을 수 없으며 사랑하지 않는다고 거짓말을 하면서 어서 떠나라고 재촉한다. 마침내 아이네이아스의 배가 바다를 향해 항해를 시작한다. 그가 저 멀리 수평선 너머로 사라지자 디도는 상심 끝에 목숨을 끊는다. 이때 디도가 탄식하며 부르는 노래가 「그러나 죽음은 슬프도다!... 내가 대지에 묻힐 때」다. 사람들은 죽은 디도의 몸에 장미 꽃잎을 뿌려달라고 큐피드에게 부탁한다.

요정의 여왕

타이틀	**The Fairy Queen**	
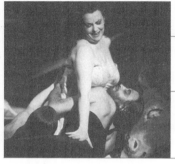		전 5막의 세미오페라(Semi-opera). 셰익스피어의 「한여름 밤의 꿈(A midsummer night's dream)」을 대본으로 삼았다.
	초연	1692년 5월 2일 런던 도싯 가든 극장(Dorset Garden Theatre)에서 초연되었으나 1693년에 수정했다. 수정된 버전은 1693년 2월 도싯 가든의 여왕극장(Queen's Theatre)에서 초연했다.
	주요 배역	테세우스(아테네의 대공), 티타니아(요정의 나라 여왕), 오베론(요정의 나라 왕), 허미아(이지어스의 딸), 헬레나(허미아의 친구), 라이샌더(허미아의 연인), 디미트리어스(헬레나의 연인), 퍼크(오베론의 시종 요정, 당나귀 머리를 하고 있다), 이지어스(허미아의 아버지)

음악 하이라이트	겨울의 노래
베스트 아리아	「들어라! 울려 퍼지는 소리를(Hark the echoing air)」(S), 「언제나 기분 좋은 봄(Thus the ever grateful spring)」(S)

사전 지식 당시의 다른 오페라와 마찬가지로 이 작품도 오페라와 발레의 합작품이다. 이를 세미오페라라고 부른다. 음악적 요소는 초자연적 등장인물들에 적합하게 표현되어 있다. 정령들이나 님프들의 춤이 훗날 마스크(가면극)의 기본으로 발전했다는 것은 주목할 만하다. 〈요정의 여왕〉의 줄거리는 베냐민 브리튼의 〈한여름 밤의 꿈〉과 같지만, 퍼셀의 오페라는 셰익스피어의 드라마에 그리스 신화를 가미한 것으로, 이 오페라에는 수많은 신과 정령이 등장하며 화려한 무대장치 때문에 제작비가 엄청나게 드는 작품이다.

줄거리 이지어스(Egeus)는 그의 딸 허미아(Hermia)와 함께 테세우스의 궁전을 방문한다. 이지어스 왕의 딸인 허미아는 라이샌더(Lysander)라는 청년을 사랑해 결혼하고 싶어 한다. 그러나 이지어스는 딸 허미아가 디미트리어스(Demetrius)와 결혼하기를 바란다. 디미트리어스도 허미아와 결혼하고 싶어 한다. 이 문제를 해결하기 위해 테세우스 대공을 찾아온 것이다. 아테네의 법에 따르면 딸은 아버지가 정해준 사람과 무조건 결혼해야 한다. 또 다른 선택이 있다면 신전의 여사제가 되어 일생을 독신으로 살거나, 그렇지 않으면 처형되어야 한다.

테세우스 대공은 만인이 아테네의 법을 지키도록 하는 것이 자기 의무라고 말하면서 모두에게 며칠 여유를 줄 테니 마지막 결정을 하라고 한다. 그런데 디미트리어스는 허미아의 친구 헬레나(Helena)를 유혹해 애인으로 삼았다가 차버린 적이 있다. 그렇지만 헬레나는 디미트리어스를 여전히 사랑한다. 한편 허미아와 라이샌더는 아테네의 법이 미치지 않는 다른 나라로 도망쳐 결혼하기로 결심한다. 허미아는 친구 헬레나를 찾아가 디미트리어스의 마음을 빼앗아 그가 자신을 포기하게 해달라고 부탁한다. 이윽고 허미아는 라이샌더와 함께 숲으로 도망친다. 이 사실을 안 디미트리어스가 두 사람을 추격한다. 그 뒤를 헬레나가 쫓는다.

숲 속에서 요정의 나라 오베론(Oberon) 왕과 티타니아(Titania) 왕비가 고아가 된 인도 소년을 누가 기를 것인지를 두고 서로 말다툼을 벌이고 있다. 오베론 왕은 시종 퍼크(Puck)에게 마법의 꽃을 찾아오도록 지시한다. 큐피드의 화살에 맞은 팬지의 액을 잠들어 있는 사람의 눈에 떨어뜨리면 깨어나서 처음 보는 사람을 사랑하게 된다고 한다. 오베론 왕은 이 액을 티타니아의 눈에 떨어뜨리고는 퍼크에게 디미트리어스의 눈에도 떨어뜨리라고 지시한다. 잠에서 깨어나 헬레나를 보면 사랑하게 될 것이기 때문이다. 퍼크는 라이샌더를 디미트리어스로 착각해 그의 눈에 사랑의 묘약을 떨어뜨린다. 마침 그곳을 지나던 헬레나가 혹시 상처를 입은 것이 아닌지 걱정이 되어 라이샌더를 깨운다. 잠에서 깨어난 라이샌더는 헬레나를 보자마자 사랑에 빠진다.

몇몇 사람이 연극 연습을 하러 숲 속으로 온다. 이들은 어떤 귀한 분의 결혼식에서 하객을 즐겁게 해주기 위해 연극 공연을 할 예정으로, 연극의 재미를 더하기 위해 대본에 나오는 신랑, 신부의 부모를 달과 별로 고쳐 쓴다. 퍼크가 나타나 당나귀 머리 모양의 가면을 연극 연습 중인 옷감장이 보텀(Bottom)에게 씌운다. 때마침 잠에서 깨어난 왕비 티타니아는 당나귀 머리의 보텀을 보고 사랑에 빠진다. 디미트리어스와 라이샌더는 헬레나와 허미아를 만난다. 이 네 사람이 펼치는 사랑의 코미디가 정말 가관이다. 누군가 한 사람은 큰 낭패를 볼 참이다. 이 광경을 본 오베론 왕은 퍼크에게 복화술을 써서 우선 라이샌더와 디미트리어스를 떼어놓도록 지시한다. 캄캄한 숲 속에서 길을 잃은 라이샌더는 피곤이 몰려와 그 자리에 쓰러져 잠이 든다. 한편 디미트리어스도 피곤에 지쳐 잠에 떨어진다. 퍼크가 이들의 눈에 사랑의 묘약을 다시 떨어뜨린다. 오베론은 해독제와 같은 약을 라이샌더와 티타니아의 눈에 떨어뜨려 준다. 잠에서 깨어난 디미트리어스가 헬레나를 보고 사랑에 빠진다. 이윽고 테세우스 대공이 등장한다. 대공은 모두 제짝을 찾은 것을 보고 다행으로 생각한다. 연극 연습하러 왔던 사람들이 공연을 시작한다. 연극을 관람한 테세우스 대공과 사람들은 비록 형편은 없었지만, 모두 진지하게 공연한 것을 치하한다.

리미니의 프란체스카

타이틀	**Francesca da Rimini**(Франческа да Римини; Francesca of Rimini)

프롤로그와 에필로그, 2장으로 구성된 오페라. 단테 알리기에리(Dante Alighieri)의 『신곡(Divina commedia; Divine comedy)』의 연옥(Inferno) 편을 바탕으로 모데스트 차이콥스키(Modest Tchaikovsky)가 대본을 썼다.

초연	1906년 1월 24일 모스크바 볼쇼이 극장
주요 배역	단테(연옥의 시인), 베르길리우스의 망령, 란치오토 말라테스타, 리미니의 총독, 프란체스카(총독의 아내), 파올로(총독의 동생)

사전 지식　　　〈리미니의 프란체스카〉는 너무 잘 알려진 내용이라 수많은 작가, 화가, 음악가가 그들의 작품에 프란체스카를 담아냈다. 오페라로는 찬도나이(Zandonai)가 작곡한 같은 제목의 작품이 있다. 군이 같은 제목의 작품을 다시 소개하는 것은 라흐마니노프의 러시아적 음악이 어떻게 반영되었는지 듣기 위해서다. 그리고 찬도나이의 오페라와는 달리 라흐마니노프의 작품에는 프롤로그와 에필로그가 있어 프란체스카에 관한 이야기가 어떻게 시작되었고, 어떤 결말을 가져왔는지 알 수 있다. 〈리미니의 프란체스카〉는 두 가지 상반된 개념, 즉 지상의 축복과 영원한 번뇌를 동시에 다루었다. 철학자 헤겔은 〈리미니의 프란체스카〉가 지니는 사상적 특성을 다음과 같이 설명했다. "관능적 사랑이란 인간 세계에서 짧은 순간의 덧없는 경험일 뿐이다. 관능적 사랑의 가치는 인간이 아니라 신만이 판단할 수 있다." 라흐마니노프는 헤겔의 설명처럼 인간 내면 깊숙이 자리 잡고

라흐마니노프, 세르게이(Rakhmaninov, Sergey, 1873~1943)
세르게이 바실리예비치(Vasil'yevich) 라흐마니노프는 당대의 가장 뛰어난 피아니스트로 알려져 있으며, 러시아 후기낭만파를 대표하는 마지막 위대한 작곡가로 평가 받고 있다. 그의 작품은 서정적으로는 감성 표현의 폭이 넓으며, 구조적으로는 독창성을 띠고 있다. 노브고로드(Novgorod) 인근 마을에서 태어난 그는 상트페테르부르크 음악원에서 작곡과 피아노를 공부했다. 대표적인 오페라는 단테의 신곡에서 발췌한 〈리미니의 프란체스카〉다.

있는 관능적 사랑을 음악으로 표현하고자 했다.

줄거리 　　　　장소는 단테가 있는 연옥과 리미니 지방이며, 시기는 현재, 그리고 기억에 남아 있는 과거다.

[프롤로그] 연옥의 첫 번째 원형 홀이다. 단테(Dante)와 그를 수행하는 베르길리우스(Virgil)의 망령이 고통 받는 영혼에게 둘러싸여 있다. 그중에는 리미니의 프란체스카와 파올로도 함께 있다. 두 사람은 행복했던 과거를 회상한다.

[제1장] 무대는 리미니에 있는 란치오토 말라테스타(Lancioto Malatesta) 총독 궁이다. 몸이 불편한 말라테스타는 젊고 아름다운 프란체스카를 이런저런 말로 속여 아내로 삼았다. 프란체스카는 총독의 말에 거역하지 못하고 결혼한 것을 후회하지만 이미 때는 늦었다. 프란체스카는 자기 운명을 한탄하지만 총독의 아내로서 말라테스타에게 성실한 아내가 되겠다고 다짐한다. 그러나 총독은 프란체스카가 자기를 속이고 있다고 생각해 프란체스카를 핍박한다. 자신이 프란체스카를 기만한 것을 그녀도 알고 있다고 믿기 때문이다.

총독은 주위의 많은 사람들이 아름다운 프란체스카를 사모하자, 그녀가 자기를 속이고 다른 사람과 눈이 맞을까 봐 매우 불안하다. 그는 동생 파올로(Paolo)와 프란체스카 사이를 의심한다. 총독은 자신이 집에 없으면 프란체스카와 파올로가 일을 벌일 것이 분명하다고 생각해 덫을 놓기로 한다. 총독은 두 사람에게 교황의 명으로 다음 날 새벽 전쟁터로 떠나야 한다고 말한다.

[제2장] 총독궁의 방이다. 파올로는 전쟁에 나가야 하는 형의 부탁으로 프란체스카를 보호할 임무를 맡는다. 프란체스카와 파올로는 한가로이 연애 소설을 함께 읽고 있다가 로맨틱한 감정을 주체하지 못하고 마침내 사랑을 고백한다. 서로를 품에 안은 두 사람은 앞으로 어떻게 할지 걱정하면서도 떨어지지 못한다. 전쟁에 나간다고 거짓말을 하고 숨어서 이 모습을 지켜보던 총독은 분노가 끓어올라 두 사람을 칼로 찔러 죽인다.

[에필로그] 지옥의 첫 번째 원형 홀이다. 이번에도 단테와 베르길리우스의 망령이 고통당한 영혼에 둘러싸여 있다. 시인 단테는 프란체스카와 파올로의 사랑이 진실한 것을 알고 동정심을 느끼지만, 그렇다고 달리 방법이 없기 때문에 아무 말도 못한다.

한참 침묵하던 단테가 드디어 입을 연다. "가장 큰 슬픔은 현재 비탄 중에 있으면서도 과거의 행복을 회상하는 것이다."

카스토르와 폴룩스

타이틀	**Castor et Pollux**(Castor and Pollux)	
		프롤로그와 5막. 피에르조제프저스탱 베르나르(Pierre-Joseph-Justin Bernard)가 대본을 썼다.
	초연	1차 버전은 1737년 10월 24일 파리 팔레 루아얄 극장, 2차 버전은 1754년 파리 팔레 루아얄 극장
	주요 배역	미느르브(미네르바), 베누(비너스), 라무르(큐피드), 마르(마르스), 텔레이르(텔라이라: 태양의 딸로 카스토르의 아내), 페베(포이베: 스파르타의 공주), 카스토(카스토르: 틴다레오스와 레다의 아들), 폴룩스(주피터와 레다의 아들)

사전 지식　　　라모의 음악적 비극(오페라)들은 오페라 연혁에서 초창기 오페라의 마지막을 장식하는 위대한 작품이다. 〈카스토르와 폴룩스〉의 2차 버전은 파리에서 이탈리아 오페라를 제치고 승리를 거둔 작품이다. 이 오페라는 프랑스혁명이 일어나기 전까지 파리에서만 무려 250회를 공연할 정도로 인기가 높았다. 그러나 프랑스혁명 이후에는 불행하게도 사람들의 기억 속에서 잊혔다. 그러다가 1903년 작곡가 뱅상 당디(Vincent d'Indy)가 콘서트 형식의 연주회를 주선해 이 오페라에 대한 인식을 새롭게 했다. 프랑스에서는 1970년대에 들어 고전 오페라를 되살리려는 움직임이 활발히 전개되었는데 이때 라모의 오페라도 재발견되기 시작했다.

줄거리　　　고대 스파르타, 신들이 사는 천상이다.

[프롤로그] 예술(아트), 쾌락(플레저), 사랑(큐피드), 지혜(미네르바)의 신이 모여 사랑이 무엇인지 모르는

라모, 장필리프(Rameau, Jean-Philippe, 1683~1764)
장필리프 라모는 바르코 시대에 프랑스 궁정의 위대한 작곡가다. 그는 궁정에 있으면서도 대중을 위한 작품을 썼다. 대중들이 어떤 오페라를 좋아하는지를 아는 작곡가였다. 그래서 전통적인 고상하고 우아한 오페라에서 탈피해 대중들의 기호에 맞는 보통의 오페라를 만들었다. 원래 훌륭한 오르간 주자이기도 한 그는 파리 노트르담 대성당에서 오르간을 연주했다. 그의 첫 오페라는 〈이폴리트와 아르시〉이며 가장 대표적인 작품은 〈카스토르와 폴룩스〉다.

전쟁의 신 마르스(Mars)에게 비너스의 도움을 받아 사랑의 굴레를 씌우면 전쟁의 참화를 피할 수 있을 것이라고 하면서 일을 꾀한다.

[제1막] 스파르타 왕들의 무덤이다. 전쟁에서 패배한 스파르타 병사들이 돌아온다. 틴다레오스(Tyndareus)와 레다(Leda: 헬레네, 폴리데우케스, 카스토르, 클리타임네스트라의 어머니로 백조의 모습으로 변한 제우스와 사랑을 나누었다고 한다)의 아들 카스토르가 전사했다는 소식이 전해진다. 그러나 주피터의 아들인 카스토르의 이부동생 폴룩스(Pollux: 폴리데우케스)는 영생을 누릴 수 있어 전쟁에서도 살아남았다.

[제2막] 주피터 신전이다. 태양의 딸이자 카스토르의 아내 텔라이라(Telaira; Télaïre)가 남편의 죽음을 비통해한다. 카스토르의 이부동생 폴룩스는 형수 텔라이라를 마음에 두고 있다. 폴룩스는 스파르타의 공주 포이베(Phoebe; Phébé)와 이미 결혼했지만, 텔라이라를 위해서라면 죽음도 두렵지 않을 정도로 그녀를 사랑한다. 폴룩스는 남편을 잃고 슬픔에 잠겨 있는 텔라이라를 위해 지하 세계로 내려가 죽은 카스토르를 데리고 오겠다는 약속한다.

폴룩스의 아내 포이베가 남편을 말리지만 소용이 없다. 주피터는 폴룩스에게 지하 세계로 내려가 카스토르를 데려온다면 그 대가로 목숨을 내놓아야 한다고 경고한다. 인간은 어차피 한 번 죽을 운명인데 어찌하여 지하 세계까지 가서 죽은 사람을 데려오려 하느냐고 아들을 훈계한 것이다.

[제3막] 지하 세계다. 죽은 혼령들과 악마들의 춤이 펼쳐진다. 플룩스를 만난 카스토르는 이미 죽은 사람인 자기 때문에 폴룩스가 희생되는 것을 원치 않는다고 거절하지만, 아내에 대한 그리움이 커져 한 번만 꼭 아내를 보고 싶다고 말한다.

한편 포이베는 남편 폴룩스가 텔라이라를 위해 생명까지 희생하는 관대함을 베풀자 불행을 비관해 스스로 목숨을 끊는다. 지하 세계에서 나와 사랑하는 아내를 만난 카스토르는 다시 지하 세계로 돌아가야 한다. 텔라이라와 모든 스파르타 시민들이 카스토르에게 돌아가지 말라고 간청한다.

[제4막] 천상의 세계에서 축복받은 정령들의 춤이 펼쳐진다. 주피터는 남을 위해 희생하는 인간들의 모습을 보고 감동해 카스토르를 영생의 신으로 만들어준다.

[제5막] 스파르타 근처다. 카스토르와 텔라이라, 폴룩스는 창공의 별자리가 되어 영생을 누린다. 별, 행성, 달이 경쟁이나 하듯 즐거운 축제에 동참한다.

플라테

타이틀	**Platée**

프롤로그와 3막으로 구성된 코미디 리리크(comedie lyrique). 자크 오트로(Jacques Autreau)의 희곡 『플라테(Platée)』[또는 주노의 질투(Junon jalouse)]를 기본으로 아드리앵조지프 르 발루아 도르빌(Adrien-Joseph Le Valois d'Orville)이 대본을 썼다.

초연	1745년 3월 31일 파리 베르사유 궁전 오페라 극장
주요 배역	플라테(개구리, 카운터 T), 주피터, 주농(주노: 주피터의 아내), 메르쿠르(머큐리), 아모르(사랑의 신), 키타이론 왕

사전 지식 프랑스의 바로크 오페라로, 발레 부팡(Ballet Bouffant)으로도 불리는 장르지만 코미디 리리크로 보는 것이 타당하다. 전통적인 고상한 오페라에 약간은 불경스럽게, 언뜻 보면 마치 시대착오적인 방법으로 도전한 작품이다.

에피소드 시끌벅적한 이 오페라는 1745년 스페인 공주와 도팽(Dauphin)의 결혼을 축하하기 위해 작곡한 것이다. 발레가 무대를 장식하는 코미디이지만 음악적 요소와 드라마적 요소가 결합되어 있는 수작이다.

줄거리 [프롤로그] 시기는 그리스의 신화 시대다. 키타이론(Cithaeron; Citheron) 왕국의 목가적인 산자락 아래에는 오래된 버드나무로 둘러싸인 넓은 늪지대가 있다. 이곳은 플라테(Platée)의 영역이다. 테스피스(Thespis: 기원전 6세기 그리스의 전설적인 비극 시인)가 곤하게 잠들어 있고, 사티로스(Satyr: 반인반수의 숲의 신)는 느긋하게 축배의 노래를 부르고 있다. 이 노랫소리에 시인 테스피스가 깨어나 바쿠스(술의 신)에게 바치는 사랑의 노래를 부른다. 그는 심심하던 차에 바람과 질투, 사랑싸움에 대해 알고 있는 대로 이야기한다. 이 말에 모두 당황하는 기색이다. 모모스(Momus: 냉소의 신)가 도착해 테스피스에게 사람들뿐만 아니라 신들도 그런 행동을 한다고 말하면서, 주피터에 대한 주노

(Juno; Jonon)의 질투에 대해 이야기를 꺼낸다. 아모르(Amour: 사랑의 신)가 모모스의 이야기를 받아 자기 얘기도 꼭 넣어야 한다고 주장한다. 모두 새로운 이야기에 흥미를 보인다.

[제1막 계획] 키타이론 왕이 신들에게 제발 지독한 날씨를 멈추게 해달라고 간청한다. 머큐리(Mercury; Mercure)가 나타나 이 폭풍우는 질투심이 강한 주노(Juno; Junon)가 주피터와 싸우는 바람에 일어난 것이라고 설명한다. 키타이론 왕은 머큐리에게 주피터가 질투심 많은 주노를 따끔하게 타이를 방법이 있으면 좋겠다고 하면서 한 가지 계책을 제시한다. 주피터가 거짓으로 플라테에게 구혼하게 해 주노의 질투를 유발한 뒤 "내가 아무려면 개구리와 사랑을 한단 말인가?"라고 주노를 망신주자는 것이다. 머큐리는 주피터에게 달려가 이 기막힌 계획을 전한다. 이때 못생긴 플라테(개구리)가 늪을 찬양하며 등장한다. 플라테는 늪이야말로 자기가 사랑하는 곳이지만 그보다도 키타이론 왕을 더 사랑한다는 노래를 부른다. 머큐리가 나타나 플라테에게 잠시 후 주피터가 구혼하러 올 것이라고 전한다. 플라테는 깜짝 놀라지만 머큐리가 거짓말을 할 리가 없으므로, 매우 감격해 안절부절못한다.

[제2막 변형(Metamorphoses)] 머큐리는 주피터와 함께 내려오겠다는 주노를 엉뚱한 길로 안내해 시간을 지체시킨다. 그 틈에 주피터와 모모스가 구름을 타고 지상으로 내려온다. 키타이론 왕과 머큐리는 숨어서 지켜보기로 한다. 주피터는 처음에는 당나귀, 다음은 올빼미, 마지막으로 사람으로 변해 플라테에게 사랑한다고 간절히 말한다. 플라테는 그 말에 정신을 잃을 정도다. 이 모습을 지켜보던 이들이 웃음을 터뜨린다. 개구리 아가씨들이 등장해 리라(lyra)를 켜며 노래를 부르고, 춤도 춘다. 결혼을 축하하는 합창이 울려 퍼지고 플라테에게 줄 왕관이 준비된다.

[제3막 복귀(Return)] 주노는 자기를 속이고 지상 세계로 내려간 주피터를 찾지 못하자 머큐리에게 화풀이를 한다. 머큐리는 주노에게 제발 고정하시고 잠시만 지켜봐 달라고 청하면서 주피터와 플라테의 결혼식 장소 인근에 주노를 숨어 있게 한다. 결혼 행렬이 들어선다. 플라테는 주례를 맡아야 할 아모르(사랑의 신)가 나타나지 않자 이상하게 생각한다. 머큐리와 주피터가 마치 행복한 듯 계속 춤을 추지만, 플라테는 아모르가 나타나지 않자 초조해진다. 어쩔 수 없이 모모스가 아모르로 가장해 등장한다. 결혼 서약을 하려는 순간 숨어 있던 주노가 더는 참지 못하고 뛰쳐나온다. 그녀는 플라테의 모습을 보고 대경실색한다. 이 무슨 해괴한 개구리의 모습이란 말인가?

이로써 한바탕 소동이 끝나고 주피터와 주노는 다시 다정한 부부로 돌아간다. 속았다고 생각한 플라테는 화가 머리끝까지 치밀지만, 감히 주피터나 주노에게 대항할 수 없어 평소 마음을 두고 있던 키타이론 왕에게 화풀이를 한다. 신들이 모두 올림포스 산으로 돌아가자, 모여 있던 사람들은 "이 바보 개구리야!"라면서 플라테를 놀려댄다.

어린이와 마법

| 타이틀 | **L'Enfant et les Sortilèges**(The Child and Enchantment) |

단막의 환상적 오페라. 라벨이 1917년에 시작해 1925년에 완성한 작품이다. 대본은 시도니가브리엘 콜레트(Sidonie-Gabrielle Colette)가 썼다.

| 초연 | 1925년 3월 21일 몬테 카를로 오페라 극장 |

| 주요 배역 | 어린이(Ms), 어머니, 중국의 도자기 컵, 불·공주·나이팅게일, 암고양이·수고양이, 잠자리, 박쥐, 올빼미, 다람쥐, 목동, 안락의자, 할아버지의 옛 시계, 차 주전자, 개구리·숫자, 나무 |

사전 지식 　　단막의 오페라이지만 대규모 오케스트라, 일반 합창단, 어린이합창단, 각각의 배역을 맡은 여덟 명의 솔리스트가 출연한다. 배역의 규모와 환상적인 무대 장치 문제로 자주 공연되지는 못한다. 라벨은 전편을 통해 간결한 라이트모티프를 사용하고 있으며 멜로디를 강조하기 위해 오케스트라가 멜로디 파트를 계속 연주하게 했다. 또한 이 작품은 당시 미국에서 대두된 거슈윈 스타일의 오페라와 미국식 오페레타(뮤지컬)의 영향을 받은 것으로 분석되고 있다. 하지만 현란한 기악 파트는 언뜻 고전적인 면을 보여 눈길을 끈다. 몬테 카를로에서의 초연은 성공적이었으나, 파리에서는 인기를 끌지 못했다. 당시 평론가들이 바그너의 음악을 모방했다고 하여 논란이 되기도 했다. 그러나 프랑시스 풀랑크와 그의 동료인 이른바 레 시스(Les Six)는 이 작품에 대해 대단히 인상적이었다고 찬사를 보냈다. 특히 「고양이 이중창(Duo miaulé)」이 인상적이라는 평을 받았다.

라벨, 모리스(Ravel, Maurice, 1857~1937)
드뷔시 이후 가장 위대한 프랑스 작곡가로 평가 받는 모리스 라벨은 풍부한 하모니 기술을 활용한 오케스트레이션을 보여주었다. 드뷔시를 존경한 라벨은 드뷔시의 영향이 많이 반영된 작품을 썼으나, 나중에는 독창적인 스타일을 추구했다. 라벨은 평생 어떤 직책에도 구속되지 않은 채 조용하게 지냈다. 그는 수많은 관현악곡, 발레곡, 피아노협주곡, 가곡 등을 남겼지만 오페라는 단 두 편만 완성했다. 〈스페인의 시간〉과 〈어린이와 마법〉이다. 가장 유명한 발레 음악은 〈볼레로〉다.

에피소드　　　　제1차 세계대전 중 파리 오페라 극장의 감독 자크 루셰(Jacques Rouché)는 대본가 콜레트 여사에게 동화 발레 대본을 써달라고 부탁했다. 콜레트는 '나의 딸을 위한 막간 발레 작품(Divertissements pour ma fille)'이라는 제목으로 대본을 완성했다. 그 후 콜레트는 자기 대본에 음악을 넣을 작곡가로 라벨을 선택했다. 콜레트는 전쟁 중인 1916년 대본을 군복무 중인 라벨에게 보냈다. 하지만 대본이 분실되었다. 이듬해 다시 대본을 받은 라벨은 그때부터 시간 나는 대로 음악을 만들어 1924년에야 완성했다. 시간이 너무 오래 걸렸기 때문에 콜레트는 이 대본이 오페라로 만들어지지 못할 것으로 생각했다. 후에 콜레트가 왜 그렇게 시간이 많이 걸렸느냐고 묻자 라벨은 "나에게는 딸이 없어요!"라고 우스갯말로 대답했다. 아무튼 오페라가 완성되자 콜레트는 매우 기뻐하며 몬테 카를로 극장에서의 공연을 주선했다고 한다.

줄거리　　　　말 안 듣고 못된 행동만 하는 아이가 이날도 그릇을 깨뜨리고 애완동물을 못살게 굴고 있다. 어머니가 말려도 소용이 없다. 그런데 집 안의 가구가 갑자기 움직이며 아이를 혼내주기 시작한다. 정원의 나무와 개구리 같은 작은 동물도 모두 가담한다. 아이는 엄마를 외치지만 어머니는 또 무슨 못된 짓이냐면서 거들떠보지도 않는다. 공격이 절정에 이르렀을 때 다람쥐가 부상당하자 아이가 다친 다람쥐를 보살펴준다. 이 모습을 본 동물들이 아이를 혼내는 일을 멈추고, 방으로 안전하게 아이를 데려다 준다.

스페인의 시간

타이틀	**L'Heure Espagnole**(The Spanish Hour)

단막의 코메디 뮤지칼레(comédie musicale). 〈볼레로(Volero)〉로 유명한 모리스 라벨의 첫 오페라 작품이다. 대본은 프랑 노엥(Franc Nohain)이 썼다.

초연   1911년 5월 19일 파리 오페라 코미크 극장에서, 1919년 런던 코번트가든에서 공연되었고, 1920년에는 뉴욕 렉싱턴 극장에서 공연되어 관심을 끌었다.

주요 배역   토르케마다(시계장이), 콘셉시온(그의 아내), 라미로(노새 몰이꾼), 곤살베(시인), 돈 이니고 고메스(은행가)

사전 지식   어머니가 스페인 계통인 라벨은 자신에게 익숙했던 스페인 음악을 바탕으로 이 오페라를 작곡했다. 그런 연유로 이 오페라 곳곳에서 스페인의 정취를 물씬 느낄 수 있다. 라벨의 아버지는 스위스 계통인데, 오페라에 시계가 재깍재깍 움직이는 소리를 넣은 것은 부계의 영향인 듯하다. 라벨은 〈스페인의 시간〉을 이탈리아의 오페라 부파에 비유했다.

줄거리   18세기 스페인의 고도 톨레도(Toledo)다. 토르케마다(Torquemada)라는 얼빠진 시계장이의 또 다른 역할은 마을의 공동 시계를 관리하는 일이다. 바로 오늘이 그날이다. 토르케마다가 하루 종일 밖에 있어야 하는 날인 동시에 그의 아내 콘셉시온(Concepción)이 전혀 방해를 받지 않고 애인들과 정사를 벌일 수 있는 날이다. 시계장이가 집을 나가려고 하는데, 노새 몰이꾼 라미로(Ramiro)가 시계를 고치기 위해 찾아온다. 콘셉시온은 이 반갑지 않은 손님 때문에 신경질이 난다. 그런데 어처구니없게도 시계장이가 나가면서 돌아올 때까지 가게에서 기다리라고 라미로에게 말한 것이다. 속이 상한 콘셉시온은 이 반갑지 않은 손님을 어떻게 해야 할지 곰곰이 생각한다. 라미로는 가만히 앉아 있기가 무료해 가게 한쪽에 있는 무겁고 커다란 벽시계를 콘셉시온의 방으로 옮겨주기로 한다. 라미로는 토르케마다가 시계를 옮기려 했지만 힘이 부족해 못했던 것을 잘 알고 있다. 라미로가 큰 시계를 방으로 옮기는 동안 콘셉시온의 애인 곤살베(Gonzalve)가 들어온다. 곤살베는 자기보다 누군가 먼저 와 있는 것을 알고는 가게 한쪽에 있는 커다란 벽시계 안으로 숨는다. 라미로는 큰 벽시계를 옮겨야 하는데 다른 것을 잘못 옮긴 것을 알고는 곤살베가 숨어 있는 벽시계를 콘셉시온의 방으로 힘들게 옮겨놓는다. 바로 이때 은행가 이니고(Iñigo)가 가게로 들어서고 뒤이어 바람둥이 같은 청년이 들어온다. 이들은 들어오자마자 마치 약속이라도 한 듯 차례로 큰 괘종시계 속에 숨는다. 먼저 온 사람이 콘셉시온과 즐기고 나오면 괘종시계 속에 숨어 있던 사람이 나가서 즐거운 시간을 갖는 시간 차 데이트인 것이다. 콘셉시온은 라미로가 그 무거운 벽시계를 옮기는 것을 보고 정신이 팔려 애인들이 벽시계 속에 숨어 차례를 기다리고 있다는 것을 생각하지 못한다. 콘셉시온이 라미로에게 어쩜 그리도 힘이 좋으냐고 칭찬하자, 라미로는 공연히 어깨가 으쓱해 다른 방에 있는 무거운 물건도 옮겨주겠다고 나선다.

라미로가 콘셉시온의 방에 있는 그 시간에 시계장이가 가게로 돌아온다. 시계장이는 벽시계 속에 두 명의 바람둥이가 낙담한 채 기운 없이 숨어 있는 것을 발견하고는 "아직 차례가 되지 않은 거야? 처음 온 친구가 너무 시간을 끄는구먼!"이라고 중얼거린다. 그때 콘셉시온과 라미로가 웃으면서 방에서 나온다. 남편은 '어, 벽시계는 두 개 뿐인데 이 사람은 또 뭐지? 예비 시계인가?'라면서 의아해한다.

동굴

타이틀	**The Cave**

	전 3막. 대본은 작곡자와 베릴 코롯(Beryl Korot)이 구약성경에 나오는 이야기와 사람들을 만나 인터뷰한 내용을 토대로 썼다.
초연	1993년 5월 15일 빈(빈 페스티벌 기간 중)
주요 배역	작곡자인 스티브 라이시와 동료 베릴 코롯이 인터뷰한 사람들이 등장하며, 이밖에 두 명의 소프라노와 테너, 바리톤이 각각 해설자, 대사 낭독자, 연기자 등으로 나온다.

사전 지식　　　　'케이브(The Cave)'는 구약의 족장 시대에 족장과 가족을 매장했던 '족장들의 동굴(cave of the Patriarchs; Mechpelah)'을 말한다. 이 오페라는 '사라는 누구인가?', '이스마엘은 누구인가?' 등의 질문을 인터뷰 형식으로 이스라엘, 팔레스타인, 미국에서 온 사람에게 스티브 라이시와 베릴 코롯이 묻는다. 라이시의 〈동굴〉은 비디오 오페라 또는 멀티미디어 오페라라고 부른다. 라이시는 세계에서 가장 성공한 현존 작곡가로 인정 받고 있다. 그의 작품에는 여러 라벨이 붙어 있다. 축소주의 음악(minimalist music), 단계 음악(phase music), 몽환(夢幻) 음악(trance music), 규격화 음악(modular music), 박동 음악(pulse music) 등이다. 라이시의 음악에는 풍부한 전통적 배경이 있다. 즉 12세기부터 18세기에 이르는 유럽 음악, 인도네시아의 발리 음악, 서부 아프리카 음악, 1950년부터 1965년에 이르는 미국의 재즈 음악, 스트라빈스키, 버르토크, 베베른 등 현대 작곡가들의 음악을 배경으로 삼고 있다.

라이시, 스티브(Reich, Steve, 1936~)
스티브 라이시의 원래 이름은 스티븐 마이클 스티브 라이시(Stephen Michael Steve Reich)로, 뉴욕에서 태어났다. 미니멀리즘 음악의 기수로 알려진 라이시는 작곡에 악기 이외에 전자 기기 등의 음향을 실험적으로 도입하기도 했다. 유대계인 그의 1980년대 작품은 유대인들의 고난을 표현하고 있어 어두운 특성을 보인다. 그는 「서로 다른 기차(Different trains)」로 그래미상을 수상했다.

에피소드　　　　이스라엘의 헤브론에 있는 '족장들의 동굴(Cave of the Patriarchs)'은 히브리어로 메아랏 하막펠라(Me'arat HaMachpela; Mechpelah)라고 하는데 이는 '부부 동굴 무덤'이라는 뜻이다. '부부 동굴 무덤'이라고 하는 이유는 아담과 이브, 아브라함과 사라, 이삭과 레베카, 야곱과 레아가 묻혀 있다고 믿기 때문이다. 무슬림들은 이 동굴 무덤을 '아브라함의 거룩한 장소(Sanctuary of Abraham, Ibrahimi Mosque)'라고 부른다. 아랍어로는 알-하람 알-이브라히미(Al-Haram Al-Ibrahimi)다. 헤브론의 옛 도시에 있는 '족장들의 동굴'은 유대인들에게 예루살렘 성전 다음으로 성스러운 곳이다. 이곳은 유대인뿐만 아니라 기독교인, 무슬림도 성지로 여긴다. 옛 유대인들은 이 동굴이 에덴동산으로 들어가는 입구라고 믿었다. 오늘날에는 내부로 들어가지 못하게 동굴 입구를 막아놓았다. 라이시는 이 동굴에서 독설적인 동시에 희망적인 양면성으로 보았다.

줄거리　　　　1980~1992년 이스라엘과 뉴욕이 무대다. 라이시와 동료인 코롯은 이스라엘 사람, 팔레스타인 사람, 미국 사람에게 구약에 나오는 인물 아브라함과 그의 아내 사라, 아브라함의 두 아들인 이삭과 이스마엘에 대해 질문한다. 이스라엘 사람에게는 히브리어로, 팔레스타인 사람에게는 아랍어로, 미국 사람에게는 영어로 질문을 한다. 제1막은 14개의 질문으로 구성되어 있으며, 제2막은 6개의 질문, 제3막 역시 6개의 질문으로 되어 있다. 대답은 만화경과 같다. 답변자들은 기억이 허락하는 한 자신의 생각을 말하며 어떤 경우에는 마치 재판장이 평결(評決)을 내리는 듯한 대답을 한다. 또 어떤 질문에는 놀라운 재치로 사회와 정치를 조롱하는 듯한 대답을 내놓기도 한다. 주로 당시의 중동 사태에 대한 견해를 구약의 인물들과 창세기의 얘기를 빗대어 대답한다. 인터뷰를 받는 사람들에게는 다섯 개의 스크린을 통해 동화(動畵)나 그래픽으로 만든 비디오 이미지를 보여준다.

[**제1막**] ① 창세기 14장을 타이핑하는 소리, ② 아브라함은 누구인가? ③ 창세기 12장, ④ 사라는 누구인가? ⑤ 하갈(Hagar)은 누구인가? ⑥ 키보드에 의한 타이프 음악 반복 ⑦ 이스마엘은 누구인가? ⑧ 창세기 18장, ⑨ 이삭은 누구인가? ⑩ 창세기 21장, ⑪ 이스마엘과 하갈을 내침, ⑫ 족장들의 동굴 무덤에 대한 해설, ⑬ 창세기 25장[토라(Torah)의 말씀을 히브리어로 찬양함], ⑭ 동굴 내부 영상

[**제2막**] ① 수라 3장[알-악사(Al-Aksa) 사원에서 『코란』의 구절을 아랍어로 낭송함], ② 이브라힘(Ibrahim)은 누구인가? ③ 하자르(Hajar)는 누구인가? ④ 유일신에 대해 산제사를 드리고자 함, ⑤ 엘 칼릴(El Khalil)의 해설, ⑥ 동굴 무덤 내부 영상

[**제3막**] ① 아브라함은 누구인가? ② 사라는 누구인가? ③ 하갈은 누구인가? ④ 이스마엘은 누구인가? ⑤ 이삭을 결박함, ⑥ 헤브론에 있는 밭, 사라의 동굴무덤이 있는 곳 영상.

성(城)

타이틀	**Das Schloss**(The Castle)

크게 두 파트로 나뉘지만 전체적으로는 10장과 인터루드(Interlude: 막간극), 그리고 변형극(Metamorphose)으로 구성되어 있다. 프란츠 카프카(Franz Kafka)의 동명 소설을 토대로 작곡자가 직접 대본으로 만들었다.

초연	1992년 9월 2일 베를린 도이치 오퍼
주요 배역	K(40대의 낯선 사람, Bar), 추어 브뤼케 여관집 주인(Bar), 여관집 주인의 아내(드라마틱 A), 헤렌호프 여관집 주인(Bbar), 프리다(헤렌호프 여관집 종업원, S), 바르나바스(성의 메신저, T), 교사(T), 슈바르처(성의 집사장의 아들, 대사 역할)

사전 지식　　카프카는 자기도 알지 못하는 사이에 다른 사람들이 끊임없이 자기를 감시하고 공연히 비난하는 무섭도록 두려운 상황에 처한 인간의 모습을 그렸다. 자기는 옳은 길로 가고 있다고 믿지만 다른 사람들에게 비난 받는 것이 사회적으로 얼마나 견디기 어려운 일인지를 표현했다.

에피소드　　라이만은 비록 베르크(Berg)나 베베른(Webern)과 같은 현대 작곡가의 영향을 받았지만 그의 음악 속에는 인도 철학이 깃들어 있다. 따라서 오페라 〈성〉에서도 인도 음악을 들을 수 있다.

줄거리　　[**파트 1**] 무대는 추어 브뤼케(Zur Brücke) 여관이다. 40대의 낯선 K가 지친 걸음으로 여관에 들어선다. 하룻밤 묵고 가려 하지만 여관에 방이 없다. K는 한쪽 구석에서 침낭 하나에

라이만, 아리베르트(Reimann, Aribert, 1936~)

베를린에서 태어난 아리베르트 라이만은 독일의 작곡가 겸 피아니스트다. 그는 특히 문학적 오페라로써 잘 알려져 있다. 〈리어 왕〉은 디트리히 피셔디스카우(Dietrich Fischer-Dieskau)의 권유에 의해 작곡한 것이다. 피셔디스카우는 이 오페라에서 타이틀 롤을 맡았다.

의지해 잠을 청해야 한다. 막 잠이 들려고 하는데 성에서 일하는 집사장의 아들이 K를 흔들어 깨우면서, 만일 성에서 자고 싶으면 허락을 받아야 한다고 전한다. K는 성으로 가서 여러 가지 질문을 받는다. 그는 자기 직업이 마을의 실태를 조사하는 조사관이라고 대답한다. K는 신원이 확실하다고 인정받아 성에서 묵게 된다. 별로 신통치도 않은 하인 두 명이 K를 보살핀다. K는 성에 있는 누군가와 얘기를 나누고 싶지만 승낙을 받아야 하며, 더구나 그런 일은 낯선 사람에게 하는 것은 대단히 무모하고 주제넘은 일임을 알게 된다. 성의 메신저 바르나바스(Barnabas)가 K에게 편지 한 통을 전달한다. 클람(Klamm)이라는 관리가 보낸 것으로 시장에게 보고하라는 내용이다.

장면은 바뀌어 숲의 끝자락에 있는 헤렌호프(Herrenhof) 여관이다. K는 누구의 간섭도 받지 않는 곳에서 묵고 싶어 이 여관까지 찾아온다. K는 왜 시장에게 보고해야 하는지 납득할 수 없으며, 집사장 아들을 포함해 여러 사람들이 자신을 감시하는 것 같아 공연히 불안하다.

무대는 다시 추어 브뤼케 여관이다. K는 사람들을 피해 프리다와 함께 이 여관 다락방에서 벌써 나흘째 지내고 있다. 여관집 여주인은 한때 클람의 애인이었다. 그녀는 K의 신분이 확실치 않으므로 프리다와 결혼할 수 없다고 말한다. 할 수 없이 K는 정식 취업자로 인정받기 위해 시장의 사무실로 찾아간다. 시장은 K에게 자신이 지금까지 시장으로 남아 있는 것은 서류 하나를 잃어버렸기 때문이라고 말한다. 시장은 또한 마을에 조사관 따위는 필요치 않다고 말한다. K는 미칠 지경이 된다.

[파트 2] 추어 브뤼케 여관의 다락방이다. 학교 선생이 K를 찾아온다. 가뜩이나 좁은 방이 더 좁게 느껴진다. 학교 선생은 시장에 대한 불만을 문서로 정리해놓았다고 말한다. 그는 K에게 학교의 일꾼 자리를 권한다. 이 소리를 들은 K는 화가 치민다. 하지만 프리다는 여관집 여주인이 방세를 독촉하고 있다면서 그 자리라도 받아들이라고 권한다.

다시 장면이 바뀌어 밤중의 헤렌호프 여관이다. K는 우연히 프리다를 만난 후에 마음이 언짢아서 여관 주위를 배회한다. 프리다가 하인 중 한 사람과 관계를 맺었기 때문이다. 여관에 묵고 있는 관리들에게 서류가 배부되고 하나가 남는다. K가 무심코 그 서류를 집어 든다. 신하 중 한 사람이 K가 잠들어 있는 사이 서류를 빼내어 찢어버린다.

모든 것이 변형되었다. 장소는 공동묘지다. 무대 가운데 있는 관 하나가 열려 있다. 저 멀리 성이 보인다. K와 조금이라도 관련이 있는 사람들이 모두 공동묘지로 모인다. 마침 메신저 바르나바스가 등장해 K에게 성에 남아 있을 권리가 있다는 소식을 전한다.

화염

타이틀	**La Fiamma**(The Flame)	
	전 3막의 멜로드라마. 한스 비에르스-옌센(Hans Wiers-Jenssen) 의 희곡 「마녀 안네 페데르스도테르(Anne Pedersdotter, The witch)」를 바탕으로 클라우디오 과스탈라(Claudio Guastalla)가 대본을 썼다.	
	초연	1934년 1월 23일 로마 로열 오페라 하우스. 당대의 유명 소프라노 주세피나 코벨리(Giuseppina Cobelli)가 주인공 실바나(Silvana) 역할을 했으며 작곡자가 직접 지휘했다.
	주요 배역	아녜세(마녀), 실바나(옷감을 짜는 아름다운 여인), 바실리오(비잔틴 태수를 지냈던 부유한 사람), 도넬로(바실리오의 아들), 에우도시아(바실리오의 어머니), 모니카(하녀)
	베스트 아리아	「하늘이 내려주신 매력적인 이름 모니카(Nel nome di Dio, Monica, sei tu incantata)」(T), 「아름다운 노래를 불러주세요(Cantare!… Si, un bel canto!)」(S)

사전 지식   이 오페라가 로마에서 초연되었을 때 대단한 반향을 불러일으켜, 제목처럼 화염 과 같은 갈채를 받았다. 레스피기가 발표했던 여느 작품보다도 성공을 거두었다. 이 오페라는 같은 해에 부에노스아이레스와 시카고의 무대에 올랐으며, 이듬해에는 밀라노의 스칼라 극장과 부다페스 트, 그 다음해에는 베를린, 그리고 드디어 빈에서 성공적인 공연이 이어졌다. 부다페스트에서는 초연 이래 30회가 넘는 연속 공연을 기록할 정도였다.

에피소드   〈화염〉은 후기낭만주의 그랜드 오페라다. 레스피기가 이 오페라의 제목을 '마녀

레스피기, 오토리노(Respighi, Ottorino, 1879~1936)
볼로냐 출신의 오토리노 레스피기는 작곡가이면서 음악학자, 지휘자였다. 그의 대표작은 로마를 주제로 한 3부작(로마의 분수, 로마의 소나무, 로마의 축제)이다. 음악학자로서 16~18세기 음악 을 깊이 연구했기 때문에 그의 작품 중에는 이 시기의 음악을 기본으로 한 것도 있다. 레스피기의 음악은 신고전주의, 신바로크주의를 지향했으며, 오페라는 9편을 남겼다.

(The Witch)'라고 하지 않고 '화염(La Fiamma)'이라고 한 것은 이 오페라의 주제가 마녀라기보다는 사랑에 대한 불길이기 때문이다. 1막과 3막의 피날레 장면은 거의 같은 스타일로 매우 장엄하다. 특히 마녀를 재판하는 장면이 그러하다. 이 장면에 나오는 음악은 비잔틴 시대의 종교음악 스타일이다. 레스피기가 바로크 이전의 옛 음악 스타일에 관심이 있었던 것은 잘 알려진 사실이다. 이 오페라에도 그레고리안 성가와 같은 음악이 나온다. 오케스트라 편성에서는 고대 악기를 많이 사용한다. 무용도 그러하다. 이러한 옛 스타일과 레스피기 특유의 인상주의가 조화를 이루어 그랜드 오페라로 전환되면서 장관을 이루는 작품이다. 〈화염〉은 1945년에 영화 〈분노의 날(Day of Wrath; Vredens Dag)〉로 만들어졌으며, 노르웨이 작곡가 플리플레트 브레인(Fliflet Bræin)은 주인공 마법사의 이름인 '안네 페데르스도테르(Anne Pedersdotter)'라는 제목의 오페라를 작곡하기도 했다.

줄거리   [제1막] 무대는 7세기 비잔틴 시기의 라벤나(현재는 이탈리아 영토)에 있는 바실리오(Basilio)의 여름 별장이다. 바실리오는 비잔틴 제국의 태수를 지냈던 사람으로 지금은 대형 옷감 공장을 운영하고 있다. 바실리오의 늙은 어머니 에우도시아(Eudossia)가 하녀들이 옷감을 짜는 것을 지켜보면서 마치 훈계를 하듯 잔소리를 한다. 하녀들과 함께 일하는 실바나(Silvana)는 무언가에 억눌려 있는 듯한 분위기를 느끼며 거기서 헤어나지 못하는 자신을 가련하게 여긴다.

젊고 아름다운 실바나는 바실리오의 둘째 아내다. 밖이 갑자기 소란스러워진다. 마을의 노파 아녜세 디 체르비아(Agnese di Cervia)를 쫓아가는 소리다. 사람들은 아녜세를 마녀이며 유아 살해범으로 고발해놓았다. 사람들에게 쫓기는 아녜세가 실바나의 방으로 도망쳐 들어온다. 아녜세는 예전에 한마을에 살았던 실바나에게 제발 숨겨달라고 애원한다. 실바나는 아녜세를 불쌍히 여겨 숨겨주면서 절대로 악마와 계약을 맺지 않겠다고 약속하라고 말하지만, 아녜세는 귀를 기울이지 않는다.

먼 곳에 가 있던 바실리오의 아들 도넬로(Donello)가 오랜만에 돌아온다. 도넬로는 아버지의 둘째 아내 실바나를 처음 보고는 옛날에 우연히 만났던 기억을 되살린다. 실바나가 도넬로를 처음 만난 것은 소녀 시절이었다. 도넬로는 부상당한 친구와 함께 실바나가 살고 있는 마을에 나타났고, 그때 실바나가 지금 마녀로 지탄 받고 있는 아녜세의 오두막집으로 이들을 데려갔었다.

잠시 후 숨어 있던 아녜세가 발각된다. 사람들이 아녜세를 처형장으로 끌고 간다. 아녜세는 거의 신경질적으로 무고를 주장하지만 사람들의 합창은 마치 유죄를 확인하듯 아녜세의 가냘픈 소리를 덮어버린다. "화형을!"이라고 외치는 군중의 소리와 성당에서 울리는 수도승들의 합창이 어우러져 일대 장관을 이룬다.

[**제2막**] 하녀 모니카(Monica)는 실바나에게 도넬로를 사랑한다고 고백한다. 실바나는 도넬로가 그저 이 여자 저 여자와 함께 불장난이나 치는 사람이라고 하면서 성실하지 못한 사람을 사랑하는 것은 불행을 자초하는 것이라고 충고한다. 결국 실바나는 모니카를 수녀원으로 보낸다.

도넬로는 실바나의 형용하기 어려운 매력에 압도되어 자신도 모르게 운명적인 사랑에 빠지게 되었다고 실바나에게 고백하면서, 지금 참회와 속죄의 시간을 보내고 있다고 말한다. 당황한 실바나는 말도 안 되는 소리라고 두려워하지만, 자신에게 과연 그러한 놀라운 매력이 있는지 궁금해진다. 실바나는 자신에게 다른 사람에게 없는 마력이 있는지 한 번 시험해보기로 한다. 실바나가 나지막하게 도넬로의 이름을 부르자 밖에 나가 있던 도넬로가 앞에 나타나 실바나의 팔에 안긴다. 2막의 피날레를 장식하는 음악은 마치 치솟는 지옥의 불길과 같다.

[**제3막**] 도넬로의 방에 그와 실바나 단둘이 있다. 음악은 불륜의 열정과 금지된 비극을 표현하듯 대단히 극적이다. 이제 실바나는 긴 겨울잠에서 깨어난 듯 성의 화신이 되어 있다. 도넬로는 실바나의 마력에 의해 성적 환희와 욕망에서 벗어나지 못하고 정념의 포로가 되어 있다. 두 사람이 부르는 듀엣은 R. 슈트라우스의 관능적인 면과 푸치니의 탐미적인 요소의 합작이라고 볼 수 있다. 그때 바실리오의 어머니 에우도시아가 들어온다. 그녀는 두 사람의 사이를 모두 알고 있다는 듯 앞으로 불운이 닥칠 것이라고 예고한다. 얼마 후 바실리오가 도착한다. 그는 이제 늙고 허약한 존재일 뿐이다. 부자간에 보이지 않는 긴장감이 감돈다. 바실리오는 여제가 자기를 다시 비잔틴으로 불렀다고 얘기하며 도넬로에게 함께 갈 것을 명한다. 함께 갈 생각이 없던 도넬로는 생각을 바꾼다. 비잔틴 제국으로 가는 것만이 자신의 열정을 해방시키는 길이라고 생각한 것이다. 그는 급히 자리를 뜬다. 실바나는 자신의 청춘을 훔쳐갔다고 바실리오를 비난하면서 그가 죽음에서 영원히 깨어나지 못하기를 바란다는 말을 내뱉는다. 실바나의 비난에 바실리오는 그만 심장마비를 일으켜 그 자리에 쓰러진다. 그녀는 종교재판소로 끌려간다.

실바나는 자기는 살인자가 아니며 마녀는 더더욱 아니라고 강력히 호소하면서 이 모든 사태가 환경 때문이라고 주장한다. 하지만 대주교는 손을 들어 실바나가 마녀라고 선언한다. 1막 피날레와 마찬가지로 화형을 기다리는 군중의 소리와 성직자들의 찬송 소리가 휘몰아쳐 일대 장관을 이룬다. 대주교가 실바나에게 유죄를 선고하자, 고뇌에 넘치고 독을 품을 듯한 실바나의 항변이 뒤따른다. 실바나는 "사악함을 위해서가 아니라 사랑의 욕망을 위해서"라고 입장을 밝힌다. 양심의 가책을 받은 도넬로가 이 여인을 풀어주고 대신 자신에게 심한 벌을 내려달라고 대주교에게 하소연하지만, 에우도시아의 반대로 소용이 없어진다. 마침내 저주를 받은 실바나는 화염 속에서 스러진다.

야코프 렌츠

타이틀	**Jakob Lenz**

전 13장의 실내오페라. 게오르크 뷔히너(Georg Büchner)의 소설 『렌츠(Lenz)』를 바탕으로 미하엘 프뢰리히(Michael Fröhlich)가 대본을 썼다.

초연	1979년 3월 8일 함부르크 국립 오페라 극장
주요 배역	야코프 렌츠, 오벌린(목사), 카우프만, 프레데리케

사전 지식 예술가가 어떻게 자신을 파멸시키는지 은유적으로 표현한 작품이라고 한다.

줄거리 19세기 초 독일이다. 내면의 소리에 유혹당한 야코프 렌츠가 집을 떠나다가 오벌린(Oberlin) 목사의 사택에 이른다. 정신착란에 빠진 렌츠가 목사 사택의 우물 속으로 몸을 던지자, 오벌린 목사가 가까스로 구해 집 안으로 데리고 들어간다. 한밤중이 되자 렌츠는 사랑하는 프리데리케(Friederike)에 대한 욕망을 억제하지 못해 자살을 기도한다. 또다시 오벌린 목사가 렌츠를 구한다. 목사는 렌츠에게 밖에 나가 신선한 공기를 마시면 정신이 맑아질 것이라고 권한다. 렌츠의 목소리가 농부의 목소리로 변한다. 농부들의 음성으로 렌츠는 목사 대신 설교한다. 카우프만이 등장해 렌츠가 처한 상황을 풍자적으로 설명하고는 렌츠에게 어서 집으로 돌아가라고 한다. 렌츠는 카우프만의 소리를 듣는 둥 마는 둥 하며 도망친다. 그는 내면에서 나오는 소리에 마음의 위로를 받은 듯하다. 렌츠는 프리데리케의 죽음을 예견한다. 렌츠는 장례를 기다리는 어떤 처녀의 시신을 애인 프레데리케의 시신으로 오인하고 죽은 처녀를 살리려고 하지만, 죽은 사람이 다시 살아날 리 만무하다. 카우프만은 또다시 렌츠에게 어서 집으로 돌아가라고 권고한다. 렌츠는 정신을 차린 것인지, 여전히 정신이 돌아오지 않은 것인지 마치 대단한 결심이나 한 듯 정신병원에서 환자들이 입는 옷을 입겠다고 자청한다.

림, 볼프강(Rihm, Wolfgang, 1952~)
독일의 칼를스루에(Karlsruhe) 출신인 볼프강 림은 이른바 신단순주의(New Simplicity)의 대표적인 작곡가로, 대표작으로는 〈햄릿머신(Die Hametmaschine)〉, 〈야코프 렌츠〉 등이 있다. 오페라의 시대 배경은 과거든 현대든 불특정한 것이 특징이며, 등장인물의 규모도 제약이 없어 꼭 필요한 인원만 출연하면 된다. 바흐, 헨델, 바그너의 음악을 인용했지만 현대적인 랩도 사용했다.

모차르트와 살리에리

타이틀	**Motsart i Sal'yeri**(Моцарт и Сальери; Mozart and Salieri)		
	1막 2장. 알렉산드르 푸시킨의 동명 산문 희곡을 기본으로 작곡자가 직접 대본을 썼다.		
	초연	1898년 12월 7일 모스크바 솔로도브니코프(Solo-dovnikov) 극장	
	주요 배역	모차르트(T), 살리에리(Bar), 눈먼 바이올린 주자(무언)	

사전 지식　　　　근거는 없지만 살리에리가 모차르트의 재능을 시기해 독살했다는 이야기를 토대로 만든 오페라다. 림스키코르사코프는 이 오페라에 모차르트의 「진혼곡(Requiem)」과 〈돈 조반니〉의 음악을 삽입했다. 러시아의 위대한 작곡가 다르고미시스키(Dargomizhsky)의 〈석상손님(The stone guest)〉에 나오는 음악도 잠시 선보인다. 비록 줄거리는 모차르트와 관련된 것이지만, 러시아 오페라 연혁에서 중요한 위치를 차지하는 작품이다.

에피소드　　　　출연진은 세 명이고, 합창단은 무대 뒤에서 모차르트의 진혼곡을 부른다. 1898년의 초연에서는 위대한 성악가 표도르 샬리아핀(Fyodor Shalyapin)이 살리에리 역을 맡았다. 그 후 샬리아핀은 단독으로 이 오페라를 연주회 형식으로 가끔 공연했는데, 샬리아핀이 모차르트 역할도 함께 맡았다. 그래서 샬리아핀이 부르는 모차르트 노래는 하이 G를 넘지 않게 편곡했다.

림스키코르사코프, 니콜라이(Rimsky-Korsakov, Nicolai, 1844~1908)
니콜라이 림스키코르사코프는 주로 러시아의 민화, 전설, 발라드, 동화 등에서 영감을 얻어 오페라와 관현악곡을 작곡했다. 그는 관현악 편성의 거장으로, 그의 음악은 우아하고 세련되며 이국적인 색채로 화려하다. 그러면서도 러시아적 향취가 짙게 배어 있다. 그는 15편의 오페라를 남겼는데, 대표작은 〈황금 닭〉, 〈황제의 신부〉, 〈삿코〉 등이 있다.

줄거리　　　　　시기는 18세기 말, 장소는 빈이다.

[**제1장**] 이탈리아에서 빈으로 온 살리에리(Salieri)는 작곡가로서 높은 사회적 지위를 누린다. 그럴수록 그는 예술에 더욱 헌신한다. 살리에리는 남모르게 모차르트를 질투하고 있다. 그는 자신은 노력을 다해 작품을 내놓지만, 모차르트는 빈둥거리면서도 작품을 내놓는 것은 공평하지 않다고 생각한다. 더구나 모차르트의 음악은 들으면 들을수록 놀라운 천상의 음악이다. 그는 신은 어찌하여 모차르트에게만 하늘의 재능을 준 것이냐고 한탄한다. 살리에리는 모차르트가 없어져야 자기 작품이 살고, 자신이 산다고 믿는다. 그는 모차르트를 독살하기 위해 저녁식사에 초대한다.

[**제2장**] 모차르트와 살리에리가 어느 여관의 식당에서 저녁을 먹고 있다. 모차르트는 한 미지의 신사가 청탁한 진혼곡 작곡이 별로 진전되지 않아 괴롭다고 말한다. 그는 보마르셰(Beaumarchais: 〈피가로의 결혼〉의 원작자)와 살리에리가 한때 친구였음을 알고, 보마르셰가 누군가를 독살했다고 하는데 사실이냐고 묻는다. 살리에리는 사실이 아니라고 대답한다. 그러면서 모차르트가 모르는 사이에 그의 포도주 잔에 독약을 탄다. 모차르트는 그런 줄도 모르고 포도주를 마신 뒤 키보드를 연주한다. 그의 모습에 양심의 가책을 느낀 살리에리는 눈물을 흘린다. 모차르트가 왜 우느냐고 묻지만 살리에리는 아무 말도 못하고 모차르트에게 계속 연주해달라고 부탁한다. 독약이 온몸에 퍼진 모차르트는 더는 견디지 못하고 자리를 뜬다. 살리에리는 모차르트에게 작별을 고하는 비장한 아리아를 부른다.

삿코

타이틀	**Sadko**(Садко)	
	전 7장. 전래 민화와 발라드를 소재로 작곡자가 직접 대본을 작성했다.	
	초연	1898년 1월 7일 모스크바 솔로도브니코프 극장
	주요 배역	바다의 왕, 볼호바(바다의 왕의 딸), 삿코(노브고로드의 가수), 류바바 부슬라예브나(삿코의 젊은 아내), 나자타(키예프에서 온 현악기 연주자)
음악 하이라이트	류바바의 탄식, 볼호바의 자장가, 인어들의 노래, 삿코의 노래, 바이킹의 노래, 힌두의 노래, 베네치아의 노래	
베스트 아리아	「Kalibelneje pesne」(S), 「Son pe birishku ksadil, drima pe lugu」(S), 「오, 못된 아첨꾼 같으니라구(Oh, you dark little grove!)」(T)	

에피소드　　　세 명의 외국 상인이 부르는 노래는 콘서트에서 자주 연주된다. 특히 인도(힌두) 상인이 부르는 노래는 프리츠 크라이슬러가 바이올린 곡으로 편곡했다. 사실 오페라 〈삿코〉는 림스키 코르사코프가 1869년에 써놓은 '삿코'라는 제목의 음악시를 다시 구성한 것이다.

줄거리　　　삿코(Sadko)는 가난하지만 명랑하고 용기 있는 음유시인이다. 어느 날 그는 노브고로드(Novgorod)의 부유한 상인들과 내기를 한다. 인근에 있는 일멘(Ilmen) 호수에서 황금고기를 낚는 내기다. 삿코가 내기에 지면 목숨을 내놓기로 하고, 상인들이 지면 거금을 내놓기로 한다. 호수에 사는 해왕(海王)에게는 아름다운 딸이 하나 있다. 해왕의 딸 볼호바(Volkhova)는 예쁜 외모로 남자들의 마음을 사로잡는 재주가 있다. 삿코가 일멘 호숫가에서 노래를 부르자 백조들이 몰려와 볼호바 공주를 둘러싼다. 삿코와 하룻밤을 보낸 볼호바 공주는 그가 세 마리 황금고기를 낚도록 해준다. 그녀는 삿코를 기다리겠다는 말을 남기고 호수 속으로 사라진다. 삿코는 상인들과의 내기에서 딴 돈으로 배를 한 척 산다.
삿코는 배를 큰 선박회사의 무역선단에 편입시켜 돈을 벌어들인다.

그로부터 12년이 지난다. 삿코가 많은 돈을 벌어 마을로 돌아오는 날 바다 한가운데서 노도가 일고 광풍이 몰아친다. 뱃사람들은 해왕이 노해 그렇다고 말하면서, 제비로 한 사람을 뽑아 해왕에게 제물로 바쳐야 파도가 잔잔해질 것이라고 주장한다. 뱃사람들이 제비뽑기로 뽑힌 삿코를 바다 한가운데로 던져버린다. 자기 딸과 결혼하지 않은 삿코에게 화가 나 해왕이 폭풍을 일으킨 것이다. 호수속 해왕의 궁전으로 들어간 삿코는 구슬리(gusli: 러시아 민속 악기의 하나)를 기가 막히게 연주해, 해왕뿐아니라 모든 대신들이 흥에 겨워 춤을 추게 한다. 드디어 격랑이 잠잠해진다.

뱃사람들의 수호신 성 니콜라스는 삿코가 실력을 발휘해 파도를 잠재우자 자신의 체면이 깎였다고 생각해 격노한다. 성 니콜라스는 삿코의 구슬리를 빼앗아 부러뜨리고는 바다 왕궁에서 나와 조강지처가 기다리고 있는 집으로 당장 돌아가라고 명한다. 성 니콜라스는 해왕의 딸 볼호바가 이미 결혼한 삿코에게 추파를 던져 동거했다는 이유를 들어 볼호바를 볼호프(Volkhov: 볼호프 강변에 노브고로드 시가 있다) 강으로 만들어버린다. 삿코는 무역으로 많은 돈을 벌어 아내 류바바(Lyubaba)와 행복하게 산다.

보이지 않는 도시

타이틀	Skazaniye o Nevidimom Grade Kitezhe i Deve Fevronii

전 4막. 러시아 전래의 민화, 전설, 발라드, 역사를 참고해 블라디미르 벨스키(Vladimir Belsky)가 대본을 썼다. 이 오페라의 원제목은 '키테시의 전설과 페브로니야 아가씨(The legend of the invisible city of Kitezh and the maiden Fevroniya)'다.

초연	1907년 2월 7일 상트페테르부르크 마린스키 극장
주요 배역	페브로니야(S), 그리시카 쿠테르마(T), 프린스 유리(키테시 통치자, B), 프린스 브셰볼로드(유리의 아들, T), 표도르 포야로크(군사령관, Bar)

사전 지식　　　이 오페라에서 키테시는 소키테시(Lesser Kitezh)와 대키테시(Greater Kitezh)가 있다. 소키테시는 인간이 사는 현실의 도시이고, 대키테시는 이상적인 도시라고 보면 된다. 오페라에서는 현실과 이상이 교차한다. 오페라 전편의 장소인 세 곳은 실제 세상이고, 보이지 않는 도시, 하늘 왕국에 속해 있는 대키테시만 신화의 장소다. 인간의 활동은 숲 속에서 이루어지는 데 이곳이 바로 소키테시다. 모든 사람의 집이면서 일상을 보내는 곳인 소키테시는 악마에게 봉사하는 듯한 떠돌이 그리시카 쿠테르마에게도 집 역할을 한다. 대키테시는 모든 선한 것의 원천으로, 이상적인 조국을 상징한다.

에피소드　　　〈보이지 않는 도시〉는 슬라브족의 〈파르지팔(Parsifal)〉로 알려져 있다. 바그너의 경우와 마찬가지로 지상의 고통에 구속(救贖)됨을 주제로 한다. 이 오페라에서 대키테시는 두 번 나온다. 한 번은 프린스 유리가 다스리는 세상의 왕국을 상징하는 도시로, 또 한 번은 예루살렘 같은 천국의 성스러운 장소로 나타난다.

줄거리　　　13세기경, 전설적인 도시 키테시와 그 인근이 배경이다.

[제1막] 숲 속에서 혼자 사는 페브로니야(Fevroniya)는 숲 속의 동물을 친구 삼아 지낸다. 사냥을 나왔다가 길을 잃은 브셰볼로드(Vsevolod) 왕자는 숲에서 페브로니야를 만난다. 왕자는 그녀의 순수함,

명랑함, 지혜로움에 반한다. 사랑에 빠진 두 사람은 결혼을 약속한다.

[제2막] 소키테시의 시민들이 모여 있다. 그중에는 곰을 훈련시키는 사람도 있고, 살터리(Psaltery)라는 현악기를 타는 사람, 던지기 곡예사, 거지들도 있다. 이들은 왕자와 결혼할 페브로니야를 데려가는 행렬을 구경하기 위해 기다리고 있다. 돈 많은 시민들은 술주정꾼 그리시카(Grishka)를 시켜 신부 페브로니야가 비천한 출신임을 조롱하게 한다. 그때 한 떼의 타타르 족이 마을을 습격해 페브로니야와 그리시카를 납치해간다. 고문을 이기지 못한 그리시카가 대키테시로 가는 길을 안내하기로 약속한다. 페브로니야는 대키테시를 보이지 않는 도시로 만들어달라고 신에게 기도한다.

[제3막 제1장] 대키테시의 백성들은 군대 지휘관 표도르 포야로크(Fyodor Poyarok)에게서 타타르군이 침범한다는 소식을 듣고 크게 놀란다. 표도르는 타타르와 전투를 하다가 눈이 먼 인물이다. 브셰볼로드 왕자는 페브로니야가 타타르에게 납치된 것을 알고는 분연히 군대를 이끌고 타타르와의 싸움에 나선다. 대케테시에 남은 부왕 유리(Yuriy Vsevolodovich)와 노인, 부녀자, 어린아이 들은 신게 기도한다. 높은 탑에 올라가 있던 소년이 타타르가 오고 있다고 소리치자 하늘에서 짙은 안개가 덮이듯 내려와 성당의 종이 울리는 가운데 대키테시가 모습을 감춘다. [막간(Interlude)] 케르제네츠(Kerzhenets) 전투가 벌어진다. 타타르가 브셰볼로드 왕자가 이끄는 병사들과 싸워 크게 승리한다. 왕자는 이 전투에서 전사한다.

[제2장] 타타르는 대키테시 건너편 스베틀리 야르(Svetliy Yar) 호반에 진을 친다. 그들은 소란스럽게 노략질한 물건을 나누고 있다. 진영 한가운데 그리시카가 나무에 결박되어 있다. 타타르 지휘관 두 사람이 페브로니야를 놓고 다투다가 결국 한 사람이 죽음을 당한다. 페브로니야는 타타르 병사들이 모두 잠든 틈을 타 그리시카의 결박을 풀어주어 함께 숲 속으로 도망간다. 아침이 되자 성당의 종이 요란하게 울린다. 호수에는 대키테시의 성당과 궁전의 돔이 어른어른 비치지만 정작 호수 건너편에 있어야 할 대키테시는 보이지 않는다. 당황한 타타르 병사들이 도망가기에 여념이 없다.

[제4막 제1장] 페브로니야와 그리시카는 거친 숲 속을 헤매고 있다. 키테시를 배반하고 타타르에게 협조했던 것이 양심에 걸린 그리시카는 마치 미친 사람처럼 혼자 어디론지 사라진다. 페브로니야는 너무 지친 나머지 나무 아래에서 잠이 든다. 주변에 꽃이 만발하고 낙원에서 온 새들이 자신의 죽음과 영생을 노래하는 꿈을 꾼다. 죽은 브셰볼로드 왕자가 나타나 페브로니야를 키테시로 안내한다.

[제2장] 환하게 빛나는 아름다운 도시 대키테시의 대성당에 사람들이 모여 있다. 유리 공자는 아들 브셰볼로드와 신부 페브로니야를 기다리고 있다. 표도르 포야로크 장군의 안내를 받으며 페브로니야가 들어온다. 백성들은 페브로니야에게 꽃다발을 건네며 환영한다. 페브로니야와 브셰볼로드 왕자가 하나 된 것을 백성들이 축하하는 가운데 막이 내린다.

눈 아가씨

타이틀	**Snegurochka**(Снегýрочка; The Snow Maiden)	
	프롤로그와 4막으로 구성. 러시아 민화 '봄의 요정 이야기 (Vesennyaya Skazka; A Spring fairy tale)'를 기본으로 알렉산드르 오스트롭스키(Alexandr Ostrovsky)가 희곡으로 만든 것을 작곡자가 직접 오페라 대본으로 만들었다.	
	초연	1882년 1월 29일 상트페테르부르크 마린스키 극장. 1898년 수정본 초연. 모스크바 볼쇼이 초연은 1885년.
	주요 배역	눈 아가씨(S), 서리 할아버지(눈 아가씨의 아버지, B), 봄의 아름다움(눈 아가씨의 어머니, Ms), 차르(버렌데이: T), 베르마타(차르의 신하, B), 미즈기르(상인 청년, Bar), 쿠파바(마을 처녀, S), 렐(마을 청년, C), 보빌리하(눈 아가씨의 양어머니, Ms), 보빌바쿨라(눈 아가씨의 양아버지, T)
베스트 아리아	눈 아가씨의 아리아, 새들의 합창, 마슬레니차와의 이별, 렐의 노래	

사전 지식　　　러시아정교회에서는 율리우스력(Julian Calendar)에 따라 크리스마스를 12월 25일이 아닌 1월 7일로 규정하고 있다. 러시아의 최대 축제일은 크리스마스와 함께 새해 첫날이다. 이 기간에는 모든 교회에서 성탄과 신년을 축하하는 미사가 거행된다. 그러나 축제의 하이라이트는 러시아의 산타클로스인 프로스트(서리) 할아버지와 눈 아가씨(스네구로치카)의 퍼레이드다. 러시아의 전래 민화 '눈 아가씨'는 서로 상반된 영원한 힘의 상관관계를 그린 오페라다. 초자연적인 신화적 존재로서 서리, 봄, 나무의 정령 등이 등장한다. 인간으로서는 젊은 상인 미즈기르와 부잣집 딸 쿠파바, 마을 청년 렐(Lel) 등이 등장한다. 신화적 존재와 인간과의 관계를 그린 이야기는 세계 어느 곳이든 있지만, 러시아 민화에서는 신화적 존재와 인간 사이에 있는 존재도 등장한다. 반(半)신화적·반(半)사실적 존재들이다. 〈눈 아가씨〉에서 이런 존재는 주인공 눈 아가씨와 차르(황제)인 베렌데이(Tsar Berendey) 등이다. 림스키코르사코프는 이 세 가지 부류의 존재에 대해 각각 특징한 멜로디를 부여했다. 그래서 음악만 들어도 이들이 구분되도록 해놓았다. 말하자면 바그너의 라이트모티프와 같은 개념이다. 그런데 또 하나의 라이트모티프가 있다. 마을 사람들이

다. 이들은 민속 멜로디로 표현했다.

에피소드 1952년 구소련에서는 '눈 아가씨'를 주제로 만화 영화를 제작했다. 사회주의적 사실주의(Socialist Realism)를 표방하던 시기의 전형적인 작품이다. 영화에는 림스키코르사코프의 음악이 그대로 사용되었다. 림스키코르사코프는 오페라 〈눈 아가씨〉를 작곡하면서 막간 음악으로 차이콥스키의 음악을 사용했다.

줄거리 [프롤로그] 시기는 선사(先史) 시대이며, 장소는 차르가 다스리는 베렌데이(Berendey) 왕국이다. 옛날 옛적에 '서리(Frost) 할아버지'와 '봄의 아름다움(Spring beauty)'이 서로 사랑하여 예쁜 눈 아가씨(스네구로치카)가 태어났다. 어느덧 세월을 흘러 눈 아가씨는 눈부시게 아름다운 열다섯 살 아가씨가 되었다. 어느 날 산책을 나간 눈 아가씨는 언덕 위에서 베렌데이 왕국의 화려한 마을과 여러 나라 사람이 모여 물건을 사고파는 모습을 내려다보며 즐겁게 지내는 그들의 모습을 부러워한다. 집으로 돌아온 눈 아가씨는 아버지와 어머니에게 마을로 가서 사람들과 함께 살게 해달라고 간청한다. 서리 할아버지와 봄의 아름다움은 하나밖에 없는 사랑하는 딸이 간절하게 청하는 바람에 마침내 허락한다. 눈 아가씨는 마음씨 좋은 사람의 집을 택해 당분간 그 집 양녀로 들어가기로 한다. 눈 아가씨가 함께 살 사람으로 착한 보빌바쿨라(Bobyl-Bakula)와 그의 아내가 선택된다.

[제1막] 베렌데이 왕국의 마을이다. 눈 아가씨가 마을에 온 이후 유일하게 알고 지내는 옆집 아가씨 쿠파바(Kupava)가 상인 미즈기르(Mizgir)와 곧 결혼식을 올리기로 했다고 자랑한다. 부잣집 아가씨 쿠파바는 결혼 생각으로 온통 들떠 있다. 그런데 눈 아가씨의 모습을 본 신랑 미즈기르가 첫눈에 마음을 빼앗긴다. 그는 눈 아가씨에게 달려가 사랑을 받아달라고 간청한다. 이 모습을 보고 참을 수 없이 화가 난 쿠파바는 마을 사람들 앞에서 미즈기르와 눈 아가씨의 뻔뻔스러움을 비난하면서 이 문제를 차르에게 호소해 판결 받기로 한다.

[제2막] 차르가 있는 베렌데이 궁전이다. 쿠파바는 차르에게 미즈기르의 행동을 비난하며 벌을 내려달라고 청한다. 차르는 미즈기르를 숲 속으로 추방하기로 결정한다. 이때 눈 아가씨가 등장한다. 차르와 신하들, 백성들은 눈 아가씨의 아름다움에 모두 감탄한다. 차르는 저렇게 아름답고 순수한 아가씨라면 남에게 피해를 주는 일은 절대 하지 않을 것이라고 믿고 눈 아가씨를 돕고자 한다. 차르는 누구든지 눈 아가씨의 사랑을 얻는 사람이 눈 아가씨와 결혼하게 될 것이며, 황제의 상도

받을 것이라고 발표한다. 마을 처녀들은 렐(Lel)이 눈 아가씨를 사랑하고, 눈 아가씨도 싫어하는 눈치가 아니므로 렐이 상을 받아야 한다고 말한다. 그러나 미즈기르는 자기가 기어코 눈 아가씨의 사랑을 얻어 결혼하겠다고 맹세한다.

[제3막] 그날 밤 숲 속의 공터다. 마을 사람들이 흥겹게 노래를 부르고 춤을 추며 즐거운 시간을 보내고 있다. 차르는 렐에게 그가 좋아하는 아가씨를 선택하라고 말한다. 전부터 렐을 좋아했던 눈 아가씨는 렐에게 자기를 선택해주면 영원히 사랑하겠다고 말하지만, 렐은 눈 아가씨는 거들떠보지도 않은 채 부잣집 딸인 부파바에게 입을 맞추고는 함께 사라진다. 사람들이 모두 떠나고 혼자 남은 눈 아가씨는 왜 렐이 자기를 버리고 떠났는지 알 수가 없다. 그때 갑자기 나타난 미즈기르가 사랑을 받아달라고 다시 한 번 간청하자, 눈 아가씨는 놀라 도망친다. 미즈기르가 쫓아간다. 이 모습을 본 나무의 정령은 눈 아가씨가 위기에 처한 줄 알고는 눈 아가씨의 허상을 만들어 미르기즈가 허상을 쫓게 한다.

렐과 쿠파바가 서로의 사랑을 다짐하며 행복해하는 모습을 눈 아가씨가 바라보고 있다. 그녀는 자기도 누군가를 진정으로 사랑할 수 있기를 희망한다.

[제4막] 눈 아가씨가 호수 앞에서 어머니를 부른다. 어머니 봄의 아름다움이 꽃에 둘러싸인 호수에서 모습을 드러낸다. 봄의 아름다움은 눈 아가씨에게 꽃목걸이를 건네주며 얼마 있으면 햇빛이 떠오를 테니 햇빛에서 멀리 떨어져 있으라고 말한 뒤 시녀들과 함께 연못 속으로 사라진다. 눈 아가씨는 햇빛이 비추지 않는 숲 속으로 들어가려 한다. 그때 미즈기르가 등장한다. 그의 눈빛에서 진정한 사랑을 읽은 눈 아가씨는 미즈기르에게 사랑을 고백한다. 백성들이 차르와 함께 등장한다. 눈 아가씨는 차르에게 자기가 사랑하는 사람은 미즈기르라고 말한다. 차르가 눈 아가씨를 미즈기르에게 보내자, 백성들은 눈 아가씨와 미즈기르의 결혼을 축하한다. 이때 한 줄기 햇살이 아침을 가르며 드리우자 갑자기 눈 아가씨의 몸이 녹아 사라진다. 뜻밖의 일에 슬픔을 감추지 못하는 미즈기르는 이윽고 호수에 몸을 던진다. 차르는 겁에 질린 백성들을 안심시키면서, 이로써 15년 동안 계속된 추운 겨울은 사라졌다고 선포한다. 이 말을 들은 백성들은 야릴로(Yarilo) 신에게 감사하는 송가를 소리 높여 부른다.

황제의 신부(新婦)

| 타이틀 | **Tsarskaya Nevesta**(Царская невеста; The Tsar's Bride) |

	전 4막. 레프 알렉산드로비치 메이(Lev Alexandrovich Mey)의 희곡을 바탕으로 작곡자 자신이 스토리의 개요를 따왔으며, 이를 표도로비치 튜메네프(Fyodorovich Tyumenev)가 오페라 대본으로 만들었다.
초연	1899년 11월 3일 모스크바 솔로도브니코프 극장
주요 배역	마르파(노브고로드의 상인 바실리 스테파노비치의 딸), 이반 세르게예비치 리코프(마르파와 약혼한 청년), 그리고리 그리아즈노이(이반 황제의 특별 비서이자 근위대 장교), 류바샤(그리아즈노이의 정부)
베스트 아리아	「노브고로드에서 나는 바냐 가까이 살고 있네?(In Novgorod, I lived near Vanya)」(S), 「불쾌한 폭풍 구름이 가볍게 쓸어버렸네?(The foul storm-cloud has swept pat)」(T), 「그대 잠들어 있네(She has fallen asleep)」(B), 「어머니, 서두르세요(Haste thee, mother mine)」(S)

사전 지식　　　림스키코르사코프의 오페라 중에서 비교적 고전에 속하는 작품이다. 극적 분위기와 오케스트라보다는 아름다운 노래에 중점을 두었다. 음악은 아리아, 앙상블, 합창 등으로 분명히 구분해놓았다. 이 오페라보다 2년 뒤에 발표한 〈카셰이(Kashchey)〉가 마치 전기에 충격을 받은 것과 같다고 하면, 〈황제의 신부〉는 따뜻한 물에 천천히 목욕하는 것과 같다. 그러므로 충분히 감상하기 위해서는 인내가 필요하다. 내용은 상당히 미화되기는 했지만, 동화가 아니라 역사적 사실에 근거한 것이다.

줄거리　　　[제1막] 부유한 상인 소바킨(Sobakin; Vasily Stepanovich)에게는 마르파(Marfa)라는 순진하고 아리따운 딸이 있다. 여러 청년들이 마르파의 사랑을 얻으려고 노력하지만 헛수고일 뿐이다. 마르파가 사랑하는 사람은 따로 있다. 귀족 이반 세르게예비치 리코프(Ivan Sergeyevich Lykov)다. 마침내 약혼한 두 사람은 마냥 행복하다. 그런데 호사다마라고 했던가?
'공포의 이반(Ivan The Terrible)'으로 불리는 황제 근위대 장교 그리고리 그리아즈노이(Grigori Gryaznoy)라는 사람이 마르파의 미모를 탐내 별별 수를 다 쓰며 접근한다. 마르파는 이 사악하고 오만하며 시기심 많은 근위대 장교의 구혼을 단호히 거부하지만, 그리아즈노이는 끈질기게 집착한다. 마르파는 어느 날 그리아즈노이에게 이미 약혼한 몸인 자기에게 집착하는 것은 위대하신 황제의 명예를 실추시키는 것이라고 말한다. 이 소리를 들은 그리아즈노이는 일개 여인이 황제와 근위대 장교를 모욕했다고 주장하면서 황제의 이름으로 처형하려다가, 이참에 마르파를 자기 소유로 만들기로 생각을 바꾼다. 그리아즈노이는 비밀리에 사랑의 묘약을 손에 넣는다. 누구든 이 약을 마시면 약을 준 사람을 사랑하게 된다.

[제2막] 그리아즈노이는 한때 류바샤(Lyubasha)라는 여인을 사랑했었다. 그러나 마르파를 알고 난 뒤 비열하게도 류바샤를 차버렸다. 그리아즈노이가 마르파의 사랑을 얻기 위해 '사랑의 묘약'을 손에 넣었다는 사실을 안 류바샤는 질투심에 불탄 나머지 사랑의 묘약을 다른 약으로 바꾸어놓는다. 아름다움이 사라지고 기억을 잃게 하는 약이다. 일이 참 묘하게 돌아간다.

[제3막] 이반 황제가 마르파를 보고 어여삐 여겨 그녀와 결혼하겠다고 선언하면서, 그리아즈노이, 류바샤, 마르파의 관계는 전혀 다른 국면으로 치닫는다. 얼마 전 황후를 잃은 이반 황제는 하루 빨리 황후를 맞아야 하는 입장이다. 황제의 사자가 마르파의 아버지를 찾아가 황제의 뜻을 전한다. 마르파의 아버지는 결혼을 준비하기로 약속한다. 마르파가 약혼자인 리코프에게 어찌하면 좋겠느냐고 묻자 그는 황제의 명을 거역할 수 없으니 일단 결혼에 응하고 기회를 보아 도망가자고 말한다. 이 오페라에서 황제는 등장만 할 뿐 대사나 노래가 전혀 없다. 시종장이 황제를 대신해 황명을 전달하기 때문이다.

[제4막] 마르파는 그리아즈노이가 가지고 있던 '사랑의 묘약', 즉 류바샤가 바꿔친 약을 마시고 모든 기억을 잃는다. 마르파는 루치아와 같은 전통적인 광란 장면을 연출한다. 왕궁의 나이 많은 하인이 마르파의 모습에 당황한 황제에게 그녀를 포기하라고 청한다. 미친 마르파가 무대를 휘젓고 다니는 가운데 막이 내린다.

그러나 이게 끝은 아니다. 모든 사실이 밝혀진다. 약을 바꿔치기 했던 류바샤는 왕비가 될 사람에게 독약을 주었다는 죄로 근위대 장교 그리아즈노이의 칼에 죽음을 맞는다. 약혼자 리코프는 황제를 기만하려 했다는 죄목으로 교수형에 처해진다. 그리아즈노이는 다른 죄수들보다 더 고통스러운 형벌을 내려달라고 황제에게 청한다.

황금 닭

타이틀	**Zolotoy Petushok**(Золотой Петушок; The Golden Cockerel; Le Coq d'Or)

3막과 프롤로그, 에필로그로 구성. 문호 푸시킨이 러시아 전래민화를 바탕으로 쓴 「풍향기가 있는 집(The house of the weathercock)」을 블라디미르 벨스키(Vladimir Belsky)가 오페라 대본으로 만들었다. 최근 공연에서는 일본의 가부키를 본뜬 연출이 큰 성공을 거두었다.

초연	1909년 10월 7일 모스크바 솔로브니코프 극장
주요 배역	차르 도돈(또는 다돈), 그비돈 왕자(차레비치 그비돈: 다돈의 큰아들), 아프론 왕자(차레비치 아프론: 다돈의 둘째아들), 폴칸 장군, 아멜파(왕실의 가정부), 점성술사(카운터 T), 셰마하 여왕, 황금 닭(S)
음악 하이라이트	차르를 찬양하는 행진곡, 백성들의 탄식 장면 음악, 셰마하 여왕이 태양을 맞이하는 장면의 음악, 점성술사 등장 장면의 음악, 황금 닭의 모티프
베스트 아리아	「나는 점성술사(I am a sorceror)」(T), 「태양 찬가(Hymn to the sun)」(S)

사전 지식　　　러시아 검열 당국은 〈황금 닭〉의 공연을 거부했다. 노일전쟁에서 러시아가 패해 사회 분위기가 흉흉해진 때라 차르를 풍자한 〈황금 닭〉을 당국이 좋아할 리 없었다. 더구나 작곡가 림스키코르사코프는 1905년 소요에서 학생들에 동조하는 행동을 해 요주의인물로 찍혀 있었다. 〈황금 닭〉은 풍자가 이어지는 오페라다. 대사뿐만 아니라 음악에도 풍자가 넘쳐흐른다.

줄거리　　　　**[프롤로그]** 막이 오르면 점성술사가 무대에 등장해 "나로 말씀드리자면 점성술사올시다. 특별한 자랑거리가 있지요. 멋진 생명을 불어넣는 것입니다. 이제 옛날이야기 하나 해드리겠습니다. 거짓말일지 모르지만 여러분에게 교훈이 될 것입니다"라고 말한다. 〈팔리아치〉에서의 프롤로그와는 달리 모든 출연자가 서 있는 가운데 점성술사가 앞으로 나와 서론을 이야기하는 것이 특이하다.

[제1막] 이제 나이가 많아 전쟁터에 나가기 어려운 러시아의 도돈(Dodon) 황제는 적국이 시도 때도

없이 쳐들어오는 통에 잠을 이룰 수 없다. 그는 이들의 침공을 미리 알 수 있는 방법이 있다면 준비를 할 수 있어 편히 잘 수 있을 것이라고 생각한다. 도돈 황제는 신하들과 학자들, 자문관을 소집해 좋은 방법을 내놓으라고 강요한다. 별별 아이디어가 제시되지만 현실적이지 못한 의견뿐이다. 점성술사가 황금 닭 한 마리를 내놓으며 "이 황금 닭으로 말씀드리자면 밤이나 낮이나 도무지 잠을 자는 일이 없으며 적군이 아무리 멀리 떨어져 있더라도 침공할 기미만 있으면 크게 운답니다. 그러므로 왕께서 편히 잠을 청하실 수 있지요"라고 설명한다. 도돈 황제는 크게 기뻐하며 당장 밤부터 이용해보기로 한다. 만일 황금 닭이 제 역할을 잘해내 적군을 물리치게 해준다면 점성술사가 원하는 것을 다 들어주겠다고 약속한다. 과연 황금 닭은 적군이 침입할 때마다 크게 울어 적군의 침입을 막아낸다. 황금 닭 때문에 늙은 도돈은 이제 편히 잠들 수 있다.

[제2막] 어느 날 새벽 황금 닭이 홰를 치며 크게 울자, 적군이 또다시 공격해온다. 도돈이 잠에서 깨어나 두 아들에게 "적군이 쳐들어오는 모양이니 출전하여 격퇴할지어다!"라고 명령한다. 두 아들인 그비돈(Gvidon)과 아프론(Afron)은 장군들을 먼저 전쟁터로 보내자고 주장했다가 도돈에게 호된 질책을 받는다. 전쟁 상황은 이상하게도 도돈군에 불리하게 전개된다. 보이지 않는 힘이 적군을 도와주고 있는 것 같다. 결국 도돈의 군대는 대패하고 겁쟁이 아들들은 목숨을 잃는다. 도돈은 남은 군사를 정비해 적군과의 일전을 위해 아침 일찍 궁성을 나선다. 해가 떠오르고 안개가 걷히자 사막 한가운데 커다란 천막이 모습을 드러낸다. 도돈과 장수들은 그 천막을 적군의 것으로 생각해 공격하지만 아무리 공격해도 꿈쩍하지 않는다. 도돈이 말에서 내려 천막 안을 들여다보니 그곳에 아름다운 셰마하(Shemakha) 여왕이 있는 것이 아닌가? 도돈은 셰마하 여왕의 아름다움에 넋을 잃어, 나라의 왕관을 나누어 쓰자고 제안한다. 나라를 반분해준다는 말에 여왕은 마지못해 도돈과의 결혼을 승낙하고 궁성으로 향한다. 도돈은 왕궁으로 돌아오던 중 문득 점성술사와의 약속을 떠올린다.

[제3막] 도돈 왕과 셰마하 여왕의 결혼식이 열린다. 그때 부르지도 않은 점성술사가 나타나 무엇이든 주겠다고 한 약속을 지키라고 요구한다. 도돈이 무엇을 원하느냐고 묻자 점성술사는 셰마하 여왕을 달라고 한다. 화가 치민 도돈은 그 자리에서 점성술사를 죽인다. 이 모습을 지켜보던 여왕은 도돈에게 실망해 당장 궁성을 떠난다. 궁성에 홀로 남은 도돈을 황금 닭이 매서운 부리로 쪼아 죽음에 이르게 한다. 점성술사를 대신해 황금 닭이 복수한 것이다

[에필로그] 다시 살아난 점성술사가 무대로 나와 여러분들이 본 사람들은 모두 환상일 뿐이며 자기와 여왕만이 진짜 인간이라고 말한다.

영국 여왕 엘리사베타

타이틀	**Elisabetta, Regina D'Inghilterra**(Elizabeth; Queen of England)

전 2막. 소피아 리(Sophia Lee)의 소설 『휴식(The recess)』을 기본으로 조반니 슈미트(Giovanni Schmidt)가 오페라 대본으로 각색했다.

초연	1815년 10월 4일 나폴리 산 카를로 극장
주요 배역	엘리사베타(엘리자베스 영국 여왕), 레스터 경(엘리자베스 여왕의 연인), 마틸드(레스터의 약혼녀), 엔리코(헨리: 마틸드의 오빠), 노포크 공작, 구글리엘모(근위대 대위)
베스트 아리아	「얼마나 나의 영혼은 그대를 반기는가(Quant'è grato all'alma mia)」(S), 「반역자, 벌을 받으리라(Fellon, la pena avrai)」(S)

사전 지식　　　로시니와 함께 이탈리아 오페라의 대표적 작곡가인 도니체티는 영국 여왕을 다룬 두 편의 오페라를 완성한 바 있다. 〈마리아 스투아르다〉와 〈안나 볼레나〉다. 이에 비해 로시니는 〈영국 여왕 엘리사베타〉 한 편만 남겼다. 이 오페라는 로시니가 나폴리의 산 카를로 극장을 위해 쓴 최초의 작품이다. 로시니는 이 오페라부터 대사 부분에 현악기 반주를 넣기 시작했다. 이 오페라의 서곡이 대단히 인기를 끌었기 때문에 로시니는 이 곡을 〈세비야의 이발사〉에 다시 사용했다.

줄거리　　　엘리사베타(Elisabetta) 여왕이 총애하는 레스터 경(Earl of Leicester)은 스코틀랜드의 마틸드(Matilde)와 비밀리에 결혼 계약을 맺는다. 레스터 경은 마틸드가 그저 어느 고귀한 귀족의

로시니, 조아키노 안토니오(Rossini, Gioachino Antonio, 1792~1868)
조아키노 안토니오 로시니는 39편의 오페라, 종교음악, 실내악, 가곡, 기악곡 등을 작곡한 이탈리아의 작곡가다. 그의 대표적인 오페라는 〈세비야의 이발사〉, 〈라 체네렌톨라〉이며 프랑스어로 작곡한 오페라 〈모세와 파라오〉, 〈기욤 텔〉은 프랑스 그랜드 오페라 스타일의 대서사시다. 그의 멜로디는 마치 노래를 부르는 것 같아 로시니에게는 '이탈리아의 모차르트'라는 별명이 붙었다. 1829년 서른일곱 살로 은퇴하기까지 그는 오페라 역사상 가장 뛰어난 작곡가였다.

영애(令愛)로만 생각했으나, 나중에 알고 보니 엘리자베스 여왕의 경쟁자인 스코틀랜드 메리 여왕의 딸이다.

어느 날 마틸드는 결혼 계약을 이행하기 위해 오빠 헨리와 함께 영국 여왕의 궁전으로 온다. 두 사람은 잉글랜드와 스코틀랜드 간의 평화를 위해 교환하기로 한 인질로 가장해 영국 여왕의 궁전으로 들어간다. 레스터 경은 친구인 노포크 공작(Duke of Norfolk)에게 비밀 결혼 계약에 관해 털어놓는다. 그러자 노포크 공작은 레스터를 엘리사베타 여왕의 총애에서 떼어놓기 위해 이를 역이용하기로 마음먹는다.

레스터 경과 마틸드는 결국 체포되어 감옥에 갇히지만, 엘리사베타 여왕은 두 사람의 진실한 사랑을 인정해 이들을 사면한다. 여왕의 자비에 감동한 레스터 경은 더욱 성심을 다해 엘리사베타 여왕에게 충성하며, 나라를 위해 헌신하기로 결심한다.

기욤 텔

타이틀	**Guillaume Tell**(Guglielmo Tell; William Tell)	
		오리지널은 5막이었으나 나중에 3막을 삭제하고 4막과 5막을 합해 3막이 되었다. 프리드리히 실러의 희곡을 빅토르조세프 에티엔 드 주이(Victor-Joseph Étienne de Jouy) 등이 합작해 대본으로 만들었다.
	초연	1829년 8월 3일 파리 오페라 극장
주요 배역		기욤 텔(윌리엄 텔), 헤드비게(텔의 아내), 예미(텔의 아들), 아르놀트 멜히탈(스위스의 저항운동가), 마틸드(마틸다: 합스부르크의 공주), 게슬러(슈비츠와 우리의 총독), 로돌프 (게슬러 궁수들의 지휘관), 발터 푸르스트(스위스의 저항운동가)
베스트 아리아		「아, 마틸드, 내 영혼의 우상(Ah! Mathilde, idole de mon âme)」(T), 「움직이지 마라!(Sois immobile!)」(Bar), 「세습적인 피난(Asile héréditaire)」(T)

사전 지식　　　　　로시니의 마지막 오페라로, 출연자들이 무척 곤혹을 치르는 작품이다. 특히 하이 테너(아르놀트)는 고난도의 아리아를 오래 불러야 한다. 그래서 과연 오페라의 주인공이 기욤 텔인지 아르놀트 멜히탈인지 모를 정도다. 오늘날 오페라 〈기욤 텔(윌리엄 텔)〉은 거의 공연되지 않고, 다만 서곡이 연주회의 주요 레퍼토리로 사랑받고 있다. 서곡은 다섯 개의 첼로가 서로 다른 솔로를 연주하면서 시작된다. 그러나 우리가 알고 있는 윌리엄 텔 이야기와 오페라의 내용은 약간 다르다.

줄거리　　　　　13세기 스위스가 무대다. 오스트리아의 지배를 받고 있는 스위스에 항쟁의 불길이 일고 있다. 오스트리아 군대에서 복무했던 아르놀트 멜히탈(Arnold Melchthal)은 합스부르크의 공주라는 칭호를 얻은 마틸다(Matilda; Mathilde)를 사랑한다. 아르놀트는 스위스의 애국자이며 존경받는 지도자 멜히탈의 아들이다. 그런 그가 오스트리아군에서 복무했으니 사람들의 눈에 곱게 비칠 리 없다.

어느 날 아르놀트가 호수에 빠진 마틸다를 구해준다. 마틸다는 학정 때문에 스위스 백성들이 몹시 증오하는 슈비츠(Schwyz)와 우리(Uri)의 총독 게슬러(Gessler)의 딸이다. 반오스트리아 운동 지도자의 아들과 오스트리아 총독의 딸이 사랑하는 사이가 된 것이다.

[제1막] 눈부시게 아름다운 5월 어느 날 아침이다. 목동들의 축제가 펼쳐진다. 전통에 따라 마을의 원로 아르놀트의 아버지 멜히탈이 마을 젊은이들의 축복을 기원한다. 그러나 아들 아르놀트는 늙은 아버지의 축복을 바라지 않는다. 아버지 몰래 원수의 딸 마틸다를 사랑하기 때문이다. 그렇지만 고향과 조국에 대한 그의 사랑은 변함이 없다. 축제는 오스트리아 병사에게 쫓기는 로톨트(Leuthold)가 가쁜 숨을 몰아쉬며 나타나는 바람에 잠시 중단된다. 그는 자기 딸이 오스트리아 병사에게 농락당하자 그 병사를 죽여 오욕을 씻으려다가 오히려 쫓기는 신세가 된 것이다. 게슬러의 병사들이 추격해오자, 멜히탈은 로톨트를 안전하게 도망가도록 도와준다. 게슬러의 병사들은 로톨트 대신에 아르놀트의 아버지 멜히탈을 잡아간다.

[제2막] 루체른(Luzem) 호숫가에서 아르놀트와 마틸다가 만나 사랑을 약속하며 부르는 사랑의 듀엣이 아름답다. 잠시 후 아르놀트는 윌리엄 텔(Guilaume Tell)과 발터 푸르스트(Walter Furst)에게서 아버지 멜히탈이 게슬러의 명령으로 살해되었다는 소식을 듣는다. 아르놀트는 분연히 복수를 맹세한다. 텔과 발터, 아르놀트는 스위스가 오스트리아의 압정에서 해방되는 날까지 투쟁할 것을 다짐한다. 마을의 지도자들이 모여 스위스에서 오스트리아를 몰아내기로 서약한다.

[제3막] 알트도르프(Altdorf) 마을의 시장이다. 오스트리아의 스위스 통치 백주년을 기념하는 날이다. 게슬러는 이날을 축하하기 위해 자기 모자를 높은 장대에 매달고, 누구든 모자에 절을 하라고 명령한다. 마침 윌리엄 텔이 아들 예미(Jemmy)의 손을 잡고 시장 거리에 나타난다. 게슬러의 병사들이 총독의 모자에 예의를 표하라고 강요하지만, 텔은 거부한다. 텔을 본 게슬러는 얼마 전 그가 로톨트를 도와 도망가게 해준 사람이라는 것을 깨닫는다. 게슬러는 자기 딴에는 재미난 게임을 제안한다. 윌리엄 텔이 아들 예미의 머리 위에 사과를 얹어놓고 멀리서 활을 쏘아 맞히라는 것이다. 까딱 잘못하면 아들이 죽거나 그렇지 않으면 텔 자신이 죽어야 한다. 텔은 아들에게 움직이지 말고 가만히 있기만 하면 아무 일 없을 것이라고 안심시킨다. 이때 부르는 아리아가 가슴을 울린다. 텔의 화살은 보란 듯이 아들 예미의 머리 위에 놓인 사과에 꽂힌다. 텔은 게슬러에게 활을 겨누면서 "만일 첫 번째 화살이 빗나가면 두 번째 화살은 네놈을 쏠 생각이었다"라고 말한다. 화가 난 게슬러가 텔을 체포하라고 명령하지만 무기를 든 스위스 민병대들이 노도와 같이 몰려든다. 텔의 화살이 게슬러의 가슴에 꽂힌다. 사람들이 스위스가 자유를 얻은 것에 환호한다. 마틸다는 사랑하는 아르놀트의 품에 쓰러져 피난처를 구한다.

세비야의 이발사

타이틀   **Il Barbiere di Siviglia**(The Barber of Seville)

전 2막의 코미디. 대본은 보마르셰의 원작『세비야의 이발사 (Le barbier de Séville)』를 기본으로 체사레 스테르비니 (Cesare Sterbini)가 썼다. 로시니는 오페라의 제목을 '알마비 바' 또는 '필요 없는 조심'으로 하려고 했다. 당시 조반니 파이시엘로(Giovanni Paisiello)가 같은 스토리로 〈세비야의 이발사〉라는 오페라를 작곡해 인기를 끌고 있었기 때문에 그의 작품과 구분하려고 했던 것이다.

초연	1816년 2월 20일 로마 아르젠티나 극장(Teatro Argentina)
주요 배역	피가로(이발사), 로시나(바르톨로가 후견하는 아름다운 아가씨), 알마비바 백작, 바르톨로(세비야의 의사), 돈 바실리오(로시나의 음악 선생), 피오렐로(백작의 하인), 암브로지오(바르톨로 박사의 하인), 베르타(바르톨로 집의 가정부)
음악 하이라이트	알마비바의 세레나데, 피가로의 카바티나, 알마비바의 칸초네, 알마비바와 피가로의 듀엣, 로시나의 카바티나, 바실리오가 비방하는 아리아, 바르톨로의 아리아, 1막 피날레의 혼란스러운 장면에 나오는 음악(캐논)
베스트 아리아	「조금 전에 들은 소리(Una voce poco fa)」(S), 「나는 이 마을의 만능 재주꾼(Largo al factotum della città)」(Bar), 「나 같은 선생에게는(A un dottor della mia sorta)」(T), 「비방(La calunnia)」(Bar), 「보라, 하늘에서 웃으리(Ecce ridente in cielo)」(T)

사전 지식   가장 인기 있는 로시니의 반항적 로맨틱 오페라다. 귀족 중심의 사회에서 귀족을 풍자하고 골탕 먹이는 내용이기 때문에 반항적이라는 설명이 붙었으며, 아름다운 로시나와 백작의 사랑을 그렸기 때문에 로맨틱 오페라라고 부른다. 중단 없는 재미, 빠르게 전개되는 스토리, 유쾌한 멜로디가 전편을 누비는 아름다운 작품이다. 줄거리로 보면 모차르트의 〈피가로의 결혼〉이 이 오페라 의 전편이다.

에피소드   로시니는 뚱뚱한 만큼 게으른 면도 있었다. 물론 한 번 작곡에 몰두하면 속전속결 로 해치우기도 했지만 말이다. 〈세비야의 이발사〉는 전체적인 구도를 완성해놓고도 서곡을 마무리하지 않은 채 게으름을 피웠다. 공연이 임박하자 로시니는 자기가 전에 써놓았지만 잘 알려지지 않은 오페라의 서곡을 가져다가〈〈팔미라의 아우렐리아노(Aureliano in Palmira)〉〉〈세비야의 이발사〉 서곡으로 사용했다. 이 곡이 오늘날까지 알려진 〈세비야의 이발사〉 서곡이다. 이 오페라는 로시니의 코믹 오페라 중에서 가장 유명하다. 이야기가 재미있는 것은 물론이고, 음악 자체도 재치가 넘치며 발랄하다. 그렇지만 첫 공연은 성공을 거두지 못했다. 경쟁자인 파이시엘로의 지지자들이 방해했기 때문이다. 주인공 로시나는 소프라노가 아닌 메조소프라노가 맡는다.

줄거리　　　　[제1막] 알마비바(Almaviva) 백작은 아름답고 돈 많은 로시나(Rosina)에게 청혼하고 싶어 안달이지만, 로시나의 후견인인 늙고 치사한 의사 바르톨로(Bartolo) 때문에 접근조차 못한다. 더구나 백작은 로시나가 자기 신분을 보고 사랑을 결심하는 것을 원치 않는다. 백작의 소원이 이루어지도록 돕는 사람은 백작의 오랜 친구이자 전속 이발사 피가로(Figaro)다. 만능 재주꾼이며 수완 좋은 피가로의 아리아 「나는 이 마을의 만능 재주꾼」은 그가 얼마나 유쾌하고 능력 있는 인물인지를 잘 표현한 곡이다. 한편 로시나의 후견인 바르톨로는 로시나가 유산으로 받은 돈이 탐나 노골적으로 결혼하고 싶어 한다. 백작의 구원 요청을 받은 피가로는 우선 백작과 로시나가 교제하는 것이 중요해, 로시나를 만나 어떤 젊은 대학생이 당신을 몹시 사모하니 한 번 만나 보라고 권한다. 로시나는 먼발치에서 그 대학생을 보고 마음이 움직인다. 그러나 바르톨로 때문에 데이트는 수포로 돌아간다. 피가로는 백작에게 술 취한 군인으로 변장해 로시나에게 접근해보라고 한다. 그러나 바르톨로 영감의 완강한 제지로 로시나 근처에도 가보지 못하고 쫓겨난다.

[제2막] 백작이 알폰소(Alfonso)라는 음악 교사로 변장해 로시나의 집을 방문한다. 바르톨로는 이 음악 선생이라는 작자가 수상하지만 어쩔 수 없이 레슨을 허락한다. 바르톨로와 음악 선생으로 변장한 백작의 듀엣이 기막히게 재미있다. 서로 '안녕하신가?'만 반복하며 서로의 의중을 떠보는 그런 듀엣이다. 로시나는 지난번에 본 대학생이 음악 선생으로 변장한 것을 눈치채고는 내심 무척 반가워한다. 두 사람은 야반도주를 결심하지만, 이를 바르톨로가 엿듣는다. 그는 그날 밤 당장 로시나와 결혼하기로 마음먹는다. 마침내 백작이 로시나에게 신분을 밝힌다. 한편 음흉한 바르톨로의 요청으로 결혼 공증인이 도착하자, 백작은 공증인의 머리에 총구를 겨눈다. 그는 로시나와 바르톨로의 결혼이 아닌 자신과의 결혼을 성사시키라고 주문한다. 한편 바르톨로가 음악 선생과 피가로를 가택침입죄로 신고하러 갔다가 돌아오지만 이미 때는 늦었다. 로시나와 백작이 결혼 서약을 했기 때문이다. 백작은 그동안 로시나의 후견인으로 수고한 바르톨로에게 그가 그토록 바라던 돈을 하사한다.

시뇨르 브루스키노

타이틀	**Il Signor Bruschino**(Mr. Bruschino)	

단막의 코미디. 알리산 드 샤제(Alissan de Chazet)와 모리스 커리(Maurice Curry)의 희곡「기회를 잡은 아들(Le fis par hasard)」[속임수와 어리석음(Ruse et foile)]을 바탕으로 주세페 마리아 포파(Giuseppe Maria Foppa)가 대본을 썼다. 또 다른 제목은 '임기응변의 아들(Il figlio per azzardo; The son by chance)'이다.

초연	1813년 1월 27일 베네치아 산 모이세 극장(Teatro San Moisè)
주요 배역	소피아, 플로빌레, 브루스키노, 마리안나(하녀), 가우덴치오(돈 많은 영감)
베스트 아리아	「아, 사랑스러운 아내를 주소서(Ah, donate il caro sposo)」(S)

사전 지식 이른바 오페라 파르사(operatic farse)의 전형이다. 로시니의 아홉 번째 작품이지만 초연으로는 두 번째다. 베네치아의 산 모이세 극장은 로시니에게 의뢰한 작품을 빨리 완성해달라고 재촉했다. 다른 극장에서 로시니에게 오페라 작곡을 의뢰했다는 소식을 들었기 때문이다. 그 결과 〈시뇨르 브루스키노〉가 먼저 완성되어 공연되었고, 성공을 거두었다. 다른 극장에서 의뢰한 작품은 로시니가 작곡한 최초의 비극적 오페라 〈탄크레디(Tancredi)〉였다.

줄거리 가우덴치오 스트라파푸폴레(Gaudenzio Strappapuppole) 영감의 저택이다. 청년 플로빌레(Floville)는 가우덴치오가 후견하는 아름다운 아가씨 소피아(Sofia)를 사랑한다. 플로빌레는 소피아와의 결혼을 승낙받기 위해 가우덴치오를 찾아간다. 그러나 한발 늦은 듯하다. 가우덴치오는 소피아를 브루스키노(Bruschino)라는 사람의 아들과 결혼시키기로 했다는 것이다. 다만 브루스키노의 아들을 본 사람이 없기 때문에 어떻게 생겼는지 모르며, 온다고 했는데 아직 소식이 없단다. 아무도 없는 가우덴치오의 저택에 혼자 남은 플로빌레에게 주막 주인 필리베르토(Filiberto)가 편지를 가지고 온다. 브루스키노의 아들이 가우덴치오에게 보낸 것으로, 가우덴치오를 만나러 오는 도중

주막에 들러 사흘이나 술독에 빠져 지냈는데, 술값을 갚아야 보내준다고 하니 돈을 속히 보내주면 나중에 갚겠다는 내용이다. 플로빌레는 이를 잘만 이용하면 뭔가 이뤄질 것 같아 머리를 굴린다. 그는 심부름을 온 주막 주인에게 자신은 볼모로 잡혀 있는 청년의 법률고문이자 사촌이며, 브루스키노라는 어른의 아들이라고 소개한다. 그는 수중에 있는 돈을 주막 주인에게 쥐어주며 그 청년을 며칠만 더 데리고 있으면 후사하겠다고 말한다. 주막 주인은 한 푼도 건지지 못할 줄 알았는데 얼마간의 수확이 있는 데다 앞으로 더 주겠다는 말에 기분이 좋아져서 돌아간다. 플로빌레는 자기가 브루스키노의 아들 행세를 하기로 했다면서 소피아와 하녀 마리안나를 불러 협조를 부탁한다. 드디어 연극이 시작된다.

하녀 마리안나가 브루스키노 어르신이 보낸 편지라고 하면서 가짜 편지를 가우덴치오에게 전한다. 편지에 의하면 자기 아들이 돈을 낭비하는 버릇이 있어 돈을 보는 족족 창문 밖으로 던져버리니 나타나면 꼼짝 못하게 가두어달라는 내용이다. 가우덴치오가 하인들을 보내 브루스키노의 아들을 붙잡아오라고 지시한다. 얼마 후 하인들이 플로빌레를 잡아온다. 그는 영감 앞에서 지금까지의 행동을 크게 뉘우친다. 영감은 그런 모습에 동정심을 느낀다.

느닷없이 진짜 브루스키노가 찾아온다. 아들이 낭비만 하고 다니는 것을 알고 화가 나서 쫓아온 것이다. 가우덴치오는 브루스키노에게 아드님이 진실로 후회하고 있으니 그만 진정하라고 하면서 자기 딸 소피아와의 결혼에는 변함이 없다고 말한다.

플로빌레가 브루스키노 앞에 나서자 브루스키노는 "이놈은 내 아들놈이 아니다"라면서 펄펄 뛴다. 영감은 브루스키노가 화가 덜 풀려 그런다고 생각한다. 소피아는 브루스키노를 만나 저 청년을 진심으로 사랑하고 있다고 하면서 아들의 행복을 위해 제발 허락해달라고 간청한다. 소피아의 간청에 고집 센 브루스키노의 마음이 움직인다.

사람들은 브루스키노가 아들도 몰라본다고 생각해 제정신이 아니라고 수군댄다. 마침 주막 주인이 남은 외상값을 받으러 온다. 브루스키노는 플로빌레를 가리키며 이 청년이 누구냐고 묻는다. 주막 주인은 당연한 듯이 "아, 브루스키노의 아들이지요!"라고 대답한다. 모두 플로빌레가 브루스키노의 아들이라고 믿는다. 얼마 후 브루스키노의 진짜 아들이 주막에서 풀려나 영감의 저택을 찾아온다. 아버지를 본 아들은 잘못을 뉘우치며, 집으로 돌아가 아버지를 위해 열심히 일하겠다고 약속한다. 그제야 사람들은 모든 사실을 깨닫는다. 사람들은 소피아의 배필로 플로빌레가 제일 적합하다고 입을 모아 말한다. 브루스키노는 사람들을 불러 저 청년이 자기 아들이 분명하니 곧 결혼식을 올리라고 한다. 모두 브루스키노의 관대함을 찬양한다.

이탈리아의 터키인

타이틀	**Il Turco in Italia**(The Turk in Italy)
	전 2막의 드라마 부포(dramma buffo). 다른 표현으로는 앙상블 오페라라고 부른다. 펠리체 로마니가 대본을 썼다.
초연	1814년 8월 14일 밀라노 스칼라 극장
주요 배역	셀림(터키인, 왕자), 피오릴라(나폴리 여인), 제로니오(피오릴라의 남편), 나르치수스(피오릴라를 사랑하는 사람), 프로스도치모(시인), 차이다(터키 여인), 알바차르(터키인)
음악 하이라이트	파파타치(Pappataci) 트리오, 1막 피날레의 벨 모티프
베스트 아리아	「누가 마지막인가(Che final! che finalone!)」(S), 「결코 배반하지 않으리(Perché mai se son tradito)」(T)

사전 지식 　　　로시니의 오페라 중 제일 재치 넘치고 사랑스러우며, 가장 짜임새 있는 오페라로 평을 받고 있다. 〈이탈리아의 터키인〉은 모차르트의 〈여자는 다 그래〉의 영향을 받았다고 한다. 〈여자는 다 그래〉는 스칼라 극장에서 〈이탈리아의 터키인〉이 초연되기 직전에 공연되어 관객을 열광시킨 작품이다. 〈이탈리아의 터키인〉은 바람기가 있는 터키 공자(왕자와 같음)가 유럽의 문화를 알기 위해 나폴리로 찾아와서 겪는 평범한 사랑 이야기다. 하지만 음악만큼은 산뜻하고 재미있다. 관객들은 이 오페라를 〈알제리의 이탈리아 여인〉의 2탄으로 알았다. 수많은 오페라를 작곡한 로시니는 간혹 전에 작곡했던 음악 파트를 새로운 오페라에 사용하는 경우가 많았다. 그러나 〈이탈리아의 터키인〉은 〈오텔로〉에서 음악을 약간 빌려오기도 했지만, 다른 작품에서 빌려온 멜로디가 거의 없는 완전히 새로운 음악이었다. 오늘날 〈이탈리아의 터키인〉은 자주 공연되지는 않지만 서곡만은 연주회의 인기 레퍼토리로 꾸준히 등장하고 있다.

에피소드 　　　〈이탈리아의 터키인〉과 모차르트의 〈여자는 다 그래〉는 흡사한 점이 많다. 〈여자는 다 그래〉의 돈 알폰소는 이 오페라의 프로스도치모와 역할이 거의 같다.

줄거리   [제1막] 무대는 나폴리의 휴양지에 있는 돈 제로니오(Don Geronio)의 별장이다.
시인 프로스도치모(Prosdocimo)는 새로운 시상(詩想)을 떠올리기 위해 고심하다가, 우연히 만난 매력
만점의 아가씨 차이다(Zaida)에게 자신의 신세를 이야기한다. 차이다는 원래 터키의 왕자 셀림(Selim)의
애인이었으나 셀림 주위에 있는 여자들이 너무 질투를 하는 바람에 견딜 수가 없어 셀림에서 뛰쳐나와
나폴리로 온 여인이다. 차이다는 나폴리에서 제로니오라는 남자를 만난다. 제로니오는 기혼남인데도
차이다를 보자 정신을 차리지 못한다. 차이다는 제로니오가 어떻게 될지 빤히 알기 때문에 속으로
웃음을 참고 있다. 그의 아내 피오릴라는 알아주는 질투의 화신이다. 이야기를 들은 시인은 '야, 이거
재미난 소재를 찾았는데 ……'라고 생각하며 무슨 일이든 터지기를 바란다.

터키의 왕자 셀림이 나폴리를 방문한다는 소식이 전해진다. 겉으로 내세운 명분은 유럽의 관습을
돌아보기 위한 문화 탐방이다. 셀림은 돈이 많고 아주 잘생겨 나폴리 여자들이 너도나도 잘 보이려고
혈안이 되어 있다. 시인은 차이다가 셀림의 여인이었으므로 잘하면 두 사람이 예전처럼 지낼 수
있다고 생각하지만, 뜻하지 않은 일이 발생한다. 셀림이 제로니오의 아내 피오릴라(Fiorilla)를 보고
마음을 빼앗긴 것이다. 둘째가라면 서러운 변덕의 소유자 피오릴라는 미모 역시 따라올 사람이
없을 정도로 아름답다. 셀림은 피오릴라의 마음을 사로잡기 위해 온갖 실력을 다 발휘한다.

젊은 나르치수스(Narcissus)는 피오릴라를 보호하는 수행원이지만, 실은 그녀를 좋아한다. 셀림이
피오릴라에게 눈독을 들이자 나르치수스는 속이 탄다. 피오릴라는 돈 많은 셀림과 한 번 놀아보려
마음먹고 커피나 마시자고 한다. 수많은 여인들이 셀림과 데이트를 하고 싶어 안달인데 자기가
셀림과 함께 커피를 마시면 사람들 앞에서 우쭐댈 수 있기 때문이다. 커피를 마시고 난 셀림은
배를 타고 놀러가자고 한다. 그는 이참에 배를 타고 터키로 돌아갈 생각이다. 강에서 우연히 차이다를
만난 셀림은 옛정이 떠오른 듯 반갑게 포옹을 한다. 피오릴라의 질투심이 끓어오른다.

[제2막] 시인 프로스도치모가 주최한 가면무도회가 열린다. 모두 터키인으로 변장해야 하는 파티다.
사람들은 무도회장에서 한량 나르치수스를 셀림으로 생각한다. 차이다는 피오릴라 행세를 한다.
그렇게 하여 셀림과 차이다, 피오릴라와 나르치수스가 기분 좋게 춤을 춘다. 제로니오만 혼자다.
이 상황이 별로 재미없다고 생각한 시인은 다시 일을 꾸민다. 이번에는 셀림과 차이다, 피오릴라
제로니오가 한 쌍이 되어 사랑을 속삭인다. 셀림은 차이다에게서 진정한 사랑을 느낀다. 나르치수스만
홀로 남는다. 시인은 재미난 소재를 얻어 기쁘기 그지없다.

가면무도회가 끝나자 셀림과 차이다는 함께 배를 타고 터키로 돌아간다. 피오릴라는 남편 제로니오에
게 오랜만에 다정하게 군다.

렝스로의 여행

타이틀 **Il Viaggio a Reims**(The Travel to Reims)

단막의 오페라 조코소(dramma giocoso). 마담 드 스탈 (Madame de Staël)의 소설 『코리나(Corinne)』[또는 『이탈리아(L'Italie)』]를 기본으로 루이지 발로키(Luigi Balocchi)가 대본을 썼다. 이 오페라는 '황금 붓꽃 여관(L'albergo del giglio d'oro)'이라는 제목으로도 불린다.

초연	1825년 6월 19일 파리 이탈리앵 극장
주요 배역	코리나, 멜리베아 후작, 폴레빌 백작 부인, 카인드 마다마(여관 주인), 벨피오레, 리벤스코프 백작, 트롬보노크 남작, 시드니 경, 알바로, 프루덴치오, 루이지노, 체피리노, 안토니오, 델리아, 막달레나, 모데스티나, 젤소미노 기타 다수
베스트 아리아	어떤 아리아를 특별히 베스트 아리아라고 할 수 없을 만큼 여러 아리아가 나온다.

사전 지식　　　이 오페라는 프랑스 샤를 10세의 대관식을 위해 일회용으로 작곡한 것이므로 로시니도 이 작품이 다시 공연되리라고는 생각하지 않았다. 예상대로 이 작품은 초연 이후 공연되지 않다가 150년 만에 악보가 발견되어 리바이벌되었다. 로시니는 이 작품이 공연되지 않을 것으로 생각해 대부분의 음악을 〈오리 백작(Le comte Ory)〉(1828)에 인용했다. 또한 1848년에 쓴 「파리로 가려는가?」라는 가곡과 1854년에 쓴 〈빈으로의 여행〉에도 이 오페라의 아리아를 사용했다. 세상의 모든 오페라 중에서 이 오페라만큼 어려운 작품도 없을 것이다. 이 작품을 공연하려면 적어도 15명 정도의 정상급 성악가들이 서로 다투지 않고 함께 출연해 전체 팀과 조화를 이루어야 하기 때문이다. 파리의 '이탈리앵 극장'은 원래 이 오페라를 대관식 한 해 전인 1824년 11월에 공연할 계획이었으나 한꺼번에 여러 명의 최정상급 성악가를 모으기 어려워 1825년 6월 19일 무대에 올렸다. 대관식이 6월 1일이었으므로 대관식이 열린 지 18일 만에 공연된 것이다. 샤를 왕과 왕족들이 대거 참석해 대성황을 이룬 공연이었다. 매우 흡족하게 공연을 관람한 샤를 왕은 며칠 후 두 번 더 공연하도록 허락했고, 한 달 뒤 한 번 더 공연하도록 했다. 로시니는 이 작품의 내용이 일반적이지 않아 이후에는 무대에 올리지 않았다. 이 오페라에서 로시니의 재능이 가장 돋보이는 대목은 마지막 장면에 나오는

14중창이다. 또 한 가지 특기할 사항은 오페라 중 7개국의 국가가 나온다는 점이다. 하이든의 현악 4중주곡의 주제로 유명한 독일 국가는 폴란드 아가씨 멜리베아에게 축배를 들 때 나온다. 스페인, 러시아, 이탈리아, 폴란드 국가가 나오며 영국 국가는 시드니 경이 부른다. 프랑스 국가의 일부분은 영국에서 온 코리나가 부른다.

에피소드　　　파리의 이탈리앵 오페라 극장은 샤를 10세의 대관식을 축하하기 위해 대관식 거의 반년 전인 1824년 11월에 로시니에게 오페라를 의뢰했다. 이때 로시니는 서른두 살 때이었다. 로시니는 단짝인 루이지 발로키에게 대본을 의뢰했다. 오페라에 나오는 즉흥시인은 루이지 발로키가 자신을 표현한 것이라고 한다.

줄거리　　　황금 붓꽃 여관(L'albergo del giglio d'oro) 주인 카인드 마다마(친절한 부인)는 샤를 10세의 대관식을 축하하러 렝스로 가던 사람들이 우연한 사고로 여행을 하지 못하게 되자 여관으로 초청해 쉬어가게 한다. 패션에 남달리 신경을 쓰는 파리의 폴레빌(Folleville) 백작 부인은 파리에서 짐이 도착하지 않아 전전긍긍한다. 백작 부인의 사촌 돈 루이지노(Don Luigino)가 들어와 짐을 싣고 오던 마차가 수렁에 빠져 짐이 모두 부셔졌다고 전한다. 뒤이어 백작 부인의 하녀가 짐 하나를 겨우 챙겨 들어선다. 독일의 귀족으로 음악에 미친 트롬보노크(Trombonok) 남작과 골동품에 정신이 팔린 스페인의 돈 알바로(Don Alvaro)가 등장한다. 그는 트롬보노크 남작에게 아름다운 폴란드 아가씨 멜리베아(Melibea)를 인사시킨다. 잠시 후 점잖은 러시아 귀족 리벤스코프(Libenskof) 백작이 도착한다. 리벤스코프는 멜리베아를 보자 당장 마음을 빼앗긴다. 멜리베아를 사랑하는 돈 알바로가 이 모습을 보고 몹시 질투한다. 두 사람의 갈등은 영국 여인 코리나(Corinna)의 등장으로 중단된다. 이들 여섯 사람이 부르는 6중창이 화려하다. 코리나를 사랑하는 시드니(Sydney) 경이 들어와 그녀를 사랑하는 마음의 고뇌를 노래한다. 여기에 시인이 가세한다.

좋지 않은 소식이 전해진다. 말을 구할 수 없어 렝스로 가는 것을 포기해야 한다는 것이다. 여관 주인 카인드 마다마가 렝스로 가는 대신 파리로 가는 게 좋겠다고 하면서 이들을 위로한다. 대관식을 축하하는 공연이 파리에서 열리므로 거기 참석하면 된다는 얘기다. 모두 이튿날 떠나기로 결정하고 대연회를 연다. 독일에서 온 트롬보노크 남작이 왕과 왕족을 위한 축배를 제안하며 부드러운 노래를 부른다. 시인은 프랑스의 미래와 샤를 왕을 위한 시를 읊는다. 영국에서 온 코리나도 샤를 왕을 신격화한 노래를 부른다.

체네렌톨라

타이틀	La Cenerentola(Cinderella)	
		전 2막의 드라마 조코소. 대본은 샤를 페로(Charles Perrault)의 『상드리옹(Cendrillon)』[작은 유리 신(La petite pantoufle de verre)]을 기초로 야코포 페레티(Jacopo Ferretti)가 썼다.
	초연	1817년 1월 25일 로마 발레 극장(Teatro Valle)
	주요 배역	안젤리나(체네렌톨라), 돈 마그니피코(안젤리나의 계부, 몬테 피아스코네의 남작), 클로린다(돈 마그니피코의 큰딸), 티스베(돈 마그니피코의 둘째딸), 돈 라미로(살레르모의 왕자), 알리도로(왕자의 전 가정교사, 철학자), 단디니(왕자의 하인)
	베스트 아리아	「한 마리 벌처럼(Come un ape… Ma al finir)」(S), 「걱정하고 불평하기 위해 태어났네(Nacqui all'affanno, al pianto)」(Ms), 「이젠 슬프지 않아요(Non piu mesta)」(S)

사전 지식   로시니가 3주 만에 완성했다는 이 멋지고 재치 넘치는 오페라에는 디즈니 만화에 등장하는 유리 구두, 호박으로 만든 마차, 못된 계모, 마음씨 좋은 요술 할머니 등은 나오지 않는다. 오페라는 원작을 매우 충실히 옮겨놓았다. '체네렌톨라(신데렐라)'는 화로 앞에서 일만 했기 때문에 재가 묻어 있는 아가씨라는 의미다. 이 오페라의 특징은 주인공 체네렌톨라 역을 콘트랄토(또는 메조소프라노)가 맡는다는 것이다.

에피소드   로시니는 이 오페라의 제목을 '체네렌톨라(La Cenerentola)'라는 직접적인 표현보다는 '안젤리나(Angelina)'로 붙이기를 원했다. 그러나 검열 당국은 당시 정부 고위 장관의 이름이 안졸리나(Angiolina)이므로 다른 제목으로 바꿀 것을 요청했다고 한다.

줄거리   [제1막] 돈 마그니피코(Don Magnifico) 저택에서 체네렌톨라(신델렐라)는 이부 언니들이 서로 잘났다고 다투는 중에도 묵묵히 벽난로에 불을 지피며 하녀처럼 일만 하고 있다. 벽난로에서 흩어져 나온 재가 체네렌톨라의 옷을 회색으로 물들인다. 이때 문 두드리는 소리가 들린다. 돈 라미로(Don Ramiro) 왕자의 가정교사이자 철학자인 알리도로(Alidoro)가 거지 복장을 하고 찾아와 동냥을 빈다. 누구도 그를 거들떠보지도 않지만 체네렌톨라는 그를 상냥하게 대접한다. 왕궁으로 돌아온 알리도로는 돈 라미로 왕자에게 체네렌톨라야말로 왕자님의 배필감이라고 말한다. 왕자는 무도회를 열어 많은 귀족 아가씨들을 초대한다. 부모의 성화에 못 이긴 왕자는 무도회를 통해 신붓감을 찾기로 한 것이다. 못생긴 체네렌톨라의 이복 언니들과 주책없는 아버지 돈 마그니피코는 궁전 무도회에 갈 준비로 여념이 없다. 하지만 체네렌톨라는 할 일이 많아 갈 수 없는 데다 누구도 무도회에 가자고 권하지 않는다.

왕자는 알리도로가 체네렌톨라라는 아가씨(실제 이름은 안젤리나)가 마음에 든다고 침이 마르게 칭찬하자 한번 만나보기로 마음먹고 하인 단디니(Dandini)와 단둘이서 마을로 나온다. 그는 신분을 감추기 위해 하인 단디니와 옷을 바꿔 입고 체네렌톨라의 집을 찾아간다. 체네렌톨라와 왕자는 첫눈에 반해 사랑의 듀엣을 부른다. 알리도로는 체네렌톨라가 그렇게 좋으면 무도회로 불러 신부로 삼으면 될 것 아니냐고 제안한다.

[제2막] 무도회가 한창이다. 하인 단디니는 여전히 왕자 행세를, 진짜 왕자는 하인 행세를 하고 있다. 체네렌톨라는 알리도로의 도움으로 무도회에 참석한다. 가짜 왕자가 체네렌톨라에게 춤을 추자고 하자 자신은 왕자님의 하인과 사랑하는 사이라고 하면서 청을 거절한다. 그 모습을 지켜보던 왕자가 체네렌톨라에게 춤을 추자고 청한다. 늠름하고 멋진 청년(비록 왕자의 하인이지만)과 사랑을 나누고, 생각지도 않은 왕궁 무도회에 참석하게 된 체네렌톨라는 한꺼번에 찾아든 행복에 불안감을 떨칠 수 없다. 그녀는 하인의 마음을 확인하기 위해 팔찌를 주면서 다시 찾아오라고 말한 뒤 사라진다. 진정으로 자신을 사랑한다면 다시 찾아올 것이라고 믿기 때문이다.

신분을 드러내고 체네렌톨라를 찾아간 왕자는 당신을 사랑하는 사람이라고 하면서 증표로 팔찌를 보여준다. 두 사람은 결혼 서약을 하러 성당 제단으로 향한다. 사람들은 그제야 행운의 수레바퀴가 멈출 곳에서 멈췄다고 환호한다. 체네렌톨라는 대단히 멋진 아리아를 부르고 난 뒤 자신을 괴롭혔던 가족을 용서한다.

호수의 여인

타이틀	**La Donna del Lago**(The Lady of the Lake)

	전 2막 7장. 영국의 문호 월터 스콧(Walter Scott) 경의 서술시 「호수의 여인(The lady of the lake)」이 원작으로 안드레아 레오네 톨로라(Andrea Leone Tottola)가 썼다.
초연	1819년 10월 24일 나폴리 산 카를로 극장
주요 배역	엘레나(호수의 여인으로 더글러스의 딸), 맬컴(엘레나를 사랑하는 스코틀랜드의 청년), 제임스 왕(스코틀랜드의 왕, 우베르토라는 이름으로 가장), 더글러스(엘레나의 아버지, 제임스 왕의 스승), 로드리고(스코틀랜드 반란 지도자)
베스트 아리아	「오! 동틀 녘(Oh mattutini albori)」(S), 「작은 숲으로 내려가리(Scendi nel piccol legno)」(S+T), 「나를 부르는 엘레나 그대(Mura felice... Elena! oh tu, che chiamo)」(T), 「당신을 좋아하는 놀라움(Eccomi a voi, miei prodi)」(T), 「아, 이제 죽음이 다가오네(Ah, si pera... ormai la morte!)」(S), 「아, 밝아오는 아침(Aurora! ah sorgerai)」(T)

사전 지식　　〈호수의 여인〉에서 말하는 호수는 스코틀랜드 스털링(Sterling)에 있는 카트린 호수(Loch Katrine)를 일컫는다. 호수의 길이가 무려 13km에 달한다. 이 호수에서 연락선으로 운행되는 배의 이름이 '에스에스 서 월터 스콧(SS Sir Walter Scott)'이다.

에피소드　　월터 스콧 경의 「호수의 여인」이 나온 이후 유럽에서는 이 서술시를 원작으로 한 오페라가 약 25편이나 나왔는데 로시니의 작품도 그중 하나다. 이 오페라는 초연 당시 대단한 갈채를 받았다.

줄거리　　[제1막 1장] 이른 새벽 카트린 호숫가에서 목동들은 양 떼를 지키고, 숲에서는 사냥꾼들이 한창 사냥 중이다. 사냥꾼들이 부르는 「우리는 정령들(Del di la Messaggiera)」이 경쾌하게 들린다. 엘레나(Elena)가 호숫가를 거닐며 맬컴(Malcolm)을 그리워하는 카바티나를 부른다. 그때 사냥을 하다가 길을 잃었는지 훌륭한 기사 한 명이 호숫가로 나왔다가 엘레나를 만난다. 스코틀랜드의 제임스 왕(King James V)이다. 제임스 왕은 우베르토(Uberto)라는 이름으로 신분을 감추고 사냥 중이었다. 그는 이 지역에 엘레나라는 아름다운 여인이 살고 있다는 소문을 듣고, 한번 만나보고 싶었다. 마음씨 착한 엘레나는 우베르토를 길 잃은 사냥꾼으로 생각해, 휴식이라도 취하라고 집으로 데려간다. 제임스 왕은 기꺼이 엘레나를 따라 집으로 간다. 한편 제임스 왕의 시종들은 숲에서 왕을 찾으며 「우베르토, 어디 계십니까?(Uberto! Ah! dove t'ascondi?)」라는 아름다운 합창을 부른다.

[제1막 2장] 엘레나의 집에 도착한 우베르토는 집 안에 자기 선조의 문장과 휘장이 있는 것을 보고 놀란다. 그는 엘레나의 아버지가 옛 스승 더글러스(Douglas)인 것을 깨닫는다. 엘레나의 친구들이 몰려와 엘레나가 아버지의 주선으로 스코틀랜드의 민족 지도자 로드리고(Rodrigo)와 결혼하게 된 것을 축하한다. 로드리고는 제임스 왕에게 저항하는 인물이다. 우베르토의 마음에 질투심이 일기 시작한다. 그런데 엘레나가 로드리고를 사랑하지 않는 것을 알고는 내심 기뻐하며 엘레나의 집을 나선다.

엘레나가 사랑하는 맬컴이 등장해 스코틀랜드 반군에 합류하기로 결심한다. 엘레나와 아버지 더글러스가 들어온다. 맬컴이 온 것을 모르는 두 사람은 로드리고와 엘레나의 결혼에 대해 이야기를 나눈다. 더글러스는 엘레나가 싫다는데도 가문을 위해 결혼할 것을 강력히 주장한다. 더글러스가 자리를 비우자 맬컴이 모습을 드러낸다. 두 사람이 사랑을 약속하며 부르는 듀엣 「서로를 위해 살아가리(Vivere io non potro)」가 마음을 울린다.

[제1막 3장] 하이랜더(스코틀랜드 원주민) 전사들이 지도자 로드리고를 크게 환영하면서, 제임스 왕을 몰아낼 것을 다짐한다. 로드리고는 신부가 될 엘레나를 한시라도 빨리 만나보고 싶어 한다. 더글러스는 딸에게 가문을 위해 의무를 다하라고 강요한다. 아름다운 엘레나를 만나본 로드리고는 사랑을 노래하며 기뻐한다. 하이랜더 전사가 되려고 온 맬컴에게 로드리고는 결혼할 사이라고 하면서 엘레나를 소개한다. 엘레나는 맬컴에 대한 감정을 애써 숨기려 하지만 뜻대로 되지 않는다. 로드리고와 더글러스는 맬컴과 엘레나의 관계를 어렴풋이 눈치챈다. 이때 로드리고의 종복이 뛰어 들어와 제임스 왕의 병사들이 공격해온다고 전한다. 로드리고, 맬컴, 하이랜더 전사들이 전투에 나설 채비를 서두른다.

[제2막 1장] 집에 홀로 있는 엘레나에게 우베르토가 급히 찾아온다. 우베르토는 앞으로 벌어질 전투에 대비해 엘레나를 피신시키러 온 것이다. 그는 엘레나에게 자신의 마음을 밝힌다. 당황한 엘레나는 사랑하는 사람이 있다고 말하지만 우베르토는 사랑의 증표로 반지를 주면서 "이 반지는 스코틀랜드 왕이 나에게 준 것으로 어려운 일이 생기면 이 반지를 보이면 될 것"이라고 말한다.

[제2막 2장] 로드리고는 전투 중에 세상을 떠난다. 패배한 하이랜더 전사들이 퇴각하고 있다. 전투가

잠시 숨을 고르는 사이 맬컴이 엘레나를 찾아온다. 하지만 그녀는 그곳에 없다. 평화를 호소하기 위해 단신으로 제임스 왕의 궁전으로 들어간 아버지를 찾아 길을 나섰다는 것이다. 이 소식을 들은 맬컴은 엘레나를 구하기 위해 제임스 왕의 궁전으로 급히 달려간다.

[제2막 3장] 더글러스는 옛 제자인 제임스 왕에게 하이랜더 사람들을 용서해달라고 간청하지만, 왕은 반란을 용서할 수 없다면서 거절한다. 아버지를 뒤쫓아 온 엘레나는 궁전 문에서 저지당하자 우베르토가 준 반지를 보이고 궁으로 들어간다. 우베르토가 지위 높은 인물이라고 생각한 엘레나는 그를 통해 왕을 만나 선처를 호소할 생각이다. 엘레나는 로드리고가 죽은 것을 아직 모른다.

[제2막 4장] 제임스 왕의 접견실이다. 궁정의 백관들이 왕을 찬양하는 합창을 부른다. 왕궁으로 들어선 엘레나는 자신이 찾는 우베르토가 제임스 왕임을 확인하고는 크게 놀란다. 엘레나에 대한 사랑으로 마음이 누그러진 제임스 왕은 더글러스와 맬컴을 용서한다. 사람들은 평화가 찾아왔다고 기뻐한다.

오리 백작

타이틀	**Le Comte Ory**(Count Ory)	
	전 2막의 코미디. 대본은 원작을 쓴 외젠 스크리브와 샤를가스파르(Charles-Gaspard Delestre-Poirson)가 썼다.	
	초연	1828년 8월 20일 파리 오페라 극장
	주요 배역	오리 백작(바람둥이 귀족), 아델(백작 부인), 이솔리에(오리 백작의 하인), 랭보(아델에 충성하는 기사), 라공드(아델의 시녀)
	베스트 아리아	「검은 기사에게 감사를(A la faveur de cette nuit obscure)」(Trio)

사전 지식   로시니의 재치는 이 오페라에서 다시 한 번 찬란히 빛났다. 파리의 무대를 위한 완벽한 형식을 보여준 이 오페라는 전형적인 파리 극장에 적합한 작품이었다. 이탈리아 페사로 출신의 로시니가 파리에서 활동하면서 내놓은 세 번째 작품이다. 그전에 파리에서 쓴 작품으로는 〈코린트 공성(Le siège de Corinthe)〉과 〈모이스와 파라옹(Moïse et Pharaon: 모세와 파라오)〉이 있다. 로시니의 파리에서의 활동은 대성공이었다. 그는 오페라를 내놓을 때마다 박수갈채를 받았다. 로시니가 파리에서 공연한 작품 중 프랑스 국왕 샤를 10세의 대관식을 축하하기 위해 만든 〈랭스로의 여행〉은 사람들의 기억에서 잊혔으나, 나머지 작품은 오늘날에도 환영 받고 있다. 실로 대단한 작품인 〈랭스로의 여행〉이 오늘날 거의 공연되지 않는 이유는 우선 출연진의 구성 때문이다. 최소한 열다섯 명의 세계 정상급 성악가들이 동시 출연해야 하는데 그 많은 성악가를 동시에 무대에 세우는 것은 쉬운 일이 아니다. 또 한 가지 이유는 빈약한 스토리 때문이다. 국왕의 대관식을 축하하기 위해 작곡한 것이니 스토리가 복잡하거나 심각할 필요가 없었던 것이다. 로시니는 〈랭스로의 여행〉을 샤를 국왕의 대관식에서만 공연할 일회성 작품으로 작곡해 재공연은 생각하지도 않았다. 그 때문에 이 작품에 쓰인 아리아 등을 이후 작품에 활용했는데, 그중 가장 많은 아리아를 활용한 작품이 〈오리 백작〉이다. '오리 백작'의 오리(Ory)는 백작의 이름이다.

줄거리   [제1막] 13세기 프랑스 투렌(Touraine) 지방의 포르무티에(Formoutiers) 백작은 누이동생 아델(Adele) 백작 부인을 뒤로하고, 오래전 병사들과 함께 십자군 전쟁에 출전했다. 전국의 기사와 귀족들이 아델에게 구혼하기 위해 빈번히 찾아온다. 실은 아델보다는 지참금에 관심이 많은 사람들이다. 바람둥이 젊은 백작 오리(Ory)는 이 기회를 놓칠 수가 없다. 더구나 평소 마음에 두고 있던 아델이 아닌가? 오리 백작은 아델에게 접근하기 위한 방법을 모색하다가 그녀가 신앙심이 남다르다는 사실을 알고는 순례하는 수녀로 가장해 접근하기로 한다. 오리 백작은 하인들을 수녀로 변장시켜 드디어 백작 성의 문을 두드린다. 아델을 보호하는 기사 랭보(Raimbeau)는 순례하는 수녀들을 친절하게 성안으로 초대한다. 가짜 수녀들은 아델의 시녀 라공드(Ragonde)로부터 융숭한 식사 대접을 받는다.

라공드가 아델의 유일한 말동무임을 안 오리 백작은 어떤 때는 성모마리아를, 어떤 때는 지옥의 불길을 내세우면서 신앙심을 이용해 마침내 라공드를 자기편으로 끌어들인다. 결국 라공드의 주선으로 오리 백작과 아델이 만난다. 오리 백작의 젊은 하인 이솔리에(Isolier)도 아델을 흠모한다. 이솔리에는 주인 오리 백작이 아델을 마음에 두고 있다는 것을 믿으려 하지 않는다. 기사 랭보의 안내를 받아 성안으로 들어온 이솔리에는 백작 부인의 방에서 수녀로 변장한 오리 백작을 발견한다. 이솔리에는 오리 백작의 속셈을 파악하고는 놀라 소리친다. 그 바람에 오리 백작의 정체가 들통 난다. 오리 백작은 이솔리에에게 한 번 더 소리치면 가만두지 않겠다고 경고한다.

저녁 무렵 이윽고 아델이 순례하는 수녀를 영접하러 들어온다. 아델은 오리 백작보다는 소녀처럼 예쁘게 생긴 이솔리에에게 마음이 끌려 얘기나 나누자며 방으로 부른다. 오리 백작은 속이 쓰려 죽을 지경이다. 아델과 이솔리에가 사랑을 속삭이는 모습이 참으로 귀엽게 표현된다. 다음 날 아침 포르무티에 백작이 돌아온다는 전갈이 도착한다.

[제2막] 성에 돌아온 기사들은 십자군 전쟁에서 보여준 포르무티에 백작의 무용담을 얘기하기에 여념이 없다. 날씨가 돌변해 폭풍이 몰아친다. 수녀 몇 명이 성으로 찾아와 잠시 쉬어가게 해달라고 청한다. 오리 백작의 하인들이다. 이들은 어제 자신들을 인솔한 수녀가 자신들을 버려두고 어디로 사라졌다고 비난하면서, 성모께서 그런 못된 수녀는 벌주실 것이라고 말한다. 그런데 이솔리에가 어느 틈에 수녀들 사이로 끼어든 오리 백작을 보고 그의 정체를 밝히자, 오리 백작은 쥐구멍을 찾기에 바쁘다. 포르무티에 백작은 아델이 이솔리에를 사랑하는 것을 알고 두 사람의 결혼을 승낙한다. 물론 이솔리에는 지체 높은 귀족 집안의 자제로 밝혀진다.

알제리의 이탈리아 여인

타이틀 **L'Italiana in Algeri**(The Italian Girl in Algiers)

	전 2막의 코믹 오페라. 대본은 안젤로 아넬리(Angelo Anelli)가 썼다.
초연	1813년 5월 22일 베네치아 산 베네데토 극장(Teatro San Benedetto)
주요 배역	이사벨라(이탈리아 여인), 무스타파(알제리의 베이), 엘비라(무스타파의 아내), 린도로(이사벨라를 사랑하는 이탈리아 청년, 무스타파의 노예), 타데오(이사벨라를 쫓아다니는 영감), 출마(무스타파의 신하), 알리(알제리 해적 선장)
베스트 아리아	「아름다운 여인을 위한 번뇌(Languir per una bella)」(T), 「잔인한 운명(Cruda sorte)」(Ms), 「위대한 카이마칸 만세(Viva il grande Kaimakan)」(Bar), 「나는 너무나 무겁다(Ho un gran peso)」(Bar), 「그대의 조국을 생각하라(Pensa alla patria)」(S)

사전 지식　　　로시니는 이 오페라를 스물한 살 때 단 18일 만에 완성했다고 한다. 이 오페라의 레치타티보와 아리아 「이탈리아 여인(Le femmine d'Italia)」은 다른 사람에게 부탁했다고 하는데 그가 누구인지는 밝혀지지 않았다. 이 오페라는 오페라 부파에 속하지만 오페라 세리아와 합성된 작품이다. 오늘날 콘서트의 레퍼토리로 사랑을 받고 있는 서곡은 베이스 악기의 느리고 조용한 피치카토(pizzicato)로 시작하다가 갑자기 전체 오케스트라가 폭발하는 듯한 음향을 만들어낸다. 로시니는 하이든의 교향곡 94번 G장조 「놀람」에 깊은 인상을 받아 이 오페라의 서곡에 하이든 스타일을 인용했다고 한다.

줄거리　　　[제1막] 오스만튀르크 제국의 관할하에 있던 알제리에서는 술탄이 임명한 현지인 통치자를 베이(bey)라고 불렀다. 이 오페라의 무대는 베이 무스타파(Mustafa)의 궁전이다. 아름답고 정숙한 아내 엘비라(Elvira)에게 흥미를 잃은 무스타파는 아내를 내보내지 못해 안달이다. 무스타파는 이탈리아 여인이 예쁘고 재미있으며 남자에게 잘한다는 얘기를 듣고는 해적 출신의 신하 알리(Haly; Ali)에게 이탈리아 여인을 구해오라고 명령한다. 무스타파에게는 린도로(Lindoro)라는 이탈리아인 노예가 있다. 무슨 연유로 잡혀와 있는지는 모르지만 워낙 영특하고 잘생겨 총독의 신임을 받고 있다. 그는 이탈리아에 있을 때 이사벨라(Isabella)라는 아가씨와 사랑을 나누었지만, 지금은 언제 풀려날지 모르는 처지라 이사벨라를 잊은 채 살고 있다. 그런데 무스타파가 아주 이상적인 신붓감을 찾아놓았으니 결혼 준비를 하라고 하자 린도로는 크게 당황한다. 무스타파가 생각해둔 여인은 엘비라다. 왕궁에서 멀지 않은 어느 해안에 이탈리아 배 한 척이 풍랑에 밀려 도착한다. 배에는 이사벨라와 그녀를 따라다니는 나이 지긋한 타데오(Taddeo)가 타고 있다. 린도로를 찾아야 한다는 이사벨라의 성화에 못 이겨 알제리로 향하다가 풍랑을 만나 이곳에 도착하게 된 것이다. 알리에게 잡혀온 타데오는 궁지를 모면하려고 자신을 이사벨라의 삼촌으로 소개한다. 한편 무스타파는 린도로를 불러 엘비라와 멀리 가서 같이 살겠다고 하면 자유와 돈을 주겠다고 하자, 린도로는 도망갈 심산으로 이에 응한다. 무스타파는 한눈에 이사벨라에게 반한다. 이사벨라는 이 궁성을 탈출하려면 무스타파의 심기를 건드리지 않는 것이 상책이라고 생각한다. 그때 린도로와 엘비라가 들어와 작별을 고한다. 이사벨라와 린도로는 단번에 알아보지만 자칫하면 계획이 어긋날 것 같아 내색하지 않는다. 린도로와 엘비라의 사정을 눈치챈 이사벨라는 린도로를 자기 하인으로 주고, 엘비라는 결혼한 여인이니 원래 남편에게 돌려주라고 무스타파에게 강력히 요청한다. 그렇지 않으면 무스타파를 인간으로 여기지 않겠다는 것이다. 이사벨라에게 정신을 빼앗긴 무스타파는 앞뒤 가리지 않고 그렇게 하겠다고 말한다.

[제2막] 이사벨라와 린도로는 밤중에 몰래 도망칠 계획을 세우는 한편, 도망가기 전에 엘비라와 무스타파를 재결합시킬 궁리를 한다. 어느 날 무스타파가 이사벨라를 만나러 하렘으로 온다. 이사벨라는 엘비라를 옆방에 몰래 숨겨놓고는 자기 대신 무스타파를 만나도록 일을 꾸민다. 이사벨라가 자신을 농락한 것을 눈치챈 무스타파는 불같이 화를 내며 복수를 다짐한다. 한편 이사벨라가 린도로에게 전혀 관심이 없다고 생각한 타데오는 그녀가 자신을 사랑한다는 착각에 빠져 있다. 타데오는 무스타파의 환심을 사기 위해 자신을 이탈리아의 왕족이라고 소개하면서, 이탈리아 왕의 이름으로 무스타파에게 파파타치(pappataci) 작위를 내리니 받으라고 한다. 무스타파는 대단히 기뻐하며 파파타치의 의무가 무엇인지 묻는다. 타데오와 린도로는 그저 가만히 앉아서 먹고 마시고 잠만 자면 그것으로 의무를 다하는 것이라고 설명해준다.

이사벨라는 궁성에 있는 이탈리아 노예를 모아놓고 애국심에 호소하면서 함께 도주하기를 권한다. 잠시 후 무스타파의 파파타치 임명 축하연이 벌어진다. 이 틈을 타서 이사벨라와 린도로, 궁성에 잡혀와 있는 이탈리아 노예들이 배를 타고 도망가려 한다. 이사벨라에게 속은 것을 그제야 눈치챈 타데오는 궁성에 남아 있다가는 목이 달아날지도 모른다고 생각해 이탈리아행 배에 오른다. 이사벨라를 감당할 수 없다는 것을 깨달은 무스타파는 구관이 명관이라는 생각으로 엘비라와 화해한다.

마오메토 2세

타이틀	**Maometto II**(Mehmed II; Maometto Segundo; Mohamed the Second)	
	전 2막. 조지 바이런의 「코린트 공성(The siège of Corinth)」에 영향을 받은 체사레 델라 발레(Cesare della Valle)가 자신의 초기 극본인 「안나 에리초(Anna Erizo)」를 기초로 오페라 대본을 썼다.	
	초연	1820년 12월 3일 나폴리 산 카를로 극장
	주요 배역	마오메토 2세(메메드 2세, 터키의 왕), 파올로 에리소(네그로폰테의 지사), 안나(파올로 에리소의 딸), 칼보(장군), 콘둘미에로(장군)
	베스트 아리아	「아, 이 어찌된 천둥번개인가(Ohime! qual fulmine)」(트리오), 「아, 이 눈에는 모두 허사로 보인다(Ah! che invan su questo ciglio)」(S), 「하늘, 그 같은 위험(Giusto ciel, in tal periglio)」(S), 「두려워하지 마라(Non temer: d'un basso affetto)」

사전 지식　　　　로시니는 〈마오메토 2세〉를 '코린트(코린토스) 공성(Le siège de Corinthe)'이라는 제목의 오페라로 개작했다. 〈코린트 공성〉은 무대를 네그로폰테(Negroponte: 그리스의 에비아 섬)에서 그리스 본토로 옮겼다. 그리스 독립전쟁 당시의 환경을 반영한 것이다. 나폴리에서 공연한 〈마오메트 2세〉는 오스만튀르크군이 베네치아를 침공해 함락시키는 내용이었으나, 베네치아 공연 때는 베네치아 군사들이 오스만튀르크군을 몰아내고 승리하는 내용으로 바꾸어 해피엔드로 끝냈다.

줄거리　　　　1470년은 베네치아 공국의 식민지 네그로폰테가 튀르크의 침공으로 함락된 해다. 베네치아 공국의 지사 파올로 에리소(Paolo Erisso)는 아름다운 딸 안나(Anna)가 칼보(Calbo) 장군과 결혼하기를 바란다. 칼보 장군은 튀르크의 침공에 대비해 베네치아 공국을 지킬 사람이다. 그런데 안나는 코린토스에서 만난 우베르토(Uberto)를 사랑한다. 우베르토가 베네치아 공국의 적국인 튀르크의 마오메토 2세라는 것이 밝혀지자 안나는 의무와 사랑 사이에서 갈등하지만, 의무를 위해 칼보 장군과 결혼한다. 얼마 뒤 튀르크가 네그로폰테를 노도와 같이 침공해 함락시키자 안나는 스스로 목숨을 끊는다.

이집트의 모세

타이틀 **Mosé in Egitto**(Moses in Egypt)

전 3막의 종교적 비극. 1818년 완성했으나 이듬해에 수정해 다시 완성했다. 구약성경 출애굽기의 이야기와 프란체스코 링기에리 (Francesco Ringhieri)의 희곡 「오시리스(L'Osiride)」을 바탕으로 안드레아 레오네 토톨라(Andrea Leone Tottola)가 대본을 썼다. 파리 버전의 제목은 '모이스와 파라옹(Moïse et Pharaon)'이다.

초연	1818년 3월 5일 나폴리의 산 카를로 극장(Teatro di San Carlo)
주요 배역	모세(모이세), 엘치아(아나이스), 아말테아(이집트의 여왕), 아메노피(마리; 미리암: 모세의 누이), 아론(엘레제르: 모세의 형), 오시리드(아메노피스: 파라오의 아들), 파라온(파라옹; 파라오)
음악 하이라이트	모세의 기도 장면 음악
베스트 아리아	「당신의 수많은 별과 같은 권좌로부터(Dal tuo stellato soglio)」(B), 「영원하도다! 광대무변하도다. 불가해한 여호와의 뜻(Eterno! immenso! incomprensibil dio!)」(B), 「불꽃더미 (Involto in fiamma)」(S)

사전 지식   홍해를 눈앞에 둔 모세의 기도 「당신의 수많은 별과 같은 권좌로부터」는 나폴리 산 카를로 극장을 위해 가사를 다시 썼다. 훌륭한 곡이므로 연주회 프로그램을 장식하기도 한다. 프랑스어 버전은 「영원하도다! 광대무변하도다. 불가해한 여호와의 뜻」을 모세가 마지막 부분, 즉 어둠의 역병을 멈출 때 부르지만, 이탈리아어 버전은 이 아리아와 함께 오페라의 막이 오른다.

줄거리   파라오는 이스라엘 백성을 자유롭게 해준다고 약속했지만, 그의 아들 오시리드 (Osiride; Amenophis)는 이스라엘 백성의 이집트 탈출을 막으려 한다. 이스라엘 여인 엘치아(Elcia; Anaïs)를 사랑하기 때문이다. 파라오가 약속을 어기자 모세는 우박과 불의 재앙을 내린다. 이 무렵 파라오가 오시리드를 아르메니안 공주와 결혼시키려 하자 오시리드와 엘치아는 함께 도망갈 계획을 세운다. 모세는 여호와의 뜻에 따라 이번에는 장자의 죽음을 재앙으로 내린다. 파라오는 오시리드에게 왕위를 물려주면서 그에게 모세를 처형하라고 명한다. 모세를 죽이려던 오시리드는 모세가 내리치자 죽음을 맞는다. 아나이스는 낙담한다. 이스라엘 백성을 이끌고 나온 모세는 홍해를 갈라 백성을 안전하게 피신시킨다. 이들을 추격하던 파라오의 군대는 모두 홍해에 빠져 죽음을 맞는다.

세미라미데

타이틀	**Semiramide**(Semiramis)	
		2막의 비극. 볼테르 원작의 『세미라미스(Semiramis)』를 바탕으로 카에타노 로시(Gaetano Rossi)가 대본을 썼다.
	초연	1823년 2월 3일 베네치아의 페니체 극장, 파리 초연은 1860년
	주요 배역	세미라미데(바빌론 여왕이자 미누스 왕의 미망인), 아르사체(아시리아군 사령관), 아수르(바알의 후손, 왕자), 아체마(바알의 후손, 공주), 이드레노(인도의 왕), 오로에(마기의 대제사장)
베스트 아리아		「그 충성을 영원히(Serbami ognor si fido)」(S+Ms), 「아, 언제나 그날을 기억하리(Ah, quel giorno ognor rammento)」(C), 「희망의 아름다운 한줄기 빛(Bel raggio lusinghier)」(C)

사전 지식   〈세미라미데〉는 로시니가 이탈리아를 위해 작곡한 마지막 오페라로 당대의 소프라노인 자기 아내 이사벨라 콜브란(Isabella Colbran)을 타이틀롤로 생각하고 작곡한 작품이다. 이 오페라는 주역 소프라노와 콘트랄토의 재능이 탁월해야 한다. 아수르군 사령관인 아르사체는 남성이지만 여성 콘트랄토가 맡도록 되어 있다.

줄거리   [제1막] 바빌론 제국의 왕비 세미라미데(Semiramide)는 남편 미누스(Minus: 어떤 버전에는 Nino) 왕을 살해하고 제국의 권세를 손에 넣는다. 이렇게 되기까지 왕족 아수르(Assur)의 도움이 컸다. 아름다운 세미라미데를 사랑하는 아수르는 이 기회에 제왕이 되려고 생각하지만, 세미라미데의 생각은 다르다. 용맹한 귀족 청년 아르사체(Arsace; Arsaces)와 결혼해 그에게 왕좌를 넘겨줄 생각이다. 아르사체는 왕족은 아니나, 적국과의 전쟁에서 혁혁한 전과를 올렸기 때문에 백성들 사이에서 인기가 높다. 그런데 아르사체는 스키타이인이라는 소문이 있듯이, 순수 혈통의 바빌론인이 아니라고 알려져 있다. 야심 많은 아수르는 여차하면 이 점을 내세워 아르사체를 왕좌에 올리면 안 된다고 주장할 속셈이다. 사실 아르사체는 세미라미데와 바빌론의 어떤 왕족의 사이에서 태어난 아들이다. 하지만 세미라미데와 어릴 때 헤어졌기 때문에 서로 누군지 모른다.

세미라미데는 아르사체에게 사랑을 고백하면서 제국을 함께 통치하자고 제안하지만, 아르사체는 거절한다. 아르사체에게는 사랑하는 아체마(Azema) 공주가 있기 때문이다. 그는 아체마 공주에게 청혼할 기회만 엿보고 있는 중이다. 그러나 아르사체에 대한 세미라미데의 사랑은 너무 집요하다. 세미라미데 여왕은 백성들이 바빌론 대사원에 모여 여왕에게 충성을 맹세하는 자리에서 아르사체가 자신을 도와 섭정왕이 될 것이라고 선포한다. 이 놀라운 선언에 미누스 왕을 죽이는 데 중대한 역할을 했던 야심찬 아수르가 가만히 있을 리 없다. 아수르는 경쟁자인 아르사체를 살해하기로 결심한다. 백성들은 백성들대로 왕족도 아니고, 신분도 분명치 않은 아르사체를 섭정왕으로 삼겠다고 발표한 데 대해 놀라움을 금치 못한다. 그러나 미누스 왕의 관 뚜껑이 열리면서 "아르사체가 나의 뒤를 이어 새로운 왕이 됨이 마땅하도다"라는 소리가 들리자, 백성들의 놀라움은 경외와 두려움으로 바뀐다. 백성들은 그 말에 순종하기로 다짐한다. 하지만 아르사체는 아무리 미누스 왕의 혼령이 자신을 차기 왕으로 지목했다고 해도 사악한 세미라미데와 결혼할 생각은 추호도 없다. 그는 세미라미데와 담판을 짓고자 미누스 왕의 묘소에서 만나자고 한다. 아르사체는 세미라미데를 만나 자신은 아체마 공주를 사랑하고 있다고 분명히 밝힐 생각이다.

[제2막] 두 사람이 밤중에 만나기로 한 것을 알게 된 야심가 아수르는 '기회는 이때다!'라고 생각해 묘지를 찾아간다. 아수르는 칼을 들어 아르사체를 찌르지만, 어둠 속에서 정작 칼에 찔린 사람은 세미라미데다. 불의의 공격에 놀란 아르사체가 아수르를 칼로 베어버린다.

바빌론 제국의 장관들과 귀족 대표들이 아르사체를 찾아온다. 그들은 아르사체에게 바빌론 왕족의 피를 이어받은 것이 밝혀졌다고 전하면서 왕위에 오르기를 청한다. 왕위에 오른 아르사체는 사랑하는 아체마 공주와 결혼한다.

탄크레디

타이틀	**Tancredi**	
		전 2막의 멜로드라마. 볼테르의 소설 『탕크레드(Tancrède)』를 바탕으로 카에타노 로시가 대본을 썼다.
	초연	1813년 2월 6일 베네치아 페니체 극장
	주요 배역	탄크레디(추방당한 시라쿠사의 기사), 아메나이데(탄크레디를 사랑하는 시라쿠사 왕의 딸), 아리지리오(아메나이데의 아버지), 오르바차노, 이사우라(아메나이데의 시녀), 로지에로(탄크레디의 친구)
음악 하이라이트		탄크레디의 입장 아리아
베스트 아리아		「그토록 심장이 뛴 후에(Di tanti palpiti)」(C)

사전 지식　　　　당시 대부분의 오페라가 그랬듯이 로시니도 〈탄크레디〉를 해피엔드로 작곡했다. 그러나 로시니는 원작에 충실해야 한다는 생각에 비극으로 내용을 수정해 몇 달 뒤 다시 공연했다. 예상대로 인기를 끌지 못한 〈탄크레디〉의 비극 악보는 더는 빛을 보지 못했고, 사람들의 기억에서 잊혀갔다. 처음 악보는 탄크레디가 사라센과의 전투에서 승리해 사랑하는 아메나이데와 행복하게 사는 것이었다. 그러나 오늘날 공연되는 수정본에서는 죽어가는 탄크레디가 사랑하는 아메나이데와 결혼을 약속하는 것으로 끝을 맺는다.

줄거리　　　　[제1막] 무대는 11세기경 시라쿠사(Syracuse) 왕국이다. 시라쿠사를 이끄는 두 가문 오르바차노(Orbazzano)와 아리지리오(Arigirio) 가문은 해묵은 숙적 관계를 청산하고 머지않아 있을 사라센 제국 솔라미르(Solamir) 대왕의 시라쿠사 공격에 힘을 합쳐 대항하기로 한다. 시라쿠사의 왕 아리지리오는 화해의 증표로 딸 아메나이데(Amenaide)를 늙은 오르바차노에게 시집보내기로 한다. 그러나 아메나이데는 얼마 전 추방당한 기사 탄크레디(Tancredi)와 사랑하는 사이다. 아메나이데는 탄크레디에게 몰래 서한을 보내 다른 사람과 결혼할지 모르니 속히 돌아와 달라고 간청한다. 오르바차노는 아메나이데가 결혼 얘기만 나오면 핑계를 대며 대답을 회피하는 것을 수상히 여긴다.

그는 아메나이데가 반역죄로 추방당한 탄크레디와 내통한다는 사실을 알아낸다. 오르바차노는 아리지리오 왕에게 아메나이데 공주가 반역자인 탄크레디와 은밀히 연통하는 것 같다고 말한다. 아리지리오 왕은 탄크레디가 눈에 띄는 즉시 체포해 처형하라고 명령한다(물론 탄크레디는 누명을 쓰고 반역죄로 몰렸을 뿐이다). 탄크레디를 발견하는 즉시 죽이라는 소리를 들은 아메나이데는 지금은 상황이 이상하게 돌아가고 있으니, 기회를 봐서 연락하면 그때 와달라고 다시 편지를 보낸다. 그러나 편지를 받지 못한 탄크레디는 아메나이데를 만나기 위해 병사를 이끌고 시라쿠사 왕국의 해안에 도착한다. 그는 신분을 밝힐 처지가 아니므로 평범한 용병으로 가장한다. 마침내 사라센의 침공 소식이 전해진다. 이와 함께 탄크레디가 돌아온다는 소문도 전해진다. 아리지리오 왕은 사라센과의 전쟁에 오르바차노의 협력이 꼭 필요하므로 그날 밤 서둘러 결혼식을 치르려고 한다. 결혼식 소식을 들은 탄크레디가 용병으로 가장한 채 성으로 들어선다. 아메나이데는 탄크레디를 알아보지만, 그의 정체가 발각되면 죽음을 면치 못할 것이라고 생각해 모르는 척한다.

아메나이데가 결혼 서약을 거부하자 격분한 오르바차노는 그녀가 사라센 적장에게 보낸 편지를 발견했다고 하면서 그녀를 처형할 것을 주장한다. 아메나이데로서는 편지에 대해 변명을 할 처지가 아니다. 그렇게 되면 탄크레디와 내통한 것이 들통 나 자신뿐만 아니라 탄크레디도 죽음을 면치 못할 것이므로, 그녀는 적장에게 보낸 편지라고 말한다. 반역을 의미하는 편지가 공개된 이상 시라쿠사 왕은 처형을 명할 수밖에 없다. 시민들은 반역자 아메나이데를 당장 처형하라고 소리친다.

[제2막] 아메나이데가 무고를 주장하지만 소용이 없다. 오르바차노는 자비를 베푸는 셈으로 누구든 아메나이데를 변호할 기사가 있으면 앞으로 나와 결투할 것을 제안한다. 변호를 자청한 탄크레디가 결투 끝에 오르바차노를 죽이고 승리하지만, 아메나이데가 적장과 내통했다고 믿어 시라쿠사를 떠나기로 한다. 아메나이데는 자신의 진심을 믿어줄 수 없다면 죽여달라고 애원하지만 탄크레디는 듣지 않는다. 그녀는 무죄를 입증하기 위해 병사를 이끌고 사라센과의 전쟁터로 떠난다. 이를 본 탄크레디도 사라센과의 전투에 합세한다. 시라쿠사군이 사라센군을 물리쳐 전쟁은 끝나지만 탄크레디는 큰 부상을 입는다. 탄크레디가 누명을 쓴 것을 알게 된 아리지리오 왕은 그에게 용서를 구한다. 탄크레디는 아메나이데와 결혼식을 올리게 해달라고 부탁한 뒤 아메나이데의 손을 잡고 숨을 거둔다(해피엔드 버전에서는 탄크레디에게 패배한 솔라미르 사라센 왕이 아메나이데의 결백을 밝히고, 그의 애국심과 용맹심을 높이 사 아메나이데와 탄크레디의 결혼을 주선한다).

마왕

타이틀	The Demon(Демон)	
	3막과 프롤로그, 에필로그로 구성되어 있다. 미하일 유리예비치 레르몬토프(Mikhail Yuryevich Lermontov)의 시를 기본으로 작곡자와 파벨 알렉산드로비치 비스코바토프(Pavel Aleksandrovich Viskovatov)가 대본을 썼다.	
	초연	1875년 1월 25일 상트페테르부르크 마린스키 극장
주요 배역	마왕, 빛의 천사, 타마라(구달 왕의 공주), 구달 왕(타마라의 아버지), 시노달 왕자(타마라의 약혼자), 늙은 하인, 유모, 메신저	
베스트 아리아	「울지 마라, 나의 아가야!(Nye plach' ditya)」(B), 「하늘 위에 펼쳐진 대양이여(Na vozdushnom okeanye)」(B)	

사전 지식　　루빈시테인의 오페라는 이국적(동양적)인 면이 복합된 러시아적 작품이다. 〈마왕〉은 차이콥스키의 〈예브게니 오네긴(Evgenii Onegin)〉에 많은 영향을 주었다. 오페라에 나오는 코카서스 댄스와 발레 음악은 연주회 레퍼토리로 인기를 끌고 있다.

줄거리　　　[프롤로그] 이 환상적인 오페라의 무대는 코카서스 산맥 언저리에 있는 그루지야(Gruziya)다. 프롤로그에서는 악마 중의 악마인 마왕이 빛의 천사(Angel of light)의 권능을 무시하고 하늘나라와 끊임없이 투쟁을 벌이는 모습을 보여준다. 이제 마왕은 결론이 나지 않는 하늘나라와의 투쟁을 비롯해 모든 것에 싫증을 낸다.

루빈시테인, 안톤(Rubinshtein, Anton, 1829~1894)

유대계 러시아인 안톤 그리고리예비치(Grigorjewitsch) 루빈시테인은 피아니스트이자 작곡가, 지휘자였다. 그는 피아니스트로서 19세기 최고의 피아니스트인 프란츠 리스트와 경쟁자라는 말을 들을 정도로 뛰어난 재능이 있었다. 루빈시테인은 상트페테르부르크 음악원을 설립했다. 그의 동생 니콜라이 루빈시테인은 모스크바 음악원을 설립했다. 그는 피아노의 거장이면서도 음악의 모든 분야에서 여러 작품을 남겼다. 오페라는 20편을 작곡했지만 오늘날 공연되는 작품은 〈마왕〉, 〈드미트리 돈스코이(Dmitry Donskoy)〉 등 서너 편에 불과하다.

[**제1막**] 마왕은 새로운 것에 관심을 둔다. 타마라 공주다. 마왕은 구달(Gudal) 왕의 딸 타마라(Tamara) 공주를 보자 그 아름다움에 넋이 나가 사랑에 빠진다. 인간인 타마라 공주의 사랑을 얻기 위해 고심하던 마왕은 타마라 공주를 직접 찾아가 사랑을 호소하고 데려올 생각이다. 한편 타마라 공주는 아버지의 궁성에서 장차 신랑이 될 시노달(Sinodal) 왕자를 기다리고 있다. 그런데 시노달 왕자가 도착하기 전, 놀랄 만큼 잘생긴 청년이 찾아와 온갖 달콤한 말로 사랑을 호소한다. 공주는 약혼자가 아닌 다른 사람이 자기에게 사랑을 호소하자 떨리고 두려워 급히 자리를 피한다. 그녀는 방금 그 사람이 다른 세상에서 온 사람이라고 생각한다. 하지만 그가 속삭였던 뜨겁고 부드러운 속삭임이 사라지지 않고 귀에 맴돌아 어찌할 줄 모른다.

[**제2막**] 시노달 왕자는 공주를 찾아오다가 밤에 황량한 벌판에서 거친 타타르 족의 습격을 받아 무참히 목숨을 잃는다. 마왕은 경쟁자인 시노달 왕자를 처치해야 공주의 사랑을 얻을 수 있다고 생각해 타타르 족을 보낸 것이다. 공주는 사랑하는 시노달 왕자의 죽음에 한없이 비통해한다. 마왕은 슬픔에 잠긴 공주의 귀에 만일 자기 품에 안기면 이 세상을 통치할 수 있는 권한을 주겠다고 속삭인다. 공주는 견딜 수 없는 번뇌에서 도피하려고 수도원으로 간다.

[**제3막**] 마왕은 수도원 문을 억지로 밀고 들어와 악마의 모습을 드러내며 자기를 불쌍히 여겨 사랑을 받아달라고 간청한다. 공주는 악한 길로 빠져들 수 없으니 더는 괴롭히지 말아달라고 애원하면서 몸을 피해 빠져 나가려고 한다. 마왕은 길을 막아 공주가 자신의 품에 안기게 한다. 그 순간 빛의 천사가 나타난다. 천사에게 의지하려고 달려가던 공주가 이내 정신을 잃고 쓰러진다.

[**에필로그**] 공주의 영혼은 빛의 천사의 날개 속에서 보호 받는다. 빛의 천사가 찬연한 빛에 싸여 사라지자, 몹시 탐내던 영혼을 빼앗긴 마왕은 크게 낙담해 세상에 저주를 퍼붓는다. 타마라 공주의 영혼은 하늘나라에서 빛의 천사에 의해 수호천사로 다시 태어난다.

이룰 수 없는 사랑

타이틀	**L'Amour de Loin**(Love from afar)	
		전 5막. 12세기의 가장 위대한 방랑 음유시인이며 블라예(Blaye) 공국의 왕자 조프레 루델(Jaufré Rudel)의 사랑 이야기를 다룬 『짧은 생애(La vida breve)』를 기본으로 하여, 레바논 출신의 프랑스 극작가 아맹 말루프(Amin Maalouf)가 대본을 썼다.
	초연	2000년 8월 잘츠부르크 페스티벌과 파리의 샤틀레 극장에서 동시 초연되었다.
주요 배역	조프레 루델(블라예의 왕자이자 음유시인), 클레망스(트리폴리 백작 부인), 순례자	

사전 지식　　　이 오페라는 핀란드 출신의 여류 현대음악 작곡가인 카이야 사리아호의 첫 오페라 작품으로 1999~2000년에 작곡되었다. 이 오페라는 컴퓨터 테크닉을 기초로 한 첫 작품이라는 데 의미가 있다. 잘츠부르크 초연에서는 지휘를 켄트 나가노(Kent Nagano)가 맡았고, 정상의 소프라노 돈 업쇼(Dawn Upshaw)가 주역을 맡았다. 오페라 편성은 80명의 교향악단과 합창단, 그리고 소프라노, 메조소프라노, 바리톤 등 세 명이 주역으로 등장한다. 메조소프라노는 남자 역할이다.

줄거리　　　12세기, 장소는 아키텐(Aquitaine)과 트리폴리(Tripoli), 그리고 해상이다.

[제1막] 블라예의 왕자 조프레 루델(Jaufré Rudel)은 매일 귀족 친구들과 쾌락에 물든 생활을 하지만, 더는 흥미를 느끼지 못한다. 색다른 사랑을 동경하던 그는 동방에 아름다운 여인이 있다는 소문을 듣고는 어느새 그 여인을 사랑하게 된다. 조프레는 친구들에게 왕자의 신분을 버리는 한이 있더라도

사리아호, 카이야(Kaija, Saariaho, 1952~)
핀란드의 카이야 사리아호는 서른 살 되던 해부터 파리에서 본격적인 작곡 생활을 했다. 시리아호는 핀란드의 시벨리우스 아카데미와 독일 프라이부르크(Freiburg) 음악대학에서 작곡을 공부했다. 그는 작품에 전위적인 컴퓨터 테크닉을 접목하는 데 노력했다.

그 사랑을 찾아가겠다고 말한다. 친구들은 왕자에게 조소 섞인 핀잔을 쏟아내며, 왕자가 사랑을 노래하는 그 여인은 실재하지 않는다고 하지만, 미지의 여인을 연모하는 왕자의 마음은 변함없다. 마침 먼 나라에서 돌아온 어느 순례자가 그 여인이 정말로 있으며 얼마 전 직접 만나기도 했다고 말한다. 그 말을 들은 조프레는 오로지 그 여인만 생각한다.

[제2막] 순례자는 트리폴리에서 클레망스(Clémence)라는 아름다운 백작 부인을 만난다. 그는 클레망스에게 저 멀리 블라예라는 나라의 왕자이자 음유시인이 백작 부인을 만나본 적은 없지만 지극히 사모하여 사랑을 노래로 만들어 백작 부인에게 헌정했다고 전한다. 백작 부인은 처음에는 별 사람이 다 있다고 불쾌함을 느끼지만, 왕자의 꿈을 꾸면서 자신도 모르게 왕자를 동경하게 된다. 그렇지만 순례자에게는 자신은 왕자의 그런 헌신적인 사랑을 받을 자격이 없다고 겸손하게 말한다.

[제3막] 다시 블라예 왕국으로 돌아온 순례자가 조프레 왕자에게 백작 부인이 왕자의 연모를 알고 있다고 전해주자, 왕자는 만사를 제쳐놓고 그 여인을 만나러 가기로 결심한다. 한편 클레망스는 왕자와의 관계가 연모 이상으로 발전하는 것을 원치 않는다. 이루지 못할 사랑 때문에 고통 받고 싶지 않기 때문이다.

[제4막] 왕자가 배를 타고 트리폴리로 향한다. 그러나 시간이 지날수록 지나친 격정에 빠져 무모하게 떠난 것을 후회하기 시작한다. 더구나 클레망스가 진정으로 자신을 흠모하는지도 모르는 데다 혹시 자신을 이상한 사람으로 경멸하면 어쩌나 하는 생각에 왕자는 큰 번민에 빠져 병에 걸린다. 왕자의 병은 점점 깊어져 트리폴리에 도달했을 때는 거의 죽음을 눈앞에 둔다.

[제5막] 왕자가 해안에 도착한 것을 안 순례자는 클레망스 백작 부인에게 왕자가 도착했다고 전한다. 트리폴리에 도착한 왕자는 자기가 얼마 살지 못할 것을 직감하고는 마지막이라도 좋으니 그 여인을 한번 만나고 싶다고 말한다. 의식을 잃은 채 트리폴리 시내로 들어온 왕자는 클레망스가 나타나자 신기하게도 정신을 차리기 시작한다. 두 사람은 서로의 열정을 얘기하며 영원한 사랑을 약속한다. 조프레 왕자는 백작 부인의 팔에 안겨 숨을 거둔다. 클레망스는 하늘을 원망하며 이 비극의 원인이 자신에게 있다고 생각해 수녀원에 들어가기로 결심한다.

수녀원에서 클레망스가 무릎을 꿇고 기도하고 있다. 그러나 누구에게 기도하는지 모를 만큼 제정신이 아니다. 그녀가 신에게 기도하는 것인지 자기를 흠모했던 조프레 왕자에게 기도하는 것인지, 아무도 모른다.

삼손과 델릴라

타이틀 **Samson et Dalila**(Samson and Delilah)

	전 3막. 페르디낭 르메르(Ferdinand Lemaire)가 대본을 썼다.
초연	1877년 12월 2일 바이마르 대공극장(Grossherzogliches Theater)
주요 배역	삼송(삼손: 히브리 사사), 다릴라(델릴라: 블레셋 여인), 아비멜레크(아비멜렉: 블레셋 장군), 다곤의 대제사장
음악 하이라이트	광적인 댄스 음악[바카날(bacchanale)], 잔치에서의 우울한 음악(바카날), 삼손의 기도 장면 배경 음악, 델릴라의 키스 아리아
베스트 아리아	「그대 음성에 내 마음 열리고(Mon coeur s'ouvre a ta voix)」(Ms), 「봄이 시작되고(Printemps qui commence)」(S), 「사랑은 나의 허울을 덮어주고(Amor! i miei sini proteggi)」(S)

사전 지식　　　　구약성경 사사기(士師記: 가톨릭 판관기)에 나오는 삼손과 델릴라 얘기를 오페라로 옮긴 이 작품으로, 이 오페라에 나오는 「그대 음성에 내 마음 열리고」는 유명한 메조소프라노 아리아다. 〈삼손과 델릴라〉에는 바그너적 요소가 내포되어 있다. 생상스가 활동했던 시절에는 바그너풍이 하나의 유행이었다. 〈삼손과 델릴라〉는 생상스의 드라마틱한 영감이 최고조에 달했을 때 작곡한 것이라고 한다. 생상스는 모두 13편의 오페라를 작곡했지만 두 번째 작품인 〈삼손과 델릴라〉가 가장 드라마틱하다.

생상스, 카미유(Saint-Saëns, Camille, 1835~1921)
카미유 생상스의 네오 클래식 스타일은 감정을 중요시하던 당시에는 지나치게 냉정하게 비쳤지만, 그의 억제된 감정은 오늘날 많은 사랑을 받고 있다. 파리에서 태어나 알제리에서 세상을 떠난 생상스는 억제된 감정을 표현하면서도 프랑스 오페라 특유의 아름다움과 섬세함을 보여주었다. 오페라 이외에도 바이올린 협주곡, 피아노 협주곡, 오르간 협주곡 등에는 신비로움까지 깃들어 있는 듯하다. 바이올린 협주곡 「서주와 론도카프리치오(Introduction et rondo capriccioso)」는 거장 파블로 데 사라사테(Pablo de Sarasate)를 위해 작곡한 것이다. 대표적 오페라로는 〈삼손과 델릴라〉, 〈앙리 8세(Henry VIII)〉 등이 있다.

줄거리　　　　　기원전 1150년 팔레스타인이다.

[제1막] 가자(Gaza) 지구의 어떤 마을 광장에 히브리 사람들이 모여 여호와에게 블레셋(Philistines)의 억압에서 자유롭게 해달라고 기도한다. 사사(재판관이자 지도자)인 삼손(Samson)이 나와 믿음이 부족하다고 사람들을 책망한다. 블레셋 장군 아비멜렉(Abimélech)이 히브리 백성들의 유일신 여호와를 부인하자 삼손은 아비멜렉을 쳐 죽인다. 블레셋의 다곤(Dagon) 신을 믿는 제사장들이 아비멜렉의 시신을 수습해 가면서 삼손의 무서운 힘을 저주한다.

삼손의 옛 애인인 블레셋인 델릴라가 신전 뒤에서 모습을 드러낸다. 델릴라는 그날 밤 삼손을 자신의 장막으로 초청한다. 델릴라와 젊은 여인들이 매혹적인 춤을 추어 삼손의 마음을 흩뜨려놓는다. 이제 삼손의 귀에는 블레셋 여인을 조심하라는 늙은 히브리 선지자들의 소리가 들리지 않는다.

[제2막] 델릴라는 소렉(Sorek) 골짜기에 있는 다곤 신전을 찾아가 삼손을 유혹해 힘의 비밀을 알게 해달라고 기원한다. 델릴라는 신전 제사장에게 무슨 일이 있더라도 블레셋을 위해 삼손의 힘을 빼앗을 방법을 찾아오겠다고 약속한다. 삼손을 만난 델릴라는 그가 자신을 사랑하지 않는다고 투정하면서 만일 진정으로 사랑한다면 그 힘이 어디서 나오는지 가르쳐달라고 조른다. 삼손이 비밀을 털어놓으려 하자 하늘에서 천둥소리가 들린다. 여호와의 경고다. 그러나 델릴라가 계속 눈물을 흘리며 애원하자 삼손은 어쩔 수 없이 머리칼에 힘의 비밀이 있다고 가르쳐준다. 델릴라는 숨어 있던 블레셋 병사들을 불러와 자고 있는 삼손의 머리칼을 자른 뒤 쇠사슬로 묶어 데려간다. 블레셋 병사들은 삼손의 눈을 빼내 앞을 못 보게 만든다.

[제3막] 가자의 블레셋 진영에 있는 지하 감옥이다. 삼손이 무거운 돌맷돌을 힘겹게 돌리고 있다. 삼손은 자기 때문에 히브리 백성들이 더 큰 고통을 당하게 된 것을 후회하며 여호와께 간절히 기도드린다. 다곤 신전에서는 술잔치와 춤이 한창이다. 델릴라와 다곤 신전의 제사장들이 삼손을 끌어내어 모욕을 주며 희롱한다. 블레셋 사람들은 삼손에게 다곤 신 앞에 무릎을 꿇으라고 강요한다. 삼손은 다곤 신이 있다는 곳으로 올라가면서 어린아이에게 신전의 기둥이 있는 곳으로 안내해달라고 부탁한다. 삼손이 여호와께 힘을 달라고 기도하자 삼손의 힘이 되살아난다. 그는 다곤 신전의 큰 기둥을 무너뜨린다. 삼손은 여호와의 영광을 위해 그의 대적들과 함께 신전 잔해에 파묻힌다.

모나리자

타이틀	**Mona Lisa**

	2막에 프롤로그와 에필로그로 구성. 빈의 배우이자 극작가 베아트리체 폰 도프스키 (Beactrice von Dovsky)가 대본을 썼다.
초연	1915년 9월 26일 독일 슈투트가르트 궁정 극장(당시 실링스는 슈투트가르트 궁정극장의 음악총감독이었다)
주요 배역	프란체스코 델 조콘도(피렌체의 부유한 귀족이자 모나리자의 남편), 모나 피오르달리사(모나리자: 조콘다 부인), 조반니 데 살비아티(모나리자를 사모하는 교황청 직원), 디아노라(프란체스코의 첫 아내에게서 태어난 딸)

사전 지식　　　실링스는 1911년 빈에서 시인 베아트리체 폰 도프스키를 만났다. 그가 도프스키의 희곡 「고디바 부인(Lady Godiva)」을 오페라로 작곡하고 있을 때, 도프스키가 최근에 완성했다는 또 다른 희곡을 보여주었다. 「모나리자」였다. 실링스는 같은 시대를 살았던 다른 작곡가들, 특히 리하르트 슈트라우스, 프란츠 슈레커, 오스트리아의 알렉산더 폰 쳄린스키(Alexander Von Zemlinsky)와 마찬가지로 더 자극적이며, 더 인상적이고, 오케스트라의 색채가 더욱 강렬하며, 이야기가 더 에로틱한 드라마를 추구하고 있다. 아르 누보(Art Nouveau) 양식의 극본 중에서 그런 작품을 찾는다면 도프스키의 「모나리자」를 들 수 있다. 「모나리자」는 시대가 추구하는 모든 것을 구비하고 있었다. 아름답고 신비한 여주인공, 호화스러운 르네상스의 색채, 보는 순간 숨 막히게 하는 보석, 그리고 구속에서 해방된 에로티시즘이다. 실링스는 「모나리자」를 읽자마자 이거다라고 생각해 「고디바

실링스, 막스 폰(Schillings, Max von, 1868~1933)
막스 폰 실링스는 베를린 국립 오페라의 유명 지휘자였으며 작곡가였다. 1918년부터 베를린 국립 오페라의 지휘자로 활동하면서 피츠너, 슈레커, 부소니, 리하르트 슈트라우스 등의 오페라 초연을 지휘했다. 작곡가로서 바이올린 협주곡을 비롯해 교향적 전주곡 등을 작곡했으며, 대표적인 오페라는 〈모나리자〉다. 〈모나리자〉는 1933년 그가 세상을 떠날 때까지 독일에서 가장 자주 공연된 작품이었다.

부인」의 작곡을 잠시 접어두고,「모나리자」작곡에 착수했다. 바로 그해(1911)에 레오나르도 다빈치의 〈모나리자〉가 도난당하는 사건이 발생한다. 그 후 몇 년 동안 전 세계가 모나리자에 대한 관심으로 들끓었다. 그 시기에 실링스의 오페라 〈모나리자〉가 등장했다. 슈투트가르트에서의 초연한 이래 〈모나리자〉는 뉴욕, 베를린, 빈 등 세계 각국의 오페라하우스에서 대단한 인기를 누렸다(도난당한 〈모나리자〉는 3년 후인 1913년 피렌체로 돌아왔다).

에피소드　　　　실링스는 작곡가로서 바이로이트(Bayreuth) 서클에 속한다. 실링스는 바그너의 후계자라고 할 만큼 독일적이었다. 실링스가 푸르트벵글러(Furtwängler)의 스승인 것만 보아도 알 수 있다. 하지만 모나리자는 바그너 스타일이라기보다는 사실주의·인상주의의 영향을 받은 베리스모 였다. 〈모나리자〉의 이야기는 허구에 가깝지만, 등장인물은 모두 실존 인물이다. 말할 필요도 없지만 여주인공 모나리자는 레오나르도 다빈치 작품의 모델이던 조콘다 부인으로, 그녀의 결혼 전 이름이 모나 피오르달리사(Mona Fiordalisa)였다. 이 이름을 줄여 모나리자라고 한 것이다. 조콘다 부인이라는 명칭은 결혼 후 남편의 성(姓) 조콘도(Giocondo)를 따랐기 때문이다.

줄거리　　　　[프롤로그] 카르투지오회(Carthusian: 1806년 성 브루노가 프랑스 샤르트뢰즈에 개설한 수도회)의 수도승들이 기거하는 집이다. 수도승 중 한 명이 한 무리의 관광객을 안내하고 있다. 수도승은 어떤 방에 이르러서 "이 방이 저 유명한 모나리자에게 불행한 운명이 닥쳤던 방이올시다!"라고 설명한다. 여성 관광객 한 명이 귀를 세우고 수도승의 설명을 듣는다.

[제1막] 피렌체에 있는 프란체스코 저택의 홀이다. 부유한 귀족 프란체스코는 첫 아내가 세상을 떠난 지 10여 년 만에 아름다운 모나리자와 재혼한다. 그는 첫 아내와의 사이에 디아노라(Dianora)라는 딸 하나를 두었다. 결혼 후 모나리자는 당대의 유명 화가 레오나르도 다 빈치의 요청으로 초상화 모델을 한 적이 있다. 오늘날 세계적인 보물이 된 바로 그 〈모나리자〉다. 눈썹이 제대로 표현되지 않아 한때는 남자가 아니냐는 오해를 받기도 했던 작품이다. 무엇보다도 신비한 미소의 의미가 풀리지 않는 수수께끼로 남아 있다. 조콘다 부인은 레오나르도 다빈치의 모델이 되고 나서 많은 사람들에게 찬사를 받았지만, 남편 프란체스코는 달랐다. 아름다운 아내에 대한 쓸데없는 의심으로 질투의 화신이 되었다. 그 후 모나리자는 신비롭고 아름다운 미소를 남편에게 더는 보이지 않게 된다.

참회의 화요일(Shrove Tuesday)이다. 수도원에 참회하러 간 조콘다 부인은 수도원장의 회개와 만족에 관한 설교를 듣고는 더는 남편을 미워하지 않으려고 마음을 다잡는다. 자신을 너무 사랑한 나머지 질투하는 것이라고 이해하기로 한다.

조반니 데 살비아티(Giovanni de Salviati)는 조콘다 부인과 전부터 알고 지내는 훌륭한 청년이다. 학식이 풍부하고 신앙심이 깊어 교황청의 신임을 받고 있다. 교황청은 프란체스코가 소장하고 있는 귀한 진주를 사들이기로 결정하고 조반니에게 진주 매입 임무를 맡긴다. 조반니는 조콘다 부인이 남편의 질투심 때문에 불행하게 지내는 것을 잘 알고 있다. 사모하는 조콘다 부인을 고통에서 구해야 한다는 생각으로 괴로워하던 그는 교황청이 매입하려는 진주를 미리 보겠다고 전하고는 프란체스코 의 집을 방문한다. 실은 조콘다 부인의 모습을 한 번이라도 더 보고 싶은 마음에 방문한 것이다. 조반니는 그녀의 우울한 모습을 보며 안타까워한다. 조콘다 부인이 금고를 열고 진주를 보여준다. 출타 중인 남편만이 열 수 있는 금고를 조반니에게 열어 보인 것은 교황청 특사에게 남편이 없으니 다시 오라는 말을 하기가 어려운 데다, 열쇠가 있는 곳을 알기 때문이다. 널찍한 금고는 한 번 문을 잠그면 공기가 통하지 않을 정도로 틈새가 없다. 그녀의 얼굴에서 가득한 수심을 읽은 조반니는 자신의 마음을 밝히면서 이 무겁고 힘든 집에서 과감히 벗어나 새롭고 행복한 생활을 하자고 설득한다. 조콘다 부인은 처음에는 당황하지만, 그의 말이 싫지는 않다. 그때 남편이 돌아오는 소리가 들린다. 당황한 조반니가 얼떨결에 금고로 피신한다. 남편은 다 알고 있으면서도 모르는 척하며 금고를 잠근 뒤 창문을 열고 아르노(Arno) 강에 열쇠를 던져버린다. 조콘다 부인은 땅이 꺼지는 것 같다. 리자는 남편의 무자비하면서도 섬뜩하리만치 잔인한 행동에 두려움을 느낀다.

[제2막] 재의 수요일(Ash Wednesday)이다. 조콘다 부인은 금고에 갇혀 있는 조반니가 제발 살아 있기 바라지만, 금고에서는 인기척이 전혀 들리지 않는다. 조반니는 질식해 죽은 것이 확실하다. 때마침 디오노라가 강변에 놀러갔다가 배에 떨어져 있는 열쇠를 주워온다. 조콘다 부인은 열쇠를 받은 뒤 '재의 수요일' 미사에 참석하라고 아이를 내보내고는 금고 문을 열려고 하지만, 죽은 조반니의 모습이 눈에 어른거려 문을 제대로 열 수가 없다. 남편이 들어와 아내가 열쇠를 가지고 있는 것을 보고 의아해한 다. 조콘다 부인은 저녁 무렵 강변에서 열쇠를 발견했다고 말하면서, 사순절에 쓸 장신구를 찾아야 하니 금고를 열어달라고 부탁한다. 남편도 조반니가 어떻게 되었는지 궁금하던 참이다. 그가 금고를 열고 안을 들여다보는 순간 조콘다 부인은 남편을 금고 안으로 세차게 밀어 넣고 문을 잠근다.

[에필로그] 수도원을 구경한 여인은 수도승이 들려준 모나리자 얘기에 깊이 감명 받은 듯 부인의 영혼을 위해 기도해달라고 부탁한다. 그 여인은 들고 온 꽃다발을 조콘다 부인이 기도하고 참회했다는 방에 놓아둔다. 그 꽃은 조콘다 부인이 가장 좋아한 이리스다.

바보와의 생활

타이틀   **Zhizn's Idiotom**(Life with an Idiot)

	전 2막 4장. 소설의 원작자 빅토르 블라디미로비치 예로페예프(Victor Vladimirovich Erofeyev)가 자청하여 대본까지 썼다.
초연	1992년 4월 13일 암스테르담 음악극장(Het Muziektheater)
주요 배역	나(작가), 아내, 보바(바보), 정신병원 담당자

사전 지식   슈니트케는 고전음악과 현대음악을 동시에 사용하려고 시도해 관심을 끈 작곡가다. 그러므로 그의 음악은 대체로 생소하지만 그런 중에도 고전적 요소가 엿보인다. 이야기는 상식적으로 볼 때 대단히 충격적이다. 작가 빅토르 예로페예프도 "이제야 충격적인 대본을 쓸 수 있게 되었다"라고 털어놓을 정도였다. 슈니트케와 콤비인 예로페예프는 가장 비중 있는 현대 러시아 작가 중 한 명이다. 그가 쓴『바보와의 생활』의 주제인 성행위나 성적 관심은 과거 구소련에서는 금기였다. 그러나 구소련의 붕괴와 함께 이 주제는 더는 논란의 대상이 되지 않았다.

에피소드   슈니트케가 처음으로 예로페예프를 만난 것은 1985년이다. 그는 『바보와의 생활』을 읽고 그 소재에 크게 매료되었다. 당시 슈니트케는 괴테의『파우스트』를 주제로 한 〈요한 파우스트 박사 이야기〉를 준비 중이었다. 슈니트케의 친구들은 '바보와의 생활'을 우선 작곡해달라고 부탁했다. 마침내 예로페예프가 대본을 완성했다고 통보해왔다. 슈니트케가 오페라를 완성하자 유명한 첼리스트

슈니트케, 알프레드(Schnittke, Alfred, 1934~1998)
알프레드 가리예비치(Garrijewitsch) 슈니트케는 구소련의 엥겔스에서 태어났지만 독일로 귀화하여 함부르크에서 주로 활동한 작곡가다. 그는 작품에 여러 스타일을 폭넓게 수용했다. 특히 고전음악과 현대음악을 동시에 사용해 작품을 만들었다. 슈니트케는 20세기의 위대한 현대음악 작곡가 중 한 사람이다. 그의 무대작품으로는 〈바보와의 생활〉, 〈게수알도(Gesualdo: 제수알도)〉 등이 있다.

이자 지휘자인 므스티슬라프 로스트로포비치(Mstislav Rostropovich)가 암스테르담 초연을 주선했다. 슈니트케는 이 오페라의 오케스트레이션을 시작한 지 얼마 안 되어 심장마비 증세로 몇 달 휴식을 취해야 했다. 마감일이 다가오자 동료 작곡가 볼프강 니클라우스(Wolfgang Niklaus)와 슈니트케의 아들 안드레이(Andrey)가 피아노 악보를 만들어 리허설을 할 수 있었다. 이 오페라에서 유명한 것은 보바의 '에흐(ech)'라는 소리다. 이 탄식을 어떻게 해석할지는 관객 각자의 몫이다.

줄거리　　　　　　무대는 러시아이며 시기는 어느 때이든 상관없다.

[제1막] 동정심이 부족하다고 비난 받는 작가에게 그의 친구들은 벌로 정신병원에서 바보 한 사람을 데려와 같이 생활하라고 지시한다. 작가는 '순진한 바보'를 마음속에 그리며 그런 사람과 함께 지내는 것도 의미 있다고 생각해, 적절한 벌을 내려준 친구들에게 감사한다. 정신병원 담당자는 보바(Vova)라는 환자가 아무런 해도 끼치지 않을 백 퍼센트 바보라고 추천한다. 작가는 보바를 속히 집으로 데려가기 위해 담당자에게 약간의 뇌물을 집어준다. 그는 보바를 데리고 집으로 돌아온다. 보바는 말이 없다. 유일하게 내뱉는 것은 '에흐'라는 묘한 느낌을 주는 탄식이다. 한편 작가의 아내는 집에 새 식구가 들어온 것을 무척 기뻐한다.

[제2막] 보바와는 대화를 할 수 없다. 그의 성격과 이력을 말해주는 유일한 소리 '에흐'를 간간히 내뱉을 뿐이다. 작가 부부는 말없는 보바에게 감사하지만 그것도 잠시뿐, 보바는 냉장고의 물건을 모두 꺼내 바닥을 어지르고, 서재로 들어가 작가의 아내가 가장 아끼는 프루스트(Proust) 전집을 찢어놓는다. 부부가 말리려 하자, 기분이 언짢았는지 가구를 부수고 전화를 던져버리는 등 도무지 당해낼 재간이 없다. 심지어 작가의 아내를 강간하려고 작가를 창밖으로 집어던진다. 보바와 작가의 아내는 자신들의 행위에 모두 만족하는 표정이다. 작가는 보바와는 조리 있는 대화가 의미가 없다는 것을 깨닫고는 프루스트 전집을 다른 책으로 바꿔놓고, 아내에게 새 옷을 사준다. 그런 작가에게 보바는 감사의 표시로 오랑캐꽃 다발을 주며 집안일을 돕는다. 모든 것이 평온을 되찾은 듯하다. 그런데 보바의 아이를 임신한 아내가 중절 수술을 하면서 평화는 깨지기 시작한다. 아이를 고대하던 보바는 크게 실망해 작가의 아내와 더는 성행위를 하지 않는다. 그 대신 작가와 성행위를 시작한다. 두 사람은 아내를 무시하고 학대하기 시작하더니 급기야 보바가 안방을 차지한다. 작가의 아내는 보바에게 둘 중 누구와 관계할지 결정하라고 최후통첩을 한다. 보바는 정원에서 나뭇가지 자르는 큰 가위를 가져와 그녀의 목을 자르는 것으로 답을 대신한다. 그 후 보바는 어디론가 도망친다. 작가의 참을성과 동정심은 한계에 달한다. 결국 작가는 보바가 있던 정신병원을 찾아간다. 그곳 담당자는 마치 오랜 친구처럼 작가를 반갑게 맞이한다.

모세와 아론

타이틀	**Moses und Aron**(Moses and Aaron)
	전 3막. 중간에 막간 장면이 있다. 작곡자가 직접 대본을 썼다.
초연	1957년(작곡이 완성된 지 25년 후) 6월 6일 취리히 국립 오페라 극장
주요 배역	모세, 아론, 바로 왕(파라오)
베스트 음악	황금송아지 앞에서의 춤곡

사전 지식　　　　구약성경 출애굽기에 나오는 이스라엘 지도자 모세와 그의 형 아론에 대한 이야기 인 〈모세와 아론〉은 1932년에 2막까지 완성되었다. 〈모세와 아론〉은 1957년 초연되었지만 오페라 중 「황금송아지 앞에서의 춤곡」는 이미 1951년에 콘서트홀에서 연주되었다. 쇤베르크가 세상을 떠난 해다. 그는 세상을 떠나기 전 오랜 기간에 걸쳐 완성한 〈모세와 아론〉을 1막과 2막은 공연하되, 3막은 음악 없이 낭독으로 진행할 것을 당부했다. 그러나 이 같은 진행은 불필요한 것으로 판명 났다. 왜냐하면 2막 마지막에 펼쳐지는 대단히 스펙터클한 「황금송아지 앞에서의 댄스」는 이 오페라의 클라이맥스로, 이후의 모든 것을 사족으로 만들어버렸다. 한편 모세의 추상적인 면과 아론의 구상적인 면을 표현하기 위해 모세는 대사만 하고, 아론은 테너로 아리아를 부르게 했다. 모세의 대사는 이른바 대사 노래 (sprechgesang: 슈프레히게장)라고 하여 대사가 노래와 같은 효과를 내도록 한 것이다.

쇤베르크, 아르놀트(Schoenberg, Arnold, 1874~1951)
아르놀트 쇤베르크는 오스트리아 출신이지만 나중에 미국 시민이 된 작곡가다. 그는 제2 빈학파의 중심인물로 독일의 시와 예술에서 표현주의 운동을 주도했다. 유대계인 그는 나치의 핍박을 받아 미국으로 옮기기 전까지 이름을 Schönberg로 표기했으나 미국 시민 이 된 이후 Schoenberg로 표기했다. 그는 현대음악에 12음기법을 도입한 것으로 유명하 다. 쇤베르크의 작품 〈기다림〉, 〈운명을 결정하는 손(Die Glückliche Hand)〉, 〈오늘부터 내일까지(Von heute auf Morgen)〉, 〈모세와 아론〉, 〈야곱의 사다리(Die Jakobsleiter)〉, 〈바르샤바의 생존자(A survivor from Warsaw)〉 등은 12음기법과 무조성에 기반을 둔 것이 대부분이다.

줄거리 [제1막] 기원전 13세기다. 모세가 여호와를 간절히 찾자 사막의 떨기나무가 불타면서 선지자가 되라는 여호와의 음성이 들려온다. 이집트에서 노예 생활을 하고 있는 이스라엘 민족의 지도자로 모세를 택한 것이다. 모세의 형 아론은 모세의 대변자 역할을 한다. 이집트의 일부 유대인들은 모세가 지도자로 정해지자, 그가 예전에 이집트인을 죽인 것을 떠올리며 더 큰 해를 당할까 봐 두려워한다. 그러나 대부분의 유대인들은 이집트의 우상보다는 여호와가 희망을 줄 것으로 믿어 모세와 아론을 기다린다. 모세는 아론이 언변으로 사람들을 설득하는 것을 보면서 신의 진정한 뜻을 잘못 전할 것 같아 근심한다. 아론은 그런 모세를 보고는 지팡이를 빼앗아 바닥에 던진다. 지팡이는 뱀으로 변한다. 아론은 너무 외골수로 고지식하게 생각하면 안 된다고 하면서 지팡이가 뱀으로 변하는 것같이 사람의 생각도 형편에 따라 변할 수 있다고 말한다. 이스라엘 백성들은 여호와가 어떻게 바로(Paraoh)를 물리치고 자신들을 인도할지 궁금해한다. 아론은 또 다른 기적을 보여준다. 그가 모세의 손을 잡자 나병이 퍼지지만, 손을 가슴에 갖다 대자 나병이 씻은 듯이 낫는다. 모세는 정결한 생각만이 백성에게 필요하다고 주장한다. 아론이 나일 강 물을 떠서 붓자 물은 피로 변한다. 아론은 유대 백성이 이집트에서 더는 피를 흘리지 않게 될 것이라고 해석한다. 백성들은 젖과 꿀이 흐르는 약속의 땅을 생각하며 여호와에게 복종할 것을 맹세한다. [막간 장면] 모세가 40일간 떠나 있자, 백성들은 여호와와 모세가 자신들을 버렸을지 모른다고 의심한다.

[제2막] 시나이 산 밑에서 제사장 아론과 장로들이 모세의 귀환이 너무 늦어지자 의아해한다. 백성들 사이에 불안과 무질서가 넘쳐흐른다. 아론은 모세가 배반을 했거나 위험에 빠졌을 수도 있다고 말한다. 백성들이 동요하며 제사장을 죽이려 하자 아론은 황금송아지를 만들어 숭배토록 하고, 희생물로 네 명의 처녀를 바치기로 한다. 백성들은 마시고 춤추며 광란에 빠진다. 이때 모세가 나타난다. 실망한 모세가 여호와에게 받아온 십계명 석판을 던져버리자 백성들은 잘못을 뉘우치며 모세를 따라 약속의 땅으로 향한다. 낮에는 구름기둥이, 밤에는 불기둥이 백성을 인도하지만 모세는 이것이 신의 뜻이라고 믿지 않는다. 그러나 아론은 이 기둥이야말로 백성을 인도하고 있다고 말한다. 여호와에 대한 모세의 절대적 관념을 이해하지 못하는 아론은 교묘한 언변으로 백성에게 거짓을 전한다. 모세는 절망에 빠진다.

[제3막] 모세는 아론을 가두고는 그가 백성에게 약속의 땅에 대해 거짓을 전한다고 비난하면서 아론의 말이 아닌 여호와의 말을 믿으라고 외친다. 모세는 "여호와의 형상과 율법이 이 백성들을 자유롭게 해주었다. 그러나 인간적인 소망은 우상에 불과하다"라고 말하지만, 아론은 또다시 여호와의 뜻을 왜곡해 전한다. 광야에서 모세는 신과 일체가 될 때 약속된 땅으로 들어갈 수 있다고 백성들에게 말한다(이 오페라는 주로 1막과 2막만 공연한다).

기다림

타이틀	**Erwartung**(Expectation)

단막의 모노드라마(1인이 출연하는 드라마). 대본은 마리 파펜하임(Marie Pappenheim)이 썼다. 문학에 재능이 있는 젊은 의사였다.

초연	1924년 6월 6일 프라하 신독일극장
출연자	여인(S)

사전 지식 쇤베르크는 〈기다림〉이 순간적으로 일어나는 모든 격렬한 감정적 번뇌를 그린 작품이라고 말했다. 예를 들면 사랑과 증오의 감정이 순간적으로 폭발하는 것이다. 비록 순간적으로 일어나는 일이지만 그 내면에는 슬로모션처럼 수많은 행동이 담겨 있다. 기다림을 위한 음악은 음악적 표현주의(Expressionism)의 완벽한 전형이다. 마치 엑스레이를 이용해 음조를 이미지로 만든 것과 같다. 쇤베르크는 이렇게 하여 영혼이 받는 내적 고통을 최대한 정확히 표현하고자 했다. 어떤 학자들은 이러한 시도를 "외적인 충격을 지진계로 기록한 것과 같다"라고 말했다.

에피소드 쇤베르크는 〈기다림〉을 1909년에 완성해 1910년에 빈의 호프오퍼(Hofoper: 현재의 Staatsoper)에서 초연할 예정이었다. 그러나 빈 공연은 무산되었다. 다음 공연은 만하임에서 할 예정이었다. 그는 무대 배경을 담당 화가에게 자세히 지시했다. 미리 여러 장면을 스케치해주기도 했으나 만하임 공연도 성사되지 못했다. 1924년 프라하에서의 초연은 무대 세팅과 배경이 쇤베르크 마음에 들지 않았다. 이런 연유로 1930년 베를린 공연 때는 무대장치와 배경에 직접 참여했다.

줄거리 겁에 질린 여인이 어두컴컴한 숲 속을 방황하고 있다. 무서운 일이 일어날 듯한 분위기다. 애인을 만나기로 한 여인이 찾은 것은 애인의 시신뿐이다. 여인은 애인의 시신 옆에서 질투심과 함께 절망감을 마치 풀 스펙트럼(full spectrum)처럼 경험한다. 마음의 상처로, 아무런 희망도 없는 여인은 다른 곳으로 갈 생각도 못하고 혼자 남아 있다. 하지만 무엇보다 배가 고프다. 커다란 빵 한 덩어리는 그녀의 모든 절망을 상쇄시켜준다.

먼 곳으로부터의 소리

타이틀	**Der ferne Klang**(The Distant Sound)	

	전 3막. 작곡자가 직접 대본을 썼다.
초연	1912년 8월 18일 프랑크푸르트 오페라 극장(Alte Oper)
주요 배역	그라우만(퇴직 공무원), 그라우만의 아내, 그레테(그라우만의 딸), 프리츠(젊은 예술가), 여관집 주인, 비겔리우스(변호사)

사전 지식　　　　19세기에서 20세기로 전환되는 길목에 빈을 중심으로 활동했던 작곡가들이 즐겨 택한 주제는 꿈과 무의식에 관한 것이다. 이러한 경향에는 지그문트 프로이트(Sigmund Freud)의 영향이 상당히 컸다. 슈레커가 가장 관심을 가진 것은 꿈과 현실을 잇는 가교의 역할이었다. 이 오페라에서 주인공 프리츠는 예술에서의 완벽한 유토피아를 꿈꾸지만, 그 꿈은 마치 사이렌(바다의 요정)의 소리에 현혹되어 배가 좌초되는 것과 같이 그를 죽음으로 이끈다. 슈레커는 반낭만적 (anti-romantic)인 이 오페라에서 개인의 행복과 예술의 완벽함을 완성하는 것은 저 먼 곳에서 들리는 소리처럼 먼 곳에 있는 것이 아니라 바로 이 세상을 살아가는 각자의 손 안에 있을 수 있다는 메시지를 전하고자 했다.

슈레커, 프란츠(Schrecker, Franz, 1878~1934)

린츠(Linz)의 유대인 가정에서 태어난 프란츠 슈레커는 빈 후기낭만주의 오페라를 주도한 작곡가다. 그의 작품 세계는 심미적 복수성(Aesthetic plurality)이라는 용어로 설명된다. 즉 낭만주의, 자연주의, 상징주의, 인상주의, 표현주의, 그리고 근대 독일 예술운동의 하나인 신즉물주의(新卽 物主義: Neue Sachlichkeit)의 혼합을 말한다. 그뿐만 아니라 새로운 음색의 실험, 광범위한 조성 (調性)의 구상, 종합적 음악극장 개념의 도입 등도 그의 작품의 특색이라고 할 수 있다. 슈레커의 첫 성공작은 오스카 와일드 원작을 기본으로 한 팬터마임(발레곡) 〈공주의 생일(Der Geburtstag der Infantin)〉이었다. 1912년 프랑크푸르트에서 초연된 오페라 〈먼 곳으로부터의 소리〉는 슈레커의 명성을 높여주었다. 이 오페라는 알반 베르크에게 영향을 주었으며, 베르크는 후에 이 작품의 성악 스코어를 만들었다.

줄거리　　　　　　**[제1막]** 작곡가인 프리츠(Fritz)와 그레테(Grete)는 사랑하는 사이다. 그러나 프리츠는 어딘지 모르지만 먼 곳으로부터 더 넓은 세상으로 나오라고 자신을 부르는 소리가 있다고 생각해 그레테를 뒤로하고 먼 길을 떠난다. 술에 취해 살고 있는 그레테의 아버지는 그레테에게 여관집 주인과 결혼하라고 성화다. 그레테는 여관집 주인에게 시집갈 수밖에 없는 처지가 되자 프리츠를 찾기 위해 집을 뛰쳐나온다.

[제2막] 10년 후 베네치아의 댄스홀이다. 그레테는 인기 최고의 댄서이자 고급 창녀가 되었다. 그녀는 그런 생활을 하면서도 프리츠에 대한 옛 추억으로 고통 받는다. 어떤 백작과 신사가 그레테의 사랑을 얻으려고 구혼한다. 그레테는 외롭고 고독한 나머지 둘 중 한 명을 선택해야 할 입장이다. 어느 날 저 멀리 바다에서 배 한 척이 베네치아 항구로 들어온다. 배에는 프리츠가 타고 있다. 그의 몰골은 남루하기 짝이 없다. 프리츠는 '먼 곳으로부터의 소리'를 찾기 위해 온갖 풍상을 다 겪었지만 끝내 찾을 수가 없었다. 먼 곳으로부터의 소리는 프리츠를 베네치아의 댄스홀로 이끈다. 이곳에서 그레테를 만난 프리츠는 다시는 떠나지 않겠다고 약속한다. 그레테는 말할 나위 없이 기뻐한다. 그러나 자기가 머무는 곳이 창녀들의 집임을 알게 된 프리츠는 그레테에게 실망해 다시 길을 떠난다. 낙심한 그레테는 댄스홀을 떠나 도피한다.

[제3막] 5년 후, 어느 큰 도시의 극장 옆에 있는 여관의 정원이다. 그사이 프리츠는 극작가가 되었다. 그의 새로운 작품 〈하프(The Harp)〉가 극장에서 공연되고 있다. 창녀 생활을 하고 있는 그레테는 프리츠의 작품인 것을 알고 연극을 보러 간다. 그레테는 연극의 음악에 깊은 감동을 받는다. 그러나 3막은 형편이 없다. 그레테는 할 수 있는 한 프리츠를 돕고 싶어 한다.

프리츠는 중한 병에 걸려 외딴 곳에서 홀로 살고 있다. 그는 '먼 곳으로부터의 소리'를 오랫동안 듣지 못했다. 그런데 외딴 그의 집에 그레테가 들어서자 가까이에서 그 소리가 들리는 것을 느낀다. 프리츠는 그제야 먼 곳으로부터의 소리를 얻게 된 것이다. 기쁨에 넘치는 프리츠는 그레테의 팔에 안겨 숨을 거둔다.

알폰소와 에스트렐라

타이틀	**Alfonso und Estrella**(Alfonso and Estrella)

	전 3막. 프란츠 폰 쇼버(Franz von Schober)가 대본을 썼다.
초연	1822년 빈. 수정본은 슈베르트 사후인 1854년 6월 24일 바이마르에서 초연
주요 배역	프로일라(레온의 왕), 알폰소(프로일라 왕의 아들), 에스트렐라 (마우레가토 왕의 딸), 마우레가토(프로일라 왕을 쫓아내고 왕위를 찬탈함), 아돌포(장군)

줄거리　　　　[제1막 1장] 프로일라(Froila)는 레온의 왕 마우레가토(Mauregato)에게 쫓겨나 아들 알폰소와 함께 깊은 산골 마을에서 숨어 살고 있다. 아들 알폰소는 아버지가 왕이었다는 사실을 모르고 자란다. 이제 프로일라는 잃어버렸던 왕권을 되찾기 위해 지지자를 규합해 원수 마우레가토에 대항해 전투를 벌이고자 한다. 마을에서는 프로일라의 정착 20년을 기념해 행사를 준비하고 있다. 마을 사람들은 늠름한 청년이 된 알폰소가 마을의 지도자가 되어 원수와의 전투를 이끌어줄 것을 요청하지만, 프로일라는 아직은 때가 아니라고 하며 그 제안을 거절한다. 산골 생활이 지겨워진 알폰소는 세상에 나가 문물을 보고 경험을 쌓고 싶어 한다. 프로일라는 아직은 이르다고 하면서 알폰소를 만류한다. 그는 알폰소에게 오이리히(Eurich)의 성스러운 목걸이를 걸어주며 언젠가는 자유스러운 생활을 누리게 해주겠다고 약속한다(오이리히는 5세기 초 서고트 왕국의 영웅적인 왕으로, 그가 왕권의 상징으로 지니고 있던 목걸이는 마치 신성불가침과 같은 성스러운 대상물이었다). [제1막 2장] 레온의 왕 마우레가토 에게는 아름답고 활달한 딸 에스트렐라(Estrella)가 있다. 그녀는 답답한 왕궁 생활에서 벗어나 잠깐이나

슈베르트, 프란츠(Schubert, Franz, 1797~1828)
가곡의 왕이라고 하는 프란츠 슈베르트는 독일식 오페라인 징슈필을 약 20편 작곡했다. 그는 징슈필 외에도 연극의 부수적인 음악인 부수음악(incidental music)을 여러 편 작곡했다. 셰지의 극 〈키프로스의 여왕 로자문데〉에 쓰인 막간음악 '로자문데(Rosamunde)'가 유명해, 연주회의 레퍼토리로 자주 올라간다. 슈베르트는 열네 살 때 첫 징슈필 〈거울의 기사(Der Spiegelritter)〉를 작곡했다. 빈에서 태어난 그는 서른한 살이라는 나이에 빈에서 세상을 떠났다.

마 바람을 쏘이기 위해 사냥을 즐겨한다. 얼마 전 이웃 나라와의 전투에서 전공을 세운 장군 아돌포(Adolfo)가 에스트렐라 공주를 마음에 두고 있다. 그는 승전에 대한 포상으로 공주와의 결혼을 요구한다. 아돌포의 청을 물리칠 처지가 아닌 왕은 에스트렐라 공주에게 장군과의 혼인을 권유하지만, 공주는 완강히 거절한다. 장군의 청혼을 거절하기 어려운 왕은 한 가지 묘안을 낸다. 누구든 오이리히의 성스러운 목걸이를 가져오는 사람과 공주를 결혼시키고 왕좌를 물려주겠다는 것이다. 오이리히의 성스러운 목걸이는 레온(Leon)국의 왕권을 상징하는 징표지만, 프로일라가 가져갔기 때문에 마우레가토가 차지하지 못했다.

[제2막 3장] 첩첩산중 어느 외딴 곳에 프로일라와 알폰소가 앉아 있다. 알폰소는 아버지에게 옛날부터 즐겨 부르던 노래를 불러달라고 청한다. 프로일라는 어떤 가련한 여인에 관한 노래를 들려준다. 아름답고 구슬픈 노래다. 알폰소는 그 노래가 마치 자신의 신세를 대변하는 것 같다고 생각한다. 아버지가 집으로 돌아가자, 알폰소 홀로 남아 있다. 마침 사냥을 나왔다가 길을 잃고 헤매던 에스트렐라가 등장한다(또 다른 버전에는 에스트렐라와의 결혼을 거절당한 아돌포 장군이 군대를 일으켜 왕에게 반기를 들고 공격하는 바람에 공주가 도피하던 중인 것으로 되어 있다). 둘 사이에 사랑의 감정이 싹튼다. 알폰소는 공주와 헤어지면서 아버지에게 받은 목걸이를 정표로 건넨다. [제2막 4장] 청혼을 거절당해 모양이 우스워진 아돌포는 앙심을 품고 왕을 몰아낼 계획을 세운다. 그는 전부터 왕에게 불만을 품고 있던 역도의 두목을 은밀히 만나 반역을 다짐한다. [제2막 5장] 왕은 공주가 사냥에서 돌아올 시간이 지났는데도 소식이 없자 걱정이 이만저만이 아니다. 겨우 궁에 도착한 에스트렐라가 길을 잃어 헤매고 있을 때 어떤 청년의 도움으로 돌아올 수 있었다고 말한다. 왕은 공주의 목에 걸려 있는 오이리히의 성스러운 목걸이를 보고는 깜짝 놀란다. 그때 왕궁 수비병이 뛰어 들어와 아돌포가 이끄는 반도들이 왕궁을 공격하고 있다고 보고한다. 전투가 시작된다.

[제3막 6장] 왕의 군대가 수세에 몰리기 시작한다. 알폰소가 반도들을 물리치고 공주를 안전한 곳으로 데려간다. 알폰소는 에스트렐라가 마우레가토 왕의 딸이라는 것을 알게 된다. 한편 프로일라는 자기 아들이 원수의 딸과 사랑하는 것을 알고는 깊은 고민에 빠진다.

마우레가토 왕은 아돌포에게 쫓겨 산속으로 피신하다가 프로일라를 만난다. 두 사람은 과거의 원한과 원망은 털어버리고, 레온 왕국의 부흥을 위해 힘을 합치기로 다짐한다. 반도를 격퇴한 알폰소가 당당한 걸음으로 마을에 나타나자, 프로일라는 그동안 간직해온 비밀을 처음으로 털어놓는다. 마우레가토 왕이 공주와 알폰소의 결혼을 엄숙하게 선포하면서 축복을 빈다.

피에라브라스

타이틀	**Fierrabras**

	전 3막. 대본은 빈 궁정극장(당시는 케른트너토르 극장) 음악총감독인 요제프 쿠펠비저(Josef Kupelwieser)가 썼다.
초연	1835년 5월 7일 빈의 요제프슈타트(Josefstadt) 극장에서 콘서트 버전을 공연했으나 대본이 미약하다는 평을 받았다. 완전한 오페라로 초연된 것은 1897년 카를스루에(Karlsruhe) 궁정극장(Hoftheater)에서였다.
주요 배역	카를(프랑크의 왕, B), 에마(공주, S), 에긴하르트(카를 왕의 기사, T), 롤란트(카를 왕의 기사, Bar), 볼란트(무어 지도자, T), 플로린다(볼란트의 딸, Ms), 피에라브라스(볼란트의 아들, T)

사전 지식　　　슈베르트는 1822년 빈의 케른트너토르 극장의 의뢰를 받아 이 오페라를 작곡했다. 1821년 이탈리아 극장주의 손으로 넘어간 케른트너토르 극장은 재정 위기를 겪고 있었다. 도메니코 바르바야(Domenico Barbaja)는 음악총감독 쿠펠비저의 제안에 따라 독일어 오페라 공연을 늘릴 생각이었다. 그래서 베버에게 〈오이리안테(Euryanthe)〉를, 슈베르트에게 〈피에라브라스〉를 의뢰했던 것이다. 이와 함께 바르바야는 로시니를 빈으로 초청해 그의 작품 공연을 감독해달라고 요청했다. 빈이 로시니의 이탈리아 오페라에 열광하게 되면서 독일 오페라는 자연히 소외되었다. 그러한 분위기 속에 1823년 공연된 베버의 〈오이리안테〉가 성공을 거두지 못하자, 〈피에라브라스〉를 무대에 올리려던 계획도 무산되었다. 슈베르트는 〈피에라브라스〉가 공연되는 것을 생전에 보지 못했다. 〈피에라브라스〉는 슈베르트가 세상을 떠난 지 7년 만에 요제프슈타트 극장에서 초연되었다.

에피소드　　　슈베르트는 〈피에라브라스〉를 통해 과거 징슈필의 전통에서 벗어나 독일적 그랜드 로맨틱 오페라를 완성하고자 했다. 불행하게도 슈베르트의 〈피에라브라스〉는 초연 이후 널리 알려지지 못하고 기억에서 사라져갔다. 〈피에라브라스〉에 등장하는 카를 왕은 유명한 샤를마뉴(Charlemagne) 대제를 말한다. 샤를마뉴 대제를 독일어로 'Karl der Große'라고 한다.

줄거리   [제1막] 카를 왕의 딸인 에마(Emma)는 기사 에긴하르트(Eginhart)를 사랑하지만, 카를 왕이 승낙하지 않기 때문에 이들은 사랑을 드러내지 못하고 숨긴다. 롤란트(Roland)가 이끄는 카를 왕의 기사들이 무어군을 무찌르고 피에라브라스를 생포한다. 피에라브라스는 무어군 지휘자 볼란트(Boland) 공의 아들이다. 카를 왕은 그를 감옥에 가두지 않고 손님처럼 편안하게 대한다. 무어군과 평화를 유지하기 위해서다. 카를 왕의 성에서 우연히 에마 공주를 본 피에라브라스는 그녀가 오래전 로마에서 자신과 사랑에 빠졌던 여인이라는 것을 깨닫는다. 에마와 에긴하르트가 정원에서 은밀히 만난다. 카를 왕이 정원으로 나오는 소리가 들리는 순간 피에라브라스가 이들 앞에 나타난다. 만일 카를 왕이 에긴하르트와 에마의 밀회를 알게 되면 에긴하르트는 죽음을 면치 못한다. 에마는 피에라브라스에게 에긴하르트를 지켜달라고 간청한다. 피에라브라스는 에마가 에긴하르트를 진정으로 사랑하는 것을 알고는 에긴하르트가 몸을 피하도록 돕는다. 카를 왕은 공주의 정원에 피에라브라스가 있는 것을 보고 그가 공주를 납치하려는 것으로 오인해 쇠사슬로 결박한다. 그는 아무 변명도 하지 않는다.

[제2막] 에긴하르트는 카를 왕의 명령에 따라 무어군과의 평화협상을 위해 롤란트와 함께 무어군 병영의 볼란트를 찾아간다. 볼란트 공은 딸 플로린다(Florinda)와 함께 피에라브라스가 어찌 되었는지 걱정하고 있다. 에긴하르트가 피에라브라스가 카를 왕의 성에 포로로 잡혀 있다고 알려주자, 분노한 볼란트는 에긴하르트와 롤란트를 처형하라고 명령한다. 플로린다가 롤란트를 알아본다. 그녀가 로마에 있을 때 사랑에 빠졌던 사람이다. 이들을 돕기로 결심한 플로린다는 둘을 탈출시킨다. 무어 병사들이 추격해온다. 카를 왕의 기사들은 무어 병사들과 전투를 벌이지만 중과부적으로 후퇴한다. 롤란트는 다시 체포되어 볼란트 성으로 압송된다. 볼란트는 딸 플로린다의 행동에 크게 실망한다.

[제3막] 에긴하르트가 돌아오기를 기다리던 에마는 아버지 카를 왕에게 피에라브라스는 잘못이 없으며 자신이 사랑하는 사람은 에긴하르트라고 고백한다. 카를 왕은 피에라브라스를 석방한다. 왕은 때마침 돌아온 에긴하르트와 함께 무어군의 진영으로 가서 평화협정을 마무리하고, 피에라브라스와 롤란트를 교환하기 위해 떠난다.

볼란트의 성에서는 포로로 잡혀온 카를 왕의 기사들을 화형에 처할 준비가 한창이다. 플로린다가 제발 롤란트를 살려달라고 간청하자, 화가 치민 볼란트는 그렇게 롤란트를 사랑한다면 함께 처형해주 겠다고 말한다. 이때 카를 왕과 에긴하르트, 피에라브라스가 당도한다. 피에라브라스가 아버지 볼란트에게 자초지종을 설명하자, 볼란트는 카를 왕과 평화협정을 맺는다. 롤란트와 플로린다, 에긴하르트와 에마는 사랑으로 하나가 된다. 피에라브라스는 기독교로 개종하고, 카를 왕의 기사단에 합류한다.

제노베바

타이틀 **Genoveva**

전 4막. 독일 옛 전설을 다룬 루트비히 티크(Ludwig Tieck)의 『성 제노베바의 삶과 죽음(Leben und Tod der heiligen Genoveva)』을 토대로 슈만이 직접 대본을 썼다. 친구 프리드리히 헤벨(Friedrich Hebbel)과 로베르트 라이니크(Robert Reinick)가 미리 써놓은 대본을 많이 참고했다.

초연 1850년 6월 25일 라이프치히 시립극장

주요 배역 지그프리트(브라반트의 기사, 백작), 제노베바(지그프리트의 아내), 골로(지그프리트의 친구), 마르가레타(제노베바의 시녀)

사전 지식 〈제노베바〉는 슈만의 유일한 오페라로, 스토리는 마치 〈오텔로〉를 연상케 한다. 대개의 전설이나 민담이 그렇듯이 〈제노베바〉도 권선징악과 해피엔드로 마무리된다. 서곡은 간혹 연주회의 레퍼토리로 등장하지만 성악 파트는 특별한 관심을 끌지 못했다.

줄거리 시기는 8세기다.

[**제1막**] 브라반트(Brabant) 기독교 기사들이 마르텔(Charles Martel) 황제의 십자군에 합류하라는 지시를 받는다. 팔라티네(Palatine)의 백작 지그프리트(Siegfried)가 황제의 명령을 받고 사라센과의 전쟁터로 떠난다. 백작은 아름다운 아내 제노베바(Genoveva)와 떨어져 전쟁터로 나가는 것이 내키지 않지만 성스러운 십자군 전쟁을 위해 떠날 수밖에 없다. 백작은 친구 골로(Golo)에게 아내를 부탁한다.

슈만, 로베르트(Schumann, Robert, 1810~1856)
서적상 겸 출판인의 아들로 태어난 로베르트 슈만은 어릴 때부터 문학과 음악에서 재능을 보여주었다. 비록 마흔여섯 살의 한창 나이에 불행하게 세상을 떠났지만 그가 음악 평론가로 활동할 수 있었던 것은 그의 문학적 소양의 소산이었다. 슈만은 아버지가 세상을 떠난 후 어머니의 주선으로 프리드리히 비크(Friedrich Wieck)라는 사람에게 본격적으로 피아노 교습을 받았다. 비크의 딸이 우여곡절 끝에 슈만과 결혼한 클라라(Clara Wieck)다. 손가락에 이상이 생겨 피아니스트로서의 꿈은 접어야 했지만 수많은 피아노 작품을 남겼다는 것은 놀라운 일이다. 〈제노베바〉는 슈만이 남긴 유일한 오페라다.

[제2막] 골로는 제노베바에게 욕정을 품고 있는 음흉한 인물이다. 그는 제노베바의 환심을 사기 위해 별별 짓을 다하지만 그녀가 눈 하나 깜짝하지 않자, 점점 더 비열한 행동을 일삼는다. 어머니인 제노베바의 시녀 마르가레타(Margaretha)를 통해 제노베바가 혼자 있는 때를 알아내어 사랑을 호소하며 협박한다. 제노베바는 "이 악당 같은 놈!"이라고 외치며 골로를 단검으로 찌르지만 그는 가벼운 상처만 입는다. 이를 계기로 골로의 욕정은 증오로 바뀐다. 그는 백작 집안의 하인들이 제노베바에게 공공연히 반항하도록 사주한다. 주인마님을 옹호하는 하인이 있으면 가차 없이 폭행을 가하고, 제노베바를 비난하거나 모략하는 하인에게는 상금을 준다. 하인들이 이러하니 제노베바의 고충이 이만저만이 아니다. 골로는 어머니의 협조를 받아 제노베바의 충복인 집사 드라고(Drago)를 그녀의 방으로 들여보낸 뒤 두 사람이 얘기하는 모습을 다른 하인이 목격하도록 일을 꾸민다. 그는 드라고와 제노베바가 불륜을 저질렀다고 주장해 드라고를 무참히 살해하고, 죄 없는 제노베바를 어둡고 축축한 지하 감옥에 가둔다.

[제3막] 지그프리트 백작이 전쟁에서 큰 부상을 당해 슈트라스부르크로 후송됐다는 전갈이 전해진다. 이 소식을 가로챈 골로가 백작을 간호한다는 명분으로 어머니 마르가레타를 슈트라스부르크로 보낸다. 마르가레타는 백작을 독살해 그의 재산을 아들 골로가 차지하게 할 속셈이다. 그러나 젊고 건장한 백작에게 독약은 별 효력을 발휘하지 못한다. 골로가 백작을 찾아가 아내가 이러저러한 염문이 있어 소문의 상대인 집사를 처형하고 아내는 가두어놓았다고 설명한다. 이 소식에 백작은 믿었던 아내가 변절할 줄 몰랐다면서 낙심천만한다. 극도로 분개한 백작은 골로에게 칼과 반지를 내주면서 제노베바를 처치해달라고 부탁한다. 골로가 방을 나가자 하녀 마르가레타가 마법의 거울을 백작에게 보여준다. 제노베바와 집사가 마치 정사를 벌이는 듯한 모습이 거울에 비친다. 그때 갑자기 거울이 깨지면서 집사의 망령이 나타나 사실을 자백하라고 하자 겁에 질린 마르가레타가 사실을 실토한다. 백작은 골로를 막아야 한다고 소리치며 황급히 뛰어나간다.

[제4막] 백작의 성에 먼저 도착한 골로는 불량배 두어 명을 시켜 제노베바를 숲 속 공터로 끌고 온다. 골로는 지그프리트 백작의 칼과 반지를 보여주며 자신에게 제노베바를 죽일 권한이 있다고 밝힌다. 절망에 빠진 제노베바는 무릎을 꿇고 십자가를 든 채 주님의 자비를 구하는 기도를 올린다. 골로가 칼을 들어 제노베바를 베려는 순간 지그프리트 백작이 나타나 그녀를 위기에서 구한다. 모든 것이 탄로 난 것을 깨달은 골로는 도망가다가 벼랑에서 떨어져 죽는다.

아내를 의심했던 지그프리트는 용서를 빈다. 오페라는 사랑하는 두 사람의 기쁨 속에 막을 내린다. 훗날 제노베바는 성자(聖者)로 추앙 받는다.

카테리나 이즈마일로바

타이틀	**Katerina Izmaylova**(Катерина Измайлова; Lady Macbeth of the Mtsensk District)

전 4막. 니콜라이 레스코프(Nikolai Leskov)의 단편을 작곡자와 알렉산드르 프레이스(Alexandr Preys)가 공동으로 대본을 썼다. 이 오페라는 '므첸스크의 맥베스 부인(Ledi Makbet Mtsenskogo Uyezda; Lady Macbeth of Mtsensk District)'으로도 불린다.

초연	1934년 1월 22일 레닌그라드 말리 오페라 극장에서 초연, 몇 차례 수정되어 1962년 12월 26일 최종 수정본이 모스크바 스타니슬랍스키·네미로비치단첸코(Stanislavsky and Nemirovich-Danchenko) 음악극장에서 초연되었다.
주요 배역	보리스 티모페예비치 이즈마일로프(상인), 지노비 보리소비치 이즈마일로프(상인), 카테리나(지노비의 아내), 세르게이(상점 종업원)

베스트 아리아 「새끼 나귀가 어미를 빠르게 따라가네(The foal hastens after the filly)」(S)

사전 지식　　제목에 맥베스라는 이름이 나오지만 셰익스피어의 「맥베스」와는 아무런 관련이 없다. 다만 주인공 카테리나가 맥베스 부인처럼 악랄한 여인이기 때문에 그런 제목을 붙인 것 같다. 쇼스타코비치가 1930년에 작곡한 것은 전 4막이었지만, 2막으로 줄여 공연된다.

에피소드　　이 작품이 구소련에서 선보이자 스탈린 당국은 공연금지령을 내렸다. 병리적인 자연주의와 에로티시즘이 가미되어 있으며, 공산·사회주의의 적인 부르주아적 발상이 담겨 있다는 이유에서였다. 스탈린은 서민들의 치정극인 이 오페라를 보고 나서 이것은 음악이 아니라 혼돈이라고

쇼스타코비치, 드미트리(Shostakovich, Dmitri, 1906~1975)
드미트리 드미트리예비치(Dmitriyevich) 쇼스타코비치는 20세기의 가장 뛰어난 러시아 작곡가 중한 사람이다. 쇼스타코비치의 오케스트라 작품으로는 15편의 교향곡과 6편의 협주곡이 있다. 그의 교향적 작품은 복잡한 구조로 되어 있으며 대규모 오케스트라가 동원된다. 실내악으로는 15편의 현악 4중주가 있으며, 이밖에 피아노 5중주 등도 높은 평가를 받고 있다. 오페라는 두 편을 남겼으며, 상당수의 영화 음악을 남겼다.

비판했다. 관영 신문은 스탈린의 비평을 즉시 보도했다. 그리하여 이 오페라는 스탈린이 죽은 지 10년 후인 1963년에야 겨우 수정본이 무대에 오를 수 있었다. 쇼스타코비치는 자신의 작품을 알아주지는 못할망정 오히려 비판으로 신작 활동을 억제하려는 소련공산당에 환멸을 느껴 한때 자살까지 생각했다. 그러나 그는 참고 견뎠으며 교향곡 제5번으로 재기했다.

줄거리　　　　　　**[제1막]** 카테리나 이즈마일로바(Katerina Izmailova)는 사랑 없는 결혼 생활이 따분하고 사는 것도 싫증나서 무척 지루하다. 시아버지 보리스 이즈마일로프(Boris Izmailov)는 카테리나에게 아들도 낳지 못했다고 불평을 한다. 보리스는 귀여운 손자를 안고 다니는 것이 평생소원이다. 카테리나는 자기가 남편을 진짜 사랑한다면 왜 아이를 낳지 않겠느냐는 말을 하려다가 꾹 참는다. 어느 날 시아버지는 방을 나가면서 아직도 방 안에 쥐약을 놓지 않았다고 카테리나를 책망한다. 카테리나는 시아버지가 이루 말할 수 없이 야속하다.

시아버지는 외출했다가 돌아온 아들 지노비(Zinoviy Borisovich Izmailov)를 카테리나에게 보내 잠이나 자라고 할 참이다. 그런데 심부름꾼이 와서 저 건너 농장의 댐이 무너져 곧 수리하지 않으면 큰일 나겠다고 전한다. 지노비가 댐 수리를 자청한다. 그는 떠나기 전에 세르게이(Sergei)라는 건장하고 젊은 청년을 데리고 와 상점에서 일할 일꾼이라고 소개한다. 부엌에 있는 여자들은 세르게이를 보고 지난번 어떤 집에서 일할 때 주인마님과 눈이 맞아 쫓겨난 사람이라고 수군댄다.

사람들이 정원에서 일하는 동안 서로 눈이 맞은 카테리나와 세르게이는 레슬링 연습을 한다면서 서로 붙잡고 시시덕거리고 있다. 둘이서 붙잡고 뒹굴 때 시아버지가 들어온다. 무안한 세르게이는 서둘러 방을 나간다. 시아버지는 카테리나에게 공연히 촛불을 낭비한다고 잔소리를 하지만, 세르게이와의 일에 대해서는 아무 말도 하지 않는다. 며느리가 부정한 행동을 한 것은 집을 지키는 자기에게도 책임이 있기 때문이다. 밤이 깊어 세르게이가 다시 카테리나를 찾아온다. 두 사람은 포옹을 하며 사랑을 나눈다.

[제2막] 보리스는 세르게이가 며느리 카테리나와 남들이 보든 말든 공공연히 입을 맞추는 모습을 본다. 참다못한 보리스가 2층에서 홈통을 타고 내려오는 세르게이를 잡아 웃옷을 벗기고 기둥에 묶은 뒤 매질을 하면서, 카테리나를 불러 그 모습을 지켜보게 한다. 카테리나가 보다 못해 비명을 지른다. 보리스는 한참 매질을 한 뒤 세르게이를 창고에 가둔다. 그는 아들에게 집안에 문제가 생겼으니 속히 돌아오라고 전갈을 보낸다.

카테리나는 시아버지를 죽일 생각으로 독을 넣은 버섯을 시아버지에게 준다. 독을 먹은 시아버지는 목이 타서 방바닥을 구르며 물을 달라고 애원하지만 카테리나는 들은 척도 하지 않는다. 시아버지는 당장 죽을 것 같다고 생각해 죽기 전에 고해성사를 하고 싶으니 성당에서 신부님을 모셔와 달라고 부탁한다. 카테리나는 이 부탁조차 거절한 채 방문을 걸어 잠그고 나간다. 마침 시아버지를 찾아온 일꾼들이 잠긴 문을 부수고 안으로 들어간다. 일꾼들이 신부를 데려온다. 시아버지는 신부에게 자기를 독살한 사람은 며느리 카테리나라고 말하지만, 시아버지 앞에서 눈물을 흘리며 슬퍼하는 카테리나를 본 신부는 보리스의 말을 믿지 않는다.

세르게이는 카테리나에게 만일 남편 지노비가 돌아오면 둘의 사랑은 끝장날 테니 방도를 강구하자고 부추긴다. 그는 자기가 카테리나의 남편이었으면 좋겠다고 말하며 카테리나와 지노비가 쓰는 침대에 누워 잠이 든다. 카테리나가 앞으로 어떻게 할지 생각하고 있을 때 시아버지 보리스의 망령이 나타난다. 카테리나가 놀라 소리치는 바람에 잠들었던 세르게이가 깨어난다. 카테리나가 말을 더듬으면서 "망령! 망령!"이라며 손짓하지만 세르게이의 눈에는 아무것도 보이지 않는다. 세르게이는 자지 않고 깨어 있겠다고 하고서는 졸음을 이기지 못해 꾸벅거린다.

잠시 후 남편 지노비의 기척이 들리자, 세르게이는 얼른 커튼 뒤로 숨는다. 지노비는 카테리나에게 무엇을 하며 지냈는지, 왜 침대가 두 사람이 잘 수 있게 준비되어 있는지 등을 묻는다. 그러다가 침대 위에서 남자의 벨트를 발견한다. 지노비는 이제 모든 것을 알았다고 소리치면서 가죽 벨트를 집어 카테리나를 때리기 시작한다. 카테리나가 맞기 시작하자 커튼 뒤에 숨어 있던 세르게이가 뛰어나와 지노비를 가로막는다. 건장한 세르게이를 당할 수 없는 지노비가 창문 쪽으로 피신하자 카테리나는 남편을 움직이지 못하게 붙잡는다. 세르게이가 지노비에게 달려들어 목을 졸라 살해한다. 사악한 두 사람은 지노비의 시체를 지하실로 옮겨 우묵한 곳에 파묻는다.

코

타이틀	**Nos**(Hoc; The Nose)	
		3막과 에필로그로 구성. 니콜라이 고골(Nikolay Gogol)의 단편소설을 작곡자가 동료들의 도움을 받아 대본으로 만들었다.
	초연	1930년 1월 18일 상트페테르부르크 말리(Maliy) 오페라 극장
	주요 배역	코, 플라톤 쿠즈미치 코발료프(대학 사찰관), 이반 야코블레비치(이발사), 프라스코비야 오시포브나(이발사의 아내), 수비대 장교, 이반(코발료프의 하인), 포드토치나 펠라게야 그리고리예브나(참모장교의 미망인), 광고국 직원

사전 지식　　　　이 오페라는 1920년대 소비에트-러시아의 아방가르드(전위) 예술에서 진주같이 귀중한 작품이다. 쇼스타코비치는 이 오페라를 통해 형식주의에 얽매인 당시 사회를 신랄하게 비평했다. 1930년에 초연된 이 오페라는 초연되자마자 대단한 반향을 불러일으켜, 16회 연속 공연을 기록했다. 오페라 중에는 폴카를 비롯해 갤럽(galop), 왈츠 등의 무곡이 나온다. 이 무곡들은 고전적 교향곡형태와 교묘히 융화되어, 전반적으로 전위적인 음악이면서도 고전적인 향기를 잃지 않는다. 이 오페라의 하이라이트는 신문광고를 읽는 사람이 중심이 되어 부르는 8중창이다. 서로 다른 8개 가사를 동시에 노래로 표현하고 있다. 평론가들은 이 8중창에 대해 "잘 조직된 음악적 혼란을 보여주는 찬란한 곡목"이라고 평했다.

줄거리　　　　[제1막] 대학 사찰관인 코발료프(Kovalyov)가 이발소에서 면도를 하고 있다. 그는 섹시한 아가씨와 야한 모험을 하는 상상을 하며 자못 들뜬 기분이다. 면도가 끝난다. 사찰관은 즐거운 상상이 깨지자 이발사에게 손이 왜 그렇게 더러우냐면서 욕을 한다. 이발사는 잠자코 있는 것이 상책이라고 생각해 아무 대꾸도 하지 않는다. 저녁에 빵 한 덩어리를 사 들고 집으로 돌아온 이발사는 빵 속에 코가 들어 있는 것을 발견한다. 이발사의 아내는 어서 버리라고 말한다. 이발사는 밖으로 나와 코를 버리려고 하지만 도통 버릴 수가 없다.

사찰관은 침대에 누워 달콤한 상상을 하다가 배가 고파 일어난다. 그는 코가 없어진 것을 알고 놀란다.

사찰관은 사방으로 코를 찾아보지만 도무지 찾을 수가 없다. 마침 카잔(Kazan) 교회(성당)의 오르간을 만난다. 오르간은 사람들 사정은 생각지도 않고 혼자 거만을 떨며 소음만 낸다. 사찰관은 오르간이 보기 싫지만 겸손하게 인사하며 코를 찾을 수 있게 도와달라고 간청한다. 하지만 오르간은 일언지하에 거절하고 어디론가 사라진다.

[제2막] 사찰관은 코를 찾기 위해 신문에 분실물 광고를 내기로 한다. 그러나 광고국 관리들은 그런 광고는 분실물 코너에 게재할 수 없다고 거절한다. 사찰관의 하인 이반(Ivan)은 주인이 어려움을 겪고 있지만 관심도 없고 도와줄 생각도 하지 않는다. 사찰관은 요즘 세태가 어떤지 알 듯하다.

[제3막] 마침내 경찰이 동원된다. 경찰은 코를 주인에게 찾아주기보다 코가 시내를 빠져나가는 것을 막기 위해 총력을 기울인다. 특히 시외로 나가는 역마차 정거장 주변의 감시를 강화한다. 한 떼의 여행자가 역마차를 타러 몰려온다. 역마차가 막 떠나려는데 코가 나타나 떠나는 역마차에 매달린다. 이런 통에 말들이 놀라 정거장 주변에서 때 아닌 소동이 벌어진다. 경찰들과 주위 사람들은 코가 도둑놈인 줄 알고 코를 세워놓고 몰매를 때린다. 매를 맞자 코가 작아져 제 모습으로 돌아온다. 경비대의 장교가 코를 손수건에 싸서 사찰관에게 준다. 그러나 코는 사찰관의 얼굴에 붙어 있기를 거부한다. 의사가 등장하지만 도움이 되지 않는다. 사찰관은 자기 코를 훔쳐간 장본인으로 참모의 미망인을 의심한다. 사찰관은 그 집 딸과 결혼하고자 하는데 미망인이 결사반대해 뜻을 이루지 못하고 있다. 사찰관은 고소장을 만들어 미망인을 고소하지만, 미망인은 혐의를 완강히 부인한다. 한편 시민들은 코가 자유롭게 걸어 다닌다는 소문을 듣고 진짜인지 보려고 구름처럼 몰려든다. 하도 많이 사람들이 몰려 질서가 문란해지자 소방관까지 동원되지만, 걸어 다닌다는 코는 보이지 않는다.

[에필로그] 어느 날 아침 사찰관이 일어나 보니 코가 얼굴에 붙어 있다. 사찰관은 이발소에 가서 면도를 하면서 야한 상상을 한다. 면도가 끝나자 이발사의 손에서 못된 냄새가 난다고 야단을 친다. 이발소에서 나온 사찰관은 언제나 그랬듯이 네브스키(Nevsky) 공원을 산책하며 사람들과 인사를 나누고 여인들에게 치근댄다. 사찰관은 자신의 생활에 만족하며 일상을 즐긴다.

리부셰

타이틀	**Libuše**

	전 3막. 대본은 원래 독일어로 요제프 벤치히(Josef Wenzig) 가 작성했으나, 후에 에르빈 슈핀들레르(Ervin Spindler)가 체코어로 번역했다.
초연	1881년 6월 11일 체코 국립극장(Národní divadlo)
주요 배역	리부셰 여왕(S), 흐루도시(B), 스타흘라프(흐루도시의 동생, T), 라드밀라(흐루도시의 여동생, CA), 크라사바(S), 루토보르(크라 사바의 아버지, B)

사전 지식　　　　오페라 〈리부셰〉는 스메타나의 가장 야심찬 그랜드 오페라로 체코의 위대함을 부각시키는 데 초점을 맞춘 작품이다. 그러므로 〈리부셰〉는 애국적인 음악과 대사가 곳곳을 수놓는다. 아마 체코의 여느 오페라도 〈리부셰〉만큼 애국심을 고취시키지는 못할 것이다. 체코의 신화에 의하면 리부셰 여왕은 프라하 건립을 예언했다고 한다. 이 오페라에는 주인공들의 성격에 따라 주제 음악이 있다. 스메타나가 바그너식의 라이트모티프를 도입한 것은 아니지만 평론가들은 바그너의 영향을 곳곳에서 발견할 수 있다고 평했다.

에피소드　　　　〈리부셰〉는 프라하에 국립극장을 건설하기로 하자, 이를 기념하기 위해 작곡한 것이다. 작곡은 이미 끝났지만 국립극장이 완공되지 않자, 그는 개관까지 공연을 보류했다. 1881년 6월 오스트리아 루돌프 황태자의 방문에 맞춰 국립극장이 개관하자 개관 기념으로 〈리부셰〉를 공연했다. 그런데 열두 번째 공연 날 불이 나서 무대와 객석이 모두 타버리는 비운을 겪는다. 프라하 시민들은

스메타나, 베드르지흐(Smetana, Bedřich, 1824~1884)
베드르지흐 스메타나는 체코에서 가장 존경 받는 음악인으로 국가적 자부심이기도 하다. 그의 교향시 「나의 조국(Ma vlast)」은 체코 국민들의 조국애를 표현한 위대한 작품이다. 스메타나는 보헤미아 국민주의 음악의 발전을 주도했다. 그의 오페라는 전래의 체코 민속음악을 기본으로 하여 여기에 종교적인 색채까지 가미한 것이다. 대표작은 〈팔려 간 신부〉다.

모금을 시작했고 47일 만에 재건에 필요한 100만 굴덴을 모았다. 극장은 2년 만에 복원되었다. 프라하 국립극장 재개관 기념 공연과 개관 100주년 기념작 역시 〈리부셰〉였다.

줄거리　　　　　[제1막] 형제간인 흐루도시(Chrudoš)와 스탸흘라프(St'ahlav)가 아버지에게 물려받은 영지를 두고 다투자 리부셰 여왕이 중재에 나선다. 체코 법에 따르면 형제가 공동으로 관리하든지 똑같이 나누어야 한다. 그러나 흐루도시가 선호하는 독일 법에 따르면 장자가 전 재산을 상속 받는다. 리부셰가 체코 법에 따라 똑같이 분할하는 것이 옳다고 생각해 그렇게 판결하자 형은 화를 내며 나간다. 흐루도시를 비롯한 일부 신하들은 여자가 군주가 된 것을 탐탁지 않게 여긴다. 흐루도시는 심지어 여자인 리부셰가 내린 판결은 받아들일 수 없다고 천명한다. 리부셰가 신하들에게 남편을 선택해달라고 요청하자, 그들은 배우자 선택은 당사자의 몫이라고 말한다. 리부셰는 농부 프르제미슬(Přemysl)을 남편으로 정한다. 신하들은 흐루도시가 국가와 여왕에 불충을 저지를까 봐 걱정이다.

[제2막] 흐루도시는 아름다운 크라사바(Krasava)를 사랑하지만, 크라사바는 흐루도시에 대한 평판이 좋지 않아 그의 마음을 선뜻 받아들이지 못한다. 흐루도시는 크라사바조차 마음대로 할 수 없게 되자 간계를 내어 그녀를 취하려고 하지만 탄로가 나는 바람에 오히려 망신만 당한다. 크라사바가 흐루도시를 골탕 먹일 생각으로 동생 스탸흘라프를 사랑하는 척하며 질투심을 유발하자, 형제는 크라사바를 놓고 또다시 다툰다. 크라사바의 아버지 루토보르(Lutobor)가 딸에게 형제를 화해시키라고 명한다. 그녀는 흐루도시를 만나 용서하고 안아주든지 칼로 죽이든지 결정하라고 한다. 형은 용서를 택하고 동생과 화해한다. 형제는 유산도 똑같이 나누기로 한다.

한편 왕궁에서 사람들이 나와 밭에서 곡식을 수확하던 프르제미슬을 궁으로 데려간다. 리부셰 여왕과 결혼시키기 위해서다.

[제3막] 리부셰 여왕과 농부 프르제미슬, 흐루도시와 크라사바의 결혼식이 왕궁에서 열린다. 현명한 프르제미슬이 체면을 잃지 않고 사과할 수 있는 방안을 내놓자, 흐루도시는 여왕에게 사과하고 나라를 위해 충성할 것을 맹세한다. 리부셰는 체코의 장래에 대해 얘기하며 프라하를 수도로 삼겠다고 선포한다. 모두 "체코 만세, 리부셰 여왕 만세!"를 소리 높이 외친다.

팔려 간 신부

| 타이틀 | **Prodaná Nevesta**(Die verkaufte Braut; The Bartered Bride; The Sold Bride) |

	전 3막의 코미디. 체코어 대본은 카렐 사비나(Karel Sabina)가 썼다. 제목 '팔려 간 신부'보다는 '팔린 신부'가 더 정확한 표현일 것이다. 체코의 민속음악과 춤이 화려하게 펼쳐지고, 서커스도 볼거리로 제공된다.
초연	1866년 5월 30일 프라하 도립극장
주요 배역	크루시나(농부), 루드밀라(크루시나의 아내), 마르젠카(크루시나의 딸), 토비아 미하(지주), 하타(미하의 아내), 바셰크(미하의 아들), 예니크(미하의 첫 아내의 아들), 케찰(중매쟁이)

| 베스트 아리아 | 「케찰의 아리아(Kecal's Aria)」(B) |

사전 지식　　　스메타나의 〈팔려 간 신부〉는 스토리, 대본, 음악이 모두 체코의 것이다. 이 오페라는 체코의 민족음악 발전에 중요한 역할을 했는데, 서곡은 연주회 레퍼토리로 인기를 끌고 있다. 오페라에 나오는 폴카, 푸리안트(furiant), 광대들의 댄스도 콘서트의 단골 메뉴다.

줄거리　　　[제1막] 무대는 보헤미아 남부의 어느 마을로, 사람들이 한창 봄 축제를 준비하고 있다. 남자들은 오랜만에 실컷 술을 마시고 춤출 생각에 들떠 있다. 하지만 축제를 준비해야 하는 아낙들은 불만이 많다.

봄 축제일은 마을의 처녀, 총각이 중매를 통해 결혼하는 시기이기도 하다. 아직도 이 마을에서는 연애결혼을 배격하고 중매결혼을 하고 있다. 마을에서 제일 예쁜 마르젠카(Mařenka)와 잘생긴 청년 예니크(Jeník)는 사랑하는 사이다. 예니크는 원래 이 마을 사람이 아니다. 얼마 전 일자리를 찾아 이 마을에 들어와 살고 있는 평범한 청년이다. 그래서 마을 사람들은 예니크에 대해 아는 것이 별로 없다. 마르젠카의 부모는 딸이 예니크와 결혼하겠다고 하자 달가워하지 않는다. 아버지는 마르젠카가 지주인 미하의 아들 바셰크와 결혼하기를 바랐다. 그래서 중매쟁이 케찰(Kecal)을 통해 중신을 서달라고 부탁했던 터였다. 그런데 귀여운 딸이 근본도 모르는 예니크와 결혼하겠다니 말릴

도리가 없다. 마르젠카도 예니크가 누구인지 확실히 짚고 넘어가고 싶은 생각에 신분에 대해 자꾸 캐묻자 예니크는 자신은 먼 동네에 사는 농장 주인의 아들인데 계모가 너무 못되게 굴어 몇 년 전 집을 나와 동가식서가숙하며 지내는 처지라고 한다. 그는 근본이 뭐가 중요하냐면서 둘만 성실히 살면 되지 않겠냐고 마르젠카를 다독인다. 예니크의 말을 믿기로 한 마르젠카는 더할 수 없이 행복하다. 그런데 결혼식을 앞둔 마르젠카의 얼굴에 기쁨은커녕 근심과 걱정이 먹구름처럼 깔려 있다. 아버지 때문이다. 소작농인 마르젠카의 아버지 크루시나(Krušina)는 오래전 지주인 토비아 미하(Tobia Mícha) 에게 큰돈을 빌린 적이 있었다. 무일푼인 크루시나가 갚을 돈이 없어 상심하고 있을 때 그를 측은하게 여긴 지주 미하가 빚을 전부 탕감해줄 테니 자기 아들과 마르젠카를 결혼시키는 것이 어떻겠냐고 제안한 것이다. 마르젠카의 아버지는 지푸라기라도 잡는 심정으로 두말없이 승낙했다. 그러고는 벌써 10년이 흘렀다. 크루시나는 그 일을 까맣게 잊고 있었는데 이틀 전 중매쟁이 케찰 영감이 느닷없이 찾아와 미하 지주의 심부름을 왔다면서 약속을 지키라고 통보한 것이다. 그러지 않아도 예니크를 못마땅하게 여기고 있던 크루시나는 오히려 잘됐다고 생각하지만, 어머니 루드밀라(Ludmila) 는 생각이 조금 다르다. 지주 미하의 아들이 어떤 인물인지 알아봐야 한다는 것이다. 케찰은 천부적인 중매 실력을 발휘해 지주의 아들을 입에 침이 마르도록 칭찬한다. 결론은 그가 마르젠카의 천정배필이 라는 것이다. 케찰은 지주의 은덕을 강조하며 마르젠카가 그 집으로 시집가면 솔직히 팔자 고치는 것 아니겠냐고 덧붙인다. 케찰은 속히 이 결혼이 성사되어 구전을 두둑하게 챙길 생각뿐이다. 물론 제일가는 중매도사라는 명예도 지키고 싶어 한다.

아버지와 케찰에게서 지주의 아들에 대한 얘기를 들은 마르젠카는 펄쩍 뛰지만, 아버지가 너무 강경하게 나오는 바람에 이러지도 저러지도 못하는 신세가 된다. 케찰은 계약서 내용을 상기시키며 집도 절도 없는 예니크라는 청년은 돈만 조금 쥐어주면 알아서 물러날 것이니 걱정하지 말라고 한다. 봄 축제일을 앞두고 마을 사람들이 흥겨운 폴카를 춘다. 마르젠카와 예니크는 괴로움에 잠긴다.

[제2막] 마을 술집에서 사람들이 맥주 맛이 좋다고 하면서 즐겁게 마시고 있다. 예니크는 맥주보다 사랑이 더 보람 있다고 주장한다. 마침 예니크를 찾아온 케찰은 맥주나 사랑보다 더 중요하고 좋은 것은 현찰이라고 주장한다. 계속되던 논쟁은 마을 사람들의 요란한 춤 때문에 중지된다.

신랑이 될 지주의 아들 바셰크(Vašek)는 생긴 것도 그렇고 좀 모자란 듯 보인다. 마르젠카는 바셰크를 만나 자신에게는 사랑하는 사람이 있으며, 그래도 결혼을 해야 한다면 결혼식을 올리자마자 죽어버리 겠다고 경고할 생각이다. 바셰크가 마르젠카를 찾아온다. 마르젠카는 방안에서 자신은 결혼할 생각이 없으니 결혼을 하지 않겠다고 발표하라고 바셰크에게 소리친다. 마르젠카의 얼굴도 보지 못한 바셰크는 하릴없이 집으로 돌아간다.

한편 케찰은 예니크를 만나 다른 여인을 소개시켜주고, 작은 농장을 살 만한 돈을 줄 테니 마르젠카를 포기하라고 설득한다. 예니크는 마음을 정하기 전에 일단 크루시나와 지주 미하가 체결했다는 계약서를 한번 보자고 한다. 계약서에는 지주 토비오 미하의 아들과 소작인 크루시나의 딸을 결혼시킨다고 분명하게 적혀 있다. 낙심천만하며 울부짖을 것 같던 예니크는 오히려 전혀 슬픈 기색 없이 케찰의 제안을 받아들인다. 그는 300크라운에 마르젠카를 팔아넘긴 셈이다. 케찰은 마을 사람들과 마르젠카의 부모 앞에서 예니크가 결혼을 포기했으며 여러분이 증인이라고 못 박는다. 마을 사람들은 예니크가 돈에 눈이 멀어 마르젠카를 포기하자 못된 녀석이라고 욕을 퍼붓고는 마을에서 쫓아버린다.

[제3막] 바셰크는 마르젠카와 결혼하면 그녀가 자기를 죽일 것 같아 걱정이다. 마침 순회 서커스단이 도착하자 바셰크는 서커스단에 정신이 팔려 결혼 걱정은 잊어버린다. 줄도 타고 춤도 추는 집시 아가씨 에스메랄다는 서커스에 정신이 팔린 바셰크가 돈푼 꽤나 있어 보이자 은근히 수작을 걸어온다. 그때 서커스 단원이 뛰어와 곰 가죽을 뒤집어쓰고 춤을 추기로 한 녀석이 대낮부터 술에 취해 정신없이 곯아떨어졌다고 보고한다. 바셰크는 에스메랄다의 간청에 못 이겨 그 사람을 대신하기로 한다. 서커스에 출연하게 되어 기분이 좋은 바셰크는 집으로 돌아와 마르젠카와 결혼하지 않겠다고 떼를 쓴다. 그런데 어여쁜 마르젠카를 직접 보고는 죽어도 좋으니 결혼을 하겠다고 성화를 부린다. 바셰크의 어머니가 계약서를 보여주자 마르젠카는 달리 방법이 없다고 생각한다. 더구나 예니크가 자기를 팔아넘겼다는 생각에 분해 견딜 수가 없다. 그녀는 바셰크 어머니에게 생각할 시간이 필요하니 잠시 혼자 있게 해달라고 부탁한다. 그때 예니크가 나타난다. 예니크는 돈이 좀 생겼으니 농장을 사서 행복하게 살자고 하지만, 마르젠카는 예니크의 말은 듣지도 않고 쫓아버린다. 마르젠카의 눈에는 어느새 눈물이 고여 있다.

케찰은 어서 결혼을 성사시키고 싶어 양가 부모를 불러 결판을 짓기로 한다. 그 자리에 예니크가 나타난다. 몇 년 전 미하와 재혼한 계모가 쫓아낸 아들이 예니크인 것이다. 예니크는 자신이 미하의 적법한 아들이므로 계약서대로 마르젠카와 결혼하는 데 아무 문제가 없다고 설명한다. 잃었던 아들을 찾은 미하는 감격한 나머지 예니크에게 모든 재산과 토지를 상속하겠다고 발표한다. 마을 사람들은 불시에 한방 먹은 케찰을 놀려댄다. 마르젠카의 기쁨은 형언할 수 없다. 얼마 후 서커스에서 큰 소동이 벌어진다. '곰'이 무대에서 뛰어내려 와 도망쳤기 때문이다. 서커스의 곰이 바셰크라는 사실이 들통이 나자 마르젠카 앞에서 창피를 당한 바셰크가 곰 가죽을 뒤집어쓰고 도망가던 참이다. '인간 곰'을 쫓아가는 사람은 오직 계모뿐이다. 지주 미하는 며느리가 될 마르젠카를 축복한다.

스위니 토드

타이틀	**Sweeney Todd**	
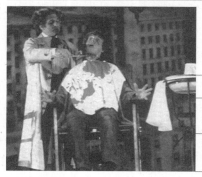	전 2막. 대본은 휴 휠러(Hugh Wheeler)가 썼다. 이 오페라의 정식 명칭은 '플리트 가의 악마 이발사(The demon barber of Fleet street)'이지만, 보통 '스위니 토드(Sweeney Todd)'라고 부른다.	
	초연	1979년 3월 1일 뉴욕 유리스 극장(Uris Theatre)
	주요 배역	스위니 토드(이발사), 미시즈 러베트(라이가게 주인), 터핀(판사), 요하나(스위니의 딸)
	베스트 아리아	「내가 당신 곁에 있는 동안 해치지 못할 거예요(Nothing's gonna harm you, Not While I'm Around)」(T)

사전 지식　　　뉴욕에서 초연되었지만 무대 배경은 1840년대 말 영국의 런던이다. 스위니 토드는 비참한 과거 때문에 양심의 가책 없이 끔찍한 살인을 저지르는 이발사의 이름이다. 전 2막이어서 내용이 간단할 것 같지만 실제로는 상당히 복잡하고 등장인물도 여럿이다.

줄거리　　　[제1막] 앤서니 호프(Anthony Hope)와 스위니 토드(Seeney Todd)가 런던에 도착한다. 스위니는 플리트 거리에서 러베트 부인(Mrs Lovette)을 만난다. 러베트는 파이를 만들어 파는 여인이다. 스위니는 러베트 부인에게 이 거리에 이발소를 차리고 싶은데 마땅한 점포가 있는지 묻는다. 러베트 부인은 이발소를 차리기에 좋은 집이 있긴 한데 지금은 유령이 나올 정도로 흉가가 되었다고

손드하임, 스티븐(Sondheim, Stephen, 1930~)
스티븐 조슈아(Joshua) 손드하임은 미국의 무대음악과 영화음악 작곡가이며 작사가다. 그는 아카데미 음악상을 받았으며, 토니상도 작곡가로서는 가장 많은 여덟 번을 받았다. 또한 퓰리처상도 받았다. 대표적인 작품(작사 포함)으로는 〈회의에 가는 길에 생긴 웃기는 일(A funny thing happened on the way to the forum)〉, 〈컴퍼니(Company)〉, 〈폴리스(Follies)〉, 〈소야곡(A little night music)〉, 〈스위니 토드〉, 〈조지와 함께 일요일 공원에서(Sunday in the park with George)〉, 〈숲으로(Into the wood)〉, 〈암살(Assassins)〉 등이 있다. 그는 〈웨스트사이드 스토리〉의 가사도 썼다.

설명하면서 오래전 그 집에 살았던 이발사 벤저민 베이커(Benjamin Baker)와 아내 루시(Lucy)의 비참한 사연을 들려준다.

터핀(Turpin) 판사는 이발사의 아내 루시를 몹시 탐냈다. 비들(Beadle)이라는 작가가 터핀의 음모를 돕는다. 판사는 벤저민을 정신병자로 몰아 정신병원에 보냈다가 종신형을 선고해 감옥으로 보낸 뒤 가면무도회에서 루시를 겁탈한다. 이 얘기를 들은 스위니는 눈물을 흘리면서 자기가 바로 벤저민이며 방금 감옥에서 나오는 길이라고 털어놓는다. 그는 루시와 딸 요하나(Johanna)가 어떻게 되었는지 이야기 해달라고 한다. 러베트 부인은 루시는 독약을 마시고 자살했고, 아무것도 모르는 요안나는 터핀 판사의 집에 살고 있다고 말한 뒤, 이발소에서 사용하던 면도칼을 버리지 않고 가지고 있다면서 칼을 찾아다가 스위니에게 준다.

장면이 바뀌어 터핀의 집이다. 스위니와 함께 런던에 도착한 앤서니는 지나가는 길에 요하나를 보고 첫눈에 사랑에 빠진다. 앤서니와 요하나가 얘기를 나누는 것을 엿들은 터핀이 요하나에게 접근하지 말라고 경고하지만 앤서니는 들은 척도 않는다.

사람들이 시장에 모여 있다. 피렐리(Pirelli)라는 사람이 자칭 이발사의 왕이라면서 선전에 열을 올리고 있다. 스위니는 약 냄새를 맡아보더니 잉크에 오줌을 섞은 것이라고 주장한다. 그러면서 누가 최고의 이발사인지 시합하자고 제안한다. 사악한 비들이 심판을 맡겠다고 나선다. 비들은 시합 결과 스위니가 이겼다고 판정한다. 스위니가 자기 집에 오면 면도를 해주겠다고 하자 비들은 기꺼이 가겠다고 답한다. 스위니는 파이 가게에서 비들이 오기를 초조하게 기다리고 있다. 앤서니가 나타나 요하나라는 아가씨와 사랑에 빠졌는데 판사가 요하나를 꼼짝도 못하게 지키고 있어 데리고 나올 수 없다고 하소연한다. 스위니는 앤서니에게 요하나를 어서 구출해서 러베트 부인의 파이 가게로 데려오라고 한다. 앤서니가 나가자마자 자칭 이발사의 왕이라고 하는 피렐리와 조수 토비아스가 들어온다. 이들은 스위니의 면도칼을 보자 그가 벤저민임을 눈치채고는 사실을 폭로하겠다고 협박한다. 참다못한 스위니가 면도칼로 피렐리를 살해한다.

터핀은 딸처럼 키워온 요하나가 성숙한 여인이 되자 욕정을 품는다. 그는 요하나에게 가난한 젊은 뱃놈은 생각하지 말고 자기와 살자고 치근덕거린다. 판사의 집요한 접근을 뿌리치는 데도 한계가 있다고 생각한 요하나는 앤서니와 도망치기로 결심한다.

비들은 터핀에게 스위니가 면도를 아주 잘하니 거기서 말끔히 면도를 하면 요하나한테 잘 보일 수 있을 거라고 말한다. 한편 스위니는 러베트 부인에게 피렐리가 못되게 굴어 죽였다고 하면서 시체를 치워달라고 부탁한다. 잠시 후 터핀이 면도를 하기 위해 스위니를 찾아온다. 이제야 복수할 수 있게 되었다고 생각한 스위니는 내심 기뻐한다.

그가 터핀의 목을 조르려는 순간, 앤서니가 뛰어 들어와 바로 이놈이 일요일에 요하나와 결혼하려는 나쁜 놈이라고 소리친다. 이 틈을 타 판사는 죽을힘을 다해 도망친다. 스위니는 언젠가 그를 죽여 꼭 복수하겠다고 다짐한다. 러베트 부인이 피렐리를 비롯해 앞으로 스위니가 죽일 사람들을 파이 재료로 쓰면 어떻겠냐고 하자 모두 찬성한다.

[제2막] 러베트 부인의 파이 가게는 사람들로 북적인다. 스위니는 파이 가게에 이발소를 차린다. 그는 면도를 해주는 척하면서 사람을 죽여 지하 주방으로 떨어뜨리는 특수한 의자를 만들어놓는다. 주방에서는 시체를 토막 낸 뒤 고기 파이 재료로 만든다.

터핀은 벤저민을 정신병으로 몰아 들여보냈던 그 병원에 요하나를 숨겨놓는다. 스위니는 터핀과 요하나에게 편지를 보내 이발소로 오라고 한다. 파이 가게 굴뚝에서 나는 사람 타는 냄새를 조사하던 비들 역시 지하 주방으로 떨어진다. 요하나가 이발소로 온다. 그때 거지 여인이 이발소를 기웃거리더니 안으로 들어선다.

거지 여인이 들어와 스위니에게 무슨 말을 하려는데 마침 판사가 모습을 드러낸다. 스위니는 얼떨결에 거지 여인을 목 졸라 실신시킨 뒤 지하 주방으로 떨어뜨린다. 판사가 들어와 요하나를 찾는다. 스위니는 우선 면도부터 하라면서 판사를 의자에 앉힌다. 드디어 자신의 정체를 밝힌 스위니는 판사의 목을 졸라 지하 주방으로 떨어뜨린다. 숨어 있던 요하나가 모습을 드러낸다. 요하나가 자기 딸인지 모르는 스위니는 그녀를 또 다른 희생물로 생각한다. 스위니가 요하나를 죽이려는 순간 러베트 부인이 들어와 소리치며 막는다. 이 틈에 요하나는 가까스로 몸을 빼내 도망간다.

스위니가 지하 주방으로 들어간다. 판사는 이미 숨이 끊어졌지만, 거지 여인의 숨은 붙어 있다. 스위니는 그 거지 여인이 자기 아내 루시임을 알아챈다. 그는 러베트 부인이 모든 사실을 알면서도 자신에게 얘기하지 않았다고 몹시 화를 낸다. 러베트 부인은 루시가 미쳐 있어 말할 수 없었다고 하면서, 자기와 함께 살자고 애원한다. 스위니는 러베트 부인과 춤을 추는 척하다가 그녀를 화로 속으로 밀어 넣는다. 약을 팔던 토비아스가 들어온다. 그는 스위니가 거지 여인까지 죽인 것을 알고는 면도칼로 스위니의 목을 베어버린다. 스위니는 자기 아내이던 거지 여인의 몸 위로 거꾸러진다. 앤서니와 요하나가 경찰과 함께 파이 가게에 도착한다. 그들의 눈에 토비아스가 파이 기계를 돌리는 모습이 들어온다.

예손다

| 타이틀 | **Jessonda** |

전 3막의 그랜드 오페라. 안투안마랭 르미에르 (Antoine- Marin Lemierre)의 희곡 「말라바의 미망인(La Veuve du Malabar)」을 바탕으로 에두아르트 게헤 (Eduard Gehe)가 대본을 썼다.

초연	1823년 7월 28일 카셀 호프테아터(Hoftheater)
주요 배역	예손다(인도 라자의 미망인), 아마질리(예손다의 여동생), 트리스탄 다쿠냐(포르투갈의 장교), 나도리(젊은 브라만 신도), 다우돈(단다우: 브라만 고승)
베스트 아리아	「한밤중에(Als in mitternacht'ger Stunde)」(S), 「자비로운 신이여(Hohe Götter!)」(S)

사전 지식　　　오페라 〈예손다〉는 오늘날 거의 공연되지 않는다. 독일 오페라로서는 흔치 않게 프랑스 스타일의 그랜드 오페라이기 때문이다. 프랑스 형식이므로 화려한 발레가 등장한다.

에피소드　　　나치는 아리안족의 위대한 영웅이 인도 여인과 사랑한다는 것은 마땅치 않다고 판단해 〈예손다〉의 공연을 금지시켰다. 〈예손다〉는 독일 낭만주의 오페라라고 할 수 있지만, 베버의 〈마탄의 사수〉와는 달리 시적(詩的)이며 스토리가 복잡하다. 또한 신화적이며 종교적인 대사가 아니라 세속적인 대사로 구성되어 있다. 당시 카셀의 궁정음악 감독이던 슈포어는 베버의 독일적 낭만주의와는 다른 자신만의 오페라를 만들어냈다.

슈포어, 루이(Spohr, Louis, 1784~1859)
루이 슈포어는 독일 브룬스비크(Brunswick)에서 태어나 한때 빈에서 활동하다가, 카셀(Kassel)로 옮겨가 활동한 작곡가다. 바이올리니스트로 더 유명한 그는 당대 최고의 바이올린 비르투오소 (virtuoso)였다. 그가 작곡한 15편의 바이올린 협주곡은 대단한 테크닉을 필요로 하는 작품이다. 베토벤을 무한히 존경한 슈포어는 베토벤과 마찬가지로 9편의 교향곡을 남겼다. 그는 제10번 교향곡 작곡에 착수했으나 베토벤이 세상을 떠나자 작곡을 중지했다. 오페라로는 〈예손다〉가 유일하게 기억되고 있다.

줄거리　　　　　　무대는 인도 말라바(Malabar) 해안의 고아(Goa)이며, 시기는 16세기 초다. 세상을 떠난 라자(Rajah: 인도의 왕족)의 젊은 아내 예손다는 전통에 따라 죽은 남편과 함께 화장되어야 할 운명이다. 이런 관습을 수테(sutte; sati)라고 한다. 꽃다운 젊은 나이의 예손다는 이 관습을 따라야 하는 자기 운명을 생각하며 말할 수 없는 절망에 빠진다.

그녀는 포르투갈 장교 트리스탄 다쿠냐(Tristan d'Acunda)를 사랑했었다. 그런데 브라만교의 고승 다우돈이 트리스탄을 만나지 못하게 엄명을 내리고 늙은 라자와 억지로 결혼시켰다. 다우돈의 말은 누구도 거역할 수 없다. 죽은 남편을 따라 죽어야 한다는 것도 다우돈의 명령이다. 예손다는 날이 밝는 대로 장작더미가 쌓인 화장대로 올라가야 한다. 그녀는 막연하나마 트리스탄이 구하러 올 것이라고 생각한다. 얼마 전 포르투갈이 인도의 고아를 점령했기 때문에 트리스탄의 군대가 멀지 않은 곳에 있다고 믿는다. 그러나 인도군과 포르투갈군이 휴전을 맺어 포르투갈군이 고아로 들어오지 못하게 되었다는 소식을 듣자 예손다는 절망한다.

고승 다우돈은 수테를 서두른다. 의식의 첫 단계로 예손다는 하녀들과 갠지스 강으로 가서 목욕을 한다. 그런데 생각지도 않은 도움의 손길이 다가온다. 예손다가 죽은 남편을 따라 함께 화장된다는 소문을 들은 브라만의 젊은 승려 나도리(Nadori)가 예손다를 구하기로 결심한 것이다. 나도리는 다우돈의 횡포를 참지 못해 승려를 그만둘 생각이다. 더구나 그는 예손다의 여동생 아마질리(Amazili)를 사랑한다. 나도리는 몰래 포르투갈 진영을 찾아가 트리스탄을 만난다. 그는 고승 다우돈이 휴전조약에도 불구하고 포르투갈 함선을 폭파하기 위해 스파이를 침투시켰다고 말해준다. 트리스탄은 곧 군대를 소집해 나도리가 인도하는 대로 비밀 길을 따라 고아로 진입한다.

고승 다우돈은 화장대로 속히 올라가라고 예손다를 몰아세운다. 그 순간 트리스탄의 군대가 들이닥쳐 극적으로 예손다를 구출한다. 그 과정에서 다우돈이 불더미 속으로 떨어진다.

다시 만난 예손다와 트리스탄, 승려 직을 버린 나도리와 아마질리가 결혼한다.

베스타 여사제

타이틀	**La Vestale**(The Vesta Priestess)		
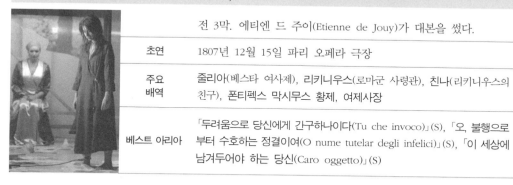	전 3막. 에티엔 드 주이(Etienne de Jouy)가 대본을 썼다.		
	초연	1807년 12월 15일 파리 오페라 극장	
	주요 배역	줄리아(베스타 여사제), 리키니우스(로마군 사령관), 친나(리키니우스의 친구), 폰티펙스 막시무스 황제, 여제사장	
	베스트 아리아	「두려움으로 당신에게 간구하나이다(Tu che invoco)」(S), 「오, 불행으로 부터 수호하는 정결이여(O nume tutelar degli infelici)」(S), 「이 세상에 남겨두어야 하는 당신(Caro oggetto)」(S)	

사전 지식　　　로마의 베스타(Vesta) 여신은 원래는 불과 부엌의 여신이다. 그러나 가정의 여신, 사랑의 여신으로도 경배되고 있다. 이 오페라는 초연 후 별로 알려지지 않다가, 마리아 칼라스가 여주인공 율리아 역을 맡으면서 세계적인 사랑을 얻기 시작한 작품이다. 전통적인 이탈리아 스타일의 오페라로 스폰티니의 24편의 오페라 중 가장 큰 성공을 거두었으며, 오늘날까지도 여러 곳에서 공연되는 작품이다.

줄거리　　　[제1막] 로마군의 젊은 사령관 리키니우스(Licinus)는 갈리아 전투에서 승리를 거두고 로마로 개선한다. 로마는 그의 개선을 환영하는 엄숙한 의식을 준비한다. 리키니우스는

스폰티니, 가스파레(Spontini, Gaspare, 1774~1851)
가스파레 루이지 파치피코 스폰티니(Gaspare Luigi Pacifico Spontini)는 이탈리아의 오페라 작곡가이며 지휘자로서 당대에 가장 인기를 끈 인사였다. 안코나(Ancona) 지방의 마이올라티(Maiolati)에서 태어난 그는 파리와 베를린에서 주로 생활했으나 말년에는 태어난 마을로 돌아가 여생을 보냈다. 현재 그가 태어난 마을은 그를 기념해 '마이올라티 스폰티니'로 명칭을 변경했다. 19세기 초반 스폰티니는 프랑스 오페라계에서 중요한 역할을 했다. 그는 약 20편의 오페라를 작곡하면서 글루크의 서정적 비극의 주제를 당시 취향이던 멜로드라마에 맞게 인용해 사랑을 받았다. 대표작은 〈베스타 여사제〉다.

개선의 기쁨과 영광에도 마음이 무겁다. 그는 친구 친나(Cinna)에게 베스타 사원의 여사제가 된 줄리아(Giulia)를 여전히 사랑하고 있다고 얘기한다. 줄리아는 전쟁에 나간 리키리우스가 아무 소식 없이 몇 년째 돌아오지 않자, 베스타 신전의 여사제가 되기로 서약하고 속세를 떠났다. 리키니우스를 기다리지 못한 이유는 여러 가지가 있다. 줄리아의 미모를 탐낸 주위 사람들의 유혹과 협박, 언제까지나 기다릴 수 없다는 집안사람들의 강력한 주장, 리키니우스 집안의 냉대 등.

리키니우스가 개선했다는 소식에 줄리아의 마음은 착잡하다. 베스타 신에게 서약한 몸이므로, 남자를 사랑하게 되면 신의 노여움으로 무서운 징벌을 받아야 한다. 줄리아는 여제사장에게 리키니우스의 개선 의식에 참석하지 못하겠다고 말하지만, 사제들은 불참할 수 없다는 말에 어쩔 수 없이 참석한다. 황제는 리키니우스에게 황금 월계관과 반지를 하사한다. 문득 줄리아를 본 리키니우스는 줄리아에게 다가와 하사받은 황금 월계관과 반지를 건넨다. 그는 줄리아 없이는 살 수 없다면서 둘이 멀리 도망가자고 설득한다.

[제2막] 그날 밤 신전의 성화(聖火)가 꺼지지 않게 지켜야 하는 줄리아가 홀로 신전 제단 앞에 서서 사악한 사랑으로부터 자신을 해방시켜달라고 베스타 여신에게 기원한다. 그때 놀랍게도 굳게 닫혔던 신전의 무거운 문이 열리더니 리키니우스가 들어온다. 리키니우스가 함께 떠나자고 하지만 줄리아는 신에게 서약한 몸이므로 그렇게 되면 저주를 받을 것이라면서 주저한다. 그때 제단의 성화가 꺼진다. 근처에 있던 친나가 이를 보고는 어서 도피하라고 소리친다. 마침 신전을 찾아온 폰티펙스 막시무스 (Pontifex Maximus) 황제가 이 소리를 듣는다. 리키니우스는 재빨리 몸을 숨긴다. 여신의 신전에 젊은 남성이 드나드는 것은 불경한 일이므로 발각되면 죽음을 면치 못한다. 황제는 줄리아에게 상대를 밝히라고 명하지만 줄리아는 끝내 리키니우스의 이름을 대지 않는다. 사제복이 벗겨지고 줄리아에게 사형이 선고된다.

[제3막] 경비병들이 줄리아를 생매장하기 위해 끌고 온다. 리키니우스와 친나는 로마의 개선장군으로서 죄인의 용서를 구할 권리가 있다. 그들은 황제에게 줄리아를 석방해달라고 자비를 구하지만 아무 소용이 없다. 마침내 리키니우스가 줄리아를 유혹한 사람이 바로 자신이라고 밝히고 줄리아 대신 처형해달라고 간청하지만, 그녀가 모르는 사람이라고 부인하는 바람에 헛수고가 된다. 줄리아가 무덤 속으로 뛰어들려는 순간 갑자기 번개가 치며 벼락이 떨어져 제단의 휘장을 불태우면서 꺼져 있던 성화가 다시 타오르기 시작한다. 베스타 여신의 뜻은 분명하다. 줄리아는 용서받은 것이다. 리키니우스가 사랑하는 줄리아의 손을 잡고 베스타 여신의 제단으로 향한다. 황제를 비롯한 모든 사람들이 두 사람을 축복한다.

고통의 섬

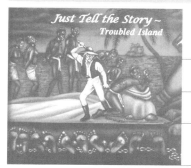

타이틀	**Troubled Island**	
		전 3막의 그랜드 오페라. 대본은 랭스턴 휴스(Langston Hughes)가 처음 대본을 쓴 것을 베르너 아비(Verna Arvey)가 완성했다.
	초연	1949년 9월 3월 31일 뉴욕 시티 오페라(New York City Opera)
	주요 배역	데살린(T), 아젤리아(데살린의 아내, S), 마르텔(데살린의 친구, Bar), 부발(T), 클레어(S), 스테니오(B)
	베스트 아리아	「쾌활한 정신으로(Als flotter Geist)」(T), 「누가 우리를 결혼시키나(Wer uns getraut)」(T)

사전 지식　　　1791년 프랑스령 아이티(Haiti)를 배경으로 한 오페라로, 아이티 혁명을 이끈 지도자 장 자크 데살린(Jean-Jacques Dessalines, 1758~1806)의 투쟁과 몰락에 초점을 맞췄다. 데살린은 암살되기 전 아이티를 제국으로 만들어 스스로 황제에 올랐다. 〈고통의 섬〉은 미국의 유명 오페라 극장에서 처음으로 공연된 흑인 작곡가의 작품이다.

에피소드　　　미국인이 쓴 오페라이지만 프랑스 그랜드 오페라의 일종으로 중간에 발레가 나온다. 대본을 완성한 베르너 아비는 이 오페라가 초연된 뒤 윌리엄 스틸과 결혼했다. 피아니스트 겸 작가인 아비는 이 작품 이전에는 오페라 대본을 써본 경험이 없었다.

줄거리　　　[제1막] 황폐한 설탕 공장 앞마당에 성난 노예들이 모여든다. 백인 착취자들에게

스틸, 윌리엄 그랜트(Still, William Grant, 1895~1899)
윌리엄 그랜트 스틸은 아프리카-아메리카 작곡가로서 고전음악에 바탕을 둔 150편 이상의 작품을 썼다. 그는 흑인으로는 처음으로 미국의 유명 교향악단을 지휘했다. 첫 번째는 그의 교향곡, 두 번째로는 그의 오페라였다. 흑인의 오페라를 미국의 정상급 오페라단이 공연한 것도 처음 있는 일이거니와 전국 TV에 방송된 것도 처음 있는 일이었다. 그는 '미국 흑인 작곡가의 교장 선생님'이라는 별명으로 불리기도 한다. 대표적 오페라는 흑인 노예들의 고통을 표현한 〈고통의 섬〉이다.

서 자유를 얻어 해방되려는 흑인 노예들이다. 반란의 기운이 서서히 확산된다. 이들은 백인 사회를 뒤엎고 흑인이 다스리는 평화의 나라를 만들기를 원하면서, 흑인 지도자 데살린(Dessalines)을 기다리고 있다. 데살린의 아내 아젤리아(Azelia)가 과일 바구니에 숨겨온 무기를 노예들에게 나누어준다. 시간이 지날수록 점점 더 많은 노예가 모여든다. 그중에는 데살린의 오랜 친구 마르텔(Martel)도 있다. 마르텔은 흑인들의 고통을 누가 알아주겠느냐며 눈물을 흘린다. 고통의 섬 아이티(Haiti)를 위해 흘리는 눈물이다. 부두교 사제들이 도착한다. 이들은 지금이야말로 자유를 위해 일어설 때라고 역설한다. 사제들은 지도자로 데살린을 임명하며 행운이 따르기를 기원한다. 데살린은 자신의 셔츠를 찢어 백인 주인에게 맞은 상처를 보여준다. 그는 우리 자신과 아이들의 자유가 기다리는 저 언덕을 향해 죽음을 두려워하지 말고 나아가자고 외친다.

[제2막] 그로부터 몇 년 뒤 아이티 황제의 궁전이다. 데살린은 이제 황제가 되었다. 정치를 알지 못하는 데살린은 점점 정치에서 멀어져 연회와 연애에만 신경을 쓴다. 데살린은 조강지처인 아젤리아와 이혼하고 혼혈 미인 클레어(Claire)와 결혼했다. 정원에서는 대규모 연회가 열린다. 열대의 원색과 음악이 연회장을 압도한다. 귀족과 귀부인으로 분장한 사람들이 퇴폐적인 몸짓으로 열을 지어 등장한다. 이어 데살린이 들어온다. 데살린은 자신의 위대함과 권력을 스스로 자랑한다. 아젤리아는 반혁명의 기운이 있다고 데살린에게 경고하기 위해 연회장으로 들어가려 하지만 번번이 경비병에 막혀 쫓겨난다. 아젤리아가 울부짖는 소리는 데살린의 귀에 들리지 않는다. 멀리서 북소리가 들려온다. 데살린의 못난 정치에 불만을 품은 시민들이 봉기해 두드리는 북소리다. 백인들의 핍박을 견디지 못해 항거했던 시민들이 흑인 지도자에게 불만을 품고 봉기한 것이다. 데살린은 급히 연회장을 빠져 나간다.

[제3막] 어촌의 부두에서 사람들은 바다를 노래한다. 남루한 옷차림의 미친 노파가 행복한 거리의 풍경을 깨뜨린다. 시장에 과일을 팔러 나온 아젤리아다. 시장 여인들이 그녀를 놀리며 쫓아낸다. 그때 부발(Vuval)과 스테니오(Stenio)가 이끄는 병사들이 시장에 들어선다. 이들은 반역자로 낙인찍힌 데살린을 찾고 있다. 상황을 파악하지 못한 데살린이 모습을 드러내자 병사들이 그를 체포하러 몰려든다. 데살린이 칼을 빼내 스테니오와 싸우던 중 등에 총을 맞고 쓰러진다. 한때 자유와 해방을 외치던 지도자 데살린은 광장에 쓰러져 움직일 줄 모른다. 넝마주이들이 나타나 데살린의 털 달린 멋진 모자와 코트, 와인색 셔츠를 뺏어간다. 아젤리아가 달려가 데살린의 시신을 부둥켜안고 눈물을 흘린다.

집시 남작

타이틀	**Der Zigeunerbaron**(The Gypsy Baron)

	전 3막. 모르 요커이(Mór Jókai)의 소설 「사피(Sáffi)」를 바탕으로 이그나츠 슈니처(Ignaz Schnitzer)가 대본을 썼다.
초연	1885년 10월 24일 빈 강변극장
주요 배역	사피(집시 아가씨), 산도프 버린커이(집시 남작), 주판(부유한 돼지 농장 주인), 오토카르(주판의 집에서 돼지 키우는 일을 돕는 일꾼으로 주판의 딸인 아르제나와 사랑하는 사이), 아르제나(주판의 딸)

사전 지식　　　시기는 오스트리아-헝가리 제국이 스페인과 전쟁을 벌이던 때라고 한다. 당시에는 집시들도 전쟁에 참가해 국가에 봉사하면 그만한 대우를 해주었다고 한다. 주인공 버린커이도 제국의 군인으로서 스페인과의 전쟁에 참가했다가 고향으로 돌아와 남작의 지위도 찾고 재물도 얻으며 아름다운 아가씨와 결혼하게 된다는 내용이다. 서곡은 매우 유쾌하고 흥겨운 것이어서 연주회 프로그램으로 자주 등장한다.

줄거리　　　[제1막] 무대는 오스트리아-헝가리 제국의 어느 마을이다. 잘생긴 젊은이 산도르 버린커이(Sándor Barinkay)가 오랜 방랑 끝에 어릴 적 살던 고향으로 돌아온다. 어릴 때 함께 지내던 친구들은 모두 떠나고 대신 집시들이 마을에 들어와 살고 있다. 예전부터 알고 지내던 사람은 돼지를 키워 소시지를 만들어 파는 주판(Zsupán) 정도다. 제법 넉넉하게 사는 주판은 버린커이와 친하게

슈트라우스 2세, 요한(Strauss II, Johann, 1825~1899)
'왈츠의 황제' 요한 슈트라우스 2세는 약 500곡에 이르는 왈츠, 폴카, 행진곡을 작곡했지만 오페라와 발레곡도 약 20편이나 작곡했다. 대표적인 오페라는 〈박쥐〉, 〈집시 남작〉, 〈빈 기질(Wiener Blut)〉, 〈베니스의 하룻밤〉 등이다. 그의 오페레타에는 화려한 샴페인처럼 반짝이는 유머와 아름다운 멜로디가 담겨 있다.

지낸다. 주판에게는 딸이 하나 있다. 아르제나(Arsena)다. 청년 버린커이가 아르제나에게 구혼한다. 아르제나는 잘생기기는 했지만 돈도 없고 별 볼일 없는 버린커이를 우습게 보아 남작 정도는 되어야 결혼하겠다고 선언한다. 버린커이는 남작은커녕 아무것도 아니기 때문에 결혼할 수 없다는 얘기다. 버린커이는 다시는 아르제나를 상대하지 않기로 작정한다. 사실 아르제나는 아버지 집에서 돼지를 치며 일하는 일꾼 오토카르(Ottokár)를 사랑한다.

버린커이는 집시들과 함께 생활하는데 그들 사이에서 인기가 높다. 집시들은 버린커이를 '집시 남작'이라고 부르기 시작한다. 그는 사피(Saffi)라는 아름다운 집시 아가씨와 결혼한다.

[제2막] 집시 남작은 사피의 어머니라는 집시 여인의 도움을 받아 오래된 성벽에 숨겨놓은 보물을 발견한다. 버린커이와 사피는 보물을 발견한 사실을 비밀에 부친다. 그러나 세상에 비밀은 없는 법, 정부 당국자들이 버린커이가 옛 보물을 발견해 보관하고 있다는 소문을 듣고 찾아온다. 그들은 병사들에게 성벽 안을 더 찾아보라고 한다. 과연 성벽에서 나머지 보물이 발견된다. 정부 당국자는 이 보물이 국가 재산이라고 하면서 그 일부를 숨긴 버린커이를 체포한다. 숨겨놓은 보물을 모두 정부에 반환하겠다는 조건으로 풀려난 버린커이는 주판과 함께 입대해 전쟁에서 혁혁한 공을 세운다.

[제3막] 버린커이는 전쟁에서 세운 공로로 오스트리아-헝가리 제국 황제에게서 남작 작위를 받고 주판과 함께 개선장군이 되어 고향 마을로 돌아온다. 한편 버린커이의 아내 사피는 어릴 때 잃어버린 파샤의 딸로 밝혀진다. 성벽 안에 감춰져 있던 보물이 터키 파샤의 것이라는 얘기도 돌지만, 두 사람은 그런 것과는 상관없이 행복하다. 사피와 버린커이, 오토카르와 아르제나의 결혼을 반대하는 사람은 한 명도 없다.

박쥐

타이틀	**Die Fledermaus**(The Bat)
	전 3막의 코믹 오페레타. 리하르트 게네(Richard Genée)가 대본을 썼다.
초연	1874년 4월 5일 빈 강변 극장
주요 배역	가브리엘 폰 아이젠슈타인(빈의 젊은 한량), 로잘린데 (아이젠슈타인의 아내), 아델레(로잘린데의 하녀), 이다 (아델레의 언니), 팔케(아이젠슈타인의 친구), 오를롭스 키(러시아의 공작), 알프레드(로잘린데를 사모하는 테 너), 프랑크(교도소장), 간수 프로슈
음악 하이라이트	플레더마우스(Die Fledermaus) 테마 왈츠, 두이두 (Duidu) 왈츠, 알프레드의 축배의 노래, 헝가리 백 작 부인의 차르다시

베스트 아리아	「후작 주인님, 나를 어떻게 생각하시나요(Mein Herr Marquis, was dächten Sie von mir)」(S), 「나는 순진한 역할을 맡아 하지요(Spiel' ich die Unschuld)」(T), 「고향의 소리(Klänge der Heimat)」(S), 「형제여, 자매여(Brüderlein und Schwesterlein)」(T)

사전 지식   〈박쥐〉의 원저는 독일의 극작가 율리우스 베네딕스(Julius Benedix)가 쓴 코미디 작품 「죄수(Das Gefängnis)」다. 또 다른 자료는 프랑스의 앙리 메이야크과 루드비크 알레비가 공동으로 쓴 보데빌(Boudeville)의 연극 〈한밤중의 만찬 파티(Le réveillion)〉다. 빈의 카를 하프너(Karl Haffner)라는 사람이 이 두 가지 소스를 섞어 연극 작품으로 만들어 빈에서 공연했다. 요한 슈트라우스 2세는 이 연극 작품을 읽고 오페라로 만들기로 결심했지만, 대본을 구상할 때 프랑스의 관습인 '한밤중의 만찬 파티'를 빈 스타일로 맞추기가 어려웠다. 그래서 '한밤중의 만찬 파티'를 빈의 무도회 파티로 바꾸었다. 대본가 리하르트 게네가 하프너의 극본을 기본으로 오페라 대본을 썼다. 하지만 그는 하프너의 대본과는 상당히 다른 내용으로 스토리를 다시 구성해 썼다고 주장했다. 실제로 게네는 하프너를 만나본 적도 없다.

에피소드   역사적으로 볼 때 위대한 오페라는 초연에서 별로 인기를 얻지 못했다. 〈박쥐〉도 마찬가지였다. 물론 초연에서는 박수갈채를 받았지만, 고작 16회 연속 공연을 기록했을 뿐이었다. 〈박쥐〉가 나온 해에 빈 주식시장이 붕괴되어 거의 모든 주가가 바닥에 머물러 있었기 때문이다. 그러니 아무리 대단한 오페라라고 해도 영향을 받지 않을 수 없었다. 오를롭스키 공작은 일반적으로 남장을 한 메조소프라노가 맡는다. 〈장미의 기사(Der Rosenkavalier)〉에서 옥타비안의 경우와 마찬가지다. 오를롭스키 공작은 빈에서 지내는 러시아 사람으로 프랑스어로 대사를 하는 경우가 많다. 당시 귀족 사회에서는 프랑스어를 사용해야 체면이 섰다고 한다.

줄거리 1800년대 말 빈이다.

[제1막] 무대 뒤에서 테너의 세레나데풍의 아리아가 들린다. 지금은 아이젠슈타인(Eisenstein)과 결혼한 예쁜 로잘린데(Rosalinde)의 옛 남자 친구 테너 알프레드(Alfred)다. 로잘린데가 소프라노로 활동할 때 사귀던 사람이다. 두 사람의 관계는 이미 끝났건만 그는 로잘린데를 아직도 잊지 못해 창밖에서 세레나데를 부르고 있다.

로잘린데의 하녀 아델레(Adele)는 남자들의 눈길을 끌기 위해 부단히 노력하는 여성이다. 무척 활달하고 명랑하지만 나쁘게 말하면 허영심과 푼수기가 있다. 아델레는 화려하기로 알아주는 러시아 오를롭스키(Orlofsky) 공작 저택에서 열리는 파티에 초대받았다. 하녀 아델레는 주인마님 로잘린데에게 숙모님이 위독해 가봐야 하니 하루만 휴가를 달라고 간청하지만 거절당한다. 그런데 남편 아이젠슈타인이 공무집행 방해죄로 8일 동안 감방에 들어가야 한다는 것을 떠올린 로잘린데가 이 틈에 옛날 남자 친구 알프레드와 한번 놀아볼 생각을 한다. 그러려면 하녀 아델레가 짐이 될 수밖에 없다. 거짓말인 줄 뻔히 알면서도 숙모님이 위독하다는데 인간적으로 외면할 수 없다고 선량한 척하면서 아델레의 외출을 허락한다.

아이젠슈타인의 술친구 팔케(Falke) 박사는 작년 송년회에서 아이젠슈타인 때문에 망신을 톡톡히 당한 적이 있다. 그는 올 송년회에서 기필코 갚아주겠다고 벼르고 있다. 이제부터 팔케 박사의 계략이 진행된다. 우선 팔케는 친구 아이젠슈타인에게 감방에 밤 12시까지 들어가면 되므로 그 시간까지 아름다운 여인들이 다수 참석하는 오를롭스키 공작 댁 파티에 가서 즐기자고 말한다. 아이젠슈타인으로서는 감히 말은 꺼내지 못했으나 바라던 바다. 아름다운 여인이 다수 참석한다니 새로운 인연이 생길지도 모르는데 참석하지 않는다는 건 있을 수 없는 일이다. 아이젠슈타인은 아내 로잘린데에게 감옥에 간다고 말하고는 일찌감치 집을 나선다. 어디서 한잔 걸치고 있다가 시간이 되면 파티에 갈 생각이다. 하녀 아델레를 파티에 초청한 것도 실은 '팔케 작전'의 일환이다.

남편이 나가고 로잘린데 혼자 집에 남게 되자, 창문 밖에 대기 중이던 알프레드가 창문을 통해 과감히 방으로 들어온다. 둘만의 시간이 시작된다. 알프레드는 자신이 마치 로잘린데의 남편인 양 남편의 잠옷을 걸치고 남편을 위해 차려놓은 식탁에서 만찬을 즐기기 시작한다. 이때 교도소장 프랑크(Frank)가 아이젠슈타인을 감옥으로 데려가기 위해 그의 집을 방문한다. 프랑크는 수감할 사람이 명색이 남작이므로 예우를 갖추기 위해 직접 찾아온 것이다. 그는 알프레드를 아이젠슈타인으로 생각해 함께 온 간수들에게 그를 연행해 감옥으로 모시라고 지시한다. 로잘린데는 아무 말도 할 수 없는 처지다.

[제2막] 오를롭스키 공작 집에서는 파티가 무르익어간다. 모두 흥에 겨워 분위기가 최고조에 이른다. 친구 팔케와 함께 파티에 참석한 아이젠슈타인은 자기 집 하녀와 똑같이 생긴 어떤 아가씨에게 시선을 집중한다. 아이젠슈타인은 여러 사람 앞에서 이 아가씨가 자기 집 하녀라고 말했다가 오히려 망신만 당한다. 아델레는 시치미를 딱 떼면서, 자기는 배우 지망생인데 별 웃기는 사람이 다 있다고 「웃음의 왈츠」를 부른다.

팔케 박사에게서 별도의 초청을 받은 로잘린데도 파티장에 모습을 드러낸다. 남편 아이젠슈타인은 헝가리 백작 부인으로 변장한 아내를 알아보지 못하고 그녀에게 매료되어 접근을 시도한다. 교도소장 프랑크도 팔케 박사의 초청으로 파티에 와 있다. 로잘린데와 아이젠슈타인은 통성명하면서 정체를 숨기기 위해 프랑스 귀족 행세를 하는 등 쇼를 펼친다. 팔케 박사는 파티 참석자들에게 영원히 형제자매로 지낼 것을 제안한다. 사람들은 샴페인에, 사랑에, 형제애에 취해 "두이두", "라 라 라"라고 만 들리는 왈츠를 부른다. 시계가 자정을 알리자(어떤 버전에는 새벽 6시) 아이젠슈타인과 교도소장이 황급히 파티장을 빠져나간다.

[제3막] 아이젠슈타인이 감방에 도착해보니 어떤 녀석(알프레드)이 자기 대신 갇혀 있는 것이 아닌가? 아이젠슈타인은 변호사 블린트(Blind)의 가발과 의상, 모자를 빌려 쓰고 자기 대신 갇혀 있는 친구가 누군지 알아내려고 한다. 그런 차에 로잘린데가 옛 애인을 변호사를 통해 석방시키기 위해 나타난다. 변호사로 변장한 아이젠슈타인은 상황을 눈치채고는 아내를 호되게 몰아세운다. 이때 팔케 박사가 파티에 참석한 사람들을 이끌고 감방으로 와서 모든 오해는 자신의 계략에서 비롯된 것이라고 설명하자, 로잘린데는 한술 더 떠서 알프레드와 만난 것도 실은 팔케 작전의 일환이었다고 둘러댄다. 설명을 듣고 난 남편은 안심하며 오해가 있었으면 모두 풀자고 말한다. 샴페인에 얼근히 취한 사람들은 그 기분을 이어 마지막으로 건배를 한 뒤 각자의 집으로 향한다.

빈 기질

타이틀	**Wiener Blut**(Viennese blood)

전 3막. 이 오페라(오페레타)에는 진한 빈 사투리가 나오므로 오스트리아 이외의 지역에서는 별로 공연되지 않는다.

초연	1899년 10월 26일 빈 강변 극장
주요 배역	체들라우 백작, 프란치(백작의 애인), 요제프(백작의 하인), 페피(요제프의 약혼녀), 비토브스키 백작, 이프사임 백작

사전지식　　　요한 슈트라우스가 세상을 떠나기 두 달 전에 초연되었다. 이 오페레타에는 그가 활동하던 당시의 빈 상류층 사람들의 분방한 생활이 그대로 묘사되어 있다. '비너블루트 (Wienerblut)'의 뜻은 빈 사람들이 아니면 이해하기가 어렵다고 한다. 그래서 우리말로 번역할 때는 '빈 기질' 정도로 번역한다. 영어로 '비어니즈 블러드(Viennese blood)'라고 했지만, 블러드(blood)를 정열이나 열정으로도 해석할 수 있기 때문에 적당하다고는 할 수 없다.

줄거리　　　[제1막] 체들라우(Zedlau) 백작 저택의 정원이 무대다. 결혼을 일찍 한 백작은 아름다운 아내와 별거하고 무용수 프란치스카 카글리아리(Franziska Cagliari)와 지내고 있다. 그러나 워낙 연애감정이 풍부한 백작은 어느 날 우연히 본 아가씨에게 불길처럼 사랑의 감정이 타올라 하인 요제프(Joseph)를 통해 그날 밤 히칭(Hietzing: 빈의 유명한 카지노가 있는 지역)에서 데이트하자는 뜻을 편지로 전한다. 단, 편지에 본명을 쓸 수는 없으므로 폴게(Folge) 백작이라는 가명을 쓴다. 그런데 그 아가씨는 요제프의 약혼녀 페피(Pepi)다. 요제프는 백작이 새로 관심을 둔 여인이 페피인 줄은 꿈에도 모른다. 새로운 아가씨를 만날 생각에 들떠 있는 백작에게 걱정거리가 생긴다. 떨어져 지내던 아내가 집으로 온다는 것이다. 마침 외출했던 프란치스카가 집으로 돌아온다. 백작은 프란치스카와 건성으로 인사를 나눈 뒤 곧바로 집을 나선다. 서부역에서 아내를 마중해야 하기 때문이다. 프란치스카는 빈 시민이라면 누구나 아는 유명한 무용수 프란치 카글러(Franzi Kagler)다. 다만 백작과 부적절한 관계이기 때문에 원래 이름을 쓰고 있을 뿐이다. 프란치는 프란치대로 백작의 하인인 젊은 요제프에게 관심이 있다. 그래서 그날 밤 히칭에서 만나자고 할 생각이다.

이프샤임 공(Prince Ypsheim)이 백작을 만나기 위해 찾아온다. 대단히 부유하고 지체 높은 귀족이지만 아직 결혼하지 않고 한량처럼 지내는 사람이다. 이프샤임 공이 몸소 백작을 찾아오자 모두 깜짝 놀란다. 그는 프란치를 백작 부인으로 착각해, 백작이 어떤 무용수와 가까이 지내는 것 같으니 조심하라고 일러준다. 이 말을 들은 프란치는 속이 상해 밖으로 나가버린다.

얼마 후 진짜 백작 부인이 등장한다. 서부역에서 백작을 만나지 못하자 그대로 집으로 들어온 것이다. 이프샤임 공은 진짜 백작 부인을 무용수로 생각한다. 백작이 허겁지겁 집으로 돌아온다. 백작은 이프샤임 공이 와 있고, 길이 어긋나 백작 부인이 도착한 데다 프란치까지 집으로 돌아오자 아무래도 상황이 복잡해진 것 같아 어찌할 줄 모른다. 백작은 프란치와 아내가 만나면 곤란하므로 궁여지책으로 이프샤임 공을 몰래 만나 아주 잠시 동안이지만 프란치가 이프샤임 공의 아내인 것처럼 행세해달라고 부탁한다. 백작 부인과 무용수를 혼동하고 있는 이프샤임 공이 백작의 부탁을 들어주기 위해 진짜 백작 부인을 자기 아내라고 한다.

[제2막] 비토브스키(Bitowski) 백작의 정원에서 축하 파티가 열리고 있다. 체들라우 백작은 아내와 댄서 프란치 사이를 오가며 오해를 풀어주느라 넋이 나갈 지경이다. 백작 부인은 백작의 얼굴을 보니 분명히 다른 여자와 무슨 일이 있었던 것이 틀림없다면서 남편을 다그치기 시작한다. 한편 프란치는 백작이 또 다른 아가씨에게 마음을 빼앗겼다는 것을 알고는 어떻게 하면 백작을 그 아가씨에게서 떼어놓을까 고심한다.

[제3막] 히칭의 카지노 정원이다. 페피를 만난 백작은 온갖 달콤한 말로 꾀어 정원 한쪽에 있는 별장의 방으로 데려가려고 한다. 이때 생각지도 않게 이프샤임 공을 대동한 백작 부인과 프란치, 요제프가 등장한다. 그들은 백작이 페피와 부적절한 데이트를 한다면서 한바탕 소동을 벌인다. 프란치는 이 기회에 백작과의 관계를 청산하기로 결심하고는 백작에게 비록 성실치 못한 사람이지만 마음을 고쳐먹고 진실한 마음으로 아내에게 돌아가라고 당부한다. 창피를 당한 백작은 이제부터 아내에게 충실하겠다고 단단히 맹세한다. 요제프는 백작이 여름 별장 방 안에서 페피와 아무 일도 없었다고 하늘을 두고 맹세하고 나서야 페피와 화해한다. 프란치에게 완전히 마음을 빼앗긴 이프샤임 공이 무릎을 꿇고 프란치의 손에 입을 맞추며 구혼한다. 모두 벌어진 일에 대해 빚을 갚은 셈이다. 이것이 바로 빈의 기질이다.

아라벨라

타이틀	**Arabella**

	전 3막의 서정적 코미디. 독일어 대본은 리하르트 슈트라우스와 여러 차례 콤비를 이룬 휴고 폰 호프만스탈(Hugo von Hoffmansthal)이 썼다.
초연	1933년 7월 1일 드레스덴 슈타츠오퍼
주요 배역	아라벨라(발트너 백작의 큰딸), 츠덴카(아라벨라의 여동생, 남장), 마테오(청년 장교), 만드리카(크로아티아의 지주), 발트너 백작(은퇴한 기병장교, 아라벨라와 츠덴카의 아버지), 아델라이데(아라벨라와 츠덴카의 어머니)
음악 하이라이트	아라벨라의 소원 장면 음악, 피아커밀리(Fiakermilli)의 요들송
베스트 아리아	「그는 좋은 사람이지만 나에게는 아니지요(Er ist der richtige nicht für mich)」(S), 「그는 나의 사람, 나는 그의 사람(Er mein, ich sein)」(S), 「너무 좋았어요(Das war sehr gut!)」(S)

사전 지식　　　　〈아라벨라〉는 리하르트 슈트라우스가 단짝인 휴고 폰 호프만스탈과 마지막으로 함께한 작품이다. 리하르트 슈트라우스는 초연 이후 〈아라벨라〉의 음악을 여러 번 손질해 마무리했다. 하지만 폰 호프만스탈은 수정 작업에 참여하지 못하고 세상을 떠났다. 이 오페라의 하이라이트는 2막에 펼쳐지는 마차꾼들의 무도회 장면이다. 이 오페라는 〈장미의 기사〉의 대응편이라는 얘기도 있지만, 〈장미의 기사〉의 웅대한 스케일에 비해 무대 세팅이 초라한 편이다. 합스부르크 왕가의 영광이 사라져가고 있음을 느끼게 하는 오페라다.

슈트라우스, 리하르트(Strauss, Richard, 1864~1949)
독일 뮌헨 출신의 리하르트 게오르크(Georg) 슈트라우스는 후기낭만파와 초기 현대음악을 연결하는 위치에 있는 작곡가다. 그는 〈장미의 기사〉, 〈살로메〉 등을 통해 오페라 작곡가로 명성을 떨쳤으며, 가곡과 관현악곡으로 많은 사랑을 받고 있다. 가곡으로는 「네 곡의 마지막 노래」가 유명하며 관현악곡으로는 「죽음과 변형」, 「차라투스트라는 이렇게 말했다」 등이 있다. 또한 독일과 오스트리아에서는 지휘자로서 뛰어난 재능을 보여주었다. 슈트라우스는 말러와 함께 바그너 이후 독일 낭만주의의 꽃을 피운 사람으로, 15편의 오페라를 작곡했다.

줄거리　　　　　무대는 1860년의 빈이다.

[제1막] 발트너(Waldner) 백작은 도박에 빠진 나머지 파산지경에 이른다. 이 난국을 타개할 유일한 대책은 딸 아라벨라(Arabella)를 돈 많은 사람에게 시집보내는 것이다. 아라벨라는 예쁜 이름만큼 온 동네에서 알아주는 미인이다. 백작에게는 츠덴카(Zdenka)라는 딸이 하나 더 있지만, 백작은 츠덴카가 가문에 도움이 되리라는 기대를 버린 지 오래다. 츠덴카를 여자로 생각하지 않기 때문이다. 아들을 원했던 백작은 둘째 딸을 남자처럼 키웠다. 그런 연유로 츠덴카는 옷도 남자처럼 입고 선머슴 같아, 여자처럼 꾸미거나 행동하는 것과는 거리가 멀다. 그렇다 보니 백작은 츠덴카를 누가 데려가겠느냐고 생각하고 있다.

문제는 아라벨라가 돈 많은 사람에게 관심이 없다는 것이다. 그저 사람만 훌륭하면 됐지 돈이 무슨 상관이냐고 생각한다. 가난한 공무원 마테오(Matteo)는 아라벨라를 사랑한다. 아라벨라도 자신을 끔찍이 생각하는 마테오에게 동정심과 애정을 느끼지만 확답은 주지 않고 있다. 츠덴카가 마테오를 돕기로 하고는 마테오가 쓴 것처럼 꾸며 아라벨라에게 편지를 전한다. 아라벨라에 대한 마테오의 불같은 마음을 전하는 편지다. 얼마 후 그녀에게 아주 적당한 혼담이 들어온다. 돈도 많고 잘생긴 데다 아라벨라를 무척 좋아하는 만드리카(Mandryka)가 혼담을 넣은 것이다. 아라벨라는 만드리카를 몇 번 만나고는 돈 많은 사람과 결혼하는 것이 가난한 사람과 결혼하는 것보다 낫다는 생각을 하게 된다.

[제2막] 화려한 피아커(Fiaker) 무도회가 한창이다. 무도회의 꽃은 당연히 아라벨라다. 모두 아라벨라와 춤을 추고 싶어 하지만, 그녀는 오직 만드리카하고만 춤을 춘다. 만드리카는 행운을 잡은 셈이라 기분이 매우 좋다. 츠덴카가 다시 계략을 꾸민다. 이번에는 '아라벨라로부터'라는 편지를 써서 마테오에게 전해준다. 츠덴카는 마테오에게 보내는 편지에 아라벨라가 머물고 있는 호텔방 열쇠까지 넣어둔다. 은근히 마음에 두고 있는 마테오를 돕기 위해 그런 일을 꾸민 것이다. 한편 그 편지를 우연히 본 만드리카는 아라벨라가 다른 남자와 연애하는 것으로 생각해 기분이 몹시 상한다.

[제3막] 다음 날 아침, 만드리카는 아라벨라와의 혼담을 취소하고 마테오에게 결투를 신청한다. 다행히도 츠덴카가 모든 사실을 실토한다. 얘기는 전날 밤으로 돌아간다. 호텔 방 열쇠를 손에 넣은 마테오는 그 방으로 들어가 침대에 누워 있는 여인과 하룻밤을 보낸다. 그런데 그 여인은 츠덴카였다. 마테오를 마음에 두고 있던 츠덴카가 일부러 자기 방 열쇠를 준 것이다. 무도회에서 만드리카하고만 어울리는 아라벨라를 보며 홧김에 술만 마신 마테오는 너무 취해 침대의 여인을 확인하지 못했다. 이렇게 하여 마테오는 츠덴카와, 아라벨라는 돈 많은 만드리카와 결혼한다. 얼떨결에 츠덴카까지 결혼시킨 발트너 백작은 그런대로 만족한다.

낙소스의 아리아드네

타이틀	**Ariadne auf Naxos**(Ariadne on Naxos)	
	1막짜리 코미디. 원래 1912년 1막짜리로 완성했으나 1916년 프롤로그와 1막으로 수정했다. 몰리에르의 희곡『신사 평민(Le bourgeois gentilhomme)』에서 내용을 가져와 휴고 폰 호프만스탈이 대본을 썼다.	
	초연	초본 초연은 1912년 10월 25일 독일의 슈투트가르트 궁정오페라 극장, 수정본 초연은 1916년 10월 4일 빈 궁정극장
주요 배역	프롤로그, 인테르메초, 본 막의 출연진이 각각 다르다. [프롤로그] 음악감독, 작곡가, 무용감독, 가발 장인, 하인, 장교, 프리마돈나(나중에는 아리아드네), 테너(나중에는 바쿠스) [인테르메초] 체르비네타, 할레퀸, 스카라무치오, 트루팔디노, 브리겔라 [본 막] 아리아드네 공주, 바쿠스, 드리아드, 에코, 나이아드	
음악 하이라이트	아리아드네와 바쿠스의 사랑의 듀엣, 배우들의 노래, 배우들의 댄스 노래, 체르비네타의 아리아(카덴차와 론도 테마)	
베스트 아리아	「그대와 함께 사랑하리!(Lieben nur mit du!)」(S)	

사전 지식　　아테네의 왕 테세우스와 크레타의 아름다운 공주 아리아드네와의 사랑, 신의 노여움을 받아 낙소스 섬에 유배된 아리아드네 공주의 비통함, 그러다가 바쿠스 신과 새로운 사랑에 빠진다는 그리스 신화의 이야기를 오페라로 만들었다. 이 오페라는 1막으로 구성된 짧은 작품으로, 리하르트 슈트라우스가 그의 오페라를 제작한 사람들에게 감사의 뜻으로 헌정한 미니 오페라다. 1800년대 빈에서는 훌륭한 저택을 소유한 부유층 귀족들이 손님을 대접하기 위해 오페라를 공연하는 것이 유행이었다. 이 오페라는 마치 레온카발로의 〈팔리아치〉처럼 공연 중에 극중극이 전개된다. 따라서 현재와 과거가 혼동될 수도 있다.

에피소드　　몰리에르의 코미디는 갑자기 부자가 된 므시외 주르댕(Monsieur Jourdain)이 재산을 어떻게 사용할지 몰라 사기꾼들에게 속아 넘어가는 불행을 담은 것이다. 리하르트 슈트라우스는 원래 이 몰리에르의 「신사 평민」의 독일어 번역본을 대본으로 하여 륄리(Lully)가 1670년에 만든 음악을 바탕으로 오페라를 작곡하려 했다. 하지만 리하르트 슈트라우스와 폰 호프만스탈은 코믹한 면과 비극적인 면이 대조를 이루는 작품을 만들어냈다.

줄거리 [프롤로그] 무대 위에서는 무대감독, 출연자, 연기자들이 새로운 오페라 공연 준비로 법석을 떤다. 그날 밤 공연될 오페라는 그리스 신화의 아리아드네를 소재로 한 작품으로, 그 집에 초대된 손님들이 잘 차려진 음식을 실컷 먹고 나서 여흥을 즐기며 관람할 심심풀이 공연이다. 음악감독과 작곡가는 상당히 긴장하고 있다. 오페라 공연이 끝나자마자 코미디 연극이 공연되므로, 만일 형편없이 공연하면 코미디 팀에게 망신당할 수 있기 때문이다. 그나저나 밤 9시에는 무슨 수가 있어도 불꽃놀이가 시작되어야 한다. 따라서 오페라나 코미디가 9시 전에 끝나지 않으면 불꽃놀이 때문에 무조건 중지해야 할 입장이다. 코미디 팀은 오페라 팀에게 오페라를 되도록 빨리 끝내달라고 성화다. 오페라 팀은 알았다고 대답하면서도 속으로는 들은 척도 안 한다.

출연자들이 말을 듣지 않아 공연 준비는 제대로 진행되지 않는다. 특히 테너가 그렇다. 악기 연주자들도 제멋대로다. 바이올린 연주자를 찾지만 손님들 식사에 불려가서 연주 중이라고 한다. 음악감독은 화가 머리 꼭대기까지 나지만 어쩔 수 없다. 코미디 팀을 이끄는 사람은 체르비네타(Zerbinetta)라는 여성이다. 음악감독은 처음 체르비네타를 보고 날씬하지는 않지만 그런대로 매력이 있는 것 같아 은근히 마음이 끌린다. 그러나 오페라 공연의 사례금 절반을 코미디 팀이 차지한다는 사실을 알게 되자 풍뚱한 체르비네타가 원수처럼 생각된다. 음악감독은 코미디 광대들과 훌륭한 음악가들을 한가지로 취급하는 데 속이 상한다. 아리아드네 역을 맡은 소프라노는 연습은 하지 않고 분장실에서 얼간이 추종자들을 만나 노닥거리느라고 정신이 없다. 어떤 얼빠진 백작은 프리마돈나가 왔다는 소식을 듣자마자 식사를 하다 말고 정신없이 분장실로 달려오기까지 한다.

모든 사람들이 공연 때문에 정신없는 듯 보이지만 정작 공연에 신경 쓰는 사람은 별로 없다.

[인테르메초] 그날 밤 모든 행사를 총괄하는 집사장은 두 개의 공연 때문에 불꽃놀이가 늦지 않도록 묘안을 생각해낸다. 오페라와 코미디를 동시에 공연하면 시간을 절약할 수 있다고 생각한 것이다. 집사장이 자신의 생각을 음악감독에게 말하자 음악감독은 이 새로운 요청을 단칼에 거절한다. 어떻게 같은 무대에서 한쪽에서는 오페라가, 다른 한쪽에서는 코미디를 펼칠 수 있단 말인가? 음악감독이 난색을 표하자 집사장은 음악감독과 작곡가를 설득하기 시작한다. 집사장은 "여보게! 오페라의 한 파트로 코미디를 넣으면 안 되겠나? 광대들을 오페라에 출연시키면 어쨌든 밤 9시 전에 끝낼 수 있지 않은가? 주인나리가 좋아하실 텐데 ……"라고 말한다. 주인나리라는 말에 음악감독과 작곡가는

어쩔 수 없이 이 제안을 승낙한다. 이번에는 그 말을 전해들은 프리마돈나가 반대하고 나선다. 오페라 성악가들이 연극배우들과 같은 무대에서 공연하는 일은 절대로 있을 수 없다고 주장이다. 음악감독이 나서서 오늘 밤 무대의 모든 박수갈채를 프리마돈나의 것으로 만들어주겠다고 약속해 겨우 마음을 돌려놓는다. 코미디 광대들이 나타나 오늘 밤의 오페라 내용이 어떤 것이냐고 묻는다. 음악감독은 아름다운 아리아드네가 테세우스에게 버림을 받아 실연 끝에 무인도에 와서 죽을 생각만 하고 있는데, 어느 날 나타난 미남 신 바쿠스와 마음이 맞아 행복해진다는 내용이라고 설명해준다. 코미디 팀 대장 체르비네타가 "여자란 다 그래! 새 애인 찾으러 무인도에 갔구먼!"이라고 나불댄다. 음악감독은 그 대사가 참 좋다고 하면서 작곡가에게 저 대사를 피날레에 넣으라고 소리친다.

[본 막] 기괴한 동굴이 보이는 무인도. 주인공 아리아드네(Ariadne)가 동굴에서 죽음을 기다리고 있다. 아리아드네는 지하 세계의 신 헤르메스가 어서 데려가 주기를 소망하고 있다. 광대들이 신나는 노래를 부르며 절망에 빠져 있는 아리아드네의 기분을 돌려놓으려고 애를 쓰지만 전혀 소용이 없다. 아리아드네는 오로지 죽음만이 자신을 구원할 수 있다고 중얼거린다.

코미디 팀의 우두머리 체르비네타가 등장해 특기를 살려 아리아드네의 기분을 돌려놓으려고 노력한다. 이때 체르비네타는 믿을 수 없을 정도로 어렵고 복잡한 아리아를 부른다. 자기를 떠난 사람을 사랑하는 것은 어리석은 일이며 바로 가까이에 있는 사람을 사랑하는 것이 현명하다는 내용이다. 실제로 「그대와 함께 사랑하리!」는 현존하는 오페라 아리아 중 가장 고난도의 곡이다. 〈마적〉에서 밤의 여왕이 부르는 아리아보다 더 어렵다고 한다.

그때 배 한 척이 들어온다. 이 광경을 본 아리아드네는 자기를 버리고 간 테세우스(Theseus)가 마음을 돌려 찾아온 것이라고 생각해 들뜬 기분으로 마중을 나간다. 그러나 배에는 바쿠스(Bacchus)가 타고 있다. 해안에 도착한 바쿠스는 아리아드네를 보고 첫눈에 반해 사랑을 고백한다. 두 사람이 행복한 마음으로 동굴로 향하는 가운데 막이 내린다.

광대 역의 체르비네타가 막을 비집고 나와 "우리 여자들은 새로운 미남이 나타나는 순간, 곧 마음을 빼앗긴답니다"라고 말한다.

카프리치오

타이틀	**Capriccio**	
		전 2파트. 리하르트 슈트라우스는 이 오페라에 '막 (Act)'이라는 용어 대신 '파트(Part)'라는 용어를 사용했다. 대본은 작곡자와 클레멘스 크라우스 (Clemens Kraus)가 공동으로 만들었다.
	초연	1942년 10월 28일 뮌헨의 바이에른 슈타츠오퍼
	주요 배역	마들렌 백작 부인(젊은 미망인), 클레롱(여배우), 플라망 (작곡가), 올리비에(시인), 마들렌 백작 부인의 오빠인 백작, 라 로슈(무대감독), 므시외 토프(프롬프터)
음악 하이라이트	백작 부인 살롱에서의 실내악(전주곡), 플라망의 소네트(sonnet), 이탈리아 듀엣(S+T), 가보트	
베스트 아리아	「내일 낮 열한 시에(Morgen mittag um elf!)」(S)	

사전 지식　　　카프리치오는 변화가 많은 음악을 일컫는 말로, 기상곡(綺想曲)이라고 번역된다. 이 오페라에는 문학(시), 음악, 연극(무대 예술) 중 어느 분야가 사람의 마음을 가장 감동시키는지 견주어보는 내용이 나온다. 물론 여자의 마음이 변덕스럽다는 메시지도 함께 전달하고 있다. 살리에리의 권고 사항인 '음악 우선, 대사 나중(Prima la musica e poi le parole)'의 원칙을 충실하게 따른 작품이다. 〈카프리치오〉는 슈트라우스 후기 음악의 전형을 보여준다. 〈카프리치오〉는 서곡을 대신해 현악 6중주의 전주곡으로 시작된다. 간주곡은 콘서트에서 간혹 연주되며, 백작 부인의 아리아는 연주회 곡목으로 유명한데 그녀의 딜레마(음악이냐 시냐, 작곡가냐 시인이냐에 대한 독백)를 노래한 곡이다.

에피소드　　　슈트라우스는 〈카프리치오〉를 '음악을 위한 대화물(Konversationsstück für Musik)'이라고 불렀다.

줄거리　　　　　[**파트 1**] 1775년경 파리 근교의 마들렌 백작 부인의 저택에서 젊은 미망인 마들렌

(Madeleine)의 생일 파티가 열릴 예정이다. 한쪽에는 무대감독 라 로슈(La Roche)가 잠들어 있다. 작곡가 플라망과 시인 올리비에는 어느덧 백작 부인에게 연모의 정을 느끼고 있음을 깨닫는다. 두 사람은 작곡가의 음악과 시인의 시(詩) 중 어느 것이 백작 부인의 마음을 더 감동시킬지를 놓고 고민하다가, 이 문제를 백작 부인의 결정에 맡기기로 합의한다. 라 로슈가 깨어나더니 찬란한 장치, 최고의 노래, 클레롱(Clairon)과 같은 아름다운 여배우가 있는 무대공연이 가장 위대한 예술이라고 주장한다. 클레롱은 시인 올리비에와 염문이 있던 여배우다. 라 로슈는 생일 파티에서 공연될 연극에 출연하기 위해 클레롱이 오고 있다는 말을 덧붙인다. 이 연극에서 백작(마들렌의 오빠)의 상대역을 맡았다고 한다.

마들렌 백작 부인과 오빠인 백작이 음악과 시의 장점에 대해 토론을 벌이고 있다. 백작은 언제나 대사가 음악을 앞선다고 주장한다. 드디어 클레롱이 연극 연습을 하려고 도착한다.

연습은 백작이 멋진 단편시를 읊는 것으로 끝난다. 모두 박수를 보낸다. 시인 올리비에는 그 단편시는 마들렌 백작 부인을 위해 쓴 것인데 아무리 연극이지만 백작이 엉뚱한 사람(클레롱)에게 읊었다고 불만을 토로한다. 그러면서 그 단편시를 마들렌에게 읊어준다. 그러자 플라망도 이에 질세라 그 자리에서 단편시를 노래로 작곡한다. 시인과 작곡가는 그 노래의 소유권이 누구에게 있는지를 놓고 다툰다. 마들렌이 나서서 이 노래는 자기 것이니 다투지 말라고 한다. 모두 나가고 마들렌과 플라망만 남자 그는 용기를 내어 마들렌에게 사랑을 고백한다. 그는 마들렌에게 시인지 음악인지, 자신인지 올리비에인지를 선택하라고 요구한다. 마들렌은 내일 오전 11시까지 결정할 테니 기다려달라고 말한다.

[파트 2] 플라망과 올리비에가 음악과 시에 대해 다시 논쟁을 시작하자 백작은 자기는 오페라가 싫다고 말한다. 그러자 라 로슈가 백작의 생일에 공연할 오페라가 얼마나 스펙터클한지 설명하면서 오페라를 싫어하는 사람은 있을 수 없다고 몰아세운다. 라 로슈는 인간의 본성을 보여주는 작품을 공연하고 싶다고 하며 그 자리에 있는 작곡가와 시인에게 그런 내용의 공연 작품을 만들어달라고 부탁한다. 시인과 작곡가는 논쟁을 끝내고 화해하는 의미에서 새로운 오페라를 함께 만들기로 합의한다(예나 지금이나 작곡가와 대본가는 극장장의 말에 꼼짝 못한다).

백작이 새로운 아이디어를 낸다. 바로 오늘 이곳에서 있었던 일을 주제로 오페라를 만들자는 것이다. 모두 찬성한다. 사람들이 자리를 뜨자 백작 부인만 남는다. 백작 부인은 과연 두 사람 중 누구에게 마음을 줄지를 놓고 고민에 빠진다. 그녀는 거울을 들여다보다가 만일 자기가 둘 중 하나를 선택하면 오페라가 끝나게 되므로 내일 오전까지는 결정할 필요가 없다고 생각한다. 집사가 저녁이 준비되었다고 알리면서 막이 내린다.

다프네

타이틀	**Daphne**	
		1막의 비극. 요제프 그레고르(Joseph Gregor)가 대본을 썼다.
	초연	1938년 10월 15일 드레스덴 국립오페라 극장
	주요 배역	다프네, 페네이오스(어부이자 다프네의 아버지), 가이아(다프네의 어머니), 레우키포스(목동), 아폴로
	음악 하이라이트	다프네가 월계수로 변할 때의 음악

사전 지식　　　원래 이 오페라는 1막짜리 〈휴일(Friedenstag)〉과 함께 공연할 목적으로 작곡되었다. 하지만 하루저녁에 이 두 편을 공연하기에는 시간이 부족해 어쩔 수 없이 단독으로 공연하게 되었다. 그러다 보니 이 오페라는 좀 짧은 감이 있다. 니체의 진부한 표현인 디오니소스(Dionysus)와 아폴로의 대립은 이 작품에서 찾아볼 수 없지만, 음악은 향수를 불러일으킬 만큼 서정적이고 목가적인 아름다움을 지니고 있다. 특히 전주곡이 그러하다.

줄거리　　　주신(酒神) 디오니소스(로마에서는 바쿠스)를 위한 잔치 준비가 한창이다. 목가풍의 서곡이 풍요로운 잔치를 표현한다. 다프네는 레우키포스(Leukippos)를 그저 소년으로만 생각한다. 다프네의 어머니 가이아(Gaea: 대지의 여신)는 언젠가 다프네의 마음에도 꽃이 만발할 것이라고 얘기하면서 디오니소스의 잔치에 참석해 아름다움을 내보이라고 권한다.

목동 레우키포스는 어릴 적부터 사모하던 요정 다프네에게 구혼하지만, 다프네는 내켜하지 않는다. 그녀는 잔치에 참석하기 위해 가져온 옷과 꽃다발을 던져버리고 어디론가 사라진다. 레우키포스는 다프네의 옷을 간수했다가 나중에 속마음을 말하며 전해주기로 마음먹는다.

다프네의 아버지인 어부 페네이오스(Peneios)는 여러 신들에게 마을에서 열리는 디오니소스 잔치에 참석해달라고 부탁한다. 아폴로가 소 치는 사람으로 변장해 잔치에 참석한다. 다프네가 환영하자 다프네의 아름다움에 반한 아폴로가 그녀를 껴안으려고 한다. 그 순간 다프네는 마음이 혼란해진다.

디오니소스를 위한 잔치가 무르익어 춤이 한창이다. 목동 레우키포스가 소 치는 사람의 정체를 알고 싶어 마스크를 벗긴다. 정체가 드러나자 화가 치민 아폴로는 활을 쏘아 레우키포스를 죽음에 이르게 한다. 디오니소스는 자신을 위한 잔치에서 아폴로가 레우키포스를 죽이자 크게 화를 낸다. 다프네는 슬픔에 잠겨 아폴로를 원망한다.

그녀는 아폴로에게 제우스를 설득해 레우키포스를 올림포스 산에서 피리 부는 사람으로 만들어달라고 간청한다. 또한 제우스에게는 아폴로에게서 벗어날 수 있게 자신을 월계수로 만들어달라고 간청한다. 다프네는 그렇게 되면 제우스에게 헌신하는 사람들의 머리를 푸른 월계수 잎으로 장식할 수 있지 않겠느냐고 설명한다. 이 말을 들은 제우스가 다프네의 소원을 들어준다.

장미의 기사

타이틀	**Der Rosenkavalier**(The Knight of the Rose)	
	전 3막. 음악을 위한 코미디. 〈엘렉트라〉의 대본을 쓴 휴고 폰 호프만스탈이 대본을 썼다.	
	초연	1911년 1월 26일 독일 드레스덴 왕립 오페라하우스
	주요 배역	옥타비안(로프라노 백작), 마르샬린(대원수 부인이자 베르덴베르크 왕녀), 오흐스(레르헤나우 남작), 파니날(부자 상인), 조피(파니날의 딸), 마리안네(조피의 보모), 이탈리아 가수
	음악 하이라이트	은장미의 모티프, 이탈리아 가수의 아리아, 마르샬린, 조피, 옥타비안의 트리오, 오흐스 남작의 왈츠, 마지막 장면에서 조피와 옥타비안의 듀엣, 모차르트의 파미나와 파파게노를 상징하는 음악, 슈베르트의 「들장미」를 연상케 하는 음악
베스트 아리아	「그래서 그가 떠나는구나(Da geht er hin)」(S), 「세월은 참으로 이상한 것(Die Zeit, die ist ein sonderbar' Ding)」(S, Ms), 「눈물에 젖은 그대의 눈동자(Mit Ihren Augen voll Tränen)」(S, Ms), 「중무장을 하고(Di rigori armato)」(T), 「내게 명예를 주었노라(Mir ist die Ehre widerfahren)」(S, Ms), 「꿈이어요, 사실일 리가 없어요(Ist ein Traum, kann nich wirklich sein)」(S)	

사전 지식　　　샴페인처럼 반짝이며 꿀처럼 달콤한가 하면 약처럼 쓰기도 한 왈츠의 선율이 전편을 수놓는 로맨틱 코미디로, 1900년대 독일에서 가장 인기가 많았던 오페라다. 차마 눈뜨고 볼 수 없는 잔혹하고 기괴한 오페라 〈엘렉트라〉와 〈살로메〉를 작곡한 리하르트 슈트라우스가 이렇게 달콤하고 사랑스러운 작품을 썼다는 사실이 믿기지 않을 만큼 훌륭한 오페라다. 〈장미의 기사〉에는 핏자국도 없고 살인도 없으며, 엘렉트라나 살로메와 같은 사이코 10대 소녀도 없다. 2막과 3막에 나오는 왈츠는 연주회 곡목으로 인기가 높다.

에피소드　　　아름답고 매혹적인 빈 왈츠의 선율이 흐르지만, 리하르트 슈트라우스는 왈츠의 황제인 요한 슈트라우스와는 아무런 관계가 없다. 〈장미의 기사〉는 1750년대를 배경으로 하는데 그때는 빈 왈츠가 아직 등장하기 전이다. 대본은 모두 독일어지만 오페라 중에 이탈리아 가수의 아리아 「중무장을 하고」는 이탈리아어로 되어 있다. 귀족 집에서는 결혼 전날 신랑이 신부에게 은으로 만든 장미 한 송이를 보내는 것이 당시 상류 사회의 관습이었다. 그 장미를 전달하는 메신저를 '장미의 기사'라고 불렀다.

줄거리　　　　　**[제1막]** 합스부르크 왕가가 한창 영광을 누리던 마리아 테레지아(Maria Theresia) 시절의 빈이다. 미청년 옥타비안(Octavian) 백작과 지체 높은 대원수 부인인 베르덴베르크 왕녀(Princess Von Werdenberg) 마르샬린(Marshallin)은 은밀한 사이다. 옥타비안은 아직 스무 살도 되지 않은 미청년이고 상대방은 서른 살이 넘은 귀부인이다. 당시 귀족 사회의 지체 높은 나리들이 젊은 아가씨를 애인 삼아 인생을 즐긴 것과 마찬가지로, 마나님들도 미소년을 애인으로 삼아 탐미의 생활을 보내는 것이 공공연한 비밀이었다. 이날도 옥타비안과 마르샬린은 남편이 크로아티아로 사냥을 나간 틈을 타 즐거운 시간을 보내고 있다. 그때 누군가 들어오는 소리가 들린다. 왕녀는 제 발이 저려 옥타비안을 옷장에 숨긴다. 옷장 안에 답답하게 숨어 있던 옥타비안은 갑자기 장난기가 동해 옷장에 있는 하녀 복장으로 갈아입는다. 미청년 옥타비안이 여자 옷을 입으니 영락없는 예쁜 아가씨다. 갑작스럽게 방문한 사람은 남편이 아니라 왕녀의 사촌 오흐스(Ochs) 남작이다. 좀 우둔하지만 잘난 체하고 바람 꽤나 피우는 그런 위인이다. 오흐스 남작은 소시지 장사로 돈을 벌어들인 파니날(Faninal)의 딸 조피(Sophie)와 곧 결혼하기로 되어 있다. 파니날은 귀족이 되려는 욕망에 오흐스 남작에게 자기 딸을 주려는 것이다.

오흐스 남작은 마르샬린에게 그날 저녁 신부가 될 조피에게 은장미를 전할 '장미의 기사'를 주선해달라고 부탁한다. 그때 옥타비안이 더는 숨어 있지 못하고 모습을 드러낸다. 왕녀는 여장한 옥타비안을 마리안델(Mariandel) 하녀라고 소개한다. 여자라면 사족을 못 쓰는 오흐스는 하녀 마리안델에게 군침을 흘리며 은근슬쩍 데이트를 신청한다. 옥타비안 역시 장난기가 발동해 나중에 호젓하게 만나자고 한다.

오흐스 남작이 나간 뒤 마르샬린은 자기도 어느덧 중년의 나이에 들어섰으며, 애인으로 삼고 있는 옥타비안도 언젠가는 자기를 떠날 것이라는 생각에 공연히 우울해진다. 이때 마르샬린이 부르는 아리아가 「세월은 참으로 이상한 것」이다. 옥타비안은 왕녀가 왜 우울해하는지 이해하지 못한 채 방을 나선다. 왕녀는 옥타비안에게 하인을 보내 오흐스 남작이 요청한 '장미의 기사'가 되어달라고 부탁한다.

[제2막] 결혼식을 앞둔 아름다운 예비 신부 조피(Sophie)는 이제 곧 관례에 따라 '장미의 기사'가

가져올 은으로 만든 장미를 기다리며 마음이 들떠 있다. 화려한 의상을 입은 옥타비안이 수많은 하인을 거느리며 당당하게 조피를 찾아와 장미를 전달한다. 그 고귀하고 멋진 모습, 예절 바른 행동, 꽃다운 젊음 등은 예비 남편 오흐스 남작에게서는 찾아볼 수 없는 것이다. 조피와 옥타비안은 처음 만나는 순간 사랑을 느낀다. 오흐스 남작이 궁금해 찾아왔다가 옥타비안이라는 젊은이와 예비 신부 조피 사이에 야릇한 감정이 오가는 것을 눈치채고는 결투를 신청한다. 결투에서 손에 작은 상처가 난 오흐스는 마치 팔 하나가 떨어져 나간 것처럼 엄살을 부린다. 그 모습을 본 조피는 오흐스에게 오만정이 떨어져 저런 사람과는 결혼하지 않겠으며, 옥타비안과 결혼하겠다고 선언한다. 그러나 조피의 아버지는 절대로 안 된다고 하면서 오흐스 남작과 결혼하지 않으면 수녀원에 보내겠다고 말한다. 조피의 아버지는 명예를 얻기 위해 딸을 남작에게 시집보내려고 하는데, 딸이 엉뚱한 생각을 하자 당황한 것이다. 상황이 이렇게 되자 조피를 사랑하는 옥타비안이 묘안을 생각해낸다. 옥타비안은 오흐스에게 편지 한 장을 슬쩍 건네준다. 아침에 만난 왕녀의 하녀(옥타비안)가 만나자는 편지다.

[제3막] 옥타비안은 오흐스를 다시는 행세하지 못하게 골탕 먹일 준비를 철저히 한다. 그가 망신을 당하면 조피와의 결혼도 무효가 될 것이라도 생각하기 때문이다. 옥타비안은 호텔 방에 가짜 창문을 만들고 가십만 좇는 이탈리아 잡지 기자들을 고용한다. 하녀 마리안델로 변장한 옥타비안이 호텔 방에서(다른 버전에는 식당에서) 오흐스를 가다리고 있다. 방 안으로 들어선 오흐스는 어쩐지 낌새가 수상해 경찰을 부르지만, 자신이 호텔방에서 하녀와 은밀히 만난 것이 조피에게 알려지면 큰일이므로 경찰에게는 하녀가 조피라고 둘러댄다. 그때 불행하게도 진짜 조피가 들이닥친다. 당황한 오흐스는 경찰에게 조피가 누군 줄 모른다고 주장한다. 상황이 이렇게 되자 조피와 조피 아버지는 파혼을 선언한다. 곧이어 왕녀도 들어선다.

옥타비안은 본모습을 드러내며 새 여자 친구를 옛 여자 친구에게 소개한다. 그는 곧 날을 잡아 결혼하겠다는 말도 덧붙인다. 정말 놀란 사람은 오흐스 남작이지만 저지른 행동이 있으니 변명의 여지가 없다. 왕녀는 옥타비안이 결국 자신을 떠날 것을 짐작했지만 이렇게 빨리 떠날 줄은 몰랐다는 생각에 씁쓸하고 어색한 웃음을 짓는다.

서로 사랑하는 두 젊은이는 「꿈이어요, 사실일 리가 없어요」라는 기쁨의 듀엣을 부른다.

이집트의 헬레나

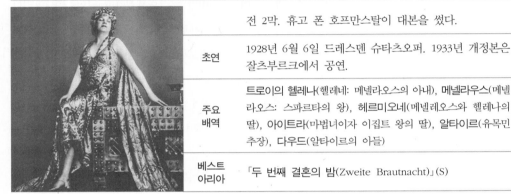

타이틀	**Die Ägyptische Helena**(The Egyptian Helen)	
		전 2막. 휴고 폰 호프만스탈이 대본을 썼다.
	초연	1928년 6월 6일 드레스덴 슈타츠오퍼. 1933년 개정본은 잘츠부르크에서 공연.
	주요 배역	트로이의 헬레나(헬레네: 메넬라오스의 아내), 메넬라우스(메넬라오스: 스파르타의 왕), 헤르미오네(메넬레오스와 헬레나의 딸), 아이트라(마법녀이자 이집트 왕의 딸), 알타이르(유목민 추장), 다우드(알타이르의 아들)
	베스트 아리아	「두 번째 결혼의 밤(Zweite Brautnacht)」(S)

사전 지식   유명한 그리스의 신화 '트로이의 헬레네'를 기본으로 구성한 오페라다. 트로이의 헬레네에 관한 전설의 뿌리는 6세기경 활동한 시인 스테시코루스(Stesichorus)까지 거슬러 올라간다. 그 후 에우리피데스가 「헬레네(Helenē)」를 통해 본격적으로 소개했으며, 역사학자 헤로도토스와 철학자 플라톤도 트로이의 헬레네에 대해 언급한 바 있다. 이 전설은 근세에 그리스의 시인 세페리스(Seferis)의 시로 널리 알려지게 되었고, 이를 기본으로 슈트라우스가 오페라를 만들었다. 세페리스의 시에 의하면 파리스 왕자가 헬레네를 유혹해 트로이를 떠난 것이 아니라, 이집트에 은밀히 숨어 있었으며 트로이에는 마법에 의해 환영만이 남아 있었다는 것이다. 리하르트 슈트라우스가 1933년 잘츠부르크에서 공연하기 위해 개정한 내용에는 신탁(神託)을 받은 바다의 커다란 조개와 베두인족의 출현이 추가되었다.

줄거리   〈이집트의 헬레나〉는 헬레나(헬레네)와 그의 남편 메넬라오스(Menelaus)가 트로이 전쟁 이후 겪게 되는 이야기다. 트로이 전쟁은 파리스 왕자에게 세 명의 여신 중 누가 가장 아름다운지 선택하게 한 데서 시작된다. 여신들은 파리스 왕자의 환심을 사려고 여러 가지 제안을 한다. 헤라(Hera)는 군대를 이끌고 전승하는 영광, 아테나(Athena)는 군주로서 통치할 수 있는 영토를 약속한다. 반면 아프로디테(Aphrodite)는 지상에서 가장 아름다운 여인을 약속한다. 바로 트로이의 헬레나다. 파리스 왕자는 아프로디테의 제안을 받아들여 스파르타에서 헬레나와 함께 도망쳐 나온다. 메넬라오스는 트로이와의 전쟁에서 파리스 왕자를 죽이고 헬레나를 다시 차지한다. 오페라는 그 후부터 시작된다.

[제1막] 트로이와의 전쟁에 승리한 메넬라오스는 헬레나와 함께 배를 타고 스파르타로 향한다. 배는 이집트 왕의 딸이자 바다의 신 포세이돈의 아내인 아이트라(Aithra)의 영역을 지나게 된다. 아이트라는 메넬라오스가 헬레나의 배신에 복수하기 위해 고향으로 돌아가 죽이려는 속셈을 알고 있다. 아이트라는 폭풍을 일으켜 메넬라오스의 계획을 무산시키려고 한다. 메넬라오스와 헬레나가 탄 배는 폭풍으로 파손되고 두 사람은 파도에 실려 해안으로 쓸려온다. 아이트라가 나타나 두 사람을 환영한다. 정신을 차린 메넬라오스는 파리스 왕자를 죽인 그 칼로 헬레나를 죽일 생각을 버리지 않고 있다. 아이트라는 요정들을 불러 메넬라오스가 헬레나를 죽이려는 것을 막는다. 요정들의 마법에 정신을 빼앗긴 메넬라오스는 트로이전쟁이 아직 끝나지 않았으며, 파리스 왕자가 살아 있다는 착각에 빠진다.

아이트라는 헬레나에게 망각의 묘약을 먹여 과거의 기억을 깨끗이 잊게 한다. 헬레나는 깊은 잠에 빠진다. 요정들에게서 벗어난 메넬라오스가 헬레나와 파리스 왕자를 모두 자기가 죽였다고 생각하자, 아이트라는 망각의 묘약을 먹여 과거를 모두 잊게 한다. 메넬라오스는 지난 모든 일이 한낱 망상에 불과하며 신들이 전쟁 중에 헬레나를 파리스 왕자에게서 구출했다고 믿는다. 잠에서 깨어난 헬레나는 남편 메넬라오스와 재결합한다. 헬레나는 아이트라에게 누구도 자신들의 이름을 모르는 먼 곳으로 보내달라고 부탁한다.

[제2막] 베두인 전사들을 거느린 사막의 부족장 알타이르(Altair)가 아들 다우드(Da-ud)와 함께 나타난다. 헬레나를 본 다우드는 그녀의 미모에 반해 사랑에 빠진다. 이 모습을 본 메넬라오스는 질투심에 불탄 나머지 다우드를 파리스 왕자로 착각해 칼로 찔러 죽이고 만다.

헬레나는 망각에서 깨어나는 묘약을 메넬라오스에게 주어 그의 기억을 되살려준다. 메넬라오스는 헬레나의 눈에서 진정한 사랑을 깨닫고는 그가 진짜 헬레나임을 확신한다. 이집트의 공주 아이트라도 바다의 왕 포세이돈과 재결합한다. 아이트라와 포세이돈은 헬레나와 메넬라오스를 베두인 전사들의 공격에서 구출해 스파르타로 무사히 돌려보낸다.

그림자 없는 여인

타이틀	**Die Frau ohne Schatten**(The Woman without A Shadow)		

전 3막. 대본은 리하르트 슈트라우스와 콤비인 휴고 폰 호프만스탈이 썼다.

초연	1919년 10월 10일 빈 슈타츠오퍼
주요 배역	바라크(염색장이), 바라크의 아내, 황제, 왕비, 유모, 메신저, 사원 문지기, 젊음의 혼백, 팔콘의 음성
음악 하이라이트	고독한 황제를 표현하는 첼로 멜로디

사전 지식　　　이해하기 어려운 신화에 음악도 이해하기 어렵다. 무대는 태평양에 있는 어떤 섬이며, 시기는 전설적인 어느 시기다. 이 섬나라의 황제가 매 사냥을 나갔다가 영양(羚羊) 한 마리를 잡아온다. 이 영양이 아름다운 여인으로 변하자, 왕은 여인과 결혼한다. 이 여인은 정령(精靈)의 왕 카이코바트(Keikobad)의 딸로 그림자가 없다. 그래서 아이를 잉태할 수 없다. 카이코바트의 칙령에 따르면 왕비가 열두 밤 안에 그림자를 얻지 못하면 정령의 나라로 불러들일 것이며, 황제는 돌로 변한다는 것이다. 바그너 스타일의 라이트모티프가 무던히 얽히면서 오케스트라는 앞일을 계속 암시한다. 왕비가 바라크와 그의 가족에게 상처를 주더라도 자기 그림자를 찾아야 한다는 허황된 꿈을 후회하는 장면이 이 오페라의 하이라이트다.

에피소드　　　슈트라우스의 〈장미의 기사〉가 모차르트의 〈피가로의 결혼〉이라면, 〈그림자 없는 부인〉은 모차르트의 〈마적〉이라는 말이 있다. 〈그림자 없는 부인〉은 동화적인 줄거리에 마법을 소재로 한 오페라다.

줄거리　　　[제1막] 섬나라 궁전의 테라스다. 정령들의 왕 카이코바트의 사자가 왕비의 유모를 찾아온다. 카이코바트는 그림자가 없는 왕비의 아버지다. 왕비가 아이를 낳지 못하는 것은 그림자가 없기 때문이다. 사자는 아직도 임신하지 못한 왕비가 그림자를 찾을 수 있는 기간은 앞으로 세 밤밖에 남지 않았다고 경고한다. 그동안 그림자를 찾지 못하면 당장 집으로 돌아와야 한다는 것이며, 그렇게 되면 남편인 황제는 석상으로 변하게 된다. 황제가 잃어버린 매를 찾으러 다시 사냥을 나가자 왕비와 유모는 그림자를 찾으러 인간 세상으로 내려간다.

염색장이 바라크(Barak)는 아이를 원하지만 아내는 별로 생각이 없다. 바라크가 집을 비우자 변장한 왕비와 유모가 나타난다. 유모는 마법에 능하다. 그들은 바라크의 아내에게 화려한 삶을 환영으로 보여주면서 3일 동안 남편과 동침하지 않으면 부자로 살게 해주겠다고 약속한다. 또한 3일 동안 바라크의 집에서 하녀로 일하겠다고 말한다. 왕비와 유모가 잠시 자리를 비웠을 때 바라크의 아내는 아직 태어나지 않은 아이들이 운명을 한탄하며 울부짖는 소리를 듣는다. 바라크의 아내는 유모와의 약속을 떠올리며 마음을 다잡는다. 바라크가 집에 돌아와 보니 함께 쓰던 침대가 둘로 나뉘어 있다.

[제2막] 왕비가 바라크를 일터로 내몰자 유모는 마법으로 형상뿐인 젊은이를 불러온다. 이 사실을 모르는 바라크의 아내는 젊은이를 좋아하게 된다. 한편 사냥 중인 황제는 왕비가 유모와 함께 염색장이의 오두막집으로 들어가는 것을 본다. 그는 왕비가 자기가 싫어 인간 세상으로 내려와 사는 것이라고 생각해, 이 문제를 어떻게 할지 신의 결정에 맡기기로 하고 신전으로 향한다.

왕비는 아무것도 모르는 바라크에게 잘못을 저지르고 있는 것 같아 점점 괴로워한다. 바라크의 오두막집에 어둠이 내린다. 유모는 일이 잘 풀릴 것이라고 확신하지만 왕비에게는 인간애가 싹트기 시작한다. 바라크의 아내가 그림자를 포기한다. 바라크는 아내에게 그림자가 없는 것을 알고는 화를 내며 칼을 집어 아내를 찌르려고 한다. 그 순간 두 사람은 땅 속으로 빨려 들어간다. 바라크의 아내는 그제야 그림자의 소중함을 깨닫는다.

[제3막] 정령들의 왕 카이코바트의 지하 동굴이다. 바라크와 그의 아내는 아직 태어나지 않은 아기들의 울음소리를 듣고 싶지 않아 귀를 막는다. 바라크의 아내는 자신이 남편을 끔찍이 사랑한다는 것을 깨닫고는 회개하며 울부짖는다. 그러자 계단을 따라 올라가라는 소리가 두 사람에게 들린다.

한편 왕비와 유모는 배에 태워져 신전으로 오게 된다. 카이코바트의 사자가 유모를 꾸짖으며 인간 세상에서 방황하라는 명을 전한다. 신전 안 생명의 분수 앞에 엎드린 왕비의 눈에 돌로 변한 남편의 모습이 들어온다. 저 멀리서 바라크와 그의 아내가 울부짖는 소리가 들려온다. 왕비는 바라크의 행복을 앗아가면서까지 황제를 구하고 싶지 않다고 거부한다. 그러자 왕비에게 그림자가 생긴다. 황제도 제 모습으로 돌아온다. 지상에서는 바라크와 그의 아내가 많은 아이들을 낳아 행복하게 사는 모습이 보인다. 왕비와 황제가 아직 태어나지 않은 자신들의 아기를 찬양하는 가운데 막이 내린다.

다나에의 사랑

타이틀	Die Liebe der Danae(The Love of Danae)	
		전 3막. 휴고 폰 호프만스탈의 시나리오를 요제프 그레고르가 대본으로 만들었다.
	초연	일반인을 위한 첫 번째 드레스 리허설이 1944년 잘츠부르크에서 있었으나 전쟁의 여파 등으로 무대에 올리지 못하고 거의 10년 뒤인 1952년 10월 14일 잘츠부르크에서 초연되었다.
	주요 배역	주피터, 메르쿠르(머큐리), 폴룩스 왕, 다나에(폴룩스 왕의 딸), 크산테(다나에이 하인), 미다스, 폴룩스 왕의 네 명의 조카와 네 명의 아내
	음악 하이라이트	다나에의 상상 속에 금비가 내리는 장면의 음악, 다나에와 주피터가 결합하는 장면의 음악은 실로폰, 첼레스타 (celesta: 종소리 같은 음을 내는 작은 건반 악기), 트라이앵글, 플루트를 이용해 신비스러운 느낌을 준다.

사전 지식　　　리하르트 슈트라우스는 젊은 시절부터 그리스 신화에 깊은 관심이 있었다. 대본가인 호프만스탈은 다나에에 관한 신화를 '편리한 결혼(The marriage of convenience)'이라는 제목의 연극 시나리오로 만들어놓았다. 그는 이 시나리오가 슈트라우스의 작은 오페라에 사용되기를 바랐다. 훗날 호프만스탈은 이 대본의 3막이 지금껏 자신이 쓴 대본 중에서 최고라고 밝힌 바 있다. 그는 슈트라우스와 함께 이 오페라를 통해 고대 독일-그리스를 창조했다고 자랑스럽게 말했다.

에피소드　　　리하르트 슈트라우스의 오페라 중 마지막으로 초연된 작품이다.

줄거리　　　[제1막] 폴룩스(Pollux) 왕의 궁전이다. 왕은 나라의 재정이 바닥이 나자 걱정이 태산 같다. 그는 네 명의 조카를 미다스(Midas) 왕에게 보내 자신의 딸 다나에(Danae)와의 결혼을 추진하도록 한다. 그렇게 되면 황금의 왕에게서 돈을 받아 나라의 재정을 채울 수 있다고 생각하기 때문이다.

장면은 바뀌어 다나에의 침실이다. 다나에는 하늘에서 황금비가 아름답게 내리는 꿈을 꾼다. 다나에는 황금비가 마치 사랑하는 사람처럼 자신을 감싸주고 있다고 생각한다.

폴룩스 왕의 궁전으로 네 명의 조카가 돌아온다. 이들은 미다스 왕이 다나에에게 보내는 황금의 나뭇가지를 가져온다. 그들의 말에 의하면 미다스 왕이 나뭇가지를 손으로 만져 황금 나뭇가지로 변화시켰다는 것이다.

미다스 왕의 배가 항구로 들어온다. 왕은 메신저로 변장하고, 주피터가 대신 미다스 왕으로 행세한다. 주피터와 미다스가 환영 받는다. 다나에는 꿈에서 본 듯한 남자가 주피터라고 생각하지만, 무언가 확실하지 않은 느낌이다.

[제2막] 폴룩스 왕의 조카들과 그들의 아내 세멜레(Semele), 오이로파(Europa), 알크메네(Alkmene), 레다(Leda)가 결혼 초야의 침실을 준비하고 있다. 이런저런 사연으로 주피터와 관계를 맺은 일이 있는 이 네 명의 여인들은 비록 변장은 했지만 그가 주피터인 것을 눈치채고는 새로 연인이 된 다나에에게 질투심을 느낀다. 이때 진짜 미다스 왕이 화려한 왕의 복장으로 나타나 다나에와 함께 결혼 초야를 보낼 침대로 올라간다. 주피터가 훼방을 놓자 다나에는 미다스의 팔에 안겨 황금 조각상으로 변한다. 다나에는 인간과 신 중에서 인간인 미다스를 선택한다.

[제3막] 한적한 시골길이다. 미다스 왕에게 손이 닿으면 모든 것이 황금으로 변하는 능력을 준 것은 주피터다. 주피터는 경쟁자인 미다스에게서 이 능력을 빼앗아 간다. 미다스는 가난한 노새 몰이꾼이 된다. 다나에는 노새 몰이꾼이 된 가난한 미다스와 생활하지만, 황금에 대한 미련을 모두 버렸기 때문에 매우 행복하다.

장면은 바뀌어 어느 산속이다. 머큐리가 등장해 주피터에게 세상의 소식을 전하면서, 여러 신들이 주피터가 다나에와 사랑을 이루지 못한 것을 조롱한다고 전한다. 폴룩스와 여러 빚쟁이들이 미다스 모습을 한 주피터를 가로막고 돈을 내놓으라고 성화다. 주피터는 어쩔 수 없이 황금비를 내린다. 주피터는 다나에의 사랑을 얻고자 미다스의 오두막으로 찾아간다. 그러나 가난하지만 행복하게 사는 다나에를 보고는 이들의 사랑을 축복하며 물러난다.

조용한 부인

타이틀	**Die Schweigsame Frau**(The Silent Woman)	
	전 3막의 코믹 오페라. 벤 존슨(Ben Johnson)의 희곡 「조용한 부인(The silent woman; The epicene)」을 바탕으로 슈테판 츠바이크(Stephan Zweig)가 대본을 썼다.	
	초연	1935년 6월 24일 드레스덴 국립극장
	주요 배역	모로서스 경(퇴역 해군제독), 치머라인 부인(모로서스 경 가정부), 슈나이데바르트(이발사), 헨리 모로서스(모로서스 경의 조카), 아민타(헨리의 아내, 콜로라투라 소프라노), 이조타(오페라 가수), 카를로타(오페라 가수), 모르비오(오페라 가수), 바누치(오페라 가수), 파르팔로(오페라 가수)
음악 하이라이트	3막 피날레에서 조용함을 상징하는 음악	
베스트 아리아	「음악이란 참 아름다운 것이야!(Wie schön ist doch die Musik!)」(B),	

사전 지식　　리하르트 슈트라우스는 이 오페라의 서곡이 장미 꽃잎을 향료와 섞어 단지에 넣은 것과 같다고 표현했다. 그만큼 사랑스럽다는 얘기다. 오페라의 마지막 장면에 나오는 모로서스 경의 아리아 「음악이란 참 아름다운 것이야!」는 음악에 대한 반증적인 찬사로 생각할 수 있으며, 코믹한 면을 잊지 않는 작곡자의 의도가 숨어 있다. 이 오페라의 대본은 10년 동안 슈트라우스의 단짝으로 작품을 같이해온 휴고 폰 호프만스탈이 세상을 떠나는 바람에 스테판 츠바이크가 썼다. 슈트라우스는 이 오페라가 〈세비야의 이발사〉나 〈피가로의 결혼〉보다 더 코믹하다고 믿었다.

에피소드　　이 오페라는 나치의 반유대 정책 때문에 상당 부분을 삭제해야 했다. 더구나 드레스덴 초연 이후 겨우 4일간 공연된 뒤 당국의 지시로 공연을 중단해야 했다. 대본을 쓴 슈테판 츠바이크가 유대인이기 때문에 그랬을 것이라는 설명도 있다. 드레스덴에서 이 오페라를 초연하는 날 히틀러와 나치의 선전장관 파울 괴벨스가 관람할 예정이었으나 드레스덴으로 오던 중 이 오페라의 대본을 유대인이 썼다는 것을 알고는 방향을 돌려 베를린으로 되돌아갔다고 한다.

줄거리   퇴역 해군제독 모로서스 경(Sir Morosus)은 소음을 무척 싫어하는 홀아비다. 그는 여자의 잔소리도 소음으로 여겨 극도로 싫어한다. 모로서스의 가정부 치머라인(Zimmerlain)은 마을 이발사의 도움을 받아 이 홀아비와 결혼해 팔자를 고치고 싶어 한다. 이발사 슈나이데바르트 (Schneidebart)는 모로서스에게 아주 말없고 조용한 신붓감이 있다며 한 번 만나보라고 권한다. 때마침 오랫동안 만나지 못했던 조카 헨리(Henry)가 찾아온다. 모로서스는 처음에는 무척 반가워하지만 헨리가 오페라단원이라는 소리에 소음을 떠올리며 골치 아파한다. 소음을 만들어내는 오페라단원을 싫어하는 모로서스는 조카에게 한 푼도 상속하지 않을 것이며, 조카며느리 아민타(Aminta)도 인정하지 않겠다고 단호히 말한다. 그는 이발사에게 마땅한 신붓감을 만나게 해달라고 재촉한다. 이발사는 헨리와 짜고 오페라단의 여성 단원 두어 명과 헨리의 아내 아민타를 모로서스의 신붓감으로 선보이자고 한다. 이 계획을 들은 오페라 단원들은 모로서스를 골탕 먹일 작전에 동참하겠다고 나선다.

이튿날 이발사는 여인들을 모로서스에게 소개하고 맘에 드는 사람이 있으면 얘기해달라고 한다. 거친 시골 아가씨로 분장한 카를로타(Carlotta)는 단번에 퇴짜를 맞는다. 멋쟁이 부인으로 분장한 이조타(Isotta)도 같은 처지다. 아민타가 티미다(Timida)라는 이름으로 들어온다. 모리서스는 매우 조순하고 말이 없는 타미다가 마음에 쏙 든다고 말한다. 이발사는 오페라단원인 모르비오(Morbio)와 파르팔로(Farfallo)를 신부(神父)와 공증인으로 변장시켜 결혼식을 올린다. 나머지 단원들은 예전에 함선에서 모로서스를 모시던 수병들이라고 둘러대며 결혼을 축하하고 소란을 떤다. 축하객들이 모두 가버리고 모로서스와 아민타(티미다)만 남자 아민타는 잔소리를 하며 바가지를 긁기 시작한다. 혼비백산한 모로서스는 헨리에게 제발 티미다라는 여자와 이혼하게 해달라고 간청한다. 헨리가 되도록 빨리 이혼할 수 있게 해준다고 하자 그제야 조금 안심한다. 아민타는 아침, 점심, 저녁을 가리지 않고 계속 소음을 낸다. 게다가 음악 선생(헨리)을 초청해 성악 레슨을 받는데 모로서스로서는 참을 수 없는 고통을 느낀다. 참다못한 모로서스가 판사를 불러오라고 한다. 오페라단원 바누치(Vanuzzi)가 판사로 변장해 소음 정도를 확인하러 나타난다. 판사는 아민타에게 잘못이 있기는 하지만 그렇다고 이혼 사유는 되지 않으니 참으라고 말한다. 낙심천만한 모로서스의 모습은 처량하기까지 하다. 그때 헨리와 아민타가 제 모습을 드러내며 모든 것이 오페라단원들과 함께 꾸민 장난이었으며 그 통에 모두 유쾌했었다고 말한다. 모로서스가 어이없어 하며 「음악이란 참 아름다운 것이야!」를 부를 때 막이 내린다.

엘렉트라

타이틀	**Elektra**(Electra)		
		단막의 비극. 소포클레스의 「엘렉트라」를 기본으로 휴고 폰 호프만스탈이 썼다.	
	초연	1909년 독일 드레스덴 호프오퍼 극장	
	주요 배역	엘렉트라(아가멤논의 딸), 크리소테미스(엘렉트라의 여동생), 클리타엠네스트라(클리타임네스트라: 엘렉트라와 크리소테미스의 어머니), 오레스트(오레스테스: 아가멤논의 아들), 아가멤논(그리스의 장군 겸 왕), 아에기스투스(아이기스토스 클리타임네스트라의 정부)	
음악 하이라이트	아가멤논의 모티프, 살해된 아버지를 사랑하는 엘렉트라의 마음을 표현한 음악, 크리소테미스의 어머니를 그리워하는 마음을 표현한 음악		

사전 지식   폭력과 살인으로 얼룩진 비극으로, 소포클레스의 「엘렉트라」를 소재로 한 충격 드라마다. 세상에 어떤 오페라에 아들이 자기 어머니를 토막 내어 죽이는 장면이 있는가? 게다가 옆에 있던 여동생이 어머니를 칼로 살해한 오빠에게 "더 찔러요, 더!"라고 소리치겠는가? 마지막 15분은 음악적으로나 극적으로 소름끼칠 만큼 두렵고 역겨운 장면이 이어진다. 이때 오케스트라가 내는 특수 효과음의 강력한 감정 표현은 놀랄 만하다. 심리학에서 말하는 엘렉트라 콤플렉스가 어떤 것인지 알아두는 것도 나쁘지 않다.

배경 스토리   아가멤논이 트로이에서 탈출해 집으로 돌아와 보니 아내 클리타임네스트라 (Clytemnestra)가 다른 남자와 불륜을 저지르고 있다. 아내는 남편을 죽이고 애인과 함께 통치자 자리에 오른다. 죽은 남편 아가멤논과의 사이에서 태어난 왕자 오레스테스(Orestes)는 종적을 알 수 없는 곳으로 도망쳤다. 클리타임네스트라는 자기 딸 크리소테미스(Crisothemis)와 엘렉트라(Elektra)를 더러운 움막에서 개와 함께 먹고 자며 노예처럼 일을 시킨다. 엘렉트라는 아버지의 죽음을 비통해하며 복수를 다짐한다. 그녀는 도망간 남동생 오레스테스와 은밀히 연락을 해 아버지를 죽인 자들을 파악해달라고 부탁한다.

하인들이 엘렉트라에 대해 이야기를 나누고 있다. 그녀는 이 나라의 공주지만 노예보다 더 처참한 대우를 받으면서 하루하루를 겨우 버티고 있다. 고양이같이 행동하고, 개처럼 짖어야 하며, 기회만 있으면 매질을 당하는 엘렉트라. 하인들은 그런 엘렉트라를 불쌍히 여긴다. 엘렉트라는 어머니에게 복수할 것을 매일 다짐하며 지낸다. 어머니를 죽일 수 있다면 얼마나 행복할까라는 소망을 마음속 깊이 간직하고 있다. 엘렉트라는 동생 크리소테미스에게 아버지의 살인자에게 함께 복수하자고 하지만, 동생은 어떻게 어머니를 죽일 수 있느냐면서 거절한다.

어머니 클리타임네스트라가 등장한다. 어머니는 엘렉트라에게 자기가 요즘 한 달이나 불면증에 시달리고 있으니 어떻게 하면 고칠 수 있을지 물어본다. 엘렉트라는 속으로 오빠와 내가 힘을 합쳐 어머니를 죽이면 편히 잠들 수 있을 것이라고 말한다. 크리소테미스는 오레스테스가 군인들에게 잡혀 말에 끌려 다니는 형벌을 받아 거의 죽을 지경이 되었다는 소식을 전하며 소리 내어 운다. 이 소식을 들은 클리타임네스트라는 아들의 죽음을 슬퍼하기는커녕 오히려 두 발 뻗고 잘 수 있게 되었다면서 기뻐한다. 엘렉트라는 오레스테스의 소식을 듣자 마음이 요동쳐 마치 짐승처럼 이리저리 기어 다닌다. 어두운 그림자가 드리운다. 오레스테스다. 그는 죽지 않고 살아 있었다. 엘렉트라는 기쁨에 넘쳐 "오레스테스! 오레스테스!"라고 소리친다. 두 사람은 아버지를 살해한 어머니에게 당장 복수하자는 데 뜻을 모은다. 엘렉트라는 두 손으로 땅을 파, 감춰둔 도끼를 꺼내 오레스테스의 손에 쥐어준다. 잠시 후 아이기스토스(Aegisthus)가 왕궁으로 돌아온다. 엘렉트라는 아이기스토스를 환영하듯 그의 주위를 돌면서 춤을 춘다.

엘렉트라와 오레스테스가 궁전으로 잠입한다. 어머니를 발견한 오레스테스는 칼로 어머니의 목을 친다. 그 모습을 지켜보던 엘렉트라는 "더 세게, 더 깊이, 다시 한 번 더!"라고 외친다. 어머니와 합심해 아버지를 살해한 간부(姦夫) 아이기스토스(Aegistus)가 나타나자 엘렉트라는 기괴한 행동과 함께 소리를 지르며 그에게 다가가 큰소리로 비웃는다. 무언가 이상한 낌새를 눈치챈 아이기스토스가 급히 클리타임네스트라의 방으로 들어간다. 그곳에는 오레스테스가 도끼를 들고 아이기스토스를 기다리고 있다. 도끼날이 아이기스토스의 등을 파고든다.

궁전은 일대 혼란에 빠진다. 엘렉트라는 그런 혼란에 아무 관심이 없다는 듯 아버지 무덤에서 승리의 춤을 춘다. 엘렉트라가 무덤 위로 쓰러진다. 꼼짝도 하지 않는 것을 보니 죽은 것 같다. 천둥번개가 치며 비가 세차게 내린다. 크리소테미스가 궁전 문을 두드리며 "오레스테스, 오레스테스"를 슬피 부르짖는 가운데 막이 내린다.

인테르메초

타이틀	**Intermezzo**

전 2막. 막간극 또는 간주곡이라는 뜻의 오페라다. 과거의 오페라가 귀족 사회를 위한 음악이었다면 인테르메초는 서민들을 위한 오페라다. 특히 서민들은 코미디를 더 좋아했다. 이를 뷔르게를리헤 코뫼디(bürgerliche komödie)라고 부른다. 대본은 작곡자가 직접 썼다.

초연	1924년 11월 4일 드레스덴 슈타츠오퍼 극장
주요 배역	로베르트 슈토르흐(궁정음악감독), 크리스티네(슈토르흐의 아내), 프란츨(슈토르흐와 크리스티네의 아들), 아나(이들의 하녀), 루머 남작, 공증인, 공증인의 아내, 슈트로(합창 지휘자)

사전 지식　　　리하르트 슈트라우스의 오페라는 〈살로메〉, 〈엘렉트라〉, 〈그림자 없는 여인〉 등 정신적으로 부담을 주는 비극이 주를 이룬다. 그러나 〈인테르메초〉는 코미디다. 제목을 인테르메초라고 붙인 것은 교향적 간주곡이 1막 시작 전과 2막 시작 전에 나오기 때문이다. 리하르트 슈트라우스는 이 작품을 아들 프란츠를 위해 작곡했다고 한다. 그래서인지 오페라에 나오는 남자아이 이름도 프란츨(프란츠의 오스트리아 스타일)이다.

에피소드　　　슈트라우스는 〈인테르메초〉를 자신의 생활, 특히 결혼 생활에 비추어 작곡했다. 그는 오페라 대본에 자신은 점잖고 이성적인 인물로, 아내는 이성적이지 못한 말괄량이로 그려놓았다. 오페라에 나오는 슈트로흐처럼 리하르트 슈트라우스도 열성 팬에게서 생각지도 않은 연애편지를 받아 아내와의 결혼 생활을 위협받은 적이 있다. 극중 대타로 등장하는 지휘자 슈트로흐는 요제프 슈트란스키(Josef Stransky)를 모델로 했다고 한다. 다른 출연자, 예를 들어 슈트라우스의 아들 프란츨과 하녀 아나는 실제와 같은 이름을 썼다.

줄거리　　　[제1막] 대성당의 음악감독이며 유명한 지휘자인 로베르트 슈토르흐(Robert Stroch)는 사랑하는 아내 크리스티네(Christine)와 떨어져 빈으로 출장을 가야만 한다. 부유한 집안에서 자라난 크리스티네는 상당한 유산을 상속 받아 재산이 넉넉하다. 남편 슈토르흐가 음악에 전념할 수 있는 것은 아내의 재산 덕분이다. 크리스티네는 남편의 출장을 이용해 그동안 즐기지 못했던 사람들과의 사교 모임을 열기로 한다. 그녀는 좋은 옷으로 차려입고 마차를 타는 도중 우연히 루머 (Lummer)라는 멋쟁이 남작을 만난다. 루머 남작은 아름다운 크리스티네를 보자 첫눈에 반한다. 크리스티네는 루머 남작이 너무 끈질기게 접근하는 바람에 잠시 혼란을 겪지만, 남작이 자신의 돈을 바란다는 사실을 알고는 남작을 냉대한다.

며칠 후 남편 슈토르흐 앞으로 편지 한 장이 배달된다. 어느 열렬한 여성 팬이 보낸 러브레터다. 크리스티네가 편지를 읽어보니 "나의 보물과 같은 당신에게, 내일 오페라 표 두 장을 다시 보내주세요. 그 후에 언제나 그랬듯이 카페에서 만나요. 당신의 귀여운 사람으로부터"라고 적혀 있다. 화가 난 크리스티네는 빈에 있는 남편에게 급히 전보를 보내 다시는 보고 싶지 않으니 집에 들어올 생각은 하지 말라고 전한다. 크리스티네는 당장 이혼장을 만들어 공증인에게 가기로 한다. 아들 프란츨이 어디를 가느냐고 묻자, 이제부터 아빠와 함께 살지 않겠다는 전보를 보내러 간다고 대답한다.

[제2막] 슈토르흐가 친구들과 함께 카드놀이를 하고 있다. 이들은 아내들의 변덕스럽고 상대하기 어려운 성질과 그런 중에 보이는 유쾌하고 명랑한 성격에 대해 얘기를 나누고 있다. 이때 크리스티네가 보낸 이혼 전보가 슈토르흐에게 배달된다.

슈토르흐는 느닷없는 이혼 통보를 도무지 이해할 수가 없다. 슈토르흐는 일이고 뭐고 다 귀찮아 지휘를 다른 지휘자에게 맡길 작정한다. 그런데 공교롭게도 그 지휘자의 이름이 슈트로(Stroh)다. 크리스티네가 읽은 연애편지는 실은 슈트로에게 보낸 것인데 스펠링이 비슷하다 보니 잘못 배달된 것이다. 존경하는 슈토르흐 선생이 그 편지 때문에 어려움을 겪고 있다는 것을 알게 된 슈트로는 크리스티네를 직접 만나 자초지종을 설명하고는 오해를 풀라고 간청한다. 처음에는 믿지 않던 크리스티네도 여러 정황으로 볼 때 확실히 잘못 배달된 편지라는 것을 알고 남편에게 화해를 청한다. 두 사람은 전보다 더 행복한 생활을 한다. 아들 프란츨도 행복하다.

살로메

타이틀	**Salome**

단막의 뮤직드라마. 성경에 나오는 살로메 이야기다. 오스카 와일드(Oscar Wilde)의 희곡 「살로메(Salome)」를 기본으로 헤트비히 라흐만(Hedwig Lahmann)이 대본을 썼다.

초연	1905년 12월 9일 독일 드레스덴 궁정 오페라
주요 배역	요카난(세례 요한), 헤로데스(유대 분봉왕), 헤로디아스(헤로데스의 아내), 살로메(헤로디아스의 딸이자 헤로데스의 의붓딸), 나라보트(근위대장)
음악 하이라이트	살로메가 세례 요한의 머리에 키스하며 부르는 노래
베스트 아리아	「그대의 입술에 키스하고 싶어요, 요카난(Ich will deinen Mund küssen, Jokanaan!)」(S), 「나를 쳐다보는 이 여인이 누구인가?(Wer ist dies Weib, das mich ansieht?)」(B), 「나라보트, 당신은 나를 위해 이 일을 할 수 있으리(Du wirst das für mich tun, Narraboth)」(S)

사전 지식　　　선혈이 낭자하는 충격적인 오페라다. 오페라는 엄격한 검열을 받는 영화와는 달리 무삭제 공연이 가능하다. 근친상간, 스트립쇼, 살인, 게다가 참수당한 머리까지 정말 오싹하고 역겨울 정도다. 음악도 이런 괴기스러운 상황과 잘 맞아떨어진다. 살로메가 추는 「일곱 베일의 춤(Tanz der sieben schleier; Dance of the seven veils)」이 유명하다.

에피소드　　　짐작하는 대로 1905년 초연 당시 관객들은 모두 충격을 받았다. 오히려 안 봤어야 한다는 의견이 지배적이었다. 뉴욕 메트로폴리탄 오페라에서는 〈살로메〉의 공연을 27년이나 금지했다.

줄거리　　　기원후 30년 유대 왕국 궁전의 웅장한 테라스다. 안에서 성대한 연회로 흥청거리는 소리가 들려온다. 궁전 문에서 시리아인 근위대장 나라보트(Narraboth)가 아름다운 공주 살로메에 대한 불타는 사랑을 시종에게 하소연한다. 이때 정원의 우물에서 "죄인은 회개하라"는 세례 요한의 힘찬 목소리가 울려 퍼진다. 여왕 헤로디아스(Herodias)가 헤로데스와 결혼하기 위해 남편을 살해한 비행을 빗댄 말이다. 한편 살로메는 욕정을 품고 끈질기게 추파를 던지는 계부 헤로데스 때문에 속이 상한 나머지 연회장에서 나와 달빛 속을 거닐고 있다. 그러다가 세례 요한의 목소리에 놀라 걸음을 멈춘다. 호기심이 동한 살로메는 나라보트를 달콤한 목소리로 유혹해 우물에 갇혀 있는 세례 요한을 데려오라고 시킨다. 누더기를 걸친 예언자의 모습이 달빛 속에 드러난다.

헤로데스와 헤로디아스를 탄핵하는 힘찬 목소리가 계속되다가 "나를 쳐다보는 이 여인이 누구인가?"라고 묻는다. 살로메의 마음에 그를 차지하고 싶은 욕망이 불같이 일어난다. 그녀는 참을 수 없는 욕정을 표현하면서 「그대의 입술에 키스하고 싶어요, 요카난」을 뱀같이 음탕한 자태로 노래한다. 나라보트는 그토록 흠모하는 여인의 타락한 모습에 놀라 스스로 목숨을 끊는다. 그러나 살로메는 마치 최면에 걸린 사람처럼 요한에게 매료되어 자기 발아래 쓰러져 있는 나라보트의 시신은 쳐다보지도 않은 채 요한에게 다가간다. 관능적이며 유혹적인 분위기가 감돌지만 요한은 살로메를 거들떠보지도 않고 우물 속 감방으로 되돌아가면서 "그대를 구할 단 한 사람이 여기 살아 있다"라고 경고한다. 살로메는 자기를 거부한 예언자에게 앙심을 품는다. 그때 자신을 부르는 왕의 소리를 듣는다. 다섯 명의 유대인이 헤로데스를 알현해 세례 요한의 처형을 요구하지만, 헤로데스는 메시아 같은 존재인 세례 요한이 두려워 그들의 청을 거절한다.

헤로데스는 살로메에게 자기를 위해 춤을 춰달라고 요구한다. 살로메가 응하지 않자 왕은 몸이 달아올라 원하는 것, 심지어 왕국의 반을 달라고 해도 들어주겠다고 약속한다. 살로메는 기다렸다는 듯 그 유명한 「일곱 베일의 춤」을 관능적으로 추기 시작한다. 한 겹씩 베일을 벗어던지던 살로메가 거의 나체가 된 채 왕의 발밑에 쓰러진다. 넋이 나간 헤로데스가 살로메에게 원하는 바를 묻자 "요한의 머리"라고 답한다. 헤로데스가 소스라치게 놀라며 다른 것은 들어줄 수 있으나 그것만은 안 된다 말한다. 그러나 살로메가 '요한의 머리'를 달라고 계속 조르자, 헤로데스는 권위의 상징인 반지를 뽑아 살로메에게 던진다. 그러면서 병사들에게 살로메가 지시하면 사형을 집행하라고 명한다.

우물 속으로 들어간 병사가 큰 은쟁반에 요한의 머리를 담아 등장한다. 살로메는 은쟁반을 붙잡더니 마치 요한의 머리가 살아 있기나 한 것처럼 자기 연인이라고 부르짖는다. 이어 매우 퇴폐적인 몸짓으로 춤을 추며 욕정이 가득한 목소리로 노래를 부른다. 춤이 절정에 이르자 살로메는 죽은 요한의 입술에 열정적인 키스를 퍼붓는다. 살로메의 광란 장면을 더는 참지 못한 헤로데스가 "저 여자를 죽여라"라고 고함을 친다. 왕의 호위병들이 재빨리 밀치고 들어와 방패로 살로메를 눌러 죽음에 이르게 한다.

오이디푸스 왕

타이틀	**Oedipus Rex**(King Oedipus)	
		전 2막. 소포클레스의 희곡을 장 콕토가 대본으로 만들었다.
	초연	1927년 5월 30일 파리 사라 베르나르(Sarah Bernhardt) 극장
	주요 배역	오이디푸스(테베의 왕자), 라이오스(테베의 왕), 이오카스테(테베의 왕비), 크레온(이오카스테 왕비의 동생), 티레시아스(눈먼 예언자), 메신저(테베의 신하), 스피커(내레이터)
음악 하이라이트		이오카스테의 아리아, 오이디푸스가 자기의 존재를 인식할 때의 음악, 크레온의 아리아

사전 지식 　　　　오이디푸스에 관한 이야기는 많은 사람들이 한번쯤 들어보았을 것이다. 오이디푸스 콤플렉스라는 용어는 자식(특히 아들)이 부모(특히 어머니)에 대해 무의식적으로 성적(性的) 감정을 느낀다는 의미다. 이 작품의 내용을 이해하기 위해서는 왕이 되기 전 오이디푸스의 행적을 살펴봐야 한다. 오이디푸스는 테베(Thebes)의 라이오스(Laius) 왕과 이오카스테(Jocasta) 왕비 사이에서 태어났다. 왕은 아들 오이디푸스가 언젠가 아버지를 죽이고 어머니와 결혼한다는 신의 계시(신탁)를 듣고는 이를 미연에 방지하고자 아들 오이디푸스를 죽이기로 결심한다. 복사뼈를 부러뜨리고 무릎을 꺾어 걸어 다니지 못하게 한 뒤 산 속에 버릴 생각을 했으나, 차마 어린 아들에게 그런 참혹한 행동을 할 수 없어 신하(메신저)에게 먼 산 속에 죽게 내버리라고 지시한다. 신하는 오이디푸스가 측은해 산속 목자에게 맡긴다. 어린 오이디푸스는 사냥을 나온 코린토스(Corinth)의 폴리보스(Polybus) 왕을

스트라빈스키, 이고르(Stravinsky, Igor, 1882~1971)
이고르 표로도비치(Fyodorovich) 스트라빈스키는 러시아 출신이지만 프랑스로 귀화했고, 나중에는 미국 시민이 되어 작곡가, 피아니스트, 지휘자로서 활동했다. 스트라빈스키는 20세기 작곡가 중에서 가장 중요하고 영향력 있는 인물이다. 『타임』지는 그를 20세기의 가장 영향력 있는 인물 100인 중 한 사람으로 선정했다. 발레음악을 우선으로 했던 그는 교향곡과 협주곡에는 많은 비중을 두었으나, 오페라에는 그러하지 못했다. 하지만〈오이디푸스 왕〉과 〈난봉꾼의 인생 역정〉은 음악사적으로 대단히 중요한 이정표를 세운 작품이다.

만나 왕궁으로 함께 간다. 오이디푸스는 폴리보스 왕과 메로페(Merope) 왕비를 친부모로 알고 성장한다. 성장한 오이디푸스는 아버지를 죽이고 어머니와 결혼한다는 신탁이 자신에게 내렸음을 우연히 알고는 그런 말도 안 되는 일을 피하기 위해 코린토스 왕궁을 떠나 방랑한다. 그는 우연히 라이오스 왕을 만난다. 라이오스가 친아버지인 줄 모르는 오이디푸스는 사소한 말다툼 끝에 왕과 결투를 벌여 그를 죽인다. 신탁이 이루어진 것이다.

테베는 스핑크스의 저주로 무서운 역병에 고통 받고 있다. 스핑크스는 누구든 자기가 낸 수수께끼를 풀면 역병의 저주에서 풀어주겠다고 한다. 스핑크스가 "아침에는 네 발로, 낮에는 두 발로, 밤에는 세 발로 걷는 것이 무엇이냐?"라고 묻자 오이디푸스가 "사람"이라고 대답해 수수께끼를 푼다. 테베는 역병의 저주에서 풀려난다. 테베의 백성들은 오이디푸스를 새로운 왕으로 세운다. 오이디푸스는 아름다운 이오카스테 왕비를 보고 마음이 끌려 결혼한다. 아들이 죽은 것으로 아는 왕비는 오이디푸스가 누군지 몰랐던 것이다. 이렇게 하여 신탁이 모두 이루어졌다.

에피소드　　　　　스트라빈스키는 이 오페라를 제전(祭典) 드라마로 만들었다. 그래서 장 콕토의 대본을 모두 라틴어로 번역했다. 가사가 라틴어이므로 전달에 엄숙함이 깃들어 있다. 마스크를 쓴 출연자들은 라틴어 가사를 충실히 전달하기 위해 상대방이 아닌 객석을 보고 노래했다. 스트라빈스키의 음악은 이른바 신고전주의 스타일이다. 그렇지만 여러 스타일의 음악을 간간이 혼합해 사용했다. 다만 지나친 극적 표현과 스테이지 액션을 배제하고 마치 조각상을 끌로 쪼아 다듬는 것처럼 명확한 표현을 전달하게 했다. 나중에 스트라빈스키는 음악보다는 장 콕토의 내레이션에 초점을 맞추어 대본을 수정했다. 일례로 프롤로그의 해설은 프랑스어를 그대로 사용했다.

스트라빈스키의 〈오이디푸스 왕〉은 6편의 에피소드로 진행된다. 프롤로그에서는 스피커(내레이터)가 오이디푸스에게는 덫이 놓여 있다는 말로 드라마의 시작을 선언한다. 제1막에서는 세 가지 에피소드가 펼쳐진다. 첫째, 테베의 시민들이 오이디푸스에게 테베를 역병에서 구해달라고 요청한다. 둘째, 크레온이 테베에 라이오스 왕을 죽인 자가 있다는 얘기를 듣고 테베로 돌아온다. 셋째, 오이디푸스가 눈먼 예언자 티레시아스에게 진실을 털어놓으라고 강요한다. 오이디푸스는 살인범을 색출하여 추방할 것을 다짐한다. 오이디푸스는 전왕 라이오스의 살인범으로 이오카스테 왕비의 동생 크레온을 의심한다. 제2막에서도 세 가지 에피소드가 전개된다. 첫째, 이오카스테 왕비가 신의 계시의 진실성에 대해 의심을 품는다. 둘째, 오이디푸스는 자기가 어떤 노인을 죽인 장소가 라이오스 왕이 살해당한 장소와 같다는 것을 알고는 심적 갈등을 겪는다. 셋째, 메신저와 목자의 입을 통해 진실이 밝혀진다.

오이디푸스가 자기의 아버지를 죽이고 어머니와 결혼했다는 내용이다. 마지막 에피소드에서는 메신저가 이오카스테 왕비의 죽음과 오이디푸스가 스스로 눈을 찔러 장님이 된 뒤 테베에서 추방된 사연 등을 전한다.

줄거리　　　　　**[제1막]** 오이디푸스가 테베의 왕이 되고 몇 년이 흘렀다. 테베의 시민들이 왕궁으로 몰려와 전왕 라이오스가 무참히 살해된 데 대해 신들의 노여움이 크므로 테베를 신들의 저주에서 구해달라고 외친다. 테베는 오래전에 있었던 것처럼 역병에 시달린다. 오이디푸스는 라이오스 살해범을 찾아 멀리 추방할 것을 약속한다. 눈먼 예언자 티레시아스(Tiresias)는 오이디푸스에게 그 일을 중지하는 것이 좋을 것임을 암시한다. 오이디푸스는 이오카스테 왕비의 동생 크레온(Creon)이 왕좌를 차지할 목적으로 전왕 살해에 연루된 것으로 짐작해 티레시아스의 권고를 강력히 거부하며 비난한다. **[제2막]** 오이디푸스는 라이오스 살해의 유일한 목격자인 라이오스의 하인을 찾는다. 그 하인은 오이디푸스가 테베의 왕이 되자 종적을 감추었다. 메신저가 들어와 코린토스의 폴리부스 왕이 사망했음을 전한다. 메신저는 오이디푸스가 폴리부스 왕의 양자임을 밝히면서, 오이디푸스의 생부와 생모가 누군지는 모른다고 말한다. 오이디푸스와 메신저의 대화를 들은 이오카스테 왕비는 그제야 진실이 무엇인지 깨닫고는 깊은 죄책감과 절망으로 왕궁을 빠져나와 도피한다. 얼마 후 오이디푸스도 진실을 알게 된다. 오이디푸스는 어머니의 뒤를 쫓아간다. 또 다른 메신저가 무대에서 공연되지 않은 뒷이야기를 전한다. 산속으로 도피한 이오카스테 왕비는 기구한 운명을 한탄하며 나무에 목을 매 스스로 목숨을 끊는다. 주검이 된 어머니를 발견한 오이디푸스는 어머니의 옷에 달려 있는 핀으로 자기 눈을 찔러 영원히 앞을 보지 못하게 된다. 드라마는 오이디푸스가 자기 아이들을 외삼촌 크레온에게 부탁하며 멀리 사라지는 것으로 끝을 맺는다.

나이팅게일

타이틀	**The Nightingale**(Соловей; Le rossignol)

전 3막. 한스 크시스티안 안데르센의 동화를 바탕으로 작곡자와 스테판 미투소프(Stephan Mitussov)가 공동으로 대본을 만들었다.

초연	1914년 5월 26일 파리 오페라
주요 배역	나이팅게일(S), 어부(T), 요리사(S), 중국의 황제(Bar), 의전 장관(B), 죽음(S)

사전 지식   스트라빈스키의 동화적인 단막 오페라로 그의 스승 림스키코르사코프의 전설적인 민속 오페라를 연상시킨다. 스트라빈스키는 드뷔시와 같은 인상주의 음악가들의 영향을 많이 받았다. 스트라빈스키의 음악이 한 폭의 수채화와 같은 것도 그 때문이다. 그러나 제2막 도입부에 나오는 중국 황제의 행진곡은 이 같은 인상주의적 표현과는 거리가 먼 일종의 허세적인 곡이다. 나이팅게일이 오케스트라석에서 노래하는 것도 이채롭다. 인공 나이팅게일의 아리아는 특별한 아름다움이 있다. 최고의 기교를 요구하는 아리아이지만 기계적인 딱딱함이 배어 있는 것은 오히려 당연한 일이다. 스트라빈스키는 나이팅게일과 황제의 화해를 자연과 권력의 화해로 간주했다.

에피소드   〈나이팅게일〉은 1914년 파리에서 초연된 이래 전 세계의 오페라 무대를 정복했다. 〈투란도트〉와 같은 이국적인 분위기 때문이다.

줄거리   [제1막] 어부가 나이팅게일의 놀랍도록 아름다운 노래를 듣고 있다. 나이팅게일은 어부에게 삶의 전부다. 어부가 환상적으로 노래를 부르는 나이팅게일을 가지고 있다는 소문은 어느덧 중국의 황제 궁에까지 퍼진다. 중국 황제의 대관들이 어부를 방문해 나이팅게일을 궁전으로 초청한다. 어부는 모든 즐거움과 희망이 사라지는 것 같아 반대하지만, 황제의 명령을 거역할 수가 없어 나이팅게일을 궁전으로 보낸다.

[**제2막**] 나이팅게일의 노래에 감동한 황제는 눈물을 흘린다. 그러나 나이팅게일은 한시도 쉬지 않고 노래를 부를 수는 없다. 황제는 그것이 못내 아쉽다. 일본 사절단이 일본 황제가 보낸 기계로 만든 나이팅게일을 중국 황제에게 바친다. 언제라도 노래가 듣고 싶으면 태엽만 감으면 되는 기계 나이팅게일이다. 궁중의 모든 사람이 기계 나이팅게일의 노래를 듣고 매우 신기해하며 좋아한다. 진짜 나이팅게일에 대한 관심이 점점 잦아들자. 진짜 나이팅게일은 어부가 있는 곳으로 날아간다.

[**제3막**] 황제가 병상에 누워 있다. 언제 운명할지 모르는 상태다. 황제는 모든 신하를 불러놓고 마지막으로 나이팅게일의 노래를 듣고 싶다고 말한다. 하지만 기계로 만든 나이팅게일은 너무 많이 사용해 고장이 났다. 사람들은 황제의 죽음만 기다리고 있다. 황제의 소리를 들은 진짜 나이팅게일이 황제를 위해 노래를 부른다. 황제는 멀리서 들려오는 나이팅게일의 노래를 듣고 건강을 회복해 자리에서 일어난다.

난봉꾼의 인생 역정

타이틀	**The Rake's Progress**	
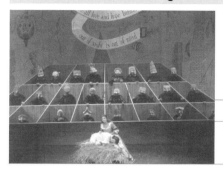	3막과 에필로그로 구성된 신고전주의 오페라. 체스터 칼만(Chester Kallman)과 위스턴 휴 오든(Wystan Hugh Auden)이 공동으로 대본을 썼다. 이 오페라는 '난봉꾼의 인생행로(Die Geschichte eines Wüstlings)'로도 불린다.	
	초연	1951년 9월 11일 베네치아 페니체 극장
	주요 배역	톰 레이크웰, 닉 섀도, 트럴러브, 앤 트럴러브(트럴러브의 딸), 터키 여인 바바, 머더 구스, 셀렘(경매자)

음악 하이라이트	앤의 카발레타(Cabaletta)

사전 지식 　　　　이 오페라는 화가 윌리엄 호가스(William Hogarth)의 '탕아의 인생 역정(Rake's progress)' 연작에서 영감을 받았다. 대본은 1948년에 완성되었으나 음악은 그로부터 3년 후인 1951년에 완성되었다. 작곡자는 음악을 작곡하면서 19세기에 유행하던 전통적인 모차르트 스타일을 따르면서도, 자신만의 독특한 멜로디, 하모니, 기악 편성을 십분 살렸다. 이는 20세기를 정점으로 한 신고전주의를 대변한 것이다. 대본가는 화가 호가스의 작품에서 메피스토펠레스와 같은 악마에 대한 신랄한 풍자에 특히 관심을 가졌다. 이 오페라에서는 닉 섀도가 바로 악마 역할이다. 그는 후반기의 파우스트를 메피스토펠레스가 인도한 것처럼 톰 레이크웰을 인도했다.

줄거리 　　　　[제1막] 아름다운 앤 트럴러브(Anne Trulove)는 아버지 소유의 시골 별장에서 구혼자 톰 레이크웰(Tom Rakewell)과 함께 아름다운 봄날을 찬미하고 있다. 트럴러브는 사위가 될지도 모르는 톰에게 회계사 자리를 주선해놓았다고 말한다. 톰은 그 제안을 거절한다. 톰이 자신은 인생을 즐기면서 살기로 했다고 말하는 순간 어떤 이상한 사람이 나타난다. 그 사람은 자기를 닉 섀도(Nick Shadow)라고 소개하면서 오랫동안 잊고 지냈던 톰의 돈 많은 삼촌이 죽으면서 톰에게 많은 유산을 남겨놓았다고 전해준다. 트럴러브는 톰에게 어서 런던으로 가서 재산을 정리하라고 권한다. 톰은 앤에게 정리되는 대로 곧 연락하겠다고 하고는 길을 떠난다. 이상한 인물 닉 섀도는 관객을 향하여 "이제부터 난봉꾼 같은 여정이 시작됩니다"라고 발표한다.

도시의 사창가에서 창녀들이 젊은이들과 술잔치를 벌이며 법석을 떨고 있다. 이들은 비너스와 마르스 (군신)에게 축배를 든다. 섀도는 톰에게 사창가의 마담 머더 구스(Mother Goose)에게 자기가 가르쳐준 교리문답을 낭송해보라고 부추긴다. 그가 말한 교리라는 것은 원칙을 따르지 말고 자연을 따르며 아름다움(사라지는 것이지만)과 즐거움(사람마다 다를 수 있는 것이지만)을 추구하라는 내용이다. 톰은 거절하면서 자기가 생각하고 믿는 사랑은 그런 것과는 다르다고 사랑에 대한 정의를 내리지만, 섀도는 여자들과 섹스를 통해 쾌락을 추구하라고 톰을 부추긴다. 창녀들이 서로 톰을 위로하려고 하지만, 머더 구스가 톰을 데리고 나간다. 한편 앤은 톰에게서 아무 소식이 없자 톰을 찾으러 집을 떠난다.

[제2막] 톰은 도시 생활에 권태를 느낀다. 그는 앤 생각은 전혀 하지 않는다. 섀도가 터키인 바바(Baba)를 그린 포스터를 들고 나타난다. 바바는 수염이 난 여자다. 섀도는 톰에게 바바와 결혼하라고 권하면서, 누구든 정열이나 사연에 얽매이지 않으면 자유로워진다고 덧붙인다. 톰은 바바와 결혼하는 것도 괜찮을 것 같아 바바를 만나보기 위해 나간다.

앤은 톰의 집을 찾아오지만 문을 두드릴 용기가 나지 않는다. 잠시 후 밖으로 나갔던 톰이 들어온다. 톰은 앤을 보자 깜짝 놀란다. 그는 앤에게 돌아갈 수 없다고 말하며 제발 자기를 잊어달라고 말한다. 터키 여인 바바가 차에서 내린다. 톰은 앤에게 방금 바바와 결혼했다고 말한다. 현실을 직시한 앤에게 톰이 이미 늦었다고 말하자, 앤은 그 자리를 황급히 떠난다.

장면이 바뀌어 톰의 집 거실이다. 바바는 자기가 가져온 기이한 물건의 유래를 하나하나 설명한다. 톰은 그런 설명이 지겨워 신경질을 낸다. 그러자 바바는 "뭐가 어때 그러느냐?"면서 심하게 불평한다. 섀도가 바퀴처럼 생긴 기묘한 기계장치를 들고 온다. 섀도가 '오, 현실이면 좋겠네!'라고 중얼거리자 돌이 빵으로 변한다. 바퀴가 돌면서 꿈을 현실로 만들어주는 기계다. 톰은 희망이 사실로 변할 수 있다는 생각이 들자 앤과 다시 결합할 수 있다는 생각을 품는다. 섀도는 그 기계로 투자자들을 속여 돈을 벌 수 있을 것으로 생각한다.

[제3막] 톰이 파산한다. 그 많던 재산을 흥청망청 써버리는 바람에 바닥이 났다. 어느 봄날 오후, 톰의 집이 경매된다. 주로 바바의 기이한 물건이 경매되고 있다. 때마침 앤이 다시 찾아온다. 경매가 시작되자, 바바는 자신도 경매에 부친다. 바바는 앤을 한쪽 구석으로 데려가서 톰이 아직도 앤을 사랑하고 있으며 톰을 구원할 사람은 앤밖에 없다고 말한다. 앤은 톰과 섀도가 길거리에서 노래 부르는 소리를 듣고 밖으로 뛰어나간다.

섀도는 톰을 공동묘지의 새로 판 무덤으로 데려간다. 마치 새로 묻힐 사람을 입을 벌리고 기다리는 듯한 무덤이다. 섀도는 톰이 자기에게 봉사하기로 약속한 날이 1년하고도 하루가 지났다고 하면서 그동안의 삯을 달라고 한다. 그렇지 않으면 자정 종이 칠 때 자기가 정한 방법으로 목숨을 바쳐야 한다면서, 톰에게 내기를 건다. 톰의 영혼을 두고 도박을 하자는 것이다. 톰은 자기가 가진 모든 것을 트럼프의 하트 퀸에 걸면서 앤의 이름을 부른다. 그러자 앤의 음성이 가녀리게 들린다. 이 순간 섀도는 내기에 질 것을 예감한다. 내기에 진 섀도는 톰에게 미치라고 저주를 내린다. 섀도가 사라지자 새벽 동이 튼다(이 대목은 파우스트와 흡사하다). 정신이상이 된 톰은 자기가 아도니스라고 생각해 비너스를 기다린다.

정신병자 수용소에서 톰은 비너스가 찾아올 것이라고 계속 중얼거리며 기다린다. 앤이 수용소를 찾아온다. 톰은 앤을 비너스라고 믿으며 자기 죄를 고백한다. 그는 자기가 그림자(섀도)를 쫓아다니며 방탕한 생활만 하고 진실한 사랑을 경멸했었다고 고백한다. 두 사람은 잠시 동안이지만 자기들의 사랑이 천국에서 결실을 맺는 상상을 한다. 앤의 가슴에 머리를 파묻은 톰은 앤에게 자장가를 불러달라고 부탁한다. 잠시 후 트럴러브가 앤을 데려가기 위해 찾아온다. 앤은 잠이 든 톰에게 작별을 고하고 일어선다. 잠에서 깨어난 톰은 앤이 없는 것을 알고는 비너스를 외치며 흐느낀다. 수감자들은 「아도니스를 위한 비탄(Lament for Adonis)」이라는 노래를 부른다.

[에필로그] 천사들이 모여 이 이야기의 도덕적 교훈에 대해 각자 얘기해보라고 한다. 앤은 자기가 톰을 구원한 것처럼 누구든지 아무에게나 도움을 청할 수 있다고 말한다. 바바는 남자들이란 모두 미쳤다고 말한다. 톰은 자기를 기만하는 것이 얼마나 좋지 않은지를 경고한다. 섀도는 자신의 역할이 지킬 박사와 하이드처럼 인간의 또 다른 면을 보여주는 것이라고 하면서 비통해한다. 모두 '악마는 게으른 사람을 찾아 역사한다'는 사실에 공감한다.

피나포어

타이틀	**H.M.S. Pinafore**

전 2막의 오페레타. 길버트와 설리번의 네 번째 합작품이자, 그들 최초의 대히트 작품이다. 성공의 비결은 단순하면서도 친근한 멜로디와 잘 구성된 대본이었다. 이 오페라의 제목은 '뱃사람을 사랑한 아가씨(The lass that loved a sailor)'라고도 불린다.

초연	1878년 런던 오페라 코미크 극장. 초연 이래 571회라는 경이적인 연속 공연을 했으며, 미국에서도 선풍적인 인기를 끌었다. 서로 다른 계층 간의 사랑이라는 주제가 사람들의 마음을 사로잡았다.
주요 배역	조지프 포터, 코코란 함장, 랄프 랙스트로, 딕 데드아이, 조세핀, 리틀 버터컵
베스트곡	「푸른 바다를 헤치며(We sail the ocean blue)」(Chor), 용맹한 선원들이여, 나는 피나포어의 선장(My gallant crew... I'm called the captain of the Pinafore)」(T+Chor), 「내가 소년이었을 때(When I was a lad)」(T), 나는 버터컵이라 불린다네(I'm called Little Buttercup)」(Ms)

에피소드   길버트는 해군을 싫어했으며 이권청탁자들도 싫어했다. 〈피나포어〉에는 길버트가 싫어하는 것이 고스란히 담겨 있다. 게다가 불쌍한 고아를 수병들이 데려다 기르면서 세월이 흘렀는데도 일만 시킨다는 이야기에 마음이 동한 길버트는 〈피나포어〉에 해군과 기회주의자, 이권청탁자에 대한 조소를 비유를 통해 마음껏 토해놓았다.

줄거리   [제1막] HMS 피나포어호의 선상이다. HMS는 Her(또는 His) Majesty's Ship, 즉

설리번, 아서(Sullivan, Arthur, 1842~1900)
아서 시모어(Seymour) 설리번은 대본가 윌리엄 길버트와 함께 영국 오페레타의 금자탑을 세운 사람이다. 영국의 오페라는 헨델이 세상을 떠난 이후 거의 100년 동안 진전을 이루지 못하고 있었다. 그때 설리번이 혜성처럼 나타나 환상적인 오페레타(뮤지컬)를 만들어냈다. 길버트와 설리번의 오페레타는 어느 곳을 가든 환영 받았다. 두 사람은 단짝이 되어 14편의 오페레타를 완성했다. 대표적 작품은 〈피나포어〉, 〈곤돌라 사공〉, 〈펜잔스의 해적〉, 〈미카도〉, 〈이다 공주〉, 〈배심원〉 등이다.

국왕 폐하의 함선이라는 뜻이다. 이 오페라의 배경은 아마도 빅토리아 여왕 시대가 아닌가 싶다. 피나포어는 대영제국 함선 중에서도 가장 멋있는 배다. 그래서 모든 수병은 피나포어의 수병이 된 것을 무척 자랑스럽게 여긴다. 막이 열리면 선원들이 갑판을 청소하고 정리하느라 정신이 없다. 영국 최초의 해군 장관 조지프 포터(Joseph Porter) 경이 피나포어를 방문하기 때문이다. 리틀 버터컵 (Little Buttercup)은 항구에서 작은 배를 타고 다니며 수병들에게 이것저것 필요한 물건을 파는 행상이 다. 수입 담배도 있고, 여자 친구들에게 선물할 나일론 스타킹도 있다. 리틀 버터컵은 동그스름한 얼굴에 피부가 장밋빛인 귀여운 여인이다.

피나포어의 잘생긴 수병 랄프 랙스트로(Ralph Rackstraw)가 동료 수병에게 함장의 딸 조세핀(Josephine) 에게 마음을 빼앗겼다는 비밀을 털어놓는다. 마침 코코란(Cocoran) 선장이 등장해 해군 장관을 영접할 준비 상태를 검열한다. 무슨 일이든지 만족하면 노래를 부르는 습관이 있는 선장은 이번에도 만족한 듯 기타에 맞춰 노래를 부른다. 선장의 노래는 품위가 있다. 저속한 단어라고는 찾아볼 수 없다. 선장은 상류 사회의 일원으로서 품위를 지키기 위해 저속한 말은 절대로 하지 않는 사람이다. 해군 장관 포터 경은 코코란 선장의 아름다운 딸 조세핀과 결혼하고 싶어 한다. 하지만 조세핀은 수병 랄프가 왜 그런지 마음에 든다. 홀아비 코코란 선장에게 은근히 마음이 있는 리틀 버터컵은 랄프에 대한 비밀을 알고 있는 듯하다.

포터 경이 피나포어호에 도착한다. 누이와 숙모, 여자 사촌 여러 명을 거느리고 왔다. 포터 경의 사촌 히비(Hebe)는 포터 경을 사랑하는 질투가 많은 여자다. 그런 사실을 눈치채지 못한 포터 경은 코코란 선장의 딸 조세핀과 결혼 문제를 논의하기 위해 선장실로 내려간다. 아무도 없는 갑판 한쪽에 조세핀이 홀로 앉아 있다. 랄프가 다가와 사랑을 고백한다. 조세핀은 자기는 상류 사회 사람이므로 신분이 다른 사람과 결혼할 수 없다고 쌀쌀맞게 대답한다. 그러나 랄프가 자기의 사랑을 받아주지 않으면 자살하겠다고 은근히 위협하자, 조세핀은 랄프를 사랑하고 있다고 속마음을 털어놓는다. 두 사람의 사랑을 눈치챈 히비와 다른 여인들이 두 사람의 야반도주를 돕기로 한다.

[제2막] 코코란 선장이 달빛 고요한 갑판에 나와 기타를 치며 노래를 부르고 있다. 신분이니 뭐니 때문에 세상사는 것이 힘들다는 내용이다. 이때 버터컵이 나타나 선장에게 호감을 표현한다. 버터컵의 마음을 눈치챈 코코란 선장은 신분 때문에 버터컵과 친구 이상의 관계는 될 수 없다고 설명해준다. 한편 조지프 장관은 결혼상대로 생각한 조세핀이 자신에게 도통 호감을 보이지 않자 불만을 토로한다. 선장은 조지프 장관에게 조세핀이 장관의 신분이 너무 높아 감히 다가가지 못하는 것이라고 하면서 사랑에 신분이 무슨 상관이냐고 말한다. 조지프 장관도 사랑에 무슨 신분이냐며 맞장구를 친다.

이 말을 엿들은 조세핀은 랄프와 결혼할 수 있는 명분이 생겼다고 생각한다. 고참 수병 데드아이가 코코란 선장을 만나 조세핀과 랄프가 야반도주할 계획이라고 전해준다. 몰래 도망가려던 조세핀과 랄프가 숨어서 기다리고 있던 선장에게 들킨다.

선장은 자기 딸이 형편없는 수병과 도망가려는 것에 화가 나서 자기도 모르게 "빌어먹을!(Damme)"이라는 상스러운 말을 내뱉는다. 이 말을 들은 조지프 장관은 선장이 그렇게 속된 사람인 줄 몰랐다고 하면서 눈앞에서 사라지라고 말한다. 또한 조세핀과 랄프가 서로 사랑한다는 것을 알고는 불쾌해하며 랄프를 감옥에 처넣으라고 명령한다. 그때 버터컵이 나타나 오랫동안 간직해온 랄프에 관한 비밀을 털어놓는다. 버터컵이 유아원 보모로 있을 때 실수로 자기가 돌보던 두 아기를 바꾸어 놓았었다는 것이다. 다시 말하여 랄프는 귀족 출신이고 선장은 집도 절도 없는 고아였다는 것이다. 이 얘기를 들은 조지프 장관은 랄프를 즉시 석방해 선장으로 임명하고, 코코란 선장을 수병으로 근무하도록 한다. 그리고 장관이며 귀족인 자신이 일반 수병의 딸과 결혼한다는 것은 말도 안 된다면서 자비를 베풀어 조세핀과 랄프의 결혼을 승낙한다. 평민으로 돌아온 코코란 전 선장은 버터컵과 마음 놓고 결혼할 수 있게 되었다. 조지프 장관은 그를 오랫동안 사모해온 사촌 히비와 결혼하기로 약속한다. 모두 기쁨에 넘친다.

힙! 합! 호레이!(Hip! Hop! Horray!)

곤돌라 사공

타이틀	**The Gondoliers**

전 2막의 오페레타. 일명 '바라타리아의 왕(The king of Barataria)'이라고 한다. 설리번과 길버트의 열두 번째 작품으로, 대본은 길버트가 썼다. 설리번이 작곡한 오페라 중에서 멜로디가 가장 명랑하고 쾌활한 작품이다. 화려한 의상도 볼거리이며, 춤 장면은 설리번, 길버트의 오페라 중 가장 재미있다.

초연	1889년 12월 7일 런던 사보이 극장(Savoy Theatre). 초연 이후 554회 연속 공연을 했다.
주요 배역	마르코(곤돌라 사공), 주세페(곤돌라 사공), 자네타(마르코의 연인), 테사(주세페의 연인), 플라사 토로 공작, 카실다(토로 공작의 딸), 루이츠(토로 공작의 비서), 돈 알람브라(종교재판관)
베스트 아리아	「나는 궁정의 신하(I am a courtier)」(B), 「불행한 평민들을 도와주어야(To help unhappy commoners)」(B+Ms), 「반짝이는 두 눈동자(Take a pair of sparkling eyes)」(T)

줄거리 [제1막] 1750년대의 베네치아다. 곤돌라 사공 마르코(Marco)와 주세페(Giuseppe)는 유쾌하기도 하지만 잘생겨서 아가씨들의 선망의 대상이 되고 있다. 두 청년은 여러 명의 아가씨들 중에서 마르코는 자네타(Gianetta)를, 주세페는 테사(Tessa)를 뽑아 즐거운 마음으로 결혼하러 간다. 이들이 자리를 뜨자 곤돌라 한 척이 광장의 한쪽으로 미끄러지듯 들어온다. 플라사 토로(Plaza Toro) 공작과 부인, 이들의 딸 카실다(Casilda)와 수행원들이 곤돌라에서 내린다. 이들은 귀족이지만 복장은 어딘지 남루하다. 공작은 사람들에게 스페인에서 왜 이곳을 찾아왔는지 설명한다.

공작의 딸 카실다는 여섯 살 때 엄청나게 재산이 많은 바라타리아(Barataria) 왕의 어린 왕자와 법적으로 결혼했으므로, 바라타리아 왕국의 합법적 왕비라고 한다. 바라타리아 왕국은 원래 가톨릭 국가였는데 감리교인이 왕이 되면서 가톨릭을 이단으로 취급해 박해하기 시작했다. 베네치아 공국의 가톨릭 지도자이며 종교재판관 돈 알람브라(Don Alhambra)는 가톨릭 국가인 바라타리아 왕국의 앞날을 위해 소년 왕자를 왕궁에서 몰래 빼내 베네치아의 곤돌라 사공 집에 맡겨 숨어 지내게 했다. 그로부터 10여 년의 세월이 흐르고, 바라타리아 왕국에서 감리교 국왕의 핍박을 견디다 못한 가톨릭교도들이 반란을 일으켜 왕과 왕족을 모두 죽이는 사건이 발생한다. 따라서 유일하게 생존한 왕족은 어릴 때 베네치아로 도피한 왕자뿐이다. 이 사실을 알게 된 카실다의 아버지가 왕자를 찾으러 가족을 거느리고 지금 막 도착한 것이다. 왕자가 국왕으로 즉위하면 카실다는 정식 왕비가 되는 것이며, 그렇게 되면 지금처럼 돈 걱정은 안 하고 살 수 있기 때문이다. 그런데 카실다는 얼굴도 모르는 왕자가 아닌 아버지의 비서 루이츠(Luiz)를 사랑한다. 두 사람은 앞날을 걱정하며 실의에 빠져 있다. 공작 일행은 베네치아 공국의 종교재판관이 왕자를 데려온 사람이라는 것을 알아내어 그를 찾아간다. 종교재판관은 왕자를 맡긴 곤돌라 사공 집에 같은 나이의 아들이 있었는데 몇 년 후 가보니 누가 누군지 알 수 없게 자라 있었다고 하면서, 누가 진짜 왕자인지 아는 사람은 곤돌라 사공의 아내, 즉 왕자를 길러준 수양어머니(어떤 버전에서는 유모) 이네츠(Inez)뿐이라는 것이다.

곤돌라 사공 주세페와 마르코가 결혼한 신부들과 함께 돌아온다. 종교재판관은 두 청년 중 한 사람은 왕자, 한 사람은 곤돌라 사공의 아들이 틀림없다고 생각한다. 사실 주세페와 마르코는 똑같은 옷에 모자를 쓰고 말투도 같으며 곤돌라 사공이기 때문에 누가 누군지 분간하기 어렵다. 종교재판관은 둘 중 하나가 바라타리아 왕국의 왕이 될 것이라고 선언하고는 누가 진짜 왕자인지 확실히 밝히기 위해 수양어머니를 찾을 때까지 두 사람 모두 바라타리아에 가서 임시 왕으로 지내야 한다고 말한다. 그러나 신부들은 베네치아에 남겨두고 가야 한다. 주세페와 마르코는 자기들 중 한 사람이 바라타리아의 왕이 된다는 말에 몹시 흥분해 당장 가겠다고 나선다. 자네타와 테사는 아닌 밤중에 홍두깨 같은 얘기라서 당황하지만, 주세페와 마르코가 잠시 갔다가 돌아오겠다고 하는 바람에 슬픔을 참고, 이별을 받아들이기로 한다. 그때까지도 주세페와 마르코는 카실다에 대해 알지 못한다.

[제2막] 3개월 후 바라타리아 궁전이다. 주세페와 마르코 중 누가 진짜 왕자인지 아직까지 확실히 가려지지 않아 두 사람이 공동으로 나라를 다스리고 있다. 훌륭한 의상을 입은 주세페와 마르코가 언젠가는 둘 중 한 사람이 사용하게 될 왕관을 깨끗이 닦고 있다. 그때 느닷없이 자네타, 테사가 나타난다. 이 아가씨들은 바라타리아에서 남편들이 어떻게 지내는지, 무엇보다 누가 왕으로 결정되었는지, 그래서 자기들 중 누가 왕비가 될 것인지 궁금해 먼 길을 마다않고 찾아온 것이다.

화려한 무도회가 공작의 갑작스러운 등장으로 중단된다. 공작은 아름다운 카실다를 두 사람에게 소개하며 앞으로 왕으로 결정될 사람이 카실다와 결혼하게 될 것이라고 선언한다.

돈 알람브라가 이네츠를 찾아 데리고 온다. 그녀의 말에 의하면 왕자를 납치하려는 음모가 있다는 것을 알고 아들과 왕자를 바꿔 길렀는데, 몇 년 전 왕자와 어쩔 수 없이 헤어졌다는 것이다. 그런데 지금 보니 왕자가 공작의 비서로 일하고 있다면서 루이츠가 왕자임을 밝힌다. 카실다의 기쁨은 이루 말할 수 없다. 사실을 알게 된 주세페, 마르코, 자니타, 테사는 시원섭섭한 기분이다.

미카도

타이틀 **The Mikado**

	전 2막. 설리번과 길버트가 합작한 오페라다.
초연	1885년 3월 14일 런던 사보이 극장. 초연 이후 이 오페레타(뮤지컬)는 672회 연속으로 공연되는 대기록을 세웠다.
주요 배역	난키푸(유랑가수 겸 배우, 왕자), 염염(코코와 결혼하기로 되어 있는 아가씨), 코코(사형집행인), 미카도(군주), 카티샤(왕자 난키푸와 결혼하기로 한 여인)
베스트 아리아	「보라, 지체 높으신 사형 집행인을!(Behold the lord high executioner!)」(T), 「겸손하신 미카도(A more humane Mikado)」(T), 「수양버들 위에(On a tree by a river-willow, tit-willow)」(S)

사전 지식 　무대가 일본의 티티푸(Titipu) 마을이라, 이 뮤지컬의 또 다른 제목이 '티티푸 마을(The town of Titipu)'이다. 시기는 그저 먼 옛날이다. 미카도는 일본의 군주, 즉 왕을 말한다. 〈미카도〉는 길버트와 설리번의 오페레타 중 가장 잘 알려진 작품이다. 활발한 서곡으로 막을 여는 이 오페레타는 난키푸가 무대에 나와 자신을 소개하는 장면으로 시작한다. 마치 일본의 옛 노(能)를 보는 것과 같다.

줄거리 　떠돌이 가수(고상하게 표현하면 음유시인) 난키푸(Nanki-Poo)가 티티푸 마을로 돌아와 염염(Yum-Yum)을 찾는다. 난키푸는 이 나라 군주(국왕) 미카도의 아들이다. 그는 염염이라는 예쁜 아가씨를 사랑하는데 아버지 미카도가 카티샤(Katisha)라는 나이 많은 여자와의 결혼을 강요하는 바람에 가출한 것이다.

염염은 코코(Ko-Ko)라는 사람과 마음에도 없는 약혼을 한 아가씨다. 옷을 만들어 파는 코코는 오갈 데 없는 불쌍한 염염과 그녀의 여동생 두 명도 함께 보살펴주고 있다. 그런데 코코가 다른 여자와 바람을 피운 것이 들통 나서 사형선고를 받는다. 이 나라에서 외도는 참형에 처해진다. 멀리서 염염을 오매불망하던 난키푸는 코코가 사형선고를 받았다는 소식을 듣고, '아 이제는 코코와 염염의 약혼이 무효가 되었으니 어서 염염을 만나야겠구나'라는 일념으로 티티푸에 돌아온 것이다. 그런데 코코는 운 좋게 집행유예를 선고받고, 게다가 수석 사형집행자에 임명되었다. 코코가 뇌물을 썼기 때문인 듯하다.

코코와 염염의 결혼 준비가 진행되고 있다. 일편단심인 염염은 결혼식을 코앞에 두고도 사람들에게 난키푸를 만나기 전에는 결혼식을 올리지 않겠다고 주장한다.

혼자 있는 염염 앞에 난키푸가 나타나 둘은 오랜만에 재회의 기쁨을 나눈다. 그러나 그것도 잠시뿐 염염과 코코의 결혼은 막을 수가 없다. 난키푸가 자신이 미카도의 아들이라고 밝히자, 깜짝 놀란 염염은 난키푸가 거지라 해도 사랑하겠다고 말한다.

미카도는 어찌하여 1년이 다 되도록 티티푸에서는 단 한 건의 사형도 집행되지 않았는지 궁금하다는 서찰을 코코에게 보낸다. 미카도는 사형집행인이 할 일 없이 놀고먹으면 안 되므로 앞으로 한 달 내에 누군가를 참수해야 한다는 명을 내린다. 사실 코코에 대한 참수를 집행유예로 하면서 내건 조건이 다른 누구를 참수하기 전에는 코코를 먼저 참수할 수 없다는 것이었다.

한편 난키푸는 이루지 못할 사랑을 비관해 밧줄을 들고 목을 매어 죽으려고 한다. 이를 본 코코가 기왕 죽을 바에는 자기에게 참수를 당해달라고 사정한다. 난키푸는 한 가지 조건을 건다. 한 달 동안만 염염과 결혼하게 해달라는 것이다. 미카도의 새로운 칙령에 따르면 남편이 참수형을 당하면 아내도 함께 생매장되어야 한다. 다시 말해 난키푸를 참수하면 염염을 생매장해야 하므로 코코와는 다시 결혼할 수 없다는 것이다. 염염의 결단이 필요한 시점이다. 만일 염염이 코코와 결혼하면 사랑하는 난키푸는 스스로 목숨을 끊을 것이고, 염염이 난키푸와 결혼하면 약속대로 난키푸는 한 달 이내에 코코의 손에 참수되고 자신은 생매장되어야 한다. 또한 난키푸가 자살하면 사형 집행 실적이 없기 때문에 코코는 참수된다. 문제의 실마리를 어떻게 풀 것인가?

미카도가 티티푸 마을을 찾아온다는 소식이 전해진다. 코코는 사형집행인으로서 충실히 근무하고 있는지 점검하기 위해 오는 것으로 생각해 걱정이 태산 같다. 코코는 아직 누구를 참수할 준비가 되어 있지 않다. 물론 난키푸와 협상을 하고 있지만 아직 확실한 해결을 보지는 못했다. 코코는 자기에게 당장 필요한 것은 어느 한 사람이 죽었다는 사망증명서임을 깨닫고는 잔머리를 굴려 왕궁의 무임소장관 푸바(Pooh-Bah)에게 뇌물을 주고 누구든 상관없으니 사망증명서 한 장을 받기로 한다. 마을 사람들은 난키푸와 염염에게 결혼식을 올리고 멀리 도망갈 것을 권한다.

미카도가 도착한다. 코코는 미카도에게 "어떤 사람 하나를 참수했으며 여기 검시관의 사망증명서가 있사옵나이다"라고 보고한다. 염염의 두 여동생과 코코가 마치 진짜로 사형이 집행되었던 것처럼 그 장면이 어떠했는지 상세하게 설명하느라 정신이 없다. 하지만 미카도가 티티푸 마을을 찾아온 이유는 집을 나간 아들 난키푸를 찾기 위해서다. 그런데 사망증명서에 적혀 있는 이름을 보니 난키푸가 아닌가? 미카도는 자신의 대를 이을 왕자를 처형한 것에 대로해 코코와 다른 이들 모두 처형하라는 추상같은 명령을 내린다.

이때 난키푸가 막 결혼식을 마치고 신부 염염과 함께 나타난다. 그를 본 코코는 제발 자신들을 살려달라고 빈다. 난키푸는 코코에게 카티샤 문제를 해결해주지 않는 이상 코코의 소원을 들어줄 수 없다고 말한다. 난키푸는 현실을 타개할 수 있는 가장 좋은 방법이라면서 코코에게 카티샤와의 결혼을 제안한다. 그 말에 코코는 카티샤에게 청혼한다. 카티샤는 처음에는 거절하지만 그가 계속 설득하자 정성에 감복해 결국 수락한다. 카티샤는 미카도에게 남편 될 사람과 사형을 선고받은 모든 사람을 용서해달라고 간청한다.

아들 난키푸를 찾은 미카도에게 아들 이외의 일은 관심 사항이 아니다. 그는 카티샤의 소원을 들어주고, 난키푸와 염염의 결혼도 진심으로 축복한다. 물론 카티샤는 난키푸의 계략에 말려들어 코코와 결혼하게 되었으므로 기분이 썩 좋지는 않지만, 남편 될 사람이 마을에서 알아주는 수석 사형집행인이라는 데 만족한다. 모두 행복한 합창을 부른다.

펜잔스의 해적

타이틀	**The Pirate of Penzance**(The Slave of Duty)	
		전 2막. 음악은 설리번, 대본은 길버트가 썼다.
	초연	1879년 12월 30일 페인턴 로열 비주 극장(Royal Bijou Theatre)
	주요 배역	프레드(프레더릭: 수습 해적), 마벨(스탠리 장군의 아름다운 딸), 리처드(해적왕), 스탠리(지체 높은 장군), 루스(유모)
베스트 아리아		「오, 눈물방울을 씻어주세요(Oh, Dry the glistening tear)」(S), 「오, 어둠과 불운의 사나이들(Oh, Men of dark and dismal fate)」(T), 「고양이 발걸음으로(With cat-like tread)」(Chor), 「불쌍한 떠돌이(Poor wand'ring ones)」(Chor), 「그대 빗나갔더라도(Though you have surely strayed)」(Chor), 「나는야 근대식 장군의 모범(I am the very model of a modern Major-General)」(B)

사전 지식   길버트와 설리번의 작품 중 가장 사랑 받는 오페레타다. 이 작품에서는 이른바 패터 송(Patter song)이 등장해 재미를 더한다. 패터 송은 오페라(또는 오페레타) 중에 익살미를 내기 위한 빠른 가사를 사용한 곡을 말한다.

에피소드   길버트와 설리번은 〈피나포어〉가 대성공을 거둔 것까지는 좋았지만 이곳저곳에서 비공인 버전을 가지고 오리지널과는 다른 음악과 대사를 넣어 제멋대로 공연하는 바람에 속이 상했다. 두 사람은 다음번 작품은 공식 버전을 내놓고 영국과 미국에서 동시에 공연해 비공식 버전이 난무하지 못하게 하기로 결심했다. 이런 결심을 하고 내놓은 작품이 〈펜잔스의 해적〉으로, 영국과 미국에서 동시 공연되었다. 미국에서는 뉴욕의 5번가 극장에서 1879년 12월 31일 밤에 공연했다. 영국 공연은 그 전날인 12월 30일 페인턴(Paignton)의 로열 비주 극장에서 공연했다. 런던이 아니고 페인턴에서 초연한 것은 저작권을 확보하기 위해서였다. 런던에서의 공연은 약 3개월 후인 1880년 4월 초에 있었다. 런던 오페라 코믹에서의 공연은 363회 연속 공연의 대기염을 토했다. 1년을 꼬박

〈펜잔스의 해적〉만 공연한 것이다. 펜잔스(팬젠스)는 영국 서남단 콘월 주에 있는 항구로, 전략적 요충지다.

줄거리　　　　　[제1막] 콘월(Cornwall) 지방의 땅 끝 마을(Land's End)에 가까운 어느 바위투성이 해안에서 한 떼의 해적들이 술을 마시거나 카드놀이를 하고 있다. 해적들의 합창이 참으로 흥에 겹다. 수습 해적 프레드(정식 이름은 Frederic)만 한쪽 구석에 시름없이 앉아 있다. 해적 두목(해적 왕이라고 불린다)인 리처드(Richard)가 프레드에게 다가가 수습 해적 딱지를 떼게 된 것을 축하한다. 프레드는 궂은일이라면 도맡아하며 해적들과 어언 21년을 지냈다. 프레드가 수습 해적이 된 사연은 참으로 기가 막히다. 순전히 루스(Ruth)의 실수 때문이다.

루스는 프레드를 갓난아기 때 위탁받아 기른, 말하자면 유모나 다름없는 사람이다. 루스는 착한 여자이지만 문제는 가는귀가 먹었다는 것이다. 프레드를 루스에게 맡긴 사람은 프레드를 장차 파일럿(Pilot: 배의 선장)을 만들어달라고 부탁했는데 잘 듣지 못하는 루스가 파이럿(Pirate: 해적)으로 생각한 것이다. 그래서 해적들에게 어린 프레드를 맡겼다. 21년간의 수습 해적 기간이 끝나는 지금에야 그 사실을 알게 된 프레드는 지금 와서 후회한들 무슨 소용이 있겠냐고 생각한다.

루스가 프레드에게 자기처럼 잘생긴 여자도 없다고 말하는데, 멀리서 여자들의 합창 소리가 들린다. 프레드는 바위 위로 올라가 몰려오는 한 떼의 여자들을 보더니 정신을 차리지 못한다. 케이트, 에디트, 이사벨 등 예쁘게 생긴 아가씨들이 바닷가에서 신발과 스타킹까지 벗어던지고 물가를 거닐면서 좋아서 재잘댄다. 프레드가 아가씨들 앞에 나타나 친하게 지내고 싶다고 하지만, 프레드가 누군지 모르는 아가씨들은 고개를 내젓는다. 아가씨들은 모두 지체 높은 스탠리(Stanley) 장군의 딸과 하녀들이다. 그중 가장 예쁜 마벨(Mabel)이 프레드에게 마음을 빼앗겨 그를 안고 사랑을 속삭인다. 다른 아가씨들은 일부러 못 본 척한다. 해적들이 살며시 나타나 각자 자기가 좋아하는 아가씨들과 슬며시 포옹한다. 아가씨들도 싫지 않은 눈치다.

이때 딸의 뒤를 밟던 스탠리 장군이 건달 같은 놈들과 어울린다고 자기 딸과 하녀 들을 야단치며 당장 떨어지라고 소리친다. 스탠리는 해적 왕 리처드에게 도대체 여기서 무슨 일이 벌어진 것이냐고 따진다. 해적 왕은 능청맞게 자기 부하들이 아가씨들과 결혼하고 싶어 한다고 설명해준다. 스탠리 장군은 이들이 악명 높은 펜잔스의 해적인 것을 알고 놀란다. 스탠리는 해적을 사위로 맞아들일 수 없다고 단호하게 말한다. 해적들도 잘난 체하는 장군을 장인으로 모시고 싶지 않다고 대꾸하면서 당장이라도 칼로 없앨 기세다. 겁이 난 스탠리는 해적 왕과 당분간 이 문제를 보류하기로 합의한다.

[**제2막**] 스탠리 집안의 선조들이 잠들어 있다는 허물어진 집이다. 스탠리가 딸들과 함께 앉아 있다. 프레드와 마벨도 함께 있다. 스탠리는 지금 뒤늦은 후회를 하고 있다. 해적들에게 고아라고 거짓말을 했기 때문이다. 마벨이 프레드에게 아버지 스탠리를 위로해드리라고 부탁한다. 프레드는 스탠리에게 알지도 못하는 사람이 살던 집인데 어째서 이곳이 조상들이 잠들어 있는 곳이냐고 하면서 그런 생각을 버리라고 하지만, 스탠리는 그저 그렇게 믿고 싶기 때문이며 자기 믿음에는 변함이 없다고 둘러댄다. 잠시 후 혼자 남은 프레드는 자신의 운명이 왜 이리도 기구한지 모르겠다고 생각한다. 그 순간 해적왕이 나타나 프레디가 수습 해적으로 복무하기로 한 기간이 아직 끝나지 않았다고 주장한다. 계약에 따르면 21번째 생일이 끝날 때까지로 되어 있는데 프레드의 생일이 2월 29일이므로 이제 겨우 다섯 번째 생일이 지났을 뿐이니 앞으로도 함께 지내야 한다는 것이다. 프레드가 대충 계산해보니 앞으로 62년은 더 있어야 할 판이다. 그런데 프레드가 누구인가? 의무 이행을 목숨보다 중요하게 여기는 젊은이 아닌가. 프레드는 '의무의 노예(The slave of duty)'로 지내야 하는 자신의 운명을 생각하며 해적에게 돌아가기로 결정한다.

프레드는 해적 왕에게 스탠리라는 사람이 자기도 해적들처럼 고아라고 말했지만, 실은 고아가 아니며 딸들을 보호하기 위해 거짓말을 했다고 보고한다. 일종의 의무감에서 그렇게 보고한 것이다. 해적 왕은 화가 치밀어 그날 밤 스탠리의 성을 공격해 딸들을 납치하겠다고 말한다. 이 말을 들은 프레드는 사랑하는 마벨을 생각해 경찰에게 공격 계획을 알려준다. 마벨은 프레드의 용기 있는 행동에 몹시 감동한다.

해적들이 경찰이 매복해 있는 것도 모른 채 힘차게 노래하며 공격을 감행한다. 경찰과 해적이 한바탕 싸움을 벌여 해적이 승리한다. 스탠리는 고아라고 거짓말한 것을 죽음으로 사죄할 생각을 하지만 알고 보니 해적들도 고아는 아니었다. 귀족 집안 자제들인데 어찌어찌해 해적이 된 것으로 밝혀진다. 그들은 서로를 용서한다. 해적들은 스탠리 딸들의 사랑을 차지한다. 프레드와 마벨은 더 없이 행복하다.

보카치오

타이틀	**Boccaccio**	
	전 3막의 오페라 코미크(오페레타). 보카치오의 『데카메론』의 에피소드에서 줄거리를 따와 카밀로 발첼(Camillo Walzel)이 대본을 썼다.	
	초연	1879년 2월 1일 빈 카를 극장(Carltheater)
	주요 배역	피아메타(마리아: 나폴리 공국의 공주), 보카치오(시인이자 작가), 피에트로(팔레르모 공국의 왕자로 마리아와 정혼한 사이), 나폴리 공작(마리아의 아버지)

사전 지식   14세기에 피렌체에서 이름을 떨쳤던 보카치오와 그의 친구들의 스캔들을 다룬 작품이다.

줄거리   무대는 피렌체 인근의 마을로, 이탈리아의 시인이자 소설 작가 보카치오가 활동하던 시기다. 나폴리 공국의 공주 마리아는 식료품상 람베르투치오(Lambertuccio)의 집에 기거하며 피아메타(Fiametta)라는 이름으로 지낸다. 이렇게 사는 데에는 그만한 이유가 있다.

나폴리 공작은 어린 마리아를 팔레르모 공국의 왕자 피에트로(Pietro)와 약혼시킨 적이 있다. 세월이 흘러 두 사람이 결혼할 나이가 되자, 피에트로는 마리아와 결혼하기 위해 피렌체를 향해 길을 나섰다. 피렌체로 오는 도중 피에트로는 거리에서 거칠고 떠들썩한 한 떼의 학생들을 만난다. 이들의 대장격인 사람은 유명한 시인이자 소설가 보카치오다. 아름다운 마리아를 사랑하는 보카치오는 경쟁자 피에트

주페, 프란츠 폰(Suppé, Franz von, 1819~1895)
프란츠 폰 주페는 요한 슈트라우스 2세와 거의 같은 시기에 빈에서 활동하면서 빈 오페레타의 꽃을 피운 사람이다. 주페는 1819년 당시 오스트리아 제국에 속했던 달마티아[Dalmatia: 현재 크로아티아의 스플리트(Split)]에서 태어났다. 주페는 빈 오페라의 낭만적 시기에 가벼운 오페라를 작곡해 사랑을 받았다. 그는 약 50편의 오페레타를 남겼으나 현재는 〈시인과 농부(Dichter und Bauer)〉, 〈경기병(Leichte Kavallerie)〉, 〈아름다운 갈라테(Die schöne Galathee)〉, 〈보카치오〉 등의 서곡만 자주 연주되고 있다.

로가 피렌체로 가지 못하게, 이곳저곳 끌고 다니며 탈선을 유도한다. 술집 여자들과 퍼지게 놀게도 하고, 도둑질에, 심지어는 통 만드는 장사꾼 루테르린기(Lutteringhi)의 아내를 유혹하게도 한다. 피에트로는 통장이의 아내가 미혼인 줄 알고는 보카치오가 부추기자 그녀를 유혹한다. 어찌 됐건 피에트로는 우여곡절 끝에 피렌체에 도착한다. 보카치오도 함께 따라온다. 피에트로가 피렌체에 도착하자 마리아와의 결혼식이 준비된다.

보카치오는 결혼식을 축하하는 연극 공연을 자청한다. 나폴리 공작은 유명한 시인이며 소설가인 보카치오가 축하 공연을 해준다고 하니까 영광이라고 하면서 짐짓 환영한다. 보카치오는 그동안 피에트로가 피렌체로 오면서 행한 모든 탈선을 연극으로 꾸며 보여준다. 사람들은 연극의 주인공이 피에트로인 것을 직감한다. 연극을 본 마리아는 피에트로에게 정이 떨어져 급기야 결혼을 거부한다. 어차피 알지도 못하는 피에트로와 결혼할 생각도 없었다. 마리아가 결혼을 거부하자 피에트로는 화를 내며 딸과 결혼시키겠다는 약속을 이행하라고 나폴리 공작을 몰아세운다. 공작은 마리아가 자기 딸이 아니면 결혼할 이유가 없다고 생각한다.

이런 연유로 마리아는 집을 떠나 이름을 피아메타로 바꾸고 식료품 상점을 운영하며 생활한다. 그녀는 보카치오가 매일같이 자신을 찾아와 사랑을 받아달라고 애원하자, 그 열정에 감동해 마음을 연다.

위험한 정사(情事)

전 2막 8장. 피에르 쇼데를로 드 라클로(Pierre Choderlos de Laclos)의 소설 『위험한 정사(Les liaisons dangereuses)』를 필립 리텔(Philip Littell)이 영어 대본으로 만들었다. 리레이잔(liaison)은 간통, 밀통이라는 뜻이다. 그러나 전체 내용상 '위험한 긴통'이라고 글자 그대로 번역하기보다 '위험한 정사(情事)'로 표현하는 것이 더 바람직하다고 생각한다.

초연	1994년 9월 10일 샌프란시스코 오페라(San Francisco Opera)
주요 배역	메르퇴이 후작 부인(Ms), 발몽 자작(Bar), 마담 투르벨(S), 세실 드 볼랑주(S), 마담 드 로스몽드(S), 마담 드 볼랑주(Ms), 슈발리에 드 당스니(T)

사전 지식   라클로의 소설 『위험한 정사』는 서한체 소설로, 주인공들이 보낸 편지를 통해 독자들은 사건의 전개를 파악한다. 그러나 이 소설은 사건의 전개가 아닌 주인공 발몽(Valmont)과 메르퇴이(Merteuil)의 마음속 깊이 자리 잡은 생각과 소망에 초점을 맞추고 있다. 이런 심리적인 내용을 오페라(또는 영화) 무대에서 표현하는 것은 쉽지 않다. 왜냐하면 원작이 행동이 아닌 감정과 선입견으로 구성되어 있기 때문이다. 작곡자 콘래드 서세이는 이런 점을 감안해 음악에 의한 심리 묘사에 힘썼다.

서세이, 콘래드(Susa, Conrad, 1935~)

미국의 현대 오페라를 이끌고 있는 중추적 인물이다. 1994년에 발표된 〈위험한 정사〉는 미국적 소재에 미국적 정서가 표현되었다는 찬사를 받았다. 펜실베이니아 주 스프링데일(Springdale)에서 태어난 그는 카네기 공과대학을 거쳐 줄리아드 음악대학에서 윌리엄 로렌스 버그스마(William Laurence Bergsma) 등에게 본격적으로 작곡 수업을 받았다. 서세이는 모든 것을 빨리 습득하고 응용하는 재능이 있었다. 특히 대위법 같은 어려운 작곡 기법을 사용하는 데 탁월한 재능을 보였다. 그래서 사람들은 그를 PDQ 바흐(재빠른 바흐)라고 불렀다. 그는 샌프란시스코 음악원 작곡과장을 맡고 있으며, 이밖에도 여러 직함을 가지고 미국 작곡계를 위해 헌신하고 있다.

　　　　콘래드 서세이는 현재 샌프란시스코 음악원의 명예교수다. 〈위험한 정사〉는 서세이가 샌프란시스코 오페라단을 위해 작곡한 것으로, 1994년 샌프란시스코 초연에서는 발몽 역에 토머스 햄슨(Thomas Hampson), 메르퇴이 역에 프레데리카 폰 슈타데(Frederica von Stade), 투르벨 역에 르네 플레밍(Renee Fleming), 세실 역에 메리 밀스(Mary Mills) 등 호화 출연진이 무대를 빛냈다.

줄거리　　　　부유층들이 쾌락을 추구하던 18세기의 프랑스다. 메르퇴이 후작 부인(Marquis de Merteuil)은 도덕보다는 쾌락을 추구하는 당시 부유층의 대표적인 모델이다. 메르퇴이는 당대의 멋쟁이 발몽 자작(Vicomte de Valmont)을 애인으로 삼아 인생을 즐기고 있다. 마담 드 볼랑주(Madame de Volanges)는 메르퇴이의 사촌으로 세실 드 볼랑주(Cecil de Volanges)라는 예쁜 딸이 있다. 볼랑주는 딸을 결혼시키려고 주선했지만 성공하지는 못했다. 딸이 음악 선생 슈발리에 당스니(Chevallier Danceny)를 좋아하기 때문이었다. 그런데 세실과 결혼 얘기가 오간 사람은 한때 메르퇴이의 애인이던 사람이다. 그에게 약간의 미련이 남아 있는 메르퇴이는 그를 사위로 삼으려던 사촌 볼랑주에게 유감이 많다. 원래 속마음이 사악한 메르퇴이는 마담 볼랑주에게 복수하기로 결심하고, 애인 발몽에게 세실을 유혹하라고 한다.

발몽은 메르퇴이가 조카딸을 유혹하라고 하자 달가워하지 않는다. 발몽은 얼마 전 숙모 집에서 마담 드 투르벨(Madame de Tourvel)이라는 여인을 보고 마음을 빼앗겼다. 그러니 다른 여인이 눈에 들어올 리 없다. 마담 드 투르벨은 남편이 멀리 외국에 나가 있어 발몽의 숙모 집에 와서 지내고 있다. 투르벨은 천생 여자다. 웬만한 여자는 발몽이 접근하면 마음을 내주는데 투르벨은 발몽을 거들떠보지도 않는다. 발몽은 투르벨을 당장이라도 유혹해보려고 생각 중이다. 그러니 메르퇴이가 말한 세실이라는 아가씨가 안중에 있을 리 없다.

세실의 어머니 볼랑주는 여자의 직감으로 발몽이라는 이름난 난봉꾼이 딸에게 눈독을 들이는 느낌을 받아 보호해야겠다고 생각한다. 또한 발몽이 얌전떠는 투르벨에게 특별한 관심이 있는 것을 눈치채고는 일종의 의협심에서 투르벨에게 편지를 보내 발몽이라는 못된 작자가 유혹하려 들지 모르니 조심하라고 당부한다. 그런데 발몽이 이 사실을 눈치챘다. 화가 치민 발몽은 메르퇴이의 부탁대로 세실을 유혹해 그녀의 어머니에게 복수하기로 마음먹는다. 발몽은 숙모 집에 놀러온 세실을 아주 간단히 유혹한다. 세상물정 모르는 세실이 잘생기고 말솜씨 좋은 귀족의 접근을 막아낼 재간은 없었다. 세실은 발몽이 진심으로 사랑하는 줄 알고 그와 동거를 시작해 발몽의 아이를 임신한다. 이 일이 파리 사교계에 대단한 화젯거리가 될 뻔했으나 세실이 유산하면서 발몽은 위기에서 벗어난다.

발몽의 목표는 얌전한 투르벨이다. 투르벨은 발몽을 조심해야 한다는 것을 알면서도 계속 치근거리는 마수에서 벗어나지 못해 마침내 그의 품에 안긴다. 그런데 발몽에게 이상한 감정이 생긴다. 평생 여자 꽁무니만 쫓아다니며 유혹을 미덕으로 삼았던 발몽에게 진정한 사랑의 감정이 생긴 것이다. 발몽에 대한 투르벨의 헌신적인 사랑이 발몽의 마음을 흔들어놓았다. 그러나 메르퇴이 후작 부인과 함께 꾸민 사악한 음모의 소용돌이에서 헤어나기에는 이미 때가 늦었다.

메르퇴이는 애인으로 데리고 놀던 발몽이 투르벨에게서 진정한 사랑을 느끼기 시작하자 둘 사이를 그대로 두어서는 안 된다고 생각한다. 메르퇴이는 발몽에게 투르벨과의 관계를 끊는다면 멋진 하룻밤을 함께해주겠다고 약속한다. 메르퇴이는 만일 그렇게 못하겠다면 파리 사교계에서 대대적으로 망신을 주겠다고 겁을 준다. 사교계에서 여자관계로 망신을 당하면 발몽과 같은 신분으로는 사회에서 영원히 매장되는 것과 마찬가지다. 발몽은 메르퇴이의 협박 때문에 투르벨을 떠난다.

투르벨은 중병에 걸려 언제 숨을 거둘지 모르는 처지가 된다. 발몽은 메르퇴이를 증오한다. 더구나 메르퇴이는 발몽을 걷어차고 세실을 사랑하는 당스니(음악 선생)를 유혹했다. 발몽은 메르퇴이를 찾아가 투르벨과 헤어졌으니 약속대로 하룻밤을 보내자고 한다. 메르퇴이는 발몽의 말을 무시하고 듣지 않는다. 두 사람은 크게 언쟁을 벌인다. 메르퇴이는 당스니에게 저 못된 발몽이 세실을 유혹해 임신시키고, 이제는 다른 유부녀를 유혹해 그녀를 죽어가게 했다고 비난한다. 이 소리에 세실을 사랑했던 당스니는 발몽에게 결투를 신청한다.

발몽과 당스니는 칼을 빼 들고 결투를 시작한다. 이제 무엇에도 관심이 없는 발몽은 지난날을 후회하며 세상을 하직하고자 한다. 그는 당스니에게 자신을 찔러달라고 부탁하면서, 투르벨 부인을 찾아가 자신이 진정으로 사랑했던 사람은 투르벨뿐이었다는 말을 전해달라고 한다. 또한 세실과 투르벨을 유혹한 것이 모두 메르퇴이의 치졸한 음모였음을 밝혀줄 메르퇴이의 편지를 당스니에게 건네준다. 당스니에게서 발몽의 마지막 말을 전해들은 투르벨은 평안하게 숨을 거둔다.

당스니는 메르퇴이의 편지를 엮어 책으로 발간한다. 오페라를 보고 있던 관객들은 무대에 홀로 서 있는 메르퇴이에게 야유와 욕설을 보낸다.

로제르 왕

타이틀	**Król Roger**(King Roger)	
	전 3막. 작곡자와 동료 한 사람이 대본을 완성했다. 이 오페라의 제목은 '목동(Pasterz; The shepherd)' 으로도 불린다.	
	초연	1926년 6월 19일 바르샤바 비엘키 극장(Teatre Wielki)
	주요 배역	로제르(시칠리아의 왕), 록사나(왕비), 에드리시(아라비아의 현자), 목동, 대주교, 교회의 장로들

사전 지식　　　작곡가 카롤 시마노프스키가 이탈리아를 여행하고 돌아와 작곡한 오페라로, 이탈리아의 영향을 많이 받은 작품이다. 오페라에 나오는 디오니소스 시기의 댄스는 기독교가 이교로, 중세가 고전 시대로 이전되는 것을 보여주는 장면이다. 디오니소스적 결론은 마치 〈낙소스의 아리아드네〉의 결론과 흡사하다. 이 오페라에서도 디오니소스는 젊음을 지닌 에로틱한 존재로 마지막에 등장한다. 제2막에서 록사나가 부르는 아름다운 아리아는 아라비아-터키풍으로 마치 이슬람을 표현한 것과 같다. 시마노프스키는 이 오페라를 통해 세계종교라는 공통적인 기념비를 세우고 싶었던 것 같다.

에피소드　　　아무런 이해관계나 상치되는 의견이 없는 드라마다. 이 오페라에서 위대한 왕과 왕비 등 고전적인 주인공의 이미지를 찾으려 했다면 실망할 것이다. 또한 고전적 오페라에서 볼 수 있는 결론도 찾아볼 수 없다. 일반적인 오페라에서는 해피엔드, 권선징악, 죽음을 통한 구원

시마노프스키, 카롤(Szymanowski, Karol, 1882~1937)
카롤 시마노프스키는 현재의 우크라이나에서 태어나 스위스에서 세상을 떠났지만, 부모가 폴란드인이므로 폴란드의 작곡가이자 피아니스트였다. 슬라브 정신이 스며들어 있는 그의 음악은 풍부한 멜로디로 후기낭만주의의 특성을 지니고 있으나, 그는 신고전주의, 인상주의, 표현주의와 같은 새로운 사조에도 깊은 관심을 가졌다. 그는 〈하기트(Hagith)〉와 〈로제르 왕〉이라는 두 편의 오페라를 남겼다. 시마노프스키는 20세기 폴란드를 대표하는 가장 뛰어난 작곡가였다.

등 결말이 있지만 이 오페라에는 그런 것이 없다. 모든 사항이 불투명하며 겉으로 묘사만 되어 있다. 드라마의 주인공들은 모두 미해결된 사건에 사슬로 묶인 듯하다. 따라서 종래 개념이 아닌 새로운 개념으로 이 오페라를 대해야 한다.

줄거리 [제1막] 무대는 1150년대 시칠리아다. 석양이 불길처럼 타오르는 시간에 팔레르모의 귀족들과 시민들이 미사를 드리기 위해 성당에 모여든다. 로제르(Roger) 왕과 왕비 록사나(Roxana), 그리고 아라비아인 자문관 에드리시(Edrisi)도 축제미사에 참석한다. 대주교와 장로들이 로제르 왕에게 다가와서 "지금 어떤 젊고 잘생긴 목동이 새로운 종파를 만들어 포교를 하고 있는데 그를 추종하는 사람들이 날로 늘어나 우리 교회가 위협을 받고 있다"라고 말하며, 대책을 세워야 한다고 강조한다. 왕은 당장 그 목동을 데려오라고 한다. 대주교와 교회의 장로들은 왕이 신성모독죄를 적용해 목동을 사형에 처할 것을 기대한다. 드디어 목동이 등장한다. 왕과 왕비, 자문관 에드리시는 그 목동의 단아함과 겸손함, 온화함과 비굴하지 않은 태도 등에 좋은 인상을 받는다. 왕은 우선 목동을 석방하고, 대신 다음 날 궁성에서 재판을 하여 전말을 살펴보기로 한다.

[제2막] 로제르 왕의 왕궁이다. 왕을 비롯해 여러 사람들이 목동을 기다리고 있다. 왕은 에드리시에게 요즘 왕비가 삶의 기쁨을 잃어버린 것 같으며, 더구나 자기를 사랑하지 않는 것 같아 걱정이라고 털어놓는다. 왕비는 왕에게 "곧 목동이 나타날 텐데 좀 우아하고 점잖게 맞이할 수 없으세요?"라고 핀잔을 준다. 이윽고 등장한 목동의 자태는 왕비를 비롯해 궁정 사람들의 눈을 현혹시킨다. 목동과 함께 들어온 네 명의 음유시인은 아름답고 매혹적인 노래를 루트에 맞춰 부른다. 모두 정신이 나갈 정도로 넋이 빠져 마치 독약에 취한 듯 춤을 춘다. 오로지 왕만이 마법 같은 현상에 빠지지 않았다. 왕은 목동을 쇠사슬로 묶으라고 명령하지만, 목동은 칭칭 감긴 쇠사슬을 쉽게 끊고서 "여러분, 저와 함께 영원한 자유가 있는 나라로 가지 않으시렵니까?"라고 하자 사람들이 모두 따라나선다. 왕과 에드리시만 그 자리에 남는다. 왕은 왕관을 벗어던지고 록사나와 목동을 찾으러 순례의 길을 떠난다.

[제3막] 오랜 방랑 끝에 로제르 왕과 에드리시가 시라쿠사(Siracusa)의 폐허가 된 원형극장에 이른다. 왕이 록사나의 이름을 부르자 멀리서 대답하는 소리가 들리는가 싶더니 왕 앞에 모습을 드러낸다. 록사나는 목동이 주관하는 새로운 종교를 찬양하면서 이 종교만이 삶의 괴로움에서 구원해줄 수 있다고 말한다. 그 순간 목동이 실제 모습으로 원형극장에 나타난다. 디오니소스(Dionysus)다. 그와 함께 나타난 무리들이 바쿠스 축제를 벌이면서 광란의 춤을 춘다. 춤이 절정에 이르자 이들은 록사나를 데리고 어디론가 가버린다. 로제르 왕은 떠오르는 태양을 찬송하며 혼자 남아 있다.

체레비츠키

타이틀	**Cherevichki**(Черевички; The Slippers)	

	전 4막 8장. 야코프 폴론스키(Yakov Polonsky)가 대본을 썼다. 체레비츠키는 슬리퍼(Splippers)라는 뜻이다. 하지만 '작은 신발(The Little Shoes)', '왕비의 슬리퍼(The Tsaritsa's Slippers)'라는 제목으로도 불린다.
초연	1887년 1월 31일 모스크바의 볼쇼이 극장. 차이콥스키가 직접 지휘했다.
주요 배역	옥사나(카자크의 아름다운 딸, S), 바쿨라(옥사나를 사랑하는 대장장이, T), 솔로하(바쿨라의 어머니). 마법사(Ms), 추프(옥사나의 늙은 아버지이며 카자크 전사, B), 지옥에서 온 악마(환상적 존재)(B), 교장(T), 차르(B), 차리차(대사 없음)

사전 지식　　　프랑스에서는 '옥산의 변덕(Les caprices d'Oxane)'이라는 제목으로 알려져 있다. 러시아의 문호 니콜라이 고골(Nikolai Gogol)이 쓴 『디칸카 인근 농장에서의 전야(Evenings on a farm near Dikanka)』라는 문집 중에서 '크리스마스이브' 편의 이야기를 기본으로 삼았다. 〈체레비츠키〉는 차이콥스키가 1876년에 작곡한 오페라 〈대장장이 바쿨라〉를 수정·보완한 것이다.

에피소드　　　〈체레비츠키〉와 같은 내용의 오페라로는 이미 설명한 대로 차이콥스키의 〈대장장이 바쿨라〉가 있고, 림스키코르사코프의 오페라 〈크리스마스이브〉(1895)가 있다. 모두 고골(Gogol)의 단편을 근거로 한 것이다.

줄거리　　　시기는 18세기 말, 장소는 우크라이나의 디칸카(Dikanka) 마을과 제정러시아의

차이콥스키, 표트르(Tchaikovski, Pyotr, 1840~1893)
표트르 일리치(Ilyich) 차이콥스키는 러시아 낭만주의 시대를 대표하는 작곡가다. 그는 교향곡, 오페라, 발레곡, 기악곡, 실내악, 가곡 등 여러 분야의 작품을 내놓았으며, 고전음악에서 가장 인기 있는 몇 편의 기악곡과 극장음악을 만들어냈다. 발레곡으로는 〈백조의 호수〉, 〈잠자는 숲 속의 미녀〉, 〈호두까기 인형〉 등이 있으며 오페라로는 〈예브게니 오네긴〉 등이 있다.

수도 상트페테르부르크다.

[제1막] 마을에서 마법사(일종의 무당)로 알려진 솔로하(Solokha)는 일찍이 남편을 여의고 대장장이 아들 바쿨라 하나에 의지하며 살고 있다. 일상을 지루하게 생각한 솔로하는 내심 무언가 새로운 일이 생겨 생활이 바뀌기를 고대한다. 그때 지옥에서 악마가 나타난다. 악마는 솔로하에게 만일 하늘의 달을 훔쳐다 주면 행복하게 해주겠다고 제안한다. 행복하게 해준다는 말에 귀가 솔깃해진 솔로하는 악마를 돕겠다고 약속한다. 솔로하의 아들인 대장장이 바쿨라는 악마가 자기 어머니와 노닥거리는 모습을 보고 속이 상해 악마를 골려주기로 작정한다. 바쿨라는 악마의 얼굴을 그린 이콘을 악마가 보는 앞에서 보란 듯이 페인트로 썩썩 지운다. 이 모습을 본 악마는 체면이 땅에 떨어진 것 같아 못 견딜 지경이다. 악마는 바쿨라를 혼내줄 생각이다.

바쿨라는 이웃 마을에 사는 카자크 전사의 딸 옥사나(Oksana)를 사랑한다. 옥사나도 바쿨라를 마음속으로 좋아한다. 바쿨라는 사랑하는 옥사나를 만나러 갈 채비를 한다. 때는 바야흐로 크리스마스이브다. 이때다 싶은 악마는 앞이 보이지 않을 정도로 눈보라를 일으켜 바쿨라가 옥사나를 만나러 가지 못하게 한다. 눈보라가 휘날리는 장면이 매우 환상적이다. 한편 솔로하는 눈보라가 몰아치는 틈을 타 마법을 써서 재빨리 하늘 높이 올라가 달을 훔치는 데 성공한다.

옥사나의 아버지 추프(Chub)와 카자크의 장로들은 갑자기 눈보라가 치는 바람에 길을 잃고 만다. 집에 홀로 있는 옥사나는 아무도 오지 않자 외로움에 젖는다. 바쿨라가 눈보라를 헤치고 옥사나를 만나러 온다. 잠시 후 옥사나의 아버지 추프도 눈보라를 헤치고 겨우 집에 돌아온다. 바쿨라는 눈을 뒤집어쓴 노인이 갑자기 집으로 들어서자 도둑이나 불량배로 오인해 두들겨 패서 내쫓는다. 순식간에 벌어진 일이다. 옥사나는 아버지를 두들겨 쫓아버린 바쿨라가 미워 죽을 지경이다. 옥사나는 바쿨라를 내쫓아버린다. 어느새 눈이 그친다. 마을의 젊은이들이 등장해 우크라이나의 크리스마스캐럴을 즐겁게 부른다. 옥사나는 크리스마스이브라는 데 생각이 미치자 바쿨라에게 미안한 감정이 생긴다. 그녀는 여전히 바쿨라를 사랑하는 자신을 발견한다.

[제2막] 악마와 함께 익살맞고 괴상하게 생긴 세 사람이 커다란 자루를 짊어지고 나타난다. 이들은 자루를 솔로하의 집 앞에 널어놓는다. 자기를 위해 하늘에 올라가 달을 훔쳐온 대가로 솔로하에게 주는 악마의 물건이다. 집에 돌아온 바쿨라는 집 앞에 웬 커다란 자루가 세 개나 있는 것을 보고는 치워야겠다고 생각해 다른 곳으로 가져다 놓는다. 무대 한편에서는 크리스마스캐럴을 부르는 사람들이 성탄을 축하하고 있다.

옥사나는 바쿨라의 애정을 시험해보고 싶어 왕궁에 가서 왕비님이 신고 있는 부츠를 가져다주면 결혼을 하겠다고 선언한다. 바쿨라는 옥사나의 전혀 불가능한 요구에 무척 난처해한다. 그는 스스로 목숨을 끊겠다고 하면서 세 개 자루 중 두 개는 남겨놓고 하나만 어깨에 멘 채 멀리 사라진다. 남아 있던 두 개 자루 속에는 옥사나의 아버지 추프와 마을 장로가 들어 있다.

[제3막] 숲의 정령이 물의 님프에게 이제 얼마 후면 바쿨라라는 청년이 물에 빠져 자살하려고 하니 조심하라고 경고한다. 바쿨라가 메고 가는 자루에는 악마가 들어 있다. 악마는 안간힘을 써 자루에서 뛰쳐나와 바쿨라를 가로막는다. 악마는 바쿨라의 영혼을 받는 대가로 바쿨라에게 옥사나를 데려다주겠다고 수작을 부린다. 하지만 자살까지 결심한 바쿨라에게 악마의 속삭임이 들릴 리 없다. 바쿨라는 오히려 악마의 등에 올라타고 악마를 꼼짝 못하게 만든다. 악마를 말처럼 부리게 된 바쿨라는 자살하려 던 생각을 바꿔 악마에게 상트페테르부르크 왕궁으로 가자고 재촉한다. 악마는 어쩔 수 없이 바쿨라를 공주가 사는 왕궁의 방 앞으로 데려다 주고 벽난로를 통해 사라진다.

왕궁의 접견실에는 화려하게 차려입은 신사 숙녀들이 왕비를 찬양하는 합창을 부른다. 이어 폴로네즈 가 펼쳐진다. 바쿨라는 틈을 보고 있다가 왕비 앞으로 나가, 신고 있는 부츠를 달라고 요청한다. 주위 사람들은 웬 얼굴도 모르는 청년이 감히 왕비에게 부츠를 달라고 하자 모두 깜짝 놀란다. 하지만 왕비는 바쿨라의 엉뚱한 요청을 무척 재미나게 생각해 부츠를 벗어준다. 왕궁의 사람들이 러시아 민속춤과 카자크 춤을 추기 시작하자 바쿨라는 악마의 등을 타고 고향으로 돌아온다.

[제4막] 밝고 명랑한 크리스마스의 아침을 맞은 마을 광장이다. 솔로하와 옥사나는 바쿨라가 정말 물에 빠져 죽은 줄 알고 슬퍼한다. 마을 사람들이 옥사나에게 슬픔은 잊고 크리스마스를 함께 축하하자 고 하지만, 바쿨라에게 심하게 대한 것을 후회하는 옥사나는 공연히 눈물이 나와 얼른 자리를 뜬다. 이때 바쿨라가 왕비의 부츠를 가지고 들어선다. 그는 옥사나의 아버지 추프에게 지난번에 멋모르고 한 짓을 용서해달라고 하면서 옥사나와의 결혼을 허락해달라고 간청한다. 옥사나는 바쿨라가 살아 돌아와 아버지에게 결혼을 청하는 소리를 듣고, 환희에 넘쳐 달려 나오며 부츠가 아니라 당신만 있으면 된다고 외친다. 옥사나의 아버지 추프는 한판 춤을 추기 위해 루트를 연주하는 사람들을 어서 불러오라고 말한다. 서로 축하하는 가운데 막이 내린다.

이올란타

타이틀	**Iolanta**(Иоланта)	
		1막짜리 서정적 오페라. 대본은 차이콥스키의 사촌 모데스트 일리이치 차이콥스키가 헨리크 헤르츠(Henrik Hertz)의 희곡 「르네 왕의 딸(Kong Renés datter)」을 바탕으로 하여 썼다.
	초연	1892년 12월 18일 상트페테르부르크 말리(Maliy) 극장
	주요 배역	이올란타(르네 왕의 눈먼 딸), 르네(프로방스의 왕), 로베르트(부르고뉴의 공작), 보데몽 백작(부르고뉴의 기사), 이븐-하키아(무어의 의사), 베르트랑(성 문지기), 마르타(베르트랑의 아내이자 이올란테의 보모), 브리기타(이올란테의 친구), 라우라(이올란테의 친구)
음악 하이라이트		이올란타와 보데몽의 듀엣
베스트 아리아		「그 누가 나의 마틸드와 견줄 수 있는가(Who can compare with my Mathilde)」(B), 「아리오소(Arioso)」(S), 이올란타와 보데몽의 사랑의 2중창

사전 지식　　　〈이올란타〉는 발레 〈호두까기 인형〉과 함께 초연되었다. 차이콥스키는 〈이올란타〉에 대해 중세의 기사들과 귀부인들과의 사랑 이야기는 진부한 것이어서 별 관심이 없다고 말했지만, 일반 시민들은 음악과 스토리에 모두 흡족해했다. 그러나 신문은 신랄한 비평을 쏟아냈다. 림스키코르사코프 역시 〈이올란타〉야말로 차이콥스키의 작품 중에서 가장 허약한 것이 아니겠느냐고 말한 적이 있다. 당시 차이콥스키는 〈믈라다(Mlada)〉라는 오페라를 내놓았으나 성공하지 못해 낙담하고 있던 때라 〈이올란타〉에 많은 공을 들이지 않았다는 후문도 있다.

줄거리　　　르네(Renés) 왕의 딸 이올란타(Iolanta)는 친구 브리기타(Brigitta), 라우라(Laura)와 함께 과실을 따고 있다. 이올란타는 자기가 다른 사람과 어떤 면이 다른지 모른다. 이올란타는 앞을 볼 수 없는 처녀다. 아무것도 볼 수 없기 때문에 아무것도 모른다. 유모 마르타(Martha)와 동무들이 고단한 이올란타를 재우기 위해 자장가를 불러준다. 무어인 의사 이븐하키아(Ibn-Hakia)는 르네 왕에게

이올란타를 고치려면 우선 이올란타가 눈이 멀었다는 사실을 스스로 받아들여 고쳐야 한다는 의지가 생겨야 가능하다고 주장한다. 하지만 아버지 르네 왕은 딸에게 눈이 멀었다는 것을 얘기해줄 수 없다면서 그 의견을 받아들이지 않는다. 부르고뉴의 공자 로베르(Robert)는 이올란타와 정혼한 사이지만, 그는 다른 처녀를 사랑한다. 로베르의 친구 보데몽(Vaudémont)이 정원의 나무 아래 잠들어 있는 이올란타를 보고 사랑에 빠진다.

보데몽은 잠에서 깨어난 이올란타에게 빛의 영광이 어떤 것이며 만물을 볼 수 있다는 것이 얼마나 축복인지를 얘기해준다. 르네 왕은 이올란타가 눈으로 본다는 것이 어떤 것인지 깨달은 데 대해 무척 노여워한다. 딸이 실망할까 봐 걱정하기 때문이다. 왕은 딸의 처지를 알게 해준 보데몽을 죽이려고 한다. 하지만 의사 이븐하키아는 오히려 다행으로 여긴다. 이올란타에게 눈을 뜰 수 있는 희망이 생겼다고 생각하기 때문이다. 이올란타는 보데몽이 자기 때문에 죽음을 당할지도 모른다는 불안감에 잠긴다. 그녀는 어서 눈을 떠서 보데몽을 살려야겠다고 결심하고 치료를 받기 시작한다. 사랑의 힘으로 눈을 뜨게 된 이올란타는 보데몽과 행복한 생활을 시작한다.

마제파

타이틀	**Mazeppa**	
		전 3막. 푸시킨의 대서사시 「폴타바(Poltava)」(폴타바는 전투 장소)를 기본으로 빅토르 브레닌(Victor Burenin)과 작곡자가 직접 대본을 썼다.
	초연	1884년 2월 15일 모스크바 볼쇼이 극장(Bolshoy Theatre)
주요 배역	마리야(마리아: 코추베이의 딸), 마제파(카자크의 늙은 족장), 코추베이(카자크의 원로), 안드레이(마리아를 사랑하는 카자크의 청년), 표트르 대제	
음악 하이라이트	승리의 행진곡, 마리아의 자장가	
베스트 아리아	「피 흘리는 전투 속에서(In bloody battle)」, 「명예스러운 전쟁터에서(On the field of honour)」(T)	

사전 지식　　　마제파는 카자크(Kasak; Kazak)족의 족장 이름이다. 러시아의 지배를 받고 있는 우크라이나에서 카자크 군대를 이끌었던 사령관으로, 실존 인물이다. 이 오페라는 우크라이나 분리주의자인 마제파가 정치적 야망을 위해 사랑을 이용한다는 대서사시적 스토리다. 콘서트홀에서 자주 들을 수 있는 이 오페라의 곡은 코추베이 집에서 마제파를 환영할 때 나오는 카자크의 댄스와 폴타바 전투를 연상시키는 장면에서 나오는 음악이다. 이 오페라에서 가장 인상적인 것은 코추베이가 모진 고문을 받으면서 숨겨놓은 세 가지 보물을 말하라고 하자 "나의 세 가지 보물은 강탈당한 나의 명예와 나의 딸, 그리고 아직 간직하고 있는 복수심이다"라고 대답하는 장면이다.

줄거리　　　[제1막] 우크라이나의 카자크 부족 마을이다. 족장이며 군대사령관인 일흔 살의 마제파(Mazeppa)가 카자크족의 원로이며 부족 재판관 코추베이(Kochubey)의 집을 방문한다. 마제파를 환영하는 대연회가 끝나자 그는 코추베이에게 예쁜 딸 마리아(Maria; Mariya)를 달라고 청한다. 코추베이는 세례 대부였던 늙은 마제파가 딸과 결혼하겠다는 말에 놀라 당장 집에서 나가 달라고 부탁한다. 마제파는 마리아에게 아버지인지 자기인지 결정하라고 강요한다. 그녀는 마제파를 택하겠다고 말하고는 아버지 곁을 훌쩍 떠나버린다. 아버지가 마제파의 위세에 눌려 위험에 처할까 봐 모든 것을 희생하고 마제파를 따라나선 듯하다. 코추베이는 마제파가 오래전부터 스웨덴의 칼(Carl) 왕과 손을 잡고 우크라이나의 분리를 도모하고 있음을 눈치채고는 이를 표트르 대제에게 고변하기로 한다. 물론 카자크족에게는 배신행위지만 마제파를 쓰러뜨리고 딸을 찾기 위해 어쩔 수 없다고 생각한다. 마리아를 사랑했던 안드레이가 코추베이의 밀서를 표트르 대제에게 전한다.

[제2막] 같은 카자크족으로 절친한 사이인 마제파와 코추베이가 원수가 되었다는 것을 믿을 수 없는 표트르는 그의 고변을 러시아에 대한 음모로 생각한다. 황제는 코추베이를 쇠사슬로 단단히 묶어 마제파에게 보낸다. 죽을 각오가 된 코추베이는 마제파에게 고개를 숙이지 않는다. 마제파의 충복이 코추베이를 고문하면서 보물을 어디에 숨겼는지 실토하라고 윽박지른다. 보물을 빼앗아 스웨덴과의 동맹에 필요한 자금으로 쓰려는 것이다. 코추베이는 자신과 마리아의 명예라는 두 가지 보물을 잃었기 때문에 세 번째 보물은 넘겨주고 싶지 않다고 말한다. 세 번째 보물이란 마제파에 대한 복수다. 마리아가 냉랭하게 대하는 것 같다고 투정을 부리자 마제파는 자신의 사랑은 변함없다고 말한다. 그는 마리아에게 정치적 야망을 설명하면서 우크라이나의 독립을 위해 스웨덴과 폴란드로부터 이미 지원을 약속받았다고 얘기한다. 마리아는 마제파가 우크라이나의 왕관을 쓰게 되면 자신은 버림받을 것이라고 생각해 마음이 무겁다. 마제파는 만일 계획이 실패할 경우 자신과 아버지 중 누구를 택할 것인지 묻는다. 아버지가 잡혀 있는 것을 모르는 마리아는 전과 같이 마제파를 선택하겠다고 말한다. 마리아의 어머니 류보프가 경비병의 눈을 피해 마리아의 방으로 숨어든다. 어머니는 아버지가 모진 고문을 당하고 있으며 아침이면 처형될 것이라고 하면서 어서 구해달라고 간청한다. 멀리서 북소리가 들려온다. 처형 준비가 끝났다는 신호다. 마리아가 어머니와 함께 형장으로 달려가지만, 이미 때는 늦었다. 코추베이가 기도를 마치자 그의 목이 형리의 칼날 아래 낙엽처럼 떨어진다.

[제3막] '폴타바 전투' 장면이 교향곡과 함께 장엄하게 전개된다. 표트르 대제의 군대가 스웨덴과 마제파의 연합군을 참패시킨다. 장면은 바뀌어 황폐한 코추베이 저택의 정원이다. 마제파는 황제군에 쫓기어 이곳에 이르렀다. 그는 마리아에게 연정을 품었던 행복했던 그 시절을 생각한다. 안드레이가 마리아를 찾아왔다가 마제파를 보고 칼을 들이대지만 오히려 치명적인 부상만 입는다. 마리아가 등장한다. 마제파는 마리아에게 말을 걸려고 하지만 아버지의 죽음을 눈앞에서 본 마리아는 정신이상으로 아무도 알아보지 못한다. 그녀는 아버지의 환영을 본다. 피로 얼룩진 옷과 손을 본다. 마제파의 충복이 저런 미친 여인에게 더는 관심을 갖지 말라고 하자 마제파는 어쩔 수 없이 마리아를 뒤로하고 도피한다. 쓰러져 있는 안드레이를 본 마리아는 마치 아이를 품에 안듯 안드레이를 안고 자장가를 불러준다. 안드레이의 눈이 감기는 순간에도 마리아의 눈은 허공만 응시하고 있다.

스페이드의 여왕

타이틀	**Pique Dame**(Пиковая дама; The Queen of Spades)	
		전 3막. 러시아의 문호 푸시킨의 소설을 기본으로 작곡자가 직접 대본을 썼다.
	초연	1890년 12월 19일 상트페테르부르크 마린스키 극장
	주요 배역	백작 부인(스페이드의 여왕), 리자(백작 부인의 손녀), 헤르만, 옐레츠키 공자, 톰스키 공자
	음악 하이라이트	리자의 아리오소, 백작 부인의 독백 장면 음악
	베스트 아리아	「리자의 아리오소(Arioso of Lisa)」(S)

사전 지식 스페이드의 여왕이란 트럼프 스페이드(♠)의 퀸을 말한다.

줄거리 [제1막] 예카테리나 시절의 러시아 상트페테르부르크 공원이다. 장교 추린(Tsurin; Surin)과 체칼린스키(Chekalinsky)는 도박에 운이 따르지 않았다고 한탄하며, 도박판에서 장교 헤르만(Herman)이 구경만 하고 도박에 참여하지 않은 것을 불쾌하게 여긴다. 이들은 헤르만이 도박에 무척 관심이 있으면서도 약아서 함부로 카드 게임을 하지 않는다고 생각한다. 그때 헤르만이 나타난다. 헤르만은 동료들에게 카드 게임에 관심이 없는 것이 아니라, 누군지는 아직 모르지만 어떤 귀한 아가씨를 사랑하고 있어 카드에 정신을 쏟을 수 없다고 말한다.

장교이자 왕족인 옐레츠키(Yeletsky) 공자가 공원에 산책하러 나온다. 장교들은 옐레츠키의 약혼을 축하한다. 옐레츠키는 나이 지긋한 백작 부인과 함께 산책을 나온 약혼녀 리자(Liza)를 동료들에게 자랑스럽게 소개한다. 과거에 '모스크바의 비너스'로 불렸던 백작 부인은 여전히 매력적이다. 손녀 리자도 무척 아름다운 아가씨다. 백작 부인과 리자는 옆에 있던 헤르만을 보자 어디선가 만난 일이 있는 것 같아 궁금해하면서도 이상하게 두려움을 느낀다.

헤르만은 자기가 애태우며 찾았던 여인이 리자임을 알고 놀란다. 장교들은 '스페이드의 여왕'이라고 알려진 백작 부인이 어떤 카드 게임이든 이길 수 있는 비결을 알고 있다고 얘기한다. 파리의 생제르맹 백작의 특별한 부탁을 들어주는 대신 카드 게임의 비결을 배워왔다는 것이다. 장교들은 헤르만이 리자를 사모하는 것을 눈치채고는 만일 리자와 사랑이 성사되어 백작 부인의 귀여움을 차지하게 되면, 카드 게임의 비결도 알아내어 엄청난 돈을 딸 수 있을 것이라고 말한다.

집으로 돌아온 리자는 공원에서 만난 헤르만이 어쩐지 자기와 운명을 함께할 사람이라는 생각이 들어 심란하다. 리자는 친구에게 옐레츠키와의 약혼이 행복하지 않다고 고백한다. 친구들이 돌아가고 집에 혼자 남은 리자는 헤르만의 모습을 그리며 괴로워한다. 그때 놀랍게도 발코니에 헤르만이 나타난다. 헤르만은 리자가 다른 사람과 약혼한 사실을 알고 자살을 생각했다고 하면서, 자기에게 자비심을 베풀어달라고 청한다. 리자는 자신이 어느새 헤르만을 사랑하고 있음을 깨닫는다. 두 사람은 서로의 사랑을 굳게 맹세한다.

[제2막] 가면무도회장이다. 헤르만은 도박에서 이기기 위해 백작 부인의 비밀을 알아낼 결심을 한다. 약혼자 옐레츠키와 함께 등장한 리자의 얼굴에서 헤르만은 슬픔을 읽는다. 리자는 백작 부인이 집을 비우니 내일 집에서 만나자는 쪽지를 은밀히 헤르만에게 전한다. 기쁨에 들뜬 헤르만은 그날 밤 당장 리자를 찾아갈 생각이다. 무도회장에 예카타리나 여제가 도착하자 모두 경배한 후에 폴로네즈 를 춘다.

그날 밤 백작 부인의 방으로 숨어든 헤르만은 책상 위에 놓여 있는 백작 부인의 젊은 시절 초상화를 보면서 백작 부인과 자신이 운명적으로 연결되어 있고, 둘 중 한 사람은 상대방 때문에 죽을 것임을 예감한다. 그때 백작 부인이 들어온다. 헤르만은 카드 게임의 비밀을 이야기해달라고 하면서 백작 부인을 권총으로 위협한다. 두려움에 어찌할 줄 모르던 백작 부인은 공포가 극에 달해 그 자리에서 죽음을 맞이한다. 그 순간 리자가 뛰어 들어온다. 리자는 헤르만이 자기와의 사랑에는 관심이 없고 카드의 비밀에만 집착하는 데다, 할머니를 죽음으로 몰아간 것을 보고는 실망과 함께 배신감에 싸여 슬피 흐느낀다.

[제3막] 부대의 장교막사에서 헤르만은 리자가 보낸 편지를 읽고 있다. 네바(Neva) 강변에서 밤에 만나자는 내용이다. 옐레츠키와의 약혼을 파기한 리자는 헤르만이 아직도 자기를 사랑할 것이라는 한 가닥 희망을 안고 있다.

장교막사에 문 두드리는 소리가 난다. 문을 열자 백작 부인의 망령이 3, 7, 에이스(A)라면서 카드의 비밀을 알려준다. 헤르만이 도박에서 돈을 따게 되면 리자를 불행에서 구원해, 결혼할 수 있기 때문에 가르쳐주는 것이라고 설명한다. 헤르만은 망령에 혼을 빼앗긴 듯한 모습이다. 강변에서 헤르만을 기다리고 있던 리자는 어둠이 자신의 젊은 시절과 행복을 삼켜버리는 환상을 본다. 뒤늦게 나타난 헤르만은 마치 정신이 나간 사람처럼 백작 부인이 가르쳐준 비밀을 중얼거린다. 헤르만은 리자가 기다리는 것도 모른 채 어둠 속으로 사라진다. 모든 것을 잃었다고 생각한 리자는 차가운 강물 속으로 몸을 던진다.

장면은 바뀌어 도박장이다. 전에는 카드 게임을 하지 않던 옐레츠키가 도박판에 참가한다. 약혼이 깨져 기분이 몹시 상한 그는 "사랑에는 불운, 카드에는 행운"이라면서 과감히 돈을 건다. 헤르만이 도박장에 들어선다. 정신이 나간 듯한 그의 모습에 모두 놀란다. 옐레츠키에게 헤르만과 한판 승부를 해야 할 것 같은 느낌이 든다. 헤르만은 4만 루블을 3에 걸어 그 판을 이긴다. 다음 판에서는 7에 걸어 또 이긴다. 헤르만은 자기도취에 빠진 듯 "인생은 게임에 불과하다"라고 소리친다. 옐레츠키가 마지막 판에 도전한다. 헤르만은 에이스(A)에 모든 돈을 걸지만, 스페이드 퀸(Q)에 돈을 건 옐레츠키가 그 판을 따낸다.

헤르만은 도박장 한구석에서 얼핏 백작 부인의 망령을 본다. 헤르만은 운명이 자기에게 다가오고 있음을 느낀다. 그는 자신과 리자를 용서해달라고 옐레츠키에게 간청한다. 그 자리의 사람들이 헤르만의 고통스러운 영혼을 위해 기도한다.

예브게니 오네긴

타이틀	Yevgény Onégin(Евгений Онегин; Eugene Onegin)

전 3막. 대본은 러시아의 시성 알렉산드르 세르게예프 푸시킨(Aleksander Sergeevich Pushkin)의 산문소설을 기본으로 하여 작곡자와 콘스탄틴 실롭스키(Konstantin Shilovsky)가 공동으로 완성했다.

초연	1879년 3월 29일 말리 극장(Maliy theater)
주요 배역	마담 라리나(지주), 타티아나(타티야나: 라리나의 둘째딸), 올가(라리나의 큰딸), 예브게니 오네긴(타티아나가 사랑했던 청년), 렌스키(오네긴의 친구이자 올가의 약혼자), 그레민 공자(타티아나의 남편)
음악 하이라이트	타티아나와 올가의 듀엣, 타티아나의 라이트모티프, 타티아나의 감정 표현 장면 음악(편지의 장면), 무도회 장면 시작 전에 들리는 타티아나의 라이트모티프, 2막에서 렌스키의 아리아, 3막에서 그레민의 아리아
베스트 아리아	「편지의 장면」(S)

사전 지식   차이콥스키의 10개 오페라 중 가장 성공한 작품이다. 이 오페라에는 말할 수 없는 연민, 동경, 격정, 절망이 복합되어 나온다. 그러나 특수 효과라든지 액션은 찾아보기 어렵고, 다만 순수하고 절망적인 감정만이 넘쳐흐른다.

에피소드   차이콥스키가 이 오페라를 작곡할 무렵, 가르쳤던 어떤 여학생이 그를 열렬히 사모했다. 차이콥스키는 오페라에서 예브게니가 경험했던 절망과 회한을 되풀이하지 않기 위해 나중에 그 여학생과 결혼했지만, 사랑 없는 무미건조한 결혼 생활은 불행히도 이혼으로 끝나고 말았다. 일설에는 차이콥스키가 이 오페라를 작곡할 당시는 일순간의 감정으로 결혼한 것을 후회하던 때라고도 한다. 〈예브게니 오네긴〉은 차이콥스키가 스위스와 이탈리아에 머물고 있을 때 완성되었다.

줄거리   [제1막] 1700년대 후반, 러시아 시골의 장원이다. 열일곱 살의 어여쁜 아가씨

타티야나(Tat'yana; Tatiana)가 언니 올가(Olga)와 함께 듀엣을 연습하고 있다. 올가의 약혼자 렌스키(Lenski)가 오랜 친구인 예브게니(Yevgeny)와 함께 들어온다. 그날 밤 타티야나는 처음 만난 예브게니에게 마음이 끌려 통 잠을 이룰 수 없다고 유모에게 하소연한다. 타티야나는 예브게니에게 편지를 쓰기로 한다. 유명한 「편지의 장면」이다. 타티야나는 편지 내용을 노래로 부르기도 하지만 대부분 내용은 오케스트라가 대신해준다. 다음 날 아침 타티야나는 편지를 예브게니에게 전달해달라고 유모에게 부탁한다. 그날 오후 정원에서 타티야나를 만난 예브게니는 편지를 보내주어 고맙다고 하면서 지금은 사랑을 나누거나 약속하는 데 흥미가 없다고 말한다. 타티야나의 순진한 사랑은 이렇게 거절당한 것이다.

[제2막] 타티야나의 생일 축하 파티가 열린다. 파티에 참석한 예브게니는 타티야나와 춤을 추지만, 그녀에게 달리 마음이 있어서가 아니라 그저 춤을 추고 있을 뿐이다. 사람들은 그가 형편없는 바람둥이 이며 진실성이 없다고 비난한다. 사람들의 말을 증명이라도 하듯이 예브게니는 타티야나의 언니 올가와 춤을 추며 은근히 올가를 유혹한다. 이 모습을 본 올가의 약혼자 렌스키가 격분해 예브게니에게 결투를 신청한다. 다음 날 아침 숲 속 시냇가에서 렌스키와 예브게니와 만난다. 예브게니의 총에 렌스키가 쓰러져 죽음을 맞는다. 멀리서 이 모습을 지켜보던 타티야나는 모든 것이 허무하다고 생각하며 쓸쓸히 돌아선다.

[제3막] 6년이 흐른다. 친구를 죽였다는 죄책감에 괴로워하며 자포자기의 심정으로 방황의 세월을 보내던 예브게니가 오랜만에 사촌 그레민 공자의 저택에서 열린 무도회에 참석한다. 그는 이곳에서 뜻하지 않게 타티야나를 만난다. 타티야나는 그레민 공자의 부인이 되었다. 아무것도 모르는 타티야나의 남편 그레민 공자는 예브게니에게 "이토록 아름답고 사랑스러운 여인이 함께 있었기에 나의 생활은 새로운 희망을 찾았다"라고 얘기한다. 유명한 바리톤 아리아다.

스물세 살의 우아하고 아름다운 타티야나! 예브게니는 '이 여인이 내가 사랑을 거절했던 바로 그 여인이란 말인가?'라면서 회한을 누르지 못한다. 다음 날 예브게니는 타티야나를 찾아가 용서를 구하며 다시 한 번 기회를 달라고 간청한다. 타티야나는 눈물로 이제는 너무 늦었다고 대답한다. 두 사람은 지난날의 애틋했던 감정을 회상하지만 그렇다고 과거로 되돌아갈 수는 없다. 타티야나는 다시는 나타나지 말아달라고 애원하며 예브게니에게 돌아가라고 말한다. 그녀는 자기 마음이 예브게니를 처음 만났을 때와 다름없다는 것을 깨닫지만, 한 남자의 아내로서 의무와 책임을 감정 때문에 저버릴 수는 없었다.

홀로 남겨진 예브게니는 허공을 우두커니 바라볼 뿐이다.

햄릿

타이틀	**Hamlet**	
		전 5막. 셰익스피어 원작의 「햄릿」을 기본으로 미셸 카레와 쥘 바르비에가 공동으로 대본을 썼다.
	초연	1868년 3월 9일 파리 오페라 극장
	주요 배역	토마의 햄릿에서는 특이하게 햄릿(Hamlet) 역이 바리톤이다. 덴마크의 왕 클로디어스(Claudius)는 베이스, 폴로니어스(Polonious)의 아들 레어티스(Laertes; Laërte)만 테너다. 폴로니어스의 딸 오필리아(Ophelia; Ophélie)는 소프라노다. 햄릿의 어머니 덴마크의 여왕 거트루드(Gertrude)는 메조소프라노다.
베스트 아리아		「포도주, 슬픔을 씻어주네(O vin, dissipe la tristesse)」(Bar), 「그대의 즐거움을 위해(A vos jeux)」(오필리아의 광란 장면)(S)

사전 지식　　　　셰익스피어의 비극 「햄릿」은 여러 작곡가들이 오페라로 만들었지만 토마의 작품이 가장 환영 받았다. 토마는 1811년 당시 독일령이던 메스(Metz)에서 태어났으나 파리에서 생의 대부분을 보낸 프랑스 작곡가다. 토마가 작곡한 〈햄릿〉은 원작과는 달리 해피엔드로 끝난다. 프랑스 오페라에서는 발레가 필수다. 〈햄릿〉이라는 비극적 내용에 신나는 발레는 마땅치 않으나, 프랑스 오페라의 특성상 화려한 발레가 등장한다. 발레 「봄의 축제(La fête du printemps)」는 제4막의 오필리아의 광란 장면과 죽음의 장면 뒤에 나온다.

에피소드　　　　〈햄릿〉은 파리 오페라 극장에서 초연된 이래 프랑스에서 가장 인기 있는 오페라

토마, 앙브루아즈(Thomas, Ambroise, 1811~1896)
괴테의 걸작 〈미뇽(Mignon)〉을 오페라로 만들어 이름을 떨친 앙브루아즈 토마는 프랑스 오페라가 구노와 마스네로 이어지도록 맥락을 유지해준 인물이다. 토마의 음악은 마치 춤을 추듯 매력적이지만, 극적 긴장감과는 거리가 멀다. 음악가인 아버지에게 바이올린과 피아노를 배운 그는 열일곱 살에 파리 음악원에 들어가 작곡을 공부했다. 토마는 스물한 살 때 그랑프리 드 롬을 차지할 만큼 재능이 있었다. 그가 작곡한 15편의 오페라 중 현재 공연되는 작품은 〈미뇽〉을 비롯해 〈햄릿〉 등 몇 편에 불과하다. 1866년에 내놓은 〈미뇽〉은 프랑스 오페라의 방향을 제시한 작품이다.

로 인정을 받았다. 그러나 프랑스 이외의 지역에서는 거의 공연되지 않았다. 토마의 또 다른 작품 〈미뇽(Mignon)〉의 인기에 압도되었기 때문인 것 같다. 햄릿은 1869년 영국의 코벤트가든에서 아믈레토(Amleto)라는 제목으로 공연되었다.

줄거리　　　　　　햄릿의 줄거리를 모르는 사람은 없을 것이므로 생략한다. 다만 각 막의 주요 장면만 소개하고자 한다.

[**제1막**] 햄릿과 오필리아의 사랑의 듀엣이 아름다우며 부왕의 영혼과 햄릿이 대면하는 장면도 인상적이다.

[**제2막**] 유랑극단 장면으로 햄릿의 건배(drinking song)의 노래가 훌륭하다.

[**제3막**] 저 유명한 햄릿의 독백 'To be or not to be'가 인상적이며 햄릿과 어머니와의 대화가 이어진다.

[**제4막**] 정신이 나간 오필리아가 물에 빠져 죽는 장면이 무대를 압도한다. 여기서 「봄의 축제」라는 발레가 나온다.

[**제5막**] 이 막은 원작과는 사뭇 다른 부분이다. 장소는 무덤이다. 햄릿이 오필리아를 추억하면서 부르는 아리아가 가슴을 적신다. 이어 복수심에 가득 찬 부왕의 혼령이 지켜보는 가운데 햄릿이 왕을 칼로 찌른다. 백성들이 햄릿을 새로운 왕으로 받들어 찬양한다. 햄릿은 왕을 죽이기 전 어머니 방으로 가서 왕비를 죽이려 하지만, 부왕의 혼령이 죽이지 말라고 당부하자 칼을 집어넣는다(셰익스피어 원작에는 오필리아의 오빠와 결투를 벌이던 햄릿이 독을 바른 칼에 찔려 세상을 떠난다).

미뇽

타이틀	**Mignon**	

전 3막. 괴테의 『빌헬름 마이스터의 도제 훈련(Wilhelm Meister's Lehrjahre)』의 에피소드에서 소재를 택해 쥘 바르비에와 미셸 카레가 대본을 만들었다. 괴테의 소설은 빌헬름 마이스터라는 젊은 학생을 주인공으로 삼았지만 토마의 오페라에서는 가련한 집시 소녀 미뇽을 주인공으로 삼았다.

초연	1866년 11월 17일 파리 오페라 코미크 극장

주요 배역	미뇽(집시 소녀, Ms), 빌헬름 마이스터(학생), 로타리오(음유시인), 필린(배우), 자르노(집시 유랑극단의 대장), 프레데리크(젊은 귀족), 래르트(배우)

베스트 아리아 — 「그대는 아는가, 오렌지 꽃 피는 저 남쪽 나라를(Connais-tu le pays où fleurit l'oranger?; Kennst du das Land)」(Ms), 「잘 있거라, 미뇽, 용기를(Adieu, Mignon, courage)」(T), 「우아한 제비(Légères hirondelles)」(B+Ms), 「나는 가난한 집시 소녀을 압니다(Je connais un pauvre enfant)」(Ms), 「괴로웠는가? 눈물을 흘렸는가?(As-tu souffert? As-tu pleuré?)」(Ms+B), 「그녀 마음의 열을 잠재웠도다(De son coeur j'ai calmé la fièvre!)」(B)

사전 지식 오페라 〈미뇽〉에서 가장 잘 알려진 곡은 2막이 열릴 때 나오는 「가보트(gavotte)」다. 〈미뇽〉의 아리아 「그대는 아는가, 오렌지 꽃 피는 저 남쪽 나라를」은 빌헬름 마이스터가 미뇽의 어린 시절에 대한 첫 질문에 답한 것이다.

줄거리 [제1막] 하프 하나를 들고 유럽의 이곳저곳을 돌아다니는 늙은 음유시인 로타리오(Lotario)가 독일 땅 어느 시골의 술집 앞에서 고단한 다리를 쉬고 있다. 그는 원래 이탈리아의 귀족이다. 집시가 사랑하는 딸 스페라타(Sperata)를 납치해가자 음유시인이 되어 정처 없이 딸을 찾아 헤매고 있다. 어머니는 상심한 나머지 딸의 얼굴을 다시 보지 못한 채 세상을 떠났다. 마침 한 떼의 떠돌이 집시 연예단이 술집 앞에 등장한다. 이날도 집시들은 돈푼이라도 벌려고 사람들 앞에서 노래와 춤을 출 준비를 한다. 미뇽은 탁자 위에 배열해놓은 계란을 깨트리지 않고 춤을 추는 집시 소녀다. 대장 자르노(Jamo; Giamo)가 춤출 준비를 하지 않고 뭐하느냐고 미뇽에게 소리친다.

미뇽이 몸이 아파 도저히 춤을 추지 못하겠다고 말하자 대장은 연약한 미뇽을 매질한다. 보다 못한 로타리오 노인이 대장의 매질을 말리려고 하지만 쇠약해진 몸이 말을 듣지 않는다. 마침 사람들 틈에 있던 젊은 학생 빌헬름 마이스터(Wilhelm Meister)가 뛰어나와 미뇽을 감싸며 대장을 밀쳐낸다. 미뇽은 고맙다고 말하며 제발 자신을 지켜달라고 간청한다. 빌헬름은 가지고 있던 돈을 모두 털어 대장에게 주고 미뇽을 집시 무리에서 데리고 나온다.

미뇽은 이 용감하고 친절한 빌헬름에게 사랑을 느낀다. 하지만 빌헬름은 미뇽의 마음을 알지 못한다. 그는 유랑극단의 여배우 필린(Philine; Filina)을 좋아한다. 예쁘고 명랑하지만 조금은 천박한 여자다. 빌헬름이 좋은 집안 청년인 것을 안 필린은 그와 결혼할 생각이다. 유랑극단은 공연하기로 되어 있는 이웃 마을 어느 왕족의 성으로 향한다. 빌헬름과 미뇽, 로타리오도 그들을 따라간다. 로타리오는 어쩐 일인지 집시 소녀 미뇽에게 마음이 끌린다. 미뇽을 보면 잃어버린 딸이 떠오르기 때문이다.

[제2막] 모두 성에 도착한다. 빌헬름은 여배우 필린이 자기를 무척 챙기고 위해 주기 때문에 상대적으로 필린을 좋아한다. 이 모습을 슬프게 지켜보던 미뇽은 자신의 희망 없는 사랑을 비탄하며 호수에 빠져 죽을 결심을 한다. 호수로 뛰어들려는 미뇽을 로타리오가 막는다. 로타리오는 미뇽에게 삶에 대해 용기를 가지라고 위로한다. 미뇽은 흐느끼면서 저 성이 파괴되어 배우들이 모두 파멸했으면 좋겠다고 말한다. 이 말은 들은 로타리오는 미뇽을 동정한 나머지 성으로 잠입해 불을 지른다. 갑자기 불이 나자 놀란 배우들이 뛰쳐나온다. 미뇽을 본 필린은 성안에 두고 온 꽃다발을 가져다 달라고 말한다. 빌헬름이 성안에 있다고 생각한 미뇽은 걱정스러운 마음에 불길이 치솟는 성안으로 뛰어 들어간다. 이 모습을 본 늙은 로타리오는 왜 그런지 불길한 예감이 들어 절망한다. 불타는 성안에서 미뇽이 나오지 않자 빌헬름이 뛰어 들어간다. 얼마 후 그는 정신을 잃은 미뇽을 안고 기진맥진한 걸음으로 밖으로 나온다.

[제3막] 장소는 다시 이탈리아다. 로타리오는 상처 입은 미뇽을 자기 성으로 데려와 극진히 간호한다. 미뇽이 걱정된 빌헬름도 함께 따라온다. 로타리오에게서 미뇽의 마음을 전해들은 빌헬름의 마음에 미뇽에 대한 사랑이 싹튼다. 빌헬름은 필린과 결별하기로 마음먹는다.

미뇽이 회복되자, 로타리오는 신분을 밝히면서 오래전 잃어버린 딸에 대해 얘기해준다. 그 순간 로타리오의 눈에 미뇽의 목걸이가 들어온다. 그는 미뇽이 자기 딸임을 확인한다. 미뇽에게도 어릴 적 기억이 어렴풋이 되살아난다.

한여름의 결혼

타이틀	**The Midsummer Marriage**

	전 3막. 1953년 작곡. 대본은 작곡자가 직접 썼다.
초연	1955년 1월 27일 런던 코번트가든
주요 배역	마크(부모가 누구인지 모르는 청년), 제니퍼(마크의 약혼녀), 킹 피셔(제니퍼의 아버지, 장사꾼), 벨라(킹 피셔의 비서), 잭(벨라의 남자 친구, 기계공), 소소스트리스(천리안), 고대 남자(사원의 사제), 고대 여자(사원의 여사제)
베스트 아리아	특별한 아리아는 없으나 제사 무용(Ritual dances)은 연주회 곡목으로 자주 등장한다.

사전 지식　　　티펫은 이 새로운 형태의 오페라를 완성하는 데 6년이라는 시간을 보냈다. 이 오페라는 모차르트의 〈마적〉과 여러 면에서 공통점이 있다. 마적의 타미노와 파미나는 마크와 제니퍼다. 사랑을 완성하기 위해 여러 시험을 거치는 것도 비슷하다. 잭과 벨라는 〈마적〉에서 파파게노와 파파게나의 카운터파트(counterpart)다. 〈한여름의 결혼〉에 나오는 제전(祭典)의 무용곡은 간혹 연주회 곡목으로 등장한다.

줄거리　　　[제1막] 성실하고 잘생긴 마크(Mark)는 예쁘고 착한 제니퍼(Jenifer)와 결혼을 약속한 사이지만 제니퍼의 아버지 킹 피셔(King Fisher)의 반대에 부딪힌다. 두 사람은 어느 여름날 동이 틀 무렵 산속 사원에서 비밀 결혼식을 올린 뒤 멀리 떠날 계획이다. 두 사람의 친구 몇 명이 이들의 비밀결혼을 축하하기 위해 사원을 찾아온다. 이들은 찬란하게 떠오르는 태양을 찬양하는

티펫, 마이클(Tippett, Michael, 1905~1988)
마이클 티펫은 20세기 영국 음악계를 이끈 가장 두드러진 작곡가다. 그는 전통에 기반을 둔 특이한 장르의 현대음악을 내놓아 관심을 끌었다. 이 같은 작곡 성향은 오페라에도 큰 영향을 끼쳤다. 첫 오페라 〈한여름의 결혼〉은 심리학적 요소가 가미된 현대극이다. 이어 내놓은 오페라로는 〈프리암 왕(King Priam)〉, 〈쇄빙(Ice Break)〉, 〈매듭 정원(The Knot Garden)〉 등이 있다.

노래를 부른다. 사원에서 댄서들이 나와 춤으로 화답한다.

조금 일찍 도착한 마크가 사원으로 올라간다. 잠시 후 제니퍼가 사원으로 가는 계단을 올라간다. 조금 전 온 마크는 사원의 문을 거쳐 아래쪽에 있는 동굴 같은 곳으로 들어간다. 마치 지옥으로 내려가는 통로 같다. 어떻게 알고 찾아왔는지 킹 피셔가 여비서 벨라와 함께 나타난다. 킹 피셔는 사원의 고대인들에게 문을 열라고 요구한다. 그래도 문이 열리지 않자 벨라가 남자 친구 잭을 불러와 문을 열려고 하지만 어떻게 해도 문은 꿈쩍하지 않는다. 문 안에서 문을 열려고 하면 곤란하다는 경고가 들린다. 킹 피셔와 사원 안의 소리가 팽팽한 긴장감을 조성하는 가운데 저 멀리 계단 위로 제니퍼가 등장한다. 계단 위에 있는 제니퍼는 계단 아래 있는 마크와 서로의 경험에 대해 영적으로 대화한다.

[제2막] 벨라와 잭이 사랑을 속삭인다. 이어 「가을의 대지(The earth in autumn)」, 「겨울의 물(The waters in winter)」, 「봄의 공기(The air in spring)」라는 남성과 여성의 대립을 뜻하는 세 편의 무용이 펼쳐진다. 「가을의 대지」는 사냥개가 토끼를 사냥하는 것을, 「겨울의 물」은 물개가 물고기를 사냥하는 것을, 「봄의 공기」는 매가 새를 사냥하는 것을 표현한 것이다.

[제3막] 킹 피셔는 보이지 않는 힘에 도전한다. 그는 그의 뒤에 있는 것을 간섭하지 말라는 경고를 듣는다. 마법사 마담 소소스트리스(Sosostris)는 처음에는 잭으로 나중에는 신탁의 소리로 변해 이 오페라에서 가장 중요한 아리아를 부른다. 킹 피셔는 보이지 않는 신비한 힘에서 벗어나려고 애쓰지만 헛수고다.

마크와 제니퍼가 연꽃 가운데서 모습을 드러낸다. 세속의 모습이 아니다. 킹 피셔는 마크를 죽이려고 하지만 눈부신 빛에 눈이 멀어 실패하고, 사원의 무용수 스트레폰(Strephon)이 대신 희생물이 된다. 스트레폰은 마지막 제전의 춤인 「여름의 불길(The fire in summer)」을 춘다.

루이사 페르난다

타이틀	**Luisa Fernanda**

	전 3막. 대본은 페데리코 로메로(Federico Romero)와 길레르모 페르난데스 샤우(Guillermo Fernández Shaw)가 썼다.
초연	1932년 3월 26일 마드리드 칼데론 극장(Teatro Calderón)
주요 배역	루이사 페르난다, 비달 에르난도, 하비에르, 노갈레스, 아니발, 카롤리나, 마리아나, 돈 페르난데스

사전 지식　　　스페인의 오페레타인 사르수엘라(Zarzuela)는 17세기부터 스페인에서 크게 유행했다. 페데리코 토로바는 스페인 특유의 오페라 장르인 사르수엘라를 세계무대로 진출시킨 위대한 인물로, 대표작 〈루이사 페르난다〉가 그 주역이다. 스페인 내란이 일어나기 전까지 〈루이사 페르난다〉는 전 세계 오페라 극장에서 수천 회의 공연을 기록할 정도로 인기를 끌었다. 그러나 20세기 후반 문화가 급격히 변화하면서 사르수엘라에 대한 관심은 서서히 무대 뒤로 물러나게 되었고, 로맨틱한 향수만이 스페인과 남미 등지에서 명맥을 유지하게 되었다.

에피소드　　　사르수엘라의 세계화에 크게 기여한 사람으로 플라시도 도밍고의 아버지와 어머니를 빼놓을 수 없다. 플라시도 도밍고의 부모는 스페인에서 활동한 유명한 성악가였다. 그의 아버지는 〈루이사 페르난다〉에서 비달 에르난도(Vidal Hernando) 역할을, 어머니는 루이사 역할을

토로바, 페데리코(Torroba, Federico, 1891~1982)
페데리코 모레노(Moreno) 토로바는 스페인의 오페레타라고 할 수 있는 사르수엘라의 마지막 시기를 장식한 작곡가다. 마드리드에서 태어나 그곳에서 활동하다가 세상을 떠난 토로바는 20세기의 사르수엘라(오페라 에스파뇰)를 완성하고 이를 새로운 스타일의 스페인 오페라인 소로사발(Sorozabal)로 연결한 인물이다. 그는 오페라뿐만 아니라 교향곡과 기악곡을 다수 작곡했다. 토로바는 약 10편의 사르수엘라를 작곡했는데 대표작은 〈루이사 페르난다〉다.

맡아 갈채를 받았다. 작곡자 토로바는 그 오페라단을 이끌고 미국과 남미에서 순회공연을 했다. 이 순회공연은 사르수엘라인 〈루이사 페르난다〉를 세계의 알린 장거였다. 그로부터 수십 년 후 플라시도 도밍고가 워싱턴 오페라 극장에서 공연된 〈루이사 페르난다〉에서 그의 아버지가 맡았던 비달 에르난도 역을 맡아 열연했다.

줄거리　　　　[제1막] 이사벨라 여왕이 통치하던 1868년 스페인이다. 여왕의 강력한 통치에 혁명운동세력은 위협을 느낀다. 나이 많은 돈 페르난데스(Don Fernandez)가 딸 루이사(Luisa)와 함께 등장한다. 돈 페르난데스는 이사벨라 여왕을 섬기는 왕궁의 서기다. 최근 대령으로 진급한 루이사의 약혼자 하비에르(Javier)는 왜 그런지 루이사를 본체만체 무시한다. 하비에르는 마드리드에서의 생활이 무미건조하다고 탄식한다. 공화주의자 돈 루이스 노갈레스(Don Luis Nogales)의 하인 아니발(Anibal)이 하비에르에게 접근해 공화주의 운동에 대해 얘기하면서 돈 노갈레스에 대해 소개한다. 카롤리나(Carolina) 공작 부인이 우연히 이 이야기를 엿듣는다. 이들이 자리를 옮기자 무대에는 루이사 혼자 남는다. 여관 주인 마리아나가 루이사에게 다가와 하비에르하고는 관계를 끊고, 신붓감을 찾기 위해 마드리드로 온 돈 많은 지주 비달 에르난도(Vidal Hernando)에게 눈길을 돌려보라고 부추긴다. 비달을 만난 루이사는 약간 마음이 끌리기는 하지만 이미 사랑하는 사람이 있다고 말한다.

코미디는 이제부터 시작된다. 카롤리나 공작 부인은 멋쟁이 하비에르를 왕정파로 끌어들이기 위해 온갖 방법으로 유혹하는 한편, 에르난도는 루이사의 환심을 사기 위해 공화주의자를 자처한다.

[제2막] 산 안토니오 데 라 플로리다 성당 광장에 사람들이 북적댄다. 젊은이들 몇 명이 양산을 들고 성당으로 들어가는 젊은 여인들의 관심을 끌려고 안달이다. 실은 이 젊은 여인들도 애인을 보내달라고 기도하러 온 것이다. 카롤리나 공작 부인과 하비에르가 팔짱을 끼고 등장해 젊은이들과 어울려 노래를 부르며 즐거워한다. 이 모습을 본 여관 주인 마리아나가 루이사와 돈 페르난데스에게 두 사람의 행동이 지나친 것 같다고 얘기해준다. 루이사는 그 말에 관심도 없는 듯 자기는 지금 돈 많은 지주 에르난도와 만나기로 해 기다리고 있다고 말한다. 공화주의자 아니발이 주인 노갈레스에게 공화주의 측의 공격이 실패한 것 같다고 보고한다. 이 소리를 들은 카롤리나는 때마침 에르난도가 나타나자 왕정파에 가담하라고 설득한다.

에르난도는 루이사에게 자신은 공화주의자로 남을 것이라고 말한다. 내심 공화주의를 지지하는 루이사는 하비에르에게 자기는 에르난도를 더 좋아한다고 말한다. 다음 날 공화주의 혁명가들이 톨레도에 결집한다. 노갈레스는 오합지졸 같은 군중에게 죽음을 각오하고 자유와 해방을 쟁취하자고 호소한다. 에르난도도 이들에 가담한다. 루이사는 에르난도가 부상 없이 당당하게 돌아오기를 초조한 마음으로 기다린다. 왕당파 편에 서서 싸운 하비에르가 포로로 잡힌다. 성난 군중들이 하비에르를 처형하라고 외치지만 그래도 한때 좋아했던 사람이라 루이사가 그를 감싸고 나선다. 그때 한 떼의 병사들이 나타나 군중을 무차별 공격해 묶여 있는 하비에르를 구출한다. 하비에르는 에르난도가 공화주의 혁명파의 우두머리라고 주장하며 그를 체포하러 나선다. 루이사의 아버지 돈 페르난데스가 에르난도의 도피를 돕는다. 루이사는 에르난도와 결혼하기로 결심한다.

[제3막] 공화주의자들의 혁명이 성공한다. 이사벨라 여왕은 폐위되고 카롤리나는 포르투갈로 추방당한다. 하비에르도 종적을 감췄다. 몇 달 뒤 에르난도의 농원에서는 결혼 준비가 한창이다. 노갈레스의 하인 아니발이 하비에르를 체포해 데리고 온다. 하비에르는 루이사를 만나게 해달라고 간청한다. 루이사는 아직도 그를 사랑하는 자신에게 놀라지만, 에르난도와의 언약을 생각해 자신을 잊어달라고 부탁한다. 이 모습을 본 에르난도는 루이사가 진정으로 사랑하는 사람은 하비에르임을 깨닫고는 두 사람이 멀리 도망가도록 돕는다.

아틀란티스의 황제

타이틀　**Der Kaiser von Atlantis**(The Emperor of Atlantis)

프롤로그와 3장으로 구성된 전설 오페라. 대본은 작곡자의 동료인 페트르 키엔(Petr Kien)이 썼다. 이 오페라는 '죽음의 부인(否認)(The Denial of Death)'으로도 불린다.

초연	1975년 12월 6일 암스테르담 벨레뷰(Bellevue) 극장
주요 배역	위버알 황제, 죽음, 피에로, 라우트스프레헤르(Lauts-precher), 드러머, 병사, 소녀, 두 명의 무용수

사전 지식　　유대계 체코인 빅토르 울만이 나치의 테레지엔슈타트(Theresienstadt) 유대인 강제수용소에서 작곡한 오페라다. 작곡자와 대본가 모두 아우슈비츠에서 죽음을 당해 이 작품이 공연되는 것을 보지 못했다. 이 오페라는 1943년에 작곡되었으나 1975년까지 무대에 올리지 못했다. 오페라에 등장하는 위버알(Überall: 영어의 Overall, 전체라는 의미) 황제는 히틀러를 의미한 것으로 짐작된다.

에피소드　　최근 영국에 빅토르 울만 재단(Viktor Ullmann Foundation)이 설립되어 울만의 삶, 용기, 천재성을 기리고 있다. 울만은 빈학파인 아르놀트 쇤베르크의 제자였다. 영국의 빅토르

울만, 빅토르(Ullmann, Viktor, 1898~1944)
빅토르 울만은 제2차 세계대전 당시 나치의 만행에 희생된 체코의 유대인 작곡가다. 그는 작곡가이면서 피아니스트, 지휘자로서도 크게 활동했다. 사실 그의 부모는 유대인이었지만 울만이 태어나기 전에 기독교로 개종했다. 울만은 비엔나 음악대학에서 쇤베르크로부터 작곡 기법을 배웠다. 1920년부터 1927년까지 쳄린스키의 조수로서 프라하의 신독일극장에서 활약했다. 나치가 체코를 점령하자 1942년 테레지안슈타트의 게토로 강제 이송되었다가 나중에는 아우슈비츠로 옮겨진 그는 전쟁이 끝나기 직전인 1944년 10월 18일 가스실에서 마흔여섯 살을 일기로 세상을 떠났다. 울만은 세 편의 오페라를 남겼다. 〈적그리스도의 멸망(Der Sturz des Antichrist)〉, 〈깨진 잔(Der zerbrochene Krug)〉, 〈아틀란티스의 황제〉다. 모두 부조리한 시대와 사회를 고발하는 내용이다.

울만 재단은 테레지엔슈타트에서 죽음을 당한 울만의 동료 예술가와 음악가들을 추모하는 한편 아르놀트 쇤베르크의 제자들까지도 기념하고 있다. 미국 로스앤젤레스 오페라단은 〈아틀란티스의 황제〉를 공연하면서 나치에 죽음을 당한 유대인 음악가들을 추모하기 위한 모금을 하여 일시에 400만 달러를 모금한 바 있다.

줄거리　　　　위버알(Überall) 황제 치하의 아틀란티스(Atlantis)에서는 서로가 서로에 대항해 죽고 죽이는 전쟁이 일어난다. 이로써 '삶(life)'과 '죽음(death)'은 의미를 상실한다. '죽음'은 산다는 것이 더는 웃을 일이 아님을 알게 된다. '죽음'이 보기에 죽는 것은 더는 죽음이 아니었다. 그러므로 '죽음'은 사퇴를 결심한다. 이제 아무도 죽지 않는다. 피에로는 사람들을 더는 웃길 수 없다. '죽음'은 '전쟁이 진정한 전쟁'이었던 과거를 회상하며 현재를 유감스럽게 생각한다. 드러머가 전쟁이 끝났음을 선포한다. 「모든 것 위에 있는 독일(Deutchland über alles)」이라는 노래가 단조(短調)로 연주된다. 황제는 궁전에서 적군을 처형하라고 명령하지만 아무도 죽지 않는다. 적국의 병사와 아국의 소녀가 만나지만 적대적인 행동을 하지 않고 서로 사랑한다. 황제는 사태가 이렇게 되자 '죽음'에게 복직할 것을 간청한다. '죽음'은 만일 황제가 첫 희생자가 되면 임무를 다시 수행하겠다고 제안한다. 마침내 황제가 '죽음'의 제안을 승낙한다. 모두 루터의 찬송가 「내 주는 강한 성이요(Ein' feste Burg ist unser Gott)」를 소리 높여 부른다.

아이다

타이틀	**Aida**(Aïda)

전 4막의 그랜드 오페라. 프랑스의 이집트학 전문가인 오귀스트 마리에트(Auguste Mariette)의 개요에 따라 카미유 뒤 로클(Camille Du Locle)이 프랑스어 산문시로 썼으며, 이를 안토니오 기슬란초니(Antonio Ghislanzoni)가 오페라 대본으로 만들었다. 베르디도 대본 작성에 기여했다. 아이다는 에티오피아 공주의 이름이다.

초연	1871년 12월 24일 이집트의 카이로 로열 오페라하우스
주요 배역	아이다(에티오피아의 공주), 라다메스(이집트군 사령관), 암네리스(이집트의 공주), 아모나스로(에티오피아의 왕, 아이다의 아버지), 람피스(이집트의 고승), 이집트 왕
음악 하이라이트	라다메스의 로만차, 아이다의 로만차, 개선행진곡(승리의 송가), 3막 나일 강변에서의 아이다의 로만차, 아이다와 라다메스의 피날레 듀엣, 이집트 승려들의 합창, 나일의 음악(바이올린 모티프, 첼로 모티프, 플루트 모티프)
베스트 아리아	「청아한 아이다(Celeste Aida)」(T), 「하늘이여, 나의 아버지(Ciel! Mio padre)」(S), 「이기고 돌아오라(Ritorna vincitor)」(S), 「오, 나의 조국(O patria mia)」(S), 「이 벌거벗고 뜨거운 사막에서 벗어나자(Fuggiam gli ardori inospiti)」(S+T)

사전 지식   이집트 총독 케디브(Khedive: 1867년부터 1914년까지 터키 제국이 임명한 이집트 총독)가 새로 짓는 카이로 오페라하우스의 개관을 기념해 당대 최고의 오페라 작곡가 베르디에게 당시로서는 거금인 2만 달러를 주고 의뢰한 작품이다. 케디브는 1년 앞서 준공된 수에즈 운하를 기념해 공연하도록 요청했으나 베르디가 시간을 맞출 수 없다고 거절했다. 1869년 11월 17일 수에즈 운하 개통 기념행사의

베르디, 주세페(Verdi, Giuseppe, 1813~1901)
주세페 포르투니노 프란체스코 베르디(Giuseppe Fortunino Francesco Verdi)는 19세기의 가장 영향력 있는 위대한 로맨틱 오페라 작곡가로 '오페라의 황제'라고 불린다. 베르디의 노래는 세월을 초월해 사람들의 사랑을 받고 있다. 〈리골레토〉의 「여자의 마음(La donna è mobile)」, 〈나부코〉의 「히브리 포로들의 합창(Va, pensiero)」, 〈라 트라비아타〉의 「축배의 노래(Libiamo ne'lieti calici)」, 〈아이다〉의 「개선행진곡(Triumphal march)」 등이다. 베르디의 오페라는 지나치게 멜로드라마라는 평을 받고 있지만, 오늘날 세계에서 가장 사랑받고 있다.

일환으로 이집트의 케디브는 카이로에 새로운 오페라 극장을 지었다. 1869년 11월 7일에 있었던 개관 기념 공연은 베르디의 〈리골레토〉였다. 카이로 초연에서는 유명한 콘트라베이스 주자 조반니 보테시니(Giovanni Bottesini)가 지휘했다. 카이로 초연 이후 이탈리아 초연은 베르디의 지휘로 이듬해에 밀라노에서 있었다. 열광의 도가니였다. 관객들은 기립박수로 기록적인 32번의 커튼콜을 했다.

에피소드   카이로에서의 초연은 1871년 1월로 예정되어 있었다. 그런데 1870년 7월에 프러시아(독일)가 프랑스에 선전포고를 했고, 11월에는 파리를 점령하는 바람에 카이로 초연이 지연되었다. 〈아이다〉의 무대 장치와 의상 등은 뒤 로클과 마리에트의 감독하에 파리에서 제작해 카이로까지 배편으로 가져가기로 했으나 전쟁 때문에 일할 사람을 구하지 못해 완성하지 못했다.

줄거리   [제1막] 이집트는 인접국 에티오피아와의 전쟁에서 승리해 수많은 에티오피아인을 포로로 잡아온다. 그중에는 에티오피아 공주 아이다도 있다. 아이다는 이집트 공주 암네리스(Amneris)의 노예가 된다. 그녀가 에티오피아의 공주인 것은 아무도 모른다. 이집트에 항거해 에티오피아가 또다시 전쟁을 일으키자, 이집트의 청년 장군 라다메스(Radames)는 대장으로 선발되기를 기도한다. 이 전투에서 승리하면 국왕의 신임을 얻어 사랑하는 아이다와 행복을 누릴 수 있다고 생각하기 때문이다. 라다메스는 암네리스 공주가 자신을 아주 특별히 여기는 것을 알지만, 그의 마음은 온통 노예 처녀 아이다에게 가 있다. 이 삼각관계에서 불행의 싹이 움트기 시작한다. 라다메스가 토벌군 대장으로 선발된다. 적군은 대단히 거친 아모나스로(Amonasro) 왕이 이끌고 있다. 바로 아이다의 아버지다. 만일 아이다가 라다메스의 승리를 기원한다면 아버지의 죽음을 기원하는 셈이고, 아버지의 승리를 기원한다면 사랑하는 라다메스의 죽음을 기원하는 셈이 된다. 라다메스의 군대가 출정하자 군중들은 「이기고 돌아오라」를 노래한다. 화려하고 관능적인 이집트 댄스로 제1막의 막이 내린다.
[제2막] 라다메스가 에티오피아 군대를 쓸어버리고 승리한다. 그가 개선하는 장면이 장관을 이룬다. 이집트 국왕은 라다메스에게 소원이 있으면 무엇이든 말하라고 한다. 그는 아이다와의 결혼을 요청할 생각이다. 라다메스는 우선 전쟁 포로를 모두 석방한다. 다만 아이다와 아이다의 아버지인 에티오피아 왕은 남겨놓는다. 아이다의 아버지는 병사로 위장하고 있어 아직 신분이 탄로 나지는 않았다. 이집트 국왕은 개선에 대한 보상으로 라다메스로 하여금 자기 딸 암네리스 공주의 손을 잡게 한다. 결혼의 상징이다. 군중이 환호하며 "이집트에 영광을!"이라고 외친다.
[제3막] 나일 강은 달빛으로 고요하다. 강변에 우뚝 솟은 사원에서 라다메스를 기다리는 아이다

앞에 아버지 아모나스로가 모습을 드러낸다. 그는 라다메스 장군을 설득해 이집트 군대의 에티오피아 총공격 계획을 알아내라고 하면서, 그렇지 않으면 에티오피아군은 전멸할 것이며 가족 역시 모두 살육될 것이라고 말한다. 아이다는 마지못해 아버지의 말대로 하겠다고 대답한다.

라다메스가 달빛을 받으며 나타난다. 아이다가 모든 것을 버리고 멀리 떠나자고 애원하자 그렇게 하겠다고 약속한 라다메스는 이집트군에 발각되지 않고 도피하려면 이러저러한 방향으로 가면 된다고 말한다. 그 방향은 이집트가 에티오피아를 치기 위해 거치지 않은 유일한 길로, 라다메스는 은연중에 중요한 전략을 발설한 것이다. 암네리스 공주는 라다메스가 어디론가 혼자 가는 것을 보고 따라왔다가 함께 있는 두 사람을 목격한다. 에티오피아의 왕이며 아이다의 아버지인 아모나스로가 숨어 있던 곳에서 뛰어나온다. 이제 전략을 알게 된 것이다. 숨어 있던 암네리스도 뛰어나온다. 그녀 역시 군사전략 이상의 사실을 알게 된 것이다.

[제4막] 암네리스 공주는 라다메스의 목숨은 살리고 싶었지만, 라다메스가 거절한다. 그는 오로지 죽음을 택하겠다고 말한다. 사원의 승려들이 나와 라다메스에게 "배반자!"라고 외친다.

오페라는 유명한 더블 신으로 막을 내린다. 무대는 두 층으로 나뉜다. 위쪽에서는 암네리스 공주가 눈물을 흘리며 사원에 몸을 맡긴다. 모든 것을 잊고 여승이 되기 위해서다. 아래쪽 지하실에는 라다메스가 처형을 기다리며 갇혀 있다. 라다메스는 아이다가 안전한 곳으로 피신했기만을 바란다. 어디선가 아이다의 한숨소리가 들려온다. 라다메스는 자신과 죽음을 함께하기 위해 지하로 숨어들어 온 아이다를 발견한다. 두 사람은 참혹한 운명을 받아들이기로 하고 이 세상에 작별을 고한다. 아이다는 라다메스의 팔에 안겨 숨을 거둔다.

아롤도

타이틀	**Aroldo**

전 4막. 프란체스코 마리아 피아베(Francesco Maria Piave)가 그의 초기 작품인 『스티펠리오(Stiffelio)』를 기본으로 대본을 썼다.

초연　1857년 8월 16일 리미니(Rimini)의 누보 극장(Teatro Nuovo)

주요 배역	아롤도(십자군의 장군으로 색슨의 기사), 미나(아롤도의 아내), 고드비노(고다: 아롤도의 연적), 브리아노(아롤도의 친구), 에그베르토(켄트의 성주이자 미나의 아버지), 브리아노(성자), 엔리코(미나의 사촌), 엘리나(미나의 사촌)

사전 지식　〈아롤도〉는 베르디가 1850년에 완성한 〈스티펠리오(Stiffelio)〉를 개작한 작품이다. 〈스티펠리오〉는 독일 등 몇몇 나라에서 검열에 걸렸다. 부인에게 배신당한 개신교 목사 이야기라 내용이 외설스럽다는 이유 때문이었다. 1856년 베르디는 친구인 유명한 대본가 피아베의 도움을 받아 〈스티펠리오〉를 다시 쓰기로 결심한다. 피아베는 두 편의 소설에서 영감을 얻었다. 하나는 월터 스콧(Walter Scott)의 『약혼자(The betrothed)』이며 다른 하나는 에드워드 불워리턴(Edward Bulwer-Lytton)의 『해럴드(Harold)』였다.에드워드 불워리턴은 바그너의 〈리엔치〉의 원작 소설 『콜라 디 리엔치(Cola di Rienzi)』를 썼다. 피아베는 〈스티펠리오〉의 여러 장면을 다시 고쳐 썼다. 이뿐만 아니라 한 막을 더 추가해 4막으로 만들었다. 베르디는 1년에 걸친 작업으로 〈아롤도〉를 완성했다.

에피소드　〈아롤도〉에서는 스티펠리오가 개신교 목사가 아닌 13세기 십자군 기사로 모습이 바뀌었다. 오페라 〈아롤도〉는 슬프고도 아름다운 스토리 때문에 당시 최고의 인기를 끌었다.

줄거리　[제1막] 무대는 늙은 에그베르토(Egberto)가 성주로 있는 켄트 성이다. 에그베르토의 사위 아롤도(Aroldo)가 십자군 전쟁에서 승리하고 돌아온다. 아롤도의 아내 미나(Mina)는 말할 수 없이 불안하고, 죄책감에 빠져 있다. 켄트 성에 손님으로 와 있던 고드비노(Godvino)의 유혹에 빠져 부정한 일을 저질렀기 때문이다. 미나는 더는 양심을 속일 수 없어 편지로 남편 아롤도에게 고백하려고 하지만 아버지 에그베르토가 말린다. 아롤도가 미나의 부정을 알면 분노와 비탄에 빠져 스스로 죽음을 택할지도 모른다고 생각해 그를 살리려는 마음에서 편지를 보내지 말라고 얘기한 것이다.

한편 고드비노는 미나가 자기를 냉대하자 미나에 대한 욕망이 불길처럼 솟아 자신의 마음을 전하는 편지를 보내기로 결심한다. 그는 편지를 써서 책 속에 넣은 뒤 책을 자물쇠로 잠그고, 미나 방 책상 위에 놓아둔다. 이 모습을 아롤도의 친구 브리아노(Briano)가 먼발치에서 본다. 그는 전쟁에서 아롤도의 목숨을 구하기도 한 아롤드의 막역한 친구이다. 브리아노는 책 속에 편지를 넣은 사람이 미나와 부적절한 관계라고 생각한다. 그러나 모습만 보았을 뿐, 누구인지는 알지 못한다.

아롤도의 개선을 환영하는 축하연이 한창이다. 이 자리에는 미나의 사촌 엔리코(Enrico)도 참석했다. 우정을 중시하는 브리아노는 미나의 정부를 찾아내어 아롤도의 명예를 씻어주고 싶은 마음에, 아롤도에게 누군가 미나의 방에 들어가 책 속에 편지를 넣어두고 가는 것을 보았다고 말하면서 모습으로 보니 미나의 사촌 엔리코 같다고 얘기한다. 엔리코의 모습과 입은 옷이 고드비노와 비슷했기 때문이다. 아롤도의 가슴은 분노와 배신감으로 찢어질 것 같다. 아롤도는 미나를 불러 책상 위의 책을 열어보라고 말한다. 책 속에서 편지 한 통이 떨어진다. 그가 집어 들기 전에 미나의 아버지 에그베르토가 집어 보여줄 수 없다고 말한다. 아롤도는 딸을 감싸는 에그베르토를 저주한다. 에그베르토의 마음도 비통하기 이를 데 없다. 그는 방을 나서면서 묘지에서 만나자고 고드비노에게 은밀히 말한다. 결투를 하자는 뜻이다.

[제2막] 그날 밤 미나는 번민과 후회로 견딜 수 없어 어머니 무덤을 찾아가 세상을 떠난 어머니와 신에게 도와달라고 눈물로 간구한다. 이 모습을 고드비노가 본다. 미나는 고드비노에게 제발 사라져달라고 간청하지만, 오래전부터 미나에게 연정을 품어온 고드비노는 오히려 미나에게 사랑한다고 고백하면서 멀리 도망가자고 말한다. 미나는 고드비노를 밀치며 반지를 돌려달라고 애원하지만 거절당한다. 이때 에그베르토가 나타나 칼을 빼 들고 고드비노에게 결투를 청한다. 결투에 임하지 않던 고드비노는 에그베르토가 모욕적인 말을 퍼붓자 참지 못하고 칼을 빼 든다. 아롤도가 칼싸움 소리를 듣고 나타나 두 사람의 결투를 중지시킨다. 두 사람이 왜 결투를 하는지 모르는 아롤도는 둘 중 나이가 어린 고드비노에게 먼저 칼을 내려놓으라고 부탁한다. 고드비노가 어쩔 수 없이 칼을 내려놓자 아롤도는 고드비노의 손을 잡아 에그베르토와 화해시키려고 한다. 에그베르토는 너무 기가 막혀 "어찌하여 자기를 배반한 사람의 손을 잡으려고 하는가?"라고 소리친다. 깜짝 놀란 아롤도가 그곳으로 달려온 미나에게 고드비노와의 일을 확실히 밝히라고 다그치지만, 아버지가 사실대로 말하지 말라고 했기 때문에 미나는 아무 말로 못한다. 미나의 태도에 아롤도는 모든 것을 깨달은 듯 칼을 들어 고드비노를

내려치려고 한다. 때마침 성당에서 「불쌍히 여기소서(Miserese)」라는 찬양이 들려온다. 아롤도의 친구 브리아노가 나타나 "진실한 기독교인이면 용서할 줄 알아야 한다"면서 아롤드를 만류한다. 괴로움에 번민하던 아롤도는 그 자리에서 정신을 잃고 쓰러진다.

[제3막] 딸의 명예를 더럽힌 고드비노에게 복수하지 못한 것을 후회하는 에그베르토는 가문의 명예를 위해 스스로 죽을 결심을 한다. 그때 브리아노가 들어와 도망가는 고드비노를 병사들이 붙잡아 성으로 데려오고 있다고 전해준다. 에그베르토는 그제야 복수할 기회가 생겼다고 기뻐하며 죽음을 택하려던 칼을 집어넣는다. 아롤도가 고드비노와 함께 나타난다. 아롤도는 고드비노에게 자신이 미나와 결혼을 무효로 하면 어떻게 할 것이냐고 묻는다. 고드비노는 그런 일은 없을 것이므로 그 말을 믿지 않는다. 아롤도는 고드비노를 잠시 옆방에 가 있도록 해 자기와 미나의 대화를 엿듣게 한다. 아롤도는 미나에게 사랑이 더는 남아 있지 않으므로 헤어질 수밖에 없다고 말하면서 이혼서에 서명을 하라고 요구한다. 미나는 눈물을 흘리며 거절하지만 이혼을 해야 아롤도의 마음이 편해질 것 같다고 생각해 번민 끝에 서명한다. 이제부터 아롤도는 미나의 남편이 아니다. 미나는 자신은 계략에 빠져 부정을 저질렀으나 마음은 언제나 성실했다고 말한다. 이 말에 마음이 움직인 아롤도가 고드비노를 어떻게 처리할지 고민하고 있는데, 에그베르토가 피 묻은 칼을 들고 나타나 배반자를 처형했다고 말한다. 성당에서 「아베 마리아」가 흘러나온다.

[제4막] 스코틀랜드의 로크몬드(Lochmond) 호수를 끼고 있는 골짜기다. 목동들, 여인들, 사냥꾼들이 노래를 부르며 집으로 돌아가고 있다. 이들 중에는 아롤도와 브리아노도 섞여 있다. 두 사람은 애증이 얽힌 속세를 떠나 이곳에서 땀 흘려 일하며 하루하루를 보내고 있다. 갑자기 날씨가 변덕을 부려 먹구름이 몰려오더니 폭풍이 불어 닥친다. 그때 작은 배 한 척이 풍랑에 몸을 맡긴 채 호수를 건너오고 있다. 에그베르토와 미나가 타고 있는 배다. 두 사람은 아롤도에게 용서를 구하기 위해 여러 곳을 찾아다니다가 이곳까지 오게 된 것이다. 두 사람은 쉴 곳을 찾아 오두막 문을 두드린다. 아롤도가 문을 열어준다. 미나를 본 아롤도는 문을 닫아버리고 현실에서 도피하고자 한다. 브리아노가 문을 열어 두 사람을 집 안으로 들인다. 에그베르토는 죽기 전에 사위 아롤도에게 용서를 받고자 몇 달을 고생해 이곳에 이르렀으니, 부디 과거를 잊고 하늘의 자비로 용서해달라고 간청한다. 미나 역시 자기가 진정으로 사랑하는 사람은 아롤도뿐이라고 하면서 자신의 무지와 경솔함과 어리석음을 제발 용서해달라고 눈물을 흘린다. 브리아노는 아롤도에게 용서하는 것이 기독교인의 사명이라고 말한다. 하늘에서 어떤 응답을 받았는지 아롤도는 드디어 미나를 용서한다. 두 사람은 서로를 품에 안고 감격의 눈물을 흘린다. 서로 사랑하고 용서하라는 하늘의 법이 승리한 것이다.

아틸라

| 타이틀 | **Attila** | |

	프롤로그와 3막으로 구성된 서정적 드라마. 베르디와 단짝인 프란체스코 피아베가 차하리아스 베르너(Zacharias Werner)의 소설『훈족의 왕 아틸라(Attila, König der Hunnen)』를 원본으로 대본을 썼다.
초연	1846년 3월 17일 베네치아 페니체 극장
주요 배역	아틸라(훈족의 왕), 오다벨라(아퀼레이아 총독의 딸), 에치오(로마의 장군), 포레스토(아퀼레이아의 기사), 울디노(아틸라의 노예), 레오네(늙은 로마인, 교황 레오 1세)
음악 하이라이트	에치오와 아틸라의 듀엣, 포레스토의 카발레타
베스트 아리아	「오, 구름 속으로 도망가리(Oh! Nel fuggente nuvolo)」(S), 「사랑하는 조국이며... 크게 부르고 싶은 이름(Santo di patria... Allor che I forti corrono)」(S), 「그대란 말인가(Da te questo)」(S), 「나의 영혼은 당신만을(Te sol quest'anima)」(S+T+B), 「그대는 우주를 가지라, 나는 이탈리아를 가지겠노라(Avrai tu l'universo, resta Italia a me)」(Bar)

사전 지식   유럽 대부분의 국가에는 아틸라와 관련된 전설이 있다. 어떤 나라에서는 위대한 용사이며 정의의 실현자로, 어떤 나라에서는 흉포한 전사로 묘사되고 있다. 그중 가장 널리 알려진 전설은 「니벨룽겐의 노래(Niebelungenlied)」에 소개된 것이다. 아틸라는 독일어로 에첼(Etzel)이라고 한다. 여주인공 오다벨라는 조국을 적군의 말발굽에서 구하기 위해 용맹하게 싸운 구국 영웅이다.

에피소드   베르디 당시의 이탈리아 정세로 보아 오페라 〈아틸라〉는 정치와 연관된 부분이 있다. 특히 에치오 장군의 「그대는 우주를 가지라, 나는 이탈리아를 가지겠노라(Avrai tu l'universo, resta Italia a me)」는 이탈리아의 자유와 통일을 바라는 사람들의 마음에 메아리쳤을 것이다.

줄거리   [프롤로그] 452년 훈족의 장군이며 왕인 아틸라가 이탈리아의 아퀼레이아 (Aquileia)를 침공한다. 아퀼레이아의 여전사들까지도 죽음을 무릅쓰고 항전했으나 중과부적이었다. 잡혀온 여전사 중에는 아퀼레이아 총독의 딸 오다벨라(Odabella)도 있다. 오다벨라는 조국을 파괴하고 아버지마저 세상을 떠나게 한 아틸라에게 복수를 다짐한다. 아틸라는 서로마제국의 발렌티니아누스 3세가 보낸 사신 에치오(Ezio) 장군을 만난다. 그는 아틸라에게 속히 이탈리아에서 물러날 것을 요구하지만, 아틸라는 살기 좋고 풍요로운 이탈리아를 모두 점령하겠다고 하면서 아랑곳하지 않는다. 아퀼레이아 전투에서 살아남은 사람들이 하나둘씩 호숫가 피난처로 모여든다. 사람들은 아퀼레이아의 기사 포레스토(Forresto)에게 전보다 더 강하고 견고한 도시를 건설해달라고 부탁한다. 오다벨라와 결혼을 약속한 포레스토에게 사람들은 오다벨라가 전투에서 전사한 것이 분명하다면서 그만 잊으라고 말한다.

[제1막] 오다벨라가 아틸라의 진중에 억류되어 있는 것을 안 포레스토는 훈족 병사로 가장해 아틸라의 진중에 잠입한다. 포레스토는 아버지의 시신을 지키며 슬퍼하는 오다벨라를 만난다. 둘은 죽지 않고 살아 있는 데 감격하며 서로를 품에 안는다. 오다벨라는 아버지의 시신이라도 지키기 위해 이곳 진중에 남아 있는 것이라고 설명한다. 두 사람은 아틸라를 죽이기로 결심한다.

아틸라는 측근 울디노에게 꿈 얘기를 해준다. 로마까지 파죽지세로 진군했으나 로마 성문에서 만난 어떤 노인이 퇴각하라는 바람에 잠에서 깨어났다는 것이다. 아틸라가 전군에 진격 명령을 내리고 출전하려는 순간 어린아이들과 함께 교황 레오 1세가 등장한다. 교황을 본 아틸라는 꿈에서 본 노인이라고 생각해 자기도 모르게 급히 말에서 내려선다. 이 모습을 본 기독교도들이 신의 권능을 찬양한다.

[제2막] 에치오 장군은 훈족과 휴전을 했으니 속히 로마로 돌아오라는 황제의 전갈을 받는다. 그는 유약한 황제가 훈족과 싸울 생각은 하지 않고 강화조약을 체결하자 몹시 분개해 혼자라도 싸우겠다고 다짐한다. 마침 아틸라가 강화조약을 기념해 에치오 장군을 성루로 초청한다. 에치오 장군과 포레스토는 이 기회에 힘을 합쳐 아틸라를 함정에 빠뜨려 죽이기로 약속한다. 아틸라의 측근 울디노가 아틸라를 독살할 계획임을 안 포레스토는 이를 오다벨라에게 얘기해준다. 오다벨라는 자기가 죽여야 할 아틸라를 다른 사람 손에 맡길 수 없다고 생각해, 포도주를 조심하라고 아틸라에게 미리 일러둔다. 성루에서 포레스토가 아틸라에게 포도주를 권하자 아틸라는 노예에게 포도주를 먹여 독이 든 것을 확인한다. 포레스토는 즉시 도망친다. 아틸라는 오다벨라를 생명의 은인이라고 하면서 왕비로 삼겠다고 선언한다.

[제3막] 아틸라 캠프 근처의 숲이다. 포레스토와 에치오가 아틸라를 공격할 준비를 한다. 포레스토는 오다벨라가 자기를 배반했다고 믿어 질투심에 불탄다. 그러나 오다벨라는 아틸라의 캠프에서 도망쳐 나와 포레스토에게 자신의 무죄와 변치 않는 진심을 믿어달라고 간청한다.

한편 아틸라는 오다벨라를 찾아 나섰다가 매복해 있던 병사들의 공격을 받는다. 포레스토가 아틸라를 쫓아가 죽이려고 하자, 오다벨라가 먼저 아틸라를 칼로 찌른다. 그리하여 오다벨라는 구약성경에 나오는 유디트(Judith)처럼 백성을 아틸라에게서 해방시킨다.

돈 카를로

타이틀 **Don Carlo**(Don Carlos)

전 5막. 1884년에 4막으로 개작. 프랑스어 대본은 프랑수아 조제프 메리(François Joseph Méry)와 카미유 뒤 로클이 프리드리히 실러의 『스페인의 왕자 돈 카를로스(Don Carlos, Infant von Spanien)』를 기본으로 썼다.

초연 1867년 3월 11일 파리 오페라 극장

주요 배역	카를로 공자(스페인의 왕자 카를로스), 필리프(필리페 2세: 스페인의 왕), 엘리자베트 드 발루아(필리페 2세의 왕비), 에볼리 공주(왕비의 시녀), 티보(테발도: 에볼리의 신하), 로드리그(로드리고: 포사 자작), 종교재판관
음악 하이라이트	필리페 왕의 독백 장면 음악, 엘리자베트 왕비의 로만차, 에볼리의 「베일의 노래」, 에볼리의 아리아, 카를로스와 포사의 자유에 대한 듀엣, 엘리자베트와 필리페의 듀엣(사직의 멜로디), 필리페 왕의 오케스트라 모티프(필리페 왕과 종교재판관의 듀엣), 종교재판관의 모티프
베스트 아리아	「오, 운명이여(O don fatale)」(Ms), 「요정들의 궁전에서(Au palais des fees)」(베일의 노래)(S), 「나의 마지막 날... 죽음을 얘기한다(Per me giunto e il di supremo... Che parli tu di morte?)」(B), 「오 카를로, 들어주세요. 나의 죽음(O Carlo, ascolta... Ah! io morro)」(B), 「함께 살고 함께 죽는다(E lui... Dio, che nell'alma infondere)」(T+B), 「그녀는 나를 사랑하지 않는다(Elle ne m'aime pas)」(B), 「내가 왕보다 높은가?(Suis-je devant le Roi?)」(B)

사전 지식　　　공연 시간이 상당히 길기 때문에 마음 준비를 하고 가야 하지만, 음악만은 기가 막히기 때문에 지루함을 느낄 새가 없다. 간혹 나오는 무어풍의 멜로디가 이 오페라의 매력이다. 실러의 소설 제목은 돈 카를로스지만, 이 오페라는 이탈리아 버전으므로 돈 카를로라고 이름을 바꾸었다. 종교재판관이 이단자들을 화형에 처하는 장면은 마치 아이다의 개선 장면과 마찬가지로 스펙터클하다. 에볼리 공주가 가면무도회에서 카를로 공자를 겨냥해 부르는 「베일의 노래(Veil song: Au palais des fées; Nel giardin del bello)」는 사라센의 향기를 느낄 수 있는 아름답고 멋진 아리아다.

파리의 오페라 극장은 베르디가 완성한 돈 카를로 악보를 보고는 공연 시간이 길어질 것 같으니 줄여달라고 부탁했다. 베르디는 생각다 못해 당시 프랑스 오페라에서는 관례이던 발레를 삭제했다. 원래 1막에 잠깐 나오고, 3막 궁중 연회 장면에서 본격적으로 발레를 공연할 생각이 었으나 이 부분을 삭제했다. 발레가 빠지자 프랑스 사람들은 실망했지만 베르디는 할 일을 한 듯 만족해했다.

오페라 〈돈 카를로〉는 프랑스 왕 앙리 2세의 딸 엘리자베트 드 발루아와 스페인 왕 펠리페 2세, 스페인 왕자 돈 카를로스에 관한 이야기다. 기록에 의하면 엘리자베트와 카를로스는 같은 나이였다고 한다. 엘리자베트는 열다섯 어린 나이에 사랑하는 카를로스 왕자의 아버지인 서른세 살의 펠리페 2세와 결혼해, 스물세 살에 세상을 떠났다. 이 이야기는 그들이 모두 세상을 떠난 지 100년이 지나서야 소설로 등장하게 되었다. 카를로스 왕자를 사랑하는 에볼리 공주는 펠리페 2세의 정부였다.

스페인과 프랑스의 평화조약에 의해 스페인의 공자(왕자) 카를로(Don Carlo; Don Carlos)와 프랑스의 공주 엘리자베트 드 발루아(Elisabeth de Valois)가 결혼하기로 약속한다. 장차 신부가 될 엘리자베트 공주를 만나기 위해 프랑스를 방문한 카를로 공자는 공주를 보자 진정으로 사랑에 빠진다. 그 후 두 사람은 파리의 볼로냐 공원을 거닐면서 자신들의 행복한 미래를 꿈꾼다. 그런데 어이없는 일이 생긴다. 불행하게도 양국 간 평화조약에 공주의 결혼 상대가 카를로스의 아버지 필리페(Philippe) 왕으로 잘못 기록된 것이다. 어찌 됐든 이미 조인한 양국 간의 국가적 합의이기 때문에 변경할 수 없는 데다, 필리페 2세가 엘리자베트와의 결혼을 원하고 있다. 엘리자베트 공주는 프랑스와 스페인 간의 평화를 위해 어쩔 수 없이 결혼을 수락한다.

엘리자베트 공주는 필리페 왕과 결혼해 사랑하는 사람의 어머니가 된다. 카를로는 엘리자베트 왕비를 볼 때마다 마음이 찢어질 것 같다. 그의 절친한 친구 로드리고(Rodrigo)는 카를로의 마음을 왕비에게서 떼어놓기 위해 플랜더스 독립 문제에 그를 끌어들인다. 스페인의 지배에서 벗어나려는 플랜더스는 카를로 공자를 지도자로 삼으려 한다. 카를로가 부왕 필리페에게 플랜더스 문제를 자신에게 맡겨달라고 하지만 부왕은 이를 거절한다. 여러 가지 감정 때문에 카를로가 칼을 빼내 부왕을 향해 겨누지만 결국 체포되어 감옥에 갇힌다. 로드리고는 병사들의 총에 맞아 숨을 거둔다.

필리페는 엘리자베트 왕비의 수석 시녀 에볼리(Evoli) 공주에게서 카를로와 엘리자베트 왕비가 내통하고 있다는 말을 듣는다. 에볼리 공주는 국왕이 엘리자베트와 결혼하기 전까지 그의 정부였으나, 젊고 예쁜 엘리자베트와 결혼한 뒤 국왕의 사랑이 멀어지자 화풀이 대상을 찾고 있었다. 게다가 상심하며 지내는 카를로를 측은하게 여기던 마음이 사랑으로 발전하고 있었다. 에볼리 공주는 카를로의 마음을 자신에게로 돌리기 위해, 공자가 왕비가 밀회 중이라는 소문을 왕에게 고한 것이다. 일이 이렇게 되자 엘리자베트 왕비는 진정으로 사랑하는 사람과 결혼하지 못하고 정략적으로 결혼한 자신의 신세를 한탄하며 수도원을 찾아가 성모에게 괴로움을 호소한다.

부왕의 용서로 풀려난 카를로 공자는 멀리 플랜더스로 떠나게 된다. 엘리자베트 왕비가 카를로 왕자를 만나 이별을 고하는 모습을 본 필리페는 격분한다. 그는 엘리자베트 왕비의 보석 상자에 카를로의 초상화가 들어 있는 것을 보고 두 사람의 불륜을 확신한다. 이제 카를로 공자는 중형을 면할 수 없다. 필리페 국왕이 방을 나서자 양심의 가책을 받은 에볼리 공주가 엘리자베트 왕비에게 이 모든 것이 자신의 음모였다고 고백하면서 용서를 구한다.

대성당에 모인 사람들이 카를로 공자에 대한 종교재판관의 판결을 기다리고 있다. 당시 관례에 따르면 간통은 화형에 처하므로 카를로의 죽음은 이미 정해진 일이나 마찬가지다. 그때 대성당에 있는 카를로 5세의 무덤에서 필리페 국왕의 잘못을 질타하는 음성이 들려온다. 필리페 국왕은 세상을 떠난 부왕의 영혼이 아들을 죽이려 하는 자신의 행위를 질책하자 혼란에 빠진다. 실은 카를로 공자를 동정하는 어떤 신부가 무덤에서 소리를 낸 것이다. 신부의 도움으로 대성당에서 무사히 탈출해 목숨을 구한 카를로 공자는 친구 로드리고가 이루지 못한 과업을 완수하기 위해 플랜더스로 떠날 결심을 한다.

에르나니

타이틀	**Ernani**	
		전 4막의 서정적 드라마(dramma lirico). 대본은 유명한 프란체스코 피아베가 빅토르 위고의 희곡 「에르나니(Hernani)」를 기본으로 썼다.
	초연	1844년 3월 9일 베네치아 페니체 극장
	주요 배역	돈 카를로(스페인의 왕), 돈 루이 고메스 드 실바(스페인의 공작), 엘비라(실바 공작의 조카 겸 약혼녀), 에르나니(아라곤의 후안, 산적), 돈 리카르도(카를로 왕의 시종무관), 하고(돈 루이 고메스의 시종무관)
음악 하이라이트	에르나니의 카발레타	
베스트 아리아	「꽃봉오리에 이슬이 맺히듯(Come rugiada al cespiote)」(에르나니의 카바티나, T), 「에르나니... 에르나니, 내게 날아오라(Ernani!... Ernani, involami)」(엘비라의 카바티나, S), 「불행! 나는 그대를 믿었도다(Infelice! e tuo credevi)」(B), 「아, 나의 젊은 시절(Oh de'verd'anni miei)」(B)	

사전 지식 〈에르나니〉가 전하는 메시지는 복수와 사랑으로, 서곡부터 이러한 메시지를 모두 담고 있다. 1막 에르나니의 카바티나 「꽃봉오리에 이슬이 맺히듯」은 그의 사랑을 표현하는 곡이다. 2막의 엘비라의 카바티나 「에르나니!... 에르나니, 내게 날아오라」도 사랑의 표현이다. 이외에는 복수의 감정으로 물든 구성이지만, 결국은 용서로 끝을 맺는다. 돈 카를로 왕이 황제로 선출된 후 에르나니를 용서하고 아라곤의 영토를 회복시킨 것이 그 좋은 예다.

에피소드 빅토르 위고의 희곡 「에르나니」는 여러 편의 오페라로 시도되었다. 벨리니는 〈에르나니〉의 작곡을 시작했으나 완성하지 못했다. 빈첸초 가부시(Vincenzo Gabussi)는 〈에르나니〉를 작곡해 파리에서 공연했다. 또한 〈나부코〉의 대본을 쓴 도메니코 반칼라리(Domenico Bancalari)가 대본을 쓰고 알베르토 마추카토(Alberto Mazzucato)가 작곡한 〈에르나니〉도 있다. 이렇듯 여러 편의 에르나니 버전이 있기 때문에 베네치아 극장에서 작품을 의뢰받은 베르디는 이들과는 다른 작품을 쓰려고 마음먹었다. 베르디는 셰익스피어를 존경해 〈리어 왕(King Lear)〉을 오페라로 만들려고 했으나 여의치 않을 경우 바이런의 「두 포스카리(The two Foscari)」에 마음을 두고 있었다. 하지만 베네치아 페니체 극장장 나니 모체니고(Nani Mocenigo) 백작이 「두 포스카리」는 포스카리 가문의 후손이 살아 있기 때문에 곤란하다고 거절했다. 베르디는 마침내 〈에르나니〉로 결정했다. 나중에 〈에르나니〉 대본을 읽어본 빅토르 위고는 베르디와 피아베가 자기 작품을 형편없이 변형했다고 비난을 쏟아냈다. 하지만 빅토르 위고의 비난은 날이 갈수록 더하는 〈에르나니〉의 인기에 묻혀 이윽고 잠잠해지고 말았다. 빅토르 위고의 비난 때문에 베르디의 〈에르나니〉가 더 인기를 끈 것인지도 모른다.

줄거리　　　　　**[제1막]** 때는 1519년 스페인 아라곤 지방의 산속이다. 아라곤의 영주였으나 반역죄로 추방당한 에르나니는 돈 카를로 스페인 국왕에게 반기를 든 반도의 우두머리다. 그는 자기 아버지가 국왕의 아버지에게 죽음을 당하고, 작위와 영지를 박탈당했기 때문에 복수할 기회만 노리고 있다. 에르나니가 사랑하는 아름다운 엘비라(Elvira)는 카를로 국왕의 보호 아래 궁성에 머물고 있다. 그녀는 늙은 실바 백작과 결혼하기로 약속되어 있다. 에르나니는 카를로 국왕을 공격하기 전에 엘비라부터 구출하겠다고 무리들에게 알린다.

[제2막] 엘비라와 실바의 결혼식 준비가 한창인 실바의 궁성이다. 이 사실을 모르는 에르나니가 변장을 하고 실바의 궁성으로 찾아온다. 그는 무리와 함께 국왕을 공격했다가 실패하고 순례자 복장으로 도피하던 중이다. 실바가 에르나니를 순례자로 생각해 환대한다.

에르나니는 그 늙은 귀족이 엘비라와 결혼식을 올리는 것을 알고는 분개해 실바에게 복수하겠다고 다짐한다. 에르나니를 추격해온 카를로 국왕은 실바에게 도망자 에르나니를 내놓으라고 명하지만 국왕과 좋지 않은 감정이 있는 실바는 오히려 에르나니를 숨겨준다.

성채를 샅샅이 뒤졌으나 에르나니를 찾지 못하자 카를로 국왕은 엘비라를 강제로 데려간다. 에르나니와 실바는 자신들의 원수가 카를로 국왕임을 깨닫는다. 실바는 병사들에게 에르나니를 잠시 살려두라고 명한다. 에르나니와 힘을 합해 국왕에게 복수하기 위해서다. 에르나니는 자기가 원수를 갚게 되면 이는 실바 덕분이므로 그 이후의 삶은 실바의 손에 맡긴다고 약속한다. 그는 약속의 증표로 뿔 나팔을 주며 언제든지 뿔 나팔 소리가 울리면 스스로 목숨을 끊겠다고 약속한다.

[제3막] 서유럽 황제를 선출하는 날이다. 샤를마뉴 황제의 무덤이 있는 성당 지하에서 실바, 에르나니, 휘하의 무리들이 카를로 국왕을 살해하기 위해 기다리고 있다. 무리들은 누가 카를로를 죽일 것인지 제비를 뽑는다. 에르나니가 뽑히자 실바는 에르나니의 목숨을 갖는 대신 자신이 그 일을 맡겠다고 말하지만, 에르나니가 거절한다. 황제로 선출된 카를로 국왕의 대관식이 열린다. 대관식장에는 엘비라

의 모습도 보인다. 엘비라는 카를로 국왕에게 황제로 추대되었으니 지금까지 적대관계에 있던 모든 사람을 용서해달라고 간청한다. 이에 감동한 카를로 국왕이 대사면령을 내린다. 또한 에르나니에게 귀족 작위와 영지를 돌려주고 엘비라와의 결혼도 허락한다. 사람들은 샤를마뉴 황제의 후계자로 선출된 카를로 신임 황제를 칭송하며 다함께 합창을 부르지만, 실바는 카를로에 대한 복수의 일념을 더 불태운다.

[제4막] 아라곤의 영주가 된 에르나니의 성에서 엘비라와의 결혼식이 열린다. 그때 하인이 들어와 어떤 검은 옷을 입고 복면한 사람이 성을 배회하며 침입하려 한다는 소식을 전한다. 잠시 후 뿔 나팔 소리가 들리자 에르나니의 얼굴이 창백해진다. 드디어 모습을 드러낸 실바는 에르나니에게 약속을 지키라고 강요한다. 에르나니가 실바를 설득하며 제발 지난 일은 모두 잊어달라고 간청하지만 실바는 듣지 않는다. 나팔 소리의 사연을 알게 된 엘비라도 실바에게 간청하지만 역시 아무 도움이 되지 않는다. 약속을 지킬 수밖에 없는 에르나니는 명예를 위해 칼을 들어 자기 가슴을 찌른다.

팔스타프

타이틀	**Falstaff**	
	전 3막의 서정적 코미디. 원작은 셰익스피어의 『윈저의 유쾌한 부인과 헨리 4세(The merry wives of Windsor and king Henry IV)』이다. 대본은 〈오텔로〉의 대본을 쓴 아리고 보이토가 썼다.	
	초연	1893년 2월 9일 밀라노 스칼라 극장
	주요 배역	존 팔스타프 경, 미시즈 앨리스 포드, 미시즈 메그 페이지, 펜턴, 나네트(포드 부부의 딸), 퀴클리 부인
음악 하이라이트	보카치오에서 인용한 사랑의 듀엣, 팔스타프를 위해 간구하는 기도, 펜턴의 소네트, 나네트의 동화 노래, 미뉴에트, 요정의 세계로 옮겨가는 데 따른 배경 음악(바이올린 테마), 피날레의 코믹 푸가(Fugue)	
베스트 아리아	「세상만사 우스갯소리(Tutto nel mondo è Burla)」(S), 「노포크 공작의 시동으로 있을 때(Quand'ero paggio del Duca di Norfolk)」(B), 「내 입술로 황홀한 노래가 날아가네 (Dal labbro il canto estasiato vola)」(T)	

사전 지식　　　오페라의 황제 베르디의 마지막 오페라로, 유일한 코미디 성공작이다. 노년에 접어든 베르디가 지금까지 추구하지 못했던 코미디 세계에 도전한 것이다. 그 때문에 어느 작품보다 더 심혈을 기울였다. 귀족이면서 마음씨 나쁜 영감 팔스타프 경이 시골 아낙네들을 우습게보고 수작을 피우다가 오히려 조롱만 당한다는 얘기다.

에피소드　　　셰익스피어를 존경한 베르디는 셰익스피어의 작품으로 몇 편의 오페라를 작곡해 존경심을 표현했다. 〈오텔로〉도 그중 하나다. 베르디는 〈오텔로〉를 끝으로 더는 오페라를 작곡하지 않기로 마음먹었으나, 주위의 강권에 못 이겨 〈오텔로〉 이후 6년 만에 여든 살의 나이로 〈팔스타프〉를 완성했다. 그는 〈팔스타프〉를 완성하고 얼마 지나지 않아 세상을 떠났다. 베르디에게 코믹 오페라는 새로운 세계로의 도전이었다. 그러므로 대본도 그 어느 작품보다 신중에 신중을 기했다. 대본을 맡은 보이토는 작곡가로서 오페라 〈메피스토펠레〉를 내놓았지만 실패한 경험이 있었다. 그 이후 보이토는 다른 오페라 작곡가를 도와 대본을 쓰는 일에 전념했다.

줄거리　　　　　[제1막] 15세기 초 영국의 윈저(Windsor) 지방이다. 뚱뚱하고 고약한 존 팔스타프 경(Sir John Falstaff)이 천박하게 생긴 두 명의 사내들과 함께 어슬렁거리며 가터(Garter) 주막에 들른다. 팔스타프는 이 마을의 부잣집 아낙인 포드(Ford) 부인과 페이지(Page) 부인이 자신에게 완전히 반한 것 같다고 하면서 그렇다면 한 번 꾀어보겠다고 자신 있게 말한다. 팔스타프는 주제는 생각하지 않고 두 아낙네에게 연애편지를 쓴다. 두 아낙네는 자신들이 똑같은 내용의 편지를 받은 것을 알게 된다. 두 아낙네는 팔스타프가 자신들을 얕보고 이런 수작을 벌였다고 생각해 골탕을 먹이기로 한다. 실은 두 아낙네뿐만 아니라 팔스타프가 자기 아내들에게 치근덕거리는 것을 안 포드와 페이지, 늙고 힘이 없어 팔스타프에게 대들었다가 성과도 없이 물러난 카이어스 영감, 그리고 펜턴(Fenton)이라는 젊은이가 팔스타프를 골탕 먹이는 데 동참하기로 한다. 청년 펜턴은 포드의 예쁜 딸 나네트(Nannette)와 장래를 약속한 사이다. 펜턴은 장모가 될 사람이 팔스타프라는 주책없고 욕심 많은 데다 천박하기까지 한 사람에게 무시당하는 것을 앉아서 볼 수만은 없다고 생각한 데다 점수도 딸 속셈으로 참여하기로 한 것이다. 여기에 팔스타프와 어울려 다니며 못된 짓을 일삼던 친구 두 사람도 언제 팔스타프에게 당할지 몰라 앞으로는 팔스타프를 돕지 않겠다고 다짐한다. 두 아낙에게는 퀴클리(Quickly) 부인이라는 수단 좋은 친구가 있다. 퀴클리가 포드와 팔스타프의 만남을 주선해 골탕을 먹일 생각이다. 포드를 비롯한 남자들도 변장을 하고 현장에 나타나 거들기로 한다. 이들은 각자의 소임을 다하자고 결의를 다지며 유명한 9중창을 부른다.

[제2막] 수단 좋은 퀴클리가 주막에서 팔스타프를 만나 포드 부인과 오후 2시에서 3시 사이로 약속을 잡았다고 하면서 잘해보라고 짐짓 격려한다. 남편 포드가 그 시간에 출타 중이어서 간신히 시간을 만들었다는 설명도 덧붙인다. 팔스타프는 은근히 흥분한다.

브룩이라는 사람이 들어온다. 실은 포드가 변장한 것이다. 브룩은 팔스타프에게 이 마을에 포드 부인이라고 아주 괜찮게 생기고 돈도 많은 부인이 있는데 그 부인과 잘 어울릴 것 같다고 부추긴다. 그는 잘해보려면 아무래도 돈이 필요할 테니 자기가 무이자로 빌려주겠다고 제안한다. 팔스타프가 이미 포드 부인과 만나기로 했으니 걱정 말라고 하자, 포드 부인과 인사나 나누기 위해 둘이 만나게 되면 잠시 합석하겠다고 말한다.

얼마 후 포드 부인을 만난 팔스타프는 자기가 젊었을 때 얼마나 늘씬했는지 모른다는 둥 별 것 아닌 얘기를 아리아로 늘어놓는다. 그런 사이에 포드가 집으로 돌아온다. 포드 부인은 성미가 불같은 남편이 갑자기 돌아왔으니 이젠 죽었다고 하면서 팔스타프를 처음에는 벽장 속에, 그 다음에는 빨래 통 속에 숨긴다. 포드는 들으라는 듯 분명 어떤 놈이 숨어 있다고 하면서 집 안을 샅샅이 뒤지기 시작한다. 포드 부인은 남편에게 발각되기 전에 팔스타프가 숨어 있는 빨래 통을 어서 강에 던져버리라고 지시한다.

[제3막] 다시 마을의 주막이다. 강물에 빠졌다가 겨우 기어 나온 팔스타프는 몇 잔 술로 속상한 마음을 달랜다. 중매쟁이 역인 퀴클리가 등장해 포드 부인의 심정은 그렇지 않으니 다시 한 번 만나보라고 설득한다. 이번에는 사냥꾼으로 변장해 한밤중에 숲 속의 계곡에서 만나기로 한다. 미시즈 포드가 자기에게 호감이 있다는 생각에 미련을 떨치지 못한 팔스타프는 사슴뿔과 두터운 사냥 옷을 걸치고 숲 속으로 간다.

팔스타프를 골탕 먹이기로 한 사람들이 요정과 유령 분장을 하고 이리저리 뛰거나 날아다니면서 팔스타트를 공포에 떨게 한다. 이들은 평소에 맺힌 감정을 풀기 위해 팔스타프를 짓궂게 때리기도 한다. 팔스타프가 눈물을 흘리며 자비를 구하자, 모두 가면을 벗고 한바탕 웃음을 터뜨린다. 팔스타프만 웃을 처지가 아니다. 포드 부인은 펜턴과 나네트의 결혼을 승낙한다.

오페라는 팔스타프가 부르는 "세상이란 원래 웃기는 것, 그 웃기는 세상을 위해 사람은 바보로 태어났다(All the world's a joke, and man was born a fool)"라는 푸가풍의 노래로 막을 내린다.

조반나 다르코

타이틀	**Giovanna d'Arco**(Jean d'Arc; Joan of Arc)	
		프롤로그와 3막으로 구성. 독일의 문호 프리드리히 실러의 『오를레앙의 처녀(Die jungfrau von Orléans)』를 원작으로 데미스토클레 솔레라(Temistocle Solera)가 대본을 썼다.
	초연	1845년 2월 15일 밀라노 스칼라 극장
	주요 배역	카를로 7세(샤를 7세: 프랑스의 왕), 자코모(돔레미 마을의 양치기), 조반나(자코모의 딸), 델릴(프랑스 장교), 탤벗(영국군 사령관)
베스트 아리아	「가라, 오를레앙의 충성스런 사람들에게(Ai fidi itene tosto d'Orleàns)」(T), 「참나무 아래에서(Sotto una quercia)」(T), 「오 앞날을 얘기해주는 숲(Ben s'addice)」(S), 「오 예언의 숲이여(O fatidica foresta)」(S)	

사전 지식　베르디의 일곱 번째 오페라로 스칼라 극장을 위해 쓴 다섯 번째 작품이지만 흥행에는 실패했다. 베르디는 그로부터 30여 년을 밀라노의 극장과 거리를 두었다. 베르디가 다시 스칼라 극장과 인연을 맺은 것은 1881년 공연된 〈시몬 보카네그라〉부터다. 〈조반나 다르코〉는 3악장 형식의 서곡으로 시작한다. 내용은 역사적 사실과 약간 차이가 난다. 카를로 왕의 아리아 「참나무 아래에서」는 신비한 꿈을 얘기하는 것이며, 조반나의 아리아 「오 앞날을 얘기해주는 숲(Ben s'addice)」도 같은 주제의 곡으로 어린 시절의 꿈을 회상하는 곡이다.

에피소드　차이콥스키도 1879년에 '오를레앙의 소녀(Orleanskaja deva)'라는 제목으로 오페라를 작곡했다. 차이콥스키의 오페라는 프리드리히 실러의 소설뿐만 아니라 쥘 바르비에의 『잔다르크(Jeanne d'Arc)』라는 소설을 바탕으로 했다. 베르디의 〈조반나 다르코〉는 위대한 내용을 담고 있지만, 무대에는 별로 오르지 못했다. 대본이 취약하기 때문이라고 한다.

줄거리　[프롤로그] 1429년 영국이 프랑스를 침공하자 프랑스의 전략적 요충지 오를레앙은 풍전등화의 위기에 놓인다. 피폐한 백성을 위해 영국군에 투항할 결심을 한 카를로(샤를) 7세 왕은 어느 날 꿈속에서 성모마리아의 초상화를 본다. 하늘에서 투구와 칼을 벗어 성모상 앞에 내려놓으라는 소리가 들린다. 꿈에서 깨어난 카를로는 마을로 내려가 꿈에서 본 성모상이 어디 있느냐고 묻는다. 마을 사람들은 숲 속 외지고 어두운 곳에 있는데, 악마와 마녀들이 살고 있어 그곳에 가려는 사람이 없다고 말한다. 왕은 직접 가서 성모의 초상화에 적에게 항복하려는 결심을 말하면서 도움을 청하기로 마음먹는다.

숲의 어귀에 있는 성모성당 앞이다. 조반나(Giovanna; Jeanne)의 아버지 자코모(Giacomo)는 마음이 편치 않다. 딸이 기도하러 성당에 들어간 지 며칠이 지났건만 나오지 않기 때문이다. 그는 딸이 악마에게 영혼을 팔지나 않을까 두려워하고 있다. 조반나가 기도를 끝내고 마침내 성당에서 나온다. 조반나는 조국 프랑스가 적군의 발아래 짓밟히는 것을 걱정해 성모에게 무기를 들고 나가 싸울 수 있는 용기와 힘을 달라고 기도했다. 카를로 왕이 도착한다. 카를로는 그곳이 꿈에서 본 곳과 너무도 똑같아 크게 놀란다.

성당 안에 있던 조반나가 꿈을 꾼다. 처음에는 마귀들이 나타나 젊음과 아름다움을 즐기라고 유혹하지만, 마귀들이 물러나자 하늘에서 소리가 들린다. 무기를 주겠으니 어서 가서 프랑스를 구하라는 천사들의 합창이다. 하늘의 소리는 조반나에게 세상의 사랑을 멀리하고 마음을 순결하게 할 것을 당부한다. 조반나는 성모에게 했던 기도가 응답을 받았다고 믿어 기쁨으로 충만하다. 꿈에서 깨어난 조반나의 눈에 카를로 왕이 들어온다. 조반나는 자신이 선봉에 서서 적군을 물리치고 승리를 가져오겠다면서 왕에게 함께 전쟁터로 가자고 한다.

[제1막] 조반나가 이끄는 프랑스군의 불같은 공격에 패해 사기가 땅에 떨어진 영국군은 사령관 탤벗(Talbot)에게 후퇴할 것을 주장한다. 조반나의 아버지 자코모가 전선으로 찾아온다. 그는 카를로가 딸 조반나를 유혹했다고 믿어 그런 부정한 딸은 조국을 위해 싸울 가치가 없으며 벌을 받아야 한다고 생각한다. 자코모는 조반나를 영국군에게 넘겨주겠다고 약속한다. 조반나는 영국의 침공에서 조국을 구하려고 한 자신의 임무가 끝났다고 믿어 고향으로 돌아갈 생각이다. 카를로가 조반나를 막으며 사랑한다고 고백한다. 조반나는 말도 안 되는 소리라고 거부하지만 어느덧 자신의 마음도 카를로를 향하고 있음을 깨닫는다. 카를로의 사랑을 받아들인 조반나는 자신도 사랑하고 있다고 고백한다. 그 순간 세상의 사랑을 포기해야 할 운명이라는 하늘의 음성이 떠오른다. 조반나는 당혹스러워 두려움에 몸을 떤다. 그러나 하늘의 음성에 대해 알지 못하는 카를로는 갑작스러운 조반나의 태도 변화에 당황한다. 이때 백성들이 들어와 영국군이 모두 후퇴했으므로 대관식을 올릴 것을 카를로 왕에게 주청한다. 이 주청을 기꺼이 받아들인 왕은 조반나에게 대관식 때 왕관을 직접 씌워달라고

부탁한다. 카를로를 프랑스의 왕으로 즉위시키는 것이 꿈이었던 조반나는 그렇게 하겠다고 약속한다. 그 순간 악마를 찬양하는 악마들의 합창 소리가 들린다. 불쌍한 처녀 조반나의 순결이 무너진 것을 찬양하는 소리다.

[제2막] 백성들이 카를로 왕의 대관식을 준비하면서 용감한 처녀 전사 조반나를 찬양하는 노래를 부른다. 카를로와 조반나가 나란히 생드니(Saint-Denis) 성당에 들어선다. 성당 밖에는 조반나의 아버지 자코모가 기다리고 있다. 카를로가 순진한 조반나를 유혹했다고 믿는 자코모는 하늘을 대신해 조반나를 정죄시킬 작정이다. 카를로와 조반나가 대관식을 마치고 성당에서 나오자 자코모가 갑자기 뛰어나와 조반나를 부정한 여인이라고 비난하면서 정죄하라고 외친다. 카를로가 조반나를 변호하려고 하지만 조반나는 자기를 구하려는 어떤 희망도 포기한다고 말한다. 자코모의 비난을 증명이나 하듯 하늘에서 천둥번개가 친다. 두려움에 싸인 백성들은 조반나를 마녀로 믿기 시작한다. 자코모는 조반나에게 영혼을 구원할 유일한 방법은 화형장에 몸을 던지는 것뿐이라고 말한다. 카를로는 성나고 두려워하는 백성들에게서 조반나를 구하지 못해 낙담하면서도, 자신의 앞날을 위해 "저 여자가 프랑스의 영광에 먹칠을 했다"라고 말해 조반나를 궁지로 몰아넣는다.

[제3막] 사슬에 묶여 있는 조반나는 화형 시간만 기다리고 있다. 그녀는 하늘의 도움을 받아 전장에 나가 승리를 거두었던 지난날을 떠올린다. 그런데 조반나의 눈에 카를로가 영국군에게 포위된 모습이 보인다. 조반나는 자기를 버리지 말아달라고 신께 간구하면서, 자신의 마음을 한때 사랑했던 카를로에게 전해달라고 기도한다. 또한 영원히 순결한 마음으로 남아 있게 해달라고 기도한다. 감방에 몰래 들어온 자코모는 딸의 모습을 보면서 잘못을 깨닫는다. 그는 딸을 구출하려고 하지만 조반나는 이를 거절하고 갑옷과 칼을 가져다 달라고 부탁한다. 백마를 타고 은빛 갑옷을 번쩍이며 전장으로 뛰어든 조반나는 프랑스군을 승리로 이끌고, 카를로 왕을 구출한다. 영국군이 퇴각하는 모습과 함께 조반나가 전쟁터에서 죽었다는 소식이 전해진다. 조반나의 시신이 성으로 운반되고 있다. 하늘에서 찬란한 광채가 비치면서 저주 받은 자가 고통에서 벗어나 구원에 이르는 축복의 소리가 들린다.

두 사람의 포스카리

타이틀	I Due Foscari(The Two Foscari)	
		전 3막의 서정적 비극. 영국의 시인 조지 바이런(George Byron)의 『두 포스카리(The two Foscari)』를 기본으로 유명한 대본가 프란체스코 피아베가 대본을 썼다.
	초연	1844년 11월 3일 아르헨티나 극장
	주요 배역	프란체스코 포스카리(베네치아의 총독, 집정관), 자코포 포스카리(프란체스코의 아들), 루크레치아 콘타리니(자코포의 아내), 피사나(루크레치아 콘타리니의 시종)
음악 하이라이트		자코포 포스카리의 테마 음악, 루크레치아의 테마 음악, 총독의 테마 음악
베스트 아리아		바르카롤라(Barcarola), 「아, 그렇다, 나는 다시 느낀다... 먼 추방지로부터(Ah si, ch'io senta ancora... Dal piu remoto esiglio)」(T), 「혼자 있는 것이 싫다. 정말 싫다(Odio solo, ed odio atroce)」(T)

사전 지식　　　베네치아 공국의 총독 프란체스코 포스카리와 그의 아들 자코포 포스카리에 관한 비극이다. 극중 나이 여든 살인 총독이 힘찬 아리아를 부르는 것이 특이하게 보인다. 이 오페라는 애국심을 고취시키기는 작품이다.

에피소드　　　'두 사람의 포스카리'는 베르디의 오페라 중에서 별로 알려지지 않은 작품이다. 아마 다른 오페라에 비해 극적 효과가 미약하기 때문인 듯하다. 베르디는 '두 사람의 포스카리'를 발표한 해에 〈에르나니〉를 내놓았다. 〈에르나니〉는 대성공을 거두었다.

줄거리　　　[제1막] 무대는 15세기 베네치아 공국이다. 정부의 장관들과 10인위원회(민간인으로 구성된 평의회)가 중요한 사안을 결정하기 위해 총독궁에 모인다. 10인위원회의 위원장은 총독의 정적 말리피에로(Malipiero)다. 그는 귀족들의 집권을 청산하고 평민에 의한 통치를 주장하는 사람이다. 총독 프란체스코 포스카리(Francesco Foscari)가 회의장에 들어서자 모두 베네치아의 정의로운 법을 찬양한다.

프란체스코의 아들 자코포 포스카리(Jacopo Foscari)는 감옥에 갇혀 있다. 그는 살인을 저질러 멀리 크레타 섬에 유배되었다가 재판을 받기 위해 베네치아로 돌아온 것이다. 간수가 재판을 받을 때 위원회에 자비를 구하라고 충고하지만, 자코포는 자기는 흉악한 음모의 희생자일 뿐이라고 하면서 정의는 언제나 약한 자의 편이라고 말한다. 자코포의 아내 루크레치아(Lucrezia)가 시아버지 프란체스코 총독에게 자비를 구하지만, 그 역시 어찌할 수 없는 처지라 하늘의 정의를 기대하는 것이 좋겠다고 대답한다. 마침내 위원회의 판결이 나온다. 자코포가 밀라노 공국과 내통한 것은 명백하며 또한 베네치아 공국의 법은 만인에게 공평해야 하므로 사형에 처한다는 것이다. 그러나 총독의 입장을 생각해 다음 날 다시 모여 최종 판결을 내리기로 한다. 일부 위원들은 사형은 지나치므로 크레타 섬으로 다시 유배 보내는 것이 마땅하다고 주장을 한다. 루크레치아는 이 모든 것이 권력욕에 눈이 멀어 시아버지 프란체스코 총독을 몰아내려는 10인위원회 위원들의 음모라고 주장하면서 분노를 삭이지 못한다. 총독은 권력이 약화되어 아들을 도와주지 못하는 것을 한탄한다.

[제2막] 어두운 감방에 있는 자코포는 일시적으로 정신착란을 일으켜 위대한 사령관 카르마뇰라(Carmagnola)의 환영을 본다. 카르마뇰라는 억울한 누명을 쓰고 처형당했다. 정신을 잃고 쓰러져 있는 자코포를 루크레치아가 찾아온다. 추방으로 결정됐다는 소식을 전하기 위해 온 것이다. 마침 총독도 감방으로 찾아온다. 세 사람은 서로 부둥켜안고 가혹한 운명을 생각하며 눈물을 흘린다. 멀리서 뱃노래가 들린다. 곤돌라 경주를 준비하는 뱃노래다.

평의원들과 재판관들이 자코포에 대한 판결을 확인하기 위해 총독궁 회의장으로 모여든다. 자코포는 자신의 일과 아버지 총독과는 아무 관련이 없으므로 총독 사임을 강요하는 것은 부당하다고 항변한다. 루크레치아가 두 아이의 손을 잡고 회의장에 나타나 눈물로 위원회의 자비를 구한다. 그러나 위원회는 이러한 간청에도 크레타 섬에 가서 유배 생활을 하라고 명령한다. 자코포는 죽음의 그림자가 가까이 다가온 것을 느낀다.

[제3막] 산마르코 광장은 사람들로 발 디딜 틈이 없다. 곤돌라 경주가 곧 시작되기 때문이다. 10인 위원회의 위원인 로레다노(Loredano)가 등장한다. 그는 백성들이 총독 프란체스코나 그의 아들 자코포에게 별 관심이 없는 것을 확인하고는 자코포를 제거하기로 마음을 굳힌다. 로레다노가 곤돌라 경주의 시작을 알리는 손수건을 떨어뜨리자 갑자기 나팔 소리가 울리면서 노예선 같은 커다란 배한 척이 부두로 들어온다. 자코포를 크레타 섬으로 데려갈 배다. 자코포가 루크레치아와 아이들에게 애끊는 작별을 고한다. 그는 루크레치아가 눈물을 흘리자 원수들이 좋아할지도 모르니 눈물을 보이지 말라고 당부한다.

장면은 바뀌어 총독의 개인 거실이다. 총독은 자신의 비극적 운명에 비탄을 금할 수 없다. 세 아들은 일찍 죽었고 이제 하나 남은 아들마저 쓰라린 유배 길에 오르게 되었기 때문이다. 그때 하인이 편지 한 장을 전해준다. 자코포는 아무 잘못이 없으며 모든 일은 자기가 저질렀다고 고백한 에르치오 (Erzzio)의 편지다. 총독은 편지가 조금만 일찍 전달되었어도 아들이 유배를 가서 가족과 영원히 이별하는 일은 없을 것이라고 한탄한다. 루크레치아가 들어와 방금 전 남편이 처형되었다는 비참한 소식을 전한다. 자코포가 크레타로 떠나는 배에 오르자마자 로레나도의 은밀한 지시로 배 안에서 처형되었다는 것이다. 루크레치아는 남편을 처형한 사람들에게 하늘의 영원한 저주가 내리기를 간구한다.

[**제4막**] 로레나도를 선두로 한 위원회 사람들이 총독을 찾아와, 총독의 사임을 강력히 주장한다. 나이가 많아 사임할 때가 된 데다 아들의 죽음으로 충격을 받았을 것이니 휴식이 필요하지 않겠느냐고 몰아세운다. 총독은 더는 버틸 힘이 없다. 벌써 두 번이나 사임 압력을 받았기 때문이다. 총독은 죽을 때까지 임무를 수행하겠다고 다시 한 번 선언하지만, 위원회 위원들은 당장 사임할 것을 재촉한다. 더는 방법이 없다는 것을 깨달은 총독은 반지를 빼 이들에게 내준다. 모든 상황을 목격한 루크레치아가 힘없는 총독을 부축해 밖으로 나가자 성 마르코 성당에서 종소리가 들린다. 로레다노가 총독에게 다가와 말리피에로가 새로운 총독이 되었다고 전해준다. 이 소식은 듣자 프란체스코는 숨을 거둔다.

일 코르사로

타이틀	Il Corsaro(The Corsair)	

 전 3막의 비극. 원작은 조지 바이런(George Byron)의 시 「해적(The corsair)」이며, 베르디와 단짝인 프란체스코 피아베가 대본을 썼다. '코르사로'는 해적을 뜻한다.

	초연	1848년 10월 25일 트리에스테 대극장(Teatro grande)
	주요 배역	코라도(해적선 선장), 굴나라(코라도를 돕는 그리스 여인), 메도라(코라도를 사랑하는 여인), 세이드 총독
베스트 아리아		「머릿속에 어두운 생각을(Egli non riede ancora!)」(S), 「길 잃은 영혼에게 희망의 위로를(Né sulla terra... Ah conforte è sol la speme)」(S), 「어두운 예감을 떨칠 수 없네(Non so le tetre uimmagini)」(S), 「어서 계속하시오(Fero è)」(T), 어서 나를 따르라(Pronti siate a seguitarmi)」(T), 「죄수는 여기 있소(Eccomi prigionero)」(T)

사전 지식　　　베르디의 오페라 중 그리 훌륭한 작품은 아니지만, 오페라에 나오는 몇 편의 아리아는 눈부시게 아름답다. 특히 테너 코라도의 아리아와 소프라노 메도라가 제1막에서 부르는 로만차는 뛰어나다. 조국애를 강조한 또 한 편의 베르디 작품이다.

에피소드　　　18세기부터 전해내려 오는 해적(Il Corsaro)에 관한 이야기로 전형적인 터키풍 오페라를 만드는 경우가 많았다. 이 오페라는 모차르트의 〈후궁에서의 도피〉와 줄거리가 비슷하다. 다만 〈일 코르사르〉의 경우에는 해피엔드가 아니어서 주인공 파샤와 코라도가 모두 죽음을 맞이한다. 더구나 코라도를 사랑하는 메도라까지 삶을 마감한다. 해적의 스토리는 베르디의 또 다른 오페라인 〈산적들(I Masnadieri)〉과 비슷하다.

줄거리　　　그리스는 터키의 침공으로 위기에 처해 있다. 그리스 왕은 터키군을 물리칠 장수를 구하지만 감히 나서는 사람이 없다. 이오니아 해부터 지중해에 이르기까지 해적으로 악명을 떨치고 있는 코라도(Corrado)가 조국을 위기에서 구하겠다고 왕에게 약속한다. 다만 터키군이 물러나면 자신과 부하들을 모두 사면해주고 국가를 위해 봉사할 수 있는 기회를 달라고 요청한다. 하지만 터키군과의 전쟁은 자살과도 같다. 국왕은 코라도가 터키군을 물리치면 국가를 위해 극히 다행한 일이고, 만일 코라도가 전쟁에서 죽더라도 골치 아픈 해적을 힘들이지 않고 제거하는 것이기 때문에 그의 요구를 기꺼이 받아들인다. 코라도는 부하들을 데리고 터키군에 맞서기 위해 그리스군에 합류한다. 그리스군은 수적으로 열세다. 코라도는 자신이 적의 진영에 침입해 혼란스럽게 만들 테니 신호를 보내면 일거에 기습하라고 지시한다.

코라도가 터키군 복장을 하고 터키군 진영에 잠입하는 데 성공한다. 터키군 사령관은 세이드(Seid) 총독(파샤)이다. 기습에 대비해 만반의 준비를 한 세이드는 그리스군을 향해 거짓 신호를 보낸다. 그리스 진영에서 신호를 기다리던 군사들은 코라도가 신호를 보낸 것으로 착각해 기습을 감행한다. 결국 코라도와 그의 부하들은 매복에 걸려 참패하고, 부상을 입은 코라도는 사로잡히고 만다. 세이드는 코라도의 용기에 감동해 그를 치료해준다.

세이드의 후궁 중에는 미인이 많다. 굴나라(Gulnara)는 그리스 출신으로 어쩔 수 없이 터키의 하렘에 들어와 있지만, 조국을 생각하는 마음은 여전하다. 굴나라는 지하 감옥에 갇혀 있는 코라도를 찾아가 세이드 총독을 암살하자고 제안하지만, 그는 거절한다. 세이드가 자기를 죽이지 않고 치료해준 이유도 있지만, 만일 굴나라와 함께 세이드 총독을 암살하면 굴나라와의 인연 때문에 고향에 두고 온 메도라를 온전히 사랑할 수 없다고 생각하기 때문이다. 굴나라는 코라도가 그리스로 돌아가 군대를 재편성해 공격해오기를 바라며 그의 탈출을 돕는다.

코라도를 사랑하는 메도라(Medora)는 그리스군의 은신처인 어느 섬에서 코라도를 기다리다가 코라도가 전사했다는 소식을 듣고는 슬픔에 못 이겨 바다에 몸을 던진다. 살아 돌아온 코라도는 메도라의 죽음을 알고는 깊은 바다에 몸을 던져 메도라의 뒤를 따른다.

일트로바토레

| 타이틀 | **Il Trovatore**(The Troubadour) |

	전 4막. 안토니오 가르시아 구티에레스(Antonio García Gutiérrez)의 희곡 「엘 트로바도르(El trovador)」를 바탕으로 살바도레 캄마라노(Salvadore Cammarano)가 대본을 썼으며, 이를 레오네 엠마누엘레 바르다레(Leone Emanuele Bardare)가 완성했다.
초연	1853년 1월 19일 로마 아폴로 극장(Teatro Apollo)
주요 배역	루나 백작(아라곤의 공자에게 종사하는 젊은 귀족), 레오노라(아라곤 공주의 시녀), 아추체나(집시 노파), 만리코(우르젤 공자 군대의 장교로 아추체나의 아들로 알려진 젊은이), 페르란도(루나 백작군의 장교), 이네스(레오노라 공주의 시녀), 루이스(만리코의 충성스러운 병사)
음악 하이라이트	만리코의 세레나데, 만리코의 카발레타, 아추체나의 칸초네, 화염에 대한 모티프, 아추체나의 대화체 장면의 음악, 지하 감옥에서의 아추체나의 꿈 장면 음악
베스트 아리아	「옛날에 두 아들을 둔 행복한 아버지가 있었네(Di due figli vivea padre felice)」(페란도의 해설)(B), 「조용한 것은 밤이라네(Tacea la notte placida)」(S), 「땅바닥에 버려진(Deserto sulla terra)」(T), 「보라, 밤의 어둠은 지나가고(Vedi! Le fosche notturne)」(대장간의 합창), 「이제 노름을 하세(Or co'dadi)」(백작 병사들의 합창), 「불길은 치솟고(Stride la vampa)」(Ms), 「가난에 찌들어서(Giorni poveri vivea)」(Ms), 「아, 잔인한 사람, 이 쇠사슬을 느슨하게 해주오(Deh! Rallentate o barbari)」(Ms), 「사랑아, 장밋빛 날개로 날아라(D'amor sull'ali rosee)」(S), 「나의 사랑이여... 저 무서운 불길(Ah, si, ben mio... Di quella pira)」(T), 「빛나는 미소(Il balden del suo sorriso)」(B), 「묶어서 끌고 갔다(Condotta ell'era in ceppi)」(Ms)

사전 지식　　　전 4막의 액션이 넘치는 로맨틱 비극이다. 말할 수 없이 훌륭한 멜로디가 전편을 누비면서 증오, 사랑, 복수가 끊임없는 감정을 불러일으킨다. 〈일트로바토레〉는 〈리골레토〉에 이은 베르디의 또 다른 히트작이다. 〈일트로바토레〉는 같은 해에 공연되어 성공을 거둔 〈라 트라비아타〉에도 영향을 주었다. 이로써 베르디는 오페라의 황제로 만인의 추앙을 받게 되었다.

에피소드　　　아마 지금까지 나온 오페라 중에서 내용이 가장 복잡하게 얽혀 있다고 할 수 있다. 그러나 이 오페라에 나오는 대부분 노래는 오늘날 세계 음악 팬들의 한결같은 사랑을 받고 있다.

줄거리　　　　　몇십 년 전, 가난에 찌든 집시 여인이 부유한 백작 집에 먹을 것이나 훔치려고 숨어들었다가 남자 아이 둘이 있는 것을 보고는, 아들이 있었으면 하는 마음에 한 아이를 안아보다가 사람들에게 들켜 붙잡히고 만다. 그런데 다음 날부터 집시 여인이 안았던 아이가 시름시름 앓기 시작하자 백작은 집시 여인 때문에 아이가 병에 걸렸다고 생각해 아무 증거도 없이 그 여인을 마녀로 몰아 며칠 뒤 화형에 처한다. 억울하게 죽은 집시 여인의 딸이 아이를 납치해 불에 던져 죽일 결심을 한다. 어머니가 당했던 것처럼 백작의 아이에게 복수할 심산이었다. 그러나 마음이 앞선 나머지 옆에 있던 자기 아이를 불더미 속에 던져 넣는다. 평생 씻지 못할 잘못을 저지른 집시 여인의 딸은 후회하는 마음에 죽이려 했던 백작의 아이를 기르기로 한다. 그렇지만 어머니를 죽인 백작에 대한 복수심은 잊지 않고 간직한 채 살아간다. 세월이 흘러 아이는 음유시인(트로바토레)으로 성장한다. 집시 여인을 화형에 처했던 백작이 세상을 떠나고 그의 아들이 백작이 되었다. 집시의 아들은 자신이 부유하고 권세 있는 젊은 백작과 형제라는 것을 모르고 자란다.

[제1막 결투] 15세기 스페인 루나(Il Conti di Luna) 백작의 궁전이다. 루나 백작은 아라곤의 공자를 섬기는 젊은 귀족이다. 아라곤의 공주를 모시는 아름다운 시녀 레오노라(Leonora)가 다른 시녀들에게 얼마 전 우연히 만난 검은 갑옷을 입은 신비로운 기사이자 음유시인에게 마음이 끌린다고 얘기한다. 레오노라와 결혼을 하려는 루나 백작은 그 음유시인이 누군지 대라고 다그친다.

백작은 레오노라가 말한 음유시인이 만리코(Manrico)로 밝혀지자 질투심과 권위 때문에 그에게 결투를 청한다. 루나 백작은 아라곤 공자 군대의 장교이지만, 만리코는 우르겔(Urgel) 공자 군대의 장교이기 때문에 루나 백작과는 적인 셈이다. 결투가 벌어진다. 만리코는 루나 백작을 죽일 결정적인 기회가 있었지만 주저하다가 죽이지 못한다. 루나 백작도 만리코를 결정적으로 죽일 기회가 있었지만 그렇게 하지 못한다. 두 사람의 결투는 끝을 보지 못한 채 다음으로 미뤄진다. 만리코가 위기에 처하자 실신한 레오노라는 만리코가 백작의 칼에 쓰러져 죽었다고 믿는다.

[제2막 집시] 집시 마을의 사람들이 마을 한가운데 화톳불을 지피고 둘러앉아 있다. 검은 갑옷을 입은 만리코가 노파가 된 어머니와 함께 있다. 집시들이 「대장간의 합창(The anvil chorus)」을 부른다. 만리코의 어머니 아추체나(Azucena)는 자기가 저지른 불행에 대해 꿈을 꾸듯 얘기한다. 자기 아이를 불에 던졌다는 그 끔찍한 이야기를 듣던 만리코는 의문을 품는다. 그렇다면 살아남은 그 아이는

누구란 말인가? 메신저가 두 가지 소식을 전해 온다. 하나는 만리코가 새로 점령한 카스텔로 성채의 방어 책임자로 임명되었다는 것이고, 다른 하나는 만리코가 죽은 줄 아는 레오노라가 수녀가 되기로 결심하고 수녀원으로 떠났다는 것이다. 만리코는 레오노라를 만류하러 급히 달려간다. 루나 백작도 레오노라를 만류하러 수녀원으로 간다. 수녀원에서 만난 두 사람의 부하들이 일대 결투를 벌인다. 그 틈에 검은 갑옷의 기사가 레오노라를 구출해 요새로 돌아간다. 바로 만리코다.

[제3막 집시의 아들] 루나 백작의 부하들이 레오노라를 데려오기 위해 만리코의 성채를 격렬히 공격한다. 그 와중에 루나 백작의 병사들이 수상한 집시 여인을 붙잡아온다. 만리코의 어머니다. 절망에 찬 집시 여인이 아들의 이름을 소리쳐 부른다. 그 여인이 만리코의 어머니인 것을 눈치챈 백작은 두 사람에게 복수하기로 마음먹는다. 한편 성채 안 성당에서는 만리코와 레오노라의 결혼식 준비가 한창이다. 만리코는 우연히 창문을 통해 루나 백작의 병사들이 어머니를 화형에 처하려고 준비하는 것을 목격한다. 만리코는 결혼식을 미루고 어머니를 구하러 급히 성 밖으로 나간다.

[제4막 고문] 어머니를 구하려던 만리코의 노력은 수포로 돌아가고, 그는 체포된다. 루나 백작은 두 원수를 쇠사슬에 묶어 성의 감방에 가둔다. 두 사람은 곧 화형에 처해질 운명이다. 만리코가 붙잡혔다는 소식을 들은 레오노라는 사랑하는 사람을 구하려면 자신이 희생할 수밖에 없다고 생각해, 백작의 성으로 찾아온다. 레오노라는 만리코를 살리기 위해 백작과 결혼하겠다고 한다. 백작은 당장 결혼식을 올리자고 하면서 두 사람을 석방하겠다고 약속한다. 결혼을 약속한 레오노라는 반지 속에 숨겨둔 독약을 마신다. 어두운 지하 감방에서 아추체나는 어머니처럼 불길 속에 죽을 것이라고 생각하며 두려움에 떨고 있다. 만리코가 어머니를 위로한다. 두 사람은 집시 마을에서 행복하게 지내던 시절을 회상하며 듀엣을 부른다. 아추체나가 잠이 든다.

레오노라가 달려와 만리코에게 이제 자유의 몸이 될 것이라고 전하지만, 레오노라의 몸에는 이미 독이 퍼지고 있다. 만리코는 레오노라가 자기를 위해 희생한 것을 알고는 비탄에 잠긴다. 레오노라에게 속은 것을 안 백작도 절망감과 배신감으로 괴로워한다. 레오노라가 만리코의 팔에 안겨 끝내 숨을 거두자, 백작은 만리코를 끌어내 처형하라고 명한다. 잠에서 깨어난 아추체나는 만리코가 죽은 것을 알고 절망하지만, 마침내 어머니의 원수를 갚은 것이다. 집시 여인은 백작을 향해 당신이 친동생을 죽였다고 외친다.

도적들

타이틀	**I Masnadieri**(The Robbers)		

전 4막의 멜로드라마. 독일의 문호 프리드리히 폰 실러의 비극 『도적들(Die Räuber)』을 기본으로 안드레아 마페이(Andrea Maffei)가 대본을 썼다.

초연	1847년 7월 22일 런던 여왕폐하 극장(Her Majesty's Theater)
주요 배역	아말리아(카를로의 약혼녀), 카를로(마시밀리아노의 아들), 프란체스코(카를로의 사악한 동생), 마시밀리아노(무어인 총독)

베스트 아리아

「그대는 나의 카를로의 가슴에 날아들었네(Tu del mio Carlo al seno volasti)」(S), 「체포하라. 카를로가 살았다구?(Arrèstati! Gran Dìo! Carlo vive?)」(S), 「아, 우리 선조들의 섬(O mio castel paterno)」(T), 「매우 아름다운 당신(La dolcissima effigie)」(T), 「피곤한 마음(L'anima ho stanca)」(T)

사전 지식 베르디는 피렌체에서 〈맥베스〉가 초연된 지 얼마 후 다른 극장에서 오페라 작곡을 의뢰받았다. 이번에는 이탈리아가 아닌 영국이었다. 베르디는 런던을 방문하기로 한다. 그는 영국으로 가는 도중 스위스에 있는 윌리엄 텔 집을 방문했다가, 독일을 거쳐 런던에 도착한다. 베르디는 스위스와 독일에 머물면서 여왕이 의뢰한 작품을 구상했다. 실러의 희곡 「도적들」을 오페라로 만들기로 한 것이다. 런던에 도착한 베르디는 환영연이나 파티와 같은 행사에 거의 참석하지 않고 작곡에만 몰두했다. 심지어 빅토리아 여왕이 접견하겠다는 것도 거절할 정도였다. 1847년 7월 22일 여왕폐하 극장에서 이 오페라가 초연되자 사람들은 박수갈채를 보냈다. 그러나 여왕폐하 극장의 수석 첼리스트 알프레도 피아티(Alfredo Piatti)를 위한 미니콘서트 같은 서곡 등은 핀잔을 받기도 했다. 총독이 아들 카를로의 뒤를 이어 죽음의 문턱에 있을 때 아말리아가 부르는 아리아 「그대는 나의 카를로의 가슴에 날아들었네」는 베르디가 자신의 죽음을 예견한 듯한 곡이다. 마지막 장면에서 카를로, 아말리아, 총독이 부르는 트리오는 그동안의 모든 혼돈을 마무리하는 매우 인상적인 곡이다.

에피소드 초연에는 1급 성악가들이 출연했다. 아말리아는 전설적인 제니 린드(Jenny Lind)

가 맡았고, 프란체스코는 당대의 바리톤 필리포 콜레티(Fillipo Coletti)가 맡았다.

줄거리　　　　　　　무대는 18세기 초 독일이다. 백성들의 생활을 배우기 위해 집을 빠져나와 백성들과 함께 지내고 있는 총독이며 무어 백작 마시밀리아노(Massimiliano)의 아들 카를로(Carlo)는 어느 날 아버지가 보낸 것으로 생각되는 편지 한 통을 받는다. 실은 그의 사악한 동생 프란체스코(Francesco)가 아버지의 이름으로 보낸 것이다. 편지에는 카를로가 집을 버리고 떠났기 때문에 모든 자격을 박탈하며, 총독상속권도 무효로 한다고 적혀 있다. 카를로는 아버지의 오해를 풀고, 정의를 실현하기 위해 반도(Masnadieri: 원래는 도적떼라는 뜻)의 두목이 된다. 이 소식을 들은 사악한 동생 프란체스코는 반도들을 소탕하기 위해 군대를 파견한다. 카를로는 아버지의 군대와 맞설 수 없어 반도를 해산하고 종적을 감춘다. 프란체스코는 아버지인 총독과 카를로의 약혼녀 아말리아(Amalia)에게 카를로가 전투에서 죽었으며, 죽을 때 아버지를 저주했다고 거짓을 고한다. 그뿐 아니라 카를로가 죽으면서 아말리아와 결혼할 것을 당부했다고 거짓말을 한다.

아말리아가 총독과 카를로의 죽음을 애도하고 있다. 그녀는 카를로가 반역을 꾀하는 전투에서 죽었다는 얘기를 듣고 크게 놀란다. 절망에 빠진 아말리아는 스스로 목숨을 끊어 카를로와 천국에서 만날 결심을 한다. 프란체스코가 자기에게 흑심을 품고 있는 것을 잘 알기 때문에 더는 목숨을 유지할 이유가 없다. 그때 총독의 재무담당관 아르미니오(Arminio)가 나타나 아말리아에게 총독과 카를로 모두 살아 있다는 소식을 전한다.

프란체스코는 아말리아에게 결혼을 서두르자고 요구하지만, 아말리아는 이 같은 요구를 거부한다. 프란체스코에게서 가까스로 도망친 아말리아는 천우신조로 카를로를 만난다.

한편 총독은 이 모든 일이 작은 아들 프란체스코의 음모에서 비롯된 것임을 깨닫고 프란체스코를 저지하려다가 도리어 옥에 갇히는 처지가 된다. 카를로는 성안으로 잠입해 늙은 하인을 통해 동생 프란체스코의 반역을 알게 되지만 그를 처벌할 힘이 없음을 한탄한다. 어두운 지하 감옥에서 아버지를 발견한 카를로는 반도들의 힘을 빌려서라도 프란체스코를 처단하기로 결심한다.

프란체스코가 반도들에게 쫓기고 있다. 도망갈 길이 없는 프란체스코는 결국 스스로 목을 맨다. 총독과 아말리아도 비극적인 죽음을 맞는다(다른 버전에는 반도들이 아말리아가 누군 줄 모르고 감옥에 가두는데, 카를로에게 오해를 받아 그의 칼에 죽다고 되어 있다). 아무런 희망도 없이 혼자가 된 카를로는 성을 지키는 병사들에게 자기가 반도였다고 고백하며 투항한다.

레냐노 전투

타이틀	**La Battaglia di Legnano**(The Battle of Legnano)

전 4막의 서정적 비극(tragedia lirica). 조제프 메리(Joseph Méry)의 소설 『툴루스 전투(La Bataille de Toulouse)』를 기본으로 하여 살바도레 캄마라노가 대본을 썼다.

초연	1849년 1월 27일 로마의 아르젠티나 극장(Teatro Argentina)
주요 배역	프레데리코 바르바로사(프레더릭 바바로사, 신성로마제국의 황제), 코모(Como) 시장, 롤란도(밀라노의 지도자), 리다(롤란도의 아내), 아리고(베로나의 군인), 마르코발도(독일 포로), 이멜다(리다의 시녀)
베스트 아리아	「아, 롤란도(Ah, Rolando)」(S), 「얼마나 많은 세월을(Quante volte come un dono)」(S), 「나의 마음, 더는 힘이 없도다(A frenarti o cor nel petto)」(S), 「아리고와 롤란도를 보살피소서(Ah, se di Arrigo e Rolando)」(S), 「이탈리아 만세(Viva l'Italia)」(Chor), 「어머니의 부드러운 손길(La pia materna mano)」(T)

사전 지식　　　베르디의 오페라 중에는 오스트리아 제국에 점령당한 이탈리아의 해방을 위해 국민들에게 애국심을 고취시키는 내용이 상당히 많다. 레냐노는 밀라노 서북쪽 스위스의 알프스 자락에 있는 도시다. 10세기 이후부터 독일의 공격을 저지하는 밀라노 공국의 전략적 거점이었다. 스토리는 1176년 레냐노 들판에서 일어난 신성로마제국의 프레더릭 1세와 밀라노 공국을 주축으로 한 이른바 롬바르디아 동맹 간의 역사적인 전투를 다루고 있다. 베르디가 12세기의 사건을 주제로 하여 이 오페라를 작곡할 당시에는 이탈리아 북부를 오스트리아가 점령하고 있었다. 이탈리아인들은 이 오페라의 작곡 의도를 알고 환호했다. 특히 1막의 시작과 함께 병사들이 부르는 「이탈리아 만세」는 애국심을 고취시키는 감격적인 합창으로, 〈나부코〉의 히브리 노예들의 합창(Chorus of Hebrew slaves)인 「날아라, 내 마음아 황금 날개를 타고(Va, pensiero, sull'ali dorate; Fly, thought, on wings of gold)」와 함께 이탈리아의 비공식 국가로 사랑 받는 곡이다.

줄거리　　　　[제1막 그는 살아 있다] 롬바르디아 동맹군이 이탈리아를 침공한 프레더릭 바바로사(Federico Barbarossa)에게 반격할 준비를 하고 있다. 아리고(Arrigo)가 베로나에서 기사들을 이끌고 밀라노로 돌아온다. 아리고는 약혼녀 리다(Lida)를 만날 수 있다는 희망에 부풀어 있다. 그러나 리다는 몇 년 전에 있었던 큰 전투에서 아리고가 전사한 줄 알고 죽어가는 아버지의 마지막 부탁에 못 이겨 밀라노의 기사 롤란도와 결혼했다. 롤란도는 아리고와 함께 오랫동안 수많은 전투에 참여했던 전우로, 그 역시 아리고가 죽은 줄 알고 있다.

롤란도는 베로나에서 온 기사 중에서 아리고를 발견하고는 기쁨에 넘쳐 달려가 손을 잡는다. 두 사람과 주위에 있는 병사들은 이탈리아를 외세의 침략에서 지켜내자고 「이탈리아 만세」를 부르며 각오를 다진다.

장소는 바뀌어 교외에 있는 롤란도의 별장이다. 롤란도의 집에 들른 아리고는 결혼하기로 약속한 리다가 롤란도의 아내가 된 것을 알고는 비탄에 빠진다. 롤란도가 잠시 자리를 뜬 사이 그는 리다가 사랑을 헌신짝처럼 버린 것을 비난한다. 리다가 그럴 수밖에 없었다고 사정을 얘기하지만 아리고의 귀에는 그런 말이 들리지 않는다. 리다는 눈물을 흘리며 아리고를 여전히 사랑하고 있다고 말하고는 밖으로 뛰쳐나간다. 롤란도는 둘 사이를 아직 모르고 있다.

[제2막 바바로사] 코모(Como) 시는 밀라노와 독일 침략군 진영 사이에 있는 도시로, 전란을 피하기 위해 독일 침공군인 프레더릭 바바로사와 이미 평화조약을 맺었다. 롤란도와 아리고는 코모 시도 롬바르디아 연맹에 가담해 독일군을 몰아내는 데 힘을 합치자고 설득한다. 코모 시에 도착한 바바로사는 롤란도와 아리고가 포함되어 있는 밀라노 대표단에게 만일 밀라노가 순순히 항복하지 않으면 밀라노를 잿더미로 만들겠다고 위협한다. 롤란드와 아리고는 그런 위협에 굴복하지 않고 죽음으로써 대항할 것을 굳게 맹세한다.

[제3막 불명예] 코모 시의 기사들이 죽음으로 적군에게 맞설 특공대 '죽음의 기사(Knights of death)'를 선발하기 위해 모여 있다. 기사들은 베로나의 아리고를 '죽음의 기사'로 선발한다. 엄숙한 의식과 함께 아리고에게 해골이 수놓인 검은 휘장과 홀(忽)을 전달한다. 아리고는 기사들에게 오래전 전투에서 롤란도가 자기 목숨을 구하기 위해 죽음을 무릅쓰고 싸웠던 것을 얘기한다. 기사들은 롤란도를 죽음의 기사단을 이끌 대장으로 추대한다. 죽음의 기사단의 목표는 바바로사를 죽이는 것이다. 한편 리다를 만난 아리고는 리다가 자신을 사랑할 수 없는 처지가 된 것을 비관하며 더는 살아갈 이유가 없다고 얘기한다. 리다는 아리고를 사랑하는 마음에는 변함없으나 이제 그 사랑은 잊어야 한다고 말한다. 마침 롤란도가 아리고를 찾아온다. 리다는 얼른 발코니로 숨는다. 그러나 롤란도는 리다가 온 것을 알고 있다는 듯 창문을 열어 리다를 찾아낸다. 아리고와 리다는 아무 일도 없었으니

오해하지 말아달라고 하지만, 롤란도는 변명을 듣고 싶지 않다는 듯 리다에게 부부의 연을 끊겠다고 말하면서 아리고를 향해 칼을 빼 든다. 충격을 받은 리다가 실신한다. 그 순간 죽음의 기사단을 부르는 나팔 소리가 들린다. 롤란도는 이 자리에서 아리고를 죽이느니 모든 사람 앞에서 아리고의 명예를 땅에 떨어뜨리는 것이 현명한 방법이라고 생각한다. 그는 아리고를 방에 가두어 죽음의 기사단에 참여하지 못하게 한다. 잠시 후 죽음의 기사단이 성루 밑을 지나가자, 아리고는 창문을 열고 죽음의 기사단의 검은 휘장을 흔들며 "이탈리아 만세!"를 외친 뒤 강물로 뛰어든다.

[제4막 조국을 위해 죽다] 성당에서 기도하는 소리가 들린다. 밀라노 시민들이 병사들의 귀환을 기다리고 있다. 군중 속에 리다의 모습도 보인다. 리다는 아리고가 목숨을 끊기 위해 강물로 뛰어들었지만, 다행히 목숨을 건져 죽음의 기사단에 합류한 사실을 알고 있다. 롬바르디아 동맹군이 승리했다는 소식이 전해진다. 군중은 이탈리아가 구원 받았음을 알고 환호한다. 용감한 아리고가 프레더릭 바바로사를 말에서 끌어내려 무찔렀다는 얘기가 전해진다. 멀리서 장송곡이 들린다. 잠시 후 살아남은 죽음의 기사들이 중상을 입은 아리고를 밀라노 대성당으로 데려온다. 아리고는 주위 사람들에게 조국을 위해 명예롭게 싸운 것을 자랑스럽게 생각한다고 말한다. 그는 리다는 아무 죄가 없다고 롤란도에게 말하면서 두 사람의 행복을 빈다. 이 말을 들은 롤란도는 리다와 화해한다. 아리고는 롬바르디아의 깃발에 입을 맞춘 뒤 숨을 거둔다.

운명의 힘

타이틀	**La Forza del Destino**(The Force of Destiny)

전 4막. 대본은 리바스 공작(Duke of Rivas)의 희곡 「돈 알바로 (Don Alvaro)」[또는 운명의 힘(o La fuerza del sino)]를 바탕으로 〈라 트라비아타〉의 대본을 쓴 프란체스코 피아베가 썼다.

초연	1862년 11월 22일 러시아 상트페테르부르크 제국극장
주요 배역	돈나 레오노라 디 바르가스(레오노라: 마르케세 디 카발트라바의 딸), 돈 카를로 디 바르가스(카를로, 레오노라의 오빠), 돈 알바로(알바로, 레오노라를 사랑하는 귀족), 프레치오실라(집시 여인), 파드레 과르디아노(프란체스코 수도회 신부), 쿠라(레오노라의 시녀), 칼라트라바의 후작
음악 하이라이트	4막에서 레오노라의 평화(Pace) 아리아, 과르디아노 신부와 레오노라의 듀엣, 3막에서 알바로의 로만차, 3막에서 카를로와 알바로의 우정에 대한 듀엣, 4막에서 알바로와 카를로의 빚진 것에 대한 듀엣
베스트 아리아	「성모시여, 자비로운 성보시여(Madre, pietosa Vergine)」(S), 「평화, 평화, 나의 신이시여!(Pace, pace mio Dio!)」(S), 「오, 천사의 가슴에 있는 그대여(O tu che in seno agli angeli)」(T), 「알바로, 헛수고요, 위협하지 마오(Pace, pace mio Dio)」(T+B), 「이처럼 엄숙한 시간에(Solenne in quest'ora)」(T+B), 「불행한 나의 운명(Urna fatale del mio destino)」(S), 「나는 페레다, 명예로운 가문의 후손(Son Pereda, son ricco d'onore)」(T)

사전 지식　　여주인공은 레오노라다. 〈일 트로바토레〉, 〈피델리오〉의 여주인공과 이름은 같지만 별 관련은 없다. 다만 〈피델리오〉에서 레오노라가 남장을 하고 나온 것과 마찬가지로 이 오페라에서도 레오노라가 남장을 하는 것이 같을 뿐이다.

에피소드　　오페라 초안에는 주인공이 모두 죽음을 맞게 되어 있었다. 알바로까지 벼랑에 몸을 던져 죽음을 택한다. 베르디는 대본을 쓴 피아베에게 편지를 보내 "주인공이 모두 죽어 무대 위에 죽음이 널려 있는 것은 재고하기 바란다"고 요청했다. 오늘날 공연에서는 알바로만 살아남는다.

줄거리

[제1막] 무대는 1700년대 말 스페인의 세비야다. 아름다운 여주인공 레오노라 (Donna Leonora di Vargas)는 알바로(Don Alvaro)라는 청년을 사랑한다. 두 사람은 축복받지 못하고 이루지 못할 사랑이라면 아예 야반도주를 하기로 결심한다. 알바로는 다른 방법을 한 번 더 강구해보고 정 방법이 없으면 레오노라를 데리고 도주할 마음을 먹고 레오노라의 방을 찾는다. 이때부터 운명의 힘이 작용하기 시작한다. 딸 레오노라가 알바로와 침실에 함께 있는 것을 본 레오노라의 아버지 마르케세 디 카발트라바(Marchese di Calatrava)는 분노를 참지 못한다. 그는 얼마 전부터 레오노라가 알바로를 만나는 것을 눈치채고는 그를 무척 싫어했다. 레오노라의 아버지는 당황한 알바로의 설명은 들으려 하지 않고, 칼을 빼내 그를 죽이려고 한다. 알바로는 앞으로 장인이 될 사람과 싸울 수 없어, 차고 있던 권총을 바닥에 내려놓는다. 그런데 그 순간 방아쇠가 당겨져 레오노라의 아버지를 쓰러뜨린다. 레오노라의 아버지는 숨을 거두면서 딸에게 복수를 당부한다. 당황한 알바로는 멀리 도망친다.

[제2막] 스페인의 어느 마을이다. 아버지가 세상을 떠나자 레오노라는 사랑하는 사람을 찾기 위해 집을 떠나 남장을 하고 이곳저곳을 떠돌던 중 이 마을까지 오게 된다. 레오노라는 마을의 술집에서 학생으로 변장한 오빠 돈 카를로 디 바르가스(Don Carlo di Vargas)를 발견한다. 카를로도 아버지의 복수를 위해 알바로를 찾아 나선 것이다. 오빠는 동생 레오노라가 알바로와 함께 도망갔다고 생각해 발견하는 즉시 둘 다 죽이겠다고 다짐한다. 레오노라는 오빠가 자기보다 알바로를 죽일까 봐 걱정이다. 그녀는 주막을 빠져나와 인근 수도원으로 찾아가 성모마리아에게 알바로를 지켜달라고 간절히 기도 한다. 수도원의 인자한 신부 파드레 과르디아노(Padre Guardinano)가 레오노라가 인근 동굴에서 몸을 숨기고 지낼 수 있게 도와준다.

[제3막] 몇 년이 흐른다. 알바로는 죄책감과 번뇌를 이기지 못해 자학하는 심정으로 이름을 바꿔 군대에 들어간다. 카를로도 나라를 위해 군대에 들어간다. 어느 치열한 전투에서 알바로가 카를로의 생명을 구해준다. 그들은 서로 누군지 모른다. 중상을 입은 알바로는 죽음을 눈앞에 두었다고 생각해 카를로에게 자기 가방에 들어 있는 편지를 모두 불태워달라고 부탁한다. 카를로는 알바로의 가방 속 편지 뭉치에서 레오노라의 사진을 발견한다. 그는 자신의 생명을 구해준 군인이 알바로인 것을 알고 미칠 지경에 이른다. 건강을 되찾은 알바로에게 카를로가 결투를 신청하지만, 동료 병사들이 두 사람을 떼어놓아 결투를 겨우 면한다.

[제4막] 카를로가 수도원 문을 두드린다. 과르디아노 신부를 찾으러 온 것이다. 과르디아노 신부는 레오노라를 동굴에서 지내게 안내해준 사람이다. 신부로 변장한 알바로는 남장을 한 레오노라를

알아보지 못했던 것이다. 알바로를 찾아 헤매던 카를로는 사람들로부터 새로 온 신부가 있다는 것을 알아내어 그가 알바로라는 것을 확인하고, 수도원으로 찾아온 것이다. 알바로는 자신의 잘못으로 카를로의 아버지를 죽음에 이르게 한 것을 깊이 사과하며 무릎을 꿇고 용서를 빈다. 그는 전쟁터에서 카를로의 목숨을 구해준 것을 이야기하며 모든 것을 잊고 용서해달라고 간청한다. 하지만 카를로는 자기가 지금까지 살아온 것은 아버지를 죽인 원수이며 누이동생과 도망친 알바로를 죽이기 위해서라고 말하면서 용서를 비는 알바로를 비겁자라고 모욕한다. 비겁자라는 소리에 알바로가 격분한다. 두 사람은 무대 뒤에서 결투를 벌인다. 잠시 후 카를로의 비명 소리가 들린다. 알바로가 카를로를 찌른 것이다. 알바로는 자기가 레오노라의 아버지뿐만 아니라 오빠까지 죽인 것을 깨닫는다. 알바로는 황망 중에 인근 동굴로 몸을 숨긴다. 레오노라가 숨어 있는 동굴이다.

레오노라가 그토록 찾아 헤매던 알바로를 드디어 만난다. 그런데 알바로의 입에서 나온 첫마디는 "내가 카를로를 죽였어!"다. 뜻밖의 소리에 놀란 레오노라가 오빠를 찾으러 무대 뒤로 뛰쳐나간다. 죽어가는 카를로는 마지막 기운을 다해 레오노라를 칼로 찌른다. 카를로는 레오노라를 죽이는 것이 아버지의 원수를 갚는 것이라고 생각한 것이다. 레오노라는 마지막 숨을 가쁘게 내쉬면서 "이제 나의 죽음으로 아버지의 저주는 끝났다"라고 절규한다.

앞서 설명했듯이 알바로가 벼랑에 몸을 던져 죽는 것이 원본이고, 1869년 수정본에서는 죽지 않고 평생을 회한 속에 살아간다.

라 트라비아타

타이틀 **La Traviata**(The Fallen Woman)

전 3막. 알렉상드르 뒤마 피스(Alexander Dumas fils)의 소설 『동백꽃을 단 여인(La dame aux camélias)』을 바탕으로 프란체스코 피아베가 대본을 썼다. 피아베는 베르디의 〈리골레토〉와 〈운명의 힘〉의 대본도 썼다. 일본에서는 동백꽃을 단 여인이라는 의미에서 제목을 춘희(椿姬)라고 했다.

초연	1853년 3월 6일 베네치아 페니체 극장
주요 배역	비올레타 발레리(고급 창녀), 플로라 베르보아(비올레타의 친구), 아니나(비올레타의 하녀), 알프레도 제르몽(비올레타를 사랑하는 청년), 조르조 제르몽(알프레도의 아버지), 두폴 남작, 그랑빌(의사), 주세페(비올레타의 하인)
음악 하이라이트	알프레도와 비올레타의 브린디시(brindisi: 축배의 노래), 파티의 주인공 비올레타의 테마 음악, 간청하는 아버지 제르몽의 테마 음악(프로방스), 2막에서 비올레타와 제르몽의 대화 장면 음악, 2막에서 비올레타가 알프레도를 위해 희생하기로 결심할 때 나오는 음악
베스트 아리아	「아, 내 마음이 원하는 것은 그 사람일 것이야(Ah, forsè lui... Sempre libera)」(S), 「프로방스, 그 바다와 그 땅(Di Provenza il mare, il suol)」(B), 「파리를 떠나서(Parigi, o cara)」(S+T), 「환희 속에 불타는 나의 꿈(De'miei, bollenti spiriti)」(T), 「축배의 노래: 모두 마시자(Brindisi Libiamo)」(T+S), 「너무 늦었다... 나의 슬픈 이야기는 끝난다(E tardi... Addio del passato)」(S), 「어떤 행복한 날(Un dì felice)」(S)

에피소드 밤이면 밤마다 파리의 5대 극장 중 특별석에 나타나 한 달의 25일은 흰 동백꽃, 나머지 5일은 붉은 동백꽃을 가슴에 꽂아 돈 많은 호색한들에게 대담하게 온리미트(on-limit)와 오프리미트(off-limit)를 밝혔던 고급 창녀가 1850년 전후에 이름을 떨치고 있었다. 마리 뒤플레시스(Marie Duplessis)는 열두 살 때 맨발에 누더기를 걸치고 파리로 올라왔다. 호색의 거리 파리에서 육체가 돈이 된다는 것을 깨달은 마리는 고급 창녀가 되었다. 이 창녀를 열렬히 사랑한 사람이 『삼총사』와 『몽테크리스토 백작』으로 유명한 알렉상드르 뒤마의 아들이었다. 그런데 아버지와 함께 반년 동안 스페인 여행을 하고 돌아와 보니 안타깝게도 마리는 저세상 사람이 되었다. 당시 스물네 살이던

뒤마 피스(아들)에게 자신의 생애에서 그보다 더 슬프고 회한에 가득했던 날은 없었다. 그는 울면서 글을 쓰기 시작했다. 그것이 『동백꽃을 단 아가씨』다. 소설은 선풍적인 인기를 끌어 만인의 주목을 받았다. 뒤마 피스는 소설을 다시 극으로 고쳐 상연했다. 마침 파리에 머물던 베르디가 이 극을 보고 감명을 받아 '라 트라비아타'라는 제목으로 오페라를 만들었다. '라 트라비아타'는 방황하는 여자, 타락한 여자, 버림받은 여자라는 뜻이다.

줄거리　　　**[제1막]** 1849년대 또는 1799년대, 그렇지 않으면 제작감독이 설정하는 시기의 파리가 무대다. 애수에 넘치는 전주로 막이 오르면 무대는 비올레타(Violetta Valéry)의 살롱이 보인다. 사교계 사람들이 모여들어 화려한 무도회가 열리기 직전이다. 가스통(Gaston) 자작의 안내로 알프레도 제르몽(Alfredo Germont)이 들어온다. 사람들은 새 손님을 환영하며 알프레도에게 노래를 청한다. 그는 술과 사랑을 찬미하는 축배의 노래 「모두 마시자」를 부른다. 옆방에서 왈츠가 들려오자 모두 춤을 추러 건너간다. 비올레타는 갑자기 현기증을 일으켜 혼자 방에 남는다. 그녀는 얼마 전부터 폐렴을 앓고 있다. 알프레도가 비올레타를 염려해 방으로 다시 들어온다. 그는 비올레타의 방종한 생활에 대해 충고하면서 오래전부터 간직해온 연정을 고백한다. 비올레타는 순박한 청년의 말을 비웃는다. 그러고는 가슴에 꽂았던 동백꽃을 건네주며 자신은 이런 분방한 생활에 만족한다고 말한다.

파티가 끝나고 사람들이 물러간 살롱에 적막감이 감돈다. 홀로 쓸쓸히 소파에 몸을 던진 비올레타의 가슴에 알프레도의 그림자가 지나간다. 비올레타는 그것이 사랑임을 깨닫는다.

[제2막 제1장] 파리 교외의 작은 별장이다. 알프레도와 비올레타가 숨어사는 사랑의 보금자리다. 알프레도는 두 사람만의 행복한 생활을 찬양한다. 하지만 생활비가 부족해 비올레타가 가진 것을 팔아 생활비를 충당하고 있다는 것을 알게 된 알프레도는 돈을 마련하기 위해 파리로 간다. 그가 떠난 뒤 알프레도의 아버지 제르몽(Giorgio Germond)이 찾아온다. 그는 비올레타의 순수한 사랑을 깨닫고 감명 받지만, 딸의 혼담이 아들의 염문으로 지장을 받을 수 있다고 말하면서 비올레타에게 아들과 헤어져 달라고 부탁한다. 굳은 결심을 한 비올레타는 제르몽에게 자리를 비워달라고 한 뒤 알프레도에게 전할 편지를 쓴다. 잠시 후 알프레도가 돌아온다. 비올레타는 새삼스럽게 그와의 애정을 확인한 뒤 방을 나간다. 이상한 기분에 휩싸인 알프레도에게 하인이 편지를 전해준다. 편지를 읽은 알프레도는 절망에 빠져 한탄한다. 이때 아버지가 들어와 눈물을 씻고 명예를 회복하라면서, 고향 프로방스의 바다와 육지를 생각해 옛날로 돌아오라고 간청한다. 아버지의 정이 가득한 정감 어린 노래다. 그러나 알프레도는 고향으로 돌아가자는 아버지를 뿌리치고 비올레타의 뒤를 쫓는다.

그는 편지만 보고 비올레타를 오해해 복수심에 사로잡힌 것이다.

[제2막 제2장] 비올레타의 친구 플로라(Flora Bervoix)의 호화로운 저택에서 화려한 가면무도회가 한창이다. 여러 사람과 함께 알프레도가 들어오고, 이어 비올레타가 늙은 친구 두폴(Douphol) 남작과 함께 들어온다. 알프레도는 친구들과 도박을 시작해 연전연승한다. "사랑에는 패했지만 도박에는 이긴다. 돈을 따면 여자를 사서 시골로 돌아갈 테다"라고 들으라는 듯 비올레타 앞에서 지껄인다. 이 말에 그녀는 가슴이 멘다. 손님들이 식당으로 물러난 뒤 비올레타는 알프레도를 불러 제발 자기를 놓아두고 돌아가라고 애원하지만, 그는 비올레타의 배신을 추궁한다. 비올레타는 제르몽과의 약속 때문에 늙은 두폴 남작을 사랑한다고 마음에도 없는 거짓말로 그를 단념시키려고 한다. 그러나 이 말에 더욱 흥분한 알프레도는 큰 소리로 손님들을 불러 비올레타를 조소하고는 도박에서 딴 돈을 그녀에게 던진다. 사람들이 알프레도의 비신사적인 행동을 비난하는 가운데 비올레타가 격한 감정을 주체하지 못해 그 자리에 쓰러진다. 그때 제르몽이 들어와 비올레타가 알프레도를 위해 일부러 떠났다고 얘기하면서 아들을 책망한다. 알프레도는 자신이 벌인 추태를 뉘우친다. 한편 비올레타는 저주스럽기만 한 자신의 처지를 애통해한다.

[제3막] 비올레타의 병실이다. 거리는 카니발로 들끓건만 병실에는 침울한 죽음의 장막이 드리워 있다. 비올레타의 병상 옆에서 간호에 지친 하녀가 졸고 있다. 의사는 하녀에게 비올레타의 생명이 경각에 달려 있다고 귀띔해준다. 비올레타는 하녀를 심부름 보낸 뒤, 제르몽에게서 온 감사의 편지를 꺼내 읽는다. 알프레도가 진실을 알게 되어 오해가 풀린 것은 기쁘지만, 이제 죽음을 눈앞에 둔 비올레타는 모든 것이 허망하기만 하다. 하녀가 뛰어 들어와 알프레도를 만났다고 다 말하기도 전에 알프레도가 들어와 그녀를 끌어안는다. "아! 나의 비올레타! 나는 죄 많은 사나이오!"
비올레타의 두 눈에서 기쁨의 눈물이 하염없이 흐른다. 두 사람은 이제부터 다시 새로운 행복을 꿈꿔보자고 다짐하지만 이미 때는 늦었다. 비올레타가 알프레도의 가슴으로 힘없이 쓰러진다.

시칠리아의 만종

타이틀	**Les Vêpres Siciliennes**(I Verspri Siciliani)		
	전 5막. 베르디의 20번째 작품으로, 〈라 트라비아타〉 다음에 발표했다. 외젠 스크리브와 샤를 뒤베리에 (Charles Duveyrier)가 공동으로 대본을 완성했다.
	초연	1855년 6월 13일 파리의 제국음악 아카데미(Academia Imperiale de Musique)
	주요 배역	기 드 몽포르[구이도 디 몬테포르테: 샤를 당주(Charles d'Anjou), 프랑스 치하의 시칠리아 총독], 나폴리의 왕, 르 시르 드 베튄(프랑스 장교), 르 콩트 드 보드몽(프랑스 장교), 앙리(아리고: 젊은 시칠라아인), 장 프로시다[조반니 다 프로 치다: 시칠리아의 의사], 엘렌(엘레나: 공작 부인), 니네트(니 네테: 공작 부인의 시녀), 다니엘리(공작 부인의 하인)
음악 하이라이트	전주곡에서 대학살 장면을 암시하는 테마 음악, 전주곡에서 몽포르와 아리고의 듀엣, 타란텔라(taratella), 바르카롤, 엘레나의 칸초네(볼레로), 몽포르의 아리아		
베스트 아리아	「오, 나의 조국!(O patria mia!)」(B), 「그리고 그대 팔레르메(Et toi, Palerme)」(B), 「권력의 중심에서(Au sein de la puissance)」(Bar), 「언제나 새로운 나의 친절함(Quand ma bonté toujours nouvelle)」(T), 「고맙도다! 젊은 친구여!(Merci, jeunes amies)」(S)		

사전 지식   프랑스에 항거한 시칠리아 사람들의 이야기를 담은 이 오페라는 베르디의 초기 작품에서 볼 수 있는 독립 의지와 통일에 대한 갈망, 압정에서의 해방 의지가 담겨 있다. 베르디는 1953년부터 몇 년 동안 파리에서 생활한 적이 있다. 아내를 잃은 베르디는 파리에서 소프라노 주세피나 스트레포니(Giuseppina Strepponi)를 만난다. 스트레포니는 베르디의 첫 오페라 〈오베르토(Oberto)〉에 주역으로 출연한 적이 있었다. 두 사람은 평생 함께할 반려자로 믿어 결혼한다. 베르디는 스트레포니와 결혼한 해에 〈시칠리아의 만종〉을 발표했다. 프랑스 군인들이 이탈리아인을 대학살하는 내용이어서 파리 공연이 큰 저항에 부딪힐 것으로 예상했지만 베르디의 위대한 명성은 그런 우려를 잠재우고도 남았다. 베스프리(Vespri; Vespers)는 저녁 기도를 위해 종을 치는 것으로, 저녁 기도를 뜻하기도 한다. 그러나 베르디의 오페라 〈시칠리아의 만종〉은 1282년 3월 30일, 부활절 다음 월요일 저녁 기도를 알리는 종소리와 함께 시칠리아의 팔레르모 주민들이 프랑스에 대항해 일으킨 폭동을 일컫는다.

에피소드　　　　베르디가 파리 오페라 극장을 위해 쓴 최초의 오페라다. 서곡은 생각보다 길며 3막에서는 〈사계(Le quatre saisons)〉를 주제로 한 발레가 상당 부분을 차지하는 작품이다. 프로시다(Procida)의 아리아 「오 나의 조국」과 「그리고 그대 팔레르모」는 이탈리아인들의 애국심을 표현한 곡이다. 베르디는 외젠 스크리브가 이탈리아인들이 프랑스 병사를 학살하는 마지막 장면에서 프랑스 측이 상당한 피해를 입은 것으로 묘사한 것과 독립투사 프로시다(Jean Procida; Giovanni da Procida)를 평범한 음모꾼으로 만들어놓은 데 대해 불만이 많았다. 그러나 당시 이탈리아에서는 오스트리아 당국의 검열이 심했기 때문에 제대로 수정하지 못했다.

줄거리　　　　[제1막] 1282년 시칠리아의 팔레르모 대광장에 술 취한 프랑스 군인들이 사람들을 희롱하며 제멋대로 흥청거리고 있다. 이 모습을 본 시칠리아인의 가슴속에 적개심이 인다. 젊고 아름다운 엘레나 공작 부인(Elena; La Duchesse Helene)이 등장한다. 엘레나의 오빠는 프랑스에 모반했다는 죄로 처형당했다. 술 취한 프랑스 군인들이 엘레나를 하찮은 여자로 생각해 노래나 불러보라며 주정을 부린다. 엘레나는 꾹 참고 노래를 부른다. 그녀의 노래는 시칠리아인의 용기 있는 봉기를 부추기는 내용이다. 적개심에 불탄 군중이 프랑스 군인들에게 대항하려 할 때 프랑스 총독 몽포르(Guy de Monforte)가 등장해 군중에게 강제 해산을 명한다. 엘레나는 총독의 눈길을 피해 사라진다. 총독은 군중 속에서 한 시칠리아 청년을 보자 이름과 집안 내력을 묻는다. 총독에게 적개심을 품고 있는 이 청년은 반항적인 말투로 어머니는 세상 떠났고, 아버지는 누구인지 모른다고 대꾸한다. 한순간 총독의 얼굴에 애증이 교차한다. 총독은 프랑스를 위해 충성하면 명예와 부를 주겠다고 제의하지만, 청년은 딱 잘라 거절한다. 청년이 엘레나 공작 부인을 좋아하는 것을 눈치챈 총독은 반역을 의심 받는 여인이니 가까이하지 말라고 당부하며 떠난다. 청년의 이름은 아리고(Arrigo; Henri)다.
[제2막] 팔레르모 교외의 한적한 해안이다. 시칠리아의 독립투사 프로시다가 오랜 추방 생활을 끝내고 비밀리에 시칠리아로 돌아온다. 프로시다는 엘레나 공작 부인과 아리고를 만나 프랑스를 몰아내려는 시칠리아 사람들의 봉기를 지원하기 위해 스페인 함선이 무기를 싣고 온다고 전하면서 아리고에게 신뢰한다는 말을 남기고 자리를 뜬다. 두 사람만 남게 되자 아리고는 엘레나에게 사랑을 고백한다. 엘레나는 자기 오빠의 죽음을 복수해준다면 결혼하겠다고 약속한다. 이때 총독의 사자가 와서 아리고에게 총독궁 무도회에 초대한다는 메시지를 전한다. 엘레나는 총독이 어째서 아리고를 초청하는지 궁금하다. 아리고가 초청을 거절하자 군인들이 아리고를 데리고 어디론가 가버린다.
[제3막] 모든 것을 차지한 총독이지만 오래전 잃어버린 아들을 찾지 못한 것이 한으로 남아 있다.

아리고를 만난 총독은 그가 자기 아들이라고 확신한다. 아리고가 군인들에게 끌려와 총독 앞에 선다. 총독은 자신이 아리고의 아버지라고 밝히면서 사랑을 간구한다. 이 말에 충격을 받은 아리고는 엘레나와의 사랑에 장벽이 생길 것을 걱정하면서, 자기가 총독의 아들이라는 새로운 상황에 절망한다. 아리고는 어머니를 죽게 한 장본인이라고 총독을 격렬히 비난하며 아버지로 인정할 수 없다고 말한다. 장면은 바뀌어 무도회장이다. 몇몇 사람이 총독 제거 음모에 가담한다는 비밀 표시로 초록색 리본을 달고 있다. 프로시다가 아리고의 가슴에 리본을 달아준다. 아리고의 마음은 혼돈스럽다. 아버지를 배반할 수 없다는 생각이 본능적으로 일지만 동료를 배반할 수 없다는 생각도 교차한다. 총독이 아리고에게 다가와 리본이 이상하다는 듯 떼어준다. 이를 신호로 하여 엘레나를 비롯한 비밀 결사 요원들이 총독을 암살하기 위해 에워싼다. 그러나 재빨리 포위를 뚫고 빠져나간 총독은 저들을 모두 체포하라고 명령한다. 다만 아리고는 자신을 구해준 사람이니 체포하지 말라고 지시한다. 시칠리아 비밀 결사 요원들은 아리고의 배신에 격분하며 복수를 선언한다.

[제4막] 아리고는 총독에게 간청해 지하 감옥에서 죄수를 만날 수 있는 통행증을 얻는다. 아리고가 총독과의 관계를 밝히자 엘레나의 마음은 혼란스럽다. 아리고가 자신은 여전히 시칠리아 독립투사들과 한마음임을 강조한다. 그의 본심을 깨달은 엘레나는 변함없이 사랑한다고 말한다. 군인들에게 잡혀온 프로시다는 엘레나에게 무기를 실은 스페인 함선이 방금 접선 장소에 도착했다고 귀엣말로 알려준다. 아리고를 본 프로시다는 아리고가 후회하고 있다는 얘기를 듣고서도 배신자라는 생각을 지울 수 없다. 이때 총독이 들어와 암살에 가담한 죄수를 모두 처형하라고 명한다. 아리고는 만일 저들을 처형하면 자신도 함께 죽겠다고 하면서 그들을 풀어달라고 간청한다. 총독은 자신을 아버지로 인정하고 순종한다면 죄수들을 처형하지 않겠다고 약속한다. 아리고는 어쩔 수 없이 총독의 제안을 수락한다. 총독은 프랑스와 시칠리아의 화해의 증표로 아들 아리고와 엘레나의 결혼을 허락한다면서 결혼식을 준비시킨다. 프로시다는 "오빠를 죽게 한 원수를 생각하라"고 엘레나에게 넌지시 말한다.

[제5막] 산토 스피리토 성당 앞에서 사람들이 두 사람의 결혼을 축하하고 있다. 엘레나가 제단 앞으로 천천히 걸어가면서 행복을 노래한다. 그녀가 제단 앞에 이르기 전에 프로시다가 다가와 복수의 때가 왔다고 말한다. 결혼이 성사됐음을 알리는 종소리에 맞춰 무장한 군중이 프랑스군을 공격하기로 했다는 것이다. 엘레나는 결혼 서약을 거부해 아리고를 배신할 것인지, 결혼 서약을 해 대학살의 신호로 삼을 것인지 선택해야 한다. 이러지도 저러지도 못하는 엘레나가 결혼 서약을 주저하자 총독이 엘레나를 제단 앞으로 끌고 와 서약을 진행시킨다. 성당의 종소리가 울려 퍼진다. 무장한 시칠리아인들이 성당으로 몰려와 프랑스 군인들을 닥치는 대로 학살하는 가운데 막이 내린다.

루이사 밀러

타이틀	**Luisa Miller**	

전 3막의 비극적 멜로드라마(melodramma tragico). 독일의 문호 프리드리히 실러의 희곡 「간계와 사랑(Kabale und Liebe; Cabal and love)」을 바탕으로 살바도레 캄마라노가 대본을 썼다.

초연	1849년 12월 8일 나폴리 산 카를로 극장
주요 배역	발터 백작, 카를로/로돌포(발터 백작의 아들, 카를로로 변장), 페데리카(발터의 조카), 오스트하임(공작 부인), 부름(발터 백작의 집사장), 밀러(퇴역 군인), 루이사(밀러의 딸), 라우라(시골 처녀)
음악 하이라이트	전주곡의 주테마 음악, 발터와 부름의 듀엣, 악마(부름)의 모티프, 〈오텔로〉에서 이아고의 테마 음악을 연상케 하는 모티프, 죽음을 바라는 루이사의 아리아, 피날레 트리오(루이사, 로돌포, 밀러)
베스트 아리아	「지나간 저녁나절에(Quando le sere al placido)」(T), 「주여, 나를 벌하소서(Tu punischimi, o Signore)」(S), 「갈기갈기 찢으라, 반역자여(A brani, a brani, o perfido)」(S), 「무덤은 침상이라네(La tomba e un letto)」(S), 「아버지여, 나의 마지막 작별인사를 받으소서(Padre, ricevi l'estremo addio)」(S)

사전 지식   1842년 밀라노에서 〈나부코〉가 대성공을 거두자 베르디는 생의 가장 찬란한 기간을 보낸다. 베르디는 〈나부코〉 이후 불과 9년이라는 기간 동안 14편 이상의 오페라를 작곡한다. 〈루이사 밀러〉는 베르디가 나폴리의 산 카를로 극장을 위해 쓴 두 편의 오페라 중 하나다. 베르디는 처음으로 이 오페라에 현대 여성을 주인공으로 내세웠다. 또한 이 작품 이전 베르디의 오페라 주인공은 주로 귀족이나 왕족이었으나, 이 오페라는 평민들의 이야기를 다루고 있다.

줄거리   **[제1막 사랑]** 17세기 초반, 무대는 발터(Walter) 백작이 지배하는 티롤 지방의 어느 작은 마을이다. 마을 사람들이 모여 루이사의 생일을 축하한다. 루이사는 사랑하는 카를로(Carlo)의 모습이 보이지 않자 초조해진다. 그 지방의 영주인 발터 백작에게는 로돌포(Rodolfo)라는 아들이 있다. 로돌포는 친구들에게 신분을 감추고 카를로라는 이름으로 마을 처녀 루이사와 사랑하는 사이가 되었다고 말한 적이 있다. 루이사의 아버지 밀러(Miller)는 왜 그런지 딸 루이사가 사랑한다는 젊은 카를로에 대해 불안한 감정을 숨길 수 없다. 카를로가 나타난다. 루이사와 카를로는 사랑을 다짐하는 아름다운 듀엣을 부른다. 백작의 충복 부름(Wurm)이 밀러를 찾아와 그의 딸 루이사를 사랑하니 결혼을 승낙해달라고 청한다. 밀러는 결혼이란 어떤 강압에 의해 이루어지는 것이 아니라고 하면서 딸의 결혼 문제는 딸이 결정할 것이라고 말한다. 부름은 실망해 떠나면서 카를로라는 젊은이가 실은 발터 백작의 아들이라고 말해준다.

발터 백작의 궁이다. 부름에게서 로돌포가 루이사라는 마을 아가씨와 결혼하려 한다는 말을 전해들은 백작은 아들 로돌포가 페데리카(Federica) 공작 부인이 아닌 다른 여자와 결혼하려 하는 데 분노한다. 페데리카 공작 부인은 남편이 전쟁터에서 전사하는 바람에 많은 재산을 상속 받은 젊은 여인으로 왕실에서의 영향력이 크기 때문에 백작에게는 매우 필요한 존재다. 공작 부인을 만난 로돌포는 결혼은 아버지 백작이 원하는 것뿐이며 자신에게는 사랑하는 사람이 있으니 이해하고 용서해달라고 말한다. 그러나 페데리카는 심한 모욕당했다고 생각해 로돌포를 용서할 수 없다고 말한다.

장면은 바뀌어 밀러의 집이다. 아버지가 루이사에게 발터 백작의 아들 로돌포가 카를로이며 곧 페데리카 공작 부인과 결혼한다는 얘기를 해준다. 마침 문 밖에서 이 얘기를 들은 로돌포가 뛰어들어와 진정으로 사랑하는 사람은 루이사이므로 당장 루이사와 결혼하겠다고 신에게 약속한다. 루이사의 아버지는 발터 백작이 분노할 것을 생각하며 걱정한다. 로돌포는 루이사의 아버지 밀러에게 자신이 백작의 비밀을 알고 있기 때문에 그 비밀을 발설한다고 하면 꼼짝 못할 테니 걱정하지 않아도 된다고 말한다. 이때 백작이 들어선다. 그는 이 부정한 두 사람의 관계를 막기 위해 왔노라고 말하면서 "남자를 유혹하는 악독한 여인"이라고 루이사를 비난한다. 이 소리를 들은 로돌포가 참지 못하고 아버지를 칼로 찌르려 하자, 루이사가 백작 앞에 무릎을 꿇고 용서해달라고 간청한다. 백작의 병사들이 루이사를 체포한다. 로돌포는 발터가 어떻게 백작이 되었는지 비밀을 털어놓겠다고 말한다. 이 말을 들은 백작은 아무 말도 못하고 루이사와 로돌포를 석방한다.

[제2막 부정한 사랑] 마을 사람들이 몰려와 루이사에게 아버지가 백작에게 잡혀갔다고 전한다. 놀란 루이사가 백작을 찾아가려고 할 때 부름이 찾아온다. 그는 루이사에게 아버지가 백작에게 반항적이라 처형될 것이라고 전한다. 그러면서 '로돌포를 결코 사랑한 적이 없었으며 다만 그의 신분을 사랑했고 부름과 결혼하겠다'라는 편지 한 장을 써준다면 아버지를 구할 수 있을 것이라고 말한다. 부름은 이 편지가 아버지를 구하기 위한 형식적 것이라고 말한다. 루이사는 거짓 편지를 쓰는 것이 마음에 걸리지만 달리 방법이 없다.

백작은 자기 사촌에게서 백작 직위와 재산을 빼앗기 위해 부름과 공모해 사촌을 죽였는데, 이를 로돌포가 직접 목격했다. 발터 백작은 공작 부인에게 로돌포의 마음이 곧 바뀔 것이라고 말한다. 루이사를 만난 공작 부인은 그녀가 로돌포를 사랑하지 않는다고 말하자 안도하며 기뻐한다. 루이사는 아버지의 목숨이 달린 일이라 공작 부인에게 부름을 사랑한다고 거짓을 고한 것이다.

장면은 바뀌어 성 안의 교수대가 보인다. 로돌포는 루이사가 부름의 강요로 쓴 편지를 받아 들고는 그녀의 배신에 분노한다. 그는 루이사와 함께 보낸 별이 빛나던 밤을 회상하며 운명을 한탄한다. 발터 백작이 들어와 로돌포가 공작 부인과 결혼하기로 한 것을 치하하며 배신자 루이사에게는 복수를 안겨주는 것이 좋겠다고 말한다. 로돌포는 루이사와 결혼하지 못할 바에는 죽음을 택하겠다고 다짐한다.

[제3막 독약] 교회의 종소리가 들려온다. 로돌포와 페데리카 공작 부인의 결혼식이 준비 중이다. 밀러가 감옥에서 풀려나 집으로 돌아온다. 밀러는 루이사에게 부름의 도움으로 석방되었다는 얘기를 한다. 루이사는 아무 말도 못하고 아버지 밀러에게 편지 한 장을 주면서 로돌포에게 전해달라고 부탁한다. 그날 밤 묘지에서 만나자는 내용이다. 루이사는 스스로 목숨을 끊을 생각이다. 편지의 의미를 깨달은 밀러는 놀라면서 자살은 죄악이며 만일 루이사가 자기를 버리고 죽음을 택한다면 자신은 어떻게 살겠냐고 하면서 딸을 만류한다. 루이사는 아버지의 간곡한 만류에 로돌포에게 보내려 던 편지를 찢어버리고 아버지와 함께 아무도 모르는 곳으로 떠나기로 한다.

루이사가 성당에서 기도를 하고 있을 때 로돌포가 조용히 들어온다. 로돌포는 독약을 컵에 따른다. 기도를 끝낸 루이사는 로돌포가 들어와 있는 것을 보고 깜짝 놀란다. 로돌포는 편지를 보여주며 루이사가 쓴 것이 맞냐고 묻는다. 루이사가 그렇다고 하자 로돌포는 기다렸다는 듯 독약을 마신다. 이를 본 루이사도 로돌포를 따라 독약을 마신다. 로돌포가 루이사에게 부름을 사랑했냐고 묻는다. 루이사는 아무 죄가 없기 때문에 죽음을 택한다고 말하며 발터 백작과 부름의 음모를 말해준다. 로돌포의 분노가 폭발한다. 하지만 죽어가면서 무엇을 할 수 있겠는가?

죽어가는 루이사는 아버지에게 용서를 빌며 로돌포를 축복해달라고 부탁한다. 백작과 부름, 마을 사람들이 성당으로 들어온다. 루이사는 이미 싸늘한 몸이 되었다. 로돌포는 부름이 들어서는 것을 보자 마지막 힘을 다해 그를 칼로 찌른다. 그는 아버지를 보고 "이 모든 하늘의 벌을 눈을 들어 보십시오"라고 말한 뒤 숨을 거둔다.

Verdi, Giuseppe

맥베스

타이틀	**Macbeth**

	전 4막의 비극. 대본은 셰익스피어의 소설을 바탕으로 베르디와 콤비인 프란체스코 피아베가 썼다.
초연	1847년 3월 14일 피렌체의 페르골라(Pergola) 극장
주요 배역	맥베스, 레이디 맥베스(맥베스의 아내), 뱅코(반쿠오, 맥베스의 동료 장군), 덩컨(던카노, 스코틀랜드의 왕), 맥더프(파이프의 영주), 맬컴(덩컨의 아들), 플리언스(플린스, 반쿠오의 아들), 하인, 의사, 살인자, 뱅코의 유령
음악 하이라이트	맥베스의 독백 장면 음악, 레이디 맥베스의 광란의 장면 음악, 마녀들의 춤 음악, 추방당한 자들의 합창
베스트 아리아	「빛은 꺼져간다(La luce langue)」(S), 「친절함, 존경심, 사랑(Pietà, rispetto, amore)」(B), 「한군데 장소(Una machia)」(S), 「아, 조국이여(Ah, la paterna mano)」(T), 「성공의 날에(Nel di della vittoria)」(S)

사전 지식　　　셰익스피어의 작품과 인연이 많은 베르디가 셰익스피어에 처음으로 도전한 작품이 〈맥베스〉다. 베르디는 피렌체에서 초연한 이후 〈맥베스〉의 음악과 스토리 일부를 계속 고쳤다. 처음 완성되고 거의 20년이 지난 1865년 프랑스어 버전이 나왔는데, 3막 시작 전에 발레를 추가했다. 서곡은 3막의 마녀들의 장면과 4막의 몽유병 장면과 깊은 관련이 있다. 레이디 맥베스(Lady Macbeth)가 편지 장면에서 부르는 「성공의 날에」는 레이디 맥베스를 즉시 권력의 인물로 만들어주는 듯한 아리아다. 맬컴에게 추방당한 스코틀랜드인들이 부르는 「억압당한 우리의 조국(Patria opperessa)」은 이탈리아 독립운동에 대한 애국적 감성을 불러일으킨 합창이었다. 맥더프가 아내와 아이들이 살해당했다는 소식을 들은 뒤 비탄에 잠겨 부르는 「아, 조국이여!」 역시 이탈리아 국민들의 심금을 울린 위대한 아리아다.

에피소드　　　셰익스피어는 세계 오페라 작곡가들에게 훌륭한 소재를 제공해준 구원자였다. 베르디는 셰익스피어를 매우 존경해 친구들에게 셰익스피어의 모든 작품을 오페라로 만들고 싶다고 말할 정도였다. 그러나 베르디는 셰익스피어의 작품 중 「맥베스」, 「오셀로」, 「팔스타프」만 오페라로 작곡했고, 「햄릿」과 「템페스트」는 구성만 했을 뿐 오페라로 만들지는 못했다.

줄거리　　　　　**[제1막]** 잘 알려진 셰익스피어의 드라마이므로 아주 간략히 소개하고자 한다. 세 마녀들의 예언대로 맥베스가 전쟁에서 승리해 개선하자, 마녀들과 맥베스의 동료 장군 뱅코(Banco, Banquo)가 마중을 나온다.

레이디 맥베스가 남편이 보낸 편지를 읽고 있다. 스코틀랜드 왕 덩컨(Duncan; Duncano)이 온다는 내용이다. 맥베스가 돌아오자 아내는 남편에게 왕을 죽이라고 강요한다. 성에 도착해 방에서 쉬고 있는 왕을 단검으로 찔러 죽인 맥베스는 공포에 몸을 떤다. 레이디 맥베스는 남편의 약한 마음을 질책하며 뒤처리를 한다. 그녀는 잠들어 있는 경비에게 피를 묻히고 맥베스의 단검을 쥐어준다. 영주 맥더프가 죽어 있는 덩컨 왕의 발견하고는 살인이라고 외친다. 몰려든 사람들은 왕을 죽인 자에게 하늘의 복수가 있을 것이라고 소리친다.

[제2막] 맥베스는 동료 뱅코가 권세를 잡을 것이라는 마녀들의 예언에 대단한 질투심을 느낀다. 맥베스는 사람들을 시켜 뱅코를 암살한다. 이후 뱅코의 혼령이 맥베스에게 나타나 그를 번민과 고통에 빠지게 한다.

[제3막] 마녀들이 다시 등장한다. 프랑스 버전에서는 제3막이 시작되기 전에 발레가 무대를 압도한다. 마녀들은 혼령을 불러와 맥베스에게 어떤 운명이 닥칠 것인지 얘기해준다.

[제4막] 맥베스에게 살해당한 스코틀랜드 왕 덩컨의 아들 맬컴(Malcom)이 군사를 일으켜 맥베스에게 대적한다. 파이프의 영주 맥더프도 가세한다. 4막에서는 저 유명한 레이디 맥베스의 몽유병 장면이 나온다. 맥베스와 마찬가지로 레이디 맥베스도 양심의 가책으로 괴로워하고 있는 것이다.

맬컴의 병사들은 마녀들의 예언대로 맥베스의 본거지를 점령한다. 레이디 맥베스의 시녀가 레이디 맥베스의 주검을 보고 비명을 지른다. 맥베스는 파이프 영주 맥더프와의 결투에서 단칼에 죽음을 맞는다.

나부코

타이틀	**Nabucco**(Nebuchadnezzar)

 전 4막. 안토니오 코르테시(Antonio Cortesi)의 발레 작품 〈나부코도노소르(Nabucodonosor)〉와 오귀스트 아니세부르주아(Auguste Anicet-Bourgeois), 프랑시스 코르니(Francis Cornue)가 공동으로 쓴 희곡 「나부코도노소(Nabucodonosor)」를 기본으로 테미스토클레 솔레라(Temistocle Solera)가 대본을 썼다.

초연	1842년 3월 9일 밀라노 스칼라 극장

주요 배역	나부코(네부카드네자르: 바빌론의 왕), 이스마엘레(예루살렘 왕의 조카), 자카리아(즈가리야 히브리족의 대제사장, 선지자), 아비가일레(나부코 왕의 첫째 딸로 생각되는 노예), 페네나(나부코의 딸), 바알 신전의 대제사장, 아브달로(나부코 왕의 늙은 충복), 안나(즈가리야 선지자의 여동생)
음악 하이라이트	제2의 이탈리아 국가라고 하는 히브리 노예들의 합창과 현재 이탈리아 국가의 테마 음악이 나온다.
베스트 아리아	「한때는 행복한 마음이었다(Ben io t'invenni... anch'io dischiuso)」(S), 「유다의 여호와(Dio di Giuda!)」(B), 「날아라, 금빛 날개를 타고(Va pensiero sull'ali dorate)」(Chor), 「희망을, 나의 아들들아(Sperate, o figli)」(B), 「이집트의 해안에서(D'Egitto là sui lidi)」(B), 「축제의 잔은 떨어지고(Gli arredi festivi)」(Chor), 「담대한 전사여!(Prode guerrier!)」(S)

사전 지식　　　베르디의 첫 히트작으로, 이 작품을 만들면서부터 베르디의 찬란한 경력이 시작된다. 〈나부코〉가 대성공을 거둔 것은 주제 선택을 잘했기 때문이다. 당시 외세의 억압을 받고 있던 이탈리아의 상황에 적합한 내용이었던 것이다. 서곡의 주제 음악은 막이 바뀔 때마다 계속되는데, 억압에 대한 저항을 뚜렷이 나타내는 음악이다. 막이 열리면 레위 제사장들이 「축제의 잔은 떨어지고」라는 합창을 부른다. 이 합창에 처녀들과 다른 무리들이 화답한다. 오페라에서 합창의 중요성을 보여주는 장면이다. 합창의 중요성은 3막의 마지막 장면인 히브리 포로들이 유프라테스 강변에서 노역을 하며 부르는 「날아라! 금빛 날개를 타고!」에서 최고조에 이른다. 이 합창곡은 이탈리아의 제2의 국가(國歌)라고 불리는 유명한 곡이다.

나부코에 관한 이야기는 구약 성경에도 잠시 나오는 것이므로 비록 소설이지만 종교적 관찰과 흥미를 위해 비교적 자세히 소개하고자 한다. 나부코는 구약성경 열왕기 하에 나오는 아시리아(Assyria) 왕 네부카드네자르(Nebuchadnezzar)를 이탈리아식으로 표현한 말이다.

줄거리　　　　　[제1막] 예루살렘의 솔로몬 성전에 모인 이스라엘 백성들이 비참한 운명을 통곡하고 있다. 아시리아의 나부코(네부카드네자르 2세) 왕이 군대를 거느리고 예루살렘을 침공해왔기 때문이다. 대제사장 즈가리야(Zaccaria)가 나부코의 딸 페네나(Fenena)를 데리고 성전으로 들어온다. 페네나는 유대인에게 포로로 잡혀 있다. 즈가리야 선지자는 백성들에게 동요하지 말라고 당부하며 여호와께서 당신의 백성을 버리지 않을 것이라고 외친다. 예루살렘 왕의 조카이며 이스라엘 군대 사령관 이스마엘(Ismaele)이 들어와 나부코가 이스라엘 땅을 휩쓸며 예루살렘으로 향하고 있다고 보고한다. 선지자 즈가리야는 여호와의 기적을 염원하며 만일을 생각해 이스마엘에게 페네나를 맡긴다.

백성들이 여호와를 찬미하며 떠나자 성전에는 이스마엘과 페네나만 남는다. 두 사람은 사랑하는 사이다. 이스마엘이 예루살렘 왕의 사절로 바빌론에 갔을 때 만나 사랑하게 되었다. 그 당시에도 두 사람의 사랑은 어렵기만 했다. 질투심 많은 페네나의 동생 아비가일레(Abigaille)가 이스마엘을 사랑했기 때문이다.

이스마엘과 페네나가 오랜만에 정다운 얘기를 나누고 있을 때 갑옷을 입은 아비가일레가 히브리 병사로 변장한 아시리아 병사들을 이끌고 성전으로 들어선다. 예루살렘 성전을 점령하기 위해 선발대로 온 것이다. 아비가일레가 이스마엘에게 비웃듯 인사한다. 그러고는 자기를 사랑한다면 이스라엘 백성을 살육과 파괴에서 구원해주고, 새 이스라엘 왕국의 왕으로 세워주겠다고 말한다. 이스마엘은 아비가일레의 제안을 거절하면서, 이스라엘 백성을 구해주는 대신 자기 목숨을 가져가라고 말한다. 페네나는 이스라엘의 신 여호와에게 이스마엘을 지켜달라고 기도한다.

히브리 백성들이 다시 모여든다. 백성들은 나부코가 바로 성전 앞까지 쳐들어 왔기 때문에 두려움에 어찌할 줄 모른다. 급기야 나부코가 성전 문을 박차고 들어서자 선지자 즈가리야가 그의 앞을 가로막으며 신의 성전에 이방인이 들어온 것을 엄히 꾸짖는다. 그러면서 당장 나가지 않으면 나부코의 딸 페네나를 칼로 찌르겠다고 위협한다. 그러나 이스마엘은 즈가리야를 뒤로 물러서게 하고, 페네나를 아버지 나부코에게 돌려보낸다. 즈가리야와 다른 히브리 백성들이 이스마엘에게 욕설을 퍼붓는다. 그 순간 나부코는 성전을 파괴하라고 명령한다.

[제2막] 바빌론의 나부코 왕 궁전이다. 아비가일레가 양피지로 된 어떤 문서 하나를 찾아낸다. 이 문서에는 아비가일레가 나부코의 딸이 아니라 히브리 노예의 딸이라고 기록되어 있다. 만일 이

문서가 공개되면 아비가일레의 운명은 끝난다. 출생의 비밀을 알게 된 아비가일레는 나부코와 상속자인 페네나에게 복수를 다짐한다. 그녀는 이스마엘이 자기를 사랑하기만 하면 인생이 바뀔 수도 있다고 생각한다. 이때 바알(Baal) 신전의 대제사장이 들어와 페네나가 히브리 포로들을 모두 풀어주었다고 전한다. 제사장은 나부코 왕이 전쟁터에서 전사했다고 전하면서 다음 왕위는 페네나가 반역행위를 했기 때문에 아비가일레가 계승하는 것으로 결정했다고 말한다. 노예의 딸이 대아시리아 제국의 왕이 된다는 생각에 아비가일레는 기쁨으로 충만하다. 바빌론에 포로로 잡혀온 즈가리야는 아시리아 백성들이 우상을 버리고 여호와를 섬길 수 있게 해달라고 기도한다.

즈가리야는 페네나부터 개종시키기로 하고 레위인 두 사람을 페네나에게 보낸다. 레위인들이 페네나를 만나러 가는 도중 추방당했다고 믿었던 이스마엘을 발견하고는 백성과 여호와를 배신했다고 신랄하게 비난한다. 페네나와 함께 온 즈가리야는 이스마엘이 페네나를 히브리의 신 여호와 앞으로 인도했음을 알고 그를 용서한다.

바빌론 왕궁의 원로 신하가 페네나를 찾아와 나부코 왕이 전사했다는 소식을 전하며 아비가일레가 왕에 오를 것이므로 페네나의 목숨이 위태롭다고 경고한다. 바알 신전의 대제사장이 아시리아의 새로운 왕으로 아비가일레가 등극했음을 선포하고 새로운 왕의 칙령에 따라 모든 히브리 백성을 처형할 것이라고 전한다. 아비가일레는 페네나를 만나 바빌론 왕국의 상징인 홀을 내놓으라고 한다. 그러나 페네나는 이를 거절한다. 바로 그 순간 전사한 줄 알았던 나부코 왕이 나타난다. 나부코는 아비가일레가 쓰고 있는 왕관을 빼앗는다. 모든 사람들이 두려움에 떨고 있을 때, 나부코는 자신은 왕일 뿐 아니라 바알 신과 여호와를 무너뜨린 진정한 신이라고 천명한다. 나부코가 즈가리야와 페네나를 굴복시켜 자신을 경배하도록 하려는데 하늘에서 번개가 내리쳐 나부코 머리에 있던 왕관을 떨어뜨린다. 나부코가 벼락을 맞고 정신이 이상해지자, 이 틈을 타서 아비가일레가 왕관을 빼앗아 쓴다.

[제3막] 바빌론의 공중정원(Hanging Garden)에서 바알 신전의 대제사장과 백성들이 새로운 통치자 아비가일레를 환호하고 있다. 바알의 대제사장은 아비가일레에게 바빌론에 있는 모든 히브리 포로를 처형하자고 부추긴다. 아비가일레가 칙령에 서명하려는 순간 나부코가 위엄 있게 나타나 왕좌에 앉는다. 아비가일레는 사람들을 물리치고는 자신은 다만 나부코를 대신하여 잠시 통치했을 뿐이라고 말하며 만일 나부코가 페네나를 처형하는 데 서명한다면 왕관을 다시 내어주겠다고 거짓으로 설득한다. 나부코가 결단을 내리지 못하자 아비가일레는 나부코를 몹시 조롱하며 비난한다. 이렇게 되자 나부코가 칙령에 서명을 한다. 나부코는 곧 자신이 경솔했다는 것을 깨닫는다. 그는 아비가일레가

노예의 딸이라는 문서를 보여주며 아비가일레를 몰아내고자 한다. 아비가일레는 나부코의 주머니에서 문서를 빼앗아 조각조각 찢어버린다. 나부코가 근위병들을 부르지만 그들은 이제 나부코에게 복종하지 않는다. 나부코는 궁성의 한 방에 갇히는 신세가 된다.

유프라테스 강변에서 강제 노역을 하는 히브리 포로들이 잠시 쉬고 있다. 그들의 생각은 금빛 날개를 타고 하늘로 올라가 잃어버린 고향 땅을 향해 날아간다. 즈가리야는 백성들에게 언젠가는 풀려나 고향 땅에 갈 것이며, 여호와의 능력으로 바빌론이 잿더미로 변할 것이라고 예언한다.

[제4막] 나부코가 창문 밖에서 페네나의 이름을 외치는 백성들의 소리를 듣고 잠에서 깨어난다. 페네나가 형장으로 끌려가고 있다. 억류되어 있어 아무것도 할 수 없는 나부코는 그 자리에 엎드려 히브리의 신 여호와에게 용서를 간구한다. 그의 기도는 응답을 받아, 그를 따르는 충성스러운 병사들이 나부코를 구해낸다. 나부코는 칼을 쥐고 왕위를 되찾기 위해 나선다. 바빌론의 공중정원에서 사형집행관들이 즈가리야와 히브리 지도자들을 처형하려고 준비하고 있다. 즈가리야는 페네나의 순교 정신을 높이 찬양한다. 페네나는 여호와께 자신의 영혼을 천국에 들게 해달라고 기도한다. 이때 나부코가 병사들과 함께 등장해 처형을 중단하라고 명한다. 아울러 바알 신상(神像)을 파괴하라고 지시한다. 그 말이 떨어지기도 전에 바알 신상이 저절로 무너진다. 상황을 파악한 아비가일레가 독약을 마신다. 그녀는 자기가 저지른 죄를 고백하며 이스마엘과 페네나가 사랑을 이루기를 기원한다. 아비가일레는 죽어가면서 이스라엘의 신 여호와께 용서를 빈다. 나부코는 온 이스라엘 백성들에게 고향으로 돌아가 허물어진 성전을 다시 지으라고 명하면서, 자신도 여호와를 섬기겠다고 선언한다. 기적을 지켜본 백성들은 여호와를 찬양한다.

오텔로

타이틀	**Otello**(Othello)		
	전 4막의 서정적 드라마. 셰익스피어 원작인 『베네치아의 무어인, 오셀로(Othello, The Moor of Venice)』를 바탕으로 아리고 보이토가 대본을 썼다.		
	초연	1887년 2월 5일 밀라노 스칼라 극장	
	주요 배역	오텔로(오셀로: 무어인으로 베네치아군 장군), 데스데모나(오셀로의 아내), 이아고(오셀로 휘하의 장교), 로더리고(베네치아의 신사), 카시오(오셀로의 부관), 에밀리아(이아고의 아내), 몬타노(키프로스 총독이자 오셀로의 전임자), 로도비코(베네치아 공국의 대사)	
음악 하이라이트	이아고의 축배의 노래, 이아고의 크레도(Credo), 오셀로의 입장 음악, 오셀로의 작별의 노래, 오셀로와 이아고의 복수의 듀엣, 데스데모나의 기도(아베마리아), 데스데모나의 버들의 노래, 데스데모나와 오셀로의 사랑의 듀엣, 죽어가는 오셀로의 키스 모티프, 오셀로의 탄식과 고통에 대한 테마 음악, 마지막 장면에서의 비극적 운명에 대한 모티프		
베스트 아리아	「아베 마리아(Ave Maria)」(S), 「버들의 노래(Salce, salce)」(S), 「두렵지 않다(Niun mi tema)」(T), 「잔인한 신을 믿노라(Credo in un Dio crudel)」(B), 「밤이 되었다(Era la notte)」(T), 「신이여, 당신은 비참한 모든 악을 나에게 던지시라(Dio, mi potevi scagliar tutti i mali della miseria)」(T), 「이제로부터 영원히 작별이다, 성스러운 추억들(Ora e per sempre addio, sante memorie)」, 「돛이다(Una vela)」(Chor), 「즐거워하라!(Esultate!)」(Chor), 「기쁨의 불길(Fuoco di gioia)」(Chor)		

사전 지식　　셰익스피어의 유명한 비극을 3막의 오페라로 만든 작품이다. 사랑과 동경, 갈망의 감미로운 멜로디가 수놓은 가운데 오페라 배역 중 가장 악질이며 치사한 인물(이아고)이 나온다. 물론 그 인물은 나중에 심판을 받는다.

에피소드　　〈오텔로〉는 베르디의 오페라 중 가장 훌륭한 작품으로 인정받고 있다. 일흔네 살의 노인이 작곡했다고는 믿기지 않는 작품이라고나 할까? 아이다 이후 16년 만에 내놓은 대작이다. 〈메피스토펠레〉를 작곡한 보이토는 〈오텔로〉에 이어 〈팔스타프〉로 베르디와 함께 셰익스피어의 걸작에 도전했다.

줄거리 [제1막] 무대는 사이프러스 섬이다. 사람들이 항구에 모여 적과의 전투에서 승리를 거둔 사이프러스의 총독 오셀로가 폭풍을 헤치고 무사히 귀환하기를 기원하고 있다. 드디어 오셀로의 전함이 항구에 도착한다. 백성들은 환호하고 오셀로는 승리의 노래를 부른다. 그러나 오셀로의 부하 장교 두 명은 축하할 기분이 아니다. 오셀로의 아름다운 아내 데스데모나(Desdermona)를 사모하는 로더리고(Roderigo)는 오셀로가 전투에서 패배하면 데스데모나에게 접근해볼 마음이었다. 이아고(Iago)는 자신이 아닌 오셀로의 부관 카시오(Cassio)가 승진하자 불만에 싸여 있다. 오셀로는 이아고가 성실치 않고 책임감이 없으며 다른 사람을 모함하기 잘한다는 이유로 진급시키지 않았다. 그러나 이아고는 자신의 부족함은 생각하지 않고 오셀로에게 반감을 갖는다. 병사들이 술집에 모여 있다. 이아고는 카시오의 진급을 축하한다면서 연거푸 술을 따라준다. 술에 취한 카시오가 사소한 일로 어떤 귀족을 칼로 찌른다. 이 소동이 오셀로의 귀에 들어가 이아고의 바람대로 카시오는 직위를 박탈당한다. 사람들이 돌아가자 오셀로와 데스데모나만 남는다. 두 사람은 모처럼 함께 시간을 보내며 유명한 사랑의 듀엣을 부른다.

[제2막] 오셀로에게 반감을 품은 이아고는 또 다른 음모를 꾸민다. 이아고는 카시오에게 데스데모나를 통해 복직을 부탁해보라고 한다. 이아고는 "나는 신의 추악하고 잔인한 이미지를 안고 태어났다"라고 하면서 오셀로에 대한 증오심도 증오심이지만 그보다도 자신이 천성적으로 남을 모함하고 음모를 꾸미기 위해 태어난 사람이라고 독백한다.

이아고의 조언을 들은 카시오는 데스데모나를 만나러 간다. 오셀로는 카시오가 아내와 만나 얘기를 나누는 것을 보고 의아해한다. 카시오가 데스데모나에게 복직을 부탁하는 모습은 마치 사랑을 고백하는 것처럼 보인다. 이 모습을 숨어서 지켜보던 오셀로에게 이아고가 다가와 두 사람은 전부터 아주 친했지만 요즘 더욱 수상해졌다고 하면서 남들이 보면 오해하지 않을까 걱정이라고 넌지시 말한다. 그런 차에 데스데모나가 카시오의 복직을 부탁하자 오셀로는 두 사람의 관계를 의심하다가 급기야 사랑하는 아내가 내통하고 있다는 데까지 생각이 미친다. 자신이 무어인이라는 자격지심 때문에 그녀를 더욱 의심했는지도 모른다. 오셀로의 얼굴은 상기되고 이마에는 땀이 흐른다.

데스데모나가 딸기를 수놓은 예쁜 손수건을 꺼내 땀을 닦아주려고 하자 오셀로가 이를 뿌리치는 바람에 손수건이 바닥에 떨어진다. 당황한 데스데모나는 그의 심기를 건드리지 않는 편이 낫겠다고 생각해 바삐 안채로 들어간다. 시녀 에밀리아(Emilia)가 바닥에 떨어진 손수건을 집어 들자 이아고가 손수건을 낚아챈다. 에밀리아는 이아고의 아내다. 오셀로가 데스데모나와 카시오가 불륜 관계라는 증거를 대라고 이아고를 다그치자, 그는 카시오가 잠결에 '데스데모나'라고 중얼거리는 소리를 들었다고 말한다. 불같은 성격의 오셀로가 카시오를 가만두지 않겠다고 다짐하자 이아고는 한술 더 떠서 데스데모나에게 손수건이 어디 있는지 물어보라고 조언한다. 딸기를 수놓은 손수건은 오셀로가 데스데모나에게 애정의 표시로 준 것이다.

[제3막] 오셀로는 손수건이 어디 있느냐고 데스데모나를 추궁한다. 데스데모나가 손수건을 찾아보지만 어디 두었는지 알 수가 없다. 오셀로는 자신이 준 손수건을 잃어버린 것은 자신을 사랑하지 않는다는 증거라고 하면서 화를 낸다. 데스데모나는 남편이 다그치자 당황하지만 자기는 누가 뭐라 해도 당신만을 사랑한다고 말한다. 혼자 남은 오셀로는 이런 일로 상심하는 자신을 저주하지만, 한편으로는 아내가 딴사람과 놀아나는 모습이 떠올라 견딜 수가 없다. 때맞춰 카시오가 들어와 집에 갔더니 웬 예쁜 손수건이 있는 데 도대체 어디서 난 건지 모르겠다고 오셀로에게 말한다. 데스데모나의 손수건이다. 카시오에게 복수하기로 마음먹은 오셀로에게 이아고가 나서서 카시오를 처치하겠다고 말한다. 오셀로는 진급을 약속한다.

마침 베네치아 사절단을 태운 배가 도착해 오셀로가 거둔 승전으로 승진이 결정되었다면서 베네치아(당시 사이프러스는 베네치아 공국의 영토였음)로 가야 한다고 오셀로에게 전한다. 사절단은 출장 중 직무를 누구에게 맡길 것인지 묻는다. 사람들은 성실하고 충성스러운 카시오가 맡아야 한다고 외친다. 이 외침을 들은 오셀로는 화가 치밀어 데스데모나를 밀어버리고는 정신을 잃고 쓰러진다. 군중은 '베네치아의 사자'라면서 오셀로의 승진을 축하하지만 진짜 웃음을 짓는 자는 이아고다. 이아고는 "베네치아의 사자는 바로 여기 있다!"라고 외친다.

[제4막] 데스데모나의 침실이다. 그녀는 에밀리아에게 침대 시트를 결혼 초야처럼 하얀 것으로 갈아달라고 부탁한다. 만일 자신이 죽음을 당하면 이 시트에 싸서 묻어달라고까지 말한다. 오셀로가 들어와 카시오와의 부정에 대해 비난한다. 데스데모나가 그런 일이 없다고 말할수록 오셀로의 마음은 걷잡을 수 없는 불길에 사로잡힌다. 오셀로는 힘센 팔로 연약한 데스데모나의 목을 조른다. 이때 에밀리아가 뛰어 들어와 카시오가 로더리고와 결투를 하다가 로더리고를 죽였다고 전한다. 이어 전 총독 몬타노가 들어와 로더리고가 숨을 거두기 직전에 이아고의 음모를 모두 고백했으며, 데스데모나와 카시오 사이에는 아무 일이 없음을 증언했다고 말한다. 비로소 정신을 차린 오셀로는 자신이 얼마나 우둔했는지를 깨닫는다. 그는 단도로 자신을 찌르고, 싸늘해진 아내에게 세 번 키스를 한 뒤 숨을 거둔다.

리골레토

타이틀	**Rigoletto**	
		전 3막. 이탈리아어 대본은 프란체스코 피아베가 썼다. 원작은 프랑스의 문호 빅토르 위고의 희곡 「일락의 왕(Le roi s'amuse)」이다. '리골레토'는 만투아 공작 궁정에 붙어사는 어릿광대의 이름이다.
	초연	1851년 3월 11일 베네치아 페니체 극장
	주요 배역	리골레토(어릿광대), 질다(리골레토의 아름다운 딸), 만투아 공작(호색한), 스파라푸칠레(자객), 마달레나(스파라푸칠레의 여동생), 조반나(질다의 유모), 체프라노 백작, 체프라노 백작 부인, 몬테로네 백작
음악 하이라이트		리골레토의 감정 폭발을 표현한 음악, 궁정인들의 야상곡 합창, 질다와 리골레토의 마지막 장면 듀엣, 질다의 아리아(그리운 그 이름), 1막 중 공작의 아리아(「이 여자든 저 여자든」), 3막 중 공작의 아리아(「바람에 날리는 갈대와 같은 여자의 마음」)
베스트 아리아		「사랑스러운 그 이름(Caro nome)」(S), 「이 여자든 저 여자든(Questa o quella)」(T), 「바람에 날리는 갈대와 같은 여자의 마음(La Donna è mobile)」(T), 「우리는 모두 같은 처지(Pari siamo)」(Bar), 「궁정의 신하들이여, 죄악이 그대들을 저주하리(Cortigiani, vil razza dannata)」(T+Bar), 「사랑하는 딸이여(Bella figlia dell'Amore)」(Bar), 「울어라, 나의 딸아(Piangi, fanciulla)」(Bar)

사전 지식　　　비웃음과 신랄한 풍자를 날리는 꼽추 어릿광대 리골레토의 비극적 삶을 그린 작품이다. 테너가 주역을 맡는다는 통념에서 벗어나 바리톤(리골레토)이 주역을 맡는다. 〈팔리아치〉를 능가하는 어릿광대의 비극적 이야기로, 베르디의 오페라 중에서 가장 잘 알려진 작품이다.

에피소드　　　이 오페라는 빅토르 위고가 프랑스 국왕 프랑수아 1세를 비판하며 쓴 소설 『일락(逸樂)의 왕』을 기본으로 하고 있다. 베르디가 이 오페라를 작곡할 당시 이탈리아는 오스트리아 제국의 지배를 받고 있었는데, 당시 오스트리아는 정치적으로 프랑스와 밀접한 관계를 유지하고 있었다. 이 때문에 프랑수아 1세를 빗대어 쓴 『일락의 왕』이 오스트리아 당국의 검열을 통과할 리 없었다. 베르디와 피아베는 무대를 프랑스에서 만투아(Mantua)로 옮겨 겨우 공연 허가를 얻어냈다.

만투아는 공작이 통치하는 작은 공국이었다.

줄거리   **[제1막]** 16세기 이탈리아의 만투아 공국이다. 만투아 공작의 궁정에는 춤과 함께 웃음소리가 터져 나온다. 공작은 그의 명성을 입증이라도 하듯 파티에 참석한 여자 손님 체프라노 (Ceprano) 부인을 남편 면전에서 반강제적으로 유혹해 침실로 데려간다. 하지만 체프라노 백작은 신분에 눌려 한마디 항의도 못한다. 이 모습을 보고 리골레토가 특유의 풍자로 오죽 못났으면 자기 아내 하나 건사하지 못하느냐는 식으로 비웃는다. 리골레토가 상전만 믿고 기회만 있으면 빈정대는 통에 못마땅하게 생각하던 귀족들은 공작이 파티장에서 사라지자 기회는 이때다 하면서 리골레토를 심하게 비난한다. 사람들은 꼽추인 주제에 젊은 애인을 숨겨놓고 있다고 조롱하면서 "당신도 언젠가는 눈에서 피눈물 날 거야! 공작이 당신 애인을 가만 놔둘 줄 아나?"라고 말한다. 이 말에 리골레토가 흠칫한다. 그에게는 아무도 모르게 키우는 어여쁜 딸 하나가 있기 때문이다.

[제2막] 어두운 뒷골목이다. 스파라푸칠레(Sparafucile)라는 자객이 리골레토에게 접근해 "무슨 고민이 있는 것 같은데 내가 해결해줌세! 누군지 모르지만 돈만 주면 쥐도 새도 모르게 없애 주겠네!"라고 제안한다. 리골레토가 이를 거절하자 스파라푸칠레는 언제든 찾아오라고 하면서 사라진다.

공작은 리골레토를 미행해 그가 찾아가는 집을 알아낸다. 그는 그 집에 어여쁜 아가씨가 살고 있는 것을 알고는 착실한 대학생으로 변장해 리골레토의 딸 질다에게 접근한다. 순진한 질다는 공작을 진짜 대학생으로 믿고 그를 열렬히 사랑하게 된다. 질다의 아리아 「사랑스러운 그 이름이 나의 마음을 처음으로 세차게 두드렸네!(Caro nome che il mio cor)」는 매우 아름답다. 잠시 후 체프라노 백작이 리골레토에게 멸시를 당한 것을 복수하기 위해 복면을 하고 리골레토의 애인으로 생각해 질다를 납치한다.

공작의 하인들이 리골레토의 애인이라고 하면서 질다를 데려온다. 공작은 자기가 유혹하려던 질다를 납치해온 것을 알고 기뻐한다. 한편 리골레토는 딸이 납치당하자 미치기 직전이다. 궁정에서는 다시 파티가 열린다. 질다가 공작의 침실에 붙잡혀 있는 것을 알게 된 리골레토는 죽음을 무릅쓰고 공작의 침실로 뛰어든다. 질다가 겁에 질려 떨고 있는 모습을 본 리골레토는 "이 아이는 내 딸이요! 사랑하는 나의 딸이요!"라고 소리친다. 질다가 리골레토를 보고 뛰어와서 품에 안긴다. 사랑하는 대학생이 양의 가죽을 쓴 공작이라니! 질다는 하염없이 눈물을 흘린다. 리골레토는 분노를 삭이면서 "딸아, 울지 마라! 모두 내 잘못이다. 내가 너를 지켜주마! 오늘 밤 아무도 모르는 저 먼 곳으로 떠나자!"라고 말한다. 그는 주위의 귀족들을 노려보며 "아직 게임은 끝나지 않았다"라는 말을 남기고 자리를 뜬다.

[제3막] 리골레토와 질다는 교외의 한적한 스파라푸칠레의 집에 숨는다. 하지만 질다는 마음이 편치 않다. 자기를 멸시하고 능욕한 사람을 사랑하게 된 것이다. 리골레토는 이러한 질다의 마음을 알고는 고민한다. 이 한적한 주막에 공작이 신분을 감추고 찾아온다. 스파라푸칠레의 여동생 마달레나 (Maddalena)를 유혹하러 온 것이다. 공작은 저 유명한 「바람에 날리는 갈대와 같은 여자의 마음」을 부른다. 문틈으로 공작이 마달레나에게 수작 부리는 것을 지켜본 질다와 리골레토는 마음이 착잡하다. 집 안에서는 공작과 마달레나가 서로 유혹하는 노래가, 집 밖에서는 질다의 애타는 마음과 리골레토의 불운을 한탄하는 노래가 어우러져 기막힌 4중창을 이룬다.

리골레토는 질다에게 남자 옷을 입혀 베로나로 떠나보내면서, 나중에 자신도 따라가겠다고 한다. 그러고는 자객 스파라푸칠레에게 돈을 주며 저 남자를 죽여달라고 부탁한다. 이 얘기를 공작을 사랑하게 된 스파라푸칠레의 여동생 마달레나가 엿듣는다. 그녀는 오빠에게 저 청년은 죽이지 말고 주점에 처음 들어오는 사람을 죽여 리골레토에게 주면 되지 않겠느냐고 간청한다. 여동생의 간청을 외면할 수 없어 그러겠다고 대답한다. 아무나 죽여 부대자루에 넣어주면 누군지 알겠느냐고 생각한 것이다.

폭풍우가 몰아치는 그때 어떤 남자가 주막으로 들어온다. 어두운 주막 안에서 자객의 칼이 번뜩인다. 자객은 죽은 남자를 부대자루에 넣어 강에서 배를 타고 기다리는 리골레토에게 건네준다. 리골레토는 공작이 죽었으니 이제 모든 것이 끝났다고 생각해 기뻐한다. 그런데 아무래도 예감이 좋지 않아 급히 자루를 풀어보니 이게 웬일인가? 사랑하는 딸 질다가 칼에 맞아 죽어가고 있는 것이 아닌가? 남장을 한 질다는 마달레나와 자객이 하는 말을 듣고 사랑하는 사람을 위해 자기가 대신 죽기로 한 것이다. 리골레토의 울음 섞인 탄식에 강물도 숨을 죽인다.

시몬 보카네그라

타이틀	**Simon Boccanegra**	
		프롤로그와 3막으로 구성된 비극이지만 결말은 해피엔드다. 베르디의 21번째 오페라로 안토니오 가르시아 구티에레스(Antonio García Gutiérrez)의 희곡 「시몬 보카네그라(Simón Bocanegra)」를 기본으로 프란체스코 피아베가 대본을 썼다. 1881년 밀라노 공연의 대본은 아리고 보이토가 수정·보완한 것이다.
	초연	1857년 3월 12일 베네치아의 페니체 극장
	주요 배역	시몬 보카네그라(제노바 총독), 마리아(아멜리아 그리말다: 시몬 보카네그라의 딸), 자코포 피에스코(안드레아: 아멜리아의 할아버지), 가브리엘레 아도르노(제노아의 신사), 파올로 알비아니(시몬 보카네그라의 측근), 피에트로(궁정 관리)
음악 하이라이트		보카네그라와 아멜리아가 서로 알아보는 장면의 음악, 보카네그라의 의회 연설 장면의 음악, 의회에서의 평화의 기도 음악, 의회에서의 저주의 모티프, 1막에서 아멜리아의 아리아, 3막에서 바다를 표현한 음악, 3막에서 피에스코의 아리아
베스트 아리아		「고문당한 정신(Il lacerate spirito)」(B), 「사제들이여, 평민들이여, 귀족들이여(Fratricidi! Plebe! Patrizi!)」(Bar), 「나의 영혼이 타는 듯하다(Sento avvampar nell'anima)」(T), 「이 어두운 시간에(In quest'ora bruna)」(S)

사전 지식　　1881년 수정본에는 시몬 보카네그라의 위치가 더욱 뚜렷이 부각되었다. 1857년의 원본에서는 시몬 보카네그라의 모습이 상당히 어둡게 그려졌었다. 오늘날에는 대부분 수정본이 공연된다.

줄거리　　　　[프롤로그] 1300년대의 제노아 공국이다. 시몬 보카네그라의 측근 파올로(Paolo)와 제노아 공국의 궁정 관리 피에트로(Pietro)가 귀족 출신의 현 총독을 몰아내고 시몬 보카네그라(Simon Boccanegra)를 새로운 총독으로 추대하고자 음모를 꾸민다. 보카네그라는 평민 출신의 유명한 해군 장군으로, 제노아 공국의 백성들 사이에서 매우 인기가 높다. 보카네그라는 사람들이 설득하자 이 제안을 수락한다. 총독이 되면 사랑하는 마리아(Maria)와 정식으로 결혼할 수 있다고 생각하기 때문이다. 마리아는 얼마 전 보카네그라의 딸 아멜리아(Amelia)를 낳았다. 이 사실을 안 보카네그라의 아버지 자코포 피에스코(Jacopo Fiesco)는 가문의 수치라고 분노하면서 마리아를 감옥에 가두었다가 풀어주지만, 감옥에서 나온 마리아는 스스로 목숨을 끊는다. 보카네그라의 아버지 피에스코는 마리아의 죽음을 알고는 잘못을 크게 뉘우친다.

한편 전쟁터에서 돌아온 보카네그라에게 아버지 피에스코가 손녀를 내놓으라고 하자, 보카네그라는 말로만 들어 알고 있기는 하지만 그 아이가 사라졌기 때문에 자기도 찾고 있는 중이라고 말한다. 마리아의 죽음을 모르고 있던 그는 얼마 후 마리아의 시신을 발견하고는 슬픔을 달래지 못한다. 밖에서는 보카네그라를 총독으로 추대하려는 백성들이 환호를 보내고 있다.

죄책감에 괴로워하던 피에스코는 집을 떠나 이름을 안드레아(Andrea)로 바꾸고 살아간다. 그는 부모 없이 사는 어린 여자아이를 정성을 다해 보살펴준다. 그런데 무슨 사연인지 서로 헤어지게 된다. 그 후 아멜리아는 이상한 인연으로 보카네그라의 보호를 받으며 지내게 된다. 인생의 수레바퀴는 돌고 도는 모양이다.

[제1막] 25년이 흘렀다. 어느 바닷가에 세운 저택의 정원에게 아름답게 성장한 아멜리아 그리말디(Amelia Grimaldi)가 제노아의 신사 가브리엘레 아도르노(Gabriele Adorno)를 기다리고 있다. 둘은 사랑을 나누는 사이다. 보카네그라는 아멜리아가 자기 딸인 것을 전혀 모르고 있다. 아멜리아는 가브리엘레와의 사랑이 이루어지지 않을 것 같아 불안하다. 총독 보카네그라가 파올로의 부탁을 들어준다고 약속했기 때문이다. 파올로는 보카네그라를 총독으로 추대하는 데 크게 기여한 사람이다. 그런 파올로가 아멜리아의 아름다움에 반해 보카네그라에게 결혼을 허락해달라고 요청한 것이다. 정치적으로 귀족과 평민 간의 투쟁이 계속되는 상황이라 파올로의 세력을 무시할 수 없는 보카네그라는 결혼을 승낙할 수밖에 없는 처지다. 귀족을 중심으로 한 일단의 사람들이 보카네그라를 총독 자리에서 몰아내기로 한다. 그중에 파올로가 있다.

보카네그라를 만난 아멜리아는 가브리엘레를 사랑하고 있다고 말한다. 그녀는 고독했던 과거에 대해 얘기하면서 세상 떠난 어머니의 초상화를 보여준다. 서로의 관계를 알게 된 보카네그라와 아멜리아는 하염없이 눈물을 흘린다. 보카네그라가 아멜리아와의 결혼을 포기하라고 하자 이에 굴복한 파올로가 부하들을 시켜 아멜리아를 납치하지만, 아멜리아는 감시가 허술한 틈을 타 탈출한다. 장면은 바뀌어 총독궁이다. 제노아 공국과 베네치아 공국이 조약을 놓고 협상을 벌이고 있다. 밖에서 성난 목소리가 들리더니 가브리엘레가 뛰어 들어와 보카네그라가 아멜리아를 납치하려는 음모를 꾸몄다고 비난하면서 보카네그라를 칼로 찌르려고 한다. 그때 아멜리아가 가로막으며 아무것도 모르고 흥분해 저러니 용서해달라고 보카네그라에게 애원한다. 총독 살해는 중죄이기 때문이다. 가브리엘레가 그런 행동을 한 것은 아멜리아를 보카네그라의 정부로 오해했기 때문이다. 아멜리아는 납치당할 때 눈을 가려 아무것도 볼 수 없었지만, 모든 정황으로 보아 파올로가 한 짓 같다고 가브리엘레에게 설명한다.

아멜리아를 납치한 것이 파올로인 줄 모르는 보카네그라는 납치에 가담한 사람을 모두 엄벌에 처하라고 파올로에게 지시한다. 파올로의 부하들은 가브리엘레를 납치해 감금하고, 아멜리아의 후견인 안드레아(Andrea) 노인도 납치한다.

[제2막] 파올로는 가브리엘레와 안드레아를 일부러 석방한다. 파올로는 안드레아 노인에게 총독을 암살하라고 종용하면서 말을 듣지 않으면 안드레아와 아멜리아를 죽이겠다고 위협한다. 또한 가브리엘레에게는 총독과 아멜리아가 은밀한 사이라고 넌지시 말해 복수를 하도록 부추긴다.

총독 방에 숨어든 파올로와 가브리엘레, 늙은 안드레아는 아멜리아와 총독이 방으로 들어오려고 하자 얼른 커튼 뒤로 숨는다. 아멜리아는 사랑하는 가브리엘레를 용서해달라고 간청하면서 가브리엘레가 없으면 죽음을 택하겠다고 말한다. 보카네그라는 아버지로서 딸의 간청을 물리칠 수 없어 용서하겠다고 약속한다. 단 가브리엘레가 자기를 모함하는 일을 중지해야 한다는 조건을 붙인다. 모두 방을 나간 뒤 보카네그라가 술잔을 들어 마시고는 깊은 잠에 떨어진다. 파올로가 독약을 풀어 넣은 술을 마신 것이다.

아멜리아가 총독의 딸인 것을 알게 된 가브리엘레는 자신의 경솔하고 무모한 행동을 용서해달라고 간곡히 청한다. 독 기운에 잠들었다가 잠시 깨어난 총독은 진심으로 뉘우치는 가브리엘레를 용서한다.

[제3막] 제노아 시민들은 보카네그라 총독이 파올로 일당의 반란을 진압한 것을 축하한다. 사형선고를 받은 파올로는 총독의 술잔에 독을 넣었다고 실토한다. 온몸에 독이 퍼진 보카네그라는 죽음을 앞두고 있다. 안드레아 노인이 나타나 자신이 보카네그라의 아버지 피에스코라고 밝힌다. 그는 아멜리아가 손녀라는 이야기를 듣고 회한의 눈물을 흘리지만 이미 때는 늦었다. 보카네그라는 끝내 죽음을 맞는다. 피에스코는 가브리엘레와 아멜리아를 축복하며 가브리엘레를 보카네그라의 후계자로 지명한다.

스티펠리오

타이틀	**Stiffelio**	
	전 3막, 에밀 수베스트르(Émile Souvestre)와 외젠 부르주아 (Eugene Bourgeois)가 공동으로 쓴 희곡 「교구 목사(Le pasteur)」, 일명 '교회와 단란한 가정(L'évangile et le foyer)'을 바탕으로 베르디와 프란체스코 피아베가 대본을 썼다.	
	초연	1850년 11월 16일 트리에스테(Trieste) 대극장
	주요 배역	스티펠리오(슈티펠리오: 개신교 목사), 리나(목사의 사모), 라파엘레 (귀족), 슈탄카르 백작(리나의 아버지, 퇴역 대령), 요르크(장로), 도로 테아(리나의 사촌), 페데리코 디 프렌겔
음악 하이라이트	무덤 장면의 음악, 마지막 처형의 장면의 음악(가면무도회의 전주곡 참고)	
베스트 아리아	「나에게 아무 말도 없네(Non ha per me un 'acento)」(T), 「자비로우신 신이여, 나의 한숨과 눈물이 당신에게 올라가기를(A te ascenda, O Dio clemente)」(S), 「리나, 이 행복을 깨뜨리려나(Lina, Perder dunquevoi volete)」, 「나와 함께 가자(O meco venite)」 (S+B)	

사전 지식　　　오스트리아 잘츠바하(Salzbach) 강변의 슈탄카르(Stankar) 성이 무대다. 슈티펠리오는 이 지역 교구장이다. 베르디의 오페라는 일반적으로 사랑, 배신, 복수, 참회가 수놓는다. 이 오페라도 예외는 아니다.

에피소드　　　베르디의 〈스티펠리오〉는 가톨릭 관객에게는 환영을 받지 못했다. 그래서 이탈 리아를 비롯한 유럽의 가톨릭 국가에서는 성공을 거두지 못했다. 그러나 최근에는 찬란한 음악 때문에 많은 관심을 끌고 있다. 베르디는 13세기 색슨의 기사인 아롤도(Aroldo) 이야기에서 많은 영향을 받았다고 한다.

줄거리　　　[제1막] 교구장 슈티펠리오(Stiffelio) 목사가 먼 여행을 마치고 돌아온다. 교구 신도들이 모여 슈티펠리오의 무사 귀환을 기뻐하며 기도한다. 슈티펠리오는 집으로 돌아오는 도중 잘츠바하 강의 뱃사공에게서 들은 이상한 얘기를 떠올린다. 뱃사공은 며칠 전 교구장의 집에서 젊은이가 도망치다가 떨어뜨린 지갑을 주었다고 말하며 그 지갑을 슈티펠리오에게 건네준다. 집에 돌아온 슈티펠리오는 지갑을 열어보지도 않고 벽난로의 불 속으로 던져버린다. 이를 본 교구장의 아내 리나(Lina)와 리나를 유혹한 라파엘레(Raffaele) 백작은 일단 안심한다. 성주 슈탄카르(Stankar) 백작은 슈티펠리오에게 시집간 딸 리나가 바람둥이 라파엘레와 정을 통하고 있다면서 그들을 가만두지 않겠다고 다짐한다. 오랜만에 아내와 마주한 슈티펠리오는 리나의 손가락에 결혼반지가 없는 것을 보고 의아해하며 반지가 어디 있는지 묻자 리나가 대답을 못하고 머뭇거린다. 슈티펠리오는 아내가 대답을 못하는 것은 부정하다는 증거라고 생각한다.

슈티펠리오가 설교를 준비하기 위해 자리를 뜨자 리나는 잘못을 고백하는 편지를 쓰려고 한다. 때마침 찾아온 리나의 아버지 슈탄카르 백작은 딸의 경솔함과 나약함을 꾸짖으며 슈티펠리오가 담당하는 교구는 이 지역에서 대단히 중요한 지역이므로 경솔한 염문으로 교구가 파괴되거나 교구장의 명예가 떨어지는 것을 원치 않는다고 말한다. 리나는 아버지의 뜻에 따라 편지를 쓰지 않기로 한다.

리나와 슈탄카르 백작이 방에서 나가자 라파엘레가 몰래 들어와 리나에게 보내는 편지를 책 속에 넣어두고 나간다. 리나와 라파엘레는 책을 통해 비밀 편지를 주고받아 왔다. 이 모습을 교구의 장로 요르크(Jorg)가 본다.

슈티펠리오의 무사 귀향을 축하하는 파티가 열린다. 교구의 장로 요르크가 슈티펠리오에게 라파엘레가 어떤 책 속에 리나에게 보내는 것 같은 편지 한 통을 넣었다고 말해준다. 교구장은 다음 주일 설교 제목이 '예수를 배반한 가롯 유다'라고 하면서 터무니없는 얘기는 하지 말아달라고 당부한다. 그러면서도 계속 차오르는 의심을 누를 길이 없어 아내에게 책을 펼쳐보라고 한다. 리나가 주저하자 슈티펠리오가 직접 책을 펼친다. 과연 편지 한 장이 떨어진다. 때마침 들어온 리나의 아버지 슈탄카르 백작이 편지를 집어 찢어버리면서 그저 아무것도 모르는 것이 모두에게 좋은 것이라고 사위에게 말한다.

[제2막] 그날 밤 리나는 얼마 전 세상을 떠난 어머니의 무덤 앞에서 신에게 속죄의 기도를 올린다. 라파엘레가 나타나자 리나는 이제 당신을 사랑하지 않는다고 말하면서 사랑의 징표로 준 반지를 돌려달라고 애원한다. 그때 리나의 아버지 슈탄카르 백작이 나타나 두 사람의 관계를 확인하고는 라파엘레에게 결투를 청한다. 라파엘레는 리나의 아버지와 결투를 할 수 없다고 거절한다. 때마침 나타난 슈티펠리오가 두 사람의 결투를 말린다. 슈티펠리오는 그때까지도 라파엘레가 배신자라는

것을 믿지 않지만, 아내 리나가 라파엘레를 바라보며 말없이 눈물을 흘리는 것을 보고는 모든 상황을 확신한다. 슈티펠리오는 예수님께서 인류를 용서하시고 십자가에 매달려 돌아가신 것을 생각하고 발길을 돌린다.

[제3막] 슈탄카르 백작은 가문의 명예는 죽음으로 지켜야 한다고 생각한다. 한편 슈티펠리오는 라파엘레를 만나 만일 리나를 해방시켜주면 어떻게 할 것이냐고 묻는다. 라파엘레는 슈티펠리오의 뜻밖의 물음에 대답을 찾지 못하고 죄책감에 사로잡혀 뛰쳐나간다. 슈티펠리오는 불의를 저지른 두 사람을 용서할 작정이다. 그는 미리 작성한 이혼증서를 리나에게 내밀며 서명하라고 말한다. 리나를 자유롭게 해주려는 것이다. 슈티펠리오의 냉혹한 처사에 리나는 안 된다고 외치며 슈티펠리오를 영원히 사랑한다고 말하지만, 그의 마음은 움직이지 않는다. 리나가 이혼증서에 서명하면서 슈티펠리오를 남편이라고 부르는 대신 '신의 사람'이라고 부르게 해달라고 애원한다. 리나는 마침내 자기가 라파엘레의 유혹을 견디지 못하고 부정을 저질렀음을 고백한다. 슈티펠리오는 라파엘레가 죗값을 치러야 할 것이라고 말한다. 이때 슈탄카르 백작이 피 묻은 칼을 들고 나타난다. 자기 딸을 유혹했던 라파엘레를 죽인 것이다. 리나는 울부짖으며 신에게 자신을 불쌍히 여겨달라고 간구한다. 교회의 장로 요르크가 슈티펠리오에게 교인들이 기다리고 있으니 교회로 가서 설교를 해야 한다고 말한다. 교회 강단에 선 슈티펠리오는 요한복음 7장 53절부터 8장 11절에 나오는 간음한 여인에 대한 구절을 읽는다. '용서'에 대한 구절을 읽으면서 그는 리나를 바라본다. 슈티펠리오는 리나가 하늘의 용서를 받았다고 믿는다.

가면무도회

타이틀	**Un Ballo in Maschera**(A Masked Ball)	

	전 3막. 대본은 안토니오 솜마(Antonio Somma)가 썼다.
초연	1859년 2월 17일 로마 아폴로 극장(Teatro Apollo)
주요 배역	아멜리아(구스타보 왕 라카르토를 사랑하는 여인), 리카르도(리카도: 보스턴 지사, 워릭의 공작, 구스타보 스웨덴 왕), 레나토(안카르스트룀 백작, 리카도의 비서, 아멜리아의 남편), 오스카(리카도, 구스타보 왕의 시종), 울리카(마담 아르비송: 점쟁이 여인), 새뮤얼(리빙 백작), 톰(혼 백작)

음악 하이라이트	어부로 변장한 구스타보 왕의 아리아, 3막 중 구스타보 왕의 아리아, 3막 무도회에서 오스카의 샹송, 1막 중 안카르스트룀의 아리아, 2막 중 아멜리아의 아리아, 구스타보와 아멜리아의 듀엣 카발레타, 구스타보가 아멜리아에게 사랑의 감정을 표현할 때 흐르는 오케스트라 음악, 웃음의 5중창, 무도회에서의 미뉴에트-마주르카 댄스곡, 죽음에 대한 모티프
베스트 아리아	「나는 죽을 것이지만 마지막 소원이(Morrò, ma prima in grazia)」(S), 「긴장한 모습(Volta la terrea fronte alle stelle)」(S), 「두려운 곳(Ecco l'orrido campo)」(S), 「그 여자는 순수하네(Ella è pura)」(T), 「배신자(Eri tu)」(B), 「원하는 대로의 삶을(Alla vita che t'arride)」(S), 「성실한 그대(Di' tu se fedele)」(T), 「농담이거나 바보스러운(È scherzo od è follia)」(T), 「그대를 잃어야 한다면(Ma se m'è forza perderti)」(T), 「기쁨으로 그를 보리라(La rivedrà nell'estasi)」(T)

에피소드 정치적 음모와 부정한 사랑을 다룬 이 오페라의 원제목은 '구스타프 3세'로, 스웨덴 국왕 구스타프 3세의 암살 사건을 다루었다. 그런데 이는 이탈리아 정부로서는 매우 불편한 내용이었다. 왜냐하면 당시는 왕정반대파가 나폴레옹 3세를 암살하려고 기도한 직후였기 때문이다. 검열 당국은 이 오페라의 공연을 금지했다. 베르디는 무대를 17세기 미국의 뉴잉글랜드 지방으로, 구스타프 국왕을 보스턴 지사로 바꾸고 주인공들의 설정을 바꿨다. 파리 초연에서는 무대를 나폴리로 바꾸었다. 물론 주인공들의 이름도 모두 바꿔 공연했다. 오늘날에는 보스턴 버전이 주로 공연되고 있다.

줄거리   **[제1막]** 보스턴 지사의 저택이다. 모두 주지사의 업적을 찬양하지만 새뮤얼 (Samuele)과 토마소(Tomaso)는 침묵한다. 두 사람은 주지사의 실정을 빌미로 암살할 계획이다. 오페라 에서는 보스턴 지사가 무슨 잘못을 했는지 설명이 없다.

지사는 그날 밤 가면무도회 초청자 명단에 아멜리아(Amelia)가 포함되어 있는 것을 보고 기뻐한다. 아멜리아는 지사의 비서 레나토(Renato)의 아내다. 지사는 남의 아내이지만, 아름다운 아멜리아에 대한 사모의 정을 끊지 못하고 있다.

판사가 들어와 물의를 빚고 있는 어떤 여인을 마녀라고 주장하며 추방할 것을 요청한다. 지사는 여인을 만나본 뒤 추방 여부를 결정하기로 한다. 그는 뱃사람으로 변장하고 측근 몇 사람과 함께 점쟁이를 찾아간다. 그보다 앞서 아멜리아도 점을 치러온다. 아멜리아는 지사와 사랑에 빠졌다고 말하면서 도와달 라고 간청한다. 점쟁이는 교수대 아래에서 자라는 어떤 특별한 나무를 찾으라고 지시한다. 이번엔 지사 차례. 점쟁이는 지사가 측근 중 한 사람에게 암살당할 운명이라고 하면서 지사에게 처음으로 인사하는 사람이 암살을 할 것이라고 예언한다. 비서 레나토가 찾아와 지사와 반갑게 악수를 나눈다. 사람들은 저렇게 충성스러운 비서가 지사를 암살하는 일은 있을 수 없다고 생각한다.

[제2막] 아멜리아가 교수대 아래에서 신비한 나무를 찾아낸다. 이때 부르는 아멜리아의 아리아는 하이 C까지 올라가는 격정적인 곡이다. 지사가 아멜리아를 보고 다가온다. 두 사람은 베르디의 오페라 중에서 가장 감동적인 듀엣을 부른다. 아멜리아의 남편이며 지사의 비서인 레나토가 등장한다. 그를 본 아멜리아는 어둠 속으로 숨는다. 그는 지사에게 암살 음모가 진행 중이라고 말하며 주의하라고 일러준다. 지사가 저택으로 돌아가자 암살을 주도하는 새뮤얼과 토마소가 그 장소에 나타난다. 이들은 그곳에서 아멜리아를 목격하고는 레나토를 은밀히 만나 "당신의 그 아름다운 아내가 지사와 사랑하는 사이"라고 귀띔해준다. 레나토는 지사를 증오하며 암살에 동참하겠다고 말한다.

[제3막] 레나토의 집이다. 그는 아내를 지사와 간통했다고 몰아세우며 죽이겠다고 위협한다. 아멜리 아가 순결을 주장하지만 레나토는 믿지 않는다. 그날 저녁 지사의 저택에서 가면무도회가 열린다. 가면을 쓴 아멜리아가 지사에게 다가와 암살 음모가 있다고 경고하자, 지사는 점쟁이의 예언대로 죽음을 직감한다. 두 사람은 이별의 노래를 부른다. 그 순간 레나토가 나타나 "이것이 나의 이별이다"라 고 말하며 지사를 향해 총으로 쏜다. 레나토는 그 자리에서 체포된다. 죽어가는 지사는 레나토를 용서하라고 지시하면서, 아멜리아는 순결하다는 말을 남기고 숨을 거둔다.

별장의 오토네

타이틀	**Ottone in Villa**(Ottone in the City)

전 3막. 스테파노 베네데토 팔라비치노(Stefano Benedetto Pallavicino)의 「테오파네(Teofane)」라는 희곡을 기본으로 도메니코 랄리(Domenico Lalli)가 썼다. 도메니코 랄리는 세바스티아노 비안카르디(Sebastiano Biancardi)라는 이름으로 작품을 쓰기도 했다.

초연	1713년 5월 17일 비첸차(Vicenza) 그라치에 극장(Teatro delle Grazie)
주요 배역	오토네(오토 황제), 클레오닐라(왕궁의 여인), 카이오(황제의 친구), 툴리아(오스틸리오, 황제의 시종, 남자로 변장. 어떤 대본에는 Turilla로 되어 있다.)
베스트 아리아	「레치타티보 세코(Recitativo secco)」(B)

사전 지식　　비발디하면 「사계」와 같은 현란한 바로크 기악곡을 연상하지만 오페라도 상당수 작곡했다. 〈오토네〉는 비발디가 한창 명성을 쌓기 시작한 서른다섯 살에 작곡한 것으로, 비발디의 첫 오페라다. 당시 오페라가 대부분 그랬던 것처럼 〈오토네〉도 하루 동안 일어난 사건을 다룬 것이다. 비발디와 단짝이 된 대본가 도메니코 랄리(Domenico Lalli)는 영웅적이거나 목가적인 장르의 대본을 많이 썼다. 그의 대본은 명쾌하고 단아하며 간혹 재치가 담겨 있어 비발디의 음악과 효과적으로 어울렸다. 아리아는 모두 다카포(Da capo: 처음부터 다시 반복하는) 형태로 이는 당시의 스타일이었다.

에피소드　　비첸차(Vicenza) 총독이 의뢰한 작품으로, 전체 출연자는 다섯 명이며 합창은

비발디, 안토니오(Vivaldi, Antonio, 1678~1741)
이탈리아의 바로크 작곡가인 안토니오 루치오(Lucio) 비발디에게는 '붉은 사제'라는 별명이 붙었다. 그는 실제로 가톨릭 사제이기도 했다. 베네치아에서 태어난 그는 바이올린 비르투오소(virtuoso, 거장)다. 비발디의 바로크 음악은 그의 생존 시에 유럽 전역에 널리 전파되어 많은 영향을 주었다. 그는 보통 바이올린 협주곡으로 잘 알려져 있지만 오페라도 40편 이상 작곡했다. 대표적인 바이올린 협주곡으로 「사계」가 있고, 오페라로는 〈파르나체(Farnace)〉, 〈별장의 오토네(Ottone in Villa)〉 등이 있다.

없다. 오케스트라는 소규모의 현악기 위주이며 여기에 리코더, 오보에, 바순, 하프시코드가 추가되었다. 주인공 오토네는 신성로마제국의 오토 황제로, 오페라에서는 메조소프라노가 오토네 역할을 맡도록 되어 있다. 황제의 시종 툴리아도 여성이 맡는다.

비발디의 〈오토네〉와 내용이 비슷한 헨델의 〈오토네〉는 1723년 런던 왕립극장에서 초연된 3막의 오페라다. 역시 「테오파네」라는 희곡을 기본으로 한 작품이다. 서곡에 나오는 가보트는 오늘날에도 자주 연주된다. 기스몬다(Gismonda)의 아리아 「희망은 우리와 함께(La speranza e guinta)」와 「오라, 나의 아들아(Vieni, o figlio)」도 연주회 곡목으로 자주 등장한다. 오토네의 아리아로는 「이 같은 고통 (Tanti affanni)」이 있다.

줄거리　　　　　　[제1막] 오토네 황제의 별장이다. 황제는 사랑하는 클레오닐라(Cleonilla) 때문에 속이 상해 있다. 자신의 마음은 몰라주고 자꾸 딴청만 피우기 때문이다. 그녀는 황제에게서 벗어나기 위해 일부러 다른 사람에게 관심이 있는 척 행동한다. 황제가 보기에 클레오닐라는 처음에는 자신의 친구 카이오(Caio)와 좋아 지내는 것 같더니, 요즘에는 시종 오스틸리오(Ostilio)와 단짝이 된 듯하다. 오스틸리오는 카이오가 유혹했다가 차버린 젊은 귀족 여인 투릴라(Turilla)다. 황제의 저택으로 들어가야 카이오를 벌줄 수 있다고 생각해 시종으로 들어온 것이다. 카이오는 오스틸리오가 옛 애인 투릴라와 닮았지만 분명치가 않아 이상하다고 생각한다. 오토네는 클레오닐라가 카이오와 가깝게 지내는 것으로 여겨 카이오를 멀리한다. 클레오닐라는 자신이 좋아하는 사람은 오스틸리오이니 다른 사람들은 모름지기 딴생각을 하지 말라고 한다. 이 얘기를 들은 카이오의 가슴에 질투가 피어오른다. 투릴라는 속으로 몹시 기뻐한다. 드디어 복수가 시작되었기 때문이다.

[제2막] 오토네의 자문관 데치오(Decio)는 카이오가 딴마음을 먹고 배반이라도 하면 큰일이니 그를 멀리하지 말라고 경고한다. 카이오가 크레오닐라에게 한 통의 편지를 전한다. 카이오의 구구절절한 마음을 담은 편지다. 오토네가 나타나 편지를 보자고 하자 그녀는 기지를 발휘해 카이오가 오스틸리오에게 보낸 편지라고 둘러댄다. 오토네는 그들이 동성애를 한다고 생각해 두 사람을 측은하게 여긴다.

[제3막] 클레오닐라가 오스틸리오를 사랑한다고 말하자 황제는 질투심에 불탄다. 이를 본 카이오는 황제를 위한다는 명목으로 오스틸리오를 칼로 찔러 죽이려 하지만 성공하지 못한다. 오스틸리오가 자신의 정체를 밝힌다. 오토네는 그동안 질투한 것을 사과한다. 또한 자신을 속이고 연기해온 크레오닐라도 관대히 용서한다. 황제가 카이오에게 투릴라와의 결혼을 권하자 카이오가 이를 받아들인다.

사랑 금지

타이틀	**Das Liebesverbot**(The Ban on Love)

전 2막. 셰익스피어의 코미디 「눈에는 눈(Measure for Measure)」을 바탕으로 작곡자 자신이 대본을 썼다. 이 오페라는 '팔레르모의 수습 수녀(The novice of Palermo)'로도 불린다.

초연	1836년 3월 29일 마그데부르크(Magdeburg) 시립극장

주요 배역	프리드리히(시칠리아 총독 직무 대리의 독일인), 마리아나(마리안나: 총독의 전 부인이며 수습 수녀), 루치오와 클라우디오(젊은 귀족), 안토니오와 안젤로(친구들), 이자벨라(이사벨라: 클라우디오의 여동생으로 현재는 수습 수녀), 브리겔라(경찰서장), 다니엘리(여관집 주인), 도렐라(이사벨라의 전 하녀), 폰티오 필라토(다니엘리의 하인)

사전 지식　바그너 추종자들은 오페라 〈사랑 금지〉가 철없던 시절 바그너가 저지른 실수라고 하면서 바그너의 작품으로 받아들이지 않는다. 〈트리스탄과 이졸데〉를 내놓은 바그너가 어찌하여 이런 유치하고 보잘것없는 카니발 얘기를 작품이라고 내놓았는지 모르겠다며 혹평까지 서슴지 않았다. 이 오페라는 바그너가 처음 시도한 코미디로, 흥행에 참패한 초연 이후 바그너 생존 시에는 공연되지 않았다. 그러다가 1983년 마그데부르크에서 초연 후 150년 만에 바바리아 슈타츠오퍼가 처음으로 무대에 올렸다. 재치가 가득한 이 오페라는 오펜바흐와 페이도(Feydeau), 심지어는 이오네스코(Ionesco)의 영향을 받았다고 한다. 그러나 실제로는 바그너 당시에 불붙었던 '젊은 독일(Young

바그너, 리하르트(Wagner, Richard, 1813~1883)
빌헬름(Wilhelm) 리하르트 바그너는 독일의 작곡가, 지휘자, 극장감독, 수필가, 오페라 대본가이다. 특히 오페라로 세계적인 명성을 얻은 인물이다. 그의 오페라는 훗날 악극(Music drama)이라는 명칭으로 불린다. 그의 작품, 특히 후기 작품은 복잡한 구성, 풍부한 하모니와 오케스트레이션, 그리고 이른바 라이트모티프(Leitnotifs)의 사용으로 주목을 받았다. 그의 라이트모티프는 주인공들의 성격, 장소, 사상 또는 스토리 요소와 관련된 음악적 주제를 말한다. 바그너는 다른 오페라 작곡가들과는 달리 오페라의 대본을 모두 직접 완성했으며 초연의 무대감독을 맡았다. 바그너는 생전에 11편의 오페라(악극)를 작곡했으며 마지막 작품은 1882년 발표한 〈파르지팔〉이다.

Germany)' 운동의 영향을 받은 것이다. 젊은 독일 운동은 프랑스에 와서 활동하는 독일 예술가들의 모임이었다. 하인리히 하이네(Heinrich Heine), 루트비히 뵈르네(Ludwig Börne) 등도 이 운동의 참여했다. 이들의 사상은 곧이어 다른 젊은 작가들에게 큰 영향을 주었다. 젊은 작가들은 속물근성의 사고방식과 과거의 낡아빠진 도덕성을 반대했다. 이 젊은이들은 유토피아 정신을 작품에 심었으며 나중에는 자신들의 개념을 '슈투름운트드랑(Sturm und Drang)' 운동으로 발전시켰다.

에피소드   마그데부르크에서의 초연은 단 열흘 동안 연습해 무대에 올린 것이다. 테너는 기억력이 흐린 사람이라 가사를 빼먹거나 이상한 행동을 하기도 했다. 이런 이유로 관객들은 오페라를 이해하는 데 어려움을 겪었다. 바그너는 라이프치히, 베를린, 파리에서도 공연하기를 원했으나 뜻을 이루지 못했다. 셰익스피어의 「눈에는 눈」은 원래 1565년 시칠리아에서 출판된 잠바티사 지랄디(Giambattisa Giraldi; Giovanni Battista Giraldi)의 『100개의 스토리』에서 영감을 얻은 것이다. 바그너는 이 오페라를 통해 순진한 척하는 위선으로부터의 관능적인 해방과 자유를 주창했다.

줄거리   **[제1막]** 무대는 팔레르모의 외곽이다. 시칠리아 총독의 직무대리를 맡은 독일인 프리드리히(Friedrich)는 해마다 열리는 시칠리아 카니발을 폐쇄하고 이 기간에 술을 마시거나 여자들과 놀아나면 사형에 처하겠다고 공포한다. 모든 시민들은 정숙하고 도덕적인 생활을 해야 한다는 것이다. 이 새로운 포고령의 첫 번째 희생자는 젊은 귀족 클라우디오(Claudio)다. 카니발 금지를 반대했기 때문이다. 사형선고를 받고 감옥에 갇힌 클라우디오는 여동생 이사벨라(Isabella)에게 도움을 요청한다. 이사벨라는 성 엘리자베스 수녀원의 수습 수녀다. 이곳 수녀원에 와서 외롭게 지내던 마리안나(Mariana)는 이사벨라에게 자기가 프리드리히 총독에게 버림 받은 아내라고 밝히며 의지하며 지내자고 말한다.
클라우디오의 친구 루치오(Lucio)는 친구를 살리기 위해 여러 방면으로 노력하지만 별 효력이 없자 프리드리히 총독에게 직접 탄원서를 낸다.
무대는 바뀌어 총독궁이다. 카니발 금지 반대자에 대한 재판이 열리려고 한다. 모두 총독이 나타나기를 기다린다. 총독의 충복 브리겔라(Brighella)는 마치 자기가 재판관이나 된 것처럼 끌려온 위반자들을 핍박한다. 드디어 등장한 프리드리히는 루치오 등이 제출한 탄원서를 기각하고, 심지어 루치오에게까지 사형을 선고하는 등 더욱 완강한 태도를 보인다.
한편 이사벨라는 수녀복 대신 멋진 옷으로 갈아입고 프리드리히 총독에게 접근해, 클라우디오를 석방시켜주면 자기 몸을 총독에게 바치겠다고 약속한다.

[제2막] 감옥의 마당이다. 이사벨라에게서 자초지종을 들은 클라우디오는 죽음이 두려워 여동생의 창녀 같은 행동을 묵인한다. 오빠의 그런 태도에 기가 막히고 분통이 터진 이사벨라는 자신이 생각한 계획의 전모를 얘기하지 않은 채 그 자리를 떠난다. 총독의 아내 마리안나가 자기 대신 프리드리히의 침실로 찾아갈 계획이다.

총독은 이사벨라와의 약속을 지키지 않을 생각이다. 그는 사면장 대신 사형집행장에 서명을 보낸다. 카니발 금지령에도 불구하고 팔레르모 시민들이 길거리로 쏟아져 나와 카니발을 시작할 기세다. 모두들 카니발을 위해 마스크를 착용했다. 잔인하고 탐욕스러운 경찰서장이 시민들을 체포하려다가 숨겨둔 애인 도렐라(Dorella)를 만나자 둘만의 시간을 즐기기 위해 슬며시 함께 다른 곳으로 사라진다. 이어 프리드리히 총독이 이사벨라를 만나기 위해 마스크를 쓰고 나타난다. 잠시 후 이사벨라인 척하며 총독의 아내 마리안나가 마스크를 쓰고 등장한다. 총독이 이사벨라(실은 마리안나)에게 수작을 걸며 조용한 곳으로 가서 즐기자고 하는 순간 진짜 이사벨라가 나타나 총독의 위선을 시민들에게 폭로한다.

프리드리히는 이제 누구에게도 복수할 수 없다. 시칠리아 왕이 돌아와 프리드리히를 파면했기 때문이다. 카니발은 예정대로 열릴 수 있게 된다.

방랑하는 네덜란드인

타이틀	**Der Fliegende Holländer**(The Flying Dutchman)	
	전 3막의 낭만적 오페라. 하인리히 하이네(Heinrich Heine)의 『슈나벨 레보프스키 씨의 비망록으로부터(Aus den Memoiren des Herrn von Schnabelewopski)』를 기본으로 하여 작곡자가 직접 독일어 대본을 썼다. 이 오페라는 '방랑하는 화란인'으로도 불린다.	
	초연	1843년 1월 2일 드레스덴 왕실작손궁정극장(Sächsische Staatsoper)
	주요 배역	달란트(노르웨이 선장), 젠타(달란트의 딸), 마리(젠타의 유모), 에리크(젠타를 사랑하는 사냥꾼), 네덜란드인
음악 하이라이트	폭풍 모티프, 뱃사람 부르는 소리와 메아리, 구원 모티프(젠타의 발라드), 저주의 모티프(젠타의 발라드), 물레 잣는 노래, 달란트의 아리아, 에리크의 아리아	
베스트 아리아	「시간은 이곳에(Die Frist ist um)」(B), 「폭풍을 뚫고서(Durch Sturm und bösen Wind)」(B), 「나를 사랑하느냐, 나의 아이야(Mögst du, mein Kind)」(B), 「저 먼 바다로부터 천둥과 폭풍 속에서(Mit Gewitter und Sturm aus fernem Meer)」(선원들의 합창), 「물레 감는 여인들의 합창(Summ und Brumm)」(허밍과 노래로서), 「조타수여, 망보는 것을 포기하라(Steuermann, lass die Wacht)」(선원들의 합창)	

사전 지식　　　바그너는 이 작품을 1막으로 된 긴 오페라로 작곡했으나 나중에 3막으로 나누었다. 우울하고 침울하며 냉혹하고 소름 끼치는 비극으로, 바그너의 이름을 알린 최초의 오페라다. 이 오페라에서 이미 그의 유명한 특성을 읽을 수 있다. 예를 들면 네덜란드인의 배가 나타날 때, 네덜란드인이 등장할 때마다 오케스트라로 연주되는 라이트모티프다. 서곡에 울리는 인상적인 혼(horn) 소리와 현을 통한 폭풍우 음향은 바로 네덜란드인을 부르는 소리다. 2막에서 젠타가 부르는 발라드는 3막에도 다시 등장한다. 젠타를 표현하는 라이트모티프다.

에피소드　　　바그너는 20대 시절에 배를 타고 영국으로 건너가다가 폭풍을 만나 공포에 떤 적이 있다. 어찌나 폭풍이 심했던지 그가 탔던 배가 세 번이나 침몰 직전까지 갔었다. 이 경험이 훗날 〈방랑하는 네덜란드인〉을 탄생시켰다. 그리고 그때의 경험이 오페라 전편에 노도광풍처럼 표현되고 있다. 하인리히 하이네의 작품에 나오는 네덜란드인에 대한 전설은 다음과 같다. 남아프리카의 희망봉을 돌아가던 네덜란드인 선장은 말할 수 없이 거친 폭풍을 만나 풍전등화와 같은 운명에 처한다. 네덜란드인 선장은 죽음을 앞둔 운명을 한탄하면서 "만일 이 폭풍에서 빠져 나가게 해준다면 평생 바다를 방랑해도 좋다"고 애원한다. 이 소리를 들은 악마는 파도를 잔잔하게 해주는 대신 네덜란드인 선장이 최후의 심판 날까지 바다를 방랑하게 저주를 내렸다. 악마는 선장이 죽기 전까지 사랑하는 여인이 나타나면 그 저주에서 풀어주겠다고 약속하면서, 여인을 찾을 수 있게 7년에 한 번씩 육지에 오를 수 있게 해주었다.

줄거리 [제1막] 1700년대 무렵의 노르웨이의 어느 항구다. 신비스러운 네덜란드인은 유령선 같은 배에서 선원들과 함께 망망대해를 정처 없이 방랑하라는 저주를 받았다. 이 저주는 여인의 순수한 사랑을 받으면 풀린다고 했다.

폭풍우가 몰아치는 것 같은 서곡에 이어 선장 달란트(Daland)와 선원들이 폭풍을 뚫고 그들의 배를 포구에 정박시키려고 정신이 없다. 뱃사람들이 부르는 "호 요 헤(영차)"라는 소리가 힘차고 장엄하다. 하지만 어두운 앞날을 예고하는 듯한 음울한 합창이다. 폭풍 한가운데 섬뜩할 정도로 괴이한 배 한 척이 시야로 들어온다. 검은 돛대에 핏빛처럼 붉은 돛을 단 전설적인 '방랑하는 네덜란드인' 선장의 소름끼치는 배다. 달란트 선장은 네덜란드인이 악마의 저주를 받아 바다 위를 정처 없이 떠돌고 있지만 7년마다 한 번씩 육지로 올라갈 수 있으며 바로 오늘이 그날인 것 같다고 선원들에게 설명해준다. 같은 선장으로서 네덜란드인에게 동정심을 느끼는 달란트 선장은 자기 딸이 방랑하는 네덜란드인 전설을 알고 있다면서 네덜란드인을 집으로 초대한다. 달란트에게 딸이 있는 것을 알게 된 네덜란드인은 배에 실려 있는 모든 재물을 줄 테니, 결혼을 허락해달라고 청한다. 달란트는 재물을 준다는 바람에 황망 중에 승낙한다.

[제2막] 달란트의 집에서 마을 여인들이 물레를 감으며 즐겁게 노래하고 있다. 달란트의 딸 젠타(Senta)는 벽에 걸려 있는 전설적인 '방랑하는 네덜란드인'의 초상화를 꿈꾸듯이 바라보고 있다. 저주를 받아 일생 바다에서 방랑해야 하는 네덜란드인에 대한 이야기는 노르웨이의 항구 마을마다 잘 알려진 얘기다. 마을 처녀들은 젠타가 방랑하는 네덜란드인을 연모하는 것이 분명하다고 놀려대며 네덜란드인 전설에 대해 자세히 노래해달라고 청한다. 젠타가 부르는 방랑하는 네덜란드인의 발라드는 말할 수 없이 아름답고 신비로운 곡이다. 그러나 한편으로는 감히 거역할 수 없는 절대적인 어떤 운명의 힘이 담겨 있는 곡이다. 젠타는 마을 처녀들에게 자기가 네덜란드인의 저주를 풀어줄 행운의 여인이었

으면 좋겠다고 말한다. 젠타의 남자 친구 에리크(Erik)로서는 처음 듣는 소리는 아니지만, 그렇다고 한쪽 귀로 흘려버릴 얘기만도 아니다. 그런데 놀랍게도 젠타의 아버지가 바로 그 네덜란드인과 함께 집에 들어선다. 젠타는 말할 수 없이 놀란다. 그녀는 마치 마법에 끌린 것처럼 네덜란드인에게 빠져든다. 네덜란드인도 젠타와 마찬가지로 운명의 힘에 끌리듯 사랑을 느낀다. 젠타의 아버지 달란트가 몹시 기뻐한다.

[제3막] 항구로 무사히 돌아온 노르웨이 선원들은 주막에서 기분 좋게 한잔 하고 있다. 선원들은 자신들의 배 옆에 정박하고 있는 네덜란드인의 음침한 배를 보며 조롱하듯 웃음을 터뜨린다. 그러면서 배 안에 있을 선원들에게 밖으로 나와 한잔 하자고 소리친다. 그러나 네덜란드인의 배에서는 전혀 응답이 없다. 갑자기 격노한 듯한 파도가 검푸른 화염처럼 밀려와 네덜란드인의 배를 뒤덮는다. 유령처럼 보이는 네덜란드인 선원들이 으스스하면서도 섬뜩한 합창을 부른다. 이 합창 소리는 부두에서 흥에 겨워 소리치던 노르웨이 선원들을 압도한다.

한편 젠타의 남자 친구 에리크는 젠타가 갑자기 결혼할 상대를 정해 그를 따라가겠다고 하자, 지난날의 즐거운 기억을 이야기하며 제발 떠나지 말라고 간청한다. 두 사람의 대화를 엿들은 네덜란드인은 잘못하다가는 젠타의 마음이 흔들릴지 모른다고 생각해, 몹시 화를 내며 결혼은 없던 일로 하자고 소리치며 자리를 박차고 나간다. 네덜란드인은 자기에 대한 젠타의 사랑이 순수하지 않다고 생각한다. 네덜란드인은 절망해 "아, 나는 다시 바다로 돌아가 방랑해야 하오. 젠타, 당신을 믿을 수 없소! 신도 믿을 수 없소!"라고 외치며 배로 달려간다. 네덜란드인의 절규를 들은 젠타는 정신을 차린 듯 네덜란드인에게 기다려달라고 소리친다. 젠타는 네덜란드인을 진심으로 사랑한 것이다.

유령선과 같은 네덜란드인의 배는 저 먼 바다를 향해 떠날 채비를 마쳤다. 부두에 도착한 젠타는 벌써 배에 오르고 있는 네덜란드인에게 죽음이 갈라놓을 때까지 함께 있겠다고 소리친다. 뒤쫓아 온 에리크가 젠타의 팔을 붙잡고 놓아주지 않자 젠타는 네덜란드인의 배를 향해 바다로 몸을 던진다. 그러자 네덜란드인의 배가 서서히 침몰하기 시작한다. 저주가 풀린 것이다.

감싸 안은 네덜란드인과 젠타가 마치 환영처럼 바다에서 솟아올라 저 멀리 하늘로 올라간다.

니벨룽의 반지

타이틀	**Der Ring des Nibelungen**(The Ring of Nibelung)

	링 사이클에 포함되는 네 작품으로 바그너가 대본을 썼다.
초연	링 사이클 네 작품을 보면 '라인의 황금'이 1869년 뮌헨에서, '발퀴레'가 1870년 역시 뮌헨에서, '지그프리트'는 1876년 바이로이트에서, '신들의 황혼' 역시 같은 해에 바이로이트에서 초연되었다.

사전 지식　　　바그너의 링 사이클(Ring cycle)은 무궁한 힘을 지닌 '니벨룽의 반지'에 대한 네 가지 에피소드를 한데 묶은 것이다.

전설에 의하면 니벨룽은 독일 북부에 살았다는 소수 족속의 이름이다. 이 키 작은 족속은 막대한 황금과 보물을 모아놓고 빼앗기지 않으려고 지키는 사람들이다. 그런데 불을 뿜는 용 파프너(fafner)가 황금을 빼앗아 동굴에 숨겼다. 이후 니벨룽 사람들은 유령 같은 존재가 되어 황금을 되찾으려고 노력했지만 괴물 파프너를 무찌를 수 없어 뜻을 이루지 못했다.

황금 보물 중 가장 귀중한 것은 반지다. 이 반지는 니벨룽이 보호하고 있었기 때문에 니벨룽의 반지라고 부른다. 반지를 차지하는 사람은 세상의 모든 권세와 황금을 갖게 되지만, 반지를 꼈던 사람은 저주받은 운명을 맞이하게 된다고 한다. 반지와 황금을 빼앗긴 니벨룽 족속은 안개와 황혼의 사람이 되어 기회가 오기만을 기다린다. 이때 지그프리트가 등장한다. 어릴 때 색슨족에게 부모를 잃고 대장장이의 손에 자란 지그프리트는 운석으로 직접 만든 무적의 칼로 무서운 용을 물리치고 반지와 모든 보물을 차지한다. 아이슬란드 여왕 브륀힐데를 만난 지그프리트는 영원한 사랑을 약속한다. 브륀힐데는 죽은 영웅을 천상의 발할라로 안내하는 발퀴레의 첫 번째 여인이다.

지그프리트가 색슨 왕 군터와 그의 간악한 신하 알베리히 등의 간계에 빠져 세상을 떠나자 브륀힐데도 스스로 목숨을 끊는다. 지그프리트는 바이킹식 배에서 화장된다. 그 배에는 지그프리트가 파프너에게서 찾아온 황금 보물도 함께 실려 있다. 지그프리트가 끼고 있던 니벨룽의 반지와 황금 보물은 깊은 강으로 가라앉는다.

독일 버전에서는 반지와 황금이 라인 강에 가라앉았다고 한다. 그래서 '라인의 황금'이 나오며 이 황금을 지키기 위해 라인의 처녀들(님프)이 등장한다. 북구 신화에서는 발퀴레가 등장한다. 이 같은 얘기는 13세기 아이슬란드 볼숭(Volsung) 가문에서 적은 볼숭 사가(Volsung Sage)에 적혀 있다. 사가 (Saga)는 아이슬란드 전래의 영웅담을 말한다.

342-1

라인의 황금

타이틀	**Das Rheingold**(The Rhine Gold)		
		전 4편으로 구성된 〈니벨룽의 반지〉의 프롤로그	
	초연	1869년 9월 22일 뮌헨 왕립국립극장	
	주요 배역	보탄 왕(오딘, 하늘과 땅의 지배자), 프리카(보탄의 아내, 결혼 축복의 여신), 프라이아(프레이야, 프리카의 여동생이며 청춘의 여신), 도너 (프리카의 남동생으로 천둥의 신), 프로(프리카의 또 다른 남동생), 에르다(운명의 여신), 로게(반신반인의 불의 신), 파솔트(거인), 파프 너(거인의 동생), 알베리히(니벨룽), 미메(알베리히의 동생), 보글린 데(라인의 처녀), 벨군데(라인의 처녀), 플로스힐데(라인의 처녀)	
음악적 하이라이트	라인 강 모티프, 물결 모티프, 라인 처녀들의 노래, 라인 황금 모티프, 황금 사과 모티프, 천둥 모티프, 무지개 모티프, 반지 모티프, 발할라 모티프, 니벨룽 모티프, 에르다 모티프, 화염 모티프, 칼 모티프(Nothung)		
베스트 아리아	「황혼에 태양의 눈이 빛나리(Abendlich strahlt der Sonne Auge)」(T), 「양보하라, 보탄! 양보하라(Weiche, Wotan! Weiche)」(Ms)		

줄거리　　　　[제1막] 라인 강의 물속에서 라인의 처녀라고 불리는 세 명의 물의 요정(님프)이 즐겁게 놀면서 「바이아! 바가!(Weia! Waga!)」라는 노래를 부른다. 이 세 명의 라인 처녀는 보글린데 (Woglinde), 벨군데(Wellgunde), 플로스힐데(Flosshilde)다. 님프들의 즐거운 시간은 못생기고 늙은 난쟁이 알베리히(Alberich)의 등장으로 중단된다. 알베리히는 니벨룽(Nibelung) 족속의 일원이다. 해가 지고 있다. 찬란한 황혼의 햇빛이 라인 강 위에 머문다. 그 빛이 늙은 난쟁이 알베리히의

눈동자에 반사되어 강 속에 있는 찬란한 황금을 발견하게 한다. 님프들은 그 황금을 녹여 반지를 만들어 끼면 무한한 권력과 능력을 가질 수 있다고 설명한다. 다만 사랑은 영원히 포기해야 한다. 늙은 난쟁이 알베리히는 그 말에 아랑곳하지 않고 황금을 훔쳐간다. 님프들이 황금을 되찾으려고 알베리히를 뒤쫓지만 끝내 잡지 못한다.

[제2막] 독일어로 발할라(Valhalla: 북구 신화에서는 Valhall)라고 부르는 올림포스 산이다. 북구에서는 발할라가 영웅들의 영혼이 영원히 쉬는 곳 다시 말해 낙원으로, 발할라의 최고 대장은 보탄이다. 보탄은 발할라에 거주하는 신들의 신으로, 로마식으로 보면 제우스다. 아무튼 보탄 왕으로 불리는 애꾸눈 신을 비롯해 여러 신들이 막 잠에서 깨어난다. 두 명의 거인이 건설한 보탄 왕의 궁전은 멋있고 화려하다. 보탄 왕은 이들에게 청춘과 사랑의 여신 프라이아(Freia)를 주겠다고 약속했다. 두 명의 거인은 보탄 왕의 궁전 문 앞에서 어서 프라이아 여신을 내놓으라고 성화다. 보탄 왕은 약속을 깜빡 잊고 있었다. 프라이아가 갖고 있는 사과에는 신들이 영원한 젊음을 유지하게 하는 신비한 능력이 있다. 그러므로 모든 신은 사과를 먹기 위해 프라이아에게 잘 보여야 하는 처지다. 프라이아가 없으면 사과도 먹을 수 없다. 그런 프라이아를 누군가에게 넘겨준다는 생각은 상상조차 할 수 없는 것이다. 보탄 왕은 잔꾀가 많은 반인반신의 불의 신 로게(Loge)에게 지상으로 내려가 프라이아 대신 거인들에게 줄 만한 물건이 있는지 찾아보라고 지시한다. 로게는 늙은 난쟁이 알베리히가 갖고 있는 황금의 반지라면 괜찮을 것이라고 말한다. 보탄 왕이 반지를 받으면 무한한 세계를 지배할 수 있는 권력을 손에 쥘 수 있다고 하자 거인들은 솔깃한다. 거인들은 보탄 왕이 그 반지를 찾아줄 때까지 프라이아를 인질로 잡고 있겠다고 주장한다. 보탄 왕에게는 선택의 여지가 없다. 보탄 왕과 로게는 반지를 찾기 위해 알베리히가 어디서 무엇을 하고 있는지 살펴본다.

[제3막] 알베리히는 지하 유황 동굴에서 절대 권력을 쥐고 다른 모든 난쟁이, 즉 니벨룽(Nibelung)을 노예처럼 부리며 재산을 축적하고 있다. 니벨룽은 지하 동굴에 살고 있는 난쟁이를 말한다. 알베리히는 마법의 투구까지 쓰고 있다. 이 투구를 쓰고 있으면 어떤 동물로든 변할 수 있으며 심지어 투명 인간이 될 수 있다. 꾀 많은 로게가 알베리히를 만나 "존경하옵는 알베리히 님이시여! 당신은 어떠한 동물로든 변할 수 있다고 하니 한 번 시범을 보여주시면 존경하는 마음이 더할 듯합니다. 그렇지 않으면 그 투구의 마법을 믿을 수 없사옵니다"라고 말한다. 자만에 빠진 알베리히는 용으로 변했다가 두꺼비로 변한다. 보탄 왕은 이때를 놓치지 않고 두꺼비를 잡아 당장 잡아먹겠다고 협박한다.

[제4막] 보탄왕은 알베리히에게 반지와 투구를 내놓게 하고, 그동안 모아놓은 금덩이도 모두 가져간다. 알베리히는 화가 치밀지만 어쩔 도리가 없자 온갖 능력을 동원해 반지를 차지한 사람은 모두

망하라는 저주를 불어넣는다.

이렇게 하여 보탄 왕은 프라이아를 데려오게 된다. 그러나 반지가 탐난 보탄 왕은 거인들에게 주지 않으려고 생각하지만, 상황을 전해들은 땅의 여신 에르다(Erda)가 한때 남편이기도 했던 보탄 왕을 생각해 반지를 지니고 있으면 재앙이 찾아오니 어서 거인들에게 주라고 권한다. 보탄 왕은 마지못해 권력의 반지를 거인들에게 준다. 반지의 저주는 즉시 효력을 발휘한다. 누가 반지를 차지하느냐를 놓고 형제끼리 싸우다가 그중 하나가 죽는다. 살아남은 거인은 자신의 행동을 후회하면서 멀리 사라진다. 거인이 사라지자 발할라에는 오랜만에 찬란한 햇살과 함께 평온함이 감돈다. 보탄 왕과 그의 아내들은 비로소 안심하고 새로 지은 궁전으로 들어간다.

한편 라인의 처녀들(님프)은 라인의 황금을 제대로 지키지 못한 죄책감에 계속 슬피 울고 있다.

342-2

발퀴레

타이틀	**Die Walküre**(The Valkyrie)	
	전 3막. 작곡자가 직접 대본을 썼다.	
초연	1870년 6월 26일 뮌헨 국립극장	
주요 배역	지그문트(보탄의 아들), 지글린데(지그문트의 쌍둥이 여동생), 훈딩(지글린데의 남편), 보탄(하늘과 땅의 지배자), 프리카(보탄의 아내), 발퀴레(보탄과 에르다의 딸들) 브륀힐데, 헬름비게, 오르트린데, 게르힐데, 발트라우테, 지그루네, 로스바이세, 그림게르데	
음악 하이라이트	볼숭(Volsung)의 사랑 모티프, 지그문트의 봄의 노래, 브륀힐데의 입장 음악, 죽음에 대한 예감 음악, 보탄의 창 모티프, 브륀힐데의 아버지를 위한 사랑 음악, 보탄의 이별 음악, 마법의 불꽃 모티프	

베스트 아리아	「아버지가 검을 약속했는데(Ein Schwert verhiess mir der Vater)」(T), 「이 홀에 사람들이 가득 앉아 있었는데(Der Männer Sippe sass hier im Saal)」(S), 「겨울 폭풍이 기쁨의 달을 기울게 하네(Winterstürme wichen dem Wonnemond)」(T), 「그대는 봄이다(Du bist der Lenz)」(S), 「그게 전부라면 끝이다(So ist es denn aus)」(B), 「젊은 사랑의 기쁨이 나를 떠날 때(Als junger Liebe Lust mir verblich)」(B), 「죽음의 발표(Todesverkündigung)」(S), 「그것이 그렇게도 부끄러운가?(War es so schmählich?)」(S)

사전 지식　　　　　발퀴레의 서곡은 매우 유명한 곡으로 〈지옥의 묵시록〉이라는 영화에 나온다. 제2막 중 발퀴레들의 여행 부분에서도 서곡의 라이트모티프가 나온다. 깊은 인상을 남기는 곡으로 히틀러가 특히 좋아했다고 한다.

배경 이야기　　　　〈발퀴레〉와 〈라인의 황금〉은 연계된 내용이다. 발퀴레(영어로는 발키리)는 북구의 신 오딘(Odin)의 12신녀로 전사한 영웅들의 영혼을 올림포스, 즉 발할라(Valhalla)로 안내해 시중든다는 여신이다. 제2막에서는 상당히 긴 독백 장면이 나온다. 이를 통해 〈발퀴레〉의 배경을 들을 수 있다. 권력의 황금반지를 거인에게 준 보탄 왕은 아까운 생각에 자기 몸의 일부가 떨어져 나간 기분이다. 반지는 두 거인 중 살아 남은 파프너(Fafner)의 손에 있다. 보탄 왕은 반지가 어디 있을지 생각하며 지상으로 내려갔다가 아름다운 여인을 만나 잠자리를 같이한다. 그 결과는 쌍둥이 남매 지그문트(Siegmund)와 지글린데(Sieglinde)를 낳는다. 쌍둥이 남매는 어릴 때 운명적으로 헤어진다. '링 사이클'의 두 번째 이야기 '발퀴레'는 성장한 이들 남매의 이야기에서 시작한다. 지그문트와 지글린데가 헤어진 후 세월은 흘러 지글린데는 결혼까지 했다.

줄거리　　　　[제1막] 폭풍노도와 같은 전주가 끝나면 어느 한적한 숲 속에 지글린데와 사냥꾼 남편 훈딩(Hunding)이 살고 있는 오두막집이 보인다. 오두막으로 폭풍을 뚫고 한 청년이 뛰어 들어온다. 지글린데의 쌍둥이 오빠 지그문트다. 지그문트는 폭풍을 피해 하룻밤 묵게 해달라고 청한다. 신세를 지게 된 지그문트는 자신이 지나온 날에 대해 들려준다.

소년 시절 집에 돌아와 보니 집이 불에 타 어머니는 세상을 떠났고, 쌍둥이 여동생은 종적을 감췄다는 것이다. 세월이 흘러 동생을 찾아 헤매던 중 어느 연약한 소녀가 못된 사냥꾼과 결혼하게 된 것을 구해주려고 했으나 힘이 부족해 실패했다는 이야기도 한다.

지글린데는 자기를 위해 목숨까지 버리려 했던 청년을 만나게 되어 한없이 기쁘다. 그러면서 그때 사냥꾼과 결혼할 수밖에 없었던 불운한 운명을 슬퍼한다. 한편 지글린데의 남편 훈딩은 얘기를 듣고 보니 결혼을 방해했던 청년이라는 것을 깨닫고는, 아침 일찍 복수의 칼날을 휘두르기로 결심한다. 남편의 속셈을 눈치챈 지글린데는 남편에게 약을 먹여 잠에서 깨어나지 못하게 하고 지그문트가 쉬고 있는 방으로 살며시 들어간다. 두 사람은 마치 오래된 연인처럼 서로를 품에 안고 하룻밤을 보낸다. 새벽이 오자 지그문트와 지글린데가 멀리 도망친다. 두 사람은 자신들이 쌍둥이 남매라는 사실을 모른다.

[제2막] 신들의 제왕 보탄에게는 아홉 명의 딸이 있다. 이들을 발퀴레라고 부른다. 가슴받이 방패에, 뿔 달린 바이킹 투구, 긴 창과 방패를 들고 있는 여장부들이다. 그중 브륀힐데(Brühnhilde)는 보탄 왕이 가장 사랑하는 딸이다. 그녀는 하늘을 마음대로 날아다니는 천마를 가지고 있다. 보탄 왕은 브륀힐데에게 세상으로 내려가 지그문트와 지글린데가 도망가고 있으니 이들을 도와주라고 당부한다. 브륀힐데는 여덟 명의 자매를 부른다. 따지고 보면 지그문트가 보탄 왕의 아들이므로, 그는 발퀴레들의 동생이다.

보탄 왕의 아내 프리카(Fricka)는 남편 보탄 왕이 지상에 내려가 자기도 모르게 쌍둥이 남매까지 두었다는 사실을 알고는 분한 마음에 눈물을 흘리며 슬퍼한다. 결국 보탄 왕은 아내를 속인 벌로 아들 지그문트를 없애겠다고 말한다. 보탄 왕은 딸들을 불러 사정이 이러하니 지그문트를 도와주는 대신 그를 죽이라고 지시한다. 하지만 브륀힐데는 남동생 지그문트를 죽일 수 없노라고 단호히 말하며 아버지 보탄 왕의 지시에 불복한다.

지그문트와 지글린데는 사악한 남편 훈딩의 추격을 피해 필사적으로 도망가고 있다. 지글린데는 훈딩에게 잡혀 죽느니 차라리 죽음을 택하겠다고 하면서 칼을 꺼내 죽으려고까지 한다. 이때 브륀힐데가 나타나 지그문트와 지글린데를 보호해주겠다고 하지만 훈딩이 그들을 따라잡는다. 지그문트와 훈딩이 산꼭대기에서 결투를 벌인다. 보탄 왕의 아내 프리카가 두 사람의 결투 소식을 듣고는 지그문트를 없애달라고 하자 보탄 왕이 결투 중인 지그문트의 칼을 부러뜨린다. 이 틈을 타서 훈딩이 지그문트를 죽인다. 보탄 왕은 자책감에 훈딩까지 죽인다. 지그문트의 죽음을 지켜본 지글린데는 그 자리에서 정신을 잃고 쓰러진다. 브륀힐데가 정신을 잃고 쓰러져 있는 가엾은 지글린데를 안고 어디론가 사라진다. 이를 본 보탄 왕은 딸 브륀힐데가 자기 일을 방해했다고 화를 내며 브륀힐데까지 죽이겠다고 맹세한다.

[제3막] 막이 오르면서 노도광풍과 같은 「발퀴레의 질주(Walkürenritt; Ride of the Valkyries)」라는 곡이 무대를 압도한다. 음악과 함께 브륀힐데와 여덟 명 여동생들이 하늘을 나는 말을 타고 아버지 보탄의 노여움을 피해 산정으로 향한다. 브륀힐데는 지글린데가 이 세상에서 가장 위대한 영웅의 아이를 임신했다고 발표하며 그런 여인을 구해낸 것이 자랑스럽다고 말한다.

보탄 왕의 추격은 계속된다. 결국 브륀힐데의 소재를 알아낸 보탄 왕은 브륀힐데의 능력을 박탈하고 사슬에 묶어 영원한 불길 속에 잠든 채 가둬둔다. 보탄 왕은 슬픈 마음에 딸에게 이별을 고하고 떠난다.

지그프리트

타이틀	**Siegfried**	
		전 3막의 음악극. 〈니벨룽의 반지〉 제2일째 스토리다. 대본은 작곡자가 직접 썼다.
	초연	1876년 8월 16일 바이로이트의 페스트슈필하우스(Festspielhaus)
	주요 배역	지그프리트, 미메(난쟁이), 알베리히(미메의 동생), 브륀힐데(에르다와 보탄의 딸), 방랑자(보탄), 파프너(두 거인 중 하나로 용의 모습을 하고 있다), 에르다(운명의 여신)
음악 하이라이트		대장간 용광로 모티프, 미메의 모티프, 용 모티프, 지그프리트의 호른 모티프, 지그프리트의 쇠달구기 노래, 숲이 중얼거리는 음악
베스트 아리아		「현명한 대장장이에게 경배를!(Heil dir, weiser Schmied!)」(T)

사전 지식　　　〈니벨룽의 반지〉 4부작 중 세 번째 작품이다. '지그프리트'에도 주인공의 성격과 이상을 표현한 라이트모티프가 전편에 엮여 있다. 전주곡은 미메의 불평을 표현한다. 2막에서는 파프너(거인)와 반지와의 연관성을 모티브로 삼았다. 반지에 불어넣은 알베리히의 저주가 담겨 있는 모티브다. 3막에서는 방랑자 보탄이 자기 운명을 회상하는 것을 표현했다.

줄거리　　　[제1막] 지글린데가 사내아이 지그프리트(Siegfried)를 출산한다. 얼마 후 지글린데가 세상을 떠나자, 난쟁이 미메(Mime)가 그 아이를 기른다. 니벨룽인 미메가 지그프리트를 정성을 다해 키운 데는 몇 가지 이유가 있다. 첫째는 지그프리트에게 검술을 가르쳐 거인 파프네를 죽이기 위해서다. 파프네는 황금의 반지 덕에 지금 용으로 변해 세상을 호령하고 있다. 둘째는 파프네를 죽이고 황금 반지를 빼앗아오기 위해서다. 셋째는 자신이 난쟁이 세계의 전지전능한 지배자가 되기 위해서다. 대장장이 미메의 대장간에서 지그프리트는 칼 만드는 기술을 익힌다.

[제2막] 용의 동굴이다. '라인의 황금'에 등장했던 늙은 난쟁이 알베리히가 잃어버린 반지를 찾기 위해 안간힘을 쓰고 있다. 난쟁이 미메와 소년 용사 지그프리트가 용의 동굴로 숨어든다. 용을 처치하기 위해서다. 지그프리트가 뿔피리로 새소리를 흉내 내는 바람에 용이 잠에서 깨어난다.

처절한 싸움 끝에 지그프리트가 승리한다. 그가 죽은 용의 피를 한 모금 마시자 새들의 소리를 알아들을 정도로 귀가 밝아진다. 마법의 반지와 투구에 대해 알게 된 지그프리트가 반지와 투구를 움켜쥐자 두 명의 난쟁이 알베리히와 미메가 자기 것이라면서 서로 다투기 시작한다. 미메는 본색을 드러내며 목이 마른 지그프리트에게 독이 든 술을 마시게 한다. 영특한 지그프리트는 미메의 간교를 알아채고는 그를 단칼에 베어버린다.

숲 속에서 새 한 마리가 나타나 산 저쪽 활활 타오르는 불길 속에 어떤 여인이 잠들어 있다고 지저귄다. 지그프리트는 그 여인을 구하는 것이 운명이라고 생각한다.

[제3막] 지그프리트는 활활 타는 불길이 어디 있는지 알아내기 위해 우선 보탄을 찾아간다. 보탄은 지그프리트와 이런저런 얘기를 나누다가 자신이 지그문트의 칼을 부러뜨려 죽게 했다고 무심결에 밝힌다. 분노한 지그프리트가 보탄 왕을 죽이려다 뜻을 이루지 못하자, 보탄 왕의 유명한 창을 동강 내버린다. 이 장면을 끝으로 보탄 왕은 방랑자가 되어 '링 사이클' 무대에서 사라진다. 지그프리트는 산꼭대기로 뛰어 올라가 그곳에서 옛 모습 그대로 갑옷을 입고 투구를 쓴 채 잠들어 있는 전사를 발견한다. 지그프리트는 불의 방벽에서 굳세게 견디고 있는 저 전사가 누구인지 궁금하다. 지그프리트가 가슴받이 갑옷과 투구를 벗기자 브륀힐데의 풍만한 가슴과 금발의 머리칼이 드러난다. 그가 브륀힐데에게 키스를 하자 브륀힐데는 오랜 잠에서 깨어난다. 그녀는 자기를 구해준 청년을 보고 자신이 인간과 결혼할 운명임을 깨닫는다. 두 사람은 열정적으로 끌어안으며 사랑을 표현한다.

342-4

신들의 황혼

타이틀	Götterdämmerung(The Twilight of the Gods)	
		서곡과 3막으로 구성된 뮤직 드라마. 대본은 작곡자가 직접 썼다.
	초연	1876년 8월 17일 바이로이트의 페스트슈필하우스
	주요 배역	지그프리트(볼숭), 군터(기비홍의 영주), 구트루네(군터의 여동생), 하겐(군터의 이복동생, 알베리히의 아들), 브륀힐데(보탄의 딸), 알베리히(니벨룽), 발트라우테(발키리), 보그린데 · 벨군데 · 플로스힐데(라인의 처녀들), 세 명의 노른(운명의 여신의 딸들), 보탄(애꾸눈이 된 왕)

베스트 아리아	「당신에게 말하는 것을 잘 듣고 이해하라(Höre mit Sinn, was ich dir sage!)」(Ms), 「새로운 행동으로(Zu neuen Taten)」(S)

사전 지식　　　링 사이클의 마지막 오페라다. '신들의 황혼'은 〈니벨룽의 반지〉에 대해 결론을 내리듯 내용이 충실하다. 바그너 특유의 라이트모티프는 새벽녘에 지그프리트가 하겐(Hagen)을 만나기 위해 말을 타고 떠나는 라인의 여행과 지그프리트의 장례 행렬에서 뚜렷이 나타난다. '신들의 황혼'의 내용은 볼숭(Volsung) 전설집에서 특별히 강조된 부분이다.

배경 이야기　　　이야기는 올림포스 산에 신들의 궁전이 세워지기 훨씬 전으로 돌아간다. 세 명의 운명의 여신의 딸, 즉 노른(The Norns: 북유럽 신화에 나오는 운명의 여신들)이 운명의 실타래를 엮으면서 물푸레나무에 대해 노래를 부른다. 어떤 위대한 신이 물푸레나무로 창을 만들었지만 어떤 젊은 영웅이 그 창을 부러뜨리고 토막토막 잘라 발할라 주변에 쌓은 뒤 불을 질러 신들의 종말을 가져온다는 노래다. 노른은 운명의 실타래를 서로 이리저리 던지거나 받거니 하면서 보탄 왕의 운명을 차례대로 풀어간다. 생명의 물푸레나무 아래 있는 샘에서는 지혜의 샘이 솟아나오고 있다. 이 샘물을 마시면 지혜로워져 신들의 제왕이 될 수 있다는 것이다. 젊은 보탄은 샘물 한 모금을 마시기 위해 대가로 한쪽 눈을 기꺼이 내놓았다. 그래서 보탄 왕은 애꾸눈이 되었다. 신들의 제왕이 된 보탄은 발할라에 궁전을 마련하고 이곳에 모든 신이 모여 지내도록 했다. 이때 운명의 여신들이 이리저리 던지던 운명의 실타래가 끊어진다. 운명은 공포에 질려 소리를 지르며 세상으로 떨어진다. 발할라 정상에 아직도 둥근 원을 그리며 불기둥이 타오르고 있다. 그 안에 결혼한 브륀힐데와 지그프리트가 살고 있는 동굴이 있다. 모험을 찾아 세상으로 나가려는 지그프리트가 아내 브륀힐데에게 작별을 고한다. 지그프리트는 황금의 반지, 권능의 반지를 결혼반지로 브륀힐데의 손에 끼워준다. 브륀힐데는 애마인 그라네(Grane)를 지그프리트에게 주면서 타고 가라고 한다.

줄거리　　　[제1막] '라인의 황금'에서 권능의 반지를 빼앗아 달아났다가 보탄 왕에게 반지를 빼앗긴 늙은 난쟁이 알베리히의 아들이 등장한다. 그의 이름은 하겐(Hagen; Hagan)이다. 하겐은 라인 강의 한 골짜기에서 이복 남동생 군터(Gunther)와 이복 여동생 구트루네(Gutrune)와 함께 살고 있다. 무대는 하겐의 왕좌가 있는 방이다. 하겐은 군터에게 보탄의 딸 브륀힐데와 결혼하라고 강요한다. 브륀힐데가 지그프리트와 결혼하기 전의 일이다. 브륀힐데는 자기가 지그프리트와 결혼할 운명임을 알고 있다. 지그프리트는 하겐과 친구 사이다. 하겐 역시 아버지를 닮아 사악하기 이를 데 없다. 이 사악한 하겐이 한 가지 계략을 꾸민다. 만일 그 계획이 성공하면 우주의 지배자가 될 수도 있다. 이 계획에 지그프리트도 참가하기로 한다.

사악한 하겐은 '사랑의 묘약'을 준비한다. 트리스탄과 이졸데가 사용했던 바로 그런 '사랑의 묘약'이다. 하겐의 이복여동생 구트루네가 이 약을 지그프리트에게 마시라고 권한다. 사랑의 묘약을 마신 지그프리트에게 당장 약효가 나타난다. 그는 구트루네에게 욕망을 느낀다. 지그프리트는 한술 더 떠 구트루네의 이복오빠 군터에게 브륀힐데를 차지하라고 제안한다. 사랑의 묘약은 지그프리트가 브륀힐데와 결혼해 살았다는 기억을 완전히 지워버렸다.

올림포스 산정이다. 브륀힐데의 여동생 발트라우테가 가족의 소식을 전해온다. 아버지 보탄 왕은 완전히 정신이 나가 발할라 산 부근을 부러진 창을 들고 배회하고 있을 뿐만 아니라 생명의 물푸레나무를 찍어 없앴고 프라이아의 '청춘 사과'도 더는 먹지 않는다고 한다. 신들에게 내려진 저주는 그 권능의 황금 반지가 라인의 님프에게 돌아갈 때 풀린다는 것이다. 그 황금 반지는 지금 브륀힐데가 가지고 있다. 발트라우테가 브륀힐데에게 반지를 달라고 하지만 브륀힐데는 그 반지가 결혼반지이므로 돌려주기를 거부한다. 그때 지그프리트가 느닷없이 산정의 집으로 돌아온다. 그는 마법의 투구를 써서 군터의 모습을 하고 있다. 군터로 변신한 변한 지그프리트는 브륀힐데의 손가락에서 반지를 빼앗고는 자기와 결혼해야 한다면서 브륀힐데를 동굴로 끌고 들어간다.

[제2막] 하인들이 군터와 브륀힐데와의 결혼식을 준비하고 있다. 지그프리트는 본래의 모습으로 돌아와 있다. 자기가 제안한 대로 군터와 브륀힐데의 결혼시키기 위해, 브륀힐데를 납치하고 손가락에서 반지를 빼앗기 위해 잠시 군터의 모습으로 변신했던 것이다. 동굴로 끌려온 브륀힐데는 한쪽 편에 서 있는 얼굴을 알아볼 수 없는 사람의 손가락에서 권능의 반지를 발견하고는 놀란다. 그렇다면 자신의 반지를 빼앗고 결혼하겠다고 이곳으로 데려온 사람이 남편 지그프리트란 말인가? 걷잡을 수 없는 분노에 휩싸인 브륀힐데는 지그프리트를 비난한다. 그녀는 사람들에게 지그프리트의 최대 약점이 척추에 있다는 사실까지 발설한다.

군터는 그제야 브륀힐데가 자기와의 결혼을 달갑지 않게 생각하는 이유를 깨닫게 된다. 지그프리트를 없애야 브륀힐데와 결혼할 수 있다고 믿는 군터는 지그프리트를 죽이려고 계획한다. 브륀힐데 역시 지그프리트에게 배반당한 것을 참을 수 없어 복수를 다짐한다. 이런 모습을 본 사악한 하겐은 이제야 아버지 알베리히가 반지의 제왕이 될 수 있다면서 기뻐한다.

[제3막] 지그프리트가 우연히 님프들을 만난다. 라인의 님프들은 지그프리트에게 반지에 대한 모든

얘기를 들려준다. 님프들은 반지를 지니고 있는 한 악마의 저주를 받게 된다면서 돌려줄 것을 간청하지만 지그프리트는 돌려줄 생각이 없다. 님프들은 최후의 날에 한 여인이 그 반지 때문에 희생되고 결국 반지는 자신들에게 돌아올 것이라고 예언하고는 사라진다. 하겐과 그의 이복형 군터가 나타난다. 지그프리트는 예전 기억을 되살려 이들에게 자기가 성장해온 얘기를 해준다. 난쟁이 미메가 자기를 키운 얘기, 거인 파프너를 처치한 얘기, 브륀힐데와 결혼하게 된 얘기 등. 하겐이 무슨 생각이 들었는지 지그프리트에게 '사랑의 묘약'의 해독제를 준다. 해독제를 마신 지그프리트는 그제야 사랑하는 브륀힐데를 알아본다. 사악한 하겐은 이 순간을 노린다. 하겐은 창을 집어 들어 지그프리트의 아킬레스의 건인 척추를 찌른다. 지그프리트가 숨을 거둔다. 사악한 하겐이 지그프리트의 손에서 반지를 빼내 차지하려고 하자 군터도 반지를 차지하기 위해 하겐과 결투를 벌인다. 결투 끝에 군터가 죽는다. 한편 브륀힐데는 하인들을 시켜 라인 강변에 커다란 장작더미 제단을 쌓도록 한다. 그녀는 지그프리트를 화장하며 비통한 심정으로 절규하는 듯한 아리아를 부른다. 이 아리아는 아마 모든 오페라 아리아 중에서 가장 길 것이다. 17분이나 걸린다. 브륀힐데는 아리아를 통해 라인의 님프들에게 지그프리트를 화장한 잿더미 속에서 반지를 찾아가라고 소리친다. 아리아를 마친 브륀힐데는 사랑하는 말을 타고 불 속으로 뛰어든다. 무대가 불길에 휩싸인다.

하겐이 반지를 찾으러 강 속으로 뛰어든다. 반지는 이미 님프들이 가지고 있다. 하겐은 결국 물속에서 헤어나지 못하고 죽음을 맞이한다. 반지를 되찾은 님프들이 물속에서 즐겁게 춤을 춘다. 저 멀리 발할라 산에서 불길이 치솟는다. 그곳에 살고 있던 신들이 화염 속에 하나둘 사라진다. 이제 신들의 시대는 지나갔다. 오로지 사랑만이 지배하는 세상이 되었다.

요정들

타이틀	**Die Feen**(The Fairies)	
	전 3막의 대낭만 오페라. 카를로 고치(Carlo Gozzi)의 소설 『뱀의 여인(La donna serpente; The snake woman)』을 바탕으로 작곡자가 직접 대본을 썼다.	
	초연	1888년 6월 29일 뮌헨 궁정극장
	주요 배역	요정의 왕, 아다(요정 나라 공주로 아린달의 아내), 아린달(트라몬트의 왕자), 로라(아린달 왕자의 여동생), 모랄트(군사령관이며 로라의 연인), 드롤라(로라의 친구)

사전 지식　　　　독일의 시인이며 작곡가인 에른스트 테오도어 빌헬름 호프만(Ernst Theodor Wilhelm Hoffmann)은 이탈리아 작가인 카를로 고치의 동화 『요정들』에서 깊은 인상을 받았다. 호프만은 바그너에게 〈요정들〉을 오페라로 만들어볼 것을 권유했다. 바그너의 삼촌 아돌프 바그너는 카를로 고치의 친구로, 고치의 작품을 독일어로 번역해 출판한 적도 있다. 〈요정들〉의 작곡에는 삼촌 아돌프의 영향도 있었을 것이다. 바그너는 원작의 몇몇 부분을 고쳤다. 예를 들면 원래 제목은 '뱀 여인'이었으나 이를 '요정들'로 바꾸었으며, 소설에서는 여주인공인 아다(Ada)가 나중에 뱀으로 변하지만 오페라에서는 바위로 변하는 것으로 수정했다. 〈요정들〉의 내용은 〈로엔그린(Lohengrin)〉에서도 발견할 수 있다. 〈로엔그린〉에서 왕자가 백조로 변한 것, 엘자가 로엔그린의 출생의 비밀을 알려고 하는 점 등이 그러하다. 이 두 오페라의 메시지는 자연적인 것과 초자연적인 것의 균형이다. 〈요정들〉에서는 인간과 초자연적 존재 간의 사랑이 가능한지 의문을 던지고 있다. 〈요정들〉의 스토리는 호프만의 〈운디네(Undine)〉, 마르슈너의 〈한스 하일링(Hans Heiling)〉과 맥을 같이하고 있다.

에피소드　　　　오페라 〈요정들〉은 바그너가 세상을 떠난 지 5년 만에 뮌헨에서 초연되었다. 바그너는 〈요정들〉의 악보를 오래전에 만들어놓았지만 다른 일 때문에 정신이 없어 〈요정들〉을 잊고 있었다. 그러다가 세상을 떠나기 몇 해 전, 이 오페라의 악보를 후원자 루트비히 2세에게 전달했으나 그도 이 오페라의 공연을 보지 못했다. 〈요정들〉은 〈파르지팔〉과 〈링 사이클〉의 성공을 기념하는 무대에서 마침내 초연되었다.

줄거리　　　　　**[제1막]** 트라몬트(Tramond) 왕국의 왕자 아린달(Arindal)이 사냥을 나갔다가 길을 잃는다. 사슴 한 마리가 안내하는 곳으로 따라가자 요정들의 나라가 나온다. 왕자는 이곳에서 요정의 나라 공주인 아다(Ada)를 만나 깊은 사랑에 빠진다. 요정들은 인간과 초자연적인 요정과의 결혼이 이루어지지 않게 노력하지만 두 사람의 사랑이 너무 깊어 더는 말리지 못한다. 드디어 왕자와 아다 공주는 결혼을 한다. 그런데 왕자가 반드시 지켜야 할 조건이 하나 있다. 아다의 출신에 대해 적어도 8년 동안은 질문을 하지 말아야 하며 만약 이를 어기면 요정의 나라에서 추방된다(아다는 불멸의 완전한 요정이 아니라 반인간, 반요정의 존재다). 왕자는 그 조건을 잘 지켰고, 그사이 두 아이까지 두었다. 하지만 세월이 흐를수록 사랑하는 아내의 출신이 궁금해 견딜 수 없다. 그는 공주에게 출신에 대해 이야기해달라고 간청하다가 결국 추방된다. 때마침 트라몬트 왕국이 큰 위기에 처하자 왕자가 치열한 전투 끝에 가까스로 승리한다.

왕자가 요정의 나라를 떠나자 아다 공주도 왕자를 따라가기로 결심한다. 불멸의 존재에서 인간의 아내가 되기로 결심한 것이다. 두 사람이 다시 맺어지려면 아다 공주가 제시하는 시험에 왕자가 통과해야 한다.

[제2막] 아린달 왕자의 궁전이다. 왕자가 치러야 할 시험은 공주가 보여주는 무서운 환상을 견뎌내는 것이지만, 정신력이 약한 왕자는 통과하지 못한다. 왕자가 통과하지 못했으니 공주는 그에 상응하는 대가를 치러야 한다. 아다 공주는 앞으로 백 년 동안 바위가 되어야 한다.

[제3막] 지상의 아린달 왕자는 너무 오랫동안 요정의 나라에서 살았고 공주가 내는 시험에 통과하지 못했기 때문에 트라몬트 왕국을 통치할 수가 없다. 왕국은 아린달 왕자의 여동생 로라(Lora) 공주와 군사령관인 모랄트(Morald)가 통치하게 된다. 지상에서의 여러 문제가 해결되었다고 생각한 아린달 왕자는 다시 요정의 나라를 찾아간다. 공주가 돌로 변한 것을 비로소 알게 된 왕자는 공주를 구하기로 다짐한다. 오랫동안 트라몬트 왕국에 충성했고, 왕자와도 친분이 있는 마법사 그로마(Groma)가 왕자의 딱한 사정을 듣고는 칼과 방패와 하프를 주며 악마들과 싸워 꼭 승리하라고 용기를 북돋아준다. 왕자는 지하 세계의 망령들과 악마를 물리친다. 마법의 하프 소리가 아다 공주를 본모습으로 되돌려 놓는다. 아린달 왕자는 불멸의 존재가 되어 아다 공주와 함께 요정의 나라로 들어간다.

뉘른베르크의 명가수

타이틀	**Die Meistersinger von Nürnberg**(The Master-Singers of Nuremberg)

	전 3막. 바그너가 직접 대본을 썼다.
초연	1868년 6월 21일 뮌헨 왕립궁정국립극장(National-theater)
주요 배역	에바(포그너의 딸), 바이트 포그너(금세공 장인), 발터, 한스 작스(구두장인), 다비트(한스 작스의 도제공), 쿤츠 보겔게장(모피 장인), 콘라트 나히티갈(주석 장인), 식스투스 베크메서(마을 서기, 심사위원), 프리츠 코트너(제빵 장인), 발타자르 초른(백랍 장인), 울리히 아이슬링거(식료품 상인), 아우구스틴 모저(양복장인), 헤르만 오르텔(비누 장인), 한스 슈바르츠(양말 장인), 한스 폴츠(구리 장인), 마그달레나(에바의 보모)
음악 하이라이트	발터의 프라이즈 송, 베크메서의 루트 전주곡, 베크메서의 세레나데, 사람들의 인사를 받는 한스의 음악, 축제 테마 음악(서곡), 1막의 합창, 에바-막그달레나-발터-작스-다비트의 5중창
베스트 아리아	「수상곡(Preislied)」(T), 「기만, 기만, 모두가 기만이다(Wahn! Wahn! Überall Wahn!)」(T), 「라일락 향기가 얼마나 좋은가(Was duftet doch der Flieder)」(T), 「이제 듣고 알았도다(Nun hört und versteht)」(T), 「장밋빛처럼 밝은 아침 빛(Morgenlich leuchtend im rosigem Schein)」(수상곡, T)

사전 지식 　　바그너의 코미디 작품으로, 이른바 '성스러운 독일 예술'의 표본이다. 다른 작품에서처럼 공허한 신들이 나오지 않으며 마법도 없다. 구두장이이자 시인인 한스 작스(Hans Sachs)는 실존 인물이다. 전설이 아니라 중세에 있었던 독일 뉘른베르크 명가수연맹의 노래 경연대회를 다룬 오페라로, 바그너 특유의 라이트모티프가 전편을 누빈다. 약 40개의 라이트모티프가 서로 얽혀 있다. 그중 10개 이상은 유명한 서곡에서 사용된다. 3막에 나오는 「도제공(Apprentices)들의 춤」과 「장인(Master)들의 입장」은 연주회 프로그램에 많이 등장하는 곡이다. 명가수 수상곡 「장밋빛처럼 밝은 아침 빛」은 별도로 편곡되어 연주되는 경우가 많다. 오스트리아의 작곡가 겸 바이올리니스트 프리츠 크라이슬러는 이 노래를 기악곡으로 편곡했다. 유명한 첼리스트 파블로 카잘스(Pablo Casals)도 이 노래를 주제로 첼로 편곡을 만들었다.

주의 사항　　　　이 오페라는 공연 시간이 가장 긴 작품이다. 전체 공연에 무려 다섯 시간이 걸린다. 하지만 좋은 음악, 재치 있는 내용으로 충분히 보상받을 수 있다.

에피소드　　　　평론가 에두아르트 한슬리크(Eduard Hanslick)는 바그너 작품에 대해 쉬지 않고 독설과 핀잔을 퍼부었다. 〈뉘른베르크의 명가수〉에는 아주 고약하고 편협한 성격의 베크메서(Beckmesser)라는 심사위원이 등장한다. 베크메서는 무엇이든지 혁신적이거나 새로운 것을 배척한다. 그래서 노래 경연에 참석한 가수들이 그를 무척 싫어한다. 바그너는 〈뉘른베르크의 명가수〉의 베크메서를 통해 아무 도움도 되지 않는 독설적인 비평가 한슬리크에게 한방 먹인 것이다. 심지어 이 오페라의 초고에는 베크메서가 한슬리크로 명시되어 있었다고 한다.

줄거리　　　　[제1막] 1500년대 뉘른베르크의 한 교회다. 예쁜 에바(Eva)는 예배보다 건너편 자리에 앉아 있는 늠름하게 생긴 발터(Walther)에게 눈길을 주기 바쁘다. 에바의 의사와는 상관없이 아버지가 다음 날 열릴 노래경연에서 1등을 차지하는 사람을 사위로 삼겠다고 공언했기 때문에 에바는 속이 상해 있다. 아버지의 말을 거역할 수 없는 에바는 발터가 제발 우승하기를 바라지만 발터는 무슨 노래를 부를지 아직 준비가 안 된 상태다.

노래 경연 출전자들이 먼저 입장하고 뒤를 이어 심사위원들이 등장한다. 대단한 전주곡이 이들의 등장을 알린다. 전년도 명가수 전원과 에바의 아버지 포그너(Pogner), 면사무소 서기로 마음 고약한 베크메서(Beckmesser), 구두장이 한스 작스가 심사위원이다. 한스 작스는 오늘 출전할 다비트(David)의 고용주이자 성악 선생으로 아주 재치 있는 인물이다. 우선 예선을 통과해야 하는 발터는 최선을 다하지만 한심할 정도로 형편없다. 노래 경연은 1부를 끝내고 잠시 휴식 시간을 갖는다.

[제2막] 다비트를 비롯한 젊은 참가자들은 휴식 시간을 이용해 가게 셔터를 내리고 각자 연습에 열중한다. 다비트는 여자 친구 마그달레네(Magdalena)에게 오전의 경연대회에서 발터가 형편없는 점수를 받았다고 얘기를 해준다. 마그달레네는 쏜살같이 에바에게 이 소식을 전한다. 에바와 발터는 어차피 정당하게 결혼하지 못할 것이라고 생각해 가출할 계획까지 세운다. 한스의 구둣방에서 에바와 마그달레네가 옷을 서로 바꿔 입는다. 다른 사람들이 에바를 알아보지 못하게 하기 위해서다. 저만치서 에바(실은 마그달레네)의 모습을 본 심사위원장 베크메서는 1등 상품 에바에게 할 얘기가 있어 구둣방으로 따라 들어온다. 에바를 짝사랑하는 베크메서는 이참에 에바에게 사랑을 고백하려고 따라 들어온 것이다. 그는 창문에 기대 서 있는 에바(실은 마그달레네)를 보고 세레나데를 부른다.

베크메서가 노래경연에서 부를 노래다. 베크메서는 심사위원이지만 자기도 노래경연에 참가해 1등을 차지할 계획이라고 말하며 그래야 예쁜 에바와 결혼할 수 있지 않겠느냐고 기염을 토한다.

마침 또 다른 심사위원인 구두장이 한스 작스가 들어와 이 모습을 보고는 베크메서에게 자기가 그 노래를 심사할 텐데 만일 노래를 잘못 부르면 망치로 구두 작업대를 한 번씩 치겠다고 말한다. 저녁을 먹은 뒤 노래 경연이 다시 시작된다. 베크메서가 출전해 노래를 부르지만, 자꾸 틀리는 바람에 한스 작스의 망치 소리가 쉬지 않고 들린다. 그런데 다비트가 가만히 보니 베크메서가 자기 애인 마그달레네(실은 에바)에게 세레나데를 부르는 것이 아닌가? 화가 치민 다비트는 치즈 덩어리를 있는 대로 집어 들어 베크메서에게 던진다.

[제3막] 한스 작스 구둣방에 아침이 찾아온다. 한스는 노래경연에 출전하는 자기 가게의 수습공 다비트에게 노래 레슨을 해주고 있다. 다비트를 내보낸 한스는 만사 웃기는 세상이라는 의미에서 「미쳤지! 미쳤어! 모두 바보들이야!(Wahn! Wahn! Überall Bahn!)」라는 재미있고도 심오한 노래를 부른다. 잠에서 깬 발터가 꿈에서 기막히게 멋진 노래를 알게 되었다고 한스에게 말한다. 한스는 어디 한 번 불러보라고 하고는 발터가 부르는 노래를 받아 적는다. 한스는 발터가 꿈에서 배웠다는 노래라면 우승은 문제없다고 생각한다. 이들이 방을 나서자 마침 노랫소리를 듣고 방으로 숨어든 베크메서가 발터의 노래를 적은 악보를 몰래 집어간다. 자기가 이 노래를 불러 우승을 차지하겠다는 속셈이다. 베크메서가 악보를 슬쩍 한 사실을 알고 있는 한스는 아무리 그래도 기본적으로 노래 실력이 없으니 걱정할 것 없다고 생각해 악보를 선물로 준 셈 치기로 한다.

에바는 아버지에게 구두를 수선해야 한다는 핑계를 대고는 발터가 어떤지 궁금해 그를 만나러 구둣방으로 찾아온다. 발터가 꿈에서 배운 노래를 들려주자 에바는 멋진 노래에 넋이 나갈 지경이다. 한편 한스는 다비트의 수습 딱지를 떼어주고 마그달레네와 결혼하도록 해준다. 행복에 겨운 이들은 노래경연장으로 향한다. 저 멀리 초원에서 노래와 춤이 흥겹게 펼쳐진다. 노래조합 사람들의 행렬도 볼 만하다. 오늘의 심사위원 한스가 첫 번째 참가자를 소개한다.

베크메서다. 그런데 한스의 구둣방에서 입수한 악보를 절반밖에 외우지 못해 결국 엉망으로 노래를 부르다가 "땡" 소리와 함께 내려간다. 화가 치민 베크메서는 실은 이 노래를 심사위원 한스가 작곡했다고 소리치며 자기가 노래를 못 부른 것은 전부 한스 탓이라고 말한다. 한스는 "노래가 무슨 죄가 있느냐? 잘못 부른 것이 죄지!"라고 하면서 다음 참가자 발터를 소개한다. 발터가 무대에 올라와 기가 막히게 노래를 부른다. 관객들은 넋이 나간다. 대상을 차지한 발터는 에바와 결혼할 자격을 얻었을 뿐 아니라 명가수로서 명가수노래조합에 가입할 수 있게 되었다. 모두 박수를 보낸다.

로엔그린

타이틀	**Lohengrin**	
		전 3막의 낭만적 오페라. 대본은 작곡자가 직접 썼다. '로엔그린'은 마법에 걸려 백조가 되어야 했던 왕자의 이름이다.
	초연	1850년 8월 28일 독일 바이마르 공국의 대공궁전극장 (Grossherzogliches Hoftheater)
	주요 배역	엘자(브라반트의 공주), 로엔그린(백조의 기사), 프레데리크(브라반트 백작), 오르트루트(프리드리히의 아내), 하인리히 왕(들새사냥꾼 하인리히라는 별명의 앤트워프 왕), 고트프리트(브라반트의 왕자)
	음악 하이라이트	결혼 행진곡, 성배 모티프, 오르트루트의 모티프, 엘자의 모티프
	베스트 아리아	「혼례의 합창(Treulich gefühat)」, 「고통의 날에 혼자서(Einsam, in trüben Tagen)」(S), 「나의 슬픔에 대답을 해준 그대 미풍이여 (Euch Lüften, die mein Klagen so traurig oft erfüllt)」(S)

사전 지식　　　　바그너의 다른 작품과 마찬가지로 강렬하고 흥미로운 음악이 넘쳐흐른다. 라이트모티프는 이 오페라의 중심 구성이다. 모두 38개의 라이트모티프가 등장한다. 주인공을 표현하기 위해 사용한 라이트모티프는 바그너 음악을 이해하는 데 필수적인 부분이다. 서곡에 나오는 라이트모티프는 성배에 대한 것이다. 오늘날 결혼식에서 빠짐없이 연주되는 「신부의 합창」은 3막의 전주곡으로 나오는 유명한 혼례의 합창이다. 내용은 독일 전설을 기본으로 했다. 오페라 〈로엔그린〉을 〈파르지팔 (Parsifal)〉의 후편으로 보는 사람도 있다. 성배(聖杯)의 기사 파르지팔의 아들 로엔그린이 펼치는 모험과 사랑에 관한 이야기이기 때문이다.

에피소드　　　　이 오페라는 바그너가 13년간 스위스로 추방되었던 기간에 작곡했다. 프란츠 리스트가 〈로엔그린〉의 공연 담당자로 활동했는데, 그 결과 〈로엔그린〉은 독일에서 날이 갈수록 성공을 거두었다. 독일 사람들의 구미에 꼭 맞는 이야기와 음악이었기 때문이다. 몇 년 후 여전히 스위스에 머물고 있던 바그너는 "〈로엔그린〉 공연을 객석에서 보지 못한 독일인은 아마 나 혼자뿐일 것이다"라고 한탄하듯 말했다.

줄거리

[제1막] 앤트워프(Antwerp; Antwerpen)의 왕 하인리히(Heinrich, 헨리)는 이웃 나라 브라반트(Brabant) 공국을 오스트리아(어떤 대본에는 헝가리)가 침공했다는 소식을 듣자 이웃 나라를 돕기 위해 궁정회의를 열어 대책을 숙의한다. 대책회의에 브라반트 공국 사람들도 참석했으나 별 도움이 되지 못한다. 왜냐하면 브라반트 공국은 최근 영주가 죽어 후계자 문제로 가족이 분열되어 있기 때문이다.

브라반트 대공은 딸 엘자(Elsa)와 아들 고트프리트(Gottfried)를 남겨놓고 세상을 떠난다. 며칠 뒤 고트프리트 왕자가 종적을 감추자, 엘자가 영주 자리를 차지하기 위해 동생 고트프리트 왕자를 죽였다는 소문이 돌기 시작한다. 그 소문이 돌자마자 엘자와 결혼하기로 한 프레데리크(Frederick: 어떤 대본에는 Friedrich) 백작은 마법을 행한다는 소문이 있는 간악하게 생긴 오르트루트(Ortrud)와 결혼한다. 말하자면 마녀. 얼마 후 하인리히 왕이 브라반트 공국을 방문해 궁정회의를 개최하자 프레데리크 백작은 여기에 참석해 엘자를 살인죄로 처형해달라고 청원한다.

하인리히 왕은 전능하신 신만이 엘자의 유죄 여부를 결정할 수 있다고 하면서 엘자가 지명한 기사가 프레데리크 백작과 결투를 벌여 유죄 여부를 가리도록 한다. 누가 엘자를 위해 목숨을 걸고 결투를 해줄 것인가? 프레데리크 백작은 무술 실력이 뛰어난 인물로 알려져 있다. 그런데 놀라운 일이 벌어진다. 찬란한 갑옷을 입은 어떤 기사가 백조가 이끄는 배를 타고 미끄러지듯 등장한다. 그 기사는 결투로 엘자의 결백을 입증하겠으며, 자기가 승리하면 엘자와 결혼하겠다고 말한다. 다만 그 기사는 결혼 조건으로 절대 자기 이름을 묻지 말아달라고 엘자에게 부탁한다. 하인리히 왕이 주관하는 결투에서 로엔그린(이 오페라가 끝날 때까지 기사의 이름은 비밀에 싸여 있어야 하지만 줄거리 소개 때문에 이렇게 이름을 밝힌다)이 프레데리크 백작을 쓰러뜨리고 만인 앞에서 엘자의 결백을 입증한다.

[제2막] 하인리히 왕은 사악한 프레데리크 백작과 그의 아내 오르트루트를 추방한다. 두 사람은 수치를 참지 못해 얼굴을 감싸고 그 자리에서 도망치듯 사라진다. 하지만 사악하고 못된 두 사람이 순순히 물러설 리 없다. 오르트루트는 엘자가 마법을 썼기 때문에 그 미지의 기사가 결투에서 이긴 것이며, 기사가 이름을 밝히지 않은 것은 마법의 힘 때문이고 이름이 알려지면 마법이 사라진다는 소문을 퍼뜨린다. 오르트루트는 엘자에게 신랑의 이름이 무엇인지 알아내라고 강요한다. 이름을 밝히지 못하면 마법에 의해 승리한 것으로 간주해 결투는 무효가 되며, 고트프리트 왕자를 살해했다는 누명도 벗을 수 없다고 주장한다. 엘자도 자기 신랑이 될 사람이 누구인지 무척 궁금하다.

[제3막] 엘자가 미지의 기사와 결혼식을 올린다. 아름다운 신부 엘자가 시녀들과 함께 등장할 때 유명한 「결혼 합창곡」이 흘러나온다. 행복한 신랑과 신부는 사랑의 듀엣을 부른다. 하지만 엘자의

마음속에는 오르트루트의 집요한 다그침이 떠나지 않는다. 그리하여 그렇게도 묻지 말라는 당부를 무시하고 남편에게 이름을 묻는다. 남편이 무슨 대답을 하려던 찰나 그 방에 몰래 숨어들어 복수하려던 프레데리크 백작이 발각되어 남편의 칼에 목숨을 잃고 만다. 엘자가 기절하자 남편은 엘자가 자기 이름과 신분을 알기 전에는 결코 행복하지 않을 것임을 깨닫는다. 그는 하인리히 왕과 모든 신하 앞에서 자신은 로엔그린으로 성배의 기사 파르지팔의 아들임을 밝힌다. 파르지팔의 아들이라는 말에 모두 놀라며 무릎을 꿇어 경의를 표한다. 이어 로엔그린은 매년 한 번 성배의 비둘기가 자기를 찾아와 악의 힘을 물리치는 능력을 새롭게 해주는데, 그런 능력은 자기 이름이 드러나지 않았을 때만 가능하다고 설명한다.

이제 모든 것을 밝힌 로엔그린은 영원히 떠나기 위해 자기가 타고 온 백조를 부른다. 그런데 그 백조가 바로 고트프리트 왕자다. 마녀 오르트루트가 백조로 만든 것이다. 로엔그린의 능력은 오르트루트의 마법보다 강했다. 로엔그린이 기도를 하자 성배의 비둘기가 나타나 백조를 왕자로 되돌려 놓는다. 브라반트 공국의 통치자를 찾아준 로엔그린은 성배의 비둘기가 이끄는 배를 타고 슬픈 마음으로 저 멀리 떠난다. 엘자가 "나의 남편이여, 나의 남편이여!"라고 울며 외치지만 로엔그린이 탄 배는 점점 멀리 사라진다. 엘자는 동생 고트프리트의 팔에 안겨 숨을 거둔다.

파르지팔

타이틀	**Parsifal**

	전 3막. 역시 바그너가 대본을 썼다. '성스러운 무대축제 (Bühnenweihfestspiel)'로 불린다.
초연	1882년 7월 26일 독일 바이로이트 페스트슈필하우스(Festspiel-haus)
주요 배역	파르지팔, 쿤드리(마녀), 클링조르(마법사), 암포르타스(티투렐의 아들, 성배 왕국의 지배자), 티투렐(암포르타스의 아버지), 구르네만츠(성배의 기사)
음악 하이라이트	성배 모티프(드레스덴 아멘), 신앙 모티프, 성찬식 모티프, 하녀 쿤드리 모티프, 쿤드리와 파르지팔의 키스 모티프, 꽃 처녀들의 왈츠 멜로디, 파르지팔의 승리 모티프
베스트 아리아	「나의 아버지(Mein Vater!)」(T), 「오, 은혜로움이여, 높은 곳에 계신 분께 경배를(O Gnade! Höchstes Heil)」(T), 「성스럽고 놀라운 창(O wunden-wundervoller heiliger Speer)」(T), 「최후의 만찬을 위해 준비해 두었네(Zum letzten Liebesmahle)」(Chor), 「티투렐, 경건한 영웅(Titurel, der fromme Held)」(B), 「저주스러운 장자상속권(Wehvolles Erbe)」(B), 「어머니 품에 안긴 아이를 보았네(Ich sah das Kind an seiner Mutter Brust)」(S)

사전 지식　　　바그너의 마지막 작품으로, 예수가 최후의 만찬 때 사용했던 성배(Holy Grail)에 얽힌 3막의 종교 드라마다. 음악이 환상적인데, 특히 전주곡은 마치 희미한 불빛이 멀리서 아물거리듯, 바람결이 속삼임을 전해오는 듯, 안개가 피어오르는 듯, 신비스러운 느낌을 준다. 최후의 만찬, 성배, 믿음을 복합적으로 표현한 음악이다. 슬픔의 모티프이며, 죄악을 통회하는 모티프다. 그보다도 주인공 쿤드리의 인물 설정이 강한 인상을 남긴다. 마법의 여인, 섹스의 화신, 천사의 변신 등으로 설정해놓았다.

에피소드　　　바그너는 〈파르지팔〉을 자기가 설계하고 건축한 바이로이트 극장에서만 공연하게 했다. 그는 어느 누구도 이 작품을 바이로이트 이외의 극장에서 공연하는 것을 엄중히 금했다. 이 같은 특별한 주문은 1913년 이 오페라에 대한 저작권이 만료되는 시점까지 계속되었다. 바그너는

〈파르지팔〉에 '무대 위주의 축제적 드라마'라는 부제를 붙였다.

줄거리　　　　　　　파르지팔(Parsifal)은 그리 낯설지 않은 이름일 것이다. 로엔그린이 성배의 기사 파르지팔의 아들이라는 설명이 앞서 나왔기 때문이다.

[제1막] 중세의 스페인이다. 바그너가 독일이 아닌 스페인을 무대로 삼은 것은 참으로 이색적이다. 숲 속에서 성배의 기사들이(성배를 수호하기로 서약한 기사들) 하나둘 잠에서 깨어난다. 기사들은 부상이 심한 암포르타스(Amfortas) 왕을 걱정한다. 며칠 못 버티고 세상을 떠날 것 같기 때문이다. 이때 산발한 쿤드리(Kundry)가 갑자기 나타난다. 마녀로 알려진 쿤드리는 암포르타스 왕을 치료할 수 있는 약을 가지고 왔다면서 상처를 치료해주겠다고 말한다. 암포르타스 왕은 고맙다고 하지만, 기사들은 의심하는 눈치다. 쿤드리가 적장 클링조르(Klingsor)를 위해 봉사하고 있기 때문이다. 클링조르는 이 세상에서 흠 없는 사람만이 암포르타스 왕을 고칠 수 있다고 말한다.

암포르타스 왕의 아버지(암포르타스 1세)는 두 가지 특별한 성물을 보관하고 있다. 하나는 예수가 최후의 만찬 때 사용한 성배이며, 다른 하나는 십자가에 달렸을 때 로마 병사가 허리를 찌른 창이다. 부왕(父王)은 최정예 기사들에게 이 지극한 성물을 지키도록 명했다. 사악한 클링조르도 성물을 지키는 성스러운 임무에 참여하겠다고 자원했으나 선발되지 못했다. 화가 치민 클링조르는 마법을 사용해 성물 중 성스러운 창을 훔쳐 멀리 사라졌다. 클링조르는 성배도 차지하기 위해 마법으로 요염한 여인을 만들어 성배를 수호하는 기사를 유혹한다. 바로 이 유혹에 넘어간 기사가 지금의 왕이다. 암포르타스 2세는 쿤드리에게 사로잡혀 몸을 움직일 수 없을 정도가 된다. 이때를 놓치지 않고 클링조르가 성스러운 창으로 암포르타스 2세를 찔러 큰 부상을 입혔지만, 성배를 훔쳐가지는 못했다. 암포르타스 왕이 꿈을 꾼다. 어떤 '순진한 바보'(흠 없는 어린 양을 뜻한다)가 성스러운 창을 다시 찾아와 예수님을 찔렀던 창으로 상처 부위를 쓰다듬으니 상처가 완쾌되는 꿈이다. 그 순간 백조 한 마리가 호수로 떨어져 죽는다. 기사들은 누가 불쌍한 백조를 화살로 맞혀 떨어뜨렸는지, 찾아내어 벌을 주려고 한다. 그 장본인은 파르지팔이라는 청년으로 이 젊은이는 자기 이름이나 가족에 대해 전혀 알지 못한다. 암포르타스 2세를 오랫동안 모시고 다닌 늙은 신하 구르네만츠(Gurnemanz)가 "생전에 저렇게 바보스러운 사람은 처음 본다. 여기 있는 쿤드리를 제외하고서 ……"라고 말한다. 그루네만츠는 이 정도면 바보나 다름없다고 생각해, 파르지팔을 왕의 상처를 치료하는 데 이용하기로 한다. 다른 기사들도 파르지팔이 바로 그 순진한 바보라고 생각한다.

그루네만츠가 파르지팔을 성배의 성으로 데려간다. 방 안에는 기사들이 성찬식에 참석하려고 모여 있다. 부상당한 암포르타스 왕이 겨우 정신을 차려 성찬식을 주관한다. 거룩한 음악이 희미하게 울려 퍼진다. 세상을 떠난 암포르타스 부왕(1세)의 혼령이 어둠 속에 나타나 주님이 당하신 고통에 대해 나지막이 들려준다. 매우 성스러운 분위기에 감동한 기사들은 성찬식을 위해 성배를 꺼낸다. 성배를 사용한 성찬식이 엄숙하게 진행된다. 성스럽고 엄숙한 분위기에 압도당한 파르지팔은 늙은 구르네만츠에게 지금까지 도대체 여기서 무슨 일이 벌어졌는지 묻는다. 몰라도 너무 모르는 파르지팔에게 화가 난 늙은 구르네만츠는 파르지팔을 성 밖으로 쫓아버린다.

[제2막] 사악한 클링조르가 마법의 불길 앞에 서 있다. 그는 쿤드리를 불러 성배의 기사들을 도와주려고 한 것을 호되게 꾸짖는다. 그러면서 쿤드리에게 새로운 임무를 부여한다. 파르지팔을 유혹하라는 것이다. 쿤드리가 한사코 거절하지만 마법의 힘이 너무 강해 어쩔 수 없이 임무를 수행하러 떠난다. 망루 위에 올라선 클링조르는 기사들이 자신의 성채를 공격하는 것을 본다. 클링조르가 손을 휘젓자 그의 성채가 일순간에 땅 위에서 사라진다. 이를 본 파르지팔은 놀라 입을 다물지 못한다. 그보다 파르지팔을 더 놀라게 한 것은 한 무리의 기가 막히게 예쁜 '꽃의 처녀들'이 거의 반라의 모습으로 마치 오랫동안 기다리고 있었던 것처럼 파르지팔을 향해 즐겁게 뛰어온다는 사실이다. 이 예쁜 소녀들이 파르지팔에게 달콤한 말을 끊임없이 속삭인다. 그 모습에 녹아나지 않을 남자가 없을 정도다. 그때 나타난 쿤드리는 파르지팔을 진정으로 아껴 그를 도와주고자 한다. 쿤드리는 처음 만났을 때 어머니가 세상을 떠났다고 한 것은 사실이라고 파르지팔에게 말하면서, 그의 임무는 성스러운 창으로 암포르타스 왕의 상처를 치료해주는 것이라고 설명한다. 드디어 자기 임무를 깨달은 파르지팔은 험난한 여행 끝에 클링조르 성으로 들어가 은밀하게 보관되어 있는 성스러운 창을 찾아낸다. 파르지팔이 그 성스러운 창을 손에 쥐자 사악한 클링조르가 갑자기 나타나 파르지팔의 손에서 성스러운 창을 낚아챈다. 다행히도 갑자기 불어온 바람 때문인지, 또 다른 마법 때문인지, 그 성스러운 창은 파르지팔의 머리 위에서 얼어붙은 채 움직이지 않는다. 파르지팔이 성스러운 창을 움켜쥐고 성호를 긋자 클링조르의 모습이 사라진다. 그뿐만 아니라 성채, 예쁜 소녀들의 모습도 모두 사라진다.

[제3막] 다시 기사들의 병영이다. 쿤드리가 악몽 같은 꿈에서 깨어난다. 쿤드리는 이제 기사들을 유혹하는 여인이 아니다. 헝클어진 머리칼을 휘날리던 마녀의 모습도 아니다. 클링조르의 마법에서 풀려났기 때문이다. 하지만 연약한 모습은 여전하다. 쿤드리는 꿈에서 검은 갑주를 갖춘 기사가 성스러운 창을 찾아 들고 달려오는 모습을 본다. 꿈에서 깨어나니 저 멀리서 파르지팔이 성스러운 창을 들고 달려오고 있다. 몇 달간의 험난하고 괴로운 여행을 마치고 돌아오는 길이다. 파르지팔은 이제 아무것도 모르는 바보가 아니다. 의젓하고 늠름한 기사의 모습이다. 쿤드리와 늙은 구르네만츠가

파르지팔을 마중한다. 구르네만츠는 검을 들어 파르지팔에게 정식으로 성배의 기사 작위를 수여한다. 기사가 된 파르지팔은 쿤드리에게 세례를 베풀어 그의 영혼을 구원한다. 찬양과 기도 소리가 온 무대를 압도한다.

점점 더 병세가 악화되는 암포르타스 왕 주위에 성배의 기사들이 모여 있다. 암포르타스 왕은 더는 고통을 참을 수 없어 기사들에게 자신을 부디 죽여달라고 부탁한다. 이때 파르지팔이 들어와 성스러운 창으로 암포르타스 왕의 상처를 쓰다듬자 상처는 깨끗하게 치유된다. 이와 함께 한쪽 벽에 모셔놓은 성배가 찬란히 빛을 발한다. 방 안에는 천상의 빛이 가득하다. 기사들과 천사 같은 어린이들이 주의 영광을 드높이 찬양한다. 모두 기쁨으로 충만해 있다.

마법의 속박에서 풀려난 쿤드리가 숨을 거둔다. 오케스트라가 이 오페라 전편을 통해 가장 훌륭한 곡조를 연주하는 가운데 막이 내린다.

리엔치

타이틀	Rienzi	
		전 5막의 대비극. 에드워드 벌워-리튼(Edward Bulwer-Lytton)의 콜라 디 리엔치의 생애를 그린 『마지막 로마의 호민관, 리엔치(Rienzi, the last of the Roman tribunes)』를 기본으로 바그너가 대본을 작성했다.
	초연	드레스덴 버전은 1842년 10월 20일 독일 드레스덴 궁정극장(Hofoper), 프랑스 버전은 1861년 파리 제국 오페라 극장
주요 배역		콜라 리엔치(로마 집정관), 이레네(리엔치의 동생), 스테파노 콜론나(귀족), 아드리아노(슈테파노의 아들), 파올로 오르시니(귀족), 라이몬도 추기경(교황청 특사), 바론첼리(로마 시민), 체코 델 베키노(로마 시민), 평화의 메신저
음악 하이라이트		리엔치의 기도 음악
베스트 아리아		「그의 피로 나의 삶이 깨끗해지도다(In seiner Blüte bleicht mein Leben)」(Ms), 「일어서라, 위대한 로마여, 다시 한 번(Erstehe, hohe Roma, neu)」(T), 「정의의 신이여(Gerehter Gott!)」(Ms), 「전능하신 신이여(Allmächt'ger Vater!)」(T)

사전 지식 〈리엔치〉는 바그너 최초의 성공작이다. 귀족 사회에 대한 평민들의 저항을 수호하는 스토리는 바그너의 평소 정치 성향과 부합하는 것이었다. 바그너는 〈리엔치〉를 파리에서 초연하고자 했으나 받아들여지지 않자 드레스덴으로 옮겨 공연했다. 그러나 6시간에 걸친 공연은 무리라는 권고에 따라 상당 부분을 삭제하고 무대에 올릴 수밖에 없었다.

에피소드 〈리엔치〉에 나오는 행진곡은 히틀러가 특히 좋아해 야간 군중집회에서 자주 사용했다.

줄거리 14세기경 로마는 몇몇 귀족 가문이 지배하고 있었다. 그중에 오르시니(Orsini)와 콜론나(Colonna) 가문의 권세는 실로 대단했다. 로마에는 바티칸 교황청이 있어 로마뿐 아니라 유럽 정치에 많은 영향력을 행사해왔다. 그런데 무슨 이유인지 교황이 로마에서 도피하는 사태가 발생했다.

상황이 이렇게 되자 오르시니 가문과 콜론나 가문이 로마의 권력을 차지하기 위해 공공연히 투쟁을 벌이게 되었다.

[제1막 1장] 어느 날 밤 오르시니 가문의 파올로(Paolo Orsini)라는 젊은이가 평민 출신 장군인 리엔치의 예쁜 여동생 이레네(Irene)를 납치하려고 한다. 이레네를 한 번 본 뒤로 흑심을 품어온 파올로는 오르시니 가문의 세도를 믿고 그런 못된 짓을 벌인 것이다. 마침 이레네를 사랑하는 아드리아노(Adriano)가 등장해 납치는 미수에 그친다. 아드리아노는 콜론나 가문의 지도자인 스테파노 콜론나(Stafano Colonna)의 아들이다. 리엔치는 평민 출신이지만 시민들은 그를 영웅처럼 추앙한다. 귀족들의 만행을 참지 못한 리엔치는 시민들에게 로마를 통일하고 크게 발전시켜 법을 수호하며 억압당하는 시민들에게 자유를 주겠다고 약속한다. 시민들은 환호한다. [제1막 2장] 리엔치는 아드리아노가 이레네를 보호해 준 데 대해 귀족으로서 의외의 행동이지만 고맙다는 뜻을 전한다. 리엔치는 자신의 지도력 아래 로마가 진정으로 자유를 찾아야 한다고 주장한다. 아드리아노는 리엔치의 구상이 너무 무모하며 잘못하다가는 유혈사태까지 불러올 수 있다고 경고한다. 그렇지만 리엔치가 로마를 위해 하는 행동은 지원하겠다고 약속한다. [제1막 3장] 아드리아노와 이레네는 자기들의 사랑이 영원불변할 것이라고 다짐한다. [제1막 4장] 교회(로마교황이 있는 라테란 성당)에서 오르간 소리가 들리고 이어 시민들이 무대 위로 뛰쳐나온다. 리엔치가 화려한 갑옷을 입고 시민들 앞에 서자, 시민들이 무릎 꿇어 존경심을 표한다. 교황의 특사 라이몬도(Raimondo)가 교회 문을 열고 리엔치를 환영한다. 리엔치는 로마의 수호자로서 자유와 법을 수호하겠다고 천명한다. 시민들은 리엔치를 영웅으로 떠받들면서 언제까지나 충성할 것을 서약한다.

[제2막 1장] 로마의 의사당이다. 리엔치가 장엄한 의상을 입고 나타나자 콜론나, 오르시니를 비롯한 원로원 인사들이 리엔치에게 충성을 서약한다. 리엔치는 자신은 영예에는 관심이 없으며 오로지 로마의 자유를 위해 법을 수호하겠다고 선언한다. [제2막 2장] 오르시니와 콜론나는 리엔치가 오만하다고 생각해 분노를 참지 못한다. 다른 귀족들도 그들의 주장에 동조한다. 그들은 리엔치를 민중의 선동자라고 하면서 더는 권력을 휘두르게 놔둬서는 안 된다고 주장한다. 두 귀족 대표는 리엔치를 그날 저녁 암살할 계획을 세운다. 아드리아노는 어느 편에 설 것인지 갈등하다가 리엔치 편에 서서 그를 위해 충성하기로 결심한다. [제2막 3장] 연회가 한창이다. 리엔치가 로마 곳곳에서 온 귀족과 외교 사절을 환영하고 있다. 아드리아노가 리엔치에게 다가가 모반이 있을지 모르니 조심하라고 넌지시 알려준다. 음악이 연주되고 연극이 공연된다. 연극의 내용은 브루투스(Lucius Junius Brutus)가 루크레치아에 대한 복수로 독재자 타르퀴니우스(Lucius Tarquinius Superbus)를 몰아내고 로마를 해방

시킨다는 내용이다. 연극 도중 오르시니가 리엔치를 해치려고 하지만, 리엔치는 위기를 모면한다. 그는 로마의 대번영과 화합을 위해 오르시니를 용서한다. 귀족들은 자비에 눈이 멀어 배반자에게 관용을 베푸는 리엔치를 비난한다.

[제3막 1장] 로마의 한 광장이다. 폭도로 변한 군중이 무대로 들어선다. 귀족들은 모두 도피했다. 리엔치가 나타나 로마의 자유를 수호하겠다고 다시 한 번 약속한다. 곧이어 귀족 측과 군중 간에 전투가 벌어진다. 군중은 리엔치를 환호하며 그에게 충성을 맹세한다. [제3장 2장] 아드리아노는 가문을 따라 귀족 편에 서야 할지, 그렇지 않으면 군중 편에 서서 귀족을 타파해야 할지를 놓고 갈등한다. [제3장 3장] 리엔치가 로마의 자유를 수호하자고 외치며 군중을 이끌고 전투를 치른다. 아드리아노는 리엔치에게 귀족과의 전투를 중단하라고 간청한다. 아드리아노의 아버지 오르시니가 성난 군중에게 죽음을 당한다. 아드리아노는 리엔치를 저주하며 이레네와 헤어질 운명임을 말한다. 리엔치는 위풍당당하게 군중과 함께 사라진다.

[제4막 1장] 로마가 전쟁의 소용돌이로 빠져들자 외교 사절과 교황청의 추기경들이 로마를 떠난다. 귀족을 규합한 콜론나가 교황청을 보호한다는 명목으로 권력을 잡는다. 이제 로마교황청은 폭도나 다름없는 군중의 편이 아니다. 교황청은 리엔치를 배반자라고 비난한다. 아버지를 잃은 아드리아노는 리엔치에게 복수하겠다고 다짐한다. 한편 리엔치 측에서는 승리를 축하하는 연회가 준비 중이다.

[제4막 2장] 리엔치와 이레네가 연회 장소에 나타난다. 이들이 교회로 들어가려고 하자 귀족 지지자들이 저지한다. 교황청 특사 라이몬도가 나와 리엔치를 비난한다. 이어 리엔치의 권력을 박탈한다는 교황의 교서가 교회 문에 붙는다. 아드리아노는 이레네에게 어서 도피하자고 하지만, 이레네는 리엔치와 함께 남아 있겠다고 말한다. 리엔치는 대로마의 번영에 대한 환상을 여전히 버리지 못하고 있다.

[제5막 1장] 의사당에서 리엔치가 자신에게 힘을 내려 로마의 장래를 번영케 해달라고 신에게 기도하고 있다. [제5막 2장] 이레네가 들어온다. 그녀는 아드리아노를 사랑하지만 로마를 위해 리엔치의 편에 서서 운명을 함께하겠다고 말한다. [제5막 3장] 아드리아노가 변장을 하고 숨어들어 와 리엔치가 미쳤다고 말하면서 만일 리엔치를 계속 따른다면 큰 재난이 닥칠 것이라고 경고한다. [제5막 4장] 의사당 앞 광장이다. 군중이 횃불을 들고 교회의 주장을 지지한다고 소리친다. 리엔치에게 반기를 든 것이다. 군중은 이제 리엔치가 자신들을 이끈 지도자였다는 것을 부인한다. 교황청 특사가 군중에게 리엔치의 말에 더는 현혹되지 말라고 경고한다. 군중이 의사당에 불을 지르자, 타오르는 불길이 리엔치와 이레네를 삼키고, 의사당을 무너뜨린다. 아드리아노도 무너져 내린 돌 더미에 묻힌다.

탄호이저

타이틀	Tannhäuser

전 3막. 대본은 작곡자가 직접 썼다. 원래 제목은 '탄호이저와 바르트부르크 노래 경연대회(Tannhäuser und der Siegerkrieg der Wartburg; Tannhauser and the Singers Contest at the Wartburg)'로, 탄호이저는 음유시인 겸 기사를 말한다.

초연	1845년 10월 20일 독일 드레스덴 궁정극장(드레스덴 버전). 1861년 파리 제국 오페라 극장(프랑스 버전)
주요 배역	비너스, 탄호이저(음유시인), 헤르만(투링기아의 영주이며 백작), 엘리자베스(헤르만 백작의 조카), 음유시인들(볼프람 폰 에셴바흐, 비터올프, 발터 폰 데어 포겔바이데, 하인리히 데어 슈라이버, 라인마르 폰 츠베터)
음악 하이라이트	비너스 동굴에서의 난잡한 술잔치 모티프, 탄호이저의 비너스 찬미 노래, 목동의 노래, 순례자의 합창, 노래의 전당과 엘리자베스 음악, 노래 경연대회의 귀족과 기사들 음악, 노래 경연대회의 귀부인들 음악, 돌아오는 순례자들의 음악
베스트 아리아	「고귀한 이곳에 있는 그를 보았다(Blick ich ihn umher in diesen edlen Kreise)」(B), 「오 저녁별이여(O du mein holder Abendstern)」(B), 「오 사랑스러운 노래의 전당이여 (Dich, teure Halle)」(S), 「가슴속으로부터의 회개(Inbrunst im Herzen)」(T)

사전 지식　　　이 오페라는 신화적이며 에로틱하고 탐미적·참회적·순애보적 요소가 혼합된 비극이지만, 초점은 종교적인 면에 맞추고 있다. 탄호이저가 드레스덴에서 처음 공연되었을 때 사람들은 이 오페라가 의도하는 것이 무엇인지, 어떤 형식으로 구성된 것인지 거의 이해하지 못했다. 바그너는 내용을 좀 더 수정해 파리 무대에 올렸다. 파리 버전은 제1막에 바쿠스의 파티 장면을 추가하고, 프랑스 오페라의 전통인 발레를 넣었다. 파리 초연에서는 커다란 소동을 일으켰다. 그런데 다른 곳에서의 공연은 대체로 성공했다. 하지만 드레스덴 버전과 파리 버전은 통합되지 못하고 서로 다른 길을 갔다. 드레스덴 버전은 순례자들과 회개에 대한 모티브로 시작하여 비너스부르크로 연계된다. 그러나 파리 버전은 난잡한 잔치로 시작된다. 제2막 제3장 노래경연대회 참가자들이 등장하는 장면에 나오는 음악은 매우 잘 알려진 곡이다. 전주곡과 함께 나오는 합창 제목은 '투링기아의 영주 헤르만 만세!'다.

에피소드　　　　　　파리에서의 〈탄호이저〉 초연은 재앙이었으며, 드레스덴과는 완전히 다른 오페라를 공연하는 듯했다. 1800년대에 파리에서 공연되는 오페라는 거의 2막에 발레가 나오는 것이 관례였다. 프랑스 사람들의 발레 애호는 남달라서 발레만 보러 오페라 극장을 찾는 사람도 많았다. 당시 파리의 경마 클럽이라면 자칭 유행의 첨단을 달리는 사람들이 모이는 곳이었다. 이들은 〈탄호이저〉 초연에 가기는 가되, 파리 사람들로서는 조금 이른 저녁을 먹고 2막이 시작될 무렵인 밤 10시경에 극장에 들어가기로 한다. 이들에게는 오페라 전반부를 보지 못하는 것이 별 문제가 되지 않았다. 바그너는 사실 자기 오페라에 발레를 집어넣는 것을 탐탁지 않아 했다. 하지만 관객을 위해 어쩔 수 없었다. 그 대신 2막 시작 전이 아닌 1막에 넣었다. 1막의 발레 장면은 〈탄호이저〉 스토리와도 부합되었다. 밤 10시쯤 극장에 도착한 사교계 인사들은 발레 장면이 이미 지나간 것을 알고 몹시 화를 냈다. 이들은 소리를 지르고 야유를 보내기 시작했다. 파리에서의 〈탄호이저〉 공연은 3일을 넘기지 못했다. 그 이후 35년간 파리에서는 〈탄호이저〉 공연을 볼 수 없었다.

줄거리　　　　　　[제1막] 때는 13세기다. 비너스가 살고 있는 비너스부르크(Venusburg) 산속의 궁전이 무대다. 사랑의 신 비너스(Venus)가 지금까지 모든 파티를 마무리하는 마지막 파티를 열고 있다. 노래하는 기사(중세의 음유시인 기사를 말한다) 탄호이저는 꽤 오랫동안 비너스와 사랑 놀음을 하며 지냈다. 탄호이저는 좀 더 새롭고 인간적인 것을 경험하기 위해 세상으로 내려가고 싶어 한다. 그런 탄호이저를 비너스가 경멸한다. 탄호이저는 비너스부르크 궁전을 떠나 지상의 어느 아름다운 골짜기로 내려간다. 길을 찾지 못해 방황하고 있을 때 오랜 친구 투링기아(Thuringia)의 영주 헤르만(Hermann) 백작과 다른 음유시인 친구들을 만난다. 친구들은 탄호이저가 그동안 어디서 지냈는지 무척 궁금해한다. 그는 비너스와 함께 즐기다가 왔다고 설명하기가 거북해 자기 자신을 찾으며 지내왔다고 얼버무린다. 헤르만의 조카인 아름다운 엘리자베스(Elisabeth)는 탄호이저의 전 애인으로, 오로지 탄호이저만 생각하며 지낸 정숙한 여인이다.

[제2막] 헤르만 영주의 성 바르트부르크(Wartburg)에서 노래경연대회가 열릴 예정이다. 이 경연대회에서 1등을 차지하면 아름다운 엘리자베스와 결혼할 수 있다. 노래경연대회의 주제는 사랑이다. 모두 나름대로 사랑의 노래를 부르지만 탄호이저에게는 당할 수 없다. 탄호이저는 여신들과의 사랑에 관한 곡을 부른다. 내용인즉 자신은 사랑의 여신 비너스와 섹스를 경험했으며, 그런 경험이 없는 사람은 사랑이 무언지 논할 자격이 없다는 내용이다. 이 노래를 들은 사람들은 저런 말도 안 되는 소리가 어디 있냐고 경악한다. 분노한 그들은 모두 자리를 박차고 일어나 탄호이저를 죽이려고

한다. 엘리자베스는 비록 마음에 상처를 입지만 탄호이저를 사랑하는 나머지 사람들에게 그의 미련한 행동을 용서해달라고 간청한다. 헤르만 백작은 만일 로마교황이 탄호이저의 행위를 용서한다면 자기도 용서하겠다고 약속한다. 자신의 행동을 뉘우친 탄호이저는 로마에 있는 교황을 만나기 위해 순례를 떠날 채비를 한다.

[제3막] 몇 달이 지났다. 탄호이저가 돌아오기만을 기다리는 엘리자베스는 몹시 쇠약해져 있다. 탄호이저의 친구로 엘리자베스를 진심으로 사모하는 볼프람(Wolfram)은 엘리자베스와 함께 로마에서 돌아오는 마지막 순례자의 행렬을 지켜보고 있다. 유명한 「순례자의 합창(Pilgerchor: Pilgrim's chorus)」이 무대를 압도한다. 엘리자베스는 순례자 한 사람 한 사람을 살펴보며 혹시 탄호이저가 아닌가 하는 기대감을 갖지만, 탄호이저의 모습은 보이지 않는다. 실망한 엘리자베스는 천천히 언덕 위 자기 집으로 올라간다. 볼프람이 저 유명한 「오 저녁별이여」를 부르며 별빛이 엘리자베스가 가는 길을 인도해달라고 간청한다.

탄호이저는 모든 어려움을 견디며 로마까지 갔었다. 말할 수 없는 난관을 겪고 로마에 도착한 그에게 교황은 교황의 지팡이에 푸른 잎이 무성하게 돋아나기 전까지는 용서 받을 수 없다고 말한다. 낙담한 탄호이저는 마음의 허전함을 조금이나마 채우기 위해 다시 비너스를 찾아가기로 한다. 탄호이저를 발견한 볼프람이 제발 비너스에게 가지 말라고 간청하면서 엘리자베스를 생각하라고 말한다. 이 말에 탄호이저가 발걸음을 멈칫한다. 마침 탄호이저를 마중 나왔던 비너스는 탄호이저가 천상의 쾌락을 마다하고 지상의 애처로운 사랑을 찾아가려는 마음이 생긴 것을 알고 몹시 화를 내며 사라진다. 언덕 위에서 종이 울린다. 엘리자베스의 죽음을 알리는 종소리다. 종소리와 함께 순례자들이 나타난다. 푸른 잎이 무성하게 자라나 있는 교황의 지팡이를 들고 있다. 마침내 탄호이저가 용서 받은 것이다.

트리스탄과 이졸데

타이틀	**Tristan und Isolde**(Tristan and Isolde)	
		전 3막. 대본은 바그너가 직접 썼다.
	초연	1865년 6월 10일 뮌헨 왕립궁정국립극장
	주요 배역	마크 왕(콘월의 왕), 트리스탄(마크 왕의 조카), 이졸데(아일랜드의 공주), 쿠르베날(트리스탄의 가신), 브랑게네(이졸데의 시녀), 멜로트(마크 왕의 측근)
	음악 하이라이트	욕망 모티프(시작 파트), 욕망의 만족 모티프(마지막 파트), 밤에 대한 찬양 음악
베스트 아리아	「밝고 부드럽게 그가 미소를 짓고 있네(Milde und leise wie er lächelt)」(Liebestod)(S), 「진정으로 그렇게 할 것인가?(Tatest du's wirklich?)」(T), 「홀로 깨어서(Einsam wachend)」(Ms)	

사전 지식   역사상 가장 낭만적인 비극이라고 할 수 있는 작품이다. 전편을 통해 낭만과 열정적인 음악이 압도한다. 스토리는 유럽의 실제 전설에 기본으로 한 것이다. 바그너는 이 오페라를 스위스로 망명했을 때 완성했다. 바그너는 1849년 드레스덴에서 혁명운동에 가담했으나 실패해 스위스로 피난하지 않을 수 없었다. 바그너의 생활은 우리가 상상하는 것보다도 더 한심하고 엉망이었다. 추방당하고 빚에 쪼들려 아내와 이혼하는 등 하는 일마다 실패를 거듭했다. 이런 상황에서 어떤 여인의 경제적 지원은 바그너를 밑바닥 생활에서 건져준 일대 사건이었다. 바그너는 이 여인을 온 마음으로 사랑했다. 하지만 아름답고 부유한 마틸데 베젠동크(Mathilde Wesendonck)라는 이 여인은 결혼한 몸이었다. 바그너는 고통과 연민의 이루지 못할 사랑을 〈트리스탄과 이졸데〉에 담아 표현했다고 한다.

에피소드   베르디의 〈아이다(Aida)〉는 〈트리스탄과 이졸데〉와 상당히 흡사하다. 우선 사랑과 죽음이라는 주제가 비슷하며, 서곡도 매우 비슷하다. 주인공 〈아이다〉의 아리아 「이기고 돌아오라」는 이졸데의 아리아와 비슷하다. 토스카니니는 약 60편의 오페라 악보를 암기한 것으로 유명한데,

그에게 어떤 오페라가 최고냐고 묻자 토스카니니는 서슴없이 바그너의 〈트리스탄과 이졸데〉라고 말했다. 토스카니니는 〈트리스탄과 이졸데〉의 서곡에서 인생을 배웠다고 덧붙였다.

배경 이야기　　　오늘날 영국 남부 지방 콘월(Cornwall)과 섬나라 아일랜드 사이에 전쟁이 일어난다. 콘월의 장수 트리스탄 경은 아일랜드에서 벌어진 전투에서 적장을 죽이지만, 자신도 큰 부상을 입는다. 상처가 낫지 않자 콘월의 마크(Mark) 왕은 신비한 의술을 행한다는 아일랜드의 의녀 이졸데를 찾아가 치료를 받도록 주선한다. 이졸데는 트리스탄이 전투에서 죽인 적장의 약혼자였다. 트리스탄의 상처를 치료해 생명을 건져준 이졸데는 그와 사랑에 빠진다. 그러나 두 사람은 서로 정체를 밝히지 않는다. 아일랜드와 콘월이 전쟁을 종식하기 위해 조약을 맺어 아일랜드의 이졸데와 콘월 왕 마크가 결혼하기로 한다. 마크 왕의 조카 트리스탄은 아일랜드로 가서 마크 왕의 신부가 될 이졸데를 수행하는 임무를 맡게 된다. 여기서부터 비극의 막이 오른다.

줄거리　　　　[제1막] 이졸데와 하녀 브랑게네(Brangäne)를 태운 트리스탄의 배가 아일랜드에서 콘월로 향하고 있다. 이졸데는 자신의 기구한 운명을 한탄하며 슬픔에 잠겨 있다. 더구나 자기를 수행하는 트리스탄이 마치 모르는 사람처럼 대하고 있지 않은가? 그러면 자신과 했던 사랑 약속은 한낱 거짓이었단 말인가? 트리스탄의 상처를 헌신적으로 치료해 살려준 것을 후회해보기도 한다. 이졸데는 사랑하지도 않는 마크(Mark) 왕과 억지로 결혼하느니 차라리 사랑하는 트리스탄과 함께 죽는 것이 더 낫다고 생각한다. 이졸데는 하녀에게 고통 없이 죽음에 이르는 독약을 가져오라고 시킨다. 이졸데는 트리스탄을 불러 이제는 모든 것을 용서하고 화해하는 의미에서 술을 한잔 마시자고 제안하고는 먼저 잔을 들어 마신다. 독약을 마신 두 사람이 갑판 위에 쓰러져 싸늘한 시신으로 변할 줄 알았는데 이와는 반대로 서로 사랑하는 마음이 더욱 애틋해져 죽음이 갈라놓을 때까지 헤어지지 말자고 다짐하며 서로를 품에 안는다. 두 사람의 처지를 안타까워한 하녀가 독약 대신 '사랑의 묘약'을 마시게 한 것이다.

[제2막] 콘월에 도착한 이졸데는 마크 왕과 결혼식을 올리지만 거의 매일 밤 트리스탄과 달콤한 밀회를 즐긴다. 남편 마크 왕이 사냥을 떠나자 이졸데는 자기 방 앞에 횃불을 걸어둔다. 트리스탄과 만나기 위한 비밀 표시다. 하녀 브랑게네는 마음이 불안하다. 이번 마크 왕의 사냥 행차는 그의 신하 멜로트(Melot)의 간계에 의한 것이기 때문이다. 브랑게네가 이졸데에게 조심하라고 당부하지만 이졸데는 그 말을 가볍게 넘긴다. 두 사람은 마치 아직도 서로의 사랑을 확신하지 못한 듯 무려

40분간 사랑의 2중창을 부른다. 「사랑의 밤이여, 우리에게 내려오소서!(O sink' hernieder, Nacht der Liebe)」라는 곡이다. 아니나 다를까, 마크 왕이 돌연 들이닥친다. 그는 트리스탄의 배신에 격노한다. 사악한 멜로트가 칼로 트리스탄을 찌른다.

[제3막] 바다가 내려다보이는 어느 고성에서 혼수상태에 빠졌던 트리스탄이 깨어난다. 충직한 하인 쿠르베날(Kurwenal)이 트리스탄을 지켜주고 있다. 불행하게도 트리스탄은 아무것도 기억하지 못한다. 다만 자기가 이졸데라는 여인을 사랑했었다는 것만 기억한다. 하인이 트리스탄에게 이졸데가 지금 이곳을 오고 있다고 이야기해준다. 이 말을 들은 트리스탄은 마치 저 바다에서 이졸데가 탄 배가 다가오는 것 같은 착각에 빠진다. 그러고는 기진해 정신을 잃는다. 트리스탄은 정신을 잃다가 차리기를 몇 번이나 반복한 후 실제로 배가 다가오는 것을 본다. 갑판에서 이졸데가 손을 흔들고 있다. 이졸데가 마침내 고성으로 올라오지만 기운은 완전히 소진한 트리스탄은 헛소리를 하다가 이졸데의 품에 안겨 숨을 거둔다.

그런데 또 다른 배 한 척이 도착한다. 마크 왕이 탄 배다. 트리스탄을 따라 고성으로 온 트리스탄의 충성스런 병사들은 마크 왕이 고성을 공격하러 온 것으로 생각해 전투태세를 갖춘다. 왕의 신하들과 병사들이 고성에 이르자 트리스탄의 충직한 하인 쿠르베날이 나가 사악한 멜로트를 칼로 쳐 죽이고 왕의 병사 몇 명을 죽인 후 스스로를 찌른다. 그러나 마크 왕은 트리스탄을 공격하러 온 것이 아니었다. 그는 이미 세상을 떠난 트리스탄을 붙잡고 회한의 눈물을 흘린다. 마크 왕은 전쟁에서 자기를 위해 충성을 다해 싸웠던 트리스탄을 잊지 못해 다시 부르러 온 것이다. 하인 쿠르베날은 마지막 숨을 거두기 전 두 사람의 사랑은 '사랑의 묘약' 때문에 더 간절했던 것이라고 설명한다. 마크 왕은 이졸데에게 자신의 잘못을 용서해달라고 말한다. 하지만 사랑하는 트리스탄을 잃은 이졸데는 이 오페라의 가장 유명한 아리아 「사랑의 죽음(Liebestod)」을 부른 뒤 트리스탄의 위에 쓰러져 마침내 숨을 거둔다.

마탄의 사수

타이틀	**Der Freischütz**(The Free-Shooter; The Marksman)

전 3막. 독일어 대본은 요한 아우구스트(Johann August)와 프리드리히 라운(Friedrich Laun)이 공동으로 쓴 『유령 이야기(Gespensterbuch)』를 바탕으로 프리드리히 킨트(Friedrich Kind)가 썼다. 제목의 사수는 활이나 총을 쏘는 사람이라는 뜻의 사수(射手)다. 한국에는 '자유의 사수'로도 알려져 있다

초연	1821년 6월 18일 베를린 콘체르트 하우스(Konzert-haus)
주요 배역	쿠노(삼림관), 아가테(삼림관 쿠노의 딸), 엥헨(아가테의 사촌), 막스(삼림원), 카스파르(삼림원), 자미엘(마법의 사냥꾼, 대사 역할), 오토카르 공자, 킬리안(부자 농부)
음악 하이라이트	자미엘 모티프, 막스의 아리아, 아가테의 기도 음악, 기도하는 아가테의 카바티나, 막스의 맹세 음악, 엥헨의 아리에타(폴로네즈), 사냥꾼의 합창(호른 멜로디), 랜들러(마을 사람들의 춤곡), 숲의 모티프(호른), 희망의 멜로디(아가테의 아리아)
베스트 아리아	「가만히, 가만히, 경건한 마음으로(Leise, leise, fromme Weise)」(S), 「숲을 지나, 초원을 지나(Durch die Wälder, durch die Auen)」(T), 「오세요, 아늑한 숲을 지나서(Kommt, ein schlanker Bursch gegangen)」(S), 「여기 지상의 눈물의 골짜기가 있도다(Hier im ird'schen Jammerthal)」(Drinking song, B), 「구름이 오는지(Ob die Wölke)」(S), 「아니야! 더는 고문을 당하지 않을 거야(Nein! länger trag'ich nicht die Qualen)」(T)

사전 지식	초자연적이고 스릴이 넘치는, 그렇지만 해피엔드의 낭만적 드라마다. 최초의

베버, 카를 마리아 폰(Weber, Carl Maria von, 1786~1826)

카를 마리아 폰 베버는 독일 낭만주의 오페라의 아버지라고 한다. 낭만주의 오페라는 과거 형식에 기본을 둔 스타일에서 과감하게 탈피해 감성을 마음껏 표현하는 것을 말한다. 베버의 아버지와 어머니는 유랑오페라단의 멤버였다. 그래서 베버는 어릴 적부터 부모를 따라 이곳저곳을 다녔다. 오페라에 관심이 많던 베버는 열네 살 때 첫 오페라를 작곡했다. 그는 모두 13편의 오페라를 작곡했는데 대표작은 〈마탄의 사수〉다. 베버가 서른다섯 살 되던 해에 베를린에서 초연되었다. 마지막 작품은 유작인 〈세 사람의 핀토〉로서 베버가 세상을 떠난 지 무려 62년 후에 구스타프 말러가 완성해 무대에 올렸다.

독일 낭만 오페라로 인정받고 있다. 독일 낭만 오페라는 우선 독일 민화에 기본을 둔 것을 말하며 신화적이며 초자연적인 요소가 가미되어 있다. 또 음악은 흥미로우면서도 아름다우며 민속적인 멜로디와 화음으로 구성된다는 특징이 있다. 초자연적인 요소는 특히 '늑대의 골짜기' 장면을 보면 충분히 느낄 수 있다.

에피소드 독일 낭만주의 오페라의 최고봉이라는 작품이다. 독일 낭만주의의 전형인 숲, 사냥꾼, 악마, 마법의 요소를 모두 갖추고 있다. 서곡은 오페라 역사상 처음으로 전체 내용을 요약해 표현한 듯이 구성되어 있다. 서곡에 나오는 주제 멜로디는 우리나라에서 찬송가 「내 주여 뜻대로 하옵소서」로 사용될 정도로 감동적이고 아름다운 곡이다.

줄거리 [제1막] 보헤미아 지방의 어느 숲에서 산림관을 뽑는 사격대회가 열리고 있다. 마을에서 가장 우수한 사수로 알려진 막스(Max)가 첫날 사격대회에서 이름이 알려지지 않은 어떤 농부에게 진다. 사람들이 조롱하자 막스는 초조해진다. 왜냐하면 삼림관이며 장차 장인이 될지 모를 쿠노(Kuno)가 사격대회에서 우승하지 못하면 자기 딸과의 결혼은 꿈도 꾸지 말라고 했기 때문이다. 막스는 삼림관의 딸 아가테(Agathe)를 자기 목숨보다 더 사랑한다. 아가테는 이 지방에서 제일 예쁜 아가씨다. 그런 막스에게 친구 카스파르(Kaspar)가 뜻밖의 제안을 한다. 사격대회에서 우승할 수 있게 도와주겠다는 것이다. 무슨 말인지 이해를 못하는 막스에게 친구 카스파르는 자기 총을 주며 저 하늘에 날아가는 독수리를 맞춰보라고 한다. 막스가 카스파르의 총으로 하늘 높은 곳에 있는 독수리를 대강 조준해 쐈는데도 총알이 명중한다. 막스가 놀라자 카스파르는 이런 백발백중의 총알 일곱 개를 더 만들어줄 테니 오늘 밤 '늑대의 골짜기'로 오라고 한다. 사격대회에서 반드시 우승해야 하는 막스는 카스파르의 제안이 왠지 내키지는 않지만 가겠다고 약속한다. 카스파르는 악마 자미엘(Samiel)에게 예속되어 있는 신세다.

[제2막] 예쁜 아가테는 막스가 걱정되어 어쩐지 기분이 울적하다. 달빛을 받으며 아름다운 아리아 「가만히, 가만히, 경건한 마음으로」를 부른다. 저쪽에서 막스가 걸어오는 모습을 본 아가테는 막스에게 아무 일이 없는 것을 알고 기쁨에 넘친다. 막스는 아가테에게 '늑대의 골짜기'로 가야 한다고 말한다. 이 밤중에 그곳엔 왜 가냐고 묻자 막스는 낮에 잡아둔 사슴을 찾으러 간다고 둘러댄다. '늑대의 골짜기'에 친구 카스파르가 미리 와서 기다리고 있다. 어둠 속에서 정령들이 으스스한 노래를 부른다. 카스파르는 악마에게 자기 혼을 팔고 마법의 탄환을 받은 적이 있다. 악마와의 계약 기간이

다 된 카스파르는 좀 더 살기 위해 다른 사람의 영혼을 대신 팔려고 계획했고, 백발백중을 꿈꾸는 막스가 희생자로 선택된 것이다. 악마의 음악이 무대를 압도하는 가운데 수많은 망령과 환영이 나타났다가 사라진다. 세상을 떠난 어머니의 모습이 보이며 막스에게 어서 이곳에서 피하라고 경고한다. 아가테의 모습도 보인다. 막스가 벼랑 끝으로 몰리고 있다. 막스는 환영은 환영일 뿐 사실이 아니라고 생각한다. 그는 카스파르의 말대로 영혼을 파는 대가로 마법의 탄환을 만들어 가진다.

[제3막] 막스는 마법의 탄환 여섯 개를 사용해 백발백중을 기록한다. 카스파르는 막스에게 마법의 탄환을 일곱 개만 주었다. 모두 막스가 사격대회에서 특등 사수로 우승하리라고 믿는다. 아가테는 이미 웨딩드레스까지 입고 있다. 이제 마지막 한 발만을 남겨놓고 있다. 카스파르는 나무 위에 올라가 막스가 마지막 총알과 함께 영혼을 영원히 잃는 것을 지켜보고 있다. 사격대회를 주관한 대공이 막스에게 저 하늘을 날아다니는 흰 비둘기를 맞히라고 한다. 막스가 방아쇠를 당기려는 순간, 나무 뒤에 숨어 지켜보던 아가테가 갑자기 뛰어나와 "쏘지 마세요. 제가 바로 그 비둘기입니다"라고 소리친다. 하지만 이미 탄환은 발사되었다. 아가테가 그 자리에 쓰러진다.

사람들은 아가테가 탄환에 맞은 줄 알지만 정작 탄환을 맞은 것은 나무 위에 있던 카스파르다. 막스의 일곱 번째 탄환은 아가테를 맞히기로 되어 있었으나 카스파르를 맞힌 것이다. 카스파르는 죽어가면서 악마 자미엘을 향해 '당신은 약속을 이런 식으로 지킵니까?'라고 원망한다. 막스는 대공에게 실은 자기가 사격대회에서 우승하려고 정당하지 못한 방법으로 탄환을 만들어 사용했다고 실토한다. 분노한 대공이 막스를 추방하지만 이날은 막스에게는 행운의 날이다. 신비로운 어떤 은자(隱者)가 나타나 막스가 잘못을 저지르긴 했지만 추방은 너무 과하니 1년 동안 반성하며 지내게 한 뒤, 아가테와 결혼시키는 것이 좋겠다고 말한다. 사람들이 아가테와 막스에게 축하의 박수를 보낸다.

오이리안테

타이틀	**Euryanthe**	

	전 3막. 13세기 프랑스의 전설에서 스토리를 빌려와서 헬미나 폰 셰지(Helmina von Chézy)가 대본을 썼다.
초연	1823년 10월 25일 빈의 케른트너토르 극장. 미국에서는 1887년에는 뉴욕 메트로폴리탄 오페라하우스에서 초연되었다. 전설적인 소프라노 로테 레만(Lotte Lehmann)이 오이리안테 역을 맡아 공연했다.
주요 배역	사보이의 오이리안테, 푸이세의 에글란틴 공주, 아돌라(느 베르레텔 백작, 오이리안테의 약혼자), 리시아르(포레보졸레 백작), 루돌프, 베르타

음악 하이라이트	3막의 고독한 멜로디

베스트 아리아	「골짜기의 종소리, 시냇물 흐르는 소리(Glocklein im Thale, Rieseln im Bach)」(S), 「5월의 마지막에, 두려운 순간에(Am letzten Mai, in banger Trennung Stunde)」(S), 「그에게, 그에게(Zu ihm! zu ihm!)」(S), 「산들바람과 함께(Wehen mir Lüfte Ruh')」(T)

사전 지식 이런 오페라를 대영웅적 낭만오페라(Grosse heroisch romantische Opera)라고 부른다. 거의 모든 전설이 그렇듯 앞뒤가 맞지 않고 황당하다. 물론 그것이 재미라고 할 수도 있겠지만, 이 오페라는 내용도 문제지만 대본이 음악을 따르지 못했기 때문에 별 감동을 주지 못해 오늘날 거의 공연되지 않고 있으나 서곡만은 연주회 단골 레퍼토리다. 이 오페라는 음악사적으로는 대단히 중요한 작품이다. 독일의 오페라를 바그너의 방향으로 인도해준 징검다리 역할을 했기 때문이다. 이 오페라의 무덤 장면은 바그너의 라이트모티프 시스템을 암시해주는 것이다. 주인공 아돌라 백작이 검은 갑옷을 입고 등장하는 것은 〈파르지팔〉의 모습과 흡사하다. 바그너가 베버의 제자인 것을 생각하면 아마 그 영향을 받았던 것 같다. 실제로 〈오이리안테〉에 나오는 멜로디의 몇 부분이 〈로엔그린〉에 이용되었다고 해석되기도 한다. 셰익스피어의 『심벨린(Cymbeline)』도 오이리안테 전설에서 영감을 얻은 것이라고 한다.

에피소드　　　　　콘서트의 주요 레퍼토리로 사랑받고 있는 오이리안테 서곡의 멜로디는 이 오페라에 여러 번 나온다. 특히 아돌라가 리시아르에게 항의하는 장면과 2막의 아돌라가 사랑을 나누는 장면에서 전용했다. 오이리안테는 초연 이후 별로 무대에 오르지 못했다. 취약한 대본이 원인이었다. 더구나 베버의 <마탄의 사수>가 큰 인기를 끌게 되자 <오이리안테>에 대한 관심은 슬머시 사라지게 되었다.

줄거리　　　　　시기는 12세기 초, 장소는 프랑스다.

[제1막] 아돌라(Adolar) 백작이 약혼녀 오이리안테(Euryanthe)의 아름다움과 정숙함을 찬양하는 노래를 부른다. 그러자 그의 친구 리시아르(Lysiart) 백작이 여자의 정절은 믿을 만한 것이 못 된다고 비웃으며 오이리안테를 타락시킬 수 있다고 장담한다. 두 사람은 전 재산을 걸고 오이리안테가 정절을 지키는지를 놓고 내기한다.

아돌라 백작의 느베르(Nevers) 궁전이다. 오이리안테가 자연의 아름다움을 찬양하며 신랑 될 아돌라 백작을 그리워하는 노래를 부른다. 느베르 궁전에는 에글란틴(Eglantine) 공주가 머물고 있다. 그녀는 아버지와 함께 음모를 꾸며 루이 왕에게 반역의 기치를 들었다가 실패해 감옥에 갇혔었는데, 오이리안테를 통해 루이 왕에게 애원해 감옥에서 겨우 풀려나 이곳에 있게 된 것이다. 루이 왕은 오이리안테를 특별히 총애하기 때문에 웬만한 부탁은 다 들어주는 편이다. 에글란틴 공주도 아돌라 백작을 사랑한다. 그녀는 아돌라 백작을 오이리안테에게서 떼어놓기 위해 우선 오이리안테의 신임을 얻으려고 노력한다. 공주는 오이리안테와 아돌라에게 무언가 비밀이 있음을 직감한다. 공주를 믿는 오이리안테는 그 비밀을 들려준다. 아돌라 백작에게는 여동생이 하나 있었는데, 사랑하는 사람이 전쟁에서 죽었다는 소식을 듣자 슬픔을 이기지 못해 반지에 감춰둔 독을 먹고 스스로 목숨을 끊었다는 것이다. 그 후 외로운 무덤에 쓸쓸히 누워 있는 여동생의 혼령이 오이리안테와 아돌라에게 나타나 자신이 편히 잠들려면 누군가 순결한 사람이 자기 반지에 눈물을 떨어뜨려 한을 씻어주어야 한다고 말했다고 한다. 공주는 이 비밀을 빌미로 사악한 음모를 꾸민다. 마침 리시아르 백작이 오이리안테를 루이 왕의 궁으로 안내하기 위해 찾아온다.

[제2막] 리시아르는 느베르 성에 머무는 동안 내기에 이기기 위해 오이리안테를 유혹하려 했으나 전혀 성과를 거두지 못한다. 그런데 에글란틴 공주가 무덤 부근에 숨어 있다가 리시아르가 지나가자 갑자기 나타나 반지를 주며 아돌라 여동생의 비밀을 얘기해준다. 오이리안테를 모함하기 위해서다. 리시아르는 내기에 이길 수 있게 비밀을 얘기해준 공주에게 감사하는 뜻에서 결혼을 약속한다.

장면은 바뀌어 루이 6세의 왕궁이다. 귀족과 귀부인들이 모여 있다. 리시아르는 아돌라와의 내기에서 이겼노라고 발표하며 그 증거로 아돌라의 죽은 여동생이 끼고 있던 반지를 내보인다. 리시아르는 그런 중요한 비밀을 오이리안테가 직접 이야기하지 않았으면 어떻게 알고 그 반지를 손에 넣었겠냐면서 의기양양하다. 오이리안테가 결백을 주장하지만 소용이 없다. 아돌라는 그렇게도 믿었던 오이리안테에게 배신을 당했다고 생각해 분노에 치를 떤다. 아돌라는 약속대로 모든 재산을 리시아르에게 넘겨주고는 오이리안테를 데리고 루이 왕의 궁을 나와 숲 속으로 향한다. 아돌라는 오이리안테를 죽이고 자신도 목숨을 끊을 생각이다.

[제3막] 깊은 산속 골짜기에서 아돌라가 칼을 빼 들어 오이리안테를 죽이려 한다. 오이리안테가 눈물로 무고를 주장하지만 아무 소용이 없다. 순간 커다란 뱀 한 마리가 나타나 당장이라도 아돌라를 집어 삼킬 형국이다. 그 순간 오이리안테가 몸을 날려 뱀을 유인한다. 그 틈을 타 아돌라가 뱀을 처치한다. 오이리안테는 사랑을 의심받느니 차라리 사랑하는 아돌라의 칼에 죽음을 맞겠다고 말한다. 아돌라는 오이리안테를 차마 죽이지 못하고 하늘의 뜻이 있다면 보호해줄 것이라는 말을 남기고 그 자리를 떠난다.

마침 루이 왕이 그곳을 지나가다가 오이리안테를 발견한다. 왕은 오이리안테의 진심 어린 얘기를 듣고 결백을 입증해주기로 약속한다. 오이리안테는 무덤의 비밀을 아는 사람은 에글란틴 공주뿐이며 그녀가 리시아르에게 반지를 준 것이 틀림없다고 설명한다.

리시아르와 공주의 결혼식 준비가 한창이다. 그때 검은 갑옷을 입은 아돌라가 투구로 얼굴을 가리고 등장한다. 공주는 그 기사가 아돌라임을 눈치챈다. 아돌라를 마음에 품고 있는 공주는 양심의 가책을 느껴 잘못을 뉘우치며 오이리안테의 무고함을 큰소리로 외친다. 사실 공주는 리시아르와의 결혼을 두려워하고 있었다. 사악한 리시아르가 나중에 자신을 해칠 것이 분명하다고 믿기 때문이다. 아돌라는 정체를 밝히면서 리시아르에게 결투를 신청한다. 그러나 두 사람이 칼을 들기 전에 루이 왕이 도착한다. 루이 왕은 오이리안테를 믿지 못하고 의심한 아돌라를 꾸짖으며 일부러 오이리안테가 죽었다고 말한다. 경쟁자가 죽었다는 소리에 아돌라와 결혼할 수 있다고 생각한 에글란틴은 자기가 꾸민 모든 음모를 왕에게 자랑스럽게 털어놓는다. 공주가 아돌라의 사랑을 얻기 위해 모든 계획을 세웠다는 소리를 들은 리시아르는 속았다고 생각해 칼을 뽑아 공주를 죽인다. 오이리안테가 나타나 아돌라의 품에 안긴다. 리시아르는 체포되고, 아돌라의 여동생은 무덤에서 영원한 안식을 찾는다. 순결한 오이리안테의 눈물로 반지를 적셨기 때문이다.

오베론

타이틀	**Oberon**

전 3막의 낭만적 오페라. 크리스토프 마르틴 빌란트 (Christoph Martin Wieland)의 「오베론(Oberon)」이라는 시를 기본으로 제임스 로빈슨 플랑셰(James Robinson Planché)가 대본을 썼다. '요정나라 왕의 약속(The Elf King's Oath)'이라는 제목으로도 불린다. 대본은 독일어와 영어 두 가지가 있다.

초연	1826년 4월 12일 런던 코번트가든

주요 배역	오베론(요정나라 왕), 퍼크(요정), **보르도의 후온 경**(기엔 공자), 셰라스민(후온 경의 종자), 레이자(하룬 알 라시드의 딸), 파티마(레이자의 시녀), 샤를마뉴(프랑크 제국의 황제), 하룬 알 라시드(칼리프), 바베칸(사라센의 왕자), 알만조르(튀니스의 에미르), 압달라(해적), 티타니아(오베론의 왕비), 로샤나(알만조르의 아내), 나무나(파티마의 할머니), 나디나(알만조르 하렘의 여인)
음악 하이라이트	오베론의 호른 모티프(서곡), 후온의 아리아, 레이자의 바다 아리아
베스트 아리아	「아버지여, 나의 간청을 들으소서(Vater! Hör' mich fleh'n zu dir)」(T), 「어려서부터 전쟁터에서(Von Jugend auf schon im Kampfgefild)」, 「요정의 약속(Schreckens schwur)」(T), 「대양이여, 힘이 장사인 거인이여(Ozean, du ungeheuer)」(S)

사전 지식　　프랑스의 옛날 동화에서 내용을 따온 오페라다. 오베론은 동화의 나라 임금님의 이름이다. 주인공들의 이름은 동양적인 면이 있다. 예를 들면 파티마(Fatima), 셰라스민(Scherasmin) 등이 그러하다.

에피소드　　베버는 여느 오페라보다 대사와 노래가 혼합된 〈오베론〉을 작곡하기 싫어했다. 자기 스타일과 맞지 않다고 생각했기 때문이다. 런던의 코번트가든은 초연을 앞두고 속히 〈오베론〉을 완성해달라고 날마다 빗발치듯 재촉했다. 스트레스를 받은 베버는 아주 빠른 기간에 작곡을 끝냈지만, 그 때문에 신체적·정신적 스트레스를 받아 두 달 후에 세상을 떠났다. 오늘날 〈오베론〉이 공연되는 경우는 별로 없지만 서곡은 널리 사랑받고 있다.

줄거리   [제1막] 어느 날 동화와 요정 나라 임금님 오베론(Oberon)과 티타니아(Titania) 왕비가 심각하게 부부싸움을 한다. 남자와 여자 중 누가 더 변덕스러운지에 의견이 일치하지 않아 부부싸움을 한 것이다. 두 사람은 이제부터 절대로 자신들을 부부로 인정하지 않기로 한다. 다만 한 가지 조건을 붙인다. 만일 세상의 어떤 난관과 유혹과 위험이 닥치더라도 서로 진심으로 사랑하는 부부를 발견하면 부부싸움을 잊고 서로 화해하겠다는 조건이다.

사실 임금님과 왕비는 각기 그런 사람을 빨리 찾아 서로 화해할 생각이 굴뚝같다. 오베론 임금님은 귀엽고 명랑한 요정 퍼크(Puck)를 세상에 보내 그런 사람을 찾아보도록 한다. 퍼크는 기사 후온(Huon; Sir Huon of Bordeaux) 이야기를 가지고 돌아온다.

보르도의 기사 후온이 유럽 제국을 통치하는 프랑크 샤를마뉴 대제의 아들 카를로몬(Carlomon)에게 심한 모욕을 당한다. 모욕을 당한 후온은 결투에서 단칼에 카를로몬을 베어버린다. 샤를마뉴 황제는 후온을 바그다드로 귀양을 보내면서, 그곳에 가서 칼리프의 딸 레이자(Reiza)와 결혼하기로 한 왕자를 죽이고 레이자 결혼해 살라는 저주를 내린다. 이 얘기를 들은 오베론은 기사 후온과 레이자 공주를 애틋한 사이로 만들어 자신들의 부부싸움을 해결하고자 한다. 오베론은 우선 두 사람이 서로 알아야 한다고 생각해 각자에게 환영을 보여준다. 꿈을 꾸듯 환영으로 만난 후온과 레이자는 오베론의 생각대로 서로 사랑하는 마음을 품게 된다. 오베론은 직접 후온 앞에 나타나 언제라도 도움이 필요할 때 피리를 불기만 하면 자기가 달려와 도와주겠다고 하면서 요술 피리를 준다. 한편 후온의 하인 셰라스민(Sherasmin)에게는 언제나 포도주가 넘쳐흐르는 요술 컵을 주어 주인 후온의 마음이 울적할 때 기분을 풀어주도록 한다. 그런데 이 포도주는 참 특별한 것이어서 후온을 배반하는 사람이 입을 대면 당장에 불을 내뿜는다는 것이다.

[제2막] 후온과 하인 셰라스민은 오베론의 보살핌으로 바그다드에 무사히 도착한다. 바그다드 시장에서 두 사람은 오베론이 준 요술 선물로 여러 가지 마법을 보여주어 사람들의 인기를 독차지한다. 그 무렵 바베칸(Barbekan) 왕자가 아름다운 레이자 공주와 결혼하기 위해 칼리프인 하룬 알 라시드(Haroun al Rashid)를 찾아온다. 칼리프는 이 왕자를 무척 좋아하지만 공주는 그렇지 않다. 왜냐하면 이미 상상 속에서 후온을 만나 사랑하게 되었기 때문이다. 어찌어찌하여 후온과 바베칸 왕자가 알고 지내게 된다. 후온은 이 왕자의 속셈을 알아내기 위해 요술 컵의 포도주를 마시도록 한다. 그러자 컵에서 불이 뿜어 나온다. 후온은 왕자가 칼리프를 배신하려는 사람이라고 선언하고는 결투를 하여 칼로 베어버린다. 결투로 왕자가 죽자 아무것도 모르는 칼리프의 병사들이 후온을 포위하고 체포하려 한다. 셰라스민이 재빨리 뿔피리를 불자 피리 소리는 곧바로 아름다운 음악으로 변해

병사들을 춤추게 만든다. 이 틈을 타서 후온과 레이자 공주가 도망친다. 후온의 하인 셰라스민과 공주의 시녀 파티마(Fatima)가 뒤따른다. 잠시 후 오베론이 나타나 두 사람에게 "그대들은 어떤 난관과 위험이 닥치더라도 진실로 사랑하겠느냐?"라고 묻자 이들은 그렇다고 다짐한다. 오베론은 두 사람을 시험하기로 한다. 후온-레이자, 셰라스민-파티마는 오베론의 계획에 따라 침몰하려는 배를 탄다. 마침 지나가던 해적선이 이들을 구해주지만 해적은 예쁜 레이자를 튀니스의 토후(Emir: 족장 또는 총독)에게 노예로 판다. 토후의 하렘에 들어간 레이자는 매일 토후에게 구혼을 받지만 요지부동이다.

[제3막] 해적들은 하인 셰라스민과 시녀 파티마도 튀니스의 토후에게 노예로 판다. 두 사람에게는 궁전의 정원에서 일한다. 이때 해적들에게서 간신히 도망친 후온이 레이자를 찾으러 하렘을 기웃거리다가 에미르의 호위병들에게 잡힌다. 마침 토후 에미르의 동방 부인(에미르에게는 수없이 많은 부인들이 있는데 그중에서 동방 부인이 가장 권세가 높다) 로샤나(Roschana)가 젊고 잘생긴 후온을 보고 마음이 움직여 애인으로 삼고자 한다. 로샤나는 후온의 사랑을 받기 위해 별별 계략을 다 꾸미지만 번번이 실패한다. 레이자 공주를 향한 후온의 마음이 한결같기 때문이다. 로샤나 부인은 마지막 수단으로 노골적으로 유혹의 손길을 뻗친다. 실오라기 하나 걸치지 않은 동방 부인이 하렘의 한 방에서 후온을 적극적으로 유혹하지만 후온은 눈을 감고 쳐다보지도 않는다. 로샤나는 화가 치밀어 저 사람이 자기를 겁탈하려 했다고 토후에게 거짓을 고한다. 더구나 로샤나는 후온이 최근 팔려온 젊은 여노예 레이자를 좋아하는 것을 알고는 그녀를 미워하며 못살게 군다. 로샤나의 말에 분노한 토후는 후온을 불에 태워 죽이라고 명령하고 자기 말을 듣지 않는 레이자도 함께 죽이라고 지시한다. 죽음을 앞두고도 두 사람의 사랑은 변함이 없다.

하인 셰라스민이 요술 피리를 불자 오베론 왕이 달려와 두 사람을 구해준다. 이로써 오베론과 왕비 티타니아는 서로 화해한다. 오베론과 티타니아는 이들을 샤를마뉴 대제의 궁전으로 데려다 준다. 후온의 용기와 충성심을 깨달은 샤를마뉴 대제는 후온을 용서한다. 후온과 레이자는 결혼해서 행복하게 산다. 셰라스민과 파티마도 마찬가지다. 오페라는 환호하는 대합창으로 막을 내린다.

세 사람의 핀토

타이틀 **Die Drei Pintos**(The Three Pintos)

	전 3막의 코믹 오페라. 대본은 테오도르 헬(Theodor Hell)이 썼다.
초연	1888년 1월 20일 라이프치히 노이에스 슈타트테아터(Neues Stadt-theater)
주요 배역	돈 판탈레오네 로이스 데 파체코(귀족), 돈 고메스 데 프레이로스(귀족), 클라리사(돈 판탈레오네의 딸), 라우라(클라리사의 하녀), 돈 가스톤 데 비라토스(학생이었던 신사), 암브로시오(돈 가스톤의 하인), 돈 핀토 데 폰세카(젊은 시골 신사), 이네스(여관집 딸)

사전 지식 1821년에 극작가 테오도르 헬은 베버에게 「신부 전쟁(Der Brautkampf; The battle for the bride)」이라는 극본을 주고 오페라로 작곡할 것을 권유했다. 그러나 베버는 제목이 마음에 들지 않는다고 하며 '세 사람의 핀토(Die Drei Pintos)'로 고쳤다. 베버는 〈세 사람의 핀토〉를 완성하지 못하고 1826년 세상을 떠났다. 베버가 만들어놓은 것은 일부분에 대한 스케치뿐이었다.

베버의 유족들은 〈세 사람의 핀토〉를 완성해야겠다는 일념으로 여러 작곡가와 접촉했으나 누구도 선뜻 나서서 맡겠다는 사람이 없었다. 그러던 중 베버의 미망인 카롤리네(Caroline)가 자코모 마이어베어와 연결이 되어 미완성 악보를 건네주며 완성을 부탁했다. 마이어베어는 어떤 이유 때문인지는 몰라도 스케치 악보를 받은 후 카롤리네가 세상을 떠날 때까지 무려 26년 동안 아무 작업도 하지 않았다. 카롤리네가 세상을 떠나자 마이어베어는 받은 스케치 악보를 그대로 베버의 가족에게 돌려주었다. 카롤리네의 아들 막스(Max)가 또다시 여러 사람을 접촉해 오페라를 완성해달라고 부탁했지만 그럴 때마다 포기하는 게 좋겠다는 대답을 들었을 뿐이었다.

1881년 막스가 죽자 그의 아들 카를(Carl: 베버의 손자)이 베버의 음악 관련 유산을 모두 물려받게 되었다. 카를 역시 이 사람 저 사람과 접촉하다가 당시 스물여섯 살의 구스타프 말러를 만나 승낙을 받았다. 말러는 라이프치히 국립극장의 부지휘자였다(1886~1887 시즌). 말러는 작곡을 위해 자주 카를의 집을 방문해 자료도 찾고 얘기도 나누었다. 말러가 카를의 집을 방문한 또 다른 이유는 카를의 부인 마리온(Marion)에게 푹 빠져 있었기 때문이라고 한다. 카를은 말러와 자기 아내 마리온이 친밀하게 지내는 것을 알면서도 할아버지 베버가 남긴 〈세 사람의 핀토〉를 완성해야 한다는 일념으로 눈감아주었다고 한다. 어쨌든 말러는 1887년에 베버가 스케치한 암호와 같은 내용을 해석하고 베버 스타일로 〈세 사람의 핀토〉를 완성했다. 원래 베버가 만들어놓은 스케치는 일곱 편의 곡(넘버)이었으나 말러가 무려 13곡을 더 추가했다. 그러나 베버의 라이트모티프와 주제는 최대한 살렸다. 말러는 오페라에 나오는 인테르메초를 자신의 교향곡 1번의 1악장에 그대로 사용했다. 인테르메초는 말러가 작곡한 곡이다.

에피소드　　　1888년 라이프치히 초연은 말러가 직접 지휘했다. 리하르트 슈트라우스는 말러 가 완성한 베버의 〈세 사람의 핀토〉에 찬사를 보냈으나, 지휘자 한스 폰 뷜로브(Hans von Buellow)가 혹평하자 견해를 바꾸었다. 게다가 당시 유명한 평론가 에두아르트 한슬리크(Eduard Hanslick)도 혹평을 서슴지 않자 〈세 사람의 핀토〉는 무대에서 사라지게 되었다. 1911년 말러가 세상을 떠난 후에는 더욱 그러했다. 그렇다고 완전히 도외시된 것은 아니다. 2003년 영국 웩스퍼드(Wexford) 페스티벌에서만 여섯 차례나 공연되었다.

줄거리　　　17세기 후반 무어의 지배를 받고 있던 스페인이다.

[제1막] 돈 가스톤 데 비라토스(Don Gaston de Viratos)는 친구들과 작별하고 마드리드로 가서 관리 자리를 얻고 내친 김에 아름다운 아가씨도 만나 결혼할 계획이다. 평소에 가스톤을 남몰래 사모해온 여관집 딸 이네스(Inez)는 가스톤이 마드리드로 떠난다고 하자 경고하듯 「상사병에 걸린 고양이 만소르의 로망(Romance of the lovesick cat Mansor)」라는 노래를 부른다. 성실하지 못한 사람이 오히려 연인을 궁지로 몰아넣는다는 내용의 노래다. 그때 좀 바보스럽고 어수룩한 시골 신사 돈 핀토 데 폰세카(Don Pinto de Foceca)가 나타난다. 그도 마드리드로 가는 길이다. 오래전 양가 부모의 약속으로 정해진 돈나 클라리사(Donna Clarissa)와 결혼하기 위해 가는 길이라고 하면서, 결혼 상대자인 클라리사 를 처음 만나는 것이기 때문에 어떻게 생겼는지 마음씨는 어떤지 궁금하다고 말한다. 또한 클라리사를 만나면 어떤 방법으로 청혼해야 할지도 걱정이라고 덧붙인다. 가스톤은 핀토에게 사랑은 불같이 뜨거운 것이라고 하며 청혼을 위한 모든 기술을 가르쳐주겠다고 나선다. 하지만 핀토는 너무 복잡해 건성으로 듣고, 먹고 마시는 데만 정신을 쓴다. 가스톤은 그런 핀토를 가엽게 여기는 한편, 미지의 아가씨 클라리사를 바보 같은 핀토에게서 구원해야겠다는 일종의 사명감을 갖는다. 가스톤은 핀토를

술에 취하게 한 뒤 그의 주머니에서 결혼을 약속한 편지를 몰래 **빼낸다**. 가스톤은 하인 암브로시오와 함께 핀토를 여관방에 잘 모셔놓은 뒤 마드리드로 발길을 재촉한다.

[제2막] 돈 판탈레오네 로이스 데 파체코(Don Pantaleone Roiz de Pacheco)는 하인들에게 시골에 사는 오랜 친구의 아들 핀토가 딸 클라리사와 결혼하기 위해 마드리드로 오니 준비를 잘하라고 당부한다. 모두 흥분하고 기뻐하지만 당사자인 클라리사는 가만히 한숨을 내쉰다. 클라리사는 돈 고메스 데 프레이로스(Don Gomez de Freiros)를 사랑하고 있기 때문이다. 그러나 사람들에게 대놓고 고메스를 사랑한다고 말할 상황이 아니다. 고메스가 얼마 전 결투를 한 뒤로 숨어 지내야 할 처지이기 때문이다. 그는 뛰어난 검객이며 훌륭한 신사다. 무슨 수를 써야겠다고 생각한 클라리사는 비밀리에 고메스를 집으로 오라고 한다. 클라리사를 만난 고메스는 두 사람의 사랑을 굳게 지킬 것을 검(劍)을 걸고 약속한다. 고메스는 다음 날 아침 자신이 핀토라고 주장하며 클라리사에게 청혼하기로 결심한다.

[제3막] 하인들이 결혼 준비로 부산하다. 이때 가스톤이 하인 암브로시오를 데리고 나타난다. 가스톤은 자기가 핀토라고 말하며 영접을 받는다. 그는 웅장한 저택과 아름다운 클라리사를 보고는 그녀와 정식으로 결혼할 마음을 품는다. 잠시 후 고메스가 나타나 자신이 핀토라고 주장한다. 그러면서 클라리사를 만나 사랑을 고백한다. 물론 클라리사는 고메스의 사랑 고백에 손을 내민다. 그러자 가스톤이 자기야말로 진짜 핀토라고 하면서 훔친 결혼약정서를 내보인다. 고메스가 불리한 입장이 된다. 의기양양한 가스톤은 고메스에게 결투로 판가름하자고 제안한다. 가스톤은 고메스가 뛰어난 검객인 것을 모른다. 고메스는 또다시 결투로 사람을 죽여 명예롭지 못한 사람이 되는 것만은 피하고 싶다. 그래서 편지를 가진 가스톤을 진짜 핀토로 믿어 클라리사를 신사답게 양보하기로 한다.

고메스가 뛰어난 검객인 것을 안 가스톤은 공연히 결투를 신청한 것을 후회한다. 고메스는 그러한 가스톤에게 결투는 없던 것으로 하자고 제안한다. 가스톤도 양심의 가책을 받아 고메스야말로 클라리사와 결혼하기에 합당한 신사라고 단정하고 모두 앞에서 고메스를 진짜 핀토라고 선언한다.

이제 진짜 핀토가 등장할 차례다. 술에 취해 여관에서 자고 있던 핀토는 술에서 깨어나자 서둘러 마드리드로 온다. 막 결혼식이 진행되려 할 때 진짜 핀토가 나타나 자기가 신랑이 될 사람이라고 주장하지만, 아무도 그를 진짜 핀토라고 믿어주지 않는다. 진짜 핀토는 자신의 어리석음 때문에 클라리사의 저택에서 쫓겨난다. 그렇지만 웬일인지 마음이 홀가분하다. 귀찮은 격식 속에 살지 않아도 된다는 생각에 오히려 기쁘다. 이제 고메스와 클라리사의 결혼을 방해할 사람은 없다. 가스톤은 훌륭한 인품의 신사로 인정받아 판탈레오네의 주선으로 정부의 고위 관리 자리를 약속 받는다.

마하고니 도시의 흥망

	전 3막. 쿠르트 바일과 단짝인 베르톨트 브레히트가 독일어 대본을 썼다.
초연	1930년 3월 9일 라이프치히 노이에스 테아터
주요 배역	제니(흑백 혼혈의 창녀), 지미 마호니(지미 매킨타이어, 벌목공), 레오카디아 베그빅(주점의 마담), 패티(회계사), 트리니티 모세스(도망자)
베스트 아리아	알라바마 송, 베네레스 송

사전 지식　　　작곡자 바일은 동료 작가인 브레히트와 함께 〈마하고니 도시의 흥망〉을 내놓기 몇 년 전에 독일 징슈필 스타일의 〈작은 마하고니(Kleine Mahagonny)〉라는 작품을 완성했다. 〈작은 마하고니〉는 성악가 몇 명과 소규모 오케스트라의 연주로 1927년 바덴바덴에서 열린 독일 실내악 페스티벌에서 공연되었다. 이때 선보인 10곡을 이 오페라를 작곡하면서 거의 그대로 반영했는데, 「알라바마 송(Alabama song)」과 「베나레스 송(Benares song: 인도 베나레스 지방의 전통 음악)」을 예로 들 수 있다. 〈마하고니 도시의 흥망〉은 자본주의를 반대하는 내용으로 독일사회당의 후원을 받아 1930년 라이프치히 무대에 올리게 되었고, 이듬해에는 베를린까지 진출했다. 그러나 1933년 나치는 이 오페라의 공연을 금지했다. 아마 바일이 유대 계통인 것이 이유였던 것 같다. 그로부터 이 오페라는 1960년대까지 제대로 공연되지 못했다.

〈마하고니 도시의 흥망〉은 1960년대 중반에 관심을 받게 되어 세계 여러 나라에서 공연되기 시작했으

바일, 쿠르트(Weil, Kurt, 1900~1950)
쿠르트 바일의 작품은 대중을 위한 음악을 중심으로 한다. 그의 음악은 강렬한 리듬의 재즈에 영향을 받았으나, 과거 낭만주의 음악의 멜로디를 즐겨 사용하기도 했다. 그는 음악을 매우 세련되고 간결하게 구성하는 재능이 있었다. 베를린에서 훔퍼딩크, 부소니, 야르나하로부터 작곡을 공부했다. 바일은 음악이 사회를 움직이는 힘이라는 스트라빈스키의 생각과 뜻을 함께했다.

나 그다지 큰 성공은 거두지 못했다. 가장 큰 이유는 바일-브레히트의 새로운 작품 〈서푼짜리 오페라〉가 더 인기를 끌었기 때문이었다. 이뿐만 아니라 <마하고니 도시의 흥망>은 사회규범에 어울리지 않는 내용이며 음악도 허공을 유령처럼 배회하는 것이라는 평판 때문에 인기를 끌지 못했다. 하지만 긍정적인 평가도 있다. 유명한 오페라 역사학자인 헤르베르트 린덴베르거(Herbert Lindenberger)는 그의 저서 『역사 속의 오페라(Opera in history)』에서 바일의 〈마하고니 도시의 흥망〉과 쇤베르크의 〈모세와 아론〉은 현대주의 오페라의 양 기둥이라고 논평했다. 〈마하고니 도시의 흥망〉에 나오는 음악은 여러 스타일을 망라하고 있다. 래그타임(Rag time), 재즈, 전통적인 대위법을 사용하기도 했다. 대본은 독일어지만 「알라바마 송」과 「베나레스 송」의 가사는 영어로 되어 있다.

에피소드   〈마하고니 도시의 흥망〉이라고 하면 로테 레냐(Lotte Lenya)를 빼놓을 수 없다. 로테 레냐는 작곡자 바일의 아내로 가수이자 배우였다. 1931년 〈마하고니 도시의 흥망〉의 베를린 초연에서 여주인공 제니를 맡아 대단한 호평을 받았다. 담배를 태우는 로테 레냐의 포스터는 오페라 연혁에서 기념비적인 것이다. 당시 그녀가 부른 노래는 요즘으로 치자면 빌보드 차트 2년 연속 1위였다. 로테 레냐는 바일의 오페라에 단골로 출연했다. 〈서푼짜리 오페라〉에서는 제니 역을 맡아 호평을 받았고 〈일곱 가지 큰 죄악>에도 주역으로 출연했다.

줄거리   무대는 미국의 어디라도 좋다. 상상 속의 마을이다. 세 명의 범죄자가 멀리 도망치다가 추격이 미치지 못하는 곳에 정착해 마을을 세우기로 한다. 마하고니(Mahagonny) 마을이다. 세 명의 범죄자는 여포주 레오카디아 베그빅(Leocadia Begbick), 회계사로 장부를 날조하다 걸린 뚱보 패티(Fatty), 무슨 죄목으로 도망자가 됐는지 확실치 않은 트리니티 모세스(Trinity Moses)다. 이 새로운 마을에서는 돈만 있으면 무엇이든지 할 수 있다. 음주, 도박, 격투 시합, 매춘 따위가 마을 사람들의 직업이다. 마하고니 마을은 악명이 높아지기 시작한다. 그래서 멀리에서 범법자를 비롯해 별별 사람들이 마하고니를 찾아오기 시작한다. 쿠바 출신의 혼혈녀 제니(Jenny)가 친구들과 함께 찾아온다. 이들은 창녀다. 제니를 비롯한 여자들은 술집 마담 베그빅의 그늘로 들어가 일을 하기 시작한다. 얼마 후 벌목꾼 지미, 제이크, 빌, 조 등이 마을을 찾아온다. 돈이 없는 지미는 베그빅에게 30달러를 외상으로 달고 제니와 하룻밤을 보낸다.

태풍이 몰려오자 마을은 큰 혼란에 빠진다. 태풍이 휩쓸고 지나가면 마을이 남아나지 않을 것이라고 모두 공포에 질려 있다(태풍은 마을 사람들에 대한 신의 노여움을 표현한 것이다). 태풍은 다행히 마하고니 마을을 비껴 지나갔다. 마을은 예전처럼 술과 도박과 매춘, 죽을 때까지 싸우는 격투가 난무한다. 탐욕과 폭력과 섹스가 판을 치는 별천지다. 그런 중에도 사랑이라는 감정이 솟아난다. 서로 사랑하게 된 지미와 제니는 마하고니 마을에서 살 수가 없다고 생각해 도망가기로 하지만, 실행에 옮기기도 전에 지미가 경찰에게 체포된다. 베그빅에게 30달러를 갚지 않았기 때문이다. 지미는 감옥에 갇힌다. 감옥에 있던 살인범 한 명은 뇌물을 써서 무죄 석방된다. 그러나 돈이 없는 지미는 여전히 감옥신세다. 친구들에게 돈을 빌리려 했으나 아무도 그만한 돈을 가지고 있지 않다. 지미는 사형을 선고 받는다. 지미는 빚이야말로 마하고니에서 유일한 범죄라는 것을 깨닫는다. 단 30달러를 갚지 못해 전기의자에 앉게 된 것이다(어떤 버전에는 교수대로 끌려갔다고 되어 있다).

마을 사람들이 피켓을 들고 소리치며 시위를 하고 있다. 사람들은 마을을 방화하고 보는 대로 부숴버린다. 어떤 사람들은 자본주의 세계를 요구한다. 또 어떤 사람들은 무슨 일이든지 면허를 받은 사람만 할 수 있게 하는 면허주의를 주장한다. "아무도 우리를, 당신을, 누구도 도울 수 없다(Koennen uns und euch und niemand helfen)"라는 한 사람의 말이 이 오페라의 의미를 대변한다. 마을 사람들은 계속 행진한다. 도대체 어디로, 무엇 때문에 몰려가는지 아무도 모른다.

서푼짜리 오페라

타이틀	**Die Dreigroschenoper**(The Threepenny Opera)

	프롤로그와 3막으로 구성된 음악이 있는 연극. 바일과 단짝인 독일 극작가 베르톨트 브레히트가 대본을 썼다. 존 게이(John Gay)의 〈거지 오페라(The Beggar's Opera)〉에서 큰 줄기를 가져왔다.
초연	1928년 8월 31일 베를린 시프바우어담(Schiffbauer-damm) 극장
주요 배역	맥히스(거지 깡패들의 두목으로 보통 맥이라고 부른다), 폴리(조너선 피첨의 딸), 조너선 피첨(가게 주인), 타이거 브라운(경감), 제니(창녀), 루시(브라운 경감의 딸)
음악 하이라이트	맥 더 나이프(Mack the knife) 노래
베스트 아리아	「맥 더 나이프의 발라드(Die Moritat von Mackie Messer: Ballad of Mack the Knife)」(B), 「이지 라이프의 발라드(Ballade vom angenehmen Leben)」(T)

사전 지식 　　　가히 혁명적인 작품이라고 할 수 있는 이 작품은 외계적 테크닉이라고 부르는 '제4의 벽'을 깨트리고 관객에게 직접 도전하고 있다. 예를 들면 여러 가지 슬로건은 벽에 투영되도록 했고, 간혹 주인공들이 피켓을 들고 다닌다거나 관객들에게 등을 돌리고 한동안 서 있게 한 것 등이 그러하다. 한마디로 아방가르드적 해프닝이라고 할 수 있다. 일상적인 사고방식에 대해, 심지어는 일반적인 극장 무대에 도전하는 형식을 취하고 있는 이 작품은 대단히 현학적인 질문을 던진다. "누가 더 큰 도둑인가? 은행을 턴 사람과 은행을 설립한 사람 중에!" 평범하지 않은 제목과 외계적인 테크닉에도 불구하고 이 작품은 뮤지컬 코미디로서 많은 사랑을 받았다. 서곡을 제외하고는 음악 형태가 아주 단순하며, 오케스트라는 마치 작은 재즈 밴드처럼 소규모다. 존 게이(John Gay)의 풍자극 〈거지 오페라〉와 〈서푼짜리 오페라〉에 등장하는 주인공은 똑같이 맥히스(MacHeath)다. 존 게이의 연극에서는 노상강도이지만 바일의 〈서푼짜리 오페라〉에서는 사업가를 자처하는 아주 못되고 흉악한 반영웅적 범죄자다.

에피소드　　　　작곡자 바일은 재즈의 영향을 많이 받았다. 막이 오르면서 시작되는 「맥 더 나이프의 발라드」는 루이 암스트롱(Louis Armstrong)이 「맥 더 나이프(Mack the Knife)」라는 노래로 불렀고, 이후 보비 대린(Bobby Darin)이 팝송으로 불러 대단한 인기를 누렸다. 〈서푼짜리 오페라〉에 나오는 노래들은 1920년대 독일에서 누구나 즐겨 부르던 노래로, 게오르크 그로시(Georg Grosz) 시대의 음악이다. 다시 말해 이른바 독일식 재즈 형태에, 탱고와 폭스트롯(fox-trot) 같은 당시에 유행하던 춤곡을 가미한 것이다. 요즘에는 이 같은 스타일이 '작은 서푼짜리 음악(Kleine Dreigroschenmusik)'이라는 이름으로 각광 받고 있다.

줄거리　　　　[프롤로그] 무대는 1930년대의 런던이다. 어떤 청년이 일자리를 찾는다면서 조녀선 피첨(J. Peachum)의 가게에 들어선다. 피첨은 런던의 거지들에게 입을 것과 잠자리를 제공하면서 이들이 구걸을 하거나 소매치기를 해서 번 수입의 상당 부분을 가로채는 사람이다. 말하자면 못된 고리대금업자다. 청년을 거지라고 생각한 가게주인 피첨은 일자리를 줄 테니 선불을 달라고 요구한다. 하지만 청년은 단 돈 몇 달러도 없는지 다시 오겠다고 하고는 사라진다. 청년이 돌아가는 모습을 본 피첨 부인은 남편 피첨에게 딸 폴리(Polly)에게서 들었다고 하면서 그 청년이 얼마 전 집에 찾아왔던 적이 있으며 이름은 맥히스라고 얘기해준다. 피첨 부인은 창녀를 거느리고 집에서 사창을 운영하는 포주다. 피첨은 '맥 더 나이프'의 악명을 익히 들어왔는데, 방금 그 청년이 맥히스(MacHeath)라는 것을 알고 꺼림칙한 마음이 든다. 피첨이 딸 폴리에게 자세한 내용을 알아보려고 딸의 방에 가보지만 밤이 늦었는데 아직 들어오지 않았다. 그날 밤 폴리는 맥히스와 비밀결혼을 하기로 결정하고 맥히스의 소굴에 가 있다. 낮에 맥이 폴리를 찾아온 것은 결혼 장소를 의논하러왔던 것이다.

폴리는 교회에서 가족들이 모인 가운데 결혼을 하고 싶었지만 맥히스가 그럴 필요가 없다고 거듭 주장하는 바람에 맥히스 일당이 생활하는 창고에서 결혼식을 올리기로 한 것이다. 이윽고 결혼식 주례를 맡을 목사가 도착한다. 똘마니들은 훔쳐온 물건을 폴리에게 선물로 주고는 신이 나서 먹고 마시기 시작한다. 잠시 후 타이거 브라운(Tiger Brown) 경감이 들어선다. 그는 맥히스와 함께 참전했던 전우다. 그 후 브라운 경감은 도둑질 한 건당 얼마씩 받으며 맥히스와 상부상조해왔다.

늦은 밤 폴리가 집에 돌아와 맥히스와 결혼했다고 얘기하자 폴리의 아버지는 불같이 화를 낸다. 폴리가 맥히스를 좋게 얘기하지만 아무 소용이 없다. 폴리의 아버지는 맥히스를 가만두지 않겠다고 결심한다. 브라운 경감과 맥히스의 관계를 모르는 폴리의 아버지는 브라운 경감에게 얘기해 맥히스를 체포하겠다고 말한다.

[제2막] 아버지가 브라운 경감에게 부탁해 맥을 체포하기로 한 것을 안 폴리는 창고에 있는 맥을 찾아가 그 얘기를 해준다. 맥은 걱정을 하거나 화를 내기는커녕 폴리에게 감옥에 가 있을 동안 사업을 대신 맡아달라고 부탁한다. 폴리는 그런 맥을 보니 기가 막히다. 철모르는 맥히스의 무리들은 이제부터는 예쁜 폴리가 자기들 두목이라고 기뻐한다.

피첨 부인은 맥히스와 알고 지내는 제니(Jenny)라는 매춘부에게 만일 맥히스가 나타나면 비위를 맞추면서 시간을 끌라고 한다. 그사이 브라운 경감에게 연락해 맥을 잡을 생각이다. 호랑이도 제 말 하면 온다고 마침 맥히스가 제니를 찾아온다. 제니는 손금을 봐주면서 어떤 여자가 당신을 배신할 것이라고 말하자, 그는 자신도 모르게 폴리를 떠올린다. 제니는 맥히스가 매춘부들과 잡담을 하는 있을 때 밖으로 빠져나가 브라운 경감을 불러온다. 브라운 경감이 경찰을 거느리고 들어서자 맥히스가 창문을 통해 달아나려 하지만 창문 밖에 기다리고 있던 피첨 부인과 경찰들에게 붙잡히고 만다. 맥히스는 브라운이 자기가 그의 딸 루시(Lucy)와 관계했던 일을 알게 될까 봐 내심 걱정하고 있다. 마침 루시가 브라운을 찾아 경찰서에 왔다가 맥이 감방에 있는 것을 보고 놀란다. 폴리도 소식을 듣고 감방으로 찾아온다. 두 여인은 서로 맥히스가 자기 남자라고 하면서 다툰다. 맥히스가 루시 편을 들어준다. 루시가 자기 아이를 임신하고 있기도 하지만, 브라운 경감을 염려해서다. 루시와의 관계를 모르는 브라운은 맥히스가 탈출하도록 눈감아준다. 경찰서를 찾아온 피첨은 맥이 도망간 것을 알고 당장 그를 다시 잡지 않으면, 아침에 열릴 여왕 대관식을 훼방 놓겠다고 공언한다.

[제3막] 피첨은 온 동네 거지들을 모아 대관식을 훼방 놓을 준비를 한다. 매춘부 제니가 나타나 맥히스를 잡게 해준 데 대해 대가를 요구하자, 피첨은 맥히스가 도망갔으니 보상은 꿈도 꾸지 말라고 한다. 기분이 상한 제니는 얼떨결에 맥히스가 숨어 있는 곳을 말한다. 그 말을 들은 피첨 수하의 거지들이 경찰을 부르러 뛰어간다.

맥히스가 잡혔다는 사람들의 소리가 들린다. 다음 날 아침 맥히스가 처형될 것이라는 소식이 전해진다. 그는 경찰을 매수하려고 하지만 이번에는 통하지 않는다. 모두 맥히스의 처형 장면을 보기 위해 나타난다. 맥히스 일당이 돈이 없어 대장을 구하지 못하게 되었다면서 용서를 빈다. 그는 사형이 집행되기 전 "아, 하늘은 어찌하여 이다지도 푸른가?"라고 말한다.

폴리와 루시, 제니까지 눈물을 흘린다. 분위기가 가라앉은 바로 그때 피첨이 할 말이 있다고 하면서 앞으로 나온다. 그는 "여러분이 지금 보고 계신 것은 실제가 아니라 오페라이기 때문에 맥은 죽지 않을 것입니다"라고 말한다. 이어 여왕의 사자가 나타나 맥히스를 사면하고 그에게 기사 작위까지 내린다. 관객들은 '과연 서푼짜리 오페라로다'라고 중얼거린다.

일곱 가지 큰 죄악

타이틀 **Die Sieben Todsünden**(The Seven Deadly Sins)

	전 8장의 노래를 곁들인 발레(bellet chante). 베르톨트 브레히트가 대본을 썼다.
초연	1933년 6월 7일 파리 샹젤리제(Champs-Elysées) 극장. 1955년 처음으로 음반 취입했다.
주요 배역	아나 1, 아나 2

사전 지식   쿠르트 바일의 음악사적 명성을 다시 한 번 높여준 〈일곱 가지 큰 죄악〉은 일반 오페라의 범주에 놓기보다는 뮤지컬 범주에 넣는 것이 바람직할지도 모른다. 엄밀하게 말하면 카바레 음악의 장르에 속한다. 이 작품은 1933년 바일이 나치의 핍박을 피해 독일을 떠나면서 알려지기 시작했다. 나치는 이 작품을 '타락한(Degenerate) 작품'이라고 비난했다. 원래 바일은 이 작품을 프로이드의 정신분석학적 주제와 연관된 작품으로 만들고자 당대의 극작가 장 콕토(Jean Cocteau)에게 대본을 부탁했으나 거절당했다. 그래서 오랜 친구 베르톨트 브레히트에게 대본을 부탁했다. 브레히트는 한 가지 조건을 내걸었다. 자본주의 사회에서의 개인의 타락을 중심 메시지로 삼겠다는 것이었다. 결국 브레히트의 스토리는 현대사회에서 가장 풍자적인 내용 중 하나가 되었다. 브레히트의 메시지는 분명했다. 자본주의에 대한 야망이 가장 큰 죄악이라는 것이며, 자본주의 세상에서 이 죄악에 대한 보상은 성공이라는 것이었다. 그런데 이상하게도 바일의 발레 스타일의 이 작품은 자본주의 소굴이라는 미국에 상륙했을 때 별다른 환영을 받지 못했다. 바일의 다른 작품 〈레이디 인 더 다크(Lady in the dark)〉, 〈원 터치 오브 비너스, 스트리트 신(One touch of venus, street scene)〉 등은 브로드웨이에서 성공을 거두었다. 〈일곱 가지 큰 죄악〉은 바일이 그의 아내 로테 레냐(Lotte Lenya)를 위해 작곡한 것이다. 로테 레냐는 1930년대에 활동했던 배우 겸 성악가였다. 그녀는 바일이 1950년 세상을 떠난 뒤 약 30년 동안 바일의 작품을 지키고 소개하는 데 많은 노력을 기울였다. 베를린에는 극장음악이라는 독특한 스타일의 노래가 있다. 이 작품에는 베를린의 극장음악이 물씬 배어 있다.

에피소드 〈일곱 가지 큰 죄악〉은 파리에 이어 런던에서 값비싼 대가를 치르며 실패했다. 바일과 브레히트가 콤비가 만든 종전의 작품 〈서푼짜리 오페라〉도 처음에는 실패의 연속이었다.

줄거리 모던 발레와 극장음악으로 구성되어 줄거리는 오히려 간단하다. 일곱 가지 큰 죄악은 단테의 「신곡」에 처음으로 소개되었다. 중대성에 따라 다음과 같이 순서가 잡혀 있다. ① 자만(Pride; Vanity), ② 질투(Envy; Jealousy), ③ 분노(Wrath; Anger), ④ 태만(Sloth; Laziness), ⑤ 탐욕 (Gluttony; Excessive love of pleasure), ⑥ 허영(Avarice; Covetousness), ⑦ 육욕(Lust)이다. 이 작품은 프롤로그에 이어 게으름(Idleness), 자만(Pride), 분노(Anger), 탐욕(Gluttony), 욕망(Lust), 허영(Avarice), 질투(Envy) 순서로 각 장이 진행되며, 에필로그가 음악 · 발레 · 극장노래로 소개된다.

아나 1은 냉정하며 실질적인 여인이다. 아나 2는 충동적이며 감정에 치우친 여인이다. 두 자매는 동생들과 부모를 뒤로하고 미국으로 향한다. 돈을 벌어 집을 짓기 위해서다. 미국의 각 도시에서 아나 2는 일곱 가지 큰 죄악에 차례로 굴복하지만, 그때마다 언니 아나 1의 도움을 받아 겨우 위기를 모면한다. 결국 두 자매는 원래 계획했던 대로 집을 짓고도 남을 만큼 큰돈을 번다. 아이러니컬한 것은 어떠한 방법으로든 돈을 벌기만 하면 그 결과는 도덕이라는 단어로 포장된다는 것이다. 이들은 돈을 벌기 위해 남자를 유혹하고 강탈하며, 음모를 꾸며 모함하고, 심지어 자살에 이르게 한다.

백파이프 부는 슈반다

타이틀	Švanda Dudák(Švanda the Bagpiper; Schwanda the Bagpiper)	
		전 2막 5장. 폴란드의 전래 동화를 밀로슈 카레슈(Miloš Kareš)가 오페라 대본으로 만들었다.
	초연	초본은 1927년 4월 27일 프라하 국립극장(Czech National Opera), 수정본은 1928년 12월 16일 폴란드 브로츠와프(Wrocław) 시립극장
	주요 배역	슈반다(백파이프 부는 사람), 도로트카(슈반다의 아내), 바빈스키(도둑), 여왕, 마법사, 판사, 시형집행인, 악마, 지옥의 캡틴

사전 지식   프라하에서 태어난 베인베르거는 나치를 피해 미국으로 이주하여 플로리다 주에서 세상을 떠났지만 체코 음악계에서 중요한 위치를 차지하는 작곡가다. 체코의 전통적 민속음악에 기본을 둔 그의 음악은 오케스트레이션이 화려하고 찬란하며 아리아에는 산뜻함이 양념처럼 배어 있다. 베인베르거는 20세기를 가로 흐르는 현대적 전위음악의 면모를 거부하고 고전에 충실했다.

에피소드   프라하에서 초연되어 환영을 받은 이 오페라는 나중에 미국에서 더 큰 환영을 받았다. 그러나 어찌된 영문인지 제2차 세계대전이 끝난 뒤로는 거의 공연되지 않고 있다. 민속오페라로 분류되는 이 오페라는 대규모 무대에서는 효과적으로 공연할 수 있지만 작은 무대에서는 감당하기 어려운 점이 있다.

베인베르거, 야로미르(Weinberger, Jaromir, 1896~1967)
야로미르 베인베르거는 체코의 프라하에서 태어나 프라하, 브라티슬라바, 모스크바, 라이프치히 등에서 활동을 한 체코의 국민음악 작곡가다. 베인베르거는 1939년에 미국으로 이민을 가서 플로리다 주에서 세상을 떠날 때까지 지냈다. 그래서 어떤 사람들은 그를 미국의 작곡가로 인정하지만, 그는 한사코 체코인이라고 주장했다. 그래서인지 베인베르거의 음악은 체코의 전통음악에 기본을 두고 있다.

줄거리　　　　　　[제1막 제1장] 슈반다(Švanda; Schwanda)의 농장이다. 마을에서 알아주는 백파이프 연주자 슈반다는 아름다운 아내 도로트카(Dorotka)와 함께 행복한 생활을 하고 있다. 어느 날 쫓기던 도둑 바빈스키(Babinský)가 슈반다의 집으로 숨어든다. 슈반다의 아내 도로트카(Dorota)가 그를 불쌍하게 생각해 숨겨준다. 바빈스키는 도로트카에게 사랑의 감정이 싹튼다. 슈반다는 도둑에게 저녁을 대접하면서 이런저런 세상 소식을 듣는다. 시골에만 박혀 있는 슈반다는 자기의 백파이프 부는 재능을 세상에 널리 알리고 싶어 한다. 그는 급기야 농장과 아내를 뒤로하고 미지의 세계로 길을 떠난다. 슈반다는 우선 아이스하트(Iceheart) 여왕의 나라로 들어선다. [제2장] 아이스하트 여왕의 화려한 침실이다. 여왕은 마법사에게 자신의 영혼과 값비싼 보석을 바꾼 적이 있다. 여왕을 불쌍하게 여긴 슈반다는 마법사를 찾아가 백파이프를 기가 막히게 불어주고 그 대가로 저당 잡힌 여왕의 영혼을 찾아온다. 여왕은 자신의 구원자인 슈반다와 결혼하겠다고 결심한다. 그러나 마법사는 슈반다와 도로트카가 만나게 하여 결혼식을 훼방 놓는다. 슈반다도 아내 도로트카와 행복하게 지내던 일을 떠올리고는 여왕과의 결혼을 거부한다. 화가 난 여왕은 슈반다에게 사형을 선고한다. [제3장] 슈반다는 곧 사형에 처해질 운명이다. 마법사는 슈반다의 백파이프 때문에 여왕의 영혼을 되돌려 준 것을 분하게 생각해 슈반다의 백파이프를 자기 것으로 만든다. 이 사실을 안 도둑 바빈스키가 마법사가 가지고 있는 백파이프를 솜씨를 발휘해 슈반다에게 돌려준다. 백파이프를 다시 찾은 슈반다는 아름다운 음악을 연주해 광장에 모인 백성이 모두 춤을 추게 하여 무사히 도망친다. 슈반다는 도로트카에게 다시는 집을 떠나지 않고 성실한 남편이 되겠다고 약속한다. 그는 자기가 거짓말을 하면 악마가 데려가도 좋다고 말하지만, 여왕과 결혼할 뻔했다는 얘기는 숨긴다. 그러자 악마가 나타나 슈반다를 지옥으로 데려간다. 바빈스키는 도로트카의 간청으로 슈반다를 구해주었지만, 이제는 악마가 슈반다를 지옥으로 데려갔기 때문에 다시 돌아오지 못할 것이므로 도로트카의 사랑을 얻을 수 있다고 생각한다. 도로트카는 바빈스키에게 지옥으로 가서 남편을 구해달라고 간청한다.

[제2막 제1장] 지옥이다. 악마가 슈반다에게 아름다운 음악을 연주하라고 명하지만 슈반다는 단호히 거절한다. 그렇게 실랑이를 하고 있을 때 바빈스키가 지옥에 도착한다. 바빈스키는 악마와의 카드 게임에서 이겨 슈반다를 지옥에서 구해낸다. [제2장] 슈반다의 농장이다. 바빈스키는 도로트카에게 무슨 부탁이든 다 들어주었으니 이제는 자기 부탁을 들어달라고 하면서 멀리 떠나 함께 살자고 설득하는 한편, 슈반다에게는 "당신이 집을 떠난 지 벌써 20년이 되어, 당신의 아내 도로트카는 이미 할머니가 되었소. 자, 그래도 도로트카를 사랑하겠소?"라고 물어 마음을 떠본다. 그런 말에도 슈반다는 도로트카 에게 돌아온다. 도로트카는 여전히 젊고 아름답다. 두 사람은 행복한 생활을 다시 시작한다.

코레기도르

타이틀 **Der Corregidor**(The Magistrate; The Governor)

전 4막의 비극. 대본은 페드로 드 알라르콘(Pedro Antonio de Alarcón)의 소설 『삼각모자(El sombrero de tres picos; The three-cornered hat)』를 기본으로 로자 마이레더(Rosa Mayreder)가 썼다. 코레기도르는 도지사, 총독, 또는 지방판사를 말한다.

초연	1896년 6월 7일 독일 만하임 국립극장(Nationaltheater Mannheim)
주요 배역	프라스퀴타(티오 루카스의 아내), 티오 루카스(프라스퀴타의 남편), 코레기도르, 돈 에우헤니오(지방판사), 레펠라(돈 에우헤니오의 하인)
음악 하이라이트	프라스퀴타의 노래
베스트 아리아	「그렇게 빨리 용기를 잃지 마세요(Herz, verzage nicht geschwind)」(T)

사전 지식　　　볼프의 유일한 오페라인 이 작품은 초기에 빈과 베를린에서 공연이 거부되었다. 아마 공권에 대한 비판적 소재가 문제였던 듯하다. 만하임에서 초연된 이후 선반에만 놓여 있던 〈코레기도르〉의 악보가 다시 빛을 보게 된 것은 그로부터 8년 뒤인 1904년 구스타프 말러에 의해서였다. 말러는 볼프의 원래 악보를 많이 손질해 무대에 올렸다. 서곡과 간주곡은 연주회 레퍼토리로 자주 등장한다.

볼프, 후고(Wolf, Hugo, 1860~1903)
예술가곡으로 유명한 후고 볼프는 슬로베니아 출신의 오스트리아 작곡가다. 그는 후기낭만주의 음악의 독특한 스타일인 집중적인 감정 표현에 중점을 두었다. 이 같은 표현은 제2의 빈학파의 특징이다. 그는 마치 폭풍처럼 작곡을 했지만 어떤 경우에는 생에 대한 절망감으로 작곡을 중단하기도 했다. 오페라로는 〈코레기도르〉가 유일하다.

줄거리　　　　　　**[제1막]** 물방앗간집 주인 티오 루카스(Tio Lucas)는 아름다운 아내 프라스퀴타와 행복하게 살고 있다. 남편 티오에 대한 아내 프라스퀴타의 사랑은 매우 진실하고 헌신적이어서 많은 사람의 존경과 부러움을 사고 있다. 못난 티오는 아내가 너무 헌신적으로 자신을 사랑하므로, 저러다가 다른 사람을 사랑하게 되면 그 사람에게도 저렇게 헌신할 것이라고 생각해, 질투심에 속이 상할 지경이다. 그 무렵 지방판사가 아름다운 프라스퀴타에게 눈독을 들인다. 프라스퀴타는 그런 지방판사를 거들떠보지도 않는다.

티오는 지방판사가 프라스퀴타에게 호감이 있는 것을 알고는 조카의 취직을 부탁하라고 하지만 프라스퀴타는 그런 부탁을 어떻게 하느냐면서 달가워하지 않는다. 티오는 되도록 지방판사의 비위를 건들지 않으려고 무도회에서 아내에게 지방판사와 함께 춤을 추라고 한다. 그러나 남편밖에 모르는 프라스퀴타는 이 같은 제안을 단번에 거절한다. 모욕을 당했다고 생각한 지방판사는 두고 보자고 벼른다.

[제2막] 복수할 기회는 의외로 빨리 다가온다. 어느 날 저녁 티오와 프라스퀴타가 저녁을 마치고 다정하게 앉아 있는데 법원서기가 티오를 체포한다는 영장을 들고 찾아온다. 티오는 무슨 영문인지도 모르고 법원서기를 따라가 감옥에 갇힌다. 지방판사의 지시를 받은 교도소장이 사소한 사건을 트집 잡아 티오를 체포해온 것이다. 집에 남아 있는 프라스퀴타는 걱정이 되어 안절부절못한다. 그때 밖에서 "사람 살려!"라는 소리가 들린다. 지방판사의 목소리다. 지방판사는 프라스퀴타가 혼자 있는 것을 알고 시종과 함께 그녀를 만나러 오다가 헛발을 디뎌 개울에 빠진 것이다. 겨우 헤엄쳐 나온 지방판사는 춥고 떨리기 때문에 체면이고 뭐고 생각할 여유 없이 프라스퀴타에게 제발 집 안에 들어가서 몸 좀 녹이게 해달라고 사정한다. 프라스퀴타가 문을 열어주지 않자 지방판사는 티오의 조카를 채용한다는 서류를 보여주면서 이것을 전달하러 왔다고 설명한다. 그녀는 조금 전에는 술 취한 법원서기를 앞장세워 남편 티오를 체포하더니, 이번에는 다른 사람을 보내도 되고 밝은 날 아침에 전해줘도 될 채용 증서를 지방판사가 직접 들고 온 데는 무슨 꿍꿍이가 있다고 생각한다. 그러나 아무리 못마땅한 사람이지만 물에 빠져 추위에 떨고 있는 사람을 모른 척하는 것은 나중에 욕먹을 일이라고 생각해, 집 안으로 들어오도록 한다. 더구나 시종까지 함께 있으므로 어느 정도 마음을 놓은 것이다. 문을 열고 보니 지방판사는 기절해 쓰러져 있다. 프라스퀴타는 시종에게 지방판사를 집 안으로 데려와 난로 앞에서 몸을 녹이도록 하고는 곧바로 남편 티오가 수감되어 있는 감옥으로 발길을 재촉한다. 한편 시종은 정신을 잃고 쓰러진 지방판사를 티오의 침대에 눕혀 안정을 취하게 한다.

[제3막] 지방판사의 음모라는 것은 눈치챈 티오는 프라스퀴타가 걱정되어 다른 죄수들의 도움을 받아 감옥을 탈출한다. 캄캄한 밤중이다. 집으로 뛰어가는 티오와 남편이 걱정되어 감옥으로 발길을 재촉하는 프라스퀴타가 길에서 지나치지만 서로 몰라본다. 물방앗간에 돌아온 티오는 문이 활짝 열려 있는 것을 보고 무슨 일이 생긴 건가 싶어 깜짝 놀란다. 집 안에 들어와 보니 탁자 위에는 조카의 채용 증서가 있고 난로 앞에는 지방판사의 옷이 놓여 있다. 티오는 불쑥 의심스러운 생각이 든다. 방 안에 누가 있는 것 같아 문틈으로 들여다보니 자기 침대에서 지방판사가 정신없이 자고 있는 것이 아닌가? 순간 분노가 치민 티오는 총을 쏘려다가 갑자기 다른 생각이 떠오른다. 지방판사에게도 아름다운 아내가 있으므로 지방판사의 옷을 입고 그 집에 가서 똑같이 침대에 눕겠다는 생각이다. 티오는 지방판사의 옷을 입고 마을로 간다. 잠시 후 지방판사가 깨어난다. 그는 아무리 찾아도 자기 옷을 찾을 수 없어 티오의 옷을 입고 집으로 발길을 옮긴다. 한편 교도소장은 감옥에서 도망간 티오를 잡으러 나섰다가 재수 좋게 길에서 티오를 붙잡는다. 그러나 알고 보니 지방판사다. 시종과 프라스퀴타가 나타나 설명하는 바람에 모든 오해가 풀린다. 모두 티오를 찾아 마을로 향한다.

[제4막] 모든 일이 밝혀지자 지방판사는 얼굴을 못 들 정도가 되어 그 이후 무척 겸손해진다. 티오는 성실하고 헌신적인 아내 프라스퀴타를 공연히 의심했다는 죄목으로 형을 받아야 하지만 프라스퀴타의 청원으로 사면된다. 그 이후 티오는 프라스퀴타보다 더 성실하고 헌신적인 사람이 된다.

성모의 보석

타이틀	**I Gioielli Della Madonna**(Der Schumuck der Madonna; The Jewels of the Madonna)	
	전 3막. 카를로 찬가리니와 엔리코 골리시아니(Enrico Golisciani)가 공동으로 대본을 썼다.	
	초연	1911년 12월 23일 베를린 쿠르퓌르스텐오퍼(Kurfürstenoper) 극장에서 '성모의 보석(Der Schumuck der Madonna)'이라는 독일어 제목으로 초연, 이탈리아에서의 초연은 1953년
	주요 배역	카르멜라(대장장이 제나로의 어머니로 말리엘라의 양모), 제나로(카르멜라의 아들), 말리엘라(카르멜라의 양녀), 라파엘레(나폴리의 갱단 두목)
	베스트 아리아	「뱃노래(Barcarola)」, 「아름다운 그대여, 창문을 열어다오(Aprila, o bella, la fenestrella)」(Bar)

사전 지식 〈성모의 보석〉은 이탈리아 베리스모 작품이다. 이 작품은 독일과 영국에서는 환영을 받았지만 이탈리아에서는 사정이 달랐다. 가톨릭의 본산 이탈리아에서는 성모마리아와 가톨릭교회를 비하한 내용이라 하여 무려 42년이 지난 1953년까지 공연되지 못했다. 볼프페라리는 이 오페라에서 가톨릭교회의 위선적 행동을 비판했다. 이는 3막에 분명하게 드러난다. 가톨릭교회라는 명분 아래 일반 재산을 도둑질하듯 긁어모으는 것이 부랑자들이 성모마리아의 보석을 훔쳐 자랑하는 것과 무엇이 다르냐는 문제를 제기한 것이다. 도덕적인 문제 또한 논란의 대상이 되었다. 혼외정사를 탐닉하는 내용이 등장하는데 가톨릭교회는 이를 동정녀 마리아에 대한 도전으로 간주한 것이다. 이 오페라는 음악적으로 상당히 진보적이다. 오케스트라에 몇 가지 보편적이지 않은 악기를 사용한 것이 그 좋은 예다. 장난감 프럼펫, 오르간, 교회의 종, 민속 타악기 같은 것이 포함되어 있다.

볼프페라리, 에르만노(Wolf-Ferrari, Ermanno, 1876~1948)
에르만노 볼프페라리는 베네치아 출신의 작곡가 겸 음악교사다. 그는 〈수산나의 비밀(Il segreto di Susanna)〉과 같은 코믹 오페라로 잘 알려져 있다. 전통적인 오페라 부파를 현대 감각에 맞게 발전시킨 그는 10편이 넘는 오페라를 작곡했다. 대부분 카를로 골도니(Carlo Goldoni)의 희곡을 기본으로 한 작품이다. 대표작 〈성모의 보석〉은 이탈리아 베리스모 스타일이기도 하다.

줄거리　　　　　[제1막] 서곡 없이 막이 오르면 무대는 나폴리의 번잡한 거리다. 물건을 팔려고 소리 지르는 거리의 장사꾼들, 뛰어다니며 소란을 떠는 아이들, 서로 얘기를 나누는 수도승들의 모습으로 거리는 온통 분주하다. 더구나 이 마을에서 가장 중요한 성모마리아 축제일이어서 모두들 떠 있는 상태다. 하지만 대장장이 제나로(Gennaro)는 풀이 죽어 있다. 사랑 때문이다. 불행하게도 그는 어릴 적 자신의 집으로 입양되어온 여동생 마리엘라(Mariella)를 사랑한다. 지금 마리엘라는 한 송이 꽃과 같은 처녀의 모습이다. 어머니는 마리엘라가 거리로 나갔다가 건달을 만나 공연히 연애질이나 할 것 같아 집에서 한 발짝도 나가지 못하게 하고 있다. 거리에서는 축제가 한창이다. 마리엘라는 도저히 집에만 있을 수 없어 어머니의 눈을 피해 집에서 나가 젊은 건달들과 어울린다. 활달하고 예쁜 마리엘라는 그들 사이에서 큰 인기를 끈다. 건달들은 스스로 카모리스트(Camorrist)라고 부른다. 마을 불량배들의 두목격인 라파엘레(Rafaele)가 마리엘라를 보고 마음이 동한다. 라파엘레는 이 마을에서 자기가 접근해 넘어가지 않은 여자가 없다고 하면서 마리엘라에게 접근한다. 라파엘레는 마리엘라의 환심을 사기 위해 마돈나 상에 장식되어 있는 보석까지도 훔쳐다 줄 수 있다고 큰 소리 친다. 물론 이런 발상은 대단한 신성모독이다. 때마침 사람들이 마리아 상을 들고 거리를 행진한다. 축제가 절정에 이른다. 마리아 상에 장식된 보석이 햇빛을 받아 찬란하게 빛난다.

[제2막] 마리엘라와 제나로가 살고 있는 집 뒤뜰이다. 건달 두목 라파엘레를 사랑하게 된 마리엘라는 집에서 나갈 결심을 한다. 그때 오빠 제나로가 막아서며 오래전부터 사랑해왔다고 고백한다. 이 소리를 들은 마리엘라는 말도 안 된다면서 제나로를 민다. 그녀는 라파엘레가 굉장히 멋지고 친절하며 교양 있는 사람이라고 찬사를 늘어놓으면서 제나로를 은근히 멸시한다. 제나로는 마리엘라의 이야기를 듣고서 라파엘레가 성모의 보석을 훔쳐 마리엘라에게 주려고 한다는 것을 알게 된다. 제나로가 나가자 잠시 후 라파엘레가 동료를 거느리고 마리엘라의 집으로 와서 세레나데를 부른다. 마리엘라는 라파엘레에게 완전히 마음을 빼앗겨, 그에게 밤중에 마을 밖에 있는 숲으로 찾아가겠다고 약속한다. 그녀는 라파엘레와의 사랑으로 꿈을 꾸는 듯한 상태가 된다. 밤이 되어서야 집으로 돌아온 제나로는 마리엘라에게 성모상에 장식되어 있던 보석을 준다. 훔쳐온 것이다. 성모의 보석을 가져다줄 사람은 라파엘레밖에 없다고 생각한 마리엘라는 순간적으로 제나로를 라파엘레로 착각한다. 품에 안긴 마리엘라를 안고 제나로가 자기 방으로 들어간다. 정신을 차린 마리엘라가 제나로의 품에서 빠져나오려 하지만 기운이 쇠진해 저항하지 못한다.

[제3막] 마을 밖 숲 속에 있는 라파엘레의 소굴이다. 부랑자, 건달 들이 모여 훔쳐온 물건을 보고 만족하며 축하 파티를 연다. 라파엘레가 나타나 자기가 지금 유혹하고 있는 마리엘라가 얼마나

예쁘고 매력적이며 섹시한 여자인지 설명해준다. 그러면서 자신이 진정으로 자기를 사랑한다고 믿는 어리석은 여자라고 비웃는다. 라파엘레는 마리엘라가 처녀이기 때문에 관심이 있다고 하면서 꽃봉오리와 같은 마리엘라를 활짝 핀 꽃으로 만들어주겠다고 거침없이 얘기한다. 곧이어 춤판이 벌어지고 나중에는 서로 정신을 못 차릴 정도로 난장판이 된다. 이때 마리엘라가 도착한다. 마리엘라는 성모의 보석을 목에 걸고 있다. 그녀는 라파엘레에게 자기가 어떻게 하여 제나로에게 당했는지 얘기해준다. 그러자 라파엘레는 처녀가 아닌 마리엘라에게는 관심이 없다고 잘라 말한다. 그녀는 자기가 성모의 보석을 지니고 있다는 데 생각이 미치자 두려움에 휩싸인다. 사람들이 마리엘라가 성모의 보석을 목에 걸고 있는 것을 보고는 깜짝 놀라며 성모의 저주가 있을 것이라고 비난한다. 사람들은 마리엘라가 성모를 모욕했다고 생각해 교회에서 파문당한 사람으로 취급하면서 그곳에서 내쫓는다. 이제 마리엘라가 할 수 있는 것은 스스로 목숨을 끊는 일뿐이다. 마리엘라는 바다로 달려가 몸을 던진다.

라파엘레는 동료들을 시켜 제나로를 잡아온다. 채 피어나지도 않은 꽃봉오리를 무참하게 꺾어버린 죄를 벌하기 위해서다. 그러나 라파엘레는 제나로를 죽이지 않는다. 성모의 보석을 훔친 도둑이므로 하늘의 저주가 있을 것이라고 생각하기 때문이다. 라파엘레는 제나로에게 "이 자리에서 죽어라! 개처럼 죽어라!"라고 소리친다. 그러면서 불량배들도 신을 두려워하는 사람이며 십계명을 어긴 일이 없다는 점을 강조한다. 한편 성당에 성모의 보석이 도난당한 사실이 알려진다. 성당의 종소리가 울리자 불량배들은 모두 자리를 피해 도망간다. 제나로는 단검을 빼내 스스로 찌른다. 이윽고 마을 사람들이 숲 속으로 찾아온다. 제나로의 어머니 모습도 보인다. 그러나 어머니마저 성모의 보석을 훔친 제나로를 도와주지 않는다. 가장 못된 죄를 범했기 때문이다.

영리한 미망인

타이틀 **La Vedova Scaltra**(The Clever Widow)

	전 3막의 서정적 코미디. 대본은 마리오 기살베르티 (Mario Ghisalberti)가 카를로 골도니(Carlo Goldoni) 의 희곡을 바탕으로 썼다.
초연	1931년 3월 5일 로마 왕립 오페라하우스(Teatro Reale dell'Opera)
주요 배역	로사우라(미망인, S), 밀러드 루네비프(영국 신사, Bar), 므시외 르 블로(프랑스 신사, T), 돈 알바로 디 카스티야(스 페인 신사, B), 콘테 디 보스코 네로(이탈리아 신사, T)

사전 지식   볼프-페라리는 베네치아에서 태어나고 베네치아에서 세상을 떠났지만 독일에서 도 꽤 오래 머물렀다. 뮌헨 음악원에서 거장 요제프 라인베르거(Joseph Rheinberger)에게 작곡을 배운 그는 뮌헨을 제2의 고향으로 생각했다. 코미디 〈영리한 미망인〉을 로마에서 초연하자마자 베를린에서 도 공연한 것은 그만큼 독일을 배려한 것이다. 볼프페라리는 1939년부터 잘츠부르크 모차르테움 (Mozarteum)의 교수를 지냈지만 히틀러의 제3제국이 권력을 잡자 은퇴하고, 이탈리아로 돌아와 베네치 아에 있는 동생의 집에서 여생을 보냈다. 그는 20세기 초반 이탈리아에서 유행하기 시작한 아방가르드 [前衛] 음악에는 별다른 관심을 쏟지 않았다. 따라서 그의 음악은 고전주의적 성향을 띤다.

에피소드   볼프-페라리는 〈영리한 미망인〉을 작곡하고 나서, 후세인들이 이 오페라를 보면 우연히 작곡한 오페라라고 평할 것이라 예견했다. 실제로 볼프-페라리는 이 작품으로 '환생한 모차르 트(Mozart redivius)'라는 얘기를 들었다. 그만큼 스토리가 재미있고 음악도 아기자기하다.

줄거리   돈 많고 아름다운 베네치아의 미망인 로사우라(Rosaura)는 남편이 병으로 세상을 떠난 뒤 한번도 사교계에 나가 사람들과 어울리지 않았다. 그러나 지나간 세월이 무심하게 생각되어 마음을 고쳐먹고 새로운 인생을 찾기로 한다. 무도회에 참석한 로사우라는 네 명의 열렬한 찬미자들에 게 구혼을 받는다. 이들은 로사우라의 관심을 끌고자 선물 공세를 편다. 영국 신사 밀러드 루네비프

(Milord Runebif)는 다이아몬드를 보낸다. 프랑스 신사 므시외 르 블로(Monsieur le Bleau)는 그림을 선물한다. 스페인 신사 돈 알바로 디 카스티아(Don Albaro di Castignia)는 찬란한 그의 족보를 선물한다. 마지막으로 이탈리아 신사 일 콘티 디 보스코 네로(Il conti di Bosco Nero)는 열정적인 편지를 보낸다. 편지에는 다른 구혼자들을 질투하거나 비난하는 내용은 하나도 없으며 그렇다고 맹목적으로 사랑한다는 내용도 없다. 로사우라는 누구를 파트너로 정해야 할지 걱정이다. 남자들은 도무지 믿을 수 없다고 생각하기 때문이다. 그녀는 이들을 각각 시험해보기로 마음먹는다.

로사우라는 베네치아 카니발에서 이들을 각자 따로 만나기로 한다. 로사우라는 영국 신사를 만날 때에는 영국 의상을, 스페인 신사를 만날 때에는 스페인 의상을 입는 식으로 각각 출신국의 취향에 맞게 변장해 가장무도회에 참석한다. 로사우라는 영국 신사에게는 교양 있고 점잖은 부인처럼 행세하고, 프랑스 신사에게는 명랑한 파트너 역할을 하며, 스페인 신사에게는 콧대 높은 상류층 부인으로 행세한다. 그리고 이탈리아 신사를 만났을 때에는 사랑에 빠진 소녀처럼 행동한다. 그중 이탈리아 신사(실은 백작)만이 시골 아가씨로 분장한 로사우라의 매력에 흠뻑 빠져 변치 않는 사랑을 약속한다.

로사우라는 네 명의 신사를 자신의 저택에서 열리는 무도회에 초청한다. 그녀는 카니발 기간에 여러분들을 속였다고 털어놓으며, 시험에 통과한 사람은 이탈리아 신사라고 말한다.

로사우라는 백작의 손을 잡고 새로운 사랑을 다짐한다. 이어 화려한 무도회가 시작된다.

슬라이

타이틀	**Sly**

전 3막의 코믹 오페라. 제목 '슬라이'는 오페라에 나오는 시인 크리스토퍼 슬라이(Christopher Sly)에서 따온 것이다. 조바키노 포르차노(Giovacchino Forzano)가 대본을 썼다. 이 오페라의 제목은 '깨어 있는 젊은 사람의 전설(La leggenda del dormiente risvegliato)'로도 불린다. 〈아라비안나이트〉 에도 이와 비슷한 이야기가 있다.

초연	1927년 12월 29일 밀라노 스칼라 극장
주요 배역	웨스트모얼랜드 경, 돌리, 슬라이(시인)

줄거리 [제1막] 마을에 있는 팔콘(Falcon)이라는 술집에 사람들이 모여 흥겹게 포도주를 마시고 있다. 서민들의 즐겁고 소박한 삶이 넘쳐흐른다. 왕족과 다름없이 부유한 생활을 하는 웨스트모얼랜드(Sir Westmoreland) 경에게는 장차 결혼할 돌리(Dolly)라는 아름다운 여인이 있다. 돌리는 웨스트모얼랜드의 궁전에서 부족함 없이 생활하지만, 그런 지나치게 화려한 생활에 부담을 느끼고 있다. 돌리는 서민들과 어울리고 싶은 생각에 몰래 궁전을 빠져나와 마을의 팔콘 주점에 들어선다. 술집의 마을 사람들은 돌리의 아름다움과 위엄 있는 행동에 감명을 받는다.

궁전에 있던 웨스트모얼랜드는 돌리가 마을로 나들이 나간 것을 알고는 시종들과 함께 팔콘 주점으로 찾아온다. 돌리를 데리고 궁전으로 돌아가기 위해서다. 한참 즐거운 분위기에 젖어 있던 돌리는 웨스트모얼랜드에게 잠시만 더 있다 가자고 조른다. 이때 시인 슬라이(Sly)가 술집에 들어선다. 빚 때문에 자기를 체포하러 쫓아다니는 경찰관을 가까스로 따돌리고 온 것이다. 이 술집의 단골인 슬라이는 성공적으로 도망 온 것을 자축하는 의미로 노래를 부른다. 마을 사람들은 미인 돌리와 시인 슬라이가 있어 더욱 즐겁다. 돌리를 본 슬라이는 이 여인이야말로 자기가 꿈속에서 그리던 여인이라고 생각해 흥분되고 기쁜 나머지 포도주를 연거푸 들이켠다. 그는 돌리에게 말 한마디 건네지 못한 채 만취해 정신을 잃고 쓰러진다. 웨스트모얼랜드는 이 술 취한 시인이 돌리에게 마음을 빼앗긴 것을 눈치채고는 혼을 내줄까 생각하지만, 내심 가난하지만 시와 노래로 유쾌하고 살고 있는 슬라이가 부럽기도 하다. 웨스트모얼랜드는 슬라이를 멋지게 골탕 먹일 결심을 한다. 단 하루만이라도 꿈속에서처럼 화려하게 살도록 해주고 그 후 현실로 되돌아오게 해 더는 돌리에게 관심을 갖지 못하게 할 생각이다. 그는 시종들에게 슬라이를 궁전으로 데려가 화려한 옷을 입히고 침대 뉘라고 지시한다. 또한 슬라이가 잠에서 깨어나면 자기 집처럼 생각하도록 돌리를 비롯한 모든 사람들에게 시종처럼 연기하라고 지시한다.

[제2막] 궁전 침실에서 웨스트모얼랜드와 시종들이 슬라이가 잠에서 깨어나기를 기다리고 있다. 아침이 되어 눈을 뜬 슬라이는 화려한 분위기와 좋은 옷을 입은 자신을 보고 꿈을 꾸고 있다고 생각한다. 슬라이의 충실한 시종으로 가장한 웨스트모얼랜드는 슬라이가 열흘 동안이나 깊은 잠에 빠져 있었다고 설명해준다. 웨스트모얼랜드는 슬라이의 아내가 그의 건강이 회복되기를 바라면서 침식을 잊을 정도로 계속 기도만 하고 있다고 말한다. 바로 옆방에서 슬라이의 아내 역할을 맡은 돌리가 기도하는 소리가 들린다. 슬라이는 아내를 만나겠다고 나선다. 얼굴에 베일을 쓴 돌리가 들어오자 슬라이는 이 귀부인이 진짜 자기 아내라고 생각해 아내와 단둘이 있고 싶다고 하며 사람들을 내보낸다. 돌리를 본 슬라이는 바로 이 여자야말로 자기가 꿈속에서 그리던 여자라고 생각한다. 그는 아름다운 시로 돌리에게 자기 마음을 전한다. 궁전 생활이 따분해서 견딜 수 없던 돌리는 시인 슬라이가 부르는 감미로운 사랑의 노래를 듣자 마음이 크게 동요한다.

웨스트모얼랜드는 두 사람 사이가 더 진전되면 곤란하겠다고 생각해 경찰관 스네어(Snare)의 목소리를 흉내 내 슬라이를 놀라게 한다. 모두 한바탕 웃는 중에 슬라이가 현실을 깨닫는다.

[제3막] 슬라이가 궁전 지하실에 내던져지자, 하인들이 모여들어 그를 놀려댄다. 슬라이는 그런 모욕을 당하면서도 돌리와 나눈 사랑이 거짓이 아니라고 믿는다. 그러나 결국 모든 것이 현실임을 깨달은 슬라이는 사랑하는 돌리가 다른 사람의 품에 안겨 있는 모습을 상상하며 괴로워한다. 슬라이는 괴로움을 더는 참지 못하고 깨진 유리병으로 팔목을 찌른다. 그 순간 돌리가 나타나 죽어가는 슬라이에게 용서를 구하며 자기가 했던 얘기는 모두 진심이었다고 말한다. 슬라이는 돌리에게 키스해달라고 청한 뒤 숨을 거둔다. 돌리는 배부른 사람들이 무모한 장난으로 사랑하는 사람을 죽음에 이르게 한 것을 저주한다.

키즈멧

타이틀	**Kismet**	

키즈멧은 오페라라기보다는 브로드웨이 뮤지컬이다. 에드워드 노블록(Edward Knoblock)의 희곡을 대본으로 하여 로버트 라이트와 조지 포레스트가 공동으로 작곡한 작품이다. 러시아의 알렉산드르 보로딘의 주제를 많이 활용했다.

초연	1991년 뉴욕 브로드웨이
주요 배역	거지 시인 하지, 마르시나, 칼리프, 랄루메

베스트 아리아	「방울, 발찌, 목걸이(Bubbles, Bangles and Beads)」(S), 「파라다이스의 이방인(Stranger in Paradise)」(S)

사전 지식 하지(Haji)는 바그다드에서 알 만한 사람이면 누구나 다 아는 풍류시인으로 원래 이름은 오마르 하이얌(Omar Khayyam)이다. 오마르 하이얌의 시는 재치와 풍자가 넘칠 뿐만 아니라 대서사시 같아서 사람들의 사랑을 받고 있다.

줄거리 사원의 첨탑에서 기도 시간을 알리는 외침과 함께 바그다드의 아침이 밝아온다. 고참 거지 하지(Hajj)는 아침이 되자 자신이 동냥하는 사원 문턱으로 부지런히 나간다. 그런데 그 명당자리에 어떤 뻔뻔스러운 자가 앉아 있는 것이 아닌가? 하지가 누구냐고 묻자 그는 자기가 바로 하지라고 대답하며 진짜 하지를 쫓아버린다. 하지의 자리를 빼앗은 사람은 유명한 풍류시인이다.

라이트, 로버트(Wright, Robert, 1914~2005)
포레스트, 조지(Forrest, George 1915~1999)
로버트 라이트는 동료인 조지 체트(Chet) 포레스트와 함께 미국적 뮤지컬을 발전시켰다. 〈키즈멧〉, 〈송 오브 노르웨이〉, 〈그랜드 호텔〉 등은 토니상을 받은 미국적인 뮤지컬이다. 두 사람은 플로리다의 마이애미 고등학교의 동창이다. 〈키즈멧〉은 알렉산드르 보로딘의 테마를 주제로 한 뮤지컬이며, 〈송 오브 노르웨이〉는 노르웨이 출신의 작곡가 에드바르 그리그(Edvard Grieg)의 생애와 사랑을 그린 것이다.

그가 하지의 자리에 앉아 있는 이유는 자완(Jawan: 일종의 군대 사령관)의 부하들에게 납치되기 위해서다. 자완에게는 아들이 하나 있었는데 그 아들을 아주 오래전에 거지가 납치해갔다. 잃어버린 아들 생각만 하던 늙은 자완에게 집사장이 와서 사원 문 앞에서 동냥하는 거지가 아들을 납치해간 그 거지가 틀림없다고 하는 바람에 아침 일찍 잡아오기로 한 것이다. 그런데 풍류시인이 이런 사정을 알고는 하지 대신 잡혀가기 위해 자리를 차지하고 앉은 것이다.

자완은 풍류시인을 진짜 하지로 생각해 아들의 행방을 묻는다. 자완은 자신은 이미 늙어 아들만 찾을 수 있다면 금은보화도 아깝지 않다고 말한다. 가짜 하지가 능란한 언변으로 아들을 찾아주겠다고 약속한다. 그는 자완의 아들을 유명한 마법사가 납치해갔지만 자기가 그 마법사를 잘 알고 있으니 찾아오겠다고 속인 것이다. 가짜 하지는 자완에게서 아들을 찾아주는 조건으로 금 한 자루를 받아낸다. 그는 딸 마르시나(Marsinah)에게 금을 주어 시장에 가서 비단도 사고 목걸이, 귀걸이 같은 액세서리도 맘대로 사라고 한다. 신이 난 마르시나는 시장(바자)에 가서 이것저것 정신없이 사들인다. 때마침 시장을 지나가던 젊은 왕 칼리프가 마르시나를 보고 첫눈에 사랑에 빠진다.

자완의 시종장이 시내 출장 갔다가 집에 돌아와서 얘기를 들어보니 자완의 부하들이 가짜 하지를 붙잡아왔을 뿐만 아니라 많은 금까지 내준 것을 알고는 화가 치밀어 치안판사(와지르, Wazir)에게 가짜 하지를 체포해달라고 부탁한다. 젊은 치안판사는 사람들을 풀어 가짜 하지를 붙잡아온다. 약식 재판 결과 자완을 속인 죄로 오른손을 자르는 형을 선고받지만, 운 좋게도 젊은 치안판사의 아내 랄루메(Lalume)가 잘생긴 가짜 하지를 보고 맘에 들어 형 집행을 연기시킨다. 곧이어 자완이 가짜 하지를 체포했다는 보고를 받고는 치안판사를 찾아온다. 자완은 가짜 하지를 보자마자 "아니, 아들을 찾아주겠다고 감히 나를 속여"라면서 목청을 높인다. 늙은 자완과 치안판사 와지르가 대화를 나누던 중 젊은 치안판사가 납치되었던 아들로 밝혀진다. 어찌 됐든 가짜 하지가 아들을 찾아주겠다는 약속을 지킨 것이나 다름없다. 그런데도 늙은 자완은 법을 준수하느니 뭐니 하면서 가짜 하지에 대한 형을 당장 집행하라고 명한다.

점심시간이 되자 가짜 하지에 대한 처형은 오후로 연기된다. 그 틈을 타 치안판사의 아내 랄루메가 가짜 하지를 탈출시킨다. 집으로 돌아온 가짜 하지는 딸 마르시나가 미지의 연인과 오후에 만나기로 약속해 집에서 그를 기다리는 것을 눈치채고는 딸의 행복을 위해 자기가 할 일이 무엇인지 곰곰이 생각한다. 그때 느닷없이 칼리프가 나타난다. 가짜 하지는 잘못하다가 딸이 칼리프의 눈에 띄어 하렘에 들어가게 되면 미지의 애인을 만나지 못해 괴로워할 것이므로 딸의 안전을 위해 딸을 숨긴다. 칼리프는 마르시나가 약속을 지키지 않자 기분이 상해 궁전으로 돌아간다.

한편 가짜 하지 때문에 아버지를 만난 치안판사는 그에게 어떻게 보상할지 생각하다가 하지를 사원의 지도자 이맘(Imam)으로 임명하고, 딸 마르시나를 하렘을 관장하는 책임자로 임명한다. 종교 지도자인 이맘은 어느 여인이든 마음대로 만나 함께 있을 수 있다. 그러므로 가짜 하지에게 매력적인 랄루메를 자주 만날 수 있는 기회가 생긴 것이다. 마르시나는 마르시나대로 칼리프 궁전에 들어가 있으면 사랑하는 칼리프를 자주 만날 수 있다는 생각에 하렘 책임자를 맡기로 한다. 그런데 치안판사가 이렇듯 선심을 쓰는 것은 예쁜 마르시나를 두 번째 아내로 삼고 싶기 때문이다.

칼리프의 궁전에서 칼리프의 아내를 선발하고 있다. 아름다운 여인들이 저마다 요염하게 춤도 추고 노래도 부른다. 하렘의 여인 마르시나도 칼리프 앞에서 멋진 춤을 추지만 칼리프는 탐탁지 않다. 마르시나가 자기와의 약속을 어긴 것을 아주 못마땅하게 생각하고 있기 때문이다. 칼리프는 시험에 통과하지 못한 여인 중에서 아내를 골라도 된다고 대신들에게 말한다. 치안판사는 마르시나에게 자신과의 결혼을 강요한다. 이 사실을 안 가짜 하지는 마르시나가 엉뚱한 사람의 둘째 아내가 될지도 모른다는 불안에 사로잡혀 치안판사를 마르시나에게서 떼어놓을 계략을 꾸민다. 가짜 하지는 치안판사에게 궁전 안 연못 위에 접시가 하나 떠 있는데 그 접시에 칼리프의 신부 될 사람의 이름이 적혀 있다고 하면서 거기에 마르시나의 이름이 있는지 확인한 후 아내로 삼는 것이 타당하다고 거짓말을 한다. 치안판사가 접시가 있는지 없는지 확인하려고 물에 들어가자 가짜 하지는 그를 영원히 물 밖으로 나오지 못하게 만든다.

가짜 하지가 칼리프에게 마르시나가 약속을 지키지 못한 사정을 말하면서, 치안판사가 마르시나에게 흑심을 품고 있어 조용히 처리했다고 말한다. 가슴의 응어리가 풀린 칼리프가 마르시나를 환영한다. 그렇게 하여 풍류시인 오마르 카이얌의 딸 마르시나는 칼리프의 아내가 된다.

한편 가짜 하지는 자기를 좋아하는 치안판사의 미망인 랄루메를 데리고 바그다드를 떠나 사막의 오아시스로 가서 생활한다. 하지는 랄루메에게 남편을 잃은 슬픔에서 벗어나는 길은 열심히 일하는 것밖에 없다고 하면서 하루 종일 일만 시키고, 자기는 대추야자나 먹으면서 편하게 지낸다.

리미니의 프란체스카

타이틀	**Francesca da Rimini**(Francesca from Rimini)

	티토 리코르디(Tito Ricordi)가 대본을 썼다.
초연	1914년 2월 19일 토리노 레조 극장
주요 배역	프란체스카, 파올로, 조반니(잔치오토)
베스트 아리아	「그 누가 보는가?(Chi ho veduto?)」(S), 「파올로 평화를 주세요(Paolo, datemi pace!)」(S)

사전 지식　　　　주인공 프란체스카는 13세기 이탈리아에서 살았던 실존 인물이다. 라벤나 (Ravenna)의 영주 귀도 다 폴렌타(Guido da Polenta)의 딸로, 원래 이름은 프란체스카 다 폴렌타(Francesca da Polenta)였다. 프란체스카는 일찍이 잔치오토 말라테스타(Gianciotto Malatesta)와 결혼해 프란체스카 다 라미니(Francesca da Rimini)가 된다. 프란체스카가 동생 파올로 말라테스타(Paolo Malatesta)와 사랑 에 빠진 것을 안 남편이 결국 두 사람을 죽이는 비극이다.

에피소드　　　　프란체스카와 파올로의 비극적이고 운명적인 사랑은 수많은 문인, 화가, 음악가 들의 작품의 소재가 되었다. 미술에서는 프랑스의 앙그레(Ingres)와 로댕(Rodin), 독일의 셰퍼(Scheffer), 이탈리아의 프레비아티(Previati) 등이 작품의 소재로 삼았으며 음악으로서는 찬도나이 이외에도 차이콥스키의 작품이 유명하다. 문학 작품으로는 시성(詩聖) 단테의 「신곡」을 들 수 있다. 단테의 신곡은 세 편으로 나뉘어 있다. 그중 연옥(The Hell)편이 가장 뛰어난데, 연옥편 제5부에 프란체스카와

찬도나이, 리카르도(Zandonai, Riccardo, 1833~1944)
리카르도 찬도나이는 이탈리아 베리스모의 마지막 거장이다. 그는 이탈리아 북부 로베레토 (Rovereto)라는 곳에서 태어났다. 당시에는 오스트리아-헝가리 제국의 영토였다. 마스카니와 함께 페사로 음악원에서 작곡을 공부한 그는 졸업 후 약 30년 동안 10여 편의 오페라를 작곡했다. 대표작 은 단테의 「신곡」에서 내용을 인용한 〈리미니의 프란체스카〉다. 찬도나이는 페사로 음악원을 졸업 한 지 약 30년 후에 이 음악원의 원장으로 부임해 후진 양성에 진력했다.

파올로의 비극적이면서도 열정적인 사랑 이야기가 나온다.

줄거리   라베나의 영주 귀도 다 폴렌타의 딸 프란체스카는 자기 의사와는 상관없이 부유한 귀족 잔치오토 말라테스타와 정략결혼을 한다. 결혼 후 프란체스카는 리미니의 프란체스카(Francesca da Rimini)라는 이름을 얻는다. 남편 잔치오토(다른 번안에서는 조반니)는 절름발이다. 나이 많은 남편은 젊고 아름다운 프란체스카가 혹시 다른 남자와 내통하지 않을까 매사에 의심의 눈길을 보낸다. 걱정은 마침내 질투로 변한다. 남편은 프란체스카의 행동이 조금만 이상하다고 생각하면 모욕적인 언사로 학대한다.

파올로 말라테스타(Paolo Malatesta)는 남편의 동생(프란체스카의 시동생)이다. 이 세상에 파올로 같은 미남은 없다 할 정도로 잘생겼다. 정열적이며 친절한 파올로와 프란체스카는 한집에 살면서 자연스럽게 가까워졌고, 번민과 고독을 함께 나누던 두 사람에게 사랑이 싹튼다. 파올로가 프란체스카에게 사랑을 고백하자, 두 사람은 입을 맞추며 두려운 기쁨에 몸을 맡긴다.

프란체스카는 남편이 출타할 때마다 파올로와 정열적인 밀회를 탐닉한다. 그러나 세상에 비밀이란 없는 법! 두 사람의 밀회를 목격한 남편은 질투의 화신이 되어 프란체스카와 파올로를 칼로 찔러 죽인다.

에케부의 기사들

타이틀	**I Cavalieri di Ekebù**(The Knights of Ekebu)

전 4막. 셀마 라거뢰프(Selma Lagerlöf)의 동명 소설을 오페라로 만든 것이다. 대본은 아르투로 로사토(Arturo Rossato)가 썼다.

초연	1925년 3월 7일 밀라노 스칼라 극장
주요 배역	에케부(광산주, 여장부), 안나(순진한 아가씨), 신트람(안나의 아버지), 조스타(목사)

사전 지식　　　찬도나이는 세계 오페라 연혁에서 중요한 인물이다. 찬도나이를 끝으로 이탈리아의 전통적 오페라가 막을 내렸다고 해도 과언이 아니기 때문이다. 일반적으로 푸치니의 〈투란도트〉를 이탈리아 오페라의 대미를 장식한 작품으로 간주한다. 〈투란도트〉는 프랑코 알파노(Franco Alfano)가 완성해 무대에 올린 것이므로 엄밀히 말하자면 온전한 푸치니의 작품으로 보기는 어렵다. 〈투란도트〉가 스칼라에서 공연되기 몇 달 전 찬도나이의 〈에케부〉가 초연되었다. 그러므로 1924년 푸치니가 미완성한 〈투란도트〉를 이탈리아 오페라의 마지막으로 볼 것인지 1925년 찬도나이의 〈에케부〉를 마지막으로 볼 것인지는 여전히 논란이 되고 있다. 어찌 됐든 오늘날 오페라에서는 이탈리아 특유의 멜로디를 찾아보기 어렵다.

줄거리　　　스웨덴에 있는 어느 철광산에서 광부들이 열심히 일을 한다. 그들은 모두 일반 광부가 아닌 부랑자들이다. 광산의 여주인은 인생의 끝자락에서 헤어나지 못하고 있는 이들을 이곳으로 데려와 일을 시킨 것이다. 이 여인은 정말 보통내기가 아니다. 양가죽 옷과 긴 부츠를 신고, 허리에는 긴 칼을 차고 있다. 그녀는 광산 이곳저곳을 돌아다니며 가죽으로 만든 채찍으로 부랑자들을 다스린다. 여장부는 이들을 중세처럼 기사로 임명해 거느리고 있다. 기사들에게 그녀는 영주와 마찬가지다. 그녀가 사는 집은 커다란 장원으로, 에케부 장원이라고 부른다. 그래서 사람들은 이 여장부를 에케부라고 부른다.

에케부에게는 남모르는 비밀이 있다. 그가 지금의 부를 거머쥐게 된 것은 몇 년 전 있었던 간통 사건 때문이다. 에케부는 어떤 유부남과 애정 행각을 벌여 그 대가로 돈을 받아 광산을 사들인 것이다. 에케부는 이 얘기를 알코올 중독자로 자포자기한 젊은 목사에게만 털어놓았다. 에케부는 자기가 거느리는 기사 중에 목사님 같은 사람이 있어도 좋을 것이라고 생각해 조스타 베를링(Giosta Berling) 목사를 기사로 임명한다. 에케부는 젊고 잘생긴 조스타 목사를 좋아하지만 그러면 안 된다는 생각으로 오로지 광산 일에만 전념한다. 그러나 조스타에게 미련이 남아 자기를 따르는 10대의 성숙한 처녀 안나(Anna)를 앞세워 조스타 목사를 유혹해 결국 자신에게 충성을 바치는 기사로 임명한 것이다. 안나는 조스타를 설득해 에케부 장원에서 열리는 크리스마스 축하 연극에 함께 출연한다. 연극 공연을 하면서 안나는 조스타를 진정으로 사랑하고 있다는 것을 느낀다.

안나의 아버지 신트람(Sintram)은 악독한 지주다. 그는 자기가 악마라고까지 생각한다. 신트람은 목사인 조스타를 아주 못마땅하게 생각한다. 그런데 자기 딸 안나가 젊은 목사와 눈이 맞아 가출을 하자 화가 머리끝까지 오른다. 두 사람의 가출에 에케부가 중요한 역할을 했다는 것을 안 신트람은 에케부에게 앙갚음하기 위해 에케부의 간통 사건을 기사들과 그의 늙은 남편에게 들려준다. 늙은 남편은 숨이 넘어갈 정도로 충격을 받아 얼마 후 세상을 떠나고 만다. 신트람의 일 단계 복수가 성공한 셈이다. 신트람은 한술 더 떠서 에케부가 영향력을 유지하기 위해 매년 기사 중 한 명을 골라 악마에게 희생 제사를 지낸다고 말한다. 자신이 바로 악마이기 때문에 이러한 사실을 안다고 말한다. 화가 치민 기사들은 자기를 구해준 은혜는 생각하지 않고 난동을 부린다. 에케부는 모든 재산을 헌신짝처럼 버리고 참회의 생활을 하기 위해 장원을 떠난다.

기사들만으로 광산을 운영한다는 것은 어려운 일이라는 에케부의 우려대로 마을은 이듬해 파산한다. 기사들은 일을 팽개치고 술만 퍼마시며 게으른 생활을 한다. 한편 가출한 안나는 양심의 가책 때문에 조스타를 떠나기로 결심한다.

에케부가 쇠약할 대로 쇠약해진 몸을 이끌고 마을로 돌아온다. 그녀는 죽음을 눈앞에 두고 있다. 기사들은 에케부에게 용서를 빈다. 안나도 조스타에게 다시 돌아간다. 기사들은 에케부의 뜻을 받들어 망치와 곡괭이를 들고 광산으로 달려간다. 용광로가 다시 불을 내뿜는다. 마을이 활기를 되찾고 모두 새로운 희망으로 넘쳐 있을 때, 에케부가 숨을 거둔다.

칸다울레스 왕

Der König Kandaules(King Candaules)

전 3막. 앙드레 지드(André Gide)의 희곡 「캉다울
왕(Le roi Candaule)」을 프란츠 블라이(Franz Blei)가
독일어로 번역한 것을 기본으로 작곡자가 직접 대본
을 썼다.

초연	1996년 10월 6일 함부르크 국립오페라 극장
주요 배역	칸다울레스 왕, 기게스(어부), 니시아(왕비)

사전 지식　　　빈에서 태어나 빈에서 활동했던 쳄린스키는 아내(쇤베르크의 여동생 마틸데)이 유대
계라는 이유로 나치에 의해 강제 추방을 당해, 겨우 미국으로 망명할 수 있었다. 그는 구스타프
말러의 뒤를 이어 빈 궁정 오페라(현 국립 오페라 극장)의 상임지휘자로 활동했으나, 모함을 받아 물러나야
했다. 쳄린스키가 미국으로 이민 갔을 때는 〈칸다울레스〉의 오케스트레이션이 반밖에 완성되지
못했었다. 미국에서 오케스트라 파트를 완성한 쳄린스키는 이 오페라를 뉴욕 무대에 올리고 싶었지만,
2막의 침실 장면과 왕비 니시아의 누드 장면 등이 문제가 되어 공연이 거부되었다. 이 오페라는
미국이 아닌 독일에서 초연되었지만, 현대 오페라 연혁에서 알반 베르크의 〈룰루〉와 〈보체크〉,
아르놀트 쇤베르크의 〈모세와 아론〉과 함께 20세기를 대표하는 작품으로 인정받고 있다. 쳄린스키가
내세운 이 오페라의 주제는 자아상실과 이를 극복하기 위한 자아발견이다.

쳄린스키, 알렉산더 폰(Zemlinsky, Alexander von, 1871~1942)
빈에서 태어난 알렉산더 폰 쳄린스키는 나치의 핍박을 받아 불운한 생애를 보낸 작곡가 중
한 사람이다. 그의 뮤직드라마의 중심 테마는 자아발견의 추구였다. 빈 음악원에서 작곡을 공부
한 쳄린스키는 브람스를 비롯해 말러, 쇤베르크 등 뛰어난 작곡가들과 친교를 맺음으로써 독일
낭만주의 현대음악의 영향을 받았다. 첫 오페라인 〈사레마(Sarema)〉는 1897년 뮌헨에서 초연되
었으며 이 작품으로 작곡 대상을 받았다. 유대계인 쇤베르크의 여동생 마틸데(Mathilde)와 결혼했
다는 이유로 나치의 핍박을 받아, 미국으로 망명해 1942년 뉴욕 주 라치몬트(Larchmont)에서
세상을 떠났다.

줄거리   [**제1막**] 무대는 리디아(Lydia)라는 고대국가다. 리디아의 부자 왕 칸다울레스(Candaules)는 친구들을 초청해 파티를 연다. 왕은 왕비 니시아(Nyssia)에게 파티에 참석하라고 권한다[마치 구약성경 에스더서에 나오는 아하수에로(크세르크세스 1세) 왕이 와스디 왕비를 잔치에 참석하라고 권한 것이나 같다]. 이에 니시아 왕비는 처음으로 베일을 벗고 대중 앞에 나선다. 모두 니시아 왕비의 아름다움에 넋을 놓는다.

어부 기게스(Gyges)가 바다에서 고기를 잡던 중에 생선에서 마법의 반지를 발견했다는 소식이 전해진다. 왕은 어부 기게스를 왕궁으로 불러들이지만 기게스는 왕궁에 대해 전혀 관심이 없다. 칸다울레스 왕이 여러 손님과 함께 직접 기게스를 찾아간다. 왕은 어부에게 재물과 명예와 권력을 줄 테니 반지를 달라고 설득해보지만, 역시 관심을 보이지 않는다. 기게스는 마법의 반지를 통해 그의 아내 트리도(Trydo)가 다른 남자와 불륜을 저지르는 모습을 본다. 몹시 화가 난 기게스는 반지의 힘으로 아내를 자기 앞으로 데리고 와 여러 손님들 앞에서 쳐 죽인다. 이 광경을 지켜보던 칸다울레스 왕은 기게스에게 매력을 느껴 왕궁으로 초청한다.

[**제2막**] 칸다울레스 왕은 자신의 모든 행운을 여러 친구들과 나누고 싶어 한다. 모든 행운에는 그의 아름다운 왕비 니시아도 포함되어 있다. 왕은 기게스에게 마법의 반지로 자신의 모습을 보이지 않게 하여 니시아 왕비의 나체를 볼 수 있게 해달라고 부탁한다. 그런데 이 부탁 때문에 왕은 아름다운 왕비를 잃는다. 그날 밤 왕비가 기게스를 남편으로 착각해 하룻밤을 보내기 때문이다. 여기에서 문제의 누드 장면과 베드신이 나온다.

[**제3막**] 왕비와 하룻밤을 보낸 기게스는 죽을 각오를 하고 정체를 밝힌다. 그러자 왕비는 기게스에게 욕심 많고 음탕한 남편 칸다울레스를 처치해달라고 간청한다. 왕비는 지금까지 사람대접을 받지 못하고 지내왔다고 하면서 더는 왕의 문란한 생활을 참아낼 수 없다고 말한다. 기게스는 마법의 반지의 힘을 빌려 칸다울레스 왕을 처치한다.

이제 기게스가 새로운 왕이 된다. 기게스는 왕비 니시아에게 베일을 쓰라고 요구하지만 왕비는 "칸다울레스가 조각조각 찢어버렸다"라고 대답해 왕의 청을 거절한다.

병사들

타이틀	**Die Soldaten**(The Soldiers)

	전 4막. 야코프 미하엘 라인홀트 렌츠(Jakob Michael Reinhold Lenz) 의 소설을 바탕으로 작곡자가 직접 대본을 썼다.
초연	1965년 2월 15일 쾰른 국립 오페라(Oper Köln) 극장
주요 배역	베제너(릴의 방물장수), 마리와 샤를로테(베르너의 딸들), 베제너의 늙은 어머니, 슈톨치우스(포목상), 슈톨치우스의 어머니, 오브리스트(슈판하임의 백작), 데포르트(젊은 프랑스 귀족), 피르첼(대위), 아이젠하르트(군목), 마리(대위)

사전 지식 　　치머만은 그의 개념을 다른 스타일의 영상으로 동시에 표현했다. 음악사적으로 보면 옴니프레즌트(Omnipresent: 동시존재)라는 새로운 장르의 출발이라고 볼 수 있다. 이 같은 표현 방식은 다원주의(Pluralism)라고도 할 수 있다. 시간 개념에 구애 받지 않고 동시에 여러 장면이 등장하는 형식이다. 음악은 이른바 시리얼리즘을 표방하고 있다. 이 오페라는 문명과 좌익 가톨릭 행동주의에서 파생된 문화를 비판하는 다원주의 작품이다.

에피소드 　　쾰른 출신으로 그곳에서 작곡을 공부한 치머만은 로마의 빌라 마시노(Villa Massino) 장학금을 받아 로마로 갔을 때 〈병사들〉을 완성했다.

줄거리 　　무대는 프랑스어를 사용하는 플랜더스다. 시기는 어제, 오늘, 내일이다.

치머만, 베른트 알로이스(Zimmermann, Bernd Alois, 1918~1970)
독일의 쾰른 출신인 베른트 알로이스 치머만은 20세기 병렬주의(시리얼리즘)의 전후 학파에 속한다. 그러나 그는 현대음악을 표방하면서도 음악언어와 테크닉은 상대적으로 고전에 기초를 두었다. 치머만은 오랫동안 쾰른 음악대학에서 후진을 교육했다. 오페라 〈병사들〉은 베르크의 〈룰루〉 이후 가장 중요한 독일어 오페라로 간주되고 있다.

[제1막 1장] 릴(Lille)의 베제너(Wesener) 집에서 그의 딸 마리(Marie)가 마담 슈톨치우스(Stolzius)의 편지를 기다리고 있다. 마리는 마담 슈톨치우스의 아들을 사랑한다.

[제1막 2장] 아르망티에르(Armentières)의 포목상 슈톨치우스는 어머니가 마리의 편지를 보여주자 매우 기뻐한다. 그러나 어머니는 마리와의 관계를 끊고 장사나 열심히 하라고 충고한다.

[제1막 3장] 베제너의 고객인 장교 데포르트(Desportes)가 마리에게 청혼한다. 베제너는 처음에는 거절하지만 사회적 이득을 생각해 마리에게 장교와의 청혼을 잘 생각해보라고 권한다.

[제1막 4장] 군목 아이젠하르트(Eisenhardt)와 다른 장교들이 극장과 도덕에 대해 논의하고 있다.

[제2막 5장] 베제너는 딸을 둘 중 누구와 결혼시켜야 할지 걱정이다. 마리 역시 확실한 결정을 내리지 못한다. 슈톨치우스를 사랑하지만 귀족 부인이 되어 사회적 신분을 높이고도 싶기 때문이다.

[제2막 6장] 아르망티에르 커피하우스에서 장교들이 심심한 나머지 재미있는 일을 고민하다가 슈톨치우스가 들어오자 마리와 데포르트의 관계를 얘기하면서 놀려댄다.

[제2막 7장] 슈톨치우스는 마리에게 편지를 보내 자신을 배반한 것을 비난한다. 이 편지를 본 데포르트는 슈톨치우스를 모욕하는 편지를 쓰라고 하면서 마리를 유혹한다.

[제2막 8장] 피르첼(Pirzel) 대위와 군목이 인간의 본성에 대해 토론하지만 결론을 내리지는 못한다.

[제2막 9장] 슈톨치우스는 연적 데포르트에게 쉽게 접근하기 위해 군인이 된다.

[제3막 10장] 마리의 여동생 샤를로테는 '군인의 아내'가 되려는 언니를 비난한다. 결국 데포르트가 떠나자 마리는 데포르트의 친구 마리(Mary) 대위에게 호감을 보인다.

[제3막 11~12장] 마리가 젊은 백작 마리와 시시덕거리고 있다. 백작의 어머니(마담 드 라 로슈)는 마리에게 허황된 꿈에서 깨어나라고 타이르며, 실추된 명예를 조금이라도 보상해주려는 마음에 자기 집 하녀로 들어오라고 권한다.

[제4막] 여러 가지 동시 장면이 지나간다.

[제4막 13장] 마리는 백작 부인의 집에서 뛰쳐나오다가 데포르트의 부하에게 성폭행당한다.

[제4막 14장] 슈톨치우스는 데포르트가 사람 앞에서 마리에 대해 비난하는 소리를 우연히 듣고는 참을 수가 없어 데포르트에게 독을 먹인 뒤 자살한다.

[제4막 15장] 창녀가 된 마리는 거리에서 아버지를 만나지만 몰라보고 유혹한다. 아버지도 마리를 알아보지 못한다. 무대에서는 온갖 소리가 다 들려온다. 지옥의 복마전 같다. 병사들이 저벅저벅 걸어오는 소리, 폭탄이 터지는 소리, 행진을 명하는 거친 소리 등이 무대 위 영상에 군데군데 삽입되어 나온다. 영상에는 탱크가 지나가며 버섯구름이 서서히 바닥으로 내려앉는다.

참고문헌

백남옥. 1999. 『오페라 이야기』. 도서출판 피알에이드.

_____. 2007. 『오페라 로만티카: 오페라 오백년의 발자취 그리고 오페라 역사의 창조자들』. 도서출판 북스페인.

Batta, András Ed. 2006. *Opera: Composers. Works. Performers.* Germany: Konemann; Auflage.

May, Robin. 1987. *L'opéra.* France: Cil beau livre.

Springer, Käthe and Manfred Horvarth. 2002. *Vienna, City Guide.* Vienna: Brandstätter; Auflage: 2., bearb. Aufl.

The Earl Of Harewood. 1991. *Kobbe's Illustrated Opera Book.* London: Bodley Head.

Thompson, Wendy. 2001. *The Encyclopedia of Great Composers: A Guide to the Lives and Works of Over 120 Renowned Composers.* London: Lorenz Books.

Waugh, Alexander. 1996. *Opera: A New Way of Listening.* London: Stewart Tabori & Chang; Har/Cdr edition.

백남옥(白南玉)

서울예술고등학교 졸업
서울대학교 음악대학 졸업
독일 베를린 국립음대 수료
경희대학교 음악대학장(2006~2008) 역임
경희대학교 음악대학 교수(1972~현재)

제6회 동아음악콩쿠르 성악부 1위 입상
국내에서 독창회 수회
미국 워싱턴, 캐나다 토론토 등지에서 독창회
프랑스 순회 연주
MBC 가곡의 밤 등 연주회 출연 다수

오페라 출연: 〈나비 부인〉, 〈라 조콘다〉, 〈여자는 다 그래〉, 〈호프만의 이야기〉, 〈마적〉, 〈피가로의 결혼〉 등
　　다수
음반: CD 3집, LD 출반
저서: 『오페라 이야기』(1999), 『오페라 로만티카』(2007)

한울아카데미 1365

오페라 366
매일 1편의 오페라 마스터

ⓒ 백남옥, 2011

지은이 | 백남옥
펴낸이 | 김종수
펴낸곳 | 한울엠플러스(주)

초판 1쇄 발행 | 2011년 6월 27일
초판 2쇄 발행 | 2022년 3월 10일

주소 | 10881 경기도 파주시 광인사길 153 한울시소빌딩 3층
전화 | 031-955-0655
팩스 | 031-955-0656
홈페이지 | www.hanulmpluss.kr
등록번호 | 제406-2015-000143호

Printed in Korea.
ISBN 978-89-460-8156-7 93670